AF889468

NSQF (Level 3)

प्लम्बर

थ्योरी

I YEAR

निम्मी पैटर्न

NSQF (Level 3)

प्लम्बर

थ्योरी

I YEAR

गौरव लोधी

arihant
SUCCESS AND NOTHING LESS

arihant
SUCCESS AND NOTHING LESS

अरिहन्त प्रकाशन (इण्डिया) लिमिटेड

卐 **रजि. कार्यालय**

'रामछाया' 4577/15, अग्रवाल रोड, दरियागंज, नई दिल्ली- 110002
फोन: 011-47630600, 43518550

卐 **मुख्य कार्यालय**

कालिन्दी, टी.पी. नगर, मेरठ (यूपी)– 250002
फोन: 0121-7156203, 7156204

मुख्य वितरक

शर्मा बुक एजेन्सी, ओम नगर, आगरा देहली बाईपास (निकट अलवर ब्रिज), मथुरा
फोन: 09219662591, 8433486830 ई.मेल: sharmabookagency25@gmail.com

卐 **शाखा कार्यालय**

आगरा, अहमदाबाद, बरेली, बेंगलुरु, चेन्नई, दिल्ली, गुवाहाटी, हैदराबाद, जयपुर, झाँसी, कोलकाता, लखनऊ, नागपुर तथा पुणे

卐 **मूल्य** ₹ 290.00

PO No : TXT-XX-XXXXXXX-X-XX

PUBLISHED BY ARIHANT PUBLICATIONS (INDIA) LTD.

'अरिहन्त' की पुस्तकों के बारे में अधिक जानकारी के लिए हमारी वेबसाइट **www.arihantbooks.com** पर लॉग इन करें या **info@arihantbooks.com** पर सम्पर्क करें।

Follow us on...

प्रस्तावना

तकनीकी शिक्षा के क्षेत्र में नेशनल कॉउन्सिल ऑफ वोकेशनल ट्रेनिंग, NCVT एक महत्त्वपूर्ण भूमिका निभाता है, क्योंकि यह प्रशिक्षुओं के लिए पाठ्यक्रम पर निर्धारित ऑल इण्डिया ट्रेड टैस्ट आयोजित करने के साथ-साथ उन्हें राष्ट्रीय व्यापार प्रमाण-पत्र द्वारा भी प्रमाणित करता है। इसके अतिरिक्त यह विविध ट्रेडों के पाठ्यक्रम में निरन्तर बदलाव कर प्रशिक्षुओं को अपने-अपने क्षेत्र में लगभग पूर्ण विशेषज्ञ बनाने का प्रयास करता है।

अरिहन्त प्रकाशन द्वारा प्रकाशित पुस्तक **'प्लम्बर थ्योरी'** NSQF (Level 3) के अनुसार तैयार की गई है। यह पुस्तक नवीनतम पाठ्यक्रम के अनुसार एक पूर्णतः संशोधित संस्करण है जिसमें विभिन्न विषयों तथा सम्बन्धित सम्पूर्ण पाठ्य सामग्री को सटीक चित्रों सहित सरलतम भाषा में समझाकर विषयक् जटिलता के स्तर को न्यूनतम स्तर तक लाने का प्रयास किया गया है। प्रस्तुत पुस्तक में किसी भी अध्याय को एक दृष्टि में अवलोकित करने के लिए महत्त्वपूर्ण बिन्दुओं तथा महत्त्वपूर्ण प्रश्नोत्तरी का अध्यायवार सृजन किया गया है। इसके अतिरिक्त परीक्षा पैटर्न के अनुरूप बहुविकल्पीय प्रश्नों की अधिकता भी इस पुस्तक को सर्वश्रेष्ठ बनाती हैं।

पुस्तक की विशेषताएँ

- NSQF (Level 3) पर आधारित
- नवीन संशोधित पाठ्यक्रम के अनुसार प्लम्बर सम्बन्धी सभी सिद्धान्तों का सरल एवं सटीक भाषा में प्रस्तुतीकरण।
- पाठ्यक्रम के अनुसार अध्यायवार मुख्य शीर्षकों का समावेश।
- सम्पूर्ण पाठ्य सामग्री का तालिका एवं सटीक चित्रों द्वारा प्रस्तुतीकरण।
- परीक्षा के दृष्टिकोण से प्रत्येक अध्याय के अन्त में बहुविकल्पीय प्रश्नों का कुंजी सहित समावेश।
- प्रत्येक अध्याय में तकनीकी शब्दों के तुल्य अंग्रेजी शब्दों का समावेशन।

यदि इस पुस्तक से सम्बन्धित आपको किसी भी स्तर पर संशोधन की आवश्यकता प्रतीत होती है या पुस्तक में कहीं भी कोई भी त्रुटि है, तो कृपया अवगत कराने का कष्ट अवश्य करें ताकि आगामी संस्करणों को और परिष्कृत रूप में प्रस्तुत किया जा सकना सम्भव हो।

प्रकाशक

विषय-सूची

पाठ्यक्रम

- Importance of safety and general precautions required for the trade.
  ट्रेड के लिए आवश्यक सामान्य सुरक्षा एवं सावधानियों का महत्त्व।
- Importance of the trade.
  ट्रेड का महत्त्व।
- Types of work to be done by trainees in the institute.
  संस्थान में प्रशिक्षु द्वारा किये जाने वाले कार्यों के प्रकार।
- Scope of a plumbing work.
  प्लम्बिंग कार्य का क्षेत्र।
- Types of services have to plan.
  प्लान की जाने वाली सर्विस के प्रकार।
- Basic Bench fitting (07 hrs)
  बेसिक बेंच फिटिंग।
- Plumber's common hand tools - names, description and material from which they are made.
  प्लम्बर के सामान्य हस्त उपकरण–नाम, विवरण और सामग्री
- Description, types and uses of holding device, hammers & cold chisels, cutting tools. (14 hrs)
  पकड़ने वाले उपकरण, हथौड़े तथा ठण्डी छेनी, काटने वाले उपकरणों का विवरण, प्रकार तथा उपयोग।
- Description of simple fitting operations hack sawing, punching and filing.
  साधारण फिटिंग संक्रियाएँ हैक्सॉइंग, पंचिंग तथा फाइलिंग का विवरण।
- Types of files used commonly.
  सामान्यत: उपयोग की जाने वाली रेतियाँ।
- Marking instruments and their use of simple drilling machine.
  मार्किंग उपकरण तथा साधारण ड्रिलिंग मशीन में इनका उपयोग।
- Method of using drills.
  ड्रिल को उपयोग करने की विधियाँ।
- Description of simple bench drilling Machine.
  साधारण बेंच ड्रिलिंग मशीन का विवरण।
- Description of Grinding and Chisel.
  ग्राइण्डिंग तथा छेनी का विवरण।
- Description of different types of locking and fastening devices. (21 hrs)
  विभिन्न प्रकार की लॉकिंग तथा बन्धक युक्तियों का विवरण।
- About different types of pipes-GI, CI, DI, PVC/ CPVC, PPR, AC and HDPE etc.
  विभिन्न प्रकार के पाइप GI, CI, DI, PVC/CPVC, PPR, AC तथा HDPE आदि।
- About different Types of Pipe Fittings:- Socket, Elbow, Tee, Union, Bend, Cap, Plug, Cross, Ferrule etc.
  विभिन्न प्रकार की पाइप फिटिंग–सॉकेट, एल्बो, टी, यूनियन, बैण्ड, कैप, प्लग, क्रॉस, फैरूल आदि।
- About different types of Thread cutting. (07 hrs)
  विभिन्न प्रकार की थ्रेड कटिंग।

Gas Welding
(गैस वैल्डिंग)

- Purpose of Gas welding.
  गैस वैल्डिंग का उद्देश्य।
- Method of gas welding
  गैस वैल्डिंग की विधियाँ।
- Safety precautions to be observed -Methods of soldering and brazing -fluxes used & Types of fluxes precautions to be observed.
  सुरक्षा सावधानियाँ–सोल्डरिंग तथा ब्रेजिंग की विधियाँ तथा फ्लक्स के प्रकार एवं उपयोग।
- Hard & soft solders -their properties, composition and uses.
  (14 hrs)
  हार्ड तथा सॉफ्ट सोल्डर–इनके गुण, संघटन तथा उपयोग।

Mason's works
(चिनाई कार्य)

- Names and description of Mason's hand tools and their uses.
  चिनाई कार्य में प्रयुक्त हस्त औजार, नाम विवरण तथा इनके उपयोग।
- Method of making holes in walls and floors.
  दीवार तथा फर्श पर छिद्र बनाने की विधियाँ।
- Types of tools used and various Processes.
  उपयोग होने वाले विभिन्न प्रकार के औजार एवं विविध प्रक्रियाएँ
- Concept of bricks, lime and cement.
  ईंट, चूना तथा सीमेण्ट की अवधारणा।

- Preparation of mortars with various materials of varying composition.
  विभिन्न पदार्थों के परिवर्तनशील संघटन के साथ मसाला तैयार करना।
- Common brick joints.
  साधारण ईंट जोड़।
- Description of bonds.
  बॉण्ड का विवरण।
- Scaffolding & plastering.
  मचान/पाड़बन्दी तथा प्लास्टरिंग।
- Define Plain cement concrete, RCC and its proportion,
  RCC, साधारण सीमेण्ट कंक्रीट का विवरण तथा इनका अनुपात।
- Grades of coarse aggregate and fine aggregate
  मोटा मिलावा तथा बारीक मिलावा के ग्रेड।
- Knowledge of waterproofing compound.
  जलरोधी यौगिक का ज्ञान।
- Knowledge of Building Plan and Cross section of wall.
  भवन योजना तथा दीवार की अनुप्रस्थ काट का ज्ञान।
- Identify plumbing services required for each type of building according to usage. (14 hrs)
  प्रत्येक प्रकार के भवन के लिए आवश्यक प्लम्बिंग कार्यों की पहचान।
- Description of plumber tools and Equipment- Ratchet brace, Threading die, Pipe wrench, Sliding wrench, Spanner set, Chain Wrench etc. and their safety.
  प्लम्बर औजार तथा उपकरणों का विवरण–रैचेट ब्रेस, थ्रेडिंग डाई, पाइप रिंच, स्लाइण्डिंग रिंच, स्पैनर सैट, चैन रिंच आदि तथा इनकी सुरक्षा।
- Care & use of tools.
  औजारों की सुरक्षा एवं उपयोग।
- Pipes of different kinds
  विभिन्न प्रकार के पाइप।
- Method of Pipe bending in different dia.
  विभिन्न व्यासों में पाइपों को मोड़ने की विधि।
- Plumbing Symbols and Code for Tools & Materials on water line. (21 hrs)
  औजारों के लिए विभिन्न संकेत तथा कोड्स एवं जल लाइन के पदार्थ
- Equipment and tools for hot gas welding and electric hot plate for PPR pipe joints. (07 hrs)
  हॉट गैस वैल्डिंग के लिए उपकरण तथा औजार, PPR पाइप जोड़ के लिए इलेक्ट्रिक हॉट प्लेट।
- Types of fittings for different joints & different pipes.:- CI,HCI,AC,AC Pressure, DI, GI Pipes. Joints:- Flange joint, Socket joint with lead, Detachable joint, Socket & Spigot joints etc.
  विभिन्न जोड़ तथा पाइपों CI, HCI, AC, AC प्रैशर, DI, GI के लिए फिटिंग के प्रकार, जोड़ : फ्लैंज जोड़, लैड के साथ सॉकेट जोड़, डिटेस्चेबिल जोड़, सॉकेट तथा स्पिगॉट जोड़ आदि।
- Description of pipe fittings.
  पाइप फिटिंग का विवरण।
- Methods of joining and their uses.
  जोड़ने की विधियाँ तथा इनके उपयोग।
- Precautions to be taken while fixing (07 hrs)
  फिक्सिंग के दौरान ध्यान दी जाने वाली सावधानियाँ।
- Different kinds of Joints, Fittings and Materials in joining pipes :- PVC/CPVC, PPR and HDPE etc. (07 hrs)
  PVC/CPVC/PPR तथा HDPE आदि पाइप ज्वाइनिंग में विभिन्न प्रकार के जोड़, फिटिंग तथा पदार्थ।

Composition of Water
(जल का संघटन)

- Sources of water
  जल के स्रोत।
- Hard & Soft water, temporary hardness & permanent hardness.
  कठोर तथा मृदु जल, अस्थायी कठोरता तथा स्थायी कठोरता।
- Impurities of water – organic and inorganic impurities.
  जल की अशुद्धियाँ–कार्बनिक तथा अकार्बनिक अशुद्धियाँ।
- Water purification stages and methods.
  जल शुद्धिकरण स्तर तथा विधियाँ।
- Static water pressures and measurement of pressures. Bursting pressure.
  स्थैतिक जल दाब तथा दाब का मापन। ब्रस्टिंग दाब।
- Expansion of water on freezing and heating.
  हिटिंग तथा फ्रिजिंग पर जल का विस्तार।
- Bernoulli's principles.
  बरनौली सिद्धान्त।
- Pascal's law.
  पास्कल का नियम।
- Pressure of water on the sides of cistern or tank.
  सिस्टर्न तथा टैंक की दीवारों पर जल का दाब।
- Water hammer in pipes. (07 hrs)
  पाइपों में वाटर हैमर।

- Description and working of water Hammer arrester. (08 hrs)
  वाटर हैमर एरेस्टर का विवरण तथा कार्यविधि।
- Use of hummed and asbestos pipes of different sizes.
  विभिन्न आकारों के ह्यूम तथा ऐस्बस्टॉस पाइपों का उपयोग।
- Method of laying out pipes alignment and joining. (07 hrs)
  लेइंग आउट, पाइप अलाइनिंग तथा ज्वॉइनिंग की विधियाँ।
- Description of various pipe joints- straight, Branch, Taft and blow, Expansion joints. Solders and fluxes used in joints. (07 hrs)
  विभिन्न पाइप जोड़-स्ट्रेट, ब्रांच टैफ्ट तथा ब्लो का विवरण। जोड़ों में प्रयुक्त सोल्डर तथा फ्लक्स।
- Description of Plumber's materials Lead, tin, Zinc, solder, copper, red lead etc. and their uses.
  प्लम्बर पदार्थ लैड, टिन, जिंक, सोल्डर, कॉपर, रैड लैड आदि का विवरण तथा उपयोग।
- Water supply system of a small town.
  छोटे शहरों की जल आपूर्ति प्रणाली।
- Description and types of pumps viz. suction pump, Centrifugal pump etc. Contamination of water in a well. (21 hrs)
  विभिन्न प्रकार के पम्प जैसे सक्शन तथा सेन्ट्रीफ्यूगल पम्पों का विवरण। कुओं के अन्दर जल का संदूषण।
- Description of pipe dies, their uses, care and precaution.
  पाइप ड्राई का विवरण, उपयोग तथा देखभाल एवं सावधानियाँ।
- Metric specification of various pipes.
  विभिन्न पाइपों की मीट्रिक विशिष्टियाँ।
- Standard pipe threads.
  मानक पाइप थ्रेड।
- Method employed for bending, Joining and fixing PVC pipe.
  PVC पाइप की फिक्सिंग, ज्वाइनिंग तथा बैण्डिंग के लिए प्रयुक्त विधि।
- Joining material for water and gas pipes.
  जल तथा गैस पाइप के लिए ज्वाइनिंग पदार्थ।
- Use of blow lamp. (14 hrs)
  ब्लो लैम्प का उपयोग।
- Inspection chamber, septic tank, description of drains, cesspools, soak pits etc.
  इंस्पैक्शन चैम्बर, सैप्टिक टैंक, ड्रेन का विवरण, सेजपूल, सोक पिट्स आदि।
- Types of traps
  ट्रैप्स के प्रकार।
- layout of drainage system (07 hrs)
  ड्रेनेज सिस्टम का ले-आउट।
- Method of bending pipes by hot and cold process.
  गर्म तथा ठण्डे प्रक्रम के द्वारा पाइपों को मोड़ने की विधि।
- Method of testing drainage lines (07 hrs)
  ड्रेनेज लाइनों की टेस्टिंग की विधि।
- Method of dismantling and renewal of the valves and pipes. Leaks in pipes and noises in plumbing.
  वाल्व तथा पाइपों के रेनेवल तथा डिस्मेन्टलिंग की विधि। पाइपों में लीक तथा प्लम्बिंग में शोर।
- Installation of water meters. Air lock in pipes and its removal. (07 hrs)
  वाटर मीटर की स्थापना। पाइपों में एयर लॉक तथा इनका निष्कासन।
- Description of cocks & valves-their types, materials & advantages for particular work.(07 hrs)
  कॉक तथा वाल्व का विवरण, प्रकार, पदार्थ तथा लाभ।
- Description of different type of diverts i.e two way and three way.
  डायवर्ट के विभिन्न प्रकार; जैसे-टू-वे तथा थ्री-वे का विवरण।
- Sensor system for urinals and wash basin etc. (10 hrs)
  यूरिनल तथा वाश बेसिन इत्यादि के लिए सेन्सर सिस्टम।
- Erecting rain water and drainage pipe system, Installation of sanitary fittings, inspection and testing of water supply system.
  रेन वाटर तथा ड्रेनेज पाइप सिस्टम को बिछाना। सेनेट्री फिटिंग की स्थापना, जल आपूर्ति प्रणाली का निरीक्षण एवं परीक्षण।
- Pipe alignment and slope. -Prevention of water hammer.
  पाइप संरेखन तथा ढाल-वाटर हैमर से बचाव।
- Storage tanks for general water supply purpose.
  साधारण जल आपूर्ति उद्देश्य हेतु स्टोरेज टैंक।
- Test for water supply pipes.
  जल आपूर्ति पाइपों के लिए परीक्षण।
- Description of sanitary fittings,
  सेनेट्री फिटिंग का विवरण।
- General points to be observed when choosing sanitary. (21 hrs)
  सेनेट्री का चयन करते समय अपनाये जाने वाले सामान्य बिन्दु।
- Description of concealed flushing cistern (14. hrs)
  कन्सील्ड फ्लशिंग सिस्टर्न का विवरण।

- Method of bending galvanized and other heavy pipes. (14 hrs)
  गैल्वेनाइज्ड तथा अन्य भारी पाइपों को मोड़ने की विधियाँ।

Domestic drainage system
(घरेलू निकास प्रणाली)

- General layout, one pipe system, specifications of Materials required.
  एकल पाइप प्रणाली का जर्नल ले-आउट, आवश्यक पदार्थों की विशिष्टियाँ।
- Method of testing leakage.
  लीकेज परीक्षण की विधि।
- Different types of traps, ventilation, antisyphonage and sinks.
  विभिन्न प्रकार के ट्रेप, वेन्टीलेशन, एण्टी-साइफोनेज तथा सिंक।
- About Fire hydrants and their fittings. (14 hrs)
  फायर हाइड्रेन्ट्स तथा इनकी फिटिंग।
- Concept of heat and Temperature.
  ऊष्मा तथा तापमान की अवधारणा।
- Method of transmission of heat.
  ऊष्मा संचरण की विधियाँ
- Heating system by different thermal units.
  विभिन्न थर्मल यूनिट के साथ हीटिंग सिस्टम।
- Domestic hot and cold water. General layout,specification of materials required and Connection of pipes to mains. Tracing leakage.
  घरेलू गर्म तथा ठण्डा जल। आवश्यक पदार्थ का जर्नल ले-आउट, तथा विशिष्टियों में से कनैक्शन के लिए पाइप। ट्रेकिंग लीकेज।
- Domestic boilers and Geysers.
  घरेलू बॉयलर एवं गीजर।
- Method of ventilating pipe.
  वेन्टीलेटिंग पाइप की विधियाँ।
- Precaution against air Poisoning.
  एयर पायजनिंग के विरुद्ध सावधानियाँ।
- Fixing of solar water system. (07 hrs)
  सोलर वाटर सिस्टम की फिक्सिंग।
- Plumbing and sanitary symbols and plumbing codes for all tools and materials (07 hrs)
  सभी औजारों तथा पदार्थों के लिए प्लम्बिंग कोड्स तथा सेनेट्री संकेत।
- Corrosion - causes and remedies, prevention.
  संक्षारण के कारण, निवारण तथा रोकथाम।
- Corrosion due to electrolytic action.
  इलेक्ट्रोलाइटिक क्रिया के कारण संक्षारण।
- Effect of water and frost on materials.
  धातु पर जल तथा फ्रोस्ट का प्रभाव।
- Layout of pipes as per drawing.
  ड्रॉइंग के अनुसार पाइपों का ले-आउट।
- Analysis quantity measurement and abstract rate of plumbing and sanitary work.
  क्वान्टिटी मापन, प्लम्बिंग दर का एब्सट्रैक्ट तथा सेनेट्री कार्य का विश्लेषण।

Bill of Quantity and Estimation
(क्वान्टिटी तथा एस्टिमेशन का बिल)

- Preparation of bill of quantity
  क्वान्टिटी के बिल की तैयारी।
- Preparation of Estimation(07 hrs)
  एस्टिमेशन की तैयारी।

अध्याय 01

ट्रेड परिचय, सुरक्षा एवं सावधानियाँ

Trade Introduction, Safety and Precautions

ट्रेड परिचय Trade Introduction

औद्योगिक प्रशिक्षण संस्थान (Industrial training institute) में प्रशिक्षण हेतु कई प्रकार के ट्रेड होते हैं; जैसे-फिटर, प्लम्बर, इलेक्ट्रीशियन, टर्नर, मशीनिस्ट, ट्रैक्टर आदि। इन सभी ट्रेडों का मुख्य उद्देश्य देश की बढ़ती हुई औद्योगिक एवं इंजीनियरिंग आवश्यकताओं को पूरा करना, रोजगार उपलब्ध कराना तथा बेरोजगारी की समस्या को दूर करना है। इन सभी ट्रेडों में से प्लम्बर ट्रेड का भी एक विशेष महत्त्व है क्योंकि जिस प्रकार एक बिल्डिग को पूरा करने के लिए मैसन, बारबाइण्डर, इलेक्ट्रीशियन, कारपेन्टर, पेन्टर और लेबर की आवश्यकता पड़ती है, उसी प्रकार एक प्लम्बर की सेवा लिए बिना हम बिल्डिग को पूरा नहीं कर सकते हैं।

प्लम्बर एक ट्रेड पर्सन होता है जो प्लम्बिग प्रणाली में पीने योग्य पानी, सीवेज और ड्रेनेज के इंस्टॉलेशन और रख-रखाव की विशेषज्ञता रखता है। प्लम्बिग कोर्स के अन्तर्गत निम्न विषय जैसे-प्रारम्भिक कार्यशाला तकनीकी, भवन निर्माण, सेनेटरी तकनीकी, जल वितरण तकनीकी, तकनीकी ड्रॉइंग, कार्यशाला गणना एवं विज्ञान, ट्रेड प्रैक्टिकल आदि विषय पढ़ाए जाते हैं।

अध्याय विषय सूची

- औद्योगिक प्रशिक्षण संस्थान
- प्लम्बिंग ट्रेड का महत्त्व
- प्लम्बिंग का कार्यक्षेत्र
- मूल बैंच फिटिंग
- आकस्मिक घटना
- प्लम्बिंग सम्बन्धी सुरक्षा सावधानियाँ
- सुरक्षा की महत्त्वा
- सुरक्षा संकेत
- प्राथमिक उपचार
- **महत्त्वपूर्ण बिन्दु**
- **महत्त्वपूर्ण प्रश्नोत्तरी**
- **अभ्यास प्रश्न**

1.1 औद्योगिक प्रशिक्षण संस्थान Industrial Training Institute

भारत में औद्योगिक प्रशिक्षण संस्थान (ITI) भारत सरकार के श्रम एवं रोजगार मन्त्रालय के अधीन चलाए जाने वाले प्रशिक्षण संस्थान हैं जिनमें प्रशिक्षुओं (छात्र) को तकनीकी कार्यों का प्रशिक्षण दिया जाता है। इन संस्थानों का मुख्य उद्देश्य फैक्ट्रियों एवं तकनीकी कार्यों हेतु एक कुशल कारीगर एवं तकनीशियन उपलब्ध कराना होता है। इन संस्थानों में प्रत्येक छात्र अपनी रुचि के अनुसार ही ट्रेड का चयन करता है, परन्तु छात्र को उस समय ट्रेड से सम्बन्धित अधिक जानकारी नहीं होती है।

अत: प्रशिक्षण संस्थानों में छात्रों को कुशल कारीगर बनाने के लिए ट्रेड से सम्बन्धित औजारों, उपकरणों, सुरक्षात्मक सावधानियाँ इत्यादि के विषय में प्रशिक्षण दिया जाता है। वर्तमान समय में 126 ट्रेड संचालित हैं जिनमें से 73 अभियान्त्रिकी ट्रेड (engineering trade), 48 गैर-अभियान्त्रिकी ट्रेड (non-engineering trade) तथा 5 दृष्टिबाधित (visually impaired) छात्रों के लिए हैं।

संस्थानों के सामान्य नियम
General Rules of the Institution

छात्रों को संस्थानों के निम्न नियमों का अनुसरण करना चाहिए।

1. छात्र को संस्थान द्वारा निर्धारित समयानुसार आना-जाना चाहिए।
2. संस्थान में सदैव निर्धारित ड्रेस में आना चाहिए।
3. अपना होम वर्क एवं क्लास वर्क समय पर करके अपने अनुदेशक को दिखाना चाहिए।
4. संस्थान के सभी अनुदेशकों का आदर एवं उनकी आज्ञा का पालन करना चाहिए।
5. संस्थान के अन्दर किसी भी प्रकार का धूमपान नहीं करना चाहिए।
6. संस्थान में सभी से शिष्टतापूर्ण व्यवहार करना चाहिए।
7. प्रैक्टिकल करते समय कार्यशाला के नियमों का पूर्णरूप से पालन करना चाहिए जिससे कोई दुर्घटना न होने पाए।
8. संस्थान में किसी भी अनुशासनहीनता के कार्यों में कभी भी भाग नहीं लेना चाहिए।
9. संस्थान के अन्दर होने वाली विभिन्न प्रतियोगिताओं में अवश्य भाग लेना चाहिए।
10. अपने से सीनियर छात्रों का आदर करना चाहिए।

संस्थान में नए छात्रों को दिए जाने वाले आवश्यक दिशा-निर्देश Necessary Guidance to be Provided to New Comers in Institute

प्लम्बर ट्रेड के लिए संस्थान में प्रवेश लेने वाले छात्रों को प्रथम सप्ताह में संस्थान में होने वाली विभिन्न प्रकार की गतिविधियों से अवगत कराया जाता है। ये गतिविधियाँ निम्न प्रकार हैं

1. संस्थान में छात्रों की 40 घण्टे कक्षाएँ चलती हैं जिनमें से 25 घण्टे प्रायोगिक कक्षाएँ, 7 घण्टे ट्रेड थ्योरी, 2 घण्टे वर्कशॉप व कैलकुलेशन, 2 घण्टे इंजीनियरिंग ड्रॉइंग तथा 4 घण्टे एम्प्लॉयबिलिटी स्किल्स की कक्षाएँ चलती हैं।
2. संस्थान में छात्रों को प्रायोगिक कार्य करने के लिए कीमती उपकरण दिए जाते हैं। छात्रों के लापरवाही से कार्य करने पर उन्हें दण्डित किया जा सकता है।
3. संस्थान में परीक्षार्थी की 80% उपस्थिति अनिवार्य होती है। इससे कम उपस्थिति पर अन्तिम परीक्षा में बैठने की अनुमति निदेशक महोदय द्वारा नहीं दी जाती है।
4. प्रत्येक छात्र को कार्य करते समय सुरक्षा हेतु एप्रन (apron) प्रदान की जाती है।
5. अनुसूचित जाति व जनजाति के छात्रों को छात्रवृत्ति (scholarship) प्रदान की जाती है।
6. संस्थान में अधिकतर प्रशिक्षण कार्य मशीनों पर प्रदान किए हैं। मशीनों पर कार्य के दौरान दुर्घटना की स्थिति में संस्थान में कम्पाउण्डर के साथ चिकित्सा की सुविधा भी उपलब्ध होती है।
7. छात्रों के लिए संस्थान में खेलकूद, मनोरंजन व पुस्तकालय का प्रबन्ध होता है। इसके साथ ही छात्र NCC में भी भाग ले सकते हैं।
8. संस्थान में प्रशिक्षण के दौरान कार्य करते समय उपयोग किया जाने वाला कच्चा माल, औजार आदि सामान अनुदेशकों के माँगपत्र पर स्टोर से दिया जाता है। इन सभी औजार, उपकरणों इत्यादि की जिम्मेदारी छात्रों की होती है। अत: छात्रों को इन सामानों को भली-भाँति स्टोर करके रखना चाहिए।
9. संस्थान के राजपत्रित अवकाश के अतिरिक्त प्रत्येक प्रशिक्षु को आकस्मिक अवकाश (12 दिन), मेडिकल अवकाश (15 दिन) तथा विशेष अवकाश (15 दिन) भी दिए जाते हैं।

उपरोक्त सभी जानकारियाँ नए आने वाले छात्रों को प्रशिक्षण के प्रथम सप्ताह में ही दे दी जाती हैं जिससे छात्र प्रशिक्षण में रुचि लेकर कार्य कर सकें तथा अनुदेशक की अनुपस्थिति में दूसरे अनुदेशको की सहायता से अपना कार्य कर सकें।

1.2 प्लम्बिंग ट्रेड का महत्व
Importance of Plumbing Trade

प्लम्बिंग प्रणाली आवासीय एवं व्यावसायिक भवनों के लिए उतनी ही महत्त्वपूर्ण है जितनी कि शरीर के लिए ऑक्सीजन। प्लम्बिंग प्रणाली किसी घर के अन्दर यह सुनिश्चित करती है कि उस घर के अन्दर व बाहर जल सही प्रकार से प्रवाहित हो रहा है या नहीं। वैसे तो प्लम्बिंग प्रणाली पूर्ण रूप से जल सम्बन्धी कार्यों से सम्बन्धित है परन्तु इसके अन्तर्गत हीटिंग सिस्टम, जल बॉयलर, वाशिंग मशीन की स्थापना एवं रख-रखाव जैसे कार्य भी किए जाते हैं।

एक दोषपूर्ण प्लम्बिंग प्रणाली से घरों के अन्दर अतिरिक्त नमी उत्पन्न हो जाती है जिससे विभिन्न प्रकार के फंगस उत्पन्न हो जाते हैं, जो विभिन्न प्रकार की बीमारियों को जन्म देते हैं। इसके अतिरिक्त एक भरा हुआ शौचालय या सिंक दैनिक कार्यों में भी बाधा उत्पन्न कर सकता है। अत: घरों के अन्दर एक उचित प्लम्बिंग प्रणाली का होना अत्यन्त आवश्यक है।

संस्थान में प्रशिक्षणार्थियों द्वारा किए जाने वाले कार्य
Types of Work to be done by Trainess in the Institute

जैसा कि हम जानते हैं जल को पाइपों द्वारा भण्डारण टैंकों के माध्यम से घरों या इमारतों में आपूर्ति की जाती है तथा रसोई और बाथरूम से अपशिष्ट जल को पाइपों के द्वारा ही बाहर निकाला जाता है। अत: संस्थान के अन्दर प्रशिक्षणार्थियों को पाइप सम्बन्धी सभी कार्यों से अवगत कराया जाता है। संस्थान के अन्दर प्रशिक्षणार्थियों को पाइपों के इंस्टॉलेशन, उनकी मरम्मत व रख-रखाव, पाइप फिटिंग्स व फिक्स्चर के रख-रखाव आदि जैसे कार्य कराए जाते हैं। संस्थान के अन्दर प्रशिक्षणार्थियों द्वारा किए जाने वाले कार्य निम्न प्रकार हैं

(*i*) पाइप लाइनों को सही प्रकार से बिछाना, उनको सही प्रकार से कनैक्ट करना, पाइप फिटिंग्स को सही प्रकार से लगाना।
(*ii*) बाथ टब को लगाना।
(*iii*) शॉवर फिट करना, वाश-बेसिन लगाना।
(*iv*) सिंक को फिट करना
(*v*) वाटर क्लोजेट एवं सीवर लाइन बिछाना।
(*vi*) स्टोरेज टैंक तथा सेनेटरी फिटिंग्स को लगाना।

प्लम्बर का योगदान Role of a Plumber

आजकल प्लम्बर शहर के सीवरेज को अण्डर ग्राउण्ड पाइप लाइनों द्वारा दूर ले जाकर इसे समाप्त करने में सहयोग दे रहे हैं, जिससे शहरों में सफाई बनी रहती हैं और किसी प्रकार की बीमारी नहीं होती है। इसके अतिरिक्त प्लम्बर घरों, व्यावसायिक स्थानों, औद्योगिक भवनों आदि में पाइपिंग सिस्टम को इंस्टॉल रिपेयर और मेन्टेन भी करता है।

प्लम्बर के गुण Qualities of a Plumber

एक कुशल प्लम्बर में निम्नलिखित गुण होने चाहिए

(*i*) सभी फिटिंग्स व कार्य की जानकारी रखनी चाहिए।

(*ii*) प्लम्बिग इंस्टॉलेशन की जानकारी होनी चाहिए।

(*iii*) आर्किटेक्चरल ड्रॉइंग का पूर्ण ज्ञान होना चाहिए।

(*iv*) प्लानिंग बनाकर कार्य करना चाहिए।

1.3 प्लम्बिंग का कार्यक्षेत्र Scope of Plumbing Work

NCVT से 1 वर्षीय प्रशिक्षण प्राप्त करने के पश्चात् प्रशिक्षु निम्न रुपों में कार्य कर सकता है।

1. **यांत्रिक प्लम्बर** (Mechanical Plumber) भवन की हीटिंग, कूलिंग और वेंटिलेशन (ventilation) प्रणालियों का कार्य यान्त्रिक प्लम्बर के द्वारा किया जाता है। यान्त्रिक प्लम्बर के अन्तर्गत पाइप, वाल्व रेगुलेटर, टैंक, इवेपोरेटिव कूलिंग, गीजर, वेंटिलेशन और एयरकंडीशनिंग प्रणालियों का इंस्टॉलेशन, उन्हें हटाना, मरम्मत और रख-रखाव करना आदि कार्य आते हैं।
2. **गैस फिटर** (Gas Fitter) इनके द्वारा पाइप फिटिंग उपकरण, वेंटिलेशन यंत्र आदि जिनमें विभिन्न गैसों; जैसे-ईंधन, तरल पेट्रोलियम, प्राकृतिक गैसें आदि का उपयोग होता है, उनकी इंस्टॉलेशन, उन्हें हटाना, उनकी मरम्मत एवं रख-रखाव का कार्य किया जाता है।
3. **पाइप फिटर** (Pipe Fitter) पाइप फिटर के द्वारा ठण्डे व गर्म पानी के पाइपों की फिटिंग, मरम्मत एवं रख-रखाव किया जाता है।
4. **पाइप बिछाने वाले** (Pipe Layers) इनके द्वारा विभिन्न कार्यों के लिए पाइप बिछाए जाते हैं।
5. **सेनिट्री प्लम्बर** (Sanitary Plumber) सेनिट्री प्लम्बर के द्वारा सीवेज के बहाव के लिए आवश्यक पाइप और फिटिंगों का इंस्टॉलेशन, मरम्मत, रख-रखाव का कार्य किया जाता है। इनके द्वारा सीवेज प्रणाली में उत्पन्न हुए दोषों का पता लगाकर आवश्यकतानुसार पाइपों को हटाया या बदला जाता है।
6. **छत का कार्य करने वाला प्लम्बर** (Roof Plumber) इनके द्वारा छतों पर लगने वाली पाइप, फिटिंगों आदि का इंस्टॉलेशन, मरम्मत एवं रख-रखाव जैसे कार्य किए जाते हैं। जैसे-पानी की टंकी, टॉयलेट, वर्षा जल पाइपिंग, डाउन पाइपिंग आदि के पाइपों की फिटिंग एवं मरम्मत आदि।
7. **ड्रेनर** (Drainer) ड्रेनर द्वारा बाढ़ के पानी, वेस्ट पाइप और फिटिंग का इंस्टॉलेशन, उन्हें हटाना, मरम्मत और रख-रखाव का कार्य किया जाता है।

प्लम्बर हेतु रोजगार के अवसर Other Opportunities of Employment for Plumber

एक कुशल प्लम्बर के लिए नौकरी की कई विभागों में सम्भावना बनी रहती है, जो निम्न प्रकार है।

1. नगर निगम/पालिकाएँ (Municipal Corporation/Committees)
2. सीवरेज डिस्पोजल विभाग (Sewerage Disposal Department)
3. पंचायतें (Panchayats)
4. थर्मल बिजलीघर (Thermal Power Plants)
5. कृषि विभाग (Agriculture Department)
6. पब्लिक हैल्थ और लोक निर्माण विभाग (Public Health & PWD Department)
7. आवासीय कॉलोनी की वाटर सप्लाई स्कीम (Residental Colony Water Supply Schemes)
8. सिंचाई विभाग (Irrigation Department)
9. प्राइवेट पम्प हाऊस (Private Pump House)
10. सरकारी/प्राइवेट प्रतिष्ठान (Govt./Private Undertaking)

प्लम्बर ट्रेड में उत्तीण होने के पश्चात प्रशिक्षु उपरोन्त विभाग में नौकरी पाने हेतु द्रयारु कर सकता है।

प्लम्बर द्वारा सर्विस के दौरान किए जाने वाले कार्य Work to be done by a Plumber during Servicing

जब घरों या इमारतों में प्रयुक्त पाइपिंग प्रणाली में कोई दोष उत्पन्न हो जाता है, तो ऐसे समय में प्लम्बर की सर्विस की आवश्यकता होती है। सर्विस के दौरान प्लम्बर द्वारा निम्नलिखित कार्य किए जाते हैं

(*i*) पाइपिंग प्रणाली का निरीक्षण।

(*ii*) पाइपिंग प्रणाली में प्रयुक्त फिटिंग्स का निरीक्षण।

(*iii*) लीकेज का निरीक्षण।

(*iv*) सीवर लाइन, सेनेटरी फिटिंग्स इत्यादि का निरीक्षण।

(*v*) सिंक, वाश बेसिन, बाथ टब, वाटर क्लोजेट इत्यादि का इंस्टॉलेशन एवं निरीक्षण।

(*vi*) पाइपों एवं प्लम्बिग फिक्स्चरों की रिपेयरिंग।

(*vii*) इंस्टॉलेशन एवं रिपेयरिंग की लागत का आकलन।

1.4 मूल बेंच फिटिंग Basic Bench Fitting

बेंच वर्क (bench work) से आशय हाथ या बेंच द्वारा किसी वस्तु या अवयव के उत्पादन से है जबकि फिटिंग वर्क से आशय आवश्यक फिट प्राप्त करने हेतु विभिन्न भागों को एक साथ असेम्बल करने से है। बेंच तथा फिटिंग वर्क किसी जॉब को पूर्ण करने तथा वांछित एक्युरेसी (accuracy) तक फिनिशिंग प्राप्त करने में महत्त्वपूर्ण भूमिका निभाते हैं। फिटिंग वर्क के अन्तर्गत हस्त औजारों की सहायता से अवांछित पदार्थ को हटाना भी सम्मिलित होता है।

फिटिंग वर्क प्राय: भागों को मिलाने, उनकी मरम्मत करने तथा विनिर्माण के उद्देश्यों हेतु किया जाता है। बेंच तथा फिटिंग वर्क में विभिन्न प्रकार के हस्त औजारों एवं उपकरणों की आवश्यकता होती है जिससे कि किसी जॉब या कम्पोनेन्ट को वांछित आकार प्रदान करने के लिए उस पर विभिन्न प्रक्रियाएँ की जा सकें। बेंच तथा फिटिंग कार्य में मुख्यत: चिपिंग, फाइलिंग ड्रिलिंग, मार्किंग, ग्राइण्डिंग, रीमिंग इत्यादि प्रक्रियाएँ की जाती हैं।

1.5 आकस्मिक घटना Accident

दुर्घटना एक नियन्त्रित न होने वाली घटना है, इसमें किसी वस्तु, पदार्थ या व्यक्ति की क्रिया या प्रतिक्रिया के कारण व्यक्तिगत चोट लगने की सम्भावना बनी रहती है। जरा-सी असावधानी आकस्मिक घटना या दुर्घटना का कारण बन सकती है।

दुर्घटनाओं के कारण Cauess of Accidents

दुर्घटनाओं के कुछ मुख्य कारण निम्नलिखित हैं

(*i*) **असावधानी** (Carelessness) कारखानों में होने वाली अधिकतर दुर्घटनाएँ असावधानी के कारण ही होती हैं। अत: कार्य करते समय कार्य की चिन्ता के साथ-साथ कारीगर को अपनी तथा दूसरों की सुरक्षा का भी पर्याप्त ध्यान रखना चाहिए।

(*ii*) **अरुचि** (Loss of interest) कभी-कभी कारीगर कार्य में रुचि (interest) खो बैठता है। ऐसे समय में दुर्घटना होने की सम्भावना अधिक हो जाती है। रुचि न होने के कई कारण हो सकते हैं; जैसे—कोई पारिवारिक समस्या, फैक्ट्री से पैसा न मिलना या अपूर्ण मिलना, किसी गलती के कारण डाँट पड़ना या फिर किसी से झगड़ा हो जाना आदि।

(*iii*) **जल्दबाजी** (Hastiness) कारखाने के मालिक के दबाव के कारण या अधिक लाभ के लिए कारीगर आवश्यकता से अधिक जल्दी-जल्दी कार्य करता है जिस कारण दुर्घटना होने की सम्भावना बढ़ जाती है।

(*iv*) **अज्ञानता** (Ignorance) जिस उपकरण के बारे में पूर्ण जानकारी न हो उससे छेड़छाड़ नहीं करनी चाहिए। कभी-कभी अपनी झूठी शान दर्शाने के लिए कारीगर ऐसा कार्य करने लगता है, जो दुर्घटना का कारण बन जाता है।

(*v*) **उत्सुकता** (Curiosity) उत्सुकता मानव स्वभाव में बसी है, परन्तु इस पर कारखानों में कार्यरत् कारीगरों को अंकुश लगाना होता है। ज्यादा उत्सुक व्यक्ति भी दुर्घटना का शिकार बन जाता है।

(*vi*) **असुरक्षित हस्त औजार** (Unsafe hand tools) अनेक कारखानों में मशीनों का रख-रखाव ठीक न होने के कारण मशीनें असुरक्षित अवस्था में भी प्रयोग होती रहती हैं, जो एक दिन अवश्य ही दुर्घटना का कारण बन जाती हैं।

(*vii*) **काम करने का अनुपयुक्त तरीका** (Wrong method of working) अनजाने में कई बार कारीगर काम करने का गलत तरीका अपना लेता है; जैसे—बिना हैण्डिल की रेती से फाइल करना, चलती हुई मशीन में तेल देना, बिना स्टार्टर बन्द किए मशीन खोलना या चलती मशीन को हाथ से रोकना आदि। ये गलत तरीके भी दुर्घटना का कारण बन जाते हैं।

(*viii*) **स्वच्छता की कमी** (Lack of cleanliness) शॉप फ्लोर या मशीन की ठीक से सफाई न होने के कारण भी दुर्घटना हो सकती है; जैसे—तेल पर पैर फिसल जाना होना, कहीं भी ठोकर लग जाना आदि।

(*ix*) **अनुशासन की कमी** (Lack of discipline) कार्यशाला में अनुशासन न होने के कारण कर्मचारी आपस में हँसी-मजाक करने लगते हैं तथा इसी हँसी-मजाक में कई बार दुर्घटना हो जाती है।

(*x*) **प्रकाश की अनुचित व्यवस्था** (Improper arrangement of light) कई बार प्रकाश की अनुचित व्यवस्था होने के कारण भी दुर्घटना हो जाती है। अत: मशीनों पर प्रशिक्षार्थी/कारीगर जहाँ टूल की कटिंग करता है, उस स्थान पर पर्याप्त प्रकाश की व्यवस्था होनी चाहिए।

(*xi*) **खतरे वाले पदार्थ के साथ विशेष सावधानी न रखना** (No special care for dangerous materials) बहुत से कारखानों में विस्फोटक, तेजाब या ज्वलनशील या जहरीली गैसों का प्रयोग किया जाता है। जब भी इस प्रकार के पदार्थों को व्यवहार में लाया जाए तब विशेष सावधानी बरतनी चाहिए।

(*xii*) **अस्वस्थता या थकान** (Illness or tiredness) कभी-कभी श्रमिक आर्थिक तंगी के कारण बीमार या कमजोर होते हुए भी कार्य पर आ जाते हैं तथा चक्कर खाकर या कमजोरी के कारण मशीन पर गिर पड़ते हैं, जिसके कारण दुर्घटना होती है। इसके अतिरिक्त पैसे के लालच में श्रमिक अपनी सामर्थ्य से अधिक कार्य करने को तैयार हो जाते हैं, परन्तु थकान के कारण चोट खा बैठते हैं।

(*xiii*) **नशे की आदत** (Toxication) बहुत से कारीगर नशे की आदत के शिकार हो जाते हैं तथा कभी-कभी नशे की अवस्था में ही कारखाने में चले जाते हैं। ऐसे कारीगर स्वयं तो दुर्घटना के शिकार होते ही हैं, साथ ही दूसरों के लिए भी खतरा हो सकते हैं।

(*xiv*) **ओवर टाइम** (Over time) अधिक ओवर टाइम से थकावट के कारण दुर्घटना हो सकती है इसलिए आवश्यकता से अधिक ओवर टाइम की आज्ञा नहीं देनी चाहिए।

1.6 सुरक्षा की महत्ता Importance of Safety

सुरक्षा शब्द का शाब्दिक अर्थ सुरक्षित रहना है। किसी भी अनचाही (undesirable) आकस्मिक दुर्घटना जो किसी भी व्यक्ति या उसके आस-पास के वातावरण को प्रभावित करती है, से सुरक्षित रहना ही सुरक्षा कहलाती है। किसी भी स्थान अथवा कार्यशाला में दुर्घटना से बचने के लिए विभिन्न सुरक्षा प्रक्रियाओं एवं मानकों का उपयोग किया जाता है। इन सुरक्षा मानकों का कार्यशाला में ध्यान रखना आवश्यक होता है। इसके अतिरिक्त कार्यशाला में कार्य करने हेतु कुछ विशेष सावधानियाँ अथवा नियम भी वर्णित किए गए हैं, जिनका पालन करना अनिवार्य होता है। ये सुरक्षा मानक तथा नियम ही सुरक्षा की कुँजी होते हैं।

किसी भी कार्य में सुरक्षा जागरूकता एक महत्त्वपूर्ण भाग है। अत: प्रत्येक कारीगर को सदैव सुरक्षित कार्यकारी स्वभाव का बनने के लिए प्रयत्नरत् रहना चाहिए। सुरक्षित कार्यकारी स्वभाव सदैव जन, धन एवं सामग्री की रक्षा करता है। असुरक्षित स्वभाव से सदैव निम्न कोटि का उत्पादन, न्यून लाभ, दुर्घटना आदि परिणाम ही प्राप्त होते हैं।

अत: दुर्घटनाओं से बचने के लिए कारीगर को सदैव कुछ सुरक्षा सम्बन्धी सावधानियों का पालन करना चाहिए। इसके लिए कारीगर को समय-समय पर सुरक्षा नियमों को सीखना चाहिए व उन्हें याद रखना चाहिए तथा उनका अभ्यास करते रहना चाहिए।

1.7 प्लम्बिंग सम्बन्धी सुरक्षा सावधानियाँ Safety Precautions Related to Plumbing

जब भी हम सम्पूर्ण सुरक्षा की बात करते हैं, तो उसमें अपनी सुरक्षा के कार्यखण्ड की सुरक्षा भी निहित रहती है। प्लम्बिंग कार्य करते समय प्रत्येक प्रशिक्षार्थी को निम्न प्रकार की सुरक्षा का ध्यान रखना चाहिए तथा प्रशिक्षण की समाप्ति के पश्चात् कार्मिक होने के नाते इनका पालन करना चाहिए

1. स्वयं की सुरक्षा Self Safety

जब कोई कारीगर, सम्पूर्ण जानकारी के बिना किसी औजार का प्रयोग करता है, तो वह दुर्घटना का शिकार हो सकता है। निम्न चित्र में स्वयं की सुरक्षा हेतु सुरक्षित व असुरक्षित पहनावे को दर्शाया गया है

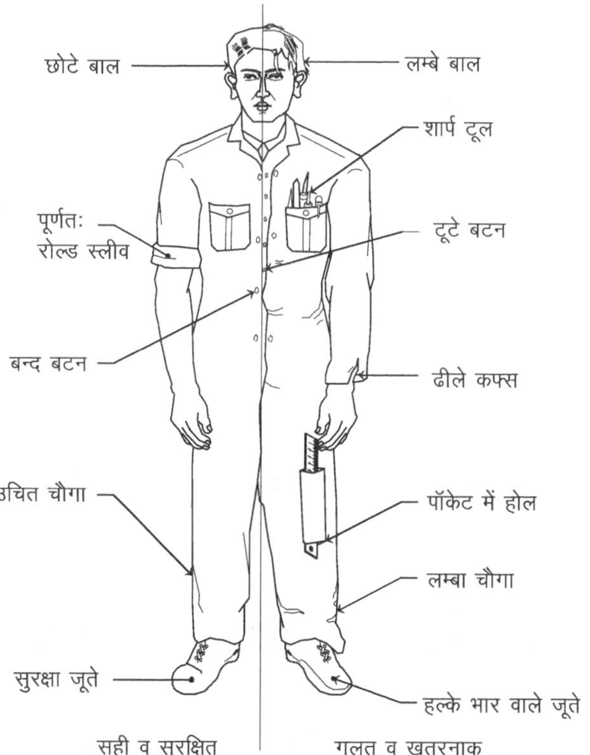

चित्र सुरक्षित व असुरक्षित पहनावा

प्लम्बिंग कार्यशाला में कार्य करने वाले प्रत्येक कारीगर अथवा कर्मचारी को निम्नलिखित नियमों का पालन करना चाहिए

(*i*) कार्यशाला में सदैव बूट पहनकर चलना चाहिए, क्योंकि मशीनों से निकली लोहे की छीलन पैर में लगने से घाव होने का भय रहता है। इसके लिए स्टील कैप बूट का प्रयोग किया जा सकता है। आँखों की सुरक्षा के लिए चश्मे का प्रयोग करना चाहिए।

(*ii*) कार्यशाला में कभी भी ढीले कपड़े, टाई, मफलर इत्यादि पहनकर कार्य न करें। इनसे चलती मशीनों पर दुर्घटना होने का सदैव भय रहता है।

(*iii*) किसी भी मशीन की जानकारी प्राप्त किए बिना मशीन को न चलाएँ, क्योंकि यह आपके लिए दुर्घटना का कारण बन सकता है।

(*iv*) किसी चलती मशीन के साथ छेड़खानी करना दुर्घटना को ही बुलावा देना है, इसलिए चलती मशीन के सहारे न तो खड़े हों और न ही बैठें।

(*v*) किसी चलती मशीन के पास यदि खड़े होकर कार्य करना हो, तो चलती मशीन पर सुरक्षा गार्ड (safety guard) अवश्य लगाएँ, क्योंकि इससे किसी भी समय दुर्घटना होने का भय रहता है।

(*vi*) कार्यशाला के अन्दर ओवरहैड क्रेन पर लटकते हुए वजन के नीचे खड़े होकर काम न करें, क्योंकि वजन के गिरने से भारी दुर्घटना हो सकती है।

(*vii*) यदि कोई भी कारीगर किसी ऊपरी स्थान (overhead) पर कार्य कर रहा है, तो उसे चाहिए कि वह टूल (tool) को मजबूती से पकड़कर कार्य करे, क्योंकि स्पैनर, हथौड़ा एवं छेनी जैसे औजारों के नीचे गिरने पर किसी भी कर्मचारी को चोट लग सकती है। ऐसी कार्यशाला में सभी कर्मचारियों को हमेशा हैलमेट का प्रयोग करना चाहिए।

(*viii*) चलती हुई मशीनों में तेल देते समय तेल-कुप्पी (funnel) का प्रयोग करना चाहिए।

(*ix*) किसी भी मशीन से निकलने वाली लोहे की छीलन को हाथ से नहीं खींचना चाहिए, क्योंकि इसकी तेज धार हाथ को काट सकती है।

(*x*) किसी भी बाहरी व्यक्ति को कार्यशाला में लाने से पहले उसे कार्यशाला के मौलिक सिद्धान्तों की जानकारी देनी चाहिए।

(*xi*) चलती हुई मशीन की कभी मरम्मत नहीं करनी चाहिए।

(*xii*) बिजली के तारों को मशीन के चलते हुए पार्ट्स के ऊपर से नहीं ले जाना चाहिए। रगड़ खाने से इन्सुलेशन कट सकता है जिससे कारीगर को इलेक्ट्रिक शॉक लग सकता है।

(*xiii*) अधिक भारी सामान को उठाते समय सावधानी बरतनी चाहिए। लापरवाही के कारण सामान गिरने, मोच आने या अन्य दुर्घटना होने की सम्भावना रहती है।

(*xiv*) प्रयोग में आने वाले हस्त औजारों (hand tools) को उचित स्थान पर रखना चाहिए, जिससे उनके नीचे गिरने पर चोट लगने की सम्भावना न रहे। किसी भी प्रकार की दुर्घटना की स्थिति में प्राथमिक चिकित्सा (first aid) लेनी चाहिए।

2. सामान्य सुरक्षा General Safety

साधारण सुरक्षा के लिए कारीगर अथवा प्रशिक्षु को निम्न बातों को ध्यान में रखना चाहिए।

(*i*) प्रत्येक कार्य को करने से पूर्व उसके बारे में पूरी जानकारी प्राप्त कर लेनी चाहिए।

(*ii*) जब पाइप के ऊपर चूड़ियाँ काटनी हो तो इसे पाइप वाइस पर मजबूती से पकड़ना चाहिए।

(*iii*) पाइप को काटते समय हमेशा फाइन पिच का ब्लेड का प्रयोग करना चाहिए।

(*iv*) पाइपों को मोड़ते समय उसमें रेत भर कर पाइपों को मोड़ना चाहिए, इससे पाइप मुड़ने पर पिचकेंगे नहीं।

(*v*) पाइपों में लीकेज रोकने के लिए सुतली (twin) व लैड (lead) का प्रयोग करना चाहिए।

(*vi*) टैप द्वारा चूड़ी काटते समय उसे झटका देकर नहीं चलाना चाहिए। अन्यथा टैप टूट सकता है

(*vii*) पाइप को कभी बेंच वाइस पर नहीं बाँधना चाहिए।

(*viii*) सेनेटरी में अधिकतर चीनी मिट्टी की वस्तुएँ फिट की जाती हैं जो अधिक महँगी होती हैं। अत: इन्हें फिट करते समय सावधानीपूर्वक कार्य करना चाहिए अन्यथा वस्तुएँ टूट भी सकती हैं।

1.8 सुरक्षा संकेत Safety Symbols

प्रशिक्षण काल में ही कारीगर को कारखानों में सुरक्षा के लिए उठाए गए विभिन्न कदमों, नियमों तथा उपायों की जानकारी दी जाती है। विभिन्न मशीनों तथा कार्यशाला आदि की दीवारों पर विभिन्न निर्देश (instruction), संकेतों के रूप में लगाए (लिखे) जाते हैं।

सुरक्षा संकेत निम्न चार प्रकार के होते हैं जिनका विवरण निम्न प्रकार है

1. निषेधात्मक संकेत Prohibition Symbols

निषेधात्मक संकेतों से अभिप्राय यह है कि इन संकेतों के द्वारा विशेष प्रकार के कार्य करने को मना (निषिद्ध) किया जाता है; जैसे—

(*i*) वृत्त के आकार के ये संकेत लाल रंग के बॉर्डर तथा क्रॉस बार और सफेद बैकग्राउण्ड पर काली आकृति द्वारा बनाए जाते हैं।

(*ii*) निषेधात्मक संकेतों; जैसे—भागने के लिए मना करना, धूम्रपान न करना, आग न जलाना आदि को निम्न चित्रों में दर्शाया गया है

2. अनिवार्य संकेत Mandatory Symbols

अनिवार्य संकेतों के द्वारा कारीगरों को कार्य करने से पूर्व सुरक्षात्मक निर्देश दिए जाते हैं, जिससे कारीगर इन संकेतों को सहज समझकर आसानी से कार्य कर सके।

(*i*) ये संकेत नीली पृष्ठभूमि (blue background) पर सफेद संकेत द्वारा वृत्त के आकार में बने होते हैं।

(*ii*) कुछ अनिवार्य अथवा आदेशात्मक संकेतों; जैसे—हैलमेट, चश्मा, जूते, दस्ताने, श्वास यन्त्र पहनना आदि को नीचे दिए गए चित्रों में दर्शाया गया है

चित्र अनिवार्य संकेत

3. चेतावनी संकेत Warning Symbols

इन संकेतों के माध्यम से प्रशिक्षार्थी को कार्य करने से पूर्व सचेत किया जाता है अर्थात् चेतावनी दी जाती है, जिससे कि कार्य करते समय उसे कोई शारीरिक क्षति न हों।

(*i*) ये संकेत त्रिभुजाकार होते हैं तथा इनको पीली पृष्ठभूमि (yellow background) पर काले रंग की आकृति द्वारा प्रदर्शित किया जाता है।

(*ii*) कुछ चेतावनी संकेतों; जैसे—आग का भय, बिजली के झटके का भय, विषैला पदार्थ, विस्फोटक पदार्थ का भय आदि को निम्न चित्रों द्वारा दर्शाया गया है

4. सूचनात्मक संकेत Information Symbols

ये संकेत सूचना सम्बन्धी होते हैं। इन संकेतों के द्वारा विविध प्रकार की सूचनाएँ दी जाती हैं।

(i) ये संकेत वर्गाकार होते हैं तथा इनको हरी पृष्ठभूमि (green background) पर सफेद रंग की आकृति या सफेद पृष्ठभूमि पर लाल रंग की आकृति द्वारा प्रदर्शित किया जाता है।

(ii) कुछ सूचनात्मक संकेत; जैसे—प्राथमिक उपचार की सुविधा, आपातकालीन दरवाजा, प्रतीक्षा स्थल आदि को निम्न चित्रों में दर्शाया गया है

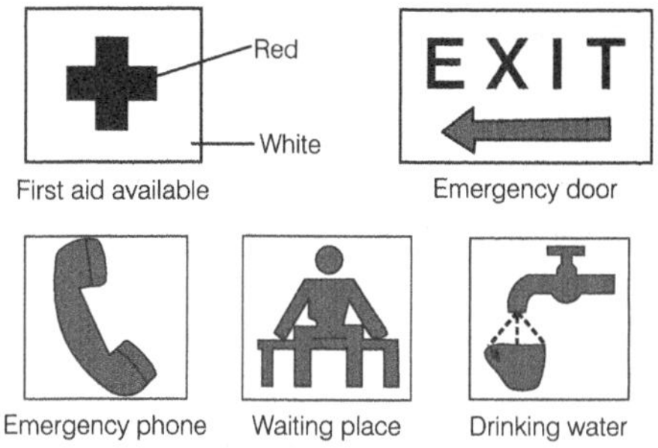

1.9 प्राथमिक उपचार First Aid

किसी दुर्घटनाग्रस्त व्यक्ति का, डॉक्टर के आगमन से पूर्व किया जाने वाला उपचार प्राथमिक उपचार कहलाता है। इस कार्य के लिए कार्यशाला में फर्स्ट एड बॉक्स, स्ट्रेचर, डिटॉल, रूई, बरनॉल, बैन्डेज, दर्द निवारक गोलियाँ, स्प्रिट अमोनिया, कैंची, चाकू व सेफ्टी पिन आदि वस्तुएँ आवश्यक रूप से उपलब्ध रहनी चाहिए।

विद्युत झटके या अन्य किसी दुर्घटना से पीड़ित व्यक्ति के उपचार के लिए किसी सहायक के द्वारा डॉक्टर को तुरन्त बुलवाएँ।

किसी गम्भीर परिस्थिति में डॉक्टर के आने से पूर्व पीड़ित के लिए निम्न प्राथमिक उपचार प्रारम्भ करें

(i) पीड़ित के चारों ओर से भीड़ हटा दें, जिससे कि उसे स्वच्छ वायु मिल सके।

(ii) पीड़ित के मुँह से नकली दाँत, पान, तम्बाकू आदि निकाल दें, जिससे कि उसे श्वास लेने में कठिनाई न हो।

(iii) विद्युत झटके से पीड़ित व्यक्ति के शरीर पर पड़े छालों अथवा जले अंगों को स्वच्छ कपड़े अथवा कागज से ढक दें, जिससे कि उन पर मक्खी, मच्छर आदि न बैठें और पीड़ित के शरीर में अन्य बीमारियाँ न फैला सकें।

(iv) पीड़ित यदि कमरे में हो, तो खिड़की-दरवाजे आदि खोल दें, जिससे कि स्वच्छ वायु का आवागमन हो सके।

(v) पीड़ित को (सर्दी के मौसम में) सर्दी से बचाए और उसे पलंग, दरी, चटाई आदि पर लिटाकर कम्बल ओढ़ा दें, परन्तु उसका मुँह उघड़ा रखें। पीड़ित को पलंग, दरी आदि पर लिटाने से उसके शरीर में एकत्र विद्युत धीरे-धीरे विसर्जित हो जाती है।

(vi) पीड़ित को यदि श्वास लेने में कठिनाई प्रतीत होती है, तो कृत्रिम श्वास (artificial respiration) क्रिया प्रारम्भ कर दें।

कृत्रिम श्वास प्रक्रिया Artificial Respiration Process

इस क्रिया के अन्तर्गत पीड़ित व्यक्ति को साँस न आने पर विविध कृत्रिम क्रियाओं द्वारा साँस दी जाती है। कृत्रिम श्वास क्रिया की चार प्रमुख विधियाँ निम्न प्रकार हैं जिनका विवरण निम्नवत् है

(i) सिल्वेस्टर विधि Sylvester Method

इस विधि का प्रयोग तब किया जाता है, जब पीड़ित के सीने पर छाले पड़े हों। इस विधि में पीड़ित को पीठ के बल लिटाया जाता है। तत्पश्चात् उसकी पीठ के नीचे तकिया लगा दिया जाता है, जिससे कि उसका सीना कुछ ऊपर उठ जाता है और सिर कुछ नीचा हो जाता है। अब निम्नलिखित दो स्थितियों द्वारा पीड़ित व्यक्ति के शरीर में साँस भरने का प्रयास करें।

(a) **प्रथम स्थिति** First Position

पीड़ित के सिर के पास अपने घुटनों के बल बैठ जाए। उसके दोनों हाथों की आधी मुट्ठी बाँधकर हाथों को सीधा फैला दें। अब पीड़ित के दोनों हाथों को धीरे-धीरे मोड़कर उसके सीने पर लाएँ। नीचे चित्र (a) देखें।

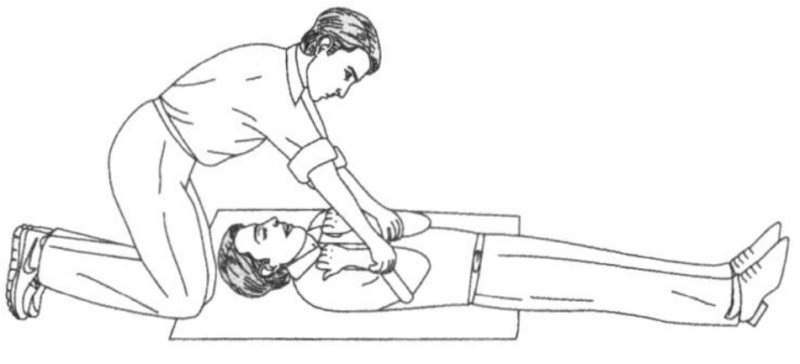

चित्र (a) सिल्वेस्टर विधि की प्रथम स्थिति

(b) **द्वितीय स्थिति** Second Position

प्रथम स्थिति में अपने हाथों से पीड़ित के सीने पर कुछ दबाव डालें। दो-तीन सेकण्ड बाद दबाव हटा लें और पीड़ित के हाथों को उसके सिर की ओर फैला दें और मुट्ठियाँ खोल दें। नीचे चित्र (b) देखें।

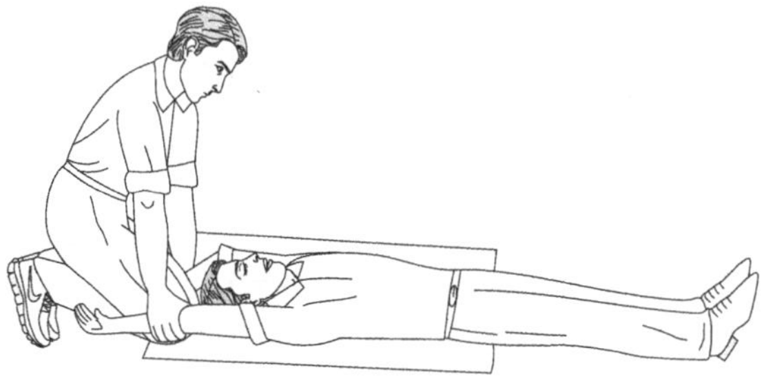

चित्र (b) सिल्वेस्टर विधि की द्वितीय स्थिति

दी गई क्रियाओं को 10-12 बार प्रति मिनट की दर से तब तक दोहराएँ जब तक कि उसकी श्वास क्रिया सामान्य न हो जाए। जब पीड़ित के सीने पर दबाव डाला जाता है, तो फेफड़ों के अन्दर की वायु बाहर निकल जाती है और दबाव हटाने से बाहर की ताजी वायु फेफड़ों के अन्दर जाती है। इस प्रकार, पीड़ित को श्वास लेने में सहायता मिलती है।

(ii) शैफर विधि Schaffer Method

यह विधि तब प्रयोग की जाती है, जब पीड़ित की पीठ पर छाले पड़े हों। इस विधि में पीड़ित को पेट के बल लिटाया जाता है और उसके सिर को किसी एक करवट कर दिया जाता है। पीड़ित के सीने के नीचे पतला तकिया रख दिया जाता है। अब निम्नलिखित दो स्थितियों का प्रयोग कर पीड़ित व्यक्ति के शरीर में श्वास भरने का प्रयास करें।

(a) **प्रथम स्थिति** First Position

पीड़ित के घुटनों के पास अपने घुटनों के बल बैठ जाए। अपने दोनों हाथ पीड़ित की पीठ पर इस प्रकार रखें कि दोनों हाथ सीधे रहें और चारों अँगुलियाँ आपस में मिली रहें तथा वे अँगूठे से समकोण बनाएँ। नीचे चित्र (a) देखें।

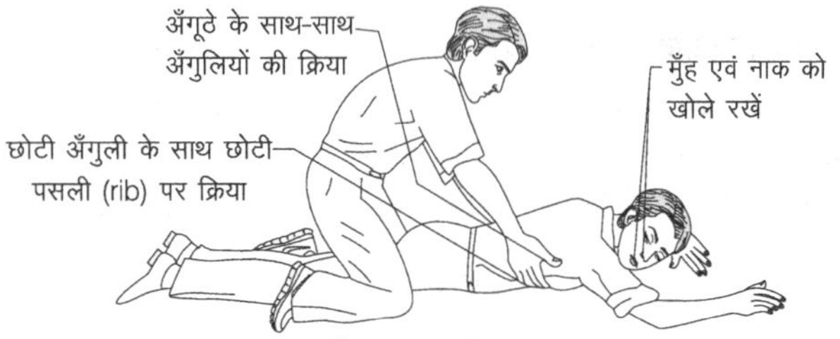

चित्र (a) शैफर विधि की प्रथम स्थिति

(b) **द्वितीय स्थिति** Second Position

इस स्थिति में, आगे की ओर झुकते हुए पीड़ित की पीठ पर भार डालें। दो-तीन सेकण्ड बाद दबाव को हटा लें और अपने दोनों हाथों को सीधा कर दें। निम्न चित्र (b) देखें।

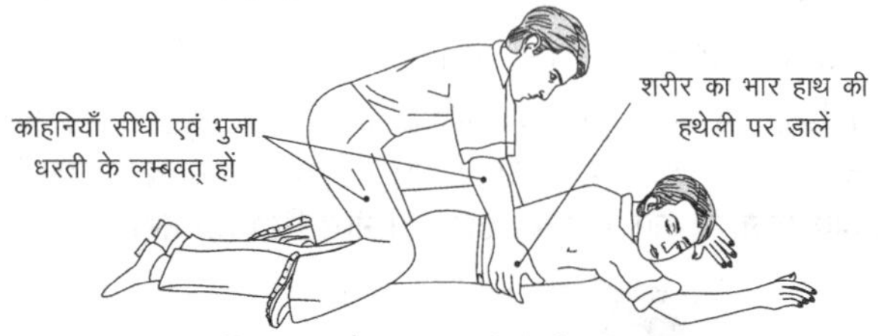

चित्र (b) शैफर विधि की द्वितीय स्थिति

जब पीड़ित की पीठ पर दबाव डाला जाता है, तो फेफड़ों के अन्दर की वायु बाहर निकल जाती है और दबाव हटाने से बाहर की ताजी वायु फेफड़ों के अन्दर जाती है। इस प्रकार, पीड़ित को श्वास लेने में सहायता मिलती है। उपरोक्त क्रियाओं को 10-12 बार प्रति मिनट की दर से तब तक दोहराएँ जब तक कि उसकी श्वास क्रिया सामान्य न हो जाए।

(iii) मुँह-से-मुँह में हवा भरना (लाबोर्ड विधि) Mouth to Mouth Respiration (Laboard Process)

इस विधि में पीड़ित के मुँह में सीधे हवा भरकर श्वसन क्रिया पूर्ण की जाती है। इसमें निम्नलिखित दो स्थितियों का प्रयोग किया जाता है

(a) **प्रथम स्थिति** First Position

इस स्थिति में पीड़ित को पीठ के बल लिटा लें। अब पीड़ित की पीठ के नीचे तकिया आदि लगा दें, जिससे कि उसका मुँह थोड़ा पीछे की ओर लटक जाए।

चित्र पीड़ित की पीठ के नीचे तकिया लगाना

(b) **द्वितीय स्थिति** Second Position

इस स्थिति में पहले पीड़ित का मुँह अच्छी तरह साफ कर लें। अब उसके खुले मुँह पर महीन कपड़ा रखकर और एक हाथ से उसकी नाक बन्द करके अपने मुँह से उसके मुँह में बलपूर्वक झटके से हवा भरें। यह ध्यान रखें कि हवा बाहर न निकलने पाए और उसके फेफड़े कुछ फूलें। हवा को बाहर निकलने के लिए अपना मुँह हटा लें।

उपरोक्त क्रिया को 10-12 बार प्रति मिनट की दर से तब तक दोहराते रहें जब तक कि उसकी श्वास क्रिया सामान्य न हो जाए। बलपूर्वक झटके से हवा भरते समय पीड़ित के फेफड़े फूलते हैं और ताजी वायु अन्दर जाती है। मुँह हटा लेने पर अन्दर की वायु बाहर निकल जाती है। इस प्रकार, पीड़ित को श्वास लेने में सहायता मिलती है।

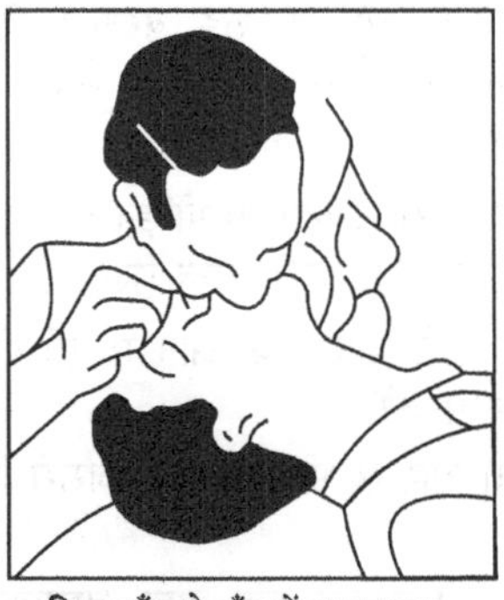

चित्र मुँह-से-मुँह में हवा भरना

(iv) कृत्रिम श्वास यन्त्र द्वारा Through Artificial Respiration Instrument

असामान्य अवस्था में पीड़ित व्यक्ति को साँस देने के लिए कृत्रिम श्वसन यन्त्रों का प्रयोग किया जाता है। इस यन्त्र में प्रयुक्त रबड़ के वाल्व में से हवा फिल्टर होकर चैम्बर में आती है। यहाँ पर इनलेट तथा आउटलेट वाल्व लगे होते हैं, जोकि रबड़ वाल्व को दबाने व छोड़ने के साथ खुलते व बन्द होते हैं। इसके अन्तर्गत हवा, पीड़ित के मुँह पर लगे मास्क के माध्यम से पीड़ित के अन्दर भेजी जाती है। यह बहुत सरल प्रक्रिया है। इसमें रबड़ के वाल्व को 15 से 20 बार एक मिनट में ऑपरेट किया जाता है।

महत्त्वपूर्ण बिन्दु

- पाइप फिटिंग करने वाले व्यक्ति को प्लम्बर कहते है।
- पाइप काटते समय फाइन पिच (pitch) वाली आरी का प्रयोग करना चाहिए।
- कार्यशाला में जरा सी असावधानी बड़ी दुर्घटना का कारण बन सकती है।
- जिस उपकरण के विषय में सम्पूर्ण जानकारी न हो उससे छेड़छाड़ नहीं करनी चाहिए। ऐसा करने से दुर्घटना हो सकती है।
- कार्यशाला में दुर्घटना होने का मुख्य कारण स्वच्छता में कमी का होना भी है।
- किसी भी अनचाही आकस्मिक दुर्घटना जो आस-पास के वातावरण को प्रभावित करती है, से सुरक्षित रहना ही सुरक्षा कहलाती है।
- किसी कार्यशाला में प्रयुक्त सुरक्षा मानक तथा नियम ही सुरक्षा की कुंजी है।
- कार्यशाला में स्वयं अपनी सुरक्षा के साथ-साथ मशीनों एवं मशीन पर प्रयुक्त किए जाने वाले औजारों की सुरक्षा भी आवश्यक है।
- कार्यशाला में दीवारों व मशीनों पर विभिन्न प्रकार के सुरक्षा संकेत लगे होते हैं।
- अनिवार्य संकेत नीली पृष्ठभूमि पर सफेद संकेत द्वारा वृत्त के आकार में बने होते हैं।
- निषेधात्मक संकेतों से अभिप्रायः है कि इन संकेतों द्वारा विशेष प्रकार के कार्य करने को मना किया जाता है।
- सूचना संकेतों को हरी पृष्ठभूमि पर सफेद रंग की आकृति या सफेद पृष्ठभूमि पर लाल रंग की आकृति द्वारा व्यक्त किया जाता है।
- किसी कारीगर द्वारा वस्तु को आकर्षक रूप, परिमाप एवं उपयोगी रूप में तैयार करना, उसके कौशल पर निर्भर करता है।
- किसी कारीगर में स्वाभाविक रूप से विकसित हुआ ऐसा कौशल जो आपात स्थिति में लाभदायक हो, मृदु कौशल कहलाता है।
- किसी दुर्घटनाग्रस्त व्यक्ति को डॉक्टर के आगमन से पूर्व किया जाने वाला उपचार, प्राथमिक उपचार के अन्तर्गत आता है।
- प्रणाली विफलता किसी कार्यशाला के तन्त्र में उत्पन्न आकस्मिक व्यवधान है जिससे कार्य की निरन्तरता प्रभावित होती है।

महत्त्वपूर्ण प्रश्नोत्तरी

1. सेनेटरी प्लम्बर के कौन-कौन से कार्य हैं?

उत्तर सेनेटरी प्लम्बर द्वारा सीवेज के बहाव हेतु आवश्यक पाइप फिटिंगों का इंस्टॉलेशन, मरम्मत, रख-रखाव का कार्य किया जाता है।

2. प्लम्बर के कोई दो गुण बताइए।

उत्तर (i) सभी पाइप फिटिंग्स की जानकारी होनी चाहिए।

(ii) प्लम्बिंग इंस्टॉलेशन का पूर्ण ज्ञान होना चाहिए।

3. अनिवार्य चिन्हों की आकृति विशेषता क्या है?

उत्तर ये चिन्ह नीली पृष्ठभूमि पर सफेद चिन्हों द्वारा वृत्त के आकार में बनाए जाते हैं।

4. दुर्घटना में मूर्च्छित व्यक्ति को पेय पदार्थ क्यों नहीं देना चाहिए?

उत्तर मूर्च्छित व्यक्ति की श्वास नलिका में पेय पदार्थ जाने से दम घुटने का भय रहता है।

5. दुर्घटना के किन्हीं तीन मुख्य कारणों का उल्लेख कीजिए।

उत्तर दुर्घटना के तीन मुख्य कारण निम्नलिखित हैं

(i) अज्ञानता

(ii) सुरक्षा सावधानियों पर ध्यान न देना

(iii) अरुचि

अभ्यास प्रश्न

परीक्षा प्रारूपी प्रश्न

1. प्लम्बर का कार्य होता है
(a) वाटर सप्लाई पाइप लाइनों की फिटिंग करना
(b) पाइपों पर चूड़ियाँ बनाना
(c) सीवर पाइप लाइनों को बिछाना
(d) उपरोक्त सभी

2. संस्थान में छात्रों की कम-से-कम कितने प्रतिशत उपस्थिति अनिवार्य है?
(a) 75% (b) 80%
(c) 85% (d) 95%

3. संस्थान में छात्रों को आकस्मिक अवकाश के रूप में दिन का अवकाश प्रदान किया जाता है?
(a) 12 (b) 15
(c) 20 (d) 10

4. पाइप को काटते समय किस प्रकार की आरी का प्रयोग किया जाता है?
(a) कोर्स पिच आरी (b) फाइन पिच आरी
(c) वेरी फाइन पिच आरी (d) मीडियम पिच आरी

5. एक प्लम्बर कार्य कर सकता है
(a) नगर निगम में
(b) कृषि विभाग में
(c) पब्लिक हैल्थ व लोक निर्माण विभाग में
(d) उपरोक्त सभी

6. निम्न में से कौन-सा दुर्घटना का कारण नहीं है?
(a) कार्य में रुचि न होना
(b) अधिक फुर्तीला होना
(c) अधिक उत्सुक होना
(d) अनुशासनहीन होना

7. औद्योगिक प्रशिक्षण संस्थानों में राष्ट्रीय स्तर की कौन-सी परीक्षाएँ आयोजित की जाती हैं?
(a) RCVET (b) NCVT
(c) SCVT (d) NCVET

8. औद्योगिक दुर्घटनाओं का मुख्य कारण है
(a) असावधानी (b) असुरक्षित हस्त औजार
(c) असुरक्षित ले-आउट (d) ये सभी

9. कार्यशाला में ········ डी. सी. से अधिक वोल्टेज दुर्घटना का कारण बन सकती है।
(a) 100 वोल्ट (b) 120 वोल्ट
(c) 50 वोल्ट (d) 70 वोल्ट

10. व्यक्तिगत सुरक्षा से अभिप्राय होता है
(a) हाथ की सुरक्षा (b) पैर की सुरक्षा
(c) सिर की सुरक्षा (d) पूरे शरीर की सुरक्षा

11. कार्यशाला में असुरक्षित पहनावे के अन्तर्गत क्या आता है?
(a) ढीले कपड़े (b) टाई
(c) मफलर (d) ये सभी

12. निम्नलिखित में सिर की सुरक्षा से सम्बन्धित सहायक साधन नहीं है
(a) सुरक्षा हैलमेट (b) हेयर नेट
(c) बम्प केप (d) फेस शील्ड

13. निम्न में से कौन-सा निषेधात्मक संकेत के अन्तर्गत आता है?
(a) भागने के लिए मना करना (b) धूम्रपान करना
(c) आग जलाना (d) श्वास यन्त्र पहनना

14. निम्न में से कौन-से संकेत नीली पृष्ठभूमि (blue background) पर सफेद संकेत द्वारा वृत्त के आकार के बने होते हैं?
(a) अनिवार्य संकेत (b) चेतावनी संकेत
(c) निषेधात्मक संकेत (d) सूचनात्मक संकेत

15. निम्न में से कौन-सा सुरक्षा संकेत का प्रकार नहीं है?
(a) निषेधात्मक संकेत (b) उपयुक्त संकेत
(c) चेतावनी संकेत (d) सूचनात्मक संकेत

16. चित्र में फिटिंग कार्य में उपयोगी किस प्रकृति का सुरक्षा संकेत यहाँ दर्शाया गया है?

(a) निषेधात्मक संकेत (b) अनिवार्य संकेत
(c) चेतावनी संकेत (d) सूचनात्मक संकेत

17. जहर से खतरे के लिए कौन-सा चिन्ह प्रयोग किया जाता है?

(a) 

(b) 

(c) 

(d) इनमें से कोई नहीं

18. निम्न में से कौन-सा चित्र विकिरण से खतरे को दर्शाता है?

(a)  (b) 

(c)  (d) 

19. चेतावनी संकेत किस आकार के होते हैं?
(a) वृत्ताकार (b) त्रिभुजाकार
(c) वर्गाकार (d) आयताकार

20. चित्र में प्रदर्शित चेतावनी संकेत क्या दर्शाता है?

(a) आग का खतरा (b) विस्फोट होने से खतरा
(c) विद्युत झटके का खतरा (d) लेजर बीम से खतरा

21. कृत्रिम श्वास यन्त्र में रबड़ के वाल्व को एक मिनट में .... ऑपरेट किया जाता है।
(a) 10 से 12 बार (b) 15 से 20 बार
(c) 20 से 22 बार (d) 22 से 25 बार

22. चिकित्सक (doctor) के आने से पूर्व दुर्घटनाग्रस्त व्यक्ति को दी जाने वाली चिकित्सा, ... कहलाती है।
(a) मनोवैज्ञानिक चिकित्सा (b) औद्योगिक चिकित्सा
(c) शल्य चिकित्सा (d) प्राथमिक चिकित्सा

23. फर्स्ट एड बॉक्स को उचित प्रकार से सुसज्जित एवं .... रखना चाहिए।
(a) महत्त्वपूर्ण स्थान पर (b) मशीनिंग क्षेत्र में
(c) आसानी से अभिगम स्थान पर (d) सही स्थिति में

24. बेहोश मिले व्यक्ति के साथ आप कैसा व्यवहार करेंगे?
(a) तुरन्त डॉक्टर के पास ले जाएँगे
(b) देखेंगे कि साँस चल रही है या नहीं
(c) मुँह पर पानी के छींटे देंगे
(d) कपड़े ढीले करेंगे

25. बेसिक लाइफ स्पॉट में सम्मिलित प्रक्रिया निम्न में से कौन-सी है?
(a) वायुमार्ग साफ करना
(b) साँस पुनः चालू करना
(c) दिल में धड़कन पुनः चालू करना
(d) उपरोक्त सभी

26. वायुमण्डल से मस्तिष्क और शरीर की विभिन्न कोशिकाओं तक ऑक्सीजन पहुँचाने के लिए शरीर में कौन-सी महत्त्वपूर्ण क्रिया होती है?
(a) श्वसन क्रिया
(b) रक्त परिसंचरण क्रिया
(c) 'a' और 'b' दोनों
(d) उपरोक्त में से कोई नहीं

27. कृत्रिम श्वास देने के लिए सर्वप्रथम .... को साफ करना चाहिए।
(a) मांसपेशियों (b) जीभ
(c) मुँह (d) श्वासनली

28. कृत्रिम श्वास क्रिया की सरलतम विधि है
(a) सिल्वेस्टर विधि (b) शैफर विधि
(c) मुँह-से-मुँह में श्वास देना (d) इनमें से कोई नहीं

29. कृत्रिम श्वास की विधि कौन-सी है?
(a) शैफर विधि (b) सिल्वेस्टर विधि
(c) मुँह-से-मुँह में हवा भरना (d) ये सभी

30. यदि एक मरीज मुँह-से-मुँह श्वसन प्रक्रिया पर सही प्रतिक्रिया न करे, तो प्राथमिक उपचारक को
(a) तुरन्त चिकित्सा सहायता ढूँढनी चाहिए
(b) टूटी हुई अस्थियाँ देखनी चाहिए
(c) शरीर को कम्बल से गर्म रखना चाहिए
(d) नाड़ी और नेत्र-चक्षु की जाँच करनी चाहिए

31. विद्युत सप्लाई के तार से चिपके व्यक्ति को दूर करते हैं?
(a) रबर के दस्ताने या सूखी लकड़ी से
(b) उसके हाथ से पकड़कर
(c) गीली लकड़ी द्वारा
(d) लोहे की रॉड से

32. जब करण्ट बहुत निचले स्तर पर होता है, तो इलेक्ट्रिक शॉक का व्यक्ति पर क्या प्रभाव पड़ेगा?
(a) वह अपना सन्तुलन खो देगा और गिरेगा
(b) सम्पर्क स्थान पर मामूली जलन होगी
(c) अपना होश खो देगा
(d) त्वचा पर ज्यादा जलन होगी

33. चलती मशीन पर निम्न में से किसके द्वारा कार्यखण्ड पर नट चढ़ाने की कोशिश नहीं करनी चाहिए?
(a) स्पैनर के द्वारा (b) पाइप रिंच के द्वारा
(c) 'a' और 'b' दोनों (d) इनमें से कोई नहीं

34. व्यक्तिगत सुरक्षा उपकरणों में निम्न में कौन-सा सम्मिलित हैं?
(a) काला चश्मा (b) कपड़े
(c) हैलमेट (d) ये सभी

35. घायल व्यक्ति के रक्तस्राव को किस प्रकार रोका जा सकता है?
(a) पट्टी बाँधकर (b) मरहम लगाकर
(c) घाव पर टिंचर लगाकर (d) घाव पर दबाव देकर

36. चित्र में प्रदर्शित संकेत क्या दर्शाता है?

(a) स्कूल (b) संरक्षित
(c) अनगार्डेड (d) पैदल चलने वालों का मार्ग

37. गोल्डन आवर्स की अवधि को कहा जाता है
(a) घटना के बाद के पहले 30 मिनट
(b) पहले 30 मिनट
(c) प्रवेश के पहले 45 मिनट
(d) उपचार के बाद के पहले 60 मिनट

38. कार्यस्थल पर दुर्घटना से बचने का पहला उपाय क्या है ?
(a) सुरक्षा उपकरण पहनना
(b) चीजों को अपने तरीके से करना
(c) सुरक्षा सावधानियों का पालन करना
(d) अत्यधिक कुशल कार्य करने के अभ्यास के साथ चीजें करना

39. निम्नलिखित रोड साइन किस प्रकार का है ?

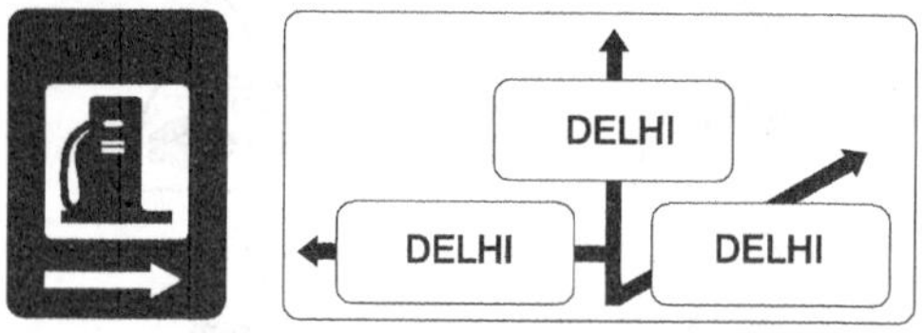

(a) पुलिस सिग्नल
(b) सावधानी का संकेत
(c) अनिवार्य संकेत
(d) सूचना का संकेत

40. प्राथमिक चिकित्सा के ABC में A क्या प्रदर्शित करता है ?
(a) एयर वे
(b) अटैंशन
(c) अरैस्टिंग
(d) एटमॉसफियर

उत्तरमाला

1. (d)	**2.** (b)	**3.** (a)	**4.** (b)	**5.** (d)	**6.** (b)	**7.** (b)	**8.** (d)	**9.** (b)	**10.** (d)
11. (d)	**12.** (d)	**13.** (a)	**14.** (a)	**15.** (b)	**16.** (c)	**17.** (b)	**18.** (d)	**19.** (b)	**20.** (c)
21. (b)	**22.** (d)	**23.** (c)	**24.** (b)	**25.** (d)	**26.** (c)	**27.** (d)	**28.** (a)	**29.** (d)	**30.** (a)
31. (a)	**32.** (b)	**33.** (c)	**34.** (c)	**35.** (d)	**36.** (d)	**37.** (a)	**38.** (c)	**39.** (d)	**40.** (a)

अध्याय 02

प्लम्बर सम्बन्धी हस्त औजार

Hand Tools Related to Plumber

आज के दैनिक जीवन में प्लम्बर का विशेष महत्त्व है, क्योंकि प्लम्बर (कारीगर) घरों, व्यावसायिक स्थानों, औद्योगिक भवनों आदि में पाइपिंग सिस्टम को स्थापित, रिपेयर और मेन्टेन करता है। ये सभी कार्य करने के लिए प्लम्बर को सामान्य हस्त औजारों की आवश्यकता पड़ती है। सामान्य हस्त औजार कई प्रकार के होते हैं; जैसे-होल्डिंग अथवा क्लैम्पिंग औजार (holding or clamping tools), मापन औजार (measuring tools), चिन्हन औजार (marking tools), कर्तन औजार (cutting tools), स्ट्राइकिंग औजार (striking tools) इत्यादि।

प्रस्तुत अध्याय में हम प्लम्बिंग सम्बन्धी हस्त औजारों तथा उनकी कार्यिकी का अध्ययन करेंगे।

अध्याय विषय सूची

2.1 होल्डिंग अथवा क्लैम्पिंग औजार Holding or Clamping Tools

कार्यशाला में किसी कार्यखण्ड को पकड़ने के लिए जिन उपकरणों को प्रयोग में लाया जाता है, उन्हें वाइस (vice) कहते हैं। कार्यखण्ड पर फाइलिंग, मशीनिंग, स्क्रैपिंग, फिटिंग आदि अन्य प्रक्रियाएँ करने से पहले वाइस द्वारा कार्यखण्ड को मजबूती से पकड़ा जाता है। कार्यखण्ड को जकड़कर रखने के लिए इसमें कठोर जबड़े (hard jaw) लगे होते हैं। तैयार माल को पकड़ने के लिए सॉफ्ट जॉ (soft jaw) प्रयोग किए जाते हैं। सॉफ्ट जॉ एल्युमीनियम की चादर के बने होते हैं तथा कठोर जबड़े के ऊपर ही प्रयोग किए जाते हैं। इससे कार्यखण्ड की सतह पर निशान नहीं पड़ते हैं।

कार्यशाला में प्रयोग होने वाली वाइस का विवरण निम्न प्रकार हैं

1. बेंच वाइस	2. मशीन वाइस	3. पाइप वाइस
4. लैग वाइस	5. हैण्ड वाइस	6. पिन वाइस
7. टूल मेकर्स वाइस	8. न्यूमैटिक वाइस	9. हाइड्रॉलिक वाइस

1. बेंच वाइस Bench Vice

बेंच वाइस की बॉडी साधारणतः ढलवाँ लोहे (cast iron) की बनी होती है। बेंच वाइस की बॉडी के अन्दर ही फिक्स्ड जॉ (fixed jaw) कास्ट किया होता है, जबकि मूवेबल जॉ (movable jaw) बॉडी के वर्गाकार छिद्र में पश्चाग्र (reciprocating) गति कर सकता है। यह मूवेबल जॉ भी ढलवाँ लोहे का बना होता है। इस मूवेबल जॉ का वर्गाकार भाग भी खोखला होता है, जिसमें माइल्ड स्टील (mild steel) का स्क्रू घूमता है। इस स्क्रू को घुमाने के लिए एक हैण्डिल की व्यवस्था की जाती है।

यह स्क्रू बॉडी के अन्दर स्थिर किए गए एक नट के अन्दर घूमता है। दोनों जॉ पर कास्ट स्टील (cast steel) की दाँतेदार सतह वाली प्लेट स्क्रू के द्वारा लगी होती है।

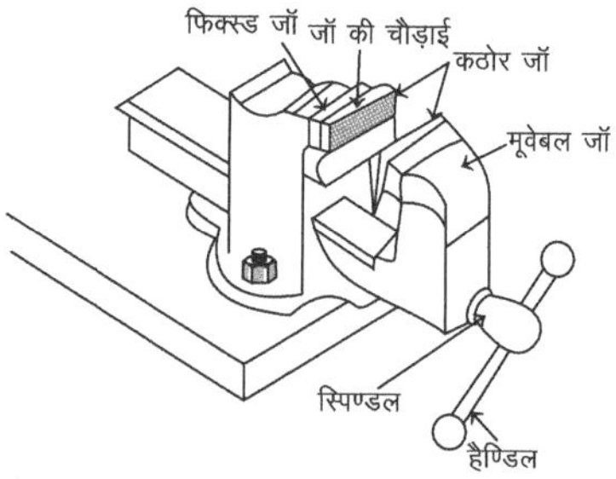

चित्र साधारण बेंच वाइस

इन दोनों प्लेटों को ऊष्मा उपचार (heat treatment) द्वारा हार्ड किया जाता है। ये दोनों प्लेट हार्ड तथा दाँतेदार होने से वस्तुओं को दृढ़तापूर्वक पकड़ती है। वाइस का साइज जॉ की चौड़ाई से व्यक्त किया जाता है। बाजार में बेंच वाइस 75 मिमी से 150 मिमी तक उपलब्ध हैं। इसका प्रयोग प्राय: फाइलिंग, चिपिंग, टैपिंग, हैक्साइंग आदि ऑपरेशन करते समय कार्यखण्ड (workpiece) को मजबूती से पकड़ने के लिए किया जाता है।

बेंच वाइस के प्रकार Types of Bench Vice

कार्य की उपयोगिता के आधार पर बेंच वाइस निम्न प्रकार की होती है

(i) स्वीवल बेस बेंच वाइस Swivel Base Bench Vice

इस वाइस के जॉ प्राय: समानान्तर खुले रहते हैं। इस वाइस में एक अलग से आधार (बेस) लगा होता है और इसी बेस पर एक क्लैम्पिंग लीवर द्वारा वाइस को कसा जाता है। इस लीवर को ढीला करके इसे किसी कोण पर घुमाया जा सकता है। इसका प्रयोग अधिकतर टूलरूम व फिटिंग शॉप में होता है। इसके उपयोग से कार्यखण्ड को बार-बार खोलना तथा बाँधना नहीं पड़ता।

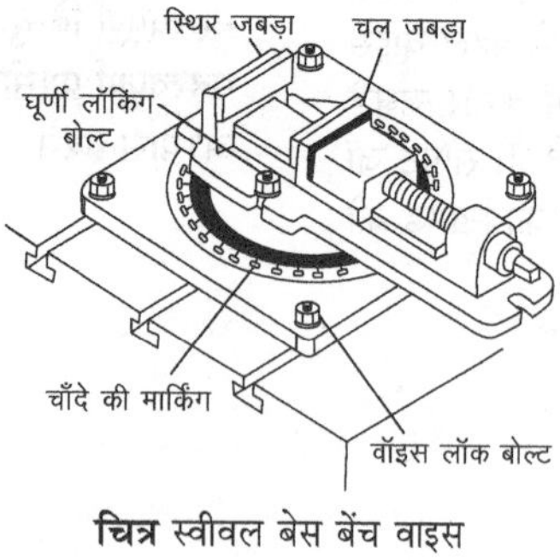

चित्र स्वीवल बेस बेंच वाइस

(ii) क्विक रिलीज बेंच वाइस Quick Release Bench Vice

क्विक रिलीज बेंच वाइस में स्पिण्डल जिस नट में चलता है वह नट दो हाफ (two half) में बना होता है। इस नट के दोनों हाफ को खोलने के लिए स्पिण्डल लीवर के पास ही क्विक रिलीज लीवर होता है।

इस लीवर को दबाने पर नट खुल जाता है तथा स्पिण्डल को बिना घुमाए ही मूवेबल जॉ को बाहर या अन्दर धकेला जा सकता है।

इस वाइस के स्पिण्डल तथा नट में बटरैस थ्रेड कटी होती है जिनका कोण 45° होता है। यह वाइस विभिन्न आकार के कार्यखण्ड बार-बार पकड़ने के लिए बहुत लाभदायक है। यह भारी कार्यों के लिए अधिक उपयोगी है।

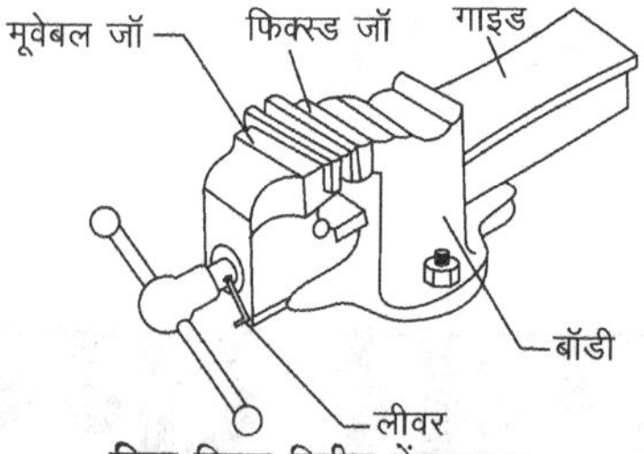

चित्र क्विक रिलीज बेंच वाइस

(iii) कॉम्बीनेशन बेंच वाइस Combination Bench Vice

कॉम्बीनेशन बेंच वाइस में फ्लैट कार्यखण्ड को पकड़ने के लिए साधारण वाइस के समान ही समान्तर जॉ लगे होते हैं। साथ ही गोल छड़ों व पाइपों को पकड़ने के लिए 'V' आकार का जॉ भी लगा होता है। यह जॉ समान्तर जॉ के नीचे की तरफ बना होता है। यह जॉ भी टूल स्टील का बना होता है।

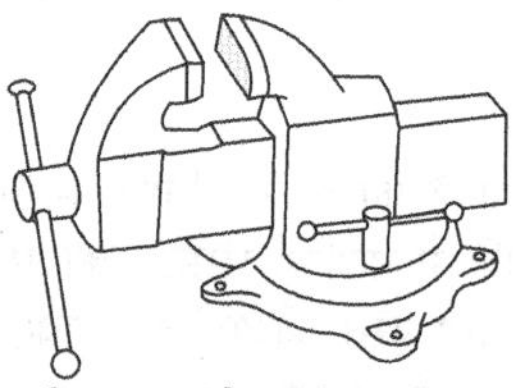

चित्र कॉम्बीनेशन बेंच वाइस

(iv) कारपेन्टर्स बेंच वाइस Carpenter's Bench Vice

यह कारपेन्ट्री शॉप में लकड़ी के कार्यखण्ड को पकड़ने में प्रयोग होने वाली वाइस है। इसकी बॉडी ढलवाँ लोहे की बनी होती है तथा इसके जॉ किसी हार्ड लकड़ी; जैसे—शीशम आदि के बनाए जाते हैं। यह वाइस क्विक रिलीज बेंच वाइस के समान कार्य करती है। इस पर किसी धातु के कार्यखण्ड को नहीं पकड़ा जा सकता है। इसके स्पिण्डल में बटरैस चूड़ियाँ (butress threads) होती हैं।

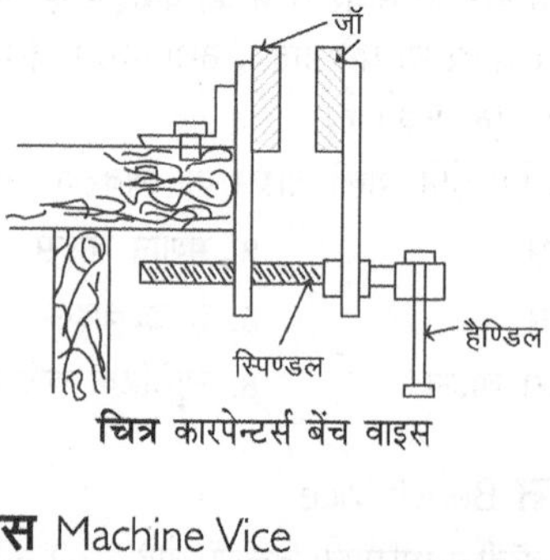

चित्र कारपेन्टर्स बेंच वाइस

2. मशीन वाइस Machine Vice

मशीन वाइस को मशीनों की टेबल पर बोल्ट की सहायता से कसा जाता है। बोल्टों का हैड मशीन टेबल के 'T' स्लॉट्स ('T' slots) में डालकर मशीन वाइस में बने खाँचे में नट द्वारा कस दिया जाता है। मशीन वाइस के जॉ भी समान्तर खुलते हैं, परन्तु इसकी बनावट बेंच वाइस से भिन्न होती है।

इसकी बॉडी ढलवाँ लोहे या कास्ट स्टील की बनी होती है, जिसके एक सिरे पर स्थिर जबड़ा (fixed jaw) तथा दूसरे सिरे पर स्पिण्डल के लिए चूड़ियाँ बनी होती हैं।

यह स्पिण्डल मूवेबल जॉ (movable jaw) को वाइस की बॉडी पर आगे-पीछे चलाता है। मशीन वाइस की ऊँचाई बेंच वाइस की तुलना में काफी कम होती है, जबकि जॉ की चौड़ाई (width of jaws) अधिक होती है। मशीन वाइस का प्रयोग मिलिंग, ड्रिलिंग हेतु कार्यखण्ड को पकड़ने के लिए किया जाता है। मशीन वाइस निम्न प्रकार की होती हैं

(i) **साधारण मशीन वाइस** Simple Machine Vice

साधारण मशीन वाइस की ऊँचाई कम होती है। इस कारण कार्यखण्डों को मशीन की टेबल के अधिक निकट पकड़ा जा सकता है। इस वाइस को टेबल पर 'T' स्लॉट्स के समान्तर या लम्बवत् पकड़ा जा सकता है। इसका मूवेबल जॉ वाइस की बॉडी में बने ग्रूवों (grooves) में फँसकर स्लाइड करता है।

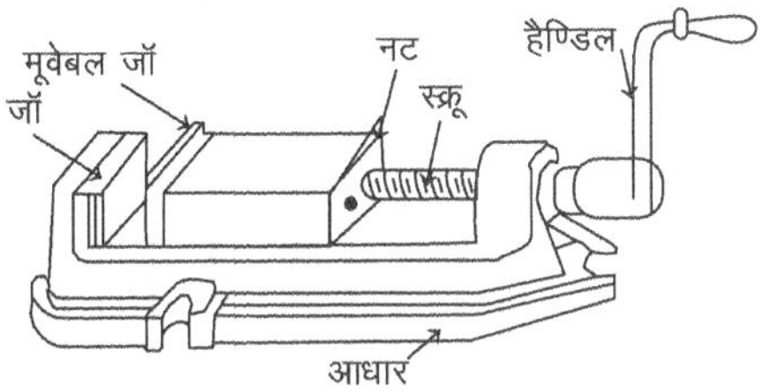

चित्र साधारण मशीन वाइस

(ii) **स्वीवल मशीन वाइस** Swivel Machine Vice

मशीन वाइस में एक स्वीवल आधार पर दो क्लैम्पिंग स्क्रू के द्वारा कसा जाता है। इससे कार्यखण्ड को घुमाने के लिए बार-बार मशीन वाइस को नहीं खोलना पड़ता। आधार पर एक कोणीय पैमाना भी बना होता है, जिसकी सहायता से वाइस को किसी भी कोण पर समायोजित किया जा सकता है। वाइस का स्वीवल आधार अलग करके इसे साधारण मशीन वाइस के रूप में भी प्रयोग किया जा सकता है।

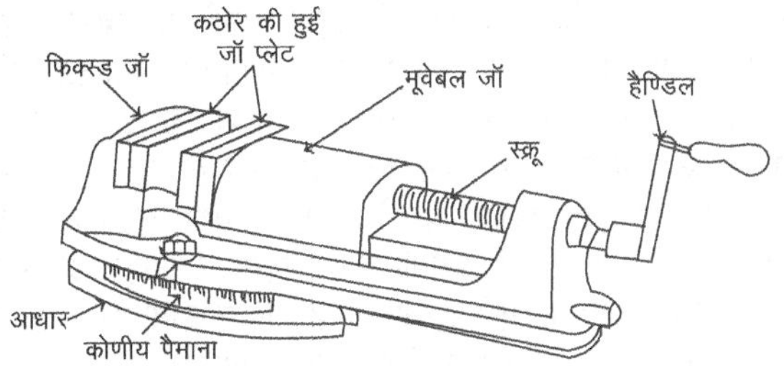

चित्र स्वीवल मशीन वाइस

(iii) **यूनिवर्सल मशीन वाइस** Universal Machine Vice

यूनिवर्सल वाइस में कार्यखण्ड (job) को बाँधकर क्षैतिज तल (horizontal plane) तथा ऊर्ध्वाधर तल (vertical plane) में किसी भी कोण पर घुमाने की व्यवस्था रहती है। इससे एक बार कार्यखण्ड को वाइस में बाँध लेने पर उसके अनेक पृष्ठों (surfaces) को विभिन्न कोणों पर मशीनिंग की जा सकती है।

यह वाइस अधिकतर टूल रूम (tool room) में प्रयोग की जाती है। भारी कार्यों के लिए इस वाइस का प्रयोग नहीं किया जाता है।

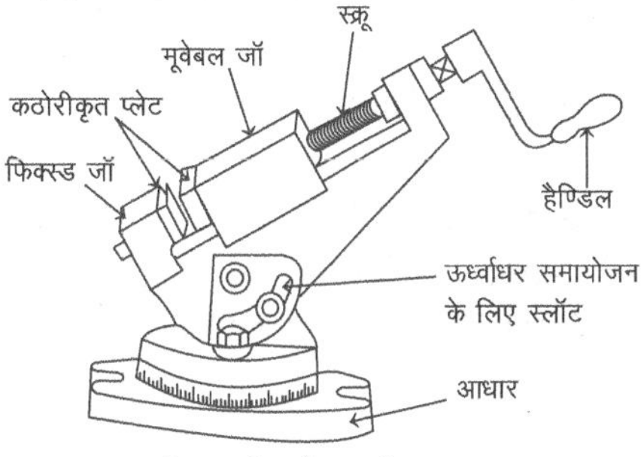

चित्र यूनिवर्सल मशीन वाइस

(iv) **ऊर्ध्वाधर मशीन वाइस** Vertical Machine Vice

यदि साधारण मशीन वाइस को एक दिशा में पलट दिया जाए तो उसके जबड़े समान्तर न रहकर ऊर्ध्वाधर हो जाएँगे। अब इसे मशीन टेबल पर क्लैम्प करने के लिए उसके आधार में आवश्यक परिवर्तन किया जाए तो यह ऊर्ध्वाधर मशीन वाइस बन जाएगी, जैसा कि निम्न चित्र में दर्शाया गया है।

कार्यखण्ड के सिरों पर विभिन्न प्रकार की प्रक्रिया करने के लिए इस प्रकार की वाइस का प्रयोग किया जाता है।

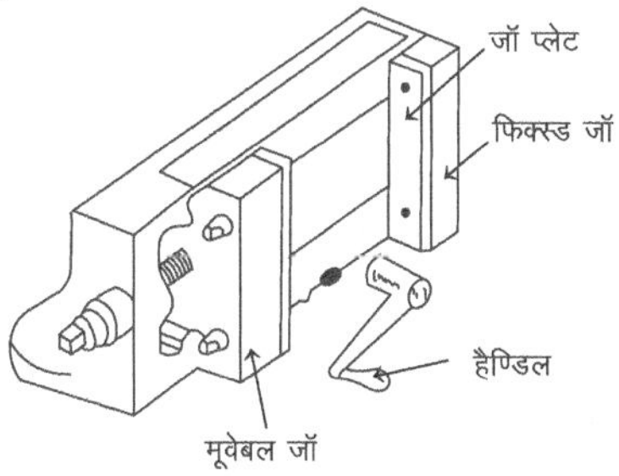

चित्र ऊर्ध्वाधर मशीन वाइस

(v) **ड्रिल मशीन वाइस** Drill Machine Vice

यह मशीन वाइस मुख्य रूप से ड्रिलिंग मशीन पर प्रयोग की जाती है, इसलिए इसे ड्रिल मशीन वाइस कहते हैं। इसमें मूवेबल जॉ को आगे-पीछे चलाने के लिए एक नर्लिंग किया हुआ हैण्डिल लगा होता है। इस हैण्डिल को उठाकर जॉ को सरकाया जा सकता है। कार्यखण्ड को जकड़ने के लिए हत्थे को नीचे लाकर एवं हत्थे को गोल घुमाकर कार्यखण्ड को कस लिया जाता है।

चित्र ड्रिल मशीन वाइस

3. पाइप वाइस Pipe Vice

पाइप वाइस का प्रयोग गोल पाइप व छड़ आदि को पकड़ने के लिए किया जाता है। इसके आधार में 'V' ग्रूव का फिक्स्ड जॉ होता है। एक मूवेबल जॉ स्पिण्डल के द्वारा वर्टिकल फ्रेम में चलता है। दोनों जॉ में 90° का ग्रूव होता है।

ये दोनों जॉ ढलवाँ स्टील के बने होते हैं, जिन्हें ऊष्मा उपचार के द्वारा हार्ड किया जाता है। कार्यखण्ड को मजबूती से पकड़ने के लिए इनमें दाँते (teeth) भी कटे होते हैं। पाइप वाइस कार्यखण्ड को चार बिन्दुओं से जकड़ती है।

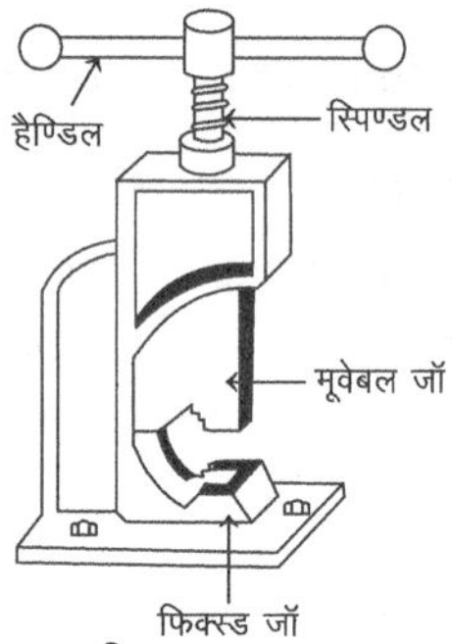

चित्र पाइप वाइस

4. लैग वाइस Leg Vice

इस वाइस में एक लम्बी टाँग होती है, जिसके ऊपरी सिरे में फिक्स्ड जॉ होता है तथा निचला सिरा जमीन तक जाकर एक लकड़ी के लट्ठे पर टिका होता है। इसको किसी मजबूत व भारी मेज के ऊपर कस दिया जाता है। इसकी बड़ी टाँग (leg) से एक छोटी टाँग कब्जे जोड़ के द्वारा जुड़ी होती है, जिसके ऊपरी भाग में मूवेबल जॉ होता है।

यह मूवेबल जॉ एक स्पिण्डल के द्वारा फिक्स्ड जॉ के सापेक्ष आगे-पीछे चलता है। यह स्पिण्डल फिक्स्ड जॉ में लगे नट में गति करता है। यह वाइस माइल्ड स्टील (mild steel) की बनी होती है। दोनों जॉ में स्टील (steel) की जॉ प्लेट वैल्ड किए होते हैं। लैग वाइस का प्रयोग ब्लैकस्मिथी तथा बॉयलर शॉप में भारी कार्यखण्डों को पकड़ने के लिए किया जाता है।

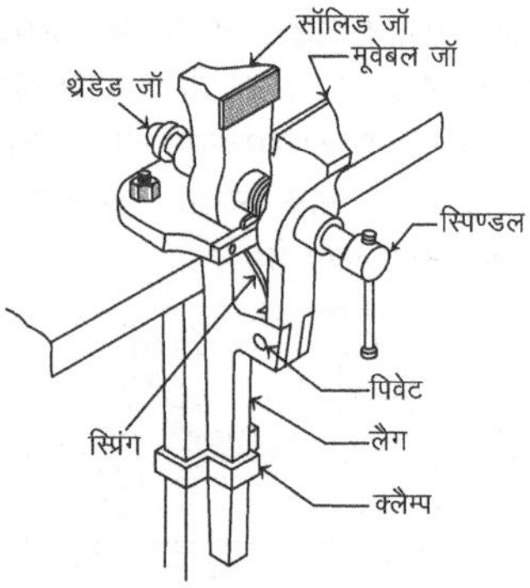

चित्र लैग वाइस

5. हैण्ड वाइस Hand Vice

आकार में छोटे कार्यखण्डों पर कार्य करने के लिए इस प्रकार की वाइस का प्रयोग किया जाता है। इसकी बनावट लैग वाइस के समान ही होती है, परन्तु यह साइज में बहुत छोटी होती है। इसको कार्यखण्ड के साथ हाथ में पकड़कर प्रयोग में लाया जाता है, इसलिए इसे हैण्ड वाइस कहते हैं।

इसके दोनों जॉ एक सिरे पर कब्जा जोड़ (hinge joint) बनाते हैं, जबकि दूसरे सिरे पर कार्यखण्ड की पकड़ मजबूत करने के लिए जॉ को दाँतेदार बनाया जाता है। दोनों जॉ के मध्य एक पत्ती स्प्रिंग (leaf spring) होती है। कार्यखण्ड को जॉ में पकड़ने के लिए एक विंग नट (wing nut) का भी प्रयोग किया जाता है।

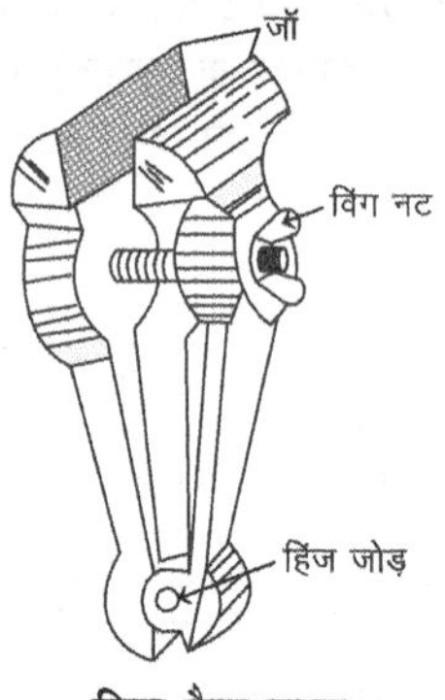

चित्र हैण्ड वाइस

हैण्ड वाइस माइल्ड स्टील (mild steel) की बनी होती है तथा बाजार में 125-150 मिमी तक की लम्बाई तथा 40-44 मिमी तक की चौड़ाई में उपलब्ध है। इस वाइस का उपयोग छोटे कार्यखण्डों; जैसे— उपकरण सैक्शन, चाबी बनाने आदि के लिए किया जाता है।

6. पिन वाइस Pin Vice

यह वाइस अत्यन्त महीन तारनुमा जॉबों; जैसे— तार, घड़ियों के पुर्जे आदि को पकड़ने के काम आती है, इसलिए इसे पिन वाइस कहते हैं। इसके द्वारा पतली छड़, घड़ी की शाफ्ट या पिनियन (pinion) आदि को पकड़कर उन पर मशीनी कार्य किया जाता है। कार्यखण्ड को पकड़ने के लिए इसके एक सिरे पर ड्रिल चक की तरह के जबड़े होते हैं, जो आवश्यकतानुसार हैण्डिल के घुमाने पर खुलते तथा बन्द होते हैं। इसकी बॉडी पिन की तरह होती है। इसकी पकड़ बढ़ाने के लिए बॉडी पर नर्लिंग की गई होती है। इसकी पूरी लम्बाई में छेद किया होता है। इसका प्रयोग छोटे उपकरणों को पकड़ने के लिए किया जाता है।

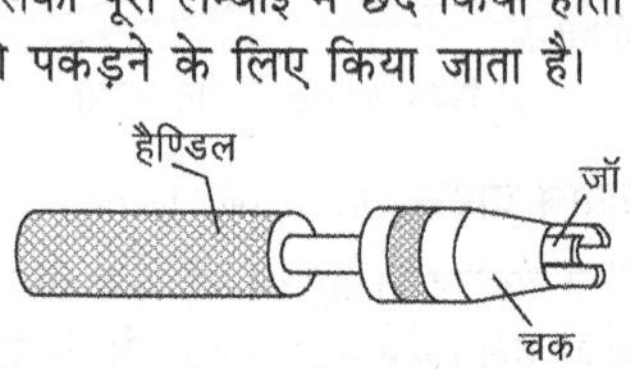

चित्र पिन वाइस

7. टूल मेकर्स वाइस Tool Makers Vice

टूल मेकर्स वाइस आकार में बहुत छोटी तथा माइल्ड स्टील (mild steel) की बनी होती है। इसके जॉ प्लेन होते हैं, जिससे जॉब की सतह पर निशान नहीं पड़ते। इसको टूल मेकर द्वारा बारीक मशीन संक्रियाएँ करने के लिए काम में लाया जाता है।

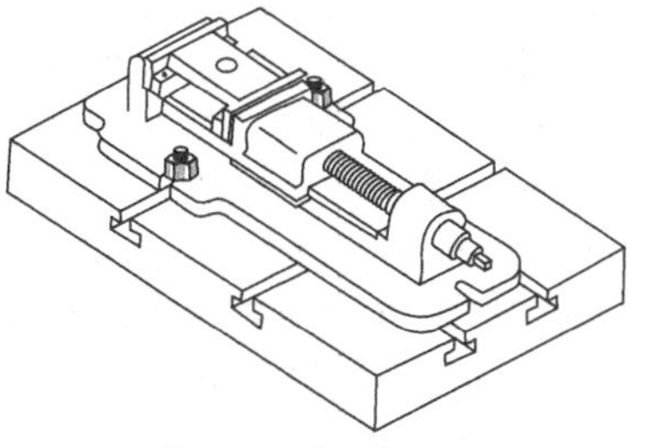

चित्र टूल मेकर्स वाइस

8. न्यूमैटिक वाइस Pneumatic Vice

यह एक विशेष प्रकार की वाइस है। इस वाइस में स्पिण्डल की आवश्यकता नहीं होती है। इस वाइस द्वारा कार्यखण्डों को पकड़ने के लिए कम्प्रैस्ड एयर का उपयोग किया जाता है। इस वाइस के जॉ को खोलने व बन्द करने के लिए वाल्व लगे होते हैं।

9. हाइड्रॉलिक वाइस Hydraulic Vice

यह भी एक आधुनिक वाइस है। इस वाइस के जॉ को खोलने व बन्द करने के लिए हाइड्रॉलिक दाब का उपयोग किया जाता है तथा इस दाब को वाल्वों द्वारा नियन्त्रित किया जाता है।

वाइस प्रयोग करते समय सावधानियाँ
Precautions While Using Vice

वाइस का प्रयोग करते समय निम्न सावधानियों को ध्यान रखना आवश्यक है

(*i*) वाइस में नया कार्यखण्ड बाँधने से पहले उसे भली-भाँति साफ कर लेना चाहिए।

(*ii*) वाइस के सरकने वाले सभी भागों पर तेल आदि लगाते रहना चाहिए।

(*iii*) वाइस के स्पिण्डल व बॉक्स नट पर ग्रीस लगाते रहना चाहिए।

(*iv*) कार्यखण्ड को वाइस में आवश्यकतानुसार कसना चाहिए। अधिक या कम कसने से कार्यखण्ड में त्रुटि की सम्भावना रहती है।

(*v*) परिष्कृत कार्यखण्ड को वाइस में पकड़ते समय सॉफ्ट जॉ (soft jaw) का प्रयोग करना चाहिए जिससे निशान न पड़ें।

2.2 वाइस क्लैम्प Vice Clamp

अधिकतर वाइस की जॉ प्लेट्स (jaw plates) टूल स्टील या माइल्ड स्टील को केस हार्ड करके बनाई जाती हैं। इन प्लेट्स पर कटे दाँतों के कारण परिष्कृत कार्यखण्डों पर निशान पड़ने की सम्भावना रहती है। इसीलिए इन जॉ प्लेट्स के ऊपर नर्म धातु का वाइस क्लैम्प फिट किया जाता है ताकि परिष्कृत कार्यखण्डों पर किसी प्रकार के निशान न लगें।

वाइस क्लैम्प के प्रकार Types of Vice Clamp

वाइस क्लैम्प निम्न प्रकार के होते हैं

1. 'C' क्लैम्प 'C' Clamp

इसकी बनावट 'C' के आकार की होती है, इसलिए इसे 'C' क्लैम्प कहते हैं। इसमें ढलवाँ लोहे का एक फ्रेम होता है, जिसका एक सिरा फिक्स्ड जॉ होता है। दूसरे सिरे को एक नट के रूप में बनाया जाता है। इस नट में एक स्पिण्डल चल सकता है। इस स्पिण्डल के अगले सिरे पर एक घूमने वाला स्वीवल जॉ रहता है तथा दूसरे सिरे में एक हैण्डिल पड़ा होता है। इस हैण्डिल को कसने से ही स्वीवल जॉ तथा स्थिर जॉ के बीच कार्यखण्ड को पकड़ा जाता है।

इसका प्रयोग गोलाकार टेपर या टेढ़े-मेढ़े कार्यखण्डों को पकड़ने के लिए किया जाता है।

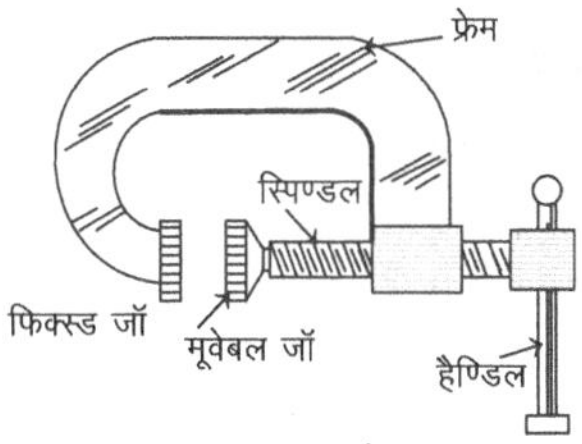

चित्र 'C' क्लैम्प

2. प्लेन वाइस क्लैम्प Plain Vice Clamp

साधारण कार्यखण्डों को पकड़ने के लिए प्लेन वाइस क्लैम्प का उपयोग किया जाता है। इन्हें 90° के कोण पर मोड़ा जाता है। प्लेन वाइस क्लैम्प प्राय: नर्म धातुओं; जैसे—माइल्ड स्टील, ताँबा, एल्युमीनियम एवं पीतल इत्यादि की पतली चादरों से बनाए जाते हैं।

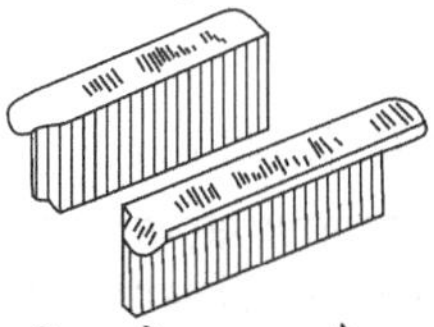

चित्र प्लेन वाइस क्लैम्प

3. हाफ राउण्ड वाइस क्लैम्प Half Round Vice Clamp

ये वाइस क्लैम्प भी नर्म धातुओं के बनाए जाते हैं। इस वाइस क्लैम्प में अर्द्ध गोलाई में खाँचे कटे होते हैं। इसके द्वारा लोहे या अन्य धातु की रॉड इत्यादि को दृढ़ता से पकड़ा जाता है।

चित्र हाफ राउण्ड वाइस क्लैम्प

4. 'U' वाइस क्लैम्प 'U' Vice Clamp

इसकी बनावट 'U' आकार की होती है। इस वाइस क्लैम्प में पाइप या अन्य कार्यखण्डों को क्षैतिज रूप में पकड़ा जा सकता है।

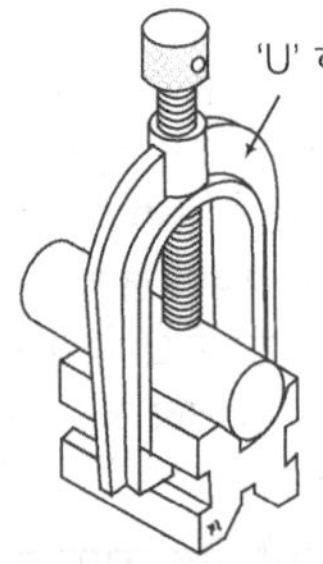

चित्र 'U' वाइस क्लैम्प

5. 'V' वाइस क्लैम्प 'V' Vice Clamp

इस वाइस क्लैम्प को बेंच वाइस में फिट करके पाइप या अन्य कोई गोलीय रॉड को लम्ब रूप में पकड़ा जा सकता है। इस क्लैम्प में 'V' आकृति के खाँचे कटे होते हैं।

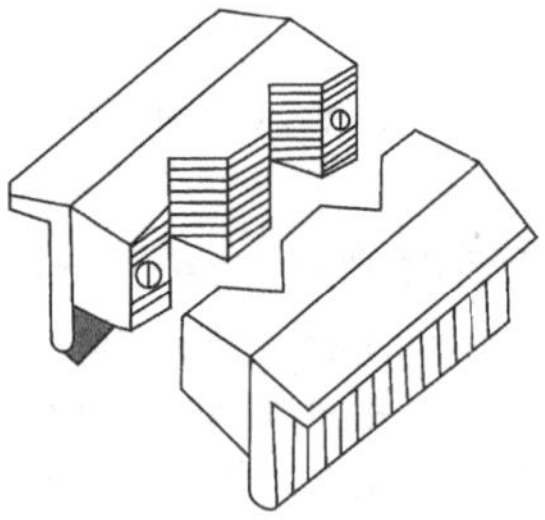

चित्र 'V' वाइस क्लैम्प

6. टूल मेकर क्लैम्प Tool Maker Clamp

इस क्लैम्प का उपयोग साधारण परिष्कृत कार्यखण्ड को पकड़कर उस पर मार्किंग, ड्रिलिंग आदि प्रक्रियाएँ करने के लिए किया जाता है। इसमें दो स्क्रू लगे होते हैं जिनकी दिशा एक-दूसरे के विपरीत होती है। ये दोनों स्क्रू कार्यखण्ड को मजबूती से पकड़ते हैं। इस क्लैम्प में दो समान्तर जबड़ें होते हैं जिन्हें ऊपर-नीचे चलाया जा सकता है। इसे समान्तर क्लैम्प के नाम से भी जाना जाता है।

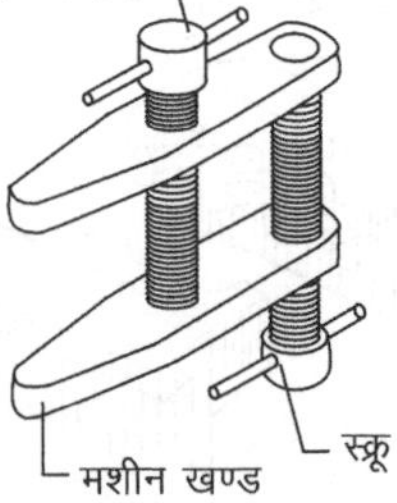

चित्र टूल मेकर क्लैम्प

2.3 मापन औजार Measuring Tools

किसी कार्यखण्ड (workpiece) के आकार को मानक इकाई में निर्धारित करने को ही मापन (measurement) कहते हैं। इसके लिए विभिन्न प्रकार के औजार प्रयोग किए जाते हैं। मापन औजारों के मुख्यत: तीन प्रकार होते हैं

(*i*) **प्रत्यक्ष मापन औजार** (Direct measurement tools) प्रत्यक्ष मापन औजार द्वारा कार्यखण्ड की माप सीधे ही रूल, माइक्रोमीटर, वर्नियर कैलीपर, बैवेल प्रोट्रैक्टर द्वारा ली जाती है।

(*ii*) **अप्रत्यक्ष मापन औजार** (Indirect measurement tools) अप्रत्यक्ष मापन औजार द्वारा कार्यखण्ड की माप पहले बाह्य कैलीपर, डिवाइडर, टेलिस्कोपिक गेज द्वारा ली जाती है, इसके बाद इस माप को स्टील रूल पर स्थानान्तरित करके मुख्य माप प्राप्त हो जाती है।

(*iii*) **तुलनात्मक मापन औजार** (Comparative measurement tools) तुलनात्मक मापन औजार द्वारा कार्यखण्ड की माप किसी मास्टर पीस से तुलना करके ली जाती है।

नोट *मापन प्रणाली मुख्य रूप से तीन प्रकार की होती है*
(i) FPS प्रणाली (ब्रिटिश प्रणाली)
(ii) CGS प्रणाली
(iii) MKS प्रणाली (मीट्रिक प्रणाली)

किसी मापक यन्त्र के द्वारा ली गई माप की यथार्थता, मापक यन्त्र एवं कारीगर की दक्षता पर निर्भर करती है। मापन सम्बन्धी मुख्य प्रकारों (types) को निम्न प्रकार वर्णित किया गया है

1. रेखीय माप Linear Measurement

सीधी रेखा में मापी जाने वाली माप को रेखीय माप कहते हैं। रेखीय माप को रूल, स्केल, माइक्रोमीटर आदि के द्वारा मापा जाता है। रेखीय मापन औजारों का वर्णन निम्न प्रकार है

(i) रूल Rule

मापन कार्य के लिए रूल अधिकतर लकड़ी के प्रयोग किए जाते हैं जिन पर इंचों या सेमी (cm) में निशान बने होते हैं। कभी-कभी धातु के रूल भी प्रयोग किए जाते हैं। इनके द्वारा कार्यखण्ड की लम्बाई सूक्ष्मता (accuracy) से नहीं मापी जा सकती। ये निम्न प्रकार के होते हैं

(a) स्टील रूल Steel Rule

स्टील रूल बनाने के लिए स्टेनलैस स्टील (stainless steel), स्प्रिंग स्टील (spring steel) या हाई-कार्बन स्टील (high carbon steel) का प्रयोग किया जाता है। इन सभी को स्टील रूल कहा जा सकता है। ये भी निम्न प्रकार के होते हैं

- **प्लेन स्टील रूल** (Plain steel rule) प्लेन स्टील रूल 6" या 12" तक की लम्बाई के होते हैं। इनकी चौड़ाई क्रमश: पौन इंच तथा एक इंच होती है। इनकी एक साइड पर इंच तथा दूसरी पर सेमी के चिह्न अंकित होते हैं। इनके द्वारा न्यूनतम 1/64" तथा 1/2 मिमी की माप ली जा सकती है। यह स्टेनलैस स्टील, स्प्रिंग स्टील या हाई-कार्बन स्टील का बना होता है। स्टील रूल की शुद्धता (accuracy) बनाए रखने के लिए उसके सिरों तथा साइडों को घिसने से बचाएँ तथा स्टील रूल को अन्य उपकरणों से हटाकर रखें तथा जब वह उपयोग में न हो, तो उस पर पतले तेल की हल्की परत लगाकर रखें। इससे उसे जंग लगने (rusting) से बचाया जा सकेगा।

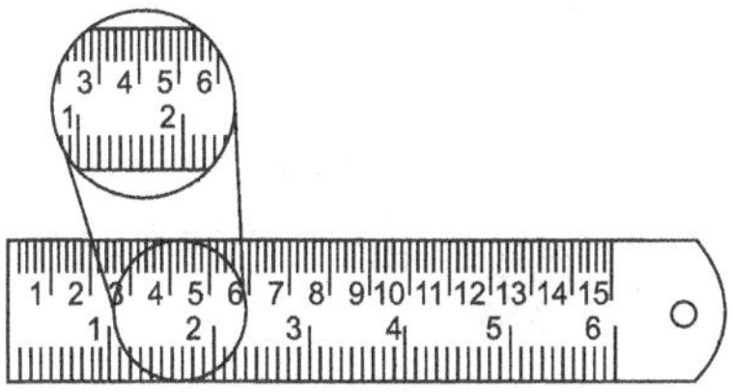

चित्र प्लेन स्टील रूल

- **स्टैण्डर्ड स्टील रूल** (Standard steel rule) स्टैण्डर्ड स्टील रूल भी स्टेनलैस स्टील या स्प्रिंग स्टील का ही बना होता है। इसकी लम्बाई 6" से 48" तक होती है तथा चौड़ाई 3/4" या 1" होती है। इसके द्वारा न्यूनतम 1/64" या 0.5 मिमी तक माप ली जा सकती है।

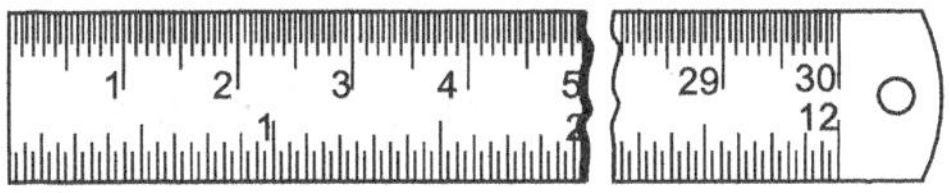

चित्र स्टैण्डर्ड स्टील रूल

- **लचीला स्टील रूल** (Flexible steel rule) वक्र सतहों (curved surfaces) की लम्बाई मापने के लिए लचीले स्टील रूल का प्रयोग किया जाता है। ये रूल स्प्रिंग स्टील की पतली पत्ती (strip) के द्वारा बनाए जाते हैं, जिससे ये किसी भी वक्र सतह पर आसानी से फैल जाते हैं। इसकी चौड़ाई 1/2" (आधा इंच) होती है। ये रूल 6" लम्बे होते हैं।
- **नैरो स्टील रूल** (Narrow steel rule) स्टैण्डर्ड स्टील रूल से इसकी चौड़ाई कम होने के कारण ही इसे नैरो स्टील रूल (narrow steel rule) कहते हैं। इसकी चौड़ाई मात्र 5 मिमी होती है जबकि लम्बाई 15 सेमी या 6" के बराबर होती है। इनका प्रयोग पतली नाली (groove) या ब्लाइण्ड ड्रिल हुए छिद्रों की माप लेने में किया जाता है। साधारणत: इनका एक ही किनारा चिह्नित रहता है। ये रूल इंचों में या सेमी में चिह्नित रहते हैं। चित्र में एक नैरो स्टील रूल (narrow steel rule) दर्शाया गया है।

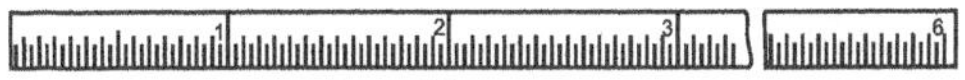

चित्र नैरो स्टील रूल

(b) **हुक रूल** Hook Rule

- जिन स्टील रूलों के एक किनारे पर एक हुक लगा रहता है उन्हें हुक रूल कहते हैं। यह हुक जीरो की तरफ लगा होता है तथा किसी छेद या पाइप के अन्दर से किनारे पर आसानी से फँसकर माप लेने में सुविधा प्रदान करता है। इसका प्रयोग इनसाइड कैलीपर पर कोई माप लेने के लिए भी किया जाता है। हुक रूल के द्वारा संकीर्ण जगहों पर भी माप ली जा सकती है।

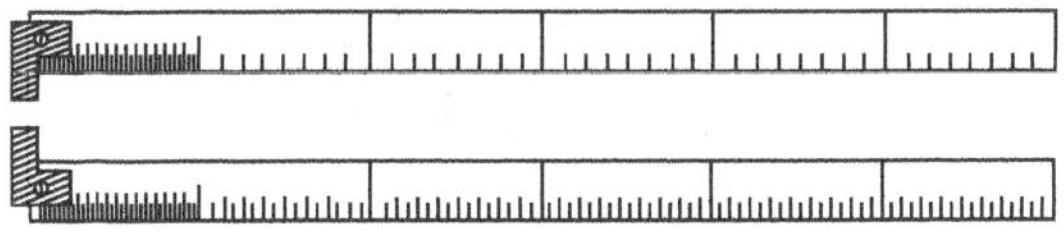

चित्र हुक रूल

(c) **कैलीपर रूल** Caliper Rule

कैलीपर रूल की बनावट हुक रूल के समान होती है। इसमें भी एक ही साइड पर मार्किंग की गई होती है, परन्तु इसकी चौड़ाई हुक रूल से अधिक होती है।

इसका प्रयोग स्टैण्ड कार्यखण्ड की माप लेने के लिए (चित्र में दर्शाए गए अनुसार) किया जाता है। इसकी न्यूनतम माप (least count) 1/64" या 0.5 मिमी होती है।

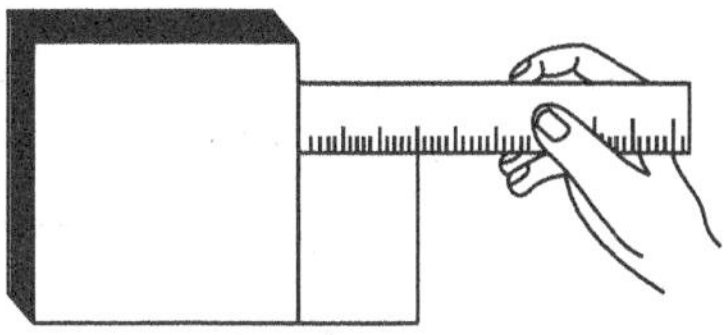

चित्र कैलीपर रूल

(d) **श्रिंक रूल** Shrink Rule

इस रूल का प्रयोग पैटर्न मेकर्स (pattern makers) द्वारा किया जाता है। इसमें मार्किंग करते समय वास्तविक माप में श्रिंकेज एलाउंस बढ़ा लिया जाता है। सर्वविदित है कि धातुएँ कास्टिंग के पश्चात् ठण्डी होने पर सिकुड़ती हैं। अत: पैटर्न का साइज कुछ बड़ा रखा जाता है।

इसके लिए रूल में मार्किंग कुछ प्रतिशत बढ़ाकर रखते हैं, जिससे सिकुड़न होने के पश्चात् सही माप प्राप्त हो सके।

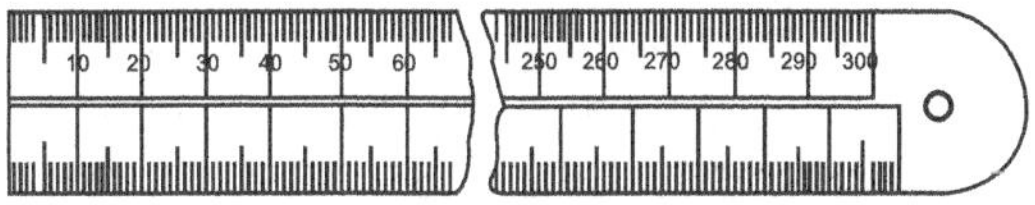

चित्र श्रिंक रूल

(e) **शॉर्ट रूल** Short Rule

जैसा कि नाम से विदित है शॉर्ट रूल में छोटे-छोटे रूलों का एक सैट होता है, जिसमें 1/4", 3/8", 1/2", 3/4" तथा 1" के छोटे-छोटे स्केल होते हैं। इसी प्रकार 5 मिमी, 10 मिमी, 15 मिमी, 20 मिमी, 25 मिमी के स्केल मीट्रिक प्रणाली में होते हैं। इनका प्रयोग एक विशेष हैण्डिल के द्वारा अधिक गहराई पर माप लेने के लिए किया जाता है।

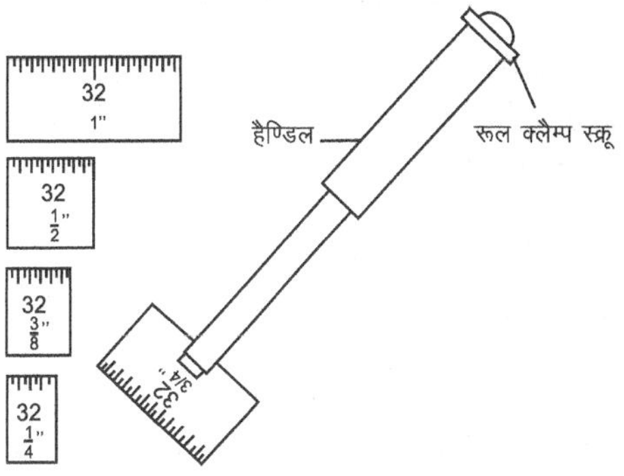

चित्र शॉर्ट रूल

(f) **डैप्थ रूल** Depth Rule

इस रूल की चौड़ाई बहुत कम होती है, जिससे तंग स्थानों पर भी माप ली जा सके। इसकी गहराई 6" या 15 सेमी होती है।

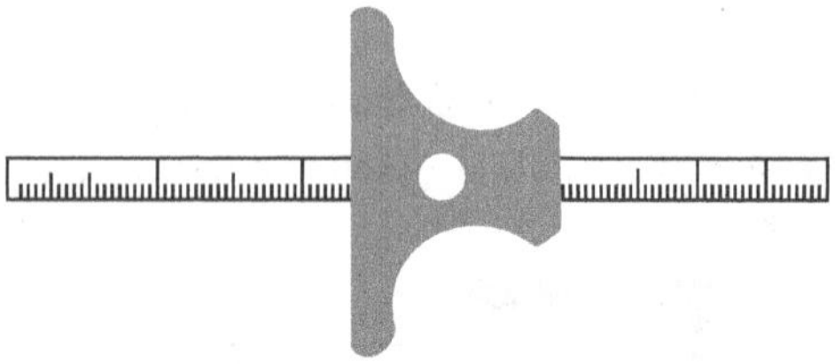

चित्र डैप्थ रूल

इस पर एक स्क्रूयुक्त खिसकने वाला क्लैम्प होता है, जिसकी सहायता से गहराई का मापन किया जाता है।

(g) **की-सीट रूल** Key-Seat Rule

यह स्टील रूल एंगिल आयरन की आकृति का होता है। इसका एक सिरा ढलानदार होता है जिस पर इंचों के निशान होते हैं। इसका प्रयोग किसी बेलनाकार कार्यखण्ड पर अक्ष (axis) के समान्तर लाइन खींचने के लिए किया जाता है (की-वे की मार्किंग करने के लिए)। की-शीट स्केल शाफ्ट पर स्थिर हो जाता है तथा इसके ढलानदार किनारे से आसानी से अक्ष के समान्तर लाइन खींची जा सकती है। सभी लाइनें अक्ष के समान्तर होने के कारण आपस में भी समान्तर रहती हैं।

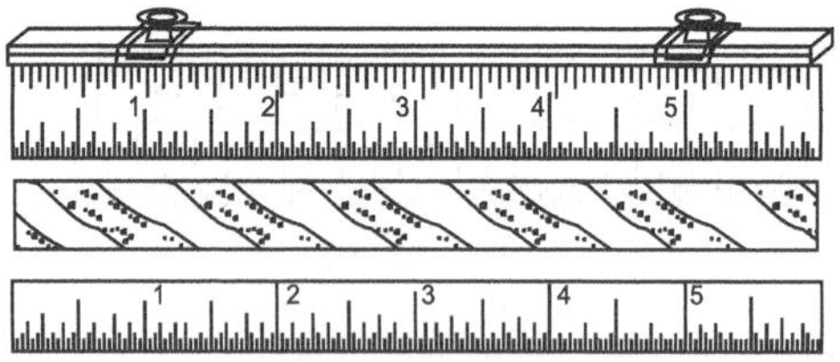

चित्र की-सीट रूल

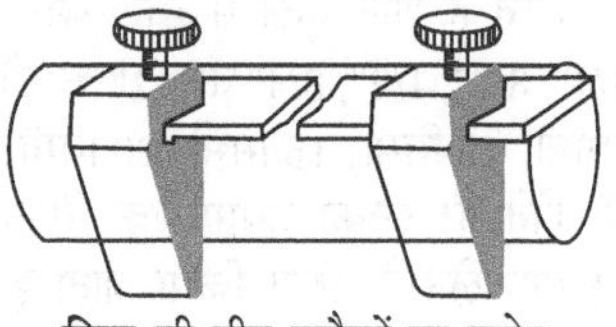

चित्र की-सीट क्लैम्पों का प्रयोग

दो की-सीट क्लैम्पों (key-seat clamps) का प्रयोग करके हम स्टैण्डर्ड स्टील रूल को ही की-सीट रूल का रूप दे सकते हैं। जैसा कि ऊपर चित्र में दर्शाया गया है।

(ii) **स्टील टेप** Steel Tape

इसका प्रयोग मुख्यतः लम्बी दूरी की माप लेने के लिए किया जाता है। यह 1/2" या 3/4" चौड़ाई तथा 5 फीट से 100 फीट की लम्बाई में उपलब्ध रहते हैं। इसमें इंच को आठवें स्थान तक तथा सेमी को दसवें स्थान तक विभाजित किया होता है। यह स्प्रिंग स्टील की पतली चादर पर प्रिन्ट करके बनाया जाता है। बहुत अधिक लचीला (flexible) होने के कारण इसके द्वारा किसी भी माप को आसानी से मापा जा सकता है।

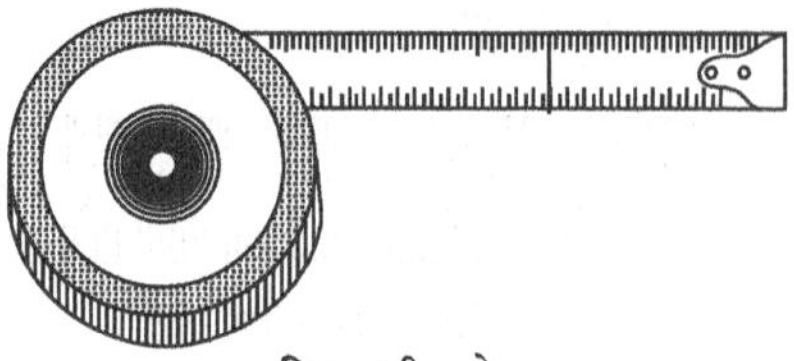

चित्र स्टील टेप

(iii) **ड्राफ्टिंग स्केल** Drafting Scale

विभिन्न स्थानों के नक्शे, मकान आदि के नक्शे या मशीनरी या घड़ी के पार्ट्स की ड्रॉइंग कागज या शीट पर बनाने के लिए ड्राफ्टिंग स्केल का प्रयोग किया जाता है। ड्राफ्टिंग स्केल द्वारा वास्तविक माप को किसी निश्चित अनुपात में कम या अधिक आसानी से किया जा सकता है, जिससे ड्रॉइंग, कागज की सीमा के अन्तर्गत सुगमतापूर्वक प्रतिबिम्बित की जा सकती है। इसके लिए स्केल प्रयोग किए जाते हैं।

इस प्रकार स्केल आनुपातिक माप के लिए प्रयोग किए जाते हैं जबकि रूल वास्तविक माप के लिए। स्केल का प्रयोग ड्राफ्ट्समैन द्वारा मानचित्र या ड्रॉइंग बनाने के लिए किया जाता है। कुछ मानक स्केल बाजार में मिलते हैं तथा दूसरे बना लिए जाते हैं। एक मानक स्केल चित्र में दर्शाया गया है।

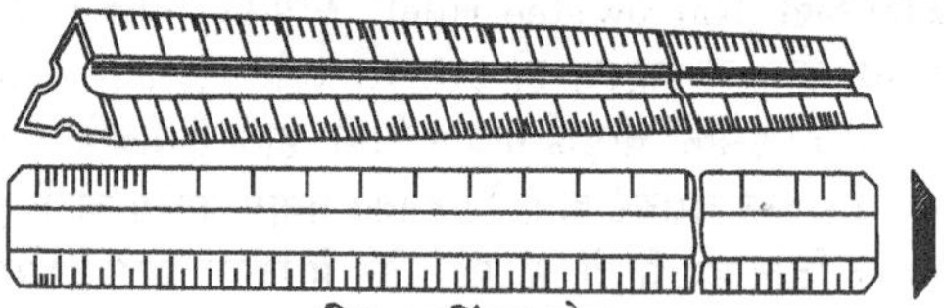

चित्र ड्राफ्टिंग स्केल

सावधानियाँ Precautions

(*i*) स्टील रूल को कार्यखण्ड पर खड़ा करके माप लेनी चाहिए, लिटा कर नहीं।

(*ii*) स्टील रूल के सिरे से माप शुरू नहीं करनी चाहिए, क्योंकि यह प्रयोग से घिसा हुआ हो सकता है।

(*iii*) स्टील रूल को कार्यखण्ड के किनारे के समान्तर पकड़कर माप लेनी चाहिए।

उपरोक्त बातों को ध्यान में रखकर माप लेने से उपयुक्त माप ली जा सकती है। निम्न दर्शाए गए चित्र (b) तथा (c) से यह और अधिक स्पष्ट हो जाता है। चित्र (a) में माप लेने की अनुपयुक्त विधि को भी दर्शाया गया है।

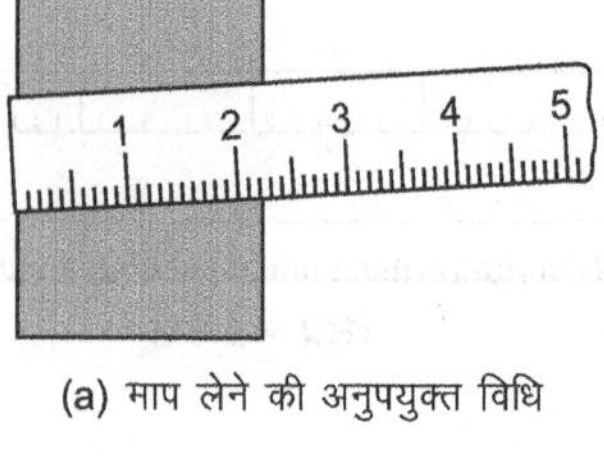

(a) माप लेने की अनुपयुक्त विधि

निम्न चित्र में माप लेने की उपयुक्त विधि को दर्शाया गया है।

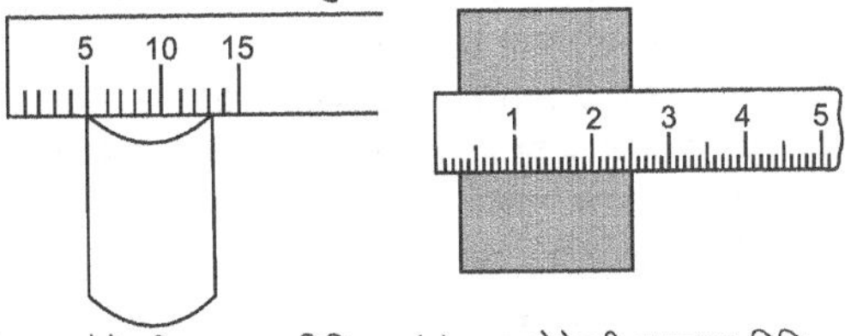

(b) माप लेने की उपयुक्त विधि (c) माप लेने की उपयुक्त विधि

चित्र माप लेने की विभिन्न विधियाँ

2. कोणीय मापन Angular Measurement

दो रेखाओं के प्रतिच्छेद बिन्दु की माप को कोणीय माप कहते हैं। कोणीय माप को चाँदा, ट्राई-स्क्वायर, बेवेल स्क्वायर, कॉम्बीनेशन सैट आदि के द्वारा मापा जाता है।

(i) चाँदा Protractor

यह एक प्रकार का कोण मापक या कोण निर्माणक औजार है। यह पारदर्शी प्लास्टिक या फिर काष्ठ (wood) से निर्मित होता है एवं इसका आकार प्राय: वर्गाकार, वृत्ताकार या अर्द्धवृत्ताकार होता है। इसमें 0° से 180° या 0° से 360° तक के कोण अंकित होते हैं। इसकी सहायता से 0° से लेकर 360° तक किसी भी कोण को मापा जा सकता है। प्राय: इसका प्रयोग अभियान्त्रिकी (engineering) में विभिन्न तरह के कार्यों में कोण मापने तथा कोण बनाने के लिए किया जाता है।

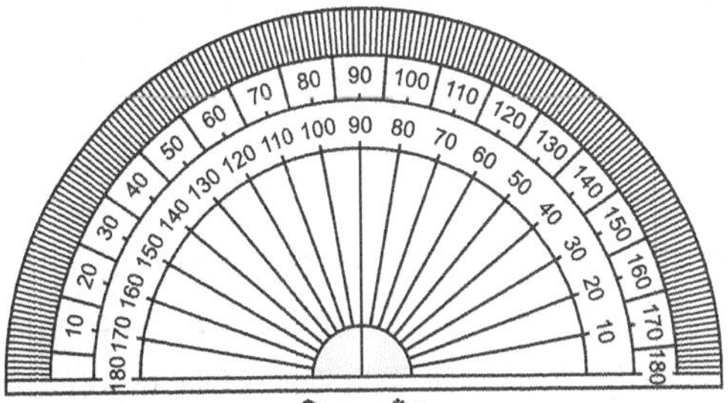

चित्र चाँदा

(ii) ट्राई-स्क्वायर Try-Square

ट्राई-स्क्वायर एक चैकिंग टूल है जिसकी सहायता से हम कार्यखण्ड की दो सतहों पर समकोण की परख अथवा जाँच करते हैं। इसके द्वारा सतह की समतलता की भी जाँच की जाती है। इसका प्रयोग कार्यखण्ड की मार्किंग करते समय समान्तर तथा लम्बवत् रेखाएँ खींचने के लिए किया जाता है। इसका उपयोग कार्यखण्ड को वाइस में समकोण पर पकड़ने के लिए भी किया जाता है। इसका साइज ब्लेड की लम्बाई से प्रकट किया जाता है।

इसके निम्न दो मुख्य भाग होते हैं

1. ब्लेड तथा
2. स्टॉक

पतले भाग को ब्लेड तथा मोटे भाग को स्टॉक कहते हैं।

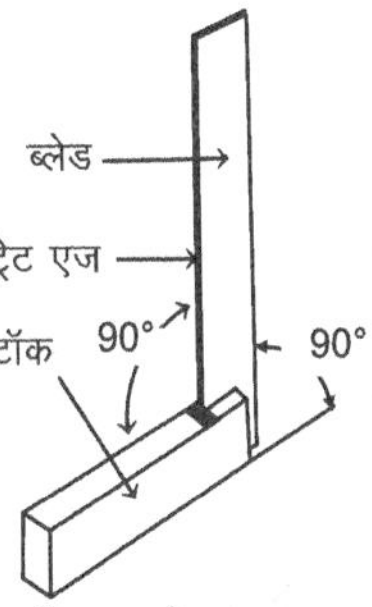

चित्र ट्राई-स्क्वायर

ट्राई-स्क्वायर दो प्रकार के होते हैं

(a) साधारण ट्राई-स्क्वायर Simple Try-Square

इसका प्रयोग आमतौर पर कारपेन्टर करता है। इसमें कोण को देखने के लिए अधिक सूक्ष्मता की आवश्यकता नहीं होती। एक कास्ट आयरन के बेस के साथ स्टील का ब्लेड रिवेट करके समकोण पर जुड़ा रहता है।

(b) मास्टर ट्राई-स्क्वायर Master Try-Square

मशीन शॉप में जहाँ अधिक सूक्ष्मता में मशीनों के पार्ट बनाए जाते हैं, वहाँ केवल **मास्टर ट्राई-स्क्वायर** से ही कार्य लिया जाता है। इसका बेस तथा ब्लेड दोनों भली-भाँति ग्राइण्ड करके हाई कार्बन स्टील से बनाए जाते हैं। ये निम्न प्रकार के होते हैं

- **फिक्स्ड ट्राई-स्क्वायर** (Fixed try-square) फिक्स्ड ट्राई-स्क्वायर का बेस तथा ब्लेड दोनों एक ही धातु के बनाए जाते हैं, जिन्हें रिवेट करने की आवश्यकता नहीं होती और न ही ब्लेड को आगे-पीछे सरकाया जा सकता है। इसे सॉलिड ट्राई-स्क्वायर भी कहते हैं। इसी में एक-दूसरे रूप के अन्तर्गत ब्लेड को रिवेट करके भी तैयार किया जाता है, जिसमें ब्लेड तथा बेस की धातु अलग-अलग होती है। इसे बैक-स्क्वायर टाइप कहते हैं। चित्र (a), (b) में क्रमश: सॉलिड तथा बैक-स्क्वायर टाइप ट्राई-स्क्वायर दर्शाए गए हैं।

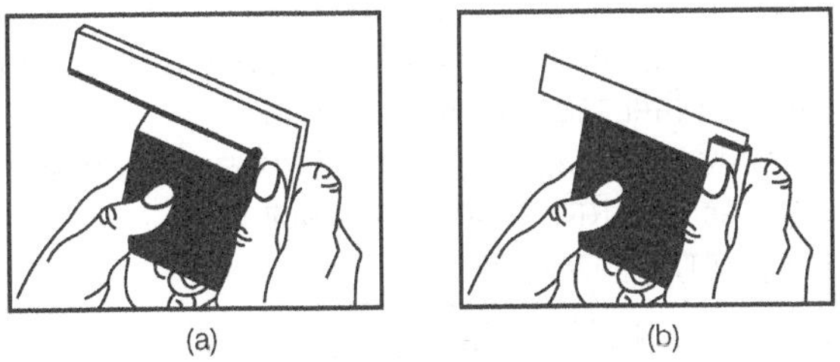
(a) (b)

चित्र (a) फिक्स्ड ट्राई-स्क्वायर (सॉलिड टाइप)
(b) फिक्स्ड ट्राई-स्क्वायर (बैक-स्क्वायर टाइप)

- **एडजस्टेबिल ट्राई-स्क्वायर** (Adjustable try-square) इस ट्राई-स्क्वायर के ब्लेड को आवश्यकतानुसार आगे-पीछे सरकाया जा सकता है, जिससे स्टैपनुमा कार्यखण्ड को ब्लेड की लम्बाई कम करके परखा जा सके। कॉम्बीनेशन सैट में स्क्वायर हैड के साथ यदि स्टील रूल को प्रयोग किया जाएगा, तो वह एडजस्टेबिल ट्राई-स्क्वायर का ही कार्य करता है।

इसके ब्लेड के मध्य में सम्पूर्ण लम्बाई में एक नाली कटी होती है, जिसमें स्टॉक के अन्दर लगी पिन का ऊपरी सिरा फँसा होता है। एडजस्टेबिल ट्राई-स्क्वायर में पिन के दूसरे सिरे पर चूड़ियाँ कटी होती हैं। इसमें लगे नट को कसने पर स्टॉक व ब्लेड 90° का कोण बनाते हैं। ब्लेड की लम्बाई कम करने के लिए नट को ढीला करके ब्लेड को स्टॉक में सरका सकते हैं।

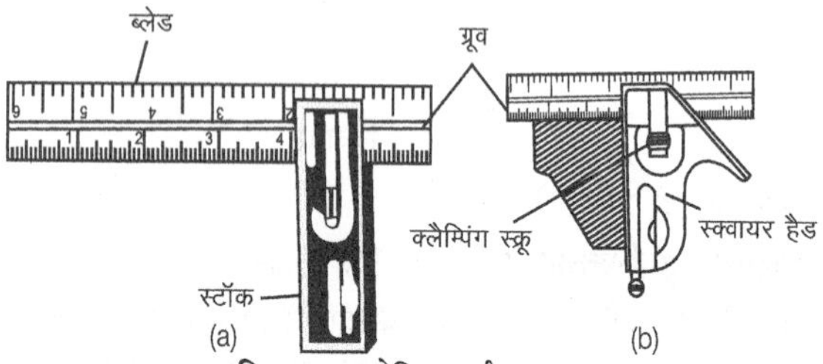

चित्र एडजस्टेबिल ट्राई-स्क्वायर

- **डाई मेकर ट्राई-स्क्वायर** (Diemaker's try-square) इस प्रकार के ट्राई-स्क्वायर स्टॉक में नीचे की तरफ दो स्क्रू लगे होते हैं। इनमें से बड़ा स्क्रू ब्लेड को स्टॉक के साथ क्लैम्प करने के लिए होता है। छोटा स्क्रू ब्लेड व स्टॉक के बीच बनने वाले कोण को समकोण से कुछ अधिक अथवा कम कोण पर व्यवस्थित (adjust) करने के लिए होता है। इसकी उपयोगिता डाइयों में विभिन्न प्रकार के अवकाश कोण देने के लिए होती है। विभिन्न आकारों में मापन के लिए इसके सैट में चार ब्लेड होते हैं जैसा कि निम्न चित्रों में दर्शाया गया है।
  - **स्टैण्डर्ड ब्लेड** (Standard blade) की चौड़ाई लगभग 12 मिमी तथा लम्बाई 65 मिमी होती है। इसी आकार में ये ब्रिटिश तथा मीट्रिक दोनों प्रणालियों में उपलब्ध रहते हैं।
  - **बेवेल ब्लेड** (Bevel blade) का एक सिरा 45° तथा दूसरा सिरा 30° पर कटा होता है। इसकी चौड़ाई भी लगभग 12 मिमी होती है। इसका उपयोग डाई मेकर द्वारा किया जाता है।
  - **नैरो ब्लेड** (Narrow blade) की चौड़ाई 4 मिमी तथा लम्बाई 60 मिमी होती है। इसके एक सिरे को लगभग 16 मिमी लम्बाई में मात्र 2.4 मिमी चौड़ाई का बनाया जाता है।
  - **ऑफसैट ब्लेड** (offset blade) की चौड़ाई लगभग 3 मिमी होती है तथा यह दोनों सिरों पर बेवेल किया होता है।

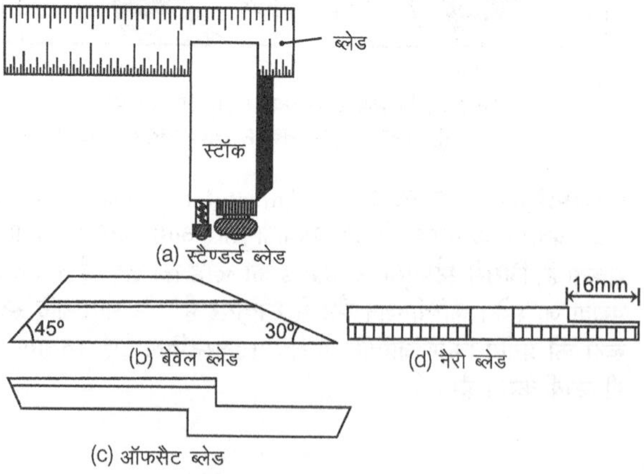

चित्र डाई मेकर ट्राई-स्क्वायर

- **'L' स्क्वायर** ('L' square) यह लगभग आधा सूत मोटी मृदु इस्पात (mild steel) की पत्ती का बना होता है। इसकी चौड़ाई 30 से 50 मिमी तथा लम्बाई 150 से 200 मिमी होती है। इसकी दोनों भुजाओं पर ब्रिटिश तथा मीट्रिक प्रणालियों में निशान बने होते हैं। इसका उपयोग अधिकतर राजमिस्त्री, बढ़ई या दर्जी आदि के द्वारा किया जाता है। चित्र में 'L' स्क्वायर को दर्शाया गया है।

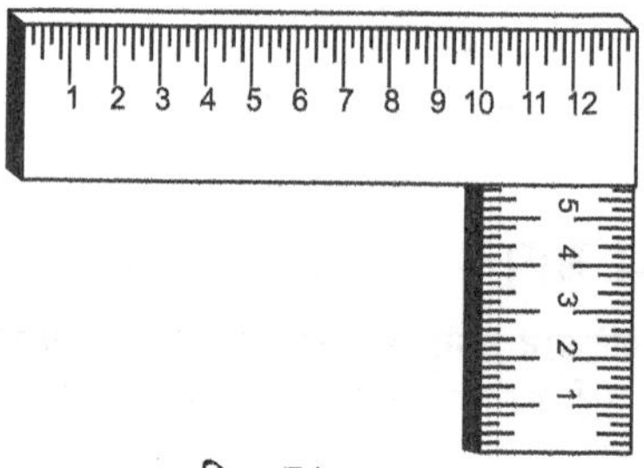

चित्र 'L' स्क्वायर

- **सिलेण्डर स्क्वायर** (Cylinder square) सिलेण्डर स्क्वायर, हार्ड की गई डाई स्टील अथवा केस हार्ड की गई माइल्ड स्टील के बनाए जाते हैं। इनकी सतह तथा फेस 90° पर ग्राइण्ड किए होते हैं। इसका प्रयोग इंस्पेक्शन कार्यों, सर्फेस प्लेट व मार्किंग प्लेट पर किया जाता है।
- **इंजीनियर्स स्क्वायर** (Engineer's square) ये 100 मिमी से 300 मिमी की रेंज में उपलब्ध हैं, परन्तु 100 मिमी या 150 मिमी की रेंज वाले इंजीनियर स्क्वायर अधिक प्रयोग किए जाते हैं। ये दो प्रकार से बनाए जाते हैं। पहले प्रकार के इंजीनियर स्क्वायर को बनाने के लिए स्टील प्लेट का प्रयोग किया जाता है तथा इसकी एज को ग्राइण्ड कर दिया जाता है।

  दूसरे प्रकार के इंजीनियर स्क्वायर के ब्लेड के स्टॉक को बनाया जाता है तथा स्टॉक व ब्लेड एक-दूसरे से 90° पर रहते हैं। भारतीय मानक संस्थान (BIS) के अनुसार इंजीनियर स्क्वायर निम्न प्रकार के होते हैं

टाइप 1. बेवेल एज स्टॉक इंजीनियर स्क्वायर इसका बाह्य किनारा स्टॉक में लगा होता है तथा बाह्य बेवेल किया होता है जिसके कारण इसकी केवल एक ही लाइन कार्यखण्ड के सम्पर्क में आती है। इसका उपयोग परिशुद्ध कार्यों के लिए किया जाता है।

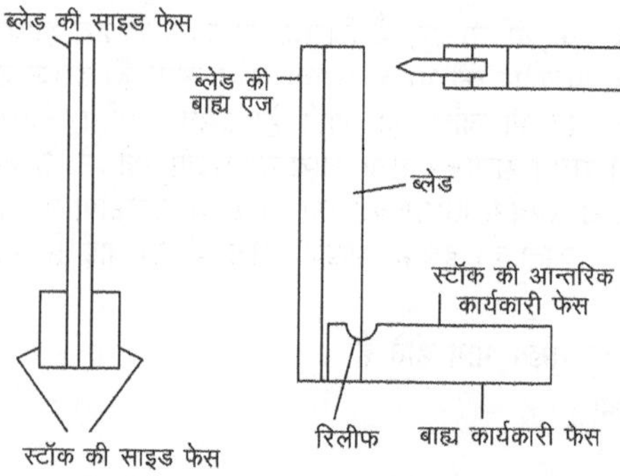

चित्र टाइप 1 बेवेल एज स्टॉक इंजीनियर स्क्वायर

टाइप 2. फ्लेट एज तथा बिना स्टॉक इंजीनियर स्क्वायर इसमें इंजीनियर स्क्वायर ब्लेड व स्टॉक दोनों एक ही पीस में बनाए जाते हैं।

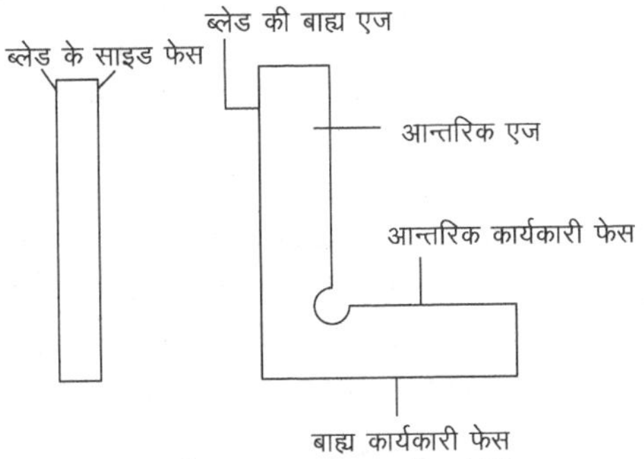

चित्र टाइप 2 फ्लेट एज तथा बिना स्टॉक इंजीनियर स्क्वायर

टाइप 3. फ्लैंज सहित इंजीनियर स्क्वायर ये इंजीनियर स्क्वायर 500 मिमी से भी अधिक लम्बाई में उपलब्ध हैं। इनका उपयोग स्क्वायर मार्किंग के लिए किया जाता है।

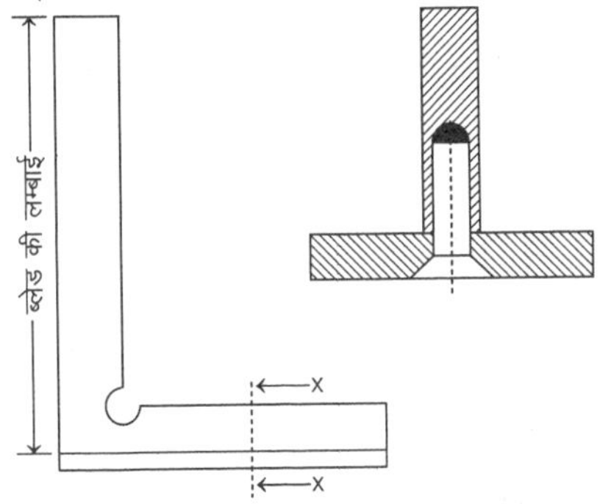

चित्र टाइप 3 फ्लैंज सहित इंजीनियर स्क्वायर

(iii) बेवेल स्क्वायर Bevel Square

बेवेल स्क्वायर को 0° से 180° तक किसी भी कोण पर सैट किया जा सकता है। इसमें ब्लेड की लम्बाई को घटाने-बढ़ाने के लिए एक झिर्री कटी होती है। अधिकतर इसमें ब्लेड लोहे की पत्ती का तथा स्टॉक किसी भी धातु का बना होता है। एक एडजस्टिंग स्क्रू के द्वारा ब्लेड को किसी भी स्थिति में क्लैम्प किया जा सकता है। इसका प्रयोग अधिकतर वैल्डिंग के लिए किनारों पर बनी बेवेल ऐज की जाँच करने के लिए किया जाता है, इसीलिए इसे बेवेल स्क्वायर कहते हैं। चित्र में एक बेवेल स्क्वायर दर्शाया गया है।

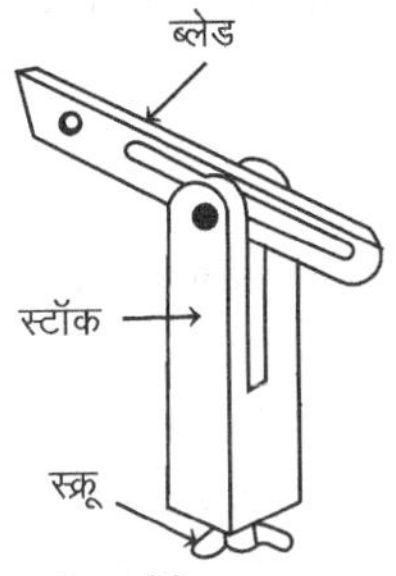

चित्र बेवेल स्क्वायर

(iv) कॉम्बीनेशन बेवेल स्क्वायर Combination Bevel Square

बेवेल स्क्वायर के समान इसको भी किसी कार्यखण्ड के कोण को भरकर चाँदे (protractor) की सहायता से मापा जा सकता है। यह बेवेल स्क्वायर की तुलना में अधिक अनियमित सतहों के कोणों को मापने के लिए प्रयोग में लाया जाता है। स्टॉक के साथ एक मेन ब्लेड (main blade) कब्जे द्वारा लगा होता है, जिसके बीच में एक स्लॉट (slot) होता है। इस स्लॉट में एक सहायक ब्लेड (auxiliary blade) कब्जे (hinge) द्वारा लगा होता है। यह सहायक ब्लेड भी बीच में स्लॉट किया होता है तथा इसको आगे-पीछे आसानी से सरकाया जा सकता है।

चित्र में कॉम्बीनेशन बेवेल स्क्वायर को दर्शाया गया है।

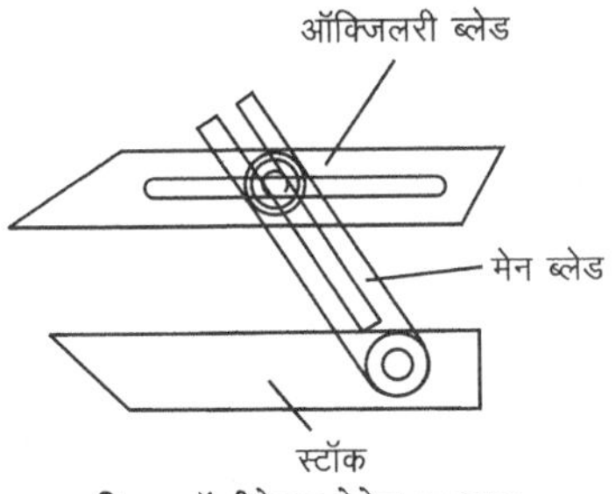

चित्र कॉम्बीनेशन बेवेल स्क्वायर

(v) कॉम्बीनेशन सैट Combination Set

यह मशीन शॉप या फिटिंग शॉप का अत्यन्त उपयोगी उपकरण है। इसमें तीन भाग होते हैं—स्क्वायर हैड (square head), प्रोट्रैक्टर हैड (protractor head) तथा सेन्टर हैड (centre head)। आवश्यकतानुसार किसी भी हैड को स्टील रूल पर लगाकर प्रयोग किया जा सकता है।

इसमें प्रयोग होने वाले स्टील रूल में मार्किंग की पिछली सतह पर एक ग्रूव (groove) बना होता है, जिसमें इन तीनों हैड में लगी लॉकिंग पिन का एक सिरा फँसा रहता है।

इसकी सहायता से हैड्स (heads) को किसी विशेष स्थान पर लॉक किया जा सकता है। ये स्टील रूल 20 सेमी से 60 सेमी की लम्बाई में बाजार में उपलब्ध रहते हैं। कॉम्बीनेशन सैट का साइज स्टील रूल की लम्बाई के द्वारा ही दिया जाता है।

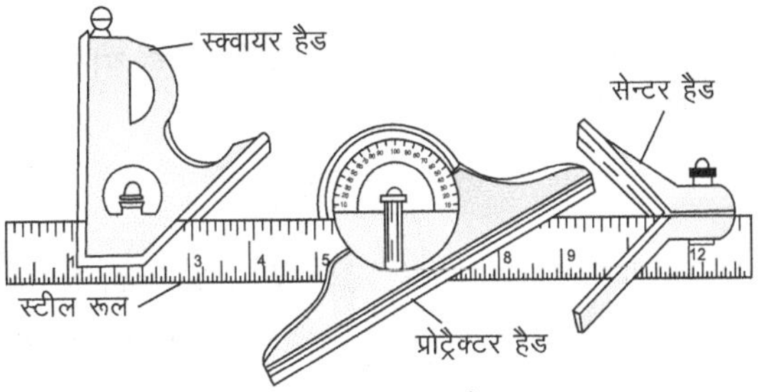

चित्र कॉम्बीनेशन सैट

(a) **स्क्वायर हैड** Square Head

यह कास्ट स्टील (cast steel) का ढलाई किया गया पार्ट होता है। इसको स्टील रूल पर लगाकर प्रयोग में लाया जाता है। इसकी एक साइड 90° का कोण तथा दूसरी साइड 45° का कोण मापती है। इसके अन्य उपयोग चित्र में दर्शाए गए हैं।

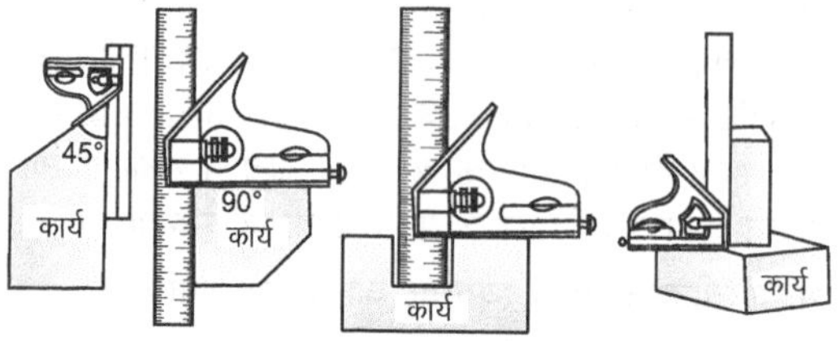

चित्र स्क्वायर हैड के अनुप्रयोग

इसके मध्य भाग में एक स्पिरिट लेवल भी होता है, जिसकी सहायता से सतह की समतलता की जाँच की जा सकती है। नीचे एक स्क्राइबर लगा रहता है। इसको मार्किंग गेज के समान मार्किंग करने के लिए प्रयोग में लाया जाता है।

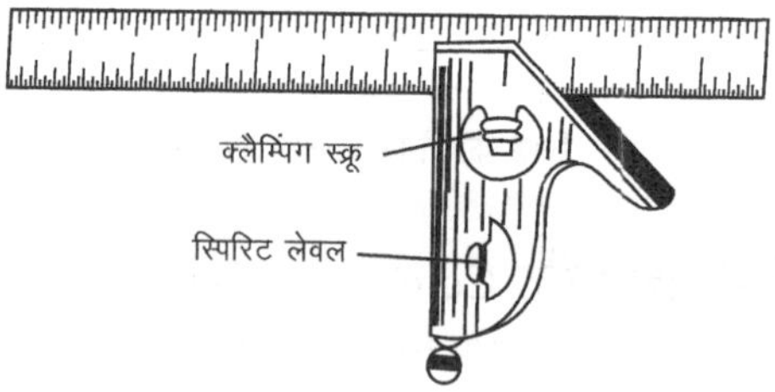

चित्र स्क्वायर हैड

(b) **प्रोट्रैक्टर हैड** Protractor Head

प्रोट्रैक्टर हैड भी कास्ट स्टील (cast steel) का बना होता है। इसकी बॉडी वृत्ताकार होती है, जिसके बीच में एक वृत्ताकार प्लेट घूमती है। इस पर 0°-180° तक दोनों ओर निशान बने होते हैं। इसी डिस्क पर लॉक बोल्ट तथा नट लगे होते हैं। बॉडी के वृत्ताकार भाग के मध्य एक शून्य मार्क रेखा द्वारा प्रदर्शित किया गया है।

स्टील रूल पर प्रोट्रैक्टर हैड कसने के लिए लॉक बोल्ट का प्रयोग किया जाता है। चित्रानुसार किसी भी कोण पर मार्किंग करने तथा कोण को मापने का काम किया जा सकता है।

इसमें भी लेवल (level) को चैक करने के लिए एक छोटा-सा स्पिरिट लेवल लगा होता है।

चित्र प्रोट्रैक्टर हैड

(c) **सेन्टर हैड** Centre Head

यह एक कास्ट स्टील (cast steel) का 'V' के आकार का कास्टिंग किया हुआ भाग होता है। सेन्टर हैड के मध्य 'V' का कोण 90° का होता है। स्टील रूल को पकड़ने के लिए इसके मध्य में एक झिर्री बनाई गई होती है। इसके लम्बवत् एक क्लैम्पिंग बोल्ट लगाया जाता है। स्टील रूल को क्लैम्प करने पर इसकी एक साइड 'V' के अन्दर बने 90° के कोण को दो बराबर 45° के कोणों में बाँटती है। इसका प्रयोग वृत्ताकार कार्यखण्ड का सेन्टर ज्ञात करने के लिए किया जाता है। इसीलिए इसे सेन्टर हैड कहते हैं।

सेन्टर ज्ञात करने के लिए सेन्टर हैड को सिलेण्ड्रीकल जॉब से सटाकर रखते हैं तथा स्टील रूल से इसके फेस पर लाइन खींच देते हैं। अब सेन्टर हैड को लगभग 90° घुमाकर तथा जॉब से सटाकर फिर लाइन खींच देते हैं। इस प्रकार खींची गई दोनों लाइनों का काट बिन्दु ही केन्द्र बिन्दु (centre point) होता है।

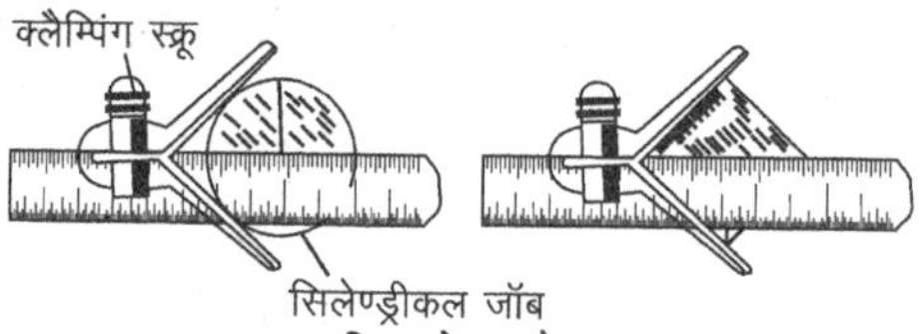

चित्र सेन्टर हैड

3. त्रिज्य मापन Radial Measurement

किसी कार्यखण्ड की गोलाई (त्रिज्य) में माप लेना उसकी त्रिज्य माप कहलाती है। त्रिज्य माप को रिंग गेज, प्लग गेज, त्रिज्य गेज आदि के द्वारा मापा जाता है।

4. समतल सतह मापन Plane Surface Measurement

इस प्रकार की माप में कार्यखण्ड की समतलता को मापा जाता है। कार्यखण्ड की सतह समतलता की माप सर्फेस गेज, सर्फेस प्लेट, डायल टेस्ट इण्डीकेटर आदि के द्वारा ली जाती है।

2.4 अन्य हस्तमापी औजार Other Hand Measuring Tools

किसी भी कार्यखण्ड (Job) के मापन के लिए विभिन्न प्रकार के औजार प्रयोग किये जाते है। जिनमें हस्त औजारों का भी प्रयोग आवश्यकतानुसार किया जाता है। कुछ विशेष प्रकार के हस्त मापी औजारों का विवरण निम्नवत् है।

1. कैलीपर Caliper

यह एक प्रकार का मापक उपकरण है। किसी भी कार्यखण्ड (जॉब) की माप परिशुद्धता में लेने के लिए कैलीपर का प्रयोग किया जाता है। कैलीपर प्रायः हाई-कार्बन स्टील या माइल्ड स्टील के बनाये जाते हैं। इसके द्वारा किसी भी जॉब की लम्बाई, चौड़ाई, मोटाई अथवा व्यास आदि की माप परिशुद्धता में ली जा सकती है। उपयोगिता के आधार पर कैलीपर्स तीन प्रकार के होते हैं जिनका विवरण अग्रपृष्ठ पर वर्णित है।

(i) आउटसाइड कैलीपर Outside Caliper

वे कैलीपर, जो जॉब की बाहरी माप लेने के लिए प्रयोग किए जाते हैं, आउटसाइड कैलीपर्स कहलाते हैं। ये 100, 150, 200 तथा 300 मिमी साइज में उपलब्ध रहते हैं। ये दो प्रकार के होते हैं

(a) **साधारण आउटसाइड कैलीपर** (Simple outside caliper) साधारण आउटसाइड कैलीपर इस्पात की दो पत्तियों को अन्दर की ओर मोड़कर तथा उन्हें एक सिरे पर रिवेट द्वारा जोड़कर बनाया जाता है। रिवेट इस प्रकार लगाई जाती है कि कैलीपर की दोनों टाँगों को थोड़ा बल लगाकर खोला या बन्द किया जा सके तथा कैलीपर में आवश्यक दूरी भरी जा सके। इसकी दोनों टाँगें ऊपर से चौड़ी व क्रमश: पतली होकर नीचे नुकीली हो जाती हैं।

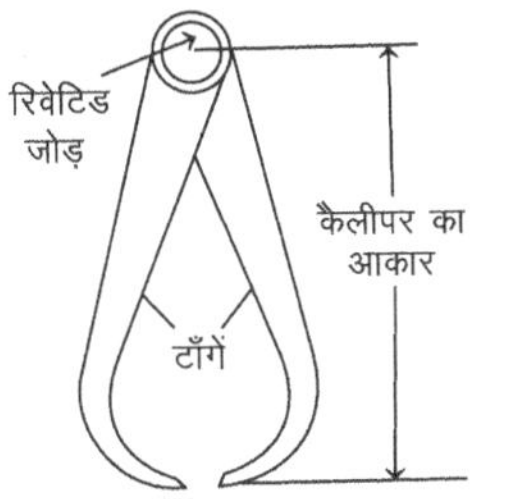

चित्र साधारण आउटसाइड कैलीपर

(b) **स्प्रिंग आउटसाइड कैलीपर** (Spring outside caliper) स्प्रिंग आउटसाइड कैलीपर में कैलीपर की दोनों टाँगों के ऊपरी भाग में खाँचा (groove) देकर एक स्प्रिंग लगायी जाती है तथा उनके मध्य में एक लीवर डालकर दोनों टाँगों को कसने के लिए एक स्क्रू लगाया गया है। इस स्क्रू पर लगे नट के द्वारा हम दोनों टाँगों के मध्य वांछित दूरी सैट कर सकते हैं।

इस प्रकार से कैलीपर के मध्य सैट की गई दूरी स्क्रू पर नट को घुमाकर आगे-पीछे चलाने पर ही बदली जा सकती है। कैलीपर द्वारा माप लेने पर इसमें भरी गई दूरी बल लगने पर भी बदलती नहीं है। अत: एक बार माप भरने पर उसे बार-बार प्रयोग में लाया जा सकता है। इसके द्वारा अधिक परिशुद्धता में माप ली जा सकती है।

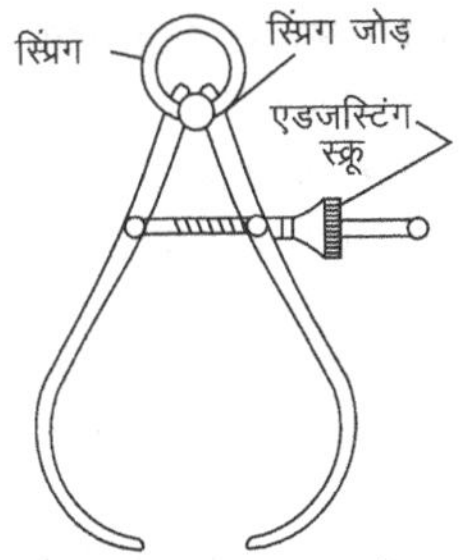

चित्र स्प्रिंग आउटसाइड कैलीपर

(ii) इनसाइड कैलीपर Inside Caliper

यह कैलीपर जॉब की अन्दर की माप अर्थात् स्लॉट की चौड़ाई या भीतरी व्यास की माप लेने में प्रयोग किया जाता है; जैसे—किसी बोर का व्यास, किसी झिर्री (groove) की चौड़ाई आदि। ये कैलीपर 75, 100, 150, 200 और 300 मिमी के साइज में मिलते हैं।

ये कैलीपर्स भी दो प्रकार के होते हैं

(a) **साधारण इनसाइड कैलीपर** (Simple inside caliper) आउटसाइड कैलीपर की भाँति इसमें भी दोनों टाँगें ऊपर की ओर एक रिवेट द्वारा दृढ़ जोड़ बना होता है। रिवेट को इस प्रकार पीटा जाता है कि इसकी टाँगों को थोड़ा बल लगाकर खोला व बन्द किया जा सके। इसकी टाँगें दूसरे सिरे पर लगातार पतली होकर बाहर की ओर मुड़ी होती हैं। इससे जॉब के भीतरी भाग की माप लेने में सुविधा होती है।

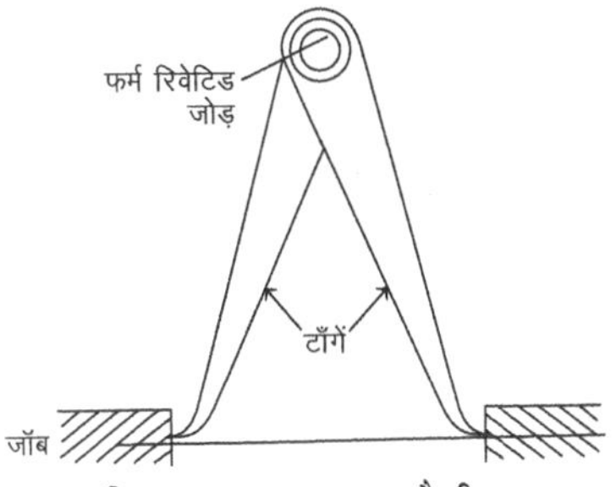

चित्र साधारण इनसाइड कैलीपर

(b) **स्प्रिंग इनसाइड कैलीपर** (Spring inside caliper) स्प्रिंग इनसाइड कैलीपर में भी स्प्रिंग आउटसाइड कैलीपर की भाँति दोनों टाँगों के ऊपरी भाग में बने ग्रूव के अन्दर एक कमानीदार गोल स्प्रिंग फँसा रहता है। आलम्ब बनाने के लिए दोनों के बीच में एक रिवेट (rivet) फँसा रहता है। इस गोल कमानीदार स्प्रिंग के विरुद्ध टाँगों को मिलाकर टाँगों में लगे एक स्क्रू पर नट चढ़ा दिया जाता है। नट को घुमाने पर टाँगों के बीच की दूरी कम या ज्यादा होती है।

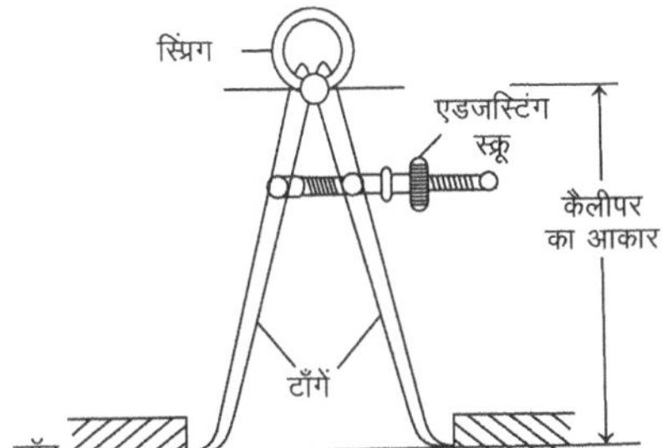

चित्र स्प्रिंग इनसाइड कैलीपर

(iii) हर्माफ्रोडाइट कैलीपर Hermaphrodite Caliper

इस कैलीपर की एक टाँग अन्दर की ओर मुड़ी रहती है तथा दूसरी नोंकदार होती है। इस मुड़ी हुई टाँग की सहायता से समान्तर लाइन या किसी गोल शाफ्ट के फेस पर उसका सेन्टर ज्ञात किया जा सकता है। आवश्यकता होने पर इसकी लैग अन्दर के स्थान पर बाहर की ओर भी मोड़ी जा सकती है। इसे जैनी कैलीपर (Jenny caliper) या ओड लैग कैलीपर (odd leg caliper) या लैग एण्ड प्वॉइण्ट कैलीपर भी कहते हैं।

हर्माफ्रोडाइट कैलीपर मुख्यत: तीन प्रकार के होते हैं जिनका विवरण अग्रपृष्ठ पर वर्णित है

(a) **फिक्स्ड प्वॉइण्ट हर्माफ्रोडाइट कैलीपर**
Fixed point hermaphrodite caliper

इसकी दोनों टाँगों की लम्बाई फिक्स्ड रहती है तथा आवश्यकतानुसार घटाई-बढ़ाई नहीं जा सकती। यह कैलीपर नीचे चित्र में दर्शाया गया है।

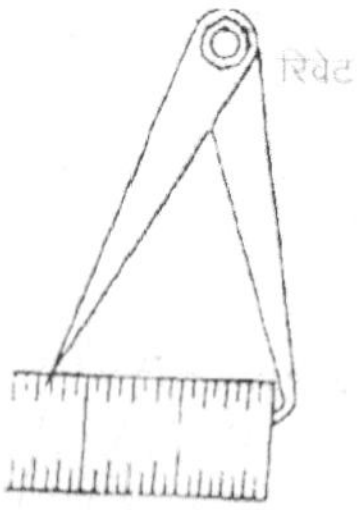

चित्र फिक्स्ड प्वॉइण्ट हर्माफ्रोडाइट कैलीपर

(b) **एडजस्टेबिल प्वॉइण्ट हर्माफ्रोडाइट कैलीपर**
Adjustable point hermaphrodite caliper

इस कैलीपर की सीधी नोंक वाली टाँग की लम्बाई आवश्यकतानुसार घटायी अथवा बढ़ायी जा सकती है। इसके लिए इस टाँग में नोंक वाला भाग अलग से एक स्क्रू व नट के प्रभाव से टाइट (tight) फिट किया होता है। जब टाँग की लम्बाई घटानी-बढ़ानी होती है तो नट को ढीला करके स्क्रू में नोंक को ऊपर-नीचे करते हैं।

ऐसा ही एक हर्माफ्रोडाइट कैलीपर चित्र (a) में दर्शाया गया है। अधिक परिशुद्ध (accurate) माप के लिए हर्माफ्रोडाइट कैलीपर की नोंक वाली टाँग सीधी बनाई जाती है, जैसा कि चित्र (b) में दर्शाया गया है। इससे नोंक सीधी रूल पर बने खाँचों में फँस जाती है।

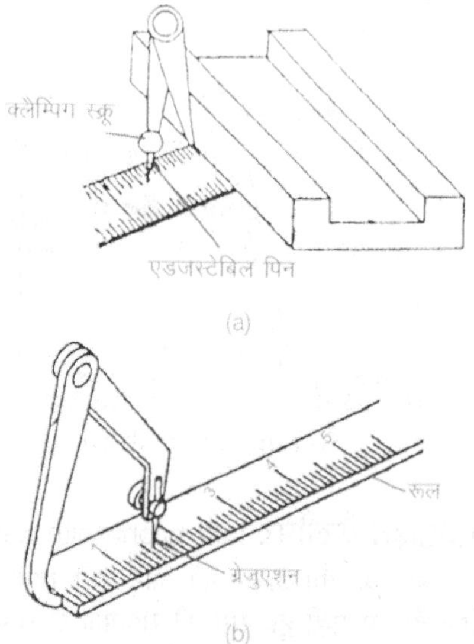

चित्र एडजस्टेबिल प्वॉइण्ट हर्माफ्रोडाइट कैलीपर की स्थितियाँ (a और b)

(c) **हील टाइप हर्माफ्रोडाइट कैलीपर**
Heel type hermaphrodite caliper

हील टाइप हर्माफ्रोडाइट कैलीपर के द्वारा जॉब के बाहरी किनारे के समान्तर रेखाएँ खींचने में सहायता मिलती है।

हर्माफ्रोडाइट कैलीपर के उपयोग
Uses of Hermaphrodite Caliper

हर्माफ्रोडाइट कैलीपर के मुख्य उपयोग निम्न हैं

(*i*) हर्माफ्रोडाइट कैलीपर का उपयोग कार्यखण्ड की आन्तरिक व बाह्य कोरों के समान्तर रेखाएँ खींचने के लिए किया जाता है।

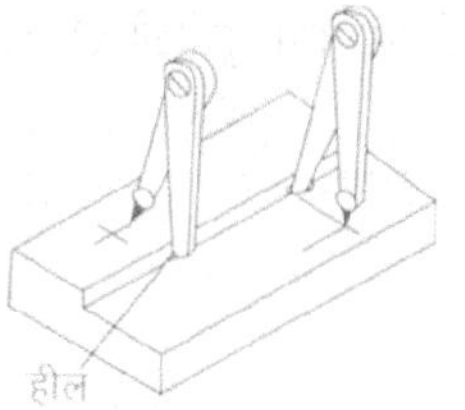

चित्र हर्माफ्रोडाइट कैलीपर द्वारा समान्तर रेखाएँ खींचना

(*ii*) गोलाकार शाफ्ट के केन्द्र निर्धारण में इनका उपयोग किया जाता है।

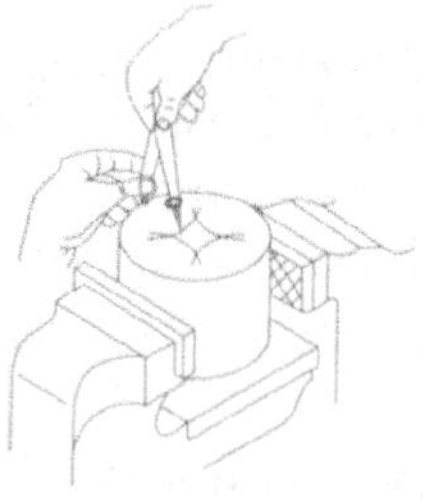

चित्र शाफ्ट का केन्द्र निर्धारण

आन्तरिक वक्राकार कोरों के सहारे समान्तर रेखाएँ खींचने में भी हर्माफ्रोडाइट कैलीपर का उपयोग किया जाता है।

कैलीपर का प्रयोग करते समय सावधानियाँ
Precautions During using of Caliper

(*i*) कैलीपर के मापन सिरे की धार तीव्र होनी चाहिए।
(*ii*) कैलीपर का उपयोग मापे जाने वाले कार्यखण्ड के अनुसार ही करना चाहिए।
(*iii*) घूमने वाले कार्यखण्ड पर कैलीपर का उपयोग नहीं करना चाहिए।
(*iv*) फर्म ज्वॉइण्ट कैलीपर का रिवेट अधिक कसा या ढीला नहीं होना चाहिए।
(*v*) हर्माफ्रोडाइट कैलीपर द्वारा मापन करते समय इसकी दोनों लैग्स को समान्तर तथा कार्यखण्ड के समकोण पर रखना चाहिए।

2. वर्नियर कैलीपर Vernier Caliper

वर्नियर कैलीपर का आविष्कार फ्रांस के एक वैज्ञानिक पैरी वर्नियर्स ने किया था। उसी के नाम पर इस कैलीपर का नाम वर्नियर कैलीपर पड़ा। वर्नियर कैलीपर बाजार में विभिन्न परिशुद्धताओं (accuracy) में उपलब्ध है; जैसे— 0.1 मिमी, 0.05 मिमी तथा 0.02 मिमी मीट्रिक प्रणाली में तथा 0.001 ब्रिटिश प्रणाली में।

वर्नियर कैलीपर के द्वारा बाहरी, आन्तरिक तथा गहराई तीनों प्रकार की मापें ले सकते हैं। वर्नियर कैलीपर प्राय: क्रोमियम स्टील के बने होते हैं। ये 6", 7", 1' तथा 2' तक की लम्बाइयों में बाजार में उपलब्ध हैं।

वर्नियर कैलीपर का सिद्धान्त
Principle of Vernier Caliper

वर्नियर कैलीपर एक ही माप के दो स्केलों (मेन स्केल तथा वर्नियर स्केल) के अन्तर के सिद्धान्त पर कार्य करता है। नीचे दिए गए चित्र में मेन स्केल के 9 डिवीजन के बराबर वर्नियर स्केल के 10 डिवीजन हैं।

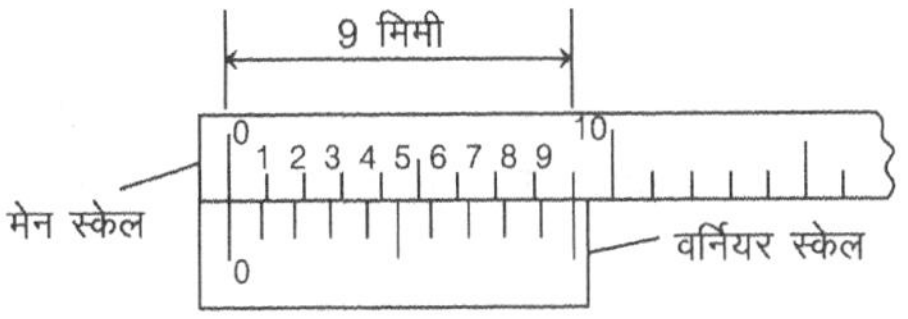

∴ मेन स्केल का 1 डिवीजन = 1 मिमी, तो मेन स्केल के 9 डिवीजन = 9 मिमी

वर्नियर कैलीपर के 10 डिवीजन = 9 मिमी

(∵ वर्नियर कैलीपर में 9 मिमी में 10 डिवीजन होते हैं)

∴ वर्नियर कैलीपर का 1 डिवीजन $= \frac{9}{10}$ मिमी

∴ मेन स्केल के 1 डिवीजन तथा वर्नियर स्केल के 1 डिवीजन में अन्तर

$$= 1 - \frac{9}{10} = \frac{10-9}{10}$$

$$= \frac{1}{10} = 0.1 \text{ मिमी}$$

मेन स्केल तथा वर्नियर स्केल के एक डिवीजन में 0.1 मिमी का अन्तर है, जोकि वर्नियर कैलीपर की रीडिंग है।

वर्नियर कैलीपर के भाग Parts of Vernier Caliper

वर्नियर कैलीपर के मुख्य भाग निम्नलिखित हैं

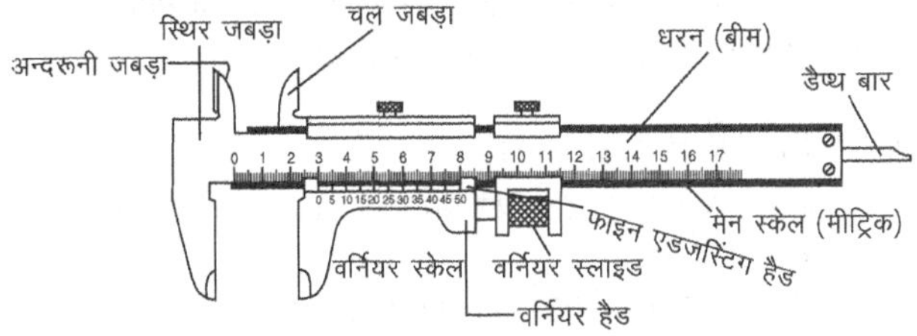

चित्र वर्नियर कैलीपर के भाग

(*i*) **चल जबड़ा** (Movable jaw) वर्नियर स्केल के साथ में मेन स्केल के समान ही चल जबड़ा तथा चल निब लगी होती है।

(*ii*) **स्थिर जबड़ा** (Fixed jaw) मेन स्केल के अगले भाग में एक स्थिर जबड़ा तथा आन्तरिक माप के लिए स्थिर निब लगी होती है। इसमें दो जबड़ों द्वारा आन्तरिक तथा बाह्य माप को मापा जा सकता है।

(*iii*) **मेन स्केल** (Main scale) यह धातु की एक चौड़ी पत्ती होती है, जिस पर मुख्य पैमाना (स्केल) बना होता है। इस पर मिमी और इंच में अनुभाग अंकित होते हैं। पत्ती पर ही चल जबड़ा स्लाइड करता है।

(*iv*) **डैप्थ बार** (Depth bar) आधुनिक वर्नियर कैलीपर में एक पत्ती वर्नियर हैड के पीछे की ओर जुड़ी होती है व मुख्य पैमाने पर स्लाइड करती है। जब मेन स्केल व वर्नियर स्केल की शून्य रेखा आपस में मिलती है, तो डैप्थ बार की टिप मेन स्केल के सिरे की सतह के बराबर होती है। इसका प्रयोग किसी झिर्री या छिद्र की गहराई मापने के लिए किया जाता है।

(*v*) **वर्नियर स्केल** (Vernier scale) यह चल जबड़े के साथ स्थित होती है। साधारणत: वर्नियर स्केल, मेन स्केल से एक भाग ग्रेजुएशन करके बनाई जाती है अर्थात् वर्नियर दो अनुरूप स्केलों के अल्पतमांक के अन्तर पर बनाया जाता है।

(*vi*) **वर्नियर हैड** (Vernier head) इस भाग पर वर्नियर स्केल बना होता है एवं स्थिर जबड़े के आकार की आर्म बनी होती है। इस हैड को फिक्स्ड करने के लिए एक लॉकिंग स्क्रू लगा होता है।

(*vii*) **आन्तरिक जबड़े** (Inside jaw) वर्नियर कैलीपर में बाह्य जबड़े के विपरीत दिशा में झिर्री की चौड़ाई या भीतरी व्यास मापने के लिए आन्तरिक जबड़े बने होते हैं।

कुछ वर्नियर कैलीपर में अन्दरूनी माप के लिए अलग से जबड़े नहीं बने होते हैं, उनमें बाह्य जबड़े के नीचे वाला भाग छोटा किया होता है, जिसे निब (nib) कहते हैं। इस भाग को मोटाई में गोल किया होता है। जब इन कैलीपर से अन्दरूनी माप ली जाती है तो निब की मोटाई कैलीपर के पाठ्यांक में जोड़नी पड़ती है।

(*viii*) **फाइन एडजस्टिंग हैड** (Fine adjusting head) यह कैलीपर के वर्नियर हैड के साथ एक स्क्रू एवं नट के द्वारा जुड़ा होता है। माप लेते समय सर्वप्रथम वर्नियर हैड की माप को सैट किया जाता है। उसके बाद फाइन एडजस्टिंग हैड की माप को सैट किया जाता है। उसके बाद फाइन एडजस्टिंग हैड पर लगे लॉकिंग नट के द्वारा इसे मैन स्केल पर लॉक किया जाता है एवं फाइन एडजस्टिंग नट द्वारा वर्नियर हैड को थोड़ा आगे या पीछे सरकाकर परिशुद्ध माप प्राप्त कर लेते हैं।

(*ix*) **थम्ब लीवर** (Thumb lever) यह एक प्रकार का स्प्रिंगयुक्त लीवर है, जो वर्नियर स्लैब को बीम पैमाने पर किसी भी स्थिति में स्थिर करता है।

(*x*) **विशिष्टियाँ** (Specifications) वर्नियर कैलीपर बाजार में 100, 150, 225, 900 व 1200 मिमी के आकार में उपलब्ध हैं।

सावधानियाँ Precautions

(*i*) वर्नियर कैलीपर एक सूक्ष्ममापी उपकरण है, अत: इसे सावधानी से रखना चाहिए। इसे नीचे गिरने या अन्य हस्त औजारों की चोट लगने से बचाया जाना चाहिए।

(*ii*) इन यन्त्रों को कटिंग टूल्स से अलग रखना चाहिए।

(*iii*) मापते समय इन पर बहुत अधिक दबाव नहीं डालना चाहिए।

(*iv*) मापने से पहले शून्य त्रुटि चैक कर लेनी चाहिए।

(*v*) फाइन एडजस्टिंग स्क्रू का प्रयोग करते समय अधिक बल नहीं लगाना चाहिए।

(*vi*) इसके जबड़े जॉब की सतह पर कम-से-कम रगड़ खाने चाहिए, क्योंकि अधिक रगड़ खाने से वे जल्दी घिस सकते हैं।

(*vii*) चलती हुई मशीन पर घूमते हुए जॉब पर इसके द्वारा कभी भी माप नहीं लेनी चाहिए।

(*viii*) वर्नियर कैलीपर का चयन जॉब के अनुसार करना चाहिए।

3. माइक्रोमीटर Micrometer

माइक्रोमीटर एक सूक्ष्ममापी यन्त्र है, जिसके द्वारा हम किसी जॉब की छोटी-से-छोटी माप को मीट्रिक प्रणाली में 0.01 मिमी तथा ब्रिटिश प्रणाली में 0.001 इंच तक की शुद्धता में माप ले सकते हैं। माइक्रोमीटर द्वारा मापी जा सकने वाली न्यूनतम तथा अधिकतम माप को माइक्रोमीटर की रेंज (range) या परास कहते हैं। बाजार में विभिन्न रेंजों में माइक्रोमीटर उपलब्ध हैं; जैसे—0-25 मिमी, 25-50 मिमी, 50-75 मिमी तथा 75-100 मिमी।

भिन्न-भिन्न कार्यों तथा उद्देश्यों हेतु विभिन्न प्रकार के माइक्रोमीटर प्रयोग किए जाते हैं। उदाहरण के लिए, बाहरी माप लेने के लिए आउटसाइड माइक्रोमीटर, आन्तरिक माप लेने के लिए इनसाइड माइक्रोमीटर, गहराई मापने के लिए डैप्थ माइक्रोमीटर तथा हब की लम्बाई मापने के लिए हब माइक्रोमीटर का प्रयोग किया जाता है।

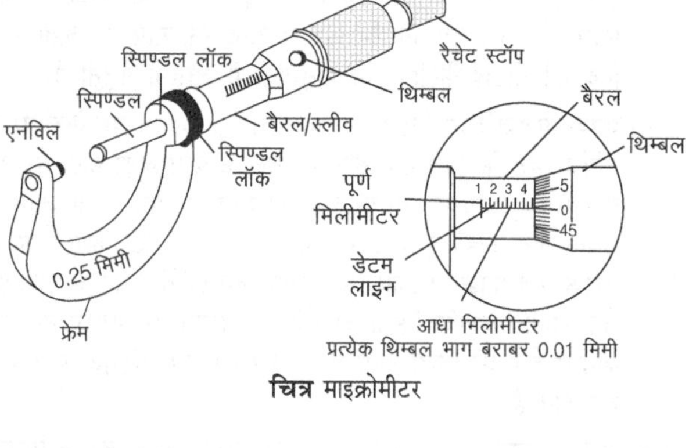

चित्र माइक्रोमीटर

सावधानियाँ Precautions

(*i*) माइक्रोमीटर को प्रयोग करने से पहले ही उसकी अल्पतम माप (least count) तथा शून्य त्रुटि का पता कर लेना चाहिए।

(*ii*) इनसाइड माइक्रोमीटर को माप लेते समय बोर के समान्तर पकड़ना चाहिए। टेढ़ा होने से माप अधिक मापी जाएगी।

(*iii*) घूमती अवस्था या चलित अवस्था में जॉब को नहीं मापना चाहिए।

(*iv*) गहरी माप लेने के लिए इनसाइड माइक्रोमीटर को, हैण्डिल में चूड़ियाँ भली-भाँति कसकर प्रयोग करनी चाहिए।

(*v*) मापक यन्त्रों को कभी भी अन्य हस्त औजारों के साथ में नहीं रखना चाहिए।

(*vi*) प्रयोग करने के पश्चात् माइक्रोमीटर को साफ करके हल्का तेल लगाकर इसके डिब्बे (box) में रखना चाहिए।

(*vii*) कार्य के अनुसार ही माइक्रोमीटर का चयन करना चाहिए।

(*viii*) अधिक परिशुद्ध माप लेने हेतु रैचेट स्टॉप का प्रयोग करना चाहिए।

(*ix*) रैचेट स्टॉप का प्रयोग करते समय यह ध्यान रखना चाहिए कि जब रैचेट स्टॉप पर दबाव पूर्ण हो जाता है, तो यह ध्वनि उत्पन्न करने लगता है। ऐसी स्थिति में और अधिक दबाव नहीं देना चाहिए।

(*x*) माइक्रोमीटर को कभी भी लॉक नट लगाकर गेज की भाँति प्रयोग नहीं करना चाहिए।

4. वर्नियर बेवेल प्रोट्रैक्टर Vernier Bevel Protractor

कॉम्बीनेशन सैट के प्रोट्रैक्टर हैड के द्वारा किसी कोण को कम-से-कम 1° की परिशुद्धता की माप में मापा जा सकता है। किसी कोण को अधिक परिशुद्धता से नापने के लिए वर्नियर बेवेल प्रोट्रैक्टर का प्रयोग किया जाता है।

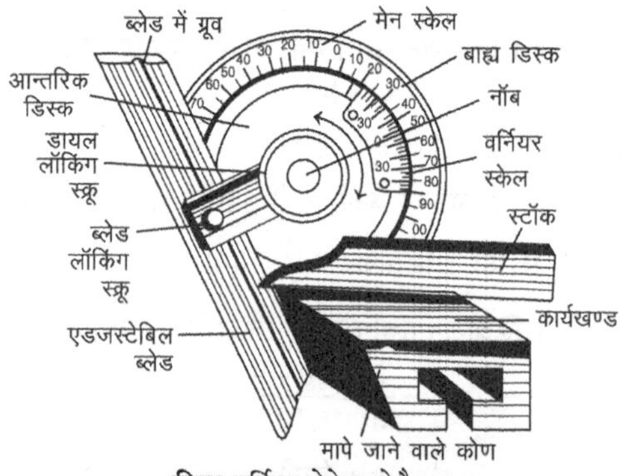

चित्र वर्नियर बेवेल प्रोट्रैक्टर

वर्नियर बेवेल प्रोट्रैक्टर के द्वारा हम किसी कोण को एक डिग्री के बारहवें भाग ($\frac{1^\circ}{12}$ या 5 मिनट) की परिशुद्धता में माप सकते हैं।

वर्नियर बेवेल प्रोट्रैक्टर का उपयोग कोण मापन के अतिरिक्त मशीन की वर्क-टेबल पर वर्क होल्डिंग डिवाइस के रूप में भी किया जाता है। इसके द्वारा अधिककोण व न्यूनकोण दोनों प्रकार के कोणों को मापा जा सकता है जैसा कि उपरोक्त चित्र में दर्शाया गया है।

सावधानियाँ Precautions

(*i*) वर्नियर बेवेल प्रोट्रैक्टर को प्रयोग करने से पहले व बाद में साफ करना चाहिए।

(*ii*) वर्नियर बेवेल प्रोट्रैक्टर को कटिंग टूल से अलग रखना चाहिए।

(*iii*) कभी भी घूमते हुए या चलित अवस्था में जॉब पर इसका प्रयोग नहीं करना चाहिए।

(*iv*) उपयोग के बाद इसे तेल लगाकर उचित स्थान पर रखना चाहिए।

5. वर्नियर हाइट गेज Vernier Height Gauge

वर्नियर हाइट गेज का प्रयोग कार्यशाला में जॉब बनाते समय उसकी ऊँचाई मापने के लिए या मार्किंग करते समय किया जाता है। इसके द्वारा मीट्रिक प्रणाली में 0.02 मिमी एवं ब्रिटिश प्रणाली में 0.001" तक सूक्ष्म माप में मार्किंग कर सकते हैं। जब किसी मार्किंग को अधिक-से-अधिक शुद्धता में करना हो, तो हम वर्नियर हाइट गेज का ही प्रयोग करते हैं, क्योंकि इसमें ऑफसैट स्क्राइबर को गेज की अल्पतम माप (least count) के बराबर ही मूवमेन्ट (movement) प्रदान की जा सकती है, जबकि मार्किंग ब्लॉक में स्केल की सहायता से केवल $\frac{1}{64}$ तक सूक्ष्म माप या 0.5 मिमी तक ही सूक्ष्मता प्रदान कर सकते हैं।

इसके अतिरिक्त मार्किंग ब्लॉक का प्रयोग करते समय स्केल को सदैव सीधा लम्ब रूप में खड़ा करना अनिवार्य है, जबकि वर्नियर हाइट गेज में इसका मेन स्केल, बेस पर लम्ब रूप में फिट रहता है।

इसमें स्लाइडिंग जॉ (sliding jaw) पर एक स्ट्रैट स्क्राइबर फिट होता है। इसी स्लाइडिंग जॉ पर ऑफसैट या स्ट्रैट स्क्राइबर लगाकर मार्किंग एवं ऊँचाई मापने का कार्य भी करते हैं।

मार्किंग करते समय इस बात का ध्यान रखें कि मार्किंग सर्फेस प्लेट पर की जाए। ऑफसैट स्क्राइबर को सैट करने के पश्चात् स्लाइडिंग जॉ को नीचे लाकर वर्नियर स्केल की जीरो लाइन, मेन स्केल की जीरो लाइन से मिलाएँ। इस सैटिंग पर ऑफसैट स्क्राइबर की निचली सतह सर्फेस प्लेट से मिल जानी चाहिए। अगर स्ट्रैट स्क्राइबर होगा, तो वह किसी निश्चित ऊँचाई तक रुक जाएगा और सर्फेस प्लेट से नहीं मिलेगा।

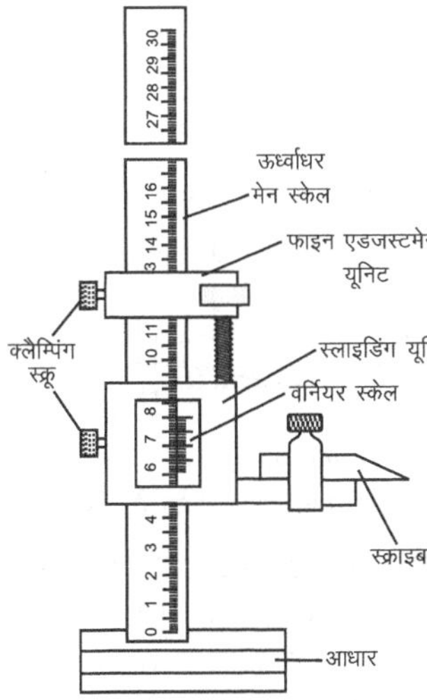

चित्र वर्नियर हाइट गेज

इसका प्रयोग सामान्यतः डाई प्लेट, टेम्प्लेट तथा ऐसे कार्य खण्डों पर मार्किंग करते समय किया जाता है जहाँ अधिक-से-अधिक यथार्थ (accurate) मार्किंग की आवश्यकता हो। मार्किंग करते समय जॉब की सतह पर कॉपर सल्फेट की एक परत (layer) लगाई जाती है, जिससे प्रत्येक मार्किंग लाइन भली-भाँति नजर आ सके। छोटे-छोटे जॉब जिन्हें मार्किंग के समय पकड़ने की आवश्यकता हो, उन्हें हाथ से न पकड़कर एक एंगल प्लेट पर टूल मेकर क्लैम्पों की सहायता से सैट कर लिया जाता है, जिससे मार्किंग सुविधापूर्वक की जा सके।

सावधानियाँ Precautions

(*i*) वर्नियर हाइट गेज से मार्किंग करते समय बेस को पकड़कर हाथ से इस प्रकार चलाना चाहिए कि मेन स्केल झुके नहीं तथा इसे सर्फेस प्लेट पर रखकर प्रयोग करना चाहिए।

(*ii*) स्क्राइबर की धार तेज होनी चाहिए, जिससे लाइन खींचने के लिए अधिक बल की आवश्यकता न पड़े।

(*iii*) माप लेते समय वर्नियर स्केल की शून्य त्रुटि का भी आकलन करना चाहिए।

(*iv*) वर्नियर हाइट गेज को अन्य औजारों के साथ मिलाकर नहीं रखना चाहिए।

(*v*) प्रयोग करने के पश्चात् साफ करके व हल्का मोबिल ऑयल लगाकर रखना चाहिए।

6. वर्नियर डैप्थ गेज Vernier Depth Gauge

साधारण वर्नियर कैलीपर में भी एक गहराई मापने के लिए स्ट्रिप लगी होती है। ठीक उसी प्रकार की संरचना का एक वर्नियर डैप्थ गेज होता है, जिसको हम किसी जॉब की गहराई या उसके बोर (bore) की लम्बाई मापने के काम में लाते हैं। इसका अल्पतम माप (least count) 0.001" या 0.02 मिमी होता है तथा इसकी रीडिंग लेने की विधि वर्नियर कैलीपर के समान ही होती है।

वर्नियर डैप्थ गेज के हैड में एक बेस जुड़ा होता है, जिसमें एक मोटी स्टील स्ट्रिप का बना हुआ स्टील रूल स्लाइड करता है। इस स्टील रूल पर मिमी या इंचों में मार्किंग की गई होती है। हैड के साथ में एक फाइन एडजस्टमेन्ट यूनिट (fine adjustment unit) लगी होती है, जिसको किसी भी स्थान पर लॉक (lock) करने के लिए एक क्लैम्पिंग स्क्रू लगा होता है।

किसी जॉब की गहराई मापने के लिए हैड में लगे बेस (base) को हम जॉब के फेस (face) पर टिकाकर रखते हैं। अब मेन स्केल वाली स्ट्रिप को हैड के अन्दर से धकेलकर जॉब की कैविटी (cavity) या गहराई में अन्दर तक जाने देते हैं। यहाँ पर यह ध्यान रखना आवश्यक है कि डैप्थ गेज का बेस, जॉब के फर्श के ऊपर न उठे। अब वर्नियर स्केल की माप लेकर उसे अल्पतम माप से गुणा करके, मेन स्केल की माप में जोड़ लेते हैं। इस प्रकार डैप्थ गेज द्वारा किसी भी जॉब की गहराई मापी जा सकती है।

वर्नियर डैप्थ गेज को निम्न चित्र में दर्शाया गया है।

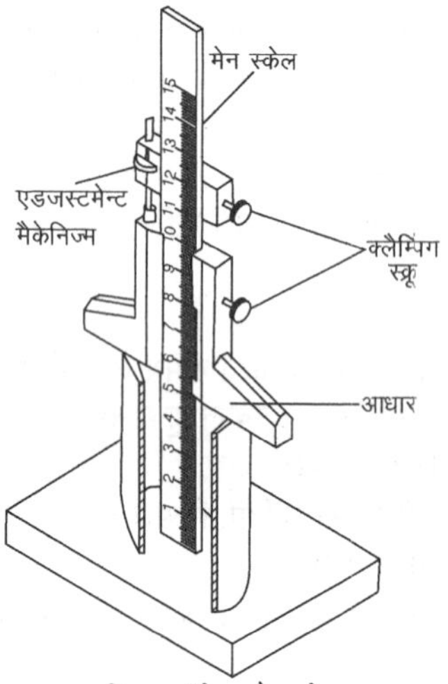

चित्र वर्नियर डैप्थ गेज

2.5 मार्किंग औजार Marking Tools

कार्यशाला में किसी जॉब को तैयार करने से पूर्व उस पर मार्किंग करना एक मुख्य प्रक्रिया है। इसके लिए विभिन्न प्रकार के औजारों को आवश्यकता के अनुसार प्रयोग किया जाता है। ये औजार निम्न प्रकार के होते हैं

1. मार्किंग ऑफ टेबिल
2. सर्फेस प्लेट
3. एंगिल प्लेट
4. स्ट्रेट एज
5. स्क्राइबर
6. ट्रेमल
7. सर्फेस गेज
8. पैरेलल ब्लॉक
9. डिवाइडर
10. 'V' ब्लॉक
11. पंच

किसी भी जॉब को बनाते समय उस पर मार्किंग कुछ विशेष उद्देश्यों के लिये की जाती है। ये निम्न प्रकार है।

(*i*) मार्किंग होने के पश्चात् जॉब को बार-बार मापने की आवश्यकता नहीं होती।

(*ii*) मार्किंग से समय की बचत होती है।

(*iii*) मार्किंग करने के बाद प्राप्त रेखाएँ कारीगर के लिए गाइड का काम करती हैं।

(*iv*) मार्किंग होने से जॉब को परिशुद्ध तरीके से प्राप्त किया जा सकता है जिससे जॉब को अस्वीकृत होने से बचाया जा सकता है।

(*v*) मार्किंग होने से यह पता रहता है कि धातुखण्ड (जॉब) पर कब और कौन-सी प्रक्रिया करनी है।

नोट *जॉब पर मार्किंग करने के लिए मार्किंग मीडिया लगाया जाता है। मार्किंग मीडिया के रूप में साधारण ब्लैक बोर्ड चॉक, ले आउट डाई तथा नीले थोथे के घोल आदि को प्रयोग किया जाता है।*

विभिन्न प्रकार के मार्किंग औजारों का विवरण निम्नवत् है

1. मार्किंग ऑफ टेबिल Marking of Table

मार्किंग टेबिल की ऊपरी प्लेट कास्ट आयरन की बनाई जाती है। इस कास्ट आयरन की प्लेट को एंगिल आयरन के बने स्टैण्ड पर रखा जाता है। यह कास्ट आयरन की प्लेट मशीनिंग करके समतल बनाई जाती है तथा इसके कोने ठीक 90° पर रखे जाते हैं। इसकी चारों साइड भी मशीनिंग की गई होती हैं।

आवश्यकतानुसार यह प्लेट चौकोर या आयताकार भी हो सकती है। मार्किंग किए जाने वाले जॉब को मेज पर रखकर रूल, डिवाइडर या कैलीपर आदि के द्वारा मार्किंग की जाती है। कार्य करने के पश्चात् टेबिल को कपड़े से साफ करके हल्के तेल की पर्त लगाकर जंग लगने से सुरक्षित रखना चाहिए।

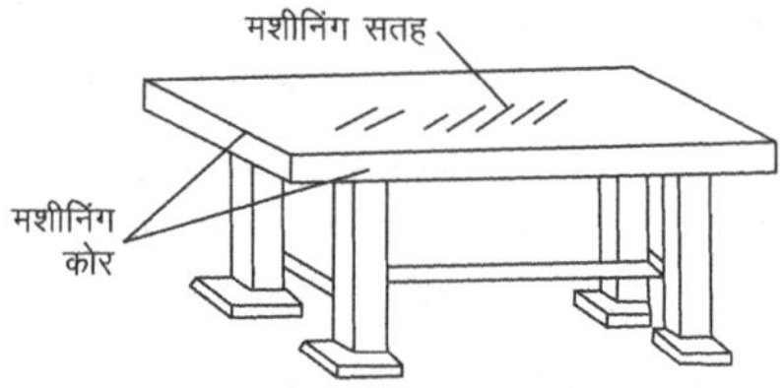

चित्र मार्किंग ऑफ टेबिल

2. सर्फेस प्लेट Surface Plate

परिशुद्ध विमीय विशेषताओं को चिन्हित करने के लिए सन्दर्भ तल (datum plane) पूर्णत: समतल सतह पर होना परम आवश्यक है। असमतल सतह को सन्दर्भ मानने से विमाएँ गलत हो सकती हैं। मशीन शॉप में मार्किंग कार्यों के लिए सबसे अधिक प्रचलित सर्फेस प्लेट तथा मार्किंग ऑफ टेबिल है।

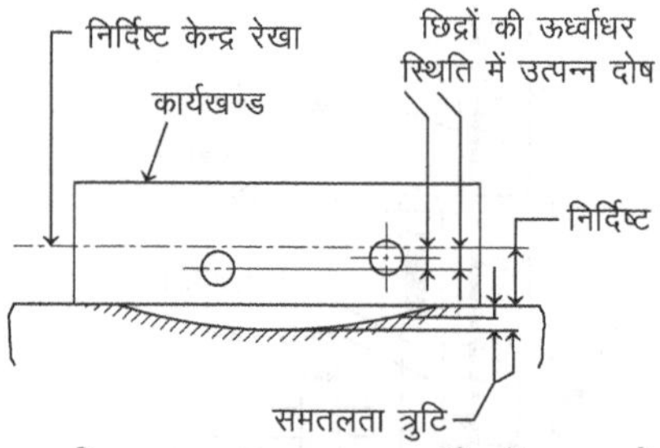

चित्र असमतल सतह द्वारा मार्किंग में उत्पन्न दोष

यह कास्ट आयरन की ढली हुई प्लेट होती है, जिसे किसी मेज पर रखकर प्रयोग किया जाता है। सर्फेस प्लेट कई साइजों में उपलब्ध रहती है, परन्तु साधारणत: 50×50 सेमी^{2} तथा 100×100 सेमी^{2} की प्लेटें सर्वाधिक प्रयोग में लाई जाती हैं। इसकी मोटाई 2.5 सेमी से 7.5 सेमी तक हो सकती है। कई बार अधातुओं से बनी सर्फेस प्लेट भी प्रयोग की जाती है।

सर्फेस प्लेटों को निम्न प्रकार वर्गीकृत किया जा सकता है

(*i*) पदार्थ के आधार पर (*ii*) उपयोगिता के आधार पर

(i) **पदार्थ के आधार पर** On the Basis of Material

सर्फेस प्लेट बनाने में प्रयोग किए गए पदार्थ के अनुसार ये निम्न तीन प्रकार की होती हैं

(*a*) **कास्ट आयरन सर्फेस प्लेट** (Cast iron surface plate) इस सर्फेस प्लेट को उठाने के लिए साइडों में माइल्ड स्टील के दो हैण्डिल लगे होते हैं। मेज की सतह से ऊँचा उठाए रखने के लिए एक फ्रेम भी साथ में ही ढलाई किया होता है। प्लेट की ऊपरी सतह पर की गई सतह परिष्कृति कई ग्रेड में मिलती है। 'A' ग्रेड की यथार्थता 5 माइक्रोन (0.005 मिमी) तथा 'B' ग्रेड की यथार्थता 20 माइक्रोन (0.02 मिमी) होती है। इस प्लेट को किसी ऊँची जगह पर या मार्किंग ऑफ टेबिल पर रखा जाता है, जिससे कारीगर खड़ा होकर आसानी से कार्य कर सके। इसकी चारों साइडों तथा बेस को भी मशीनिंग करके ठीक लम्बवत् बनाया गया होता है। इससे मार्किंग के लिए किसी भी साइड को ट्रू (true) माना जा सकता है।

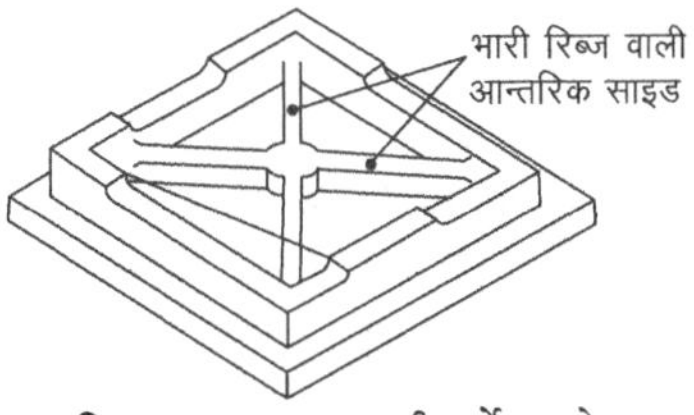

चित्र कास्ट आयरन की सर्फेस प्लेट

सर्फेस प्लेट प्राय: कास्ट आयरन की बनी होती है जिसे विरूपण से बचाने हेतु प्लेट पर स्ट्रैस रिलिविंग प्रक्रिया की जाती है। सर्फेस प्लेट की वर्किंग सर्फेस को मशीनन तथा स्क्रैपिंग द्वारा परिशुद्ध किया जाता है। सर्फेस प्लेट को दृढ़ता तथा मजबूती प्रदान करने के लिए प्लेट के अन्दर की तरफ भारी जाली (Web) बना दी जाती है। लेवलिंग के दौरान समतलता एवं सुगमता के लिए तीन बिन्दुओं पर निलम्बन (suspension) प्रदान किया जाता है। छोटी सर्फेस प्लेट को बेंच पर रखा जाता है, जबकि बड़ी सर्फेस प्लेट को स्टैण्ड पर रखा जाता है।

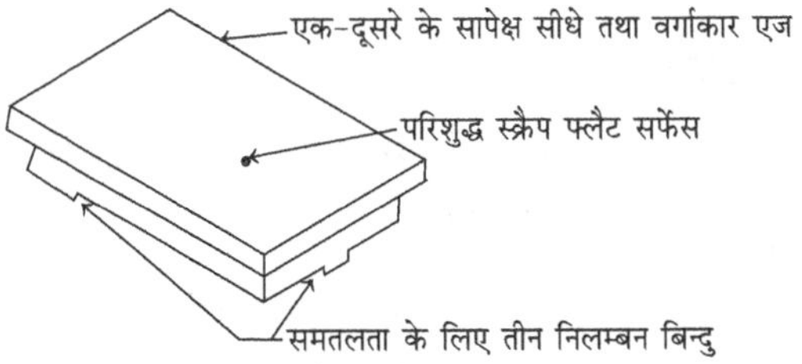

चित्र सर्फेस प्लेट कार्य स्थिति

(*b*) **ग्रेनाइट सर्फेस प्लेट** (Granite surface plate) कुछ सर्फेस प्लेटें ग्रेनाइट की बनाई जाती हैं। यह एक प्रकार का कठोर पत्थर होता है, जो बहुत कम पिघलता है। इसकी ऊपरी सतह तथा साइडों को ग्राइण्ड करके अच्छी फिनिशिंग दी जाती है। अपनी कठोरता के कारण यह भंगुर होता है। कोई वस्तु गिरने पर इसके टूटने का खतरा रहता है। इसको आवश्यकतानुसार किसी भी साइज में बनाया जा सकता है।

(*c*) **ग्लास सर्फेस प्लेट** (Glass surface plate) काँच की प्लेट की सर्फेस फिनिश 4 से 8 माइक्रोन तक मिलती है। अत: इसकी सर्फेस प्लेट बनाना उपयुक्त रहता है। ये 50 सेमी से लेकर 90 सेमी के वर्ग व आयत के आकार की कई साइजों में उपलब्ध हैं। इन सर्फेस प्लेटों पर मार्किंग को पक्का करने का काम अर्थात् पंचिंग का कार्य नहीं किया जा सकता।

(ii) **उपयोगिता के आधार पर** On the Basis of Utilisation

उपयोगिता के आधार पर सर्फेस प्लेटें निम्न तीन प्रकार की होती हैं

(*a*) **निरीक्षण सर्फेस प्लेट** (Inspection surface plate) वर्कशॉप में जिस प्लेट को पार्ट्स के साइज का निरीक्षण करने के लिए प्रयोग किया जाता है, उसे **निरीक्षण सर्फेस प्लेट** कहते हैं। इस सर्फेस प्लेट को कभी-कभी प्रयोग किया जाता है, जिससे इसकी यथार्थता अधिक समय तक बनी रहती है। इसकी सतह की यथार्थता (accuracy) 2.5 माइक्रोन तक होती है।

(*b*) **वर्कशॉप सर्फेस प्लेट** (Workshop surface plate) इस प्लेट को वर्कशॉप में साधारणत: सभी प्रकार के कार्यों के लिए प्रयोग किया जाता है। कार्य की उपयोगितानुसार विभिन्न प्रकार की सतह परिष्कृति की सर्फेस प्लेट वर्कशॉप में प्रयोग की जाती है। इनकी सतह परिष्कृति 1 माइक्रोन से 25 माइक्रोन तक हो सकती है।

(*c*) **मास्टर सर्फेस प्लेट** (Master surface plate) यह सर्फेस प्लेट, सर्फेस प्लेट बनाने वाली फैक्ट्री में प्रयोग में लाई जाती है। इसकी सतह परिष्कृति बहुत अधिक होती है। इसको किसी भी सर्फेस को ट्रू (true) करने के काम में लाया जाता है।

सर्फेस प्लेट प्रयोग करते समय सावधानियाँ
Precautions While Using Surface Plate

(*i*) सर्फेस प्लेट को हमेशा साफ व ढककर रखना चाहिए।
(*ii*) कार्य प्रारम्भ करने से पहले प्लेट पर लगे तेल को साफ कर देना चाहिए।
(*iii*) जहाँ तक सम्भव हो सर्फेस प्लेट पर पंच द्वारा पक्की मार्किंग नहीं करनी चाहिए।
(*iv*) गरम जॉब को सर्फेस प्लेट पर नहीं रखना चाहिए।

कार्य उपरान्त सर्फेस प्लेट को साफ करके (पुन: प्रयोग हेतु) सुरक्षित स्थान पर रखना चाहिए।

3. **एंगिल प्लेट** Angle Plate

जॉब को किसी विशेष एंगिल पर सहारा देने के लिए बनाई गई कास्ट आयरन की प्लेट **एंगिल प्लेट** कहलाती है। यह 90° के कोण पर बनी होती है। इसकी बाहर की दो सतहों को अच्छी फिनिशिंग (finishing) देकर तैयार किया जाता है। जॉब को इन प्लेटों पर रोकने के लिए आयताकार खाँचे बनाए गए होते हैं। जॉब को नट-बोल्टों की सहायता से एंगिल प्लेट पर क्लैम्प किया जाता है। इसका साइज लम्बाई × चौड़ाई × मोटाई से दिया जाता है। एंगिल प्लेटें विभिन्न प्रकार की होती हैं जिनका विवरण निम्नवत् है

(*i*) **ठोस एंगिल प्लेट** (Solid angle plate) इस प्लेट की दोनों सतहों के बीच का एंगिल फिक्स्ड (90° का) होता है। इसका प्रयोग मार्किंग के समय जॉब को ऊर्ध्वाधर (vertical) सहारा देने के लिए किया जाता है। इसकी एक सतह को सर्फेस प्लेट पर क्लैम्प कर देते हैं, तो दूसरी सतह सर्फेस प्लेट के लम्बवत् हो जाती है। इस लम्बवत् सतह पर जॉब को नट-बोल्ट की सहायता से क्लैम्प किया जाता है तथा सर्फेस प्लेट की मार्किंग ब्लॉक तथा हाइट गेज आदि को रखकर जॉब की मार्किंग की जाती है।

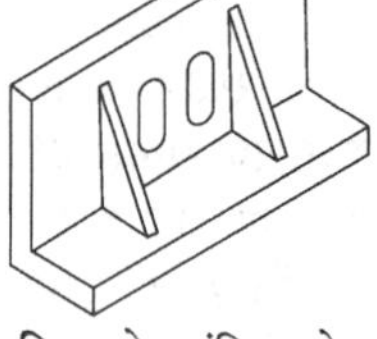

चित्र ठोस एंगिल प्लेट

(*ii*) **एडजस्टेबिल एंगिल प्लेट** (Adjustable angle plate) इस प्रकार की एंगिल प्लेट को किसी भी एंगिल पर समायोजित किया जा सकता है। इसकी दोनों प्लेटों को बोल्ट के द्वारा जोड़ा गया होता है। बोल्ट को ढीला करके दोनों प्लेटों के बीच बने एंगिल को घटाया-बढ़ाया जा सकता है। एंगिल नापने के लिए प्लेट के फ्रेम पर ही मार्किंग की गई होती है।

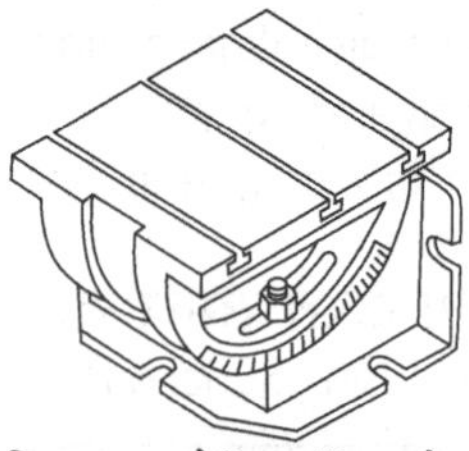

चित्र एडजस्टेबिल एंगिल प्लेट

(*iii*) **बॉक्स एंगिल प्लेट** (Box angle plate) ये एंगिल प्लेट घन की आकृति में बनी होती हैं। इसका उपयोग भी अन्य एंगिल प्लेटों की भाँति किया जाता है। इसकी सभी साइडों को एक-दूसरे से ठीक 90° पर बनाया जाता है। जॉब को प्लेट पर सैट करने के पश्चात् मार्किंग के लिए किसी भी साइड में टर्न किया जा सकता है।

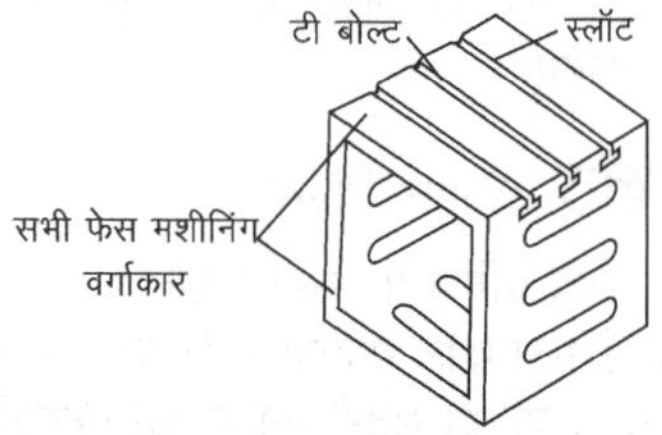

चित्र बॉक्स एंगिल प्लेट

(*iv*) **स्लॉटेड टाइप एंगिल प्लेट** (Slotted type angle plate) इस एंगिल प्लेट की दोनों सतहों पर झिर्रियाँ कटी होती हैं। प्लेट की सतह व भुजाएँ एक-दूसरे के समकोण पर बनी होती हैं। यह ठोस एंगिल प्लेट की अपेक्षा आकार में बड़ी होती है। इस एंगिल प्लेट का प्रयोग मुख्यत: जॉब को मार्किंग प्रक्रिया के समय सहारा देने के लिए किया जाता है।

(*v*) **स्वीवल बेस एंगिल प्लेट** (Swivel base angle plate) इस एंगिल प्लेट को किसी भी कोण पर सैट किया जा सकता है। इसका प्रयोग जॉब को किसी भी कोण पर सहारा देने के लिए होता है।

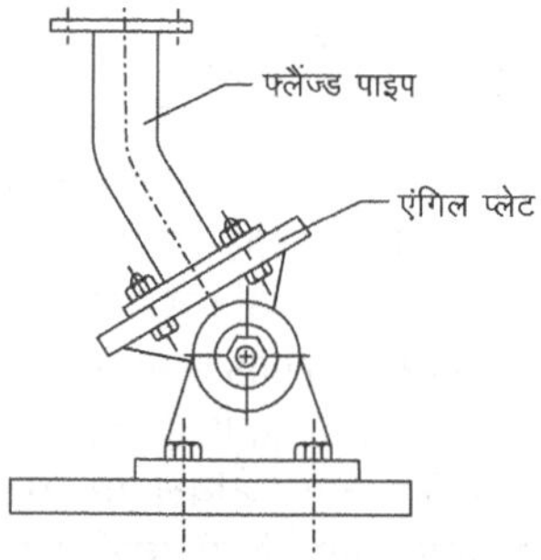

चित्र स्वीवल बेस एंगिल प्लेट

4. स्ट्रेट एज Straight Edge

स्ट्रेट एज का प्रयोग किसी कार्यखण्ड की विमाओं को मापने के लिए नहीं, बल्कि कार्यखण्ड की विभिन्न सतहों की समतलता चैक करने के लिए किया जाता है। छोटे कार्यखण्ड की सतह को ट्राई-स्क्वायर के ब्लेड या स्टील रूल से भी चैक कर लेते हैं, परन्तु लम्बी सतहों; जैसे—मशीन के बैड, मशीन की गाइडें आदि स्ट्रेट एज से ही चैक किए जाते हैं।

सावधानियाँ Precautions

(*i*) काम करने से पहले स्ट्रेट एज को भली-भाँति साफ कर लेना चाहिए।

(*ii*) स्ट्रेट एज पर जॉब रखकर सेंटर पंच या डॉट पंच से मार्किंग नहीं करनी चाहिए।

(*iii*) कभी भी घूमते हुए जॉब पर इसका प्रयोग नहीं करना चाहिए।

(*iv*) इसे कटिंग टूल के साथ नही रखना चाहिए।

(*v*) उपयोग के बाद इसे साफ करके रखना चाहिए।

5. स्क्राइबर Scriber

ये स्क्राइबर हाई-कार्बन स्टील के बनाए जाते हैं, जिसे बाद में हार्ड तथा टैम्पर किया जाता है। इसके दोनों सिरे नुकीले (pointed) होते हैं। इसके सिरों को पत्थर पर घिसकर 12° से 15° के कोण पर बनाया जाता है। धातु की सतहों पर लाइन खींचने के लिए स्क्राइबर का प्रयोग किया जाता है।

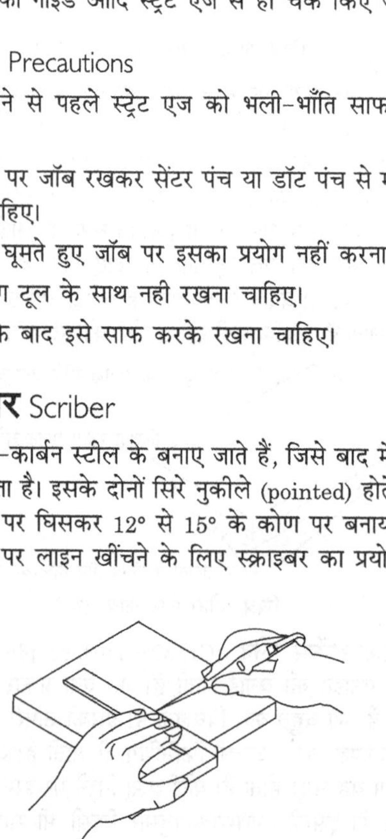

चित्र स्क्राइबर का उपयोग

बनावट के आधार पर स्क्राइबर निम्नलिखित चार प्रकार के होते हैं

(*i*) **मुड़ा स्क्राइबर** (Bent scriber) इसका एक सिरा सीधा व दूसरा सिरा 90° पर मुड़ा हुआ होता है। दोनों सिरे नुकीले होते हैं। सीधा सिरा साधारणत: रेखाएँ खींचने के लिए प्रयोग किया जाता है, जबकि मुड़ा हुआ सिरा जॉब की अन्दरूनी मार्किंग के काम आता है; जैसे—पाइप के अन्दरूनी बोर के अन्दर या किसी जॉब के अन्दर कटी चैनल आदि में।

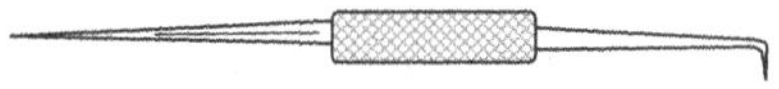

चित्र मुड़ा स्क्राइबर

(*ii*) **एडजस्टेबिल स्क्राइबर** (Adjustable scriber) इस स्क्राइबर की लम्बाई को आवश्यकतानुसार घटाया-बढ़ाया जा सकता है। इसमें एक खोखली स्लीव होती है, जिसके बाहर के भाग में नर्लिंग होती है। स्क्राइबर का तार स्लीव के अन्दर कितना भी जा सकता है। एक नट की सहायता से उसे कहीं भी टाइट (tight) किया जा सकता है।

चित्र एडजस्टेबिल स्क्राइबर

(*iii*) **सीधा स्क्राइबर** (Straight scriber) यह साधारण प्रकार का स्क्राइबर होता है, जिसका एक सिरा नुकीला व सीधा होता है, बीच के भाग में नर्लिंग की गई होती है। इसका दूसरा सिरा मुड़ा हुआ नहीं होता। इसका उपयोग साधारण प्रकार की मार्किंग करने के लिए किया जाता है।

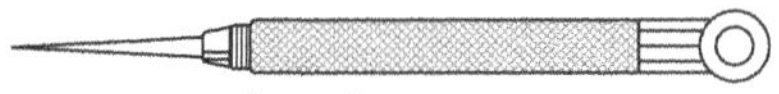

चित्र सीधा स्क्राइबर

(*iv*) **ऑफसैट स्क्राइबर** (Offset scriber) ऑफसैट स्क्राइबर का उपयोग बहुत से मापक यन्त्रों के साथ किया जाता है; जैसे—वर्नियर हाइट गेज, स्क्वायर हैड आदि। इससे मापने व मार्किंग करने का काम एकसाथ हो जाता है।

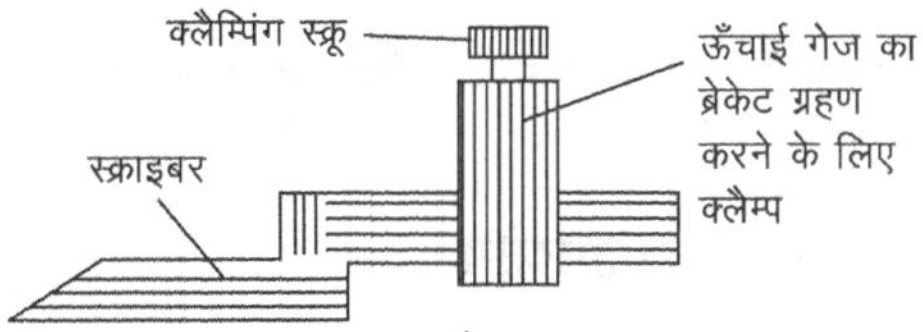

चित्र ऑफसैट स्क्राइबर

स्क्राइबर द्वारा मार्किंग करते समय सावधानियाँ
Precautions While Marking by Scriber

(*i*) स्क्राइबर की नोंक को नुकीला रखना चाहिए।
(*ii*) स्क्राइबर के जिस सिरे का उपयोग न हो उस पर रबड़ लगा देनी चाहिए। इससे मार्किंग के दौरान चोट लगने का डर नहीं रहता।
(*iii*) स्क्राइबर को 30° से 35° पर रखकर मार्किंग करनी चाहिए।
(*iv*) हार्ड सतह पर स्क्राइबर का प्रयोग नहीं करना चाहिए, इससे स्क्राइबर की नोंक जल्दी खराब हो जाती है।

6. ट्रेमल Trammel

आकार (size) में बड़े वृत्तों की मार्किंग करने के लिए ट्रेमल टूल का प्रयोग किया जाता है। इसमें 15 से 50 सेमी लम्बी एक स्टील की रॉड पर दो खिसकने वाले हैड (sliding head) होते हैं, जिनका निचला सिरा नुकीला होता है तथा ऊपर क्लैम्पिंग नट लगे होते हैं। इनकी सहायता से स्लाइडिंग हैड को किसी भी उचित स्थान पर क्लैम्प किया जा सकता है। सूक्ष्म एडजस्टमेन्ट के लिए एक स्लाइडिंग हैड के साथ में एक कैरियर (carrier) जुड़ा होता है, जिसमें एक एडजस्टिंग स्क्रू तथा नट का प्रबन्ध रहता है। इसमें माप भरने के लिए स्टील रूल का प्रयोग किया जाता है।

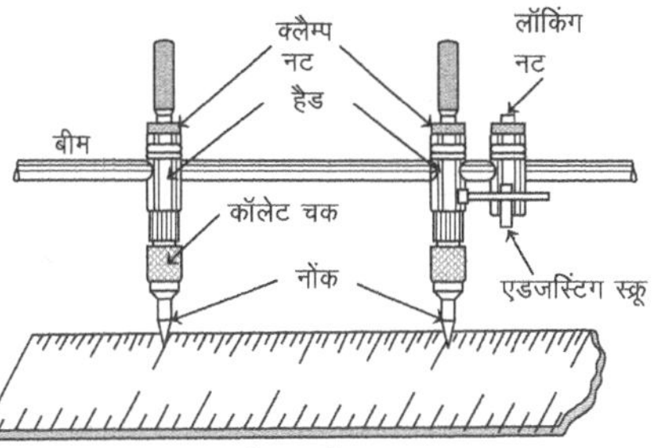

चित्र ट्रेमल

ट्रेमल का प्रयोग करते समय सावधानियाँ
Precautions While Using Trammel

(*i*) कार्य के पश्चात् इसको हल्का तेल लगाकर रखना चाहिए।
(*ii*) ट्रेमल को अन्य माप यन्त्रों के साथ नहीं रखना चाहिए।
(*iii*) ट्रेमल को नीचे गिरने से बचाना चाहिए।
(*iv*) एक स्लाइडिंग हैड को एक स्थान पर स्थिर करके दूसरे को खिसकाकर ट्रेमल में दूरी को घटाना-बढ़ाना चाहिए।
(*v*) इसका प्रयोग कठोर (hard) सतहों पर नहीं करना चाहिए।

7. सर्फेस गेज या मार्किंग ब्लॉक
Surface Gauge or Marking Block

स्क्राइबिंग ब्लॉक का प्रयोग किसी जॉब की एक साइड के समान्तर विभिन्न ऊँचाइयों पर समान्तर लाइनें खींचने के लिए किया जाता है। इसको स्क्राइबिंग ब्लॉक (scribing block) या मार्किंग ब्लॉक (marking block) के नाम से भी जाना जाता है। इसमें कास्ट आयरन का एक ब्लॉक होता है, जिसमें एक रॉड, स्टैण्ड का कार्य करने के लिए लगी होती है। इस पर एक स्क्राइबर होल्डर ऊपर-नीचे आवश्यकतानुसार समायोजित कर एक नट के द्वारा किसी भी ऊँचाई पर सैट किया जा सकता है। इसका स्क्राइबर एक सिरे पर सीधा व दूसरे सिरे पर 90° में मुड़ा हुआ होता है। इसका प्रयोग सर्फेस प्लेट पर खिसकाकर किया जाता है। ये दो प्रकार के होते हैं जिनका विवरण निम्नवत् है

(*i*) **फिक्स्ड स्क्राइबिंग ब्लॉक** (Fixed scribing block) फिक्स्ड स्क्राइबिंग ब्लॉक के आधार में स्थायी रूप से लम्बवत् एक पिलर (pillar) लगा होता है, जिस पर स्क्राइबर को लेकर एक ब्लॉक ऊपर-नीचे खिसक सकता है।

स्क्राइबर को स्नग एवं क्लैम्प नट की सहायता से लगाया जाता है। इसमें स्क्राइबर को किसी निश्चित ऊँचाई पर यथार्थता से सैट करने में कठिनाई आती है। इसको मार्किंग करने के अतिरिक्त लेथ मशीन पर जॉब को चक में सेन्टर करने के लिए भी प्रयोग किया जाता है।

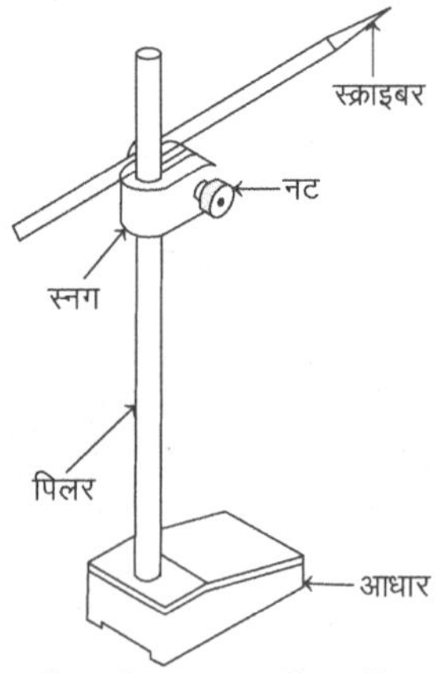

चित्र फिक्स्ड स्क्राइबिंग ब्लॉक

(*ii*) **यूनिवर्सल स्क्राइबिंग ब्लॉक** (Universal scribing block) फिक्स्ड मार्किंग ब्लॉक की तुलना में यूनिवर्सल मार्किंग ब्लॉक अधिक फाइन मार्किंग कर सकता है। इसकी मुख्य विशेषताएँ निम्न हैं

- बेलनाकार सतह के लिए उपयोगी है।
- स्पिण्डल को किसी भी स्थिति में सैट कर सकते हैं।
- परिष्कृत फाइन समायोजन शीघ्रता से किया जाता है।

यूनिवर्सल स्क्राइबिंग ब्लॉक के भाग Parts of Universal Scribing Block

यूनिवर्सल स्क्राइबिंग ब्लॉक के मुख्य भाग निम्नलिखित हैं

- **आधार** (Base) यूनिवर्सल स्क्राइबिंग ब्लॉक का आधार स्टील अथवा ढलवाँ लोहे का बना होता है। आधार में नीचे की तरफ 'V' खाँचा कटा होता है। इसका प्रयोग बेलनाकार वस्तु पर इसे बैठाकर मार्किंग के लिए किया जाता है।
- **गाइड पिन** (Guide pin) आधार में दो गाइड पिनें लगी होती हैं, जिन्हें दबाकर आधार से बाहर निकाला जाता है। इन गाइड पिनों की सहायता से मार्किंग ब्लॉक सर्फेस प्लेट की साइडों से गाइड हो सकता है।
- **रॉकर आर्म** (Rocker arm) रॉकर आर्म को फाइन एडजस्टमेन्ट स्क्रू और स्प्रिंग की सहायता से आधार में लगाया जाता है। आधार में रॉकर आर्म व लॉक नट की सहायता से पिलर को फिट किया जाता है। रॉकर आर्म का दूसरा सिरा एक एडजस्टिंग स्क्रू से जुड़ा होता है, जिसकी सहायता से फाइन एडजस्टमेन्ट किया जाता है।
- **स्क्राइबर** (Scriber) स्नग व क्लैम्पिंग नट की सहायता से स्क्राइबर को किसी भी स्थिति में फिट किया जा सकता है।
- **स्पिण्डल** (Spindle) स्पिण्डल रॉकर आर्म में लगी होती है। इस स्पिण्डल से ही स्क्राइबर संयोजित होता है।

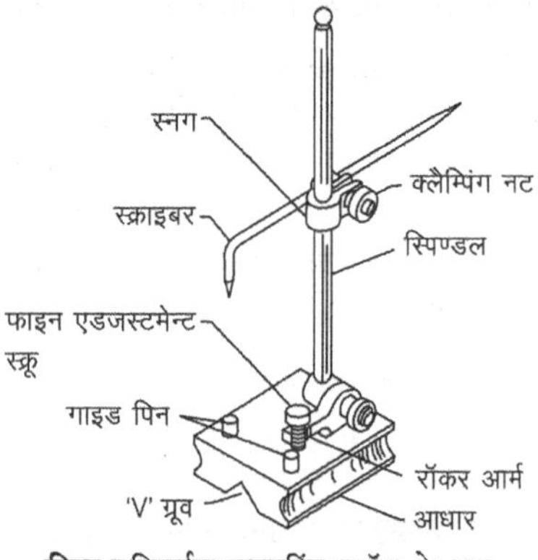

चित्र यूनिवर्सल स्क्राइबिंग ब्लॉक के भाग

स्क्राइबिंग ब्लॉक द्वारा मार्किंग करना
Marking with Scribing Block

मार्किंग ब्लॉक अथवा सर्फेस गेज का प्रयोग किसी जॉब पर उसके बेस के समान्तर रेखाएँ खींचने के लिए किया जाता है, जैसा कि निम्न चित्र में दर्शाया गया है। इसके लिए इसे सर्फेस प्लेट पर या मार्किंग टेबिल पर रखकर सरकाया जाता है। इसका प्रयोग मशीन स्पिण्डल के संकेन्द्र में जॉब सैट करने के लिए किया जाता है। लेथ मशीन पर फोर-जॉ चक में जॉब को सेन्टर करने के लिए सर्फेस गेज का प्रयोग बहुतायत में किया जाता है।

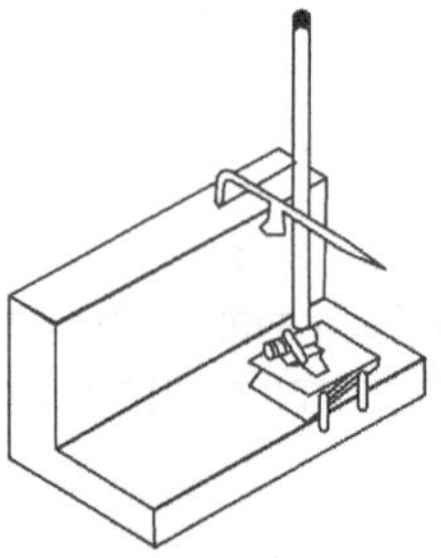

चित्र सर्फेस गेज द्वारा समान्तर रेखा खींचना

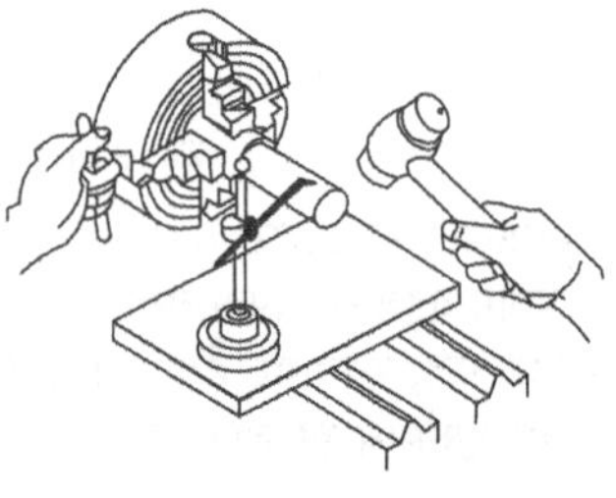

चित्र मशीन स्पिण्डल के केन्द्र में जॉब सैट करना

स्क्राइबिंग ब्लॉक के उपयोग
Uses of Scribing Block

स्क्राइबिंग ब्लॉक के निम्नलिखित उपयोग हैं

(*i*) कार्यखण्ड पर आधार के समान्तर रेखाएँ खींचने के लिए।

(*ii*) लेथ व अन्य मशीनों पर मार्किंग के दौरान कार्यखण्ड को मजबूती से पकड़ने के लिए।

(*iii*) गोल तथा वर्गाकार छड़ के केन्द्र ज्ञात करने के लिए।

(*iv*) इसके द्वारा $\frac{1}{64}$ इंच तथा $\frac{1}{2}$ मिमी की शुद्धता में मार्किंग करने के लिए।

स्क्राइबिंग ब्लॉक का प्रयोग करते समय सावधानियाँ
Precautions while Using Scribing Block

(*i*) कार्यखण्ड पर मार्किंग करने से पूर्व स्क्राइबिंग स्नग व रॉकर नट कसे होने चाहिए।

(*ii*) स्क्राइबर की लम्बाई स्नग अधिक बाहर नहीं होने चाहिए। अधिक लम्बे स्क्राइबर से मार्किंग के दौरान स्क्राइबिंग ब्लॉक कम्पन करने लगता है।

(*iii*) स्क्राइबिंग ब्लॉक का उपयोग करने के दौरान अधिक दाब नहीं लगाना चाहिए।

(*iv*) मार्किंग के दौरान पिलर को सीधा रखना चाहिए।

(*v*) मार्किंग करते समय स्क्राइबर का कोण कार्यखण्ड से 90° से कम होना चाहिए।

(*vi*) कार्य समाप्ति के पश्चात् स्क्राइबिंग ब्लॉक को कपड़े से साफ करके, तेल (oil) लगाकर रखना चाहिए।

8. पैरेलल ब्लॉक Parallel Block

ये ब्लॉक अधिकतर कार्बन स्टील को हार्ड तथा टैम्परिंग करने के पश्चात् ग्राइण्ड किए हुए होते हैं। इनका प्रयोग अधिकतर मशीन शॉप में जॉब के नीचे रखने के लिए किया जाता है, जिससे कि जॉब के नीचे की सतह को मशीन टेबिल या वाइस की सतह के समान्तर रखा जा सके। इसके अतिरिक्त जॉब की ऊँचाई को कुछ ऊपर बढ़ाने के लिए भी इन्हीं ब्लॉकों का प्रयोग किया जाता है। साधारणत: पैरेलल ब्लॉक दो प्रकार के होते हैं

(*i*) **ठोस पैरेलल ब्लॉक** (Solid parallel block) मशीन शॉप में जॉब को वर्क टेबिल से ऊँचा उठाकर रखने के लिए ठोस पैरेलल ब्लॉक का प्रयोग किया जाता है। इनका साइज (लम्बाई × चौड़ाई × ऊँचाई) समान रखा जाता है। एक्यूरेसी के लिए इन्हें हार्ड करके ग्राइण्ड किया जाता है तथा कभी-कभी लैपिंग भी किया जाता है।

ये दो ग्रेडों 'A' तथा 'B' में उपलब्ध रहते हैं।

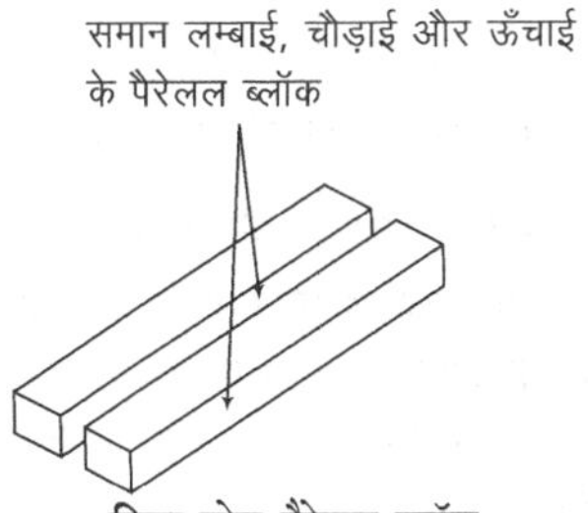

चित्र ठोस पैरेलल ब्लॉक

(*ii*) **एडजस्टेबिल पैरेलल ब्लॉक** (Adjustable parallel block) इसमें एक ब्लॉक में दो टेपरित ब्लॉक होते हैं, जो एक-दूसरे की टेपर की गई सतहों पर स्लाइड करते हैं। इन ब्लॉकों की ऊँचाई को एडजस्ट किया जा सकता है।

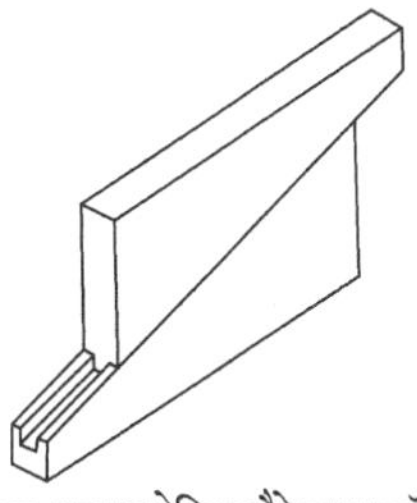

चित्र एडजस्टेबिल पैरेलल ब्लॉक

9. डिवाइडर Divider

डिवाइडर प्राय: हाई-कार्बन स्टील अथवा माइल्ड स्टील के बनाये जाते हैं। यह एक प्रकार का मार्किंग उपकरण है। इसकी दोनों टाँगें समान लम्बाई की तथा नुकीली होती हैं। हाई-कार्बन स्टील की कम्पास को हार्ड तथा टैम्पर किया जाता है, जबकि माइल्ड स्टील के कम्पास को केस हार्ड (case hard) किया जाता है।

इसका साइज दोनों टाँगों के जोड़ से नुकीले प्वॉइण्ट तक की लम्बाई द्वारा दिया जाता है। बाजार में ये 50, 75, 100, 150 या 200 मिमी की लम्बाई में उपलब्ध हैं। विशेष कार्यों के लिए ये अधिक लम्बाई के भी बनाए जा सकते हैं। इसका प्रयोग स्टील रूल से कोई निश्चित माप (बराबर माप) लेने तथा किसी जॉब पर वृत्त या चाप लगाने के लिये भी किया जाता है।

डिवाइडर के प्रकार Types of Divider

(i) **फर्म ज्वॉइण्ट डिवाइडर** Firm Joint Divider

इस प्रकार के डिवाइडर की दोनों टाँगों को ऊपर से वाशर रखकर रिवेट द्वारा जोड़ा जाता है। इस प्रकार बने जोड़ की दोनों टाँगों को हल्के हाथ के दबाव से कम या अधिक खोला या बन्द किया जाता है। जोड़ ढीला पड़ने पर रिवेट को पीटकर उसे टाइट कर दिया जाता है।

फर्म ज्वॉइण्ट डिवाइडर मुख्यत: तीन प्रकार के होते हैं

- साधारण फर्म ज्वॉइण्ट डिवाइडर, चित्र (a)
- फर्म ज्वॉइण्ट विंग डिवाइडर, चित्र (b)
- नीडिल प्वॉइण्ट फर्म ज्वॉइण्ट डिवाइडर, चित्र (c)

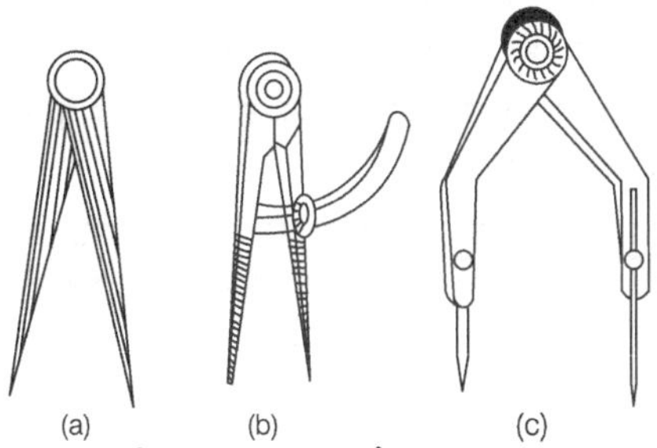

चित्र विभिन्न प्रकार के डिवाइडर

(ii) **स्प्रिंग टाइप डिवाइडर** Spring Type Divider

इसकी दोनों टाँगों के ऊपरी सिरों को एक रिवेट का आलम्ब बनाकर गोल कमानी स्प्रिंग के द्वारा रोका जाता है। इसका जोड़ व आकार, इनसाइड स्प्रिंग कैलीपर्स से मिलता-जुलता है। स्प्रिंग के तनाव के विपरीत इसे स्क्रू व नट के द्वारा समायोजित किया जाता है।

चित्र स्प्रिंग टाइप डिवाइडर

10. 'V' ब्लॉक 'V' Block

बेलनाकार या गोल आकार की वस्तुओं को सर्फेस प्लेट पर रखकर मार्किंग करना कठिन होता है, इसलिए इन्हें सहारा देने के लिए 'V' ब्लॉक की आवश्यकता होती है। बेलनाकार जॉब को 'V' ग्रूव में रखकर मार्किंग की जा सकती है। मशीनिंग करने के लिए जॉब को 'V' ग्रूव में क्लैम्प किया जा सकता है। साधारणत: 'V' ब्लॉक कास्ट आयरन के बनाए जाते हैं, परन्तु कभी-कभी माइल्ड स्टील के बनाकर उन्हें केस-हार्ड किया जाता है। 'V' ग्रूव का एंगिल 90° रहता है, परन्तु बड़े जॉब की आवश्यकता को देखते हुए यह कोण 120° का भी बनाया जाता है। 'V' ब्लॉक का साइज उसकी लम्बाई × चौड़ाई × ऊँचाई से लिया जाता है। 'V' ब्लॉक हमेशा जोड़े में बनाए जाते हैं।

'V' ब्लॉक के प्रकार Types of 'V' Block

'V' ब्लॉक मुख्यत: निम्न प्रकार के होते हैं

(i) **सिंगल लेवल, सिंगल ग्रूव 'V' ब्लॉक**
Single Level, Single Groove 'V' Block

यह कास्ट आयरन का बना हुआ ब्लॉक होता है, जिसमें केवल एक सतह पर 'V' ग्रूव बनाया गया होता है।

बाकी सतहें समतल मशीन तथा ग्राइण्ड की गई होती हैं। इसका प्रयोग केवल भारी-भरकम जॉब पर ही मार्किंग करने के लिए किया जाता है।

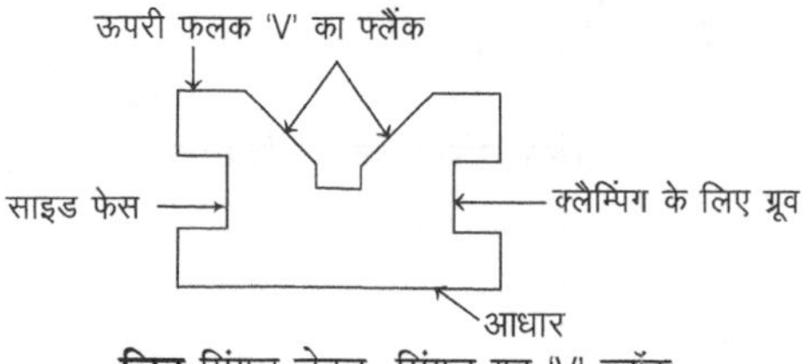

चित्र सिंगल लेवल, सिंगल ग्रूव 'V' ब्लॉक

(ii) **सिंगल लेवल, डबल ग्रूव 'V' ब्लॉक**
Single Level, Double Groove 'V' Block

इस प्रकार के 'V' ब्लॉक में एक 'V' खाँचा व दोनों तरफ दो चौकोर खाँचे कटे होते हैं। यह क्लैम्प को जॉब के आकार के अनुसार उचित स्थान प्रदान करता है।

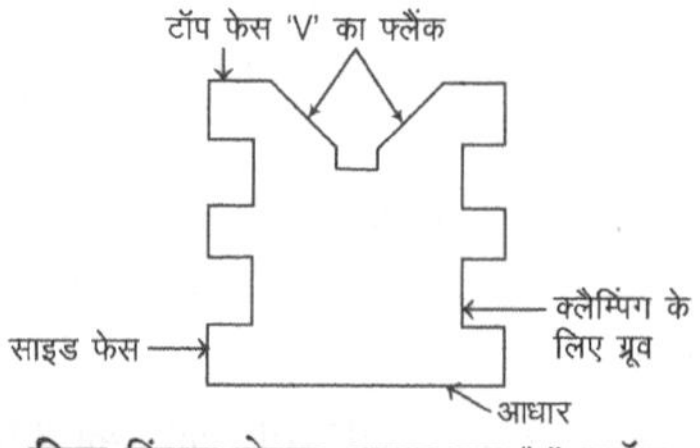

चित्र सिंगल लेवल, डबल ग्रूव 'V' ब्लॉक

(iii) **डबल लेवल, सिंगल ग्रूव 'V' ब्लॉक**
Double Level, Single Groove 'V' Block

इस प्रकार के 'V' ब्लॉक में परस्पर विपरीत सतहों में 'V' खाँचा कटा होता है तथा साइड की दोनों सतहों में छोटा आयताकार खाँचा भी काटा होता है।

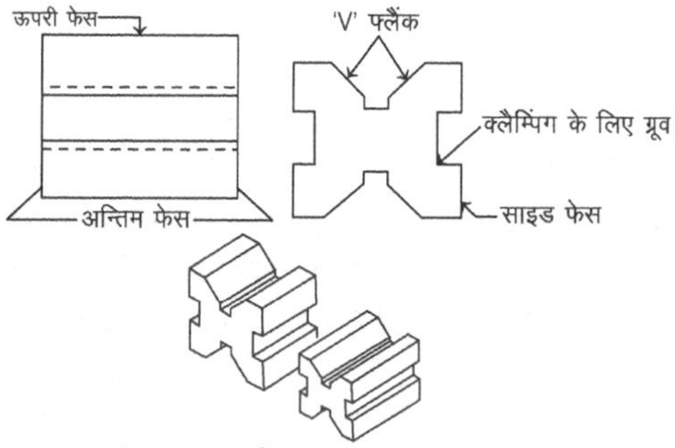

चित्र डबल लेवल, सिंगल ग्रूव 'V' ब्लॉक

'V' खाँचों में से एक 90° के कोण पर तथा दूसरा 120° के कोण पर होता है। 120° के 'V' में बड़े व्यास की वस्तुएँ पकड़ी जाती हैं, जबकि 90° के 'V' में छोटे व्यास की वस्तुएँ पकड़ी जाती हैं।

(iv) **जोड़े वाले 'V' ब्लॉक** Pair 'V' Block

इस प्रकार के 'V' ब्लॉक समान आकार के जोड़े में रहते हैं। इन्हें निर्माता द्वारा दी गई संख्या या अक्षर के आधार पर पहचाना जाता है। इस प्रकार के 'V' ब्लॉक का उपयोग मार्किंग टेबिल पर लम्बी शाफ्ट को सहारा देने के लिए किया जाता है।

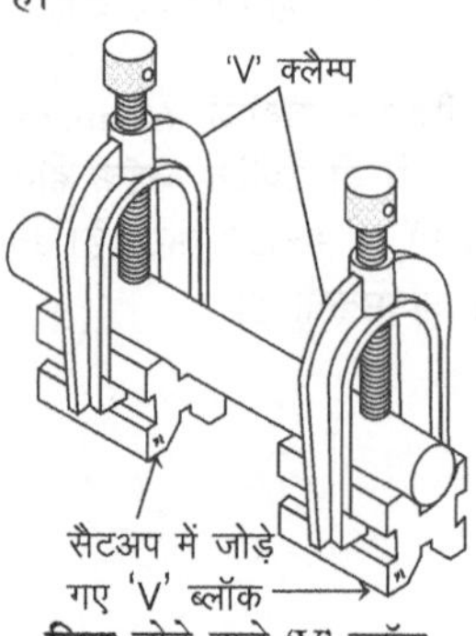

चित्र जोड़े वाले 'V' ब्लॉक

(v) **चुम्बकीय** 'V' **ब्लॉक** Magnetic 'V' Block

मार्किंग करते समय 'V' ब्लॉक दाब पड़ने पर हिल सकता है। अत: इसे एक निश्चित स्थान पर क्लैम्प करने की आवश्यकता रहती है। इसके लिए चुम्बकीय 'V' ब्लॉक का प्रयोग किया जाता है। इसमें एक अस्थायी चुम्बक होता है, जो एक लीवर द्वारा ऑपरेट होता है। लीवर की ऑन (ON) स्थिति पर इसमें चुम्बकीय प्रभाव आ जाता है, जिसके कारण यह सर्फेस प्लेट पर चिपक जाता है। जब इसे हटाना होता है, तो लीवर को ऑफ (OFF) स्थिति पर ले जाते हैं जिससे इसका चुम्बकीय प्रभाव समाप्त हो जाता है।

चुम्बकीय 'V' ब्लॉक को निम्न चित्र में दर्शाया गया है

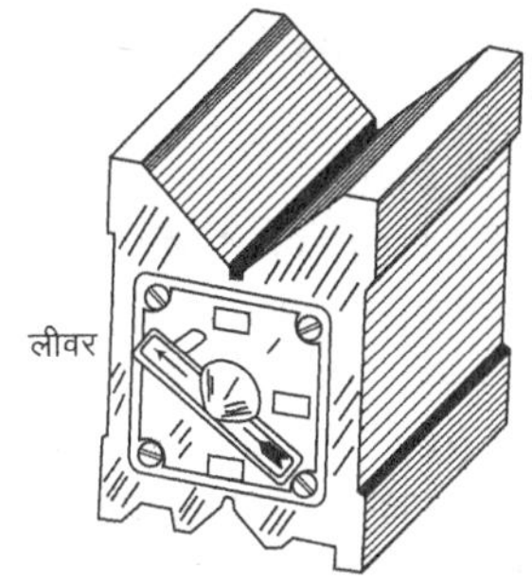

चित्र चुम्बकीय 'V' ब्लॉक

'V' ब्लॉक का उपयोग Use of 'V' Block

'V' ब्लॉक का उपयोग मार्किंग के लिए मशीनों पर जॉब को सैट करने के लिए होता है। बड़े आकार के 'V' ब्लॉक ढलवाँ लोहे के व छोटे आकार के 'V' ब्लॉक कठोर लोहे के बनाए जाते हैं। बड़े आकार के 'V' ब्लॉक में किनारे वाली भुजा पर खाँचे (slot) नहीं कटे होते, जबकि छोटे आकार के 'V' ब्लॉक में किनारे वाली भुजा पर खाँचे कटे होते हैं।

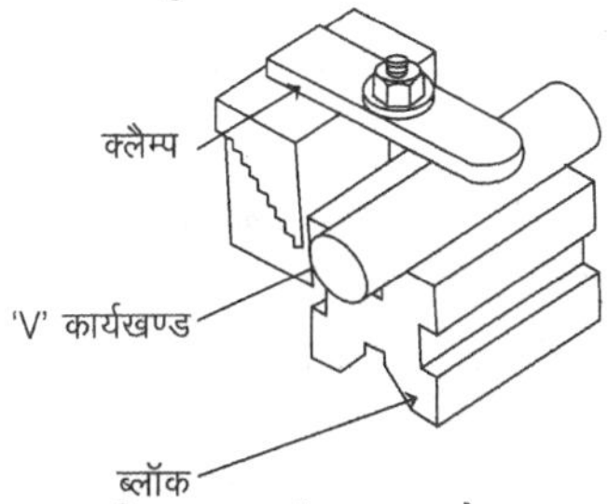

चित्र 'V' ब्लॉक का उपयोग

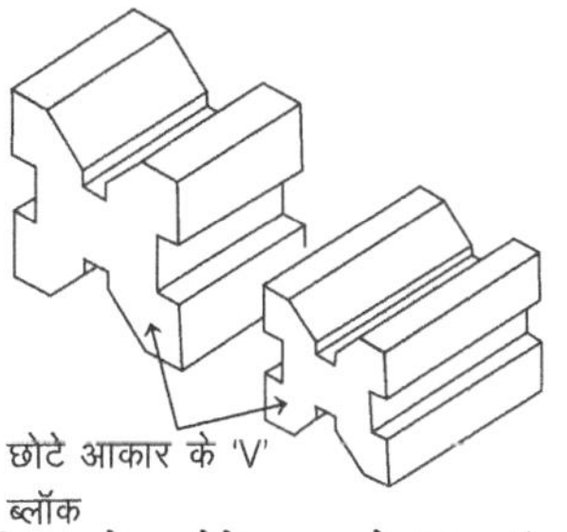

चित्र बड़े व छोटे आकार के 'V' ब्लॉक

'V' ब्लॉक के ग्रेड और पदार्थ
Grades and Materials of 'V' Block

'V' ब्लॉक दो प्रकार के ग्रेड में उपलब्ध होते हैं

(i) **ग्रेड** 'A' Grade 'A'

इस प्रकार के 'V' ब्लॉक उच्च गुणवत्ता वाली स्टील के बनाए जाते हैं। ये अधिक यथार्थता प्रदर्शित करते हैं व बाजार में केवल 100 मिमी लम्बाई में उपलब्ध हैं।

(ii) **ग्रेड** 'B' Grade 'B'

इस प्रकार के 'V' ब्लॉक का उपयोग साधारण मशीनिंग कार्य के लिए किया जाता है। ये अधिक यथार्थता प्रदर्शित नहीं करते हैं इस प्रकार के 'V' ब्लॉक दानेदार ढलवाँ लोहे के बनाए जाते हैं। ये ब्लॉक 300 मिमी की लम्बाई में उपलब्ध हैं।

'V' ब्लॉक की यथार्थता Accuracy of 'V' Block

'V' ब्लॉक की यथार्थता के लिए दो 'V' ब्लॉक के ऊपर एक परिशुद्धता वाली छड़ रखते हैं। इसके बाद डायल टेस्ट इण्डीकेटर द्वारा छड़ के दोनों सिरों की तुलना करते हैं। यदि छड़ के दोनों सिरों के पाठ्यांक समान हैं, तो 'V' ब्लॉक यथार्थ (accurate) है अन्यथा नहीं।

सावधानियाँ Precautions

(i) 'V' ब्लॉक को कार्य के उपरान्त तेल से साफ करके रखना चाहिए।
(ii) 'V' ब्लॉक को सावधानी से उचित स्थान पर रखना चाहिए व इसे गिरने से बचाना चाहिए।
(iii) इसे खरोंच से बचाना चाहिए।

11. पंच Punch

किसी भी कार्यखण्ड (job) की सतह पर की गई अस्थायी मार्किंग को स्थायी बनाने के लिए जिस टूल का प्रयोग किया जाता है, उसे पंच कहते हैं तथा इस प्रक्रिया को पंचिंग (punching) कहते हैं। पंच के द्वारा कार्यखण्ड की सतह पर उन बिन्दुओं को गहरा किया जाता है जहाँ पर डिवाइडर द्वारा चाप या वृत्त बनाना होता है या ड्रिल द्वारा ड्रिलिंग करनी होती है।

पंच मुख्यत: हाई-कार्बन स्टील के बनाए जाते हैं। इसके तीन भाग होते हैं। जहाँ हैमर से चोट मारते हैं उसे हैड कहते हैं। पंच के जिस भाग से बिन्दु बनते हैं उसे प्वॉइण्ट (point) कहते हैं। यह भाग नुकीला तथा हार्ड व टैम्पर किया गया होता है। बीच के भाग को बॉडी कहते हैं, यह भाग नर्लिंग किया हुआ बेलनाकार या षट्भुजाकार होता है। उपयोगिता के आधार पर ये विभिन्न प्रकार के होते हैं, जिनका विवरण निम्नवत् है

(i) **डॉट पंच** Dot punch

यह कास्ट स्टील का बना होता है। इसकी बॉडी षट्भुजाकार होती है तथा प्वॉइण्ट (point) का कोण 60° का रखा जाता है।

एंगिल कम होने से बिन्दु गहरी तथा कम व्यास की बनती है। इसका उपयोग त्रिज्या, चाप आदि खींचने के लिए किया जाता है।

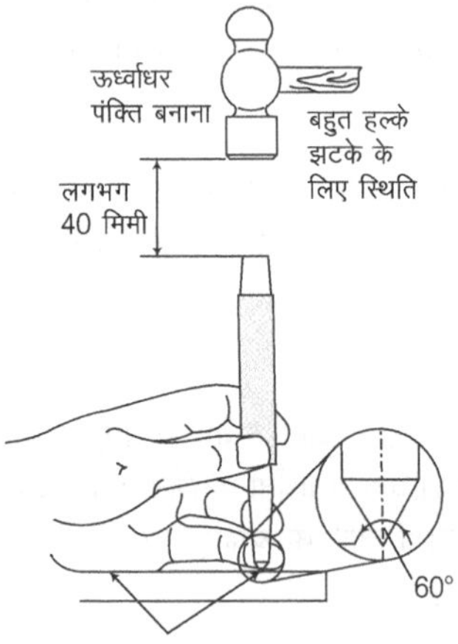

चित्र हाथ से सहारा देने वाला बिन्दु

(ii) सेन्टर पंच Centre punch

यह पंच डॉट पंच से आकार में बड़ा होता है। इसके प्वॉइण्ट का कोण 90° रखा जाता है, जिससे ड्रिल प्वॉइण्ट आसानी से पंच द्वारा लगाए गए सेन्टर में बैठ सके। इस पंच की लम्बाई 100 मिमी व व्यास 10 मिमी होता है। इस पंच का उपयोग सुराखों के केन्द्रों को लोकेट (locate) करने के लिए किया जाता है। इसका उपयोग केन्द्र बिन्दु (centre point) को गहरा करने के लिए किया जाता है।

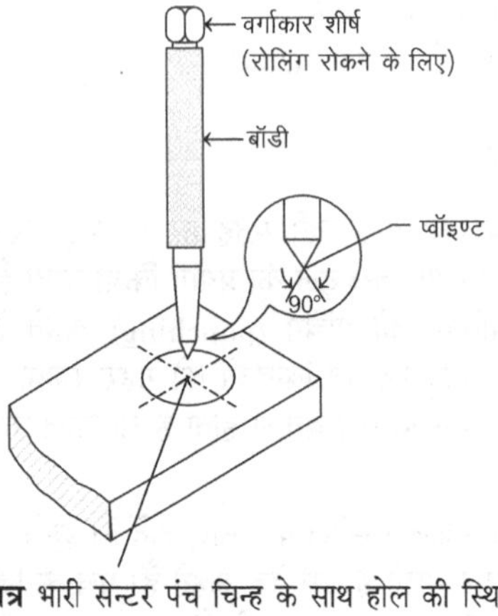

चित्र भारी सेन्टर पंच चिन्ह के साथ होल की स्थिति

नीचे प्रदर्शित चित्र में सेन्टर पंच के द्वारा मार्किंग को दर्शाया गया है

चित्र सेन्टर पंच

(iii) प्रिक पंच Prick punch

प्रिक पंच कम लम्बाई का पंच होता है। यह उच्च कार्बन स्टील से बना होता है। इसका प्वॉइण्ट एंगिल 30° होता है। इसका कोण कम होने से डिवाइडर की नोंक को बहुत यथार्थ स्थिति प्राप्त होती है। इसलिए इसका उपयोग सतह पर वक्र (curve) खींचने के लिए किया जाता है। इस पंच का प्रयोग हल्की धातुओं; जैसे—पीतल, ताँबा तथा एल्युमीनियम आदि पर मार्किंग के लिये किया जाता है।

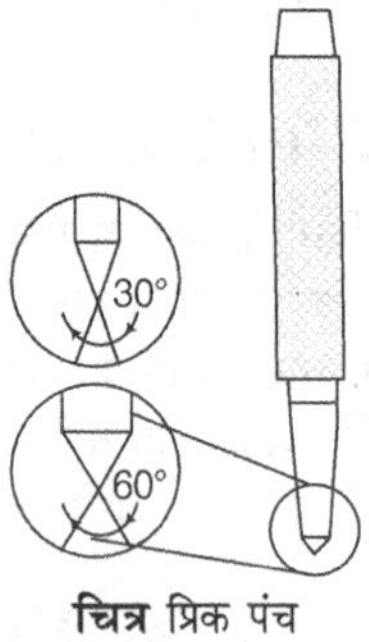

चित्र प्रिक पंच

नोट *(a) 30° वाले प्रिक पंच का उपयोग डिवाइडर को सही स्थिति में रखने व 60° वाले प्रिक पंच का उपयोग विटनैस मार्क को स्पष्ट करने के लिए किया जाता है।*

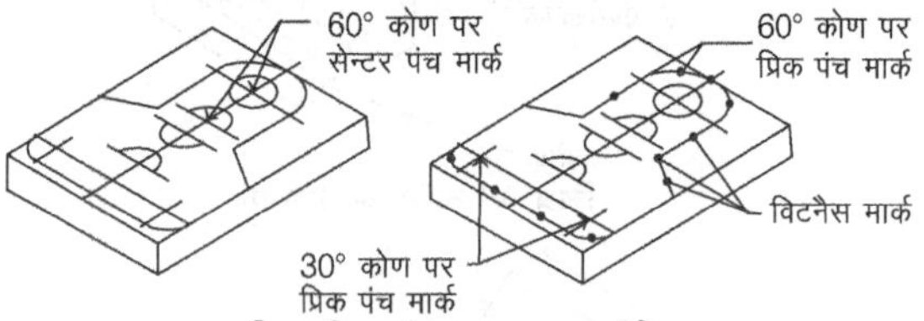

चित्र प्रिक पंच द्वारा प्राप्त मार्किंग

(b) प्रिक पंच का उपयोग सेन्टर पंचिंग से पहले केन्द्र निर्धारण में भी किया जाता है।

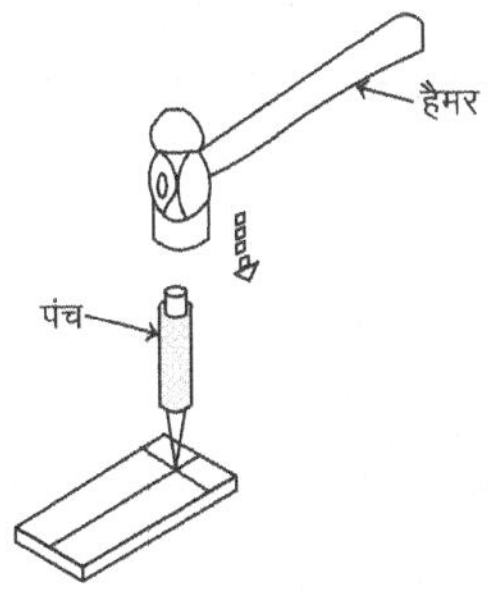

चित्र ड्रिलिंग के लिए केन्द्र स्थिति का निर्धारण

(iv) **पिन पंच** Pin punch

इस पंच की नोंक नहीं होती, बल्कि उसके स्थान पर एक बेलनाकार पिन होती है, जिसकी लम्बाई जॉब की आवश्यकता को पूरा करती है। इस पंच का प्रयोग मार्किंग के लिए नहीं किया जाता, अपितु जॉब में फँसी हुई डॉवेल पिन या टेपर पिन को निकालने के लिए किया जाता है। ये पंच बाजार में 100 मिमी से 200 मिमी की लम्बाई व 3 मिमी से 12 मिमी के व्यास में उपलब्ध हैं।

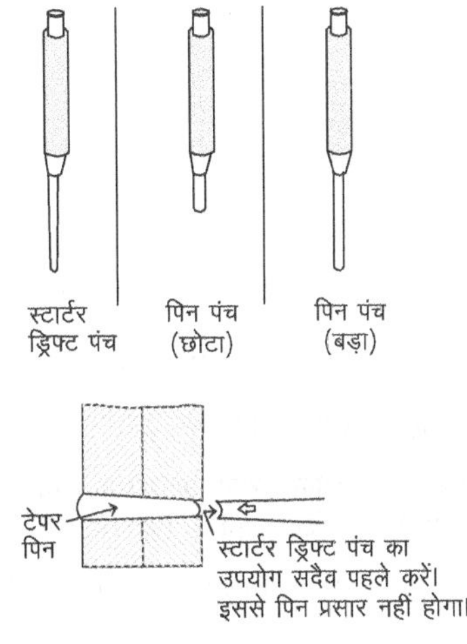

चित्र पिन पंच

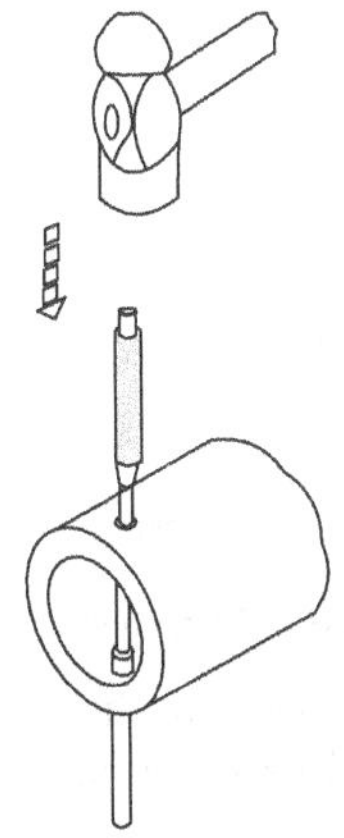

चित्र पिन पंच का उपयोग

(v) **बैल पंच** Bell punch

इसका बाह्य आवरण एक घण्टी (bell) के आकार का होता है। इसके ठीक सेन्टर में एक पंच लगा होता है। यह पंच स्प्रिंग के द्वारा ऊपर उठा रहता है। जब किसी बेलनाकार वस्तु का केन्द्र ज्ञात करना होता है, तो बैल पंच को ठीक उसके ऊपर लम्बवत् टिकाते हैं तथा स्प्रिंग पंच को नीचे मारने से केन्द्र ज्ञात होता है। बेलनाकार वस्तुओं के केन्द्र को गहरा करने के लिए बैल पंच का प्रयोग किया जाता है।

प्रदर्शित चित्र में बैल पंच को दर्शाया गया है

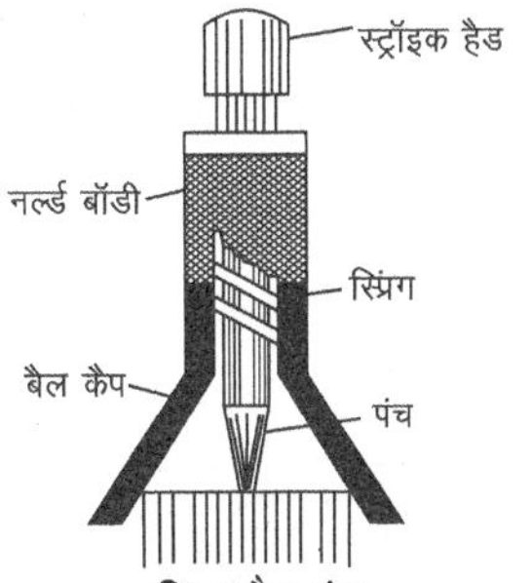

चित्र बैल पंच

(vi) **ऑटोमैटिक सेन्टर पंच** Automatic centre punch

यह एक आधुनिक प्रकार का पंच है। इसमें एक स्प्रिंग स्टील का ब्लॉक इस प्रकार लिया जाता है कि पंच को दबाने पर यह बिना हैमर का उपयोग किए मार्किंग कर देता है। इस पंच के प्वॉइण्ट 60° तथा 90° के होते हैं। इस पंच का उपयोग फाइन तथा सही मार्किंग हेतु किया जाता है।

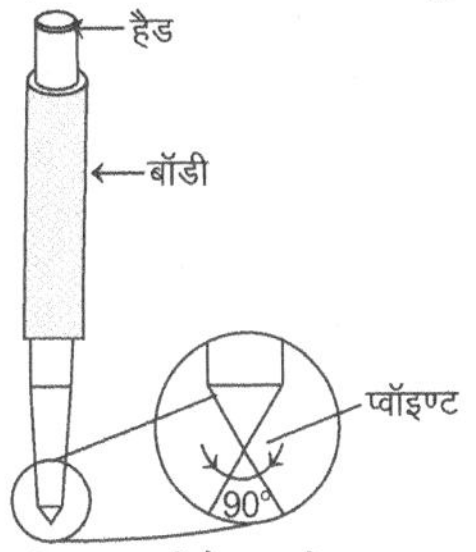

चित्र ऑटोमैटिक सेन्टर पंच

(vii) **सॉलिड पंच** Solid punch

इसके द्वारा एक ही आकार के छेद आसानी से किये जा सकते हैं। छेद करते समय शीट के नीचे पंच के अनुरूप डाई रखनी आवश्यक होती है। इस पंच का प्रयोग किसी शीट या गर्म लोहे के टुकड़े में आर-पार छेद करने के लिए किया जाता है। इसके अतिरिक्त इस पंच का प्रयोग शीट मैटल शॉप या ब्लैकस्मिथी में भी किया जाता है।

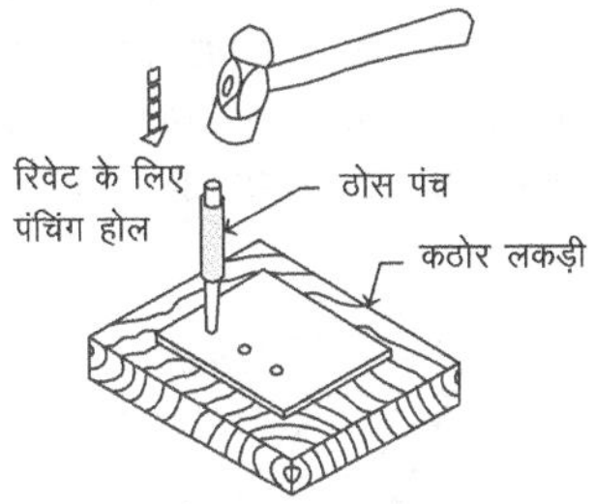

चित्र सॉलिड पंच

(viii) **हॉलो पंच** Hollow punch

ये पंच अन्दर से खोखले होते हैं तथा मुलायम पदार्थों में बड़े छेद करने के काम आते हैं। इसके प्वॉइण्ट वाले भाग की परिधि को चारों ओर से

ग्राइण्ड करके धारदार बना दिया जाता है। ये 1.5 मिमी से 13 मिमी तक के साइज में उपलब्ध हैं। चमड़े की शीट, रबड़ की शीट, गत्ता आदि में सुराख करने के लिए इस पंच का प्रयोग किया जाता है।

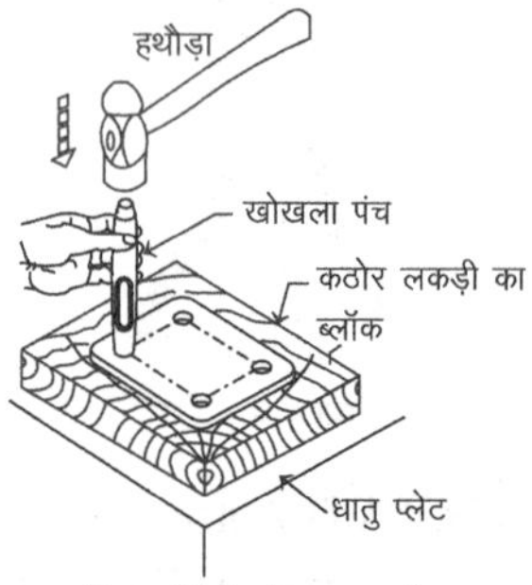

चित्र हॉलो पंच का प्रयोग

(ix) वैड पंच Wad punch

वैड पंच बनावट में खोखले पंच के समान ही होता है। इसका उपयोग बड़े व्यास वाले छिद्रों में किया जाता है। इस पंच से जब कर्तन छिद्र कट जाए, तो पुश रॉड की सहायता से छिद्र के खराब पदार्थ को बाहर निकाल लेना चाहिए।

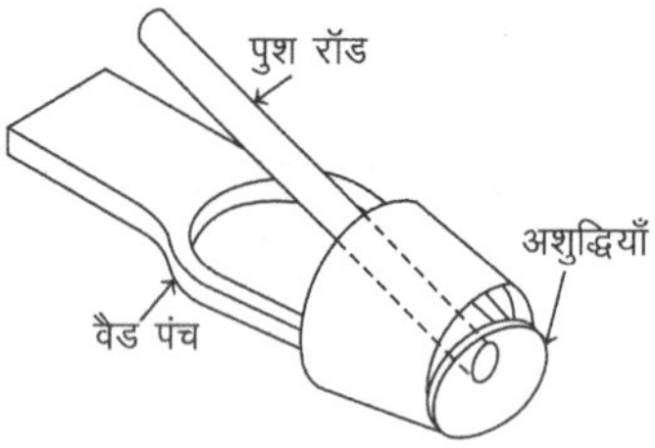

चित्र वैड पंच

(x) लैटर और नम्बर पंच Letter and number punch

बॉक्स सैट में 0.8 मिमी से 13 मिमी तक के आकार वाले पंचों को रखा जाता है। सबसे पहले पंच की तुलना में स्टैम्प की जाने वाली सतह की जाँच रेती की सहायता से करते हैं, जैसा कि निम्न चित्र में दर्शाया गया है, क्योंकि अधिक कठोर पदार्थ पर चिन्ह करने से पंच के खराब होने का खतरा रहता है। इस प्रकार के पंच का प्रयोग कार्यखण्ड पर लैटर और नम्बर को चिन्हित करने के लिए किया जाता है।

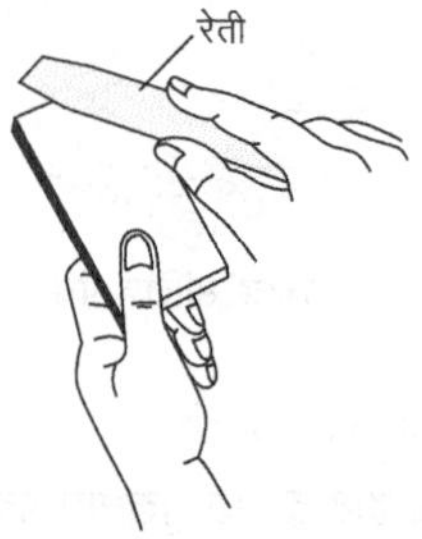

चित्र रेती की सहायता से धातु कठोरता की जाँच

कठोर कार्यखण्ड पर मार्किंग की प्रक्रिया को अम्ल निरेखन (etching) विधि द्वारा किया जाता है। मार्किंग के दौरान यह ध्यान रखें कि मार्किंग एक ही प्रहार में हो जाए, दूसरे प्रहार से मार्किंग खराब हो सकती है। अंग्रेजी वर्णमाला के लैटर *M*, *W*, *I* व *T* की मार्किंग में अधिक स्पष्ट प्रहार की आवश्यकता होती है।

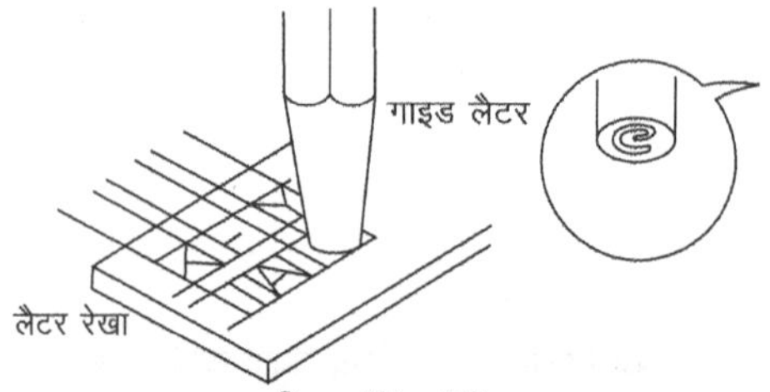

चित्र पंचिंग विधि

पंच को ऊर्ध्वाधर स्थिति में रखते हुए हथौड़े से प्रहार करना चाहिए।

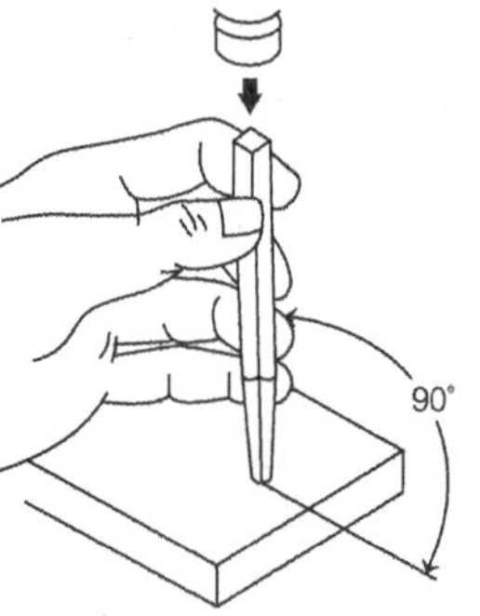

चित्र ऊर्ध्वाधर स्थिति में पंच पर प्रहार

डॉट पंच व सेन्टर पंच में अन्तर

डॉट पंच व सेन्टर पंच के मध्य अन्तर को निम्न तालिका द्वारा दर्शाया गया है।

क्र.सं.	डॉट पंच	सेन्टर पंच
1.	इसका बिन्दु कोण 60° होता है।	इसका बिन्दु कोण 90° होता है।
2.	इसका प्रयोग त्रिज्या, चाप खींचने के लिए किया जाता है।	इसका प्रयोग सुराखों के केन्द्रों को लोकेट करने के लिए होता है।
3.	यह हल्का होता है।	सेन्टर पंच एक भारी पंच होता है।

सावधानियाँ Precautions

(*i*) पंच का प्रयोग कठोर धातुओं पर नहीं करना चाहिए।
(*ii*) पंच के कोण कार्य से पहले चैक कर लेने चाहिए।
(*iii*) पंच के अनुसार हैमर का प्रयोग करना चाहिए।
(*iv*) पंच के हैड पर मशरूम (mushroom) आने पर उसे ग्राइण्ड कर देना चाहिए।
(*v*) मोटे कार्यखण्ड पर हॉलो पंच का प्रयोग नहीं करना चाहिए।
(*vi*) पंच का प्वॉइण्ट तेजधार वाला तथा नुकीला होना चाहिए।
(*vii*) पंच द्वारा पंचिंग चिन्ह की दूरी 3 मिमी से 5 मिली के बीच होनी चाहिए।

2.6 कर्तन औजार Cutting Tools

प्लम्बिंग कार्यों में किसी धातु को काटने, छीलने, सुराख या खुरचने के लिए कर्तन औजारों (cutting tools) का प्रयोग किया जाता है। यह कार्बन स्टील, हाई कार्बन स्टील, हाई स्पीड स्टील अथवा एलॉय स्टील के बनाए जाते हैं। कर्तन औजारों का विवरण निम्नवत् है

1. हैक्सॉ Hacksaw

हैक्सॉ एक कटिंग टूल है। इसे सामान्य भाषा में दस्ती आरी कहते हैं। इसके द्वारा पाइप, शीट व विभिन्न आकार की धातुएँ काटी जाती हैं। धातु को हैक्सॉ द्वारा काटने की क्रिया को हैक्सॉइंग (hacksawing) कहते हैं। इसके दो भाग होते हैं

(i) हैक्सॉ फ्रेम Hacksaw Frame

हैक्सॉ का मुख्य भाग उसका फ्रेम होता है, जोकि 'C' शेप (shape) में होता है। इसके एक सिरे पर फिक्स्ड स्क्रू लगा होता है, जिसमें अन्दर की ओर पिन तथा बाहर की ओर हैण्डिल लगा होता है। दूसरे सिरे पर एक स्लाइडिंग स्क्रू (sliding screw) लगा होता है, जिसमें फ्रेम के अन्दर की ओर पिन लगी होती है तथा बाहर की ओर से एक फ्लाई नट लगाया गया होता है। हैक्सॉ फ्रेम मुख्य रूप से तीन प्रकार के होते हैं

(*a*) **फिक्स्ड हैक्सॉ फ्रेम** (Fixed hacksaw frame) फिक्स्ड हैक्सॉ फ्रेम में हम मात्र एक ही लम्बाई के ब्लेड का प्रयोग कर सकते हैं; जैसे—यदि फ्रेम 250 मिमी लम्बाई का है, तो इसमें छोटा या बड़ा ब्लेड प्रयोग नहीं किया जा सकता है। इसमें फ्रेम के साइज के अनुसार ही ब्लेड का प्रयोग किया जाता है। पहले ब्लेड को पिन में फँसाया जाता है। इसके बाद इसमें लगे विंग नट की सहायता से ब्लेड को कसा जाता है। इस फ्रेम को सॉलिड फ्रेम भी कहते हैं।

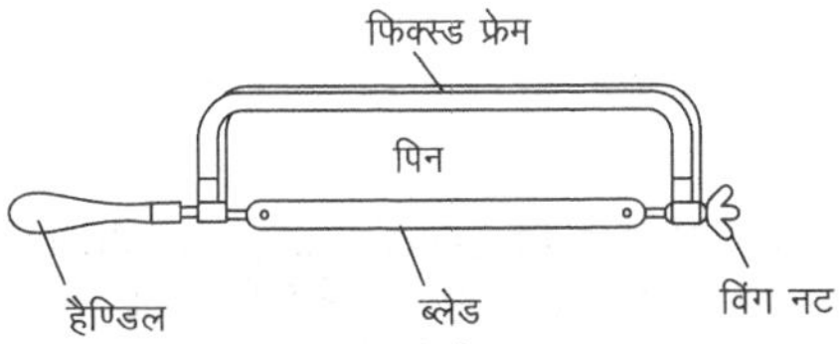

चित्र फिक्स्ड हैक्सॉ फ्रेम

(*b*) **एडजस्टेबिल हैक्सॉ फ्रेम** (Adjustable hacksaw frame) एडजस्टेबिल हैक्सॉ फ्रेम दो टुकड़ों में बना होता है। एडजस्टेबिल स्क्रू की ओर के भाग में ग्रूव बने होते हैं। इसमें फ्रेम की लम्बाई को एडजस्ट किया जा सकता है। इस फ्रेम में 200 से 300 मिमी तक के ब्लेड प्रयोग किए जा सकते हैं।

सेन्टर हैण्डिल, एडजस्टेबिल फ्रेम, पिस्टल ग्रिप तथा ट्यूबलर आदि इनके प्रकार हैं।

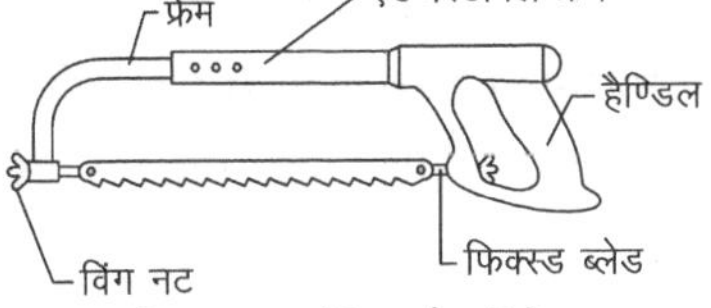

चित्र एडजस्टेबिल हैक्सॉ फ्रेम

(*c*) **डीप कटिंग हैक्सॉ फ्रेम** (Deep cutting hacksaw frame) यह भी फिक्स्ड हैक्सॉ फ्रेम का ही एक प्रकार है, जिसमें एक ही लम्बाई के ब्लेड को प्रयोग किया जाता है, परन्तु इसकी गहराई बहुत अधिक रखी जाती है, जिससे यह गहराई तक काटने पर भी कार्यखण्ड में नहीं अटकता है।

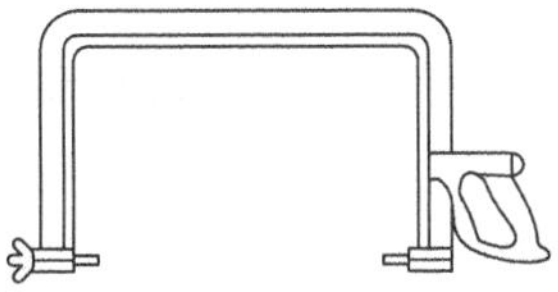

चित्र डीप कटिंग हैक्सॉ फ्रेम

(ii) हैक्सॉ ब्लेड Hacksaw Blade

हैक्सॉ में कटाई करने वाला भाग हैक्सॉ ब्लेड ही होता है। यह एक पत्ती (strip) के आकार में होता है, जिसके दोनों सिरे गोलाई में कटे होते हैं। इसके दोनों सिरों पर पिन होल बने होते हैं, जिनकी सहायता से इसे हैक्सॉ फ्रेम में फिट (fit) किया जाता है। इसकी दोनों या एक साइड में दाँते (teeth) कटे होते हैं, जो एक दिशा में झुके हुए होते हैं।

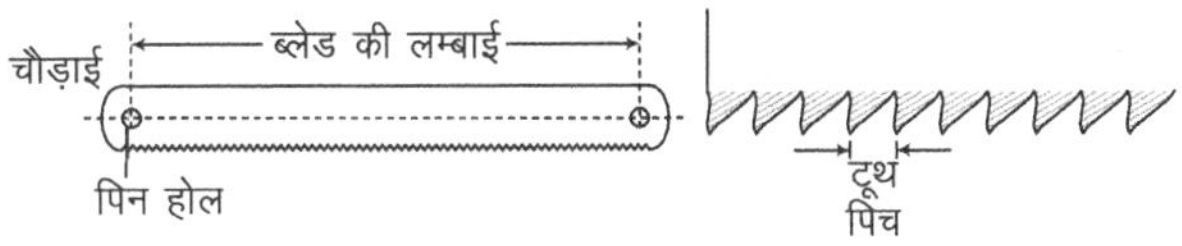

चित्र हैक्सॉ ब्लेड

हैक्सॉ ब्लेड के लिए कार्बन स्टील, हाई कार्बन स्टील, हाई स्पीड स्टील प्रयोग की जाती है। दाँते काटने तथा होल बनाने के पश्चात् इसे हार्ड व टैम्पर किया जाता है। कभी-कभी होल वाले भाग को अनील (anneal) भी किया जाता है। ब्लेड की पत्ती की मोटाई 0.6 मिमी से 0.8 मिमी तथा चौड़ाई 12 मिमी से 16 मिमी तक होती है। मोटी पिच, मध्यम पिच या पतली पिच के ब्लेड प्रयोग किए जाते हैं। 1.5 से 2.0 मिमी तक मोटी पिच, 1.0 से 1.5 मिमी तक मध्यम पिच तथा 0.8 से 1.0 मिमी तक फाइन पिच होती है। दाँतों पर दिए गए टैम्पर के आधार पर ब्लेड दो प्रकार के होते हैं

(a) ऑल हार्ड ब्लेड All Hard Blade

हैक्सॉ ब्लेड का ऊष्मा उपचार कई प्रकार से किया जाता है। कुछ ब्लेडों की सम्पूर्ण बॉडी को ऊष्मा उपचार द्वारा हार्ड व टैम्पर किया जाता है। इन्हें ऑल हार्ड ब्लेड कहते हैं। केवल कुशल कारीगर ही इनका प्रयोग कर सकते हैं। इनमें लचीलापन (flexibility) नहीं होता। ये ब्लेड हाई कार्बन स्टील या हाई स्पीड स्टील के बनाए जाते हैं।

(b) हाफ हार्ड ब्लेड Half Hard Blade

ब्लेड को टूटने से बचाने के लिए दाँतों की ओर आधी चौड़ाई तक ही उसे हार्ड किया जाता है। शेष भाग मुलायम ही बना रहता है, जो उसे टूटने से बचाता है। इस ब्लेड की कठोरता कम रहती है फलत: इसके दाँते जल्दी ही घिस जाते हैं। इस प्रकार के ब्लेड का प्रयोग कम कठोर या मुलायम धातुओं को काटने के लिए किया जाता है।

ब्लेड के दाँतों की सैटिंग Setting of Blade Teeth

ब्लेड को उसके द्वारा काटी गई झिर्री में फँसने से बचाने के लिए उसके दाँतों को दोनों ओर कुछ मोड़ दिया जाता है, जिससे कि उसके द्वारा कटने वाली झिर्री की चौड़ाई ब्लेड की मोटाई से अधिक होती है। इस प्रक्रिया को दाँतों की सैटिंग (setting of teeth) कहा जाता है।

सैटिंग करने से ब्लेड अपने द्वारा बनाई गई झिर्री में नहीं फँसता तथा घर्षण भी कम हो जाता है। दाँतों की सैटिंग निम्न प्रकार से की जाती है

(i) **सिंगल स्टैगर्ड सैटिंग** Single Staggered Setting

इस प्रकार की सैटिंग में एक दाँत बाएँ तो दूसरा दाँत दाएँ को मोड़ा जाता है। जैसा कि निम्न चित्र में दिखाया गया है। प्रत्येक चार दाँतों के बाद पाँचवाँ दाँता सीधा रखा जाता है।

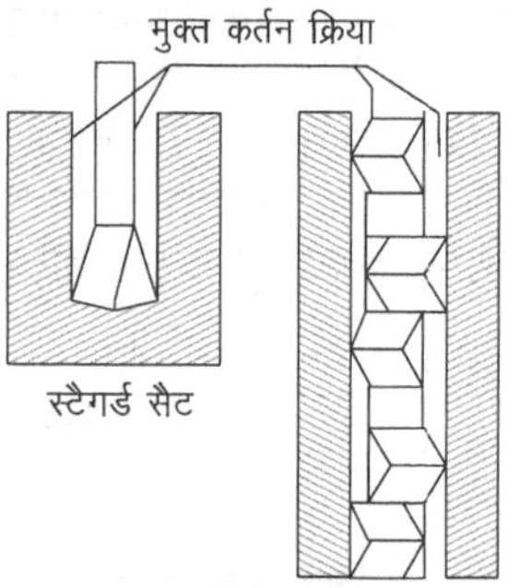

चित्र सिंगल स्टैगर्ड सैटिंग

(ii) **डबल स्टैगर्ड सैटिंग** Double Staggered Setting

इसे रैकर स्टैगर्ड सैटिंग (Rackar staggered setting) के नाम से भी जाना जाता है। इस सैटिंग में दो दाँते बाईं ओर मोड़ने के पश्चात् दो दाँते दाईं ओर मोड़े जाते हैं, जैसा चित्र में दिखाया गया है। इसके पश्चात् पाँचवाँ दाँता सीधा छोड़ दिया जाता है।

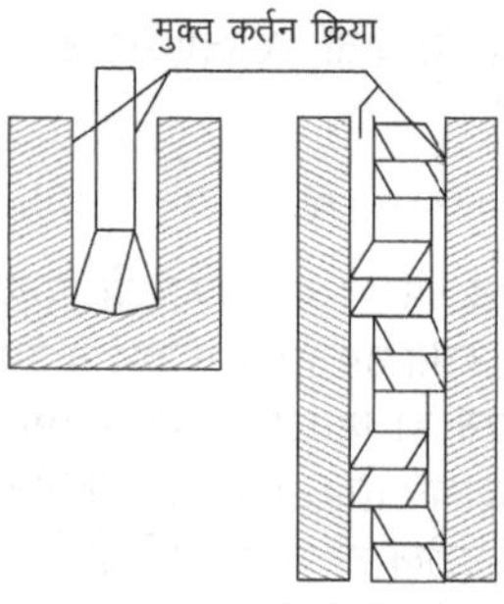

चित्र डबल स्टैगर्ड सैटिंग

(iii) **वेव या जिग-जैग सैटिंग** Wave or Zig-Zag Setting

इस प्रकार की सैटिंग में दाँतों को एक लहर (wave) के आकार में सैट किया जाता है, जैसा कि चित्र में प्रदर्शित है। यह सैटिंग फाइन पिच के ब्लेडों में की जाती है

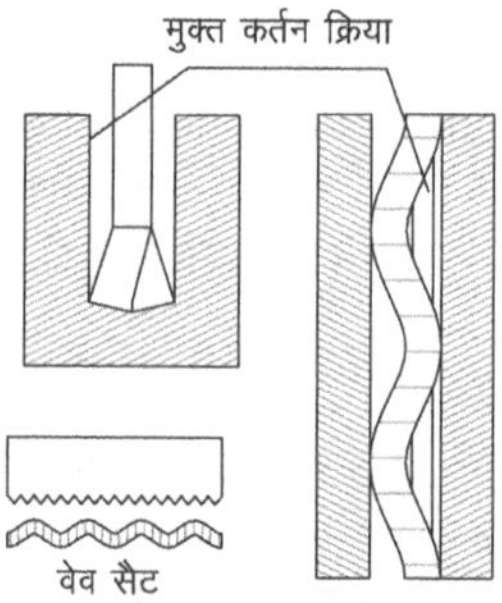

चित्र वेव सैटिंग

हैक्सॉ ब्लेड का ग्रेड Grade of Hacksaw Blade

हैक्सॉ ब्लेड के दाँतों को मोटी तथा बारीक पिच का बनाया जाता है, जिसे हैक्सॉ ब्लेड का ग्रेड कहते हैं। भिन्न-भिन्न कार्यों के लिए अलग-अलग ग्रेड के हैक्सॉ ब्लेड प्रयोग किए जाते हैं।

ग्रेड के अनुसार निम्न प्रकार के ब्लेड प्रयोग किए जाते हैं

(i) **रफ या कोर्स पिच ब्लेड** (Rough or coarse pitch blade) इस हैक्सॉ ब्लेड में 10 मिमी लम्बाई में 8 दाँते काटे जाते हैं। इस पिच का ब्लेड मुलायम धातु को आसानी से काटता है; जैसे—ताँबा, मृदु इस्पात इत्यादि।

(ii) **मीडियम पिच ब्लेड** (Medium pitch blade) इस ब्लेड में 10 मिमी लम्बाई में 10 दाँते कटे होते हैं। इसके द्वारा कास्ट आयरन, टूल स्टील, हाई कार्बन स्टील, एल्युमीनियम इत्यादि काटे जाते हैं।

(iii) **फाइन पिच ब्लेड** (Fine pitch blade) इस ब्लेड में 10 मिमी लम्बाई में 14 दाँते कटे होते हैं। इसके द्वारा कठोर एल्युमीनियम, पीतल, ताँबा आदि काटे जाते हैं।

(iv) **वेरी फाइन पिच ब्लेड** (Very fine pitch blade) इस ब्लेड में 10 मिमी लम्बाई में 18 दाँते कटे होते हैं। इसके द्वारा पाइप, पीतल, कठोर स्टील आदि काटे जाते हैं।

हैक्सॉ को प्रयोग करने की विधि
Method of Using Hacksaw

हैक्सॉ से कटाई करने के लिए निम्नलिखित पदों में कार्य करना चाहिए

(i) हैक्सॉ का प्रयोग करने से पहले कार्यखण्ड (जॉब) पर कटिंग लाइन (cutting line) की मार्किंग करनी चाहिए।

(ii) कार्यखण्ड को वाइस में इस प्रकार बाँधना चाहिए कि हैक्सॉ कहीं अड़े नहीं व कटिंग लाइन साफ दिखाई देती रहे।

(iii) कार्यखण्ड की कटिंग सतह वाइस से 5-6 मिमी से अधिक दूर नहीं होनी चाहिए अन्यथा चैटरिंग (chattering) आ सकती है।

(*iv*) कार्यखण्ड की धातु तथा मोटाई के अनुसार ब्लेड का चयन करना चाहिए; जैसे-स्टील के कार्यखण्ड के लिए हाई स्पीड स्टील का ब्लेड चुनना चाहिए, जबकि ब्रास या एल्युमीनियम के लिए हाई कार्बन स्टील का ब्लेड चुना जा सकता है।

(*v*) ब्लेड को फ्रेम में फिट करते समय उसके दाँतों का झुकाव आगे की ओर (अर्थात् फ्लाई नट की दिशा में) रखना चाहिए। इससे हैक्सॉ अगले स्ट्रोक (forward stroke) में कटिंग करती है।

(*vi*) हैक्सॉ को आगे ले जाते समय उस पर दबाव डालना चाहिए तथा अपनी तरफ खींचते समय ढीला छोड़ना चाहिए।

हैक्सॉ प्रयोग करते समय सावधानियाँ Precautions While Using Hacksaw

(*i*) जहाँ कटिंग शुरू करनी है वहाँ रेती से 'V' ग्रूव बना लेना चाहिए। इससे ब्लेड एक निश्चित स्थान पर कटिंग करता है।

(*ii*) हैक्सॉइंग के समय दाएँ हाथ से हैक्सॉ का हैण्डिल पकड़कर आगे-पीछे चलाने के लिए जोर लगाना चाहिए। साथ ही बाएँ हाथ से फ्रेम को आगे से सहारना चाहिए।

(*iii*) हैक्सॉइंग के समय मात्र फॉरवर्ड स्ट्रोक (forward stroke) में ही दाब डालना चाहिए, क्योंकि केवल फॉरवर्ड स्ट्रोक में ही कटिंग होती है।

(*iv*) चिम्मड़ धातुओं को काटते समय शीतलक या पानी का प्रयोग करते हैं, जिससे ब्लेड अधिक गर्म न होने पाए। ढलवाँ लोहे में कोई शीतलक प्रयोग नहीं किया जाता जबकि एल्युमीनियम के लिए कैरोसीन (kerosene) का प्रयोग करते हैं।

(*v*) कटिंग करते समय झटके से हैक्सॉ को नहीं चलाना चाहिए। हैक्सॉ फ्रेम (ब्लेड) हमेशा सीधे चलाना चाहिए। टेढ़ा होने पर कटाई टेढ़ी होगी तथा ब्लेड फँसकर टूट सकता है।

(*vi*) ब्लेड के टूटने पर पुराने कट में नया ब्लेड नहीं चलाना चाहिए, यह फँसकर टूट सकता है।

(*vii*) धातुखण्ड पर कटिंग करते समय ब्लेड की पूरी लम्बाई का प्रयोग करना चाहिए।

2. रेतियाँ Files

किसी कार्यखण्ड की सतह से खुरदरी सतह (rough surface) वाले औजार को रगड़कर अवांछित पदार्थ को चूर्ण के रूप में हटाने की प्रक्रिया को रेतना (filing) कहते हैं तथा इस प्रक्रिया में प्रयुक्त औजार को रेती कहा जाता है। रेती के द्वारा हम प्लेन सतह (plane surface), वक्र सतह (curved surface), सीधी झिर्री (straight slots), वृत्ताकार या आयताकार होल (circular or rectangular holes) तथा लगभग प्रत्येक प्रकार की आकृति (shape) पर से अतिरिक्त (extra) पदार्थ को बारीक कणों के रूप में हटा सकते हैं। इसके लिए विभिन्न आकार व साइज (shape and size) की रेतियाँ बाजार में उपलब्ध हैं।

रेती के मुख्य भाग Main Parts of File

रेती के मुख्य भाग निम्न प्रकार हैं

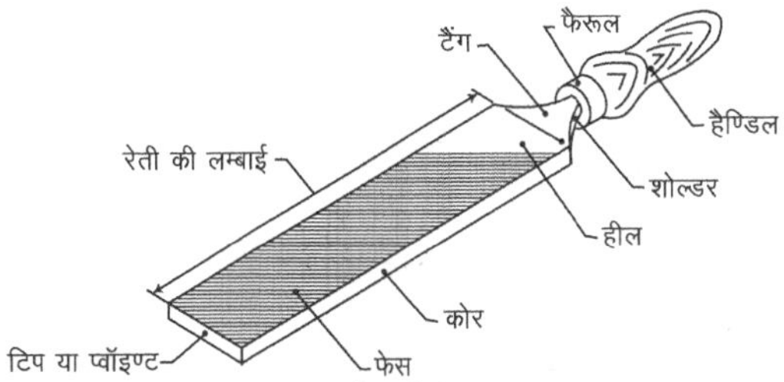

चित्र रेती के भाग

(*i*) **फेस** (Face) रेती का वह चपटा भाग, जिसमें कटाई दाँते बने होते हैं, फेस कहलाता है।

(*ii*) **टैंग** (Tang) रेती का वह नुकीला भाग, जिस पर हैण्डिल लगाया जाता है, टैंग कहलाता है।

(*iii*) **हैण्डिल** (Handle) रेती को पकड़ने के लिए टैंग पर लगा लकड़ी का भाग उसका हैण्डिल कहलाता है।

(*iv*) **हील** (Heel) फेस तथा टैंग के मध्य कुछ भाग प्लेन (plain) तथा बिना दाँतों का बचता है। इस भाग को हील कहा जाता है।

(*v*) **कोर** (Edge) रेती का वह पतला भाग जिस पर समान्तर दाँतों की एकल पंक्ति (single row) होती है, कोर कहलाता है।

(*vi*) **टिप या प्वॉइण्ट** (Tip or point) रेती के निचले सिरे को प्वॉइण्ट कहा जाता है। इस प्वॉइण्ट की लम्बाई व चौड़ाई देखकर ही रेती के हत्थे के आकार का निर्धारण किया जाता है।

(*vii*) **शोल्डर** (Shoulder) हील के ऊपर टैंग बनाने के लिए प्रयुक्त किए जाने वाले टेपर (taper) भाग को शोल्डर कहते हैं।

(*viii*) **फैरूल** (Ferrule) हैण्डिल में दरार पड़ने पर, दुर्घटना से बचने के लिए हैण्डिल के नीचे धातु का छल्ला फिट कर दिया जाता है। इस धातु के छल्ले को ही फैरूल कहते हैं।

रेतियों का वर्गीकरण Classification of Files

रेती को खरीदते समय इसके आकार, ग्रेड तथा कट का ध्यान रखना आवश्यक होता है। इनका वर्गीकरण निम्न प्रकार है

आकृति के आधार पर Based on the Shape

आकृति के आधार पर रेतियाँ निम्न प्रकार की होती हैं

(*i*) **फ्लैट रेती** (Flat file) यह एक आयताकार काट वाली रेती है, जिसकी मोटाई व चौड़ाई में लगभग पाँच गुने का अन्तर होता है। हील की ओर यह 2/3 लम्बाई तक समान्तर रहती है तथा शेष 1/3 भाग (प्वॉइण्ट की ओर का) चौड़ाई तथा मोटाई दोनों में ही टेपर होता है। इसकी दोनों ही चपटी सतहों पर (दोनों फलकों पर) सिंगल कट या डबल कट दाँते बने होते हैं, जबकि दोनों एज पर सिंगल कट सीधे दाँते बने होते हैं।

यह रेती 15-40 सेमी लम्बाई में बाजार में उपलब्ध है। इसका प्रयोग कार्यशालाओं में सबसे अधिक होता है। इसके द्वारा चपटी सतहों का निर्माण किया जा सकता है।

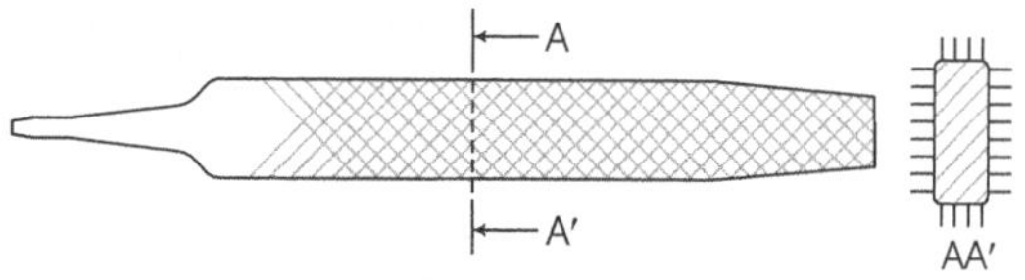

चित्र फ्लैट रेती

(*ii*) **हस्त रेती** (Hand file) यह रेती भी फ्लैट रेती के समान आयताकार काट वाली होती है। इसकी चौड़ाई समस्त लम्बाई में एकसमान होती है। यह प्वॉइण्ट की ओर 1/3 लम्बाई तथा मोटाई में टेपर होती है।

इसकी एक एज (edge) पर सीधे सिंगल कट दाँते होते हैं, जबकि दूसरी एज बिना दाँतों की होती है। बिना दाँतों वाली इस एज को सुरक्षित कोर (safe edge) कहते हैं। यह सेफ एज, रेती की फ्लैट सतह को खड़ी अवस्था में कार्यखण्ड को साइड से रेती करने में सहायता करती है तथा जिस सतह पर सेफ एज चलती है वह सतह खराब नहीं होती।

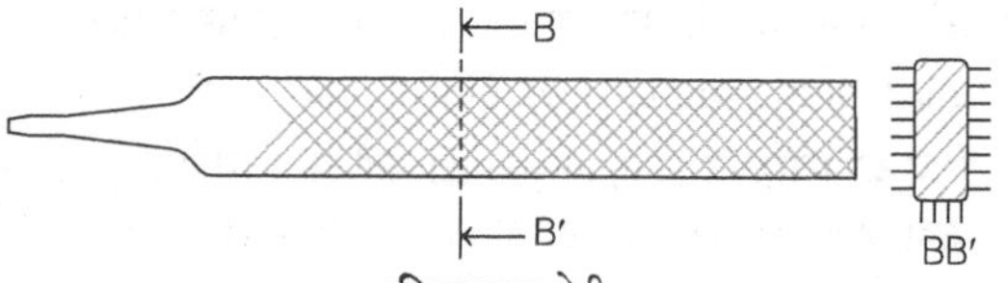

चित्र हस्त रेती

(*iii*) **मिल रेती** (Mill file) इस रेती की चौड़ाई व मोटाई समस्त लम्बाई में समान रहती है। इसकी ऐज चौरस, गोल या डायमण्ड आकार में होती है। इन ऐजों पर सिंगल कट दाँते बने होते हैं, जिनका उपयोग अर्द्ध-गोलाकार ग्रूव बनाने के लिए किया जा सकता है।

इस रेती का प्रयोग लेथ मशीन पर कार्यखण्ड की सतह को परिष्कृत करने या ड्रॉ-रेताई करने के लिए भी किया जाता है।

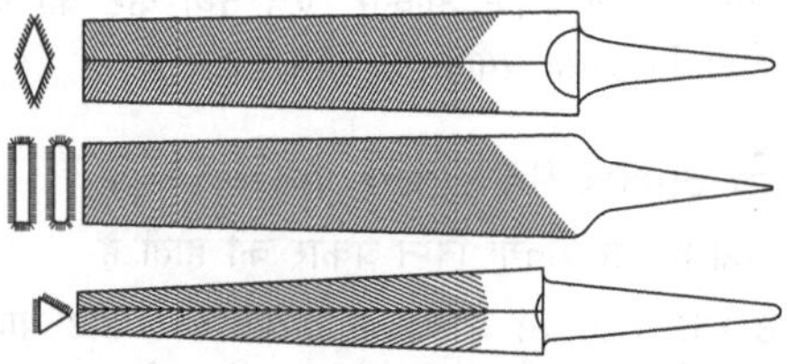

चित्र मिल रेती

(*iv*) **त्रिभुजाकार रेती** (Triangular file) इस रेती की अनुप्रस्थ काट सम-त्रिभुज के समान होती है, इसलिए इसे त्रिभुजाकार रेती कहा जाता है। इस रेती में तीन समान आकार के फलक होते हैं, जिन पर साधारणत: सिंगल कट वाले दाँते बने होते हैं। इस रेती का भी प्वॉइण्ट की ओर का एक-तिहाई भाग टेपर किया होता है।

इस रेती का प्रयोग मुख्य रूप से आरी के दाँतों पर धार लगाने तथा चौकोर या तिकोने खाँचों के कोने शार्प (sharp) करने के लिए किया जाता है। नीचे चित्र में त्रिभुजाकार रेती तथा उसके प्रयोग को दर्शाया गया है

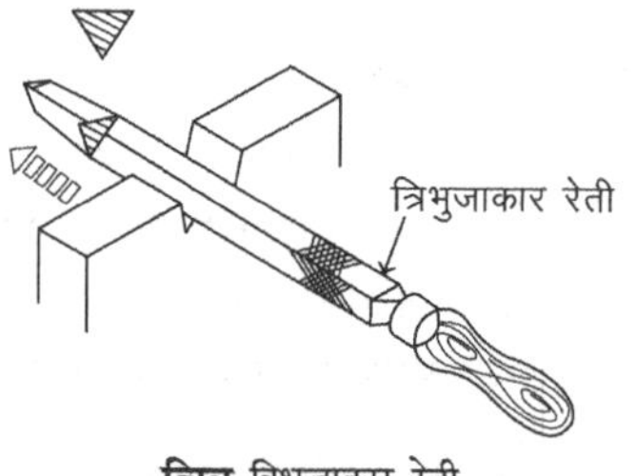

चित्र त्रिभुजाकार रेती

(*v*) **वर्गाकार रेती** (Square file) इस रेती की अनुप्रस्थ काट वर्गाकार होती है। इसमें चार समान आयताकार फलक होते हैं, जिन पर डबल कट दाँते बने होते हैं। इस रेती का भी प्वॉइण्ट की ओर का 1/3 भाग टेपर में बना होता है। इस रेती का प्रयोग संकीर्ण झिर्रियों तथा आयताकार या वर्गाकार छिद्रों को रेतने के लिए किया जाता है। नीचे चित्र में वर्गाकार रेती तथा उसके अनुप्रयोग को दर्शाया गया है।

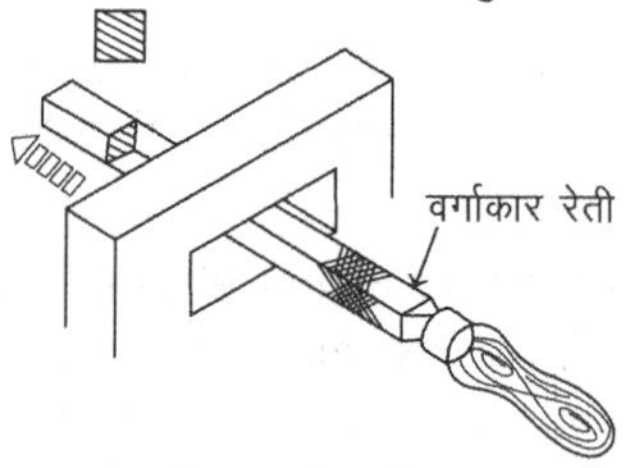

चित्र वर्गाकार रेती

(*vi*) **गोल रेती (Round file)** गोल रेती की अनुप्रस्थ काट वृत्ताकार होती है। इसका भी एक-तिहाई (one-third) भाग (प्वॉइण्ट की ओर का) टेपर किया होता है। इस रेती के सम्पूर्ण पृष्ठ पर सिंगल कट वाले दाँते होते हैं। इस रेती का उपयोग वृत्ताकार या वक्र सतहों (curved surfaces) को रेतने के लिए किया जाता है। नीचे चित्र में गोल रेती तथा उसकी प्रयोग विधि को दर्शाया गया है

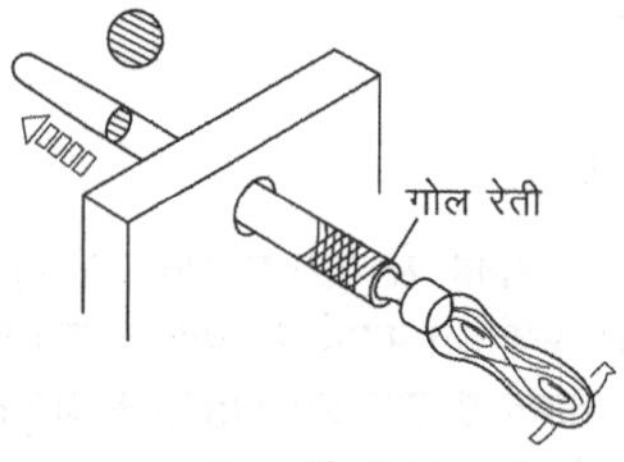

चित्र गोल रेती

(*vii*) **हाफ राउण्ड रेती** (Half round file) इस रेती की अनुप्रस्थ काट अर्द्धवृत्त के समान होती है। इसका भी प्वॉइण्ट की ओर का एक-तिहाई भाग टेपर किया होता है। इस रेती की वक्र सतह पर सिंगल कट दाँते तथा फ्लैट सतह पर डबल कट दाँते बने होते हैं।

इस रेती का उपयोग समतल (flat) तथा आन्तरिक वक्राकार (curved) दोनों प्रकार की सतहों को रेतने के लिए किया जाता है। नीचे चित्र में हाफ राउण्ड रेती तथा उसकी प्रयोग विधि को दर्शाया गया है।

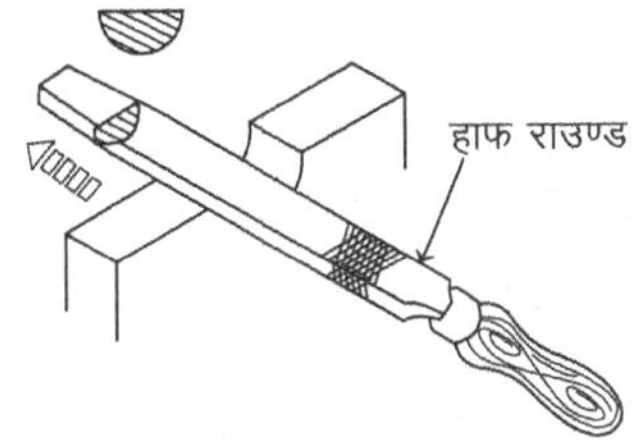

चित्र हाफ राउण्ड रेती

(*viii*) **नीडिल रेती** (Needle file) नीडिल रेती बहुत बारीक अनुप्रस्थ काट की होती है, जबकि काट की आकृति विभिन्न प्रकार की रहती है। इसका प्वॉइण्ट नुकीला रहता है, इसलिए इसे नीडिल रेती कहा जाता है। इसकी लम्बाई 10-20 सेमी होती है। इसकी टैंग (tang) गोल होती है तथा हाथ से सीधे पकड़ी जाती है। अत: यह हैण्डिल (handle) का कार्य करती है। ये रेतियाँ बहुत हल्के कार्यों में प्रयोग की जाती हैं। नीचे चित्र में नीडिल रेतियों की विभिन्न आकृतियाँ उनके संकेतों सहित दर्शायी गई हैं।

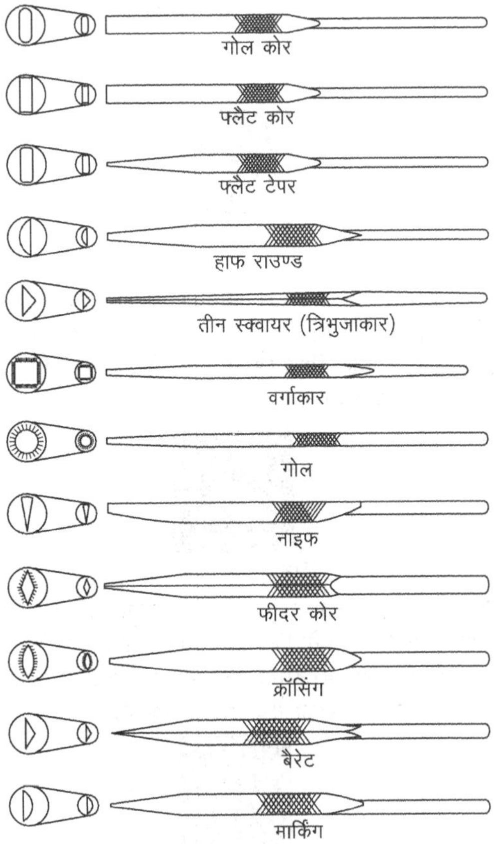

चित्र विभिन्न प्रकार की नीडिल रेतियाँ

नीडिल रेती का नामांकन (Nomination of needle files) नीडिल रेती का नामांकन निम्न चित्रानुसार किया जाता है

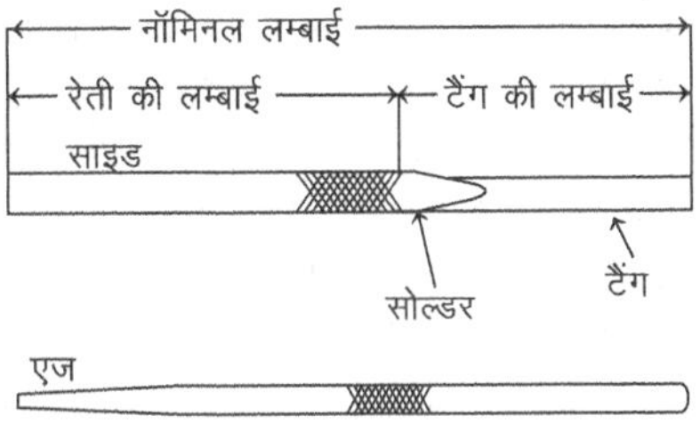

चित्र नीडिल रेती का नामांकन

***नोट** ये रेतियाँ 120 से 180 मिमी में मिलती हैं।*

(*ix*) **नाइफ एज रेती** (Knife edge file) इस रेती की अनुप्रस्थ काट चाकू की काट के समान होती है तथा एक एज नुकीली (sharp) होती है। इसकी काट का कोण 10° का होता है तथा इसके दोनों फलकों पर डबल कट दाँते होते हैं। इसका प्रयोग अति संकीर्ण (narrow) स्थानों पर रेताई करने के लिए किया जाता है। नीचे चित्र में नाइफ एज रेती तथा उसकी प्रयोग विधि को दर्शाया गया है।

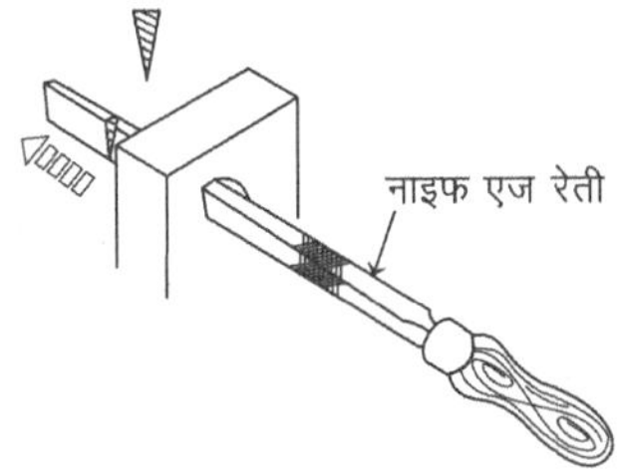

चित्र नाइफ एज रेती

दाँतों की कटिंग के आधार पर
Based on the Cutting of Teeth

दाँतों की आकृति का रेती की उपयोगिता पर सीधा प्रभाव पड़ता है। दाँतों की कटिंग के आधार पर रेतियाँ निम्न पाँच प्रकार की होती हैं

(*i*) **सिंगल कट रेती** (Single cut file) इन रेतियों में दाँते फलक पर सीधी रेखाओं में बने होते हैं। ये रेखाएँ परस्पर समान्तर होती हैं तथा फलक की केन्द्र रेखा से 60° पर होती हैं, जैसा कि चित्र में दर्शाया गया है। इन रेतियों से धातु कम कटती है, परन्तु सतह अच्छी प्रकार परिष्कृत होती है। इन रेतियों का प्रयोग औजारों की धार बनाने के लिए तथा कठोर धातुओं को रेतने के लिए किया जाता है। दाँतों का झुकाव इस प्रकार होता है कि आगे चलने पर ही रेती रेतने का कार्य करती है।

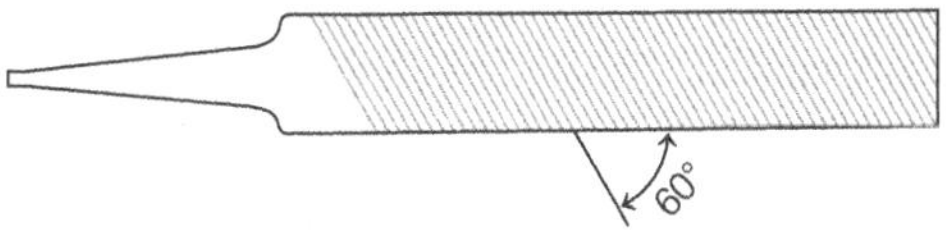

(*ii*) **डबल कट रेती** (Double cut file) इन रेतियों में दाँतों की दो पंक्तियाँ आपस में विकर्ण के रूप में होती हैं। दाँतों की प्रथम पंक्ति ओवर कट (over cut) कहलाती है। ये कट 70° के कोण पर बने होते हैं। दूसरा कट इसके विकर्ण पर होता है, जो 51° के कोण पर बना होता है। इसे अपकट (upcut) कहते हैं। डबल कट रेती, सिंगल कट की अपेक्षा अधिक धातु हटाती है, परन्तु इसके द्वारा प्राप्त सतह चिकनी (smooth) नहीं होती है। रफ कार्यों के लिए इस रेती का प्रयोग किया जाता है।

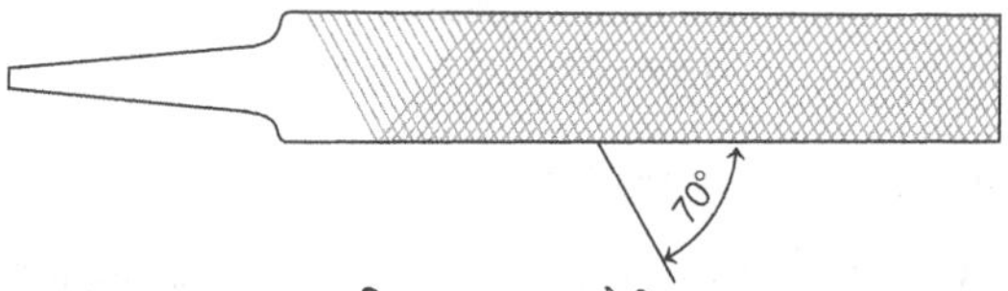

चित्र डबल कट रेती

(*iii*) **रैस्प कट रेती** (Rasp cut file) सिंगल कट तथा डबल कट रेतियों के समान इन रेतियों के दाँते सीधी लाइनों में तथा एक-दूसरे से जुड़े हुए नहीं होते, बल्कि रेती के फलक पर दूर-दूर पंच द्वारा उभारकर बनाए जाते हैं, जैसा कि चित्र में दर्शाया गया है। इनका प्रयोग लकड़ी, रबड़ या घोड़े के खुर आदि को मुलायम करने के लिए तथा चमड़े की वस्तुओं को रेतने के लिए किया जाता है।

चित्र रैस्प कट रेती

(*iv*) **वृत्ताकार कट रेती** (Circular cut file) इस रेती में दाँते फलक पर सीधे न बनाकर वृत्ताकार आकृति (circular shape) में एक-दूसरे के समान्तर बनाए जाते हैं। यह रेती मुलायम धातुओं की रेताई करने के कार्य में प्रयुक्त की जाती है। इसके द्वारा बहुत कम पदार्थ काटा जाता है।

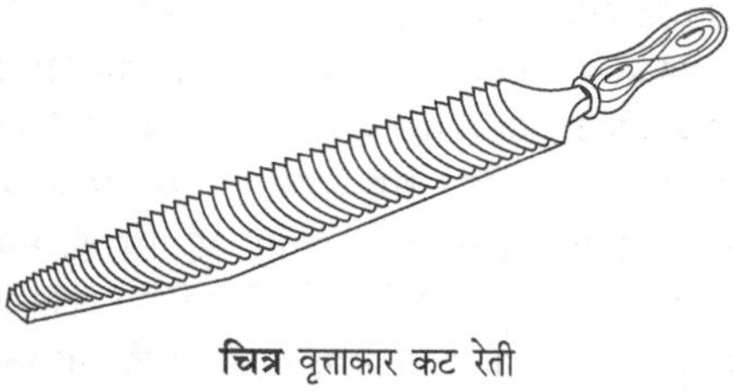

चित्र वृत्ताकार कट रेती

(*v*) **स्पाइरल कट रेती** (Spiral cut file) इस रेती में दाँते स्पाइरल आकृति में बने होते हैं तथा प्वॉइण्ट से शुरू होकर हील तक पहुँचते हैं। इस प्रकार के दाँते गोल रेती में होते हैं।

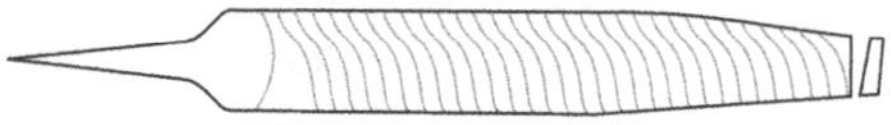

चित्र स्पाइरल कट रेती

दाँतों के ग्रेड के आधार पर
Based on the Grade of Teeth

दाँतों के ग्रेड से तात्पर्य दाँतों की मोटाई से है। रेती के दाँतों का ग्रेड, प्रति सेमी में बने दाँतों की संख्या द्वारा दिया जाता है। कम प्रति सेमी संख्या से अभिप्राय है कि दाँते मोटे होंगे, परन्तु यदि प्रति सेमी संख्या अधिक है तो दाँते बारीक होंगे। ग्रेड्स के आधार पर रेतियाँ निम्न प्रकार वर्गीकृत की जाती हैं

(*i*) **रफ रेती** (Rough file) इस रेती में 8 दाँते प्रति सेमी होते हैं। यह सबसे ज्यादा मोटे दाँतों की रेती होती है। यह सबसे अधिक धातु भी उतारती है। ये रेतियाँ कठोर सतहों पर स्लिप (slip) हो जाती हैं, इसलिए इनका प्रयोग मुलायम धातुओं को रेतने के लिए किया जाता है। चित्र में रफ रेती का ग्रेड दर्शाया गया है।

चित्र रफ रेती

(*ii*) **बास्टर्ड रेती** (Bastard file) इन रेतियों में 12 दाँते प्रति सेमी होते हैं। यह एक मध्यम ग्रेड की रेती होती है। इसका प्रयोग हार्ड व सॉफ्ट (hard and soft) दोनों प्रकार की धातुओं के लिए किया जा सकता है, इसीलिए यह सबसे अधिक प्रयोग में आने वाली रेती है। नीचे चित्र में बास्टर्ड रेती का ग्रेड दर्शाया गया है।

चित्र बास्टर्ड रेती

(*iii*) **सेकण्ड कट रेती** (Second cut file) सेकण्ड कट रेती में 16 दाँते प्रति सेमी होते हैं अर्थात् यह बास्टर्ड रेती से अधिक महीन रेती है। इसके द्वारा अच्छी परिष्कृत सतह प्राप्त होती है। नीचे चित्र में इसका ग्रेड दर्शाया गया है।

चित्र सेकण्ड कट रेती

(*iv*) **स्मूथ रेती** (Smooth file) यह रेती बहुत कम धातु हटाती है, इसलिए हल्के कामों के लिए प्रयोग की जाती है। इस रेती में 20-24 दाँते प्रति सेमी होते हैं। इसके द्वारा अधिक परिष्कृत सतह प्राप्त होती है। नीचे चित्र में इसका ग्रेड दर्शाया गया है।

चित्र स्मूथ रेती

(*v*) **सुपर डैड स्मूथ रेती** (Super dead smooth file) इस रेती में दाँतों की संख्या 40 से 65 दाँते प्रति सेमी तक होती है। इसका प्रयोग बहुत ही परिशुद्ध तथा परिष्कृत (accurate and finished) सतह प्राप्त करने के लिए किया जाता है। नीचे चित्र में इस रेती का ग्रेड दर्शाया गया है।

चित्र सुपर डैड स्मूथ रेती

रेती का प्रयोग करते समय सावधानियाँ
Precautions While Using of Files

(*i*) रेताई प्रारम्भ करने से पहले मार्किंग कर लेनी चाहिए।

(*ii*) कार्य के अनुसार उपयुक्त रेती का प्रयोग करना चाहिए।

(*iii*) नुकीले टैंग वाली रेती का बिना हैण्डिल के प्रयोग नहीं करना चाहिए।

(*iv*) जॉब की सतह से ग्रीस, तेल या जंग आदि को साफ कर लेना चाहिए।

(*v*) मुलायम धातुओं को स्मूथ रेती से रेताई नहीं करना चाहिए, अपितु रफ रेताई पर चॉक लगाकर रेताई करना चाहिए। इससे पिनिंग नहीं होती।

(*vi*) रेती की पिनिंग (pinning) (धातु कणों के धँसने) होने पर उसे हार्ड या स्टील वायर ब्रुश (hard or steel wire brush) से साफ करके ही प्रयोग करना चाहिए अन्यथा जॉब पर लाइनें पड़ जाती हैं।

(*vii*) कार्य प्रारम्भ करने से पहले तथा बाद में रेती को साफ करना आवश्यक है।

(*viii*) रेताई के समय रेती को सन्तुलित तथा समान्तर रखना चाहिए अन्यथा सतह समतल नहीं बन पाएगी।

(*ix*) रेती को मापक औजारों से अलग रखना चाहिए अन्यथा औजारों पर स्क्रैच आ सकते हैं।

(*x*) गर्म किए गए जॉब पर गर्म अवस्था में रेताई नहीं करनी चाहिए अन्यथा रेती का टैम्पर उतर सकता है।

(*xi*) धार रहित रेती को कठोर धातुओं पर प्रयोग नहीं करना चाहिए।

(*xii*) रेताई के समय यदि चैटरिंग हो रही हो तो वाइस को खोलकर जॉब को नीचा करके तथा कसकर (tightly) बाँधना चाहिए।

(*xiii*) वाइस में जॉब ठीक प्रकार से फिट होना चाहिए जिससे फाइलिंग आसानी से हो सके।

(*xiv*) जॉब की ऊँचाई मनुष्य की कोहनी तक आनी चाहिए, इससे रेताई करने में सुविधा रहती है।

(*xv*) रेती के अगले स्ट्रोक (forward stroke) में अधिक बल लगाना चाहिए क्योंकि धातु अगले स्ट्रोक में ही कटती है।

(*xvi*) रेती का हत्था (handle) ढीला नहीं होना चाहिए।

(*xvii*) रेती को कभी भी हथौड़े के समान चोट मारने के लिए उपयोग में नहीं लेना चाहिए, यह टूट सकती है क्योंकि यह बहुत ज्यादा हार्ड की गई होती है।

(*xviii*) अत्यन्त कठोर सतहों या कास्टिंग किए गए पार्ट्स पर सीधे ही रेताई नहीं करनी चाहिए, रेती के दाँते खराब हो सकते हैं।

(*xix*) नई रेती को पहले नर्म धातु पर प्रयोग करना चाहिए।

(*xx*) रेती को अधिक तीव्रता से नहीं चलाना चाहिए।

3. छेनियाँ Chisels

हल्की व पतली धातुओं को काटने के लिए सबसे अधिक प्रयोग में आने वाला औजार छेनी है। छेनी को बनाने के लिए हाई-कार्बन स्टील (high carbon steel) या क्रोम वेनेडियम स्टील (chrome vanadium steel) की गोल, षट्भुजाकार या अष्टभुजाकार छड प्रयोग की जाती है। छेनी का कोई निश्चित आकार (size) नहीं होता। कार्य की आवश्यकतानुसार ये छोटी-बड़ी हर साइज की प्रयोग की जाती हैं।

फोर्जिंग विधि द्वारा इसके स्ट्राइकिंग हैड (striking head) को लगभग 70° के कोण पर शंक्वाकार बनाया जाता है तथा निचले भाग को उल्टे आयताकार पिरामिड (pyramid) की भाँति बनाया जाता है। इस उल्टे आयताकार पिरामिड वाले भाग से धातु को काटने का कार्य करते हैं। इसके कटिंग एज पर 35° से 70° तक का कोण रखा जाता है। यह कोण काटे जाने वाली धातु पर निर्भर करता है।

मुलायम (soft) धातु के लिए यह कोण कम तथा कठोर (hard) धातु के लिए इस कोण को अधिक रखा जाता है। छेनी की काटने वाली एज को पर्याप्त कठोरता प्रदान करने के लिए उसे ऊष्मा उपचार द्वारा हार्ड तथा टैम्पर कर लिया जाता है।

छेनी के भाग Parts of Chisels

छेनी के मुख्य भाग निम्न प्रकार हैं

(i) शीर्ष Head

छेनी का सबसे ऊपरी भाग उसका **शीर्ष** कहलाता है। इसे 10° से 12° के कोण पर चैम्फर किया जाता है। शीर्ष का ऊपरी भाग मध्य में से कुछ उठा होता है जिससे इस पर चोट सेन्टर में ही लगती है। छेनी पर लगातार चोट मारने से छेनी का शीर्ष फैल जाता है। इस फैली हुई धातु के भाग को मशरूम कहते हैं। इस प्रकार की छेनी से कार्य करते समय चोट लगने का डर रहता है। अत: इस स्थिति में शीर्ष को ग्राइण्ड करके ठीक करना चाहिये।

(ii) बॉडी अथवा शैंक Body or Shank

यह छेनी का मध्य भाग होता है। छेनी का यह भाग पकड़ने हेतु प्रयुक्त किया जाता है।

(iii) कटिंग एज Cutting Edge

यह छेनी का सबसे निचला भाग होता है। यह भाग कटिंग कार्य हेतु प्रयोग किया जाता है। इसलिए इसकी धार तेज बनाई जाती है।

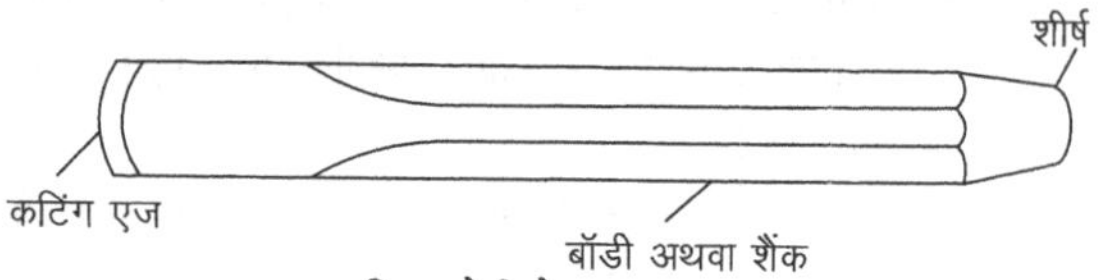

चित्र छेनी के मुख्य भाग

(iv) **फोर्जिंग कोण** Forging Angle

बॉडी के आगे तथा कटिंग एज के पीछे वाले टेपर भाग को फोर्जिंग कोण कहते हैं। अलग-अलग छेनियों के लिए फोर्जिंग कोण अलग-अलग होता है। इसे ड्रॉइंग कोण के नाम से जाना जाता है

छेनी के प्रकार Types of Chisels

छेनियों का प्रयोग धातु की ठण्डी व गरम दोनों अवस्थाओं में किया जाता है। अतः मुख्य रूप से छेनियों को दो प्रकार से वर्गीकृत किया जा सकता है

(*i*) **गरम छेनी** (Hot chisel) यह छेनी धातु अवयवों को गर्म अवस्था में ही काटने के काम में लायी जाती है। इसकी आवश्यकता स्मिथी शॉप (smithy shop) तथा फोर्जिंग शॉप (forging shop) में अधिक रहती है। इसकी कटिंग एज (cutting edge) का कोण 30° होता है। कटाई करने के पश्चात् प्रत्येक बार इसकी धार को पानी में ठण्डा कर लिया जाता है। इससे इसकी धार हार्ड हो जाती है। इसको बार-बार हार्ड व टैम्पर करने की आवश्यकता नहीं होती। चित्र में एक गरम छेनी (hot chisel) को दर्शाया गया है।

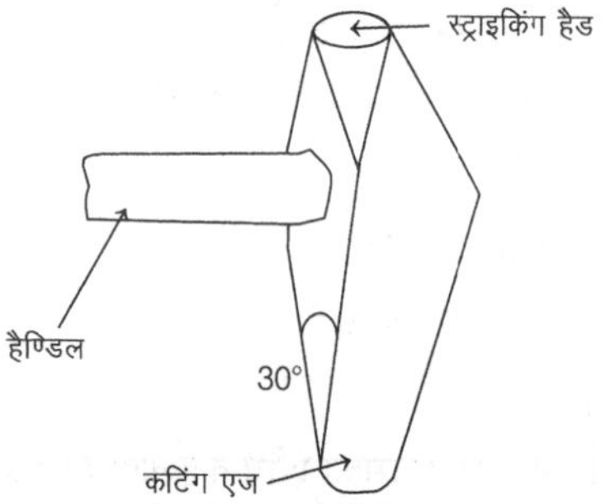

चित्र गरम छेनी

(*ii*) **ठण्डी छेनी** (Cold chisel) ठण्डी छेनी द्वारा धातु खण्डों को ठण्डी अवस्था में ही काटा जाता है। लगभग प्रत्येक शॉप में इसके प्रयोग की आवश्यकता रहती है, परन्तु फिटर व शीट मैटल सैक्शन में अधिक प्रयोग की जाती है। ये छेनियाँ 4, 6 या 8 फलक में बनाई जाती हैं। इनका हैड 10°-12° के कोण पर चैम्फर होता है। इनकी लम्बाई 150 मिमी से 200 मिमी तक होती है, परन्तु विशेष कार्यों के लिए 50 मिमी से 150 मिमी की छेनियाँ भी प्रयोग की जाती हैं।

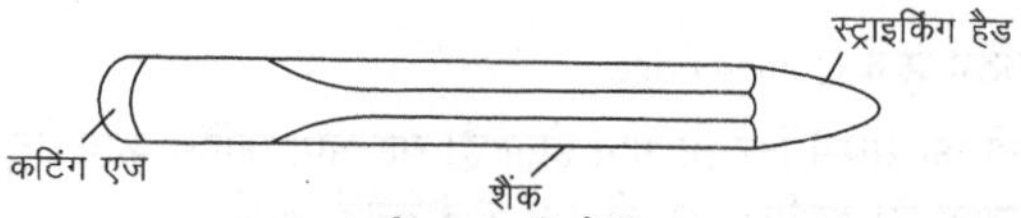

चित्र ठण्डी छेनी

नोट *पाठ्यक्रम के अनुसार ठण्डी छेनी का विस्तृत विवरण यहाँ दिया गया है।*

ठण्डी छेनी के प्रकार Types of Cold Chisels

ठण्डी छेनियों के प्रकार एवं विवरण निम्नवत् हैं

(*i*) **फ्लैट छेनी** (Flat chisel) फ्लैट छेनी की चौड़ाई इसकी मोटाई से अधिक होती है। कटिंग एज को हल्की गोलाई दी जाती है, जिससे कटिंग में सुविधा मिलती है। भारतीय मानक संस्थान के अनुसार इस छेनी की कटिंग एज 16 से 32 मिमी चौड़ी तथा इसकी लम्बाई 100 से 400 मिमी होती है। इस छेनी का फोर्जिंग कोण 25° से 30° होता है। यह सबसे अधिक प्रयोग होने वाली छेनी है। इस छेनी का प्रयोग चिपिंग के लिए भी किया जाता है।

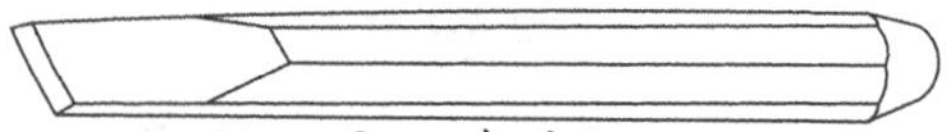
चित्र फ्लैट छेनी

(*ii*) **क्रॉस कट छेनी** (Cross cut chisel) क्रॉस कट छेनी के कटिंग एज की चौड़ाई 4 से 12 मिमी तथा लम्बाई 100 से 400 मिमी तक होती है। इसका कटिंग एंगिल 60° एवं फोर्जिंग एंगिल 30° होता है। इसका प्रयोग किसी कार्यखण्ड में खाँचे (grooves) काटने के लिए किया जाता है। इसके द्वारा अधिक मोटाई की कटिंग की जा सकती है। इसके द्वारा शाफ्ट या हब में की-वे (key-way) काटे जाते हैं। इस छेनी का एक सिरा गोलाई में बनाकर हाफ राउण्ड ग्रूव (half round groove) भी बनाया जा सकता है।

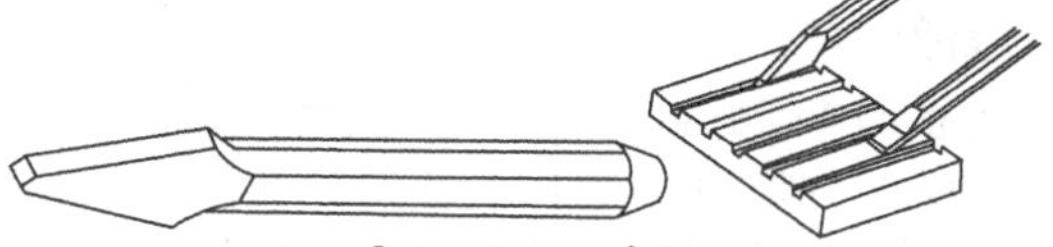
चित्र क्रॉस कट छेनी

(*iii*) **डायमण्ड प्वॉइण्ट छेनी** (Diamond point chisel) इस छेनी की कटिंग एज का आकार नुकीला तथा चौकोर हीरे के समान होता है। इसके नुकीले प्वॉइण्ट से 'V' ग्रूव काटे जा सकते हैं। डायमण्ड प्वॉइण्ट छेनी का प्रयोग आयताकार ग्रूव के कोने शार्प (sharp) करने के लिए भी किया जाता है।

भारतीय मानक संस्थान के अनुसार इस छेनी की लम्बाई 100 से 400 मिमी तथा कटिंग एज की चौड़ाई 6 से 16 मिमी तक होती है।

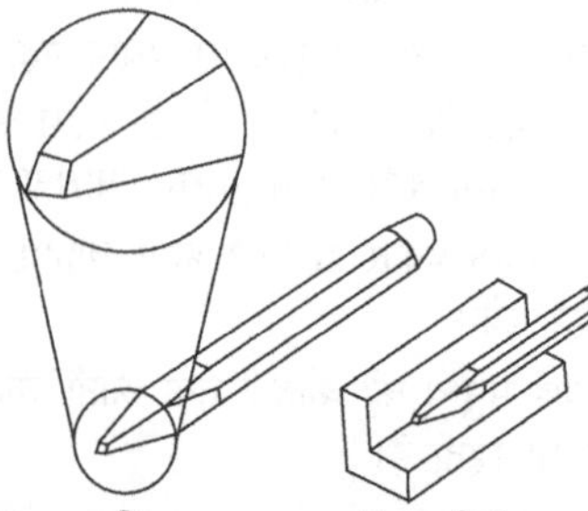
चित्र डायमण्ड प्वॉइण्ट छेनी

(*iv*) **हाफ राउण्ड छेनी** (Half round chisel) इस छेनी के आगे के टेपर भाग को अर्द्धवृत्ताकार आकार का बनाया जाता है। इसके सिरे पर कटिंग एज बनाई जाती है।

इसकी कटिंग एज की चौड़ाई 2 से 16 मिमी तथा लम्बाई 150 से 250 मिमी होती है। इस छेनी का फोर्जिंग कोण 30° तथा कटिंग कोण 35° से 40° होता है। इस छेनी का प्रयोग हब आदि में की-वे (key-way) काटने या ब्रासों में ऑयल ग्रूव बनाने के लिए किया जाता है।

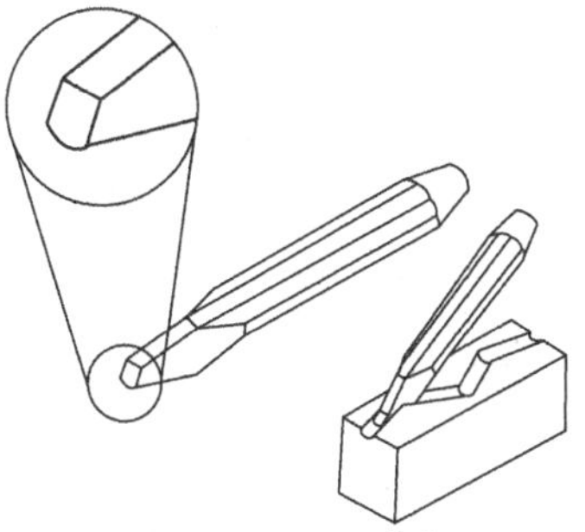

चित्र हाफ राउण्ड छेनी

(*v*) **गऊ-मुख छेनी** (Cow-mouth chisel) इस छेनी का शैंक खोखला होता है तथा आगे से टेपर (tapered) होता है। इसको तिरछा काटने से अन्दर की साइडों में कटिंग एज गऊ-मुख के समान प्राप्त होती है, जिस कारण इसे गऊ-मुख छेनी कहा जाता है। इस छेनी का फोर्जिंग कोण 25° तथा कटिंग एंगिल कार्य की प्रकृति के अनुसार बनाया जाता है। यह वक्र कटिंग एज (curved cutting edge) किसी भी कार्यखण्ड को परिधि पर काटने के काम आती है।

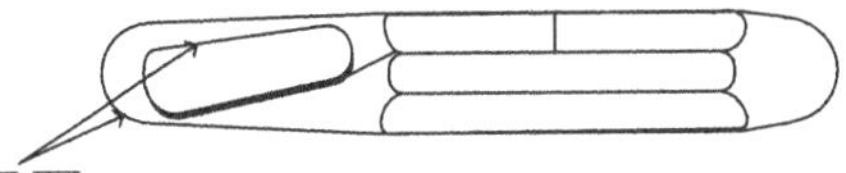

चित्र गऊ-मुख छेनी

(*vi*) **खोखली छेनी** Hollow chisel गऊ-मुख छेनी के समान यह छेनी भी खोखली होती है तथा आगे से शंकु आकार की होती है। इसकी कटिंग एज वृत्ताकार होती है, जैसा कि चित्र में दर्शाया गया है। यह गोल (circular) होल करने के काम आती है। कटिंग एज से ऊपर एक झिर्री बनी होती है, जिससे स्क्रैप मैटेरियल (scrap material) बाहर आ जाता है। यह छेनी मुलायम धातुओं या चमड़ा व रबड़ शीट काटने के काम आती है।

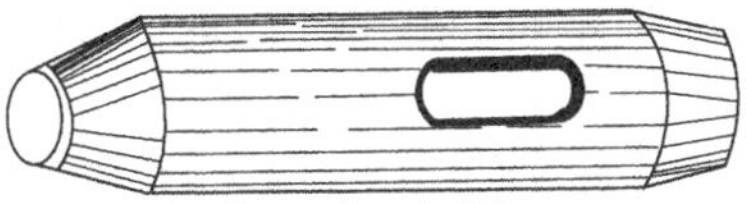

चित्र खोखली छेनी

(*vii*) **ऑफसैट छेनी या साइड कट छेनी** (Offset chisel or side cut chisel) इस छेनी का आगे का शैंक वाला भाग फोर्ज करके एक साइड में ऑफसैट (offset) कर दिया जाता है। यह छेनी फ्लैट तथा साइड दो प्रकार की होती है। फ्लैट कटिंग छेनी की कटिंग एज सम्पूर्ण चौड़ाई में बनी होती है तथा साइड कटिंग छेनी की कटिंग एज साइड में बनी होती है। इस छेनी का प्रयोग चिपिंग व स्लॉट से चिप्स को साफ करने के लिए किया जाता है।

निम्न चित्र में ऑफसैट छेनी को दर्शाया गया है।

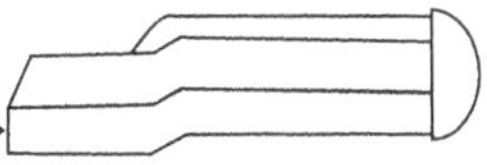

चित्र ऑफसैट छेनी

(*viii*) **वेब छेनी** (Web chisel) इस छेनी का प्रयोग ड्रिल द्वारा छिद्र बनाने के पश्चात् उनके बीच की धातु को हटाने के लिए किया जाता है।

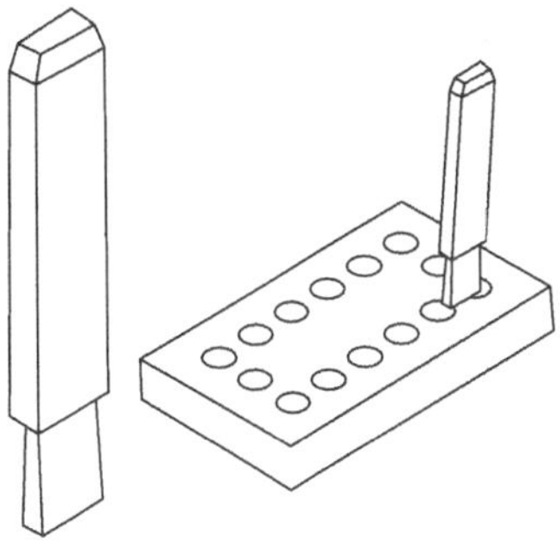

चित्र वेब छेनी

छेनी का प्रयोग करते समय सावधानियाँ
Precautions while Using Chisel

(*i*) कार्यखण्ड की धातु के अनुसार छेनी का कटिंग एंगिल होना चाहिए।

(*ii*) कटिंग एज उत्तल (convex) होना चाहिए। इससे छेनी का लाइफ टाइम (life-time) बढ़ जाता है तथा काटने में आसानी रहती है।

(*iii*) कार्य करते रहने से यदि छेनी के हैड (head) की धातु फैल गई है, तो उसे ग्राइण्ड कर देना चाहिए। धातु के टूटकर चोट लगने का भय रहता है।

(*iv*) हथौड़े के फेस या छेनी के हैड पर कोई चिकनाई नहीं लगी होनी चाहिए।

(*v*) चिपिंग के समय गार्ड का प्रयोग करना न भूलें।

(*vi*) चिपिंग करते समय दृष्टि छेनी की धार पर रहनी चाहिए, उसके हैड पर नहीं।

(*vii*) कभी भी धार रहित छेनी का प्रयोग नहीं करना चाहिए।

(*viii*) चिपिंग चलित जबड़े से स्थिर जबड़े की ओर करनी चाहिए।

चिपिंग प्रक्रम Chipping Process

धातु की ऊपरी सतह से छेनी द्वारा धातु की पतली परत (chip) को काटकर अलग करने की प्रक्रिया को चिपिंग (chipping) कहते हैं। चिपिंग करने के लिए आवश्यक दाब हथौड़े की चोट से मिलता है। चिपिंग के लिए छेनी को धातु की सतह से लगभग 40° के कोण पर झुकाकर रखा जाता है, जिससे छेनी की कटिंग एज को लगभग 10° का क्लीयरैन्स मिल जाता है तथा चिप्स को 20° का रेक एंगिल (rake angle) मिल जाता है।

इससे कटिंग आसानी से होती है। यदि छेनी को अधिक झुकाने से क्लीयरैन्स एंगिल बहुत कम या शून्य हो जाता है, तो छेनी की कटिंग एज धातु में घुसकर (penetrate) कटाई नहीं कर पाएगी, परन्तु क्लीयरैन्स कोण अधिक होने पर वह धातु में गड़ जाएगी।

चित्र में चिपिंग प्रक्रम को दर्शाया गया है। कठोर धातु के लिए कटिंग एज का कोण अधिक तथा नरम धातु के लिए कम रखा जाता है।

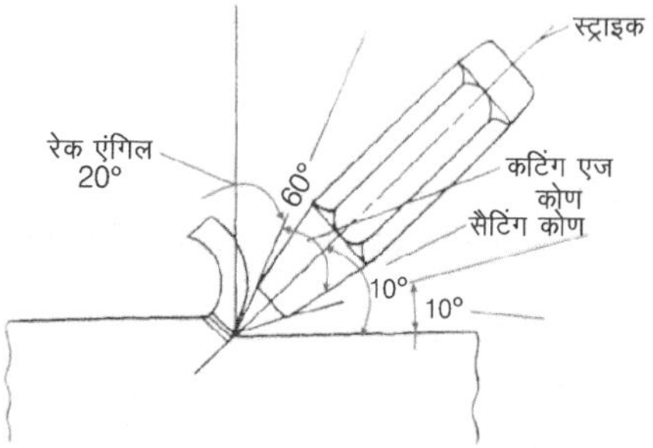

चित्र चिपिंग प्रक्रिया

प्रक्रिया Process

चिपिंग प्रक्रिया के लिए निम्न पदों को अपनाना चाहिए

(*i*) यदि जॉब छोटा है तथा उसे वाइस में बाँधकर चिपिंग करनी है, तो जॉब के नीचे के खाली स्थान को लकड़ी के गुटके से भर लेना चाहिए।

(*ii*) जिस सिरे से चिपिंग शुरू करनी हो उसे पहले चैम्फर (chamfer) कर लेते हैं। इससे चिपिंग आसानी से शुरू होती है।

(*iii*) वाइस के सामने चिपिंग की दिशा के विरुद्ध चिपिंग गार्ड का प्रयोग करना चाहिए। बाएँ हाथ से छेनी को पकड़कर दाएँ हाथ से हथौड़ा हल्के प्रैशर से मारना चाहिए।

(*iv*) धार को सुरक्षा प्रदान करने के लिए उसे बार-बार तेल लगाते रहना चाहिए।

(*v*) चिपिंग जब दूसरे सिरे तक पहुँच जाए, तो बहुत हल्की चोट लगानी चाहिए। दूसरे सिरे की अधिक धातु उखड़ने का खतरा रहता है।

छेनी की हार्डनिंग तथा टैम्परिंग
Hardening and Tempering of Chisel

छेनी तैयार करते समय ही उसे हार्ड करना आवश्यक होता है। छेनी को हार्ड करने के लिए उसे भट्ठी में लाल तप्त करके खुली वायु में रखा जाता है। यहाँ यह ध्यान रखना आवश्यक है कि छेनी की हार्डनैस अधिक न हो। अधिक हार्डनैस से छेनी में भंगुरता का गुण उत्पन्न हो जाता है। यदि छेनी में हार्डनैस से भंगुरता आ जाए, तो इसे टैम्परिंग करके कम किया जाता है।

टैम्परिंग करने के लिए छेनी को 30 से 50 मिमी लम्बाई में लाल तप्त करके पानी या तेल में डुबोकर रखा जाता है। इसके पश्चात् इसे वायु में ठण्डा होने के लिए रख दिया जाता है जिससे छेनी पर रंग आना प्रारम्भ हो जाता है। जब छेनी पर उपयुक्त रंग प्राप्त हो जाए, तो सम्पूर्ण छेनी को पानी या तेल में डुबोकर टैम्परिंग प्रक्रिया पूरी कर ली जाती है।

छेनी की ग्राइण्डिंग Grinding of Chisel

छेनी का प्रयोग बार-बार करने से उसकी कर्तन एज (cutting edge) खराब हो जाती है तथा उसका हैड भी फैल जाता है। अत: छेनी द्वारा अच्छे कर्तन के लिए उसकी ग्राइण्डिंग की जाती है। छेनी को ग्राइण्ड करने से पूर्व उसकी कटिंग एज के कटाव को ग्राइण्डर से हटाया जाता है। छेनी की ग्राइण्डिंग के लिए उसे दाब के साथ फेस व्हील पर टिकाया जाता है, जिससे उसमें कम चैटरिंग होती है। इसके पश्चात् छेनी को ग्राइण्डर व्हील के टूल रैस्ट पर धीरे-धीरे घुमाया जाता है जिससे छेनी की धार उत्तल (convex) आकार में बनती है। ग्राइण्ड करते समय छेनी को जल में डुबोकर ठण्डा करते रहना चाहिए।

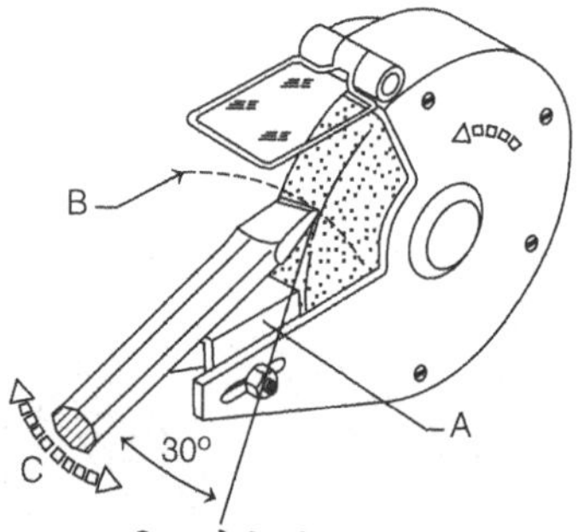

चित्र छेनी की ग्राइण्डिंग

छेनी के कटिंग कोण Cutting Angles of Chisel

छेनी का विशिष्टीकरण उसके प्रकार, लम्बाई, कर्तन सिरे की चौड़ाई तथा उसकी बॉडी की अनुप्रस्थ काट द्वारा किया जाता है। सामान्य छेनी की लम्बाई 150 मिमी से 400 मिमी तक रखी जाती है तथा उसके कर्तन की चौड़ाई भी लम्बाई के अनुसार ही ली जाती है।

इससे सम्बन्धी कर्तन कोण निम्न प्रकार हैं

(i) नोंक कोण या कर्तन कोण Point Angle or Cutting Angle

छेनी का नोंक कोण (β) चिपिंग की जाने वाली धातु पर निर्भर करता है। मृदु धातुओं के लिए छोटे कोण तथा कठोर धातुओं के लिए चौड़े कोण दिए जाते हैं, जोकि 35° से 70° तक होते हैं।

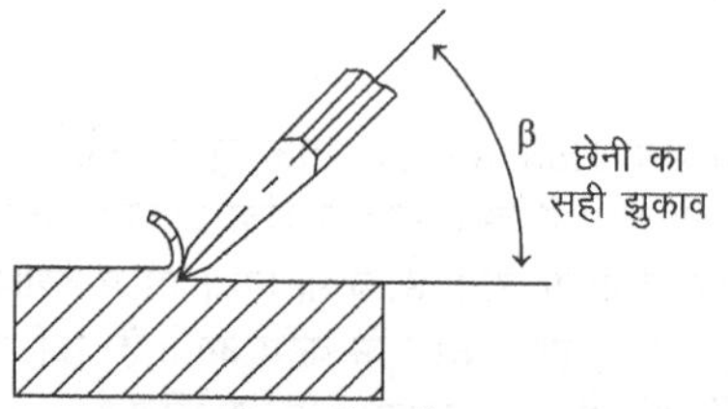

चित्र नोंक कोण

(ii) रेक कोण Rake Angle

रेक कोण (γ) कर्तन नोंक के ऊपरी फेस (face) एवं कर्तन धार की कार्य सतह के लम्ब के बीच का कोण होता है। यह कोण लगभग 20° तक होता है।

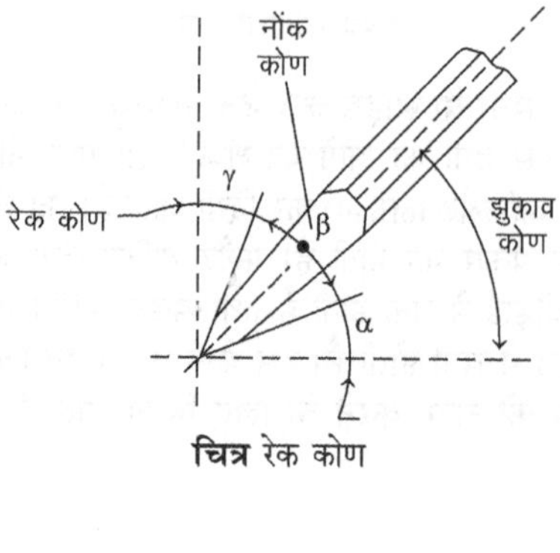

चित्र रेक कोण

(iii) **अवकाश कोण** Clearance Angle

अवकाश कोण (α) नोंक के निचले फेस (face) एवं कटिंग एज से प्रारम्भ होकर कार्य जॉब से स्पर्श रेखा के बीच का कोण होता है। यदि अवकाश कोण बहुत कम अथवा शून्य हो, तो रेक कोण बढ़ता है। यह 10° के लगभग होता है।

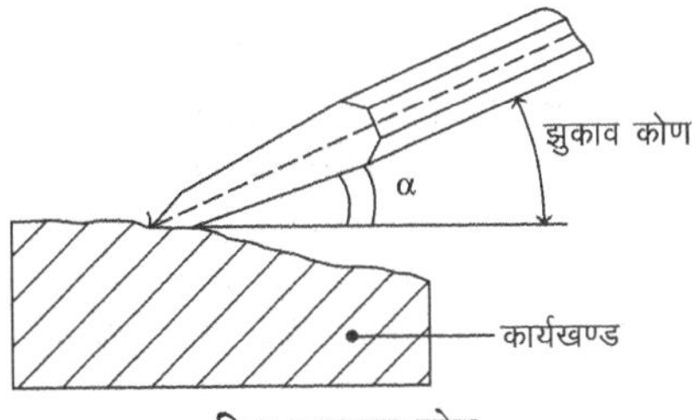

चित्र अवकाश कोण

यदि अवकाश कोण बहुत बड़ा हो, तो रेक कोण बढ़ता है। इसमें छेनी की कर्तन धार जॉब में नहीं घुसती।

(iv) **झुकाव कोण** Angle of Inclination

धातुओं की चिपिंग करते समय छेनी को जिस कोण पर पकड़ा जाता है, वह छेनी का **झुकाव कोण** कहलाता है। सामान्यत: छेनी का झुकाव कोण 40° के आस-पास रखा जाता है, परन्तु धातुओं की प्रकृति के अनुसार यह भिन्न-भिन्न होता है।

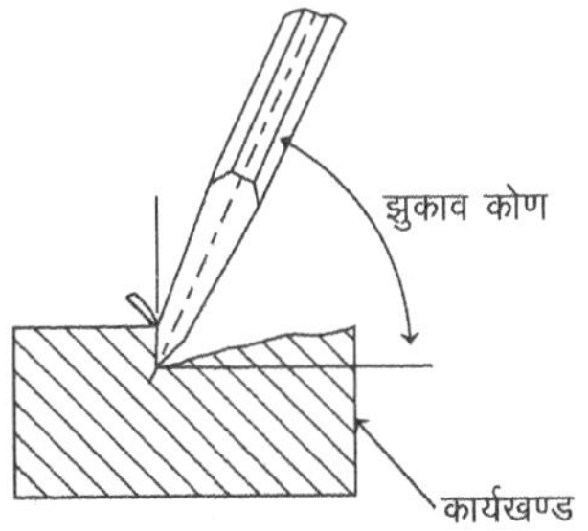

चित्र झुकाव कोण

विभिन्न धातुओं की चिपिंग के लिए छेनी के नोंक कोण तथा झुकाव कोणों को नीचे तालिका में बताया गया है

क्र.सं.	कर्तन धातु	नोंक कोण	झुकाव कोण
1.	एल्युमीनियम	30°	22°
2.	ताँबा	45°	29.5°
3.	पीतल	50°	32°
4.	मृदु इस्पात	55°	34.5°
5.	ढलवाँ लोहा	60°	37°
6.	उच्च कार्बन इस्पात	65°	39.5°

4. **स्क्रेपर** Scraper

धातु से बने जॉबों के मशीनिंग के बाद शेष बचे हाईस्पोटो को खुरचने के लिए स्क्रेपर का प्रयोग किया जाता है। इसकी लम्बाई 100 मिमी से 150 मिमी तक तथा मोटाई 1 मिमी से 3.5 मिमी तक होती है।

2.7 चोट मारने वाले औजार Striking Tools

चोट मारने वाले औजारों का उपयोग किसी धातुखण्ड को ठोकने व पीटने के लिए किया जाता है। हथौड़ा (Hammer) एक चोट मारने वाला औजार है। इसका उपयोग कील ठोकने के लिए, रिवेट को फोर्ज करने के लिए, टाइम-फिट पार्टों को निकालने व फिट करने के लिए किसी तार या शीट; जैसे-टेढ़े-मेढ़े पार्ट को सीधा करने के लिए, छेनी के द्वारा धातु को काटकर अलग करने के लिए इत्यादि में हथौड़े का उपयोग किया जाता है। संक्षेप में कहा जाए तो फोर्जिंग, बैण्डिग चिपिंग, रिवेटिंग जैसी संक्रियाएँ हथौड़े द्वारा ही की जाती है।

हथौड़े के मुख्य भाग Main Parts of Hammer

किसी भी हथौड़े के निम्नलिखित मुख्य भाग होते हैं

(i) **हैण्डिल** (Handle) हथौड़े को हैण्डिल द्वारा पकड़कर ही विभिन्न संक्रियाएँ की जाती हैं। लकड़ी एक कुचालक पदार्थ है, इसी बात को ध्यान में रखकर अधिकांश हथौड़े के हैण्डिलों को लकड़ी का ही बनाया जाता है।

(ii) **आई होल** (Eye hole) हथौड़े के शीर्ष (head) भाग में हैण्डिल लगाने के लिए एक अण्डाकार छिद्र बनाया जाता है, जिसे आई होल कहते हैं। इस छिद्र में हैण्डिल को फिट करने के लिए कभी-कभी वैज (wedge) का भी प्रयोग किया जाता है।

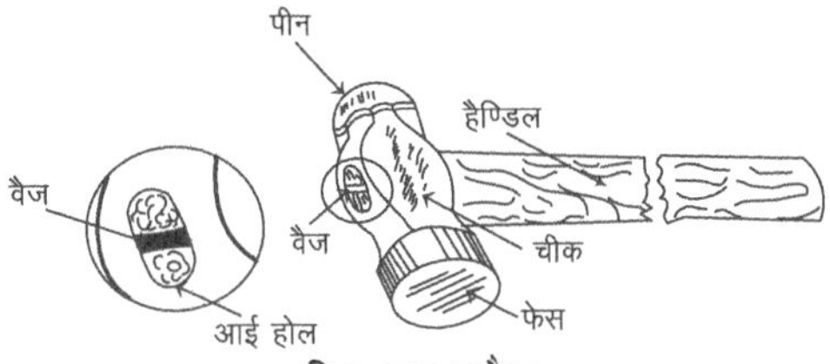

चित्र हस्त हथौड़ा

(iii) **फेस** (Face) यह हथौड़े का एकमात्र ऐसा भाग है, जो आकार में चपटा होता है तथा इसके द्वारा ही किसी रिवेट या धातु चादर आदि पर चोट मारी जाती है।

(iv) **पीन** (Peen) हथौड़े के शीर्ष भाग में पीन, फेस से ठीक विपरीत दिशा में ऊपर की ओर होता है। यह विभिन्न प्रकार के होते हैं; जैसे—बॉल पीन, क्रॉस पीन, सीधा पीन आदि।

(v) **चीक** (Cheek) यह हथौड़े के शीर्ष में एक सबसे मुलायम भाग है, जो शीर्ष में दोनों तरफ होता है। यह पीन तथा फेस के मध्य का भाग है।

हथौड़े के विभिन्न प्रकार Different Types of Hammers

हथौड़े को वजन के आधार पर निम्न प्रकार से वर्गीकृत किया गया है

1. **हस्त हथौड़ा** Hand Hammer

सामान्यत: हल्के कार्यों के लिए हस्त हथौड़ा प्रयोग किया जाता है। इनका वजन 0.125 किग्रा से 1.5 किग्रा तक होता है। वजन के अनुसार उसमें हत्थे को फिट किया जाता है,

जिसकी लम्बाई क्रमश: 25 से 35 सेमी तक रखी जाती है क्योंकि कार्यखण्ड पर चोट मारने के लिए हथौड़े के पीन तथा फेस भाग का प्रयोग किया जाता है। इसलिए इन दोनों भागों को हार्ड तथा टैम्पर (hard and temper) किया होता है। पीन तथा फेस के बीच के भाग को पोस्ट (post) कहते हैं, जिसे नरम रखा जाता है, जिससे कि हथौड़ा टूटे नहीं।

साधारणत: हथौड़े ढलवाँ स्टील (cast steel) या कार्बन स्टील (carbon steel) को फोर्ज करके बनाए जाते हैं तथा बाद में फेस तथा पीन को हार्ड व टैम्पर किया जाता है। पोस्ट में बना छेद दीर्घवृत्त (ellipse) के आकार का होता है। इसमें एक लकड़ी का हैण्डिल ठोककर उसमें वैज (wedge) लगा दिया जाता है, जिससे कि हथौड़ा हैण्डिल से बाहर न निकल सके। हस्त हथौड़े को पीन (peen) के आकार (shape) के आधार पर निम्न प्रकार वर्गीकृत किया गया है

(*i*) **बॉल पीन हथौड़ा** (Ball peen hammer) इस हथौड़े का पीन बॉल (ball) के समान गोल होता है, जबकि फेस (face) दूसरे हथौड़ों के समान चपटा (flat) ही होता है। इसका प्रयोग मार्किंग करने, चिपिंग करने, हल्की चोट मारने आदि कार्यों के लिए होता है। बॉल पीन का विशेष उपयोग रिवेटिंग (riveting) करने में किया जाता है। बॉल पीन द्वारा गोल चोट पड़ने से रिवेट की टेल चारों ओर आसानी से फैल जाती है।

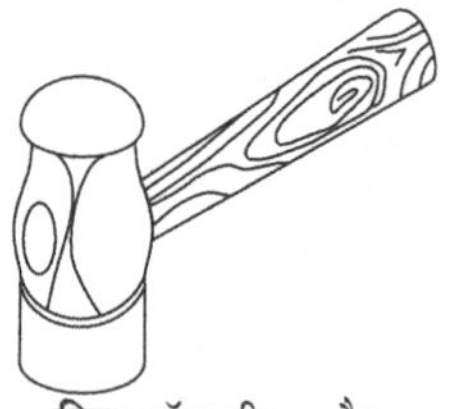

चित्र बॉल पीन हथौड़ा

(*ii*) **क्रॉस पीन हथौड़ा** (Cross peen hammer) इस हथौड़े का फेस बॉल पीन हथौड़े के समान चपटा होता है, परन्तु पीन उल्टे वी (Λ) के समान बना होता है। पीन की अक्ष हैण्डिल से 90° पर होती है। इसकी अक्ष के क्रॉस होने के कारण ही इसे क्रॉस पीन हथौड़ा कहा जाता है। इन का भार 0.125 किग्रा से 1.5 किग्रा तक होता है।

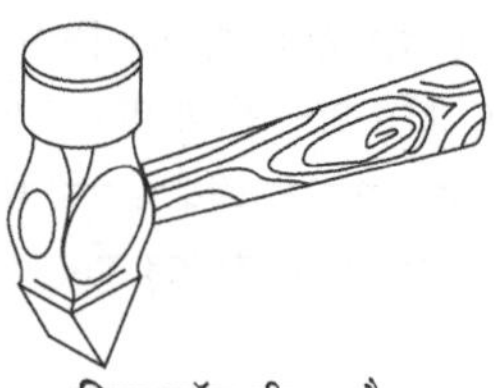

चित्र क्रॉस पीन हथौड़ा

(*iii*) **स्ट्रेट पीन हथौड़ा** (Straight peen hammer) इस हथौड़े का फेस चपटा तथा पीन का आकार उल्टे वी (Λ) के समान होता है। स्ट्रेट पीन हथौड़े में पीन की अक्ष हैण्डिल के समान्तर (सीध में) होती है, इसलिए इसे स्ट्रेट पीन हथौड़ा कहते हैं। इसे भी धातु को साइडों में फैलाने या सीधे कॉर्नर में चोट लगाने के लिए प्रयोग किया जाता है। इनका भार 0.125 किग्रा से 1.5 किग्रा तक होता है।

निम्न चित्र में स्ट्रेट पीन हथोड़े को दर्शाया गया है।

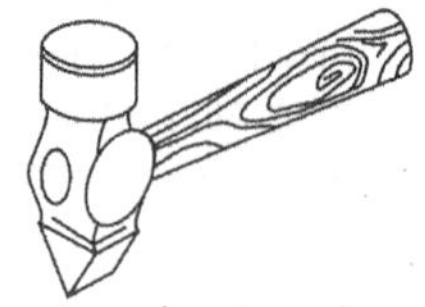

चित्र स्ट्रेट पीन हथौड़ा

(*iv*) **डबल फेस हथौड़ा** (Double face hammer) डबल फेस हथौड़े में दोनों सिरों पर फेस होता है। कार्यखण्ड पर दोनों ओर से चोट मारने के लिए इसका प्रयोग किया जा सकता है। रिवेटिंग में बड़े रिवेट के कप टूल (cup tool) के ऊपर चोट मारने के लिए इसका प्रयोग किया जाता है। इसे फ्लैट पीन हथौड़ा भी कहते हैं।

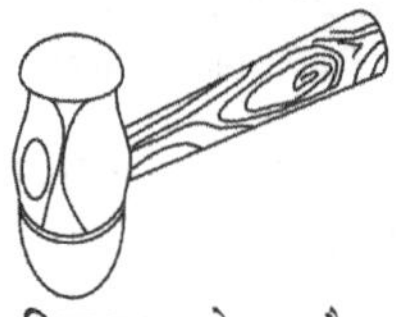

चित्र डबल फेस हथौड़ा

2. क्लॉ हथौड़ा Claw Hammer

यह बढ़ई द्वारा प्रयोग किया जाने वाला हथौड़ा है। इसमें एक ओर चपटा फेस तथा दूसरी ओर कील के हैड को फँसाने के लिए झिर्री काटकर एक चिमटा बनाया जाता है, जिसे क्लॉ कहा जाता है। इसमें पीन नहीं होता।

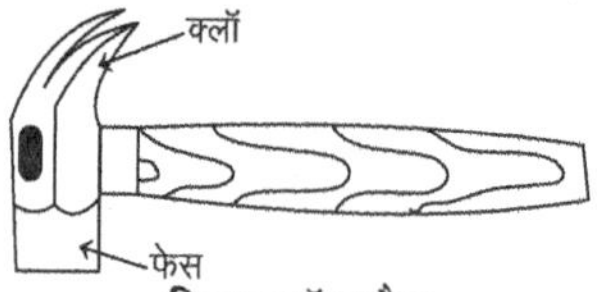

चित्र क्लॉ हथौड़ा

3. मृदु हथौड़ा Soft Hammer

जब हमें कार्यखण्ड पर ऐसी चोट मारनी हो कि उसकी सतह पर निशान न आए तो हमें मृदु हथौड़ा प्रयोग करना चाहिए। मृदु हथौड़े धक्का सहन कर लेते हैं, क्योंकि ये कार्यखण्ड की धातु से अधिक कठोर नहीं होते; जैसे—लकड़ी, ताँबा, प्लास्टिक, नायलॉन, कच्चा चमड़ा (raw hide) या कठोर रबड़ (hard rubber) आदि। इनका प्रयोग बियरिंग को चढ़ाने या उतारने, तैयार माल की असेम्बली करने या इसी प्रकार के अन्य कार्यों में होता है। ये निम्नलिखित प्रकार के होते हैं

(*i*) **कच्चे चमड़े का हथौड़ा** (Raw hide hammer) इसे इस्पात (steel) द्वारा डबल फेस हथौड़ा के समान बनाया जाता है। इसके पश्चात् दोनों सतहों पर कच्चे चमड़े के टुकड़ों को लगा दिया जाता है। चमड़े लगी हुई सतहों के कारण इसकी चोट के निशान कार्यखण्ड पर नहीं बनते हैं।

चित्र में कच्चे चमड़े के हथौड़े को दर्शाया गया है

चित्र कच्चे चमड़े का हथौड़ा

(*ii*) **मैलेट** (Mallet) लकड़ी द्वारा बने हथौड़े को मैलेट कहते हैं। इनका प्रयोग अधिकतर धातु चादर सम्बन्धी कार्यों के लिए होता है। साधारणतः शीशम, इमली, कीकर, टीक (teak) या कोई अन्य कठोर लकड़ी को इसको बनाने में प्रयोग किया जाता है।

चित्र मैलेट

(*iii*) **नायलॉन हथौड़ा** (Nylon hammer) नायलॉन एक चिम्मड़ पेट्रोलियम पदार्थ है, जो काफी धक्का सहन करने की शक्ति रखता है। एक लोहे के हथौड़े में दोनों तरफ नायलॉन के पैड कस दिए जाते हैं। इस हथौड़े से चोट मारने पर निशान नहीं पड़ता। इसका उपयोग अच्छे टूल रूम, एरोनॉटिक शॉप आदि में किया जाता है।

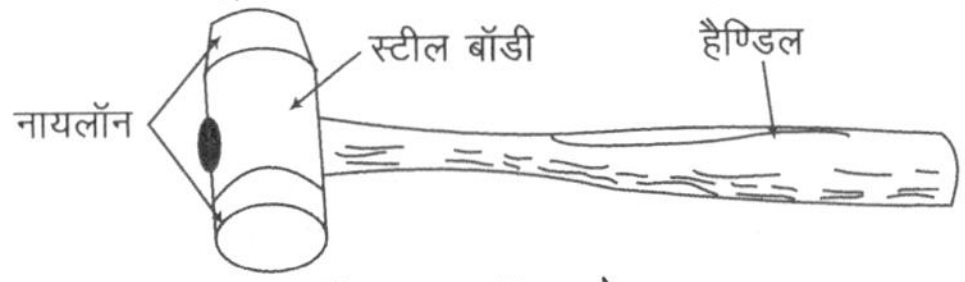

चित्र नायलॉन हथौड़ा

(*iv*) **प्लास्टिक हथौड़ा** (Plastic hammer) यह भी नायलॉन हथौड़े के समान लोहे की बॉडी (body) का बना होता है तथा दोनों सिरों पर प्लास्टिक के पैड या रबड़ के पैड फिट कर दिए जाते हैं, जिससे कार्यखण्ड की सतह पर निशान नहीं पड़ता। हल्की चोट मारने के लिए इन हथौड़ों का प्रयोग होता है।

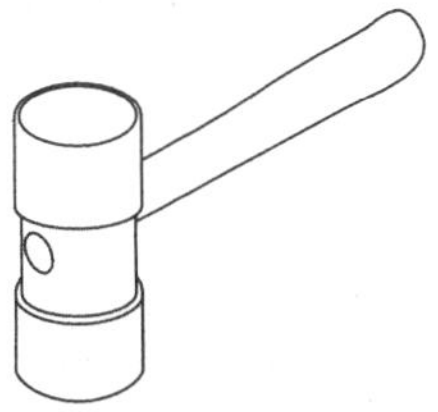

चित्र प्लास्टिक हथौड़ा

(*v*) **लैड हथौड़ा** (Lead hammer) इस हथौड़े का उपयोग असेम्बली में चोट मारने के लिए किया जाता है। इसके द्वारा अधिक भारी कार्य नहीं किए जा सकते हैं।

नीचे चित्र में लैड हथौड़ा दर्शाया गया है

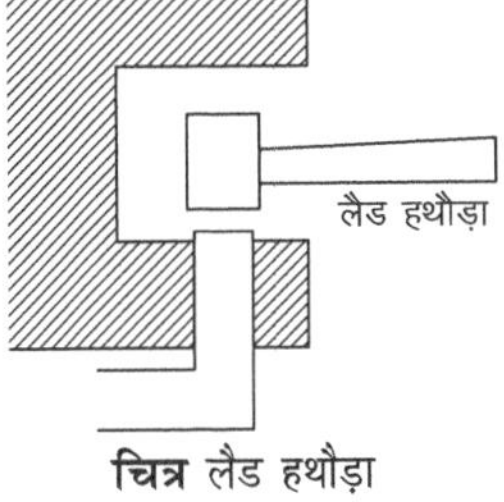

चित्र लैड हथौड़ा

4. घन हथौड़ा Sledge Hammer

ये हथौड़े भारी कार्यों के लिए प्रयोग किए जाते हैं। अधिकतर लौहकारी शॉप में धातु को पीटने या फोर्ज करने जैसे कार्यों में इसका प्रयोग किया जाता है। भारी चोट मारकर डाई द्वारा फ्लैट, एंगिल आदि को काटने में भी इसका उपयोग किया जाता है। इनका भार 2 किग्रा से 10 किग्रा तक होता है तथा भार के अनुसार ही इनके हैण्डिल की लम्बाई 600 से 900 मिमी तक होती है।

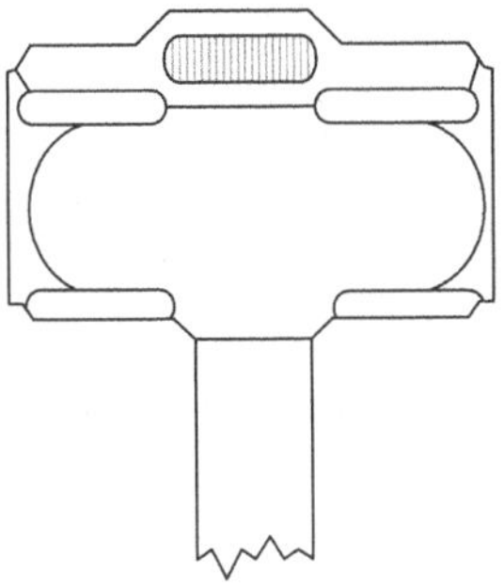

चित्र घन हथौड़ा

5. शक्ति हथौड़ा Power Hammer

यह हथौड़ा भारी व बड़ी जॉबों को फोर्ज करने के लिए प्रयोग किया जाता है। यह बिजली की मोटर द्वारा चलाए जाते हैं। ये हथौड़े अधिक मात्रा में उत्पादन (mass production) के लिए भी प्रयोग किए जाते हैं।

पावर हैमर निम्न प्रकार के होते हैं

(*i*) भाप चालित हैमर

(*ii*) विद्युत हैमर

(*iii*) न्यूमैटिक हैमर

हथौड़े का प्रयोग करते समय सावधानियाँ
Precautions while using Hammer

(*i*) हथौड़े के द्वारा चोट मारते समय यह सुनिश्चित कर लेना चाहिए कि उसका हैण्डिल ढीला तो नहीं है।

(*ii*) हथौड़े के हैण्डिल में कहीं गाँठ नहीं होनी चाहिए तथा वह कहीं से फटा हुआ भी नहीं होना चाहिए।

(*iii*) हथौड़े का प्रयोग कार्य के अनुसार ही करना चाहिए।

(*iv*) हथौड़े की चोट कार्यखण्ड पर सटीक अनुमान से करनी चाहिए।

(*v*) भारी हथौड़े के प्रयोग में अतिरिक्त सावधानी रखनी चाहिए।

(*vi*) मशीनों पर हथौड़े का प्रयोग अन्य मशीनी भागों को आघात से बचाकर करना चाहिए।

(*vii*) हथौड़े के फेस या हत्थे पर चिकना पदार्थ (तेल या ग्रीस) नहीं लगा हुआ होना चाहिए।

किसी भी कार्यखण्ड पर पूर्ण चोट के लिये हथौड़े के हत्थे को अन्तिम छोर से पकड़ना चाहिए।

महत्त्वपूर्ण बिन्दु

- कार्यशाला में कार्यखण्ड को मजबूती से पकड़कर फाइलिंग, मशीनिंग, स्क्रैपिंग आदि प्रक्रियाएँ करने के लिए वाइस का प्रयोग किया जाता है।
- किसी भी कार्यशाला में सर्वाधिक प्रयोग में लायी जाने वाली वाइस बेंच वाइस है।
- घूर्णी वाइस का आधार घूम सकने में सक्षम होता है।
- क्विक रिलीज बेंच वाइस के स्पिण्डल का नट दो हाफ में बना होता है।
- मशीन वाइस की ऊँचाई बेंच वाइस की तुलना में कम होती है।
- पाइप वाइस में गोल कार्यखण्डों को पकड़ने के लिए 'V' ग्रूव का स्थिर जबड़ा होता है।
- महीन कार्यखण्डों को पकड़ने के लिए पिन वाइस का उपयोग किया जाता है।
- कार्यशाला में ड्रॉइंग की माप लम्बाई, चौड़ाई, ऊँचाई तथा कोण आदि में ली जाती है।
- किसी भी राशि की सम्पूर्ण जानकारी प्राप्त करने हेतु उस राशि के मानक तथा संख्यात्मक मान का ज्ञान होना आवश्यक है।
- MKS प्रणाली (मीट्रिक प्रणाली) में लम्बाई को मीटर (m), द्रव्यमान को किग्रा (kg) तथा समय को सेकण्ड (t) में नापा जाता है।
- सीधी रेखा में मारी जाने वाली माप को रेखीय माप कहते हैं।
- कार्यखण्ड की सतह समतलता की माप सर्फेस गेज, सर्फेस प्लेट, डायल टेस्ट इण्डीकेटर आदि के द्वारा की जाती है।
- वर्नियर कैलीपर एक ही माप के दो स्केलों (मेन स्केल तथा वर्नियर स्केल) के अन्तर के सिद्धान्त पर कार्य करता है। वर्नियर कैलीपर बाजार में 100, 150, 225, 900 व 1200 मिमी के आकार में उपलब्ध हैं।
- डायल कैलीपर में वर्नियर स्केल के स्थान पर डायल गेज लगा होता है, जोकि 100 भागों में बँटा होता है।
- डैप्थ गेज वर्नियर कैलीपर के द्वारा बाहरी माप, आन्तरिक माप एवं गहराई की माप तीनों ली जा सकती हैं।
- माइक्रोमीटर द्वारा किसी जॉब की छोटी-से-छोटी 0.01 मिमी अथवा 0.001 तक की माप ली जा सकती है।
- माइक्रोमीटर नट-बोल्ट के सिद्धान्त पर कार्य करने वाला एक सूक्ष्ममापी यन्त्र है।
- माइक्रोमीटर के थिम्बल पर स्पिण्डल लगाया जाता है, इसकी बेवेल एज पर अंश बने होते हैं।
- मीट्रिक माइक्रोमीटर में स्लीव की एक-एक मिमी की दूरी पर 25 या 0.5 मिमी की दूरी पर 50 निशान होते हैं।
- पाठयांक लेने से पूर्व माइक्रोमीटर की शून्य त्रुटि की जाँच अवश्य कर लेनी चाहिए।
- डैप्थ माइक्रोमीटर का प्रयोग किसी ग्रूव की गहराई मापने के लिए किया जाता है। बड़े इनसाइड माइक्रोमीटर के द्वारा 2 या 50 मिमी से छोटी माप नहीं ली जा सकती है।
- सर्वप्रथम मार्किंग करते समय कारीगर के पास ड्रॉइंग या ब्लू प्रिण्ट अवश्य होना चाहिए।
- जॉब या जॉब के किसी पार्ट की सतह पर लगाई जाने वाली रेखाओं को स्पष्ट व साफ देखने के लिए प्रयुक्त पदार्थ को मार्किंग मीडिया कहते हैं।
- स्क्राइबिंग ब्लॉक के स्क्राइबर व सतह के बीच 30 से 35° का कोण होना चाहिए।
- यदि स्क्राइबर को 90° पर रखा जाए, तो मार्किंग के दौरान अवांछनीय ध्वनि उत्पन्न होती है।
- पर्शियन ब्लू के द्वारा प्राप्त मार्किंग बहुत स्पष्ट तथा परिशुद्ध होती है। नीले थोथे के घोल को अधिक क्रियाशील बनाने के लिए उसमें कुछ बूँदें नाइट्रिक एसिड की मिला दी जाती है।
- नीले थोथे का प्रयोग केवल स्टील के जॉब की मार्किंग के लिए किया जाता है।
- ठोस एंगिल प्लेट की दोनों सतहों के मध्य 90° का कोण होता है।
- धात्विक सतहों पर लाइन खींचने के लिए स्क्राइबर का प्रयोग किया जाता है। स्क्राइबर द्वारा मार्किंग करते समय जॉब तथा स्क्राइबर के मध्य 30° से 35° का कोण रखा जाता है।
- एडजस्टेबिल स्क्राइबर में एक खोखली स्लीव होती है जिसके बाहर के भाग में नर्लिंग होती है।
- ऑफसैट स्क्राइबर द्वारा मापने तथा मार्किंग करने का कार्य एकसाथ किया जा सकता है।
- हार्ड सतह पर स्क्राइबर का उपयोग नहीं किया जाता है।
- छोटी जॉब की मार्किंग के लिए डिवाइडर एवं बड़ी जॉब की मार्किंग के लिए ट्रेमल का प्रयोग किया जाता है।
- ट्रेमल में 15 से 20 सेमी लम्बी स्टील की रॉड पर दो खिसकने वाले हैड होते हैं जिनका निचला सिरा नुकीला होता है।
- हैक्सॉ में हैक्सॉ ब्लेड को फिट करने के लिए इसके दोनों सिरों पर पिन होल बनाए जाते हैं। हैक्सॉ के मुख्य भाग फ्रेम तथा ब्लेड होते हैं।
- हैक्सॉ के ब्लेड बनाने के लिए कार्बन स्टील, हाई कार्बन स्टील तथा हाई स्पीड स्टील का उपयोग किया जाता है।
- रेती द्वारा प्लेन सतह, वक्र सतह तथा लगभग प्रत्येक प्रकार की आकृति से अतिरिक्त पदार्थ को बारीक कणों के रूप में हटाया जाता है।
- फेस, रेती का वह भाग होता है जिसमें कटाई दाँते बने होते हैं।
- फ्लैट रेती हील की ओर 2/3 लम्बाई तक टेपर होती है।
- गोल रेती की अनुप्रस्थ काट वृत्ताकार होती है।
- छेनियों का प्रयोग धातु की ठण्डी एवं गरम दोनों अवस्थाओं में किया जाता है।
- गरम छेनी का कटिंग एज 30° का होता है।
- छेनी की कटिंग एज को पर्याप्त कठोरता प्रदान करने के लिए ऊष्मा उपचार द्वारा हार्ड व टैम्पर किया जाता है।
- ब्लैकस्मिथी या फोर्जिंग शॉप में गर्म छेनी, जबकि फिटर व शीट मैटल कार्यों के लिए ठण्डी छेनी प्रयुक्त की जाती है।
- छेनी के ऊपरी भाग को 10° से 12° के कोण पर चैम्फर किया जाता है।
- डायमण्ड छेनी के नुकीले प्वॉइण्ट से 'V' ग्रूव काटे जा सकते हैं।
- हस्त हथौड़े का वजन 0.125 किग्रा से 1.5 किग्रा तक होता है तथा इसके हैण्डिल की लम्बाई 25 से 35 सेमी रखी जाती है।
- हथौड़े के शीर्ष भाग में पीन, फेस से ठीक विपरीत दिशा में ऊपर की ओर होता है।
- लकड़ी द्वारा बने हथौड़े को मैलेट कहते हैं। इसका प्रयोग अधिकतर धातु चादर कार्यों में किया जाता है।
- लौहकारी शॉप में धातुओं को पीटने या फोर्जिंग करने हेतु घन हथौड़ा उपयुक्त होता है।

महत्त्वपूर्ण प्रश्नोत्तरी

1. किनारे से समान्तर रेखा खींचने के लिए किस प्रकार के कैलीपर का प्रयोग किया जाता है?

उत्तर किनारे से समान्तर रेखा खींचने के लिए ओड लैग कैलीपर या हर्माफ्रोडाइट कैलीपर का प्रयोग करते हैं।

2. उस कैलीपर का नाम बताइए, जिसकी एक टाँग अन्दर की ओर मुड़ी होती है।

उत्तर हर्माफ्रोडाइट कैलीपर की एक टाँग अन्दर की ओर मुड़ी होती है।

3. आन्तरिक व बाह्य कैलीपर का साइज कहाँ से लिया जाता है?

उत्तर आन्तरिक व बाह्य कैलीपर का साइज लैग के प्वॉइण्ट से रिवेट के सेन्टर तक लिया जाता है।

4. चित्र में प्रदर्शित हथौड़े के भाग A का नाम बताइए।

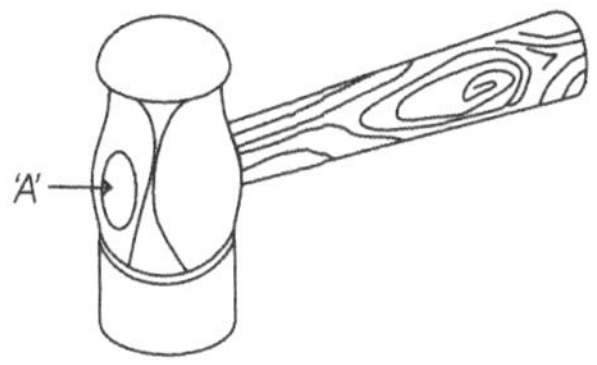

उत्तर चित्र में प्रदर्शित हथौड़े के भाग *A* का नाम आई होल है, जिसमें हैण्डिल वैज द्वारा फिट रहता है।

5. हथौड़े के कौन-से दो भाग हार्ड एवं टैम्पर किए जाते हैं?

उत्तर पीन तथा फेस, हथौड़े के वे दो भाग हैं, जो हार्ड और टैम्पर किए हुए होते हैं।

6. मुलायम धातु के जॉब पर मार्किंग के लिए किस पंच का प्रयोग किया जाता है? इस पंच का प्वॉइण्ट कोण क्या होगा?

उत्तर प्रिक पंच का प्रयोग मुलायम धातु के जॉब पर मार्किंग के लिए किया जाता है। इस पंच का प्वॉइण्ट कोण 30° होगा।

7. किसी बेलनाकार जॉब पर मार्किंग करने के लिए आप किस उपकरण का प्रयोग करेंगे, जिससे सफलतापूर्वक मार्किंग हो सके?

उत्तर किसी बेलनाकार जॉब पर मार्किंग करने के लिए 'V' ब्लॉक का उपयोग किया जाता है।

अभ्यास प्रश्न

परीक्षा प्रारूपी प्रश्न

1. साधारणतः वाइस के स्पिण्डल में निम्न प्रकार की चूड़ियाँ होती हैं
(a) एक्मी चूड़ी (b) 'V' चूड़ी
(c) स्क्वायर चूड़ी (d) नकल चूड़ी

2. वाइस क्लैम्प अथवा सॉफ्ट जॉ निम्न धातु के बने होते हैं
(a) एल्युमीनियम
(b) कास्ट आयरन
(c) लैड
(d) माइल्ड स्टील

3. वाइस का साइज लिया जाता है
(a) स्पिण्डल की लम्बाई से
(b) वाइस के भार से
(c) जबड़ों की चौड़ाई से
(d) दोनों जबड़ों के मध्य अधिकतम दूरी से

4. कार्यखण्ड को क्षैतिज तथा ऊर्ध्व दोनों तलों में झुकाने के लिए किस वाइस का प्रयोग करेंगे?
(a) स्वीवल मशीन वाइस (b) कॉम्बीनेशन बेंच वाइस
(c) पीन वाइस (d) यूनिवर्सल मशीन वाइस

5. सॉफ्ट जॉ ·········· प्रयोग किए जाते हैं।
(a) परिष्कृत सतह की सुरक्षा के लिए
(b) वाइस के जबड़ों की सुरक्षा के लिए
(c) कार्यखण्ड को अधिक मजबूती से पकड़ने के लिए
(d) रेती की सुरक्षा के लिए

6. गोल पाइप व छड़ आदि को पकड़ने के लिए किस वाइस का प्रयोग किया जाता है?
(a) यूनिवर्सल मशीन वाइस (b) लैग वाइस
(c) ड्रिल मशीन वाइस (d) पाइप वाइस

7. चित्र में 'A' पार्ट का क्या नाम है?

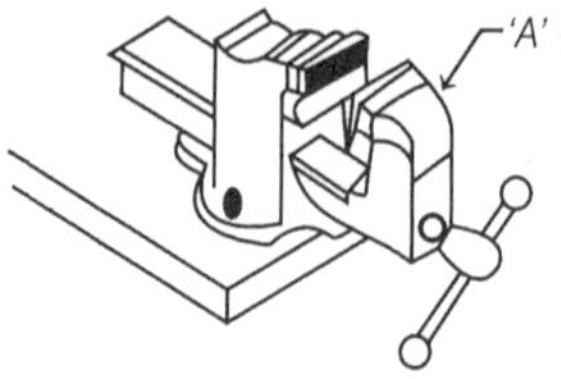

(a) स्थिर जबड़ा (b) चल जबड़ा
(c) हैण्डिल (d) हैण्ड जबड़ा

8. निम्न में से किस वाइस में मूवेबल जॉ लंबवत कार्य करता है?
(a) पिन वाइस (b) पाइप वाइस
(c) हैंड वाइस (d) क्विक रिलीज वाइस

9. स्टैण्डर्ड स्टील रूल किस धातु की बनी होती है?
(a) स्टेनलैस स्टील (b) कार्बन स्टील
(c) माइल्ड स्टील (d) ब्रास

10. कैलीपर निम्न धातु के बने होते हैं
(a) टूल स्टील (b) कार्बन स्टील
(c) माइल्ड स्टील (d) पीतल

11. ट्राई स्क्वायर का साइज लिया जाता है
(a) स्टॉक की लम्बाई-चौड़ाई से
(b) ब्लेड की लम्बाई-चौड़ाई से
(c) स्टॉक के आन्तरिक सिरे से ब्लेड के अन्तिम सिरे तक
(d) उपरोक्त में से कोई नहीं

12. दिए गए चित्र में 'X' द्वारा अंकित भाग का नाम बताइए।

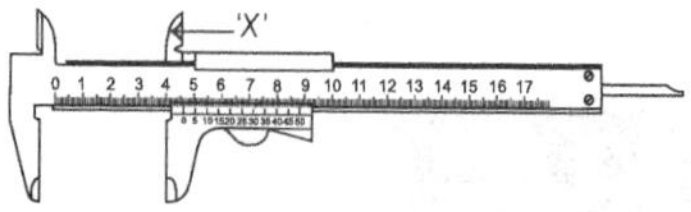

(a) स्थिर जबड़ा (b) गतिशील जबड़ा
(c) वर्नियर स्केल (d) मेन स्केल

13. वर्नियर कैलीपर की अल्पतमांक क्या होती है?
(a) 0.01 मिमी (b) 0.02 मिमी
(c) 0.05 मिमी (d) इनमें से कोई नहीं

14. माइक्रोमीटर किस सिद्धान्त पर कार्य करता है?
(a) स्क्रू (b) नट-बोल्ट
(c) मल्टीमीटर (d) इनमें से कोई नहीं

15. चित्र में 'X' अंकित भाग का नाम बताइए।

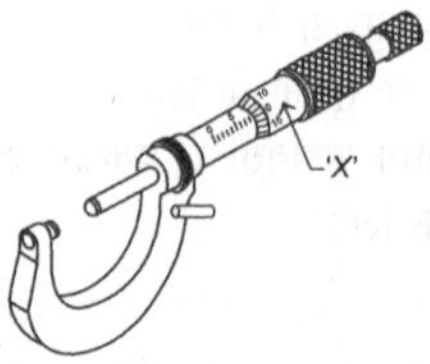

(a) स्पिण्डल (b) एनविल
(c) थिम्बल (d) बैरल/स्लीव

16. सर्वप्रथम मार्किंग करते समय कारीगर के पास ········ होना चाहिए।
(a) ड्रॉइंग (b) ब्लू प्रिण्ट
(c) 'a' और 'b' दोनों (d) इनमें से कोई नहीं

17. स्टील रूल की सटीकता होती है
(a) 0.025 mm (b) 0.5 mm (c) 0.1 mm (d) 0.2 mm

18. यूनिवर्सल सर्फेस गेज का कौन-सा पार्ट डैटम एज के समान्तर लाइनें खींचने में सहायता करता है?
(a) गाइड पिनें (b) रॉकर आर्म
(c) फाइन एडजस्टिंग स्क्रू (d) बेस

19. यूनिवर्सल स्क्राइबिंग ब्लॉक में लगी दो पिनों को कहते हैं
(a) गाइड पिन (b) एडजस्टिंग पिन
(c) फाइन एडजस्टिंग पिन (d) स्नग पिन

20. यूनिवर्सल सर्फेस गेज में 'X' अंकित भाग को पहचानिए।

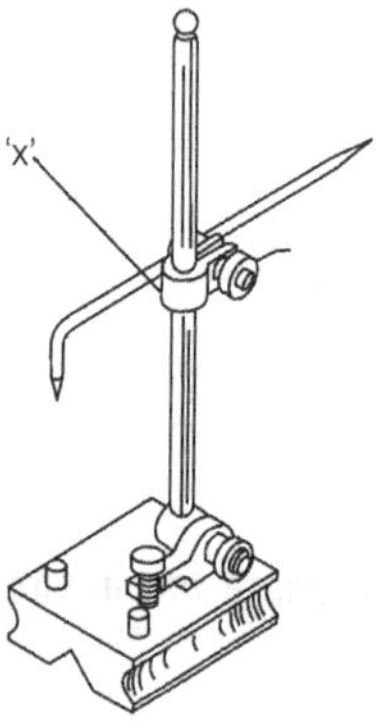

(a) गाइड पिन (b) क्लैम्पिंग नट
(c) स्नग (d) एडजस्टमेन्ट स्क्रू

21. बेंच वाइस में स्पिण्डल के क्षतिग्रस्त होने का क्या कारण हो सकता है?
(a) स्पिडल लीवर पर बेंट होना
(b) वाइस स्पिण्डल को अधिक कसा जाना
(c) क्लैम्प का उपयोग न करना
(d) स्पिडल का गलत संचालन

22. स्क्राइबर किस धातु का बना होता है?
(a) हाई कार्बन स्टील (b) माइल्ड स्टील
(c) पीतल (d) कास्ट आयरन

23. स्क्राइबर का प्वॉइण्ट .... पर होता है।
(a) 20° (b) 5°-15° (c) 12°-15° (d) 5°

24. निम्न में से कौन-से स्क्राइबर द्वारा मापन व मार्किंग एकसाथ की जा सकती है?
(a) सीधा स्क्राइबर (b) एडजस्टेबिल स्क्राइबर
(c) मुड़ा स्क्राइबर (d) ऑफसैट स्क्राइबर

25. अधिक बड़े वृत्त की मार्किंग के लिए निम्न में से क्या प्रयोग किया जाता है?
(a) कैलीपर (b) डिवाइडर (c) स्क्राइबर (d) ट्रेमल

26. एंगिल प्लेट में स्लॉट बने होते हैं। उनके बनाने का उद्देश्य होता है
(a) हुक के द्वारा उठाने के लिए
(b) प्लेट का भार हल्का करने के लिए
(c) कार्य को संकेन्द्रित करने के लिए
(d) क्लैम्पिंग बोल्टों को जगह देने के लिए

27. 'V' ब्लॉक ………… ग्रेड में उपलब्ध होते हैं।
(a) A और B (b) A, B और C
(c) 1, 2 और 3 (d) 1 और 2

28. मार्किंग करते समय 'V' ब्लॉक दाब पड़ने पर हिल सकता है। इसे एक निश्चित स्थान पर क्लैम्प करने के लिए इनमें से किसका प्रयोग किया जाता है?
(a) 'V' ब्लॉक टाइप-I (b) 'V' ब्लॉक टाइप-II
(c) 'V' ब्लॉक टाइप-III (d) चुम्बकीय 'V' ब्लॉक

29. ठोस पैरेलल ब्लॉक निम्न में से किस ग्रेड में उपलब्ध होता है?
(a) ग्रेड 'A' (b) ग्रेड 'B'
(c) 'a' और 'b' दोनों (d) ग्रेड 'C'

30. पैरेलल ब्लॉक बनाए जाते हैं
(a) माइका के (b) कार्बन स्टील के
(c) एल्युमीनियम के (d) ये सभी

31. निम्न में से किसके द्वारा स्थायी मार्किंग का कार्य सम्पन्न किया जाता है?
(a) स्क्राइबर द्वारा (b) डिवाइडर द्वारा
(c) मार्किंग प्लेट द्वारा (d) पंच द्वारा

32. चित्र में दर्शाये गये प्रिक पंच के कोण को पहचानिए।

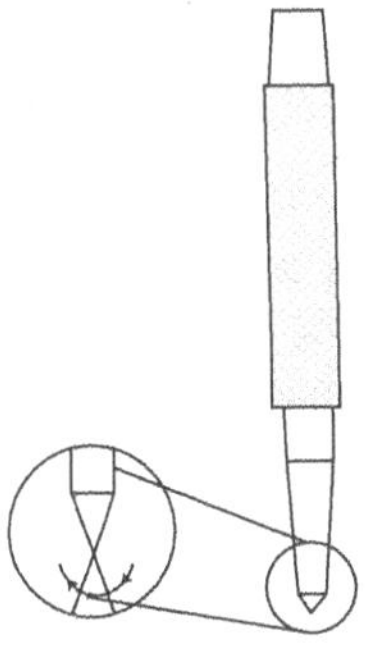

(a) 30° (b) 40° (c) 50° (d) 45°

33. पिन पंच निम्न पिनों के सैट में उपलब्ध है
(a) 5 पिन (b) 6 पिन (c) 10 पिन (d) 12 पिन

34. हैक्सॉ ब्लेड में मोटे दाँत की पिच ………… होती है।
(a) 0.5 मिमी (b) 0.8 मिमी (c) 1.8 मिमी (d) 1.0 मिमी

35. ठोस पीतल को काटने के लिए हैक्सॉ ब्लेड की उचित पिच है
(a) 1.8 मिमी (b) 1.4 मिमी (c) 1 मिमी (d) 0.8 मिमी

36. स्टैण्डर्ड लम्बाई के ब्लेड का प्रयोग किस प्रकार के फ्रेम में होता है?
(a) समतल प्रकार के एडजस्टेबिल फ्रेम में
(b) ट्यूबलर प्रकार के एडजस्टेबिल फ्रेम में
(c) ठोस फ्रेम में
(d) लचीले फ्रेम में

37. निम्न में रेती का कौन-सा भाग नुकीला होता है?
(a) टैंग (b) प्वॉइण्ट
(c) हील (d) इनमें से कोई नहीं

38. रेती का चपटा भाग, जिसमें कटाई दाँते बने होते हैं, ………… कहलाता है।
(a) प्वॉइण्ट (b) हील
(c) फेस (d) इनमें से कोई नहीं

39. क्रॉस रेताई में रेती को वाइस के अक्ष से कितने कोण पर रखा जाता है?
(a) 30° (b) 45° (c) 60° (d) 75°

40. नीचे दिए गये चित्र में 'X' द्वारा इंगित भाग का नाम बताइए।

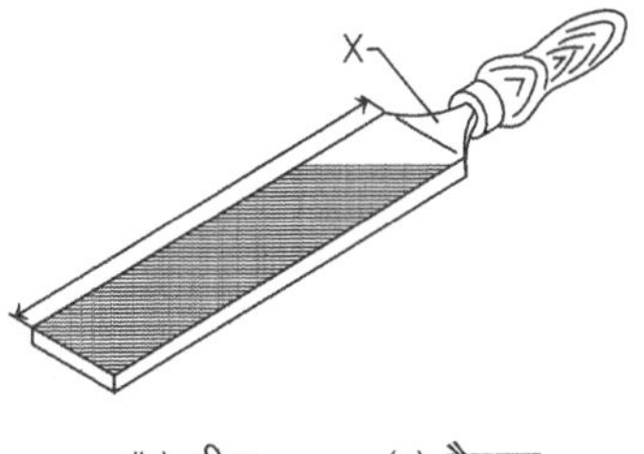

(a) टैंग (b) हील (c) फैरूल (d) एज

41. निम्न में से कौन-सा छेनी का भाग नहीं है?
(a) कटिंग एज या प्वॉइण्ट (b) बॉडी
(c) टैंग (d) हैड

42. छेनी किस प्रकार का टूल है?
(a) मापी औजार (b) कटिंग औजार
(c) 'a' और 'b' दोनों (d) इनमें से कोई नहीं

43. नीचे दर्शाई गई छेनी के प्रकार का नाम बताइए।

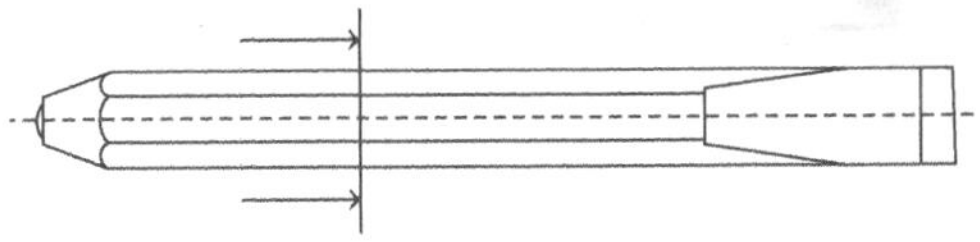

(a) क्रॉस कट छेनी (b) हाफ राउण्ड नोज छेनी
(c) फ्लैट छेनी (d) डायमण्ड प्वॉइण्ट छेनी

44. डायमण्ड छेनी का प्रयोग ……… ग्रूव के कोने शार्प करने के लिए भी किया जाता है।
(a) आयताकार (b) 'V'
(c) त्रिभुजाकार (d) ये सभी

45. गरम छेनी की कटिंग एज का कोण होता है
(a) 30° (b) 40°
(c) 55° (d) 45°

46. ……… छेनी की आवश्यकता स्मिथी शॉप तथा फोर्जिंग शॉप में अधिक रहती है।
(a) गरम (b) ठण्डी (c) क्रॉस कट (d) फ्लैट

47. हैण्डिल आई होल (eye hole) से बाहर न निकले इसलिए इसमें वैज (wedge) ठोक दी जाती है तथा आई होल को निम्न प्रकार का बनाया जाता है
(a) अण्डाकार (b) वर्गाकार
(c) वृत्ताकार (d) इनमें से कोई नहीं

48. निम्न में से किस हथौड़े की पीन उल्टे वी (∧) के समान होती है?
(a) बॉल पीन हथौड़ा (b) स्ट्रेट पीन हथौड़ा
(c) क्रॉस पीन हथौड़ा (d) 'b' और 'c' दोनों

49. हथौड़े का हैण्डिल किसमें फिक्स किया जाता है
(a) फेस में (b) आई होल में
(c) चीक में (d) पिन में

50. मैलेट हथौड़ा किसका बनाया जाता है?
(a) लोहे का (b) रबड़ का
(c) लकड़ी का (d) ताँबे

51. चमड़े की गेस्केट की फाइलिंग के लिए उपयोग किया जाता है
(a) रैस्प कट फाइल का (b) फ्लैट फाइल का
(c) सिंगल कट फाइल का (d) डबल कट फाइल का

52. मूवेबल जॉ को खोलने के लिए प्रयुक्त ट्रिगर निम्न में से किस वाइस में लगा होता है?
(a) बेंच वाइस (b) हैंड वाइस
(c) क्विक रिलीजिंग वाइस (d) टूल मेकर्स वाइस

53. नाली और पतली ट्यूबिंग काटने के लिए हैक्सॉ ब्लेड की उपयुक्त पिच होती है
(a) 1.8 mm (b) 1.4 mm
(c) 1.4 mm (d) 0.8 mm

54. सेन्टर पंच का बिंदु कोण होता है
(a) 30° (b) 45°
(c) 60° (d) 90°

55. विटनेस मार्क की पंचिंग करने के लिए प्रिक पंच का कोण होता है
(a) 90° (b) 80°
(c) 70° (d) 60°

56. माइल्ड स्टील को काटने के लिए छेनी का झुकाव कोण होता है
(a) 22° (b) 32°
(c) 34.5° (d) 39.5°

57. निम्न में कौन–सा 30° प्रिक पंच का उपयोग है
(a) डिवाइडर प्वाइण्ट एवं वृत्त स्क्राइब करना
(b) विटनेस मार्क्स पंच करना
(c) केंद्र के निशान पंच करना
(d) ड्रिल किए गए छिद्रों को संरेखित करना

58. ड्रिल प्वॉइण्ट के केंद्र का पता लगाने के लिए किस पंच का उपयोग किया जाता है?
(a) प्रिक पंच (b) सेंटर पंच
(c) पिन पंच (d) होलो पंच

59. निम्न में से क्या ओड लैग कैलीपर का उपयोग है?
(a) वृत्त और वृत्त-चाप को चिन्हित करना
(b) आन्तरिक और बाहरी किनारों के समानांतर रेखाओं को चिन्हित करना
(c) आंतरिक विमाओं का मापन करना
(d) बाहरी विमाओं का मापन करना

60. इनसाइड कैलीपर का प्रयोग किया जाता है
(a) बाहरी माप को मापने के लिए
(b) स्टील रूल से माप स्थानांतरित करने के लिए
(c) आंतरिक विमाओं को मापने के लिए
(d) लाइनों को चिन्हित करने के लिए

61. हैक्सॉ ब्लेड को कट की फिनिशिंग पर धीरे–धीरे क्यों चलाया जाता है?
(a) कटिंग क्रिया में सुधार के लिए
(b) ब्लेड को टूटने से बचाने के लिए
(c) जॉब को नुकसान से बचाने के लिए
(d) हेक्सॉ फ्रेम को क्षतिग्रस्त होने से बचाने के लिए

62. पंच निर्माण के लिए निम्न में से किस धातु का उपयोग किया जाता है?
(a) लो कार्बन स्टील का
(b) उच्च कार्बन स्टील का
(c) मध्यम कार्बन स्टील का
(d) माइल्ड स्टील का

63. फाइलों की पिनिंग को हटाने के लिए निम्न में से किसका उपयोग किया जाता है?
(a) फाइल कार्ड (b) वायर स्ट्रिप
(c) नायलॉन स्ट्रिप (d) नायलॉन ब्रश

उत्तरमाला

1. (b)	**2.** (a)	**3.** (c)	**4.** (a)	**5.** (a)	**6.** (d)	**7.** (b)	**8.** (b)	**9.** (a)	**10.** (b)
11. (c)	**12.** (b)	**13.** (b)	**14.** (b)	**15.** (c)	**16.** (c)	**17.** (b)	**18.** (a)	**19.** (a)	**20.** (c)
21. (b)	**22.** (a)	**23.** (c)	**24.** (d)	**25.** (d)	**26.** (d)	**27.** (a)	**28.** (d)	**29.** (c)	**30.** (b)
31. (d)	**32.** (a)	**33.** (c)	**34.** (c)	**35.** (d)	**36.** (a)	**37.** (a)	**38.** (c)	**39.** (b)	**40.** (a)
41. (c)	**42.** (b)	**43.** (a)	**44.** (a)	**45.** (a)	**46.** (a)	**47.** (b)	**48.** (d)	**49.** (b)	**50.** (c)
51. (a)	**52.** (c)	**53.** (d)	**54.** (d)	**55.** (d)	**56.** (c)	**57.** (a)	**58.** (b)	**59.** (b)	**60.** (c)
61. (b)	**62.** (b)	**63.** (a)							

अध्याय 03

फिटिंग संक्रियाएँ एवं सम्बन्धित उपकरण

Fitting Operations and Related Equipments

घरों, कार्यालयों इत्यादि से पानी व गैस के पाइपों को स्नानघर, रसोईघर, शौचालयों आदि में फिट करने तथा उनकी मरम्मत करने के लिए प्लम्बर की आवश्यकता होती है। घरों, कार्यालयों में जल के पाइपों को फिट करने के लिए प्लम्बर द्वारा विभिन्न प्रकार की फिटिंग संक्रियाएँ की जाती हैं। इन फिटिंग संक्रियाओं को करने के लिए प्लम्बर को विभिन्न प्रकार के फिटिंग उपकरणों की आवश्यकता होती है। ये उपकरण प्लम्बर को कार्यों के सही तरीके से करने में सहायक सिद्ध होते हैं। इसलिए यह आवश्यक है कि प्लम्बर को फिटिंग कार्य को करने के लिए फिटिंग उपकरणों एवं इनसे सम्बन्धित फिटिंग संक्रियाओं को करने की पर्याप्त जानकारी होनी चाहिए। प्रस्तुत अध्याय में विभिन्न प्रकार की फिटिंग संक्रियाओं एवं इनसे सम्बन्धित उपकरणों का वर्णन किया गया है।

अध्याय विषय सूची

3.1 साधारण फिटिंग संक्रियाएँ Simple Fitting Operations

वर्कशॉप में फिटिंग से सम्बन्धित विभिन्न प्रकार की प्रमुख संक्रियाएँ की जाती हैं, जिनका विवरण निम्न प्रकार है

1. **हैक्सॉइंग** (Hack-sawing) हैक्सॉ एक कर्तन औजार है। इसके द्वारा पाइप, शीट व भिन्न-भिन्न आकार वाली धातुएँ काट सकते हैं। धातु को हैक्सॉ द्वारा काटने की विधि को ही हैक्सॉइंग कहते हैं।
2. **पंचिंग** (Punching) धातु की सतह पर खींची गई रेखाओं को पंच द्वारा पक्का करने की प्रक्रिया को पंचिंग कहते हैं। इसमें पंच द्वारा धातु की सतह पर हल्के-हल्के निशान लगाये जाते हैं। पंच हाई कार्बन स्टील के बनाए जाते हैं।
3. **फाइलिंग** (Filling) फाइलिंग वह प्रकम है जिसके अन्तर्गत रेती द्वारा धातु की सतह को परिष्कृत किया जाता है। रेती भी एक प्रकार का कर्तन औजार है।
4. **ड्रिलिंग** (Drilling) ड्रिलिंग वह विधि है, जिससे किसी भी वस्तु में ड्रिल की सहायता से सुराख किया जाता है। जब किसी वस्तु या धातुखण्ड में ड्रिल की सहायता से छेद या सुराख किया जाता है, तो यह प्रक्रिया ड्रिलिंग कहलाती है।
5. **चिपिंग** (Chipping) छेनी द्वारा धातु की मोटाई को कम करने की क्रिया को चिपिंग कहते हैं। छेनी एक प्रकार का कर्तन औजार (cutting tool) है। इसका प्रयोग धातुओं को काटने व छीलने में किया जाता है।
6. **मार्किंग** (Marking) धातु की सतह पर ड्रॉइंग के अनुसार समान्तर लाइनें, केन्द्र बिन्दु, चाप, वृत्त व कोण इत्यादि बनाने या खींचने की क्रिया को मार्किंग कहते हैं। मार्किंग करने से यह ज्ञात हो जाता है कि किस जॉब को कहाँ से काटना है या ड्रिल करना है या फाइलिंग करना है।

7. **टैपिंग** (Tapping) टैप एक प्रकार का हस्त कर्तन औजार है। इसके द्वारा सिलेण्ड्रिकल छिद्रों में आन्तरिक चूड़ियाँ (threads) काटी जाती हैं। इस औजार द्वारा चूड़ियाँ काटने की क्रिया को टैपिंग कहते हैं।
8. **रीमिंग** (Reaming) ड्रिल किया हुआ सुराख या छिद्र पूरी तरह परिष्कृत नहीं होता है इसके अतिरिक्त ड्रिल किए छेद की माप भी सही नहीं होती है और उसमें खुरदरापन भी रहता है। छेद को सही साइज में बनाने की क्रिया को रीमिंग कहते हैं। इस क्रिया में कटिंग एलाउन्स बहुत ही कम दिया जाता है।
9. **थ्रेडिंग** (Threading) स्क्रू, बोल्ट या पाइप पर डाई (die) द्वारा चूड़ी काटने की क्रिया को थ्रेडिंग कहते हैं।
10. **रिवेटिंग** (Riveting) दो मैटल पार्टों (धातुखण्ड) को जोड़ने की प्रक्रिया को रिवेटिंग कहते हैं। धातुखण्डों को जोड़ने के लिए रिवेटों का प्रयोग किया जाता है।

3.2 रेतियाँ Files

रेती, एक मुख्य कर्तन औजार (cutting tool) है। यह एक ऐसा औजार है जो किसी भी कार्यखण्ड (धातुखण्ड) से अतिरिक्त धातु हटाने के काम आती है। रेती हाई कार्बन स्टील की बनी होती है। टैंग को छोड़कर इसका शेष भाग हार्ड व टैम्पर होता है। इसके फेज व साइडों पर बहुत से कटिंग एज या दाँते (teeth) बने होते हैं, जो धातु को छोटे-छोटे कणों के रूप में काटते हैं। फाइलिंग एलाउन्स 0.02 मिमी से 0.5 मिमी तक रखा जाता है। इसका साइज टिप से हील तक लिया जाता है।

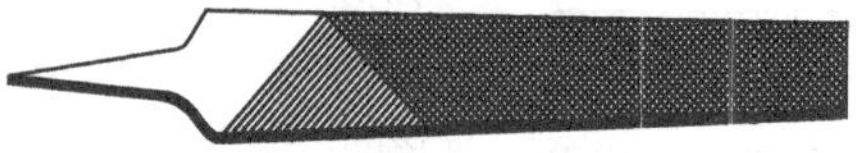

चित्र रेती

नोट *रेती के विस्तृत अध्ययन के लिए अध्याय-2 का अवलोकन करें।*

3.3 मार्किंग उपकरण एवं उनका प्रयोग Marking Instruments and their Uses

प्लम्बिंग सम्बन्धी कार्यों में मापन व मार्किंग (चिन्हन) अत्यधिक महत्त्वपूर्ण कार्य हैं। लम्बाई, चौड़ाई, मोटाई या अन्य मापों का परिमाण ज्ञात करने की क्रिया को मापन कहते हैं। किसी टुकड़े को वांछित आकार देने के लिए उस पर आवश्यक मापें अंकित करने की क्रिया मार्किंग (marking) कहलाती हैं।

नोट *मार्किंग उपकरण के विस्तृत अध्ययन के लिए अध्याय-2 का अवलोकन करें।*

3.4 ड्रिलिंग मशीन Drilling Machine

प्लम्बिंग सम्बन्धी कार्य करते समय धातुखण्डों में छिद्र करने की आवश्यकता होती है। जिस मशीन की सहायता से धातुखण्डों में छिद्र करने की प्रक्रिया पूरी की जाती है, उसे ड्रिलिंग मशीन (drilling machine) कहते हैं तथा यह प्रक्रिया ड्रिलिंग कहलाती है। ड्रिलिंग क्रिया को लेथ मशीन पर भी किया जा सकता है।

ड्रिलिंग मशीन में मुख्यत: एक घूमने वाला स्पिण्डल होता है, जिसमें ड्रिल को चक में लगाकर या सीधे ही स्पिण्डल में पकड़ा जाता है। स्पिण्डल के साथ में ड्रिल घूमता है तथा कटिंग प्रक्रिया करते हुए जॉब में प्रवेश करता है। इसके लिए स्पिण्डल को नीचे की ओर दबाव डालकर लाया जाता है। इसके द्वारा रीमिंग, टेपिंग, काउण्टर सिकिंग तथा काउण्टर बोरिंग आदि संक्रियाएँ (operations) भी की जाती हैं।

ड्रिलिंग मशीन के प्रकार Types of Drilling Machine

कार्य की उपयोगिता के अनुसार ड्रिलिंग मशीनें निम्न दो प्रकार की होती हैं

1. पोर्टेबिल ड्रिलिंग मशीन Portable Drilling Machine

यह एक छोटे साइज की ड्रिलिंग मशीन होती है, जिसे आसानी से कार्य-स्थल पर ले जाकर विभिन्न स्थितियों में कार्य के अनुसार ड्रिलिंग की जा सकती है। इस मशीन का प्रयोग बहुत भारी उपकरणों के लिए किया जाता है, जिन्हें मशीन शॉप में ले जाना सम्भव नहीं रहता। कभी-कभी स्टील स्ट्रक्चरों में ड्रिल करने के लिए भी पोर्टेबिल ड्रिल मशीन का ही प्रयोग किया जाता है। इन मशीनों से यथार्थ होल प्राप्त नहीं होते हैं, इन्हें हम निम्न प्रकार से वर्गीकृत कर सकते हैं

(i) हस्त चालित ड्रिलिंग मशीन Hand Operated Drilling Machine

वे मशीनें जिन्हें हाथ द्वारा चलाकर धातुखण्डों में या किसी भी धात्विक सतह में छेद किये जाते हैं, हस्त चालित ड्रिलिंग मशीन कहलाती है। हस्त चलित ड्रिलिंग मशीन मुख्यत: तीन प्रकार की होती है

(*a*) **बेवेल गियर टाइप ड्रिलिंग मशीन** (Bevel gear type drilling machine) इस मशीन को ऑपरेटर हैण्डिल द्वारा एक हाथ से पकड़कर, क्रैंक को दूसरे हाथ से घुमाते हुए कार्यखण्ड में छिद्र करता है। बेवेल टाइप ड्रिलिंग मशीन का प्रयोग 6 मिमी व्यास के छिद्रों को ड्रिल करने के लिए किया जाता है। इस तरह की ड्रिलिंग मशीन का उपयोग संरचनात्मक व बढ़ईगिरी जैसे कार्यों में किया जाता है, जहाँ विद्युत आसानी से उपलब्ध नहीं होती है।

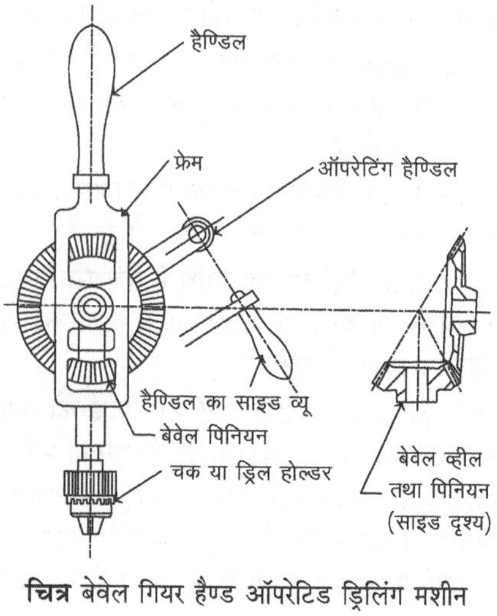

चित्र बेवेल गियर हैण्ड ऑपरेटिड ड्रिलिंग मशीन

(b) **रैचेट ब्रेस ड्रिलिंग मशीन** (Ratchet brace drilling machine) इस प्रकार की मशीनों में प्राय: स्क्वायर हैड तथा टेपर शैंक ड्रिल उपयोग में लाए जाते हैं। इन मशीनों के द्वारा लगभग 12.5 मिमी व्यास के छिद्र किए जा सकते हैं। रैचेट ब्रेस ड्रिलिंग मशीन के आधार के ऊपर एक ड्रिल पोस्ट लम्ब रूप में फिट रहती है। ड्रिल को दबाने के लिए ड्रिल पोस्ट के ऊपर एक प्रेशर आर्म लगाई जाती है। इसी प्रेशर आर्म के नीचे रैचेट ब्रेस तथा ड्रिल को सैट करके छिद्र किए जाते हैं। इस मशीन का प्रयोग रेलवे लाइन, गार्डर फेब्रिकेशन जैसे कार्यों में किया जाता है। रैचेट ब्रेस ड्रिलिंग मशीन का उपयोग वर्तमान समय में कम किया जाता है।

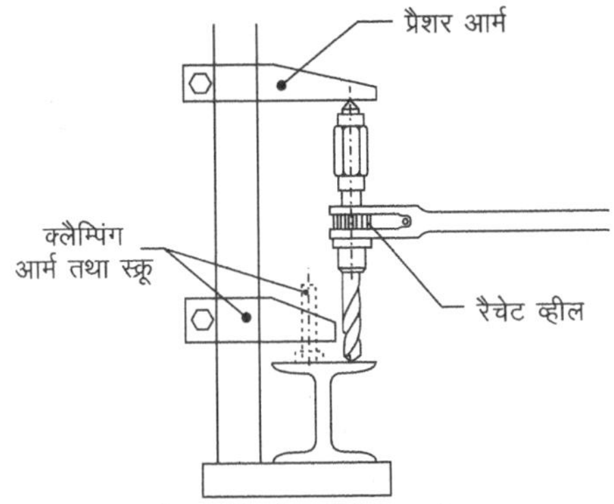

चित्र रैचेट ब्रेस ड्रिलिंग मशीन

(c) **ब्रैस्ट ड्रिलिंग मशीन** (Breast drilling machine) यह मशीन आकार में हैण्ड ड्रिलिंग मशीन के समान ही होती है, परन्तु इसमें हैण्डिल के स्थान पर एक अर्द्ध गोल प्लेट का उपयोग किया जाता है। इस अर्द्ध गोल प्लेट को ब्रैस्ट प्लेट कहा जाता है। छिद्र करते समय इस प्लेट को छाती से दबाया जाता है। इस मशीन का प्रयोग करके लगभग 6 से 12 मिमी व्यास के छिद्र किए जा सकते हैं। इस मशीन की स्पीड बढ़ाने के लिए इसमें दो बेवेल गियर प्रयुक्त किए जाते हैं।

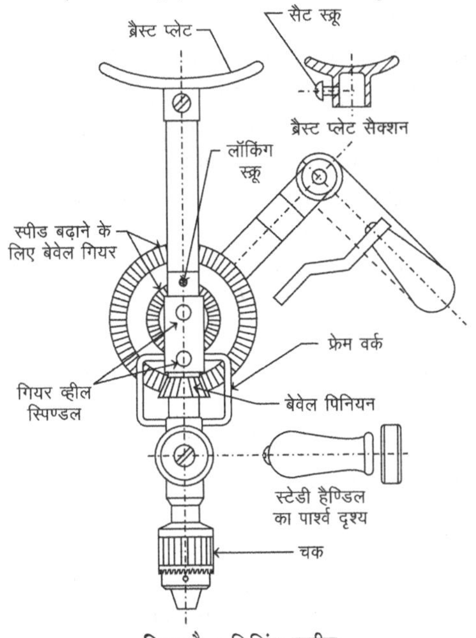

चित्र ब्रैस्ट ड्रिलिंग मशीन

(ii) **विद्युत चालित पोर्टेबिल ड्रिलिंग मशीन**
Electric Operated Portable Drilling Machine

इस प्रकार की ड्रिलिंग मशीन में ड्रिल को चलाने के लिए एक विद्युत मोटर लगा होता है। इन मशीनों की गति अधिक होती है तथा इन्हें सरलतापूर्वक प्रयोग में लाया जा सकता है। ये मशीनें ए.सी. तथा डी.सी. दोनों प्रकार की विद्युत धारा पर प्रयुक्त की जा सकती हैं। इन मशीनों का प्रयोग हल्के व भारी दोनों प्रकार के कार्यों के लिए किया जाता है।

(a) **लाइट ड्यूटी ड्रिलिंग मशीन** (Light duty drilling machine) हल्के कार्यों में प्रयुक्त ड्रिलिंग मशीनें एक ही गति पर घूमती हैं। इन ड्रिलिंग मशीनों को चलाने के लिए 110/220 वोल्ट विद्युत की आवश्यकता होती है। इन मशीनों के चक में 13 मिमी तक के साइज वाले ड्रिल पकड़े जा सकते हैं। इन्हें पिस्टल टाइप ड्रिलिंग मशीनें भी कहा जाता है।

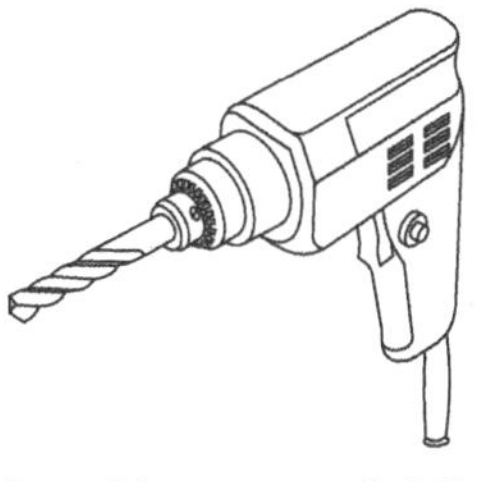

चित्र हल्के कार्य हेतु लाइट ड्यूटी ड्रिलिंग मशीन

(b) **हैवी ड्यूटी ड्रिलिंग मशीन** (Heavy duty drilling machine) भारी कार्यों में प्रयुक्त ड्रिलिंग मशीन के ड्रिल को गियर प्रणाली द्वारा घटाया-बढ़ाया जाता है। इन ड्रिलिंग मशीनों को चलाने के लिए 220 वोल्ट-250 वोल्ट विद्युत की आवश्यकता होती है। इन मशीनों के चक में 25 मिमी साइज के ड्रिल पकड़े जा सकते हैं। इन मशीनों द्वारा ड्रिलिंग के अतिरिक्त ग्राइण्डिंग, सेडिंग (sanding) इत्यादि प्रक्रियाएँ भी की जा सकती हैं।

चित्र भारी कार्य हेतु ड्रिलिंग मशीन

(iii) **न्यूमैटिक ड्रिलिंग मशीन** Pneumatic Drilling Machine

इस प्रकार की ड्रिलिंग मशीन को सम्पीडित वायु (compressed air) द्वारा चलाया जाता है। इसके केसिंग में लगी मोटर द्वारा वायु को सम्पीडित किया जाता है। मोटर में वायु की सप्लाई के लिए वायु सप्लाई पाइप लगा होता है। ड्रिलिंग के दौरान कम्पन कम करने के लिए एक हैण्डिल व दाब नियन्त्रण के लिए दाब नियन्त्रित स्क्रू लगा होता है।

न्यूमैटिक ड्रिलिंग मशीन को निम्न चित्र में दर्शाया गया है।

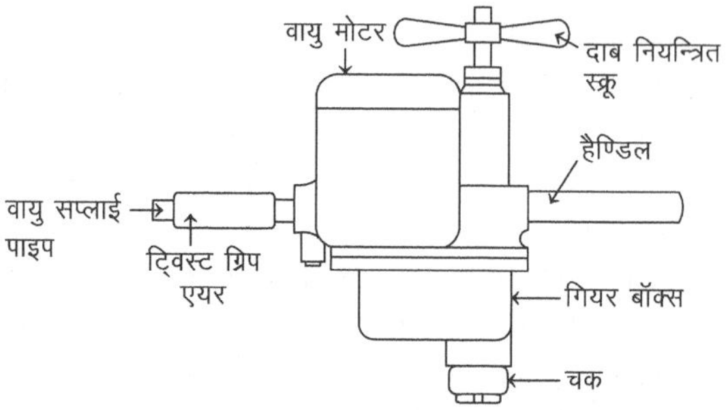

चित्र न्यूमैटिक ड्रिलिंग मशीन

2. स्टेशनरी ड्रिलिंग मशीन Stationary Drilling Machine

ऐसी मशीनें, जिन्हें एक स्थान से दूसरे स्थान पर आसानी से नहीं ले जाया जा सकता है, स्टेशनरी या फिक्स ड्रिलिंग मशीनें कहलाती हैं। ये हैवी ड्यूटी मशीनें होती हैं। इसमें जॉब को मशीन के पास ले जाकर उस पर ड्रिलिंग की जाती है।

स्टेशनरी ड्रिलिंग मशीनें निम्नलिखित प्रकार की होती हैं

(*i*) बेंच ड्रिलिंग मशीन
(*ii*) पिलर ड्रिलिंग मशीन
(*iii*) रेडियल ड्रिलिंग मशीन
(*iv*) गैंग ड्रिलिंग मशीन
(*v*) मल्टीस्पिण्डल ड्रिलिंग मशीन
(*vi*) स्टैण्डर्ड ड्रिलिंग प्रैस मशीन

नोट *पाठ्यक्रम को ध्यान में रखते हुए यहाँ केवल बेंच ड्रिलिंग मशीन व पिलर ड्रिलिंग मशीन का ही वर्णन किया गया है।*

(i) बेंच ड्रिलिंग मशीन Bench Drilling Machine

यह ड्रिलिंग मशीन उपकरणों में यथार्थ होल बनाने के लिए प्रयोग की जाती है। इसका प्रयोग हल्के कार्यों के लिए किया जाता है। इसमें 12.5 मिमी व्यास तक के ड्रिल करने की सामर्थ्य होती है। इसमें बेस प्लेट के एक सिरे पर एक ऊर्ध्वाधर स्तम्भ होता है। बेस प्लेट ढलवाँ लोहे की तथा ऊर्ध्वाधर स्तम्भ मृदु इस्पात का बना होता है। इस स्तम्भ के ऊपरी सिरे पर ड्राइव सिस्टम तथा मध्य में स्वीवल टेबिल (swivel table) होती है।

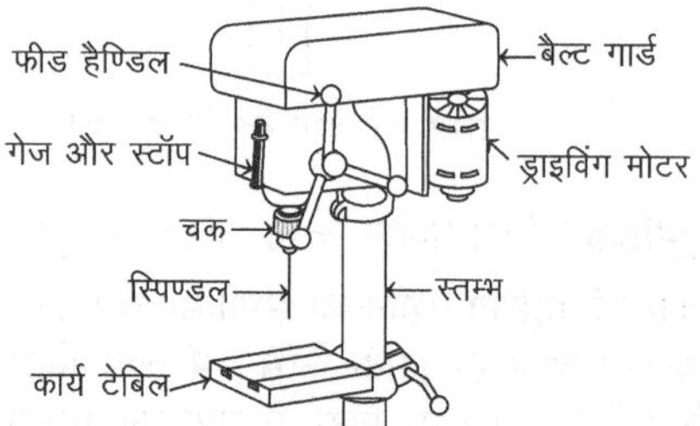

चित्र बेंच ड्रिलिंग मशीन

बैंच ड्रिलिंग मशीन में स्टैप पुली पट्टे की स्थिति को बदल कर स्पिण्डल की विभिन्न गतियाँ प्राप्त की जा सकती हैं। ड्राइव सिस्टम को एक विद्युत मोटर द्वारा चलाया जाता है। विभिन्न चालें प्राप्त करने के लिए मोटर तथा स्पिण्डल पर स्टैप पुली (step pulley) लगाई जाती है।

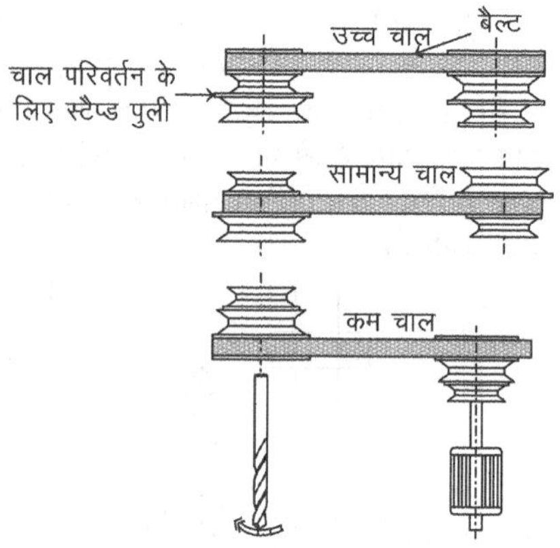

चित्र स्पिण्डल की विभिन्न गतियाँ

ड्रिल को शक्ति स्थानान्तरित करने के लिए स्पिण्डल में होल होता है, जिसमें मोर्स टेपर नं. 1 होता है। इस होल में ड्रिल चक का शैंक या बड़े ड्रिल का टेपर शैंक सीधे फिट हो जाता है। ड्रिल को फीड देने के लिए एक हैण्डिल लगा होता है, जिसमें रैक व पिनियन के द्वारा स्पिण्डल को फीड दी जाती है। इस मशीन में ऑटोमैटिक फीड का प्रबन्ध नहीं होता।

ड्रिल मशीन ऑपरेटर हाथ द्वारा हैण्डिल को घुमाकर फीड देता है। इस प्रकार यह ड्रिल द्वारा की जाने वाली कटाई प्रक्रिया को मॉनीटर भी करता रहता है। जॉब को स्वीवल टेबिल (swivel table) पर बाँधा जाता है। आवश्यकतानुसार इस टेबिल को ऊपर-नीचे करके एक उचित ऊँचाई पर क्लैम्प कर दिया जाता है।

(ii) पिलर ड्रिलिंग मशीन Pillar Drilling Machine

यह मशीन बेंच ड्रिलिंग मशीन के लगभग समान ही होती है, परन्तु आकार में अधिक बड़ी व भारी होती है। इसके द्वारा 75 मिमी तक के छिद्र ही किए जा सकते हैं। इसे धरातल पर फाउण्डेशन बनाकर सैट किया जाता है। इसमें निम्नलिखित भाग होते हैं

(*a*) **बेस प्लेट** (Base plate) यह कास्ट आयरन की आयताकार प्लेट होती है। जॉब अथवा वाइस को पकड़ने के लिए इसकी ऊपरी सतह पर 'T' स्लॉट कटा होता है, जबकि नीचे वाली सतह को अच्छी प्रकार मशीनिंग किया जाता है। बेस प्लेट के पिछले भाग में पिलर फिट रहता है।

(*b*) **पिलर** (Pillar) यह माइल्ड स्टील या कास्ट आयरन का बना गोलाकार भाग होता है, जो अन्दर से खोखला होता है। पिलर के साथ मशीन टेबिल तथा स्पिण्डल हैड फिट रहते हैं।

(*c*) **स्पिण्डल** (Spindle) यह कार्बन स्टील की बनी गोलाकार छड़ होती है जिसके एक स्टैण्डर्ड मोर्स टेपर बोर तथा दूसरे सिरे पर पुली फिट रहती है। स्पिण्डल एक लम्बे स्लीव (sleeve) में फिट रहते हैं जिसमें बॉल बियरिंग तथा नट फिट रहते हैं। इस स्लीव के बाहर रैक कटा होता है जिसमें एक पिनियन गियर मैश करता है।

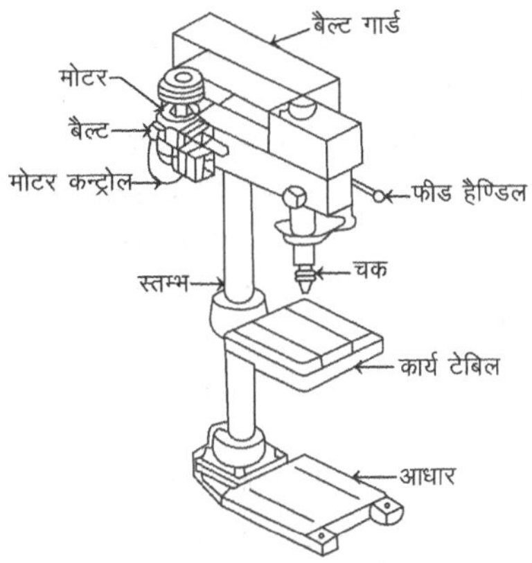

चित्र पिलर ड्रिलिंग मशीन

(*d*) **फीड ड्राइव** (Feed drive) घूमते हुए ड्रिल स्पिण्डल को फीड देने के लिए फीड ड्राइव का उपयोग किया जाता है। स्पिण्डल के ऊपर फिट स्लीव के पिनियन को घुमाने के लिए फीड लीवर का उपयोग किया जाता है। इस फीड लीवर के साथ एक डैप्थ बार भी फिट रहता है जिसकी सहायता से छिद्र की गहराई को मापा जाता है।

(*e*) **मैन ड्राइव** (Main drive) स्पिण्डल हैड पर एक ब्रेकिट फिट रहता है। इस ब्रेकिट पर एक विद्युत मोटर फिट रहती है। स्पिण्डल को भिन्न-भिन्न गतियाँ प्रदान करने हेतु मोटर तथा स्पिण्डल पर विपरीत दिशाओं में पुलियाँ फिट की जाती हैं।

(*f*) **टेबिल** (Table) यह गोलाकार या आयताकार रूप में होती है तथा इसकी ऊपरी सतह पर T स्लॉट कटे होते हैं। इन T स्लॉट्स में बोल्ट व नट डालकर जॉब या वाइस को मजबूती से पकड़ा जाता है।

पोर्टेबिल तथा स्टेशनरी ड्रिलिंग मशीन में अन्तर
Difference between Portable and Stationary Drilling Machine

पोर्टेबिल तथा स्टेशनरी ड्रिलिंग मशीन में अन्तर कोनिम्न तालिका में दर्शाया गया है।

क्र.सं.	पोर्टेबिल ड्रिलिंग मशीन	स्टेशनरी ड्रिलिंग मशीन
1.	इन मशीनों को सरलतापूर्वक एक स्थान से दूसरे स्थान पर ले जाया जा सकता है।	इन मशीनों को आसानी से एक स्थान से दूसरे स्थान पर नहीं ले जाया जा सकता है।
2.	इन मशीनों को हाथ तथा विद्युत द्वारा प्रचालित किया जा सकता है।	इन मशीनों को केवल विद्युत द्वारा ही प्रचालित किया जा सकता है।
3.	इन मशीनों द्वारा केवल ड्रिलिंग की जा सकती है।	इन मशीनों का प्रयोग ड्रिलिंग के साथ-साथ टेपिंग तथा रीमिंग के लिए भी किया जा सकता है।
4.	इन मशीनों द्वारा 12 मिमी व्यास के छिद्र किए जा सकते हैं।	इन मशीनों द्वारा 100 मिमी व्यास के छिद्र किए जा सकते हैं।
5.	इनसे प्राप्त छिद्र शुद्ध साइज में नहीं होते हैं।	इनसे प्राप्त छिद्र शुद्ध साइज में होते हैं।
6.	इन मशीनों को एक समान गति पर ही प्रचालित किया जा सकता है।	इन मशीनों को भिन्न-भिन्न गतियों पर प्रचालित किया जा सकता है।
7.	इन मशीनों में कूलेन्ट की व्यवस्था नहीं होती है।	इन मशीनों में कूलेन्ट की व्यवस्था होती है।

ड्रिलिंग मशीन सम्बन्धी सावधानियाँ
Precautions Related to Drilling Machine

(*i*) कार्यखण्ड को बेस पर तथा ड्रिल को स्पिण्डल पर कसकर पकड़ा होना चाहिए।

(*ii*) विद्युत ड्रिलिंग मशीनों को प्रयोग करने के पश्चात् उन्हें विद्युत सप्लाई से विसंयोजित कर देना चाहिए।

(*iii*) कम्पन से बचने हेतु ड्रिलिंग मशीन के विभिन्न भाग; जैसे—स्पिण्डल शीर्ष, भुजा, स्तम्भ आदि सही प्रकार से कसे होने चाहिए।

(*iv*) स्लीव तथा सॉकेट का प्रयोग न्यूनतम करना चाहिए।

(*v*) ड्रिलिंग मशीन को समय-समय पर साफ करके तेल डालना चाहिए।

(*vi*) ड्रिल ड्रिफ्ट के द्वारा ही ड्रिल अथवा सॉकेट को स्पिण्डल से बाहर निकालना चाहिए।

(*vii*) मशीन को रोकने के बाद ही छीलन (chips) को हटाना चाहिए।

(*viii*) ड्रिलिंग मशीन की गति ड्रिल के आकार के अनुसार ही रखनी चाहिए।

(*ix*) बड़े आकार का ड्रिल करने से पूर्व छोटे आकार का ड्रिल कर लेना चाहिए।

(*x*) ड्रिलिंग करते समय मशीन को कूलेन्ट कटिंग धातु की प्रकृति के अनुसार ही देना चाहिए।

(*xi*) पतली चादरों में ड्रिलिंग करते समय चादरों के नीचे लकड़ी के गुटके रखने चाहिए।

(*xii*) ड्रिलिंग मशीन में समान लम्बाई के लिप्स वाले ड्रिल ही प्रयुक्त करने चाहिए।

3.5 ड्रिलिंग मशीन का आकार तथा विशिष्टियाँ Size and Specifications of Drilling Machine

ड्रिलिंग मशीन के आकार तथा इसकी विशिष्टियों को हम निम्न प्रकार समझ सकते है। यदि ड्रिलिंग मशीन पोर्टेबिल है, तो मशीन की विशिष्टियों में ड्रिलिंग मशीन का नाम तथा उसमें पकड़े जाने वाले ड्रिल का साइज दिया जाता है। यदि पोर्टेबिल ड्रिलिंग मशीन विद्युत द्वारा प्रचालित है, तो मशीन की विशिष्टियों में मोटर की क्षमता भी लिखी जाती है।

उदाहरण

1. हैण्ड ड्रिल मशीन 6 मिमी साइज
2. रैचेट ब्रेस 12 मिमी साइज
3. पोर्टेबिल विद्युत ड्रिलिंग मशीन 220 वोल्ट, 12 मिमी साइज

यदि ड्रिलिंग मशीन स्टेशनरी है, तो उसकी विशिष्टियाँ निम्न प्रकार दी जाती हैं

1. स्पिण्डल के छिद्र की मानक टेपर संख्या; जैसे—मोर्स टेपर 2 से 3
2. स्पिण्डल व टेबिल के मध्य अधिकतम ऊर्ध्वाधर दूरी

3. स्पिण्डल के केन्द्र से पिलर तक की दूरी
4. बैल्ट ड्राइव या गियर ड्राइव
5. टेबिल का साइज व आकार
6. स्पिण्डल की गति (चक्कर प्रति मिनट)
7. बैक गियर की व्यवस्था
8. मोटर की क्षमता
9. रेडियल ड्रिलिंग मशीन में आर्म की लम्बाई तथा पिलर का व्यास
10. मशीन का भार

ड्रिलिंग स्पिण्डल की गति का चयन
Selection of Drilling Spindle Speed

ड्रिलिंग मशीन के स्पिण्डल की गति का चयन निम्न पर निर्भर करता है

(*i*) **धातु की कठोरता** (Hardness of metal) स्पिण्डल की गति का चयन धातुओं के आधार पर किया जाता है। यदि धातु बहुत हार्ड हो, तो स्पिण्डल की कर्तन गति (cutting speed) कम रखी जाती है, जबकि मुलायम धातु के लिए स्पिण्डल की कर्तन गति अधिक रखी जाती है।

(*ii*) **ड्रिल का व्यास** (Diameter of drill) स्पिण्डल की गति ड्रिल के व्यास पर भी निर्भर करती है। यदि ड्रिल का व्यास बड़ा हो, तो स्पीड अधिक और यदि व्यास छोटा हो, तो कम रखी जाती है।

(*iii*) **छिद्र की गहराई** (Depth of the hole) जॉब पर अधिक गहराई तक छिद्र (hole) करने के लिए स्पिण्डल की गति कम तथा कम गहराई के छिद्र करने के लिए स्पिण्डल की गति अधिक रखी जाती है।

(*iv*) **कूलेन्ट की व्यवस्था** (Arrangement of coolant) ड्रिलिंग मशीन में कूलेन्ट की व्यवस्था होने पर स्पिण्डल की गति अधिक रखनी चाहिए, जबकि कूलेन्ट की व्यवस्था न होने पर स्पिण्डल की गति कम रखनी चाहिए।

(*v*) **क्लैम्पिंग की व्यवस्था** (Arrangement of clamping) मशीन टेबिल पर जॉब की मजबूत क्लैम्पिंग होने पर स्पिण्डल की गति अधिक रखनी चाहिए जबकि जॉब की सही क्लैम्पिंग न होने पर स्पिण्डल की गति कम रखनी चाहिए।

ड्रिलिंग संक्रियाएँ Drilling Operations

ड्रिलिंग मशीन पर की जाने वाली संक्रियाएँ निम्न प्रकार हैं

(*i*) **ड्रिलिंग** (Drilling) किसी भी जॉब पर मार्किंग के पश्चात् सेन्टर लगाकर अथवा जिग फिक्स्चर का प्रयोग करके ड्रिल द्वारा बेलनाकार छिद्र करने की प्रक्रिया ड्रिलिंग कहलाती है।

चित्र ड्रिलिंग

(*ii*) **काउण्टर सिंकिंग** (Counter sinking) किसी जॉब में पहले से बनाए गए छिद्र का ऊपरी सिरा चैम्फर करके बड़े ड्रिल द्वारा V आकार में बनाने की प्रक्रिया काउण्टर सिंकिंग कहलाती है। इसके लिए विशेष काउण्टर सिंकिंग टूल का प्रयोग किया जाता है। काउण्टर सिंकिंग क्रिया द्वारा किसी स्क्रू के शीर्ष के लिए इस प्रकार जगह बनाई जाती है कि वह स्क्रू लगने के बाद सतह के साथ सपाट हो सके।

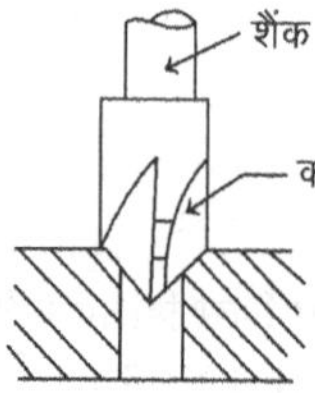

चित्र काउण्टर सिंकिंग

(*iii*) **काउण्टर बोरिंग** (Counter boring) किसी भी जॉब में पहले से बनाए गए छिद्र का ऊपरी सिरा कुछ गहराई तक बड़ा करने की प्रक्रिया काउण्टर बोरिंग कहलाती है। बढ़े हुए सुराख का निचला सिरा सपाट होता है। काउण्टर बोरिंग प्रक्रिया को विशेष औजार की सहायता से पूरा किया जाता है जिसे काउण्टर बोर कहते हैं। इसे निचले सिरे पर स्थिर सूचक की सहायता से ड्रिल किए गए छिद्र में पायलट द्वारा गाइड किया जाता है।

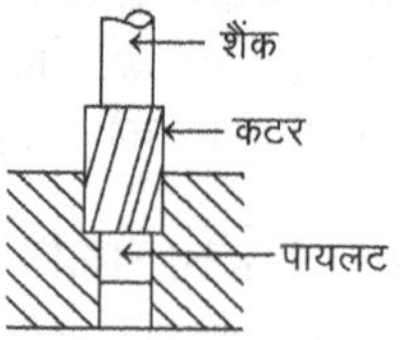

चित्र काउण्टर बोरिंग

(*iv*) **स्पॉट फेसिंग** (Spot facing) ढलाई किए हुए जॉब में छिद्र करने के बाद सुराख की ऊपरी सतह या बोर के फेस पर समतल सतह बनाने के लिए जो क्रिया की जाती है उसे स्पॉट फेसिंग कहते हैं। स्पॉट फेसिंग प्रक्रिया के पश्चात् छिद्र में फिट किए जाने वाले बोल्ट शीर्ष वाशर अथवा नट आदि छिद्र के चारों ओर समतल सतह पर ठीक प्रकार सैट हो जाते हैं।

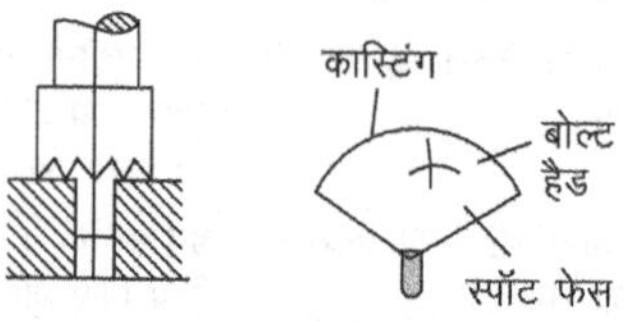

चित्र स्पॉट फेसिंग

(*v*) **रीमिंग** (Reaming) रीमिंग वह क्रिया है जिसके द्वारा ड्रिल किए हुए छिद्र की आन्तरिक सतह को अधिक परिष्कृत (finishing) बनाया जाता है तथा छिद्र के आकार को थोड़ा-सा बढ़ाकर उसके आकार को किसी विशेष फिटिंग के लिए परिशुद्धता (accuracy) प्रदान करते हैं।

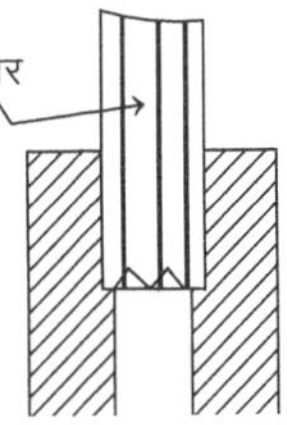

चित्र रीमिंग

(*vi*) **टेपिंग** (Tapping) ड्रिल होल में चूड़ियाँ बनाने के लिए टेपिंग की जाती है। ड्रिलिंग मशीन पर मशीन टैप का प्रयोग किया जाता है।

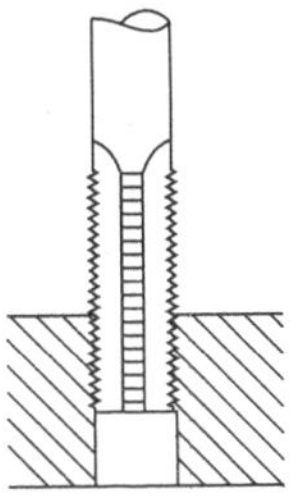

चित्र टेपिंग

(*vii*) **ट्रैपनिंग** (Trapanning) ड्रिल द्वारा बने छिद्र के चारों ओर रिंग के आकार का ग्रूव बनाने को ट्रैपनिंग कहते हैं। यह ग्रूव रबर वाशर फँसाने के काम आता है।

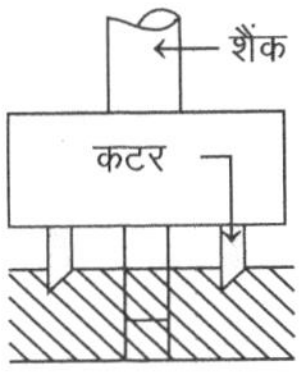

चित्र ट्रैपनिंग

(*viii*) **बोरिंग** (Boring) यह क्रिया भी ड्रिलिंग मशीन पर की जाती है। इसका प्रयोग सुराख को बड़े साइज का बनाने के लिए किया जाता है, जिसके लिए बोरिंग टूल का प्रयोग किया जाता है।

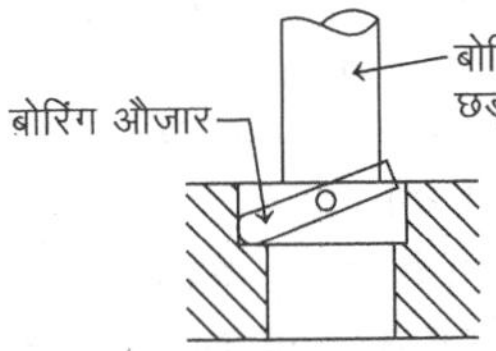

चित्र बोरिंग

टैप ड्रिल साइज Tap Drill Size

ड्रिलिंग मशीन द्वारा किए गए होल के अन्दर चूड़ी काटने में आवश्यक औजार टैप कहलाता है तथा इस चूड़ी काटने की प्रक्रिया को टैपिंग (tapping) कहते हैं। वांछित प्रकार की चूड़ियाँ काटने हेतु सर्वप्रथम टैप ड्रिल का निर्धारण करना आवश्यक होता है।

टैपिंग करने के लिए पहले होल को ड्रिल करना होता है। यह होल टैप से छोटा होना चाहिए, परन्तु यह टैप की चूड़ियों के कोर डायमीटर से छोटा नहीं होना चाहिए, क्योंकि ऐसा होने पर टैप फँसकर टूट जाएगा। यदि यह होल कोर डायमीटर से अधिक बड़ा होगा, तो चूड़ियों के क्रैस्ट (crest) पूरी ऊँचाई के नहीं आ पाएँगे। इससे चूड़ियों की शक्ति कम हो जाएगी।

अत: किसी साइज के टैप के लिए उसका एक निश्चित ड्रिल साइज होता है, जिसे ब्रिटिश तथा ISI चूड़ियों के लिए निम्न प्रकार ज्ञात किया जाता है

1. ब्रिटिश स्टैण्डर्ड चूड़ियों के लिए ड्रिल साइज Drill Size for British Standard Threads

जितनी भी ब्रिटिश चूड़ियाँ हैं, सबके लिए एक ही सूत्र (formula) प्रयोग होता है, क्योंकि उनका साइज इंचों में दिया जाता है, जबकि उनकी पिच अलग-अलग होती है।

टैप ड्रिल साइज = टैप साइज − 2 × चूड़ी की गहराई

$$\text{TDS} = \text{TS} - 2d$$

[जहाँ d = (चूड़ी की गहराई) $= 0.6134 \times P$ (पिच)]

$$d = 0.6134P$$

अत: $\text{TDS} = \text{TS} - 2 \times 0.6134P$

$$\text{पिच } (P) = \frac{1}{\text{एक इंच में चूड़ियों की संख्या}}$$

या $$\text{TDS} = \text{TS} - \frac{2 \times 0.6134}{\text{TPI की संख्या}} \quad \text{...(i)}$$

यह TDS प्राय: दशमलव में आता है, परन्तु इंचों में ड्रिल $\frac{1''}{64}$ के क्रम में उपलब्ध रहते हैं। अत: दशमलव साइज को 0.960 से भाग करके भिन्न (fraction) में ड्रिल का साइज निकाल लिया जाता है। दूसरा सूत्र थम्ब-रूल (thumb rule) के समान प्रयोग किया जाता है, जो कि निम्न प्रकार है

$$\text{TDS} = \text{TS} \times \frac{7}{8} - \frac{1''}{32} \quad \text{...(ii)}$$

उदाहरण 1. $\frac{1''}{4}$ **NPT टैप के लिए टैप ड्रिल साइज ज्ञात कीजिए।**

हल प्रथम विधि, $\text{TDS} = \text{TS} - \frac{2 \times 0.6134}{\text{TPI की संख्या}}$

हम जानते हैं $\frac{1''}{4}$ BSW में एक इंच में 18 चूड़ियाँ होती हैं।

$$\text{अत: TDS} = \frac{1''}{4} - \frac{2 \times 0.6134}{18}$$
$$= \frac{1''}{4} - 0.0687$$
$$= 0.25 - 0.0687$$
$$= 0.1813''$$

इसका साइज भिन्न रूप में निकालने के लिए 0.960 से भाग करें।

$$\text{TDS} = \frac{0.1813}{0.960} = \frac{12.08}{64} \simeq \frac{6''}{32}$$

द्वितीय विधि, $$\text{TDS} = \text{TS} \times \frac{7}{8} - \frac{1''}{32}$$
$$= \frac{1''}{4} \times \frac{7}{8} - \frac{1}{32}$$
$$= \frac{7}{32} - \frac{1}{32} \simeq \frac{6''}{32}$$

2. ISI चूड़ियों के लिए ड्रिल साइज
Drill Size for ISI Threads

इन्हें मीट्रिक चूड़ियाँ (metric threads) भी कहते हैं। इन्हें साधारणत: M अक्षर से व्यक्त किया जाता है तथा साथ में साइज व पिच दिया जाता है; जैसे $M20 \times 1.5$ यहाँ पर 20 मिमी टैप का साइज है तथा 1.5 मिमी चूड़ियों की पिच है। इसका टैप ड्रिल साइज निकालने के निम्न सूत्र का प्रयोग किया जाता है

$$TDS = TS - 2d$$

यहाँ, $d =$ (चूड़ी की गहराई) $= 0.6134\,P$

अर्थात् $TDS = TS - 2 \times 0.6134 \times P$ ...(i)

जहाँ पर बहुत यथार्थ चूड़ी की आवश्यकता न हो, तो उपरोक्त सूत्र निम्न प्रकार सरल किया जा सकता है

$$TDS = TS - P \qquad ...(ii)$$

तीसरा सूत्र सीधे ही टैप ड्रिल साइज देता है, जो निम्न प्रकार है

$$TDS = TS \times 0.8 \qquad ...(iii)$$

उदाहरण 2. M 10×1.5 **वाले टैप के लिए ड्रिल साइज बताइए।**

हल (i) $TDS = TS - 2 \times 0.6134 \times P$

$= 10 - 2 \times 0.6134 \times 1.5$

$= 10 - 1.8402 = 8.1598$ मिमी

(ii) $TDS = TS - P = 10 - 1.5 = 8.5$ मिमी

(iii) $TDS = TS \times 0.8 = 10 \times 0.8 = 8$ मिमी

यह साइज भी सूत्र (i) के साइज के लगभग बराबर है।

3.6 ड्रिल Drill

ड्रिल एक प्रकार का कटिंग टूल है जिसका प्रयोग किसी भी वस्तु (या धातु) में गोल छिद्र करने के लिए किया जाता है। मशीनों के विभिन्न अवयवों को परस्पर बोल्टों तथा रिवेटों द्वारा जोड़ा जाता है। इन मशीनी अवयवों या भागों में ड्रिल द्वारा ही छिद्र बनाए जाते हैं जिससे कि उपयुक्त बोल्ट तथा रिवेट उनमें से गुजर सकें।

ड्रिल के मुख्य भाग Main Parts of Drill

ड्रिल के मुख्य भाग निम्नवत् हैं

(*i*) **शैंक** (Shank) शैंक ड्रिल का वह समतल भाग है जो ड्रिल को मशीन में पकड़ने के काम में लाया जाता है। यह ड्रिल के ऊपर का समतल भाग होता है। शैंक निम्न दो प्रकार के होते हैं

(*a*) **टेपर शैंक** (Taper shank) इस प्रकार का शैंक स्टैण्डर्ड टेपर में बनाया जाता है। यह प्राय: मोर्स टेपर (morse taper) होता है जिसके ऊपर का कुछ भाग चित्रानुसार दोनों साइडों से प्लेन करके टैंग (tang) बना दिया जाता है। यह टैंग ही ड्रिल चक में पकड़ा जाता है। इस प्रकार की ड्रिल को ड्रिल चक से बाहर निकालने के लिए एक वैज (wedge) के आकार का टूल प्रयोग किया जाता है, जिसे ड्रिफ्ट (drift) कहते हैं।

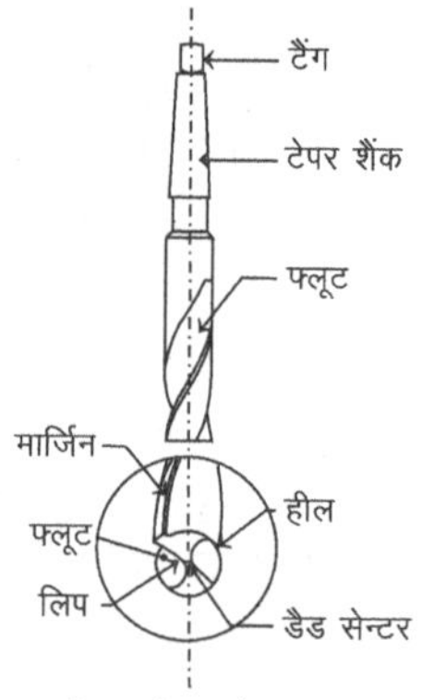

चित्र टेपर शैंक ड्रिल

(*b*) **स्ट्रेट शैंक** (Straight shank) इस प्रकार के शैंक का भाग समान्तर (parallel) या बेलनाकार (cylindrical) होता है। स्ट्रेट शैंक ड्रिल छोटे व्यास की ड्रिल के लिए प्रयोग किए जाते हैं।

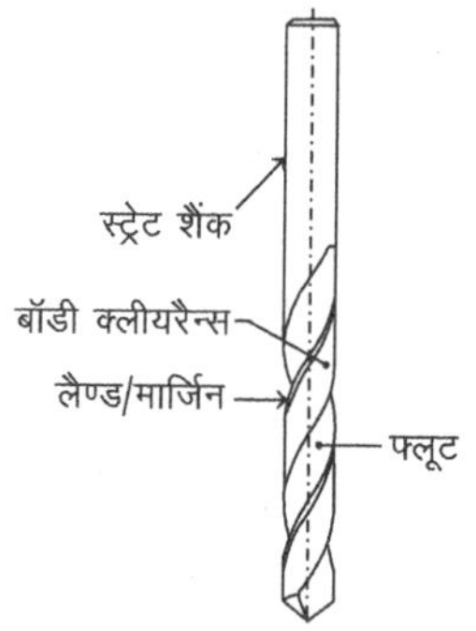

चित्र स्ट्रेट शैंक ड्रिल

(*ii*) **बॉडी** (Body) ड्रिल का वह भाग जिसमें स्पाइरल फ्लूट (spiral flute) कटा हुआ होता है, बॉडी कहलाता है। यह उसके डैड सेन्टर (dead centre) से लेकर नैक (neck) तक का भाग होता है। इस भाग में डैड सेन्टर से शैंक की ओर हल्का टेपर (0.05 मी से 100 मिमी) रहता है जिस कारण कटिंग एज द्वारा होल बनने के पश्चात् ड्रिल की बॉडी होल की दीवारों से रगड़ती हुई नहीं चलती है।

(*iii*) **फ्लूट्स** (Flutes) फ्लूट्स एक प्रकार के खाँचे होते हैं जोकि ड्रिल के घूमने पर धातु या पदार्थ की छीलन उतारते हैं। ये खाँचे ड्रिल की बॉडी में बने होते हैं।

अधिक लम्बे ड्रिलों में तीन या तीन से अधिक फ्लूट्स भी बने होते हैं। इनके द्वारा निम्न उद्देश्यों की पूर्ति होती है

- फ्लूट, ड्रिल में कटिंग एज का निर्माण करता है।
- फ्लूट से होकर शीतलक आसानी से कटिंग एज तक पहुँच जाता है। इससे इन ड्रिलों की आयु बढ़ जाती है।
- फ्लूट से होकर छीलन आसानी से बाहर आ जाती है, इसलिए अधिक लम्बे ड्रिलों में अधिक फ्लूट्स बनाए जाते हैं।

(*iv*) **लैण्ड/मार्जिन** (Land/Margin) लैण्ड के ऊपर कटिंग आकार में एक बहुत बारीक स्पाइरल आकार की उभरी हुई रेखा होती है जिसे मार्जिन कहते हैं। यह मार्जिन ही होल का आकार बनाती है। दो विपरीत मार्जिनों के बीच की दूरी ही ड्रिल का व्यास होती है।

(*v*) **बॉडी क्लीयरैन्स** (Body clearance) मार्जिन को छोड़कर लैण्ड का शेष भाग बॉडी क्लीयरैन्स कहलाता है। यह भाग होल की सतहों के साथ घर्षण नहीं करता है, क्योंकि इसका व्यास कुछ कम होता है जिसके कारण घर्षण कम हो जाता है।

(*vi*) **बिन्दु** (Point) ड्रिल के आगे का वह भाग जोकि शंकु के आकार का होता है, बिन्दु कहलाता है। इसे चीजल एज (chisel edge) या डैड सेन्टर (dead centre) भी कहा जाता है।

(*vii*) **हील** (Heel) कटिंग एज के पीछे वाले भाग को हील कहते हैं। इस भाग को पीछे की ओर टेपर दिया जाता है जिससे कटिंग करते समय मात्र कटिंग एज ही जॉब की तली को स्पर्श करें।

(*viii*) **वैब** (Web) ड्रिल की बॉडी के बीच धातु का वह भाग जो उस पर बने फ्लूट्स के बीच में बचता है अर्थात् फ्लूट्स को पृथक् करता है वैब कहलाता है। प्वॉइण्ट से शैंक की ओर इसकी मोटाई अधिक होती जाती है।

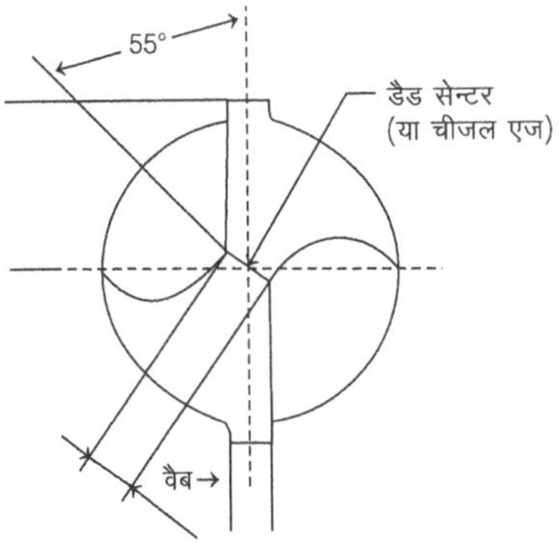

चित्र ड्रिल की वैब

(*ix*) **टैंग** (Tang) यह टेपर शैंक ड्रिल का वह भाग है, जो ड्रिलिंग मशीन के स्पिण्डल में फिट होता है। यह छोटा एवं चपटा होता है, जिससे कि इसे ड्रिलिंग मशीन की सीट में फिट करने में आसानी होती है।

ड्रिल के प्रकार Types of Drill

बनावट के आधार पर ड्रिल निम्न प्रकार के होते हैं

1. फ्लैट ड्रिल Flat Drill

यह एक साधारण प्रकार का ड्रिल है जिसमें दो स्ट्रेट कटिंग एज होती हैं। फ्लैट ड्रिल हाई कार्बन स्टील की गोल छड़ से बनाया जाता है। गोल छड़ के एक सिरे को आगे से फोर्ज में गर्म करके चपटा कर लिया जाता है, जैसा कि चित्र में दर्शाया गया है। इसके पश्चात् फाइल द्वारा या ग्राइण्डर से ग्राइण्ड करके इस चपटे भाग में कटिंग एज तैयार करते हैं। इसके बाद इसको ऊष्मा उपचार द्वारा हार्ड व टैम्पर कर लिया जाता है।

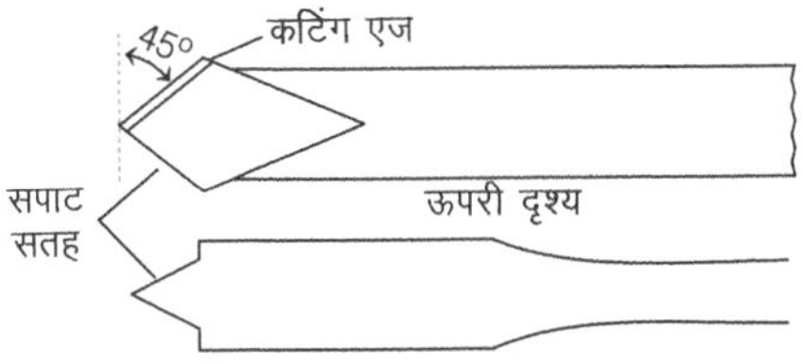

चित्र फ्लैट ड्रिल

इस ड्रिल का प्रयोग हैण्ड ड्रिलिंग मशीन तथा रैचेट ब्रेस (ratchet brace) के साथ लकड़ी तथा मुलायम धातुओं में ड्रिल (छिद्र) करने के उद्देश्य से किया जाता है।

2. स्ट्रेट फ्लूटेड ड्रिल Straight Fluted Drill

इस ड्रिल में दो सीधे खाँचे (flutes) बने होते हैं जो एक-दूसरे की विपरीत दिशा में अक्ष के समान्तर रहते हैं, जैसा कि चित्र में दर्शाया गया है।

ये स्ट्रेट शैंक व टेपर शैंक दोनों प्रकार के होते हैं। स्ट्रेट फ्लूटेड ड्रिल बहुत कम धातु काटते हैं, इसलिए मुलायम धातुओं में ड्रिल करने के लिए ये अधिक उपयुक्त हैं। ये ड्रिल छोटे आकार के होते हैं। इनका प्रयोग बहुत कम किया जाता है, क्योंकि इनकी नालियों में छीलन फँस जाती हैं जो घूमकर ड्रिल द्वारा बनाए गए होल को खराब कर देती है।

चित्र स्ट्रेट फ्लूटेड ड्रिल

3. ट्विस्ट ड्रिल Twist Drill

ट्विस्ट ड्रिल के फ्लूट्स स्पाइरल आकार (spiral shape) के होते हैं, इसलिए इनके द्वारा ड्रिल करते समय धातु की छीलन सरलता से बाहर आ जाती है। शीतलक के आसानी से कटिंग एज तक पहुँचने के कारण इन ड्रिलों के द्वारा कटिंग सबसे अधिक तेजी से होती है। ये हाई स्पीड स्टील व हाई कार्बन स्टील के बनाए जाते हैं। इनकी कटिंग एज में पर्याप्त क्लीयरैन्स कोण दिया गया होता है, जिस कारण ये किसी भी धातु को आसानी से काटते हुए आगे बढ़ते हैं।

चित्र ट्विस्ट ड्रिल

ट्विस्ट ड्रिल के प्रकार Types of Twist Drill

ट्विस्ट ड्रिलों को बनावट (shape) के आधार पर निम्न प्रकार वर्गीकृत किया जा सकता है

(*i*) **टू फ्लूट ड्रिल** (Two flute drill) साधारण ट्विस्ट ड्रिल दो फ्लूट वाला होता है। इसकी दो कटिंग कोरें होती हैं। यह मजबूत होता है। ये अधिक लम्बाई के होल बनाने के लिए उपयुक्त नहीं रहते, क्योंकि कटिंग स्क्रैप का फ्लूट का डर बना रहता है।

टू फ्लूट ड्रिल को निम्न चित्र में दर्शाया गया है

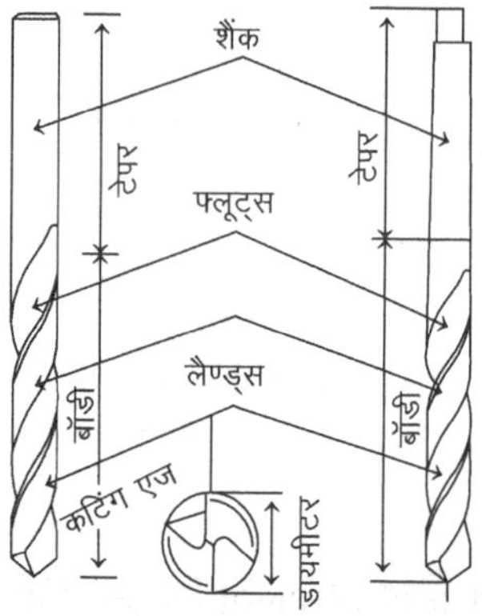

चित्र टू फ्लूट ड्रिल

(*ii*) **मल्टी फ्लूट ड्रिल** (Multi flute drill) अधिक लम्बे होल बनाने के लिए तीन या चार फ्लूट वाले ड्रिल प्रयोग किए जाते हैं। इन ड्रिलों में स्क्रैप के बाहर निकलने के लिए अधिक स्थान रहता है। इन ड्रिलों के द्वारा होल की फिनिशिंग (finishing) अच्छी आती है।

चित्र मल्टी फ्लूट ड्रिल

ट्विस्ट ड्रिल के लाभ Advantages of Twist Drill

(*i*) ट्विस्ट ड्रिल में फ्लूट्स (flutes) स्पाइरल आकार (spiral shape) में होते हैं। इसके स्क्रैप के चिप्स अपने आप बाहर निकलते रहते हैं।

(*ii*) ट्विस्ट ड्रिल का जीवनकाल अधिक होता है।

(*iii*) कटिंग एज लम्बे समय तक बनी रहती है। इससे इसे बार-बार ग्राइण्ड नहीं करना पड़ता।

(*iv*) इसकी कटिंग स्पीड (cutting speed) अधिक होती है।

(*v*) इस ड्रिल में कटिंग एज की कूलिंग सरलता से हो जाती है।

4. टेपर शैंक कोर ड्रिल Taper Shank Core Drill

देखने में तो यह ड्रिल ट्विस्ट ड्रिल के समान ही होता है, परन्तु यह ड्रिल पहले से बनाए गए होल को बड़ा करने के काम आता है। इस ड्रिल के द्वारा किसी धातु में नए होल का निर्माण नहीं किया जा सकता है। इसकी बॉडी पर तीन या चार स्पाइरल आकार के फ्लूट्स होते हैं।

चित्र टेपर शैंक कोर ड्रिल

5. ऑयल होल ड्रिल Oil Hole Drill

इस ड्रिल में शैंक व बॉडी से होकर ऑयल होल बनाए जाते हैं जिनके द्वारा कटिंग ऑयल, ड्रिल की कटिंग एज तक पहुँचाया जाता है जिससे कटिंग एज ओवर हीट नहीं हो पाती है। चिप्स को बाहर निकालने के लिए इन्हीं छिद्रों में सम्पीडित वायु (compressed air) या प्रैशर से कटिंग ऑयल भेजते हैं। ऑयल होल ड्रिल को गन बैरल ड्रिल भी कहते हैं। ड्रिल में ऑयल होल की स्थिति को नीचे दिए गए चित्र द्वारा दर्शाया गया है।

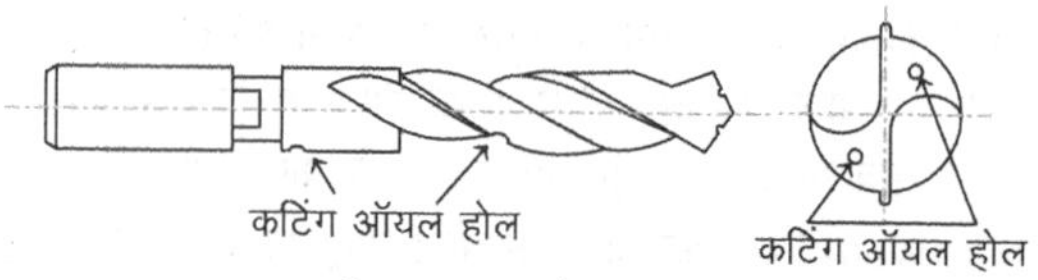

चित्र ऑयल होल ड्रिल

6. सेन्टर ड्रिल Centre Drill

सेन्टर ड्रिल को कॉम्बीनेशन ड्रिल (combination drill) भी कहा जाता है। सेन्टर ड्रिल हाई स्पीड स्टील द्वारा बनाए जाते हैं। इनके बीच का भाग प्लेन बेलनाकार होता है जिसके दोनों सिरों पर सेन्टर लगाने के लिए कटाई कोरें होती हैं।

सेन्टर ड्रिल के दोनों ही सिरे ड्रिल की भाँति बने होते हैं जिसका प्वॉइण्ट कोण $120° \pm 3°$ होता है। इसके पश्चात् कुछ भाग शंकु के आकार का होता है जिसका कोण 60° होता है। ड्रिल के प्लेन भाग का व्यास (d_2) 0.5 मिमी तक होता है जबकि बेलनाकार भाग का व्यास (d_1) 3.5 से 25 मिमी तक होता है।

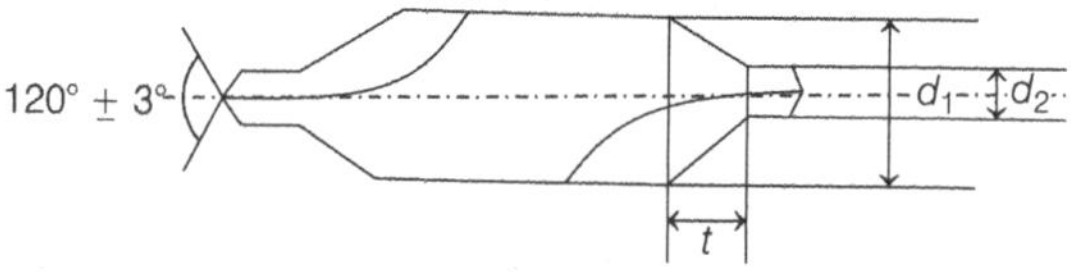

चित्र सेन्टर ड्रिल

7. काउण्टर बोर ड्रिल Counter Bore Drill

काउण्टर बोर ड्रिल में एक निश्चित लम्बाई के पश्चात् काउण्टर बोर करने के लिए एक बड़ा आकार होता है। आगे का छोटा आकार पहले होल करता है इसके पश्चात् ड्रिल का पीछे का आकार उसे बोर करके बड़ा करता है।

इस ड्रिल का प्रयोग ऐलन बोल्ट के लिए किया जाता है। इस ड्रिल द्वारा बना होल बड़े आकार को गाइड करता है अर्थात् छोटा आकार, बड़े आकार के लिए पायलट का काम करता है, इसलिए आगे के भाग को पायलट कहा जाता है।

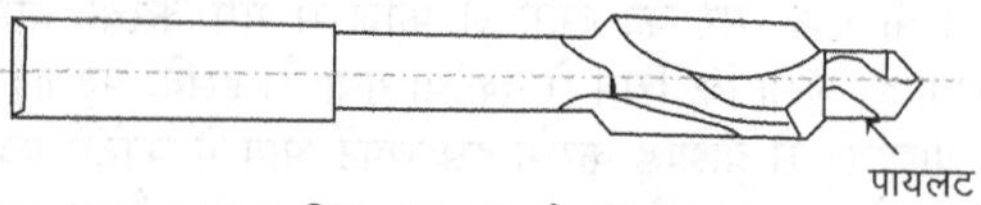

चित्र काउण्टर बोर ड्रिल

8. मल्टी-डायमीटर ड्रिल Multi-Diameter Drill

इस ड्रिल की बॉडी दो या तीन अलग-अलग व्यासों से बनी होती है, इसलिए इस ड्रिल के द्वारा एक ही बार में तीन अलग-अलग व्यास के होल बनाए जा सकते हैं।

ये ड्रिल टेपर तथा स्ट्रेट दोनों प्रकार की शैंक में उपलब्ध हैं। इस ड्रिल के द्वारा स्टैप ड्रिलिंग होती है, इसलिए इसे स्टैप ड्रिल भी कहते हैं। चित्र में मल्टी-डायमीटर ड्रिल को दर्शाया गया है जहाँ l_1, l_2 एवं l_3 पहले, दूसरे व तीसरे भाग की लम्बाइयाँ व D_1, D_2 एवं D_3 पहले, दूसरे व तीसरे भाग के व्यास हैं।

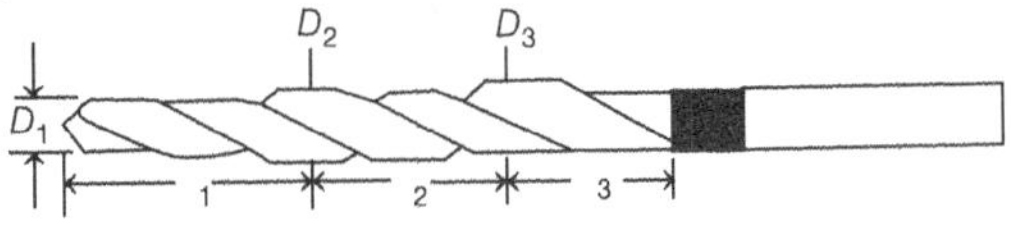

चित्र मल्टी-डायमीटर ड्रिल

9. काउण्टर सिंक ड्रिल Counter Sink Drill

काउण्टर सिंक ड्रिल टेपर तथा स्ट्रेट शैंक दोनों प्रकार का होता है। वास्तव में यह एक मल्टी फ्लूटेड ड्रिल है जिसमें चार या इससे भी अधिक फ्लूट्स होते हैं, जैसा कि चित्र (a तथा b) में दर्शाया गया है। अधिक परिष्कृत काउण्टर सिंकिंग के लिए पायलट युक्त काउण्टर सिंक प्रयोग किए जाते हैं, जैसा कि चित्र (c) में दर्शाया गया है। यह पायलट ही ड्रिल के पिछले भाग के लिए मार्गदर्शक का कार्य करता है। इन ड्रिलों का प्रयोग छोटे व्यास के छिद्रों को काउण्टर सिंक करने के लिए किया जाता है।

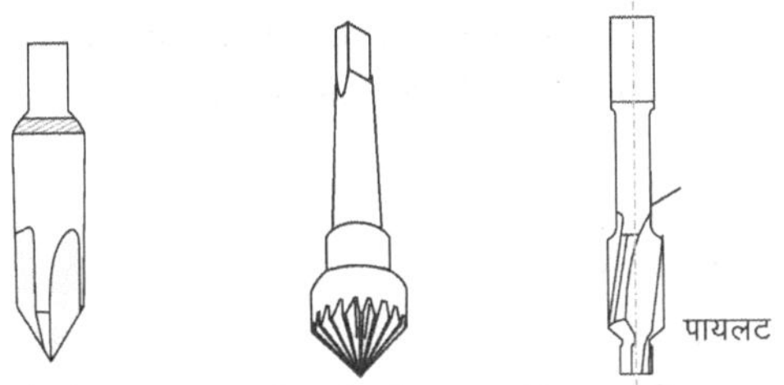

(a) स्ट्रेट शैंक में काउण्टर सिंक ड्रिल (b) टेपर शैंक में काउण्टर सिंक ड्रिल (c) पायलट के साथ काउण्टर सिंक ड्रिल

चित्र काउण्टर सिंक ड्रिल

10. स्पाइरैक ड्रिल Spirake Drill

यह विशेष संरचना का बहुत बारीक ड्रिल होता है जिसका व्यास 0.0086" से 0.0984" तक होता है। इनका प्रयोग डीजल इंजन के नॉजिल, पम्प स्टोव या गैस के निपिल (nipples) आदि में ड्रिल होल करने के लिए किया जाता है। बाजार में ये नम्बर आकारों में भी मिलते हैं। ड्रिल को स्लिप होने से बचाने के लिए इसकी शैंक के ऊपर एक टैंग (tang) होती है। यह टैंग स्पिण्डल में होल के ऊपर बने खाँचे (slots) में फँस जाती है। ड्रिल को बाहर निकालने के लिए एक टेपर-की या ड्रिफ्ट प्रयोग की जाती है, जैसा कि चित्र में दर्शाया गया है। ड्रिल लगाते तथा निकालते समय उसके नीचे लकड़ी का ब्लॉक रखना नहीं भूलना चाहिए।

ड्रिल कोण Drill Angle

अच्छी परिष्कृति (finishing) व उच्च दक्षता प्राप्ति के लिए ड्रिल में भी अन्य कटिंग टूल की भाँति कुछ निश्चित कोण दिए जाते हैं, जो निम्न प्रकार हैं

1. बिन्दु कोण या कटिंग कोण Point Angle or Cutting Angle

सामान्य उद्देश्य या मानक ड्रिलों के कटिंग एज (cutting edges) अथवा लिप (lip) आपस में जिस कोण पर मिलते हैं, उसे कटिंग कोण या बिन्दु कोण (cutting angle or point angle) कहते हैं। यह कटिंग कोण कठोर धातुओं के लिए अधिक तथा मुलायम धातुओं के लिए कम होता है। इसका मान 80° से 140° के मध्य रहता है। निम्न चित्र में एक $59° + 59° = 118°$ के बिन्दु कोण वाला ड्रिल दर्शाया गया है।

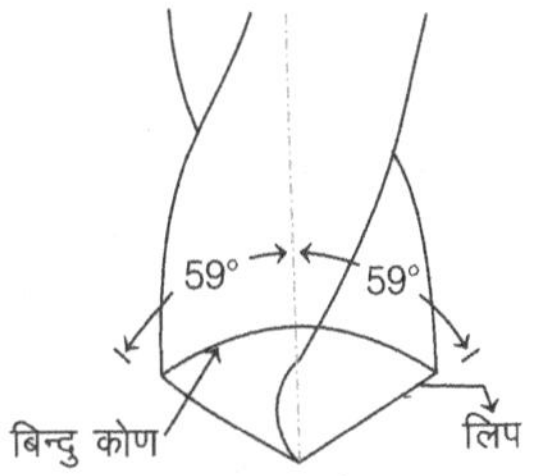

चित्र बिन्दु कोण

साधारण कार्यों के लिए 118° के बिन्दु कोण वाले ड्रिल का प्रयोग किया जाता है। बिन्दु कोण जिन दो एज के बीच स्थित होता है, उसे कटिंग एज (cutting edge) या लिप (lip) कहते हैं। ये दोनों एज बराबर लम्बाई की बनी होती हैं। कुछ विशेष धातुओं को काटने के लिए निम्न सारणी में दिए गए बिन्दु कोण वाले ड्रिलों का प्रयोग किया जाता है

तालिका धातुएँ और उनके कटाई/बिन्दु कोण

क्र.सं.	धातु का नाम	कटाई या बिन्दु कोण
1.	मृदु स्टील, ढलवाँ लोहा	118°
2.	स्टेनलैस स्टील, फोर्ज स्टील	140°
3.	कास्ट स्टील	130°
4.	कॉपर व इसके अलॉय	100°
5.	एल्युमीनियम, टिन, कठोर लकड़ी	90°
6.	बैकेलाइट, प्लास्टिक, हार्ड रबड़ आदि	80°

2. चीजल एज कोण Chisel Edge Angle

लिप तथा चीजल एज के बीच के कोण को चीजल एज कोण कहते हैं। यह कोण 120° से 135° तक होता है। यह कोण वैब की मोटाई पर प्रभाव डालता है, इसलिए इसे वैब कोण (web angle) भी कहते हैं। इसे निम्न चित्र द्वारा स्पष्ट किया गया है

चित्र चीजल एज कोण

3. लिप क्लीयरैन्स कोण Lip Clearance Angle

कटिंग एज के पीछे वाले भाग को एक विशेष कोण पर ग्राइण्ड किया जाता है, जिसे लिप क्लीयरैन्स कोण (lip clearance angle) कहते हैं। इस कोण को मुलायम धातुओं में अधिक रखा जाता है। लिप क्लीयरैन्स कोण अधिक होने से ड्रिल की कटिंग एज कमजोर परन्तु अधिक तेज (sharp) बन जाती है।

कठोर धातुओं के लिए ड्रिल में यह कोण कम रखा जाता है जिससे कटिंग एज की मजबूती बनी रहे। नीचे दिए गए चित्र में लिप क्लीयरैन्स कोण को दर्शाया गया है।

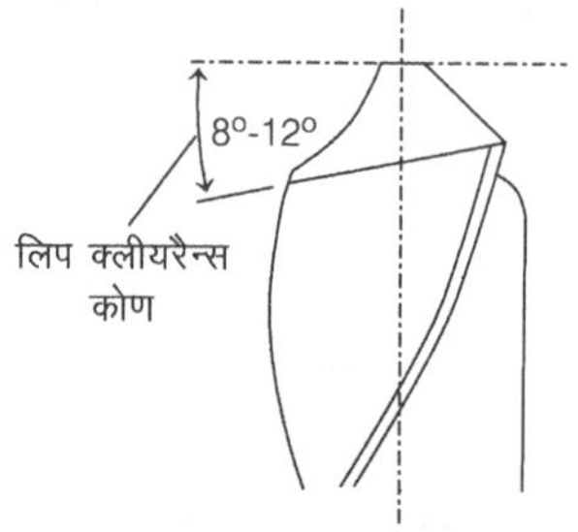

चित्र लिप क्लीयरैन्स कोण

तालिका धातुओं के नाम और उनके लिप क्लीयरैन्स कोण

क्र.सं.	धातु का नाम	लिप क्लीयरैन्स कोण
1.	मृदु स्टील व एल्युमीनियम	12° से 15° तक
2.	कास्ट स्टील व फोर्ज स्टील	8° से 10° तक
3.	ढलवाँ लोहा	8° से 12° तक
4.	पीतल व कॉपर	10° से 12° तक

4. **हैलिक्स कोण** Helix Angle

ड्रिल की बॉडी पर बने फ्लूट्स स्पाइरल आकार में ड्रिल की अक्ष के चारों ओर घूमते हैं। इस प्रकार फ्लूट्स तथा ड्रिल की अक्ष के बीच बने कोण को हैलिक्स कोण कहते हैं। इस कोण को फ्लूट कोण या रैक कोण (flute angle or rake angle) भी कहा जाता है, क्योंकि इसके कारण ही कटिंग एज पर रैक कोण बनता है।

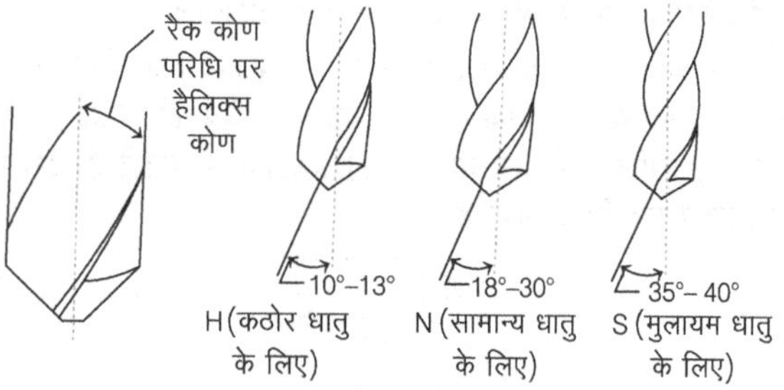

चित्र हैलिक्स कोण

धातु की कठोरता के अनुसार ड्रिल में तीन प्रकार के हैलिक्स कोण बनाए जाते हैं, जिन्हें H, N और S के द्वारा प्रदर्शित किया जाता है

(i) कठोर धातुओं के लिए H का प्रयोग करते हैं जिनका हैलिक्स कोण 10° से 13° तक होता है।

(ii) सामान्य धातुओं के लिए N का प्रयोग होता है जिनका हैलिक्स कोण 18° से 30° तक होता है।

(iii) मुलायम धातुओं के लिए S का प्रयोग होता है जिनका हैलिक्स कोण 35° से 40° तक होता है।

तालिका विभिन्न पदार्थों की ड्रिलिंग के लिए बिन्दु व हैलिक्स कोण

क्र.सं.	ड्रिल पदार्थ	बिन्दु कोण	हैलिक्स कोण
1.	स्टील, ढलवाँ लोहा, स्लेटी ढलवाँ लोहा, आघातवर्धनीय ढलवाँ लोहा, जर्मन सिल्वर	118°	30°
2.	पीतल	118°	13°
3.	स्टेनलैस स्टील	140°	30°
4.	ताँबा, एल्युमीनियम अलॉय	140°	40°
5.	ऑस्टेनाइट स्टील, मैग्नीशियम स्टील	140°	13°
6.	इंजीनियरिंग प्लास्टिक	80°	40°
7.	रबर, मार्बल, स्लेट, कोयला	80°	13°
8.	जिंक अलॉय	118°	40°

ड्रिल की कटिंग स्पीड तथा फीड
Cutting Speed and Feed of Drill

कटिंग प्रक्रिया करने के लिए ड्रिल अपनी अक्ष पर घूमता है। यह एक मिनट में जितने चक्कर लगाता है, वह उसकी स्पीड (speed) कहलाती है। इसे हम चक्कर प्रति मिनट या rpm (revolution per minute) के द्वारा प्रदर्शित करते हैं।

ड्रिल की कटिंग स्पीड Cutting Speed of Drill

ड्रिल की कटिंग स्पीड, ड्रिल की परिधि के किसी बिन्दु की चाल होती है अर्थात् ड्रिल की परिधि पर कोई बिन्दु एक मिनट में जितनी वृत्ताकार दूरी चलता है, वह उस ड्रिल की कटिंग स्पीड कहलाती है। कटिंग स्पीड को मीटर प्रति मिनट (metre per minute) में मापा जाता है, परन्तु यदि ड्रिल का आकार इंचों में हो, तो इसे फुट प्रति मिनट (foot per minute) में नापा जाता है। अधिकतम कटिंग स्पीड ड्रिल की धातु तथा काटे जाने वाली धातु पर निर्भर करती है। हाई स्पीड स्टील के ड्रिल के लिए विभिन्न धातुओं में छिद्र करने के लिए कटिंग स्पीड नीचे तालिका में दी गई है

तालिका विविध धातुओं के लिए ड्रिल की कटिंग स्पीड

क्र.सं.	धातु	कटिंग स्पीड (मी/मिनट)
1.	अलॉय स्टील, स्टेनलैस स्टील तथा थर्मोसेटिंग प्लास्टिक	5–8
2.	ढलवाँ लोहा (सफेद)	12–18
3.	मृदु इस्पात, कार्बन इस्पात, आघातवर्धनीय लोहा	20–30
4.	काँसा	20–35
5.	ढलवाँ लोहा (स्लेटी)	25–40
6.	ताँबा, पीतल	35–45
7.	एल्युमीनियम और इसके अलॉय	70–100

यदि ड्रिल का व्यास D तथा प्रति मिनट ड्रिल द्वारा लगाए गए चक्कर N हो, तो ड्रिल की कटिंग स्पीड ज्ञात करने के लिए निम्न सूत्र का प्रयोग किया जाता है

$$\text{कटिंग स्पीड} = \frac{\pi DN}{1000} \text{ मी / मिनट}$$

यहाँ, D = ड्रिल का व्यास (diameter) (मिमी में)

यदि ड्रिल का आकार इंचों में दिया गया है, तो

$$\text{कटिंग स्पीड} = \frac{\pi DN}{1000} \text{ फीट/मिनट}$$

यहाँ, D = ड्रिल का व्यास (इंच में)

उदाहरण 3. यदि किसी जॉब में किसी ड्रिल जिसकी कटिंग स्पीड 20 मी/मिनट है, के द्वारा 15 मिमी का सुराख करना हो तो सुराख करने के लिए उपयुक्त rpm ज्ञात कीजिए।

हल दिया है, ड्रिल का व्यास (D) = 15 मिमी तथा कटिंग स्पीड = 20 मी/मिनट

$$\text{कटिंग स्पीड} = \frac{\pi DN}{1000} \text{ मी/मिनट}$$

$$N\,(\text{rpm}) = \frac{\text{कटिंग स्पीड} \times 1000}{\pi \times D}$$

$$= \frac{20 \times 1000}{3.14 \times 15} = 424.63 \text{ rpm}$$

ड्रिल की फीड Feed of Drill

जब एक ड्रिल निश्चित चाल पर घूमता हुआ किसी जॉब में कटिंग करता है, तो ड्रिल के एक चक्कर में वह जॉब में जितनी गहराई में प्रवेश करता है, वह दूरी फीड कहलाती है। यह दूरी ड्रिल के आकार, प्रकार व काटे जाने वाली धातु की कठोरता पर निर्भर करती है। चित्रानुसार एक ड्रिल अपने एक पूर्ण चक्र में t दूरी नीचे की ओर किसी धातु में धँस जाता है। अत: इस ड्रिल की फीड दूरी t मी है।

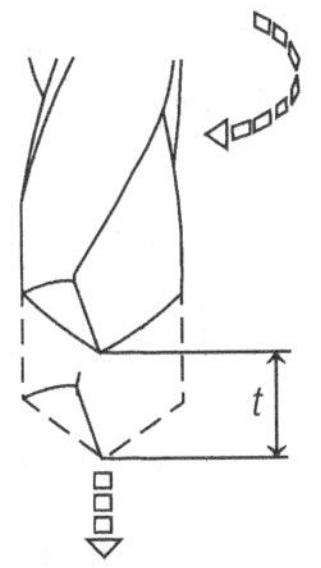

चित्र ड्रिल की फीड

कम आकार के ड्रिल में कम फीड दी जाती है तथा बड़े आकारों में अधिक। इसी प्रकार कठोर धातुओं में फीड कम दी जाती है तथा नरम धातुओं में अधिक।

तालिका कुछ विभिन्न आकार के ड्रिलों की फीड

क्र.सं.	ड्रिल का व्यास (मिमी में)	फीड प्रति चक्कर
1.	1.0 से 2.5	0.04-0.06
2.	2.6 से 4.5	0.05-0.10
3.	4.6 से 6.0	0.075-0.15
4.	6.1 से 9.0	0.10-0.20
5.	9.1 से 12.0	0.15-0.25
6.	12.1 से 15.0	0.20-0.30
7.	15.1 से 18.0	0.23-0.33
8.	18.1 से 21.0	0.26-0.36
9.	21.1 से 25.0	0.28-0.38

यदि L ड्रिल द्वारा T मिनट में चली गई दूरी N चक्कर प्रति मिनट हो तो ड्रिलिंग प्रक्रिया में फीड ज्ञात करने के लिए निम्न सूत्र का प्रयोग किया जाता है

$$\text{फीड} = \frac{L}{TN} \text{ मिमी/चक्कर}$$

यदि शंकु अर्थात् ड्रिल के बिन्दु की ऊँचाई B भी जोड़ दी जाए, तो निम्न सूत्र का प्रयोग किया जाता है

$$\text{फीड (feed)} = \frac{L + B}{T \times N}$$

यहाँ, $B = 0.3\,D$ है [जहाँ, D मिमी में ड्रिल का व्यास है।]

ड्रिल को ग्राइण्ड करना Grinding of a Drill

ड्रिल को ग्राइण्ड करके इसकी कटिंग एज को शार्प किया जाता है। ग्राइण्डिंग के द्वारा ड्रिल का लिप एंगिल (lip angle), लिप्स की लम्बाई, लिप क्लीयरैन्स एंगिल (lip clearance angle) दोनों कटिंग एज के लिए समान होने चाहिए, जैसा कि चित्र में दर्शाया गया है।

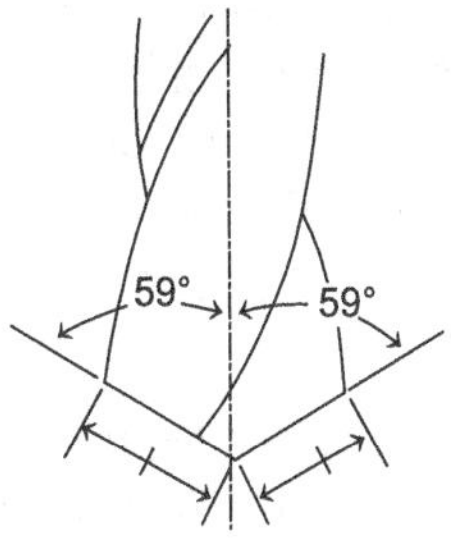

चित्र ड्रिल को ग्राइण्ड करना

ड्रिल की ग्राइण्डिंग निम्न प्रकार की जाती है

(*i*) ड्रिल की धार लगाने के लिए ग्राइण्डिंग व्हील का साइड के फेस का प्रयोग किया जाता है।

(*ii*) लिप एंगिल को काटे जाने वाली धातु के अनुसार निर्धारित करते हैं।

(*iii*) चित्र में दर्शाए अनुसार एक हाथ आगे व दूसरा पीछे रखकर ड्रिल के एक लिप को ग्राइण्डिंग व्हील के फेस के विरुद्ध रखकर हल्का दबाव डालते हैं।

(*iv*) दबाव डालने के साथ ही ड्रिल को हल्के हाथ से घुमाते हैं, जिससे पूरे कोन (cone) की ग्राइण्डिग हो सकें।

(*v*) लिप क्लीयरैन्स देने के लिए ड्रिल की शैंक को थोड़ा नीचे झुकाकर रखते हैं।

(*vi*) इसी प्रकार दूसरा लिप (lip) भी ग्राइण्ड कर लेते हैं।

(*vii*) ग्राइण्ड करते समय दोनों लिप एंगिल व लिप बराबर लम्बाई के बनाते हैं।

(*viii*) इसको लिप एंगिल गेज से नापकर बनाया जाता है।

(*ix*) ड्रिल बिन्दु (drill point) के दोनों किनारे (corners) कॉर्नर टैस्ट गेज के द्वारा परखने चाहिए।

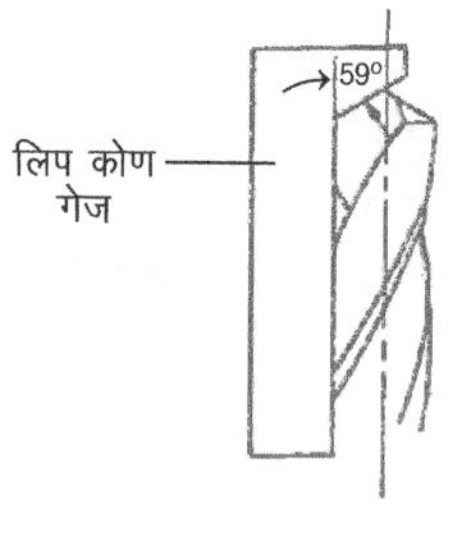

चित्र लिप एंगिल गेज

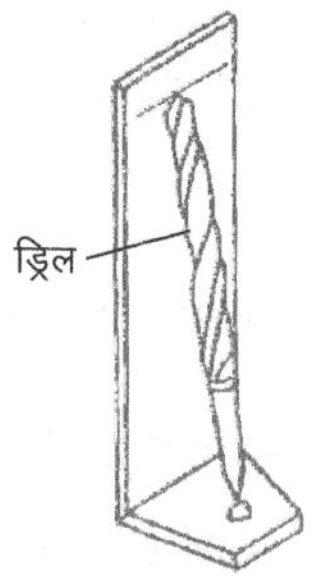

चित्र कॉर्नर टैस्ट गेज

कॉर्नर टैस्ट गेज Corner Test Gauge

कॉर्नर टैस्ट गेज के अन्दर होल में चित्र में दर्शाए अनुसार ड्रिल को खड़ा करके उसके प्वॉइण्ट के दोनों किनारों से लाइन खींचते हैं। ये दोनों लाइनें एक-दूसरे के ऊपर आनी चाहिए। दोनों लिप की लम्बाई समान होनी चाहिए तथा उनके कोण भी समान होने चाहिए अन्यथा ड्रिल की एक ही कर्तन धार कटाई करेगी। इससे ड्रिल कम्पन (vibrate) करेगी तथा उसके द्वारा बनाया गया ड्रिल होल भी बड़ा बनेगा। इसके कारण ड्रिल की एज भी जल्दी ही खराब हो जाती है।

काटे जाने वाली धातु के अनुसार लिप में क्लीयरैन्स एंगिल भी दिया जाना आवश्यक है। यह 8° से 15° के मध्य होता है। धातु जितनी हार्ड (hard) होगी, क्लीयरैन्स एंगिल उतना ही कम होगा तथा नर्म धातुओं के लिए यह एंगिल अधिक होता है। यदि यह एंगिल बहुत कम या नहीं होगा, तो ड्रिलिंग करते समय घर्षण अधिक होगा तथा ड्रिल का प्वॉइण्ट खराब हो सकता है, इसलिए एक समुचित क्लीयरैन्स एंगिल लिप में देना अनिवार्य होता है।

3.7 टैप Tap

टैप भी एक प्रकार का हैण्ड कटिंग टूल है, जिसके द्वारा सिलेण्ड्रिकल छिद्रों में आन्तरिक चूड़ियाँ काटी जाती हैं। बाजार में विभिन्न प्रकार की तथा विभिन्न साइजों की चूड़ियाँ काटने के लिए टैप उपलब्ध हैं। इस प्रकार चूड़ियाँ काटने को टैपिंग (tapping) कहा जाता है। टैपिंग करने से पहले एक निश्चित साइज का होल ड्रिल द्वारा बनाया जाता है तथा इसकी रीमर द्वारा रीमिंग की जाती है, तत्पश्चात् उसमें टैप को चलाकर चूड़ियाँ काटी जाती हैं।

टैप बनाने के लिए हाई कार्बन स्टील या हाई स्पीड स्टील को लेथ द्वारा चूड़ी के साइज में टर्न कर लिया जाता है तथा उस पर वांछित प्रकार की चूड़ी काटी जाती है। इसके पश्चात् कटिंग एजेज बनाने के लिए इन चूड़ियों को काटते हुए लम्बाई में खाँचे काटे जाते हैं। अब इनको हार्ड तथा टैम्पर किया जाता है।

टैप के मुख्य भाग Main Parts of Tap

टैप के मुख्य भाग निम्न प्रकार हैं

(*i*) **टैंग** (Tang) टैप के सबसे ऊपरी भाग को टैंग कहते हैं। इसको चौकोर बनाया जाता है, जिसमें टैप हैण्डिल में बना खाँचा फिट हो जाता है। टैप को घुमाने के लिए इसी हैण्डिल का प्रयोग किया जाता है।

(*ii*) **शैंक** (Shank) बॉडी तथा टैंग के बीच में कुछ भाग सपाट होता है, जो टैप की लम्बाई बढ़ाने के लिए आवश्यक है। इसे शैंक कहा जाता है। इसका साइज बॉडी के व्यास से कम होता है। इस पर टैप की चूड़ियों का साइज व प्रकार अंकित रहता है। कुछ शैंक पर वांछित ड्रिल का साइज भी अंकित किया जाता है।

(*iii*) **बॉडी** (Body) यह टैप का सबसे अधिक उपयोगी भाग है। इसी भाग में चूड़ियाँ कटी होती हैं, जिनकी सहायता से चूड़ियाँ काटी जाती हैं।

(*iv*) **फ्लूट्स** (Flutes) चूड़ियों को काटते हुए चार गहरे व लम्बाई में बने हुए खाँचों को फ्लूट्स कहते हैं।

ये खाँचे ही चूड़ियों को कटिंग एजेज प्रदान करते हैं। इन्हीं खाँचों से होकर कटिंग चिप्स बाहर आते हैं तथा स्नेहक अन्दर जाता है।

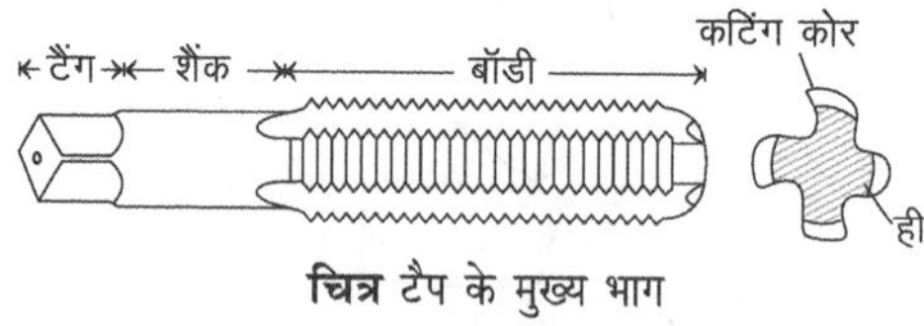

चित्र टैप के मुख्य भाग

(*v*) **लैण्ड** (Land) चूड़ी के ऊपर वाले भाग को लैण्ड कहते हैं।

(*vi*) **कटिंग एज** (Cutting edge) चूड़ी के आगे वाले भाग को कटिंग एज या फेस कहते हैं। कटिंग फेस में बहुत-सी कटिंग एजेज होती हैं।

(*vii*) **हील** (Heel) चूड़ीदार भाग के पिछले सिरे को हील कहते हैं। क्लीयरैन्स देने के लिए कटिंग एज के पिछले भाग को टेपर कर दिया जाता है।

(*viii*) **चैम्फर** (Chamfer) बॉडी के नीचे के कुछ भाग को टेपर में ग्राइण्ड कर दिया जाता है, जिससे थोड़ी-थोड़ी धातु कटे। इस भाग को चैम्फर कहते हैं।

(*ix*) **प्वॉइण्ट व्यास** (Point diameter) टैप में एक साइज के तीन टैप का एक सैट होता है, जिनमें चैम्फर की लम्बाई अलग-अलग होती है। सबसे अधिक चैम्फर वाला टैप प्रथम तथा सबसे कम वाला तृतीय टैप होता है। सबसे पहले नम्बर 1 के टैप को चलाया जाता है। इसी टैप का आगे का सबसे छोटा व्यास प्वॉइण्ट व्यास कहलाता है।

टैप के प्रकार Types of Tap

टैप कई प्रकार के होते हैं, जिनमें से मुख्य निम्न प्रकार हैं

1. हैण्ड टैप Hand Tap

इस टैप को हाथ द्वारा चलाकर चूड़ियाँ काटी जाती हैं। इसकी शैंक वर्गाकार होती है, जैसा कि चित्र में दर्शाया गया है। टैप को हाथ द्वारा घुमाने के लिए एक हैण्डिल का प्रयोग किया जाता है, जिसमें दोनों ओर हत्थे लगे होते हैं तथा बीच में एक वर्गाकार झिर्री (फिक्स या एडजस्टेबिल) होती है।

अलग-अलग प्रकार की चूड़ियों के लिए अलग टैप सैट बनाए जाते हैं; जैसे—मीट्रिक, बी. एस. डब्ल्यू. (BSW) आदि।

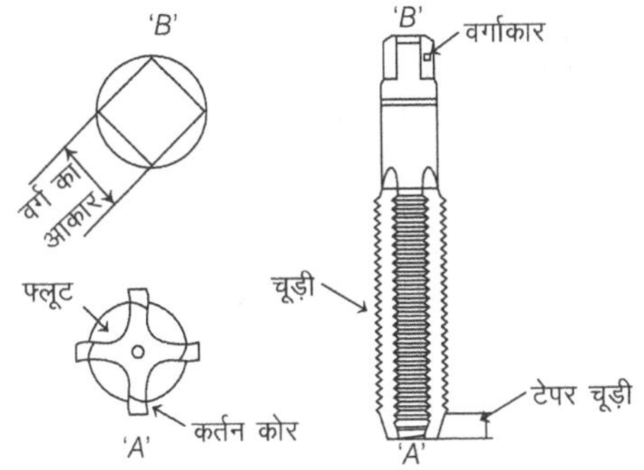

चित्र हैण्ड टैप

किसी निश्चित प्रकार की चूड़ी के लिए हैण्ड टैप के एक सैट में तीन टैप होते हैं।

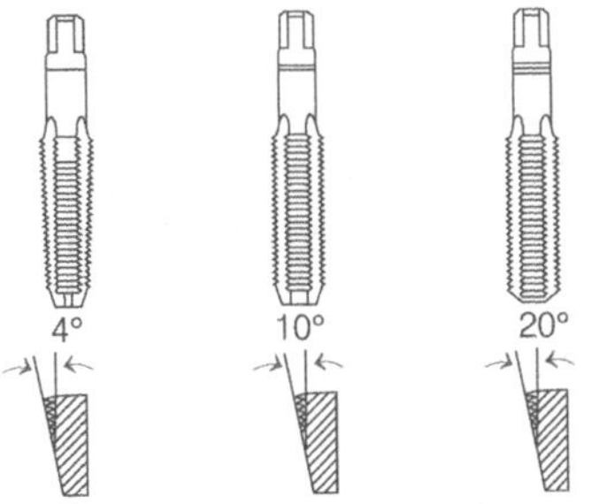

(a) टेपर टैप (b) द्वितीय या इण्टरमीडिएट टैप (c) फिनिशिंग टैप

चित्र हैण्ड टैप के तीन सैट

(*i*) **टेपर टैप** (Taper tap) हाथ द्वारा चूड़ी काटते समय यह सबसे पहला टैप होता है। ISI में इसको रफर टैप कहा गया है। इसके अन्त के कुछ दाँते (8 या 10) घिसकर टेपर कर दिए जाते हैं।

इसकी टेपर लीड 4° होती है। इसके अन्त के व्यास को प्वॉइण्ट व्यास कहते हैं। यह उस होल के व्यास से छोटा होता है, जिसमें चूड़ियाँ काटनी हैं। इस प्रकार आसानी से यह होल में जाकर चूड़ियाँ काट सकता है। एक के बाद दूसरी चूड़ी गहराई को बढ़ाती जाती है तथा नई चूड़ी भी कटती जाती है।

इस प्रकार पूरा टैप होल में नीचे तक प्रवेश कर जाता है। टैप को उल्टा घुमाकर बाहर निकाल लिया जाता है इसके पश्चात् दूसरा व तीसरा टैप भी चला लिया जाता है।

(*ii*) **इण्टरमीडिएट टैप** (Intermediate tap) यह हैण्ड टैप सैट का दूसरा टैप है। इसे पहले टैप द्वारा रफ चूड़ी काटने के पश्चात् चलाया जाता है। इसकी भी 3-5 चूड़ी आगे से टेपर की गई होती हैं। इसकी टेपर लीड 10° होती है। यह टैप सही आकार की चूड़ियाँ बनाता है, परन्तु ब्लाइण्ड होल में आगे की चूड़ी सही साइज की नहीं बना पाता इसलिए तीसरा फिनिशिंग टैप भी चलाना आवश्यक हो जाता है।

(*iii*) **फिनिशिंग टैप** (Finishing tap) इसे प्लग टैप या बॉटमिंग टैप (bottoming tap) भी कहते हैं। इसके आगे की मात्र एक-दो चूड़ी ही टेपर में होती है। इसके प्रयोग की आवश्यकता दूसरे टैप को चलाने के बाद मात्र बन्द छिद्रों (blind holes) में होती है। इसकी टेपर लीड 20° होती है, इसलिए यह छिद्र की तली तक चूड़ी बना सकता है।

2. मशीन टैप Machine Tap

ये टैप, ड्रिल मशीन के समान बनी हुई टैपिंग मशीन पर प्रयोग किए जाते हैं। इन मशीनों में एक निश्चित चाल के पश्चात् स्पिण्डल अपने आप उल्टी दिशा में घूम जाता है। ये टैप इस प्रकार टेपर किए जाते हैं कि एक ही ऑपरेशन में फिनिश चूड़ी तैयार कर सकें। इनका प्रयोग ऑटोमैटिक लेथ मशीनों पर भी किया जाता है।

मशीन टैप को निम्न चित्र में दर्शाया गया है

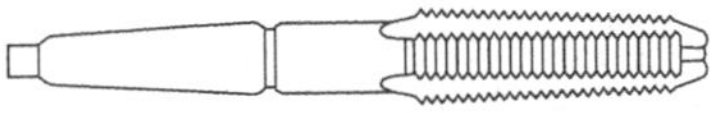

चित्र मशीन टैप

(*i*) **स्पाइरल फ्लूटेड टैप** (Spiral fluted tap) इस टैप में फ्लूट्स स्ट्रेट न होकर स्पाइरल होते हैं। इसका प्रयोग ऐसे होल में टैपिंग के लिए किया जाता है, जिसमें स्प्लाइन कटे होते हैं। स्पाइरल ग्रूव होने के कारण ये स्प्लाइन की-वे में नहीं फँसते हैं, इसे होल टैप (hole tap) भी कहते हैं। इनका उपयोग सामान्यत: पीतल, ताँबा, एल्युमीनियम जैसी मृदु धातुओं पर चूड़ी कर्तन में किया जाता है।

निम्न चित्र में स्पाइरल फ्लूटेड टैप को दर्शाया गया है

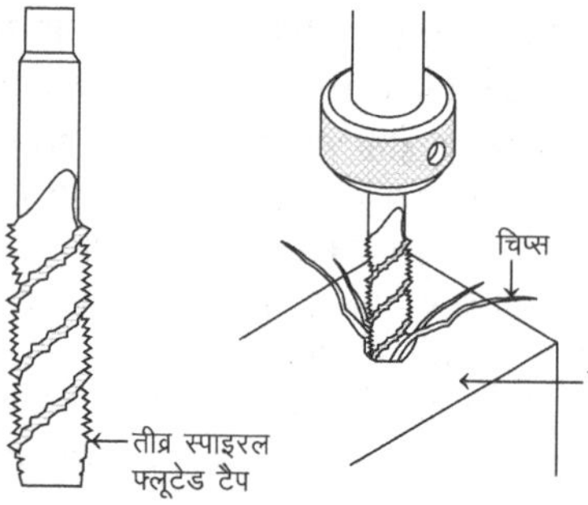

चित्र स्पाइरल फ्लूटेड टैप

(ii) **गन या स्पाइरल प्वॉइण्ट टैप** (Gun or spiral point tap) इस टैप की आगे की 3-4 चूड़ियाँ टेपर में होती हैं। इससे आगे की चूड़ियों पर एक विशेष रेक एंगिल बनता है। इससे इसके काटने की क्षमता बढ़ जाती है। इसका प्रयोग अधिक उत्पादन (mass production) के लिए किया जाता है। इसको मशीन में लगाकर आर-पार के छिद्र बनाने में भी किया जाता है। इस प्रकार के टैप के नीचे छीलन निकालने के लिए खाली स्थान रखा जाता है। यह टैप टूटने की आशंका को कम करता है तथा छीलन की फसावट को रोकता है।

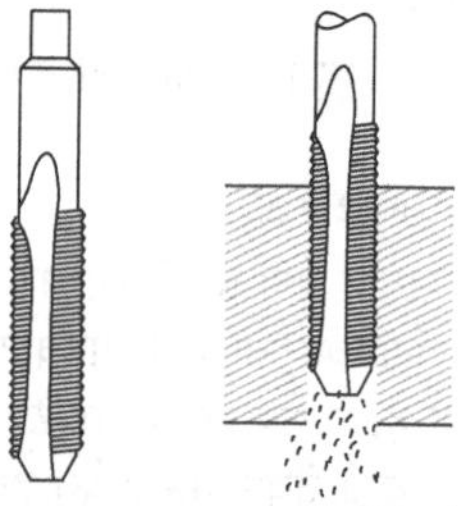

चित्र गन या स्पाइरल प्वॉइण्ट टैप

(iii) **थ्रेड फॉर्मिंग टैप** (Thread forming tap) जहाँ छीलन को आसानी से नहीं हटाया जा सकता, वहाँ थ्रेड फॉर्मिंग टैप का उपयोग किया जाता है। इस प्रकार के टैप में पदार्थ की विस्थापन क्रिया द्वारा चूड़ियाँ काटी जाती हैं, जिससे प्रक्रम के दौरान कोई छीलन नहीं बनती। इससे अच्छी परिष्कृति प्राप्त होती है। इस प्रकार के टैप का उपयोग पीतल, ताँबा, एल्युमीनियम आदि धातुओं की कटाई के लिए किया जाता है।

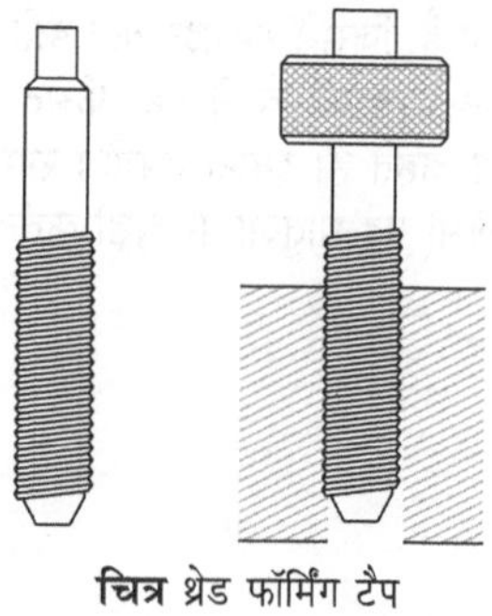

चित्र थ्रेड फॉर्मिंग टैप

(iv) **स्टब फ्लूट टैप** (Stub flute tap) ये टैप्स एक प्रकार के फॉर्मिंग टूल्स (forming tools) होते हैं। इनमें कटिंग एज की आवश्यकता नहीं होती, इसलिए फ्लूट्स नहीं बनाए जाते। इनका प्रयोग मुलायम धातु की चादरों को रोल करके चूड़ी फॉर्म करने के लिए किया जाता है; जैसे—टिन बॉक्स आदि में चूड़ी काटना। नीचे चित्र में स्टब फ्लूट टैप दर्शाया गया है।

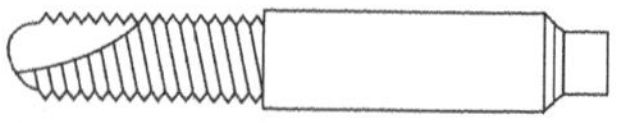

चित्र स्टब फ्लूट टैप

3. **मास्टर टैप** Master Tap

ये टैप थ्रेडिंग डाइयाँ (threading dies) बनाने या गेज बनाने के लिए प्रयोग किए जाते हैं। इनमें कटिंग एजेज बढ़ाने के लिए फ्लूट्स अधिक संख्या में बनाए जाते हैं। साधारणत: 6 से 10 तक फ्लूट्स होते हैं। इसके द्वारा बहुत एक्यूरेट तथा परिष्कृत (finished) चूड़ियाँ काटी जाती हैं।

4. **एक्सटैन्शन टैप** Extension Tap

ऐसे टैप्स की शैंक कार्य की आवश्यकता के अनुसार अधिक लम्बाई में बनाई जाती है। इसका प्रयोग ऐसे स्थानों पर किया जाता है, जहाँ अधिक गहराई में टैपिंग करनी होती है; जैसे—पुली के हब में बोल्ट के लिए टैपिंग करना आदि। एक्सटैन्शन टैप को निम्न चित्र में दर्शाया गया है।

चित्र एक्सटैन्शन टैप

5. **मशीन स्क्रू टैप** Machine Screw Tap

ये छोटे टाइप के हैण्ड टैप (hand tap) होते हैं, जिन पर स्क्रू के अनुसार नम्बर लिखा रहता है। (0) नम्बर के टैप का साइज 0.6" तथा 12 नम्बर का साइज 0.126" होता है। साधारणत: 12 नम्बर तक के टैप ही प्रयोग किए जाते हैं।

6. **बैण्ड शैंक टैप** Bend Shank Tap

इस टैप की शैंक लम्बी व 'एल' ('L') शेप में मुड़ी हुई होती है। इसमें अलग से हैण्डिल लगाने की आवश्यकता नहीं होती। मुड़े हुए शैंक को ही हैण्डिल की तरह प्रयोग किया जाता है।

निम्न चित्र में बैड शैंक टैप को दर्शाया गया है।

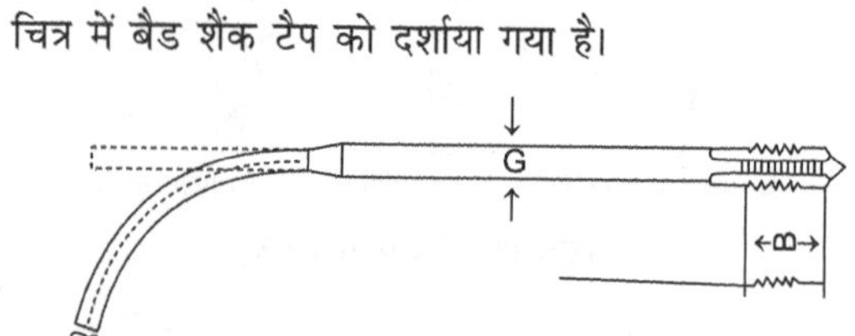

चित्र बैण्ड शैंक टैप

7. नट टैप Nut Tap

इस टैप की शैंक, एक्सटैन्शन टैप के समान लम्बी होती है तथा बॉडी के आगे का प्वॉइण्ट कॉनिकल होता है। इसका प्रयोग नट को थ्रेडिंग मशीन या ड्रिल मशीन में पकड़कर चूड़ियाँ काटने के लिए किया जाता है।

8. गैस टैप Gas Tap

गैस पाइपों की फिटिंग के लिए गैस टैप का प्रयोग किया जाता है। इस टैप की बॉडी स्ट्रेट (straight) या टेपर (taper) होती है।

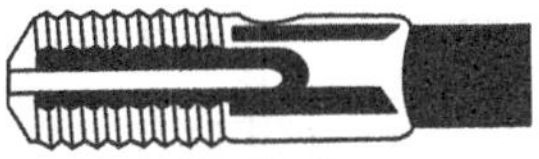

चित्र गैस टैप

9. स्ट्रैण्डर्ड टेपर पाइप टैप Standard Taper Pipe Tap

इस टैप की सम्पूर्ण बॉडी पर प्रति फुट $\frac{3''}{4}$ टेपर काटी जाती है। चूड़ी को टेपर में काटे जाने से पाइप का जोड़ मजबूती से जुड़ जाता है तथा गैस या द्रव के लीकेज की सम्भावना समाप्त हो जाती है।

10. फ्लूटलैस टैप Fluteless Tap

ये टैप्स एक प्रकार के फॉर्मिंग टूल्स (forming tools) होते हैं। इनमें कटिंग एज की आवश्यकता नहीं होती, इसलिए फ्लूट्स नहीं बनाये जाते। इनका प्रयोग मुलायम धातु की चादरों को रोल करके चूड़ी फॉर्म करने के लिए किया जाता हैं; जैसे—टिन बॉक्स आदि में चूड़ी काटने के लिए। चित्र में फ्लूटलैस टैप दर्शाया गया है।

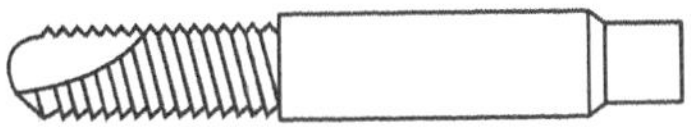

चित्र फ्लूटलैस टैप

3.8 टैप रिंच Tap Wrench

हाथ के द्वारा टैप या रीमर को घुमाने के लिए एक विशेष टूल की आवश्यकता होती है जिसे टैप रिंच कहते हैं। इसके मध्य में टैप या रीमर की टैंग (tang) को पकड़ने के लिए झिर्री होती है तथा दोनों ओर हैण्डिल बने होते हैं। हैण्डिल को दोनों हाथों से पकड़कर सन्तुलन बनाते हुए घुमाया जाता है। ये तीन प्रकार के होते हैं

1. सॉलिड टैप रिंच Solid Tap Wrench

यह हैण्डिल माइल्ड स्टील की प्लेट में से काटकर बनाया जाता है, जिसके मध्य में एक या दो वर्गाकार छिद्र होते हैं, जिसमें उसी साइज की टैंग को फँसाया जा सकता है, इसलिए इसे सॉलिड टैप रिंच कहते हैं। चित्र में सॉलिड टैप रिंच दर्शाया गया है।

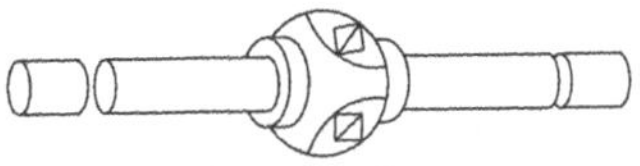

चित्र सॉलिड टैप रिंच

2. एडजस्टेबिल टैप रिंच Adjustable Tap Wrench

इस रिंच के बीच में दो जबड़े लगे होते हैं, जिनमें से एक स्थिर तथा दूसरा चल होता है। इसका सम्बन्ध हैण्डिल से रहता है। हैण्डिल को गोल घुमाने पर यह जबड़ा आगे-पीछे चलता है। दोनों जॉ में 'V' बनी होती है, जिनके मिलने पर वर्ग बनता है। इस स्क्वायर में टैप या रीमर का टैंग फँसाया जाता है। इस रिंच में विभिन्न साइज के टैंग पकड़े जा सकते हैं, इसलिए इसे एडजस्टेबिल टैप रिंच कहते हैं। चित्र में एडजस्टेबिल टैप रिंच दर्शाया गया है।

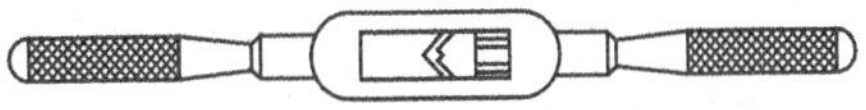

चित्र एडजस्टेबिल टैप रिंच

3. 'T' हैण्डिल टैप रिंच 'T' Handle Tap Wrench

'T' हैण्डिल टैप रिंच में टैंग को पकड़ने के लिए एक चक लगा रहता है, जिसके द्वारा विभिन्न साइज के टैप्स पकड़े जा सकते हैं। चित्र में 'T' हैण्डिल टैप रिंच दर्शाया गया है। हैण्डिल टैप से काफी ऊपर रहता है, इसलिए गहराई में भी किसी होल में टैपिंग कर सकता है।

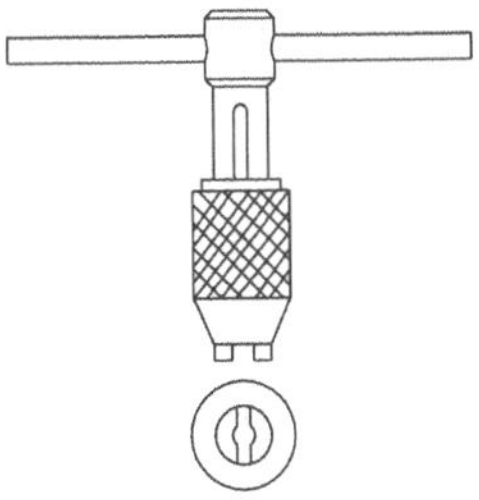

चित्र 'T' हैण्डिल टैप रिंच

टैपिंग विधियाँ Tapping Method

टैपिंग प्रक्रम में टैपिंग करते समय निम्न पदों को ध्यान में रखना चाहिए

(*i*) जॉब में सही मार्किंग करके, टैप ड्रिल साइज की गणना करके उचित साइज का होल (hole) ड्रिल करना चाहिए। यह ध्यान रखना चाहिए कि होल बिल्कुल सीधा हो।

(*ii*) इसके पश्चात् होल की अन्दर की सतह को परिष्कृत करने तथा एक्यूरेट साइज (accurate size) बनाने के लिए होल में रीमिंग करनी चाहिए।

(*iii*) जॉब यदि छोटा है तो उसे वाइस में बिल्कुल सीधा बाँध लेना चाहिए।

(*iv*) अब प्रथम टैप या टेपर टैप को एक उचित टैप रिंच में पकड़कर होल में डालकर नीचे की ओर दबाव देते हुए घुमाना चाहिए।

(*v*) जब यह दो तीन चूड़ी काट ले तो ट्राई स्क्वायर से टैप को दो साइड से जाँचना चाहिए—टैप सीधा लम्बवत् है कि नहीं। सीधा न होने पर इसे सीधा कर लेना चाहिए।

(*vi*) टैप चलाते समय इसे आधा चूड़ी आगे चलाकर, आधा चूड़ी पीछे चलाना चाहिए। इससे कटे हुए चिप्स (chips) टूटकर नीचे गिर जाते हैं। इससे टैप को आगे कटिंग करने में सुविधा रहती है।

(*vii*) टैप को गर्म होने से बचाने के लिए तथा घर्षण (friction) को कम करने के लिए धातु की प्रकृति अनुसार लुब्रीकैन्ट का प्रयोग करना चाहिए। स्टील के लिए लार्ड ऑयल तथा एल्युमीनियम के लिए कैरोसीन आदि स्नेहक उपयोग में लाये जाते हैं।

(*viii*) टेपर टैप के पश्चात् इण्टरमीडिएट टैप का प्रयोग करना चाहिए।

(*ix*) इण्टरमीडिएट टैप पूरा चलने पर पूरी चूड़ियाँ बन जाती हैं, परन्तु बन्द छिद्रों में टैपिंग करने के लिए फिनिशिंग टैप चलाना आवश्यक होता है।

3.9 डाई Die

जिस प्रकार किसी होल में चूड़ी काटने के लिए टैप का प्रयोग किया जाता है उसी प्रकार किसी बेलनाकार रॉड पर बाहरी चूड़ियाँ काटने के लिए डाई का प्रयोग किया जाता है; जैसे—बोल्ट, स्क्रू या पाइप इत्यादि पर चूड़ी काटना।

डाई के बीच में एक होल करके विशेष प्रकार की चूड़ियाँ काट देते हैं। इन चूड़ियों को कटिंग एजेज प्रदान करने के लिए चार फ्लूट्स भी बना दिए जाते हैं। एक ओर की कुछ चूड़ियाँ चैम्फर की जाती हैं। अब इसे हार्ड व टैम्पर किया जाता है। डाइयाँ हाई कार्बन स्टील या अलॉय स्टील की बनाई जाती हैं, जिससे इन्हें अच्छी कठोरता प्रदान कर दी जाती है। चूड़ियों के शुरू में चैम्फर होने से डाई आसानी से रॉड पर चढ़ जाती है।

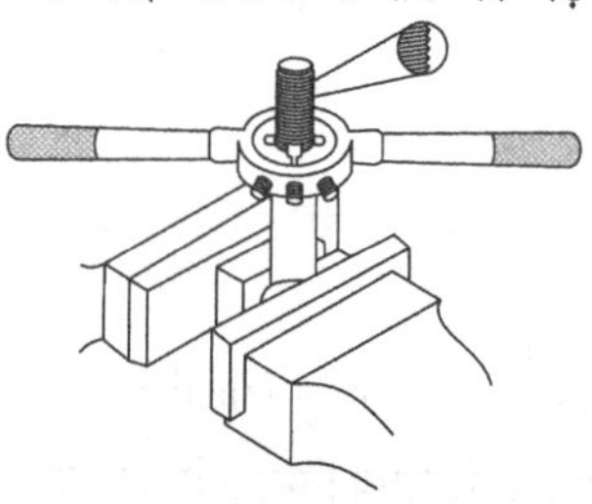

चित्र डाई

डाई के प्रकार Types of Die

डाइयाँ निम्नलिखित प्रकार की होती हैं

1. सॉलिड डाई Solid Die

यह डाई एक ठोस व गोल चकती (disc) के समान होती है, जैसा कि चित्र में दर्शाया गया है। इसके बीच में कोई भी स्टैण्डर्ड चूड़ियाँ हो सकती हैं। इसमें चार कटिंग साइड बनाने के लिए चार फ्लूट्स बने होते हैं। यह डाई सॉलिड होती है इसलिए एक ही बार में पूरी गहराई की चूड़ियाँ काटती हैं। इसमें गहराई को सैट नहीं किया जा सकता, इसलिए इसे सॉलिड डाई कहते हैं।

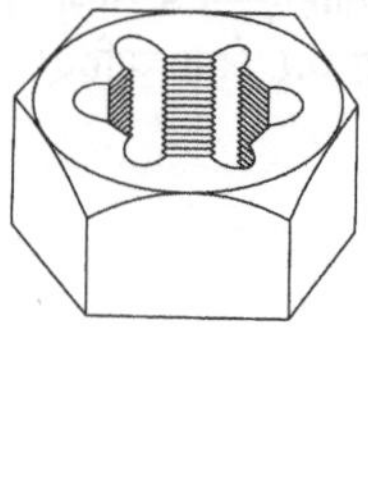

2. स्प्लिट डाई Split Die

यह डाई सॉलिड डाई के समान होती है, परन्तु इसको एक साइड से काट दिया जाता है, जैसा कि चित्र में दर्शाया गया है। कटे स्थान पर वैज (wedge) लगाकर डाई को खोला जा सकता है, जिससे पहली बार में पूरी गहराई की चूड़ी नहीं काटती। इसको एक गोल डाई स्टॉक में पकड़कर प्रयोग में लाया जाता है। इस डाई स्टॉक में लगे सैट स्क्रू की सहायता से इसे समायोजित करके वांछित गहराई की चूड़ियाँ काटी जा सकती हैं।

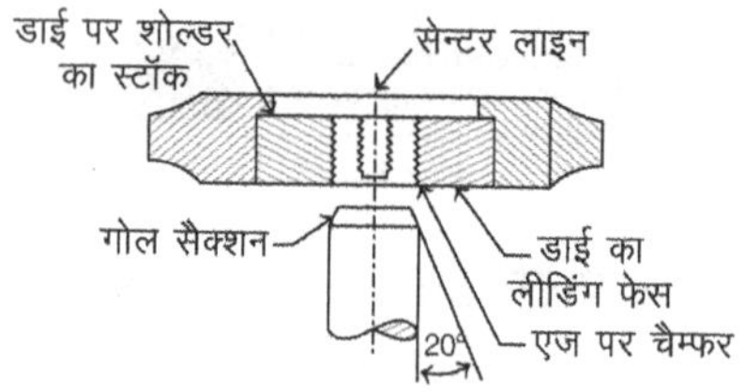

चित्र स्प्लिट डाई

3. एडजस्टेबिल डाई Adjustable Die

एडजस्टेबिल डाई दो पीस में बनी होती है जिन्हें बिट्स (bits) कहते हैं, जैसा कि चित्र में दर्शाया गया है। इसके बिट्स में 'V' आकार में चूड़ियाँ कटी होती हैं तथा बीम में फ्लूट्स बने होते हैं। इनको गोल आकार के डाई ब्लॉक में बने आयताकार खाँचों में फिट किया जाता है।

दोनों बिट्स को आगे लाने के लिए एडजस्टिंग स्क्रू लगे होते हैं। बिट्स के अन्दर कटी कुछ चूड़ियों को भी सिरे पर टेपर कर दिया जाता है, जिससे इसे आसानी से पाइप या राउण्ड रॉड पर चढ़ाया जा सके। इस डाई का प्रयोग बड़े साइज के जॉब पर चूड़ी काटने के लिए किया जाता है। चूड़ी की पूरी गहराई दो या तीन सैटिंग में प्राप्त हो जाती है।

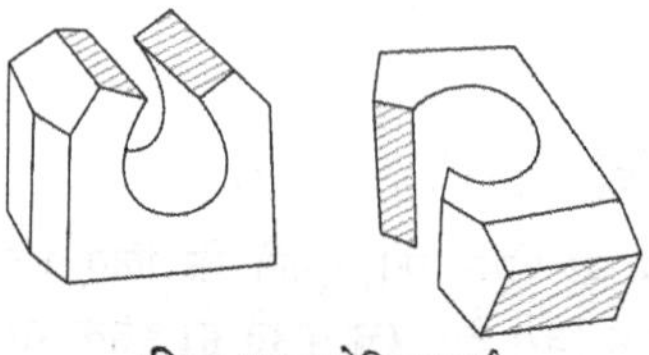

चित्र एडजस्टेबिल डाई

4. डाई नट Die Nut

डाई नट की शेप (shape) वर्गाकार (square) या षट्भुजाकार (hexagonal) नट के समान होती है। वर्गाकार डाई नट में चार फ्लूट तथा हैक्सागॉनल डाई नट में छ: फ्लूट होते हैं। इस डाई नट को प्रयोग करने के लिए डाई हैण्डिल की आवश्यकता नहीं होती, बल्कि इस डाई को ओपन स्पैनर या बॉक्स स्पैनर या रिंच के द्वारा घुमाकर प्रयोग किया जा सकता है।

इसका प्रयोग गहराई में चूड़ी काटने या चूड़ी को साफ करने के लिए भी किया जाता है, जहाँ पर डाई हैण्डिल द्वारा डाई को घुमाना सम्भव न हो।

चित्र डाई नट

5. डाई प्लेट Die Plate

डाई प्लेट में बहुत से साइजों की चूड़ियों की डाइयाँ एक लाइन में बना दी जाती हैं। यह एक हाई कार्बन स्टील की प्लेट होती है, जिसमें किसी भी साइज की चूड़ी की तीन डाइयाँ रहती हैं, जो क्रम से एक के बाद दूसरी प्रयोग की जाती हैं। तीसरी डाई पूरी गहराई की चूड़ियाँ बनाती है। एक डाई प्लेट चित्र में दर्शायी गयी है। इस प्लेट में अधिकतर 3 मिमी से छोटे साइज की चूड़ियों के लिए डाइयाँ बनी होती हैं।

चित्र डाई प्लेट

6. पाइप डाई Pipe Die

इसका प्रयोग पाइपों में चूड़ियाँ काटने के लिए किया जाता है। इसके लिए भी डाई ब्लॉक का प्रयोग किया जाता है, जिसमें दो या चार बिटों में डाई फिट की गयी होती है। यह एडजस्टेबिल डाई के समान होती है। इसमें भी साइज को कम या ज्यादा करने के लिए दो एडजस्टिंग स्क्रू होते हैं।

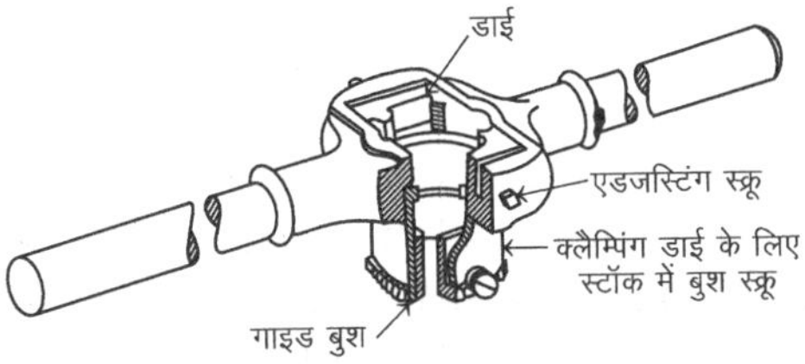

चित्र पाइप डाई

7. चेजर डाई Chaser Die

चेजर डाई में चार या छः हाई स्पीड स्टील के गुटकों के सैट रहते हैं। इन बिट्स को स्वचालित मशीनों के डाई हैड में व्यवस्थित कर दिया जाता है। डाई हैड एक खास स्वचालित व्यवस्था के अधीन खुलते या बन्द होते हैं। जब चूड़ी काटनी होती है तो डाई सैट में गुटके बन्द रहते हैं तथा जॉब पर चूड़ी काटते हैं परन्तु एक निश्चित लम्बाई तक जाने के बाद स्वतः खुल जाते हैं। ये विभिन्न स्टैण्डर्ड साइजों में सैट के रूप में बाजार में उपलब्ध हैं।

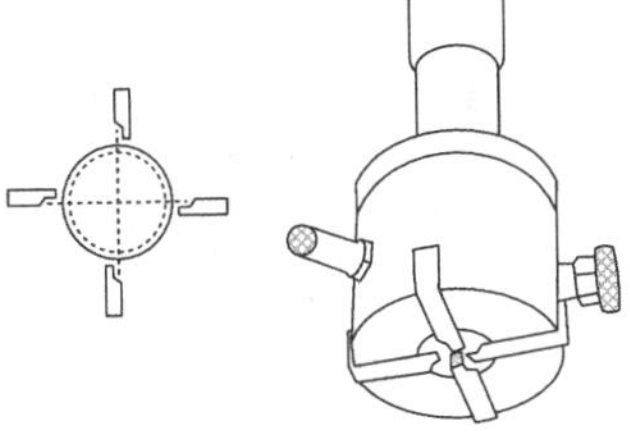

चित्र चेजर डाई

8. एक्रोन डाई Acron Die

यह एक बॉक्स टाइप की डाई है, जिसका प्रयोग किसी होल या स्लॉट में किसी गहराई में किसी रॉड पर चूड़ी काटने के लिए किया जाता है। इसको विशेष प्रकार के डाई होल्डर में पकड़कर होल के अन्दर ले जाकर हाथ से या मशीनों से चलाया जाता है। यह एक आधुनिक डाई है। इसे नीचे चित्र में दर्शाया गया है।

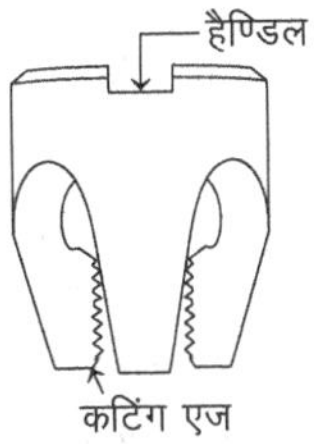

चित्र एक्रोन डाई

9. एडजस्टेबिल स्क्रू प्लेट डाई Adjustable Screw Plate Die

यह डाई भी एडजस्टेबिल डाई स्टॉक की तरह से दो भागों में बनी होती है जिन्हें बिट्स कहते हैं। इस डाई में समायोजन की अधिक क्षमता होती है। डाई के दोनों भागों को कॉलर (collar) में एक गाइड प्लेट की सहायता से पकड़ा जाता है। गाइड प्लेट की सहायता से दोनों भाग कॉलर में सही स्थान पर जकड़े जाते हैं। डाई के दोनों भागों को कॉलर में लगे स्क्रू की सहायता से एडजस्ट (adjust) किया जा सकता है।

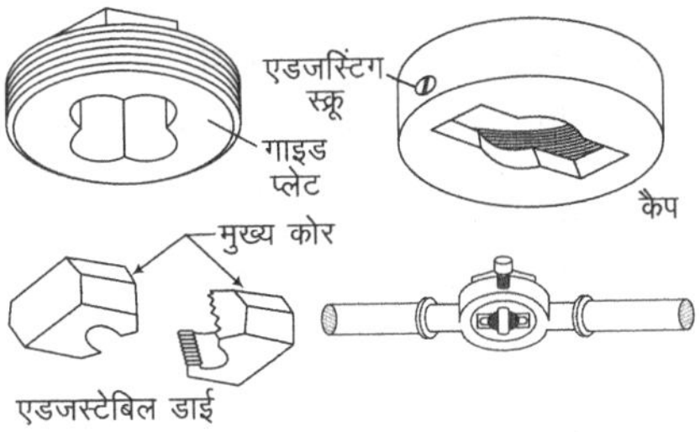

एडजस्टेबिल डाई

डाई द्वारा चूड़ी कर्तन Thread Cutting by Die

किसी भी कार्यखण्ड (Job) में डाई द्वारा चूड़ी की कटिंग के लिए निम्न पदों को ध्यान रखना चाहिए।

(*i*) जिस रॉड पर चूड़ी काटनी हो पहले उसका साइज तैयार करें।
(*ii*) रॉड के सिरे पर थोड़ा-सा चैम्फर होना चाहिए, इससे डाई को चढ़ने में सुविधा रहती है।
(*iii*) रॉड या पाइप को मजबूती से पकड़कर रखें।
(*iv*) डाई स्टॉक में डाई को सही अवस्था में पकड़ें।
(*v*) अब डाई को नीचे दबाते हुए हैण्डिल को बैलेन्स करते हुए घुमाएँ।
(*vi*) डाई को थोड़ा आगे चलाकर (आधा चक्कर) फिर पीछे चलाएँ, जिससे बने हुए चिप्स (chips) टूटकर नीचे गिर जाएँ तथा डाई को चलने में कोई असुविधा न हो।
(*vii*) चूड़ी काटते समय जॉब की धातु के अनुसार स्नेहक का प्रयोग करें।
(*viii*) गहरी चूड़ियाँ काटने के लिए डाई को दो या तीन बार समायोजित करें। सही साइज चैक करने के लिए चूड़ी गेज का प्रयोग करें।
(*ix*) प्रक्रिया के अन्त में डाई को निकाल कर डाई व डाई स्टॉक को ब्रुश से साफ करें।

सावधानियाँ Precautions

(*i*) डाई से चूड़ी काटना शुरू करने से पहले रॉड का साइज चैक करें। रॉड पर चैम्फर जरूर होना चाहिए।
(*ii*) छोटे जॉब को वाइस पर मजबूती से पकड़ना चाहिए।
(*iii*) डाई को आगे व पीछे चलाते हुए चूड़ी काटनी चाहिए।
(*iv*) चूड़ियाँ काटते समय अच्छे स्नेहकों का प्रयोग करना चाहिए।
(*v*) स्टॉक के दोनों हैण्डिलों पर समान बल लगाना चाहिए।
(*vi*) दो या तीन बार डाई को समायोजित करके पूरी गहराई की चूड़ियाँ काटनी चाहिए।

3.10 डाई स्टॉक Die Stock

डाई को पकड़ने वाले हैण्डिल या फिक्स्चर को डाई स्टॉक (die stock) कहते हैं। इसके अन्दर डाई को पकड़ने के लिए स्क्रू तथा उसे समायोजित करने के लिए सैट-स्क्रू तथा डाई को बलपूर्वक घुमाने के लिए हैण्डिल लगे होते हैं।

डाई स्टॉक के प्रकार Types of Die Stock

डाई के आकार तथा प्रयोग के अनुसार ये दो प्रकार के होते हैं

1. सॉलिड डाई स्टॉक Solid Die Stock

ये डाई स्टॉक एक पीस में डाई के आकार के अनुसार होल वाले होते हैं। इनमें दोनों ओर हैण्डिल बने होते हैं तथा डाई को समायोजित करने के लिए स्क्रू लगे होते हैं। सेन्टर स्क्रू के द्वारा स्प्लिट डाई को आवश्यकतानुसार खोला जाता है, जबकि साइड स्क्रू, डाई को डाई स्टॉक में जकड़ते हैं।

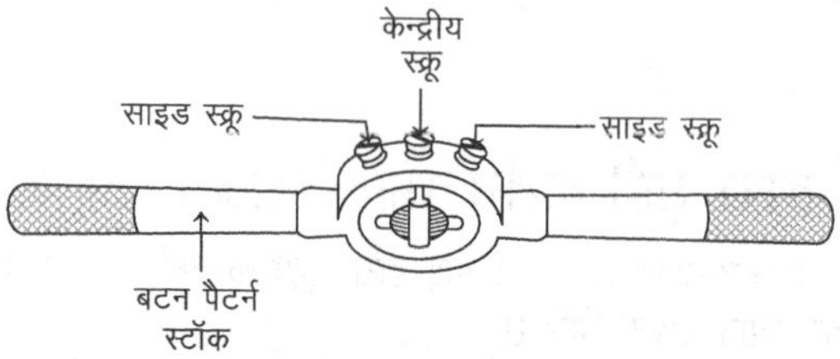

चित्र सॉलिड डाई स्टॉक

2. एडजस्टेबिल डाई स्टॉक Adjustable Die Stock

इस डाई स्टॉक में बीच में बॉडी बनी होती है तथा इसके दोनों सिरों पर हब में चूड़ियाँ कटी होती हैं, जिनमें सिरे पर चूड़ी कटे दो हैण्डिल फिट किए जा सकते हैं। इसकी बॉडी पर डाई को पकड़ने तथा उसे समायोजित करने के लिए स्क्रू लगे होते हैं।

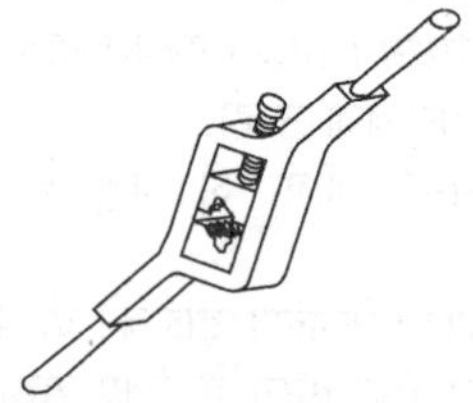

चित्र एडजस्टेबिल डाई स्टॉक

3.11 बंधक एवं लॉकिंग डिवाइस Fasteners and Locking Devices

अभियान्त्रिकी में मशीन के दो या दो अधिक पार्ट्स (parts) को एक साथ जोड़ने के लिए जिन साधनों का प्रयोग किया जाता है, उन्हें फास्टनर्स अर्थात् बन्धक कहते हैं और जिस विधि द्वारा इनको जोड़ा या बाँधा जाता है, उसे फास्टनिंग (fastening) कहते हैं।

अभियान्त्रिकी में तीन प्रकार की फास्टनिंग प्रयोग की जाती है

1. अस्थाई फास्टनिंग Temporary Fastening

अस्थाई प्रकार की फास्टनिंग विधि में मशीन पार्टस को अस्थाई रूप से जोड़ा जाता हैं अर्थात् उसमें प्रयुक्त फास्टनर (fasteners) को बिना क्षति के खोला व जोड़ा जा सकता है। इसमें जॉब या मशीन पार्टों को भी नुकसान नहीं होता है। इसमें निम्न प्रकार के फास्टनर प्रयोग किए जाते हैं

(*i*) बोल्ट	(*ii*) स्टड
(*iii*) नट	(*iv*) 'की'
(*v*) कॉटर	(*vi*) पिन
(*vii*) वाशर	(*viii*) स्क्रू

(i) बोल्ट Bolt

बोल्ट धातु की एक बेलनाकार रॉड होती है, जिसके एक सिरे पर हैड और दूसरे सिरे पर शैंक होता है जिस पर चूड़ियाँ होती हैं। इनका उपयोग सामान्यतया दो भागों को एक साथ क्लैम्प करने के लिए किया जाता है। यह मुख्यत: माइल्ड स्टील के बनाए जाते हैं।

(*a*) **हैक्सागॉनल हैड बोल्ट** (Hexagonal head bolt) इस बोल्ट का हैड अपने नाम के अनुसार ही हैक्सागॉनल आकृति का होता है। इस बोल्ट के हैड की मोटाई 0.8 d रखी जाती है, जहाँ d शैंक का व्यास होता है।

हैक्सागॉनल बोल्ट के ऊपरी कोनों (top corners) को 30° पर चैम्फर कर दिया जाता है, जिससे स्पैनर द्वारा इसे खोलते या बन्द करते समय किसी प्रकार की दुर्घटना से बचा जा सके। बोल्ट की लम्बाई एवं व्यास आवश्यकतानुसार परिवर्तित किए जा सकते हैं। निम्न चित्र में हैक्सागॉनल बोल्ट की सामान्य संरचना दर्शायी गई है।

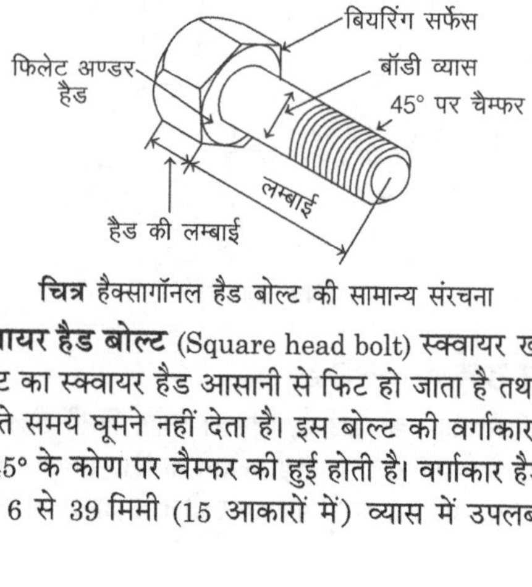

चित्र हैक्सागॉनल हैड बोल्ट की सामान्य संरचना

(*b*) **स्क्वायर हैड बोल्ट** (Square head bolt) स्क्वायर खाँचे में इस बोल्ट का स्क्वायर हैड आसानी से फिट हो जाता है तथा बोल्ट को कसते समय घूमने नहीं देता है। इस बोल्ट की वर्गाकार नोंक 30° या 45° के कोण पर चैम्फर की हुई होती है। वर्गाकार हैड बोल्ट तथा 6 से 39 मिमी (15 आकारों में) व्यास में उपलब्ध होते हैं।

प्लमर ब्लॉक में बने ग्रूव में फिट करने के लिए स्क्वायर हैड बोल्ट का प्रयोग किया जाता है।

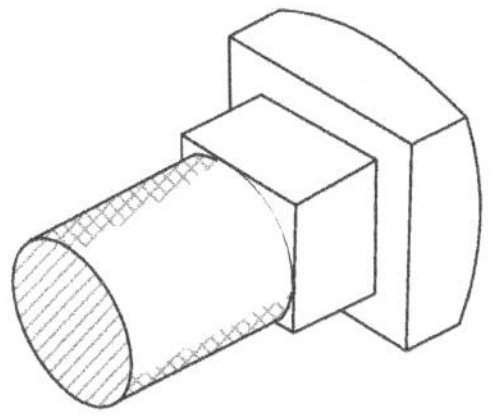

चित्र स्क्वायर हैड बोल्ट की सामान्य संरचना

(*c*) **बेलनाकार हैड बोल्ट** (Cylindrical head bolt) इसे चीज (cheese) हैड बोल्ट के नाम से भी जाना जाता है। इस बोल्ट का हैड बेलनाकार होता है। नट को बन्द या खोलते समय घूर्णन से बचाने के लिए, इसमें 0.2 d मोटाई एवं 0.12 d लम्बाई की पिन, शैंक अक्ष के समान्तर में फिट की जाती है, जिससे अतिरिक्त स्पैनर की आवश्यकता नहीं पड़ती है। बेलनाकार हैड बोल्ट का उपयोग सामान्यत: कनैक्टिंग रॉड के बड़े सिरों पर किया जाता है।

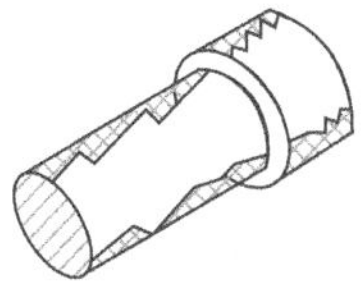

चित्र सामान्य संरचना

(*d*) **कप या गोलाकार हैड बोल्ट** (Cup or rounded head bolt) इसे रेल ट्रैक बोल्ट भी कहा जाता है। इस प्रकार के बोल्ट का हैड अर्द्धगोलाकार होता है, इसलिए यह स्पैनर आदि से पकड़ा नहीं जा सकता। इसमें हैड के नीचे शैंक के कुछ भाग को वर्गाकार फोर्ज कर दिया जाता है, जो इसको कसते समय घूमने से बचाता है। कभी-कभी हैड के नीचे स्नग (snug) या वर्गाकार नेक (neck) बनाकर भी बोल्ट को घूमने से बचाया जाता है। इसका प्रयोग अधिकतर बढ़ईगिरी (carpentry) में किया जाता है।

चित्र सामान्य संरचना

(*e*) 'T' **हैड बोल्ट** ('T' head bolt) इस बोल्ट का हैड आयताकार तथा शैंक पर लम्ब रूप में जुड़ा होकर T का आकार बनाता है, जो मशीन टूल टेबल के T- स्लॉट में फिट किया जाता है। इस बोल्ट का उपयोग टेबल पर जॉब बाँधने या वाइस में पकड़ने के लिए किया जाता है।

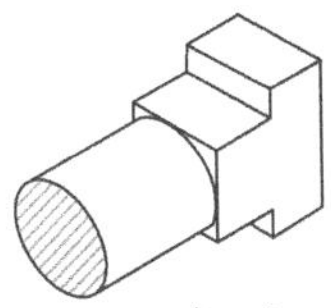

चित्र 'T' हैड बोल्ट

(*f*) **हुक बोल्ट** (Hook bolt) इस बोल्ट का हैड, एक हुक के आकार का होता है। यह 'T' बोल्ट से थोड़ा-सा भिन्न होता है। मशीन के किसी भाग के साथ दूसरे भाग को अस्थायी क्लैम्प करने के लिए हुक बोल्ट का प्रयोग किया जाता है; जैसे—एंगल आयरन से बने भागों तथा शीटों को कसने के लिए हुक के नीचे बना वर्गाकार भाग बोल्ट को घूमने से रोकता है।

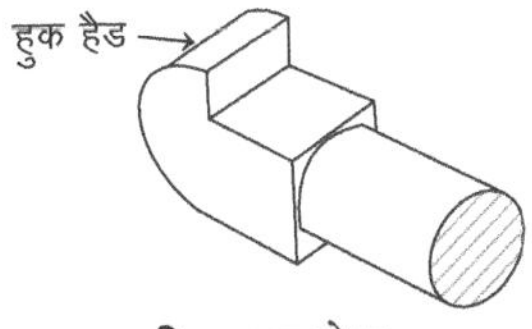

चित्र हुक बोल्ट

(*g*) **आई बोल्ट** (Eye bolt) इस बोल्ट का हैड एक गोल रिंग के समान होता है। इस रिंग में हुक या रोप लगाकर किसी मशीन या अन्य सामान को उठाया जा सकता है। इस बोल्ट को मशीन में बने चूड़ीदार छिद्र में कस दिया जाता है तथा ये बोल्ट अधिकतर बिजली की भारी मोटरों अथवा अन्य मशीनों में फिट किए जाते हैं।

चित्र आई बोल्ट

(*h*) **लिफ्टिंग आई बोल्ट** (Lifting eye bolt) इस बोल्ट का हैड भी 'T' रूप में ही होता है, जोकि बेलनाकार रॉड से निर्मित रिंग होती है, जिसे वाशर आकृति के आधार से फोर्ज करके शैंक (shank) से जोड़ा जाता है। शैंक पर चूड़ियाँ कटी होती हैं, जिसे मशीन या मोटर की बॉडी के साथ फिट किया जाता है।

इस बोल्ट का प्रयोग किसी मशीन या मोटर को एक स्थान या अन्य स्थान पर स्थानान्तरित करने एवं संरेखन के लिए किया जाता है।

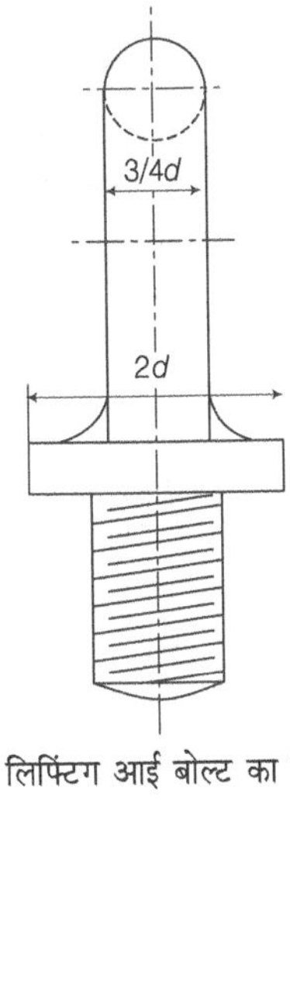

चित्र लिफ्टिंग आई बोल्ट का विमांकन

(*i*) **काउण्टर संक हैड बोल्ट** (Counter sunk head bolt) इसका हैड, शंकु के आकार का होता है, जो बॉडी में बने काउण्टर में बैठ जाता है, इसलिए यह बोल्ट सदैव ऐसे स्थानों पर प्रयोग किया जाता है, जहाँ हैड, जॉब की सतह के अन्दर ही रखा जाता है।

इस बोल्ट को घूमने से बचाने के लिए हैड के नीचे शैंक का कुछ भाग वर्गाकार फोर्ज किया जाता है अथवा स्नग भी बना दिया जाता है।

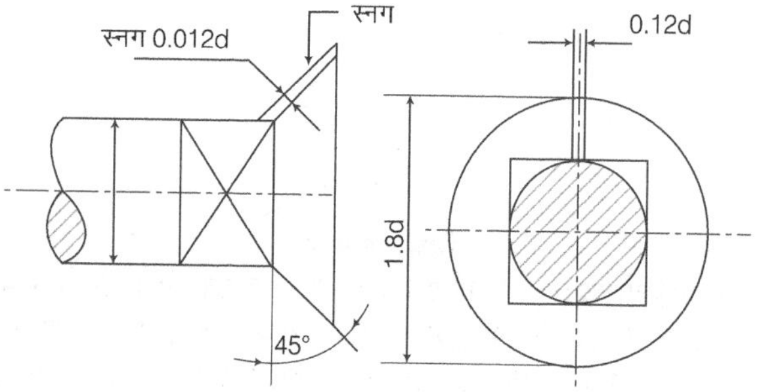

चित्र काउण्टर संक हैड बोल्ट

(*j*) **टेपर बोल्ट** (Taper bolt) इस बोल्ट का हैड नहीं होता है, इसलिए इसे हैडलैस टेपर बोल्ट भी कहा जाता है। इस बोल्ट का शैंक टेपर में बनाया जाता है, जो मशीन में बने टेपर होल में फँस जाता है। इस प्रकार के बोल्ट का प्रयोग कपलिंग में किया जाता है।

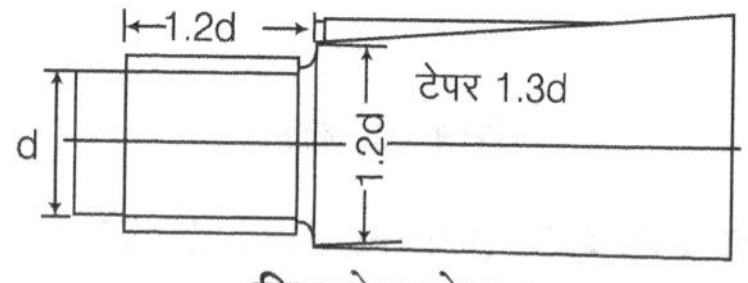

चित्र टेपर बोल्ट

(ii) स्टड Stud

जिस बोल्ट के दोनों सिरों पर चूड़ियाँ कटी होती हैं, उसे स्टड (stud) कहते हैं। यह एक बिना हैड का बोल्ट होता है, जिसके बीच में कुछ भाग प्लेन होता है। इस भाग से स्टड को पकड़कर, मशीन बॉडी में कसा जाता है। इसके एक सिरे को मशीन बॉडी में लगा दिया जाता है, जबकि दूसरे सिरे पर नट लगाकर कोई पार्ट बॉडी के साथ जोड़ा जाता है।

इसका लाभ यह है कि इसके एक भाग को बॉडी में जुड़ा रखकर, दूसरे भाग को नट खोलकर आसानी से पृथक् किया जा सकता है। इसका प्रयोग ग्लैण्ड बॉक्स (gland box) के ऊपर ग्लैण्ड कवर (gland cover) को कसने के लिए किया जाता है। स्टड प्रायः मृदु इस्पात के बनाए जाते हैं।

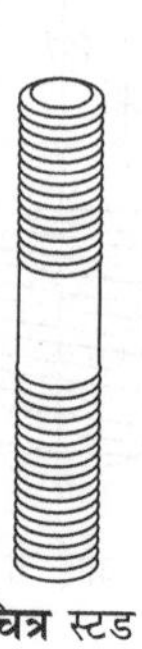

चित्र स्टड

(iii) नट Nut

बोल्ट, स्क्रू या स्टड द्वारा मशीन के किन्हीं दो भागों को जोड़ने के लिए नट की आवश्यकता पड़ती है। यह धातु का एक विशेष आकार में बना हुआ टुकड़ा होता है जिसके बीच के छिद्र में चूड़ियाँ कटी होती हैं। ये चूड़ियाँ बोल्ट, स्क्रू या स्टड की चूड़ियों से मेल खाती हुई होती हैं। नट प्रायः माइल्ड स्टील के बनाए जाते हैं। दो भागों को जोड़ने के लिए निम्नलिखित प्रकार के नट उपयोग में लाए जाते हैं

(*a*) **लॉक नट** (Lock nut) इस विधि में साधारण स्टैण्डर्ड नट को कसने से पहले एक दूसरा नट कस दिया जाता है जिसकी मोटाई साधारण नट से कम होती है। यह नट स्टैण्डर्ड नट को ढीला नहीं होने देता है। इसे चेक नट के नाम से भी जाना जाता है। इसकी मोटाई साधारणतया 2/3 D या 3/4D होती है।

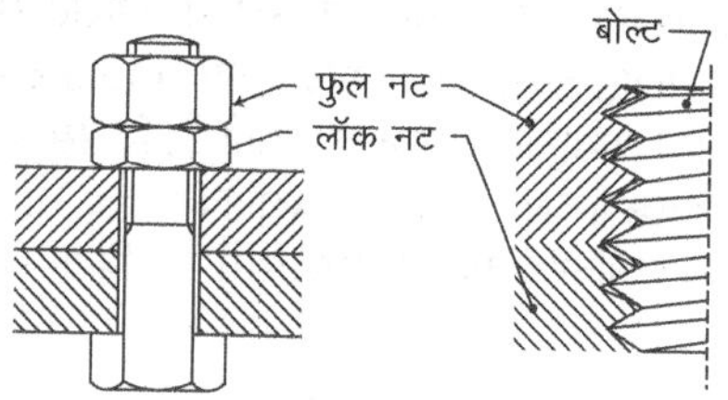

चित्र लॉक नट

(*b*) **स्लॉटेड नट** (Slotted nut) यह एक हैक्सागॉनल नट है जिस पर 0.25D चौड़ाई के खाँचे (slots) ऊपरी भाग पर आमने-सामने कटे होते हैं। बोल्ट के अन्तिम सिरे पर एक छिद्र खाँचे के सीध में बना होता है। जिसमें लाकिंग के लिए एक 0.2D की स्पलिट पिन डालकर टेल एण्ड (Tailend) को हल्का सा बाएँ व दाएँ मोड़ दिया जाता है। इस नट में मजबूती कम होती है, क्योंकि स्लॉट इसकी बॉडी में कटे होते हैं।

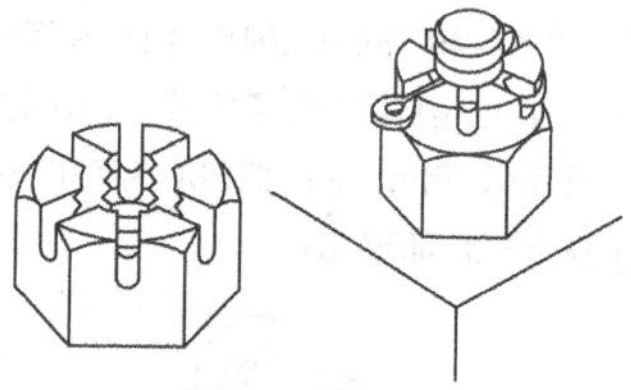

चित्र स्लॉटेड नट

(*c*) **स्वान नट या विल्स नट** (Sawn nut or Wills nut) यह एक साधारण सा षट्भुजाकार नट होता है जिसके साइड में नट के सेन्टर तक एक स्लॉट कटा होता है। नट के ऊपरी भाग में फिट किए जाने वाले स्क्रू से कुछ बड़ा होल होता है जिसमें स्क्रू डाला जाता है तथा नट के नीचे वाले भाग में थ्रेडेड होल किया जाता है।

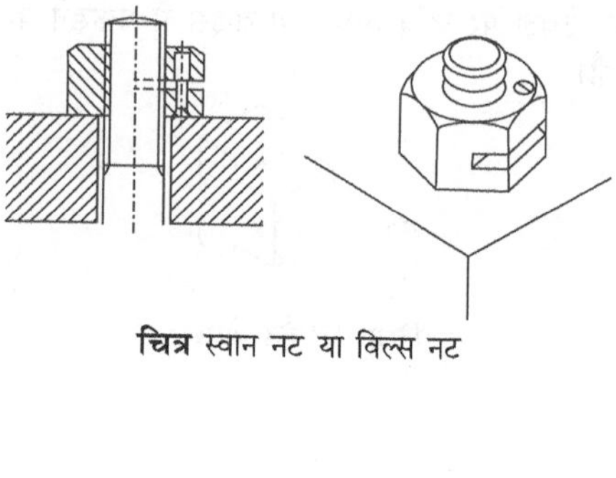

चित्र स्वान नट या विल्स नट

(*d*) **कैसल नट** (Castle nut) यह भी हैक्सॉगोनल नट की तरह ही होता है जिसके अर्द्ध वृत्ताकार सिरे पर खाँचे कटे होते हैं। इसमें नट की लॉकिंग (locking) के लिए स्प्लिट पिन डालकर इसके दोनों सिरे दाएँ व बाएँ फैला दिए जाते हैं जिससे नट ढीला नहीं हो पाता है।

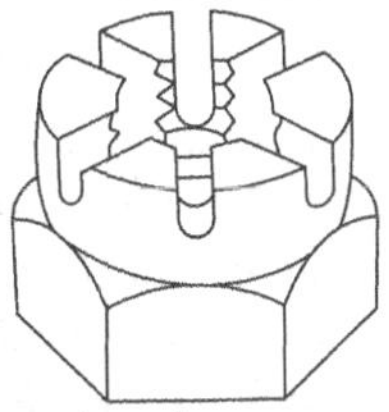

चित्र कैसल नट

(*e*) **साइमण्ड लॉक नट** (Simmond's lock nut) इस नट का आकार भी हैक्सॉगोनल नट की तरह होती है। इस नट के ऊपरी भाग पर एक कॉलर बना होता है जिसमें नाइलॉन या फाइबर का एक वाशर लगा होता है। इस वाशर का भीतरी व्यास कोर डायमीटर से कम होता है। जब नट को नीचे कसा जाता है तो बोल्ट का अन्तिम सिरा फाइबर रिंग पर चूड़ी काटता है। फाइबर रिंग बोल्ट चूड़ी पर अच्छी ग्रिप डालता है जिससे नट के खुलने की संभावना नहीं रहती है।

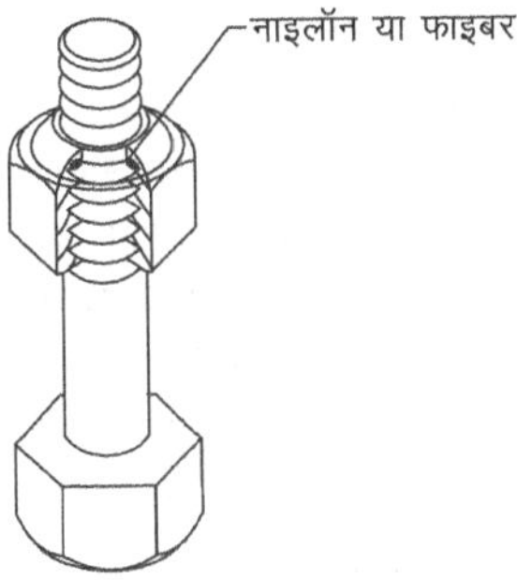

चित्र साइमण्ड नट

(*f*) **ग्रूव्ड नट** (Grooved nut) इस प्रकार के नट में नीचे की ओर एक कॉलर बना होता है, जिसमें एक ग्रूव होता है। यह कॉलर वाला भाग मशीन बॉडी में अन्दर बैठ जाता है तथा बॉडी की साइड से एक सैट स्क्रू इस प्रकार लगाया जाता है कि उसका सिरा डॉग एण्ड (dog end) ग्रूव में बैठ जाए। इसे पेनिंग नट तथा रिंग नट भी कहा जाता है। यह बहुत कम तथा विशेष प्रयोजन हेतु उपयोग किया जाने वाला नट है।

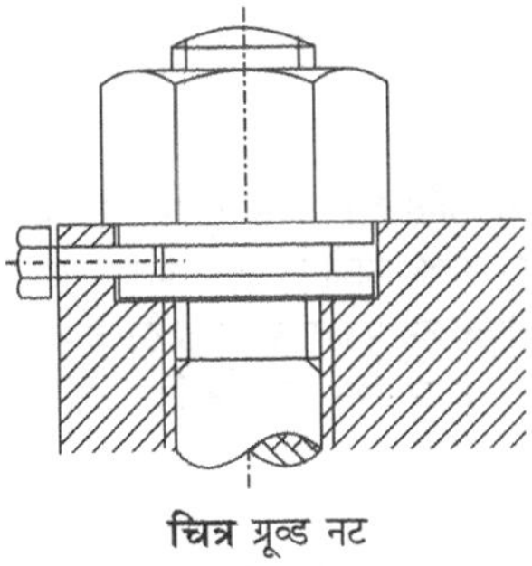

चित्र ग्रूव्ड नट

नट को लॉक करने की विधियाँ

Locking Methods of Nut

नट को लॉक करने के लिए निम्नलिखित विधियों का उपयोग किया जाता है

(*i*) **लॉकिंग प्लेट या स्टॉप प्लेट** (Locking plate or stop plate) यह एक प्लेट होती है जिसमें 6 स्लॉट (खाँचे) कटे होते हैं। स्लॉट इस हिसाब से कटे होते हैं की नट को टाइट करते समय सही बैठ जाए। नट को पूरी तरह कसने के बाद इस प्लेट को स्क्रू से कस लेते हैं जिससे नट के खुलने का भय नहीं रहता है।

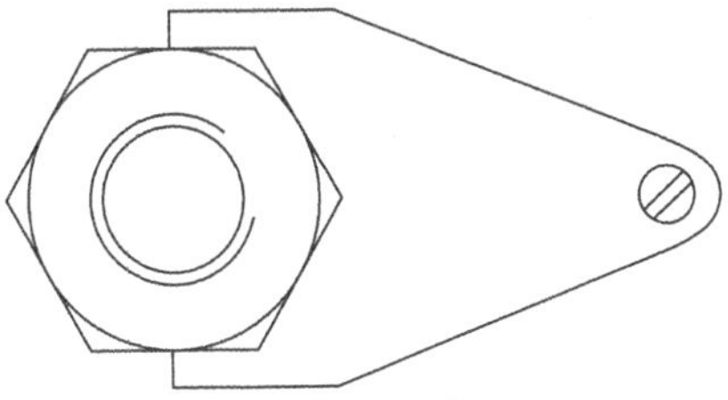

चित्र लॉकिंग प्लेट

(*ii*) **स्क्रू से लॉक करना** (Locking by screw) इस विधि में नट की भुजा के पास एक स्क्रू कस दिया जाता है जो नट को घूमने से रोकता है और नट खुलने का भय नहीं रहता है।

(*iii*) **वायर से लॉक करना** (Locking by wire) स्क्रू के अन्त सिरों पर छोटा-सा छिद्र किया हुआ होता है। नट को कसने के पश्चात् स्क्रू के छिद्र में तार डालकर लॉक कर दिया जाता है, जिससे नट घूम नहीं सके। इस विधि का प्रयोग साधारण कार्यों के लिए किया जाता है।

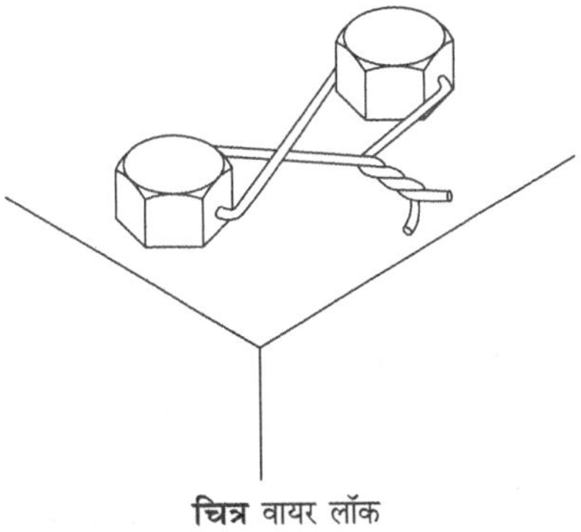

चित्र वायर लॉक

(*iv*) **पिन लॉकिंग** (Pin locking) इस विधि में नट को टाइट करते समय उसकी एक फेस के साथ पिन या बिना पिन या बिना हैड वाला स्क्रू लगा देते हैं जिससे नट के खुलने का भय नहीं रहता है।

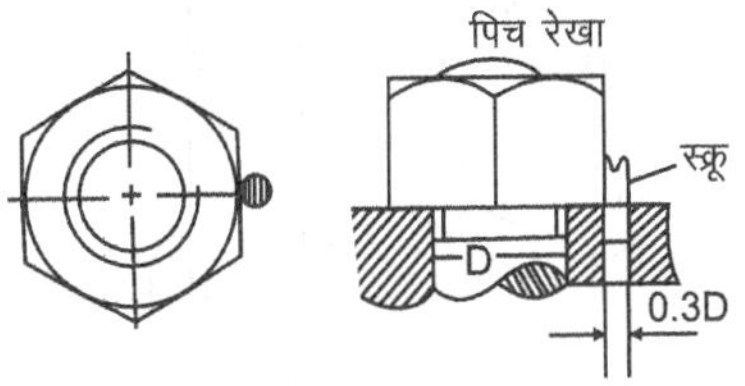

चित्र लॉकिंग पिन

(*v*) **स्प्रिंग वाशर द्वारा लॉकिंग** (Locking by spring washer) इस विधि में नट के नीचे स्प्रिंग वाशर का उपयोग करके नट को लॉक किया जाता है।

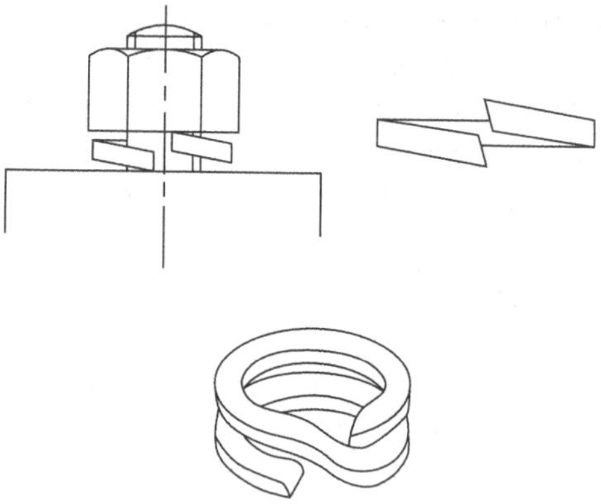

चित्र स्प्रिंग वाशर

(*vi*) **स्पिलट पिन** (Split pin) इस विधि में नट को उचित स्थिति तक कसने के पश्चात् बोल्ट में एक छिद्र बना दिया जाता है। अब इस छिद्र में स्पिलट पिन डालकर इसके दोनों सिरों को विपरीत दिशा में मोड़ दिया जाता है, जिससे नट के खुलकर बाहर निकलने की सम्भावना समाप्त हो जाती है। स्पिलट पिन अर्द्ध गोलाकार तार को मोड़कर बनाई जाती है।

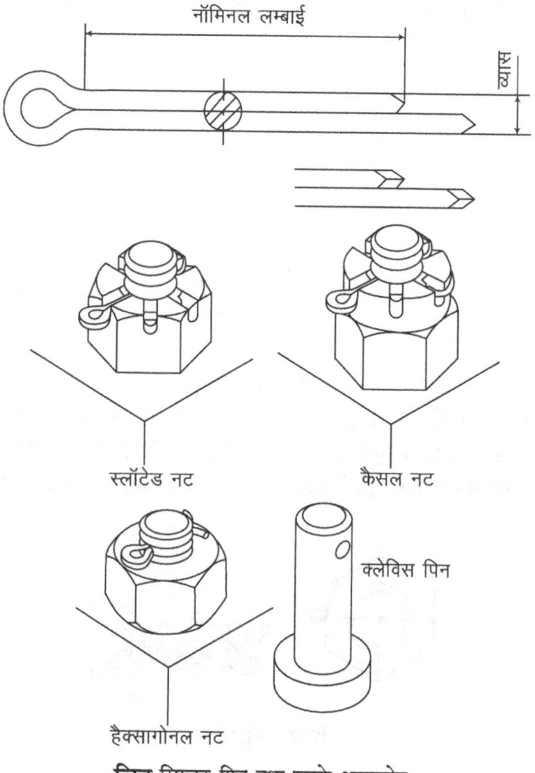

चित्र स्पिलट पिन तथा इसके अनुप्रयोग

(iv) 'की' Key

मशीन के एक पार्ट से दूसरे पार्ट को शक्ति संचालित करने के लिए अर्थात् गति देने के लिए हब या शाफ्ट आदि पर 'की' फिट की जाती है। इसको शाफ्ट के समान्तर ही फिट किया जाता है। 'की' स्टील की बनी होती है। यह एक अस्थाई फास्टनर है। यह निम्न प्रकार की होती है

(*a*) **सर्कुलर टेपर की** (Circular taper key) इस 'की' को आधी शाफ्ट में तथा आधी हब में फिट किया जाता है। इस 'की' का प्रयोग हल्के कार्यों के लिए किया जाता है।

(*b*) **जिब हैड की** (Gib head key) यह 'की' (key) सभी प्रकार के कार्यों में प्रयोग की जाती है। इस 'की' में एक तरफ हैड बना होता है और आकार में प्राय: यह आयताकर बनी होती है। इसे आसानी से लगाया और निकाला जा सकता है।

(*c*) **फैदर की** (Feather key) यह 'की' आयताकार बनी होती है और कई बार मोटाई और चौड़ाई में एक जैसी होती है तथा कई बार इसके किनारों को गोल भी बना दिया जाता है।

(*d*) **होलो सैडल की** (Hollow saddle key) यह 'की' आयताकार आकृति में बनी होती है। इसका निचला सिरा खोखला होता है। इस भाग को शाफ्ट पर फिट किया जाता है। यह 'की' हल्के कार्यों के लिए प्रयोग की जाती है।

(*e*) **फ्लैट सैडल की** (Flat saddle key) इस प्रकार 'की' का प्रयोग भी हल्के कार्यों के लिए किया जाता है अर्थात् जहाँ अधिक शक्ति की आवश्यकता न हो वहाँ यह 'की' प्रयोग की जाती है, परन्तु यह होलो सैडल 'की' से कुछ मजबूत होती है।

(*f*) **संक की** (Sunk Key) यह 'की' आयताकार व समानान्तर बनी होती है तथा इसे शाफ्ट व हब में फिट किया जाता है। यह दो प्रकार की होती है। समान्तर संक की व टेपर संक 'की'।

(*g*) **वुडरफ की** (Woodrfuff key) यह 'की' ऊपर से फ्लैट तथा नीचे से वृत्ताकार आकृति में बनी होती है। अत: इसे आसानी से फिट किया जा सकता है। यह साधारण तौर पर कम गति वाली मशीनों में प्रयोग की जाती है।

(v) कॉटर Cotter

इसका प्रयोग अस्थाई फास्टनर के रूप में किया जाता है। इसे शाफ्ट में सुराख करके क्रॉस में लगाया जाता है। यह एक प्रकार की वेज होती है। जिस का एक किनारा टैपर में बना होता है , जिससे कि इसे फिट करने में आसानी रहे।

(vi) पिन Pin

इसको भी कॉटर की भाँति शाफ्ट में सुराख करके क्रॉस में फिट किया जाता है। इसका प्रयोग हल्के कार्यों के लिए किया जाता है। यह एक प्रकार का अस्थाई फास्टनर है। पिन कई प्रकार की होती है; जैसे सॉलिड पिन, गजन पिन, टेपर पिन, स्प्रिंग पिन, कॉटर पिन, पैरेलल पिन आदि।

(vii) वाशर Washer

जब बोल्ट को उसके साइज के सुराख में फिट किया जाता है, तब नट के नीचे प्लेन वाशर लगाकर उसे टाइट किया जाता है जिससे नट सुराख में फँसता नहीं है

अर्थात् पुर्जों को नट द्वारा कसते समय और नट के दबाव क्षेत्र को बढ़ाने के लिए एक गोलाकार पत्ती नट के नीचे लगाई जाती है, जिससे वाशर कहते हैं। इसका प्रयोग नट को लॉक करने के लिए भी करते है। अधिकतर वाशर माइल्ड स्टील के बनाए जाते हैं लेकिन विशेष कार्यों के लिए पीतल, एल्युमीनियम इत्यादि के भी वाशर बनाए जाते हैं। वाशर निम्न में सहायक होते हैं

- कम्पन की स्थिति में नट को ढीला होने से बचाने के लिए।
- कार्यखण्ड को क्षतिग्रस्त होने से बचाने के लिए।
- बड़े क्षेत्र में बल वितरित करने के लिए।
- घर्षण पकड़ (grip) बढ़ाने के लिए।

वाशर के प्रकार Types of Washer

वाशर कई प्रकार के होते हैं; जैसे-प्लेन वाशर, स्प्रिंग वाशर, दाँतेदार लॉकिंग वाशर, टैब वाशर आदि।

(viii) स्क्रू Screw

छोटे साइज के बोल्ट को स्क्रू का नाम दिया गया है। इसका प्रयोग दो पार्टों या दो से अधिक पार्ट्स को अस्थाई (temporary) रूप से जोड़ने के लिए किया जाता है। इसकी पूरी बॉडी पर थ्रेड कटी होती है। यह प्राय: माइल्ड स्टील की बनी होती है। परन्तु कार्य के अनुसार कार्बन स्टील, पीतल व एल्युमीनियम के भी बनाए जाते हैं।

2. अर्द्ध -स्थायी फास्टनिंग Semi-Permanent Fastening

इस विधि में मशीन के भागों को अर्द्ध स्थायी रूप से जोड़ा जाता है। इसमें प्रयुक्त फास्टनरों को खोलते समय मशीन पार्ट तो खराब नहीं होता, लेकिन फास्टनर खराब हो जाते हैं; जैसे-सोल्डर (Solder), रिवेट (Rivet) आदि।

रिवेट्स (Rivets) इसका प्रयोग अर्द्ध-स्थायी रूप में जोड़ने के लिए किया जाता है। इसके एक सिरे पर हैड तथा दूसरा भाग प्लेन टेपर होता है। यह मुख्यत: माइल्ड स्टील, रॉट आयरन, ताँबा, ब्रास तथा एल्युमीनियम आदि की बनी होती है। रिवेट निम्न प्रकार के होते हैं- स्नैप हैड रिवेट, पैन हैड रिवेट, मशरूम हैड रिवेट, काउण्टर हैड 120° रिवेट, फ्लैट काउण्टर संक हैड 90° रिवेट, फ्लैट काउण्टर संक हैड 60° रिवेट, फ्लैट हैड रिवेट आदि।

3. स्थायी फास्टनिंग Permanent Fastening

इस विधि में पार्ट्स को स्थायी रूप से जोड़ा जाता है। इसमें पार्ट्स को अलग नहीं किया जाता सकता है, क्योंकि पार्ट्स को खोलते या अलग करते समय जॉब तथा फास्टनर दोनों खराब हो जाते हैं; जैसे—वैल्डिंग (welding), ब्रेजिंग (brazing) इत्यादि।

महत्त्वपूर्ण बिन्दु

- हैक्सॉ ब्लेड प्राय: हाई कार्बन स्टील या हाई स्पीड स्टील से बनाए जाते हैं।
- हैक्सॉइंग के लिए केवल फॉरवर्ड स्ट्रोक में दबाव दिया जाता है।
- रीमिंग में कटिंग एलाउन्स बहुत कम दिया जाता है।
- जब दो पार्ट एक ही धुरी पर फिट होते हैं या एक पार्ट स्थिर रहता है और दूसरा स्लाइड करता है तो इस प्रकार के पार्टों के सम्बन्ध को स्थापित करना फिटिंग कहलाता है।
- रेती का प्रयोग धातु को छोटे-छोटे कणों के रूप में घिसने के लिए किया जाता है।
- रेती प्राय: हाई कार्बन स्टील की बनाई जाती है।
- जॉब को सही व परिशुद्ध बनाने के लिए ब्लू प्रिण्ट के अनुसार मार्किंग की जाती है।
- मार्किंग करने के लिए मार्किंग मीडिया का प्रयोग करते हैं।
- गोलाकार छिद्र अथवा सुराख करने की प्रक्रिया को ड्रिलिंग कहते हैं।
- जिस मशीन की सहायता से ड्रिलिंग प्रक्रिया की जाती है, वह ड्रिलिंग मशीन कहलाती है।
- ड्रिलिंग मशीन में मुख्यत: एक घूमने वाला स्पिण्डल होता है, जिसमें ड्रिल को चक में लगाकर या सीधे ही स्पिण्डल में पकड़ा जाता है।
- कार्य की आवश्यकता के आधार पर ड्रिलिंग मशीनें मुख्यत: दो प्रकार की होती हैं
  (*i*) पोर्टेबिल ड्रिलिंग मशीन तथा (*ii*) स्टेशनरी ड्रिलिंग मशीन।
- पोर्टेबिल ड्रिलिंग मशीन एक छोटे साइज की ड्रिलिंग मशीन होती है, जिसे भारी उपकरणों में ड्रिलिंग करने के लिए प्रयोग किया जाता है।
- विद्युत चालित ड्रिलिंग मशीनों की गति अधिक होती है तथा ये ए.सी. व डी.सी. दोनों धाराओं पर प्रयुक्त की जा सकती हैं।
- न्यूमैटिक (वायु चालित) ड्रिलिंग मशीन का प्रयोग पेट्रोलियम संयन्त्र तथा विस्फोटक फैक्ट्रियों में किया जाता है।
- रैचेट ड्रिलिंग मशीन बेवेल गियर ड्रिलिंग मशीन, ब्रैस्ट ड्रिलिंग मशीन आदि हस्त चालित ड्रिलिंग मशीनें हैं।
- रैचेट ब्रेस मशीन द्वारा लगभग 2.5 मिमी व्यास के छिद्र किए जा सकते हैं।
- रैचेट ब्रेस मशीन का प्रयोग रेवले लाइन, गार्डर फेब्रिकेशन जैसे कार्यों में किया जाता है।
- ब्रैस्ट ड्रिलिंग मशीन की स्पीड बढ़ाने के लिए इसमें दो बेवेल गियर प्रयुक्त किए जाते हैं।
- ड्रिल की कर्तन गति का चयन धातुओं के प्रकार के आधार पर किया जाता है।
- ड्रिल की कर्तन गति, ड्रिल के व्यास पर भी निर्भर करती है।
- किसी जॉब में पहले से बनाए गए छिद्र का ऊपरी सिरा चैम्फर करके बड़े ड्रिल द्वारा 'V' आकार में बनाने की प्रक्रिया काउण्टर सिंकिंग कहलाती है।
- किसी जॉब में पहले से बनाए गए छिद्र का ऊपरी सिरा कुछ गहराई तक बड़ा करने की प्रक्रिया काउण्टर बोरिंग कहलाती है।
- रीमिंग प्रक्रम के द्वारा ड्रिल किए हुए छिद्र की अन्दरूनी सतह को अधिक परिष्कृत (finishing) बनाया जाता है।
- किसी साइज के टैप के लिए उसका एक निश्चित ड्रिल साइज होता है।
- टैप ड्रिल साइज = टैप साइज $-2 \times$ चूड़ी की गहराई
- ISI चूड़ियों को मीट्रिक चूड़ियाँ भी कहते हैं।

- ड्रिल के आकारों को नम्बरों तथा अंग्रेजी वर्णमाला के अक्षरों द्वारा भी व्यक्त किया जाता है।
- हैलिक्स कोण को फ्लूट कोण इसलिए कहा जाता है, क्योंकि वह फ्लूट्स तथा ड्रिल की अक्ष के बीच बनता है।
- कटिंग कोण का मान भिन्न धातुओं के लिए भिन्न-भिन्न होता है। उदाहरण के लिए, कास्ट स्टील के लिए कटिंग कोण का मान 130° होता है।
- कटिंग स्पीड को मीटर प्रति मिनट में मापा जाता है, परन्तु यदि ड्रिल का आकार इंच में हो तो इसे फुट प्रति मिनट में मापा जाता है।
- किसी भी ड्रिल की कटिंग स्पीड उसके व्यास के अनुक्रमानुपाती होती है।
- स्पिण्डल, स्लीव तथा सॉकेट ड्रिल को पकड़ने की युक्तियाँ हैं।
- टैप एक हैण्ड कटिंग टूल है जिसके द्वारा किसी बेलनाकार छिद्रों में आन्तरिक चूड़ियाँ काटी जाती हैं।
- टैप, हाई कार्बन स्टील तथा हाई स्पीड स्टील या अलॉय स्टील का बनाया जाता है।
- टैप में फ्लूट्स से होकर ही कटिंग चिप्स बाहर आते हैं तथा स्नेहक अन्दर प्रवेश करता है।
- टेपर टैप को प्रथम या रफर टैप, इण्टरमीडिएट टैप को द्वितीय टैप तथा फिनिशिंग टैप को तृतीय टैप या प्लग टैप या बॉटमिंग टैप भी कहते हैं।
- स्पाइरल फ्लूटेड टैप को होल टैप के नाम से भी जाना जाता है।
- डाइयाँ हाई कार्बन स्टील या अलॉय स्टील की बनी होती हैं।
- बेलनाकार रॉड पर बाहरी चूड़ियाँ काटने के लिए डाई का प्रयोग किया जाता है।
- डाई को पकड़ने वाले हैण्डिल या फिक्स्चर को डाई स्टॉक कहते हैं।
- फास्टनर्स द्वारा मशीन के विभिन्न भागों को एक जोड़ा जाता है।
- नट व बोल्ट प्रायः माइल्ड स्टील के बनाए जाते हैं।
- स्क्रू का प्रयोग अस्थायी फास्टनिंग के लिए किया जाता है।

महत्त्वपूर्ण प्रश्नोत्तरी

1. हैक्सॉइंग किसे कहते हैं?

उत्तर हैक्सॉ के द्वारा धातु को काटने की क्रिया को हैक्सॉइंग कहते हैं।

2. रेती (file) किस धातु की बनी होती है?

उत्तर यह प्रायः हाई कार्बन स्टील की बनी होती है।

3. ड्रिलिंग किसे कहते हैं?

उत्तर कार्यखण्ड में ड्रिल द्वारा छिद्र करने की प्रक्रिया को ड्रिलिंग कहते हैं।

4. ड्रिलिंग करते समय ड्रिल का कौन–सा भाग एलाइन और गाइड करता है?

उत्तर ड्रिलिंग करते समय ड्रिल बुश एलाइन और गाइड करता है।

5. बहुउत्पादन की ड्रिलिंग प्रक्रिया में ड्रिल को गाइड करने तथा कार्य को जकड़ने के लिए प्रयुक्त युक्ति का क्या नाम है?

उत्तर बहुउत्पादन की ड्रिलिंग प्रक्रिया में ड्रिल को गाइड करने तथा कार्य को पकड़ने के लिए प्रयुक्त युक्ति फिक्स्चर है।

6. फ्लैट ड्रिल के प्रयोग में क्या कठिनाई आती है?

उत्तर फ्लैट ड्रिल में प्रयुक्त कटिंग एज जल्दी गर्म होकर खराब हो जाता है।

7. ऐसा कौन–सा ड्रिल है जिससे धातु में नए होल का निर्माण नहीं किया जा सकता है?

उत्तर टेपर शैंक कोर ड्रिल द्वारा धातु में नए होल का निर्माण नहीं किया जा सकता है।

8. एडजस्टेबिल टैप रिंच में जबड़ा किसके साथ जुड़ा रहता है?

उत्तर एडजस्टेबिल टैप रिंच में जबड़ा हैण्डिल के साथ जुड़ा रहता है।

9. वाशर क्या है?

उत्तर यह गोल आकृति का बना होता है। इसका प्रयोग नट के नीचे नट का दबाव क्षेत्र बढ़ाने के लिए किया जाता है।

10. स्थायी फास्टनिंग क्या है?

उत्तर मशीन के पार्ट्स को स्थायी रूप से जोड़ने की प्रक्रिया को स्थायी फास्टनिंग कहते हैं।

अभ्यास प्रश्न

परीक्षा प्रारूपी प्रश्न

1. छेनी द्वारा धातु की मोटाई को कम करने की क्रिया को ...... कहते हैं।
(a) हैक्साइंग (b) टैपिंग
(c) चिपिंग (d) पंचिंग

2. निम्न में से किस क्रिया में कटिंग एलाउन्स बहुत कम दिया जाता है?
(a) टैपिंग (b) रीमिंग
(c) चिपिंग (d) पंचिंग

3. रेती किस प्रकार का औजार है?
(a) क्लैम्पिंग औजार (b) कर्तन औजार
(c) मापी औजार (d) मार्किंग औजार

4. सेकण्ड कट रेती में दाँते कितने प्रति वर्ग सेमी होते हैं?
(a) 8 से 10 प्रति वर्ग सेमी
(b) 10 से 12 प्रति वर्ग
(c) 14 से 16 प्रति वर्ग सेमी
(d) उपरोक्त में से कोई नहीं

5. मार्किंग मीडिया के रूप निम्न में से किसका प्रयोग किया जाता है?
(a) साधारण ब्लैक बोर्ड चॉक (b) ले आउट डाई
(c) नीले थोथे के घोल (d) ये सभी

6. पतले लोहे की चादर पर ड्रिलिंग के लिए किस जिग का प्रयोग करते हैं?
(a) ठोस जिग
(b) सैण्डविच जिग
(c) पोस्ट जिग
(d) टेबिल जिग

7. ड्रिलिंग मशीनों में किस प्रकार के ड्रिल सबसे अधिक प्रयोग किए जाते हैं?
(a) स्ट्रेट फ्लूटेड ड्रिल (b) फ्लैट ड्रिल
(c) ट्विस्ट ड्रिल (d) सेन्ट्रल ड्रिल

8. ड्रिलिंग मशीन के ड्रिल में कितने फ्लूट (flute) होते हैं?
(a) 4 (b) 3
(c) 2 (d) 1

9. निम्न में से पोर्टेबिल ड्रिलिंग मशीन का एक उदाहरण है
(a) विद्युत ड्रिलिंग मशीन (b) रैचेट ब्रेस मशीन
(c) हस्त ड्रिलिंग मशीन (d) ये सभी

10. ड्रिलिंग मशीन के स्पिण्डल में ड्रिल चक लगाने के लिए किसका प्रयोग किया जाता है?
(a) दाँतेदार रिंग
(b) ऑर्बर
(c) ड्रिफ्ट
(d) पिनियन तथा चाबी

11. निम्न चित्र में ड्रिल मशीन का कौन-सा भाग दिखाया गया है?

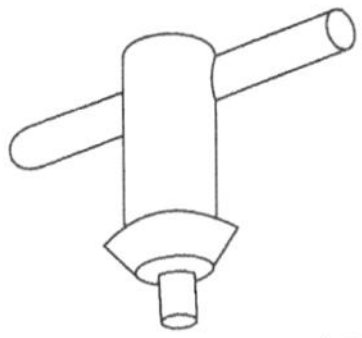

(a) स्टेप्ड पुली (b) हैण्डिल
(c) ड्रिल चक 'की' (d) स्पिण्डल

12. पिलर ड्रिलिंग मशीन में टेबिल को ऊपर उठाने के लिए किसका प्रयोग करते हैं?
(a) रैक और पिनियन का (b) बेवेल गियर का
(c) स्पर गियर का (d) माइटर गियर का

13. रेडियल ड्रिलिंग मशीन में छोटे सुराख करने के लिए .... टेबिल भी उपलब्ध होते हैं।
(a) वर्गाकार (b) त्रिकोण (c) क्षैतिज (d) ऊर्ध्वाधर

14. चित्र में दर्शायी गई ड्रिलिंग मशीन के भाग 'X' का नाम है

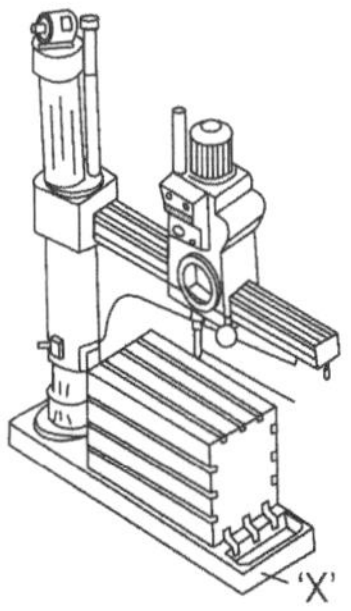

(a) रेडियल आर्म (b) आधार
(c) स्पिण्डल हैड (d) फीड हैण्डिल

15. बिना जॉब सैटिंग को छेड़े अलग-अलग चिन्हों पर अधिक होल करने के लिए कौन-सी ड्रिलिंग मशीन सबसे उपयुक्त है?
(a) बेंच ड्रिलिंग मशीन (b) पिलर ड्रिलिंग मशीन
(c) रेडियल ड्रिलिंग मशीन (d) इलेक्ट्रिक हैण्ड ड्रिलिंग मशीन

16. ड्रिल द्वारा बने छिद्र के चारों ओर रिंग के आकार का ग्रूव बनाना, कहलाता है
(a) ट्रैपनिंग (b) टेपिंग (c) बोरिंग (d) ड्रिलिंग

17. 1/2" BSP चूड़ी में प्रत्येक इंच में चूड़ी की संख्या होती है
(a) 8 (b) 11 (c) 14 (d) 19

18. ड्रिल की धातु के बीच धातु का वह भाग जो उस पर बने फ्लूट्स के बीच में बचता है, कहलाता है

(a) हील (b) बिन्दु (c) वैब (d) बॉडी क्लीयरैन्स

19. ड्रिल को सामान्यत: किस धातु से बनाया जाता है?
(a) हाई स्पीड स्टील (b) अलॉय स्टील
(c) हाई कार्बन स्टील (d) ये सभी

20. ड्रिल में कटिंग एजेज के बीच कोण .... होता है।
(a) रैक कोण (b) वैब कोण
(c) बिन्दु कोण (d) इनमें से कोई नहीं

21. दो विपरीत मर्जिनों के बीच की दूरी, ड्रिल का/की .... कहलाती है।
(a) व्यास (b) त्रिज्या (c) परिधि (d) पिच

22. ड्रिल के टेपर शैंक में आमतौर पर प्रयुक्त होने वाला मानक टेपर कौन-सा है?
(a) मोर्स टेपर (b) जार्नो टेपर
(c) ब्राउन एण्ड शार्प टेपर (d) पिन टेपर

23. निम्न चित्र में ट्विस्ट ड्रिल के '*X*' अक्षर द्वारा अंकित भाग की पहचान कीजिए।

(a) टैंग फ्लूट (b) शैंक (c) मार्जिन (d) फ्लूट्स

24. साधारण ट्विस्ट ड्रिल में कितने फ्लूट्स होते हैं?
(a) 4 (b) 3 (c) 2 (d) 1

25. एक टैप से छिद्र में चूड़ी डालने के बाद यह पाया जाता है कि चूड़ी का क्रैस्ट पूर्ण रूप से नहीं बना है। इसका कारण है
(a) शीतलन की आपूर्ति पूर्ण नहीं है
(b) टैप के कटिंग किनारे का टिप टूट गया है
(c) टैप ड्रिल के आकार से छिद्र का आकार कम है
(d) टैप ड्रिल के आकार से छिद्र का आकार बड़ा है

26. चित्र में दिखाए गये मशीन टैप का नाम बताइए

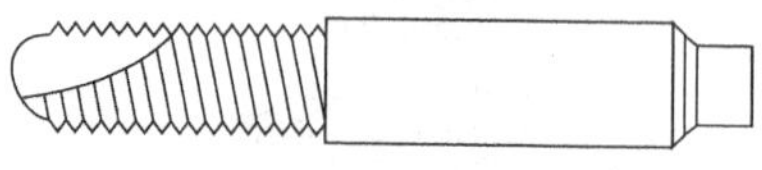

(a) स्टब फ्लूट टैप (b) गन टैप
(c) थ्रेड फार्मिंग टैप (d) स्पाइरल फ्लूटेड टैप

27. सिंगल प्वॉइण्ट टूल के द्वारा चूड़ियाँ काटते समय टूल निम्न पथ (path) का अनुसरण करता है
(a) साइक्लोइड (b) पैराबोला
(c) हैलिक्स (d) एपिसाइक्लोइड

28. "इसके द्वारा सिलेण्ड्रिकल छिद्रों में चूड़ियाँ काटी जाती हैं।" यह प्रक्रिया किस हस्त कर्तन औजार द्वारा की जाती है?
(a) डाई (b) टैप
(c) चेजर (d) इनमें से कोई नहीं

29. डाई हैड के अन्दर चूड़ी काटने के लिए निम्न में से किस औजार का प्रयोग किया जाता है?
(a) चूड़ी चेजर (b) टैप्स
(c) 'a' और 'b' दोनों (d) इनमें से कोई नहीं

30. नीचे दर्शाई गई डाई का नाम बताइए

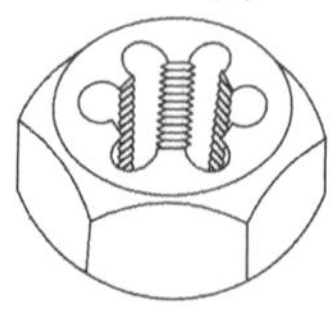

(a) डाई नट (b) स्प्लिट डाई
(c) सॉलिड डाई (d) इनमें से कोई नहीं

31. डाई नट का आकार वर्गाकार या .... नट के समान होता है।
(a) वृत्ताकार (b) षट्भुजाकार
(c) आयताकार (d) वर्गाकार

32. मशीन के विभिन्न भागों को जोड़ने वाली युक्ति कहलाती है
(a) फोर्जिंग (b) मशीनिंग (c) पैकिंग (d) फास्टनर्स

33. स्क्वायर बोल्ट की नोंक .... के कोण पर चैम्फर की गई होती है।
(a) 30° (b) 45°
(c) a व b दोनों (d) 90°

34. कैसल नट का प्रयोग किया जाता है
(a) नट को खोलने हेतु (b) नट को बन्द करने हेतु
(c) नट को लॉक करने हेतु (d) नट को बियरिंग करने हेतु

35. लॉकिंग प्लेट में नट को लॉक करने के लिए काटे गये ग्रूव्स की संख्या होती है
(a) 2 (b) 4 (c) 6 (d) 8

36. फ्लैंज्ड नट का प्रयोग करते समय .... की आवश्यकता नहीं होती है।
(a) बोल्ट (b) कुंजी (c) पीन (d) वाशर

37. निम्नलिखित में से कौन-सा नट हैण्ड वाइस के लिए प्रयोग किया जाता है?
(a) चैक नट (b) विंग नट
(c) थम्ब नट (d) हैक्सॉगोनल नट

38. स्प्लिट पिन का प्रयोग .... में लॉकिंग के लिए किया जाता है।
(a) कैसल नट (b) स्क्वायर नट (c) चैक नट (d) फ्लैंज्ड नट

39. वह नट जिसे अँगूठे के दाब से कसा या ढीला किया जा सकता है तथा जो हैक्सॉ फ्रेम में लगाया जाता है, वह है
(a) रिंग नट (b) थम्ब नट (c) कैप नट (d) विंग नट

40. रिवेट्स बनाए जाते हैं
(a) ब्रास के (b) एल्युमीनियम के
(c) माइल्ड स्टील के (d) ये सभी

उत्तरमाला

1. (c)	**2.** (b)	**3.** (b)	**4.** (c)	**5.** (d)	**6.** (c)	**7.** (c)	**8.** (c)	**9.** (d)	**10.** (c)
11. (c)	**12.** (a)	**13.** (a)	**14.** (b)	**15.** (c)	**16.** (a)	**17.** (c)	**18.** (c)	**19.** (d)	**20.** (c)
21. (a)	**22.** (a)	**23.** (d)	**24.** (c)	**25.** (b)	**26.** (a)	**27.** (c)	**28.** (b)	**29.** (a)	**30.** (a)
31. (b)	**32.** (d)	**33.** (c)	**34.** (c)	**35.** (c)	**36.** (d)	**37.** (b)	**38.** (a)	**39.** (d)	**40.** (d)

अध्याय 04

पाइप एवं पाइप फिटिंग

Pipe and Pipe Fitting

किसी भी तरल पदार्थ जैसे पानी, गैस, भाप इत्यादि को बिना लीक किए एक स्थान से दूसरे स्थान तक पहुँचाने या ले जाने के लिए जिस माध्यम का उपयोग किया जाता है, उसे पाइप या ट्यूब कहते हैं। मूल रूप से पाइप या ट्यूब में कोई अन्तर नहीं होता है, परन्तु पाइप का साइज उसके आन्तरिक व्यास से तथा ट्यूब का साइज उसके बाह्य व्यास से व्यक्त किया जाता है। इसके अतिरिक्त पाइप लम्बाइयों में मिलते हैं, जबकि ट्यूब भारों (weight) में मिलती है। पाइप सामान्य साइजों; जैसे- $\frac{1}{2}$ इंच, 1 इंच, $2\frac{1}{2}$ इंच, 3 इंच इत्यादि में मिलते हैं जबकि ट्यूब असामान्य साइजों; जैसे- $1\frac{3}{4}$ इंच, $2\frac{5}{8}$ इंच इत्यादि में मिलती है।

पाइपों के कुछ मुख्य उपयोग निम्न प्रकार हैं

(*i*) घरों में उपयोग किए जाने वाले कूलरों में पानी को विभिन्न भागो में पहुँचाने के लिए।

(*ii*) घरों में ओवरहैड टैंक से विभिन्न स्थानों को पानी पहुँचाने एवं सीवर इत्यादि से पानी को बाहर निकालने के लिए।

(*iii*) नगरों में घर-घर में पानी व कुकिंग गैस पहुँचाने के लिए।

(*iv*) रेफ्रीजरेटर तथा एयरकण्डीशनरों में रेफ्रीजरेन्ट को सर्कुलेट करने के लिए।

(*v*) मशीनों के विभिन्न भागों को लुब्रीकैन्ट तेल आदि पहुँचाने के लिए।

(*vi*) मशीनों पर जॉब एवं टूल को ठण्डा रखने के लिए तथा कूलैन्ट पहुँचाने के लिए।

(*vii*) बॉयलर से टरबाइन तथा अन्य स्थानों को भाप ट्रांसफर करने के लिए तथा कण्डेन्सेट वाटर तथा बॉयलर वाटर को बॉयलर तक पहुँचाने के लिए।

उपरोक्त विवरण से स्पष्ट है कि पाइप का उपयोग उद्योगों, घरों, वाहनों इत्यादि में हमारे दैनिक जीवन में किसी-न-किसी रूप में अवश्य किया जाता है। इन कार्यों के लिए पाइपों को काटना, मोड़ना तथा जोड़ना पड़ता है। इसके लिए उन पर चूड़ी काटकर विभिन्न प्रकार की फिटिंग्स को लगाना पड़ता है। इन सभी क्रियाओं (पाइपों को काटना, मोड़ना तथा जोड़ना) को पाइप फिटिंग के अन्तर्गत सम्पन्न किया जाता है। जिस स्थान पर ये क्रियाकलाप सम्पन्न किये जाते हैं, उसे प्लम्बिंग (plumbing) शॉप कहते हैं तथा जो व्यक्ति यह कार्य करता है, उसे प्लम्बर (plumber) कहते हैं।

अध्याय विषय सूची

4.1 पाइपों का वर्गीकरण
Classification of Pipes

उपयोगिता के अनुसार पाइपों को निम्न आधारों के अनुसार वर्गीकृत किया जा सकता है।

1. आकार के आधार पर On the Basis of Size

आकार के आधार पर पाइपों को गोलाकार तथा वर्गाकार क्रॉस सैक्शन में बनाया जाता है।

2. मोटाई के आधार पर On the Basis of Thickness

पाइपों को मोटाई और व्यास के आधार पर भी वर्गीकृत किया जाता है। उदाहरण के लिए, कम मोटाई के पाइपों को कण्ड्यूट पाइप कहा जाता है।

3. उपयोग के आधार पर On the Basis of Use

पाइपों को उनके उपयोग के आधार पर भी वर्गीकृत किया जाता है। इस श्रेणी में कार्य सम्बन्धी सामर्थ्य वाले पाइपों को रखा गया है; जैसे—वाटर पाइप (water pipe), गैस पाइप (gas pipe), स्टीम पाइप (steam pipe), तेल पाइप (oil pipe) इत्यादि।

4. निर्माण विधि के आधार पर
On the Basis of Manufacturing Process

निर्माण विधि के आधार पर भी पाइपों को वर्गीकृत किया जा सकता है; जैसे—बट वैल्ड पाइप (butt weld pipe), कास्टेड पाइप (casted pipe), ड्रॉन पाइप (drawn pipe), सीमलैस पाइप (seamless pipe) इत्यादि।

5. सामर्थ्य के आधार पर On the Basis of Strength

सामर्थ्य के आधार पर भी पाइपों को वर्गीकृत किया जाता है। इसके अन्तर्गत लाइट पाइप (light pipe), हैवी पाइप (heavy pipe), स्टैण्डर्ड पाइप (standard pipe), एक्स्ट्रा हैवी पाइप (extra heavy pipe) आते हैं।

6. जोड़ने की प्रक्रिया के आधार पर
On the Basis of Process of Jointing

जोड़ने की प्रक्रिया के आधार पर भी पाइपों को वर्गीकृत किया जाता है। इसके अन्तर्गत थ्रेडेड पाइप (threaded pipe), फ्लैंज्ड पाइप (flanged pipe), कॉलर पाइप (collar pipe), सॉकेट तथा स्पिगॉट पाइप (socket and spigot pipe) आदि सम्मिलित किए गए हैं।

7. धातु के आधार पर On the Basis of Metal

पाइप के निर्माण में प्रयुक्त धातु से उसकी सामर्थ्य का आकलन किया जा सकता है और उन्हीं के आधार पर उसका उपयोग भी किया जाता है।

जैसे—कास्ट आयरन पाइप (cast iron pipe), गैल्वेनाइज्ड आयरन पाइप (GI pipe), कॉपर पाइप (copper pipe), ब्रास पाइप (brass pipe), एल्युमीनियम पाइप (aluminium pipe), पी.वी.सी. पाइप (PVC pipe) इत्यादि।

4.2 पाइप के विभिन्न प्रकार
Different Types of Pipes

प्लम्बिंग सम्बन्धी कार्यों में उपयोग में आने वाले प्रमुख पाइप निम्नलिखित है

1. कास्ट आयरन पाइप Cast Iron Pipe

जल वितरण योजनाओं में सबसे अधिक कास्ट आयरन पाइप का प्रयोग किया जाता है। इन्हें सैन्ड मोल्डिंग विधि द्वारा ग्रे-कास्ट आयरन से बनाया जाता है। इन पाइपों पर कोलतार का लेप संक्षारण से बचाने के लिए किया जाता है। इनकी व्यास दो इंच से छः फुट तक हो सकता है तथा लम्बाई 9 फुट से 12 फुट तक होती है। इन्हें जोड़ने के लिए स्पिगॉट का प्रयोग रबर रिंग की सहायता से किया जाता है। इसके चूड़ी या फ्लैंजदार जोड़ भी होते हैं।

2. रॉट आयरन पाइप Wrought Iron Pipe

ये पाइप रॉट आयरन प्लेटों को रोल करके उचित व्यास में बनाए जाते हैं। इनके किनारों पर सरलता से चूड़ी बनाई जा सकती है एवं इन्हें आसानी से मोड़ा जा सकता है। इनकी लम्बाई 18 फुट से 36 फुट तक होती है। इन्हें आपस में जोड़ने के लिए इनके किनारे पर फ्लैंज बने होते हैं।

3. गैल्वेनाइज्ड़ आयरन पाइप Galvanized Iron (GI) Pipe

रॉट आयरन के कम व्यास के पाइपों पर जिंक (zinc) की कोटिंग करके उन्हें संक्षारण (corrosion) से बचाया जाता है तथा उपसाधन फिट किए जाते हैं। इसी कारण इन्हें गैल्वेनाइज्ड पाइप (जी.आई. पाइप) कहा जाता है। इसके किनारों पर BIS मानक की चूड़ी कटी होती है, जिन पर सॉकेट चढ़ाकर इन्हें जोड़ा जाता है।

4. स्टील पाइप Steel Pipe

ये पाइप रॉट आयरन पाइप के समान बनाए जाते हैं। इनका प्रयोग मुख्यत: जल लाइन के लिए किया जाता है। इनके द्वारा उच्च दाब का जल प्रवाहित किया जाता है। प्राय: ये 2.43 मीटर व्यास के बनाए जाते हैं। इनका जीवनकाल 25 से 30 वर्ष तक होता है। इन्हें जोड़ने के लिए वैल्डिंग, रिवेटिंग आदि प्रक्रियाओं का प्रयोग किया जाता है।

5. कंक्रीट पाइप Concrete Pipe

ये पाइप कंक्रीट द्वारा ढलाई करके बनाए जाते हैं। इनमें उच्च दाब पर जल प्रवाहित नहीं किया जाता है। इन्हें आपस में जोड़ने के लिए स्पिगॉट का प्रयोग किया जाता है। ये 60 सेमी व्यास तक के बनाए जाते हैं। R.C.C. पाइपों में इनके ऊपर हाईटेंशन तारों को लपेटकर ऊपर कंक्रीट व सीमेण्ट लेपित किया जाता है। ये अधिक मजबूत होते हैं। ये बहुत भारी पाइप हैं, अत: इनके ट्रांसपोर्टेशन में कठिनाई आती है। इनका जीवनकाल 75 वर्ष से भी अधिक होता है। इन्हें ह्यूम (hume) पाइप भी कहा जाता है।

6. ऐस्बेस्टस सीमेण्ट पाइप Asbestos Cement Pipe

इस प्रकार के पाइप ऐस्बेस्टस फ्रैबिक को सीमेण्ट में मिलाकर बनाए जाते हैं। ये पाइप भार में हल्के होते हैं। ये 3.5 किग्रा/सेमी^{2} से 14 किग्रा/सेमी^{2} तक दाब सहन करने के लिए चार श्रेणियों में बनाए जाते हैं। इनका प्रयोग प्राय: बरसाती पानी आदि के निकास के लिए किया जाता है। इन पाइपों पर लवण अथवा संक्षारण का कोई प्रभाव नहीं पड़ता है।

7. सीसे व ताँबे के पाइप Lead and Copper Pipe

सीसे के पाइप पानी के लिए प्रयोग नहीं किए जाते हैं, क्योंकि इनसे लैड प्वॉइजनिंग की सम्भावना होती है। जल वितरण प्रणाली में इनका प्रयोग क्लोरिनीकरण के लिए किया जाता है। इनका प्रयोग प्राय: बरसाती पानी आदि के निकास के लिए भी किया जाता है। इन पाइपों पर लवण अथवा संक्षारण का कोई प्रभाव नहीं पड़ता है।

ताँबे के पाइप प्राय: 1/8 इंच से 1 इंच तक व्यास के आते हैं। इनकी लम्बाई अलग-अलग माप में व्यास के अनुसार होती है। इन पर तेजाब का कोई प्रभाव नहीं होता है। अपनी उच्च ऊष्मा चालकता के कारण इनका प्रयोग बॉयलर तथा स्टीम के कार्यों में होता है। इन्हें आपस में जोड़ने के लिए ब्रास आदि की यूनियन का प्रयोग किया जाता है।

8. एस.डब्ल्यू. जी. पाइप SWG Pipe

स्टैण्डर्ड वायर गेज (SWG) पाइपों को चाइना क्ले पाइप के नाम से भी जाना जाता है। इन्हें बनाने के लिए फायर क्ले का प्रयोग किया जाता है तथा ये चिकने ग्लेज्ड पाइप होते हैं। इनके एक सिरे पर सॉकेट बना होता है, जिसके द्वारा इन्हें आपस में सीमेट से जोड़ा जाता है। इनका प्रयोग मुख्यत: सैनेटरी कार्यों में किया जाता है।

9. कण्ड्यूट पाइप Conduit Pipe

इस प्रकार के पाइपों का प्रयोग प्राय: विद्युत कार्यों तथा फर्नीचर में सजावट के लिए किया जाता है। इन्हें जोड़ने के लिए बैण्ड, सॉकेट, टी तथा जंक्शन बॉक्स आदि का प्रयोग किया जाता है। इन्हें सरलता से बैण्ड किया जा सकता है।

10. कैनवास पाइप Canvas Pipe

इन पाइपों का प्रयोग अस्थायी जल सप्लाई के लिए प्राय: फायर ब्रिगेड कर्मचारियों द्वारा किया जाता है। इन्हें उच्च क्वालिटी के कैनवास धागों से बनाया जाता हैं।

11. रबर पाइप Rubber Pipe

ये पाइप रबर द्वारा निर्मित होते हैं। घरेलू कार्यों में अस्थायी जल आपूर्ति के लिए इनका प्रयोग किया जाता है।

12. प्लास्टिक पाइप Plastic Pipe

ये पाइप भार में हल्के व सस्ते होने के कारण मुख्य रूप से प्रयोग किये जा सकते हैं। इन पाइपों में जंग नहीं लगता है। प्लास्टिक पाइप निम्न प्रकार के होते हैं

(i) पॉलीथाइलीन पाइप Polythyline pipes

इस प्रकार के पाइप प्राय: काले रंग में मिलते हैं। थर्मोंप्लास्टिक में यह सबसे सस्ता पाइप है। यान्त्रिक स्ट्रैन्थ के अनुसार यह दो प्रकार के होते हैं।

(a) निम्न घनत्व पोलीइथाइलीन पाइप Low Density Poly-ethylene Pipe

इन पाइपों का प्रयोग एक स्थान से दूसरे स्थान तक जल प्रवाह के लिए किया जाता है। ये बहुत लचीले पाइप होते हैं तथा इनका व्यास 63 मिमी तक रखा जाता है। इन पाइपों को लम्बवत् रूप में फिट करके प्रयोग किया जाता है।

(b) उच्च घनत्व पोलीइथाइलीन पाइप High Density Poly-ethylene Pipe (HDPE)

ये पाइप अपेक्षाकृत कठोर होते हैं। इनका उत्पादन 1600 मिमी व्यास तक किया जाता है। प्राय: ये पाइप 16 मिमी से 400 मिमी व्यास के प्रयोग किए जाते हैं। इन पाइपों को प्रयोग करने में व्यावहारिक कठिनाइयाँ आती हैं; जैसे-पाइपों को जोड़ना, संयोजन खोलना आदि। अत: कम व्यास के पाइप का प्रयोग नहीं किया जाता है, केवल बड़े व्यास के पाइप ही प्रयोग किए जाते हैं।

(ii) पी.वी.सी. पाइप (PVC pipe)

पीवीसी पाइपों का प्रयोग सीवर लाइनों, नालियों तथा बरसाती पानी के निकास के लिए अधिक किया जाता है। इन्हें गर्म पानी के लिए प्रयोग नहीं करते हैं। इनकी मजबूती उपरोक्त पाइपों से तीन गुनी होती है। इनका रंग काला, सफेद, सलेटी अथवा क्रीम जैसा होता है। इनकी सतह बहुत चिकनी होती है। इनकी दीवारों की मोटाई 2.8 मिमी से 4.3 मिमी तक होती है तथा इनका व्यास 20 मिमी से 50 मिमी तक होता है।

(iii) क्लोरीनेटिड पॉली विनायल क्लोराइड पाइप Clorinated Polyvinyl Chloride Pipe (CVPC)

क्लोरीनेटिड पॉली विनायल क्लोराइड (CVPC)पाइप को क्लोरीन मिश्रित एक यौगिक क्लोरीनेटिड पॉली विनायल क्लोराइड के द्वारा बनाया जाता हैं यह पाइप 10 से 17 फुट तक लम्बाई में तथा 1/2 इंच से 3 इंच तक व्यास में मिलते हैं। इन पाइपों पर चूड़ियाँ नहीं काटी जाती। इन्हें जोड़ने के लिए हाई क्वालिटी का सॉलवेन्ट प्रयोग में लाया जाता है, जिससे जोड़ शीघ्र ही लीकेज प्रूफ बन जाता हैं आजकल घरों में इसी पाइप का प्रयोग अधिकतर किया जाता है।

(iv) पॉली प्रोपीलिन रैण्डम पाइप Poly Propylene Random (PPR) Pipe

इस प्रकार के पाइप का उपयोग ठण्डे व गर्म पानी के लिए सभी प्रकार के कार्यों में किया जा सकता है। यह पाइप 16 मिमी से 200 मिमी तक के व्यास में बनाए जाते हैं। इन पाइपों की विशेषता यह है कि ये – 20°C तापमान से लेकर +95°C तापमान में भी आसानी से कार्य करते हैं। इनका जीवनकाल भी 50 वर्ष के लगभग होता है।

(v) अनप्लास्टिकसाइज्ड पॉली विनायल क्लोराइड पाइप Unplasticised Polyvinyal Chloride (UPVC) Pipe

इसमें दो प्रकार की पाइप बनाये जाते हैं, जो पाइप वाटर सप्लाई के कार्यों में प्रयोग किये जाते हैं, उस पर चूड़ियाँ भी बनाई जा सकती हैं और चूड़ियों द्वारा भी जोड़ों को लगाया जा सकता है परन्तु जो पाइप सॉयल/वेस्ट वाटर के कार्यों के लिए प्रयोग किए जाते हैं, उनको सालवेन्ट/रबड़ रिंग द्वारा जोड़ा जाता है। यह पाइप प्राय: 1/2 इंच से 12 इंच व्यास तक तथा 10 फुट से 20 फुट तक लम्बाई में उपलब्ध होते हैं। इन पाइपों का प्रयोग गर्म पानी के कार्यों में नहीं किया जाता है।

13. हाई प्रैशर स्टीम या गैस पाइप High Pressure Steam or Gas Pipe

ये पाइप बिना जोड़ के बनाए जाते हैं। इन्हें सीमलैस पाइप के नाम से भी जाना जाता है। इन पाइपों का उपयोग गैस अथवा स्टीम को एक स्थान से दूसरे स्थान पर पहुँचाने के लिए किया जाता है। गैस या स्टीम के प्रैशर को

बनाए रखने के लिए इन पाइपों की लाइन में इनके ऊपर ऐस्बेस्टस या ग्लास वूल चढ़ाकर जाली या लोहे की शीट ढक दी जाती है। इन पाइपों को नुकसान होने से बचाने के लिए सेफ्टी वाल्व का प्रयोग करना अनिवार्य है।

पाइप की धातु एवं उसके प्रयोग
Metal of Pipe and Their Uses

विभिन्न धातुओं से निर्मित पाइपों तथा उनके प्रयोगों का विवरण निम्न तालिका में दिया गया है

तालिका पाइप की धातु एवं उसका प्रयोग

क्र.सं.	पाइप की धातु	प्रयोग
1.	ढलवाँ लोहे के पाइप	पानी की लाइनों में जमीन में बिछाए जाते हैं।
2.	रॉट आयरन के पाइप	भाप या कम्प्रैस्ड गैस के लिए प्रयोग किए जाते हैं।
3.	आर.सी.सी. पाइप	बड़ी-बड़ी पानी की अण्डरग्राउण्ड लाइन या सीवर में प्रयोग किए जाते हैं।
4.	जी.आई. पाइप	जिंक कोटिड होते हैं। पीने के पानी की घरेलू लाइनों में प्रयोग किए जाते हैं।
5.	ऐस्बेस्टस सीमेण्ट पाइप	बारिश के पानी को बाहर निकालने में प्रयोग किए जाते हैं। मजबूती में अपेक्षाकृत कमजोर होते हैं।
6.	रबड़ या नायलॉन पाइप	रसोई, गार्डन, ट्यूबवैल इत्यादि में प्रयोग किए जाते हैं।
7.	हाई प्रैशर स्टील या गैस पाइप	ये पाइप बिना जोड़ के होते हैं। गैस, स्टीम या तेल को एक स्थान से दूसरे स्थान तक ले जाने में प्रयोग किए जाते हैं।
8.	कॉपर पाइप	बॉयलर या स्टीम इंजन में प्रयोग किए जाते हैं।
9.	ब्रास पाइप	हवाई जहाजों की पाइप लाइन में प्रयोग किए जाते हैं।
10.	लैड पाइप	एसिड लाइन में प्रयोग किए जाते हैं। इस प्रकार के पाइप पीने के पानी की लाइन में कभी प्रयोग नही होते।
11.	एल्युमीनियम पाइप	हवाई जहाज की पाइप लाइनों में प्रयोग किए जाते हैं।
12.	कण्ड्यूट पाइप	बिजली की अण्डरग्राउण्ड वायरिंग में प्रयोग किए जाते हैं।
13.	प्लास्टिक पाइप	अण्डरग्राउण्ड वायरिंग या पानी की लाइनों में प्रयोग किए जाते हैं।

4.3 पाइप फिटिंग Pipe Fitting

बाजार में पाइप विभिन्न लम्बाइयों में उपलब्ध होते हैं। पाइपों को आवश्यकतानुसार वांछित स्थान तक पहुँचाने के लिए तथा विभिन्न व्यासों के पाइपों को जोड़ने के लिए कुछ सहायक सामग्रियाँ (auxiliary accessories) प्रयोग की जाती हैं। इन सहायक सामग्रियों द्वारा पाइपों को परस्पर जोड़ने की क्रिया को ही पाइप फिटिंग के नाम से जाना जाता है। कुछ पाइप फिटिंग सहायक सामग्रियाँ निम्न प्रकार हैं

1. सॉकेट Socket

सॉकेट एक प्रकार का खोखला पाइप का टुकड़ा होता है, जिसके अन्दर सम्पूर्ण लम्बाई में चूड़ियाँ कटी होती हैं। इसका प्रयोग समान व्यास के पाइपों के दो टुकड़ों को आपस में जोड़कर पाइप की लम्बाई बढ़ाने के लिए किया जाता है। निम्न चित्र में सॉकेट को दर्शाया गया है। ये पाइप के विभिन्न साइजों के अनुसार बाजार में उपलब्ध होते हैं; जैसे—आधा इंच, पौन इंच, एक इंच आदि।

चित्र सॉकेट

2. एल्बो Elbow

एल्बो का प्रयोग पाइप लाइन को समकोण (90°) पर मोड़ने के लिए किया जाता है। इसके दोनों ही भागों में अन्दर की ओर चूड़ियाँ कटी होती हैं। इसका साइज भी जोड़े जाने वाले पाइप के साइज के अनुसार लिया जाता है।

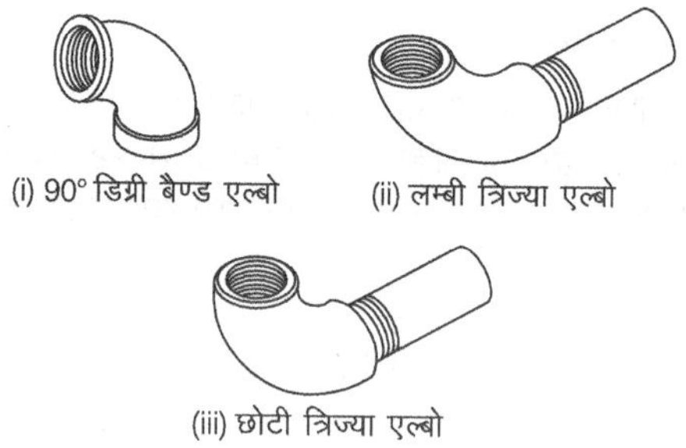

चित्र एल्बो

3. टी Tee

पाइप फिटिंग की इस सहायक सामग्री की बनावट अंग्रेजी के 'T' अक्षर के समान होती है। टी का प्रयोग किसी पाइप लाइन से समकोण पर नई पाइप ले जाने के लिए किया जाता है। इसमें तीन सिरे होते हैं तथा प्रत्येक सिरे पर अन्दर की ओर चूड़ियाँ कटी होती हैं।

बड़ी पाइप लाइन से कम व्यास की नई लाइन बनाने के लिए रिड्यूसिंग 'T' (reducing tee) का प्रयोग किया जाता है।

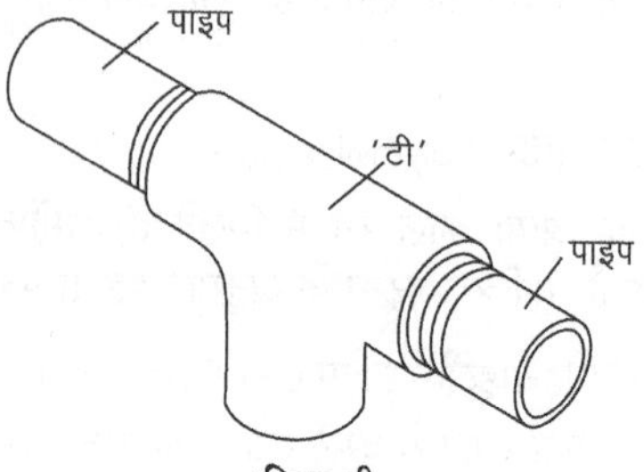

चित्र टी

4. क्रॉस Cross

इसको क्रॉस 'T' (cross tee) के नाम से भी जाना जाता है। इसका उपयोग परस्पर समकोण पर दो पाइप लाइनें बिछाने के लिए किया जाता है। इसे 'फोर-वे' भी कहते हैं, क्योंकि इसमें चार मुँह होते हैं, जिनमें अन्दर की ओर चूड़ियाँ कटी होती हैं, जिससे कि उनमें पाइप जोड़े जा सकें। चित्र में क्रॉस को दर्शाया गया है

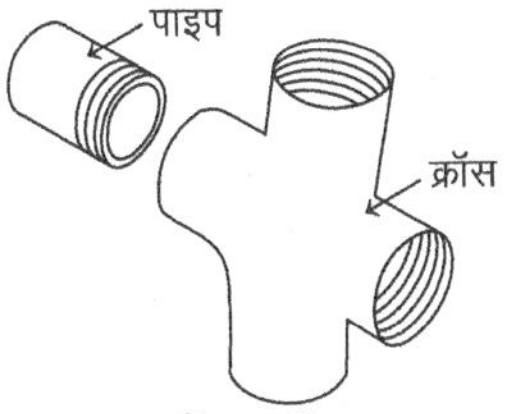

चित्र क्रॉस

5. कपलिंग Coupling

दो पाइपों को आपस में जोड़ने के लिए कपलिंग का प्रयोग किया जाता है। यह पाइप की बाहरी चूड़ियों पर कसा जाता है। पाइप की बाहरी चूड़ियों पर फिट करने के लिए इसके दोनों सिरों पर आन्तरिक चूड़ियाँ कटी रहती हैं।

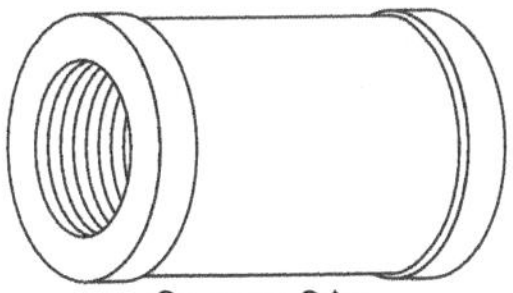

चित्र कपलिंग

6. पाइप निप्पल Pipe Nipple

पाइप निप्पल ट्यूबुलर फिटिंग होती है, जिसका प्रयोग विभिन्न आकारों के दो या दो से अधिक पाइपों को जोड़ने के लिए किया जाता है। यह 3 प्रकार का होता है (i) बन्द निप्पल, (ii) छोटा निप्पल तथा (iii) लम्बा निप्पल। निम्न चित्र में तीनों प्रकार के पाइप निप्पल दर्शाए गए हैं।

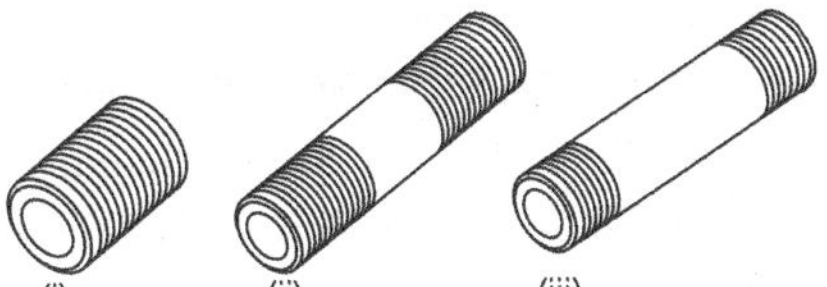

चित्र विभिन्न प्रकार के पाइप निप्पल

7. हैक्सॉगोनल नट Hexagonal Nut

पाइप निप्पल के केन्द्र में हैक्सॉगोनल नट को स्पैनर या रिंच की सहायता से कसा जाता है।

चित्र हैक्सॉगोनल नट

8. बैण्ड Bend

यह भी 90° (समकोण) पर मुड़ा हुआ पाइप का टुकड़ा होता है, जिसके दोनों सिरों पर ऊपर की ओर चूड़ियाँ कटी होती हैं। बैण्ड के मोड़ का व्यास एल्बो की अपेक्षा बड़ा होता है।

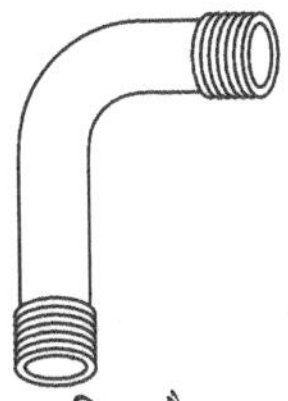

चित्र बैण्ड

इसे लाइन में जोड़ने के लिए दोनों सिरों पर सॉकेट लगाने पड़ते हैं। चित्र में बैण्ड को दर्शाया गया है

9. रिड्यूसर Reducer

बड़े व्यास के पाइप में आगे कम व्यास का पाइप जोड़ने के लिए रिड्यूसर का प्रयोग किया जाता है। इसमें एक ओर का व्यास बड़ा तथा दूसरी ओर का व्यास छोटा होता है।

चित्र रिड्यूसर

रिड्यूसर दो प्रकार का होता है

(i) कन्सेन्ट्रिक रिड्यूसर तथा (ii) एसेन्ट्रिक रिड्यूसर।

कन्सेन्ट्रिक (concentric) रिड्यूसर का प्रयोग ऊर्ध्वाधर स्थिति में, जबकि एसेन्ट्रिक (ecentric) रिड्यूसर का प्रयोग क्षैतिज स्थिति में किया जाता है।

10. प्लग Plug

पाइप के सिरे को बन्द करने के लिए उस पर सॉकेट लगाकर प्लग लगा देते हैं। इसकी बॉडी के ऊपर पूरे भाग में चूड़ियाँ कटी होती हैं। प्लग को घुमाकर बन्द करने के लिए इसके ऊपर की ओर स्क्वायर शैंक बनी होती है।

11. कैप Cap

कैप का प्रयोग भी पाइप के खुले सिरे को बन्द करने के लिए किया जाता है। अतः यह भी प्लग की भाँति ही कार्य करता है। प्लग एवं कैप में अन्तर केवल यह है कि कैप में अन्दर की तरफ चूड़ियाँ कटी होती हैं।

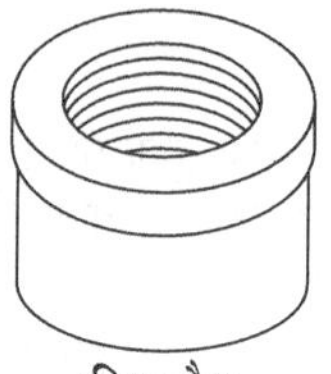

चित्र कैप

12. यूनियन Union

यूनियन का प्रयोग पाइपों में अस्थायी जोड़ बनाने के लिए किया जाता है। पाइप लाइन में लगे यूनियन को आसानी से खोलकर दोनों भागों को अलग-अलग किया जा सकता है तथा लाइन को आवश्यकतानुसार चैक भी किया जा सकता है। इसका प्रयोग पाइप लाइन में मोटर पम्प सैट लगाने जैसे कार्यों के लिए किया जाता है।

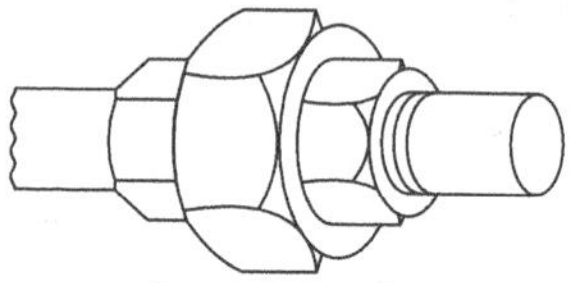

चित्र यूनियन जोड़

इसमें दो फ्लैंज होती हैं, जिन्हें दोनों पाइपों पर कस दिया जाता है तथा दोनों फ्लैंजों को परस्पर जोड़ने के लिए एक विशेष नट का प्रयोग किया जाता है।

13. कॉक Cock

सामान्य भाषा में इसे टोंटी कहते हैं। इसका कार्य प्रवाहित जल, तेल या गैस को रोकने या बन्द करने व आवश्यकता पड़ने पर चालू करने के लिए किया जाता है। घरों में पानी लेने व पानी को बन्द करने के लिए पाइप के साथ इसे प्रयोग किया जाता है। यह आवश्यकतानुसार पीतल, गनमैटल, प्लास्टिक या कास्ट आयरन के बनाए जाते हैं। इसके ऊपर खोलने का प्रबन्ध रहता है तथा इसके बीच में चोंच बनी होती है।

इस कारण घरेलू टोंटी को 'बिब कॉक' कहा जाता है। इसके अतिरिक्त निम्नलिखित प्रकार के कॉक प्रयोग में लाये जाते हैं

(i) स्टॉप कॉक Stop Cock

इसका प्रयोग पाइप लाइन में बह रहे पदार्थ (हवा, गैस, पानी अथवा कोई द्रव) को आगे जाने से रोकने के लिए किया जाता है। पाइप लाइन में उत्पन्न हुए दोष की जाँच करने तथा उसे दूर करने के लिए पानी के प्रवाह को रोकने के लिए स्टॉप कॉक का प्रयोग किया जाता है।

इसकी बनावट चित्र में दर्शायी गई है। यह दो प्रकार का होता है—(i) मेल एण्ड स्टॉप कॉक तथा (ii) फीमेल एण्ड स्टॉप कॉक। चित्र में स्टॉप कॉक तथा इसके प्रकारों को दर्शाया गया है

चित्र मेल एण्ड स्टॉप कॉक

चित्र फीमेल एण्ड स्टॉप कॉक

(ii) प्लग कॉक Plug Cock

पानी के तेज बहाव वाले स्थानों पर प्लग कॉक का प्रयोग किया जाता है। यह भी एक प्रकार का वाल्व होता है। प्लग के एक साइड से दूसरे साइड में पानी के बहाव को जाने व रोकने के लिए इसकी बॉडी में लगे एक समान्तर, टेपर्ड या गोलाकार प्लग को घुमाया जाता है। इस प्लग में एक हैण्डिल जिसे 'की' (key) कहते हैं, जुड़ा हुआ होता है। इसी हैण्डिल को पानी का बहाव रोकने के लिए घुमाया जाता है।

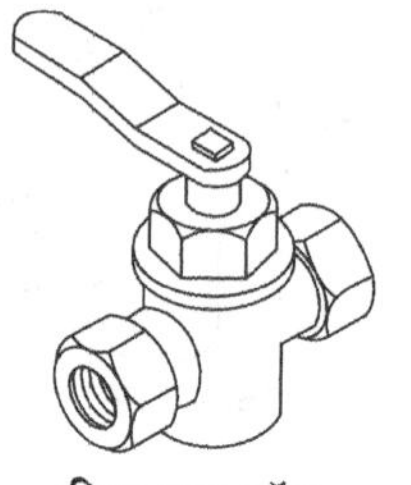

चित्र प्लग कॉक

(iii) कम्बाइण्ड स्टॉप कॉक या ड्रेन कॉक Combined Stop Cock or Drain Cock

इसका प्रयोग मुख्यत: घरों की मेन लाइन में किया जाता है। इसके अन्दर स्टॉप कॉक तथा टैप एक साथ फिट किए जाते हैं। इसमें स्टॉप कॉक द्वारा सप्लाई बन्द करके टैप द्वारा लाइन से पानी लेने की सुविधा होती है।

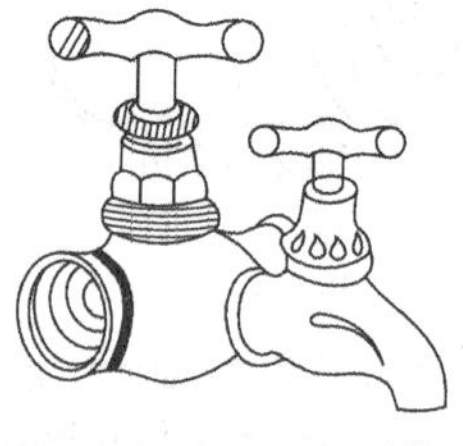

चित्र कम्बाइण्ड स्टॉप कॉक या ड्रेन कॉक

14. फ्लैंज जोड़ Flange Joint

फ्लैंज जोड़ का प्रयोग दो लम्बे पाइपों को जोड़ने के लिए किया जाता है। फ्लैंजों को स्क्रू, वैल्डिंग या पाइपों की बॉण्डिंग (bonding) करके फिट किया जा सकता है। फ्लैंज का प्रयोग पाइप व कण्ट्रोल वाल्व को जोड़ने के लिए किया जाता है।

चित्र फ्लैंज जोड़

15. वाल्व Valve

वाल्व मुख्य रूप से कास्ट आयरन, स्टील, पीतल अथवा प्लास्टिक के बनाए जाते हैं। इसके एक सिरे पर मेन लाइन व दूसरे सिरे से ब्रांच लाइन निकाल दी जाती है। जब ब्रांच खराब हो जाती है, तो वाल्व लगे हैण्डिल को घुमाकर (या कसकर) ब्रांच लाइन के लिए सप्लाई बन्द कर दी जाती है, जबकि मेन लाइन चलती रहती है।

वाल्व का प्रयोग पाइप में बहने वाले पानी की मात्रा को नियन्त्रित करने अथवा रोकने के लिए किया जाता है। उपयोगिता के आधार पर वाल्व निम्न प्रकार के होते हैं

(i) ग्लोब वाल्व Globe Valve

इस वाल्व के द्वारा द्रव तथा गैस दोनों को नियन्त्रित किया जा सकता है इसलिए इसे पाइपिंग प्रणाली में बहुतायत प्रयोग किया जाता है। इस वाल्व की बॉडी के मध्य का भाग ग्लोब के समान होता है, जोकि इनलैट के जैसे बन्द (close) रहता है। इस वाल्व की ओपनिंग की ऊपरी सतह स्मूथ व ग्राइण्ड करके बनाई जाती है तथा स्टैम के सिरे पर रबर या मैटल की डिस्क जोड़ी जाती है। इस स्टैम को जब घड़ी की दिशा में (clockwise) घुमाया जाता है, तो उस वाल्व से प्रवाह बन्द हो जाता है।

इस वाल्व की हाउसिंग का ऊपरी भाग खोखला बनाया जाता है, जिससे कि इस भाग में पैकिंग पदार्थों को रखने का स्थान सही मिले। ग्लोब वाल्व की बाह्य संरचना तथा उसके अन्तरिक भागों को निम्न चित्र में दर्शाया गया है

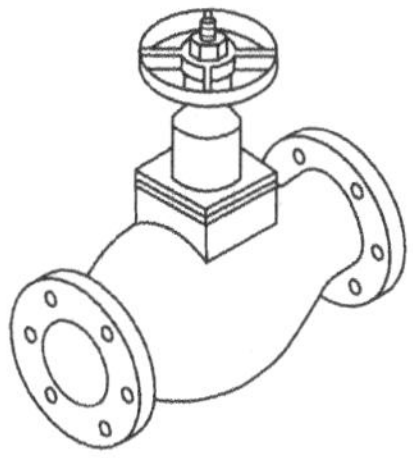

चित्र ग्लोब वाल्व की बाह्य संरचना

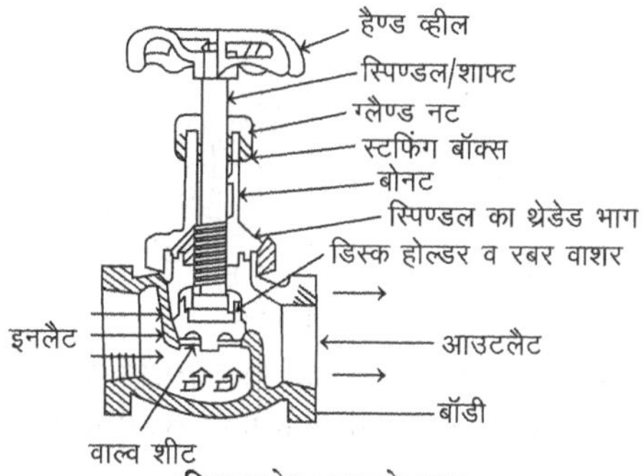

चित्र ग्लोब वाल्व के भाग

(ii) गेट वाल्व Gate Valve

इन्हें स्लूइस (sluice) वाल्व के नाम से भी जाना जाता है। इन वाल्वों को सबसे अधिक जल नियन्त्रित करने के लिए वाटर वर्क्स के कार्यों में प्रयोग किया जाता है। इन वाल्वों को जल स्रोतों से नगर तक जल की मुख्य लाइनों में 3 से 5 किमी की दूरी पर लगाया जाता है। जब मुख्य लाइनों में जल प्रवाह रोकने की आवश्यकता होती है, तो यह वाल्व बन्द किए जा सकते हैं। प्रायः ये वाल्व ढलवाँ लोहे के बने होते हैं। इनमें एक गोल डिस्क, एक चूड़ीदार स्पिण्डल से जुड़ी रहती है। यह स्पिण्डल एक स्टफिंग बॉक्स व्यवस्था से जुड़ा रहता है। इसके ऊपर लगे पहिए को घुमाकर इस वाल्व को खोला या बन्द किया जा सकता है।

इन वाल्वों की बॉडी गुम्बद, ढक्कन, गेट तथा स्टफिंग बॉक्स अच्छे ढलवाँ लोहे के बने होते हैं। स्लूइस वाल्व सीट, स्पिण्डल तथा नट काँसे तथा टिन के बनाए जाते हैं। स्पिण्डल सीट व अन्य भाग मशीनिंग करके चिकने बनाए जाते हैं। नीचे दिए गए चित्रों में गेट वाल्व तथा उसके भागों को दर्शाया गया है

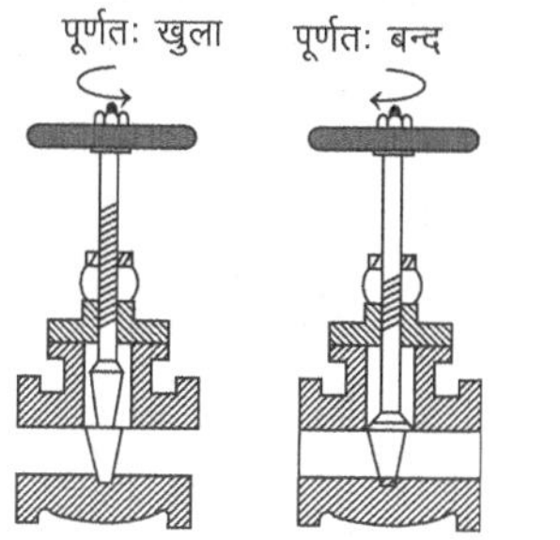

चित्र गेट वाल्व

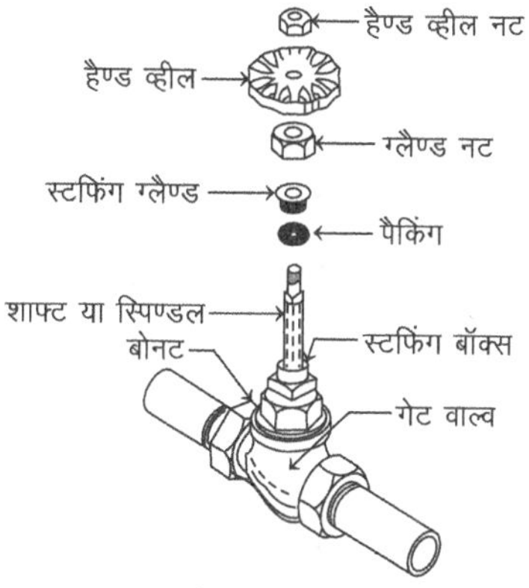

चित्र गेट वाल्व के भाग

(iii) नीडिल वाल्व Needle Valve

यह वाल्व ग्लोब वाल्व के समान ही बना होता है। इसका प्रयोग जल के प्रवाह को सूक्ष्मता में नियन्त्रित करने हेतु किया जाता है। इसमें एक टेपर नीडिल लगाई जाती है, जिसकी सहायता से जल के प्रवाह का सूक्ष्म कण्ट्रोल (fine control) किया जाता है।

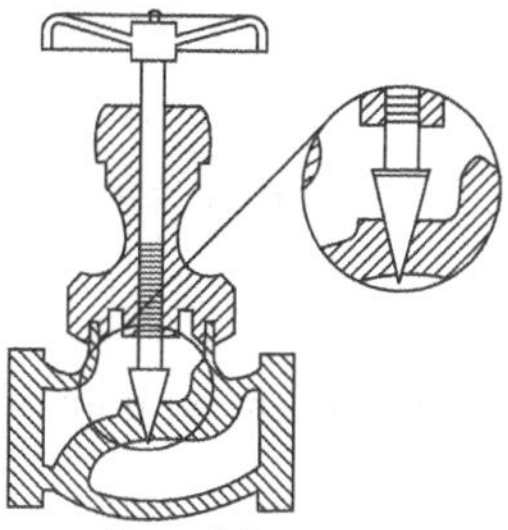

चित्र नीडिल वाल्व

(iv) **नॉन-रिटर्न वाल्व** Non-return Valve

यह एक स्वचालित वाल्व होता है, जो जल को केवल एक दिशा में ही प्रवाहित होने देता है। इसके प्रयोग से जल विपरीत दिशा में प्रवाहित नहीं हो पाता है। इसमें शीर्ष पर एक डिस्क कब्जे द्वारा लगी होती है, जो अपनी सीट पर चिपकी रहती है। जब जल का दबाव पड़ता है तो यह डिस्क जल को उस दिशा में जाने देती है, परन्तु विपरीत दिशा में जल आने पर डिस्क सीट से चिपक कर जल आने का मार्ग बन्द कर देती है।

इसे चैक वाल्व (check valve) तथा रिफलैक्स वाल्व भी कहा जाता है। ये वाल्व कास्ट आयरन, पीतल, काँसा तथा प्लास्टिक के बनाए जाते हैं।

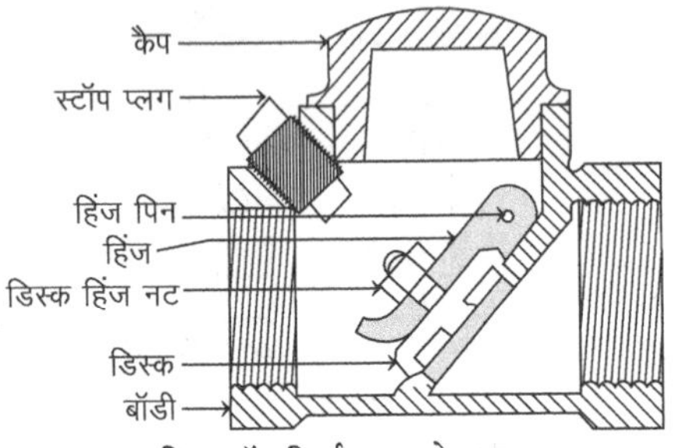

चित्र नॉन-रिटर्न वाल्व के भाग

16. वाई-पीस Y-Piece

Y-पीस का प्रयोग तीन समान व्यास वाले पाइपों को Y-आकृति में जोड़ने के लिए किया जाता है। इसकी आकृति Y-अक्षर के समान होती है।

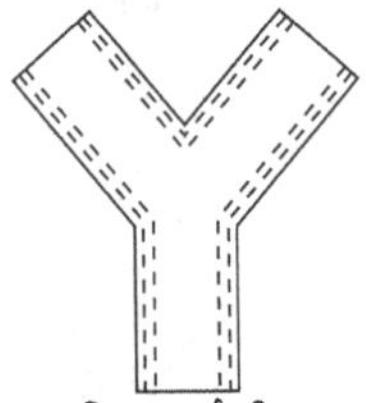

चित्र वाई-पीस

17. ब्रांच पीस Branch Piece

ब्रांच पीस का उपयोग मेन पाइप लाइन में 45° से 60° के कोण पर पाइपों को जोड़ने के लिए किया जाता है।

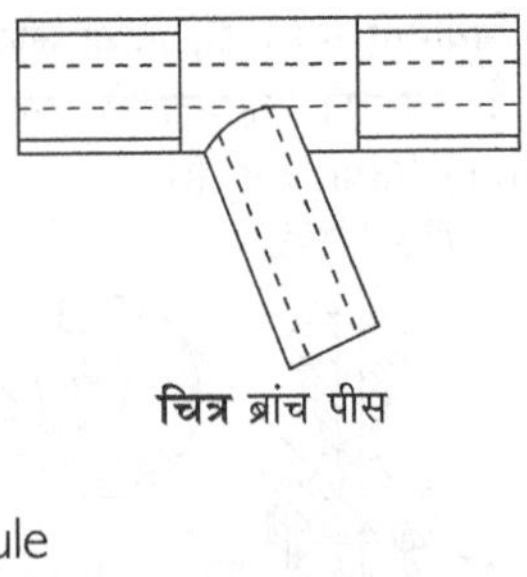

चित्र ब्रांच पीस

18. फैरूल Ferrule

यह यूनियन के समान होता है। फैरूल का प्रयोग प्राय: घरेलू वाटर सप्लाई में मीटर के पास किया जाता है।

यह दो पाइपों को जोड़ने का एक ऐसा साधन है, जिसके द्वारा उन पाइपों को बीच से सरलता से खोला जा सके, क्योंकि सॉकेट द्वारा जुड़े पाइप को बीच में से खोलने में कठिनाई आती है।

यह दो भागों में बना होता है।

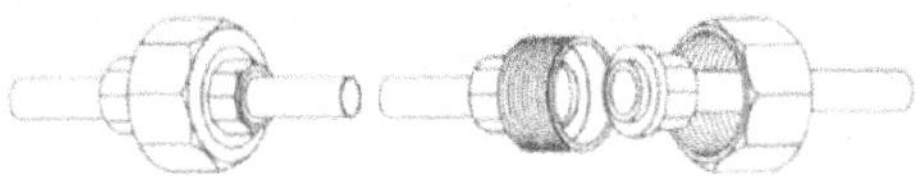

चित्र फैरूल

इसके दोनों सिरों पर टेपर चूड़ी कटी होती है। इन दोनों भागों को जोड़ने के लिए एक कपलिंग नट इसी में रहता है। इस नट द्वारा ही इसे सरलता से खोला या कसा जा सकता है। यह पीतल का बनाया जाता है।

4.4 पाइप फिटिंग टूल्स Pipe Fitting Tools

प्लम्बिंग शॉप में पाइप लाइन की फिटिंग करने, पाइपों पर चूड़ियाँ काटने, उन्हें मोड़ने व टाइट करने जैसे कार्यों के लिए विभिन्न प्रकार के टूल्स प्रयोग किए जाते हैं। जिन्हें पाइप फिटिंग टूल्स कहते हैं। ये निम्न प्रकार के होते हैं

1. पाइप वाइस Pipe Vice

इसका प्रयोग गोल पाइप व छड़ आदि को पकड़ने के लिए किया जाता है। इसके आधार में 'V' ग्रूव का स्थिर जबड़ा होता है। इसमें एक चल जबड़ा, स्पिण्डल के द्वारा वर्टिकल फ्रेम में चलता है। इसमें दोनों जबड़ों में 90° का ग्रूव होता है। ये दोनों जबड़े कास्ट स्टील के बने होते हैं, जिन्हें ऊष्मा उपचार के द्वारा हार्ड किया जाता है।

जॉब को मजबूती से पकड़ने के लिए इसमें दाँते (teeth) भी कटे होते हैं। इसकी बॉडी, कास्ट आयरन तथा स्पिण्डल, माइल्ड स्टील की बनी होती है। इसकी दोनों प्रकारों की बनावट चित्र (a) तथा (b) में दर्शायी गई है

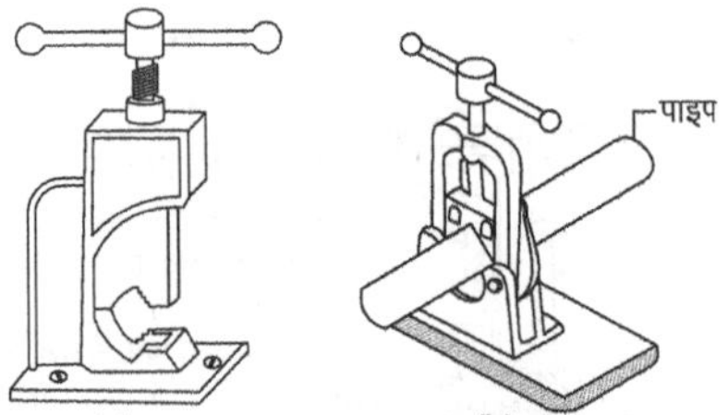

(a) (b)

चित्र पाइप वाइस

पाइप वाइस मुख्यत: दो प्रकार के होते हैं। (i) पोर्टेबल पाइप वाइस तथा (ii) चेन पाइप वाइस चित्र में दोनों प्रकार के पाइप वाइस दर्शाए गए हैं

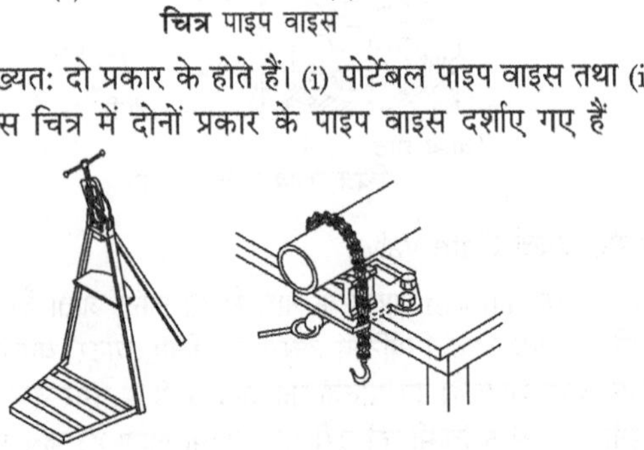

(i) पोर्टेबल पाइप वाइस (ii) चेन पाइप वाइस

चित्र पाइप वाइस के प्रकार

पोर्टेबल पाइप वाइस का प्रयोग पाइप को कार्य स्थल तक ले जाने के लिए किया जाता है तथा चेन पाइप वाइस का प्रयोग पाइप को पकड़ने के लिए किया जाता है। चेन पाइप वाइस द्वारा 200 मिमी तक व्यास के पाइप सरलतापूर्वक पकड़े जा सकते हैं।

2. **पाइप रिंच** Pipe Wrench

इसका प्रयोग पाइप फिटिंग करते समय पाइप को खोलने व कसने के लिए किया जाता है। इसमें दो जॉ (चल तथा स्थिर) होते हैं, जिन्हें नट द्वारा एडजस्ट किया जाता है। यह कास्ट स्टील का बना होता है। इसका प्रयोग 15 मिमी से 50 मिमी व्यास वाले पाइपों के लिए किया जाता है।

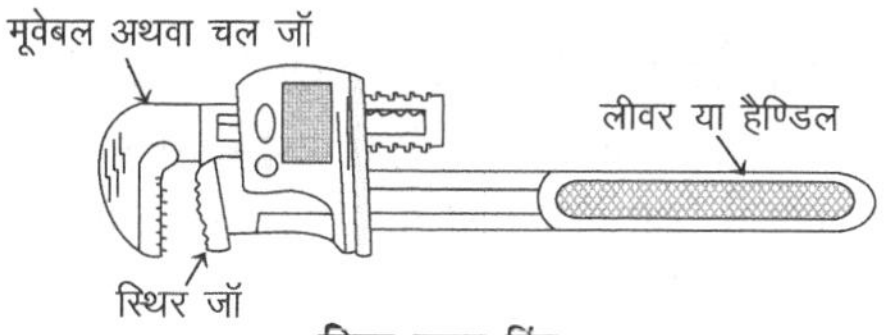

चित्र पाइप रिंच

3. **चेन पाइप रिंच** Chain Pipe Wrench

चेन पाइप रिंच का प्रयोग 50 मिमी से 150 मिमी तक के व्यास वाले पाइपों को खोलने व कसने के लिए किया जाता है। इसमें एक चेन लगी होती है। इस चेन को पाइप के ऊपर लपेटकर रिंच में फँसा दिया जाता है तथा हैण्डिल द्वारा पाइप को खोला व कसा जाता है। इसका प्रयोग बेलनाकार या असमान वस्तुओं को पकड़ने के लिए भी किया जाता है।

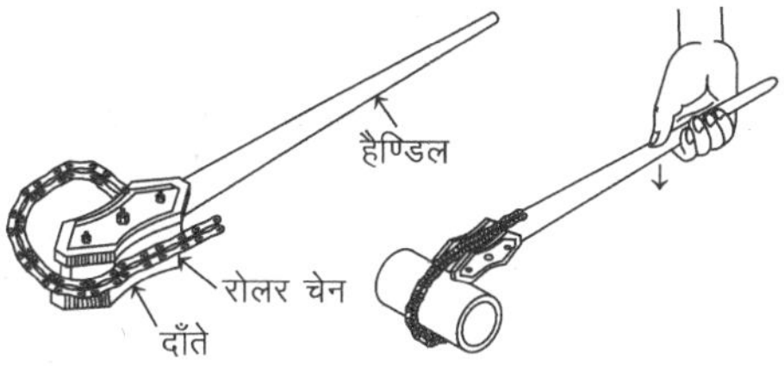

चित्र चेन पाइप रिंच

4. **पाइप डाई या डाई स्टॉक** Pipe Die or Die Stock

पाइप डाई या डाई स्टॉक का प्रयोग पाइपों में बाहरी चूड़ियाँ काटने के लिए किया जाता है। इसमें दो या चार बिटों में डाई फिट की गई होती है। यह एडजस्टेबल डाई के समान होती है। इसमें साइज को कम या ज्यादा करने के लिए दो एडजस्टिंग स्क्रू होते हैं। सामान्यत: पाइप डाई 0.25" से 4" तक के साइज में बाजार में उपलब्ध है।

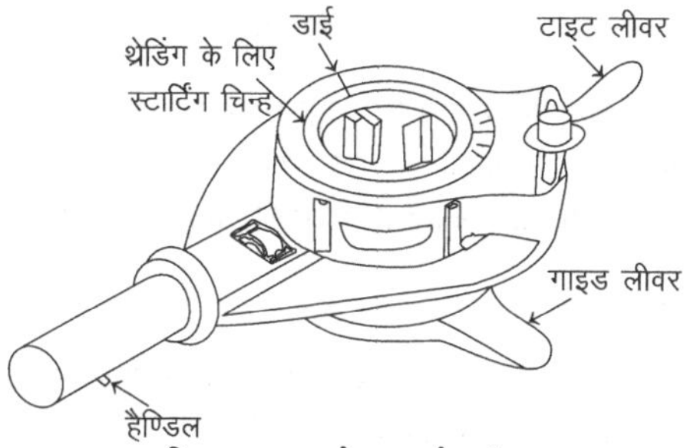

चित्र पाइप डाई या डाई स्टॉक

5. **डाई सैट्स** Die Sets

प्रत्येक डाई पर उसकी चूड़ी के प्रकार तथा पाइप की रेंज जिसके लिए वह उचित रहता है, साफ-साफ लिखा रहता है। प्रत्येक डाई की पहचान के लिए उस पर एक पहचान संख्या अंकित रहती है, जो 1 से 4 तक होती है। इन डाइयों को एक सैट के समान स्टोर तथा उपयोग करना चाहिए। पाइप पर चूड़ियाँ प्राय: थ्रेडिंग डाई से काटी जाती हैं, जिन्हें थ्रेड रिंग गेज द्वारा चैक कर लिया जाता है।

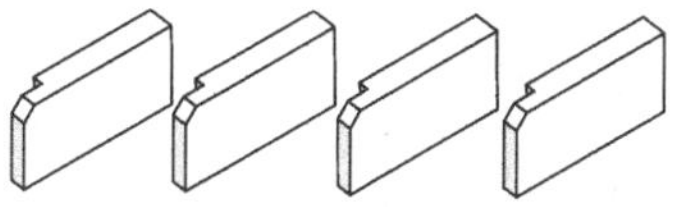

चित्र डाई सैट्स

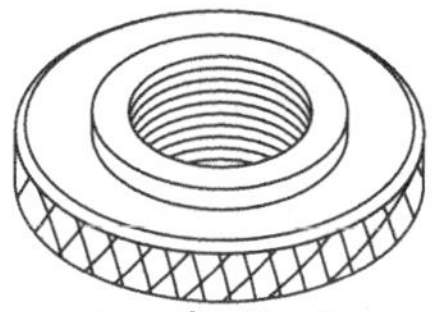

चित्र थ्रेड रिंग गेज

6. **साधारण पाइप डाई स्टॉक** Simple Pipe Die Stock

साधारण पाइप डाई स्टॉक, रैचेट डाई स्टॉक की तुलना में सस्ता होता है, इसलिए इसका प्रयोग पाइप पर चूड़ियाँ काटने के लिए सबसे अधिक किया जाता है।

सामान्यत: पाइप डाई विभिन्न साइजों; जैसे– $\frac{1''}{2}, \frac{3''}{4}, 1'', 1\frac{1''}{4}, 1\frac{1''}{2}, 2''$ इत्यादि में बाजार में उपलब्ध होती है। जबकि पाइप डाई स्टॉक एक ही स्टैण्डर्ड साइज में उपलब्ध होता है। इसमें एक गाइड ब्लॉक फिट रहता है, जिसका साइज डाई सैट के अनुसार रखा जाता है।

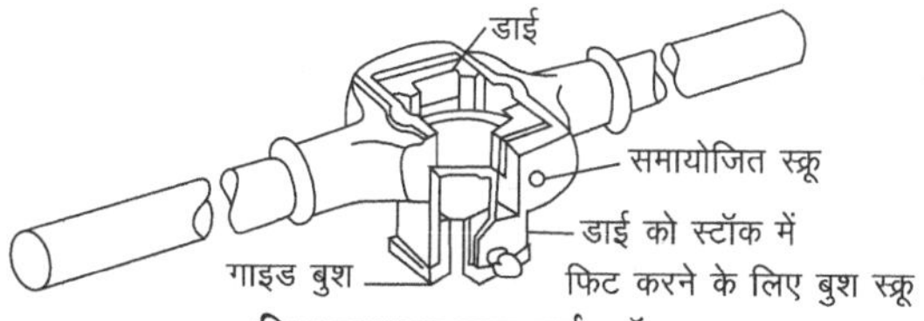

चित्र साधारण पाइप डाई स्टॉक

7. **पाइप टैप** Pipe Tap

पाइप के अन्दर चूड़ी काटने के लिए मानक टेपर पाइप टैप का प्रयोग किया जाता है। इसमें टेपर थ्रेड बने होते हैं, जो चूड़ियाँ काटने में सहायक होते हैं।

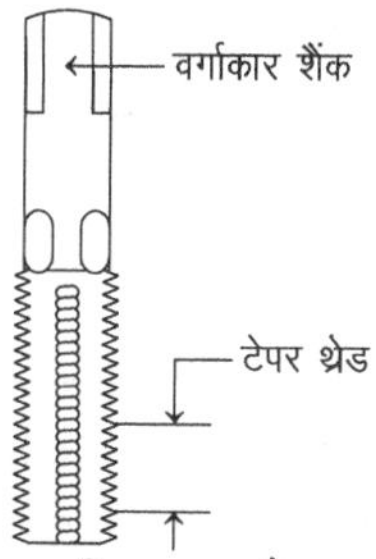

चित्र पाइप टैप

8. पाइप कटर Pipe Cutter

पाइप कटर का प्रयोग पाइप को काटने के लिए किया जाता है। इसमें 'C' आकृति का एक मजबूत फ्रेम होता है। इसके एक सिरे पर स्पिण्डल लगा होता है तथा दूसरे पर गाइड रोलरों का जोड़ा लगा होता है। ये रोलर पाइप को घुमाते समय गाइड करते हैं। स्पिण्डल से संचालित स्लाइड पर कठोरीकृत स्टील (hardened steel) की दो कटर डिस्क लगी होती हैं।

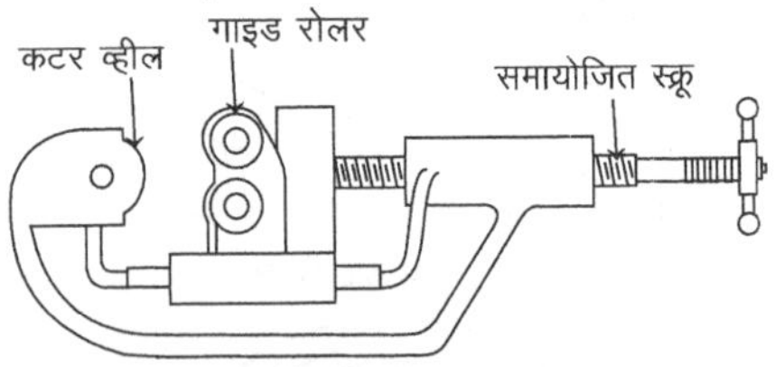

चित्र पाइप कटर

9. मल्टी व्हील चेन पाइप कटर Multi Wheel Chain Pipe Cutter

सामान्य पाइप कटर के विपरीत मल्टी व्हील पाइप में कुछ अतिरिक्त व्हील भी होते हैं, जिन्हें लिंक के साथ जोड़कर किसी भी साइज के पाइप को काटने हेतु संयोजित किया जा सकता है। काटे जाने वाले पाइप के व्यास के अनुसार ही कटर के प्रकार तथा साइज का चयन किया जाता है। चित्र में मल्टी व्हील चेन पाइप कटर तथा उसके मुख्य भागों को दर्शाया गया है

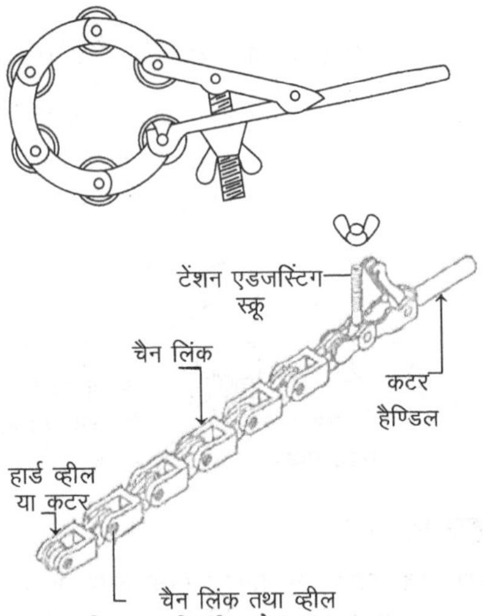

चित्र मल्टी व्हील चेन पाइप कटर

10. पाइप टोंग Pipe Tong

यह भी एक प्रकार का फिटिंग टूल है इसकी सहायता से छोटे पाइपों को पकड़ने में सहायता मिलती है।

11. ब्लो लैम्प Blow Lamp

सोल्डरिंग व ब्रेजिंग के लिए ब्लो लैम्प का प्रयोग सोल्डर तथा धातु जोड़ को गर्म करने के लिए किया जाता है, जबकि पाइप फिटिंग में ब्लो लैम्प का प्रयोग लैड को पिघलाने के लिए तथा पाइपों को गर्म करने के लिए किया जाता है।

निम्न चित्र में ब्लो लैम्प को दर्शाया गया है।

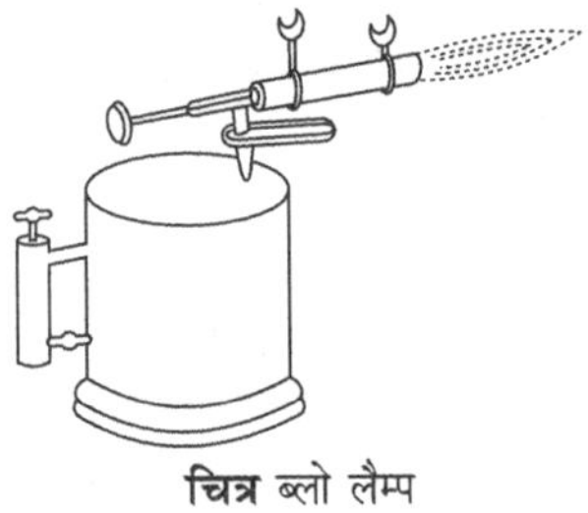

चित्र ब्लो लैम्प

12. लैडल या मैटल पॉट Laddle or Metal Pot

जब पाइप में कोई जोड़ लगाया जाता है, तो उस समय लैड को जिस बर्तन में पिघलाया जाता है, उसे लैडल या मैटल पॉट कहा जाता है। इन्हें निम्न चित्रों में दर्शाया गया है

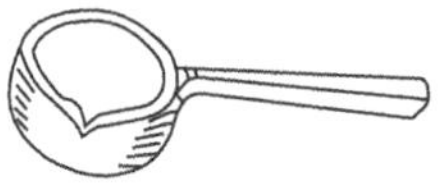

चित्र लैडल

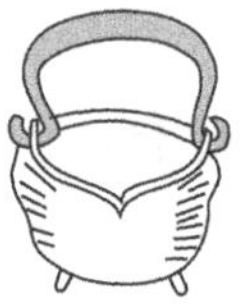

चित्र मैटल पॉट

13. छेनी Chisel

छेनी एक प्रकार का कटिंग टूल है। इसके द्वारा फ्लैट एंगल आयरन तथा 1/8" तक मोटी धातु को काटा जाता है। यह कार्बन स्टील की बनी होती है। इनकी लम्बाई 50 मिमी से 200 मिमी तक होती है। चीजल की व्यावहारिक माप उसके काटने वाले सिरे से जानी जाती है। विभिन्न धातुओं को काटने के लिए चीजल का कटिंग कोण अलग-अलग रखा जाता है। यह नर्म धातुओं के लिए 30° से 50° तथा कठोर धातुओं के लिए 55° से 70° तक ग्राइण्ड किया जाता है।

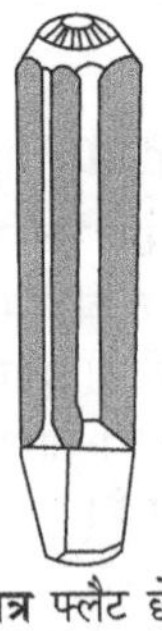

चित्र फ्लैट छेनी

पाइप फिटिंग में छेनी की सहायता से दीवारों में ग्रूव (groove) डाला जाता है, जिससे पाइप लाइन डाली जा सके। इस कार्य के लिए मुख्य रूप से फ्लैट छेनी का प्रयोग किया जाता है, जिसकी लम्बाई 8"से 10" होती है।

14. गैस प्लायर Gas Plier

इस प्रकार के प्लायर का प्रयोग गैस अथवा ऑयल पाइप पर लगे नटों व यूनियनों को खोलने के लिए किया जाता है।

इसके अतिरिक्त इससे छोटे पाइपों को पकड़ने का कार्य भी किया जाता है।

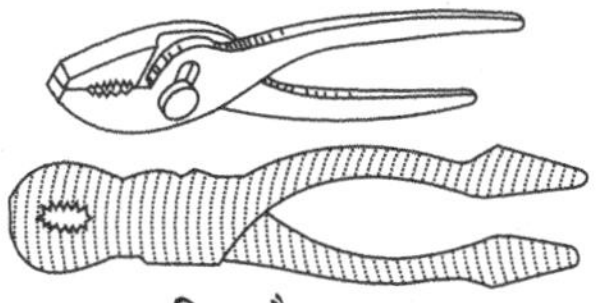

चित्र गैस प्लायर

15. **हैमर** Hammer

इसका प्रयोग चोट मारने के लिए किया जाता है। ये अनेक प्रकार के होते हैं, जैसे-बॉल पिन हैमर, क्रॉस पिन, स्ट्रैट पिन हैमर आदि।

16. **पाइप थ्रेड प्लग गेज** Pipe Thread Plug Gauge

पाइप थ्रेड प्लग गेज का उपयोग पाइप की आन्तरिक थ्रेड्स की जाँच करने के लिए किया जाता है। जाँच करते समय यह ध्यान रहे कि प्लग गेज पाइप के अन्दर टाइट जाए, जिससे पाइप की आन्तरिक थ्रेड्स गेज के नोच फेस से फ्लश हो सकें।

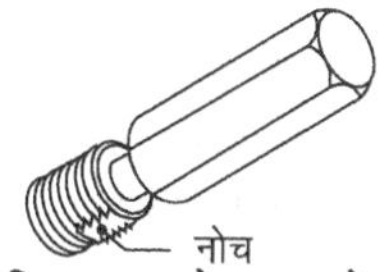

चित्र पाइप थ्रेड प्लग गेज

4.5 पाइप फिटिंग प्रक्रियाएँ
Pipe Fitting Operations

पाइप को फिट करते समय विभिन्न प्रकार की प्रक्रियाएँ की जाती हैं, जिनमें से कुछ मुख्य प्रक्रियाएँ निम्न प्रकार हैं

1. **कटिंग** Cutting

पाइप को आवश्यकतानुसार प्रयोग करने के लिए उन्हें पाइप कटर द्वारा काटा जाता है। पाइप काटने की इस प्रक्रिया को पाइप कटिंग कहा जाता है। पाइप काटने के लिए हैक्सॉ या पाइप कटर का प्रयोग किया जाता है। पाइप काटने के लिए पाइप को पाइप वाइस में क्लैम्प करते हैं तथा जितनी लम्बाई का पाइप काटना होता है उतनी दूरी पर निशान लगाकर पाइप को काट देते हैं। निम्न चित्र में पाइप कटिंग प्रक्रिया को दर्शाया गया है

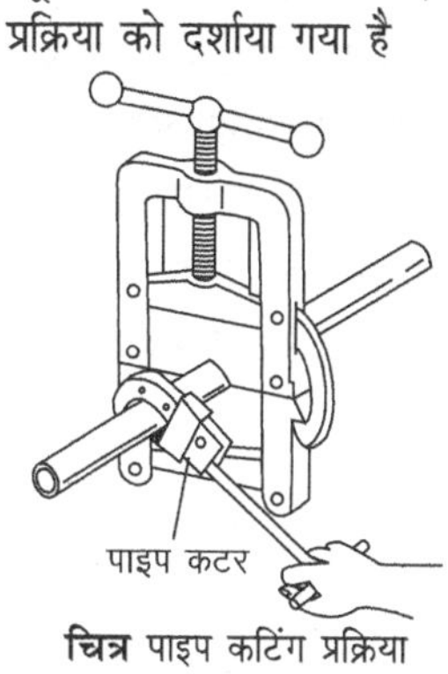

चित्र पाइप कटिंग प्रक्रिया

2. **थ्रेडिंग** Threading

पाइप डाइयों को स्टॉक के साथ प्रयोग करके पाइपों पर चूड़ियाँ काटी जाती हैं। पाइपों पर चूड़ियाँ काटने की इस प्रक्रिया को ही थ्रेडिंग कहा जाता है। चित्र में पाइप पर चूड़ी काटने की विधि को दर्शाया गया है

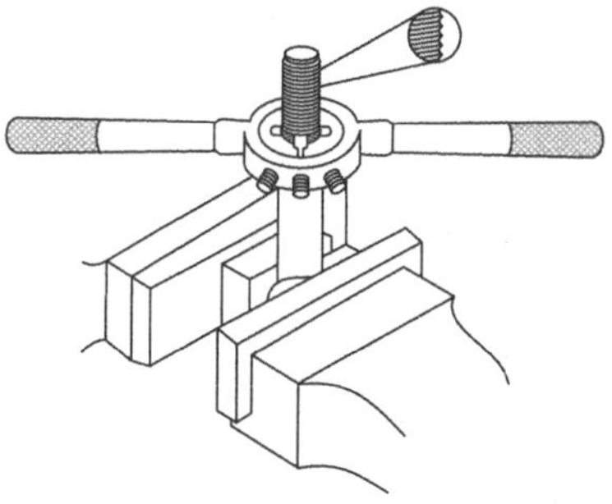

चित्र थ्रेडिंग प्रक्रिया

डाई से चूड़ी काटने के लिए निम्न दिये गये क्रमों में कार्य करें

(*i*) जिस रॉड पर चूड़ी काटनी हो, पहले उसका साइज तैयार करें।

(*ii*) तत्पश्चात् डाई को स्टॉक में फिट करना चाहिए।

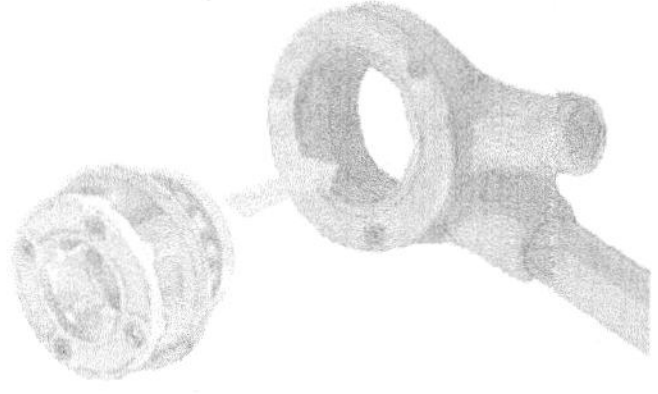

चित्र डाई को फिट करना

(*iii*) रॉड के सिरे पर थोड़ा-सा चैम्फर होना चाहिए। इससे डाई को चढ़ने में सुविधा रहती है।

(*iv*) रॉड या पाइप को मजबूती से वाइस से पकड़ा होना चाहिए।

(*v*) डाई को नीचे दबाते हुए हैण्डिल को बैलेन्स करते हुए घुमाना चाहिए।

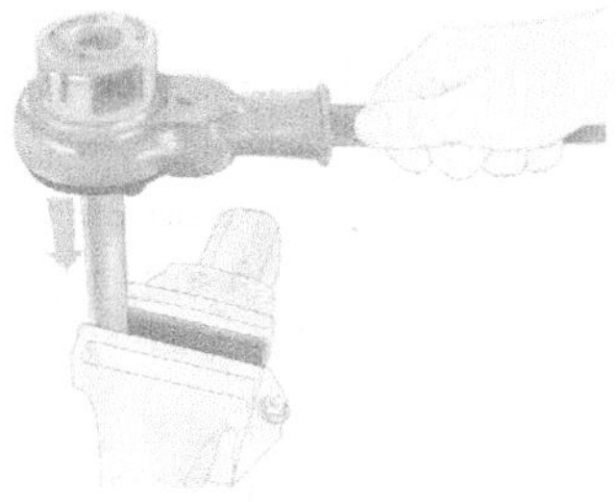

चित्र डाई को घुमाना

(*vi*) डाई को थोड़ा आगे चलाकर (आधा चक्कर) फिर पीछे चलाना चाहिए, जिससे बने हुए चिप्स टूटकर नीचे गिर जाते हैं तथा डाई को चलाने में आसानी रहती है।

(*vii*) चूड़ी काटते समय जॉब की धातु के अनुसार लुब्रीकैन्ट का प्रयोग करें।

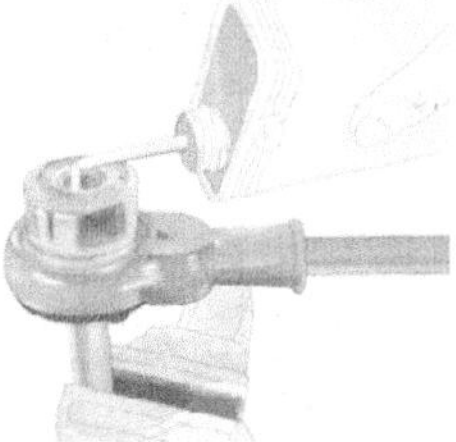

चित्र डाइ में स्नेहन करना

(*viii*) गहरी चूड़ियाँ काटने के लिए डाई को दो या तीन बार समायोजित करके चूड़ी काटनी चाहिए। सही साइज चैक करने के लिए थ्रेड गेज का प्रयोग करें।

(*ix*) प्रक्रिया के अन्त में डाई को निकालकर डाई व डाई स्टॉक को ब्रुश से साफ करें।

चूड़ियाँ काटते समय सुरक्षा एवं सावधानियाँ
Safety Precautions for Pipe Threading

(*i*) कार्यशाला में निर्धारित की गई सुरक्षा सावधानियों से बचाव के दिशा-निर्देशों का अनुपालन करें।

(*ii*) थ्रेडिंग मशीन की सही कार्यप्रणाली को सुनिश्चित करें तथा यदि आवश्यकता हो, तो तत्काल मरम्मत करके खराब भागों को परिवर्तित करें।

(*iii*) सुनिश्चित करें कि सभी डाइयाँ अच्छी स्थिति में हैं, जिनमें कोई सिरा घिसा हुआ नहीं है या प्वॉइण्ट अनुपस्थित नहीं है।

(*iv*) सुनिश्चित करें कि स्वच्छ शीतलक की पर्याप्त आपूर्ति है तथा सभी फिल्टर साफ एवं क्रियाशील हैं।

(*v*) अप्रशिक्षित व्यक्तियों को थ्रेडिंग उपकरण संचालित करने की अनुमति न दें।

(*vi*) उत्तम एवं सुरक्षित प्रदर्शन हेतु थ्रेडिंग मशीन एवं सम्बन्धित भागों को साफ रखें।

(*vii*) कार्य के दौरान मानक विशिष्टियों वाले सुरक्षा चश्में और हेवी ड्यूटी कार्य दस्ताने पहनें।

(*viii*) किसी भी मशीनिंग प्रक्रिया के समय एक विशेष खतरा उत्पन्न होता है। कार्य के दौरान अपने हाथ, अँगुलियों, पैर एवं ऐसा कोई भी भाग जो घायल हो सकता हो, थ्रेडिंग मशीन से दूर रखें।

(*ix*) कार्य प्रारम्भ करने से पूर्व ढीले कपड़े, लम्बे बाल एवं गहनों को निकाल दें, ये घूमने वाले भागों में फँसकर दुर्घटना का कारण बन सकते हैं।

(*x*) थ्रेडिंग मशीन को एक उपयुक्त व सही प्रकार से कार्य करने वाले क्षेत्र में स्थापित करें।

(*xi*) कार्य क्षेत्र को साफ, सुव्यवस्थित एवं अनुपयुक्त पदार्थों से मुक्त रखें।

(*xii*) चूड़ियाँ काटते समय उपकरण को क्षैतिज स्थिति में बनाए रखना चाहिए।

(*xiii*) सुनिश्चित करें कि थ्रेडिंग मशीन का सैट-अप चूड़ी काटने वाले पाइप के पदार्थ जैसे, पीतल व कच्चा लोहा आदि के लिए सही पैरामीटर्स युक्त है।

(*xiv*) प्रत्येक बार प्रयोग के पश्चात् थ्रेडिंग उपकरण के अवयवों की घिसावट की जाँच करें।

(*xv*) जाँच करें कि चूड़ी काटने वाले पाइप हेतु थ्रेडिंग डाइयाँ उपयुक्त रूप से सैट हैं।

(*xvi*) टूल की नियमित रूप से सफाई करनी चाहिए, जिससे वह उत्तम स्थिति में बना रहे।

(*xvii*) सुनिश्चित करें कि अनुशंसित शीतलक का पर्याप्त मात्रा में उपयोग किया गया है तथा फिल्टर को साफ व स्वच्छ रखा गया है।

(*xviii*) सुनिश्चित करें कि चूड़ी काटे जाने वाले पाइप के आकार के लिए गति की उपयुक्त सैटिंग है।

(*xix*) सुनिश्चित करें कि पाइप की अधिक लम्बाई के लिए पाइप रोलर्स पर पर्याप्त सपोर्ट है, जिससे थ्रेडिंग उपकरण पर पड़ने वाले किसी भी तनाव को रोका जा सके।

(*xx*) क्षतिग्रस्त पाए जाने पर उपकरण को न चलाएँ।

(*xxi*) थ्रेडिंग उपकरण को चूड़ी काटने के अतिरिक्त किसी अन्य उद्देश्यों के लिए उपयोग नहीं करना चाहिए।

(*xxii*) उपकरण के अधिक पास न पहुँचे, हर समय उपयुक्त स्तर एवं सन्तुलन बनाए रखे, चलती मशीन के ऊपर या उसके पार न जाएँ।

(*xxiii*) जाँच करें कि मशीन को सप्लाई देने से पूर्व की एवं समायोजनीय रिंच को वर्क बेंच से या टूल के पास से हटा लिया गया है।

(*xxiv*) प्लग लगाने से पहले सुनिश्चित करें कि स्विच ऑफ स्थिति में है।

(*xxv*) उपयोग नहीं होने पर, उपकरणों को साफ, सूखे व सुरक्षित स्थान पर संग्रहित कर दें।

(*xxvi*) सुनिश्चित करें कि थ्रेडिंग उपकरण को ऑपरेट करने से पूर्व अपने सुरक्षा निर्देशों को पढ़ एवं समझ लिया है।

(*xxvii*) मशीन के लेबल व नेम-प्लेट विवरण को पढ़ लें। इसमें महत्त्वपूर्ण सुरक्षा निर्देश होते हैं।

(*xxviii*) डाई से चूड़ी काटना शुरू करने से पहले रॉड का साइज चैक करें। रॉड पर चैम्फर जरूर होना चाहिए।

(*xxix*) छोटे जॉब को वाइस पर मजबूती से पकड़ना चाहिए।

(*xxx*) डाई को आगे व पीछे चलाते हुए थ्रेड काटनी चाहिए।

(*xxxi*) अच्छे लुब्रीकैन्ट का प्रयोग करना चाहिए।

(*xxxii*) स्टॉक के दोनों हैण्डिलों पर समान बल लगाना चाहिए।

(*xxxiii*) दो या तीन बार डाई को समायोजित करके पूरी गहराई की चूड़ियाँ काटनी चाहिए।

4.6 पाइप चूड़ियाँ Pipe Threads

मानक पाइप फिटिंग में ब्रिटिश स्टैण्डर्ड पाइप गेज (British Standard Pipe Gauge, BSP) द्वारा चूड़ियाँ काटी जाती हैं। आन्तरिक पाइपों में समान्तर चूड़ियाँ, जबकि बाह्य पाइपों में टेपर्ड चूड़ियाँ कटी होती हैं,

जैसा कि निम्न चित्र में दर्शाया गया है

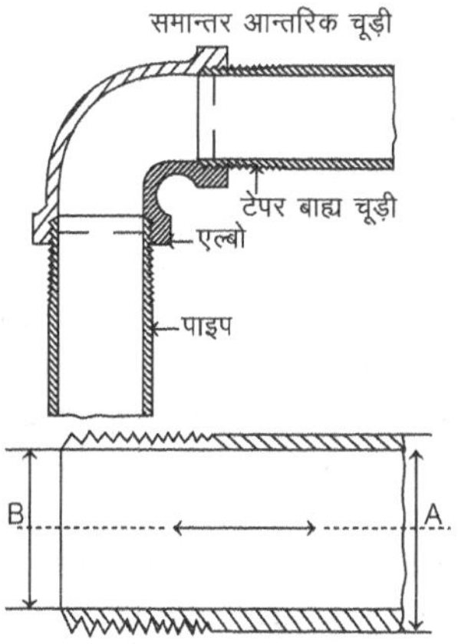

चित्र पाइप चूड़ियाँ

ये चूड़ियाँ गैल्वेनाइज्ड आयरन (GI) पाइप की दीवार मोटाई के अनुसार 0.5 इंच से 6 इंच तक की रेंज में उपलब्ध हैं, परन्तु तालिका में इन्हें 0.5 इंच से 4 इंच तक के बाह्य व्यास तथा चूड़ी प्रति इंच में प्रदर्शित किया गया है।

तालिका ब्रिटिश स्टैण्डर्ड पाइप चूड़ी

BSP पाइप साइज या DIN 2999 (आन्तरिक)	**चूड़ी/इंच**	**पाइप A का बाह्य व्यास** (मिमी में)
$\frac{1''}{2}$	14	20.955
3″/4	14	26.441
1″	11	33.249
$1\frac{1''}{4}$	11	41.910
$1\frac{1''}{2}$	11	47.803
2″	11	59.614
$2\frac{1''}{2}$	8	75.184
3″	8	87.884
4″	8	113.030

पाइप ज्वॉइण्ट्स (थ्रेड्स) को सील करना

Sealing of Pipe Joints (Threads)

पाइप के सिरों पर चूड़ियाँ (threads) होती हैं, जोकि अनेक प्रकार से बनाई जाती हैं। ये निम्न प्रकार की होती हैं

(*i*) समान्तर फीमेल चूड़ियाँ
(*ii*) टेपर्ड मेल चूड़ियाँ
(*iii*) हैम्प पैकिंग

उदाहरण के लिए, नीचे दिए गए चित्र में भिन्न प्रकार की चूड़ियाँ दर्शायी गई हैं, जिसके A भाग में समान्तर फीमेल चूड़ियाँ हैं, जोकि सम्पूर्ण साइज में बनी हैं, B भाग में टेपर्ड मेल चूड़ियाँ हैं, जिनका निचला भाग पूरा बना है तथा ऊपरी भाग फ्लैट है तथा C भाग में हैम्प पैकिंग है, जिसमें चूड़ियों के ऊपरी तथा निचले दोनों भाग फ्लैट हैं।

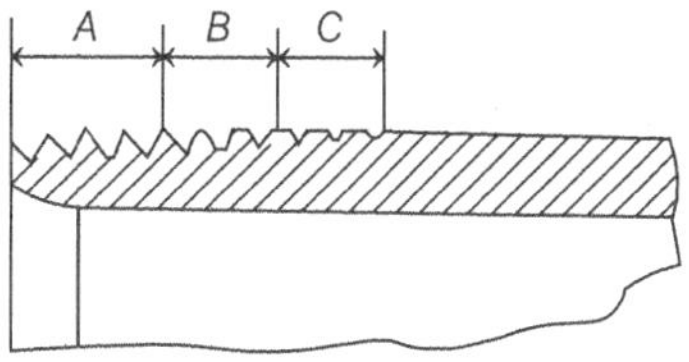

चित्र विभिन्न प्रकार की पाइप चूड़ियाँ

पाइप ज्वॉइण्ट्स को सील करने के लिए हैम्प पैकिंग का प्रयोग किया जाता है। इससे मेल तथा फीमेल चूड़ियों के बीच लीकेज को रोकने का कार्य किया जाता है।

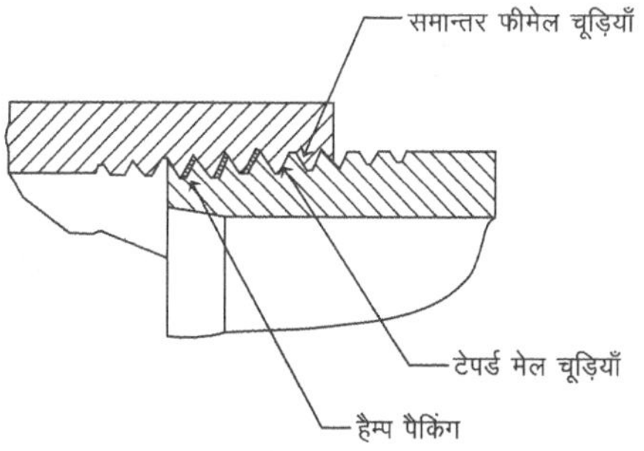

चित्र पाइप ज्वॉइण्ट्स

महत्त्वपूर्ण बिन्दु

- बहने वाले पदार्थों को एक स्थान से दूसरे स्थान तक पहुँचाने के लिए पाइप अथवा ट्यूब का प्रयोग किया जाता है।
- पाइप तथा पाइप फिटिंग का उपयोग हमारे दैनिक जीवन में उद्योगों, घर, सफाई, मेडिकल, वाहनों के रूप में बहुतायत में होता है।
- सामान्यतः कास्ट आयरन पाइप, रॉट आयरन पाइप, जी.आई. पाइप, स्टील पाइप, कंक्रीट पाइप, ऐस्बेस्टस सीमेण्ट पाइप, प्लास्टिक पाइप आदि प्रयोग किए जाते हैं।
- पाइप अनुसूची के माध्यम से पाइपों को वॉल की मोटाई (wall thickness) के अनुसार व्यवस्थित किया जाता है।
- पाइपों को परस्पर जोड़ने की क्रिया पाइप फिटिंग कहलाती है।
- पाइप फिटिंग में सॉकेट, एल्बो, टी, क्रॉस, कपलिंग, पाइप निप्पल, बैण्ड, रिड्यूसर, प्लग, कैप, यूनियन, कॉक, वाल्व आदि अनेक सहायक सामग्रियाँ प्रयोग की जाती हैं।
- सॉकेट एक प्रकार का खोखला पाइप का टुकड़ा होता है, जिसके अन्दर सम्पूर्ण लम्बाई में चूड़ियाँ कटी होती हैं।
- एल्बो का प्रयोग पाइप लाइन को समकोण (90°) पर मोड़ने के लिए किया जाता है।
- 'टी' का प्रयोग पाइप लाइन से समकोण पर नई पाइप ले जाने के लिए किया जाता है।
- रिड्यूसर या रिड्यूसर सॉकेट का प्रयोग बड़े व्यास के पाइप में आगे कम व्यास का पाइप जोड़ने के लिए किया जाता है।
- पाइप के खुले सिरों को बन्द करने के लिए प्लग तथा कैप का प्रयोग किया जाता है।
- कॉक या टोंटी का प्रयोग प्रवाहित जल, तेल तथा गैस को रोकने अथवा बन्द करने के लिए तथा आवश्यकता पड़ने पर चालू करने के लिए किया जाता है, जोकि स्टॉप कॉक, प्लग कॉक, कम्बाइण्ड कॉक आदि प्रकारों की होती है।
- वाल्वों का प्रयोग पाइप में बहने वाले पानी की मात्रा को नियन्त्रित करने अथवा रोकने के लिए किया जाता है।
- ग्लोब वाल्व के द्वारा द्रव तथा गैसों को, गेट वाल्व के द्वारा अधिक जल को, नीडिल वाल्व के द्वारा जल को सूक्ष्मता में तथा नॉन-रिटर्न वाल्व के द्वारा जल के प्रवाह को किसी वांछित दिशा में नियन्त्रित किया जा सकता है अथवा बन्द किया जा सकता है।
- पाइप लाइन की फिटिंग करने, पाइपों पर चूड़ियाँ काटने, पाइपों को मोड़ने एवं टाइट करने जैसे कार्यों के लिए विभिन्न प्रकार के टूल्स प्रयोग किए जाते हैं।
- पाइप वाइस का प्रयोग गोल पाइप व छड़ आदि को पकड़ने के लिए किया जाता है। इसके आधार में 'V' ग्रूव का स्थिर जबड़ा होता है।
- पाइप रिंच का प्रयोग पाइप फिटिंग करते समय पाइप को खोलने व कसने के लिए किया जाता है।
- पाइप डाइयों का प्रयोग पाइपों में बाहरी चूड़ियाँ काटने के लिए किया जाता है, जोकि सैट्स में उपलब्ध होती हैं।
- पाइप टैप का प्रयोग पाइपों में आन्तरिक चूड़ी काटने के लिए किया जाता है, जिनमें टेपर थ्रेड बने होते हैं।
- पाइपों को विभिन्न साइजों में काटने के लिए पाइप कटर का उपयोग किया जाता है।
- पाइप को फिट करते समय विभिन्न प्रकार की प्रकियाएँ की जाती हैं, जोकि इस प्रकार हैं—कटिंग, थ्रेडिंग, बैण्डिंग आदि।
- पाइप को आवश्यकतानुसार प्रयोग करने के लिए उन्हें पाइप कटर द्वारा काटा जाता है। पाइप काटने की इस प्रक्रिया को पाइप कटिंग कहा जाता है।
- पाइप डाइयों को स्टॉक के साथ प्रयुक्त करके पाइपों पर चूड़ियाँ काटने की प्रक्रिया को थ्रेडिंग कहा जाता है।

महत्त्वपूर्ण प्रश्नोत्तरी

1. चित्र में दर्शाये गये औजार का नाम बताइए।

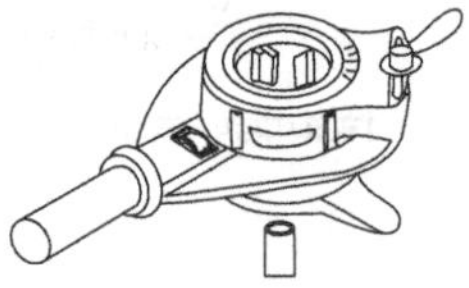

उत्तर चित्र में प्लम्बर द्वारा प्रयुक्त उपरोक्त औजार का नाम पाइप डाई है।

2. पाइप और पाइप फिटिंग बनाने के लिए किस प्लास्टिक पदार्थ का प्रयोग करते हैं?

उत्तर पाइप तथा पाइप फिटिंग बनाने के लिए पी.वी.सी. का प्रयोग करते हैं।

3. जल पाइप लाइन के अन्तिम सिरे को बन्द करने के लिए कौन–सी पाइप फिटिंग का प्रयोग करते हैं?

उत्तर जल पाइप लाइन में पाइप लाइन के अन्त सिरे को बन्द करने के लिए प्लग का प्रयोग किया जाता है।

4. चित्र में प्रदर्शित वाटर टैप में स्टफिंग बॉक्स का क्या उद्देश्य है?

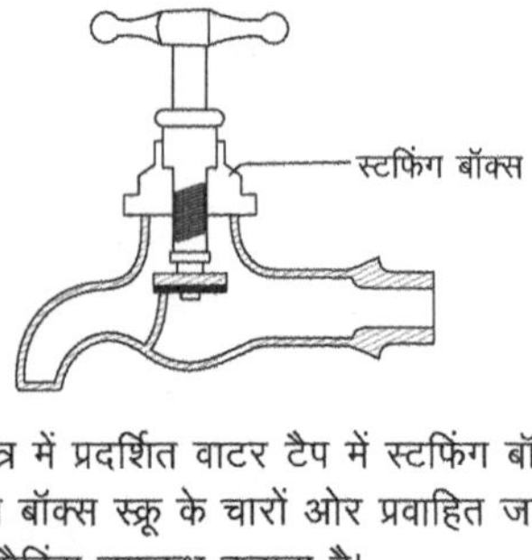

उत्तर उपरोक्त चित्र में प्रदर्शित वाटर टैप में स्टफिंग बॉक्स का उद्देश्य गोल स्टफिंग बॉक्स स्क्रू के चारों ओर प्रवाहित जल को रोकने के लिए फिक्स पैकिंग उपलब्ध कराना है।

5. पाइप फिटिंग में एल्बो के प्रयोग का क्या उद्देश्य है?

उत्तर पाइप फिटिंग में एल्बो के प्रयोग से अलग-अलग व्यास वाले पाइपों को जोड़ा जाता है।

अभ्यास प्रश्न

परीक्षा प्रारूपी प्रश्न

1. पाइप की माप उसके ·········· व्यास से तथा ट्यूब की माप उसके ·········· व्यास से ली जाती है।
(a) आन्तरिक, बाह्य (b) बाह्य, आन्तरिक
(c) अर्द्ध, आन्तरिक (d) इनमें से कोई नहीं

2. तरल पदार्थों के परिवहन का श्रेष्ठतम साधन क्या है?
(a) पाइप (b) टैंकर
(c) वायुयान (d) इनमें से कोई नहीं

3. पाइपों द्वारा निम्न में से किसका परिवहन सरलतापूर्वक सम्भव है?
(a) पानी (b) तेल
(c) गैस (d) ये सभी

4. पाइपों का अन्त:व्यास (internal diameter) दर्शाया जाता है
(a) सेमी में
(b) मिमी में
(c) इंच में
(d) उपरोक्त सभी

5. पाइप की निर्माण विधि के आधार पर वर्गीकरण में निम्न में से कौन-सा पाइप नहीं है?
(a) कास्टेड पाइप (b) कॉलर पाइप
(c) सीमलैस पाइप (d) ड्रेन पाइप

6. सामान्यत: पाइपों का आकार होता है
(a) गोलाकार (b) त्रिभुजाकार
(c) आयताकार (d) षट्कोण

7. भाप या अधिक दबाव की गैस के लिए निम्न में से कौन-सा पाइप उपयुक्त है?
(a) ढलवाँ लोहे का पाइप
(b) रॉट आयरन का पाइप
(c) जी.आई. पाइप
(d) आर.सी.सी. पाइप

8. नलकारी में पाइप का उपयोग किया जाता है
(a) मशीनों में विभिन्न भागों को लुब्रीकेन्ट तेल पहुँचाने के लिए
(b) नगरों में घर-घर पानी पहुँचाने के लिए
(c) बॉयलर वाटर को बॉयलर तक पहुँचाने के लिए
(d) उपरोक्त सभी

9. जी.आई. पाइप निम्न में से किस मानक लम्बाई में उपलब्ध है?
(a) 5" (b) 18" (c) 6" (d) 12"

10. विद्युत वायरिंग के लिए किस पाइप का प्रयोग किया जाता है?
(a) कण्ड्यूट पाइप (b) आर.सी.सी. पाइप
(c) हौज पाइप (d) जी.आई. (GI) पाइप

11. स्पिगॉट जोड़ निम्न में से किस धातु के पाइप में होता है?
(a) ढलवाँ लोहा (b) प्लास्टिक (c) काँच (d) सीमेण्ट

12. पिटवाँ लोहे से बने स्पिगॉट सिरे वाले पाइप को जोड़ने में प्रयुक्त जोड़ कहलाता है
(a) बलकृत जोड़ (b) स्क्रू जोड़
(c) कॉलर जोड़ (d) इनमें से कोई नहीं

13. ऐस्बेस्टस पाइप बना होता है
(a) ऐस्बेस्टस फाइबर और सीमेण्ट
(b) ऐस्बेस्टस रेजिन और सीमेण्ट
(c) कंक्रीट और जिप्सम
(d) सीमेण्ट और जिप्सम

14. ऐस्बेस्टस सीमेण्ट पाइप पर परत चढ़ाते हैं
(a) एल्युमीनियम की (b) स्टील की
(c) बिटुमिन की (d) कॉपर की

15. ऐस्बेस्टस सीमेण्ट पाइप का मुख्यत: उपयोग होता है
(a) जल वितरण प्रणाली में (b) रासायनिक गैस प्रवाह हेतु
(c) पेट्रोलियम पदार्थ के लिए (d) ये सभी

16. प्लास्टिक पाइप को अन्य धातु के पाइप से जोड़ने के लिए उपयोग आने वाली वस्तु कहलाती है
(a) एडोप्टर (b) कम्युटेटर (c) रेडिएटर (d) फिक्स्चर

17. आर.सी.सी पाइप का दूसरा नाम क्या है?
(a) ऐस्बेस्टस (b) ह्यूम पाइप
(c) जी.आई.पाइप (d) ये सभी

18. RCC पाइप के रख-रखाव में ·········· खर्च होता है।
(a) कम (b) ज्यादा
(c) कुछ नहीं (d) इनमें से कोई नहीं

19. कास्ट आयरन पाइपों को जोड़ने के लिए निम्नलिखित में से किस सामग्री का उपयोग किया जाता है?
(a) पिग लेड (b) पिघला हुआ रबर
(c) पीतल (d) जस्ता

20. ऐस्बेस्टस पाइप किन-किन धातुओं का मिश्रण होता है?
(a) पोर्टलैण्ड सीमेण्ट, सिलिकॉन
(b) सिलिकॉन, मैंगनीज
(c) मैंगनीज, पोर्टलैण्ड सीमेण्ट
(d) उपरोक्त में से कोई नहीं

21. ऐस्बेस्टस पाइप कितने व्यास में मिलते हैं?
(a) 10 सेमी से 50 सेमी (b) 5 सेमी से 100 सेमी
(c) 15 सेमी से 70 सेमी (d) 20 सेमी से 90 सेमी

22. ·········· पाइप में जंग नहीं लगता है।
(a) ह्यूम पाइप (b) कैनवास पाइप
(c) ऐस्बेस्टस (d) ये सभी

23. कास्ट आयरन के पाइपों का लाभ है
(a) कम जंग लगना (b) कम उपलब्धता
(c) महँगा (d) आसानी से क्रैक होना

24. सामान्यतः मानक पाइप के आकार को ·········· के द्वारा दर्शाया जाता है।
(a) संख्यात्मक बोर व्यास (b) पाइप अनुसूची
(c) 'a' और 'b' दोनों (d) इनमें से कोई नहीं

25. "आवश्यकतानुसार गन्तव्य स्थान पर पहुँचाने के लिए तथा विभिन्न व्यासों के पाइपों को जोड़ने के लिए कुछ सहायक सामग्री प्रयोग की जाती है।" उपरोक्त कथन में किस सहायक सामग्री की ओर संकेत किया गया है?
(a) पाइप फिटिंग (b) पाइप
(c) पाइप वाइस (d) थ्रेड रिंग गेज

26. स्टैण्डर्ड आकारों में उपलब्ध पाइपों के इच्छानुरूप उपयोग में क्या सहायक होता है?
(a) एसेसरीज (b) पाइप औजार
(c) 'a' और 'b' दोनों (d) इनमें से कोई नहीं

27. बैण्ड को पाइप लाइन में जोड़ने के लिए दोनों सिरों पर निम्न में से क्या लगाया जाता है?
(a) क्रॉस (b) 'टी'
(c) एल्बो (d) सॉकेट

28. ·············· का प्रयोग पाइप लाइन को समकोण पर मोड़ने के लिए किया जाता है।
(a) सॉकेट (b) एल्बो
(c) क्रॉस (d) बैण्ड

29. चित्र में प्रदर्शित पाइप फिटिंग सहायक का नाम बताइए।

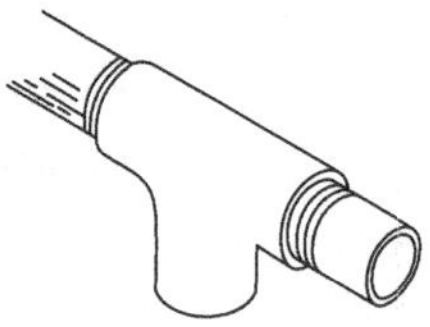

(a) प्लग (b) 'टी'
(c) एल्बो (d) सॉकेट

30. बैण्ड के मोड़ का व्यास एल्बो की अपेक्षा ·········· होता है।
(a) कम (b) अधिक
(c) अत्यधिक कम (d) इनमें से कोई नहीं

31. बड़े व्यास के पाइप में आगे कम व्यास का पाइप जोड़ने के लिए निम्न में से क्या प्रयोग किया जाता है?
(a) प्लग (b) यूनियन
(c) रिड्यूसिंग सॉकेट (d) स्टॉप कॉक

32. चित्र में 'X' द्वारा किस पाइप फिटिंग सहायक को दर्शाया गया है?

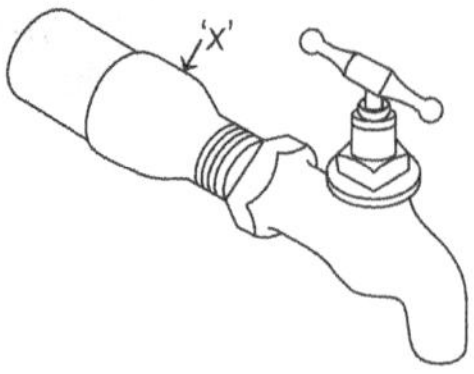

(a) रिड्यूसर (b) प्लग (c) यूनियन (d) सॉकेट

33. प्रवाहित जल के वेग में वृद्धि के लिए प्रयुक्त पाइप फिटिंग है
(a) यूनियन (b) क्रॉस
(c) बैण्ड (d) रिड्यूसर

34. पाइप के सिरे को बन्द करने के लिए उस पर सॉकेट लगाकर ·········· लगा देते हैं।
(a) यूनियन (b) प्लग (c) वाल्व (d) कटर

35. पाइपों का टैम्प्रेरी जोड़ बनाने में किस युक्ति का प्रयोग किया जाता है?
(a) यूनियन (b) सॉकेट
(c) एल्बो (d) इनमें से कोई नहीं

36. यूनियन (union) का उपयोग किया जाता है
(a) स्थायी जोड़ बनाने के लिए
(b) अर्द्ध-स्थायी जोड़ बनाने के लिए
(c) अस्थायी जोड़ बनाने के लिए
(d) उपरोक्त में से कोई नहीं

37. यूनियन में दो फ्लैंज होती हैं, जिन्हें दोनों पाइपों पर कस दिया जाता है। दोनों फ्लैंजों को आपस में जोड़ने के लिए ·········· का प्रयोग किया जाता है।
(a) स्क्रू (b) नट (c) बोल्ट (d) चाबी

38. पाइप लाइन में बिना बाधा डाले संयोजनों को पृथक् करने के लिए ·········· का प्रयोग किया जाता है।
(a) यूनियन (b) प्लग (c) सॉकेट (d) क्रॉस

39. स्टॉप वाल्व का प्रयोग कहाँ किया जाता है?
(a) टोंटी के साथ (b) मेन लाइन के मध्य में
(c) 'a' और 'b' दोनों (d) इनमें से कोई नहीं

40. एक ही व्यास की दो पाइपों को सीधी लाइन में जोड़ने के लिए ·········· का प्रयोग किया जाता है।
(a) सॉकेट (b) प्लग (c) एल्बो (d) यूनियन

41. सॉकेट में ·········· चूड़ियाँ बनी होती हैं।
(a) बाहरी (b) अन्दरूनी (c) थ्रेडलैस (d) ये सभी

42. अलग-अलग व्यास वाले दो पाइपों को जोड़ने के लिए ·········· का प्रयोग किया जाता है।
(a) सॉकेट (b) प्लग (c) एल्बो (d) रिड्यूसिंग

43. ·········· के सिरे का व्यास बड़ा और दूसरे का छोटा होता है।
(a) सॉकेट (b) प्लग
(c) एल्बो (d) रिड्यूसिंग सॉकेट

44. रिड्यूसिंग सॉकेट के दोनों सिरों पर ·········· चूड़ियाँ बनी होती हैं।
(a) बाहरी (b) अन्दरूनी
(c) थ्रेडलैस (d) ये सभी

45. पाइप लाइन की दिशा को 90° के कोण में बदलने में ·········· का प्रयोग किया जाता है।
(a) सॉकेट (b) प्लग
(c) एल्बो (d) रिड्यूसिंग सॉकेट

46. ·········· का प्रयोग पाइप लाइन के दोनों ओर 90° के कोण में पाइप लाइन को ले जाने के लिए किया जाता है।
(a) सॉकेट (b) प्लग
(c) एल्बो (d) क्रॉस

47. पाइप की लम्बाइयों को जोड़ने के लिए ·········· का प्रयोग करते समय पाइप लाइन की अव्यवस्था करने की आवश्यकता नहीं होती है।
(a) सॉकेट (b) यूनियन
(c) एल्बो (d) क्रॉस

48. बड़े व्यास के पाइपों को जोड़ने के लिए उनके सिरों पर ·········· को लगाकर नट और बोल्ट से कम कर पाइप की लम्बाई को बढ़ाया जाता है।
(a) फ्लैंज (b) सॉकेट (c) यूनियन (d) एल्बो

49. कम्प्रैशन कॉक का दूसरा नाम है
(a) पिल्लर कॉक (b) बिब कॉक
(c) साइड कॉक (d) इनमें से कोई नहीं

50. चित्र में प्रदर्शित युक्ति का नाम बताइए।

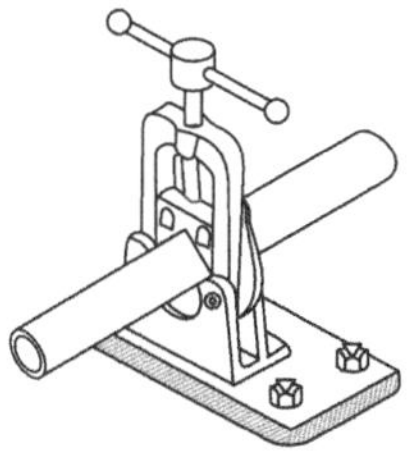

(a) पाइप फिक्स्चर (b) पाइप बैण्डर
(c) पाइप वाइस (d) पाइप थ्रेडिंग टैप

51. ·········· में चेन का प्रयोग करके पाइप को कसा या ढीला किया जा सकता है।
(a) पाइप रिंच (b) चेन रिंच
(c) पाइप वाइस (d) ये सभी

52. ·········· का प्रयोग पाइप को काटने के लिए किया जाता है। इसमें तीन रोलर होते हैं।
(a) पाइप ट्राई (b) पाइप कटर
(c) पावर आरी (d) ये सभी

53. पाइप पर बाहरी चूड़ियाँ काटने के लिए ·········· का प्रयोग किया जाता है।
(a) पाइप डाई (b) पाइप ट्राई
(c) पावर आरी (d) ये सभी

54. पाइप पर अन्दरूनी चूड़ियाँ काटने के लिए ·········· का प्रयोग किया जाता है।
(a) पाइप टैप (b) पाइप ट्राई
(c) पाइप कटर (d) पावर आरी

55. ·············· द्वारा जी.आई. पाइप पर थ्रेड्स काटी जाती हैं।
(a) सेन्टर लेथ (b) थ्रेड रोलर
(c) टैप सैट (d) डाई व स्टॉक

56. पाइपों में निम्न में से किस चूड़ी का प्रयोग किया जाता है?
(a) बटरैस पाइप चूड़ी
(b) ब्रिटिश स्टैण्डर्ड पाइप चूड़ी
(c) एक्मी चूड़ी
(d) उपरोक्त में से कोई नहीं

57. पाइप की फिटिंग हेतु निम्न में से कौन-सी संक्रिया की जाती है?
(a) कटिंग (b) थ्रेडिंग
(c) बैण्डिंग (d) ये सभी

58. AC पाइप बनाने के लिए किस सामग्री का उपयोग किया जाता है?
(a) ऐस्बेस्टस फाइबर, मिट्टी, चूना
(b) ऐस्बेस्टस फाइबर, पोर्टलैण्ड सीमेण्ट और सिलिका
(c) फाइबर, चूना और सीमेण्ट
(d) ऐस्बेस्टस फाइबर, सिलिका और चूना

59. बाहरी चूड़ी वाले पाइप लाइन को बंद करने के लिए क्या उपयोग किया जाता है?
(a) प्लग (b) कैप
(c) कपलिंग (d) रिड्यूसर

60. निम्नलिखित में से किस प्रकार की फिटिंग का प्रयोग आसानी से विघटित और मरम्मत करने के लिए किया जाता है?
(a) प्लग (b) कपलिंग
(c) यूनियन (d) रिड्यूसर

उत्तरमाला

1. (a)	2. (a)	3. (d)	4. (c)	5. (b)	6. (a)	7. (b)	8. (d)	9. (c)	10. (a)
11. (a)	12. (a)	13. (a)	14. (c)	15. (a)	16. (a)	17. (b)	18. (a)	19. (a)	20. (a)
21. (c)	22. (d)	23. (a)	24. (c)	25. (a)	26. (a)	27. (d)	28. (b)	29. (b)	30. (b)
31. (c)	32. (a)	33. (d)	34. (b)	35. (a)	36. (c)	37. (b)	38. (a)	39. (b)	40. (a)
41. (b)	42. (d)	43. (d)	44. (b)	45. (c)	46. (d)	47. (b)	48. (a)	49. (b)	50. (c)
51. (b)	52. (b)	53. (a)	54. (a)	55. (d)	56. (b)	57. (d)	58. (b)	59. (a)	60. (c)

अध्याय 05

कारपेन्टरी औजार

Carpentry Tools

देश के औद्योगिक विकास में कारपेन्टरी व्यवसाय की महत्त्वपूर्ण भूमिका है। इस व्यवसाय द्वारा निर्मित विभिन्न उत्पादों का अन्तर्राष्ट्रीय स्तर पर निर्यात किया जाता है, जिससे देश के औद्योगिक विकास में वृद्धि होती है। कारपेन्टर (बढ़ई) कस्बों, शहरों आदि में फर्नीचर, दुकानों के शो-केस, होटलों एवं सिनेमाघरों में विभिन्न प्रकार के फर्नीचर का निर्माण करता है। इसके लिए कारपेन्टर इमारती लकड़ी व विभिन्न प्रकार के कटिंग औजारों का उपयोग करता है। अच्छे कारपेन्टरी कार्य हेतु अच्छे औजारों का होना अत्यन्त आवश्यक है।

इस अध्याय में हम कारपेन्टरी कार्य में प्रयोग होने वाले सामान्य औजारों, लकड़ियों तथा उनके प्रकारों का अध्ययन करेंगे।

अध्याय विषय सूची

5.1 कारपेन्टरी हस्त औजार

Carpentry Hand Tools

कारपेन्टर की कार्यकुशलता उसके द्वारा उपयोग किए जाने वाले औजारों पर निर्भर करती है। वह किस प्रकार टूल्स का प्रयोग कर नवीन वस्तुओं का निर्माण करता है। किसी भी प्रकार के फर्नीचर या अन्य लकड़ी से सम्बन्धित किसी वस्तु के निर्माण के लिये कुछ मुख्य औजारों की आवश्यकता होती है, जिनका वर्गीकरण निम्न प्रकार से किया जा सकता है।

1. मार्किंग और मापन औजार (Marking and Measuring Tools)
2. कर्तन औजार (Cutting Tools)
3. समतलन औजार (Planing Tools)
4. स्ट्राइकिंग औजार (Striking Tools)
5. बोरिंग औजार (Boring Tools)
6. पकड़ने और सहारा देने वाले औजार (Holding and Supporting Tools)
7. विविध औजार (Miscellaneous Tools)

1. मार्किंग और मापन औजार Marking and Measuring Tools

कार्यशाला में लकड़ी को सही मापने एवं उस पर निशान लगाने के लिए निम्न प्रकार के औजारों का प्रयोग किया जाता है

(*i*) **रूल** (Rules) रूल विस्तृत विवरण के लिए अध्याय-2 का अवलोकन करें।

(*ii*) **ट्राई स्क्वायर** (Try square) यह कारपेन्टर के काम आने वाला एक महत्त्वपूर्ण औजार है। यह मुख्य रूप से इस्पात से बना ब्लेड होता है। इसका प्रयोग 90° का कोण बनाने एवं इसी कोण पर लकड़ी की सतह पर मार्किंग करने के लिए किया जाता है। इसका साइज 76 से 610 मिमी (जो ब्लेड की लम्बाई पर निर्भर करता है) तक होता है।

नोट *विस्तृत अध्ययन के लिए पूर्व में दिये गये अध्याय 2 का अवलोकन करें।*

(*iii*) **मिटरे स्क्वायर** (Mitre square) यह औजार पूर्ण रूप से धातु का बना हुआ होता है इस पर निकिल की परत चढ़ी होती है। इसका प्रयोग 45° व 135° का कोण मापने के लिए किया जाता है। इसके दो भाग होते हैं ब्लेड एवं स्टॉक। इसके ब्लेड की लम्बाई 200-300 मिमी तक होती है।

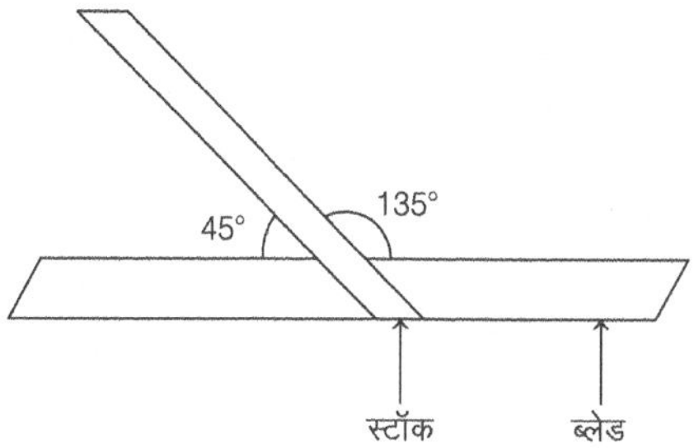

चित्र मिटरे स्क्वायर

(*iv*) **मार्किंग नाइफ या स्क्राइबर** (Marking knife or scriber) यह प्राय: हाई कार्बन स्टील या टूल स्टील के बने होते हैं, जिसे बाद में हार्ड व टैम्पर किया जाता है। इसका एक सिरा नुकीला तथा दूसरा सिरा चाकू जैसी तेज धार वाला होता है। इसका नुकीला हिस्सा आमतौर पर बिंदु लगाने और तेज धार वाला हिस्सा लाइन खींचने के लिए प्रयोग किया जाता है।

चित्र स्क्राइबर

(*v*) **मार्किंग गेज** (Marking gauge) इसका प्रयोग लकड़ी के ऊपर समान्तर लाइन खींचने में किया जाता हैं यह लकड़ी का बना होता है। इसमें वर्गाकार या आयताकार अनुप्रस्थ काट का एक लम्बा भाग होता है जिसे स्टेम कहते हैं। इसके ऊपर व नीचे की सतह चौरस होती है तथा स्टॉक के अन्दर से खिसकाए जा सकते हैं।

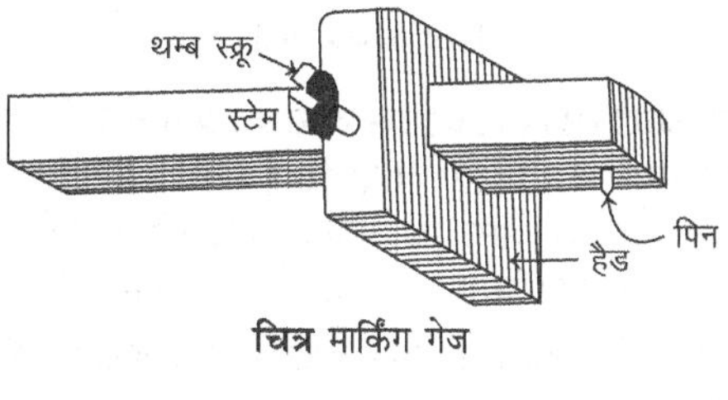

चित्र मार्किंग गेज

(*vi*) **मॉर्टिस गेज** (Mortise gauge) मार्टिस गेज भी मार्किंग गेज जैसा ही होता है। इसका उपयोग लकड़ी के रेशों को लम्बवत् काटने डवटेल जोड़ के लिए गहरी लाइनें खींचने और लकड़ी की पतली परतों में से समानान्तर पट्टियाँ काटने के लिए किया जाता है।

चित्र मॉर्टिस गेज

(*vii*) **प्लम्ब बॉब** (Plumb bob) इसका उपयोग राजमिस्त्री द्वारा ऊर्ध्वाधर रेखा तथा समतलता को जाँचने के लिए किया जाता हैं। यह इस्पात या पीतल का बना एक लट्टू (bob) होता है, जिसमें नीचे का सिरा नुकीला होता है और ऊपरी सिरे पर एक डोरी बँधी होती है।

इस पट्टी की लम्बाई लट्टू के व्यास के बराबर होती है। पट्टी के सिरे को किसी सतह पर स्पर्श कराकर और लट्टू को लटकाकर ऊर्ध्वाधर तल की ऊर्ध्वाधरता का पता लगाया जाता है।

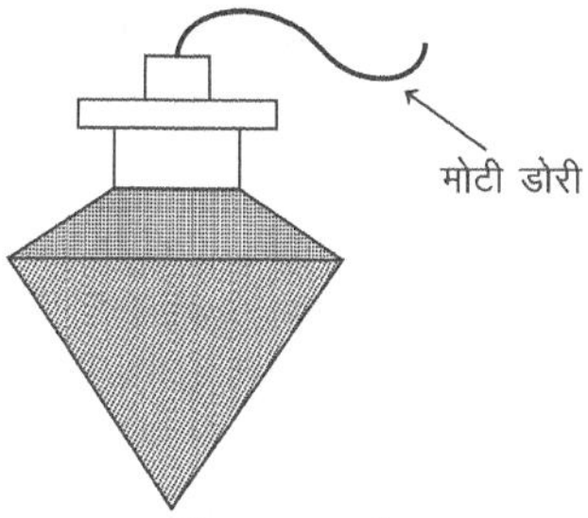

चित्र प्लम्ब बॉब

(*viii*) **स्पिरिट लेवल** (Spirit level) प्लम्ब बॉब और स्पिरिट लेवल से समकोणीय सतहों की ऐसी जगहों पर जाँच की जा सकती है, जहां गुनियाँ से जाँच नहीं की जा सकती है। ऐसे स्थानों पर क्षैतिज सतह के स्तर (level) की जाँच में इसका प्रयोग किया जाता है।

चित्र स्पिरिट लेवल

(*ix*) **बेवेल स्क्वायर** (Bevel square) ट्राई-स्क्वायर की तरह इसमें भी एक ढलवाँ लोहे या स्टील का स्टॉक तथा स्टील का ब्लेड होता है। इसका ब्लेड (blade) स्थिर नहीं होता है। इसके ब्लेड में एक खाँचा बना होता है, जिसकी सहायता से इसे स्टॉक के साथ 0 से 180° तक किसी भी कोण पर घुमाया जा सकता है। इसका प्रयोग आवश्यक कोण बनाने में किया जाता है।

निम्न चित्र में बेवेल स्क्वायर को दर्शाया गया है।

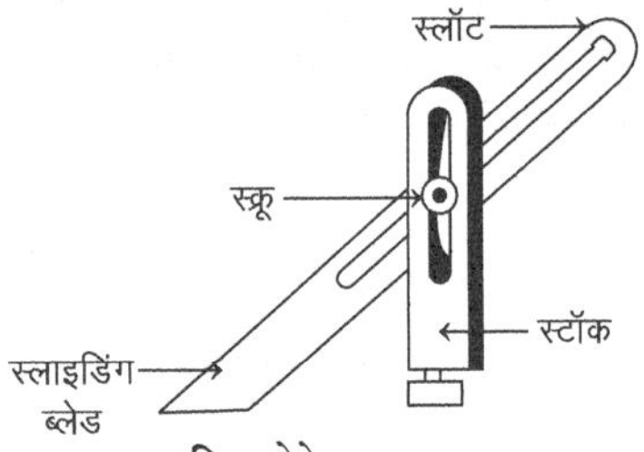

चित्र बेवेल स्क्वायर

नोट *मार्किंग व मापी औजारों के विस्तृत अध्ययन के लिए अध्याय 2 का अवलोकन करें।*

2. कर्तन औजार Cutting Tools

कारपेन्टर शॉप में कर्तन औजारों (cutting tools) का बहुत अधिक महत्व है क्योंकि बिना कर्तन औजार के कोई भी कारपेन्टर कारपेन्टरी सम्बन्धी कार्य नहीं कर सकता है

कारपेन्टरी कार्यों में प्रयुक्त किए जाने वाले कर्तन औजारों का विवरण निम्न प्रकार है

(*i*) **आरियाँ** (Saws) कारपेन्टरी में कारपेन्टर (carpenter) का मुख्य औजार आरी होता है जिसके द्वारा लकड़ी को काटकर उन्हें उपयोग हेतु तैयार किया जाता है।

अत: लकड़ी को काटने के लिए मुख्य रूप से जिस औजार का प्रयोग किया जाता हैं, उसे आरी (saw) कहते हैं, जो आरियाँ अपनी तरफ खींचने पर लकड़ी को काटती है, उन्हें कर्षण आरी (Pull saws) कहते हैं और जो आरियाँ धक्का देने से लकड़ी को काटती है, उन्हें विकर्षण आरी (push saws) कहते हैं।

विभिन्न प्रकार के कार्यों हेतु अलग-अलग प्रकार की आरियों का प्रयोग किया जाता हैं जिनका विवरण निम्नवत् है

(*a*) **क्रॉस-कट आरी** (Cross-cut-saw) इस आरी का प्रयोग लकड़ी को क्रॉस-सेक्शनल के अनुसार काटने के लिए किया जाता है। इसके दाँतों का कोण 70° से 85° तक होता है। इस कारण यह लकड़ी को तिरछे रेशों में आसानी से काट सकती है। इसमें दोनों तरफ दो हत्थे होते हैं जैसा कि निम्न चित्र में दर्शाया गया है

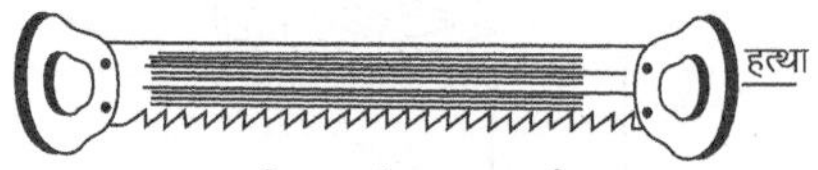

चित्र क्रॉस-कट आरी

(*b*) **रिप आरी** (Rip saw) इस प्रकार की आरी का प्रयोग लकड़ी को सीधे रेशों की दिशा में काटने के लिए किया जाता है। इसमें दाँतों का कोण 60° होता है। इसमें दाँतों की संख्या प्रति इंच 2 होती है।

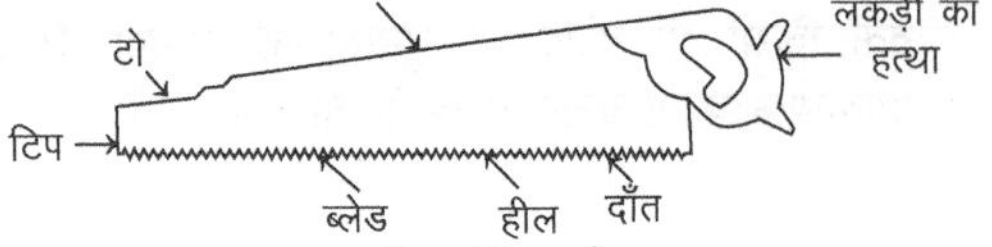

चित्र रिप आरी

(*c*) **पैनल आरी** (Panel saw) यह रिप आरी और क्रॉस कट आरी का मिला जुला रूप है। इसका प्रयोग दरवाजों, मेजों, पेटियों आदि में किया जाता है।

(*d*) **टेनन आरी** (Tenon saw) इसे बैक सॉ (back saw) के नाम से भी जाना जाता है। इसकी लम्बाई 10 इंच से 16 इंच तक होती है। इसमें दाँतों की संख्या प्रति इंच 8-13 तक होती है। इस आरी का प्रयोग मुख्य रूप से टेनन काटने के लिए किया जाता है।

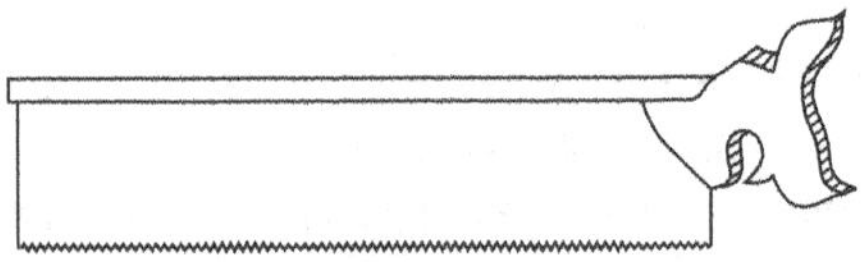

चित्र टेनन आरी

(*e*) **डवटेल आरी** (Dovetail saw) यह आरी टेनन आरी की तरह होती हैं। परन्तु इसके ब्लेड की लम्बाई कम होती है। इसके ब्लेड की लम्बाई 200 से 350 मिमी तक होती हैं। इसमें प्रति इंच में 12 से 19 दाँते होते हैं। इसका प्रयोग कार्य में कम गहरे कट लगाने के लिए किया जाता है।

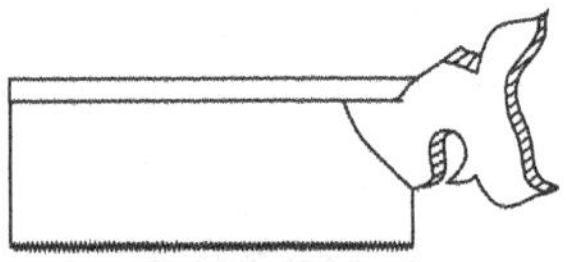

चित्र डवटेल आरी

(*f*) **पैड आरी या की-होल आरी** (Pad saw or key hole saw) इस आरी का उपयोग चाबी लगाने के लिए आवश्यक सुराख बनाने के लिए किया जाता है। यह बहुत ही पतली होती है। इसमें रेती की तरह हत्था होता है। इसके ब्लेड्स की लम्बाई 5 इंच से 15 इंच होती है जबकि इसमें प्रति इंच 5 से 20 दाँते होते हैं।

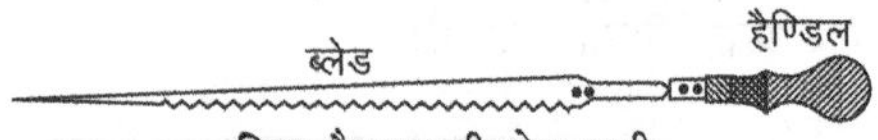

चित्र पैड या की-होल आरी

(*g*) **कम्पास आरी** (Compass saw) इस आरी का ब्लेड आगे से नुकीला और पीछे से चौड़ा होता है। इसकी लम्बाई 25 से 40 सेमी तक होती है। दाँतों की संख्या प्रति इंच 8 से 12 होती है। यह आरी आगे की ओर से पतली होती है जिसके कारण इससे गोलार्द्ध में लकड़ी काटी जा सकती है।

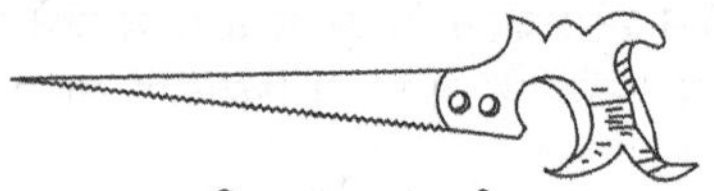

चित्र कम्पास आरी

(*h*) **बो आरी** (Bow saw) इस आरी का फ्रेम लकड़ी का बना होता है। इसके फ्रेम में 12 इंच से 16 इंच तक लम्बाई का ब्लेड लगा होता है। इस आरी का प्रयोग बाहर की गोलाई या डिजाइन काटने के लिए किया जाता है। इसे 'फ्रेम आरी' भी कहते हैं।

यह कॉपिंग आरी की तरह होती है। इसे डोरी या पेंच से कसा अथवा खोला जा सकता है।

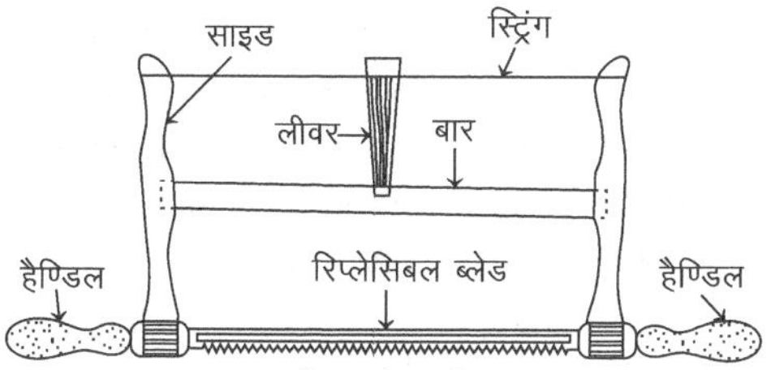

चित्र बो आरी

(*i*) **कॉपिंग आरी** (Coping saw) इस आरी का प्रयोग छोटी त्रिज्या के वक्र स्थानों पर काटने के लिए किया जाता है। इसका ब्लेड बहुत ही पतला होता है। यह आरी भी लोहे की फ्रेम में कसी होती है। फ्रेम में लगे ब्लेड की लम्बाई 5 से 8 इंच तक होती है।

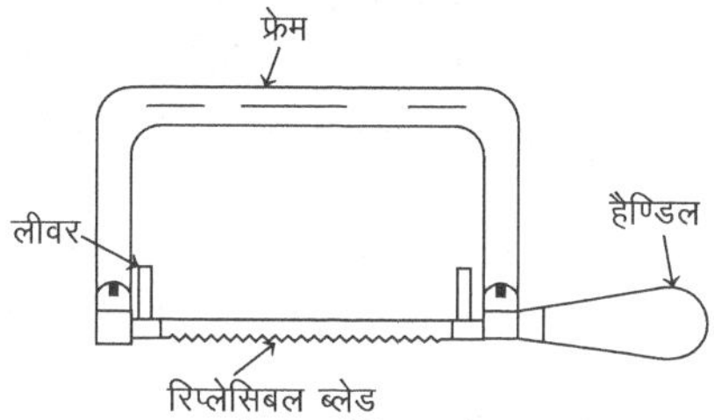

चित्र कॉपिंग आरी

(*ii*) **चीजल** (Chisel) कारपेन्टरी कार्यों में इसका प्रयोग लकड़ी में सुराख, कढ़ाई या गढ़ाई कार्य, मोल्डिंग एवं लकड़ी में विभिन्न प्रकार के ज्वॉइण्ट ग्रूव बनाने आदि के लिए किया जाता है।

***नोट** इसके विस्तृत विवरण के लिए अध्याय 2 का अवलोकन करें*

(*iii*) **कुल्हाड़ी** (Axe) कुल्हाड़ी भी एक कर्तन औजार (cutting tool) है। कुल्हाड़ी मुख्यत: तीन प्रकार की होती है।

(*a*) **बसूला** (Basula) कारपेन्टरी में प्रयोग होने वाला यह सामान्य औजार है। इसका प्रयोग मोटी छिलाई, गढ़ाई, कटाई आदि कार्यों में किया जाता है।

चित्र बसूला

(*b*) **साधारण कुल्हाड़ी** (Simple axe) यह इस्पात से बनाई जाती है और विभिन्न आकारों में मिलती है। कुल्हाड़ी रेशों की दिशा में लकड़ी को आसानी से काट सकती है।

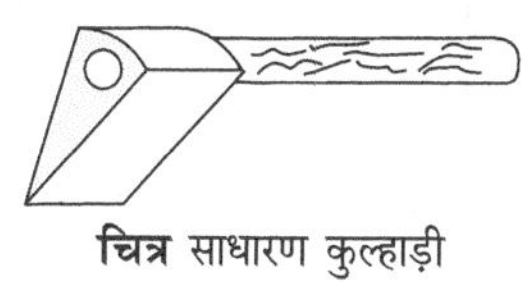

चित्र साधारण कुल्हाड़ी

(*c*) **वक्र बसूला** (Curve basula) यह लकड़ी को गोलार्द्ध में या वक्रीय पृष्ठ बनाने में काम आता है। इसका बाह्य पृष्ठ उत्तल तथा आन्तरिक पृष्ठ अवतल होता है।

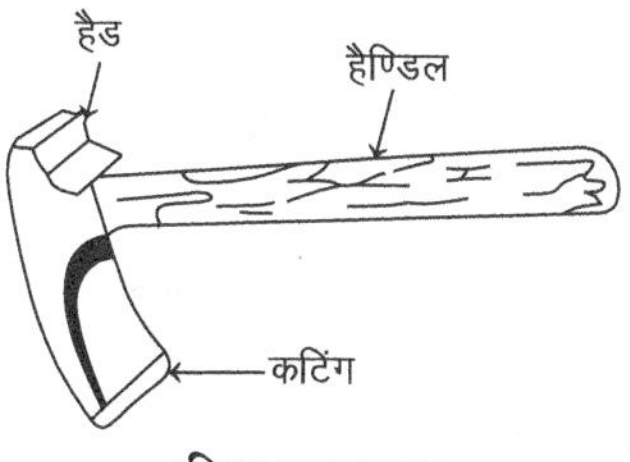

चित्र वक्र बसूला

(*iv*) **गाऊजस** (Gouges) यह एक प्रकार की चीजल ही होती है, लेकिन इसकी धार गोलाई में होती है। इसका प्रयोग गोल वक्र सुराख बनाने, डिजाइन एवं महीन कार्य पैटर्न बनाने व लेथ पर कार्य करने हेतु किया जाता है। इसकी गोलाई अन्दर या बाहर की ओर हो सकती है।

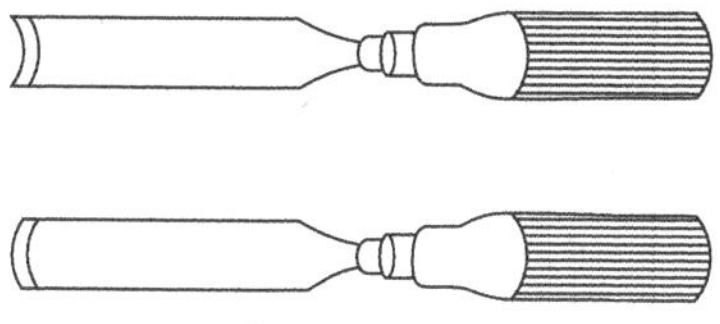

चित्र गाऊजस

3. समतलन औजार Planing Tools

लकड़ी को समतल व चिकना करने के लिए विभिन्न प्रकार के रन्दों का प्रयोग किया जाता है।

(*i*) **जैक रन्दा** (Jack plane) इसका प्रयोग लकड़ी को समतल करने के लिए किया जाता है। यह दोहरे (double) लोहे का बना होता है, जिसकी बॉडी लकड़ी या धातु की होती है। इसका ब्लेड इसकी बॉडी में 45° के कोण पर टेपर फिट होता है। इसकी लम्बाई 350-460 मिमी तक होती है। इसे मोटा रन्दा भी कहते हैं।

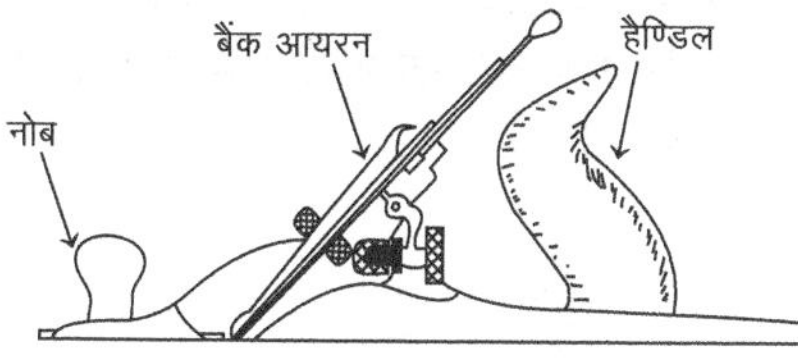

चित्र जैक रन्दा

(*ii*) **चिकना रन्दा** (Smoothing plane) ढलवाँ लोहे से बना यह रन्दा जैक रन्दे से छोटा होता है। इस रन्दे का प्रयोग मोटे रन्दे के बाद सतह पर रह जाने वाले ऊँचे उभारों को छीलकर समतल करने में किया जाता है। इसे बारीक रन्दा भी कहते हैं।

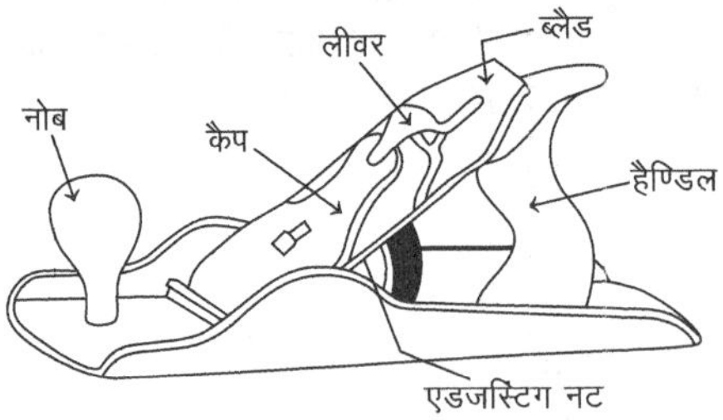

चित्र चिकना रन्दा

(*iii*) **परीक्षण रन्दा** (Trying plane) यह जैक रन्दे की तरह होता है। यह लकड़ी का बना होता है। पॉलिश करने से पहले सतह को पूरी तरह समतल व सीधा करने के लिए इस रन्दे का उपयोग किया जाता है। इसकी लम्बाई 510 से 610 मिमी होती है। इससे महीन रन्दाई की जाती है।

(*iv*) **रिबेट या पैतामी रन्दा** (Rebate plane) इस रन्दे की बॉडी (अथवा फ्रेम) लकड़ी की बनी होती है और यह रन्दा आकार में छोटा होता है। इसका उपयोग खिड़की, दरवाजे, रोशनदान आदि की चौखटों के रिबेट काटने के लिए किया जाता है। इस रन्दे की लम्बाई 10 इंच होती है।

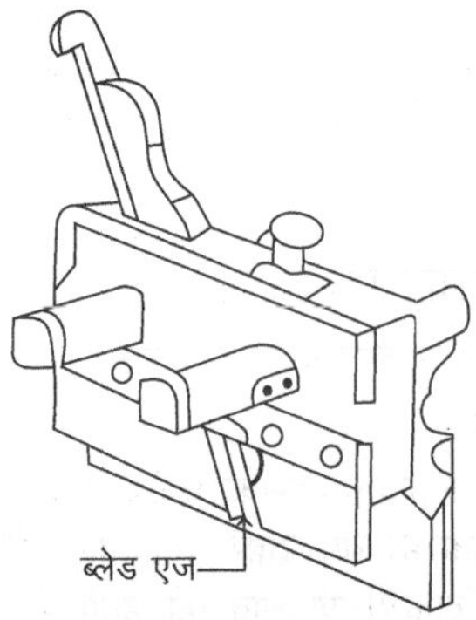

चित्र रिबेट या पैतामी रन्दा

(*v*) **प्लाऊ रन्दा** (Plough plane) इसकी बॉडी भी लकड़ी की बनी होती है। इस रन्दे का प्रयोग मुख्य रूप से शटर फ्रेम में तख्ते लगाने, लकड़ी पर चैनल काटने, खाँचा जोड़ बनाकर दो तख्तों को जोड़ने आदि में किया जाता है।

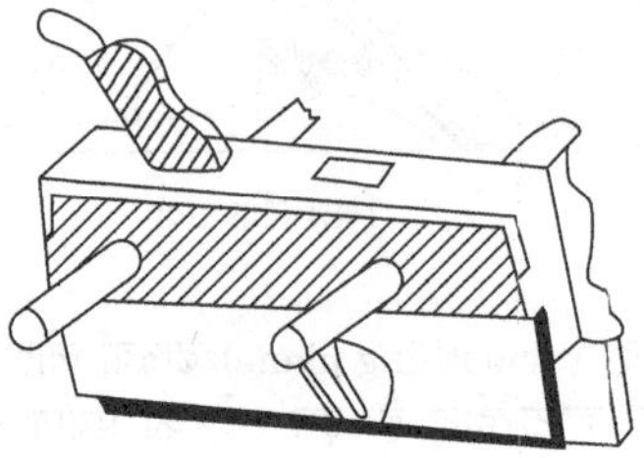

चित्र प्लाऊ रन्दा

(*vi*) **स्पोक शेव** (Spoke shave) यह रन्दा छोटे आकार का होता है। इसका उपयोग दरवाजों और खिड़कियों के फ्रेमों पर तीव्र कोणों को गोलाई देने के लिए व तांगों के स्पोक (spokes) पर अण्डाकार आकृति बनाने व छीलने हेतु किया जाता है। इसमें ब्लेड को आवश्यकतानुसार पेंच की सहायता से उचित स्थान पर कसकर रखा जाता है।

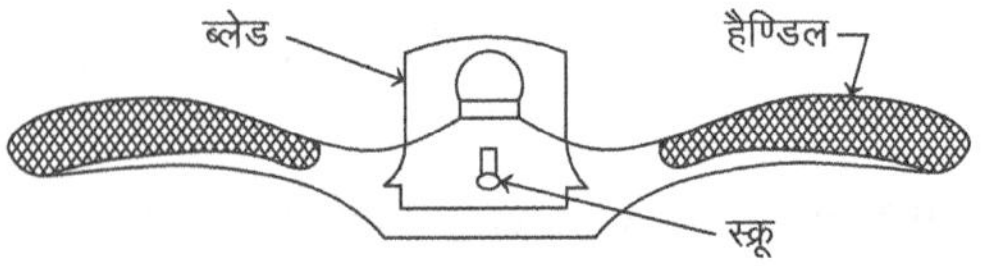

चित्र स्पोक शेव

(*vii*) **धातु रन्दा** (Metal plane) आजकल इस रन्दे का प्रयोग अधिक किया जाता है। इसकी बॉडी लोहे की बनी होती है। इसका ब्लेड 1 से 2 इंच चौड़ा होता है। इस रन्दे से लकड़ी की फिनिशिंग की जाती है।

(*viii*) **विशेष रन्दे** (Special types of planes) विशेष कार्यों को करने के लिए विशेष प्रकार के रन्दे; जैसे-गोल रन्दे, बुल-नोज रन्दे, खाँचे वाले रन्दे, शोल्डर रन्दे (shoulder plane), ब्लॉक रन्दे (block plane), मोल्डिंग रन्दे (moulding plane) का प्रयोग किया जाता है।

4. स्ट्राइकिंग औजार Striking Tools

स्ट्राइकिंग औजारों अर्थात् चोट मारने वाले औजारों का उपयोग कारपेन्टरी में चीजलों (chisels) से काम करने के दौरान प्रहार (strike) करने, लकड़ी या लोहे की कीले ठोकने या जोड़ों को ठोकने आदि में किया जाता है।

***नोट** इसके विस्तृत विवरण के लिए पूर्व में दिये गए अध्याय 2 का अवलोकन करें।*

5. बोरिंग औजार Boring Tools

लकड़ी में सुराख करने के काम में आने वाले औजार बोरिंग औजार कहलाते हैं। सामान्यत: प्रयोग होने वाले बोरिंग औजार निम्नवत् हैं

(*i*) **ब्राडाल या सुआ** (Bradawl or poker) यह औजार आकार में पेंचकस जैसा होता है, परन्तु इसका अगला हिस्सा सुई जैसा नुकीला होता है। इसका प्रयोग लकड़ी में छोटे-छोटे सुराखों को करने के लिए किया जाता है।

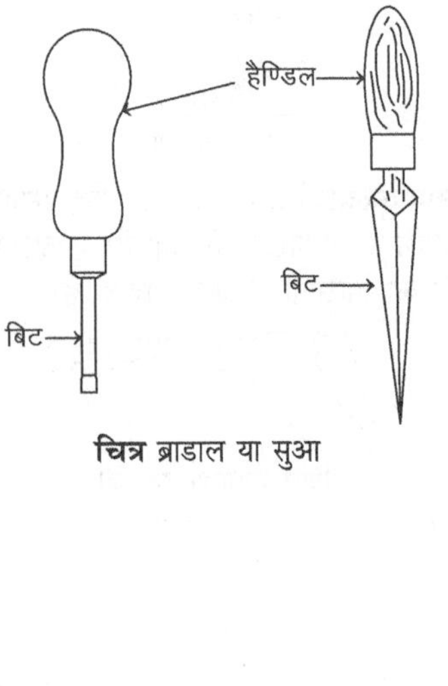

चित्र ब्राडाल या सुआ

(*ii*) **गिमलेट** (Gimlet) इसका प्रयोग लकड़ी में अधिक गहरे सुराख बनाने के लिए किया जाता है। इसमें घुमाने के लिए लकड़ी का एक हैण्डिल (handle) फिट होता है। यह उच्च कार्बन इस्पात (high carbon steel) का बना होता है। इसका आगे का सिरा पेंच जैसा नुकीला होता है।

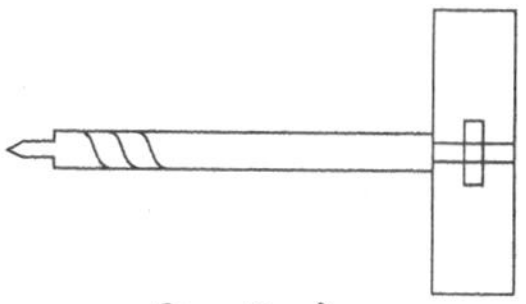

चित्र गिमलेट

(*iii*) **ऑगर बिट** (Auger bit) इसे लकड़ी के हैण्डिल से घुमाया जाता है। इसकी बिट घुमावदार और आगे का भाग पेंचनुमा बना होता है। इसका उपयोग लकड़ी में छिद्र बनाने के लिए किया जाता है।

(*iv*) **हैण्ड ड्रिल मशीन** (Hand drill machine) इस मशीन का प्रयोग लकड़ी में सुराख करने के लिए किया जाता है। इसमें हत्थे पर बड़ा पहिया होता है, जो एक बेवेल गियर से जुड़ा रहता है। इससे ड्रिल बिट लगा चक (chuck) घूमता है। ड्रिल घूमने से और दाब देने से लकड़ी में सुराख होता है। इसकी बॉडी लोहे की बनी होती है।

(*v*) **रैचेट ब्रेस** (Ratchet brace) इसका प्रयोग लकड़ी में बड़ा होल करने के लिए किया जाता है। इसमें प्रयोग होने वाली बिट कई साइजों में बनायी जाती है।

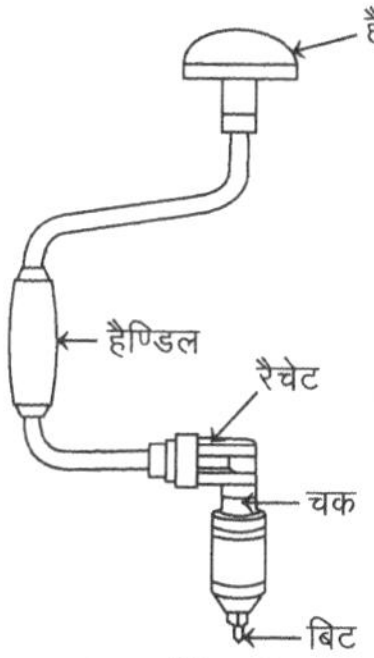

चित्र रैचेट ब्रेस

(*vi*) **बर्मी-कमानी** (Barmi-kamani) कारपेन्टरी में प्रयुक्त यह सामान्य औजार है। इसका उपयोग लकड़ी में सुराख करने के लिए किया जाता है। इसे काउण्ट्री ड्रिल भी कहते हैं।

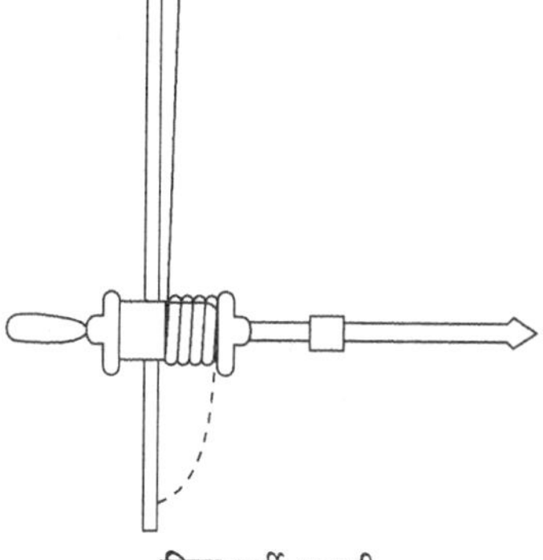

चित्र बर्मी कमानी

6. पकड़ने व सहारा देने वाले औजार
Holding and Supporting Tools

कारपेन्टरी का कार्य करते समय लकड़ी को कसकर पकड़ने व सहारा देने के लिए निम्न प्रकार के औजारों का प्रयोग किया जाता है

(*i*) **कारपेन्टर वाइस** (Carpenter vice) कारपेन्टर वाइस भी बेंच वाइस की तरह होती है। इसे लकड़ी की मजबूत मेज के साथ फिट किया जाता है। इसका एक जबड़ा फिक्स तथा दूसरा जबड़ा स्पिण्डल की सहायता से आगे-पीछे चलता है। कार्य करने से पूर्व लकड़ी को दोनों जबड़ों के बीच (मध्य) कसा जाता है। तत्पश्चात् उस पर कटिंग तथा फिनिशिंग सम्बन्धी कार्य करते हैं

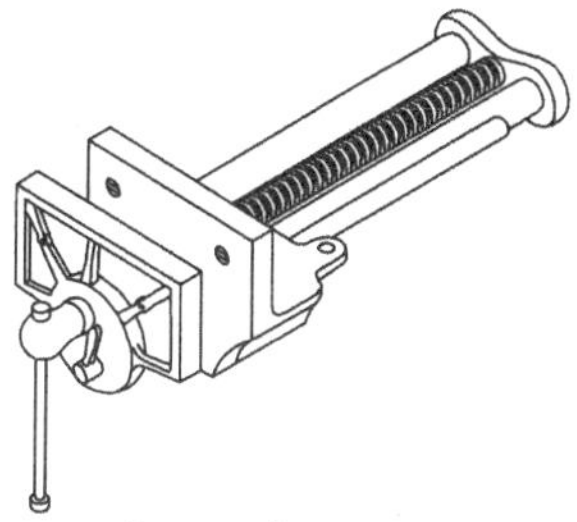

चित्र कारपेन्टर वाइस

(*ii*) **शैश क्लैम्प या बार क्लैम्प** (Shash clamp or bar clamp) क्लैम्प माइल्ड स्टील का बना होता है। इसका प्रयोग कारपेन्टर सैक्शन में दरवाजों के पल्ले, चौखटों आदि को फिट करते समय किया जाता है।

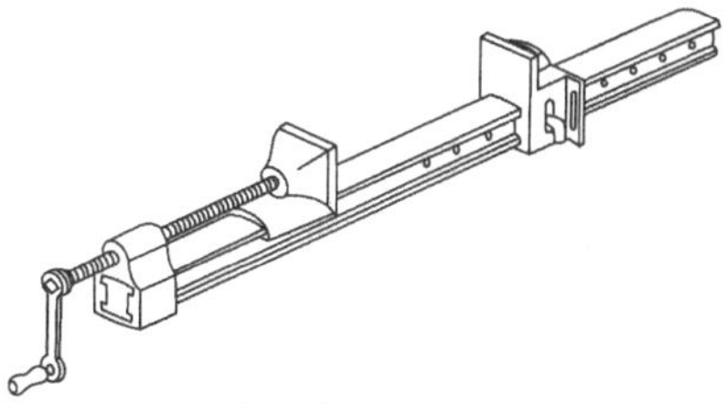

चित्र शैश क्लैम्प या बार क्लैम्प

(*iii*) **जी-क्लैम्प** (G-clamp) इस क्लैम्प का प्रयोग लकड़ी के हिस्सों को आपस में अत्यधिक दाब के साथ एक-दूसरे को जोड़ते समय किया जाता है। इसकी बॉडी कास्ट आयरन की तथा स्पिण्डल माइल्ड स्टील का बना होता है।

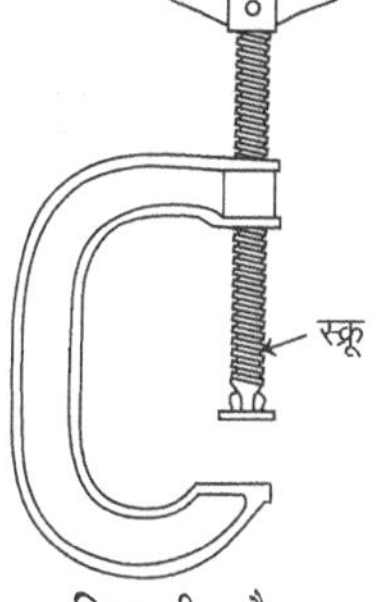

चित्र जी-क्लैम्प

नोट *होल्डिंग डिवाइस की विस्तृत जानकारी के लिए अध्याय -2 का अवलोकन करें।*

(*b*) **साधारण जोड़** (Simple joint) इसमें लकड़ी के एक भाग को दूसरे भाग पर चढ़ाकर किसी भी इच्छित कोण पर कीलों की मदद से जोड़ लगाया जाता है। यह जोड़ जल्दी बनते है, परन्तु मजबूत नहीं होते हैं। साधारण जोड़ तनाव (tension) और सम्पीडन (compression) दोनों प्रकार के प्रतिबल सहन करने में सक्षम होते हैं।

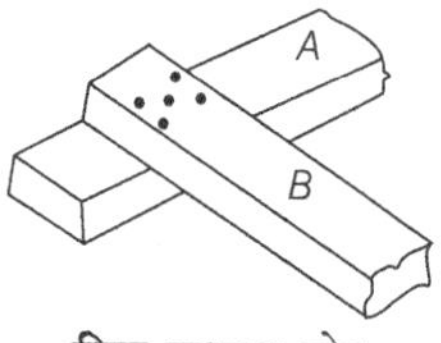

चित्र साधारण जोड़

(*c*) **मिटरे जोड़** (Mitre joint) ये कोने पर लगाने वाले जोड़ होते हैं, परन्तु इनमें जोड़े जाने वाली लकड़ियों के सिरे (ends) नजर नहीं आते हैं। इसमें दो हिस्सों को 90° या किसी अन्य कोण पर जोड़ा जाता है। इस जोड़ का उपयोग प्रमुख रूप से फोटो फ्रेम बनाने में किया जाता है।

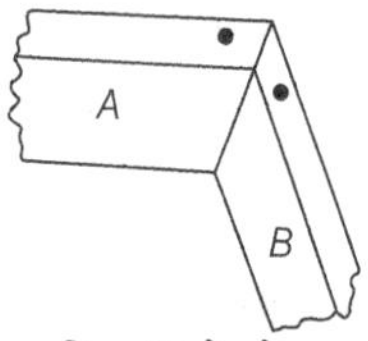

चित्र मिटरे जोड़

(*d*) **तिरछा जोड़** (Oblique joint) इसमें लकड़ी के एक भाग को आवश्यक कोण पर काटकर दूसरे भाग की सतह पर कीलों की मदद से जोड़ लगाया जाता है। इस जोड़ में लकड़ी के दो भागों को 90° के अलावा अन्य किसी कोण पर जोड़ा जाता है।

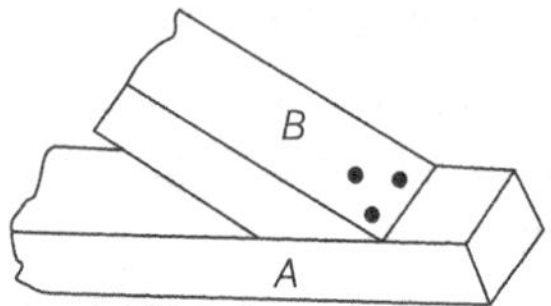

चित्र तिरछा जोड़

(*ii*) **स्प्लाइस** (Splices) इसमें लकड़ी के दोनों भागों को इस प्रकार जोड़ा जाता है कि वे एक ही रेखा में हो जाएँ। इस जोड़ का उपयोग लम्बाई बढ़ाने में किया जाता है। साधारण स्प्लाइसो को सीधे ही कील या बोल्ट की मदद से बनाया जाता है। कार्य के आधार पर स्प्लाइस प्रमुख रूप से तीन प्रकार के होते हैं

(*a*) **सम्पीडन हेतु स्प्लाइस** (Splices for compression) नीचे चित्र में सम्पीडन सहन करने वाले स्प्लाइसो को दिखाया गया है।

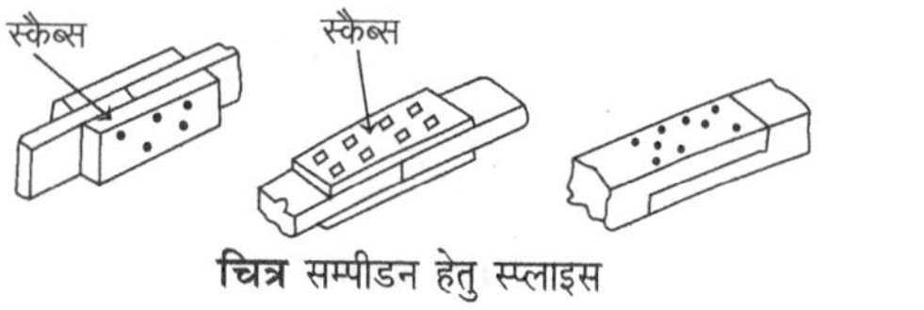

चित्र सम्पीडन हेतु स्प्लाइस

(*b*) **तनाव हेतु स्प्लाइस** (Splices for tension) नीचे चित्र में तनाव सह सकने वाले स्प्लाइसो (splices) को दिखाया गया है।

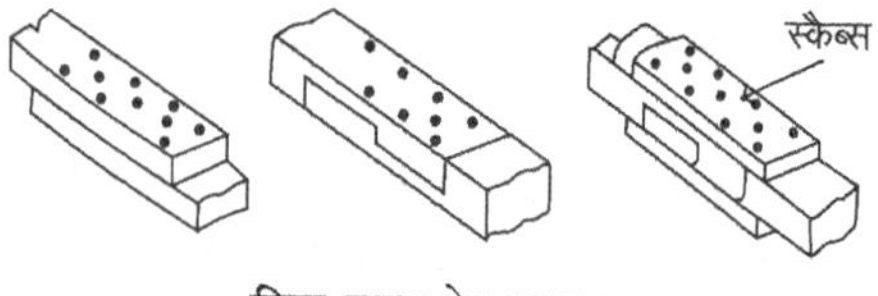

चित्र तनाव हेतु स्प्लाइस

(*c*) **बैण्डिग हेतु स्प्लाइस** (Splices for bending) नीचे चित्र में झुकाव सह सकने वाले स्पलाइसो को दर्शाया गया है

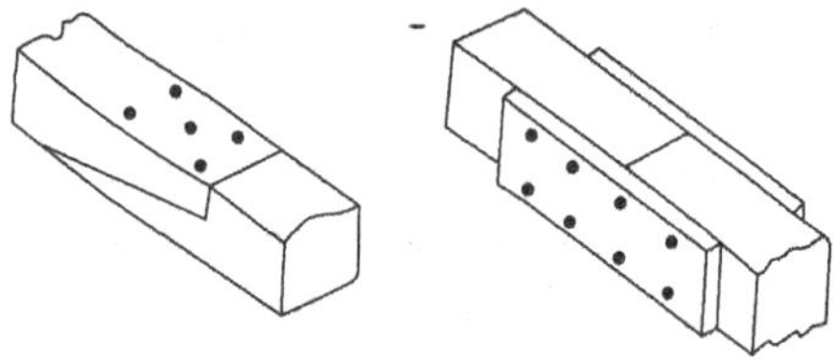

चित्र बैण्डिग हेतु स्प्लाइस

सावधानियाँ Precautions

जोड़ लगाते समय निम्न बातों को ध्यान में रखना चाहिए

(*i*) ढाँचे के अनुसार ठीक जोड़ का चयन करना चाहिए।

(*ii*) जोड़ अधिक ढीला या कसा हुआ नहीं होना चाहिए।

(*iii*) जोड़ लगाते समय आवश्यकतानुसार कील, पेंच, बोल्ट, पिन आदि का प्रयोग करना चाहिए।

(*iv*) जोड़ में इतनी मजबूती होनी चाहिए कि वह उस पर पड़ने वाले भार को सहन कर सके।

(*v*) यदि जोड़ किसी कोण पर लगाना है तो जोड़ बनाते समय ध्यान रखना चाहिए कि जोड़ कोण वही रहे, जो हमें रखना है।

5.4 कारपेन्टर शॉप में प्रयुक्त लकड़ियाँ Woods used in Carpenter Shop

इमारती लकड़ी का उपयोग आमतौर पर फर्नीचर, दरवाजे, खिड़की, शहतीर, बीम, कड़ियाँ, कॉलम आदि में किया जाता है। कारपेन्टर शॉप में निम्नलिखित प्रकार की लकड़ियाँ प्रयोग में लाई जाती हैं

1. कैल Kail Wood

इस प्रकार की लकड़ी हिमालय के आस-पास पाई जाती है। इसका रंग काला-भूरा होता है। इसमें एक विशेष प्रकार का तेल होता है, जिससे इसमें कीड़ा व दीमक आदि नहीं लगती। यह लम्बे समय तक काम में आने वाली लकड़ी है। इस लकड़ी का प्रयोग भवन निर्माण में दरवाजे, खिड़कियाँ तथा फर्नीचर बनाने के लिए करते हैं।

2. देवदार Deodar Wood

इस प्रकार की लकड़ी हिमालय के आस-पास 1500-3200 मीटर की ऊँचाई पर मिलती है। इसका रंग हल्का सुनहरा होता है। इस लकड़ी से विशेष प्रकार की बदबू (smell) आती है जिससे कीड़ा व दीमक नहीं लगता है। इस लकड़ी का प्रयोग भी भवन निर्माण व फर्नीचर बनाने के लिए किया जाता है। इसके अतिरिक्त रेलवे लाइन पर स्लीपर बिछाने के लिए भी इसका प्रयोग किया जाता है। यह लकडी नॉन-पोरस होती है।

3. चीड़ Cheer Wood

इस प्रकार की लकड़ी पहाड़ी क्षेत्रों में पाई जाती है। इसका रंग हल्का, पीला भूरा होता है। इसमें दीमक जल्दी लगती है। इसका प्रयोग भारी कामों के लिए किया जाता है। यह कम कीमती लकड़ी होती है।

4. पड़तल Partal Wood

इस प्रकार की लकड़ी पहाड़ों पर पाई जाती है। इसका रंग हल्का सफेद होता है। इससे कोई तेल इत्यादि नहीं प्राप्त होता तथा इसमें गन्ध भी नहीं होती है। इस लकड़ी का प्रयोग पैकिंग केस बनाने के लिए किया जाता है।

5. सागवान Teak Wood

यह लकड़ी भारत के कई राज्यों में पाई जाती है। इसका रंग गहरा पीला या सुनहरी होता है। इसमें भी तेल होता है तथा कीड़ा इत्यादि नहीं लगता। इस लकड़ी का प्रयोग फर्नीचर, सीढ़ियाँ व नाव आदि बनाने में किया जाता है।

6. शीशम Sheesham Wood

यह लकड़ी बहुत कठोर काले-भूरे रंग में पाई जाती है। यह मैदानों में पाई जाती है। इसकी बाहरी लकड़ी सफेद होती है, जिसमें कीड़ा लग जाता है जबकि अन्दरूनी लकड़ी में कीड़ा नहीं लगता है।

7. अखरोट Walnut

यह लकड़ी भी पहाड़ों में पाई जाती है। इसका रंग हल्का काला-भूरा होता है। यह बहुत कीमती होती है, इसलिए इसका प्रयोग उच्च कोटि के फर्नीचर बनाने के लिए किया जाता है।

8. बबूल Babool

यह लकड़ी भारत के अधिकांश राज्यों में पाई जाती है। इसका रंग हल्का पीला होता है। इस लकड़ी का प्रयोग कृषि उपकरण, हैण्डिल आदि बनाने में किया जाता है।

9. साल Sal Wood

यह लकड़ी हिमाचल प्रदेश, उत्तर प्रदेश, मध्य प्रदेश राज्यों में पाई जाती है। इसमें कीड़ा लग जाता है। इसमें चिकनाहट कम होने के कारण यह लकड़ी सुन्दरता बढ़ाने वाले फर्नीचर के काम में नहीं ली जा सकती है।

10. शहतूत Mulbary

यह लकड़ी हल्की होती है। इसका रंग पीला व सफेद होता है। इस लकड़ी का प्रयोग खेलों के सामान (sports goods) बनाने के लिए किया जाता है।

11. आम Mango Wood

यह लकड़ी भारत में सभी जगह पाई जाती है। इसका रंग भूरा होता है। इसका प्रयोग भवन निर्माण, प्लाईवुड बनाने तथा पैकिंग केस (packing case) बनाने के लिए किया जाता है।

12. चन्दन Sandal

यह एक भारी व कीमती लकड़ी होती है। इसका रंग हल्का भूरा होता है। इस लकड़ी का प्रयोग कीमती फर्नीचर बनाने के लिए किया जाता है।

अच्छी इमारती लकड़ी के गुण Characteristics of Good Wood

कारपेन्टरी कार्यों में प्रयोग की जाने वाली लकड़ी में निम्नलिखित लक्षण विद्यमान होने चाहिए

(*i*) लकड़ी को सूँघने पर मीठी सुगन्ध आनी चाहिए।
(*ii*) लकड़ी अधिक वजन वाली होनी चाहिए तथा चिराई के समय आरी के दाँत लकड़ी में नहीं फँसने चाहिए।
(*iii*) लकड़ी में किसी प्रकार के दोष (defects) नहीं होने चाहिए।
(*iv*) लकड़ी का रंग गाढ़ा होना चाहिए।
(*v*) रन्दा करने के बाद लकड़ी की सतह चिकनी व चमकदार हो जानी चाहिए।

महत्त्वपूर्ण बिन्दु

- मिटरे स्क्वायर का प्रयोग 45° का कोण बनाने के लिए किया जाता है।
- लकड़ी का सीधापन स्ट्रेट एज की सहायता से चैक किया जाता है।
- मार्किंग चाकू का प्रयोग पेन्सिल के निशानों को पक्का करने के लिए किया जाता है।
- आरी (सॉ) का ब्लेड हाई कार्बन स्टील का बना होता है।
- लकड़ी में अधिक गहरे सुराख निकालने के लिए गिमलेट का प्रयोग किया जाता है।
- लकड़ी को समतल करने के लिए रन्दे (planer) का प्रयोग किया जाता है।
- लैप जोड़ में जोड़े जाने वाली लकड़ियों के सिरों (ends) को एक-दूसरे के ऊपर (overlap) चढ़ा दिया जाता है।
- डवटेल जोड़ का प्रयोग बॉक्स (boxes) तथा दराजों के कोनों को जोड़ने के लिए किया जाता है।
- कैल लकड़ी का प्रयोग भवन निर्माण में दरवाजे, खिड़कियाँ तथा फर्नीचर बनाने के लिए करते हैं।
- सागवान एक पक्की लकड़ी होती है तथा वजन में भी भारी होती है।

महत्त्वपूर्ण प्रश्नोत्तरी

1. टेनन सॉ का क्या कार्य होता है?

उत्तर इसका प्रयोग लकड़ी के जोड़ों में टेनन काटने के लिए किया जाता है।

2. प्लेनिंग कौन-सी क्रिया होती है?

उत्तर रन्दे द्वारा जब लकड़ी पर रन्दाई की जाती है, तो यह क्रिया प्लेनिंग कहलाती है।

3. रिप आरी में दाँतों का कोण कितना होता है?

उत्तर रिप आरी में दाँतों का कोण 90° रखा जाता है।

4. कारपेन्टरी जोड़ों से क्या अभिप्राय है?

उत्तर लकड़ी के दो या दो से अधिक टुकड़ों को किसी भी कोण पर परस्पर जोड़ने के लिए लगाए जाने वाले जोड़ कारपेन्टरी जोड़ कहलाते हैं।

5. कारपेन्टरी में प्रयुक्त दो मापक औजारों के नाम बताइए।

उत्तर गुनिया एवं पैमाना।

6. समतल औजारों से आप क्या समझते हैं?

उत्तर लकड़ी की सतह को चिकना व समतल करने वाले औजार समतल औजार कहलाते हैं।

अभ्यास प्रश्न

परीक्षा प्रारूपी प्रश्न

1. ट्राई स्क्वायर का साइज होता है
(a) 90-45 मिमी (b) 95-150 मिमी
(c) 76-610 मिमी (d) 300 से 450 मिमी

2. रिप आरी में दाँतों की संख्या प्रति इंच होती है
(a) 2 (b) 3 (c) 6 (d) 10

3. नीचे दिए गए चित्र में X किसको प्रदर्शित करता है।

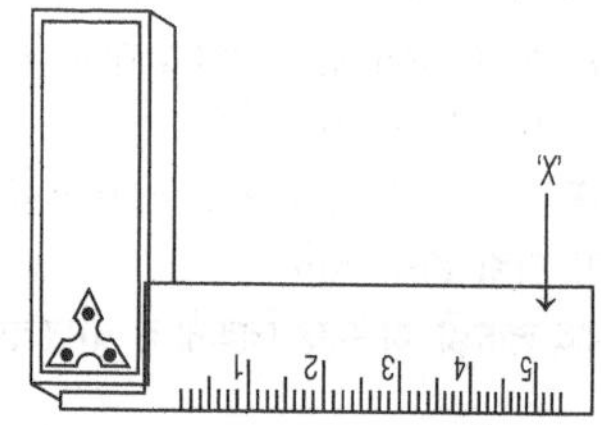

(a) स्टॉक (b) ब्लेड
(c) बेस (d) इनमें से कोई नहीं

4. डवटेल आरी के ब्लेड की लम्बाई .... तक होती है।
(a) 150 मिमी से 200 मिमी (b) 200 मिमी से 350 मिमी
(c) 400 मिमी से 500 मिमी (d) 550 मिमी से 650 मिमी

5. मिटरे स्क्वायर में ब्लेड की लम्बाई .... होती है।
(a) 100 से 200 मिमी (b) 300 से 400 मिमी
(c) 200 से 300 मिमी (d) 50 से 100 मिमी

6. ट्राई स्क्वायर में ब्लेड किस धातु का बना होता है?
(a) लोहे का (b) इस्पात का
(c) एल्युमीनियम (d) इनमें से कोई नहीं

7. भारी कार्यों के लिए कौन-सी आरी प्रयुक्त होती है?
(a) टेनन आरी (b) रिप आरी
(c) डवटेल आरी (d) ये सभी

8. .... का प्रयोग लकड़ी को विभिन्न रूपों में काटने के लिए किया जाता है।
(a) रेती (b) आरी
(c) रन्धा (d) बसुला

9. लकड़ी की मोटाई, छिलाई, कटाई आदि कार्यों के लिए .... का प्रयोग किया जाता है।
(a) रन्दा (b) आरी (c) बसुला (d) रेती

10. क्रॉस कट आरी (cross cut saw) में दाँतों का कोण होता है
(a) 70°-85° (b) 85°-90°
(c) 90°-95° (d) 95°-100°

11. नीचे चित्र में किस प्रकार की आरी को दर्शाया गया है?

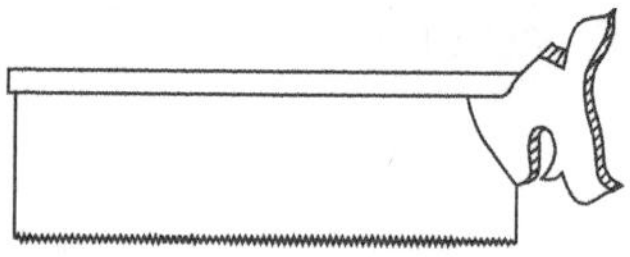

(a) टेनन आरी (b) रिप आरी
(c) डवटेल आरी (d) कम्पास आरी

12. कम्पास आरी की लम्बाई कितनी होती है?
(a) 9 से 10 इंच (b) 10 से 14 इंच
(c) 14 से 16 इंच (d) 16 से 20 इंच

13. निम्नलिखित में कटिंग औजार कौन-सा है?
(a) पिन्सर (b) माइक्रोमीटर
(c) हथौड़ा (d) आरी

14. गिमलेट किस धातु के बनाए जाते हैं?
(a) आयरन (b) हाई कार्बन स्टील
(c) एल्युमीनियम (d) चाँदी

15. कारपेन्टरी में प्रयोग होने वाला औजार है।
(a) पेंचकस (b) रेती
(c) 'a' और 'b' दोनों (d) इनमें से कोई नहीं

16. रेती बनाई जाती है
(a) एलॉय स्टील (b) हाई कार्बन स्टील
(c) एल्युमीनियम (d) आयरन

17. कारपेन्टरी में निम्न संक्रियाएँ की जाती हैं
(a) चिराई (b) रन्दाई
(c) रिबेटिंग (d) ये सभी

18. प्लम्ब बॉब द्वारा किसका परीक्षण किया जाता है?
(a) सतह की समतलता (b) सतह की ऊर्ध्वाधरता
(c) सतह की रूक्षता (d) इनमें से कोई नहीं

19. निम्न में से कौन-सी सॉ गोलाई में काटने वाली नहीं है?
(a) कम्पास सॉ (b) हैक सॉ
(c) बो सॉ (d) रिप सॉ

20. ······· रन्दे का प्रयोग सतह को साफ व चिकनी करने के लिए किया जाता है।
(a) छोटा रन्दा (b) परीक्षण रन्दा
(c) धातु रन्दा (d) रिबेट या पैतामी रन्दा

21. नीचे चित्र में किस प्रकार के जोड़ को दर्शाया गया है?

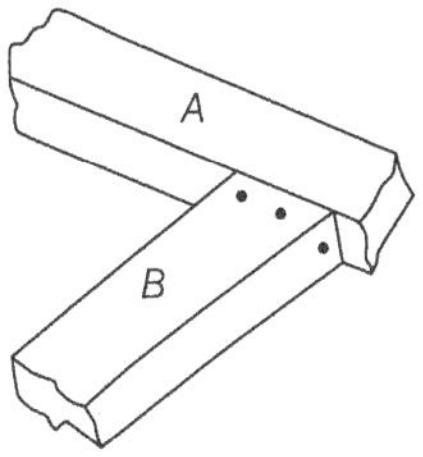

(a) वर्ग जोड़ (b) ग्रूव्ड जोड़
(c) कॉर्नर जोड़ (d) इनमें से कोई नहीं

22. रेगमाल को ······· नाम से भी जाना जाता है।
(a) रैस्प (b) स्क्रैपर (c) रेती (d) सैंड-पेपर

23. जैक रन्दे की लम्बाई .... होती है।
(a) 350-460 मिमी (b) 460-500 मिमी
(c) 500-650 मिमी (d) 250-350 मिमी

24. निम्न में से कौन-सी महँगी लकड़ी है?
(a) सागवान (b) बबूल (c) शीशम (d) शहतूत

25. पिन्सर से किस प्रकार का कार्य किया जाता है?
(a) कील ठोंकने (b) कीलों को उखाड़ना
(c) लकड़ी जोड़ने (d) लकड़ी काटने

26. मैलेट हैमर किससे बनाया जाता है?
(a) लोहे (b) ताँबा (c) लकड़ी (d) ये सभी

27. लकड़ी के अन्दर झिर्रियाँ काटने की क्रिया कहलाती है
(a) ग्रूविंग (b) सॉइंग
(c) प्लेनिंग (d) ड्रिलिंग

28. निम्न लकड़ी का रंग सुनहरा पीला होता है।
(a) आम (b) शीशम (c) सागवान (d) बबूल

29. निम्न में से कौन-सी कठोर लकड़ी नहीं है?
(a) चीड़ (b) आम
(c) सागवान (d) नीम

30. बो आरी का अन्य नाम है
(a) पैड आरी (b) फ्रेम आरी
(c) पैनल आरी (d) टेनन आरी

31. इनमें से किसका प्रयोग गोलाई में लकड़ी काटने के लिए किया जाता है?
(a) कम्पास सॉ (b) की-होल सॉ
(c) रिप सॉ (d) टेनन सॉ

32. ऑगर बिट का अग्र भाग ······ बना होता है।
(a) घुमावदार (b) पेंचनुमा
(c) समतल (d) इनमें से कोई नहीं

33. मिटरे जोड़ में लकड़ी के दो भागों को ····· पर जोड़ा जाता है।
(a) 45° (b) 60° (c) 90° (d)180°

34. लकड़ी की सतह को समतल चिकना बनाने वाला औजार ············ कहलाता है।
(a) हैक्सॉ (b) रन्दा (c) पंच (d) 'G' क्लैम्प

35. पैतामी रन्दे की लम्बाई निम्न में से कितनी होती है?
(a) 5 इंच (b) 8 इंच
(c) 10 इंच (d) 20 इंच

36. निम्न चित्र में कौन-सा औजार दर्शाया गया है?

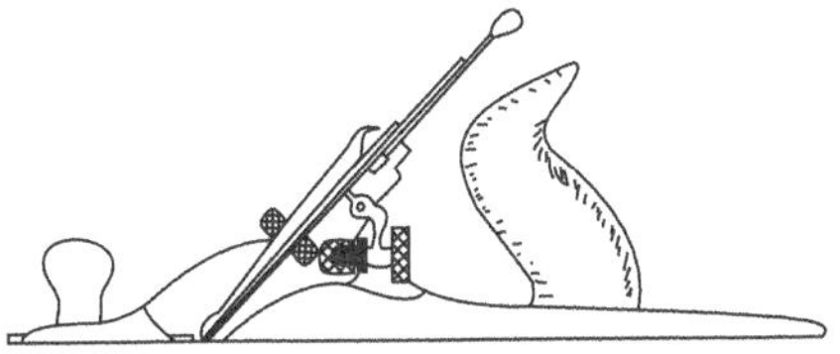

(a) चिकना रन्दा (b) पैताम रन्दा
(c) जैक रन्दा (d) इनमें से कोई नहीं

37. चिकना रन्दा बना होता है
(a) उच्च चाल वाली स्टील (b) उच्च कार्बन स्टील
(c) ढलवाँ लोहे का (d) मिश्र धातु स्टील

38. छोटे लकड़ी के टुकड़े को समतल बनाने के लिए किस प्रकार का रन्दा उपयुक्त है?
(a) जैक रन्दा (b) स्मूथिंग रन्दा
(c) कोर्स रन्दा (d) रिवेट रन्दा

39. पैकिंग केस बनाने के लिए किस कठोर लकड़ी का उपयोग किया जाता है?
(a) आम (b) प्लाईवुड
(c) बाँस (d) पड़तल

40. निम्न में से कौन-सी लकड़ी नॉन-पोरस होती है?
(a) बाँस (b) देवदार
(c) साल (d) आम

41. निम्न में से किस सॉ (saw) का उपयोग जॉब के शोल्डर्स काटने के लिए किया जाता है?
(a) टेनन सॉ (b) हैण्ड सॉ (c) बैण्ड सॉ (d) स्पेशल सॉ

42. खेलों के सामान बनाने के लिए किस लकड़ी का उपयोग किया जाता है?
(a) बबूल (b) टीक (c) शहतूत (d) आम

43. कारपेन्टरी वर्क में बेंच हुक का उपयोग किया जाता है?
(a) चीरते समय जॉब को पकड़ने हेतु
(b) ड्रिलिंग के लिए जॉब को पकड़ने हेतु
(c) चिपकाते समय जॉब को पकड़ने हेतु
(d) रीमिंग के लिए जॉब को पकड़ने हेतु

44. कारपेन्टरी वर्क में प्रयुक्त जी क्लैम्प का स्पिण्डल बना होता है
(a) माइल्ड स्टील
(b) कास्ट आयरन
(c) रॉट आयरन
(d) कॉपर

45. परीक्षण रन्दे का साइज होता है
(a) 510-610 मिमी
(b) 410-500 मिमी
(c) 310-400 मिमी
(d) 210-350 मिमी

उत्तरमाला

1. (c)	**2.** (a)	**3.** (b)	**4.** (b)	**5.** (c)	**6.** (b)	**7.** (b)	**8.** (b)	**9.** (c)	**10.** (a)
11. (c)	**12.** (b)	**13.** (d)	**14.** (b)	**15.** (c)	**16.** (b)	**17.** (d)	**18.** (b)	**19.** (d)	**20.** (a)
21. (a)	**22.** (d)	**23.** (a)	**24.** (a)	**25.** (b)	**26.** (c)	**27.** (a)	**28.** (c)	**29.** (a)	**30.** (b)
31. (a)	**32.** (b)	**33.** (c)	**34.** (b)	**35.** (c)	**36.** (c)	**37.** (c)	**38.** (b)	**39.** (d)	**40.** (b)
41. (a)	**42.** (c)	**43.** (a)	**44.** (a)	**45.** (a)					

अध्याय 06

गैस वैल्डिंग, सोल्डरिंग एवं ब्रेजिंग

Gas Welding, Soldering and Brazing

प्लम्बिंग का कार्य करते समय, कार्यशाला में प्लम्बर को विभिन्न प्रकार के धात्विक पाइपों को जोड़ने, मोड़ने इत्यादि कार्यों के लिए मुख्य रूप से गैस वैल्डिंग, सोल्डरिंग एवं ब्रेजिंग की आवश्यकता होती है क्योंकि इन सभी विधियों द्वारा बने जोड़ नियमित रूप से मजबूत होते हैं।

गैस वैल्डिंग, सोल्डरिंग एवं ब्रेजिंग ये सभी दो या दो से अधिक धात्विक भागों को परस्पर जोड़ने की विधियाँ हैं। इन विधियों के बीच मुख्य अन्तर केवल जोड़ बनाने के लिए प्रयुक्त तापमान से होता है। गैस वैल्डिंग में जोड़ बनाने के लिए ऑक्सीजन व एसीटिलीन गैसों से बनी फ्लेम को जोड़े जाने वाले भागों पर प्रवाहित किया जाता है जिससे जोड़े जाने वाले भाग पिघल जाते हैं और ठण्डा होने के पश्चात् एक मजबूत जोड़ बनाते हैं। इस विधि में फिलर धातु का भी उपयोग किया जा सकता है।

सोल्डरिंग तथा ब्रेजिंग जोड़ बनाने की लगभग समान विधियाँ हैं। इन दोनों ही विधियों में पहले फिलर धातु को पिघलाया जाता है और फिर इस पिघली धातु को जोड़े जाने वाले भागों पर फैलाकर जोड़ बनाया जाता है। सोल्डरिंग एवं ब्रेजिंग, फिलर धातु को पिघलाने के लिए प्रयुक्त किए जाने वाले तापमान पर निर्भर करती है। यदि फिलर धातु को 327°C से निम्न तापमान पर पिघलाकर जोड़ बनाया जाता है, तो की जाने वाली प्रक्रिया सोल्डरिंग कहलाती है और यदि फिलर धातु को 327°C तापमान से ऊपर पिघलाकर जोड़ बनाया जाता है तो की जाने वाली प्रक्रिया ब्रेजिंग है।

प्रस्तुत अध्याय में गैस वैल्डिंग, सोल्डरिंग एवं ब्रेजिंग का विस्तृत वर्णन किया गया है।

अध्याय विषय सूची

6.1 गैस वैल्डिंग एवं उनके उद्देश्य Gas Welding and their Purpose

दो समान या भिन्न-भिन्न धातुओं को वैल्ड करने के लिए उनके किनारों को पिघलाया जाता है उसके लिए आवश्यक ऊष्मा, गैसों को जलाकर प्राप्त की जाती है, इस प्रकार गैसों के दहन के कारण प्राप्त ऊष्मा से जोड़ बनाने की प्रक्रिया को गैस वैल्डिंग कहते हैं। गैस वैल्डिंग में हम गैस का प्रयोग हल्की चादरों/मैटल को वैल्ड करने के उद्देश्य से करते हैं।

गैस वैल्डिंग अब तक प्रचलित वैल्डिंग की प्राचीनतम विधियों में से एक तथा बहु परिवर्तनीय वैल्डिंग प्रक्रम है। यह बड़े स्तर पर पाइप और ट्यूबों की वैल्डिंग के साथ-साथ मरम्मत कार्यों में भी प्रयुक्त होती है। गैस वैल्डिंग विधि में जोड़ के स्थान पर गैस की फ्लेम द्वारा धातु को पिघलने की अवस्था तक गर्म किया जाता है।

पिघली धातु के स्थान पर आवश्यकतानुसार पूरक धातु छड़ (filler metal rod) को भी साथ-साथ पिघलाकर वैल्डिंग जोड़ प्राप्त किया जाता है।

धातु से जोड़े जाने वाले किनारों के बीच रिक्त स्थान में पूरक धातु भर जाती है और दोनों किनारों की पिघली धातु आपस में मिल जाती है। ठण्डा होने पर मजबूत जोड़ प्राप्त हो जाता है। गैस वैल्डिंग विधि में धातु को पिघलाने के लिए ज्वलनशील गैसें; जैसे—हाइड्रोजन, मीथेन, जल-गैस तथा एसीटिलीन आदि प्रयोग की जाती है। गैस को लगभग शुद्ध ऑक्सीजन द्वारा जलाया जाता है, जो गैस को जलने में सहायता प्रदान करती है। एसीटिलीन गैस की फ्लेम से अधिकतम तापमान लगभग 3100°C प्राप्त होता है, जो इस्पात खण्डों को जोड़ने में प्रयोग की जाती है।

अन्य गैसों की ज्वाला का तापमान कम होता है, इसलिए हाइड्रोजन, मीथेन आदि की फ्लेम का प्रयोग पतली धातु चादरों या ट्यूबों को जोड़ने में होता है। एसीटिलीन फ्लेम द्वारा वैल्डिंग की विधि को ऑक्सी-एसीटिलीन वैल्डिंग कहते हैं। गैस वैल्डिंग में अधिकतर इसी विधि का प्रयोग किया जाता है। इसकी सहायता से इस्पात, ढलवाँ लोहा, धातु-चादर तथा अलौह-धातुएँ वैल्ड की जा सकती हैं।

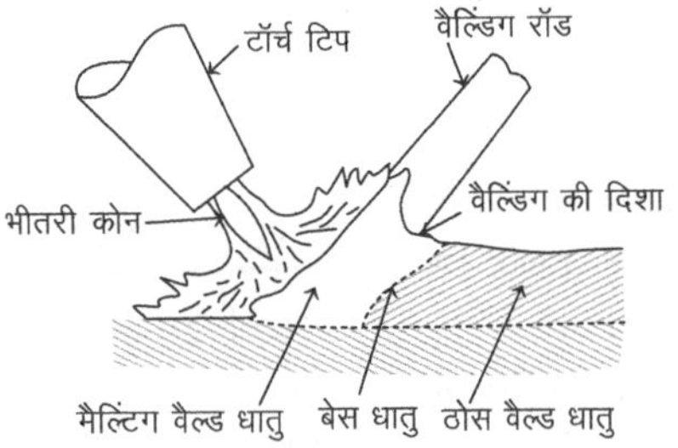

चित्र धातु खण्ड पर वैल्डिंग कार्य

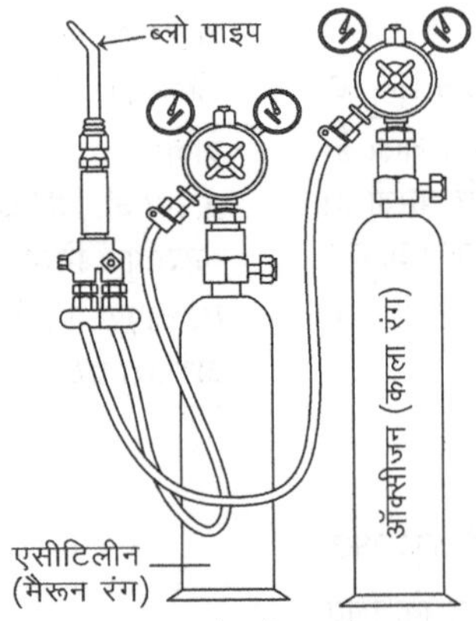

चित्र गैस वैल्डिंग

एसीटिलीन गैस के दाब के आधार पर गैस वैल्डिंग दो प्रकार की होती है

- उच्च दाब गैस वैल्डिंग
- निम्न दाब गैस वैल्डिंग

1. उच्च दाब गैस वैल्डिंग High Pressure Gas Welding

जब एसीटिलीन गैस को बड़े कारखानों में तैयार करके 15 किग्रा प्रति वर्ग सेमी दाब पर सिलेण्डरों में भरकर प्रयोग किया जाता है, तो इस वैल्डिंग को उच्च दाब वैल्डिंग (HP welding) कहते हैं। इस विधि में प्रयुक्त ऑक्सीजन सिलेण्डर का दाब 12.5 किग्रा/सेमी^{2} तथा एसीटिलीन गैस सिलेण्डर का दाब 15.5 किग्रा/सेमी^{2} से अधिक नहीं रखा जाता है।

इससे अधिक दाब होने पर इसमें विस्फोट हो सकता है। एसीटिलीन में विस्फोट होने से बचाने के लिए इसे एसीटोन में मिश्रित करके प्रयोग किया जाता है, क्योंकि एसीटोन की अवशोषण क्षमता अधिक होती है। एसीटोन इकाई वायुदाब के लिए अपने आयतन से 25 गुने तक अधिक एसीटिलीन का आयतन अवशोषित कर सकता है। इस विधि का प्रयोग अधिक उत्पादन (mass production) वाले स्थानों पर किया जाता है।

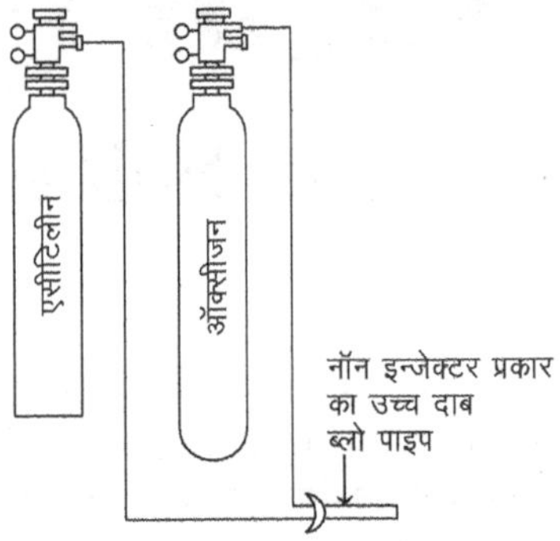

चित्र उच्च दाब ऑक्सी-एसीटिलीन संयन्त्र

2. निम्न दाब गैस वैल्डिंग Low Pressure Gas Welding

जब एसीटिलीन गैस का उत्पादन छोटे-से गैस जेनरेटर में कार्यस्थल पर ही 1.00 किग्रा प्रति वर्ग सेमी दाब पर या इससे भी कम दाब पर करके वैल्डिंग की प्रक्रिया की जाती है, तो इसे निम्न दाब वैल्डिंग (LP welding) कहते हैं।

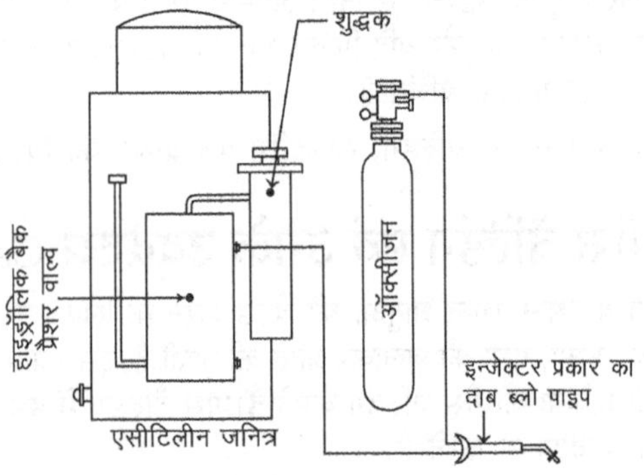

चित्र निम्न दाब ऑक्सी-एसीटिलीन संयन्त्र

इस विधि में प्राप्त गैस को शुद्ध व शुष्क करने के लिए गैस प्यूरीफायर तथा ड्रायर का प्रयोग किया जाता है। इस विधि का उपयोग अधिकतर छोटे कार्यों की वैल्डिंग हेतु किया जाता है।

गैस वैल्डिंग उपकरण
Gas Welding Equipments

गैस वैल्डिंग में निम्नलिखित उपकरणों की आवश्यकता रहती है

1. ऑक्सीजन सिलेण्डर Oxygen Cylinder

ऑक्सीजन सिलेण्डर 3400, 5200 तथा 6800 लीटर की क्षमता में उपलब्ध हैं। इनमें ऑक्सीजन का दाब 136 से 172 बार (bar) तक रहता है तथा यह 70° F पर सिलेण्डर में भरी जाती है। सिलेण्डर में भरी ऑक्सीजन का भार उसके दाब के समानुपाती होता है।

यदि सिलेण्डर का दाब 25% गिरता है, तो इससे सीधा मतलब निकलता है कि एक-चौथाई गैस खर्च हो चुकी है। प्रत्येक सिलेण्डर में एक सेफ्टी नट लगा होता है, जो अधिक दाब से सिलेण्डर को सुरक्षित रखता है।

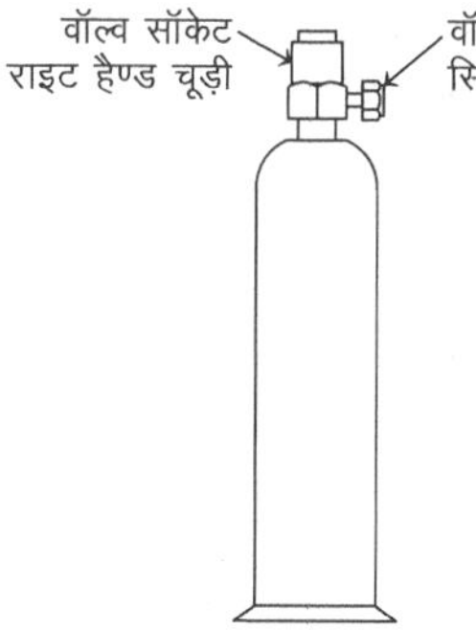

चित्र ऑक्सीजन सिलेण्डर

इस सिलेण्डर को काला पेन्ट किया जाता है तथा इसमें दाएँ हाथ की चूड़ियाँ होती हैं।

2. एसीटिलीन सिलेण्डर Acetylene Cylinder

एसीटिलीन सिलेण्डर विभिन्न क्षमता में उपलब्ध हैं, क्योंकि उच्च दाब पर एसीटिलीन स्थायी नहीं रहती। इसलिए इसे एसीटोन में घोलकर रखा जाता है। इसी कारणवश इसे घुलनशील एसीटिलीन भी कहते हैं। एसीटोन बड़ी मात्रा में एसीटिलीन को अपने में घोल लेता है और जैसे-जैसे दाब कम होता है, यह एसीटिलीन छोड़ता रहता है।

सम्पूर्ण सिलेण्डर एक सरन्ध्र पदार्थ; जैसे-बाल्सा लकड़ी आदि से भरा रहता है। यह सरन्ध्र पदार्थ, दाब कम होने पर सम्पूर्ण एसीटोन से एसीटिलीन निर्गत होने से रोकता है। एसीटिलीन सिलेण्डर को हमेशा सीधा खड़ा रखा जाता है, जिससे कि टॉर्च के अन्दर एसीटोन न जाने पाए। टॉर्च में एसीटोन जाने से विस्फोट होने का डर रहता है। एसीटिलीन सिलेण्डर में लगे वाल्व को केवल एक विशेष स्पैनर के द्वारा ही खोला जा सकता है। इसकी तली में दो गलन प्लग (fusible plug) लगे होते हैं, जो 104°C पर भी पिघल जाते हैं तथा अधिक तापक्रम होने पर एसीटिलीन को वायुमण्डल में छोड़ देते हैं। एक एसीटिलीन सिलेण्डर को निम्न चित्र में दर्शाया गया है

चित्र एसीटिलीन सिलेण्डर

3. एसीटिलीन जेनरेटर Acetylene Generator

यदि बहुत अधिक मात्रा में एसीटिलीन की खपत हो, तो इसे वैल्डिंग की जगह पर ही बनाना उचित तथा सस्ता पड़ता है। इसके लिए एसीटिलीन जेनरेटरों की आवश्यकता रहती है। इसमें कैल्शियम कार्बाइड की एक क्विंटल मात्रा में पानी मिलाया जाता है, जिससे एसीटिलीन गैस उत्पन्न होती है।

इस जेनरेटर को प्रेशर के आधार पर तीन भागों में बाँटा गया है

(*i*) निम्न दाब जेनरेटर (Low Pressure Generator)
(*ii*) मध्य दाब जेनरेटर (Medium Pressure Generator)
(*iii*) उच्च दाब जेनरेटर (High Pressure Generator)

4. ऑक्सीजन गैस रेगुलेटर Oxygen Gas Regulator

ऑक्सीजन गैस रेगुलेटर का उपयोग ऑक्सीजन गैस के दाब को कार्यकारी दाब के अनुसार कम करने तथा ब्लो पाइप में ऑक्सीजन गैस की मात्रा को नियन्त्रित करने के लिए किया जाता है। इस प्रकार के रेगुलेटर का रंग काला होता है तथा इसमें दाएँ हाथ की चूड़ियाँ कटी होती हैं।

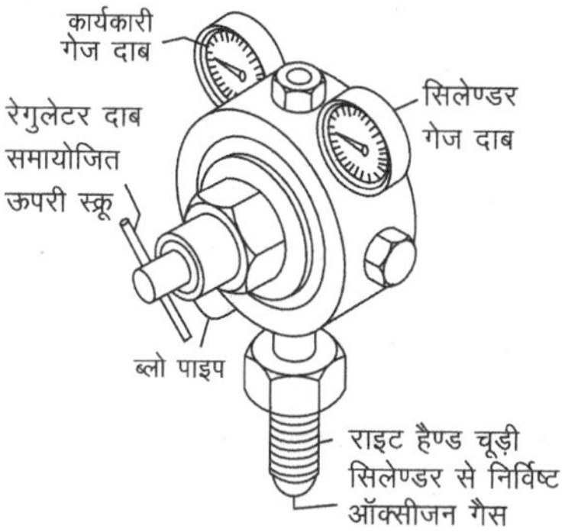

चित्र ऑक्सीजन गैस रेगुलेटर

ऑक्सीजन गैस रेगुलेटर बनावट के अनुसार दो प्रकार का होता है

(i) सिंगल स्टेज रेगुलेटर (ii) डबल स्टेज रेगुलेटर

5. एसीटिलीन गैस रेगुलेटर Acetylene Gas Regulator

एसीटिलीन गैस रेगुलेटर, ऑक्सीजन गैस रेगुलेटर की अपेक्षा भार में हल्का व मैरून रंग का होता है। इस प्रकार के रेगुलेटर का उपयोग कार्य के अनुसार एसीटिलीन गैस का दाब कम व अधिक करने तथा गैस को ब्लो पाइप में नियन्त्रित करने के लिए किया जाता है।

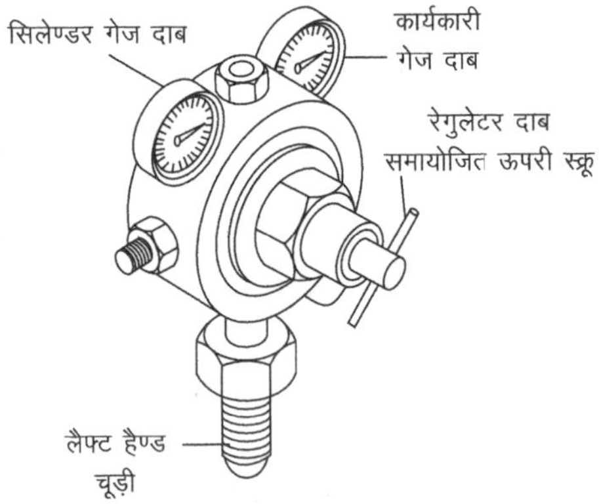

चित्र एसीटिलीन गैस रेगुलेटर

6. हौज पाइप Hose Pipe

ऑक्सीजन तथा एसीटिलीन गैस को गैस सिलेण्डरों से वैल्डिंग टॉर्च तक पहुँचाने के लिए रबड़ के हौज पाइप प्रयोग किए जाते हैं। इनको री-इन्फोर्स करके गैस का प्रैशर सहने योग्य बनाया जाता है। हरे रंग का पाइप ऑक्सीजन के लिए प्रयोग किया जाता है। हौज पाइप को निप्पल पर चढ़ाकर प्लेन नट के द्वारा सिलेण्डर पर लगे रेगुलेटर में फिट किया जाता है। इन नटों के अन्दर दाएँ हाथ की चूड़ियाँ होती हैं। हौज पाइपों के फिटिंग अवयव चित्र में दर्शाए गए हैं।

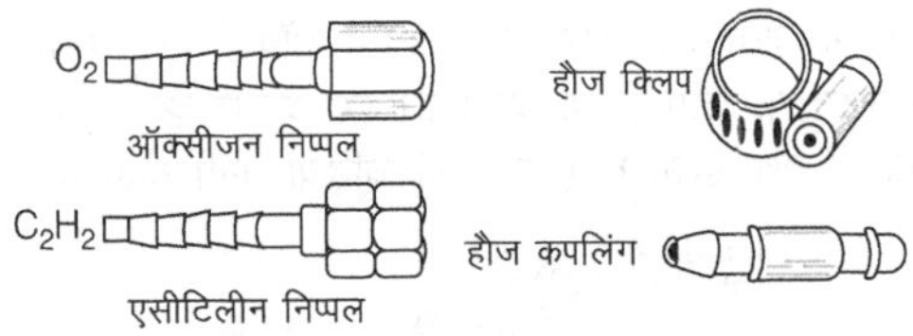

चित्र हौज पाइप के फिटिंग अवयव

लाल रंग के हौज पाइप को ग्रूव कटे हुए नटों वाले निप्पल पर चढ़ाकर एसीटिलीन गैस के सिलेण्डर पर लगे रेगुलेटर के आउटलेट पर फिट किया जाता है। इन नटों में बाएँ हाथ की चूड़ियाँ होती हैं। काले रंग का हौज पाइप अन्य प्रकार की वैल्डिंग गैसों के लिए प्रयोग किया जाता है।

7. ब्लो पाइप या गैस वैल्डिंग टॉर्च Blow Pipe or Gas Welding Torch

वैल्डिंग टॉर्च के द्वारा उचित अनुपात में फ्यूल गैस तथा ऑक्सीजन या हवा को मिलाकर एक नॉजल के द्वारा ज्वाला (flame) तैयार की जाती है। आवश्यक गुणों वाली ज्वाला तैयार करने के लिए इसमें ईंधन गैस तथा ऑक्सीजन की मात्रा को नियन्त्रित करने के लिए दो सूची वाल्व लगे होते हैं। मिक्सिंग चैम्बर में गैसों को इस प्रकार भेजा जाता है कि वे आपस में अच्छी प्रकार मिल जाएँ, परन्तु इसके पश्चात् वैल्डिंग टॉर्च की टिप की ओर आते समय इस मिश्रण का फ्लो स्मूथ रहे, जिससे फ्लेम भी स्मूथ प्राप्त हो। हैण्डिल के पीछे ऑक्सीजन तथा एसीटिलीन गैस के लिए दो कनैक्शन होते हैं जिनमें सीधे हौज पाइप को जोड़ा जा सकता है। ऑक्सीजन, ऑक्सीजन कण्ट्रोल वाल्व से नियन्त्रित होती हुई मिक्सिंग चैम्बर के मध्य में पहुँचती है। एसीटिलीन हैण्डिल तथा कण्ट्रोल वाल्व से होती हुई बाहरी झिर्रियों से मिक्सिंग चैम्बर में पहुँचती है। यही मिक्स हुई गैस हैड, टिप तथा नॉजल से बाहर आकर ज्वाला उत्पन्न करती है।

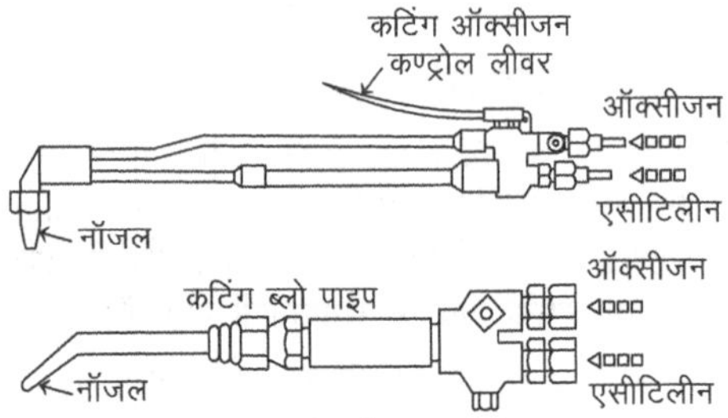

चित्र गैस वैल्डिंग टॉर्च

एसीटिलीन गैस की सप्लाई के आधार पर ब्लो पाइप तीन प्रकार के होते हैं

(*i*) हाई प्रैशर ब्लो पाइप (High Pressure Blow Pipe)
(*ii*) लो प्रैशर ब्लो पाइप (Low Pressure Blow Pipe)
(*iii*) स्वचालित प्रैशर ब्लो पाइप (Automatic Pressure Blow Pipe)

8. सिलेण्डर ट्रॉली Cylinder Trolly

गैस सिलेण्डरों को एक स्थान से दूसरे स्थान पर ले जाने के लिए सदैव ट्रॉली का ही प्रयोग करना चाहिए। ट्रॉली में सिलेण्डर ले जाते समय यह सुनिश्चित कर लेना चाहिए कि उन्हें ठीक से ट्रॉली में चेन द्वारा बाँध लिया गया है।

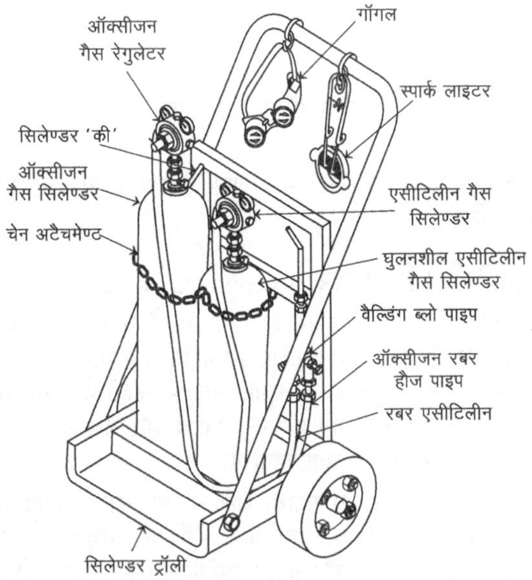

चित्र सिलेण्डर ट्रॉली

सिलेण्डरों को घसीटकर या लुढ़काकर कभी भी नहीं ले जाना चाहिए, इससे रेगुलेटर के टूटने का खतरा बना रहता है। सिलेण्डर ट्रॉली में दो बड़े पहिए तथा एक चौरसनुमा पाइप का हैण्डिल लगा होता है, जिनकी सहायता से सिलेण्डरों को आसानी से लाया और ले जाया जा सकता है।

9. लाइटर या इग्नाइटर Lighter or Ignitor

टॉर्च या ब्लो पाइप पर गैस को जलाने के लिए कभी भी माचिस के प्रयोग की अनुमति नहीं दी जाती, क्योंकि इससे हाथ जलने का खतरा रहता है। इसके लिए एक विशेष प्रकार का टॉर्च लाइटर प्रयोग किया जाता है, जैसा कि चित्र में दर्शाया गया है। इसमें एक रेतीनुमा सतह पर फ्लिंट पत्थर (flint stone) को रगड़कर स्पार्क बनाया जाता है।

यह स्पार्क कप के अन्दर एकत्र गैस को जला देता है। इससे ज्वलनशील गैस जलकर ज्वाला बना देती है। यदि टॉर्च लाइटर न हो, तो इस दशा में सुलगती हुई रस्सी प्रयोग करनी चाहिए।

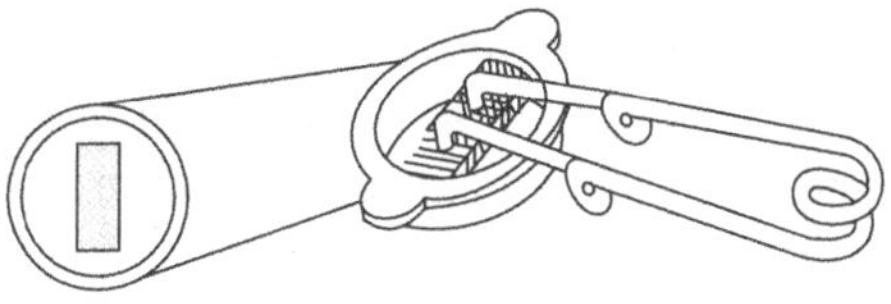

चित्र टॉर्च लाइटर

10. चाबी व स्पैनर Key and Spanner

गैस सिलेण्डरों के वाल्व खोलने के लिए विशेष प्रकार की चाबियाँ प्रयोग की जाती हैं। वाल्व कभी भी संडासी या प्लास से नहीं खोलने चाहिए । ऐसा करने से वाल्व की रॉड गोल हो जाती है और बाद में स्लिप होने लगती है। वैल्डिंग टॉर्च की टिप बदलने के लिए उपयुक्त स्पैनर प्रयोग करना चाहिए। इसके अतिरिक्त निम्न छोट-छोटे औजारों की भी आवश्यकता रहती है।

(*i*) हथौड़ा
(*ii*) जॉब पकड़ने की संडासियाँ
(*iii*) रेती
(*iv*) छेनी
(*v*) वाइस
(*vi*) फ्लैक्सिबल ग्राइण्डर

11. फिलर रॉड Filler Rod

फिलर रॉड का चयन बेस मैटल के अनुसार किया जाता है। वैल्ड जोड़ को अतिरिक्त शक्ति प्रदान करने के लिए अतिरिक्त मैटल जोड़ पर वैल्ड की जाती है। जोड़ बनाने के लिए की गई किनारों की साज-सज्जा से बने खाली स्थान को भरने के लिए उपयुक्त फिलर मैटल की फिलर रॉड का चुनाव किया जाता है। फिलर मैटल को पिघली अवस्था में वायुमण्डलीय प्रभाव से बचाने के लिए फ्लक्स का प्रयोग किया जाता है। फ्लक्स वैल्ड मैटल को ऑक्सीकरण से भी बचाती है।

12. फ्लेम या ज्वाला Flame

गैस द्वारा वैल्डिंग करने के लिए किसी भी ज्वलनशील गैस को वैल्डिंग टॉर्च की टिप पर ऑक्सीजन या हवा की सहायता से जलाकर उचित तापमान प्राप्त किया जाता है। गैस, वैल्डिंग टॉर्च की टिप पर एक ज्वाला के रूप में जलती है। हवा, ऑक्सीजन तथा एसीटिलीन विभिन्न अनुपातों में मिलकर विभिन्न प्रकार की ज्वालाएँ बनाती हैं।

ऑक्सी-एसीटिलीन ज्वाला (ऑक्सीजन तथा एसीटिलीन गैस के मिश्रण से बनी) का अधिकतम तापक्रम 3100 - 3300° C तक होता है।

गैस वैल्डिंग की कार्यप्रणाली
Working Method of Gas Welding

गैस वैल्डिंग करने के लिए वैल्डर को अपना हाथ साधकर टॉर्च को चलाने का अभ्यास करना चाहिए। टॉर्च को वैल्डर अपनी सुविधा के अनुसार दो प्रकार से पकड़ सकता है (i) पैन की भाँति तथा (ii) हथौड़े की भाँति।

गैस वैल्डर को सर्वप्रथम पिघली धातु का कुण्ड (pool) बनाकर बिना फिलर रॉड के उसको आगे बढ़ाने का अभ्यास करना चाहिए।

पैडिल को चलाना सीखने के लिए वैल्डिंग टेबिल पर रखी फायर ब्रिक पर एक मृदु इस्पात (mild steel) की प्लेट रखें। प्लेट पर चॉक द्वारा एक वैल्डिंग की लाइन बना लें। अब न्यूट्रल फ्लेम तैयार करें तथा प्लेट के साथ 35°– 45° का कोण बनाते हुए तथा भीतरी कोन को प्लेट से 1.5-3 मिमी दूर रखते हुए धातु को पिघलने दें। टॉर्च धीरे-धीरे आगे बढ़ाएँ, टॉर्च को एक स्थान पर नहीं रुकने देना चाहिए अन्यथा धातु जल जाएगी और उस जगह पर छेद हो जाएगा। बहुत तेज चलाने पर धातु पूर्ण रूप से पिघल नहीं पाएगी तथा कुण्ड बराबर साइज के नहीं बनेंगे।

कुण्ड में एक न्यूट्रल डॉट बनता है, जो कुण्ड की परिधि के ऊपर तैरता रहता है, जैसा कि निम्न चित्र में दर्शाया गया है। इसकी सहायता से अच्छी गुणवत्ता की न्यूट्रल फ्लेम बनाई जा सकती है। यदि इसका साइज बड़ा हो और कुण्ड गन्दा तथा धुआँदार हो, तो यह माना जाता है कि फ्लेम कार्बुराइजिंग टाइप की है तथा ऑक्सीजन की मात्रा बढ़ाकर न्यूट्रल फ्लेम बनाई जाती है। गैस वैल्डिंग में फिलर रॉड को जोड़ के लिए बनाए गए खाली स्थान (groove) को भरने के लिए प्रयोग किया जाता है।

फिलर रॉड की धातु का चुनाव बेस धातु के अनुसार किया जाता है तथा आकार का चुनाव प्लेट की मोटाई के अनुसार किया जाता है। अधिक मोटी प्लेट के लिए अधिक मोटी रॉड प्रयोग की जानी चाहिए। फिलर रॉड को 90° पर मोड़कर प्रयोग करना चाहिए, जिससे गर्मी सीधी हाथ को न लगे जैसा कि निम्न चित्र में दर्शाया गया है

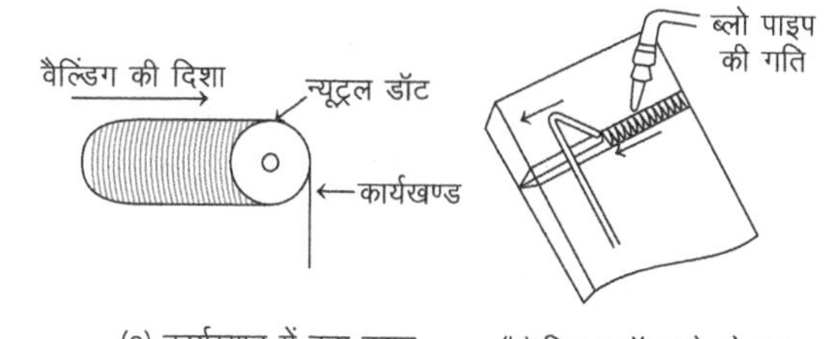

(a) कार्यखण्ड में बना कुण्ड (b) फिलर रॉड को मोड़ना

चित्र गैस वैल्डिंग की कार्यप्रणाली

टॉर्च से न्यूट्रल फ्लेम तैयार करके फ्लेम के कोन (cone) को प्लेट के निकट लाकर एक छोटा-सा पिघली धातु का कुण्ड (pool of molten metal) तैयार करते हैं (कोन को प्लेट से कम-से-कम 1.4 मिमी दूर रखना चाहिए)।

गैस वैल्डिंग के दौरान सुरक्षा व सावधानियाँ
Safety and Precautions During Gas Welding

गैस वैल्डिंग करते समय निम्न सुरक्षा सावधानियाँ ध्यान में रखनी चाहिए

(*i*) गैस वैल्डिंग करते समय कोई ज्वलनशील वस्तु; जैसे—माचिस, ऑयल साथ में न रखें।
(*ii*) गैस सिलेण्डर खोलने के लिए सिलेण्डर चाबी का प्रयोग करें।
(*iii*) जलते हुए ब्लो पाइप के साथ किसी भी तरह की छेड़खानी न करें।
(*iv*) रेगुलेटर खराब होने पर सम्बन्धित कम्पनी से ही ठीक कराएँ।
(*v*) वैल्डिंग शुरू करने से पहले लीकेज की जाँच अवश्य कर लें।
(*vi*) रेगुलेटर के उपयोग से पूर्व सिलेण्डर का मुँह साफ कर लेना चाहिए।
(*vii*) रेगुलेटर हौज पाइप को लगाते समय तेल व ग्रीस को नहीं लगाना चाहिए।
(*viii*) फ्लेम को जलाने के लिए केवल स्पार्क लाइटर का ही उपयोग करना चाहिए।
(*ix*) वैल्डिंग प्लाण्ट के समीप कोई ज्वलनशील वस्तु नहीं होनी चाहिए।
(*x*) वैल्डिंग के उपरान्त प्लाण्ट को बन्द कर दें।

6.2 गैस वैल्डिंग में प्रयुक्त गैसे
Gases used in Gas Welding

विभिन्न गैस वैल्डिंग प्रक्रमों में ईंधन गैस के दहन से वैल्डिंग के लिए वांछित ऊष्मा प्राप्त की जाती है। ईंधन गैस के दहन (combustion) के लिए ऑक्सीजन की आवश्यकता होती है। ऑक्सीजन एवं ईंधन गैस के दहन से एक ज्वाला उत्पन्न होती है, जो वैल्डिंग के लिए धातु को तप्त करती है, तत्पश्चात् वैल्डिंग की क्रिया सम्पन्न होती है।

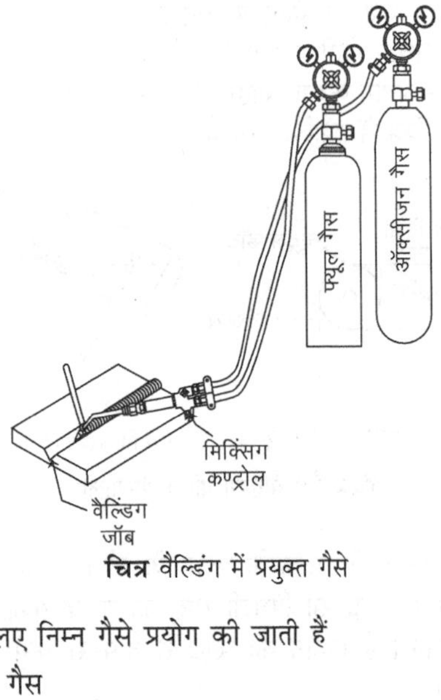

चित्र वैल्डिंग में प्रयुक्त गैसे

वैल्डिंग के लिए निम्न गैसे प्रयोग की जाती हैं

- एसीटिलीन गैस
- हाइड्रोजन गैस
- कोल गैस
- द्रवित पेट्रोलियम गैस (एल.पी.जी.)

ऑक्सीजन की सहायता से जब इन गैसों को जलाते हैं तो निम्न ठोस फ्लेम कॉम्बीनेशन बनता है

(*i*) ऑक्सीजन + एसीटिलीन = ऑक्सी-एसीटिलीन गैस ज्वाला
(*ii*) ऑक्सीजन + हाइड्रोजन = ऑक्सी-हाइड्रोजन गैस ज्वाला
(*iii*) ऑक्सीजन + एल. पी. जी. = एल. पी. जी. गैस ज्वाला
(*iv*) ऑक्सीजन + कोल गैस = ऑक्सी-कोल गैस ज्वाला

(i) ऑक्सी-एसीटिलीन गैस ज्वाला
Oxy-acetylene Gas Flame

ऑक्सी-एसीटिलीन गैस की ज्वाला का तापक्रम 3100°C से 3300°C तक होता है, जिस कारण इसका उपयोग सभी लौह एवं अलौह धातुओं तथा उनके अलॉय की वैल्डिंग, गैस कटिंग, इस्पात ब्रेजिंग की गाउजिंग (gouging), ब्रोंज वैल्डिंग, मैटल स्प्रेइंग तथा पाउडर स्प्रेइंग हेतु किया जाता है। ऑक्सी-एसीटिलीन गैस ज्वाला का मिश्रण वैल्डिंग के लिए सर्वाधिक प्रयोग किया जाता है।

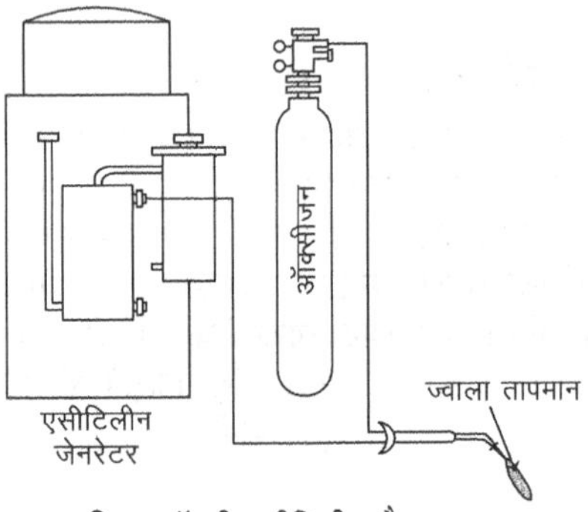

चित्र ऑक्सी-एसीटिलीन गैस ज्वाला

(ii) ऑक्सी-हाइड्रोजन गैस ज्वाला
Oxy-hydrogen Gas Flame

नमी का प्रभाव और कार्बन उपस्थिति के कारण इसका प्रयोग केवल ब्रेजिंग, चाँदी सोल्डरिंग तथा जल के भीतर इस्पात की गैस कटिंग में किया जाता है। इसकी ज्वाला का तापक्रम 2400°C से 2700°C होता है।

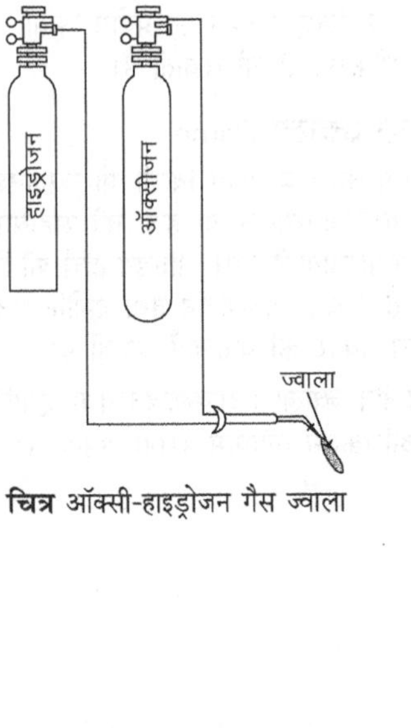

चित्र ऑक्सी-हाइड्रोजन गैस ज्वाला

(iii) ऑक्सी-द्रव पेट्रोलियम गैस ज्वाला Oxy-Liquid Petrolium Gas Flame

इसकी ज्वाला का तापक्रम 2700°C से 2800°C तक होता है।

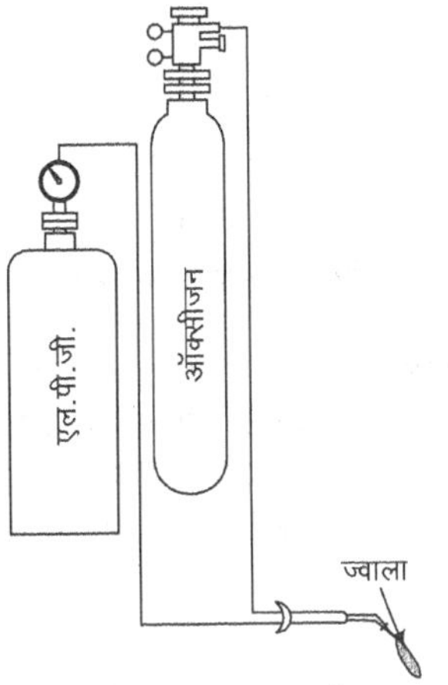

चित्र ऑक्सी-द्रव पेट्रोलियम गैस ज्वाला

इस ज्वाला में कार्बन एवं नाभिकीय प्रभाव होता है। इसे इस्पात की गैस कटिंग के समय तप्तन के लिए प्रयोग किया जाता है।

(iv) ऑक्सी-कोल गैस ज्वाला Oxy-coal Gas Flame

ऑक्सी-कोल गैस ज्वाला का तापक्रम 1800°C से 2200°C होता है। अन्य गैसों की तुलना में इसका तापक्रम कम होने के कारण तथा ज्वाला में कार्बन का प्रभाव होने से इसे सोल्डरिंग एवं ब्रेजिंग के लिए प्रयोग किया जाता है।

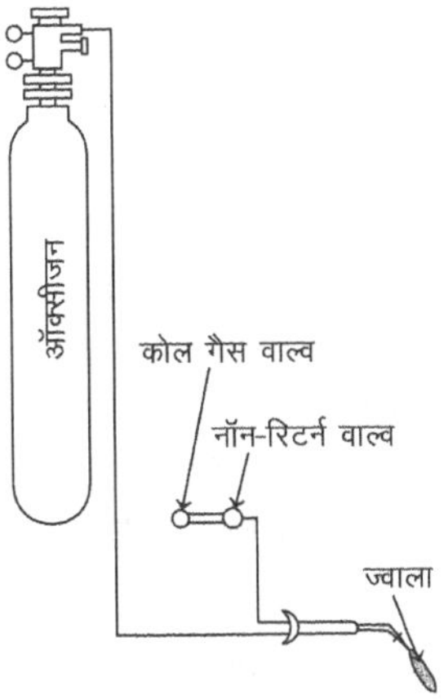

चित्र ऑक्सी-कोल गैस ज्वाला

(v) ऑक्सी-प्रोपेन गैस ज्वाला Oxy-propane Gas Flame

ऑक्सी-प्रोपेन ज्वाला का उपयोग स्टील की कटिंग हेतु किया जाता है। इसका तापमान 2450°C से 2775°C तक होता है।

ऑक्सी-एसीटिलीन फ्लेम के मुख्य भाग
Main Parts of Oxy-acetylene Flame

ऑक्सी-एसीटिलीन फ्लेम निम्न तीन भागों से मिलकर बनी होती है

1. भीतरी कोन
2. मध्य आवरण
3. बाहरी आवरण

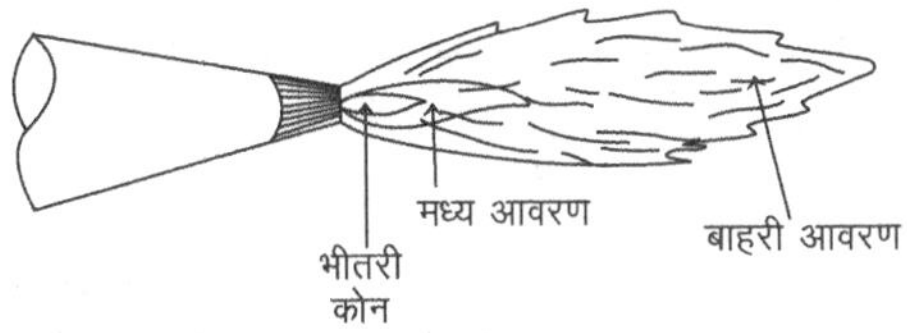

चित्र ऑक्सी-एसीटिलीन फ्लेम के भाग

1. भीतरी कोन Inner Cone

यह फ्लेम का वह चमकदार भाग है, जहाँ एसीटिलीन तथा ऑक्सीजन का मिश्रण वैल्डिंग टॉर्च की टिप से बाहर आता है। इस कोन का रंग हल्का नीला होता है। इस भाग का तापमान 2760°C से 3480°C तक होता है।

भीतरी कोन के सबसे अगले भाग का तापमान 3480°C होता है। वैल्डिंग प्रक्रिया के समय यह कोन बेस धातु से छूना नहीं चाहिए, बल्कि यह बेस धातु से 1.00 से 3.00 मिमी दूर रहना चाहिए।

चित्र में फ्लेम का भीतरी कोन दर्शाया गया है। इस भाग को ब्रिलिएन्ट कम्बशन जोन (brilliant combustion zone) भी कहते हैं। इस भाग में एसीटिलीन गैस, टॉर्च की ऑक्सीजन से क्रिया करती है तथा ऊष्मा प्रदान करती है।

$$C_2H_2 + O_2 \longrightarrow 2CO + H_2 + 107.58 \text{ kcal}$$

2. मध्य आवरण Intermediate Zone

भीतरी कोन के ऊपरी तथा बाहरी कवच (outer envelope) के अन्दर के भाग को मध्य भाग (intermediate zone) कहा जाता है। इसको एसीटिलीन फीदर (acetylene feather) भी कहा जाता है।

इसी भाग में एसीटिलीन गैस का प्रज्वलन (ignition) होता है। इस भाग का रंग सफेद होता है। फ्लेम के मध्य आवरण में ही कार्बन मोनोऑक्साइड तथा हाइड्रोजन का रिडक्शन (reduction) होता है तथा ताप उत्पन्न होता है। इसमें सबसे अधिक 2090°C तापक्रम होता है।

$$2CO + H_2 + 1.5O_2 \longrightarrow 2CO_2 + H_2O + 203.57 \text{ kcal}$$

3. बाहरी आवरण Outer Zone

यह फ्लेम का सबसे बाहरी भाग होता है। इस भाग के मध्य में बने अवशेषों का पुनर्ज्वलन वायुमण्डलीय ऑक्सीजन से होता है। अत: इसी भाग में ज्वलन क्रिया पूरी होती है। इस भाग का तापक्रम 2000°C से 2400°C तक होता है।

ऑक्सी-एसीटिलीन फ्लेम को ऑक्सीजन तथा एसीटिलीन गैसों के अनुपात के आधार पर तीन निम्न वर्गों में विभाजित किया जा सकता है

(*i*) **उदासीन फ्लेम** (Neutral flame) उदासीन फ्लेम में एसीटिलीन तथा ऑक्सीजन की लगभग बराबर मात्राएँ एसीटिलीन टॉर्च में मिलाकर जलाई जाती हैं। इसका तापक्रम लगभग 3260°C होता है। इसमें फ्लेम के भीतरी कोन के ऊपर बाहरी कवच होता है। इसमें मध्य भाग नहीं होता है। इसके बाहरी कवच में सुपरहीटेड (superheated) कार्बन मोनोऑक्साइड तथा हाइड्रोजन गैसें होती हैं, जो भीतरी कोन से प्राप्त होती हैं तथा वायुमण्डल में उपस्थित ऑक्सीजन से क्रिया करती हैं।

इसका रंग भीतरी कोन के रंग से अधिक गाढ़ा (dark) होता है। इस फ्लेम को उदासीन फ्लेम इसलिए कहा जाता है, क्योंकि इसके द्वारा वैल्ड धातु में कोई रासायनिक परिवर्तन नहीं होता। इसके द्वारा माइल्ड स्टील, स्टेनलैस स्टील, कास्ट आयरन, कॉपर तथा एल्युमीनियम आदि धातुएँ वैल्ड की जा सकती हैं।

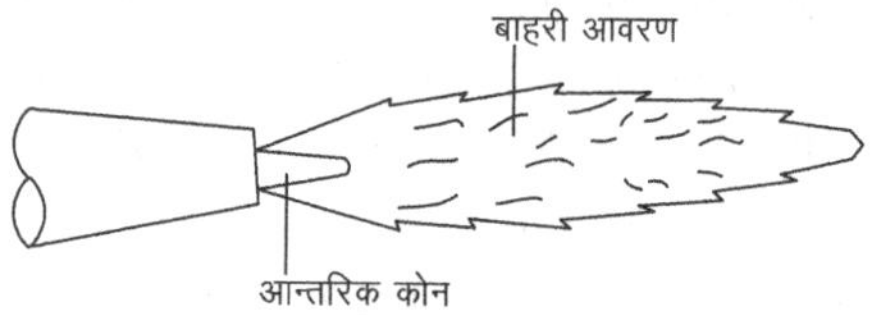

चित्र उदासीन फ्लेम

(*ii*) **कार्बुराइजिंग फ्लेम** (Carburising flame) यदि उदासीन ज्वाला (neutral flame) को दी जाने वाली ऑक्सीजन की मात्रा घटा दी जाए तो फ्लेम, कार्बुराइजिंग या रिड्यूसिंग फ्लेम में परिवर्तित हो जाती है। इसमें ऑक्सीजन की तुलना में एसीटिलीन की मात्रा अधिक होती है।

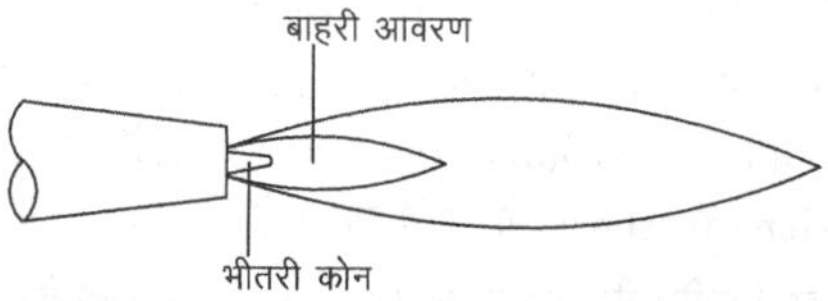

चित्र कार्बुराइजिंग फ्लेम

इस फ्लेम का प्रयोग निकिल, मोनल धातु (monel metal) को वैल्ड करने या चाँदी का टाँका लगाने के लिए भी किया जाता है। इसके द्वारा ऐसी धातु को वैल्ड नहीं करना चाहिए, जो कार्बन को अपने अन्दर शोषित करे और जिसके अनावश्यक रूप से कठोर (hard) होने का खतरा हो।

कार्बुराइजिंग फ्लेम तथा रिड्यूसिंग फ्लेम में अन्तर भी होता है। एक कार्बुराइजिंग फ्लेम वैल्ड धातु को कार्बन सप्लाई करती है, जबकि रिड्यूसिंग फ्लेम वैल्ड धातु को ऑक्सीडाइज होने से सुरक्षा प्रदान करती है। यह फ्लेम सुविधापूर्वक हाई कार्बन स्टील को वैल्ड करने के लिए प्रयोग की जा सकती है।

(*iii*) **ऑक्सीडाइजिंग फ्लेम** (Oxidising flame) उदासीन फ्लेम बनाने के पश्चात् यदि ऑक्सीजन की मात्रा को और अधिक बढ़ा दिया जाए, तो यह ऑक्सीडाइजिंग फ्लेम बन जाती है। इसमें भीतरी कोन की लम्बाई, न्यूट्रल फ्लेम के भीतरी कोन की लम्बाई से कम होती है। इसका रंग नीला होता है। जलते समय यह शोर करती है। चित्र में एक ऑक्सीडाइजिंग फ्लेम दर्शायी गई है।

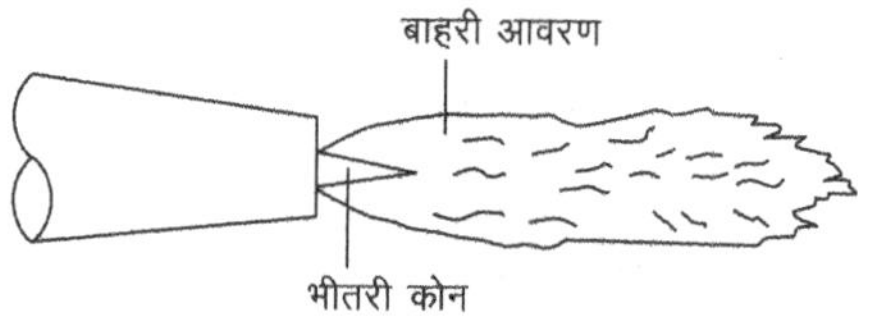

चित्र ऑक्सीडाइजिंग फ्लेम

ऑक्सीडाइजिंग फ्लेम का तापक्रम 3480°C तक रहता है, जोकि सभी प्रकार के फ्लेम में सर्वाधिक है। ऑक्सीजन की अधिकता के कारण वैल्ड धातु का ऑक्सीकरण होने की प्रबल सम्भावना होती है। इसी कारण वैल्डिंग में बहुत कम प्रयोग की जाती है। स्टील के लिए इस फ्लेम का प्रयोग नहीं किया जाता।

फ्लेम तापमान Flame Temperature

फ्लेम तापमान, ईंधन गैस का भौतिक गुण होता है। विभिन्न गैसों के मिश्रण के लिए फ्लेम तापमान तथा अनुप्रयोग निम्न तालिका में दिए गए हैं

क्र.सं.	फ्लेम का नाम	तापमान	अनुप्रयोग
1.	ऑक्सी-एसीटिलीन	3100-3200°C	लौह व अलौह धातु की वैल्डिंग, कटिंग, गाउजिंग, स्प्रेइंग तथा हार्ड फेसिंग आदि।
2.	ऑक्सी-कोल गैस	1800-2200°C	पानी के नीचे स्टील की कटिंग व सिल्वर सोल्डरिंग।
3.	ऑक्सी-हाइड्रोजन	2400-2700°C	पानी के नीचे स्टील वैल्डिंग, कटिंग व ब्रेजिंग।
4.	ऑक्सी-ब्यूटेन	2700-2800°C	स्टील कटिंग।
5.	ऑक्सी-प्रोपेन	2450-2750°C	स्टील कटिंग।
6.	वायु-एसीटिलीन	1825-1875°C	प्री-हीटिंग व ब्रेजिंग तथा सोल्डरिंग।

फ्लेम के दोष एवं उपाय
Faults and Remedies of Flames

फ्लेम में उत्पन्न होने वाले दोषों तथा उनके उपायों को निम्न तालिका में बताया गया है

क्र.सं.	दोष	विवरण	उपाय
1.	फ्लेम का टूटना	गैस का दाब अत्यधिक होने के कारण फ्लेम बार-बार टूटती है तथा टॉर्च की टिप से अधिक लम्बाई में जलती है।	सिलेण्डर में प्रयुक्त रेगुलेटर के दाब एडजस्टिंग स्क्रू द्वारा गैस का दाब कम करें।
2.	बैक फायर होना	टिप के अधिक गर्म होने, टिप के जॉब के अत्यधिक समीप होने से फ्लेम तेज आवाज के साथ बन्द हो जाती है।	टॉर्च को बन्द करके उसे ठण्डा होने दें। टिप को जॉब से उचित दूरी पर रखें। गैस का दाब सही सैट करें।

क्र.सं.	दोष	विवरण	उपाय
3.	फ्लेम के साइज का कम या अधिक होना	दाब रेगुलेटरों का सही प्रकार से कार्य न करने से दोनों गैसों के दाबों में अन्तर आ जाता है।	सिंगल स्टेज रेगुलेटर के स्थान पर डबल स्टेज रेगुलेटर का प्रयोग करें।
4.	फ्लैश बैक होना	बैक फायर के कारण फ्लेम टॉर्च के अन्दर चली जाती है जिसे फ्लैश बैक कहते हैं।	टॉर्च में प्रयुक्त नीडिल वाल्व बन्द करके वाटर सील का पानी चैक करें।
5.	टॉर्च टिप तथा हैड का गर्म हो जाना	ताप के रेडिएशन के फलस्वरूप फ्लेम का सही दिशा में उपयोग न करने से हैड तथा टिप गर्म हो जाते हैं।	ऑक्सीजन वाल्व को खोलकर टिप व हैड को ठण्डे पानी में डुबोएँ।
6.	फ्लेम का काँपना	फ्लेम एक समान न जलकर हिलती हुई जलती है।	वैल्डिंग टॉर्च के हौज पाइप से पानी बाहर निकालें।
7.	पोपिंग	फ्लेम से पिट-पिट की आवाज आती है।	गैस की सप्लाई चैक करें।

6.3 गैस वैल्डिंग की विधियाँ Gas Welding Methods

गैस वैल्डिंग प्रक्रम विविध उद्देश्यों से किया जाता है। इनमें वैल्डिंग बीड की स्थिति की विशेष भूमिका होती है। अत: अपनी आवश्यकता को ध्यान में रखते हुए वैल्डिंग बीड की स्थिति के आधार पर गैस वैल्डिंग की निम्न विधियाँ हैं

समतल स्थिति में वैल्डिंग Welding in Flat Position

समतल स्थिति में वैल्डिंग बीड बाएँ-से-दाएँ या दाएँ-से-बाएँ दोनों ओर बनाई जा सकती है। इसी आधार पर इसकी दो विधियाँ हैं

(i) फोरहैण्ड वैल्डिंग या लैफ्टवर्ड वैल्डिंग Forehand Welding or Leftward Welding

फोरहैण्ड विधि में वैल्डिंग दाएँ-से-बाएँ को जाती है, इसलिए इसे फोरहैण्ड या लैफ्टवर्ड वैल्डिंग कहा जाता है।

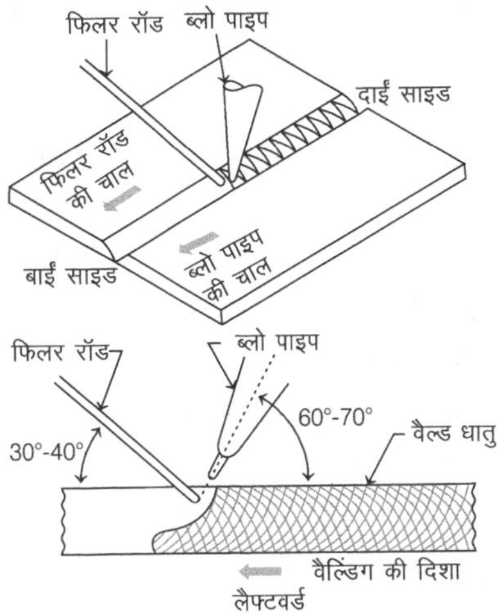

चित्र फोरहैण्ड वैल्डिंग

जैसा कि निम्न चित्र में दर्शाया गया है, इसमें वैल्डिंग टॉर्च दाएँ हाथ में तथा फिलर रॉड बाएँ हाथ में रहती है। वैल्डिंग टॉर्च, वैल्डिंग बीड तथा फिलर रॉड के मध्य में रहती है। वैल्डिंग सतह से फिलर रॉड का झुकाव 30° से 40° तक रखा जा सकता है, जबकि वैल्डिंग टॉर्च का झुकाव प्लेट की 60°-70° तक रखा जाता है। इसमें फिलर रॉड को फ्लेम के सामने आगे-पीछे चलाया जाता है, जबकि टॉर्च की फ्लेम को वैल्ड जोड़ के एक किनारे से दूसरे किनारे तक घुमाते हुए आगे चलाया जाता है।

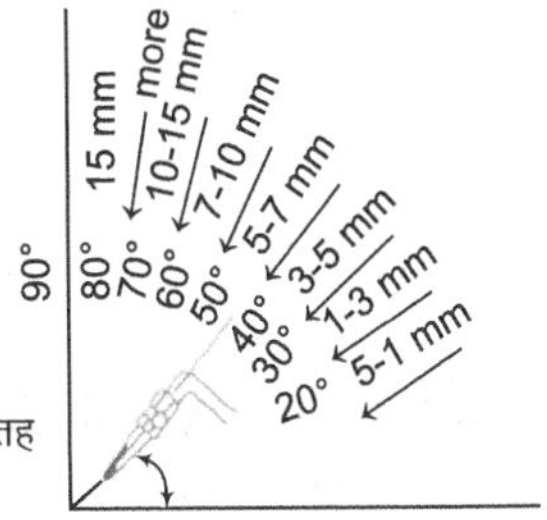

चित्र मोटाई के अनुसार टॉर्च का झुकाव

फोरहैण्ड वैल्डिंग में फ्लेम से बेस धातु को कम गर्मी मिलती है तथा फिलर रॉड को अधिक गर्मी मिलती है, इसलिए बेस धातु से फिलर रॉड अधिक पिघलती है।

यह तकनीक पतली चादरों को वैल्ड करने के लिए अधिक उपयोगी है। इस विधि से 5 मिमी मोटी चादरों को ही वैल्ड किया जा सकता है। लौह तथा अलौह दोनों ही प्रकार की धातुएँ इस विधि से वैल्ड की जाती हैं।

किनारों की तैयारी Edges Preparation

इस विधि में 3 मिमी तक चादरों की किनारों की सज्जा (preparation of edges) करने की आवश्यकता नहीं रहती है। इससे अधिक के लिए किनारों को 80° का 'V' बनाकर तैयार किया जाता है, जैसा कि निम्न चित्र में दर्शाया गया है। इससे अधिक मोटी चादरों को बैकहैण्ड वैल्डिंग द्वारा वैल्ड किया जाता है।

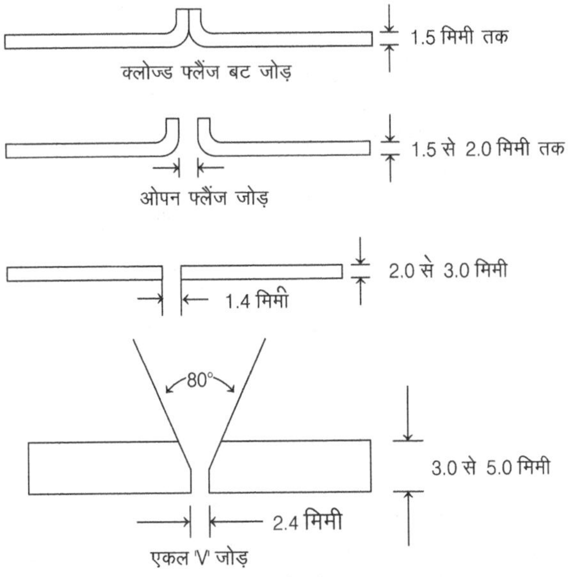

चित्र किनारों की सज्जा

तालिका लैफ्टवर्ड वैल्डिंग डाटा

क्र.सं.	प्लेट की मोटाई (t) मिमी	किनारा	किनारों के बीच की दूरी (d) (मिमी)	फिलर रॉड व्यास (मिमी)	गैस खपत (ली/घण्टा)	वैल्डिंग दर (मी/घण्टा)
1.	0.8	वर्गाकार	–	1.6	22-44	6.0-7.6
2.	1.6	वर्गाकार	1.6	1.6	44-66	7.6-9.0
3.	2.4	वर्गाकार	2.4	1.6	66-107	6.0-7.6
4.	3.2	वर्गाकार	3.2	3.2	107-153	5.4-6.0
5.	4.0	80° V	3.2	3.2	153-214	4.6-5.4
6.	5.0	80° V	3.2	3.2	214-283	3.6-4.6

(ii) बैकहैण्ड वैल्डिंग या राइटवर्ड वैल्डिंग
Backhand Welding or Rightward Welding

समतल अवस्था में जब बाएँ-से-दाएँ ओर वैल्डिंग की जाती है, तो इसे बैकहैण्ड वैल्डिंग कहा जाता है। बैकहैण्ड वैल्डिंग को ही बैकवर्ड वैल्डिंग या राइटवर्ड वैल्डिंग कहा जाता है।

इस वैल्डिंग में भी वैल्डिंग टॉर्च दाएँ हाथ में व फिलर रॉड बाएँ हाथ में पकड़ी जाती है, परन्तु वैल्डिंग बीड तथा वैल्डिंग टॉर्च के मध्य में फिलर रॉड रहती है। कार्यखण्ड की सतह से फिलर रॉड का झुकाव 30° से 40° के बीच रहता है तथा वैल्डिंग टॉर्च की टिप का कार्यखण्ड से झुकाव 40° से 50° के मध्य रहता है, जैसा कि चित्र में स्पष्ट रूप से समझाया गया है।

बीड को बाएँ सिरे से प्रारम्भ करके फ्लेम को स्थिर रखते हुए आगे-पीछे चलाया जाता है तथा फिलर रॉड को गोल चक्कर में चित्र के अनुसार घुमाते हुए आगे चलाया जाता है।

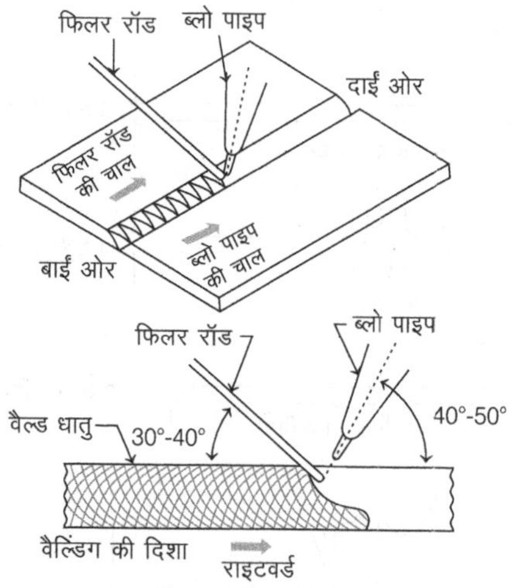

चित्र बैकहैण्ड वैल्डिंग

इस विधि में बेस धातु को ज्यादा गर्मी प्राप्त होती है। अत: बेस धातु शीघ्र पिघलती है, इसलिए यह विधि मोटी प्लेटों पर वैल्डिंग करने के लिए अधिक उपयुक्त है।

किनारों की तैयारी Edges Preparation

इस विधि द्वारा 8 मिमी तक मोटी चादरों की किनारों की सज्जा की आवश्यकता नहीं होती है तथा 16 मिमी तक चादरों की वैल्डिंग एक ही बीड द्वारा की जा सकती है। वैल्डिंग बीड धीरे-धीरे ठण्डी होती है, क्योंकि उसे फ्लेम से ऊष्मा (गर्मी) मिलती रहती है। इसलिए अच्छे ग्रेन (good grains) वाली बीड (beed) बनती है। वैल्ड पूल जल्दी बनने के कारण इस विधि द्वारा वैल्डिंग की स्पीड अधिक होती है। चित्र में किनारों की साज-सज्जा दर्शायी गई है।

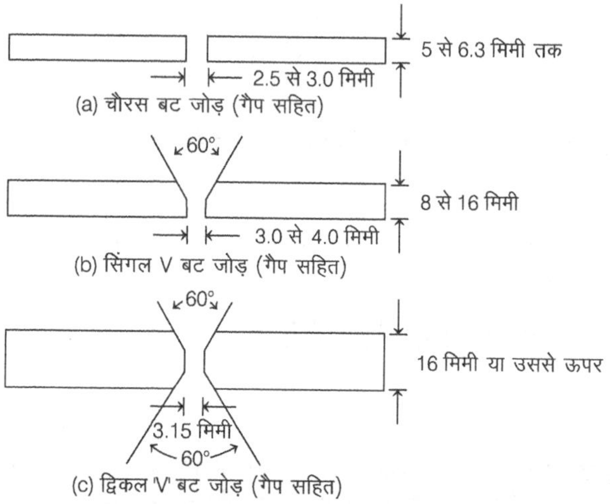

चित्र किनारों की सज्जा

तालिका राइटवर्ड वैल्डिंग डाटा

क्र.सं.	प्लेट की चौड़ाई (t) मिमी	किनारा	किनारों के बीच की दूरी (d) मिमी	फिलर रॉड का व्यास (मिमी)	गैस खपत ली/घण्टा	वैल्डिंग दर मी/घण्टा
1.	6.5	वर्गाकार	2.4	2.4	370-520	3.6-4.6
2.	6.5	वर्गाकार	3.2	3.2	520-570	3.0-3.6
3.	8.2	वर्गाकार	4.0	4.0	710-860	2.1-2.4
4.	10.0	60° V	3.2	5.0	1000-1300	1.8-2.1
5.	13.0	60° V	3.2	6.5	1300-1400	1.3-1.5
6.	16.2	60° V	3.2	6.5	1600-1700	1.1-1.3
7.	19.0	60° (शीर्ष)	4.0	6.5	1700-2000	0.9-1.0
8.	25.0	80° (तल)	4.0	6.5	2000-2500	0.6-0.7

तालिका लैफ्टवर्ड तथा राइटवर्ड वैल्डिंग में अन्तर

क्र.सं.	लैफ्टवर्ड वैल्डिंग	राइटवर्ड वैल्डिंग
1.	वैल्डिंग दाएँ सिरे से शुरू होकर बाएँ सिरे की ओर चलती है।	वैल्डिंग बाएँ सिरे से शुरू होकर दाएँ सिरे की ओर चलती है।
2.	इसमें ब्लो पाइप वैल्डलाइन के साथ अधिकतर 60° से 70° का कोण बनाता है।	इसमें ब्लो पाइप वैल्डलाइन के साथ मात्र 40° से 50° का कोण बनाता है।

क्र.सं.	लैफ्टवर्ड वैल्डिंग	राइटवर्ड वैल्डिंग
3.	फिलर रॉड वैल्डलाइन से 30° से 40° का कोण बनाती है।	इसमें भी फिलर रॉड वैल्ड लाइन के साथ 30° से 40° का कोण बनाता है।
4.	फिलर रॉड ब्लो पाइप से आगे चलती है।	इसमें रॉड ब्लो पाइप से पीछे चलती है।
5.	इस विधि द्वारा अधिकतम 5.0 मिमी मोटी चादर वैल्ड की जा सकती है।	इस विधि द्वारा 5.0 मिमी से भी अधिक मोटी चादरों को वैल्ड किया जा सकता है।
6.	इसमें फिलर रॉड अधिक व्यय होती है।	इसमें फिलर रॉड कम व्यय होती है।
7.	इसमें गैस अधिक व्यय होती है।	इसमें गैस कम व्यय होती है।
8.	यह महँगी विधि है।	यह सस्ती विधि है।
9.	यह प्रक्रिया लौह व अलौह दोनों के लिए प्रयोग की जाती है।	यह प्रक्रिया अधिकतर स्टील के लिए प्रयोग की जाती है।
10.	इसमें वैल्डिंग की गति धीमी रहती है।	इसमें वैल्डिंग की गति अधिक रहती है।
11.	वैल्डिंग की गुणवत्ता अच्छी नहीं होती है।	इस प्रक्रिया से वैल्डिंग में अच्छे यान्त्रिक गुण आते हैं।
12.	फ्लेम को मोल्टन पूल से 2-3 मिमी ऊपर रखा जाता है।	फ्लेम व मोल्टन पूल की सतह आपस में एक-दूसरे को स्पर्श करती है।
13.	इसे फोरवर्ड या फोरहैण्ड वैल्डिंग भी कहते हैं।	इसे बैकवर्ड या बैकहैण्ड वैल्डिंग भी कहते हैं।

ऑक्सी-एसीटिलीन वैल्डिंग सम्बन्धी सावधानियाँ

Precautions Related to Oxy-acetylene Welding

ऑक्सी-एसीटिलीन वैल्डिंग के समय कुछ विशेष सुरक्षा नियमों का भी पालन करना होता है। कुछ ऐसे ही सुरक्षा नियम निम्न प्रकार हैं

(*i*) वैल्डिंग करने से पूर्व समस्त प्रारम्भिक तैयारियाँ पूर्ण कर लेनी चाहिए।

(*ii*) वैल्डिंग प्रक्रम आरम्भ करने से पूर्व सुरक्षा आवरण धारण कर लेना चाहिए।

(*iii*) वैल्डिंग के दौरान निकलने वाली अल्ट्रावॉयलेट किरणों से सुरक्षा के लिए हैलमेट व काला चश्मा अवश्य धारण करना चाहिए।

(*iv*) फ्लेम जलाने के लिए गैस लाइटर का प्रयोग करना चाहिए न कि माचिस का।

(*v*) वैल्डिंग कार्य के दौरान उत्पन्न होने वाले धुएँ से सुरक्षा के लिए मास्क धारण करना चाहिए।

(*vi*) वैल्डिंग प्रक्रम के स्थान पर स्क्रीन का उपयोग अवश्य करना चाहिए।

(*vii*) वैल्डिंग प्रक्रम स्थल पर वातायन (ventilation) का विशेष ध्यान रखना चाहिए।

(*viii*) वैल्डिंग में प्रयुक्त किए जाने वाले सिलेण्डरों को विद्युत व आग के समीप नहीं रखना चाहिए।

(*ix*) वैल्डिंग में प्रयुक्त ऑक्सीजन एवं एसीटिलीन सिलेण्डरों को सीधा खड़ा करना चाहिए।

(*x*) गैस भराव के दौरान ऑक्सीजन सिलेण्डर में ऑक्सीजन तथा एसीटिलीन सिलेण्डर में एसीटिलीन ही भरनी चाहिए।

(*xi*) यदि गैस सिलेण्डरों को अन्य स्थानों पर ले जाने की आवश्यकता हो, तो उनमें सेफ्टी वाल्व का प्रयोग करके ले जाना चाहिए।

(*xii*) सिलेण्डर कैप को खोलने हेतु हथौड़े का प्रयोग नहीं करना चाहिए। कैप को खोलने के लिए स्पैनर ही प्रयोग किया जाना चाहिए।

(*xiii*) वैल्डिंग टॉर्च जलाते समय टॉर्च का मुँह दूसरी ओर रखना चाहिए।

(*xiv*) वैल्डिंग टॉर्च की टिप को समय-समय पर ठण्डा करते रहना चाहिए।

(*xv*) कार्य समाप्ति के उपरान्त दोनों सिलेण्डरों की वाल्वों को बन्द करके पहले एसीटिलीन सिलेण्डर तथा बाद में ऑक्सीजन सिलेण्डर बन्द करना चाहिए।

6.4 तप्त गैस वैल्डिंग Hot Gas Welding

तप्त गैस वैल्डिंग (Hot gas welding) **थर्मोप्लास्टिक पदार्थों** (thermoplastic materials) के लिए एक फ्रैब्रीकेशन प्रकम (fabrication process) है। जिसका अविष्कार 20वीं शताब्दी के मध्य में हुआ था। इसके अन्तर्गत गर्म गैस (वायु) की भाप का उपयोग थर्मोप्लास्टिक पदार्थ तथा थर्मोप्लास्टिक वैल्डिंग रॉड को गर्म करने तथा पिघलाने के लिए किया जाता है। थर्मोप्लास्टिक पदार्थ तथा वैल्डिंग रॉड के गलन (fusion) के परिणामस्वरूप वैल्ड जोड़ प्राप्त होता है। इस वैल्डिंग का उपयोग मुख्यत: रासायनिक पदार्थों के ड्रम, वैन्टीलेशन डक्ट तथा प्लास्टिक मोल्डिंग की मरम्मत में किया जाता है। तप्त गैस वैल्डिंग द्वारा पॉलीप्रोपेलीन, पॉलीइथाईलीन, पी.वी.सी तथा कुछ फ्लोरो पॉलीमर जैसे पी.वी.डी. एफ, एफ.ई.पी तथा पी.एफ.ए. आदि पदार्थों की वैल्डिंग की जा सकती हैं।

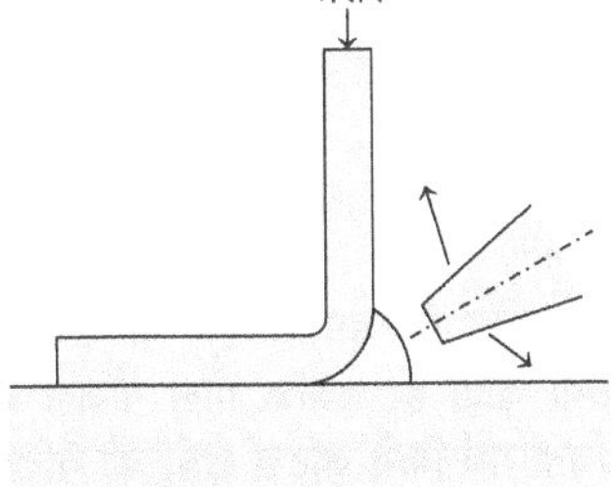

चित्र तप्त गैस वैल्डिंग

तप्त गैस वैल्डिंग पैरामीटर

Hot Gas Welding Parameters

तप्त गैस वैल्डिंग प्रक्रिया में चार मुख्य वैल्डिंग पैरामीटर्स होते हैं, ताप, दाब, वैल्डिंग गति तथा वैल्डिंग टॉर्च की स्थिति, चूँकि प्रक्रिया पूर्ण रूप से मैनुअल है, इसलिए यह महत्वपूर्ण है कि वैल्डर वैल्डिंग ऑपरेशन के दौरान इन सभी चार पैरामीटर्स को उपयुक्त रूप से नियन्त्रित करें।

चारों मापदण्डों में तापमान सबसे महत्त्वपूर्ण पैरामीटर हैं, क्योंकि रॉड और सब्सट्रेट (substrate) के बीच इन्टरफेस में तापमान न केवल टॉर्च पर सैटिंग द्वारा नियन्त्रित किया जाता है, अपितु सब्सट्रेट के सम्बन्ध में टॉर्च की गति तथा टॉर्च की स्थिति पर भी निर्भर करता है। सामान्यत: वैल्डिंग के लिए तापमान वैल्ड की जाने वाली सामग्री के गलन बिन्दु (melting point) से ऊपर (80°C से 100°C ऊपर) सैट किया जाता है। तथा टॉर्च की गति सामान्यत: 0.1 मीटर/मिनट से 0.3 मीटर/मिनट के मध्य होती है।

(*v*) जोड़ नियमित रूप से मजबूत होते हैं तथा इनके जोड़ों को आसानी से खोला जा सकता है।

(*vi*) इसमें लागत कम लगती है।

सोल्डर के विभिन्न संघटन व उनके उपयोग

Different Composition of Solder and their Uses

सोल्डर के विभिन्न संघटक (% में) व उनके मुख्य उपयोग निम्न तालिका में दिए गए हैं

तालिका सोल्डर के विभिन्न संघटन

क्र.सं.	BS सोल्डर	टिन	लैड	एन्टीमनी	गलनांक °C	उपयोग
1.	A	65	34.4	0.6	183-185	इलेक्ट्रॉनिक उपकरणों की सोल्डरिंग में
2.	K	60	39.5	0.5	183-188	टिन व स्मिथ के उच्च कार्यों में
3.	F	50	49.5	0.5	183-212	ताँबे के कार्यों व धातु शीट कार्यों में
4.	G	40	59.6	0.4	183-234	आभूषणों के जोड़ लगाने में
5.	J	30	69.7	0.3	183-255	

2. सोल्डरिंग आयरन Soldering Iron

सोल्डरिंग करने के लिए जिस औजार को गर्म करके सोल्डर को पिघलाने का कार्य किया जाता है, वह सोल्डरिंग आयरन कहलाता है। इसका प्रयोग सोल्डर को पिघलाने तथा जोड़ी जाने वाली धातु को गर्म करने के लिए किया जाता है।

सोल्डरिंग आयरन के निम्नलिखित भाग होते हैं

(*i*) कोर
(*ii*) हैड
(*iii*) शैंक
(*iv*) लकड़ी का हैण्डिल

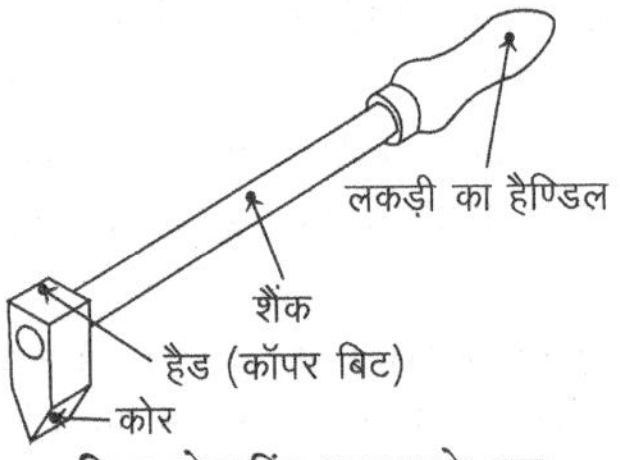

चित्र सोल्डरिंग आयरन के भाग

सोल्डरिंग आयरन के प्रकार Types of Soldering Iron

सोल्डरिंग आयरन निम्न दो प्रकार के होते हैं

(i) **यान्त्रिक सोल्डरिंग आयरन** Mechanical Soldering Iron

वे सोल्डरिंग आयरन जिनकी बिट को ब्लो लैम्प अथवा भट्ठी में गर्म किया जाता है, इसके बाद सोल्डरिंग प्रक्रिया की जाती है, यान्त्रिक सोल्डरिंग आयरन की श्रेणी में आते हैं। ये हैचेट तथा वर्गाकार नोंकदार प्रकार के होते हैं।

(*a*) **हैचेट प्रकार** के सोल्डरिंग आयरन का कोर त्रिभुजाकार आकृति का बना होता है। इस त्रिभुज का हैड नीचे की ओर रहता है।

(*b*) **वर्गाकार नोंकदार** प्रकार के सोल्डरिंग आयरन में चारों फेस को एक कोण पर पिरामिड के आकार में बना लिया जाता है। इसका उपयोग जोड़ बिन्दुओं पर टाँका लगाने के लिए किया जाता है।

(ii) **वैद्युतिक सोल्डरिंग आयरन** Electric Soldering Iron

वैद्युतिक सोल्डरिंग आयरन का उपयोग विद्युत संयोजनों में किया जाता है। इनकी शैंक से होकर हीटिंग एलीमेण्ट कॉपर बिट तक पहुँचता है। जैसे ही इस एलीमेण्ट में विद्युत धारा प्रवाहित होती है, यह गर्म होने लगता है। जिस कारण कॉपर धातु का बना हुआ बिट भी गर्म होने लगता है।

मीडियम डयूटी के वैद्युतिक सोल्डरिंग आयरन 100 से 250 वाट तक की रेंज में तथा हैवी ड्यूटी के वैद्युतिक सोल्डरिंग आयरन 250 से 500 वाट तक की रेंज के आयरन बाजार में उपलब्ध हैं।

3. सोल्डर फ्लक्स Solder Flux

सोल्डरिंग प्रक्रिया में प्रयुक्त होने वाला फ्लक्स पाउडर, पेस्ट तथा द्रव तीनों रूपों में उपलब्ध होता है। सोल्डरिंग करते समय ऑक्साइड की परत न जमा हो, इसके लिए सोल्डर के साथ फ्लक्स का प्रयोग किया जाता है। यह ऑक्सीकरण से बचाव के साथ-साथ सोल्डर को शीघ्र पिघलने में भी सहायता करता है। सोल्डर की जाने वाली सतह का ऑक्साइड रहित होना, चिकनाई रहित होना तथा अन्य गन्दगी से रहित होना अत्यन्त आवश्यक है, क्योंकि सोल्डरिंग करने में बेस धातु का फ्यूजन नहीं होता है।

इसके अतिरिक्त फ्लक्स सोल्डर की पकड़ मजबूत बनाने में भी सहायता प्रदान करता है। अच्छे फ्लक्स में कम ताप पर ही धातु तथा सोल्डर से ऑक्साइड बाहर निकालने की सामर्थ्य होनी चाहिए। इसका वाष्पनांक, गलनांक से अधिक होना चाहिए अन्यथा यह सफाई नहीं कर पाएगा। इसकी आधार धातु या सोल्डर की धातु से कोई रासायनिक क्रिया नहीं होनी चाहिए।

सोल्डर फ्लक्स का चयन

Selection of Solder Flux

सोल्डर फ्लक्स का चयन निम्न बिन्दुओं के आधार पर किया जाता है

(*i*) सोल्डरिंग की प्रक्रिया पर
(*ii*) सोल्डर के कार्यकारी तापमान पर
(*iii*) जुड़ने वाली धातु पर

सोल्डर फ्लक्स के प्रकार

Types of Solder Flux

सोल्डर फ्लक्स के मुख्य प्रकार निम्न हैं

(*i*) कोरोसिव फ्लक्स
(*ii*) नॉन-कोरोसिव फ्लक्स

(i) कोरोसिव फ्लक्स Corrosive Flux

ये वे फ्लक्स हैं, जिनमें अकार्बनिक पदार्थ होते हैं; जैसे—जिंक क्लोराइड, अमोनियम क्लोराइड, हाइड्रोक्लोरिक एसिड आदि। ऐसे फ्लक्स यदि धातु पर लगे रह जाएँ, तो उन्हें क्षति पहुँचाते हैं एवं धातु पर जंग लग जाता है। इसलिए इन्हें सोल्डरिंग के बाद अवश्य साफ कर देना चाहिए। ये मुख्यत: निम्न प्रकार के होते हैं

(*a*) **हाइड्रोक्लोरिक एसिड** (Hydrochloric acid) यह एक द्रव पदार्थ है, जो हवा के साथ सम्पर्क में आने पर धुआँ बनाता है। इसे पानी के दो या तीन भाग के साथ मिलाया जाता है। इसे जिंक के साथ मिलाने से जिंक क्लोराइड बनता है तथा फ्लक्स तैयार होता है, इसलिए इसका प्रयोग जिंक के साथ फ्लक्स के रूप में किया जाता है।

(*b*) **जिंक क्लोराइड** (Zinc chloride) जिंक क्लोराइड सफेद क्रिस्टलीय ठोस होता है, जो पानी में अत्यधिक घुलनशील है। इसका प्रयोग ताँबे, पीतल की शीट तथा टिन प्लेट पर फ्लक्स के रूप में किया जाता है। ये फ्लक्स अत्यधिक संक्षारीय होते हैं जिस कारण इनका प्रयोग करने के बाद जोड़ को ठीक प्रकार से धोना आवश्यक है।

(*c*) **अमोनियम क्लोराइड** (Ammonium chloride) अमोनियम क्लोराइड सफेद क्रिस्टलीय नमक वाला, पानी में अत्यधिक घुलनशील अकार्बनिक यौगिक है। यह पाउडर या लेप में काम आता है। यह गर्म होने पर शीघ्र वाष्प में बदलता है। इसे पानी में घोलकर स्टेनलैस स्टील की सोल्डरिंग के समय फ्लक्स के रूप में प्रयोग करते हैं।

(ii) नॉन-कोरोसिव फ्लक्स Non-Corrosive Flux

कोरोसिव फ्लक्स के विपरीत, इन फ्लक्सों में अम्ल तथा क्षार की थोड़ी-सी भी मात्रा नहीं होती है। इस प्रकार के फ्लक्स रेजिन पर आधारित होते हैं। रेजिन को चीड़ के वृक्ष से निकाला जाता है। धातु की सतह पर अधिक समय तक रहने पर भी ये फ्लक्स धातु को किसी भी प्रकार का नुकसान नहीं पहुँचाते।

कुछ मुख्य नॉन-कोरोसिव फ्लक्स निम्न प्रकार हैं

(*a*) **ऑलिव ऑयल** (Olive oil) यह एक प्रकार का वनस्पति तेल होता है, जो सोल्डरिंग पर हल्के अम्ल के रूप में कार्य करता है।

(*b*) **बोरेक्स** (Borax) बोरेक्स को सोडियम बोरेट भी कहते हैं। यह एक सफेद ठोस संरचना वाला बोरॉन का महत्त्वपूर्ण यौगिक है, जिसका प्रयोग दो भिन्न-भिन्न धातुओं पर जोड़ लगाने वाली विधि, ब्रेजिंग में किया जाता है।

(*c*) **रेजिन** (Resin) रेजिन कार्बनिक अम्लों के मिश्रण वाला एक अक्रिय ठोस है। इसका प्रयोग ताँबे व पीतल की सोल्डरिंग में फ्लक्स के रूप में किया जाता है। रेजिन का गलनांक 80°C से 100°C होता है। इसका दूसरा नाम बिरोजा भी है।

(*d*) **पेस्ट** (Paste) यह जिंक क्लोराइड, रेजिन, ग्लिसरीन आदि को मिलाकर पेस्ट के रूप में तैयार किया जाता है। यह ऑक्सीकरण को समान करने में तीव्रता से कार्य करता है। इसका प्रयोग तारों को जोड़ने व हल्के कार्यों में किया जाता है। भिन्न-भिन्न धातुओं को जोड़ने के लिए भिन्न-भिन्न सोल्डर का भी प्रयोग होता है।

(*e*) **टैलो** (Tallow) टैलो का उपयोग मुख्यत: सिक्कों की सोल्डरिंग के लिए किया जाता है। सिक्के को गर्म करने के पश्चात् जोड़ पर टैलो को रगड़ा जाता है।

(*f*) **नौसादर** (Salt Ammonic) इसका उपयोग जोड़ को साफ करने तथा कलई करने के लिए किया जाता है। यह बाजार में पाउडर तथा टिकिया दोनों रूपों में उपलब्ध है।

सोल्डर फ्लक्स के अनुप्रयोग
Applications of Solder Flux

(*i*) फ्लक्स, सोल्डर सतह से ऑक्साइड को अपने में घोलकर बाहर ले आता है तथा फिर से ऑक्साइड बनने से रोकता है।

(*ii*) यह संक्षारण को दूर करता है।

(*iii*) यह सोल्डर का पृष्ठ तनाव कम रहता है, जिससे यह पतला होकर समस्त जोड़ में फैल जाता है।

(*iv*) फ्लक्स, सोल्डरिंग आयरन का ताप जोड़ के तल में पहुँचाने में सहायता करता है।

(*v*) यह सोल्डरिंग किए जाने वाले जोड़ को मजबूती प्रदान करता है।

सोल्डरिंग प्रक्रिया Soldering Process

सोल्डरिंग प्रक्रिया निम्न पदों में पूरी की जाती है

(i) सोल्डरिंग आयरन को गर्म करना
Heating the Soldering Iron

सोल्डरिंग करने के लिए सर्वप्रथम सोल्डरिंग आयरन को गर्म करना आवश्यक होता है। इसके लिए ब्लो लैम्प, ब्लो टार्च या गैस फ्लेम का प्रयोग किया जाता है। सोल्डरिंग आयरन की बिट को केवल उतना ही गर्म किया जाना चाहिए, जिससे कि सोल्डर सरलतापूर्वक पिघल सके।

(ii) टिनिंग Tinning

सोल्डरिंग आयरन के बिट को गर्म करने के पश्चात् उसकी टिप पर सोल्डर की परत चढ़ाना टिनिंग कहलाता है। टिनिंग करने से पहले सोल्डरिंग आयरन की बिट को रेती से साफ किया जाता है। बिट को साफ करने के पश्चात् बिट को गर्म करके उस पर नौसादर रगड़कर सोल्डर की परत चढ़ा दी जाती है। चित्र में टिनिंग प्रक्रिया को दर्शाया गया है

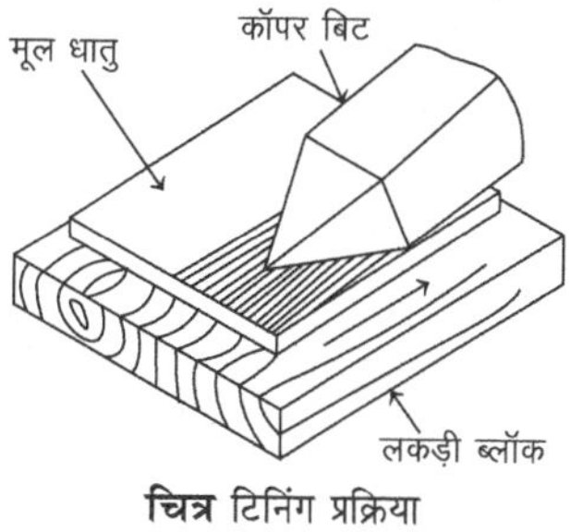

चित्र टिनिंग प्रक्रिया

(iii) टेकिंग Tacking

सोल्डरिंग प्रक्रिया शुरू करने से पहले जोड़ पर टेकिंग प्रक्रिया की जाती है। टेकिंग पहले सेन्टर में तथा फिर किनारों पर की जाती है, जिससे कि जोड़े जाने वाले भागों का अलाइनमेण्ट बना रहे।

(iv) फ्लोटिंग Floating

फ्लोटिंग में जॉब के जोड़ की आन्तरिक व बाहरी सतह पर फ्लक्स लगाकर जॉब को लकड़ी के ब्लॉक पर 45° के कोण पर पकड़ा जाता है। इसके बाद सोल्डर के टुकड़ों को जोड़ पर रखकर उन्हें सोल्डरिंग आयरन द्वारा पिघलाया जाता है।

6.7 सोल्डरिंग की विधियाँ Methods of Soldering

सोल्डरिंग प्रक्रिया को ताप देने की विधि के अनुसार, निम्न विधियों में बाँटा गया है

1. सोल्डरिंग आयरन विधि Soldering Iron Method

यह सोल्डरिंग करने की सबसे पुरानी विधि है। इसमें एक सोल्डरिंग आयरन का प्रयोग किया जाता है, जिसकी टिप कॉपर की बनी होती है। इसको गर्म करने के लिए बिजली, तेल, कोक या अन्य कोई गैस प्रयोग की जाती है।

आजकल बिजली वाले सोल्डरिंग आयरन अधिक प्रयोग होते हैं। ये 15 वाट से 100 वाट की क्षमता में उपलब्ध हैं। चित्र में विभिन्न प्रकार के सोल्डरिंग आयरन दर्शाए गए हैं।

ये दो प्रकार के होते हैं

(*i*) बाहर से गर्म होने वाले (*ii*) अन्दर से गर्म होने वाले।

बाहर से गर्म होने वाले सोल्डरिंग आयरन भट्ठी, ब्लो लैम्प या गैस बर्नर द्वारा गर्म किए जाते हैं। ये बिट के वजन के आधार पर बाजार में उपलब्ध हैं। साधारणत: ये 250 ग्राम से 1 किग्रा तक के वजन में मिलते हैं। अधिक वजन का सोल्डरिंग आयरन अधिक ताप एकत्र कर सकता है तथा इसलिए अधिक देर तक कार्य कर सकता है। अन्दर से गर्म होने वाले सोल्डरिंग आयरन बिजली द्वारा गर्म किए जाते हैं।

इनका लाभ यह है कि ये लगातार गर्मी दे सकते हैं। सोल्डरिंग करते समय भी ये गर्म होते रहते हैं। इनमें एक बिजली का एलीमेण्ट बिट को लगातार गर्मी देता रहता है। सोल्डरिंग करने से पहले सोल्डरिंग आयरन की बिट को थोड़ा गर्म करके रेती या ईंट द्वारा रगड़कर ऊपरी सतह पर बनी हुई ऑक्साइड की परत हटा दी जाती है।

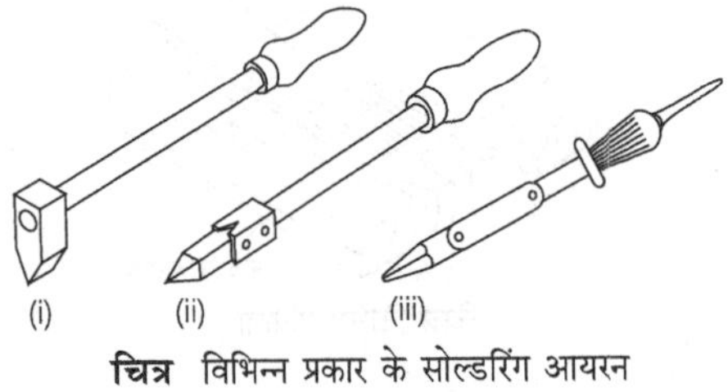

चित्र विभिन्न प्रकार के सोल्डरिंग आयरन

अब सोल्डरिंग आयरन की बिट पर नौसादर तथा रेजिन के फ्लक्स की एक मोटी परत चढ़ा दी जाती है। सोल्डरिंग आयरन पर फ्लक्स लगाने के पश्चात् निम्न पदों में सोल्डरिंग प्रक्रिया पूरी की जाती है—

(*i*) सर्वप्रथम सोल्डर करने वाली सतहों से तेल, ग्रीस तथा ऑक्साइड आदि को साफ कर लिया जाता है।

(*ii*) उचित प्रकार के फ्लक्स का चयन करके जोड़ने वाली सतहों पर लगा दिया जाता है।

(*iii*) जोड़ के अनुसार उचित साइज के सोल्डरिंग आयरन का चुनाव करके उसे वांछित तापक्रम तक गर्म किया जाता है।

(*iv*) गर्म सोल्डरिंग आयरन को फ्लक्स लगी सतह के सम्पर्क में लाकर उसे गर्म किया जाता है।

(*v*) अब सोल्डरिंग आयरन की नोंक (toe) पर सोल्डर लगाकर उसे जोड़ के साथ-साथ चलाया जाता है।

(*vi*) सोल्डर करने की गति जोड़ की गहराई के अनुसार ही रखी जाती है, जिससे सोल्डर पिघलकर जोड़ में गहराई तक जा सके।

(*vii*) सोल्डरिंग आयरन को हटा लेने से सोल्डर ठण्डा होकर जोड़ बनाता है। ठण्डा होने के दौरान जोड़ को हिलाना नहीं चाहिए, इससे सोल्डर में दरारें (fractures) पड़ने की सम्भावना रहती हैं।

(*viii*) सोल्डरिंग के पश्चात् कोरोसिव फ्लक्स को हटाया जाता है जिससे कि सतहों को जंग (corrosion) से बचाया जा सकें।

(*ix*) सोल्डर को कभी-कभी अस्थायी जोड़ लगाने के लिए प्रयोग किया जाता है। यदि दो प्लेटों को आपस में जोड़ना हो तो पहले उन्हें गर्म करके पूरी सतह पर (फ्लक्स आदि प्रयोग करते हुए) सोल्डर लगा देते हैं।

चित्र दो भागों की स्वीटिंग विधि

तत्पश्चात् चित्रानुसार उन्हें एक-दूसरे पर रखकर बाहर से पतली प्लेट को गर्मी तथा दबाव पहुँचाते हैं। इससे सोल्डर पिघलकर जोड़ बना देता है। इस प्रकार सोल्डर के पिघलकर जोड़ बनाने की प्रक्रिया स्वीटिंग (sweating) कहलाती है।

2. सोल्डरिंग टॉर्च विधि Soldering Torch Method

इस विधि द्वारा सोल्डरिंग करने के लिए गैस टॉर्च द्वारा ऊष्मा प्राप्त की जा सकती है। टॉर्च के द्वारा जॉब को बहुत तेजी से गर्म किया जा सकता है। ऑक्सी-एसीटिलीन फ्लेम के अतिरिक्त अन्य कम ताप वाली फ्लेम; जैसे—ब्यूटेन, प्रोपेन आदि भी सोल्डरिंग करने के लिए प्रयोग की जा सकती हैं।

इस विधि में प्रयोग होने वाली विभिन्न प्रकार की टॉर्च चित्र में दर्शायी गई है।

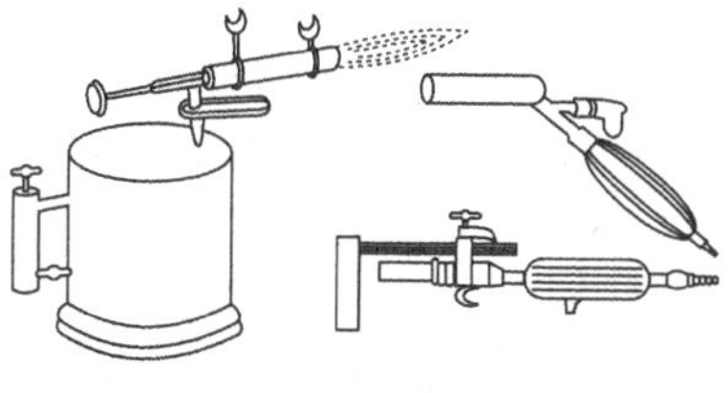

चित्र ब्लो लैम्प तथा सोल्डरिंग टॉर्च

सोल्डरिंग टॉर्च विधि का प्रयोग बहुत बड़े व भारी-भरकम जॉब को सोल्डर करने, बिजली की सप्लाई के लिए तारों में लग्स (lugs) लगाने तथा जेनरेटर आदि के कम्यूटेटर के कनैक्शन बनाने के लिए किया जाता है।

सोल्डरिंग के लाभ तथा हानियाँ Advantages and Disadvantages of Soldering

सोल्डरिंग के लाभ तथा हानियाँ निम्न प्रकार हैं

लाभ Advantages

(*i*) सोल्डरिंग द्वारा निम्न ताप पर (300°C) पर शीघ्रता से जोड़ लगाया जा सकता है।

(*ii*) सोल्डरिंग करने के लिए विशेष अनुभव या दक्षता की आवश्यकता नहीं है।

(*iii*) सोल्डरिंग द्वारा छोटे पार्ट्स, तार तथा पतली चादरों को अस्थायी रूप से जोड़ा जा सकता है।

(*iv*) सोल्डरिंग प्रक्रिया में जोड़ लगाने में कम लागत आती है।

हानियाँ Disadvantages

(*i*) सोल्डरिंग द्वारा लगा जोड़ कमजोर होता है, जिससे यह आसानी से खुल जाता है।

(*ii*) सोल्डरिंग द्वारा भारी व मोटी प्लेटों पर जोड़ नहीं लगाए जा सकते हैं।

6.8 ब्रेजिंग Brazing

दो एकसमान व भिन्न-भिन्न धातुओं पर कठोर जोड़ लगाने की विधि ब्रेजिंग कहलाती है। ब्रेजिंग को हार्ड सोल्डरिंग भी कहा जाता है। सोल्डरिंग क्रिया के विपरीत, ब्रेजिंग में सोल्डरिंग आयरन की आवश्यकता नहीं होती है। ब्रेजिंग का प्रयोग कटिंग टूल्स पर कार्बाइड टिप नल तथा उनकी फिटिंग आदि जोड़ने के लिए कास्ट आयरन की मरम्मत के लिए, रेडिएटर आदि के लिए किया जाता है। ब्रेजिंग में जोड़ लगाने के लिए स्पैल्टर या सिल्वर का प्रयोग किया जाता है। इसके द्वारा लगाए गए जोड़ अपेक्षाकृत अधिक मजबूत होते हैं।

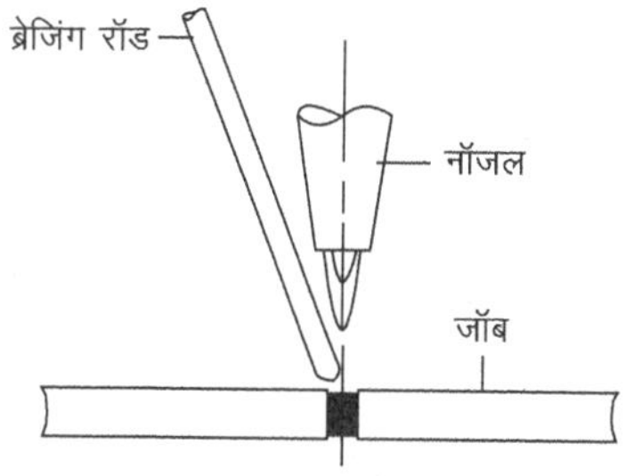

चित्र ब्रेजिंग प्रक्रिया

ब्रेजिंग अलॉय Brazing Alloy

ब्रेजिंग करने के लिए प्रयोग होने वाली फिलर धातु को स्पैल्टर या ब्रेजिंग अलॉय कहते हैं। विभिन्न धातुओं को जोड़ने के लिए अलग-अलग प्रकार के ब्रेजिंग अलॉय या फिलर धातु प्रयोग की जाती हैं।

एक अच्छे ब्रेजिंग अलॉय में निम्नलिखित गुण होने चाहिए

(*i*) यह बेस मैटल की सतह पर आसानी से फैलने योग्य होना चाहिए।

(*ii*) यह केशिकात्व (capillary action) के द्वारा आसानी से जोड़ों में भरने योग्य नहीं होना चाहिए।

(*iii*) इसका गलनांक (melting point) बेस मैटल के गलनांक से काफी कम होना चाहिए, जिससे कि ब्रेजिंग करने से बेस मैटल की सतह क्षतिग्रस्त न हो।

(*iv*) इसमें जोड़ के यान्त्रिक गुण (mechanical properties); जैसे—टेन्साइल स्ट्रेन्थ (tensile strength), तन्यता (ductility) आदि आवश्यकतानुसार होने चाहिए।

स्पैल्टर तथा सिल्वर स्पैल्टर ये दो प्रकार के ब्रेजिंग अलॉय, ब्रेजिंग क्रिया में मुख्य रूप से प्रयोग किए जाते हैं। इनका विवरण निम्नवत् है

(*i*) **स्पैल्टर** (Spelter) यह ताँबा और जिंक से बनने वाली एक मिश्र धातु होती है। ब्रेजिंग प्रक्रिया में प्रयुक्त स्पैल्टर के द्वारा ताँबा, पीतल, लोहा, जिंक, स्टील आदि धातुएँ जोड़ी जाती हैं।

ताँबे तथा चाँदी जैसी धातुओं को परस्पर जोड़ने के लिए स्पैल्टर का गलनांक 600°C से 850°C तक, ताँबे तथा जिंक को परस्पर जोड़ने के लिए स्पैल्टर का गलनांक 650°C से 950°C तक तथा चाँदी व जिंक को परस्पर जोड़ने के लिए स्पैल्टर का गलनांक 688°C से 750°C होता है।

(*ii*) **सिल्वर स्पैल्टर** (Silver spelter) यह ताँबा और चाँदी अथवा चाँदी तथा जस्ता से बनने वाली एक मिश्र धातु होती है। इससे फ्लक्स के रूप में सुहागा प्रयोग किया जाता है। इसमें ताँबा, जस्ता तथा चाँदी की प्रतिशत मात्रा क्रमशः 50%, 30% तथा 20% तक होती है।

ब्रेजिंग प्रक्रिया Procedure of Brazing

सोल्डरिंग के समान ब्रेजिंग के लिए भी सर्वप्रथम ब्रेजिंग की जाने वाली सतहों की सफाई होनी आवश्यक है। इसके लिए कुछ ब्रेजिंग फ्लक्स प्रयोग किए जाते हैं। ब्रेजिंग फ्लक्स फिलर धातु के गलनांक से कम तापक्रम पर ही पिघलकर सम्पूर्ण सतह पर फैल जाना चाहिए। फ्लक्स के रूप में अधिकतर सुहागा (borax) प्रयोग किया जाता है।

60°C या अधिक ताप के लिए सोडियम, पोटैशियम या लीथियम बोरेट प्रयोग किए जाते हैं। ऑक्साइड को हटाने के लिए Na, K तथा Li के फ्लोराइड्स प्रयोग किए जाते हैं। ब्रेजिंग के दौरान ऑक्साइड बनने से रोकने के लिए विभिन्न प्रकार के कृत्रिम वायुमण्डल तैयार करके उसके अन्दर वैल्डिंग की जाती है। इसके पश्चात् निम्न पदों में शेष प्रक्रिया पूरी की जाती है

(*i*) ब्रेज धातु के छोटे-छोटे टुकड़े, जोड़ के साइज के अनुरूप काटकर, सुहागा लगाकर इस प्रकार रखे जाते हैं, जिससे कि ये गर्म होने पर पिघलकर जोड़ के चारों ओर फैल जाएँ।

(*ii*) जोड़ को सही स्थिति में रखकर फिक्स्चर, क्लैम्प या अनील्ड वायर के द्वारा कसकर बाँध देते हैं।

(*iii*) ब्लो लैम्प या वैल्डिंग टॉर्च के द्वारा जोड़ को तब तक गर्म करते हैं, जब तक स्पैल्टर पिघलकर जोड़ में न चला जाए।

(*iv*) गर्म पानी में धोकर फ्लक्स को हटाया जा सकता है या फिर गर्म जॉब को पानी में ब्रेजिंग के तुरन्त बाद धोकर फ्लक्स को हटा देते हैं।

6.9 ब्रेजिंग की विधियाँ Methods of Brazing

जॉब को गर्म करने के आधार पर ब्रेजिंग की विधियाँ निम्न प्रकार हैं

1. ब्लो पाइप ब्रेजिंग Blow Pipe Brazing

इसमें ब्रेज करने वाली वस्तु को एक चारकोल के टुकड़े पर रखकर जोड़ के ऊपर फ्लक्स लगाकर फिलर धातु का टुकड़ा रख दिया जाता है। अब एक लैम्प या मोमबत्ती की ज्वाला को ब्लो पाइप और मुँह की सहायता से जोड़ पर फूँका जाता है। इससे फिलर धातु पिघलकर जोड़ में भर जाती है या ठण्डी होने पर मजबूत जोड़ बनाती है। यह विधि विशेष रूप से स्वर्णकारों द्वारा सोने-चाँदी के गहनों को ब्रेज करने के लिए प्रयोग की जाती है।

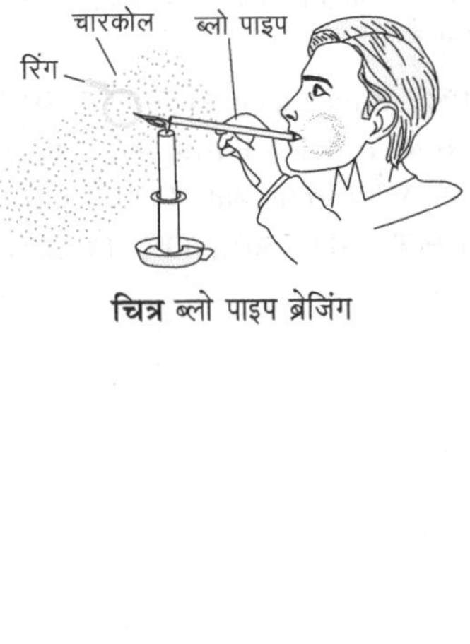

चित्र ब्लो पाइप ब्रेजिंग

2. भट्ठी ब्रेजिंग Furnace Brazing

इसमें फिलर धातु के छोटे-छोटे टुकड़ों को जोड़े जाने वाले भागों के बीच में रखकर सही स्थिति में बाँध दिया जाता है। जॉब को ऑक्सीडेशन से बचाने के लिए भट्ठी का वायुमण्डल भी नियन्त्रित किया जाता है।

बहुत बड़े जॉब (1-1.5 kg approx) को अधिक संख्या में ब्रेजिंग करने के लिए इस विधि का प्रयोग किया जाता है।

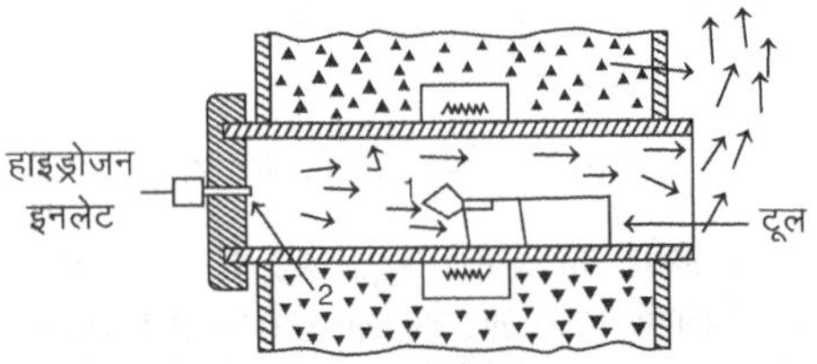

चित्र भट्ठी ब्रेजिंग

गर्म होने पर फिलर धातु पिघलकर जोड़ की सम्पूर्ण सतह पर केशिकात्व के द्वारा फैल जाती है तथा ठण्डी होकर एक मजबूत जोड़ बनाती है। भट्ठी ब्रेजिंग में सम्पूर्ण जॉब ही गर्म किया जाता है, इसलिए जोड़ के पश्चात् ठण्डा होने पर आन्तरिक प्रतिबल (internal stress) कम-से-कम बनते हैं।

3. टॉर्च ब्रेजिंग Torch Brazing

यह विधि सबसे अधिक प्रचलित है। इसके द्वारा फैब्रिकेशन तथा मरम्मत दोनों ही प्रकार के कार्य सभी कारखानों में किए जाते हैं। इसमें ऊष्मा का स्रोत एक वैल्डिंग टॉर्च द्वारा एसीटिलीन गैस और हवा के मिश्रण को जलाकर ज्वाला के रूप में प्राप्त किया जाता है।

नॉन-फैरस धातुओं; जैसे—एल्युमीनियम आदि की ब्रेजिंग करने के लिए ऑक्सी-हाइड्रोजन टॉर्च का भी प्रयोग किया जा सकता है। इसमें जोड़ को गर्म करके ब्रेजिंग छड़ को फ्लक्स के साथ ही पिघलाया जाता है।

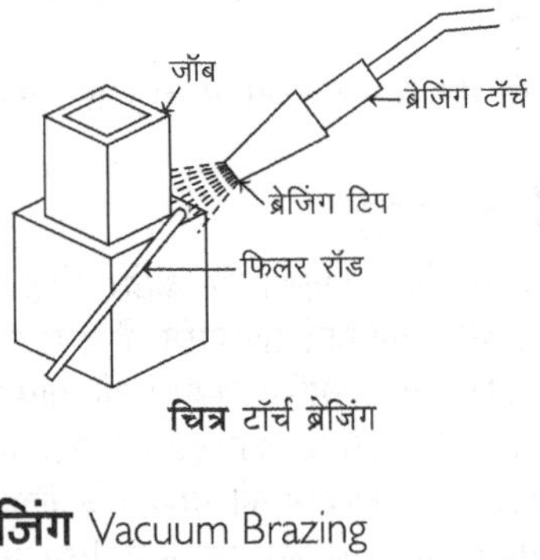

चित्र टॉर्च ब्रेजिंग

4. निर्वात ब्रेजिंग Vacuum Brazing

यह एक विशेष प्रकार की फर्नेस ब्रेजिंग प्रक्रिया है, जिसमें धातु को ऑक्सीकरण होने से बचाने के लिए वायुमण्डल को नियन्त्रित करने के स्थान पर निर्वात उत्पन्न किया जाता है। निर्वात् उत्पन्न होने से धातु का ऑक्सीकरण नहीं हो पाता है।

5. इण्डक्शन ब्रेजिंग Induction Brazing

ऐसे स्थानों पर जहाँ उत्पादन दर बहुत अधिक हो एवं पार्ट को बहुत अधिक तेजी से गर्म करने की आवश्यकता हो वहाँ पर इण्डक्शन ब्रेजिंग प्रक्रिया प्रयोग की जाती है।

इस प्रक्रिया में ब्रेज किए जाने वाले भागों को एक इण्डक्शन क्वॉयल के अन्दर रखकर उच्च आवृत्ति (high frequency) का करण्ट, क्वॉयल में से गुजारा जाता है।

इससे इण्डक्शन द्वारा भागों को ऊर्जा मिलती है जिसके कारण पूरा जॉब बहुत कम समय में ही गर्म हो जाता है। इसकी गर्मी से फिलर धातु पिघलकर जोड़ों में पेनीट्रेट (penetrate) करती है और ठण्डी होने पर मजबूत जोड़ बनाती है।

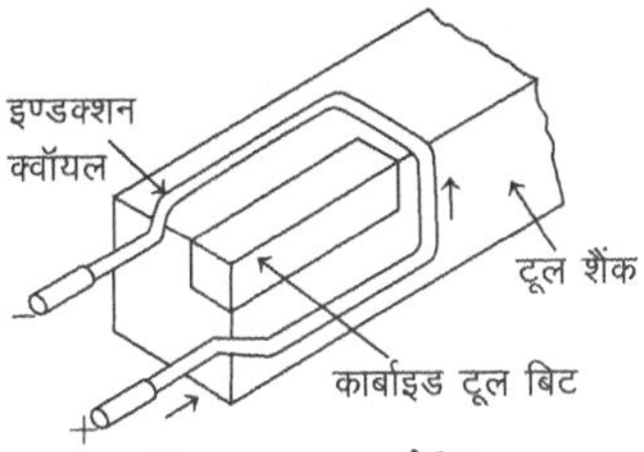

चित्र इण्डक्शन ब्रेजिंग

6. डिप ब्रेजिंग Dip Brazing

इस प्रक्रिया में ब्रेज करने वाले पार्ट्स को पहले से ही फ्लक्स लगाकर पिघली हुई फिलर धातु के रासायनिक बाथ में डुबोया जाता है, इससे पार्ट गर्म हो जाता है और फिलर धातु जोड़ में पहुँच जाती है, जो ठण्डी होने पर मजबूत जोड़ बनाती है।

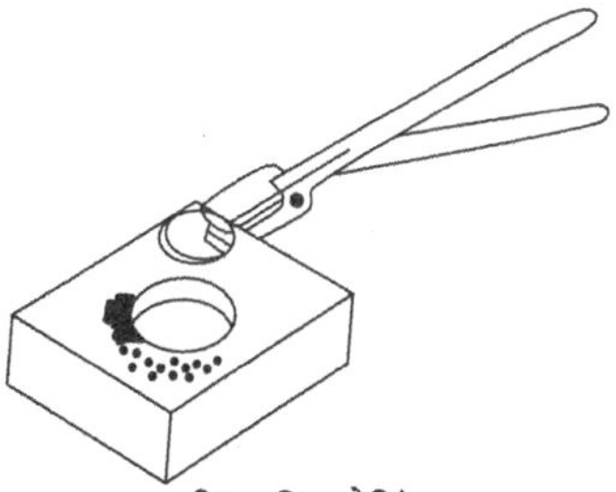

चित्र डिप ब्रेजिंग

7. सिल्वर ब्रेजिंग Silver Brazing

सिल्वर सोल्डरिंग को सिल्वर ब्रेजिंग भी कहा जाता है। सिल्वर ब्रेजिंग में फिलर धातु के रूप में सिल्वर मिश्र धातु का प्रयोग किया जाता है। सिल्वर मिश्र धातु में सिल्वर तथा अन्य धातुओं; जैसे—कॉपर, जिंक व कैडमियम की भिन्न-भिन्न प्रतिशत मात्रा होती है। इसमें सिल्वर 40 से 60% तक होती है। सिल्वर मिश्र धातु को जब 600-850°C पर गर्म किया जाता है, तो यह पिघलकर धातु जोड़ में पहुँच जाती है तथा ठण्डी होकर मजबूत जोड़ बनाती है।

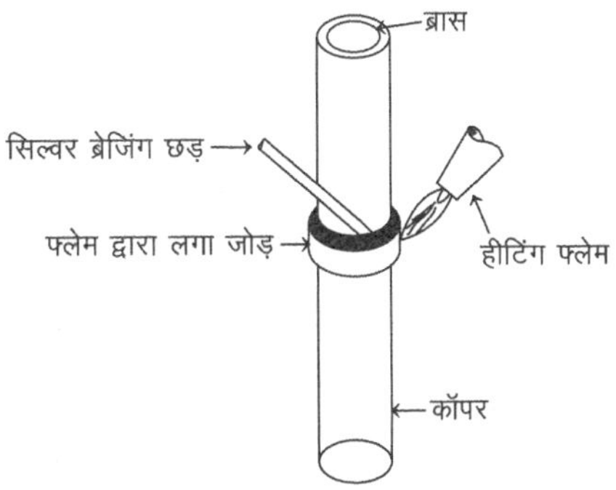

चित्र सिल्वर ब्रेजिंग

ब्रेजिंग के लाभ व हानियाँ
Advantages and Disadvantages of Brazing

ब्रेजिंग के लाभ व हानियाँ निम्न प्रकार हैं

लाभ Advantages

(*i*) ब्रेजिंग के द्वारा मोटी जॉब को जोड़ा जाता है।
(*ii*) इसके द्वारा लगे जोड़ सोल्डरिंग की तुलना में पक्के व मजबूत होते हैं।
(*iii*) ये कम्पन को सरलता से सहन कर सकते हैं।
(*iv*) ये जोड़ भार सहन करने योग्य होते हैं।
(*v*) ये जोड़ उच्च तापमान पर भी शीघ्रता से नहीं खुलते हैं।
(*vi*) ब्रेजिंग के द्वारा दो भिन्न धातुओं को जोड़ा जा सकता है।

हानियाँ Disadvantages

(*i*) ब्रेजिंग प्रक्रिया अपेक्षाकृत महँगी होती है।
(*ii*) ब्रेजिंग करने में अधिक समय लगता है।
(*iii*) ब्रेजिंग के लिए अधिक तापमान की आवश्यकता होती है।
(*iv*) ब्रेजिंग के द्वारा पतली शीटों को नहीं जोड़ा जा सकता है।

सोल्डरिंग एवं ब्रेजिंग प्रक्रम के अन्तर्गत सावधानियाँ

साल्डरिंग एवं ब्रेजिंग प्रक्रम के अन्तर्गत निम्नलिखित सावधानियों का अनुसरण करते है

(*i*) सोल्डरिंग एवं ब्रेजिंग प्रक्रम के दौरान उत्पन्न होने वाले धुएँ से सुरक्षा हेतु मास्क धारण करना चाहिए।
(*ii*) सोल्डरिंग एवं ब्रेजिंग प्रक्रम स्थल पर वातायन का विशेष ध्यान रखना चाहिए।
(*iii*) उपकरणों को विद्युत व आग के समीप नहीं रखना चाहिए।
(*iv*) सोल्डरिंग एवं ब्रेजिंग प्रक्रम से पूर्व सुरक्षा आवरण धारण कर लेने चाहिए।
(*v*) सोल्डरिंग गन की टिप को ठण्डा करते रहना चाहिए।

महत्त्वपूर्ण बिन्दु

- दो समान अथवा असमान धातुओं को एक निश्चित तापमान के अन्तर्गत गर्म करके दाब अथवा बिना दाब की सहायता से जोड़ने का प्रक्रम वैल्डिंग कहलाता है।
- दो धातुओं को वैल्ड करने के लिए उनके किनारों को पिघलाया जाता है। उसके लिए आवश्यक ऊष्मा (heat) गैसों को जलाकर प्राप्त की जाती है तो उसे गैस वैल्डिंग कहते हैं।
- गैस वैल्डिंग में अधिकांशत् ऑक्सीजन, एसीटिलीन, हाइड्रोजन, ऑर्गन, कोल गैस आदि गैसों का उपयोग किया जाता है।
- गैस वैल्डिंग में सामान्यतया ऑक्सी-एसीटिलीन वैल्डिंग विधि का उपयोग किया जाता है।
- गैस वैल्डिंग विधि में जोड़ के स्थान पर गैस की फ्लेम द्वारा धातु को पिघलने की अवस्था तक गर्म किया जाता है। पिघली धातु के स्थान पर आवश्यकतानुसार पूरक धातु छड़ (filler metal rod) भी इसके साथ-साथ पिघलाई जाती है।
- ब्लो पाइप या गैस वैल्डिंग टॉर्च में हैण्डिल के पीछे ऑक्सीजन तथा एसीटिलीन गैस के लिए दो कनैक्शन होते हैं, जिनमें सीधे हौज पाइप को जोड़ा जाता है।
- गैस वैल्डिंग फिलर रॉड का प्रयोग जोड़ के लिए बनाए गए खाली स्थान (groove) को भरने के लिए किया जाता है।
- सोल्डरिंग प्रक्रिया में ऑक्साइड की परत को जमा होने से रोकने के लिए सोल्डर के साथ फ्लक्स का प्रयोग किया जाता है।
- सोल्डरिंग में प्रयुक्त होने वाला फ्लक्स पाउडर, पेस्ट व द्रव तीनों रूपों में उपलब्ध होता है।
- सोल्डर एक प्रकार का मिश्रण होता है, जो टिन तथा लैड जैसी नर्म धातुओं को विभिन्न प्रतिशतता में मिलाकर बनाया जाता है।
- सोल्डर प्रायः पतली शीटों तथा पतले तारों को टाँके द्वारा जोड़ने के लिए प्रयोग किया जाता है।
- नर्म सोल्डर का उपयोग ऐसी पतली शीटों को जोड़ने के लिए किया जाता है, जिन्हें उच्च ताप पर गर्म नहीं किया जा सकता।
- कठोर सोल्डर का उपयोग ताँबा, पीतल व लोहा आदि धातुओं के बड़े आकार के टुकड़ों या मोटे तारों व केबिल्स के जोड़ों पर टाँका लगाने के लिए किया जाता है।
- सोल्डर फ्लक्स अनेक कार्य करता है; जैसे- सोल्डर सतह से ऑक्साइड को अपने में घोलकर बाहर ले आना, ऑक्साइड बनने से रोकना, संक्षारण को रोकना, सोल्डर का पृष्ठ तनाव कम करना आदि।
- सोल्डर फ्लक्स का चयन अनेक बिन्दुओं के आधार पर किया जाता है; जैसे- सोल्डरिंग की पद्धति पर, सोल्डर के कार्यकारी तापमान पर, जोड़े जाने वाली धातु पर।
- कोरोसिव फ्लक्स वे फ्लक्स हैं, जिनमें अकार्बनिक पदार्थ होते हैं, जैसे-जिंक क्लोराइड, अमोनियम क्लोराइड, फॉस्फोरिक एसिड, हाइड्रोक्लोरिक एसिड आदि।
- नॉन-कोरोसिव फ्लक्स वे फ्लक्स हैं, जिनमें अम्ल तथा क्षार की थोड़ी-सी भी मात्रा नहीं होती है; जैसे-ऑलिव ऑयल, बोरेक्स, रेजिन, पेस्ट, टैलो आदि।
- सोल्डर को कभी-कभी अस्थायी जोड़ लगाने के लिए प्रयोग किया जाता है, जिसमें सोल्डर को एक विशेष विधि से पिघलाकर जोड़ बनाया जाता है। यह प्रक्रिया स्वीटिंग (sweating) कहलाती है।
- दो एक-समान व भिन्न-भिन्न धातुओं पर कठोर जोड़ लगाने की विधि ब्रेजिंग कहलाती है, जिसे हार्ड सोल्डरिंग भी कहा जाता है।
- हार्ड सोल्डरिंग में मुख्य रूप से दो प्रकार के ब्रेजिंग अलॉय प्रयुक्त किए जाते हैं स्पैल्टर तथा सिल्वर स्पैल्टर।
- स्पैल्टर ताँबे तथा जस्ते की मिश्र धातु है, जबकि सिल्वर स्पैल्टर ताँबे और चाँदी या जस्ते और चाँदी की मिश्र धातु होती है।
- ब्रेजिंग के लिए फ्लक्स सुहागा (Borax) प्रयोग किया जाता है।
- हार्ड सोल्डर द्वारा दो मैटल पार्टों को जोड़ने की क्रिया को ब्रेजिंग या हार्ड सोल्डरिंग कहते हैं।
- ब्रेजिंग के जोड़ पक्के और मजबूत होते हैं।
- ब्रेजिंग की अनेक विधियाँ हैं–ब्लो पाइप ब्रेजिंग, भट्ठी ब्रेजिंग, टॉर्च ब्रेजिंग, निर्वात ब्रेजिंग, इण्डक्शन ब्रेजिंग आदि।

महत्त्वपूर्ण प्रश्नोत्तरी

1. गैस वैल्डिंग में कौन सी दो मुख्य गैसे प्रयोग में लायी जाती हैं?

उत्तर गैस वैल्डिंग में दो मुख्य गैसे ऑक्सीजन व एसीटिलीन का प्रयोग किया जाता है।

2. उच्च दाब वैल्डिंग से आपका क्या अभिप्राय है?

उत्तर उच्च दाब गैस वैल्डिंग ऐसीटिलीन गैस कारखानों में तैयार करके सिलेण्डरों में 15 किग्रा/सेमी^{2} दाब पर भरी जाती है। इसका प्रयोग बड़े कार्यों के लिए किया जाता है।

3. गैस वैल्डिंग में ऑक्सी–एसीटिलीन गैसों का प्रयोग क्यों किया जाता है?

उत्तर गैस वैल्डिंग में ऑक्सी-एसीटिलीन गैसों का उपयोग इसलिए किया जाता है क्योंकि अन्य गैसों की अपेक्षा ऑक्सी एसीटिलीन गैसों के दहन से अधिक ऊष्मा/तापमान प्राप्त होता है।

4. वैल्डिंग के लिए ऐसीटिलीन का उत्पादन कैसे किया जाता है?

उत्तर वैल्डिंग के लिए ऐसीटिलीन गैस का उत्पादन कार्बाइड पर पानी की क्रिया द्वारा किया जाता है।

5. धातुओं को जोड़ने की क्षमता के आधार पर, सोल्डरिंग तथा ब्रेजिंग में अन्तर स्पष्ट कीजिए?

उत्तर सोल्डरिंग विधि द्वारा बने जोड़ कम सामर्थ्यवान होते हैं तथा अधिक ताप सहन नहीं कर पाते। ब्रेजिंग इस विधि द्वारा बने जोड़ सोल्डरिंग द्वारा बने जोड़ से अधिक शक्तिशाली होते हैं तथा इसके द्वारा बने जोड़ एक निश्चित ताप के बाद खुल जाते हैं।

6. ब्रेजिंग की निर्वात ब्रेजिंग विधि में निर्वात उत्पन्न किए जाने का क्या कारण है?

उत्तर ब्रेजिंग की निर्वात ब्रेजिंग विधि में निर्वात उत्पन्न करने से धातु का ऑक्सीकरण होने से बच सकता है।

7. निम्न चित्र में किस प्रक्रम को दर्शाया गया है?

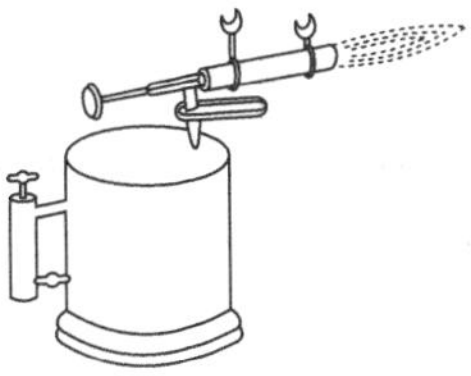

उत्तर दिए गए चित्र में ब्लो लैम्प टॉर्च सोल्डरिंग को दर्शाया गया है।

8. एल्युमीनियम की सोल्डरिंग के लिए लैड सोल्डर का प्रयोग न किए जाने का क्या कारण है?

उत्तर एल्युमीनियम तथा लैड आपस में मिश्रित नहीं हो सकते हैं, इसलिए एल्युमीनियम की सोल्डरिंग के लिए लैड सोल्डर का प्रयोग नहीं किया जाता है।

9. सोल्डरिंग के पश्चात् सोल्डर किए गए जोड़ को जल तथा रेगमाल से साफ करना क्यों आवश्यक होता है?

उत्तर अतिरिक्त फ्लक्स को हटाने के लिए सोल्डरिंग के पश्चात् सोल्डर किए जोड़ को जल तथा रेगमाल से साफ करना आवश्यक है।

10. वे कौन–सी तीन बातें हैं, जो फ्लक्स का चयन करते समय ध्यान में रखी जाती हैं?

उत्तर फ्लक्स का चयन करते समय निम्न तीन बातों का ध्यान रखा जाता है

(i) सोल्डरिंग विधि

(ii) जोड़े जाने वाली धातु

(iii) सोल्डर का प्रचालन तापमान

11. सोल्डरिंग आयरन विधि में जोड़ को क्यों नहीं हिलाना चाहिए?

उत्तर सोल्डरिंग आयरन विधि द्वारा लगाए गए जोड़ कम सामर्थ्यवान होते हैं। अतः जोड़ को हिलाने पर उसमें दरारें पड़ने की सम्भावना बढ़ जाती है।

12. ब्रेजिंग अलॉय का गलनांक, बेस धातु के गलनांक से अधिक क्यों नहीं होना चाहिए?

उत्तर यदि ब्रेजिंग अलॉय का गलनांक, बेस धातु के गलनांक से अधिक होगा, तो ब्रेजिंग के दौरान बेस धातु की सतह खराब हो सकती है।

13. कारखानों में मरम्मत तथा फैब्रीकेशन का कार्य ब्रेजिंग की किस विधि द्वारा किया जाता है?

उत्तर कारखानों में मरम्मत तथा फैब्रीकेशन का कार्य ब्रेजिंग की टॉर्च विधि द्वारा किया जाता है।

अभ्यास प्रश्न

परीक्षा प्रारूपी प्रश्न

1. गैस वैल्डिंग में जोड़े जाने वाले भाग के आकार और माप में स्थायी परिवर्तन आ जाता है। यह दोष किस कारण होता है?
(a) अनुचित ज्वाला सैटिंग
(b) किनारे की तैयारी ठीक से न होना
(c) अनुचित नॉजल आकार का चयन
(d) स्थानीय तपन और शीतलन

2. ऑक्सी-एसीटिलीन वैल्डिंग के पूर्व क्षरण की जाँच के लिए, एसीटिलीन संयोजन किस जल से जाँचना चाहिए?
(a) नमक जल (b) साबुन जल
(c) कठोर जल (d) स्वच्छ जल

3. गैस वैल्डिंग में अनेक प्रकार के फिलर रॉड का प्रयोग करते हैं। फिलर रॉड के आकार का चयन आधारित होता है
(a) वैल्डिंग स्थिति पर
(b) गैस के प्रकार पर
(c) पदार्थ की मोटाई पर
(d) कटिंग ब्लो पाइप के प्रकार पर

4. एसीटिलीन सिलेण्डर में एसीटिलीन लगभग .... दाब पर भरी जाती है।
(a) 14 किग्रा/सेमी^{2} (b) 15 किग्रा/सेमी^{2}
(c) 10 किग्रा/सेमी^{2} (d) 20 किग्रा/सेमी^{2}

5. गैस वैल्डिंग में जोड़ों को क्रमशः रासायनिक सफाई और मैकेनिकल सफाई द्वारा साफ किया जाता है। रासायनिक सफाई में जोड़ की सतह को ………… से धोया जाता है।
(a) नाइट्रिक अम्ल (b) केरोसीन
(c) सल्फ्यूरिक अम्ल (d) सान्द्र हाइड्रोक्लोरिक अम्ल

6. कार्यखण्ड या वैल्डिंग टेबिल को केबिल से जोड़ने के लिए प्रयुक्त की जाने वाली युक्ति है
(a) अर्थ क्लैम्प (b) इलेक्ट्रॉड कैरियर
(c) इलेक्ट्रॉड होल्डर (d) ये सभी

7. ऑक्सी-एसीटिलीन वैल्डिंग में एसीटिलीन सिलेण्डर किस रंग से रँगा होता है?
(a) काला (b) लाल
(c) मैरून (d) भूरा

8. बट जोड़ में नीचे कुछ खुला स्थान छोड़ने का मुख्य कारण निम्न होता है
(a) दोनों पार्ट को संरेखन में रखने के लिए
(b) वैल्ड जोड़ की सुन्दरता बनाने के लिए
(c) पूर्ण पैनीट्रेशन प्राप्त करने के लिए
(d) ऑक्सीकरण को रोकने के लिए

9. वास्तविक वैल्डिंग शुरू करने से पूर्व वैल्ड किए जाने वाले भागों को टैकिंग करके जोड़ दिया जाता है। इसका मुख्य कारण निम्न है
(a) दोनों टुकड़ों को सहारने के लिए
(b) वैल्डिंग से होने वाले विरूपण (distortion) को रोकने के लिए
(c) स्पैटरिंग को कम करने के लिए
(d) कार्य को आसानी से करने के लिए

10. एसीटिलीन गैस में निम्न दो तत्व होते हैं
(a) कार्बन व हाइड्रोजन (b) कैल्शियम व हाइड्रोजन
(c) कैल्शियम व क्लोरीन (d) कार्बन व क्लोरीन

11. फिलर रॉड के साइज के निर्धारण में निम्न से कौन विचारणीय नहीं है?
(a) वैल्ड की जाने वाली धातु का भार
(b) वैल्ड की जाने वाली धातु का प्रकार
(c) जोड़ की प्रकृति
(d) वैल्डिंग तकनीक का प्रकार

12. उच्च दाब पाइप लाइन की वैल्डिंग में इनमें से किस इलेक्ट्रॉड का प्रयोग किया जाता है?
(a) रूटाइल इलेक्ट्रॉड (b) सेलुलोसिक इलेक्ट्रॉड
(c) बेसिक इलेक्ट्रॉड (d) ये सभी

13. वैल्डिंग के समय टॉर्च कार्यखण्ड से लगभग …… मिमी दूर रहनी चाहिए।
(a) 15-18 (b) 16-20 (c) 10-12 (d) 12-18

14. ऑक्सी-एसीटिलीन गैस कटिंग में दो प्रक्रियाएँ पूर्वतापन और कटिंग की जाती हैं। कटिंग के पूर्व, पूर्वतापन के लिए किस ज्वाला को सैट किया जाता है?
(a) उदासीन ज्वाला (b) ऑक्सीकरण ज्वाला
(c) कार्बुराइजिंग ज्वाला (d) न्यून कार्बुराइजिंग ज्वाला

15. कैल्शियम कार्बाइड एवं जल की रासायनिक प्रतिक्रिया में कौन-सी गैस बनती है?
(a) हाइड्रोजन (b) कार्बन डाइ-ऑक्साइड
(c) मीथेन (d) एसीटिलीन

16. कैल्शियम कार्बाइड, पानी के साथ क्रिया करके गैस के अतिरिक्त निम्न कम्पाउण्ड भी बनाता है
(a) कैल्शियम क्लोराइड (b) कैल्शियम हाइड्रॉक्साइड
(c) कैल्शियम कार्बोनेट (d) कैल्शियम ऑक्साइड

17. ब्रेज वैल्डिंग में निम्न में से कौन-सा कार्य फ्लक्स का नहीं है?
(a) जोड़ की रासायनिक सफाई
(b) फिलर धातु के गलने से पूर्व वाष्पीकरण
(c) जोड़ से अशुद्धियाँ हटाना
(d) गलित फिलर धातु का सरल बहाव

18. एसीटिलीन को सिलेण्डर में स्टोर करने के लिए एक द्रव में घोलकर रखा जाता है। उसे निम्न नाम से पुकारा जाता है

(a) अमोनिया (b) पेट्रोलियम

(c) पानी (d) एसीटोन

19. फिलर रॉड का चयन निम्न में से किसके अनुसार किया जाता है?

(a) बेस मैटल (b) कार्यखण्ड

(c) 'a' और 'b' दोनों (d) इनमें से कोई नहीं

20. गैस कटिंग के समय नॉजल होना चाहिए

(a) कार्य के सम्पर्क में (b) कार्य के 2 मिमी दूर

(c) कार्य के 5 मिमी दूर (d) कार्य के 10 मिमी दूर

21. चित्र में दर्शायी गई वैल्डिंग को पहचानिए

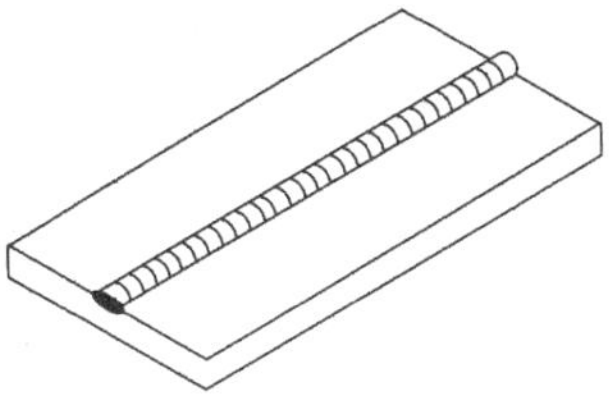

(a) बट वैल्डिंग (b) फिलेट वैल्डिंग

(c) बैड वैल्डिंग (d) प्लग वैल्डिंग

22. हौज पाइप के कनैक्शनों में किस प्रकार पहचान बनाई गई है?

(a) ऑक्सीजन के लिए कनैक्शन की चूड़ियाँ राइट हैण्ड तथा ऊपर कट लगा होता है

(b) एसीटिलीन के लिए कनैक्शन की चूड़ियाँ लैफ्ट हैण्ड तथा ऊपर कट लगा होता है

(c) एसीटिलीन के लिए कनैक्शन की चूड़ियाँ राइट हैण्ड तथा ऊपर कट लगा होता है

(d) ऑक्सीजन के लिए कनैक्शन की चूड़ियाँ लैफ्ट हैण्ड तथा ऊपर कट लगा होता है

23. कैल्शियम कार्बाइड बनाने के लिए चूना-पत्थर तथा कोक को निम्न ताप पर गर्म किया जाता है

(a) 1200°C (b) 1500°C (c) 1900°C (d) 2000°C

24. निम्न में से कौन-सा ईंधन गैस (fuel gas) नहीं है?

(a) ऑक्सीजन (b) एसीटिलीन

(c) कोल गैस (d) हाइड्रोजन

25. ऑक्सी-एसीटिलीन फ्लेम (flame) की तापक्रम रेंज क्या है?

(a) 2100-2300°C (b) 3100-3300°C

(c) 3500-3600°C (d) 2500-2600°C

26. एसीटिलीन गैस के सिलेण्डर पर प्रयोग होने वाले हौज पाइप का रंग होना चाहिए

(a) काला (b) हरा (c) लाल (d) पीला

27. ऑक्सीजन तथा एसीटिलीन को विभिन्न अनुपात में मिलाकर विभिन्न प्रकार के फ्लेम सैट किए जाते हैं। ऑक्सीजन की तुलना में अधिक एसीटिलीन को ज्वलित कर ········ प्राप्त करते हैं।

(a) उदासीन फ्लेम (b) ऑक्सीकरण फ्लेम

(c) कार्बुराइजिंग फ्लेम (d) गैस कर्तन फ्लेम

28. निम्न में कार्बुराइजिंग फ्लेम का विभेदीय लक्षण क्या है?

(a) दो आन्तरिक फ्लेम कोन तथा एक बाहरी आवरण

(b) दो फ्लेम कोन तथा एक बाहरी आवरण

(c) लघु पीला फ्लेम और बाहरी आवरण

(d) लम्बा, पीला, चिकना फ्लेम आवरण

29. कार्बुराइजिंग ज्वाला द्वारा कार्बन आपूर्ति करने पर वैल्ड हो जाता है

(a) मजबूत (b) नम्य

(c) भंगुर (d) कठोर और भंगुर

30. गैस वैल्डिंग के अन्तर्गत किस कार्य में वैल्डिंग गैसों का प्रयोग किया जाता है?

(a) जोड़ लगाने में

(b) धातु चादरों के कर्तन में

(c) वैल्डिंग बीड को वायुमण्डल से सुरक्षा प्रदान करने में

(d) उपरोक्त सभी

31. न जलने वाली गैसों में निम्न में से कौन-सी गैस सम्मिलित है?

(a) ऑर्गन (b) हीलियम

(c) 'a' और 'b' दोनों (d) इनमें से कोई नहीं

32. एसीटिलीन गैस वायु से मिलकर क्या बनाती है?

(a) विस्फोटक मिश्रण (b) निष्क्रिय मिश्रण

(c) तटस्थ मिश्रण (d) इनमें से कोई नहीं

33. निम्न में से किन गैसों का प्रयोग वैल्डिंग बीड एवं तप्त कार्यखण्ड को वायुमण्डल की गैसों से सुरक्षा प्रदान करने के लिए किया जाता है?

(a) हीलियम (b) ऑर्गन

(c) 'a' और 'b' दोनों (d) ऑक्सीजन

34. कैल्शियम कार्बाइड हवा की नमी के साथ मिलकर कौन-सी गैस बनाता है?

(a) एसीटिलीन (b) नाइट्रोजन

(c) हाइड्रोजन (d) कार्बन डाइ-ऑक्साइड

35. उच्च दाब वैल्डिंग में ऑक्सीजन सिलेण्डर का दाब होता है

(a) 12.5 किग्रा/सेमी^{2} (b) 15.5 किग्रा/सेमी^{2}

(c) 22.5 किग्रा/सेमी^{2} (d) 25.5 किग्रा/सेमी^{2}

36. एसीटिलीन गैस का रासायनिक सूत्र निम्न है

(a) CH_4 (b) C_2H_2

(c) CH_2 (d) C_4H_4

37. सोल्डर का गलनांक परस्पर जोड़ी जाने वाली धातुओं के गलनांक से कम-से-कम .... कम होनी चाहिए।

(a) 80°C (b) 100°C (c) 40°C (d) 60°C

38. सबसे अधिक प्रयोग किए जाने वाले सोल्डर में टिन तथा लैड का अनुपात क्या होता है?

(a) 35:65 (b) 63:37

(c) 30:70 (d) इनमें से कोई नहीं

39. नर्म सोल्डर में मुख्य तत्व हैं

(a) टिन और जिंक (b) सीसा और जिंक

(c) टिन और लैड (d) टिन और ताँबा

40. सोल्डर एक मिश्र धातु है
(a) कॉपर और टिन की (b) लैड और टिन की
(c) जिंक और टिन की (d) एन्टीमनी और टिन की

41. सोल्डर किस तापमान पर लगाया जाता है?
(a) 235° C से 325° C पर
(b) 183° C से 235°C पर
(c) 200° C से 350° C पर
(d) 200° C से 325° C पर

42. एक अच्छे फ्लक्स में निम्न में से कौन-सा गुण होना चाहिए?
(a) कम ताप पर ही धातु तथा सोल्डर से ऑक्साइड बाहर निकालने की सामर्थ्य होनी चाहिए
(b) इसका वाष्पनांक, गलनांक से अधिक होना चाहिए
(c) इसकी बेस मैटल या सोल्डर की मैटल से रासायनिक क्रिया नहीं होनी चाहिए
(d) उपरोक्त सभी

43. सोल्डर फ्लक्स निम्न में से क्या कार्य करता है?
(a) सोल्डर करने वाली सतह से ऑक्साइड को घोलकर बाहर ले आता है
(b) पिघले हुए सोल्डर को ऑक्साइड बनने से रोकता है
(c) सोल्डरिंग आयरन का ताप जोड़ के तल में पहुँचाने में सहायता करता है
(d) उपरोक्त सभी

44. आयरन शीट के लिए किस फ्लक्स का प्रयोग किया जाता है?
(a) जिंक क्लोराइड (b) अमोनियम क्लोराइड
(c) 'a' और 'b' दोनों (d) इनमें से कोई नहीं

45. ताँबे की धातु के लिए किस प्रकार का फ्लक्स प्रयोग करते हैं?
(a) जिंक क्लोराइड (b) अमोनियम क्लोराइड
(c) 'a' और 'b' दोनों (d) बोरेक्स

46. फ्लक्स का प्रयोग जोड़ की ………………… बढ़ाने के लिए किया जाता है।
(a) आयु (b) क्षमता (c) मजबूती (d) ये सभी

47. सोल्डरिंग आयरन विधि में महत्त्वपूर्ण भूमिका किसकी होती है?
(a) स्पैल्टर (b) सोल्डर
(c) सोल्डरिंग आयरन (d) इनमें से कोई नहीं

48. सोल्डरिंग आयरन की टिप बनी होती है
(a) स्टील (b) कॉपर
(c) एल्युमीनियम (d) टिन

49. कॉपर की सोल्डरिंग में प्रयुक्त फ्लक्स मिश्रण है
(a) रेजिन
(b) जिंक क्लोराइड 90%, साल अमोनिक 10%
(c) जिंक क्लोराइड 95%, सोडियम क्लोराइड 5%
(d) जिंक क्लोराइड (10-30%), पानी (90-70%)

50. सोल्डरिंग आयरन की अधिकतम वाटेज क्षमता कितनी होती है?
(a) 80 वाट (b) 100 वाट (c) 150 वाट (d) 200 वाट

51. सोल्डरिंग प्रक्रिया में सोल्डरिंग आयरन का कार्य क्या है?
(a) धातु को पिघलाना (b) सोल्डर को पिघलाना
(c) सोल्डर को ठण्डा करना (d) धातु को ठण्डा करना

52. सोल्डरिंग आयरन का हैड बना होता है
(a) सीसे का (b) ब्रोंज का (c) ताँबे का (d) लोहे का

53. सोल्डरिंग बिट के लिए उत्तम पदार्थ ……है।
(a) सीसा (b) टिन (c) ताँबा (d) जस्ता

54. जोड़ी जाने वाली सतहों को उनके वास्तविक रूप में सुरक्षित करने की निम्न में कौन-सी विधि है?
(a) सोल्डरिंग (b) ब्रेजिंग
(c) 'a' और 'b' दोनों (d) इनमें से कोई नहीं

55. निम्न में से किसके जोड़ सबसे अधिक कमजोर होते हैं?
(a) वैल्डिंग (b) सोल्डरिंग
(c) ब्रेजिंग (d) इनमें से कोई नहीं

56. सोल्डरिंग में किसका फिलर धातु के रूप में प्रयोग होता है?
(a) सोल्डर (b) स्पैल्टर
(c) 'a' और 'b' दोनों (d) इनमें से कोई नहीं

57. सोल्डरिंग प्रक्रिया के बाद क्या शेष रह जाता है?
(a) सतह से कोरोसिव फ्लक्स को हटाना
(b) सतहों को रेजिन से बचाना
(c) 'a' और 'b' दोनों (d) उपरोक्त में से कोई नहीं

58. सोल्डरिंग के लिए कितने डिग्री सेन्टीग्रेड तापमान की आवश्यकता होती है?
(a) 150°C (b) 200°C (c) 600°C (d) 300°C

59. सोल्डरिंग का प्रयोग समंजन कार्य में जोड़ों की ………… बढ़ाने के लिए किया जाता है।
(a) तनन सामर्थ्य (b) प्रतिरोधकता (c) तन्यता (d) चालकता

60. निम्नलिखित में सोल्डरिंग की यान्त्रिक विधि कौन-सी है?
(a) चिपिंग (b) ब्रेजिंग (c) रीमिंग (d) सीमिंग

उत्तरमाला

1. (d)	**2.** (b)	**3.** (c)	**4.** (b)	**5.** (d)	**6.** (a)	**7.** (c)	**8.** (a)	**9.** (b)	**10.** (a)
11. (a)	**12.** (a)	**13.** (c)	**14.** (a)	**15.** (d)	**16.** (b)	**17.** (b)	**18.** (d)	**19.** (a)	**20.** (c)
21. (c)	**22.** (b)	**23.** (d)	**24.** (a)	**25.** (b)	**26.** (c)	**27.** (c)	**28.** (a)	**29.** (a)	**30.** (d)
31. (c)	**32.** (a)	**33.** (c)	**34.** (b)	**35.** (a)	**36.** (b)	**37.** (d)	**38.** (b)	**39.** (c)	**40.** (b)
41. (c)	**42.** (d)	**43.** (d)	**44.** (b)	**45.** (c)	**46.** (c)	**47.** (c)	**48.** (b)	**49.** (a)	**50.** (b)
51. (b)	**52.** (c)	**53.** (c)	**54.** (c)	**55.** (b)	**56.** (a)	**57.** (c)	**58.** (d)	**59.** (d)	**60.** (d)

अध्याय 07

चिनाई सम्बन्धी औजार एवं सामग्री

Tools and Materials Related to Masonry

ईंट या पत्थर की चिनाई करने वाले व्यक्ति को राजमिस्त्री (Mason) कहते हैं। इसके द्वारा ईंटों अथवा पत्थरों को मसाले की सहायता से जोड़कर भवनों का निर्माण किया जाता है। यह कार्य चिनाई कार्य कहलाता है। यदि निर्माण कार्य के लिए ईंटों का प्रयोग किया जाता है, तो उसे ईंट चिनाई (brick masonry) कहते हैं। इसी प्रकार यदि चिनाई कार्य में पत्थरों का उपयोग किया जाता है, तो उसे पत्थर चिनाई (stone masonry) कहा जाता है। चिनाई कार्य करने हेतु राजमिस्त्री को विभिन्न प्रकार के औजारों (जैसे– कन्नी, बसूली, फावड़ा, साहुल) तथा विभिन्न प्रकार के सामग्रियों (जैसे– ईंट, चूना, सीमेण्ट आदि) की आवश्यकता होती है। प्रस्तुत अध्याय में हम चिनाई कार्य में प्रयुक्त औजारों एवं सामग्रियों का अध्ययन करेंगे।

अध्याय विषय सूची

7.1 राजमिस्त्री के हस्त औजार एवं उनके उपयोग

Mason's Hand Tools and their Uses

राजमिस्त्री की कार्य कुशलता उसके द्वारा उपयोग किए जाने वाले औजारों के प्रयोग पर निर्भर करती है कि वह किस प्रकार उनका प्रयोग करके चिनाई सम्बन्धी कार्य पूर्ण करता है। राजमिस्त्री द्वारा उपयोग में लाए जाने वाले हस्त औजार (hand tool) निम्न प्रकार हैं

(*i*) **एल स्क्वायर** ('L' square) यह एक मापक औजार है। सामान्यत: चिनाई कार्यों में समकोणीयता की जाँच करने के लिए इस औजार का प्रयोग किया जाता है। 'L' स्क्वायर के ऊपर इंच व सेमी के निशान अंकित होते हैं।

(*ii*) **फावड़ा** (Spade) फावड़े का अग्र भाग स्टील का बना होता है तथा इसमें लकड़ी का एक हैण्डिल लगा होता है। इसका उपयोग नींव खोदने, मसाले या कंक्रीट को आपस में मिलाने में किया जाता है।

(*iii*) **प्लम्ब बॉब** (Plumb-bob) चिनाई कार्यों में राजमिस्त्री के द्वारा प्रयोग किया जाने वाला यह मुख्य औजार है। इसमें एक लोहे की नुकीली बॉब होती है, जिसके दूसरी ओर धागा बँधा रहता है। इसका प्रयोग चिनाई की लम्ब रूप में सिधाई की जाँच करने के लिए किया जाता है।

(*iv*) **बसूली** (Basuli) यह राजमिस्त्री का मुख्य औजार होता है। इसका एक सिरा हथौड़े की तरह तथा दूसरे सिरे में कटी हुई धारी (edge) होती है। इस औजार का उपयोग ईंटों को आवश्यकतानुसार काटकर उनकी धार (किनारा) बनाने में किया जाता है।

(v) **कन्नी** (Trowel) यह लोहे की पतली पत्ती की बनी हुई होती है। इसका प्रयोग चिनाई करते समय गारे अथवा मसाले को रखने एवं फैलाने के लिए किया जाता है। यह दो साइजों में मिलती है। बड़े साइज की कन्नी का उपयोग चिनाई कार्यों में तथा दीवारों व खम्भों पर प्लास्टर आदि करने में किया जाता है, जबकि छोटी कन्नी का उपयोग दीवार या फर्श की टीप भरने में किया जाता है।

(vi) **सूत धागा** (String thread) चिनाई करते समय ईंट के रद्दों को सिधाई में रखने के लिए इस धागे का प्रयोग किया जाता है।

(vii) **तसला** (Trays) चिनाई करते समय मसाला व मिट्टी इत्यादि को ले जाने के लिए तसले का प्रयोग किया जाता है। यह 15 से 20 गेज मोटी स्टील की चादर के बनाए जाते हैं।

(viii) **टेप** (Tape) यह एक मापक औजार है। इसका प्रयोग कार्यस्थल पर नाप लेने के लिये किया जाता है। सामान्यत: टेप की लम्बाई प्राय: 3 मीटर या 10 मीटर की होती है।

(ix) **पत्थर काटने की मशीन** (Stone cutting machine) यह एक विद्युतचालित मशीन हैं। इस मशीन के द्वारा 20-25 मिमी तक की मोटी टाइल्स व पत्थरों को आसानी से काटा जा सकता है।

(x) **छलनियाँ** (Screens) भवन निर्माण के कार्य में रेत, बजरी, मिट्टी आदि को छानने के लिए इसका प्रयोग किया जाता है।

(xi) **छैनी** (Chisel) यह एक प्रकार का कटिंग टूल है। इसे हाई कार्बन स्टील या टूल स्टील से बनाया जाता हैं। इसके कटिंग एज को हार्ड व टेम्पर किया जाता है। इसका प्रयोग दीवारों में सुराख करने तथा दीवारों में झिर्री काटने के लिए किया जाता है। आवश्यकता पड़ने पर छैनी का उपयोग कम सूत के सरिये काटने में भी किया जाता है।

(xii) **ड्रैग** (Drag) इसका प्रयोग पत्थर को समतल (level) करने के लिए किया जाता है।

(xiii) **स्पाल हैमर** (Spall hammer) इसका प्रयोग पत्थरों की रफ गढ़ाई (rough dressing) करने के लिए किया जाता है।

(xiv) **हैण्ड सॉ** (Hand saw) इसका प्रयोग नर्म पत्थरों को काटने में किया जाता है।

(xv) **क्लॉ टूल** (Claw tool) यह छैनीनुमा आकृति की होती है। पत्थरों के साइडों की गढ़ाई करने के लिए इसका प्रयोग किया जाता है। इसकी धार में 3-9 मिमी के दाँतें बने होते हैं।

(xvi) **सब्बल** (Sabbal) ये प्राय: लोहे की छड़ से बनाए जाते हैं। इसका प्रयोग मिट्टी की खुदाई करने, फर्श में छोटे साइज के छिद्र बनाने के लिए करते हैं। इनकी लम्बाई 60 सेमी से 100 सेमी तक होती है।

(xvii) **बेलचा** (Belcha) यह स्टील की चद्दर का बना होता है, जिसका प्रयोग बालू, रेत, मिट्टी, कंक्रीट आदि को उठाकर तसले या उसी प्रकार के अन्य ड्रम में भरने के लिए किया जाता है। इसमें लकड़ी का लम्बा हैण्डिल तथा पकड़ने के लिए स्टील का हैण्डिल लगा रहता है।

(xviii) **स्प्रिट लेवल** (Spirit level) इसके द्वारा चिनाई करते समय रद्दों की लेवलिंग (leveling), फर्श की ढलान की लेवलिंग, शटरिंग व दरवाजे-खिड़कियों की लेवलिंग आदि चैक की जाती है।

(xix) **बबल-ट्यूब** (Bubble-tube) इसका प्रयोग दीवार की चिनाई के समय हर परत को समतल जाँचने के लिए किया जाता है।

चिनाई कार्य सम्बन्धी सावधानियाँ
Precautions Related to Masonry Work

(i) सभी औजारों को भली-भाँति चैक करके कार्य के अनुसार प्रयोग करना चाहिए।

(ii) चिनाई करने से पूर्व बाँस की सीढ़ी को भली-भाँति जाँच लें, कि वे ढीले या कमजोर तो नही हैं।

(iii) फावड़ा, शॉवल, सब्बल, छैनी आदि की तीक्ष्णता चैक कर लेनी चाहिए।

(iv) छत की ढलाई करने से पहले नीचे टूल की बल्लियों की चैकिंग अच्छी तरह कर लेनी चाहिए, जिससे कि छत गिरने का डर न हो।

(v) कन्नी की निचली सतह पूर्ण रूप से चिकनी (अथवा समतल) होनी चाहिए।

(vi) छत की ढलाई के समय केवल आवश्यक लेबर व मिस्त्री ही छत पर रहें। ढलाई के समय छत पर अधिक भार नहीं होना चाहिए।

(vii) चिनाई करते समय दस्ताने व जूते अवश्य पहनने चाहिए।

(viii) कार्य समाप्त होने के बाद औजारों को साफ करके उनको यथास्थान पर रखना चाहिए।

7.2 दीवार/फर्श में सुराख बनाने की विधि
Method of Making Holes in Walls/Floors

प्लम्बिंग कार्य या भवन निर्माण सम्बन्धी कार्य के समय घरों में लाइट लगाने के लिए, खिड़की तथा दरवाजों की फिटिंग तथा वायरिंग आदि के लिए दीवार व फर्श में सुराख बनाए जाते हैं। दीवार व फर्श में सुराख बनाने के लिए कई प्रकार के औजारों का प्रयोग किया जाता है जिनमें से कुछ निम्नलिखित हैं

(i) **हैमर** (Hammer) यह प्रत्येक कारीगर का आवश्यक औजार है। इसका प्रयोग प्लम्बर व राजमिस्त्री कार्य के अनुसार करते हैं।

नोट *हैमर सम्बन्धी पाठ्य सामग्री के अध्ययन के लिए अध्याय 2 का अवलोकन करें।*

(ii) **छेनी** (Chisel) यह एक प्रकार का कटिंग टूल है। इसका प्रयोग धातुओं को काटने व सुराख करने में किया जाता है।

नोट *इसके विस्तृत अध्ययन के लिए अध्याय-2 का अवलोकन करें।*

(iii) **ड्रिलिंग मशीन** (Drilling machine) प्राय: दीवारों और फर्शों में सुराख निकालने के लिए पोर्टेबल ड्रिलिंग मशीनों का प्रयोग किया जाता है।

नोट *पोर्टेबल ड्रिलिंग मशीन सम्बन्धी पाठय सामग्री के अध्ययन के लिये अध्याय 3 का अवलोकन करें।*

(*iv*) **ड्रिल** (Drill) कार्यशाला में अक्सर चार्ट या निर्देश आरेख को लटकाने के लिये खूँटियों की आवश्यकता होती है। दीवारों में इन खूँटियों का संयोजन करने के लिये दीवारों में सुराख करने पड़ते हैं। और दीवार के इन सुराखों को बनाने के लिए जिस कटिंग टूल का प्रयोग किया जाता है उसे ड्रिल कहते हैं। यही ड्रिल ड्रिलिंग मशीन में फिट होने के बाद सुराख बनाती है।

नोट *ड्रिल सम्बन्धी तथ्यों के विस्तृत अध्ययन के लिए अध्याय-3 का अवलोकन करें।*

(*v*) **मारबल कटर/कटर मशीन** (Marble cutter/cutter machine) इस मशीन से हम आसानी से ईंट, पत्थर, आर.सी.सी. इत्यादि को काट या ग्राइण्ड कर सकते हैं। इसके ब्लेड/कटर को ठण्डा रखने के लिए कूलैन्ट का प्रयोग किया जाता है।

कटर मशीन चलाते समय निम्न बातों को ध्यान में रखना चाहिए

- कटर मशीन को चलाने से पूर्व उसे अच्छी तरह से साफ कर लेना चाहिए।
- कटर मशीन को चलाने से पहले कटिंग करने वाले स्थान पर निशान लगा लेना चाहिए।
- कार्य के अनुसार कटर व्हील का प्रयोग करना चाहिए।
- कटर मशीन को पानी से बचाकर रखना चाहिए।
- कटर मशीन पर कार्य करने से पूर्व तार को चैक कर लें, जिससे कि करन्ट लगने का भय न रहे।
- कार्य समाप्त करने के बाद मशीन को साफ करके रखना चाहिए।

दीवार में सुराख बनाने की प्रक्रिया
Procedure of Making Holes in Wall

(*i*) मार्किंग से पूर्व यह निर्धारित कर लें कि सुराख की लम्बाई, चौड़ाई तथा गहराई कितनी रखनी है।

(*ii*) विमाओं के निर्धारण के बाद दीवार पर चॉक की सहायता से उस क्षेत्र पर मार्किंग करें, जिसे काटना है।

(*iii*) कटिंग करने से पूर्व यह जाँच लें कि वह स्थान जहाँ सुराख बनाना है, वहाँ कोई बिजली का तार या पाइप न हो।

(*iv*) दीवार से सुराख बनाने के लिए शुरुआत छोटा छिद्र बनाकर करें।

(*v*) कटिंग करने से पूर्व दस्ताने, मास्क तथा चश्मा पहन लें ताकि किसी प्रकार की शारीरिक-क्षति न हो।

(*vi*) कार्यस्थल से निकलने वाले मलबे को साफ करते रहें जिससे कि सुराख की गहराई का पता चल सके।

(*vii*) टाइल्स में सुराख करने के लिए विशेष प्रकार की बिट प्रयोग करें।

(*viii*) अन्त में सुराख को गहरा करने के लिए ड्रिल अथवा हैमर का प्रयोग करें।

नोट *फर्श पर सुराख बनाने की प्रक्रिया दीवार में सुराख बनाने की प्रक्रिया के समान ही होती है।*

7.3 ईंट, चूना और सीमेण्ट की अवधारणा
Concept of Bricks, Lime and Cement

घरों, अपार्टमेन्ट्स, व्यापारिक एवं अन्य सार्वजानिक भवनों के निर्माण कार्यों में विभिन्न प्रकार के पदार्थों जैसे-ईंट, पत्थर, मिट्टी, बालू, सुर्खी आदि को आपस में एवं एक-दूसरे से जोड़ना पड़ता हैं। इन पदार्थों को आपस में जोड़ने के लिए सीमेन्ट, चूना, प्लास्टर ऑफ पेरिस, रासायनिक ग्लू ; जैसे— फैवीकोल, इत्यादि का प्रयोग किया जाता है।

ईंट (Bricks) ईंट का प्रयोग भवन निर्माण में सबसे अधिक किया जाता है। कच्ची ईंटें 12×6.4 (19 cm $\times$ 9cm $\times$ 9cm) साइज में मिट्टी और हाथ द्वारा साँचें में ढालकर बनाई जाती है। इसके बाद जब ईंटें अच्छी तरह सूख जाती हैं, फिर उन्हें भट्टी में पकाया जाता हैं। इस प्रकार ईंटें मजबूत हो जाती है। इसे सामान्यतया विभिन्न प्रकार के गारे (mortar) के साथ चिना जाता है।

ईंट बनाने के लिए जिस मिट्टी का प्रयोग किया जाता है, उसका मिश्रण निम्न प्रकार होना चाहिए

(*i*) क्ले मिट्टी - 20 से 35%

(*ii*) सिल्ट - 20 से 35%

(*iii*) रेत - 35 से 45%

ईंटों को पकाने के बाद उनकी ग्रेडिंग की जाती है, जिसके अनुसार ईंटें निम्न प्रकार की होती हैं— फर्स्ट क्लास (First class), सेकण्ड क्लास (Second class), थर्ड क्लास (Third class), अण्डर बरन्ट (Under Burnt), वैल बरन्ट ब्रिक बैट्स (Well Burnts Bricks Bats), अण्डर बरन्ट क्रिक बैट्स (Under Burnt Bricks Bats) आदि।

चिनाई में प्रयुक्त होने वाले तकनीकी शब्द
Technical Terms used in Masonry

(*i*) **रद्दा** (Coarse) ईंट या पत्थर की बिछाई गई एक क्षैतिज परत को रद्दा कहते हैं। ईंट की चिनाई में एक रद्दे की ऊँचाई 10 सेमी मसाले की परत की ऊँचाई के बराबर होती है।

(*ii*) **हैडर** (Header) दीवार की फलक के अभिलम्ब लगाई जाने वाली ईंट या पत्थर को हैडर कहते हैं। यह $19 \times 9 \times 9$ सेमी साइज वाली ईंट में 9×9 सेमी का होता है।

(*iii*) **स्ट्रैचर** (Stretcher) ईंट का सिरा, जिसमें उसकी चौड़ाई एवं मोटाई दिखाई देती है, उसे स्ट्रैचर कहते हैं।

(*iv*) **हैडर रद्दा** (Header coarse) चिनाई की गई दीवार की लम्बाई को समकोण दिशा में खड़े होकर देखने पर चिनाई के जिस रद्दे में सभी ईंटें हैडर के रूप में दिखाई दें, उस रद्दे को हैडर रद्दा कहते हैं।

(*v*) **क्लोजर** (Closer) यदि ईंट को इस प्रकार काटा जाए कि उसकी लम्बी भुजा पहले जैसी बनी रहे तो यह क्लोजर कहलाता है। क्लोजर का उपयोग चिनाई में वर्टिकल जोड़ों को तोड़ने के लिए किया जाता है।

(*vi*) **बैट** (Bat) यह लम्बाई में ईंट का कटा हुआ भाग होता है।

(*vii*) **कोनिया ईंट** (Ground brick) यह दीवारों की चिनाई करते समय कोने में लगने वाली ईंट होती है।

(*viii*) **चढ़ाव** (Lap) दो क्रमागत रद्दों के खड़े जोड़ों के मध्य की क्षैतिज दूरी लैप (lap) कहलाती है।

(*ix*) **चिनाई जोड़** (Masonry joints) दो ईंट या पत्थरों को मसाले के माध्यम से जोड़ना जोड़ कहलाता है।

(*x*) **ऊर्ध्वाधर जोड़** (Vertical joint) आधार जोड़ (bed joint) के समकोण पर जो जोड़ होते हैं, उन्हें ऊर्ध्वाधर जोड़ (vertical joint) कहते हैं।

(*xi*) **क्वीन क्लोजर** (Queen closer) यदि ईंट को लम्बाई की दिशा में दो बराबर भागों में विभक्त कर दिया जाए तो दोनों भाग क्वीन क्लोजर कहलाते हैं।

चूना Lime

चूना एक बन्धक पदार्थ हैं। यह प्रकृति में कंकड़, पत्थर इत्यादि रूपों में पाया जाता है। चूने का रासायनिक सूत्र CaO (कैल्शियम ऑक्साइड) होता है। शुद्ध चूना, प्रकृति में पाए जाने वाले चूना-पत्थर व कंकड़ को भट्टियों में पिघलाकर प्राप्त किया जाता है। चूने के उपयोग से चिनाई कार्यों में मजबूती आती है।

नोट *मसाला बनाने के लिए भारतीय मानक के अनुसार श्रेणी A व श्रेणी B का चूना प्रयोग करना चाहिए।*

चूने के प्रकार Types of Lime

चूने निम्न प्रकार के होते हैं

(*i*) **अनबुझा चूना** (Quick lime) इसको चूने के पत्थर को जलाकर बनाया जाता है। चूने के पत्थर को उच्च ताप पर गर्म करने से CO_2 निकल जाती है तथा अनबुझा चूना प्राप्त होता है।

$$\underset{\text{चूने का पत्थर}}{CaCO_3} = \underset{\text{अनबुझा चूना}}{CaO} + \underset{\text{कार्बन डाई-ऑक्साइड}}{CO_2}$$

इस प्रकार के चूने वायुमण्डल से नमी सोखकर बुझ जाते हैं। इस चूने में लगभग 95% CaO तथा शेष 5% एलुमिना, सिलिका आदि पदार्थ होते हैं।

(*ii*) **बुझा हुआ चूना** (Hydrated lime) इस चूने को अनबुझे चूने में पानी मिलाकर तैयार किया जाता है। इसका प्रयोग घरों में पुताई तथा चिनाई कार्यों में मसाला बनाने के लिए भी किया जाता है।

(*iii*) **जलीय चूना** (Hydraulic lime) इस प्रकार के चूने में चूने के साथ एलूमिना या मिट्टी 25% होती है जिसके कारण यह चूना पानी मिलाने पर कठोर हो जाता है। बिना बुझा चूना तथा बुझा चूना वायुमण्डल की नमी से जमता है।

नोट *A ग्रेड के जलीय चूने में 25% एलुमिना या मिट्टी होती है, जबकि B ग्रेड के जलीय चूने में 15% तक एलुमिना या मिट्टी होती है।*

चूने का प्रयोग Uses of Lime

(*i*) चूने का प्रयोग भवनों की चिनाई एवं प्लास्टर करने के लिए किया जाता है।

(*ii*) पत्थरों की चिनाई में टीप का मसाला चूना मिश्रित किया जाता है।

(*iii*) शुद्ध चूने का प्रयोग घरों की रंगाई एवं पुताई में किया जाता है।

(*iv*) चूने का मसाला सीमेन्ट के मसाले से सस्ता होने के कारण इसका प्रयोग निर्माण कार्य में बहुतायत किया जाता है।

(*v*) बलुआ चूना ईंट (Sand lime bricks) बनाने में चूने का उपयोग किया जाता है।

सीमेन्ट Cement

सीमेन्ट भवन निर्माण करते समय चिनाई कार्यों में प्रयुक्त होने वाली एक प्राथमिक सामग्री है। सीमेन्ट मुख्यत: कैल्शियम के सिलिकेट और एलुमिनेट यौगिकों का मिश्रण है जो कैल्शियम ऑक्साइड, सिलिका, एल्युमीनियम ऑक्साइड और लौह-ऑक्साइड से निर्मित होते हैं।

सीमेन्ट बनाने के लिए चूना-पत्थर और क्ले के मिश्रण को एक भट्ठी में उच्च तापमान पर जलाया जाता है और तत्पश्चात् इस प्रक्रिया के फलस्वरूप क्लिंकर को जिप्सम के साथ मिलाकर महीन पीसा जाता है और इस प्रकार जो अन्तिम उत्पाद प्राप्त होता है, उसे सीमेन्ट कहा जाता है।

नोट *सीमेन्ट का निर्माण सर्वप्रथम इंग्लैण्ड में हुआ था।*

सीमेन्ट के प्रकार Types of Cement

सीमेन्ट निम्न प्रकार के होते हैं

(*i*) **प्राकृतिक सीमेन्ट** (Natural cement) यह सीमेन्ट मिट्टी तथा चूना-पत्थर को उच्च ताप पर जलाकर एवं पीसकर प्राप्त किया जाता है।

(*ii*) **पोर्टलैण्ड सीमेन्ट** (Portland cement) भवनों के निर्माण में इस सीमेन्ट का प्रयोग सबसे अधिक किया जाता है। जब इसमें पानी मिलाया जाता है तो यह थोड़ी देर में एक ठोस पदार्थ बन जाता है जिसकी तुलना पोर्टलैण्ड की खानों से निकले पत्थर से की जाती है। इसी के आधार पर इसका नाम पोर्टलैण्ड सीमेन्ट रखा गया।

(*iii*) **शीघ्र जमने वाला सीमेन्ट** (Rapid setting cement) इस सीमेन्ट में पानी मिलाने के 5 और 10 मिनट के बीच जमना आरम्भ हो जाता है। यह गुण पोर्टलैण्ड सीमेन्ट में जिप्सम की मात्रा को घटाने तथा एल्युमीनियम सल्फेट को मिलाने के कारण प्राप्त होती है। इस प्रकार के सीमेन्ट का प्रयोग दीवारों की दरारों की मरम्मत करने के लिए किया जाता है।

(*iv*) **शीघ्र सामर्थ्य सीमेन्ट** (Rapid hardening cement) यह सीमेन्ट चूने की मात्रा को उच्च तापक्रम पर जलाकर एवं अधिक बारीक पीसकर तैयार किया जाता है। इस सीमेन्ट का उपयोग नहरों, नालों, बाँधों की साइडों की चिनाई में किया जाता है।

(*v*) **कम ताप सीमेन्ट** (Low heat cement) साधारण पोर्टलैण्ड सीमेन्ट बनाते समय यदि चूने और एलुमिना की मात्रा घटा दी जाए तो कम ताप का सीमेन्ट तैयार होता है। इस प्रकार के सीमेन्ट का उपयोग बाँध, वियर (weir), प्रतिरोधक दीवार, खम्भें आदि में किया जाता है।

(*vi*) **सफेद सीमेन्ट** (White cement) इसका उपयोग भवनों को सुन्दर एवं आकर्षक बनाने के लिए किया जाता है। यह भी पोर्टलैण्ड सीमेन्ट ही होता है। इसका रंग सफेद होता है। यह सीमेन्ट साधारण सीमेन्ट से कई गुना अधिक मँहगा होता है।

(*vii*) **ब्लास्ट फर्नेस स्लैग सीमेन्ट** (Blast furnace slag cement) इस सीमेन्ट का निर्माण 60% ब्लास्ट फर्नेस स्लैग को 40% क्लिंकर के साथ मिलाकर किया जाता है। इस सीमेन्ट का उपयोग कम खर्चीले निर्माण कार्यों में किया जाता है।

(*viii*) **रंगीन सीमेन्ट** (Coloured cement) इस प्रकार के सीमेन्ट को पोर्टलैण्ड सीमेन्ट या सफेद सीमेन्ट में आवश्यकतानुसार रंग मिलाकर तैयार किया जाता है। भवनों या इमारतों को सुन्दर बनाने के लिए इसका प्रयोग किया जाता है।

(*ix*) **सल्फेट रोधक सीमेन्ट** (Sulphate resisting cement) इस सीमेन्ट का प्रयोग टैंक, पाइप लाइन, सीवर आदि को बनाने के लिए किया जाता है। इस सीमेन्ट को बनाते समय ट्राइकैल्शियम एल्युमीनेट की प्रतिशत मात्रा घटा देते हैं।

(*x*) **उच्च एलुमिना सीमेन्ट** (High alumina cement) इस सीमेन्ट को एल्युमीनियम के पत्थर बॉक्साइट को चूने में मिलाकर तैयार किया जाता है। यह सीमेन्ट 3 से 5 घण्टे में पूरी तरह से जम जाता है। इसके प्रयोग से सैटरिंग को जल्दी-जल्दी खोलकर एक स्थान से दूसरे स्थान पर उपयोग किया जा सकता है।

सीमेन्ट के गुण Properties of Cement

सामान्यत: चिनाई कार्य में प्रयोग किये जाने वाले सीमेण्ट के मुख्य गुण निम्नलिखित हैं

(*i*) इसका रंग हल्का भूरा होता है।

(*ii*) इस सीमेन्ट का प्रारम्भिक जमाव 30 मिनट तथा अन्तिम जमाव 10 घण्टे होता है।

(*iii*) भारतीय मानक छलनी संख्या 9 (IS : Sieve No. 9) से यदि इस सीमेन्ट को छाना जाए, तो इसका 90% भाग छन जाता है।

(*iv*) इस सीमेन्ट का स्पेस्फिक सर्फेस मान 2250 वर्ग सेमी/किग्रा होता है।

(*v*) इस सीमेन्ट की सम्पीडन सामर्थ्य (compressive strength) तीन दिन में 115 किग्रा/वर्ग सेमी और 7 दिन बाद 174 किग्रा/वर्ग सेमी होती है।

(*vi*) इसकी तनन सामर्थ्य (tensile strength) तीन दिन में 20 किग्रा/वर्ग सेमी और 7 दिन में 25 किग्रा/वर्ग सेमी होती है।

7.4 मसाला तैयार करना
Preparation of Mortars

मसाला एक ऐसी लुग्दी (paste) या सुघट्य पदार्थ है, जो बन्धक पदार्थ (binding material) तथा महीन मिलावे (fine aggregate) के मिश्रण में पानी मिलाकर बनाई जाती है। यह चिनाई में पत्थर अथवा ईंटों को आपस में जोड़ने का कार्य करती है। मसाला प्लास्टर के लिए भी प्रयोग होता है। मसाले के बन्धक पदार्थ को मिश्रण (mixture) और महीन मिलावे को अपमिश्रण (adultrant) भी कहते हैं।

बन्धक पदार्थ एक सक्रिय पदार्थ है जो मसाले को शक्ति, सामर्थ्य और आयु प्रदान करता है। अपमिश्रण मसाले को सुकार्यता प्रदान करता है, सूखने पर सिकुड़ने व फटने से रोकता है तथा मसाले की लागत कम करता है।

मसाले में पानी मिलाने पर रासायनिक क्रिया होती है। फलस्वरूप यह जमकर कठोर हो जाता है और सामर्थ्य ग्रहण करता है। बन्धक पदार्थ के रूप में चूना, सीमेण्ट अथवा क्ले और महीन मिलावे के रूप में बालू, सूर्खी, राख या सिण्डर का प्रयोग किया जाता है।

मसाले की सामर्थ्य तथा सुकार्यता को ध्यान में रखकर उपरोक्त पदार्थ उचित अनुपात में मिलाए जाते हैं। मिलावे का उपयोग चिनाई मसाले की सुकार्यता बढ़ाता है, इसका अनावश्यक प्रसार/संकुचन रोकता है तथा इन्हें मितव्ययी बनाता है। मिलावा दो प्रकार का होता है (i) महीन मिलावा (fine aggregates) तथा (ii) मोटा मिलावा (coarse aggregates)।

मसाले के विविध घटक
Various Component of Mortars

इमारत-निर्माण में मसाला (mortar) इमारत को सुदृढ़ ढाँचा प्रदान करने में सहायक होता है, परन्तु इस मसाले को विविध घटकों का समग्र उपयोग करके तैयार किया जाता है, जो निम्न प्रकार हैं

1. चूना Lime

चूने का पत्थर, कंकड़ या अन्य चूनेदार पदार्थों को भट्टियों में जलाकर चूना बनाया जाता है। मसाला बनाने के लिए भारतीय मानक के अनुसार श्रेणी A व श्रेणी B का चूना प्रयोग करना चाहिए।

2. सीमेण्ट Cement

लगभग 65% चूना-पत्थर तथा 35% क्ले के घोल से सीमेण्ट तैयार किया जाता है। सीमेण्ट में चूने से अधिक उत्तम बन्धक गुण होते हैं। साधारण चिनाई मसाले में पोर्टलैण्ड सीमेण्ट का उपयोग होता है।

3. बालू Sand

मसाले के लिए मोटी, साफ, चमकदार, नुकीले कणों वाली बालू प्रयोग करनी चाहिए। बालू सिलिका के छोटे कणों के रूप में होता है। यह बलुआ पत्थर (sand stone) के पानी की क्रिया द्वारा विघटित होने पर बनता है। बालू के कण चपटे, गोल अथवा नुकीले होते हैं। इनकी माप 0.06 मिमी से 2 मिमी के मध्य होती है।

4. सुर्खी Surkhi

सुर्खी अधिकतर बालू के विकल्प के रूप में, चिनाई मसाले तथा चूना कंक्रीट में प्रयोग की जाती है और सामान्यत: बालू का ही कार्य करती है, परन्तु इसमें जलीय गुण उत्तम होते हैं और यह कार्य को सामर्थ्य भी प्रदान करती है। सुर्खी चिनाई मसाले तथा कंक्रीट को अधिक जल-सह बनाती है और क्षार तथा लवणों से कम प्रभावित होती है।

जलीय संरचनाओं तथा समुद्री निर्माण कार्यों के लिए इसका उपयोग लाभप्रद रहता है। बाहरी प्लास्टर कार्यों तथा आर्द्रता (humidity) वाली जगहों पर सुर्खी का उपयोग नहीं करना चाहिए।

5. धूम भस्म Fly Ash

बॉयलरों में ईंधन के रूप में पिसा हुआ कोयला जलाने पर चिमनियों से जो काला गहरा धुआँ बाहर निकलता है, उसमें बड़ी मात्रा में महीन राख के कण होते हैं। इसे धूम भस्म (fly ash) कहते हैं। अब तक यह एक बेकार तथा वायुमण्डल को दूषित करने वाला पदार्थ समझा जाता था, परन्तु अब इसका चिनाई-मसाले तथा कंक्रीट में सफलतापूर्वक प्रयोग किया जाने लगा है।

विद्युत अवक्षेपकों (precipitators) अथवा यान्त्रिक संग्रहकों (collectors) द्वारा इस भस्म को एकत्रित किया जाता है। भारत में इस समय 500 लाख टन से अधिक धूम भस्म प्रतिवर्ष ताप-विद्युत घरों से बाहर आती है। भवन निर्माण में इसका उपयोग जहाँ सीमेण्ट की खपत को नियन्त्रित करेगा, वहाँ पर्यावरण भी स्वच्छ बना रहेगा।

धूम भस्म पोर्टलैण्ड सीमेण्ट से भी महीन होती है। इसमें बन्धक गुण नहीं होते हैं, परन्तु जब सीमेण्ट के साथ मिलाकर प्रयोग की जाती है, तब यह जलयोजन के समय सीमेण्ट में विद्यमान चूने से क्रिया करती है और कैल्शियम सिलिकेट बनाती है, जिसमें बन्धक गुण होते हैं। धूम भस्म प्रबलित सीमेण्ट कंक्रीट में प्रयुक्त इस्पात पर कोई कुप्रभाव नहीं डालती है।

धूम भस्म में राख, कंकड़, धूल अथवा अन्य अशुद्धियाँ नहीं होनी चाहिए। धूम भस्म I.S. 3821-1981 के अनुरूप होनी चाहिए।

कार्य Functions

(i) यह मसाले की लागत कम करने के लिए प्रयोग की जाती है।
(ii) इसमें जलीय गुण होते हैं। अत: यह मसाले को सामर्थ्य प्रदान करती है।

6. पत्थरों का चूर्ण Stone Dust

पत्थर के छोटे टुकड़ों को तोड़कर तथा बालू की माप में पीसकर पत्थरी चूर्ण बनाया जाता है। यह एक अच्छा अपमिश्रण पदार्थ है। इसका उपयोग ऐश्लर (Ashlar) चिनाई का मसाला बनाने में किया जाता है।

7. सिण्डर या राख Cinder

रेत के स्थान पर सिण्डर प्रयोग की जाती है। सिण्डर को बालू के माप में महीन पीस लिया जाता है। इसे चूने के साथ मिलाकर सस्ता मसाला बनाया जाता है। सिण्डर में मिट्टी, धूल, लकड़ी के कोयले की राख या अन्य हानिकारक मिलावट नहीं होनी चाहिए।

जब सिण्डर से बना मसाला सीलनयुक्त स्थानों अथवा नींव में प्रयोग करना हो तो इसमें 10% से अधिक आधा जला कार्बन तथा 0.5% से अधिक घुलनशील सल्फेट नहीं होने चाहिए। सिण्डर से बनाया गया मसाला हल्का या अल्प-भार मसाला कहलाता है।

8. पानी Water

मसाला बनाने के लिए साफ पानी का प्रयोग करना चाहिए। पानी में मिट्टी के कण, तैलीय पदार्थ, अम्ल क्षार तथा अन्य अशुद्धियाँ नहीं होनी चाहिए। जो पानी पीने के योग्य होता है, वह मसाला बनाने के लिए भी उपयुक्त समझा जाता है। समुद्री पानी में कई प्रकार के लवण घुले रहते हैं। अत: मसाले के लिए इसका उपयोग नहीं करना चाहिए।

मसाले के गुणधर्म Properties of Mortar

(i) मसाले के बन्धक गुण उत्तम होने चाहिए।
(ii) यह शीघ्र कठोर होना चाहिए ताकि निर्माण कार्य आगे बढ़ाया जा सके।
(iii) सेट होने पर इसमें सिकुड़न, दरार व फटाव नहीं आने चाहिए।
(iv) यह वर्षा, धूप, सीलन से निष्प्रभावी होना चाहिए।
(v) इसकी उपयोग आयु अधिक होनी चाहिए।
(vi) इसके घटक निर्माण स्थल के निकट उपलब्ध होने चाहिए।
(vii) यह मितव्ययी भी होना चाहिए।

मसाले के प्रकार Types of Mortar

साधारण रूप में प्रयोग किए जाने वाले मसाले सामर्थ्य के क्रम में निम्न प्रकार हैं

1. सीमेण्ट का मसाला Mortar of Cement

उच्च कोटि के कार्यों में उपयोगिता की दृष्टि से ही सीमेण्ट के मसाले का प्रयोग होता है। सीमेण्ट मसाला, चूने के मसाले की तुलना में अधिक अच्छा होने के कारण ही इसका प्रयोग अधिक होता है। बजरी तथा सीमेण्ट को किसी पक्के प्लेटफॉर्म पर पहले सूखा मिलाया जाता है। जब मसाला काम में लेना होता है, तो सूखा मसाला लेकर इसमें उचित मात्रा में पानी डालकर उसे काम में लिया जाता है।

सीमेण्ट मसाले के प्रयोग से बनाई गई संरचनाओं की 10 दिनों तक खूब तराई की जानी चाहिए। सीमेण्ट मसाले में पानी मिलाने के 30 मिनट बाद ही जमना आरम्भ हो जाता है। इसलिए आवश्यक हो जाता है कि इसे अतिशीघ्र ही प्रयोग में लाया जाए। इसलिए सूखा मसाला तैयार करके रखा जाता है, ताकि जरूरत होने पर पानी मिलाकर तत्काल उसका प्रयोग किया जा सके।

कभी भी ज्यादा मसाले को पानी मिलाकर तैयार नहीं करना चाहिए। सीमेण्ट के मसाले को मिक्स करने के लिए हाथ के औजार; जैसे—फावड़ा या बेलचा या मिक्सर का प्रयोग किया जाता है। मिक्सर मशीन के मिक्सर ड्रम में मिला हुआ सीमेण्ट रेत में डाला जाता है। अब दोनों अवयवों को घूमने वाले ड्रम में डाला जाता है। जब सीमेण्ट, रेत सूखे ही मिल जाते हैं तो इसमें पानी डाला जाता है और मिक्सर की सहायता से उसे मिलाया जाता है। जब मसाला 1 से 2 मिनट में मिल जाता है, तो घूमते हुए ड्रम से प्रयोग के लिए उसे निकाल लेते हैं।

अनुपात Proportion

विभिन्न कार्यों में निम्न अनुपात में सीमेण्ट के मसाले का प्रयोग किया जाता है

क्र.सं.	कार्य	सीमेण्ट का अनुपात
1.	चिनाई के लिए	1 : 6
2.	अन्दरूनी सतहों पर प्लास्टर	1 : 5
3.	बाहरी सतहों पर प्लास्टर	1 : 3
4.	R.C.C. कार्य पर प्लास्टर करने के लिए	1 : 3
5.	दीवारों पर टीप कार्य के लिए	1 : 2
6.	सीलिंग प्लास्टर मशीन नींव के लिए	1 : 4

2. गेज मसाला Gauge Mortar

सीमेण्ट, चूना, बालू तथा पानी को मिलाकर बनाए गए मसाले को गेज मसाला कहते हैं। सीमेण्ट के मसाले में चूना मिला देने से इसकी सुकार्यता, लचीलापन, जमने का समय, कठोरता तथा अन्तिम शक्ति बढ़ जाती है। सीमेण्ट बालू मसाले से गेज मसाला सस्ता भी होता है। इस मसाले को तैयार करने के 2 घण्टे के अन्दर ही प्रयोग कर लेना चाहिए। व्यावहारिक रूप में चूने-बालू का मसाला पहले से तैयार कर लिया जाता है तथा प्रयोग करने के पहले इसमें सीमेण्ट मिलाया जाता है। यदि चूने का मसाला प्रयोग से 1-2 दिन पहले बना लिया जाए तथा प्रयोग के पहले इसमें सीमेण्ट मिलाकर मसाला तैयार किया जाए, तो ऐसा मसाला उत्तम प्रकृति का होता है।

3. चूने का मसाला Mortar of Lime

मसाले में यदि चूने को मुख्य बन्धक पदार्थ के रूप में प्रयोग किया जाए तो वह चूना मसाला कहलाता है। चूने के मसाले में महीन मिलावे के रूप में बालू, सुर्खी या सिण्डर मिलाया जाता है। चूने का मसाला मोटे चूने या जल पके चूने दोनों से ही बनाया जाता है। टीप तथा प्लास्टर करने के लिए बुझे मोटे चूने का उपयोग किया जाता है, जबकि चिनाई के काम आने वाले मसाले में जल पका चूना काम में लिया जाता है।

चूना-सुर्खी मसाला बनाने में सुर्खी को अच्छी तरह से पीस लेना चाहिए। सुर्खी जिसका स्वयं का कोई संयोजी गुण नहीं होता, लेकिन जब इसे बारीक पीसकर काम में लिया जाता है तो कैल्शियम हाइड्रॉक्साइड के साथ यह कई ऐसे यौगिक बनाता है जो बहुत संयोजी होते हैं।

पिसी सुर्खी को 320 चालनी में से पूरी तरह छानना चाहिए। राख या सिण्डर का उपयोग करते समय ध्यान रखना चाहिए कि बिना जला कोयला इसमें उपस्थित न हो। यदि मसाला फिनिशिंग परत के काम में लेना हो तो रेत 25 और सुर्खी 10 चालनी से पूरी मात्रा में गुजारना चाहिए। चूने का मसाला श्रमिकों या मशीनों द्वारा तैयार किया जाता है। चूने का मसाला तैयार करने के लिए विभिन्न घटकों को आवश्यक अनुपात में नापकर इन्हें पहले सूखी अवस्था में मिलाकर उसमें आवश्यकतानुसार पानी मिलाया जाता है।

चूने का मसाला तैयार करते समय यह ध्यान रखना चाहिए कि मसाले का सारा चूना अच्छी तरह बुझ जाए अन्यथा प्लास्टर या चिनाई में अनबुझे चूने का एक भी कण विद्यमान होने पर वह पानी के सम्पर्क में आने से बुझने लगता है और दीवारों में दरारें पैदा कर सकता है। चूने का मसाला तैयार करने से पूर्व चूने को अच्छी तरह पीस लेना चाहिए। इसके लिए मसाला चक्की का प्रयोग किया जाता है।

मसाला चक्की में एक वृत्ताकार गड्ढे में एक पत्थर का चक्का पशुओं की मदद से चलाया जाता है। मसाला तैयार करने के लिए मसाला चक्की में सर्वप्रथम इसमें बुझा चूना बिछाकर खूब पानी डाला जाता है। अब इस चूने की खूब पिसाई की जाती है, पिसाई करने के पश्चात् इसमें बालू या सुर्खी मिलाई जाती है। अब इस चक्के को लगभग 200 चक्कर घुमाया जाता है, जिससे मसाला अच्छी तरह मिक्स हो जाता है। चूने के मसाले का प्रयोग ईंट चिनाई, प्लास्टर, टीप आदि में किया जाता है।

अनुपात Proportion

विभिन्न कार्यों के लिए चूना मसाले के निम्न अनुपात हो सकते हैं

1 : 1 : 1 = एक भाग चूना : एक भाग बजरी : एक भाग सुर्खी या एक भाग चूना : एक भाग बजरी : एक भाग सिण्डर या राख

1 : 2 = एक भाग चूना : दो भाग रेत या एक भाग चूना : दो भाग सुर्खी या एक भाग चूना : दो भाग सिण्डर

1 : 2 : 9 = एक भाग सीमेण्ट : दो भाग चूना : नौ भाग बजरी

1 : 3 : 12 = एक भाग सीमेण्ट : तीन भाग चूना : बारह भाग बजरी

4. मिट्टी का मसाला Mortar of Soil

मिट्टी का मसाला (गारा) सबसे कमजोर किस्म का मसाला होता है तथा मिट्टी का गारा वर्षा के पानी से शीघ्र ही प्रभावित भी हो जाता है। मिट्टी के गारे का उपयोग ईंटों की चिनाई तथा कच्चे मकानों में गेहूँ के भूसे या किसी अन्य रेशेदार पदार्थ को मिलाकर प्लास्टर के लिए तैयार किया जाता है। वर्तमान समय में इस गारे का कम ही प्रयोग किया जाता है। इस गारे में एक विशेष प्रकार की मटियार चिकनी मिट्टी का बन्धक पदार्थ के रूप में प्रयोग किया जाता है। यह गारा कम सामर्थ्यवान होता है।

हमारे देश के देहाती क्षेत्रों में अभी भी इस गारे का प्रयोग करके पत्थरों या ईंटों की चिनाई की जाती है, परन्तु धीरे-धीरे इसका प्रयोग कम होता जा रहा है।

मसाले का उपयोग
Uses of Mortar

(i) मसाले का उपयोग ईंटों, पत्थरों आदि के बंधक के रूप में किया जाता है।
(ii) प्लास्टर के रूप में इसका उपयोग किया जाता है।
(iii) पाइपों के जोड़ में इसका उपयोग किया जाता है।
(iv) किसी संरचना के रूप को सुधारने में भी इसका उपयोग किया जाता है।
(v) साँचा तैयार करने में इसका उपयोग किया जाता है।

7.5 ईंटों के सामान्य जोड़
Common Brick Joints

दीवार निर्माण के समय दो या दो से अधिक ईंटों को जोड़ने से ईंट जोड़ (brick joint) बनता है, जिसे सामान्यत: जंक्शन (junction) भी कहा जाता है। ये तीन प्रकार के होते हैं

1. 'L' जोड़ 'L' Joint

यह दो समकोण दीवारों के कोनों पर बने संगम पर अंग्रेजी व फ्लेमिश चाल में ईंटों की व्यवस्था है।

2. 'T' जोड़ 'T' Joint

यह अंग्रेजी व फ्लेमिश चाल में ईंटों की व्यवस्था है, जहाँ दो दीवारें एक-दूसरे से समकोण पर मिलती हैं तथा उनके तल दृश्य T का आकार बनाते हैं, T जंक्शन कहलाता है।

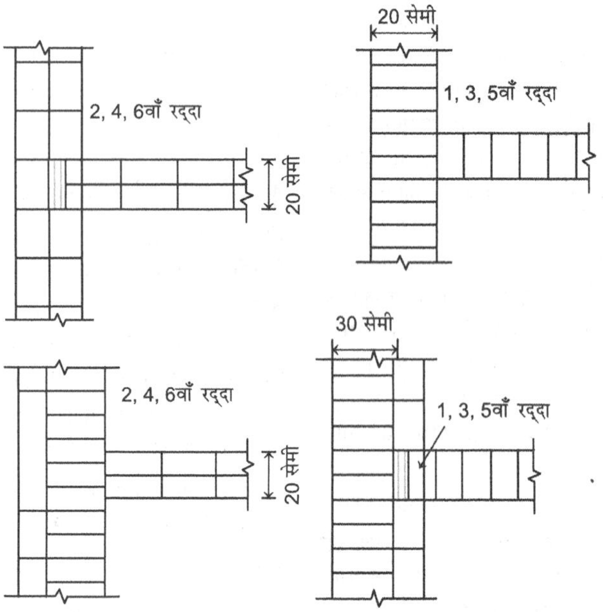

चित्र दीवारों के जंक्शन पर ईंट व्यवस्थापन

T जंक्शन में सामान्यत: एक दीवार मोटी व T जंक्शन पर अंग्रेजी चाल में ईंटों की व्यवस्था थोड़ी पतली होती है। 1, 3, 5 ..... (अथवा 2, 4, 6 .....) रद्दों में दीवारों की ईंटें अलग-अलग लगाई जाती हैं, लेकिन 2, 4, 6 .... (अथवा 1, 3, 5, 7) रद्दों में जंक्शन स्थल पर एक दीवार की ईंट दूसरी दीवार में फँसाकर लगाई जाती है, ताकि दोनों दीवारों में चाल बन जाए।

चित्र में 1 ईंट व 1/2 ईंट, $1\frac{1}{2}$ ईंट व 1 ईंट तथा ईंट व $1\frac{1}{2}$ ईंट मोटी दीवारों में T जंक्शन पर अंग्रेजी चाल में दो क्रमिक रद्दों में ईंटों की व्यवस्था दिखायी गई है। इसी प्रकार चित्र में ईंटों की व्यवस्था फ्लेमिश चाल में दिखायी गई है। दोनों दीवारें समान अथवा भिन्न चालों में हो सकती हैं।

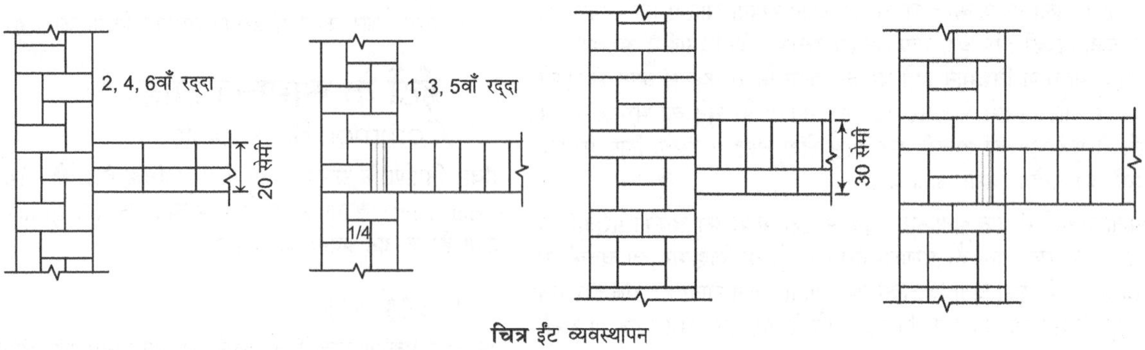

चित्र ईंट व्यवस्थापन

3. कटान या क्रॉस (+) जंक्शन Cross Junction

यह अंग्रेजी व फ्लेमिश चाल में ईंटों की व्यवस्था है। दो सतत् व परस्पर लम्ब दीवारों के जंक्शन पर बना जोड़, फ्लेमिश चाल में क्रॉस (+) जंक्शन कहलाता है। यह एक तरह से दोहरा T जंक्शन है और इसमें ईंटों की व्यवस्था T जंक्शन की भाँति हो जाती है। अंग्रेजी चाल में 30 सेमी व 20 सेमी तथा 40 सेमी व 30 सेमी मोटी दीवारों के क्रॉस जंक्शन अग्र पृष्ठ पर चित्र में दिखाये गए हैं। दोनों लम्ब दीवारें समान अथवा भिन्न चालों में हो सकती हैं।

चित्र अंग्रेजी चाल में विविध क्रॉस (+) जंक्शन

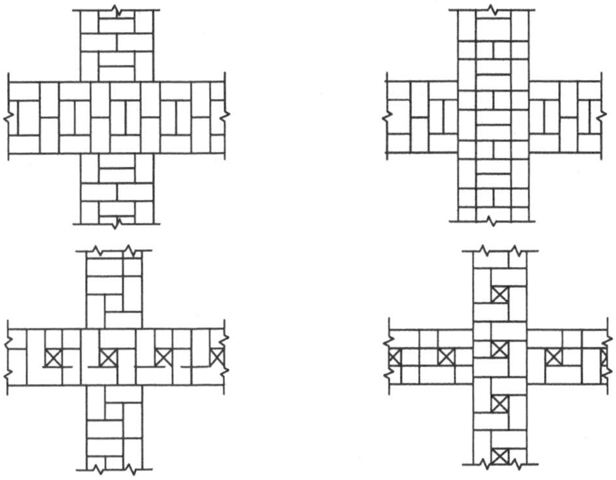

चित्र विभिन्न ईंटों का प्लान

7.6 ईंट की चालों का वर्णन Description of Brick Bonds

ईंट एक माप व आकार में उपलब्ध होने के कारण (इन्हें विभिन्न प्रकार से व्यवस्थित करके) इनके द्वारा कई प्रकार की चालें बनाई जाती हैं। चिनाई में प्रयुक्त होने वाली कुछ मुख्य व प्रचलित चालें निम्नवत् हैं

1. पट्टी या स्ट्रेचर चाल Strip or Stretcher Bond

इस चाल का प्रयोग केवल, आधी ईंट मोटी (10 सेमी) दीवारों के लिए ही किया जा सकता है। आधी ईंट मोटी दीवार के लिए इसके अतिरिक्त किसी अन्य चाल का प्रयोग नहीं किया जा सकता है।

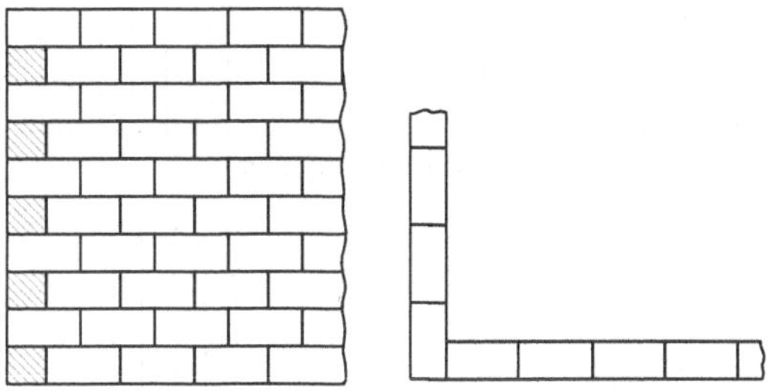

(a) एलीवेशन (b) क्रमिक रद्दों का प्लान

चित्र पट्टी या स्ट्रेचर चाल

परदा दीवारें सामान्यत: 1/2 ईंटें मोटी ही होती हैं। इस चाल की चिनाई के सब रद्दों में ईंटें पट्टी में लगी होती हैं, इसलिए इस चाल को पट्टी चाल कहते हैं। चिनाई के ऊर्ध्वाधर जोड़ों को तोड़ने के लिए एकान्तर रद्दे आधी ईंट से शुरू किये जाते हैं।

2. तोड़ा, सेरू या हैडर चाल Toda, Seru or Header Bond

इस चाल की चिनाई के सब रद्दों में ईंटें तोड़ा (हैडर) में लगी होती हैं, इसीलिए इस चाल को तोड़ा चाल कहते हैं। इस चिनाई की मुख्य विशेषता यह है कि इस पर भार वितरण अधिक समान होता है। यह चाल मुख्यत: नींवें बनाने में ही प्रयुक्त की जाती है। इसके अतिरिक्त इस चाल का गोल थमलों व अन्य वक्राकार चिनाइयों में भी प्रयोग किया जाता है।

चिनाई के ऊर्ध्वाधर जोड़ों को तोड़ने के लिए एकान्तर रद्दे तीन-चौड़ाई (3/4) ईंट को पट्टी के रूप में लगाकर शुरू किये जाते हैं।

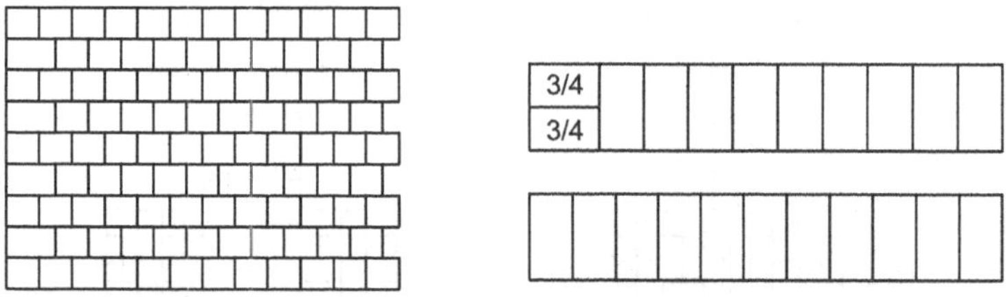

(a) एलीवेशन (b) क्रमिक रद्दों का प्लान

चित्र तोड़ा सेरू या हैडर चाल

3. अंग्रेजी चाल English Bond

ईंट चिनाई में इस चाल का प्रयोग सर्वाधिक किया जाता है। इस चाल में एकान्तर रद्दे पट्टी व तोड़ा रद्दे होते हैं। इसे डच चाल के नाम से भी जाना जाता है।

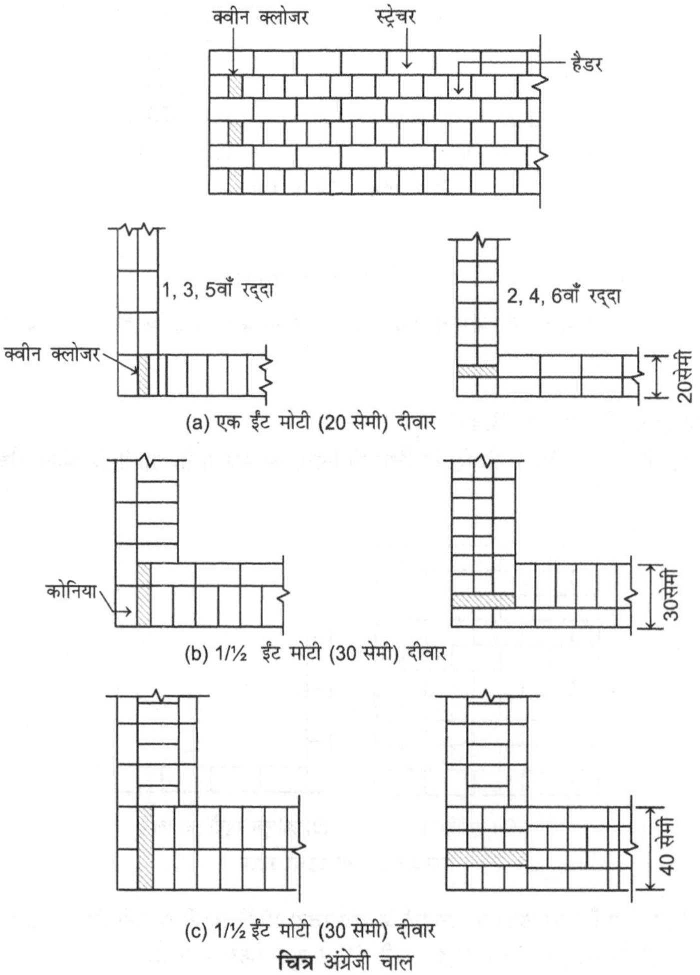

(a) एक ईंट मोटी (20 सेमी) दीवार

(b) 1/½ ईंट मोटी (30 सेमी) दीवार

(c) 1/½ ईंट मोटी (30 सेमी) दीवार

चित्र अंग्रेजी चाल

इस व्यवस्था में पट्टी रद्दों में ऊर्ध्वाधर 1 ईंट (20 सेमी), $1\frac{1}{2}$ ईंट (30 सेमी) व 2 ईंट (40 सेमी) मोटी दीवारों के कोनों पर अंग्रेजी चाल में ईंटों की व्यवस्था जोड़ एक रेखा में तथा तोड़ा रद्दों के ऊर्ध्वाधर जोड़ एक रेखा में आते हैं।

विशेषताएँ Characteristics

(*i*) सम्मुख दृश्य में एकान्तर रद्दे पट्टी व तोड़े में होते हैं। जिस रद्दे में सब ईंटें पट्टी में लगी होती हैं, पट्टी रद्दा तथा जिसमें सब ईंटें तोड़े में लगी होती हैं, तोड़ा रद्दा कहलाता है। चिनाई में रद्दों की पट्टियाँ व तोड़े देखकर चाल की पहचान की जा सकती है।

(*ii*) मादा डेली दीवार की पूरी मोटाई में लगाई जाती है।

(*iii*) जिन दीवारों की मोटाई ईंट की आधी लम्बाई के समगुणक में होती है, उनमें प्रत्येक रद्दा दोनों साइडों से समान ही दिखाई देता है अर्थात् जो रद्दा बाहर से पट्टी रद्दा या तोड़ा रद्दा दिखाई देता है, अन्दर से भी वैसा ही दिखाई देता है।

(*iv*) जिन दीवारों की मोटाई ईंट की आधी लम्बाई के विषम गुणक होती है, उनमें जो रद्दा एक साइड में पट्टी रद्दा दिखाई देता है, वह दूसरी साइड में तोड़ा रद्दा दिखाई देता है।

(*v*) दो ईंटों या इससे अधिक मोटाई की दीवार में बाहर की तरफ ईंट चाहे तोड़े रद्दे में हो या पट्टी में, लेकिन अन्दर का भराव तोड़े में ही किया जाता है।

(*vi*) अंग्रेजी चाल में मादा डेली तथा लम्बाई के समंजन के अलावा पूरी ईंटों का ही प्रयोग किया जाता है। अंग्रेजी चाल में विभिन्न मोटाई की दीवार के कोनों पर दो-दो क्रमिक रद्दों में ईंटों की व्यवस्था उपरोक्त चित्र में दिखायी गई है।

4. फ्लेमिश चाल Flemish Bond

चिनाई में अंग्रेजी चाल के बाद फ्लेमिश चाल ही सबसे अधिक प्रयुक्त की जाती है। फ्लेमिश चाल की चिनाई की मुख्य विशेषता यह है कि इसकी सजावट अच्छी होती है। अत: इस चाल का प्रयोग तब ही किया जाता है, जब चिनाई पर प्लास्टर न करना हो अन्यथा चिनाई की सजावट प्लास्टर में ढक जाती है। इस चिनाई पर श्रमिक व्यय अधिक आता है।

विशेषताएँ Characteristics

(*i*) इस चाल की चिनाई के प्रत्येक रद्दे में ईंटें पट्टी व तोड़े में एक के बाद एक लगी होती है।

(*ii*) प्रत्येक एकान्तर रद्दा तोड़े/पट्टी से शुरू होने वाले रद्दे में प्रथम तोड़े के एकदम बाद ऊर्ध्वाधर जोड़ों की निरन्तरता को तोड़ने के उद्देश्य से लगाया जाता है।

(*iii*) प्रत्येक तोड़ा ईंट अपने ऊपर व नीचे के रद्दे की पट्टी ईंट के ठीक बीच में होती है।

फ्लेमिश चाल प्रकार Types of Flemish Bond

फ्लेमिश चाल के निम्न दो प्रकार हैं

(*i*) **दोहरी फ्लेमिश चाल** (Dual flemish bond) इस चाल को केवल फ्लेमिश भी कहते हैं। इस चाल की चिनाई में प्रत्येक रद्दा दीवार की दोनों साइडों में समान दिखाई देता है। प्रत्येक रद्दे में ईंटें पट्टी व तोड़ा में एकान्तर क्रम में लगी होती हैं।

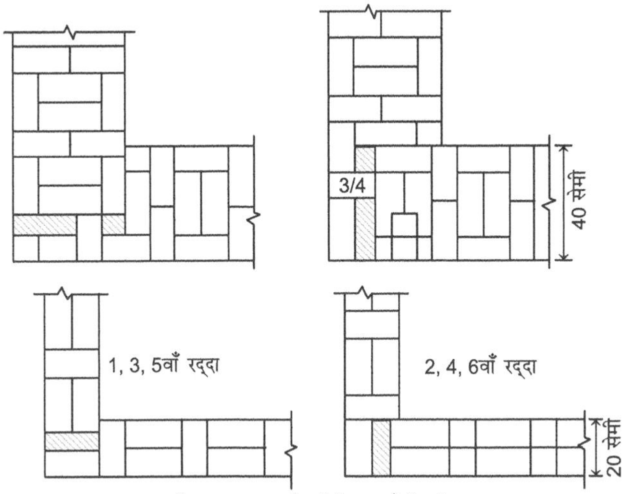

चित्र (a) एक ईंट मोटी (20 सेमी) दीवार

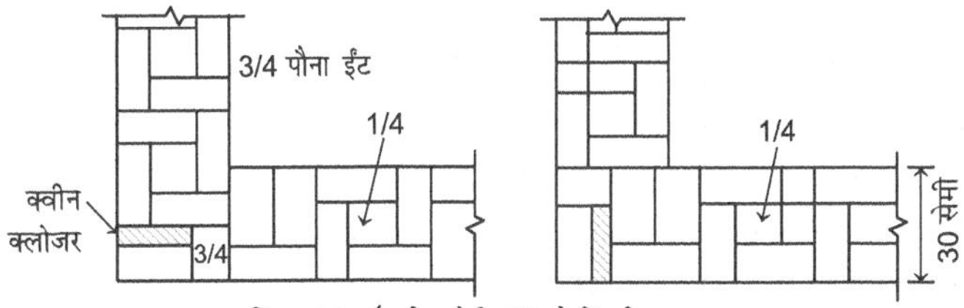

चित्र (b) $1\frac{1}{2}$ ईंट मोटी (30 सेमी) दीवार

इस चाल की चिनाई आकर्षक होती है तथा आधी ईंटों का प्रयोग हो जाने से कुछ सस्ती भी पड़ती हैं। अंग्रेजी चाल की दीवार में एक ईंट मोटी दीवार की एक साइड तो एकसमान आ जाती है, लेकिन दूसरी साइड सब ईंटों की माप एकसमान न होने के कारण असमान आती है। दोहरी फ्लेमिश चाल में एक ईंट मोटी दीवार की भी दोनों साइडें एकसमान आ जाती हैं। इस चाल की चिनाई की सामर्थ्य अंग्रेजी चाल की सामर्थ्य से थोड़ी कम होती है।

(*ii*) **एकल फ्लेमिश चाल** (Single flemish bond) दोहरी फ्लेमिश चाल की चिनाई की सुन्दरता तो अधिक होती है, लेकिन इसकी सामर्थ्य अंग्रेजी चाल से थोड़ी कम होती है। दोनों ही चालों के लाभ प्राप्त करने के लिए अंग्रेजी व फ्लेमिश चालों को संयुक्त कर दिया जाता है और यह संयुक्त चाल ही इकहरी फ्लेमिश चाल कहलाती है।

इस चाल की चिनाई का अग्र फलक फ्लेमिश चाल में तथा अन्त: फलक अंग्रेजी चाल में होता है। इस प्रकार इस चाल में सजावट तो फ्लेमिश चाल की तथा सामर्थ्य अंग्रेजी चाल के बराबर होती है। यह चाल $1\frac{1}{2}$ ईंट से कम मोटाई की चिनाई में नहीं बनाई जा सकती है।

निम्न चित्र में मोटी दीवारों के कोनों की एकल फ्लेमिश चाल में ईंटों की व्यवस्था को दर्शाया गया है।

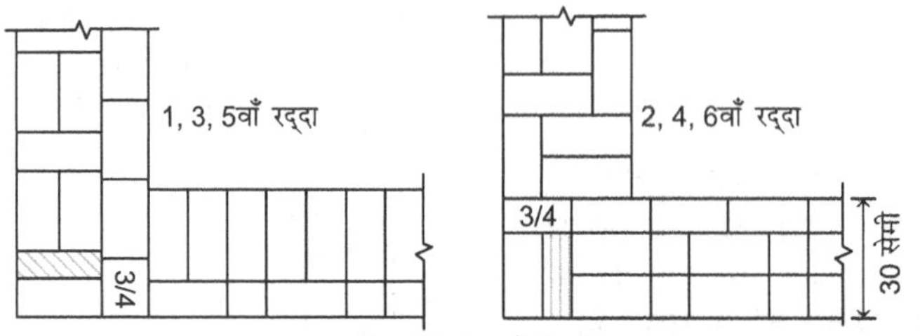

(a) 1½ ईंट मोटी (30 सेमी) दीवार

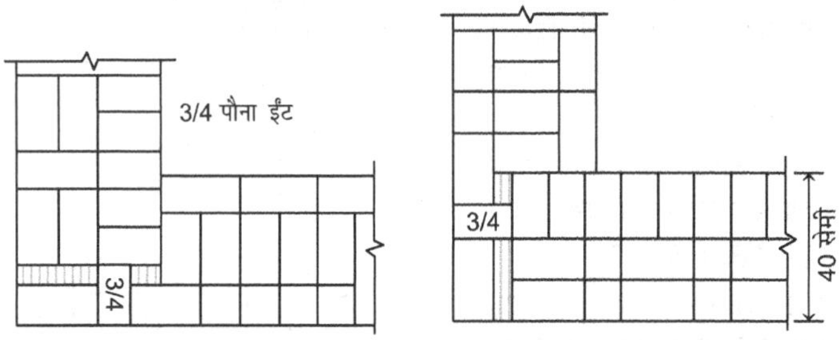

(b) 2 ईंट मोटी (40 सेमी) दीवार

चित्र मोटी दीवारों के कोनों की एकल फ्लेमिश चाल में ईंटों की व्यवस्था

5. **तिरछी, आड़ी या तिर्यक चाल** Oblique Bond

दो ईंटों या इससे अधिक मोटाई की दीवारें सामर्थ्य में कुछ कमजोर होती हैं, क्योंकि ऐसी दीवारों में अनुप्रस्थ सामर्थ्य बढ़ाने के लिए दीवार के बीच का भराव तोड़ा ईंटों से किया जाता है। मोटी दीवारों के लिए तिर्यक चाल उपयुक्त रहती है। तिर्यक चाल में दीवार के सामने की तथा पिछली ईंटों के बीच की ईंटें 0° या 90° के कोण पर लगाने के बजाए किसी अन्य कोण पर लगाई जाती हैं। इससे सभी ऊर्ध्वाधर जोड़ छिन्न-भिन्न हो जाते हैं और दीवार की सामर्थ्य बढ़ जाती है। दीवार की चिनाई के समस्त रद्दे इस चाल में नहीं होते हैं, बल्कि दीवार के 4-5 रद्दे सामान्य चाल में लगाकर एक रद्दा तिर्यक चाल का भी लगा दिया जाता है। दीवार की बाहरी व आन्तरिक सतहों की चिनाई अंग्रेजी या फ्लेमिश चाल में ही होती है। इस चाल का प्रयोग ईंटों के फर्श बनाने तथा खड़ंजा लगाने में किया जाता है। तिर्यक चाल के निम्न दो प्रकार होते हैं जिसका विवरण निम्नवत् है।

(i) **विकर्ण चाल** Diagonal Bond

यह चाल 2 से 4 ईंट मोटाई की दीवारों के लिए उपयुक्त है। इसमें ईंटों का झुकाव पंक्ति के अन्त तक समान रहता है। यह झुकाव प्राय: 45° होता है। वैसे यह झुकाव 0° से 90° के बीच कुछ भी रखा जा सकता है। इनमें झुकावदार ईंटें इस प्रकार लगी होती हैं कि इन ईंटों के कोने किनारों पर पट्टियों के सम्पर्क में रहते हैं। चिनाई के 4-5 रद्दे सामान्य चाल में लगाकर विकर्ण चाल का एक रद्दा लगा दिया जाता है।

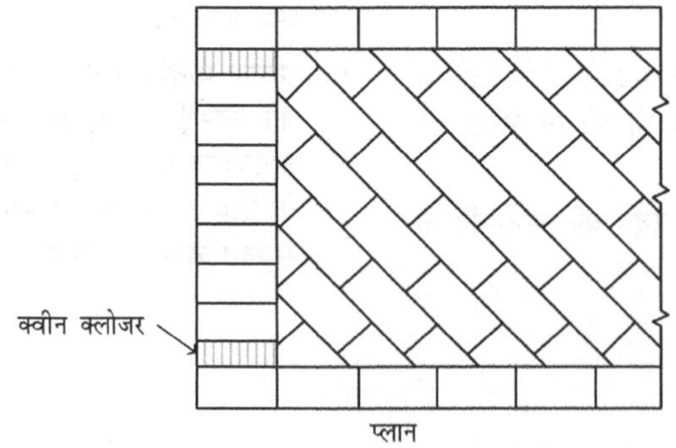

प्लान

चित्र अनुप्रस्थ सामर्थ्य में वृद्धिकाल चालें

(ii) **लहरिया चाल** Corrugated bond

यह चाल अधिक मोटी (4 ईंटों की मोटाई से अधिक) दीवारों के लिए बहुत अधिक उपयुक्त है। इस चाल में किनारे की पट्टियों के बीच ईंटें मध्य से दो भिन्न दिशाओं में 45° पर झुकी रहती हैं। इस चाल का ईंट के खड़ंजों में भी प्रयोग किया जाता है। चिनाई के 4-6 रद्दे साधारण चाल में लगा कर एक रद्दा लहरिया चाल का लगा दिया जाता है।

चित्र लहरिया चाल

6. उद्यान दीवार चाल Garden Wall Bond

यह चाल उद्यानों या सीमा दीवारों की एक ईंट मोटी चिनाई के लिए उपयुक्त है। इस चाल में दीवार की दोनों साइडें बिना अधिक लागत के एक समान प्राप्त की जा सकती हैं। इस चाल में चिनाई की सामर्थ्य तो कम होती है, लेकिन चिनाई देखने में अधिक सुन्दर लगती है। अत: यह चाल ऐसे स्थानों के लिए ही उपयुक्त है, जहाँ दीवार पर अधिक दबाव व प्रतिबल इत्यादि न आते हों। उद्यान दीवार चाल के प्रकार निम्नवत् हैं

(i) **अंग्रेजी उद्यान दीवार चाल** English Garden Wall Bond

इस चाल में ईंट की सामान्य व्यवस्था अंग्रेजी चाल जैसी ही होती है, लेकिन चिनाई में थोड़े-थोड़े रद्दों के बाद (सामान्यत: 4 से 6 रद्दों के बाद) एक तोड़ा लगा दिया जाता है। इस चाल में अंग्रेजी चाल की तरह रद्दे तोड़ा व पट्टी में ही होते हैं और तोड़ा रद्दे में प्रथम तोड़ा ईंट के एकदम बाद या क्वीन क्लोजर लगाया जाता है।

चित्र अंग्रेजी उद्यान चाल में दीवार का सम्मुख दृश्य

(ii) **फ्लेमिश उद्यान दीवार चाल** Flemish Garden Wall Bond

इस चाल में प्रत्येक रद्दे में 3 या 5 ईंटें पट्टी में लगाकर तोड़ा लगा दिया जाता है। प्रत्येक एकान्तर रद्दे में कोनिया तोड़े के बाद 3/4 ईंट लगा दी जाती है।

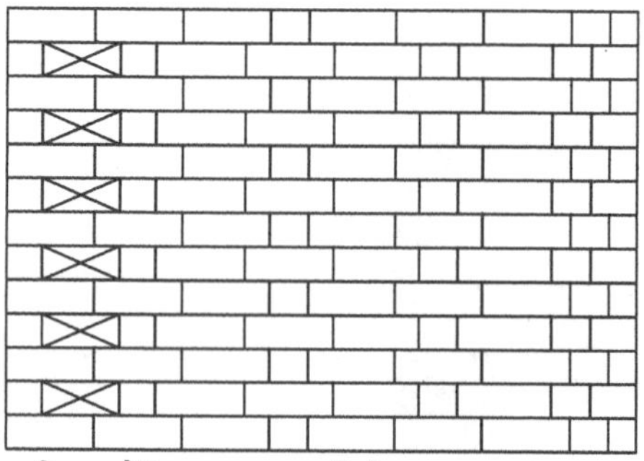

चित्र फ्लेमिश उद्यान चाल में दीवार का सम्मुख दृश्य

7.7 मचान Scaffolding

चिनाई करते समय जब किसी दीवार, स्तम्भ या अन्य संरचनात्मक इकाई की ऊँचाई 1.5 मी से अधिक हो, जाती है तब कारीगरों के बैठने व निर्माण सामग्री रखने के लिए बल्लियों, पाटों, रस्सियों आदि का प्रयोग कर अस्थायी प्लेटफार्म बनाए जाते हैं, जिसे मचान (scaffolding) या पॉड कहा जाता है।

मचान के पदार्थ Scaffolding Materials

चिनाई कार्य करते समय मचान बनाने के लिए निम्न पदार्थों का प्रयोग किया जाता है

(*i*) **स्टैण्डर्ड** (Standard) मचान बनाने के लिए जमीन पर जो बल्लियाँ गाडी जाती हैं, उन्हें स्टैण्डर्ड कहते हैं।

(*ii*) **पुट लैग** (Put leg) रस्सियों से इसका एक सिरा स्टैण्डर्ड के साथ बाँधा जाता है तथा दूसरा सिरा दीवार में छेद करके डाल दिया जाता है।

(*iii*) **ब्रेस** (Brace) यदि मचान काफी भारी या काफी समय तक बांधा जाना हो तो हम स्टैण्डर्ड या पुट लैग को क्रॉस करते हुए जो बल्लियाँ बाँधते हैं, उसे ब्रेस कहते हैं। ये स्टैण्डर्ड को मजबूती प्रदान करने के लिए लगाई जाती हैं।

(*iv*) **लेगारा** (Legara) एक स्टैण्डर्ड से दूसरे स्टैण्डर्ड तक दीवार के स्थानान्तरण हेतु जो बल्लियाँ बाँधी जाती हैं, उन्हें हम लेगारा कहते हैं।

मचान या पॉड बनाने से पूर्व निम्न का ज्ञान होना आवश्यक है

(*i*) **बाँस** (Bamboos) लगभग 10 सेमी व्यास के बाँसों का प्रयोग मचान के मुख्य खड़े हिस्सों या स्टैण्डड्‌र्स (Standards) के लिए किया जाता है। बाँसों को बाँधने के लिए नारियल के जूट की रस्सी का प्रयोग किया जाता है। कम व्यास वाले बाँसों का प्रयोग चालियाँ (challies) बनाने के लिए किया जाता है।

(*ii*) **लकड़ी के तख्ते** (Timber planks) इसका प्रयोग मचान में अस्थायी प्लेटफॉर्म बनाने के लिए किया जाता है।

(*iii*) **रस्सियाँ** (Ropes) अच्छी एवं मजबूत रस्सी या रस्सों का प्रयोग बाँसों को बाँधने के लिए किया जाता है। सामान्यतया नारियल के जूट की रस्सी मचान बाँधने के लिए सबसे उपयुक्त होती है।

(*iv*) **साल लकड़ी बल्लियाँ** (Sal wood ballies) इस लकड़ी के बल्लियें का प्रयोग बाँधों, पुलों, ऊँची पानी की टंकियों, मचान बनाने आदि के लिए किया जाता है। ये बाँस से अधिक मजबूत होते हैं।

(*v*) **मिट्‌टी से भरे ड्रम** (Drum filled with soil) यदि घर में फर्श या बनने वाले घर के आगे पक्की सड़क आदि हो तो उसे न खोदकर बल्लियों को मिट्‌टी से भरे ड्रम में धँसा देते हैं और मचान तैयार करते हैं।

मचान के प्रकार Types of Scaffolding

भवन निर्माण कार्य में मचान निम्न प्रकार के हो सकते हैं

(*i*) इकहरी मचान या पॉड (Single or Bricklayer Scaffolding)
(*ii*) दोहरी या मैसन मचान (Double or Masons Scaffolding)
(*iii*) टोड़ा या कैन्टीलीवर मचान (Needle or Cantilever Scaffolding)
(*iv*) झूला मचान (Suspended Scaffolding)
(*v*) मर्चिका मचान (Trestle Scaffolding)
(*vi*) इस्पात मचान (Steel Scaffolding)
(*vii*) पेटेन्टेड मचान (Patented Scaffolding)

सावधानियाँ Precautions

(*i*) मचान बनाने से पूर्व बल्ली, पटरा व रस्सी को भली-भाँति चैक कर लें।
(*ii*) मचान बनाते समय जल्दबाजी नहीं करनी चाहिए।
(*iii*) कार्य व स्थिति के अनुसार ही मचान का प्रयोग करना चाहिए।
(*iv*) मचान पर अधिक भार नहीं रखना चाहिए।
(*v*) मचान बनाने से पहले उस जगह को ठीक कर लेना चाहिए।

7.8 प्लास्टर तथा टीप Plastering and Point

चिनाई कार्य पूर्ण हाने के पश्चात् दीवारों की फिनिशिंग कर प्लास्टर तथा टीप की अपनी एक अलग भूमिका है। इसे हम निम्न प्रकार समझ सकते हैं

प्लास्टर Plastering

चिनाई का कार्य खत्म होने के बाद दीवार की खुरदरी सतह को चिकना बनाने के लिए मिट्‌टी, चूना व सीमेन्ट आदि के मसालों की पतली परत का लेप किया जाता है, जिसे प्लास्टर (Plaster) कहते हैं। प्लास्टर करने से चिनाई के जोड़ ढक जाते हैं तथा दीवारों की सुन्दरता बढ़ जाती है। प्लास्टर एक पेस्ट या मसाला होता है, जो रेत व सीमेन्ट को मिलाकर पानी डालकर तैयार किया जाता है।

प्लास्टर करने के लिए निम्न प्रकार के मसाले प्रयोग किए जाते हैं

(*i*) मिट्‌टी का मसाला
(*ii*) चूने का मसाला
(*iii*) सीमेन्ट का मसाला

नोट *उपरोक्त सभी बिन्दुओं का वर्णन इसी अध्याय के शीर्षक 7.4 में किया जा चुका है।*

प्लास्टर करने का तरीका Method of Plastering

(i) प्लास्टर करने से पहले दीवार को अच्छी तरह साफ कर लेना चाहिए।
(ii) प्लास्टर करने वाली दीवार की कम से कम 4 या 6 घण्टे पहले पानी से अच्छी तरह तराई कर लेनी चाहिए।
(iii) दीवार पर छोटे-छोटे गड्ढ़े कर लेना चाहिए, जिससे कि मसाला दीवार पर अच्छी तरह से चिपक सके।
(iv) दीवार पर पहले से की गई टीप या सफेदी को उतार देना चाहिए।
(v) इसके बाद अच्छी तरह से प्लास्टरिंग करनी चाहिए।

सावधानियाँ Precautions

(i) मसाला बनाते समय आवश्यकनुसार पानी डालना चाहिए।
(ii) मसाला बनाने से पहले रेत को अच्छी तरह से छान लेना चाहिए।
(iii) खराब सीमेन्ट का प्रयोग नहीं करना चाहिए।
(iv) कार्य व स्थिति के अनुसार सही मसाले का प्रयोग करना चाहिए।
(v) प्लास्टर करते समय चश्में का प्रयोग करना चाहिए।

टीप Pointing

टीप केवल दीवारों की बाहरी सतह पर की जाती है। यदि दीवार में प्लास्टर करना हो, तो टीप करने की आवश्यकता नहीं रह जाती है। यह सामान्यत: सीमेन्ट या चूने के मसाले से की जाती है। टीप करने के लिए सीमेन्ट व रेत का अनुपात 1 : 2 से 1 : 3 तक रखा जाता हैं। टीप करने के लिए छोटी-सी कन्नी का उपयोग किया जाता है। यह एक प्रकार की वैकल्पिक विधि है जिसे प्लास्टर के स्थान पर प्रयोग किया जाता है। यह एक अस्थाई प्रक्रम है दीवारों के निर्माण के पश्चात् बाह्य दीवारों की सुरक्षा हेतु विभिन्न प्रकार की टीप की जा सकती है जो निम्न प्रकार है

1. फ्लश टीप (Flush Pointing)
2. पंख टीप (Struck Pointing)
3. अधोमुखी पंख टीप (Overhead Struck Pointing)
4. झिर्री टीप (Grooved Pointing)
5. उभरी टीप (Truck Pointing)
6. वी टीप (Vee Pointing)
7. गोल टीप (Beaded Pointing)
8. वैदर टीप (Weather Pointing)

7.9 क्रंकीट एवं उनके प्रकार Concrete and their Types

कंक्रीट एक मिश्रित पदार्थ है। इसमें सीमेण्ट या चूने के साथ महीन मिलावे के रूप में रेत, सिण्डर तथा मोटे मिलावे के रूप में ईंटों या पत्थरों के टुकड़ों को मिलाते हैं। कंक्रीट तीन प्रकार की होती हैं

1. सादा सीमेण्ट कंक्रीट Plain Cement Concrete

सीमेण्ट, रेत अथवा बालू एवं जल के मिश्रण को सादा सीमेण्ट कंक्रीट कहते हैं। कंक्रीट का प्रयोग RCC एवं PCC बनाने में किया जाता है। कंक्रीट का प्रयोग पुल, बाँध, सड़कों एवं वाटर टैंक इत्यादि के निर्माण हेतु किया जाता है।

सीमेण्ट कंक्रीट के मुख्य अवयव निम्न प्रकार हैं

(i) **सीमेण्ट** (Cement) सभी प्रकार के कंक्रीट कार्यों में पोर्टलैण्ड सीमेण्ट का प्रयोग किया जाता है। विशेष प्रकार की सीमेण्ट का चुनाव, संरचना के आधार एवं निर्माण कार्य की परिस्थितियों के आधार पर किया जाता है। आजकल सीमेण्ट का निर्माण कई रूपों में किया जाने लगा है।

(ii) **मिलावा** (Aggregate) मिलावा कंक्रीट का एक महत्त्वपूर्ण घटक होता है। ये कंक्रीट को एक आकार देता है और सिकुड़न को कम करता है, साथ ही यह कम खर्चीला होता है। मिलावा कंक्रीट का 70-80% आयतन घेरता है।

लगभग सभी प्राकृतिक मिलावे चट्टानों की तलहटी में पाए जाते हैं। ये मुख्यत: तीन प्रकार के होते हैं जो क्रमश: (i) आग्नेय (igneous), (ii) अवसादी (sedimentary), (iii) कायान्तरित (metamorphic) चट्टानें हैं।

(iii) **जल** (Water) कंक्रीट में जल एक महत्त्वपूर्ण घटक होता है, क्योंकि सीमेण्ट के साथ सक्रिय रूप से रासायनिक क्रिया में भाग लेता है। सीमेण्ट की सामर्थ्य प्रयुक्त जल की मात्रा एवं गुणवत्ता पर निर्भर करती है।

कंक्रीट बनाने के लिए काम में लिए जाने वाला जल, हानिकारक पदार्थों, जैसे—तेल, अम्ल, क्षार, चीनी, नमक, रासायनिक पदार्थों इत्यादि से मुक्त होना चाहिए। पीने योग्य पानी कंक्रीट बनाने के लिए उपयुक्त माना जाता है।

2. प्रबलित सीमेण्ट कंक्रीट Reinforced Cement Concrete

सादा सीमेण्ट बहुत उच्च संपीडन दबावों को सहन कर सकता है लेकिन यह तनन दबावों को सहन नहीं कर सकता है। चूँकि, इस्पात बहुत उच्च तनन दबावों को सहन कर सकती है, इसलिए तनन दबावों को सहन करने के लिए कंक्रीट में इस्पात अथवा स्टील का उपयोग किया जाता है। इस प्रकार की कंक्रीट प्रबलित सीमेण्ट कंक्रीट कहलाती है। RCC के उपयोग निम्न प्रकार हैं

(i) RCC का उपयोग बीम (beam) स्तम्भ (column) एवं स्लैब के निर्माण में किया जाता है।
(ii) चिमनी, तहखानों, वाटर टैंक इत्यादि के निर्माण के लिए भी RCC का प्रयोग किया जाता है।
(iii) राफ्ट एवं पाइल नींवों के निर्माण में भी RCC का उपयोग किया जाता है।

3. चूने की कंक्रीट Lime Concrete

चूना, सुर्खी तथा ईंट की रोड़ी को सामान्यत: मिलाकर चूने की कंक्रीट बनाई जाती है। कभी-कभी बालू का प्रयोग भी इस कंक्रीट में किया जाता है। चूना कंक्रीट का प्रयोग नींव की कंक्रीट, फर्श के नीचे की कंक्रीट, छत की सीढ़ी के लिए किया जाता है।

कंक्रीट को मिलाना Mixing of Concrete

कंक्रीट को दो तरीकों से मिलाया जाता है

(i) हाथ द्वारा By Hand

कंक्रीट को हाथ से मिलाने का काम स्टील के खुले तसलानुमा बर्तन में जिसकी माप 180 सेमी × 180 सेमी होती है या पक्के फर्श पर किया जाता है। मापे गए पदार्थों की मात्रा बर्तन या फर्श पर डाली जाती है। पहले सीमेण्ट तथा रेत को सूखा मिलाया जाता है, ताकि यह एक रंग का हो जाए।

इस मिश्रण को तब मापे गए कोर्स एग्रीमेण्ट के ढेर पर एकसमान बिछाया जाता है तथा इस सारे मिश्रण को कम-से-कम तीन से चार बार सूखे रूप में मिलाया जाता है। फिर पर्याप्त मात्रा में पानी डालकर सारे मिश्रण को 3 से 5 बार मिलाया जाता है। इस क्रिया में यह ध्यान रखा जाता है कि पानी या सीमेण्ट मिश्रण से बाहर न निकलने पाए। इस मिश्रण में पानी पर्याप्त मात्रा में होना चाहिए।

(ii) मशीन द्वारा By Machines

कंक्रीट मिलाने के लिए जो मशीन काम में लायी जाती है, उसे कंक्रीट मिक्सर कहते हैं। अधिकतर दो प्रकार के कंक्रीट मिक्सर काम में लाए जाते हैं

(*a*) **निरन्तर मिश्रण यन्त्र** (Continuous mixing apparatus) निरन्तर और बहुत अधिक मात्रा में जहाँ कंक्रीट की आवश्यकता होती है ऐसी परिस्थितियों में निरन्तर मिश्रण यन्त्र का उपयोग किया जाता है। निरन्तर मिश्रण यन्त्र में मिश्रण के तत्त्व अपने आप आवश्यक मात्रा में मिश्रण यन्त्र में डालते जाते हैं और मिश्रण तैयार होकर अपने आप कंक्रीट, लगाए जाने वाले स्थान पर पहुँच जाता है।

(*b*) **बैच मिश्रण यन्त्र** (Batch mixing apparatus) इस प्रकार के यन्त्र मिक्सर में पहले गिट्टी, बालू एवं सीमेण्ट की मापी हुई मात्रा उसके हॉपर (hopper) में डाली जाती है जो इन पदार्थों को उठाकर इसके घूमने वाले ड्रम में डाल देती है। घूमने वाले ड्रम में कंक्रीट को सूखा मिलाया जाता है। बाद में उचित मात्रा में पानी डालकर मिलाते हैं। कंक्रीट तैयार हो जाने पर ड्रम को तिरछा करके निकाल लेते हैं।

जल-सीमेन्ट अनुपात Water-Cement Ratio

कंक्रीट में मिलाने वाले जल एवं सीमेण्ट के अनुपात को, जल-सीमेण्ट अनुपात कहते हैं।

$$\text{जल-सीमेण्ट अनुपात} = \frac{\text{मिलाये गये जल का भार}}{\text{मिलाये गये सीमेण्ट का भार}}$$

कंक्रीट की सामर्थ्य (strength) एक निर्धारित जल-सीमेण्ट अनुपात पर ही अधिकतम होती है। यदि इस अनुपात का मान इस निर्धारित मान से कम या अधिक होता है, तो कंक्रीट की सामर्थ्य कम हो जाती है। अतः कंक्रीट बनाते समय यह आवश्यक है कि इसमें जल की मात्रा इतनी ही मिलाई जाये, जिससे कंक्रीट की सामर्थ्य अधिकतम हो।

जल-सीमेण्ट अनुपात की मात्रा, वातावरण के तापक्रम एवं वायु में नमी, बालू में उपस्थित नमी आदि कई बातों पर निर्भर करती है। यदि वायु में नमी अधिक है तथा बालू गीला है तो इसका मान अधिक होगा। यदि बालू पूर्णरूप से सूखा तथा वायु में नमी की मात्रा कम है तो इसका मान अधिक होगा। इसके अतिरिक्त इसका मान कंक्रीट को सघन करने की विधि जैसे हाथ की थापियों (thapies) या कम्पन मशीनें (vibrator machine) के प्रयोग पर भी निर्भर करता है। यदि कम्पन मशीनों का प्रयोग किया जाता है, तो इसका मान कम होगा, परन्तु यदि हाथ की थापियों का प्रयोग किया जाता है, तो इसका मान अधिक रखा जाएगा।

कंक्रीट का उपयोग Uses of Concrete

(*i*) कंक्रीट का प्रयोग बीम, स्तम्भ एवं स्लैब के निर्माण में किया जाता है।

(*ii*) चिमनी, तहखानों, वाटर टैंक, टावर इत्यादि के निर्माण के लिए भी कंक्रीट का प्रयोग किया जाता है।

(*iii*) राफ्ट एवं पाइल नींवों के निर्माण में भी कंक्रीट का प्रयोग किया जाता है।

कंक्रीट के लाभ Advantages of Concrete

(*i*) कंक्रीट के अवयव आसानी से उपलब्ध होते हैं।

(*ii*) इसे किसी भी वांछित आकार में ढाला जा सकता है।

(*iii*) यह टिकाऊ होता है।

(*iv*) इसमें दरारें नहीं पड़ती हैं।

(*v*) कंक्रीट न तो सड़ती है एवं ना ही खराब होती है।

(*vi*) इसकी रखरखाव कीमत (maintenance cost) लगभग न के बराबर होती है।

7.10 मिलावा एवं उनके प्रकार Aggregates and their Types

चिनाई कार्य में प्रयोग किए जाने वाले पत्थर के टुकड़े, रेत, बजरी आदि को मिलावा कहा जाता है। इसका प्रयोग सड़क निर्माण तथा दरारों में भराई के लिए किया जाता है। मिलावा साइज के आधार पर दो प्रकार का होता हैं

1. मोटा मिलावा Coarse Aggregate

जो मिलावा 4.75 मिमी की छलनी से नहीं छनता उसे मोटा मिलावा कहते हैं। पत्थर की मिट्टी, ईंटों की रोड़ी, सिंगल मोटे मिलावे में गिनी जाती है। मोटा मिलावा 75 मिमी से बड़ा नहीं होना चाहिए।

2. महीन मिलावा Fine Aggregate

वह मिलावा, जो 4.75 मिमी छलनी से तो छन जाता है, परन्तु 0.15 मिमी की छलनी पर रुक जाता है, महीन मिलावा कहलाता है। बालू पत्थर का पाउडर, सिण्डर, सुर्खी इत्यादि महीन मिलावा के अन्तर्गत आते हैं।

मिलावा की ग्रेडिंग Grading of Aggregates

ग्रेडिंग के आधार पर ही मिलावा को विभिन्न कार्यों में उपयोग के लिए निर्धारित किया जाता है। मिलावा की ग्रेडिंग करने के लिए इसे छलनी से छाना जाता है तथा उसका विश्लेषण किया जाता है।

सामान्यतः प्रयोग की जाने वाली छलनी के पदनाम (designation) और छिद्र की साइज अग्र पृष्ठ पर सारणी में बताए गए हैं

क्र.सं.	छलनी का पदनाम	छलनी के छिद्र की साइज (मिमी)
1.	3"	75
2.	1.5"	375
3.	3/4"	19
4.	3/8"	9.5
5.	No. 4	4.75
6.	No. 8	2.36
7.	No. 16	1.18
8.	No. 30	600 μ
9.	No. 50	300 μ
10.	No. 100	150 μ
11.	No. 200	75 μ

7.11 मैनहोल की निर्माण विधि Method of Construction of Mainhole

सीवर खण्ड की तली तक पहुँचने के लिए, इसके ऊपर जो विशेष प्रकार का छिद्र बनाया जाता है, उसे मैनहोल कहते हैं। ऐसे स्थान जहाँ सीवर में मोड़ आता है या जहाँ व्यास बदलते हैं, वहाँ पर मैनहोल (mainhole) बनाना पड़ता है।

यदि सीवर सीधा भी हो, तब भी 100 फुट या 30 मीटर की दूरी पर मैनहोल बनाना चाहिए। मैनहोल आमतौर पर गोलाकार, वर्गाकार व आयताकार होते हैं। इसकी भू-सतह में गहराई सीवर तली के अनुसार रखी जाती है। मैनहोल की निचली सतह कंक्रीट की बनी होती है और इसके ऊपर स्टोन वेयर पाइप, जो अर्द्धगोलाकार क्रॉस सेक्शन में होती है, को पक्का स्थिर किया जाता है। इसकी दीवारें ईंटों की चिनाई करके बनाई जाती हैं। दीवारों की मोटाई 20 सेमी से कम नहीं होनी चाहिए तथा दीवारों पर सीमेण्ट का प्लास्टर होना चाहिए। सीवर पाइप की ढलान बहाव की तरफ होना चाहिए।

चैनल का ऊपर का भाग मैनहोल की दीवार तक सीधी ढलान में होता है। इस ढलान की सीमेण्ट द्वारा अच्छी घुटाई की जाती है। ढलान स्मूथ होने के कारण इस प्रकार ठोस द्रव जम नहीं पाते और बहाव सही चलता रहता है। मैनहोल के अन्दर का साइज विभिन्न सीवर की शाखाओं के मिलने पर निर्भर करता है, जिसमें ड्रेन या सीवर की गहराई कितनी है और इनका साइज इतना होना चाहिए कि इसमें आदमी अन्दर बैठकर सीवर व इसकी शाखाओं की सफाई कर सके। यदि मैनहोल की गहराई अधिक हो तो, उसमें नीचे उतरने के लिए फुट स्टैप या सीढ़ियाँ होनी चाहिए। प्रत्येक मैनहोल के ऊपर एक एयर टाइट ढक्कन लगाया जाता है।

मैनहोल तथा इन्सपैक्शन चैम्बर में अन्तर
Difference between mainhole and inspection chamber

मैनहोल तथा इन्सपैक्शन चैम्बर के मध्य अन्तर को निम्न तालिका में दर्शाया गया है

मैनहोल (Mainhole)	इन्सपैक्शन चेम्बर (Inspection Chamber)
इसकी सहायता से समय-समय पर सीवर का निरीक्षण किया जाता है।	इसकी सहायता से ड्रेनेज प्रणाली का निरीक्षण किया जाता है।
मैनहोल बड़े आकार के होते हैं। इनमें मनुष्य नीचे उतरकर सफाई कर सकता है।	इन्सपैक्शन चैम्बर छोटे साइज के होते हैं।
मैनहोल अलग-अलग दिशाओं से आ रहे सीवरों को जोड़ते हैं।	पाइपों को जोड़ने के लिए इन्सपैक्शन चैम्बर प्रयोग किए जाते हैं।
यह अलग-अलग ऊँचाई पर डाले गये सीवरों को जोड़ते हैं।	इसमें पाइप एक ही लेवल पर जोड़े जाते हैं तथा निरीक्षण किया जाता है।
इसमें उचित लम्बाई के सीवर डालने आसान हो जाते हैं।	यह केवल पाइपों के किनारों तथा मोड़ पर लगाये जाते हैं।
इसमें सीवर वैण्टीलेशन आसानी से की जाती है।	इससे वैण्टीलेशन का काम नहीं किया जाता है।

7.12 जलरोधन Waterproofing

जोड़ों में से रिसकर पानी को संरचना के अन्दर आने से रोकना जलरोधन कहलाता है। इसके लिए निर्माण के दौरान ही जोड़ों में वाटर स्टॉप लगाए जाते हैं, जो बाद में संरचना का अभिन्न अंग बन जाते हैं। जलरोधन को तीन वर्गों में बाँटा जाता है

1. रबर से जलरोधकता Waterproofing by Rubber

यह जलरोधक रबर के या रबर मिली अन्य सामग्रियों के बनाए जाते हैं। पानी के दाब से ऊपर उठ जाने से रोकने के लिए इन्हें समुचित रूप से कंक्रीट में दबाया हुआ होना चाहिए।

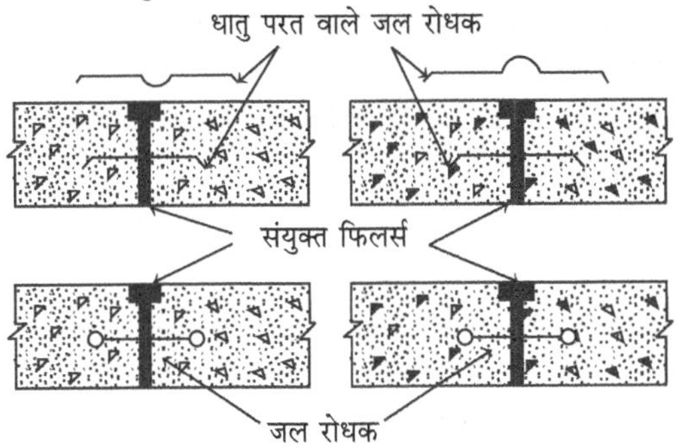

चित्र विविध जलरोधक

2. धात्विक जलरोधकता
Metallic Waterproofing

धात्विक जलरोधक लोहे, ताँबे, जस्ते जैसी जंग न लगने वाली धातुओं की 14 से 16 गेज मोटे पहियों के बने होते हैं। ये जोड़ के दोनों तरफ कंक्रीट में आधे-आधे दबे रहते हैं। जोड़ वाली जगह, V आकार या अर्द्ध-वृत्ताकार आकार में मुड़ी हुई होती है।

3. मैस्टिक जलरोधकता Mastic Waterproofing

जहाँ जोड़ पर काफी दाब या तनाव की परिस्थितियाँ होती हैं, वहाँ ये जलरोधक अच्छे नहीं रहते। जोड़ में गर्म मैस्टिक डालकर इसे जलरोधक बनाया जाता है।

7.13 इमारत आयोजना Building Planning

किसी भी इमारत का निर्माण कार्य प्रारम्भ करने से पूर्व सर्वप्रथम इमारत की आयोजना तैयार की जाती है। इमारत के कमरों के आकार तथा स्थितियों के निर्धारण के लिए इमारत योजना अत्यन्त आवश्यक है। इसी के क्रम में सिविल संरचनाओं के अन्तर्गत कॉलोनी, सड़कों, सीवरों, जल पाइप की लाइनों, बिजली, स्कूल-कॉलेज, सिनेमाघर, पार्क तथा नगर में धर्मशाला, बस स्टैण्ड, बैंक, थाना, चिकित्सालय आदि की क्रमिक व्यवस्था के लिए योजना तैयार की जाती है।

स्थान का चयन Selection of Site

निर्माण कार्य से पहले इसके लिए उचित स्थान का चयन करके उसका अधिग्रहण किया जाता है। इमारत वाली जगह के आस-पास के लक्षण तथा वातावरण इमारत की जगह के चयन को प्रभावित करते हैं।

सावधानियाँ Precautions

(*i*) चयनित स्थान खुला, ऊँचा, समतल तथा सुरक्षित हो तथा अच्छी व चौड़ी सड़कों से जुड़ा हो।

(*ii*) चयनित स्थान के आस-पड़ोस के नागरिक अच्छे तथा शिक्षित हों।

(*iii*) चयनित स्थान की मिट्टी काली न हो तथा मिट्टी की ऊपरी परत 1 मी मोटाई में रेतीली तथा नीचे की पथरीली हो, तब ही चयनित स्थान अधिक अच्छा होता है।

(*iv*) चयनित स्थान की मृदा में हानिकारक तत्त्व; जैसे—खनिज लवण, रेह आदि न हों।

(*v*) चयनित स्थान प्राकृतिक आपदाओं; जैसे— बाढ़, भूकम्प आदि से सुरक्षित हों।

(*vi*) चयनित स्थान सभी प्रकार के कानूनी नियमों के अनुरूप हो, जिससे भविष्य में किसी प्रकार की कानूनी अड़चनें न आएँ।

(*vii*) बाजार, पानी, बिजली, सीवर, डाकघर, रेलवे स्टेशन, बस स्टैण्ड, अस्पताल, स्कूल-कॉलेज आदि की सुविधाएँ चयनित स्थान के नजदीक उपलब्ध हों।

(*viii*) चयनित स्थान के निकट वर्षा जल भराव; जैसे—नाले, तालाब, खदान, फैक्ट्री, कारखाना, व्यापारिक मार्ग, एयरपोर्ट आदि न हो।

दिशा-निर्धारण Orientation

हवा की दिशा तथा सूर्य की स्थिति के आधार पर इमारत के सामने की दिशा का निर्धारण दिशा-निर्धारण कहलाता है। हिन्दू धर्मशास्त्रों में इसका महत्त्व तथा विस्तृत विवरण देखने को मिलता है। इमारत का निर्माण वास्तुशास्त्र के अनुरूप उस दिशा में करें, जिसमें कि इसमें रहने वाले या उपयोग करने वालों के लिए यह सभी प्रकार से लाभप्रद हो।

इमारत का अभिन्यास Layout of a Building

किसी भी प्रकृति की इमारत निर्माण के सर्वेक्षण (surveying) का उद्देश्य सम्भावित संरचना की आयोजना व तदुपरान्त अभिन्यास बनाना होता है। साथ-ही-साथ सबसे लाभदायी तरीके से निर्माणक नियन्त्रण बिन्दुओं को चिन्हित करना भी इसमें सम्मिलित रहता है। इसके अन्तर्गत इमारत के सभी कोनों का चिन्हांकन कर दिया जाता है।

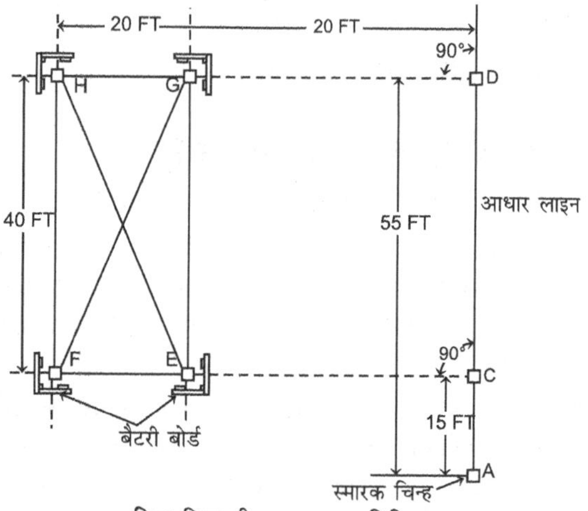

चित्र रिहायशी इमारत का अभिविन्यास

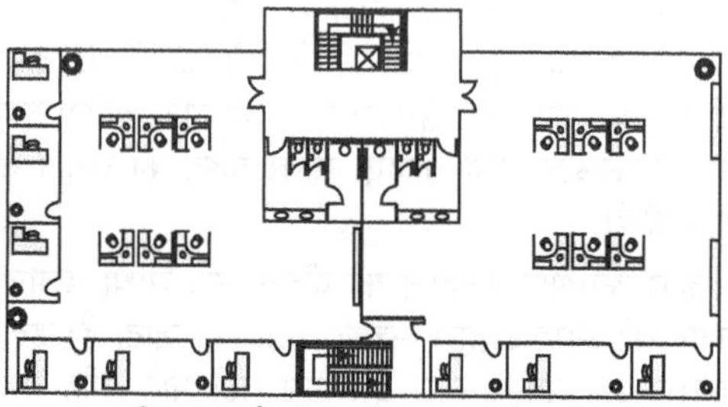

चित्र कार्यालयी इमारत का अभिविन्यास

इमारत का वास्तविक अभिन्यास प्राय: स्थान सर्वेक्षण द्वारा किया जाता है। इमारत तथा इसकी नींव नियन्त्रण विमाओं के अनुसार निर्धारित की जाती है जबकि सन्दर्भ तैयार आयोजना के द्वारा निर्धारित किया जाता है। विमाओं एवं सन्दर्भों में कुल लम्बाई, संरचना की चौड़ाई, मार्ग की केन्द्रीय रेखा से दूरियाँ सम्मिलित होती हैं। इसके अतिरिक्त भी विविध उपयोगी सूचनाओं को सम्मिलित किया जाता है।

सामान्य इमारत के लिए आयोजना स्थिति और कार्य सम्बन्धी विवरण उपलब्ध कराती है, जो उपलब्ध उपयोगिताओं एवं सर्वेक्षण नियन्त्रण चिन्हों पर आधारित होता है। इमारत का विमांकन स्थापना रेखाओं एवं ग्रेड सम्बन्धी जरूरी आँकड़ों का मार्ग है। सर्वेक्षक अस्थायी युक्तियों का चिन्हन कार्य में उपयोग करता है।

महत्त्वपूर्ण बिन्दु

- एल स्क्वायर (L Square) का प्रयोग चिनाई कार्यों में 90° का कोण चैक करने के लिए किया जाता है।
- चिनाई में प्रयुक्त कन्नी लोहे की पत्ती की बनी होती है।
- लिन्टल किसी इमारत को छत के रूप में प्रदान की जाने वाली अस्थायी या स्थायी संरचना होती है।
- दरवाजों, खिड़कियों इत्यादि के द्वारा के दोनों तरफ के ऊर्ध्वाधर धरातल को जेम्ब (jambs) कहते हैं।
- बीमों व सिरों के नीचे लगा पत्थर का ब्लॉक या सीमेन्ट-कंक्रीट का ब्लॉक टैम्पलेट कहलाता है।
- दीवारों और फर्शों में सुराख करने के लिए पोर्टेबल ड्रिलिंग मशीन का प्रयोग किया जाता है।
- ईंट, पत्थर, आर.सी.सी. इत्यादि को काटने के लिए कटर मशीन का प्रयोग किया जाता है।
- ईंट बनाने के लिए मिट्टी का निम्न मिश्रण रखना चाहिए:
  क्ले मिट्टी -20 से 35%, सिल्ट -20 से 35% तथा रेत -35 से 45%.
- दीवार के बाहर की तरफ खुली हुई सतह फलक (face) कहलाती है।
- चूना एक प्राकृतिक बंधक पदार्थ है जोकि प्रकृति में पत्थर, कंकड़ आदि रूपों में पाया जाता है।
- चूने का रासायनिक सूत्र CaO है।
- सीमेन्ट मुख्यतः कैल्शियम के सिलिकेट और एलुमिनेट यौगिकों का मिश्रण है।
- मसाले का उपयोग ईंटों, पत्थरों आदि के बंधक के रूप में किया जाता हैं।
- साधारण चिनाई मसाले में पोर्टलैण्ड सीमेन्ट का उपयोग होता है।
- दीवार निर्माण के समय दो या दो से अधिक ईंटों को जोड़ने से ईंट जोड़ (brick joints) बनता है।
- पट्टी या स्ट्रेचर चाल का प्रयोग केवल आधी ईंट मोटी (10 सेमी) दीवारों के लिए ही किया जा सकता है।
- ईंट चिनाई में अंग्रेजी चाल का प्रयोग सर्वाधिक किया जाता है।
- 1.5 मी से अधिक ऊँचाई पर चिनाई करने के लिए पॉड या मचान का निर्माण किया जाता है।
- प्लास्टर एक पेस्ट या मसाला है, जो रेत व सीमेन्ट को मिलाकर पानी डालकर तैयार किया जाता है।
- प्रबलित सीमेन्ट कंक्रीट का उपयोग बीम, स्तम्भ एवं स्लैब के निर्माण में किया जाता है।
- बजरी और रेत दोनों मिलावा (aggregate) कहलाते हैं।
- जोड़ों से रिसकर जल को संरचना के अन्दर जाने से रोकना, जलरोधकता कहलाता है।

महत्त्वपूर्ण प्रश्नोत्तरी

1. चिनाई कार्य किसे कहते हैं?

उत्तर ईंटों अथवा पत्थरों को मसाले के द्वारा परस्पर बाँधकर जो निर्माण किया जाता है, उसे चिनाई कार्य कहा जाता है।

2. चिनाई कार्य में एल स्क्वायर का प्रयोग किसलिए किया जाता है?

उत्तर चिनाई कार्यों में 90° का कोण चैक करने के लिए एल स्क्वायर का प्रयोग किया जाता है।

3. पोर्टेबल ड्रिलिंग मशीन का प्रयोग किसलिए किया जाता है?

उत्तर दीवारों और फर्शों में सुराख करने के लिए पोर्टेबल ड्रिलिंग मशीन का प्रयोग किया जाता है।

4. ईंट की जल अवशोषणता कितनी होनी चाहिए?

उत्तर ईंट को 24 घण्टे तक पानी में डुबाने पर वह शुष्क भार से 20% से अधिक पानी अवशोषित करनी चाहिए।

5. चूना मसाले को परिभाषित कीजिए।

उत्तर चूना मसाला एक मिश्रण होता है, जिसे चूने, रेत तथा जल के साथ तैयार किया जाता है।

6. कीन सीमेन्ट को कैसे तैयार किया जाता है?

उत्तर फिटकरी एवं जिप्सम के मिश्रण को 750°F तक गर्म करने से कीन सीमेन्ट प्राप्त होती है।

7. मचान किसे कहते हैं?

उत्तर दीवार के बहुत नजदीक इस्पात या लकड़ी की जो अस्थायी संरचनाएँ निर्मित की जाती है, उसे मचान या पॉड कहते हैं।

8. जल-सीमेन्ट अनुपात को परिभाषित कीजिए।

उत्तर कंक्रीट में मिलाने वाले जल एवं सीमेन्ट के अनुपात को, जल-सीमेन्ट अनुपात कहते हैं।

$$\text{जल सीमेन्ट का अनुपात} = \frac{\text{मिलाए गए जल का भार}}{\text{मिलाए गए सीमेन्ट का भार}}$$

अभ्यास प्रश्न

परीक्षा प्रारूपी प्रश्न

1. स्प्रिट लेवल द्वारा चैक किया जाता है
   (a) कोण (b) गोलाई
   (c) लेवलिंग (d) ये सभी
2. चिनाई करते समय ईंटों/ पत्थरों को काटने के लिए प्रयोग करते हैं
   (a) कन्नी (b) साहुल
   (c) बसूली (d) स्प्रिट लेवल
3. नींव/फर्श की कुटाई करने के लिए क्या प्रयोग किया जाता हैं?
   (a) झुरमुट (b) हैमर
   (c) तसला (d) टोकरी
4. राजमिस्त्री प्रायः कितने किग्रा भार के हैमर का प्रयोग करते हैं?
   (a) 500 ग्राम तक (b) एक किग्रा
   (c) 3 किग्रा तक (d) एक से पाँच किग्रा तक
5. ड्रिलिंग मशीन में ………… फिट करके होल बनाया जाता है।
   (a) ड्रिल (b) टैप
   (c) पत्थर (d) फाईल
6. कटर मशीन का उपयोग निम्न में से किसे काटने के लिए किया जाता है?
   (a) ईंट (b) पत्थर
   (c) आर.सी.सी (d) ये सभी
7. मारबल कटर मशीन से कार्य करते समय हमें ब्लेड/कटर को ठण्डा रखने के लिए किसका प्रयोग करना चाहिए?
   (a) ग्रीस का (b) तेल का
   (c) जल का (d) ये सभी
8. ईंट का औसत भार होता है
   (a) 2 किग्रा (b) 4 किग्रा
   (c) 3 से 3.5 किग्रा (d) इनमें से कोई नहीं
9. निर्माण कार्य में ईंट, पत्थर इत्यादि को आपस में जोड़ने वाली सामग्री को ………… कहते हैं।
   (a) मिश्रित पदार्थ (b) बंधन पदार्थ
   (c) कंक्रीट (d) ये सभी
10. चूने का रासायनिक सूत्र ………… है।
    (a) $CuSO_4$ (b) CaO (c) HCl (d) CaCl
11. अनबुझा चूना एक ………… पदार्थ है।
    (a) तरल (b) भुरभुरा
    (c) पाउडर (d) ठोस
12. चूना बुझाते समय यह अपने आयतन का …………… गुना फूल जाता है।
    (a) 2-3 (b) 1-2 (c) 3-4 (d) 10-15
13. शुद्ध चूना अथवा फैट लाइम में पानी डालने से उसका तापमान ………… है।
    (a) घटता (b) अपरिवर्तित रहता है
    (c) बढ़ता (d) ये सभी
14. $Ca(OH)_2 + CO_2 = CaCO_3 +$ ………
    (a) H_2O (b) H_2O_2 (c) $CaOH_3$ (d) CaO_3
15. ऊँचाई पर कार्य करने के लिए हमें बनाना पड़ता है
    (a) मचान (b) मसाला
    (c) गारा (d) ये सभी
16. ईंट की प्रबलता निर्भर करती है
    (a) मसाले की गुणवत्ता पर
    (b) ईंटों की गुणवत्ता पर
    (c) प्रयोग में लिए गए बंधक के तरीके पर
    (d) उपरोक्त सभी
17. ईंट की चिनाई की स्टैचर प्रायः कितनी मोटी दीवारों के लिए बनाई जाती है?
    (a) 5 सेमी (b) 10 सेमी
    (c) 15 सेमी (d) 20 सेमी
18. ईंट की चिनाई की अंग्रेजी चाल का दूसरा संशोधित रूप है
    (a) रैकिंग चाल (b) फेसिंग चाल
    (c) डच चाल (d) स्ट्रैचर चाल
19. हैडर कहलाता है
    (a) दीवार की फलक के अभिलम्बवत् लगाई जाने वाली ईंट या पत्थर
    (b) ईंट तथा पत्थर की एक क्षैतिज परत
    (c) चिनाई में प्रयोग किए गए आयताकार पत्थर की प्लान
    (d) उपरोक्त में से कोई नहीं
20. मिलावा, कंक्रीट का …. आयतन घेरता है।
    (a) 10-20% (b) 70-80%
    (c) 80-90% (d) 90-100%
21. चिनाई में दरवाजों, खिड़कियों इत्यादि के द्वारों के दोनों तरफ धरातल को कहते हैं
    (a) लिन्टल (b) सिल (c) जेम्ब (d) तोड़ा

22. चिनाई में जोड़ों की दूरी कितने मिमी से अधिक नहीं होनी चाहिए?
(a) 5 मिमी
(b) 15 मिमी
(c) 10 मिमी
(d) 12 मिमी

23. प्लास्टर दीवार को बनाता है
(a) सुन्दर (b) दोष मुक्त
(c) मजबूत (d) ये सभी

24. प्लास्टर/टीप की मजबूती के लिए हमें उसकी तराई करनी चाहिए
(a) 4 दिन (b) 7 दिन
(c) 5 दिन (d) 3 दिन

25. टीप करने के लिए सीमेन्ट व रेत का अनुपात कितना रखा जाता है?
(a) 1:3 (b) 1:4
(c) 1:1 (d) 3:1

26. प्रबलित सीमेन्ट कंक्रीट सहन कर सकता है
(a) भार (b) पानी
(c) मसाला (d) रंग

27. सीवर निर्माण मे मैनहोल का साइज किसके अनुसार रखना चाहिए?
(a) सीवर व्यास (b) मसाले
(c) जोड़ (d) ये सभी

28. रेत/बालू को कहा जाता है
(a) मसाला
(b) महीन मिलावा
(c) प्रबलित सीमेन्ट कंक्रीट
(d) प्लेन सीमेन्ट कंक्रीट

29. वाटर प्रूफ कम्पाउण्ड रोकता है
(a) वातावरण की नमी को (b) भार को
(c) मसाले को (d) पानी के प्रभाव को

उत्तरमाला

1. (c)	**2.** (c)	**3.** (a)	**4.** (b)	**5.** (a)	**6.** (d)	**7.** (c)	**8.** (c)	**9.** (b)	**10.** (b)
11. (d)	**12.** (a)	**13.** (b)	**14.** (a)	**15.** (a)	**16.** (d)	**17.** (b)	**18.** (c)	**19.** (a)	**20.** (b)
21. (c)	**22.** (d)	**23.** (d)	**24.** (b)	**25.** (a)	**26.** (a)	**27.** (a)	**28.** (b)	**29.** (d)	

अध्याय 08

प्लम्बिंग औज़ार, पाइप एवं प्लम्बिंग प्रतीक व कोड

Plumbing Tools, Pipe and Plumbing Symbol & Codes

घरों/भवनों, औद्योगिक संस्थानों में तरल पदार्थों जैसे जल इत्यादि को एक स्थान से दूसरे स्थान तक पहुँचाने के लिए पाइपों की एक श्रेणीबद्ध श्रृंखला की आवश्यकता होती है जिसके लिए पाइपों को काटने, उन पर चूड़ी काटने, जोड़ने तथा बीच में अन्य प्रकार के विशेष वाल्व आदि को फिट करने के लिए प्लम्बर को विभिन्न प्रकार के औजारों की आवश्यकता होती है।

प्लम्बर अपना कार्य प्रारम्भ करने से पहले स्थान के अनुसार नक्शा तैयार करता है। नक्शे में प्रयोग होने वाले पाइप, वाल्व, टी, बैण्ड व सॉकेट को प्रतीक (symbol) के रूप में तथा औजारों व रॉ-मैटेरियल को कोड (codes) के रूप में प्रदर्शित करता है। प्रस्तुत अध्याय में हम प्लम्बिंग औजार, पाइप एवं प्लम्बिंग प्रतीक व कोड का अध्ययन करेंगे।

अध्याय विषय सूची

8.1 प्लम्बिंग औजार Plumbing Tools

प्लम्बर को पाइपों के जोड़ एवं फिटिंग के लिए जिन औजारों की आवश्यकता होती है। वे प्लम्बिंग औजार कहलाते हैं तथा इसके अतिरिक्त प्लम्बिंग शॉप में पाइप लाइन की फिटिंग करने, पाइपों पर चूड़ियाँ काटने, उन्हें मोड़ने व टाइट करने जैसे कार्यों के लिए विभिन्न प्रकार के टूल्स (औजार) प्रयोग किए जाते है, जो निम्न प्रकार हैं

1. रैचेट ब्रेस (Ratchet Brace)
2. पाइप वाइस (Pipe Vice)
3. पाइप रिंच (Pipe Wrench)
4. चेन पाइप रिंच (Chain Pipe Wrench)
5. पाइप कटर (Pipe Cutter)
6. स्पैनर सेट (Spanner Set)
7. थ्रेडिंग डाई (Threading Die)

नोट *रैचेट ब्रेस के अतिरिक्त उपरोक्त सभी औजारों के विस्तृत अध्ययन के लिये प्रारम्भ में दिये गये अध्याय-4 का अवलोकन करें।*

8.4 प्लम्बिंग संकेत Plumbing Symbols

प्लम्बर अपना कार्य आरम्भ करने से पूर्व उपलब्ध स्थान के अनुसार ले-आउट तैयार करता है। ले-आउट में प्रयोग होने वाले पाइप, वाल्व, टी, बैंड व सॉकेट आदि को संकेत (symbol) के रूप में दिखाया जाता है। प्लम्बिंग फिटिंग को सुविधाजनक तथा सुरक्षित बनाने के लिए प्लम्बिंग संकेत दिए गए हैं

प्लम्बिंग वाल्व सम्बन्धी संकेत
Symbols Related to Plumbing Valve

Valve	Screwed	Soldered
Gate Valve	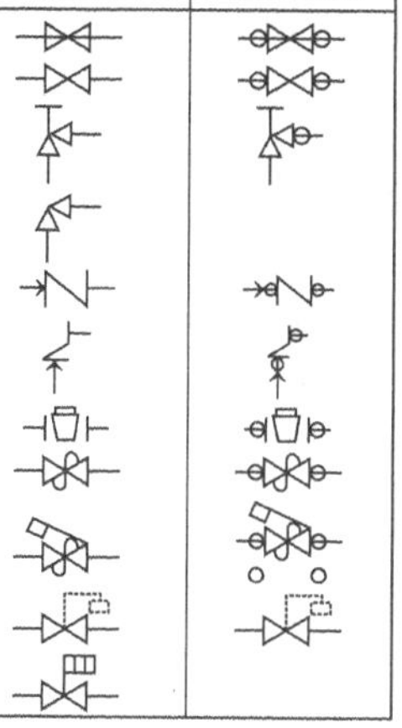	
Globe Valve		
Angle Globe Valve		
Angle Gate Valve		
Check Valve		
Angle Check Valve		
Stop Cock		
Safety Valve		
Quick Opening Valve		
Float Valve		
Motor Operated Gate Valve		

प्लम्बिंग फिटिंग सम्बन्धी संकेत
Symbols Related to Plumbing Fitting

Corner Bathtub ....
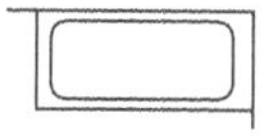

Recessed Bathtub ....

Sitz Bath ....
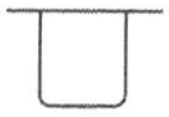

Bidet ....
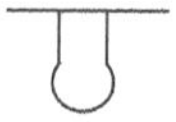

Shower Stall ....

Shower Head ....
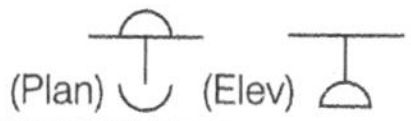

Overhead Gang Shower ....
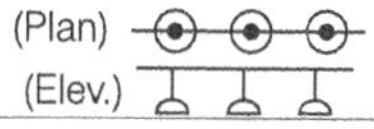

Pedestal Lavatory ....
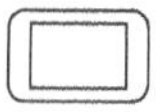

Wall Lavatory ....
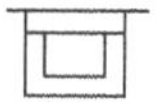

Corner Lavatory ....
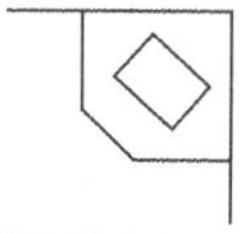

Handcapped Lavatory ....
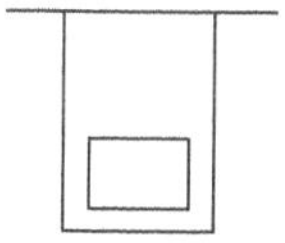

Dental Lavatory ....

Standard Kitchen Sink ....

Kitchen Sink, R and L Drain Board ....
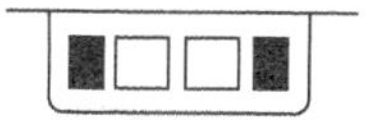

Kitchen Sink, LH Drain Board ....
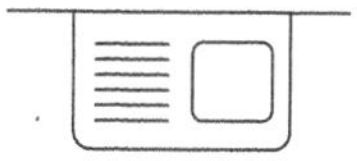

Combination Sink and Dishwaser ....
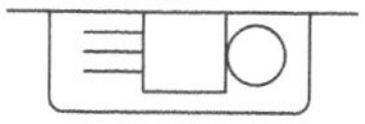

Grease Separator ....
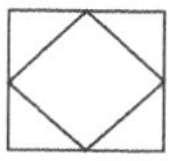

Oil Separator ....
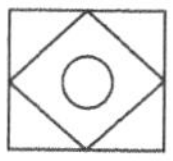

Cleanout ....
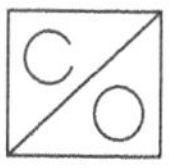

Garage Drain ....

Floor Drain with Backwater Valve ....
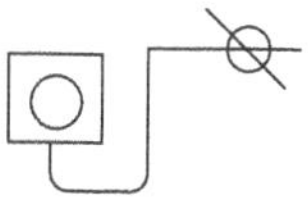

Roof Sump ....
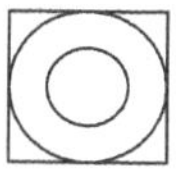

Combination Sink and Laundry Tray ....
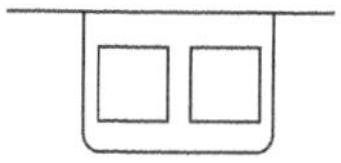

Service Sink ....
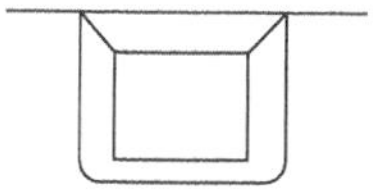

Wash Sink (Wall Type) ....
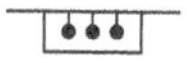

Wash Sink ....
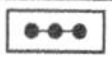

Laundry Tray (Single) ....
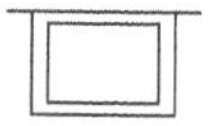

Laundry Tray (Double) ....
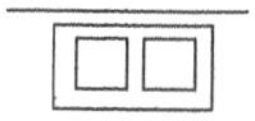

Water Closet (Tank Type) ....

Water Closet (Integral Tank) ....

Water Closet (Flush Valve, Floor Outlet) ....

Water Closet (Flush Valve, Wall-hung) ....

Urinal (Wall-hung) ....

Urinal (Stall) ....

Urinal (Trough Type) ....

Drinking Fountain (Recessued) ....

Drinking Fountain (Semi-recessed) ....

Drinking Fountain (Projecting Type) ....

Hot Water Tank ....

Water Heater ....

Meter ....

Hose Rack ....

Hose Bibb ....

Gas Outlet ....

Vacuum Outlet ....

Drain ....

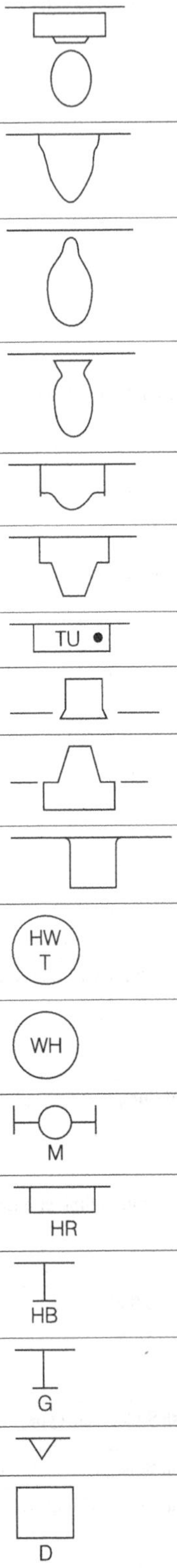

पाइप फिटिंग सम्बन्धी संकेत
Symbols Related to Pipe Fitting

Fittings — **Screwed** — **Soldered**

Joint ....

Elbow-90° ....

Elbow-45° ....

Elbow-turned up ....

Elbow-turned down ....

Elbow-long radius ....

Side Outlet Elbow-outlet down ....

Side Outlet Elbow-outlet up ....

Base Elbow ....

Double Branch Elbow ....

Single Sweep Tee ....

Double Sweep Tee ....

Reducing Elbow ....

Tee ....

Tee-outlet up ....

Tee-outlet down ....

Side-outlet Tee-outlet up ....

Side-outlet Tee-outlet down ....

Cross ....

Concentric Reducer ....

Eccentric Reducer ....

Lateral ....

Expansion Joint ....

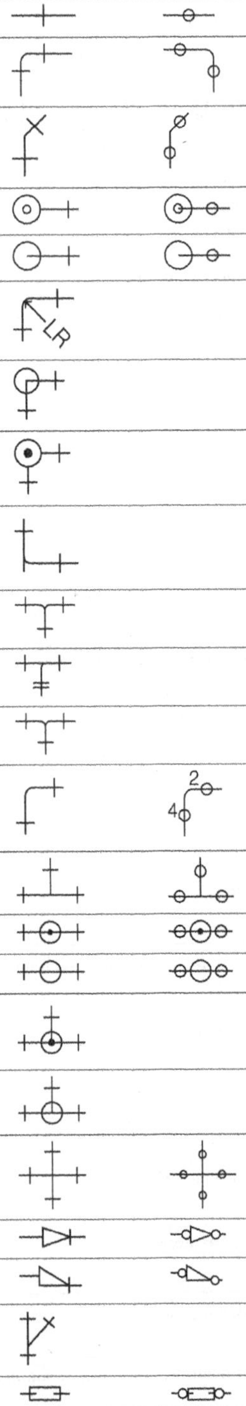

पाइपिंग सम्बन्धी संकेत Symbols Related to Piping

Soil and Waste, Above Grade	————
Soil and Waste Below Grade	— — —
Vent	– – – – – –
Cold Water	—– —– —–
Hot Water	—– – —– –
Hot Water Return	—– – – —–
Fire Line	—F—F—
Gas Line	—G—G—
Acid Waste	Acid
Drinking Water Supply	—– – —– –
Drinking Waster Return	—– – – —– –
Vacuum Cleaning	—V—V—
Compressed Air	——A——

8.5 प्लम्बिंग कोड Plumbing Codes

प्लम्बर अपना कार्य पूर्ण करने के लिए विभिन्न औजारों व रॉ-मैटेरियल का प्रयोग करता है। प्लम्बिंग कार्य को पूरे देश में एक मानकता रखने के लिए औजारों और रॉ-मैटेरियल के लिए कुछ 'कोड' दिए गए हैं

औजार के लिए कोड Codes for Tools

Sl. No.	Name of Tools	Codes
1.	Pipe Wrenches	IS : 4003 (Part), 1978/95 with Amendment No. 1 2001
2.	Pipe Vices	IS : 2587
3.	Chain Pipe Wrench Forget	IS : 4123, 1982/95 with Amendment 1 to 3
4.	Wrench Pump Plier (Box Joint)	IS : 3650–1981
5.	Vice Grip Piler	IS : 10372–1982
6.	Adjustable Wrench (Heavy Duty)	IS : 6149–1984
7.	Combination Plier (Heavy Duty)	IS : 3650–1981
8.	Side Cutting Plier	IS : 4378–1990
9.	Long Nose Plier	IS : 13765–1993
10.	Screw Driver	IS : 844–1979
11.	Ball Pein Hammer	IS : 841–1983
12.	Cross Pein hammer	IS : 841–1983
13.	Machinist Hammer	IS : 841–1983
14.	Club Hammer	IS : 841–1983
15.	Sledge Hammer (Without Handle)	IS : 841–1983
16.	Open Ended Slugging Spanner	IS : 4508–1992 (Re-Affirmed 1997)
17.	Ring Slugging Spanners	IS : 4509–1992 (Re-Affirmed 1997)
18.	Double Open Ended Spanner	IS : 2028–1981
19.	Combination Spanners	IS : 6389–1972
20.	Ring Spanner (Bi-Hexagon)	IS : 2029–1981
21.	Cross Wheel Spanner	IS : 12521–1988
22.	Drive Bi-Hexagon Metric Socket Set	IS : 7381–1986
23.	Triple Spur Gear Chain Pully Blocks	IS : 3832–1986
24.	Box Spanners	IS : 2030–1962
25.	Oil Cans (Part-I) Light Duty Oil Cans	IS : 4561–1968
26.	Open Jaw Spanner	IS : 2026–1968
27.	Portable Jocks for Automobiles, Mechanical and Hydraulic	IS : 4552–1968
28.	Limits and Fits For Engineering Recommendations for	IS : 919–1963
29.	Trowel	IS : 6013
30.	Chisel	IS : 6869–1968
31.	Wooden Mallet Small	IS : 2022
32.	Cutting Pliers	IS : 3650
33.	Mallet Medium	IS : 2922
34.	Chain Pipe Wrench	IS : 4223
35.	Adjustable Spanner	IS : 1649
36.	Anvil	IS : 510
37.	Vice Leg	IS : 2588

पदार्थों के लिए कोड Codes for Materials

Sl. No.	IS Number	IS Title
1.	IS 10816 : 1984	Methods of sampling zinc and lead concentrates
2.	IS 11516 : 2005	Soft solder for electronic applications specification (First Revision)
3.	IS 11900 : 1986	Specification for tungsten rods and tungsten wire for lamps and electron devices
4.	IS 12445 : 1988	Specification for molybdenum plate, sheet, strip and foil
5.	IS 12447 : 1988	Specification for zinc wire for sprayed zinc coatings
6.	IS 12465 : 1988	Specification for molybdenum wires for lighting and electronic application
7.	IS 12871 : 2011/ISO 12743:2006 (First Revision)	Copper, lead, zinc and nickel concentrates - Sampling procedures for determination of metal and moisture content (First Revision)
8.	IS 13229 : 1991	Zinc for galvanizing - Specification
9.	IS 13350 : 1992	Molybdenum rods - Specification
10.	IS 13351 : 1992	Thoriated tungsten wires and rods - Specification
11.	IS 13751 : 1993	Tungsten for hard metal industry - Specification

12.	IS 13923 : 1993	Lead seal - Specification
13.	IS 14651 : 1999	Multi filamentary niobium - Titanium (NbTi) superconductor wires - Specification
14.	IS 14688 : 1999	Lead - Antimony alloy bricks for radiation shielding - Specification
15.	IS 1654 : 1992 (Third Revision)	Lead - Antimony alloys - Specification (Third Revision)
16.	IS 1655 : 1991 (Second Revision)	Metallic materials - Zinc alloys - Code of practice for manufacture of pressure die castings (Second Revision)
17.	IS 1817 : 1961	Methods of sampling non - Ferrous metals for chemical analysis
18.	IS 1921 : 2005 (Third Revision)	Flux cored solder wire - Specification (Second Revision)
19.	IS 193 : 2000 (Fifth Revision)	Soft solder - Specification (Fifth Revision)
20.	IS 209 : 1992 (Fourth Revision)	Zinc ingot - Specification (Fourth Revision)
21	IS 211 : 1992 (Fourth Revision)	Antimony ingot - Specification (Fourth Revision)
22.	IS 2258 : 1981 (Second Revision)	Specification for rolled zinc plate, sheet and strip (Second Revision)
23.	IS 25 : 1979 (Third Revision)	Specification for antifriction bearing alloys (Third Revision)
24.	IS 26 : 1992 (Fourth Revision)	Tin ingot - Specification (Fourth Revision)
25.	IS 2602 : 1989 (First Revision)	Cadmium anodes for electroplating specification (First Revision)
26.	IS 2603 : 1983 (First Revision)	Specification for copper anodes for electroplating (First Revision)
27.	IS 2604 : 1988 (Second Revision)	Specification for lead anodes for electroplating (Second Revision)
28.	IS 2605 : 1985 (First Revision)	Specification for zinc anodes for electroplating (First Revision)
29.	IS 27 : 1992	Pig lead - Specification (Fourth Revision)
30.	IS 2782 : 1964	Specification for primary nickel
31.	IS 3717 : 1977 (First Revision)	Specification for refined secondary lead (First Revision)
32.	IS 404 : Part 1 : 1993 (Third Revision)	Lead pipes - Specification: Part 1 for other than chemical purposes (Third Revision)
33.	IS 404 : Part 2 : 1993 (Third Revision)	Lead pipes - Specification: Part 2 for chemical purposes (Third Revision)
34.	IS 405 : Part 1 : 1992 (Third Revision)	Lead sheets and strips - Specification: Part 1 for chemical purposes (Third Revision)
35.	IS 405 : Part 2 : 1992 (Third Revision)	Lead sheets and strips - Specification: Part 2 for other than chemical purposes (Third Revision)
36.	IS 4280 : 1992 (Second Revision)	Refined secondary tin - Ingot specification (Second Revision)
37.	IS 4699 : 1984 (First Revision)	Specification for refined secondary zinc (First Revision)
38.	IS 5479 : 1985 (First Revision)	Specification for solders for jointing aluminium and aluminium alloys (First Revision)
39.	IS 6344 : 2006 (Second Revision)	Cadmium metal - Specification (Second Revision)
40.	IS 713 : 1981 (Second Revision)	Specification for zinc base alloy ingots for die casting (Second Revision)
41.	IS 742 : 1981 (Second Revision)	Specification for zinc base alloy die castings (Second Revision)
42.	IS 8439 : 1977	Methods for sampling of lead and lead alloys
43.	IS 8475 : 1977	Specification for lead - Base antifriction bearing alloy for heavy duty applications

महत्त्वपूर्ण बिन्दु

- तरल पदार्थों को एक स्थान से दूसरे स्थान तक पहुँचाने के लिए पाइप का प्रयोग किया जाता है।
- पाइप लाइन की फिटिंग करने, पाइपों पर चूड़ियाँ काटने, पाइपों को मोड़ने एवं टाइट करने जैसे कार्यों के लिए विभिन्न प्रकार के टूल्स प्रयोग किए जाते हैं।
- पाइप वाइस का प्रयोग गोल पाइप व छड़ को पकड़ने के लिए किया जाता है।
- पाइप रिंच का प्रयोग पाइप फिटिंग करते समय पाइप को खोलने व कसने के लिए किया जाता है।
- थ्रैडिंग डाई का प्रयोग पाइपों में बाहरी चूड़ियाँ काटने के लिए किया जाता है।
- रैचेट ब्रेस का प्रयोग मेन पाइन लाइन से हाउस कनैक्शन करते समय किया जाता है।
- पाइप तथा पाइप फिटिंग का उपयोग हमारे दैनिक जीवन में उद्योगों, घर, सफाई, मेडिकल, वाहनों के रूप में बहुतायत किया जाता है।
- सामान्यत: कास्ट आयरन पाइप, रॉट आयरन पाइप, जी.आई.पाइप, स्टील पाइप, कंक्रीट पाइप, प्लास्टिक पाइप आदि प्रयोग किए जाते हैं।
- पाइपों को अनेक कोणों पर मोड़ने की प्रक्रिया को पाइप बैण्डिंग कहा जाता है।
- पाइप बैण्डिंग की अनेक विधियाँ हैं-हस्त द्वारा, पाइप बैण्डर द्वारा, बेंच टाइप हस्त प्रचालित पाइप बैण्डर द्वारा, हाइड्रॉलिक पाइप बैण्डिंग मशीन द्वारा, पोर्टेबल हस्त प्रचालित पाइप बैण्डर द्वारा।
- प्लम्बर कार्य को जल्दी एवं आसान तरीके से करने के लिए नक्शा तैयार करता है, जिसमें प्रयोग होने वाले पाइप, वाल्व, टी, बैण्ड व सॉकेट आदि को संकेत के रूप में रखता है।

महत्त्वपूर्ण प्रश्नोत्तरी

1. प्लम्बिंग में प्रयुक्त होने वाले मुख्य औजार कौन-कौन से होते हैं?

उत्तर प्लम्बिंग कार्य में प्रयुक्त होने वाले मुख्य औजार निम्न प्रकार हैं

(i) पाइप वाइस (ii) पाइप रिंच
(iii) थ्रेडिंग डाई (iv) चेन रिंच
(v) स्पैनर सेट (vi) रैचेट ब्रेस आदि।

2. थ्रेडिंग डाई से कौन-सा कार्य किया जाता है?

उत्तर पाइपों में बाहरी चूड़ियाँ काटने के लिए थ्रेडिंग डाई का प्रयोग किया जाता है।

3. रैचेट ब्रेस का प्रयोग किस कार्य के लिए किया जाता है?

उत्तर रैचेट ब्रेस का प्रयोग मेन पाइप लाइन से हाउस कनेक्शन करते समय किया जाता है।

4. ताँबे के पाइप का उपयोग कहाँ किया जाता है?

उत्तर इसका उपयोग पानी, भाप, गैस और मशीनों में स्नेहक तेल आदि के लिए किया जाता है।

5. पाइप को मोड़ने के लिए कौन-कौन सी विधियाँ प्रयोग में लाई जाती है?

उत्तर पाइप को मोड़ने के लिए निम्न विधियाँ प्रयोग में लाई जाती हैं

(i) हस्त द्वारा
(ii) पाइप बैण्डर द्वारा
(iii) बेंच टाइप हस्त प्रचालित पाइप बैण्डर द्वारा
(iv) हाइड्रॉलिक पाइप बैण्डिंग मशीन द्वारा
(v) पोर्टेबल हस्त प्रचालित पाइप बैण्डर द्वारा

6. ग्लोब वाल्व का प्रयोग किसे नियन्त्रित करने के लिए किया जाता है?

उत्तर ग्लोब वाल्व का प्रयोग भाप, जल व वायु को नियन्त्रण में करने के लिए किया जाता है।

7. नीचे दिया गया प्रतीक किसको प्रदर्शित करता है?

उत्तर उपरोक्त दिया गया सिम्बल चैक वाल्व को प्रदर्शित करता है।

अभ्यास प्रश्न

परीक्षा प्रारूपी प्रश्न

1. .... में चेन का उपयोग करके पाइप को कसा व ढीला किया जा सकता है?
(a) पाइप रिंच (b) चेन रिंच (c) स्पैनर (d) रैचेट ब्रेस

2. रैचेट ब्रेस का मुख्य भाग कौन-सा है?
(a) लीवर (b) रैचेट फीड स्क्रू
(c) सॉकेट (d) ये सभी

3. मेन पाइप लाइन से हाउस कनैक्शन करते समय किस औजार का प्रयोग किया जाता है?
(a) रैचेट ब्रेस (b) स्लाइडिंग रिंच
(c) पाइप रिंच (d) पाना

4. तरल पदार्थों के परिवहन का श्रेष्ठतम साधन क्या है?
(a) टैंकर (b) वायुयान
(c) पाइप (d) इनमें से कोई नहीं

5. सामान्यतः पाइपों का आकार होता है
(a) गोलाकार (b) त्रिभुजाकार
(c) आयताकार (d) षट्कोण

6. पाइप को मोड़ने के लिए कौन-सी संक्रिया की जाती है?
(a) कटिंग (b) थ्रेडिंग
(c) बैण्डिंग (d) ये सभी

7. निम्न में से किसके द्वारा पाइप बैण्डिंग विधि पूर्ण की जाती है?
(a) पाइप बैण्डर द्वारा
(b) बेंच टाइप हैण्ड ऑपरेटिड पाइप बैण्डर द्वारा
(c) हाइड्रॉलिक पाइप बैंण्डिंग मशीन द्वारा
(d) उपरोक्त सभी

8. .... में बेस प्लेट के मध्य इनर फॉर्मर तथा बैक फॉर्मर के बीच में पाइप को आई बोल्ट द्वारा बेस के सुराख में कसकर पकड़ा जाता है।
(a) पाइप बैण्डर
(b) बैंच टाइप हस्त प्रचालित पाइप बैण्डर
(c) हाइड्रॉलिक पाइप बैण्डर
(d) उपरोक्त में से कोई नहीं

9. ऑपरेटिंग लीवर द्वारा हाइड्रॉलिक रैम में प्रैशर वाल्व द्वारा दाब डालकर आगे बढ़ाया जाता है
(a) इनर फॉर्मर को (b) बैक फॉर्मर को
(c) गाइड पिनों को (d) हैण्ड लीवर को

10. कम्बीनेशन प्लायर का IS कोड होता है?
(a) IS : 3750–1972
(b) IS : 3875–1875
(c) IS : 3650–1981
(d) IS : 3975–1981

11. गैल्वेनाइज्ड़ जिंक के लिए प्रयुक्त IS कोड है

(a) IS12447 : 1988 (b) IS13229 : 1991
(c) IS13751 : 1993 (d) IS14651 : 1999

12. दिया गया चिन्ह प्रदर्शित संकेत है

(a) गेट वाल्व का (b) स्टॉप कॉक का
(c) चैक वाल्व का (d) एंगल गेट वाल्व का

13. दिए गया चित्र दर्शाता है

(a) गेट वाल्व (b) स्टॉप कॉक
(c) चैक वाल्व (d) एंगल गेट वाल्व

14. वाट हीटर के संकेत की पहचान कीजिए

(a) 

(b) 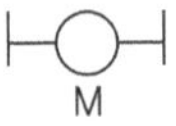

(c) 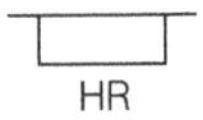

(d) 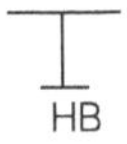

15. गैस आउटलेट के लिए प्रयुक्त संकेत है

(a) 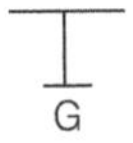

(b) 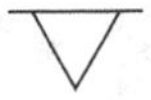

(c) 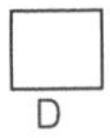

(d) इनमें से कोई नहीं

16. एसी पाइप किस आकार में उपलब्ध है?

(a) 5 सेमी व्यास से 100 सेमी
(b) 5 सेमी व्यास से 120 सेमी
(c) 5 सेमी व्यास से 130 सेमी
(d) 5 सेमी व्यास से 140 सेमी

17. S.W पाइप पर किस प्रकार का परीक्षण किया जाता है?

(a) प्रवाह परीक्षण (b) दाब परीक्षण
(c) वैक्यूम परीक्षण (d) हाइड्रॉलिक परीक्षण

18. पाइप का अधिकतम व्यास जिसे चेन पाइप वाइस में कसा जा सकता है

(a) 125 मिमी (b) 150 मिमी
(c) 175 मिमी (d) 200 मिमी

19. पाइप रिंच के जबड़े को साफ करने और तेज करने के लिए किस उपकरण का उपयोग किया जाता है?

(a) फ्लैट फाइल (b) रैस्प फाइल
(c) ट्राई एंगुलर फाइल (d) हॉफ राउण्ड फाइल

20. चेन पाइप कटर में गंदगी के छोटे कणों को धाने के लिए किसका उपयोग किया जाता है?

(a) हल्का तेल (b) पेट्रोल
(c) मिट्टी तेल (d) तारपीन

21. मिट्टी के पाइपों के लिए उपयोग किए जाने वाले सेण्ड कास्ट आयरन पाइपों का भारतीय मानक विनिर्देश है

(a) IS 1536 (b) IS 1538 (c) IS 1729 (d) IS 3989

22. IS के अनुसार दर्शाये गये प्रतीक का नाम क्या है?

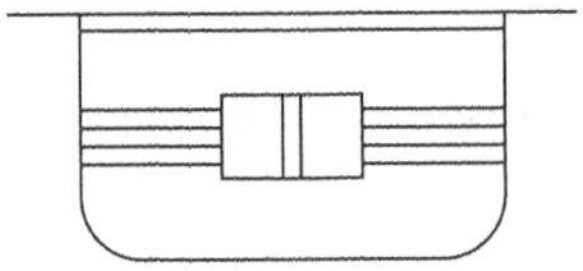

(a) होसे तक
(b) पलाइन किचन सिंक
(c) डबल यूनिट सिंक
(d) स्ट्रैनर

23. SI के अनुसार दर्शाये गये प्रतीक का नाम क्या है?

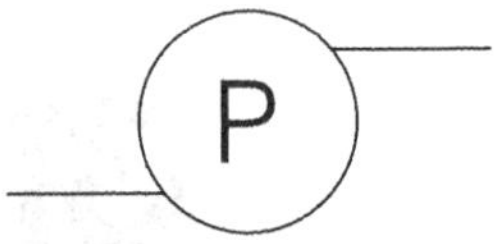

(a) स्टॉप वाल्व (b) सेफ्टी वाल्व
(c) मिक्सिंग वाल्व (d) पम्प

24. निम्न चित्र में दर्शायी गई पाइप फिटिंग का नाम है

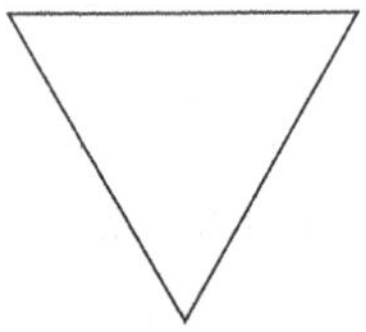

(a) प्लग और कैप
(b) जॉइण्ट/सॉकेट
(c) यूनियन
(d) रिड्यूसर, कन्सेन्ट्रिक

25. टयूबिंग मोड़ के लिए न्यूनतम त्रिज्या है

(a) 2 बार व्यास
(b) 3 बार व्यास
(c) 4 बार व्यास
(d) 5 बार व्यास

उत्तरमाला

1. (b)	**2.** (d)	**3.** (a)	**4.** (c)	**5.** (a)	**6.** (c)	**7.** (d)	**8.** (c)	**9.** (a)	**10.** (c)
11. (b)	**12.** (c)	**13.** (b)	**14.** (a)	**15.** (a)	**16.**(a)	**17.** (d)	**18.** (d)	**19.** (c)	**20.** (c)
21. (c)	**22.** (c)	**23.** (d)	**24.** (a)	**25.** (d)					

अध्याय 09

पाइप व पाइपों के जोड़
Pipe and Pipe Joints

तरल पदार्थों; जैसे—जल, गैस, ऑयल इत्यादि की आपूर्ति के लिए पाइप लाइनों का उपयोग किया जाता है। पाइप लाइन विभिन्न प्रकार के पाइपों को जोड़कर बनाई गई एक शृंखला होती है, जिसे बनाने के लिए पाइपों में विभिन्न प्रकार के जोड़ लगाए जाते हैं। पाइप जोड़ विभिन्न प्रकार के होते हैं, परन्तु इनका चयन पाइप के आकार, सामग्री तथा तरल प्रवाह पर निर्भर करता है। पाइप लाइनों में जोड़ लगाते समय यह ध्यान रखना आवश्यक है कि जोड़ की सामर्थ्य इतनी हो कि यह प्रवाह के कारण उत्पन्न दाब को सरलतापूर्वक सहन कर सके। इसके अतिरिक्त पाइपों को लम्बाई में बढ़ाने, मोड़ने इत्यादि के लिए पाइप फिटिंग सामग्री का भी उपयोग किया जाता है।

अध्याय विषय सूची

9.1 पाइप Pipe

पानी, तेल, गैस, भाप आदि को बिना लीक हुए एक स्थान से दूसरे स्थान तक पहुँचाने के लिए जिस माध्यम का प्रयोग किया जाता है, उसे पाइप या ट्यूब कहते हैं।

गुणवत्ता के आधार पर पाइपों को मुख्यत: तीन श्रेणियों में विभक्त किया गया है।

(*i*) A **ग्रेड की पाइप** इस ग्रेड के पाइप निम्न गुणवत्ता के होते हैं। इन पाइपों पर पीले रंग का निशान लगा होता है।

(*ii*) B **ग्रेड की पाइप** इस ग्रेड के पाइप मध्य गुणवत्ता के पाइप होते हैं। इन पर नीले रंग का निशान लगा होता है।

(*iii*) C **ग्रेड की पाइप** इस ग्रेड के पाइप उच्च गुणवत्ता के पाइप होते है, इन पर लाल रंग का निशान लगा होता है।

नोट-*पाइपों के विस्तृत अध्ययन हेतु प्रारम्भ में दिए गए अध्याय-4 का अवलोकन करें।*

9.2 विभिन्न पाइपों व जोड़ों के लिए फिटिंग के प्रकार
Types of Fitting for Different Joints and Different Pipes

पाइप लाइनों को जोड़ने के लिए विभिन्न प्रकार के फिटिंग का वर्णन निम्न प्रकार हैं

1. सॉकेट (Socket)
2. रिड्यूसर (Reducer)
3. एल्बो (Elbow)
4. बैंड (Bend)
5. यूनियन (Union)
6. टी (T)
7. कैप (Cap)
8. कपलिंग (Coupling)
9. हैक्सॉगोनल नट (Hexagonal nut)
10. कॉक (Cock)
11. वाल्व (Valve)
12. फ्लैंज जोड़ (Flange joint)
13. वाई पीस (Y-piece)

14. ब्राँच पीस (Branch piece) 15. क्रॉस (Cross)

16. प्लग (Plug)

नोट *उपरोक्त सभी फिटिंग्स के विस्तृत अध्ययन हेतु अध्याय –4 का अवलोकन करें।*

9.3 पाइप जोड़ Pipe Joints

दो या दो से अधिक पाइपों को आपस में जोड़कर एकसमान लम्बाई की पाइप लाइन बनाने की प्रक्रिया को पाइप ज्वाइनिंग (pipe joining) कहते हैं तथा दो पाइपों के वह सिरे जहाँ से उन्हें एक-दूसरे से जोड़ते हैं, पाइप जोड़ (pipe joints) कहलाते हैं। पाइपों को जोड़ने के लिए मुख्यत: निम्न प्रकार के जोड़ प्रयोग में लाए जाते हैं।

1. स्पिगॉट और सॉकेट जोड़ Spigot and Socket Joint

ढलवाँ लोहे अथवा सीमेन्ट के बड़े व्यास के पाइपों को जोड़ने के लिए सॉकेट एवं स्पिगॉट जोड़ का प्रयोग किया जाता है। इस प्रकार के जोड़ लगे पाइपों का प्रयोग भूमि के अन्दर पाइप लाइन बिछाने के लिए किया जाता है, जिसके फलस्वरूप इनमें दबाव तथा विचलन न्यूनतम होता है। इस जोड़ को बनाने के लिए पाइप का सामान्य सिरा (स्पिगॉट सिरा), दूसरे पाइप के बैल माउथ (सॉकेट) सिरे में फिट किया जाता है। दोनों के बीच खाली स्थान को जूट (jute) के धागे और एक लैड (lead) रिंग से भरा जाता है। जब लैड जम जाता है, तब इसे कॉकिंग टूल (caulking tool) द्वारा ठीक से टाइट कर देते हैं।

नोट *अधिक कम्पन वाली जगहों पर ये जोड़ नहीं लगाए जाते हैं।*

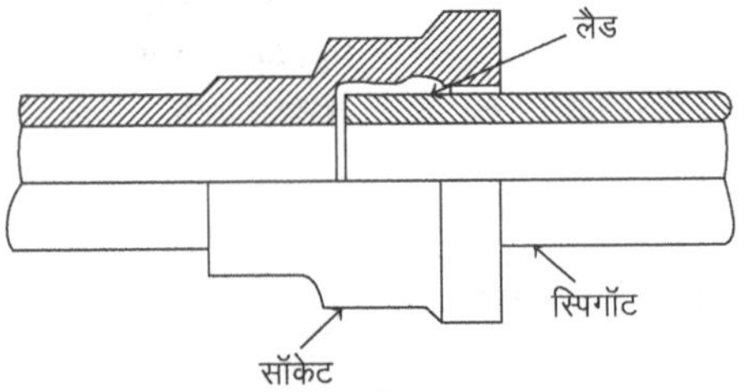

चित्र स्पिगॉट और सॉकेट जोड़

2. प्रसार जोड़ Expansion Joint

उच्च ताप पर भाप प्रवाहित करने के लिए प्रयुक्त किए जाने वाले पाइपों में एक्सपेंशन जोड़ लगाये जाते हैं। भाप के ताप से पाइपों में लगातार परिवर्तन होता रहता है। जिसके फलस्वरूप पाइप लाइनों में संकुचन तथा प्रसार होता रहता है। इस संकुचन तथा प्रसार को एक्सपेंशन जोड़ की नम्यता सहन कर लेती है, जिससे पाइप जोड़ विफल होने से बच जाता है।

इस जोड़ में सॉकेट सिरा कास्ट आयरन के फालोअर रिंग के साथ फ्लैंज किया जाता है। जो स्पिगॉट सिरे या दूसरी पाइप के प्लेन सिरे पर आसानी से खिसक सकता है। स्पिगॉट और सॉकेट सिरे के मध्य खाली स्थान में लचीला रबड़ एवं गैस्केट को बोल्ट की सहायता से लगा दिया जाता है। आरम्भ में फालोअर रिंग फिक्स करते हुए सॉकेट बेस और स्पिगॉट सिरे के बीच कुछ खाली स्थान छोड़ा जाता है जिससे तापमान में बदलाव के कारण पाइप्स आसानी से मूव कर सकते हैं। जब पाइप फैलते हैं, तो खाली स्थान पर सिरा आगे बढ़ता जाता है और जब पाइप सिकुड़ते हैं तो यह पीछे की ओर चला जाता है, जिससे जोड़ टूटने या लीकेज होने की सम्भावना नहीं होती है।

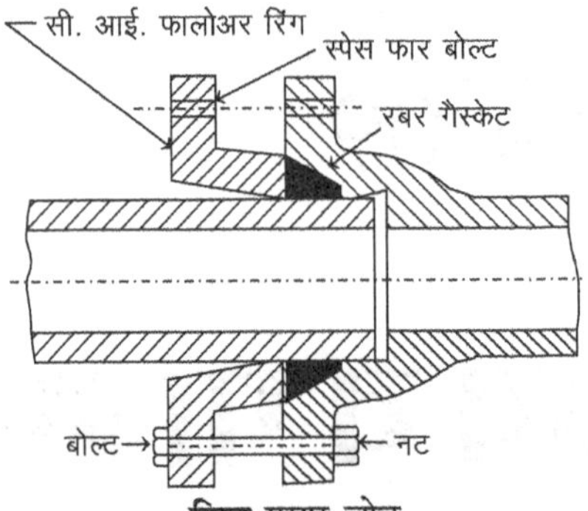

चित्र प्रसार जोड़

3. फ्लैंजदार जोड़ Flanged Joint

इस प्रकार के जोड़ बड़े व्यास की पाइपों को जोड़ने के लिए लगाए जाते हैं फ्लैन्ज एक प्रकार की गोल प्लेट होती है, जिसके अन्दर नट और बोल्ट हेतु 4 या 6 होल ड्रिल किये जाते हैं। दो पाइपों के जोड़े जाने वाले फ्लैंज सिरों को आमने-सामने रखकर बीच में एक हार्ड रबर की वाशर या अन्य कोई मुलायम बेकिंग पदार्थ रखकर नट तथा बोल्ट द्वारा आपस में जोड़ दिया जाता है। इससे लीक की सम्भावना कम हो जाती है।

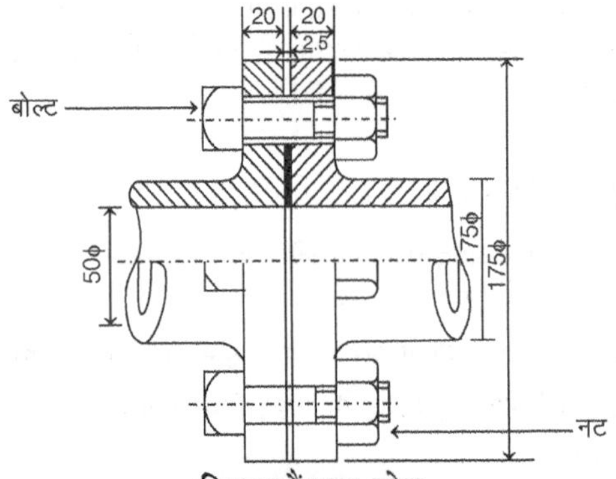

चित्र फ्लैंजदार जोड़

4. स्क्रू जोड़ Screw Joint

इस जोड़ का प्रयोग छोटे व्यास के पाइपों को जोड़ने में किया जाता है। इस प्रकार के जोड़ में पाइप के सिरे में बाहर की तरफ चूड़ियाँ (thread) बनी होती हैं, जबकि कपलिंग (coupling) में अन्दर की तरफ चूड़ियाँ बनी होती हैं। इसमें सॉकेट को दोनों पाइप के सिरों पर स्क्रू थ्रेड की सहायता से कस दिया जाता है।

नोट *जोड़ को जलरोधी बनाने के लिए कपलिंग जोड़ने से पूर्व पाइप के सिरो पर धागा लपेट देना चाहिए।*

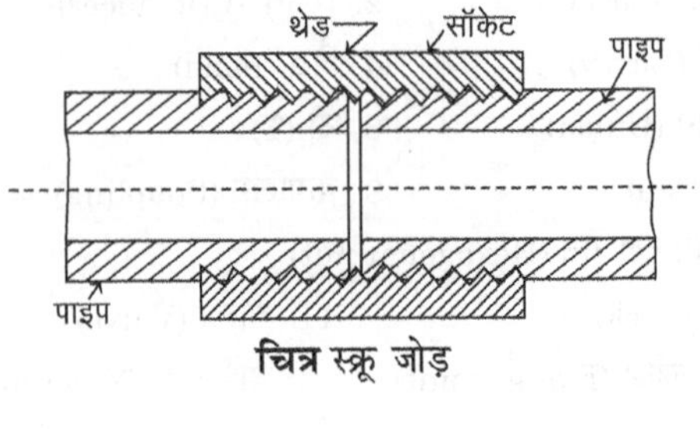

चित्र स्क्रू जोड़

5. लचीला जोड़ Flexible Joint

दो असंरेखित पाइपों में तरल प्रवाह बनाए रखने के लिए लचीले जोड़ का प्रयोग किया जाता है। पाइपों के मध्य किसी भी प्रकार के असंरेखन को लचीले जोड़ द्वारा हटाया जा सकता है। इस जोड़ का प्रयोग उन स्थानों पर किया जाता है, जहाँ पाइप बिछाने के बाद उसके नीचे बैठने की सम्भावना रहती है। यह जोड़ पाइप को गोलाई में बिछाने के लिए उपयुक्त है। इस जोड़ में सॉकेट गोलाकार (spherical) आकार में कास्ट किया जाता है। स्पिगॉट सिरा प्लेन होता है, परन्तु जोड़ असेम्बल करने के लिए इसके अन्त में एक बीड (bead) होता है।

इस जोड़ को मिलाने के लिए पाइप का स्पिगॉट सिरा दूसरे सिरे के अन्दर रखा जाता है और रिटेनर रिंग (retainer ring) को बीड के ऊपर लगाया जाता है। उसके बाद स्पिगॉट सिरे पर लगी रबड़ गैस्केट को रिटेनर रिंग की तरफ सरका दिया जाता है। अन्त में बोल्ट की सहायता से सॉकेट के सिरे को टाइट कर देते हैं।

नोट *यह जोड़ भी जलरोधी (water proof) होता है।*

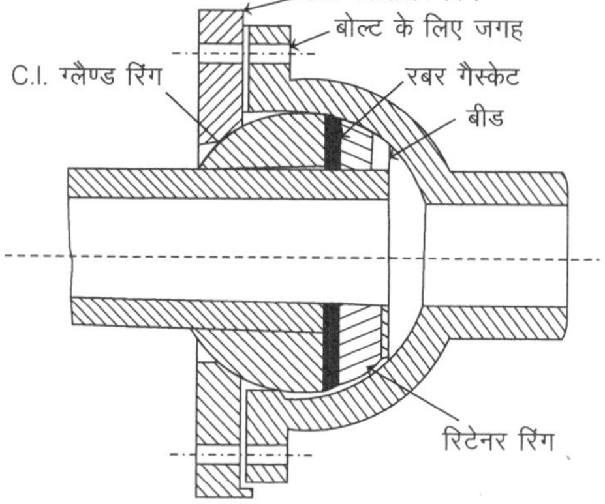

चित्र लचीला जोड़

6. कॉलर जोड़ Collar Joint

बड़े व्यास के क्रंक्रीट तथा ऐस्बेस्टस पाइपों को जोड़ने में सर्वाधिक प्रयोग किया जाने वाला जोड़ कॉलर जोड़ है। इस जोड़ के अन्तर्गत पाइपों को संरेखित (align) करते हुए रबड़ गैस्केट फिट कर दी जाती है। इस गेस्केट को एक स्टील रिंग की सहायता से फिट किया जाता है। अन्त में जोड़ को मजबूती प्रदान करने के लिए सीमेण्ट का मिश्रण भर दिया जाता है। सूखने के पश्चात् एक ठोस एवं लीकप्रूफ जोड़ प्राप्त होता है।

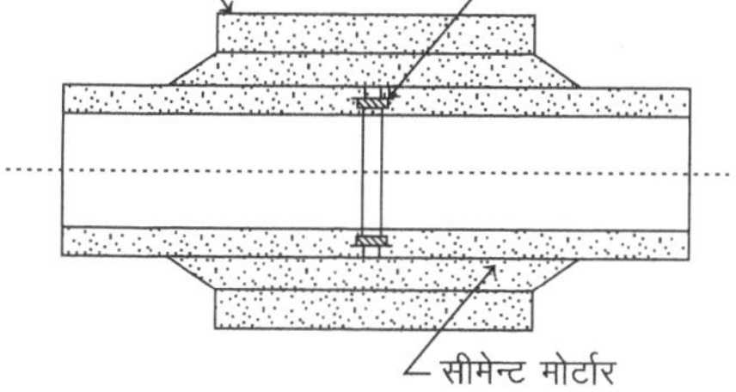

चित्र कॉलर जोड़

7. यूनियन पाइप जोड़ Union Pipe Joint

यूनियन जोड़ का प्रयोग दो फ्लैन्ज पाइपों को जोड़ने के लिए किया जाता है। नट A पर धागे की परत लगाकर पाइप के एक सिरे पर कस दिया जाता है। नट B पर धागे की परत लगाकर दूसरे पाइप के एक सिरे पर कस दिया जाता है। अब इन नट लगे पाइपों को एक तीसरे नट C की सहायता से कस देते हैं। जोड़ को रिसावरोधी बनाने के लिए दोनों पाइपों के मध्य में एक पैकिंग रिंग लगाई जाती है।

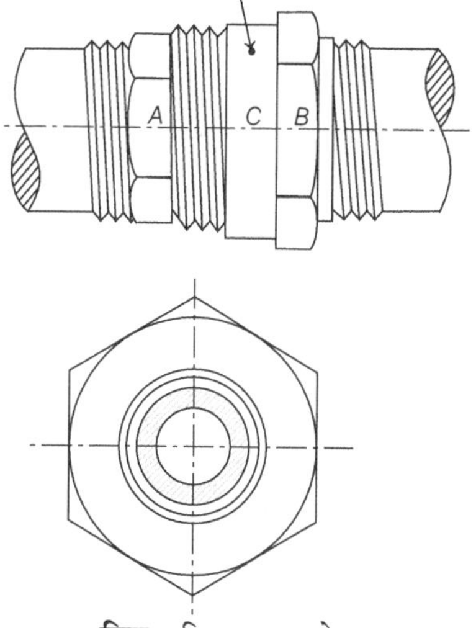

चित्र यूनियन पाइप जोड़

8. वेल्डेड जोड़ Welded joint

इस प्रकार के जोड़ उच्च दाब (high pressure) पर स्टीम या वाटर (steam or water) आदि को ले जाने के लिए बनाए जाते हैं। इन जोड़ों को दोबारा खोलना मुश्किल होता है। कम दबाव के लिए सोल्डरिंग से भी जोड़ लगाए जाते हैं।

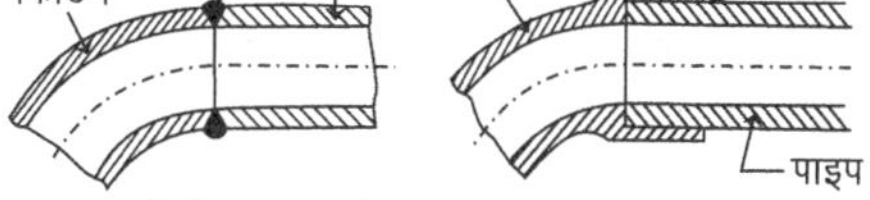

चित्र वेल्डेड तथा सोल्डर

9. डिटैचेबल जोड़ Detachable joint

इस जोड़ का प्रयोग कास्ट आयरन के पाइपों में किया जाता है। इस जोड़ में दो कॉलर, एक सेन्टर रिंग और दो रबर रिंग होते हैं। दोनों कॉलर में त्रिभुज के आकार में तीन सुराख (hole) बने होते हैं। इन दोनों कॉलरों को अलग-अलग पाइपों के किनारों पर चढ़ा दिया जाता है तथा उसके बाद रबर रिंग व सेन्टर रिंग को भी पाइपों पर चढ़ाकर जोड़ प्राप्त किया जाता है। दोनों पाइपों को आपस में जोडने के लिए सेन्टर रिंग को दोनों पाइपों पर आधा-आधा चढ़ा दिया जाता है तथा दो रबर रिंग इसके साथ लगा दी जाती हैं। अन्त में, त्रिभुज की आकृति वाले जोड़ कॉलरों को

नट-बोल्ट द्वारा टाइट कर दिया जाता है। इस प्रकार यह जोड़ तैयार हो जाता है।

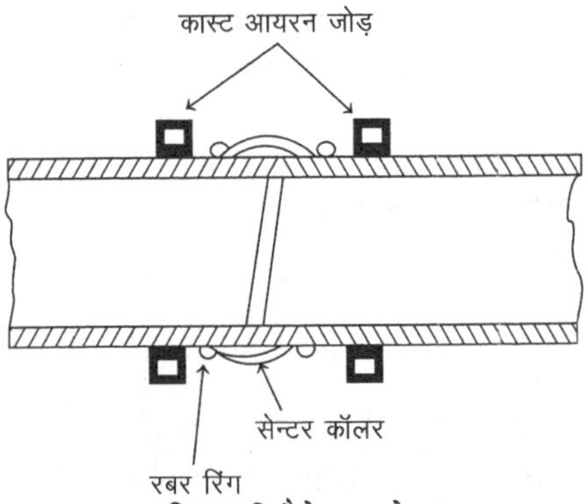

चित्र डिटैचेबल जोड़

जोड़ बनाते समय ध्यान दी जाने वाली सावधानियाँ

जोड़ बनाते समय बरती जाने वाली सावधानियाँ निम्न हैं

(*i*) वस्तुएँ जिन्हें एक-दूसरे से जोड़ना है, उनका मैटेरियल समान होना चाहिए।

(*ii*) पाइप को जोड़ने की प्रक्रिया एवं औजारों का चयन पाइप मैटेरियल के आधार पर करना चाहिए।

(*iii*) पाइप को जोड़ने के लिए बनाए जाने वाले जोड़ का चयन पाइप में प्रवाहित होने वाले तरल (द्रव या गैस), उनके प्रैशर एवं पाइप के मैटेरियल के आधार पर होना चाहिए।

(*iv*) सॉकेट को चढ़ाने के लिए चूड़ियाँ अधिक लूज नहीं बनानी चाहिए।

(*v*) हमें सभी नटों को बारी-बारी से थोड़ा-थोड़ा कसना चाहिए, न कि किसी एक ही नट को एक ही बार फुल टाइट करना चाहिए।

9.4 पाइप फिटिंग में प्रयोग होने वाले संकेत Symbol Used in Pipe Fitting

पाइप फिटिंग में प्रयोग किए जाने वाले संकेत तथा एब्रीवेशन निम्न प्रकार हैं

क्र.सं.	विवरण	सममितीय दृश्य		लम्बकोणीय संकेत	
		स्क्रू	फ्लैंज	स्क्रू	फ्लैंज
1.	ज्वॉइण्ट /कपलिंग	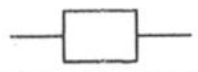		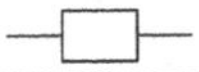	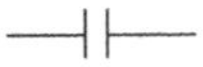
2.	रिड्यूसर			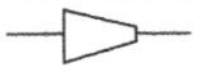	
3.	90° एल्बो	---	---	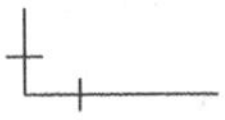	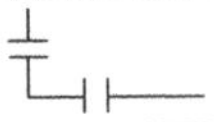
	(i) टर्न अप	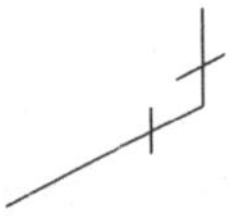	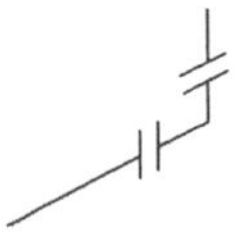		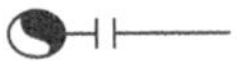
	(ii) टर्न डाउन	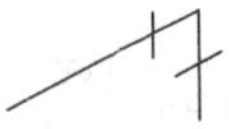	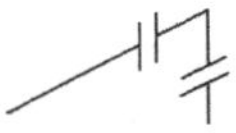	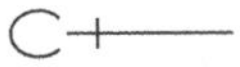	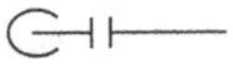
4.	टी	---	---	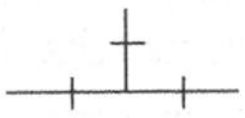	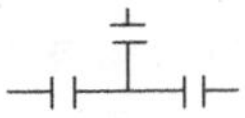
	(i) टर्न अप	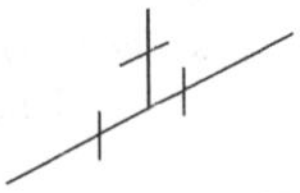			
	(ii) टर्न डाउन	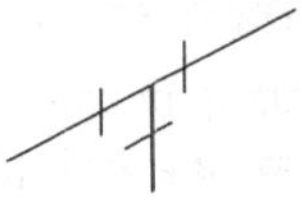			

क्र.सं.	विवरण	सममितीय दृश्य		लम्बकोणीय संकेत	
		स्क्रू	फ्लैंज	स्क्रू	फ्लैंज
5.	क्रॉस	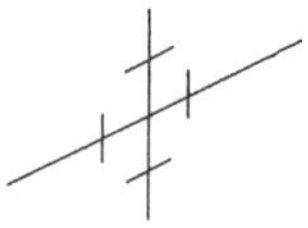	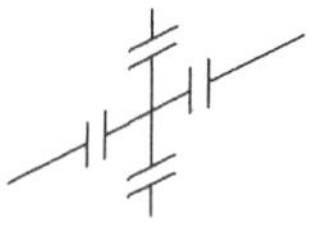	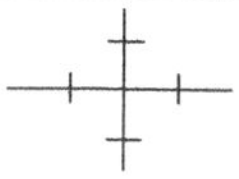	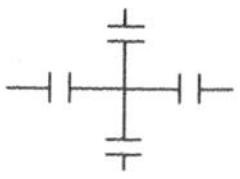
6.	बैण्ड		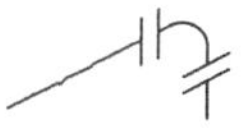	---	---
7.	प्लग (फिमेल)				
8.	प्लग (मेल)		---		---
9.	यूनियन	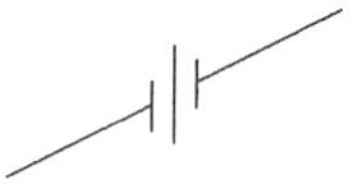	---		---
10.	हौज पाइप		---		---

तालिका प्लम्बिंग एब्रीवेशन

क्र.सं.	आइटम	एब्रीवेशन	क्र.सं.	आइटम	एब्रीवेशन
1.	कास्ट आयरन	CI	2.	हॉट वाटर	HW
3.	सेन्टर लाइन	CL	4.	लाउण्ड्री ट्राय	LT
5.	क्लीन आउट	CO	6.	लेवोटरी	LAV
7.	कोल्ड वाटर	CW	8.	मेडिसिन कैबिनेट	MC
9.	कॉपर	COP	10.	प्लास्टिक	PLAC
11.	डिश वाशर	DW	12.	प्लम्बिंग	PLAG
13.	फ्लोर ड्रान	FD	14.	वाटर क्लोसेट	WG
15.	गेल्वेनाइज्ड आयरन	GALI	16.	वाटर हीटर	WH
17.	हौज बिब	HB	18.	वाटर सॉफ्टनर	WS

तालिका वाल्व एवं संकेत

चित्र	वाल्व	बट वैल्ड संकेत	फ्लैंज संकेत
	गेट		
	ग्लोब		
	बॉल		
	प्लग	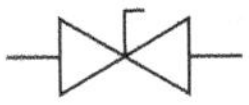	
	बटरफ्लाई		
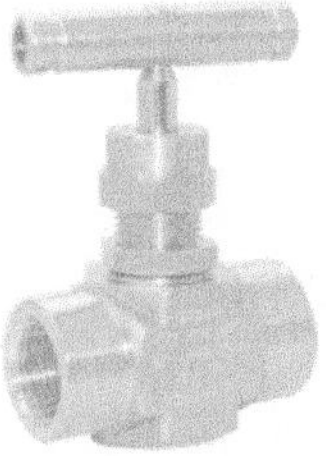	नीडिल		

महत्त्वपूर्ण बिन्दु

- बहने वाले (तरल एवं द्रव) पदार्थों को एक स्थान से दूसरे स्थान तक पहुँचाने के लिए पाइप अथवा ट्यूब का प्रयोग किया जाता है।
- पाइप को परस्पर जोड़ने की क्रिया पाइप फिटिंग कहलाती है।
- सामान्यतः कास्ट आयरन पाइप, रॉट आयरन पाइप, जी. आई. पाइप, स्टील पाइप, कंक्रीट पाइप, ऐस्बेस्टस सीमेण्ट पाइप, प्लास्टिक पाइप आदि प्रयोग किए जाते हैं।
- पाइप फिटिंग से सॉकेट, एल्बो, टी, क्रॉस, कपलिंग, पाइप निप्पल, बैण्ड, रिड्यूसर, प्लग, कैप, यूनियन, कॉक, वाल्व आदि अनेक सामग्रियाँ प्रयोग की जाती हैं।
- सॉकेट एक प्रकार का खोखला पाइप का टुकड़ा होता है, जिसके अन्दर सम्पूर्ण लम्बाई में चूड़ियाँ कटी होती हैं।
- दो या दो से अधिक पाइपों को जोड़कर एक समान लम्बाई की पाइप लाइन बनाने की प्रक्रिया को पाइप ज्वाइनिंग कहते हैं।
- पाइप जोड़ का उपयोग पाइपों को घुमाव देने के लिए भी किया जाता है।
- ढलवाँ लोहे के पाइपों के लिए बैल स्पिगॉट जोड़ तथा स्टील के पाइप में वैल्डिंग, रिवेट या पेंचदार जोड़ का उपयोग किया जाता है।
- यदि जुड़े हुए पाइपों में बाहरी या आन्तरिक दबाव के कारण मुड़ने की सम्भावना हो, तो लचीले प्रकार के जोड़ प्रयुक्त किए जाते हैं।
- स्पिगॉट और सॉकेट जोड़ को बैल और स्पिगॉट जोड़ भी कहते हैं।
- हाइड्रोलिक पाइप जोड़ एक प्रकार का फ्लैंज जोड़ ही होता है।
- यूनियन जोड़ मुख्य रूप से छोटे पाइप लाइन में लगाए जाते हैं।

महत्त्वपूर्ण प्रश्नोत्तरी

1. पाइप का प्रयोग किस लिए किया जाता है?

उत्तर पाइप का प्रयोग तरल को एक स्थान से दूसरे स्थान तक ले जाने के लिए किया जाता है।

2. पाइप मुख्यतः कौन-से मैटेरियल के बने होते है?

उत्तर पाइप मुख्यतः ढलवाँ लोहा, पॉली विनाइल, स्टील, कंक्रीट आदि पदार्थों के बने होते हैं।

3. पाइप और पाइप फिटिंग बनाने के लिए किस प्लास्टिक पदार्थ का प्रयोग करते हैं?

उत्तर पाइप तथा पाइप फिटिंग बनाने के लिए पॉली विनायल क्लोराइड (PVC) का प्रयोग करते हैं।

4. पाइप ज्वॉइनिंग क्या है?

उत्तर दो या दो से अधिक पाइपों को जोड़कर एक समान लम्बाई की पाइप लाइन बनाने की प्रक्रिया को पाइप ज्वॉइनिंग कहते हैं।

5. स्टील पाइपों को जोड़ने के लिए सामान्यतः किस विधि का प्रयोग किया जाता है?

उत्तर स्टील पाइपों को जोड़ने के लिए सामान्यतः वैल्डिंग विधि का प्रयोग किया जाता हैं।

6. प्रसार जोड़ का प्रयोग कहाँ किया जाता है?

उत्तर तापीय परिवर्तन के कारण पाइपों में होने वाले परिवर्तन, जैसे- फैलना या सिकुड़ना आदि जैसे स्थानों पर प्रसार जोड़ का प्रयोग किया जाता है।

7. निम्न चित्र में किस प्रकार के जोड़ को दर्शाया गया है?

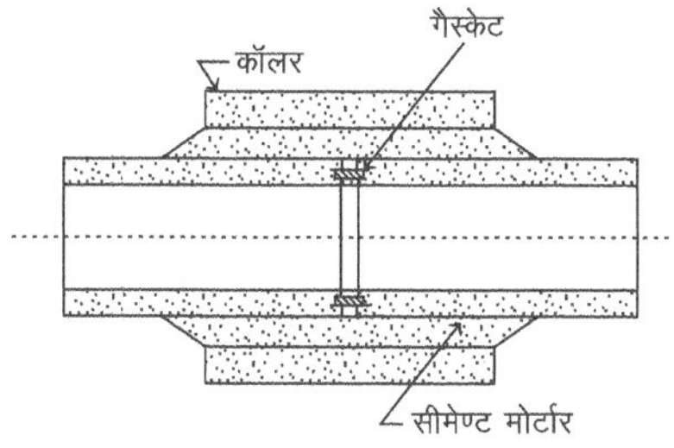

उत्तर चित्र में कॉलर जोड़ को दर्शाया गया है।

8. नीचे दिए गए जोड़ में 'A' किसको प्रदर्शित करता है?

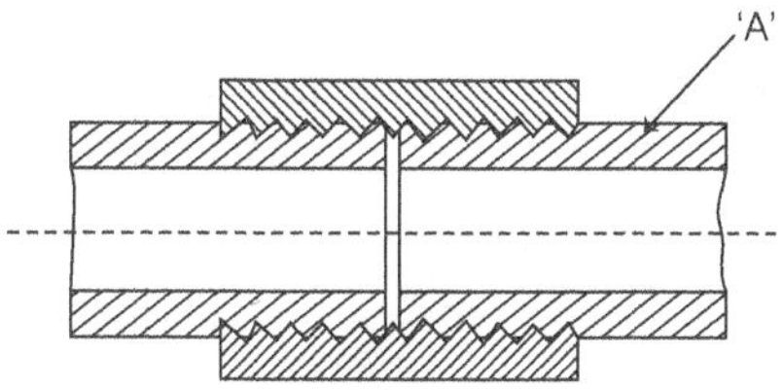

उत्तर दिए गए चित्र में 'A' पाइप को प्रदर्शित करता है।

अभ्यास प्रश्न

परीक्षा प्रारूपी प्रश्न

1. सॉकेट में ············ चूड़ियाँ बनी होती हैं।
(a) बाह्य (b) आन्तरिक (c) लेफ्ट हैण्ड (d) ये सभी

2. अलग-अलग व्यास के दो पाइपों को जोड़ने के लिए ··· का प्रयोग किया जाता है।
(a) सॉकेट (b) प्लग (c) एल्बो (d) रिड्यूसर

3. पाइप लाइन की लम्बाई को बढ़ाना, दिशा बदलना व पाइप के सिरे को बन्द किया जाना आदि क्रियाएँ ········ में की जाती हैं।
(a) पाइप फिटिंग्स (b) पाइप वैल्डिंग
(c) इलेक्ट्रिकल फिटिंग्स (d) इनमें से कोई नहीं

4. दो या दो से अधिक पाइपों को जोड़ने की प्रक्रिया कहलाती है
(a) रिवेटिंग (b) कपलिंग
(c) पाइप ज्वॉइनिंग (d) हेमरिंग

5. स्पिगॉट और सॉकिट जोड़ को अन्य किस नाम से जाना जाता है?
(a) प्रसार जोड़ (b) वाल्व जोड़
(c) कॉक जोड़ (d) बैल-स्पिगॉट जोड़

6. प्रसार जोड़े द्वारा जोड़े जाने वाले पाइप बने होते है
(a) कॉपर के (b) ढलवाँ लोहा के
(c) ग्लास के (d) प्लास्टिक के

7. फ्लैंजदार जोड़ को जलरोधी बनाने के लिए प्रयोग किया जाता है
(a) रबर गैस्केट (b) वाशर (c) लैड (d) ये सभी

8. लचीले जोड़ का दूसरा नाम है
(a) यूनिवर्सल जोड़ (b) एल्बो जोड़
(c) एक्सल जोड़ (d) फॉलोअर जोड़

9. पाइप को अस्थाई रूप से जोड़ने के लिए प्रयुक्त जोड़ कहलाता है
(a) बट जोड़ (b) लेप जोड़
(c) वेल्डेड जोड़ (d) यान्त्रिक जोड़

10. नीचे चित्र में किस प्रकार के जोड़ को प्रदर्शित किया गया है?

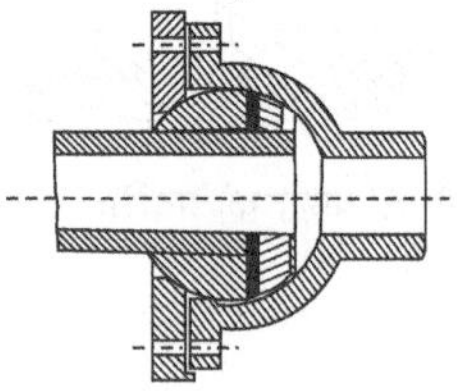

(a) लचीला जोड़ (b) कॉलर जोड़
(c) स्क्रू जोड (d) इनमें से कोई नहीं

11. स्क्रू जोड़ लगाने के लिए ·········प्रयोग किया जाता है।
(a) सॉकेट का (b) एल्बो का (c) 'टी' का (d) प्लग का

12. उच्च दाब पर पानी या अन्य तरल को जे लाने के लिए जोड़ लगाया जाता है
(a) स्क्रू जोड़ (b) फ्लैंज्ड जोड़
(c) वेल्डेड जोड़ (d) इनमें से कोई नहीं

13. पाइप के छोटे-टुकड़े के दोनों सिरों पर चूड़ियाँ काटकर सॉकिट से जोड़ा जाता है। इस पाइप के टुकड़े द्वारा लगा जोड़ कहलाता है
(a) स्क्रू जोड़ (b) सॉकेट जोड़ (c) फ्लैंज्ड जोड़ (d) निप्पल जोड़

14. अधिक कम्पन्न वाली जगहों पर कौन-सा जोड़ नहीं लगाया जाता है?
(a) सॉकेट जोड़ (b) स्क्रू जोड़
(c) फ्लैंज्ड जोड़ (d) इनमें से कोई नहीं

15. यूनियन जोड़ में कपलर का आकार होता है, जिसे पाइप रिंच से कसा या ढीला किया जाता है
(a) अष्टभुजाकार (b) षट भुजाकार
(c) सप्त भुजाकार (d) इनमें से कोई नहीं

16. गैस के हाई प्रेशर को सहन करने के लिए कौन-सा जोड़ लगाया जाता है?
(a) सॉकेट जोड़ (b) फ्लैंज्ड जोड़
(c) यूनियन जोड़ (d) विस्तार जोड़

17. दिए गए चित्र में सांकेतिक चिन्ह को पहचाने

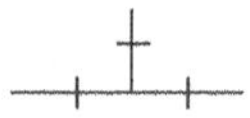

(a) टी (b) यूनियन (c) निप्पल (d) क्रॉस

18. दिए गए चित्र में एल्बो के सांकेतिक चिन्ह को पहचाने

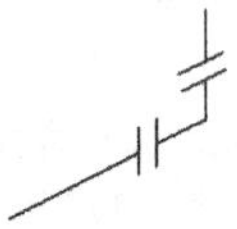

(a) 90° एल्बो टर्न अप (b) 45° एल्बो ट्रनड डाऊन
(c) 45° एल्बो (d) 'T' एल्बो

19. दिए गए चित्र में सांकेतिक चिन्ह को पहचाने

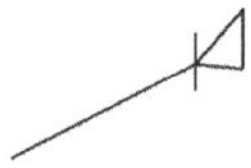

(a) प्लग (b) 'टी' (c) यूनियन (d) फ्लैंज

20. दिए गए चित्र में सांकेतिक चिन्ह को पहचाने

(a) बैण्ड (b) प्लग (c) यूनियन (d) हौज पाइप

उत्तरमाला

1. (b)	**2.** (d)	**3.** (a)	**4.** (c)	**5.** (d)	**6.** (b)	**7.** (d)	**8.** (a)	**9.** (d)	**10.** (a)
11. (a)	**12.** (c)	**13.** (d)	**14.** (a)	**15.** (b)	**16.** (b)	**17.** (a)	**18.** (a)	**19.** (a)	**20.** (d)

अध्याय 10

जल का संयोजन

Composition of Water

जल पर्यावरण का एक मुख्य घटक है और यह पृथ्वी पर जीवन की मूलभूत आवश्यकताओं में से एक हैं। पृथ्वी पर मानव द्वारा उपयोग किया जाने वाला जल, नदी, नहरों, तालाबों, झीलों आदि से प्राप्त होता है, परन्तु इस जल में विभिन्न प्रकार की घुलनशील व अघुलनशील अशुद्धियाँ भी मिश्रित होती हैं। इन अशुद्धियों को जल से अलग करके उसे उपयोग में लाया जाता है। जल से अशुद्धियों को अलग करने की प्रक्रिया जलशोधन (water purification) कहलाती है।

जल शोधन प्रक्रिया का प्रमुख उद्देश्य स्वच्छ पेयजल उपलब्ध कराना है। जल को शोधन के पश्चात् नगरों एवं शहरों में वितरित किया जाता है। इसके लिए विभिन्न प्रकार के पाइपों एवं सहायक सामग्रियों का उपयोग किया जाता है। इन पाइपों एवं सहायक सामग्रियों की देख-रेख का कार्य प्लम्बर द्वारा किया जाता है, जिससे कि पेयजल की आपूर्ति बाधारहित की जा सके। प्रस्तुत अध्याय में जल एवं इसके विभिन्न स्रोतों, गुणवत्ता एवं शुद्धिकरण का वर्णन किया गया है।

अध्याय विषय सूची

10.1 जल Water

जल, एक रंगहीन व पारदर्शी रासायनिक घटक है, जो नदियों, झीलों, नहरों इत्यादि से प्राप्त किया जाता है। यह एक महत्त्वपूर्ण तरल पदार्थ है, जो पृथ्वी पर जीवन को बनाए रखने में महत्त्वपूर्ण भूमिका निभाता है। यह दो हाइड्रोजन (H) परमाणुओं व एक ऑक्सीजन (O) परमाणु से मिलकर बना होता है। इसका रासायनिक सूत्र H_2O है। इसकी रासायनिक अभिक्रिया निम्नवत् है

$$\underset{\text{हाइड्रोजन}}{2H_2} + \underset{\text{ऑक्सीजन}}{O_2} \longrightarrow \underset{\text{जल}}{2H_2O}$$

पृथ्वी पर जल तीन अवस्थाओं, ठोस, द्रव एवं गैस में पाया जाता है। जब जल का तापमान 0°C हो जाता है, तो यह ठोस अवस्था प्राप्त कर लेता है। जल की ठोस अवस्था को बर्फ कहते हैं। जल की तरल अवस्था पृथ्वी की अधिकांश सतह पर उपलब्ध है। जल की गैसीय अवस्था को जल वाष्प कहा जाता है। 100°C पर जल अपने क्वथनांक तक पहुँचकर वाष्प में परिवर्तित हो जाता है।

10.2 जल के स्रोत Sources of Water

जल हमें विभिन्न स्रोतों से प्राप्त होता है। जल के मुख्य स्रोतों का विवरण निम्नवत् हैं

1. धरातलीय जल Ground Surface Water

भू-पृष्ठ पर पाये जाने वाले जल को पृष्ठीय या धरातलीय जल कहते हैं। कुल धरातलीय जल का लगभग दो-तिहाई भाग देश की तीन बड़ी नदियों सिन्धु, गंगा और ब्रह्मपुत्र से होकर बहता है।

धरातलीय जल स्रोत निम्न प्रकार हैं

(*i*) **नदियाँ** (Rivers) पहाड़ियों में जब कई अन्य धाराओं का जल मिल जाता है, तो नदियाँ बन जाती हैं। नदियाँ दो प्रकार की होती है। सदानीरा व बरसाती। सदानीरा नदियों का स्रोत झील, झरना अथवा हिमनद होता है और ये वर्ष भर जल से भरी रहती हैं, जबकि बरसाती नदियाँ बरसात के जल पर निर्भर करती हैं।

(*ii*) **झीलें** (Lakes) झील, जल का वह स्थिर भाग है जो चारों तरफ से स्थलखण्डों से घिरा होता है। सामान्य रूप से झील भूतल के वे विस्तृत गड्ढ़े हैं, जिनमें जल भरा होता है। झीलों का जल प्राय: स्थिर होता है। बड़ी झीलों की गुणवत्ता (quality) छोटी झीलों की अपेक्षा ज्यादा अच्छी रहती है। ऊँची जगहों की झीलों में लगभग शुद्ध जल रहता है, जिसे किसी तरह के उपचार के बिना प्रयोग भी कर सकते हैं।

(*iii*) **तालाब** (Ponds) ये मैदानों में उसी प्रकार के गर्त (depression) होते हैं, जिस प्रकार पहाड़ों में झीलें होती हैं। वर्षा ऋतु के दौरान तालाबों में वर्षा का जल एकत्र हो जाता है। सामान्य भाषा में इन्हें जोहड़ या पोखर भी कहा जाता है। ग्रामीण क्षेत्रों में पहले तालाबों के जल का उपयोग नहाने-धोने, साफ-सफाई इत्यादि कार्यों में किया जाता था परन्तु वर्तमान में जल के अन्य स्रोत उपलब्ध हो जाने एवं तालाब के जल के प्रदूषित होने के कारण इनका उपयोग बाह्य कार्यों जैसे, सिंचाई इत्यादि में ही किया जाता है।

(*iv*) **नहरें** (Canals) नहरों का निर्माण मुख्यत: खेतों की सिंचाई करने के लिए किया जाता है। नहरों को ऐसे स्थानों पर बनाया जाता है, जहाँ भूमिगत जल स्तर काफी नीचा हो या जिन क्षेत्रों का जल पीने योग्य न हो।

2. भूमिगत जल Underground Water

भू-जल सिंचाई का एक महत्त्वपूर्ण स्रोत होता है और वह देश की 50% से अधिक जल की पूर्ति करता है। भूमिगत जल का उपयोग पेयजल हेतु भी किया जाता है। वर्षा के दौरान जल पृथ्वी की प्रत्येक सतह से छनकर भूमि के अन्दर एकत्र होता रहता है। भूमिगत जल, नल, कुएँ एवं ट्यूबवैल से प्राप्त किया जाता है। खाद्यान्न उत्पादन्न पिछले तीन दशकों में भू-जल सिंचाई का योगदान उल्लेखनीय रहा हैं। भूमिगत जल के स्रोत निम्न प्रकार हैं

(*i*) **इन्फिल्ट्रेशन कुएँ** (Infiltration Well) इस प्रकार के कुओं में जल सैण्ड रिवर बैड्स (sand river beds) से आता है। इसके लिए सैण्ड रिवर बैड्स पर कई इन्फिल्ट्रेशन कुएँ शृंखला में बनाए जाते हैं, जहाँ से जल रिसता हुआ कुएँ में आ जाता है। इन्हें इंटरसेप्शन कुएँ भी कहा जाता है।

(*ii*) **जलधाराएँ** (Springs) जब भूमिगत जल, भूमिगत दबाव के कारण सतह पर आता है, तो उन्हें जलधाराएँ (springs) कहते हैं। इस जल में मुख्य रूप से लवण की अशुद्धियाँ पाई जाती हैं। पहाड़ी क्षेत्रों में जलधाराएँ जल का मुख्य स्रोत होती हैं।

(*iii*) **कुएँ** (Well) कुआँ जमीन को खोदकर बनाई गई एक संरचना है जिसे जमीन के अन्दर स्थित जल को प्राप्त करने के लिए बनाया जाता है। बड़े आकार के कुओं से बाल्टी या अन्य किसी बर्तन द्वारा हाथ से खींचकर पानी निकाला जाता है, परन्तु इसमें वाटर पम्प भी लगाए जा सकते हैं, जिन्हें हाथ या बिजली से चलाया जा सकता है।

10.3 जल की कठोरता Hardness of Water

खनिज लवणों की अधिकता वाला जल कठोर जल कहलाता है। इसमें कैल्शियम व मैग्नीशियम के बाइकार्बोनेट व कार्बोनेट उपस्थित रहते हैं। इसकी सरल पहचान यह है कि यह जल साबुन के साथ झाग उत्पन्न नहीं करता है। साबुन के साथ झाग बनाने व न बनाने के आधार पर जल दो प्रकार का होता है।

(*i*) **कठोर जल** (Hard water) वह जल जो साबुन के साथ आसानी से झाग नहीं बनाता है, कठोर जल कहलाता है।

(*ii*) **मृदु जल** (Soft water) वह जल जो साबुन के साथ आसानी से झाग बनाता है, मृदु जल कहलाता है।

जल की कठोरता के प्रकार Types of Hardness of Water

जल की कठोरता दो प्रकार की होती है।

1. अस्थायी कठोरता Temporary Hardness

जल की अस्थायी कठोरता कैल्शियम (Ca) व मैग्नीशियम (Mg) के बाई कार्बोनेटों की उपस्थिति के कारण होती है। जल की अस्थायी कठोरता को निम्न दो विधियों द्वारा पृथक् किया जा सकता है।

(*i*) **उबालकर** (Boiling) जब जल को अधिक गर्म या उबाला जाता है, तो विलेयशील मैग्नीशियम बाई कार्बोनेट मैग्नीशियम हाइड्रॉक्साइड तथा कैल्शियम बाई कार्बोनेट अविलेय $CaCO_3$ में बदल जाता है।

(*ii*) **क्लार्क विधि** (Clark's method) इस विधि में कठोर जल की अभिक्रिया बुझे हुए चूने की मात्रा से कराने पर $CaCO_3$ व $Mg(OH)_2$ अवक्षेपित हो जाते हैं।

$$Mg(HCO_3)_2 + 2Ca(OH)_2 \longrightarrow 2CaCO_3 + Mg(OH)_2 + 2H_2O$$

$$Ca(HCO_3)_2 + Ca(OH)_2 \longrightarrow 2CaCO_3 + 2H_2O$$

इस अवक्षेप को छानकर पृथक् कर लिया जाता हैं तथा प्राप्त छनित जल ही मृदु जल होता है।

2. स्थायी कठोरता Permanent Hardness

जल की स्थायी कठोरता जल में उपस्थित कैल्शियम (Ca^{2+}) व मैग्नीशियम (Mg^{2+}) के क्लोराइड, सल्फेट या नाइट्रेट के कारण होती हैं। यह कठोरता जल को उबालकर दूर नहीं की जा सकती है। जल की स्थायी कठोरता को दूर करने के लिए निम्न रासायनिक क्रियाएँ करनी पड़ती हैं

(*i*) **धावन सोडा विधि (सोडियम कार्बोनेट के उपचार से)** इस विधि में कठोर जल की क्रिया धावन सोडे से कराने पर कैल्शियम (Ca^{2+}) व मैग्नीशियम (Mg^{2+}) के क्लोराइड व सल्फेट अवक्षेपित हो जाते हैं, जिन्हें छानकर मैग्नीशियम पृथक् कर लिया जाता है।

$$MgSO_4 + Na_2 CO_3 \longrightarrow MgCO + Na_2SO_4$$

$$MgCl_2 + Na_2CO_3 \longrightarrow MgCO_3 + 2NaCl$$

$$CaSO_4 + Na_2CO_3 \longrightarrow CaCO_3 + Na_2SO_4$$

$$CaCl_2 + Na_2CO_3 \longrightarrow CaCO_3 + 2NaCl$$

(*ii*) **परम्युटिट विधि (जियोलाइट) या आयन विनिमय विधि** सोडियम एल्युमिनो सिलिकेट [$Na_2Al_2Si_2O_8$] को जिओलाइट कहते हैं, इसे NaZ से व्यक्त करते हैं। जियोलाइट कठोर जल में उपस्थित कैल्शियम (Ca^{2+}) व मैग्नीशियम (Mg^{2+}) से अभिक्रिया करके जल को मृदु बनाता है।

10.4 जल की अशुद्धियाँ Impurities of Water

अशुद्धियों की मात्रा व प्रकार जल स्रोत व उसके आसपास के वातावरण पर निर्भर करती है। जल स्रोतों से मिलने वाले पानी में कार्बनिक व अकार्बनिक अशुद्धियाँ मुख्य रूप से पाई जाती हैं।

जल की अशुद्धियाँ निम्न दो प्रकार की होती हैं

1. कार्बनिक अशुद्धियाँ Organic Impurities

कार्बनिक अशुद्धियाँ वे अशुद्धियाँ होती हैं, जो मृत जीव-जन्तुओं, वनस्पतियों, बैक्टीरियों, शैवाल, रेत, मिट्टी, सिल्ट आदि से सम्बन्धित होती हैं। इन अशुद्धियों को फिल्ट्रेशन व साधारण अवसादन विधि द्वारा दूर किया जाता है।

2. अकार्बनिक अशुद्धियाँ Inorganic Impurities

अकार्बनिक अशुद्धियाँ वे अशुद्धियाँ होती हैं, जो कपड़ों व कागजों के टुकड़ों, सब्जियों के छिलके आदि से सम्बन्धित होती हैं। इसके अतिरिक्त कैल्शियम, मैग्नीशियम, लोहा, सीसा आर्सेनिक इत्यादि भी अकार्बनिक अशुद्धियाँ होती हैं। इन अशुद्धियों को विशेष प्रकार के फिल्टरों द्वारा दूर किया जाता है।

नोट *तालाब के पानी में कार्बनिक अशुद्धियाँ अधिक होंगी ,जबकि कुएँ के पानी में अकार्बनिक अशुद्धियाँ अधिक पाई जाती हैं।*

10.5 जल शोधन Water Purification

जल शोधन एक ऐसी प्रक्रिया है, जिसका उपयोग पानी में मौजूद अशुद्धियों को दूर करने के लिए किया जाता है। पानी में कई अशुद्धियाँ; जैसे— रासायनिक और जैविक संदूषक होते हैं। जल शोधन प्रक्रिया अवांछनीय दूषित पदार्थों, जैविक अशुद्धियों, निलम्बित ठोस पदार्थों को हटा देती है। जल शोधन प्रक्रिया के प्रमुख उद्देश्य निम्नवत् हैं

(*i*) जल में घुली गैस तथा गन्ध को निकालना।

(*ii*) जल को पीने योग्य बनाना।

(*iii*) बीमारियाँ फैलाने वाले कीटाणुओं से जल को मुक्त करना।

(*iv*) जल को घरेलू तथा औद्योगिक कार्यों के लिए सुरक्षित करना।

जलशोधन के चरण Water Purification Stages

स्टेज—1 तलछट फिल्टर (Sedimentation filter)

स्टेज—2 कार्बन फिल्टर (Carbon filter)

स्टेज—3 कण फिल्टर 1 व 2 (Particle filter 1 and 2)

स्टेज—4 रिवर्स ऑस्मोसिस (RO) (Reverse Osmosis)

स्टेज—5 अल्ट्रा वायलेट (UV) (Ultra Violet)

स्टेज—6 अल्ट्रा फिल्ट्रेशन (UF) (Ultra Filtration)

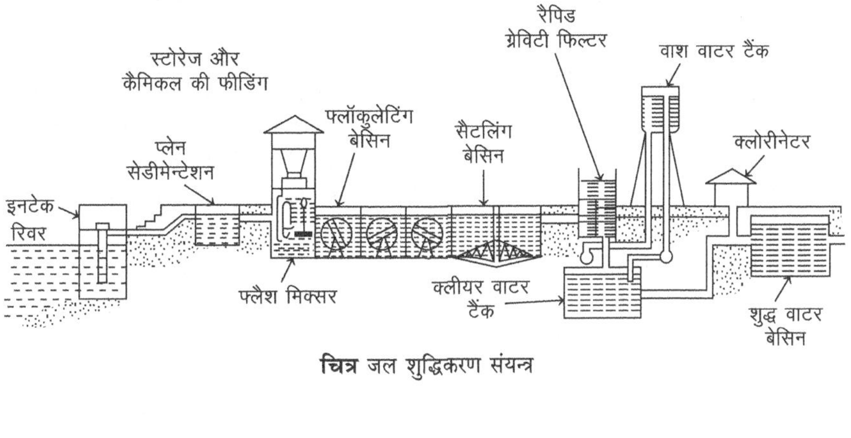

चित्र जल शुद्धिकरण संयन्त्र

जल शुद्धिकरण की विधियाँ
Methods of Water Purification

जल में अनेक प्रकार के घुलित एवं अघुलित कार्बनिक व अकार्बनिक पदार्थों तथा कीटाणुओं की उपस्थिति के कारण जल अशुद्ध अथवा दूषित हो जाता है। इस प्रकार के जल का सेवन स्वास्थ्य को प्रभावित करता है तथा अनेक रोगों की उत्पत्ति का कारण बन सकता है। अत: इन अशुद्धियों को दूर करके शुद्ध जल प्राप्त करना अत्यन्त आवश्यक है। जल को शुद्ध करने के लिए तीन प्रकार की विधियाँ प्रयोग में लायी जाती हैं जो निम्न प्रकार हैं

1. भौतिक विधियाँ Physical Methods

जल को शुद्ध करके पीने योग्य बनाने के लिए उपयोग की जाने वाली कुछ प्रमुख भौतिक विधियाँ निम्नवत् हैं

(i) **जल को उबालकर शुद्ध करना** Water Purification by Boiling

जल को उबालने से जल के अधिकांश कीटाणु नष्ट हो जाते हैं तथा जल में घुली अशुद्धियाँ एवं अनेक घुलित लवण अवक्षेपित होकर नीचे बैठ जाते हैं। इस प्रकार उबालने से जल की अधिकांश अशुद्धियाँ दूर हो जाती हैं। और पानी को छानकर पीने योग्य बनाया जा सकता है।

उबालकर अशुद्ध जल को शुद्ध करना एक उत्तम विधि हैं, परन्तु इस विधि के द्वारा केवल सीमित मात्रा में ही जल को शुद्ध किया जा सकता है।

(ii) **आसवन विधि** Distillation Method

इस विधि में अशुद्ध जल को उबाला जाता है तथा परिणामस्वरूप बनी जल-वाष्प को एक स्वच्छ बर्तन में एकत्रित कर ठण्डा करके शुद्ध जल प्राप्त किया जाता है। इस विधि में जल की अशुद्धियाँ उबालने वाले बर्तन में ही रह जाती हैं। आसवन विधि द्वारा शुद्ध किए गए जल को आसुत जल कहते हैं। आसुत जल उत्तम कोटि का शुद्ध जल होता है, जिसे पीने तथा औषधियों के विलायक के रूप में प्रयोग किया जा सकता है। इस विधि के द्वारा भी केवल सीमित मात्रा में ही जल को शुद्ध किया जा सकता है।

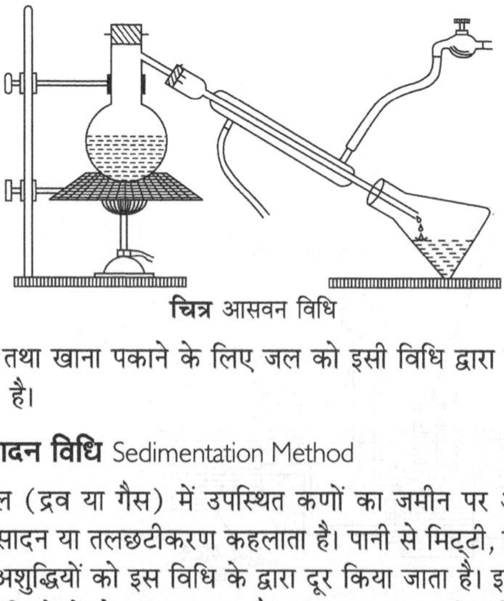

चित्र आसवन विधि

अत: पीने तथा खाना पकाने के लिए जल को इसी विधि द्वारा शुद्ध किया जा सकता है।

(iii) **अवसादन विधि** Sedimentation Method

किसी तरल (द्रव या गैस) में उपस्थित कणों का जमीन पर आकर बैठ जाना अवसादन या तलछटीकरण कहलाता है। पानी से मिट्टी, सिल्ट और रेत जैसी अशुद्धियों को इस विधि के द्वारा दूर किया जाता है। इस विधि में जल को टंकियों में से गुजारा जाता है। गुरुत्व बल द्वारा मिट्टी, रेत तथा सिल्ट आदि अशुद्धियाँ धीरे-धीरे तल में बैठ जाती हैं और जल शुद्ध हो जाता है।

(iv) **पराबैंगनी किरणों के द्वारा जल का शुद्धिकरण**
Water Purification by Ultraviolet Rays

जल को शुद्ध करने के लिए सूर्य के प्रकाश का भी उपयोग किया जाता है। सूर्य के प्रकाश में पाई जाने वाली पराबैंगनी किरणें जल के कीटाणुओं को नष्ट कर देती हैं। आजकल यन्त्रों द्वारा दूषित जल में पराबैंगनी किरणें डालकर जल को शुद्ध किया जाता है।

2. यान्त्रिक विधियाँ Mechanical Methods

आजकल दूषित जल को शुद्ध करने के लिए अनेक यान्त्रिक साधन अपनाए जाते हैं। इनमें से कुछ प्रमुख यान्त्रिक साधन निम्नलिखित हैं

(i) **चार घड़ों की विधि** जल (अथवा पानी) को शुद्ध करने की यह विधि ग्रामीण क्षेत्रों में अधिक प्रचलित है। इसमें चार घड़ों को लकड़ी के स्टैण्ड पर एक के ऊपर एक करके रख दिया जाता है। ऊपर के तीन घड़ों की तली में एक छिद्र होता है। सबसे ऊपर के घड़े में अशुद्ध जल पानी भर दिया जाता है, दूसरे घड़े में कोयला पीसकर रख देते है तथा तीसरे घड़े में कंकड़ अथवा बजरी रख देते हैं। अब सबसे ऊपर के घड़े का जल धीरे-धीरे शेष घड़ों से छनकर गुजरता हुआ नीचे के घड़े में एकत्रित होता रहता है। इस विधि में जल में तैरती हुई अघुलित अशुद्धियाँ दूर हो जाती हैं तथा जल पीने योग्य हो जाता है।

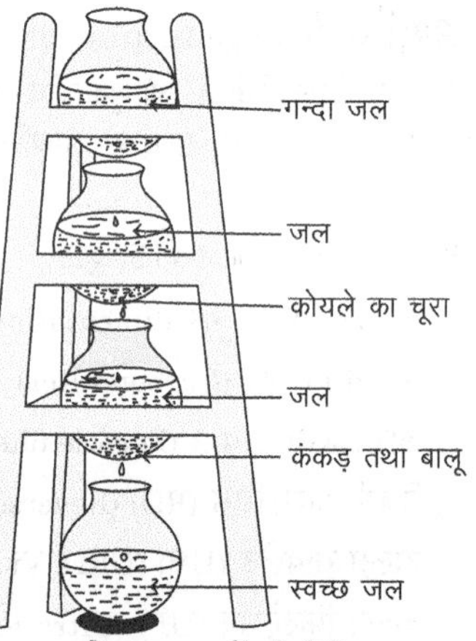

चित्र चार घड़ों की विधि

(ii) **फिल्टर द्वारा जल का शुद्धिकरण** पाश्चर चैम्बरलेन फिल्टर तथा वर्कफील्ड फिल्टर द्वारा जल को प्रभावी ढंग से छानकर शुद्ध किया जाता है। इसका निर्माण क्ले तथा पोर्सलीन मिट्टी से किया जाता है। इसमें नीचे की ओर एक बाहरी टोंटी लगी होती है तथा अन्दर की ओर एक बर्तन लटका होता हैं, जिसकी तली में क्ले मिट्टी का बना सिलेण्डर होता है।

सिलेण्डर का पतला भाग दूसरे बर्तन में निकला होता है। यह सिलेण्डर ही जल को शुद्ध करने का कार्य करता हैं। इस सिलेण्डर के पार्सलीन को समय-समय पर स्वच्छ करते रहना चाहिए। इस फिल्टर के द्वारा जल भीतरी बर्तन में तेजी से छनता है तथा पूर्णरूप से शुद्ध होता है। घरेलू उपयोग के लिए यह एक महत्त्वपूर्ण उपकरण है।

आजकल बड़ी-बड़ी कम्पनियाँ; जैसे— बजाज, क्रॉम्पटन, बलसारा इत्यादि विभिन्न क्षमता के फिल्टर बना रही हैं, जोकि बाजार में आसानी से उपलब्ध हैं।

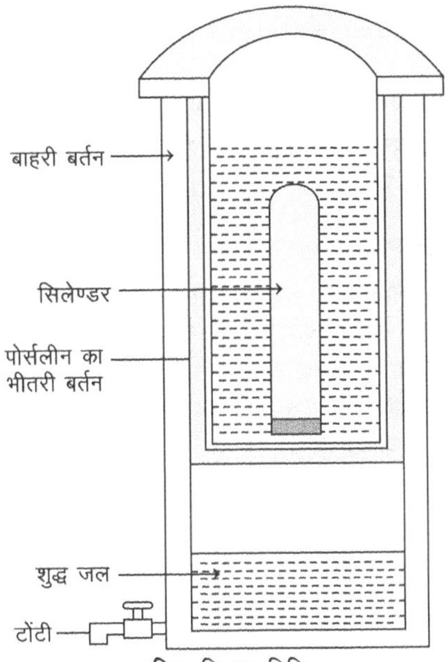

चित्र फिल्टर विधि

3. रासायनिक विधियाँ Chemical Methods

जल को शुद्ध करने की प्रमुख रासायनिक विधियाँ निम्नलिखित हैं

(i) अवक्षेपक द्वारा By Precipitator

अशुद्ध जल में फिटकरी डालने से जल में निलम्बित पदार्थ अवक्षेपित होकर नीचे बैठ जाते हैं। इस जल में थोड़ी मात्रा में चूना मिला देने से जल और अधिक शुद्ध हो जाता है। अवक्षेपण के उपरान्त जल को निथारकर अथवा छानकर अशुद्धियों को दूर कर लिया जाता है।

(ii) कीटाणुनाशक पदार्थों के द्वारा By Disinfectant Materials

विभिन्न प्रकार के जीवाणु व कीटाणु जल की अशुद्धि का एक महत्त्वपूर्ण कारण होते हैं। अशुद्ध जल को पीने योग्य बनाने के लिए इनको नष्ट किया जाना अति आवश्यक है। अत: जल को शुद्ध करने के लिए निम्नलिखित कीटाणुनाशक पदार्थों का उपयोग किया जाता है।

(*a*) **पोटैशियम परमैंगनेट** ($KMNO_4$) **के द्वारा** (By potassium permanganate) सामान्यत: यह लाल दवा के नाम से प्रसिद्ध है। गाँवों में तालाबों व कुओं के जल को शुद्ध करने में इसका प्रयोग किया जाता है। 1000 लीटर जल में पाँच ग्राम लाल दवा मिलाने पर जल में उपस्थित अधिकांश कीटाणु नष्ट हो जाते हैं।

(*b*) **कॉपर सल्फेट** ($CuSO_4$) **के द्वारा** (By copper sulphate) इसको नीला थोथा के नाम से भी जाना जाता है। इसका उपयोग सावधानीपूर्वक किया जाना चाहिए, क्योंकि अधिक मात्रा में यह मनुष्यों के लिए भी विषैला प्रभाव रखता है। दो लाख भाग जल में एक भाग कॉपर सल्फेट डालने से जल पीने योग्य हो जाता हैं।

(*c*) **आयोडीन** (I) **के द्वारा** (By iodine) 200 भाग जल में एक भाग पोटैशियम आयोडाइड (KI) डालने से जल के अनेक प्रकार के कीटाणु नष्ट हो जाते हैं।

(*d*) **ब्लीचिंग पाउडर** ($CaOCl_2$) **के द्वारा** (By bleeching powder) जल को कीटाणुनाशक बनाने के लिए ब्लीचिंग पाउडर का भी उपयोग किया जाता है। 1 लीटर जल को कीटाणुनाशक बनाने के लिए 1.3 से 5 मिग्रा ब्लीचिंग पाउडर की आवश्यकता होती है। ब्लीचिंग पाउडर द्वारा 1 लीटर जल को रोगाणु रहित होने में 1/2 से 1 घण्टे का समय लगता है।

(*e*) **क्लोरीन** (Cl) **के द्वारा** (By chlorine) यह एक उपयोगी कीटाणुनाशक गैस है। प्राय: यह गैस सार्वजनिक जल आपूर्ति संस्थाओं द्वारा जल के कीटाणुओं को नष्ट करने के लिए प्रयोग की जाती है। क्लोरीन द्वारा जल शुद्धिकरण की प्रक्रिया को क्लोरीनीकरण कहते हैं। चार हजार भाग जल में एक भाग क्लोरीन विलेय करने से जल के कीटाणु नष्ट हो जाते हैं तथा जल पीने योग्य हो जाता है। अब क्लोरीन की गोलियाँ भी उपलब्ध हैं, जिन्हें घरेलू स्तर पर जल के शुद्धिकरण के लिए प्रयोग किया जाता है।

10.6 दाब Pressure

किसी सतह के इकाई क्षेत्रफल पर लगने वाले अभिलम्ब बल को दाब (pressure) कहते हैं। इसकी इकाई न्यूटन प्रति वर्ग मीटर होती है, जिसे पास्कल भी कहते हैं।

दाब $(P) = \dfrac{F}{A}$

जहाँ $A =$ क्षेत्रफल $F =$ बल तथा $P =$ दाब

दाब के मुख्य प्रकार निम्नवत् हैं

1. वायुमण्डलीय दाब Atmospheric Pressure

पृथ्वी के एक निश्चित क्षेत्रफल पर वायुमण्डल की सभी परतों द्वारा पड़ने वाला अथवा आरोपित होने वाला दाब ही वायुमण्डलीय दाब कहलाता है।

समुद्र तल पर वायुमण्डलीय दाब का मान 1.0135×100000 Pa होता है, जिसे 1 atm से व्यक्त करते हैं।

2. गेज दाब या निर्वात दाब Gauge Pressure or Vacuum Pressure

वायुमण्डल दाब से अधिक दाब को गेज दाब कहते हैं तथा वायुमण्डल दाब से कम दाब को निर्वात् दाब कहते हैं।

3. निरपेक्ष दाब Absolute Pressure

वायुमण्डलीय दाब एवं गेज दाब के बीजगणितीय योग (algebric sum) को निरपेक्ष दाब कहते हैं अर्थात् निरपेक्ष शून्य दाब को मानक मानकर मापा गया दाब निरपेक्ष दाब कहलाता है।

निरपेक्ष दाब = वायुमण्डलीय दाब + गेज दाब

निरपेक्ष दाब = वायुमण्डलीय दाब − निर्वात् दाब

दाब के अन्य प्रकार Other types of Pressure

पाठ्यक्रम की उपयोगिता को ध्यान में रखते हुए यहाँ पर केवल दो प्रकार के दाबों का वर्णन किया गया है, जो निम्न प्रकार है

(i) स्थिर जल दाब Static Water Pressure

स्थिर जल दाब वह दाब है जो गुरुत्वाकर्षण बल के कारण द्रव के भीतर एक बिन्दु पर सन्तुलन की अवस्था में तरल पदार्थ द्वारा आरोपित किया जाता है। इसे हाइड्रोस्टेटिक प्रैशर भी कहते हैं। स्थिर जल दाब सतह से मापी गई गहराई के समानुपाती होता है।

$$P = \rho g H$$

जहाँ ρ = स्थिर जल का घनत्व

g = गुरुत्वीय त्वरण ($g = 9.81$ मी/से^{2})

H = दाब शीर्ष

(ii) ब्रसटिंग प्रैशर Bursting Pressure

ब्रसटिंग प्रैशर ट्यूबिंग की यांत्रिक शक्ति सीमा का प्रतिनिधित्व करता है ब्रसटिंग प्रैशर सदैव ट्यूबिंग पदार्थ की तनाव सामर्थ्य से अधिक होता है। इस प्रकार ब्रसटिंग प्रैशर निर्धारण में टयूबिंग पॉलीमर की तनाव सामर्थ्य के साथ-साथ टयूबिंग दीवार की मोटाई भी सम्मिलित होती है। पॉलीमर गुण (तनाव सामर्थ्य) रेजिन ग्रेड के आधार पर भिन्न होती हैं।

ब्रसटिंग प्रैशर की गणना निम्न सूत्र के आधार पर की जाती है, जो पॉलीमर के अनुमानित तनाव सामर्थ्य पर निर्भर करती है

$$P = \frac{T(x^2 - y^2)}{y(1 + \frac{x^2}{y^2})}$$

जहाँ P = ब्रसटिंग प्रैशर, T = तनाव सामर्थ्य

$$X = \frac{\text{ट्यूब का बाह्य व्यास}}{2}$$

$$Y = \frac{\text{ट्यूब का आन्तरिक व्यास}}{2}$$

10.7 दाब का मापन Measurement of Pressure

दाब को मापने के लिए निम्न उपकरणों का प्रयोग किया जाता है

1. साधारण मैनोमीटर Simple Manometer

यह मुख्यत: दो प्रकार का होता है

(*i*) **पिजोमीटर** (Piezometer) यह सबसे साधारण दाबमापी यन्त्र है। इसका उपयोग पाइपों में बहुत कम दाब होने पर किया जाता है।

(*ii*) **साधारण यू आकार नली मैनोमीटर** (Simple U shape Tube Manometer) यह दाबमापी U आकार की काँच की नली होती है। इसका एक भाग पाइप से जुड़ा रहता है तथा दूसरा भाग वायुमण्डल में खुला रहता है। नली के U आकार में पारा भरा होता है, जिसकी सहायता से पाइप में उष्ण दाब भी इस दाबमापी द्वारा मापा जा सकता है।

2. डिफ्रैंशियल मैनोमीटर Differential Manometer

यह एक ऐसा उपकरण है जो दो स्थानों के बीच के दाबान्तर को मापता है। इसका उपयोग पाइप में विभिन्न बिन्दुओं पर दबाव की तुलना करके गैस के प्रवाह की गतिशीलता को मापने में किया जाता है।

3. माइक्रो मैनोमीटर Micro Manometer

यह एक विशेष प्रकार का दाबमापी होता है। इसके द्वारा बहुत छोटे दाबान्तर को मापा जा सकता है।

4. प्रैशर गेज Pressure Gauge

वह यन्त्र जिसकी सहायता से हवा या गैस का दाब मापा जाता है, प्रैशर गेज कहलाता है। प्रैशर गेज में बॉर्डन प्रैशर गेज सबसे अधिक उपयोग किया जाने वाला उपकरण है। इसकी सहायता से वायुमण्डलीय दाब को मापा जा सकता है। यह लचीली धातु (कांसा) की अण्डाकार क्रॉस सेक्शन के साथ तुला ट्यूब पर आधारित है।

इसमें एक डायल फिट होता है, जिस पर कैलीब्रेटेड स्केल बनी होती है, इसी पर सूई गति करती है। दाब जितना बढ़ेगा सूई उतनी ही रीडिंग देगी। कारखानों में लगे बॉयलर के अन्दर का दाब मापने के लिए इसी गेज का उपयोग किया जाता है।

10.8 जल का विस्तार Expansion of Water

सामान्यत: पदार्थों को जब गर्म किया जाता है तो इनमें प्रसार होता है, किन्तु जब जल को 0°C से 4°C तक गर्म किया जाता है तो जल सिकुड़ता है अर्थात् जल के आयतन में कमी आ जाती है तथा घनत्व बढ़ता है। जल में होने वाले विस्तार को निम्न दो बिन्दुओं द्वारा समझा जा सकता है

1. ठण्डा होने पर जल का विस्तार Water Expansion on Freezing

जल के ठण्डा होने पर फैलने की प्रक्रिया उसके अणुओं के परस्पर प्रभाव पर निर्भर करती है। जल का निर्माण हाइड्रोजन के दो अणु और ऑक्सीजन के एक परमाणु (atom) से मिलकर होता है। हाइड्रोजन परमाणु पर धनात्मक (positive) आवेश तथा ऑक्सीजन पर ऋणात्मक आवेश (negative) होता है, जिसके कारण वह एक दूसरे की तरफ आकर्षित होते है। जब जल ठण्डा होता है, तो उनके मध्य आकर्षण बल बढ़ जाता है जिसके कारण वह षट्कोणीय संरचना बना लेते हैं।

षट्कोण संरचना में समान संख्या के परमाणु क्रम रहित (random) संरचना की अपेक्षा अधिक स्थान लेते हैं, इसलिए जल के ठण्डा होने पर वह फैलने लगता है।

2. गर्म होने पर जल का विस्तार Water Expansion on Heating

अधिकतर पदार्थ गर्म करने पर फैलते हैं। तरल पदार्थ में ठोस की तुलना में 10 गुना अधिक प्रसार होता है। जल अपने अधिकतम तापमान अर्थात् बॉयलिंग प्वॉइण्ट (Boiling point) पर फैलने लगता है।

जल की मात्रा में विस्तारण को निम्न सूत्र द्वारा ज्ञात किया जा सकता है।

$\Delta V = V_0 / \beta \Delta T$

ΔV = जल की मात्रा में विस्तारण

β = थर्मल विस्तारण का गुणांक

ΔT = तापमान में परिवर्तन (K)

10.9 पास्कल का नियम Pascal's Law

पास्कल का नियम हाइड्रॉलिक मैकेनिक्स में दाब से सम्बन्धित एक महत्त्वपूर्ण सिद्धान्त है, जिसे फ्रांसीसी वैज्ञानिक ब्लेज पास्कल ने प्रतिपादित किया था। इस सिद्धान्त के अनुसार, चारों तरफ से घिरे (covered) असम्पीडय (incompressible) तरल पदार्थ में किसी बिन्दु पर जितना दाब परिवर्तन किया जाए अर्थात् दाब को घटाया या बढ़ाया जाए, तो उस तरल पदार्थ के अन्दर प्रत्येक बिन्दु पर भी दाब में उतना ही परिवर्तन होगा।

गणितीय सूत्र,

$$\Delta p = \rho g\ (\Delta h)$$

जहाँ, Δp = तरल स्थैतिकी में दाब,

ρ = तरल का घनत्व,

g = गुरुत्वीय त्वरण का अन्तर,

Δh = गहराई पर स्थित दो बिन्दुओं के बीच की ऊँचाई में अन्तर

10.10 बरनौली का सिद्धान्त Bernoulli's Principle

स्विस के महान गणितज्ञ डैनियल बरनौली (Daniel Bernoulli's) ने 1738 ई. में बरनौली सिद्धान्त को प्रतिपादित किया था।

इस सिद्धान्त के अनुसार, जब कोई असम्पीडय और अश्यान द्रव किसी एक स्थान से दूसरे स्थान तक रेखीय प्रवाह में निश्चित गति करता है, तो इस द्रव के पथ में प्रत्येक बिन्दु पर इसके एकांक आयतन या एकांक द्रव्यमान की कुल ऊर्जा का मान स्थिर रहता है

अर्थात् बरनौली प्रमेय किसी निश्चित वेग से गतिशील असम्पीडय और अश्यान तरल के लिए दाब ऊर्जा, स्थितिज ऊर्जा और गतिज ऊर्जा के मध्य एक सम्बन्ध स्थापित करता है, क्योंकि बहते तरल की ऊर्जा का मान इन तीनों के योग के बराबर होता है।

बरनौली का प्रमेय सूत्र

जैसा कि ऊपर बताया गया है कि तरल के मार्ग के हर बिन्दु पर प्रति एकांक आयतन या द्रव्यमान की कुल ऊर्जा अर्थात् दाब स्थितिज और गतिज ऊर्जा का योग नियत रहता है, अत: इसे निम्न सूत्र द्वारा प्रदर्शित किया जाता है।

$$P + \frac{1}{2} PV^2 + \rho gh = \text{नियतांक}$$

यहाँ $(P + egh)$ स्थैतिक दाब (static pressure) तथा $\frac{1}{2}\rho V^2$ गतिक दाब (dynamic pressure) है।

10.11 पाइपों में वाटर हैमरिंग Water Hammering in Pipes

जब जल किसी हौज पाइप या पैनस्टॉक से प्रवाहित होता है, तो उसमें भार के कारण गतिज ऊर्जा संचित होती है। गतिशील वस्तु को अचानक रोकने पर उसका दाब बढ़ जाता है। प्रवाहित जल की गतिज ऊर्जा, दाब ऊर्जा में परिवर्तित हो जाती है जो हौज पाइप या पैन स्टॉक की दीवारों से टकराकर ध्वनि उत्पन्न करती है। इस घटना को वाटर हैमरिंग कहते हैं। वाटर हैमरिंग के कारण जल का दाब हौज पाइप या पैनस्टॉक में बहुत अधिक बढ़ जाता है, जिसके कारण हौज पाइप या पैनस्टॉक के फटने व लीक होने की सम्भावना बढ़ जाती है।

सामान्यत: वाटर हैमरिंग को रोकने के लिए सर्वोत्तम तथा दीर्घकालिक उपाय प्रत्येक हौज पाइप या पैनस्टॉक में वाटर हैमर ऐरेस्टर (arrester) की स्थापना है। वाटर हैमर एक पुरानी शैली के एयर चैम्बर के समान कार्य करता है। इसमें एक वायु या गैस से भरा चैम्बर होता है, जिसमें एक डायफ्राम या पिस्टन भी लगा होता है।

महत्त्वपूर्ण बिन्दु

- जल हाइड्रोजन तथा ऑक्सीजन के संघटन से बना एक यौगिक है, जिसे H_2O से प्रदर्शित करते हैं।
- गुणधर्म के आधार पर जल दो प्रकार का होता है- कठोर जल तथा मृदु जल।
- नदियाँ, झीलें, तालाब, नहरें आदि सभी जल के मुख्य स्रोत हैं।
- वह जल जो साबुन के साथ आसानी से झाग नहीं बनाता है, कठोर जल कहलाता है।
- वह जल जो साबुन के साथ आसानी से झाग बनाता है, मृदु जल कहलाता है।
- जल की कठोरता दो प्रकार की होती है-अस्थायी व स्थायी।
- जल की अस्थाई कठोरता कैल्शियम (Ca) व मैग्नीशियम (Mg) के बाई कार्बोनेटों की उपस्थिति के कारण होती है।
- जल की स्थाई कठोरता जल में उपस्थित कैल्शियम (Ca^{2+}) व मैग्नीशियम (Mg^{2+}) के क्लोराइड, सल्फेट या नाइट्रेट के कारण होती है।
- जल में मौजूद अशुद्धियों को दूर करने के लिए जलशोधन (water purification) किया जाता है।
- जल को भौतिक, यान्त्रिक एवं रासायनिक विधियों द्वारा शुद्ध किया जाता है।
- मन्द फिल्टरों की फिल्ट्रेशन (filtration) दर 100 – 150 lph/n^3 होती है।
- पानी के स्कन्दन (coagulation), तलछटीकरण या फिल्ट्रेशन से लगभग 99 % अशुद्धियाँ हट जाती हैं।
- 1 लीटर जल को रोगाणु रहित बनाने के लिए 1.3 से 5 मिग्रा ब्लीचिंग पाउडर की आवश्यकता होती है।
- पोटैशियम परमेंगनेट का रासायनिक सूत्र $KMnO_4$ है।
- ब्लीचिंग पाउडर से रोगाणुनाशन के लिए निम्न क्रिया होती है।

$$CaOCl_2 + H_2O \longrightarrow 2HOCl + Ca^{+2}$$

- शुद्ध या उदासीन जल का pH मान 7 होता है। pH मान 7.0 से कम होने पर जल अम्लीय प्रकृति का व pH का मान 7.0 से 14.0 के बीच होने पर जल क्षारीय प्रकृति का होता है।
- पास्कल का नियम फ्रेंच गणितज्ञ, ब्लेज पास्कल (Blaise Pascal) ने सत्यापित किया था।
- हाइड्रॉलिक लिफ्ट पास्कल के सिद्धान्त पर कार्य करता है।
- प्रैशर गेज की सहायता से हवा या गैस का दाब मापा जाता है।
- स्विस के महान गणितज्ञ डेनियल बरनौली ने 1738 ई. में बरनौली सिद्धान्त को प्रतिपादित किया था।

महत्त्वपूर्ण प्रश्नोत्तरी

1. जल के मुख्य स्रोत कौन-कौन से हैं?

उत्तर जल के मुख्य स्रोत नदियाँ, तालाब, झीले, नहरें आदि हैं।

2. जल की कठोरता को परिभाषित कीजिए।

उत्तर जल का वह गुण जो साबुन के साथ जल को झाग बनने से रोकता है, जल की कठोरता कहलाता है।

3. मृदु जल किसे कहते हैं?

उत्तर स्थायी एवं अस्थायी कठोरता से रहित जल को मृदु जल कहा जाता है।

4. जल में कितने प्रकार की अशुद्धियाँ पाई जाती हैं?

उत्तर जल में दो प्रकार की अशुद्धियाँ पाई जाती हैं, जिन्हें क्रमशः जल की घुलित अशुद्धियाँ तथा जल की अघुलित अथवा तैरने वाली अशुद्धियाँ कहा जाता है।

5. जल के शुद्धिकरण के लिए प्रयोग किये जाने वाले जीवाणुनाशक पदार्थों के नाम लिखिए।

उत्तर जल के शुद्धिकरण के लिए सामान्य रूप से अपनाये जाने वाले मुख्य जीवाणुनाशक पदार्थ हैं- ब्लीचिंग पाउडर, नीला थोथा, पोटैशियम परमैंगनेट तथा क्लोरीन।

6. दाब किसे कहते हैं तथा इसका सूत्र भी बताइए?

उत्तर किसी सतह के इकाई क्षेत्रफल पर लगने वाले अभिलम्ब बल को दाब (ρ) कहते हैं।

दाब का सूत्र $P = \dfrac{F}{A}$

जहाँ P = दाब F = बल तथा A = क्षेत्रफल

7. दाब के प्रकार लिखिए।

उत्तर द्रव इंजीनियरिंग में दाब मुख्यतः तीन प्रकार के होते हैं

(i) वायुमण्डलीय दाब

(ii) गेज या निर्वात् दाब

(iii) निरपेक्ष दाब

8. पास्कल का नियम लिखिए।

उत्तर किसी पात्र में स्थिर द्रव के अन्दर किसी भी बिन्दु पर द्रव का दाब सभी दिशाओं में एकसमान होता है।

अभ्यास प्रश्न

परीक्षा प्रारूपी प्रश्न

1. जल के मुख्य स्रोत निम्न में से कौन-से हैं?
(a) नदियाँ (b) नहरें
(c) झीलें (d) ये सभी

2. निम्नलिखित में से जल के यौगिक हैं
(a) हाइड्रोजन व नाइट्रोजन (b) ऑक्सीजन व क्लोराइड
(c) क्लोरीन व ऑक्सीजन (d) हाइड्रोजन व ऑक्सीजन

3. लगभग कितने फुट से प्राप्त जल पीने योग्य होता है?
(a) 60 (b) 80 (c) 70 (d) 90

4. पृथ्वी का कितना भाग जल से घिरा है?
(a) $\frac{1}{3}$ (b) 2/3 (c) $\frac{1}{4}$ (d) 2/4

5. जल की जाँच की क्रियाएँ है
(a) भौतिक (b) जैविक
(c) रासायनिक (d) ये सभी

6. घर पर शुद्ध पेयजल प्राप्त करने के लिए सर्वोत्तम उपाय है
(a) जल का आसवन करना
(b) जल को उबालना
(c) जल का अवक्षेपण करना
(d) जल का क्लोरीनीकरण करना

7. आसवन विधि द्वारा शुद्ध किए गए जल का नाम है
(a) कठोर जल (b) आसुत जल
(c) प्राकृतिक जल (d) मृदु जल

8. आसुत जल का प्रयोग किसमें किया जाता है?
(a) दवाओं में (b) खाना बनाने में
(c) पीने में (d) सफाई करने में

9. कपड़ों की धुलाई के लिए कौन-सा जल उत्तम होता है?
(a) मृदु (b) कठोर
(c) ठण्डा (d) गर्म

10. कठोर जल में कौन-से लवण घुले रहते हैं?
(a) लौह लवण (b) कैल्शियम कार्बोनेट
(c) फॉस्फोरस (d) पोटैशियम

11. जल की अघुलित अशुद्धियों को जल से अलग किया जा सकता है
(a) अवक्षेपण क्रिया द्वारा
(b) आसवन क्रिया द्वारा
(c) उबालने की क्रिया द्वारा
(d) छानने की क्रिया द्वारा

12. व्यापक स्तर पर जल को कीटाणुरहित करने का उत्तम उपाय है
(a) उबालना
(b) आसवन
(c) ब्लीचिंग पाउडर अथवा क्लोरीन का प्रयोग
(d) कुछ भी करना व्यर्थ है

13. कार्बनिक अशुद्धियाँ निम्न में से किससे सम्बन्धित होती हैं?
(a) शैवाल (b) रेत
(c) 'a' और 'b' दोनों (d) सब्जियों के छिलके

14. जलशोधन के प्रथम चरण में निम्न में से कौन-सी प्रक्रिया की जाती है?
(a) कार्बन फिल्ट्रेशन (b) तलछट फिल्ट्रेशन
(c) कण फिल्ट्रेशन (d) अल्ट्रा फिल्ट्रेशन

15. कुएँ के जल को शुद्ध करने के लिए उसमें डालते हैं
(a) पोटैशियम परमैंगनेट
(b) ब्लीचिंग पाउडर
(c) गन्धक
(d) डी. डी. टी. पाउडर

16. जल शुद्धिकरण के लिए प्रयोग किया जाता है
(a) सोडियम परमैंगनेट (b) ब्लीचिंग पाउडर
(c) कैल्शियम (d) जिंक ऑक्साइड

17. क्लोरीन की मात्रा का पता लगाने के लिए किया जाने वाला परीक्षण है
(a) क्लोरीनेशन (b) फिल्टर परीक्षण
(c) ऑर्थो टॉलूडाइन परीक्षण (d) इनमें से कोई नहीं

18. जल की स्थाई कठोरता किसके कारण होती है?
(a) मैग्नीशियम, कैल्शियम क्लोराइड व सल्फेट लवण
(b) मैग्नीशियम व कैल्शियम के बाइकार्बोनेट लवण
(c) 'a' और 'b' दोनों
(d) उपरोक्त में से कोई नहीं

19. दाब की SI इकाई क्या है?
(a) न्यूटन (b) वेबर
(c) पास्कल (d) हेनरी

20. शून्य दाब को मानक मानकर मापा गया दाब कहलाता है
(a) निरपेक्ष दाब (b) गेज दाब
(c) निर्वात् दाब (d) परम दाब

21. दाब है
(a) अदिश राशि (b) सदिश राशि
(c) 'a' और 'b' दोनों (d) इनमें से कोई नहीं

22. हाइड्रॉलिक लिफ्ट किस सिद्धान्त पर काम करती हैं?
(a) न्यूटन का नियम
(b) पास्कल का नियम
(c) आर्किमिडीज का सिद्धान्त
(d) जूल का नियम

23. बरनौली प्रमेय आधारित है
(a) रेखीय संवेग संरक्षण पर
(b) ऊर्जा संरक्षण पर
(c) द्रव्यमान संरक्षण पर
(d) कोणीय संवेग संरक्षण पर

24. बरनौली प्रमेय पूर्णतः सत्य है
(a) आदर्श द्रव के धारा-अरेखीय प्रवाह के लिए
(b) आदर्श द्रव के धारा-रेखीय प्रवाह के लिए
(c) वास्तविक द्रव के धारा रेखी प्रवाह के लिए
(d) उपरोक्त में से कोई नहीं

25. निम्न में किस मीटर का उपयोग जल के रंग को मापने के लिए किया जाता है?
(a) टिंटो मीटर (b) मोनोमीटर
(c) हाइड्रोमीटर (d) थर्मामीटर

26. पीने योग्य जल का वांछनीय तापमान होता है
(a) 5°C (b) 6°C (c) 8°C (d) 10°C

27. शुद्ध जल का रंग होता है
(a) सफेद
(b) नीला
(c) हरा
(d) कोई रंग नहीं

28. जल की कठोरता ज्ञात करने के लिए कौन-सा परीक्षण किया जाता है?
(a) जीवाणु परीक्षण (b) जिओलाइट परीक्षण
(c) रासायनिक परीक्षण (d) इनमें से कोई नहीं

29. कठोर जल से कैल्शियम तथा मैग्नीशियम को हटाने के लिए निम्न में से किस प्रक्रिया का उपयोग किया जाता है?
(a) लाइम सोडा प्रक्रिया
(b) जिओ लाइट प्रक्रिया
(c) डि-मिनरलाइजेशन प्रक्रिया
(d) रिवर्स ऑस्मोसिस प्रक्रिया

30. वर्तमान समय में जल को शुद्ध करने का प्रचलित प्रकार है
(a) फिल्टरेशन (b) रसायनिक
(c) क्लोरीनेशन (d) ये सभी

उत्तरमाला

1. (d)	**2.** (d)	**3.** (c)	**4.** (b)	**5.** (d)	**6.** (b)	**7.** (b)	**8.** (a)	**9.** (a)	**10.** (b)
11. (d)	**12.** (c)	**13.** (c)	**14.** (b)	**15.** (a)	**16.** (b)	**17.** (c)	**18.** (a)	**19.** (c)	**20.** (a)
21. (a)	**22.** (b)	**23.** (b)	**24.** (b)	**25.** (a)	**26.** (d)	**27.** (d)	**28.** (c)	**29.** (b)	**30.** (a)

अध्याय 11

ह्यूम व ऐस्बेस्टस पाइप

Hummed & Asbestos Pipes

अध्याय विषय सूची

व्यावहारिक जीवन तथा औद्योगिक इकाइयों में तरल पदार्थ (द्रव या गैस) के स्थानान्तरण हेतु पाइपों का उपयोग व्यापक रूप से किया जाता है। पाइपों के द्वारा तरल पदार्थ को उचित दाब, ताप तथा वेग के साथ वांछित स्थान पर पहुँचाया जा सकता है। सामान्यत: पाइप ढलवाँ लोहे, पिटवाँ लोहे, ऐस्बेस्टस सीमेण्ट, पी.वी.सी. आदि पदार्थों के बनाए जाते हैं। प्लम्बिंग कार्यों में विभिन्न प्रकार के पाइप (जैसे— कास्ट आयरन पाइप, रॉट आयरन पाइप, जी.आई (GI) पाइप, प्लास्टिक पाइप, ह्यूम पाइप, ऐस्बेस्टस सीमेण्ट पाइप, स्टील पाइप) प्रयोग किए जाते हैं जिनमें से ह्यूम पाइप व ऐस्बेस्टस सीमेण्ट पाइप का प्रयोग जल वितरण प्रणाली, घरेलू मल टैंकों (sewer tank) व नालों, पुलियों आदि में अधिकतर किया जाता है। इन सभी कार्यों में प्रयुक्त करने के लिए पाइपों में विभिन्न प्रकार के जोड़ लगाये जाते हैं तथा इन्हें ठीक प्रकार से संरेखित भी किया जाता है।

प्रस्तुत अध्याय में ह्यूम व ऐस्बेस्टस पाइपों की ले-आउट विधि व पाइपों के संरेखन तथा उन्हें जोड़ना आदि का विस्तृत वर्णन किया गया है।

11.1 ह्यूम पाइप Hume pipe

ह्यूम पाइप एक प्रकार की कंक्रीट ट्यूब है जिसका निर्माण रि-इनफोर्स्ड (Re-inforced) स्टील छड़ों तथा सीमेण्ट के द्वारा किया जाता है। 1910 में ऑस्ट्रेलिया में ह्यूम बन्धुओं के द्वारा इसका आविष्कार किया गया था। ह्यूम पाइप के निर्माण हेतु कंक्रीट को एक फॉमवर्क में डाला जाता है तथा अक्षीय रूप में घुमाकर सेन्ट्रीफ्यूगल बल द्वारा वांछित बेलनाकार आकार प्रदान किया जाता है। ह्यूम पाइप आन्तरिक और बाह्य दाब को अच्छी तरह से वहन कर सकते हैं। इसका उपयोग मुख्य रूप से सीवर पाइप, कृषि जलमार्ग और आवासीय निर्माण के लिए किया जाता है। इन्हें आर.सी.सी. पाइप भी कहा जाता है। इनकी वृहद् संरचना तथा अधिक भार के कारण इनके स्थानान्तरण में कठिनाई होती है।

भारतीय मानक संस्थान (IS : 458-1961) के अनुसार ह्यूम पाइप का वर्गीकरण छः भागों में किया गया है।

श्रेणी	विवरण	प्रयोग
NP1.	प्रबलित कंक्रीट बिना दाब वाले पाइप	जमीन के ऊपर या जल निकासी सिंचाई के लिए इसका प्रयोग करते हैं।
NP2.	प्रबलित कंक्रीट हल्के निम्न दाब वाले पाइप	हल्के यातायात हेतु पुलिया निर्माण में इसका प्रयोग करते हैं।
NP3.	प्रबलित कंक्रीट, हल्के व बिना दाब वाले पाइप	इसका प्रयोग भारी परिवहन के लिए किया जाता है। जैसे रेलवे के उपकरणों को ले जाने के लिए।
P1.	प्रबलित कंक्रीट दाब पाइप हाइड्रो स्टैटिक 2.0 kg/cm^2 के दबाव पर	भारी वाहनों पर प्रयोग करने के लिए इनका उपयोग करते हैं।
P2.	प्रबलित कंक्रीट दाब पाइप हाइड्रो स्टैटिक 2.0kg/cm^2 (40 Kg/cm head) (40 m head) के दाब पर	पम्पिंग के लिए इसका वास्तविक दबाव का 1/2 है जो परीक्षण दबाव से अधिक नहीं है।
P3.	प्रबलित कंक्रीट दबाव पाइप टेस्टिड हाइड्रो स्टैटिक 6.0 kg/cm^2 (60 m head) के दबाव पर	इसका प्रयोग किया जाता है इसका कार्यकारी दाब वास्तविक दाब का 1/2 है जो परीक्षण दबाब से अधिक नहीं है।

मानक IS : 458-1971 के अनुसार साधारण ह्यूम (hume) पाइप के विनिर्देश

क्रमांक	श्रेणी	व्यास	परीक्षण दबाव	प्रयोग
1.	श्रेणी P_1	80-1200	2	गुरुत्वाकर्षण डिजाइन में उपयोग के लिए दाब 1.33 किग्रा/सेमी^{2} से अधिक नहीं होना चाहिए।
2.	श्रेणी P_2	80-600	4	पम्पिंग डिजाइन में उपयोग के लिए दाब 2 किग्रा/सेमी^{2} से अधिक नहीं होना चाहिए।
3.	श्रेणी P_3	80-400	6	पम्पिंग डिजाइन में उपयोग के लिए दाब 2 किग्रा/सेमी^{2} से अधिक नहीं होना चाहिए।

ह्यूम पाइपों के लाभ Advantages of Pipes

ह्यूम पाइपों के लाभ निम्नलिखित हैं

(*i*) इन पाइपों के रख-रखाव में कम लागत आती है।
(*ii*) यह पाइप अधिक भार सहन करने में सक्षम होते हैं।
(*iii*) इन पर पेन्ट करने की आवश्यकता नहीं होती है।
(*iv*) पाइप अधिक समय तक उपयोग में लाए जा सकते हैं।
(*v*) इन पाइपों को आसानी से जोड़ा जा सकता है।

ह्यूम पाइपों की हानियाँ Disadvantages of Pipes

ह्यूम पाइपों की हानियाँ निम्नलिखित हैं

(*i*) ह्यूम पाइप को बनाना कठिन और खर्चीला होता है।
(*ii*) इनका वजन अधिक होने के कारण इनको एक स्थान से दूसरे स्थान पर ले जाने में कठिनाई होती है।
(*iii*) पाइपों के टूट जाने पर इनकी दोबारा मरम्मत नहीं की जा सकती है।

ह्यूम पाइप के लिए जोड़ Joint for Hume Pipes

कॉलर जोड़ (Collar Joint) का प्रयोग अधिकतर ह्यूम पाइप को जोड़ने के लिए किया जाता है। पाइप को ज्वॉइण्ट करने से पहले उन्हें समान स्तर (level) पर रखते हैं। इसके पश्चात् रबर गैस्केट को पाइप के सिरों पर स्टील रिंग के साथ लगा दिया जाता है। फिर स्टील रिंग को कॉलर (collar) में रखकर बीच की खाली जगह में सीमेण्ट गारा (mortar) भर दिया जाता है।

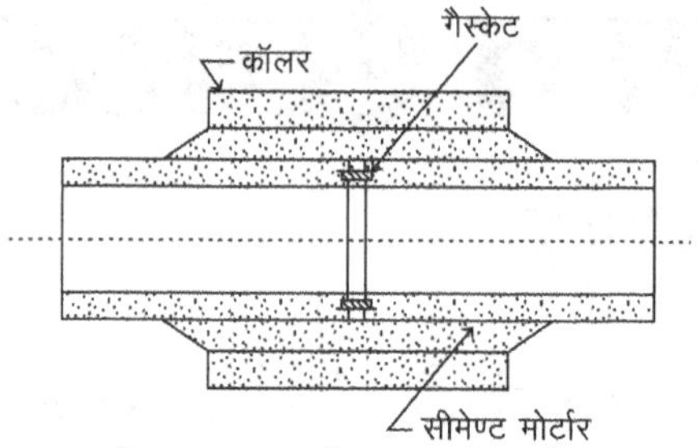

चित्र ह्यूम पाइप में प्रयुक्त कॉलर जोड़

11.2 ऐस्बेस्टस सीमेण्ट पाइप
Asbestos Cement Pipe

ऐस्बेस्टस सीमेण्ट प्रैशर पाइप, ऐस्बेस्टस फाइबर और 33 ग्रेड के साधारण पोर्टलैण्ड सीमेण्ट के समांगी मिश्रण (homogeneous mixture) से बने होते हैं। कुछ विशेष स्थितियों में पोर्टलैण्ड सीमेण्ट की प्रतिशतता को कम करने के लिए सिलिका तथा पोजोलाना (pozzolana) का मिश्रण भी मिलाया जाता है। इसके अतिरिक्त कुछ कार्बनिक तथा अकार्बनिक फाइबर को भी मिश्रण में मिलाया जाता है। इस प्रकार के पाइपों का उपयोग प्राय: वर्षा के जल के निकास के लिए किया जाता है। इन पाइपों पर लवण अथवा संक्षारण का कोई प्रभाव नहीं पड़ता है। ऐस्बेस्टस सीमेण्ट पाइप मुख्यत: दो प्रकार से वर्गीकृत किये जाते हैं

1000 मिमी तक के नॉमिनल व्यास वाले पाइप
Pipes of Nomimal Diameter Up to 1000 mm

1000 मिमी नॉमिनल व्यास के ऐस्बेस्टस सीमेण्ट पाइपों को हाइड्रॉलिक प्रैशर टेस्ट के अनुसार निर्दिष्ट किया जाता है। हाइड्रॉलिक प्रैशर टेस्ट को पाँच श्रेणी में विभाजित किया जाता है, जो तालिका संख्या-1 द्वारा प्रदर्शित की गई है।

तालिका-1

क्र.सं.	श्रेणी	हाइड्रॉलिक टेस्ट प्रैशर, TP (MPa)
(i)	10	1.0
(ii)	15	1.5
(iii)	20	2.0
(iv)	25	2.5

नोट *हाइड्रॉलिक वर्किंग प्रैशर (hydraulic working pressure) कभी भी हाइड्रॉलिक टेस्ट प्रैशर के 50 प्रतिशत से अधिक नहीं होना चाहिए।*

1000 मिमी से अधिक नॉमिनल व्यास वाले पाइप

Pipe of Nominal Diameter exceeding 1000 mm

1000 मिमी से अधिक नॉमिनल व्यास वाले पाइपों की डिजाइनिंग किसी विशेष पाइपलाइन में विशिष्ट आवश्यकताओं को पूर्ण करने के लिए की जाती है। इस प्रकार के पाइपों का डिजाइन ब्रस्टिंग प्रैशर (Bursting Pressure, BP) एवं हाइड्रॉलिक टेस्ट प्रैशर (Hydraulic Test Pressure, H TP) तथा ब्रस्टिंग प्रैशर एवं वर्किंग प्रैशर (Working Pressure, WP) के अनुपातिक सम्बन्धों के आधार पर की जाती है। इन अनुपातिक सम्बन्धों को सारणी संख्या-2 द्वारा प्रदर्शित किया गया है।

तालिका 2

क्र.सं.	नॉमिनल व्यास	$\frac{BP}{TP}$	$\frac{BP}{WP}$
(i)	From 50 to 100	2	4
(ii)	From 125 to 200	1.75	3.5
(iii)	From 250 to 1000	1.5	3

तालिका 3 ऐस्बेस्टस सीमेण्ट प्रैशर पाइप की विमाएँ

क्र.स.	नॉमिनल व्यास	श्रेणी 10		श्रेणी 15		श्रेणी 20		श्रेणी 25	
		मोटाई	बाह्य व्यास	मोटाई	बाह्य व्यास	मोटाई	बाह्य व्यास	मोटाई	बाह्य व्यास
1.	50	9.5	69.0	9.5	69.0	11.0	71.5	13.5	76.5
2.	60	9.5	79.0	9.5	79.0	11.0	81.5	13.5	86.5
3.	80	9.5	99.5	9.5	99.5	11.0	101.5	13.5	106.5
4.	100	9.5	120.5	10.0	121.0	13.5	126.5	16.5	132.5
5.	125	9.5	145.0	11.0	147.0	14.0	152.5	17.5	159.5
6.	150	9.5	171.0	13.0	176.5	16.5	183.0	21.0	191.0
7.	200	--	--	16.5	233.5	22.0	242.5	27.5	253.5
8.	250	--	--	17.0	284.5	23.0	294.5	28.5	305.5
9.	300	--	--	20.0	340.5	27.0	352.5	34.5	366.5
10.	350	--	--	21.0	392.5	27.5	405.5	35.0	419.0
11.	400	--	--	24.0	448.0	32.0	463.0	39.5	478.0
12.	450	--	--	26.5	498.0	35.5	515.0	44.0	532.0
13.	500	--	--	29.0	554.5	39.0	572.5	48.5	591.5
14.	600	--	--	35.0	665.5	46.0	686.5	58.0	710.5
15.	700	--	--	38.0	769.0	51.5	795.0	65.5	823.0
16.	750	--	--	40.5	824.0	55.0	853.0	70.0	882.0
17.	800	--	--	43.5	880.0	59.0	910.0	75.0	941.0
18.	850	--	--	46.0	935.0	62.5	967.0	79.5	1000.0
19.	900	--	--	48.5	990.0	66.0	1024.0	84.0	1059.0
20.	1000	--	--	54.0	1,101.0	73.5	1138.0	93.5	1177.0

ऐस्बेस्टस पाइप जोड़ Asbestos Pipe Joint

ऐस्बेस्टस पाइप प्रकृति में भंगुर होते हैं जिसके फलस्वरूप अधिक दाब पड़ने पर ये विफल हो जाते हैं। अतः इन्हें सूक्ष्म व्यास में कास्टिंग करके बनाया जाता है। इन छोटे व्यास के पाइपों को जोड़ने के लिए दो रबड़ के छल्लों अथवा रिंग को इन पाइपों के सिरों पर चढ़ाकर लीक प्रूफ जोड़ बनाया जाता है। पाइप को जोड़ पर चढ़ाने के लिए दाब या बल का प्रयोग किया जाता है।

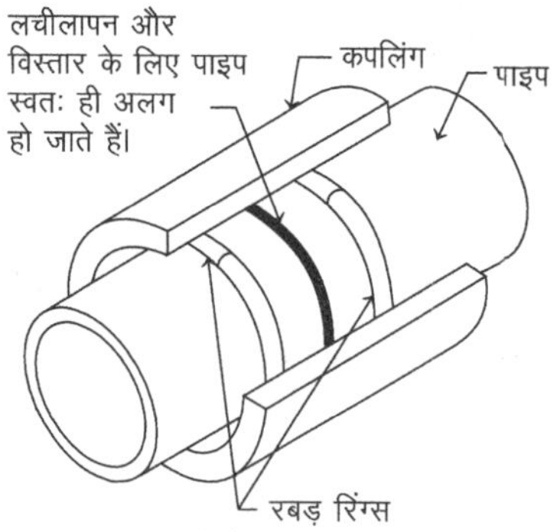

चित्र ऐस्बेस्टस पाइप जोड़

ऐस्बेस्टस पाइप के लाभ Advantages of Asbestos Pipes

(*i*) इन पाइपों को आसानी से जोड़ा जा सकता है।
(*ii*) ऐस्बेस्टस पाइप जंग प्रतिरोधी होते हैं।
(*iii*) कास्ट आयरन पाइप की तुलना में इसकी लागत कम होती है।
(*iv*) यह पाइप लम्बे समय तक कार्यरत रहते हैं।
(*v*) इनका वजन हल्का होता है इसलिए इन्हें आसानी से एक स्थान से दूसरी स्थान पर ले जाया जा सकता है।

ऐस्बेस्टस पाइप की हानियाँ
Disadvantages of Asbestos Pipes

(*i*) खराब होने पर इन पाइपों का सुधार कार्य करना अधिक कठिन और महँगा होता है।
(*ii*) इन पाइपों की प्रतिरोधक क्षमता निम्नतम होती है।
(*iii*) यह पाइप अन्य पाइपों की तुलना में हल्के होते हैं। इसलिए बाहरी दाब पड़ने पर ये चटक कर टूट जाते हैं।
(*iv*) ढ़लाई के दौरान मजदूरों की सुरक्षा की समस्या रहती है।

11.3 पाइपों को बिछाना Laying out of Pipes

पाइपों को विभिन्न प्रकार से बिछाया जाता है

1. घरेलू पानी की पाइप लाइन बिछाना
Laying out of Domestic Water Pipe line

घरों में पानी की सप्लाई हेतु प्लास्टिक, स्टील, कास्ट आयरन या ठोस कॉपर के बने पाइप उपयोग में लाए जाते हैं। घरों में सप्लाई दी जाने वाली पाइपों की मोटाई का व्यास 5/4 इंच से कम नहीं होना चाहिए। यदि पाइप छोटा होगा, तो घर्षण अधिक होगा और पानी की सप्लाई भी कम होगी। घरों में सिंक, शौचालय, बाथ-टब का एडजस्टमेन्ट इस प्रकार किया जाना चाहिए जिससे पाइप लाइनों में घर्षण न्यूनतम हो और पानी सप्लाई अधिकतम हो। यदि पाइप लाइनों में घर्षण अधिक होगा तो पानी कम आएगा। वह पाइप लाइन जो घर के बेसमेन्ट से पहले या दूसरे मंजिल की ओर सीधी जाती है उन्हें राइजर तथा जो पाइप लाइन राइजर से होकर पृथ्वी के पैरेलल जाती हैं उन्हे शाखाएँ (branch) कहते हैं।

2. निकासी पाइपों को बिछाना
Laying out of Discharge Pipe

घरों से पानी के निकासी के लिए ढलवाँ लोहे से बने पाइप का प्रयोग किया जाता है। ढलवाँ लोहे के पाइप अन्य पाइपों की अपेक्षा अधिक मजबूत होते हैं। निकासी पाइप लाइन को बिछाने से पूर्व पाइपों की लम्बाई, लगाए जाने वाले जोड़ों की संख्या आदि बिन्दुओं की भली-भाँति गणना कर लेनी चाहिए। इसके अतिरिक्त नालियों की गहराई की भी जाँच करने के बाद ही कार्य आरम्भ करना चाहिए। इससे पाइप का समायोजन ठीक प्रकार से हो जाए और पानी रुकने जैसी समस्या उत्पन्न न हो।

3. जमीन की सतह पर पाइपों को बिछाना
Laying out of Pipes on Earth's Surface

पानी या गैस की सप्लाई को एक स्थान से दूसरे स्थान तक पहुँचाने के लिए जमीन की सतह पर पाइपों को बिछाया जाता है। सतह पर पाइप को बिछाने से पूर्व उसके नीचे की सतह को समान स्तर पर समायोजित करते हैं। पाइपों को बिछाते समय जोड़ने के लिए प्रसार जोड़ (expansion joint) का प्रयोग करते हैं, जिससे कि पाइप वायुमण्डलीय परिवर्तन के कारण उत्पन्न हुए ऊष्मीय बलों के अनुसार फैल (expand) या सिकुड़ (contract) सके। इन पाइपों के निरीक्षण, रख-रखाव और मरम्मत कार्य को सुदृढ़ बनाने के लिए 6 से 12 मी के अन्तर पर ब्लॉक (block) बनाएँ तथा वाल्वों को लगाएँ।

11.4 पाइप संरेखन Pipe Alignment

व्यावसायिक ओर औद्योगिक स्तर पर उपयोग में आने वाले पाइप; जैसे—स्टील पाइप, आर.सी.सी. पाइप, ऐस्बेस्टस सीमेण्ट पाइप आदि को लगाने या बिछाने से पूर्व उनका संरेखन कर लेना चाहिए। इससे पाइपों के अन्दर घर्षण (friction) कम होता है और पानी की सप्लाई सामान्य रूप से होती रहती है।

पानी की सप्लाई के पाइप का डिजाइन और समायोजन (adjustment) इस प्रकार का होना चाहिए कि जब पानी की सप्लाई को रोकना हो, तो पाइप के अन्दर बचे पानी को आसानी से बाहर निकाला जा सके। पाइपों को उठाने, रखने व बिछाने के लिए पुली ब्लॉक, रस्सी आदि का उपयोग करना चाहिए। इससे पाइप को बिना टूटे-फूटे उचित ढंग से कार्य में लाया जा सकता है।

11.5 ह्यूम एवं ऐस्बेस्टस पाइप को जोड़ना
Joining of Hummed and Asbestos Pipes

दो या दो से अधिक पाइपों को जोड़कर एक समान लम्बाई की पाइप लाइन बनाने की प्रक्रिया को पाइप ज्वॉइनिंग कहते हैं। दो पाइपों के वह सिरे जहाँ से उन्हें एक-दूसरे से जोड़ते हैं,

इस प्रकार पाइप को सही स्थिति में लाया जाता है। इसे सोल्डर जोड़ (solder joint) भी कहते हैं।

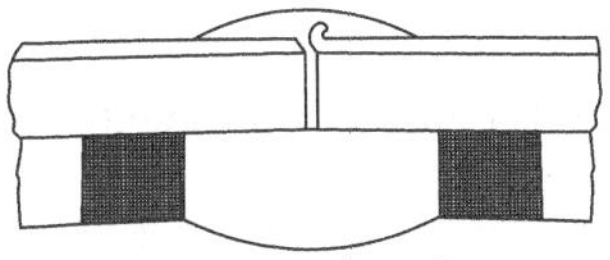

चित्र अण्डर हैण्ड जोड़

(*ii*) **अपराइट जोड़** (Upright joint) इस जोड़ का प्रयोग पाइपों को लम्बरूप (vertically) में जोड़ने के लिए किया जाता है। यह जोड़ अण्डर हैण्ड जोड़ जैसा ही होता है। इसमें अन्तर सिर्फ इतना होता है कि इस जोड़ में पाइपों को लम्बवत् जोड़ा जाता है तथा इसमें जोड़ वाले स्थान पर सोल्डर गिराने के लिए पहले स्पलैश स्टिक (splash stick) का प्रयोग करते हैं, फिर बाद में ब्लो लैम्प व क्लाथ द्वारा इसे फिक्स कर लिया जाता है।

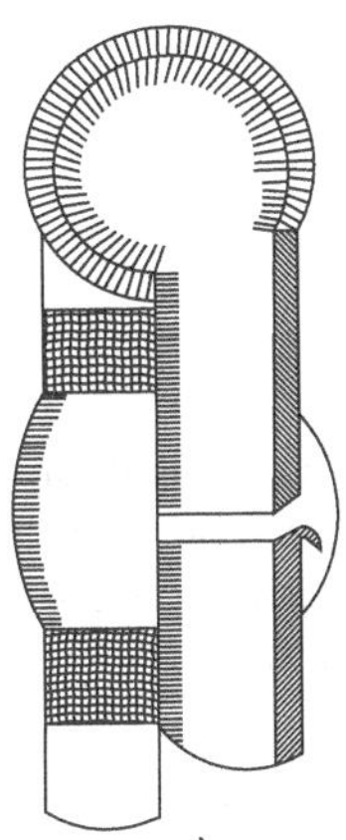

चित्र अपराइट लैड पाइप जोड़

2. ब्रांच जोड़ Branch Joint

इस प्रकार के जोड़ का प्रयोग एक मेन पाइप लाइन से ब्रान्च पाइप लाइन निकालने के लिए किया जाता है। ब्रान्च लाइन निकालने के लिए मेन लाइन में छिद्र करके उसके मुँह को बाहर के तरफ मोड़ देते हैं और सॉकेट की आकृति बना लेते हैं। फिर दूसरे पाइप (spigot) को सॉकेट या छिद्र में फिट कर देते हैं। इसके पश्चात् जोड़ वाले स्थान को सोल्डर द्वारा फिक्स कर दिया जाता है।

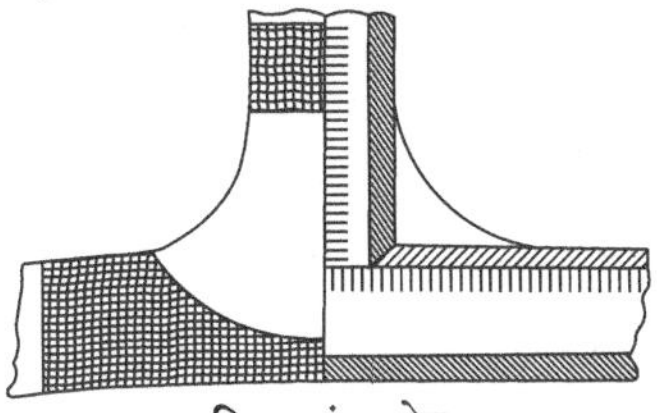

चित्र ब्रांच जोड़

3. टेफ्ट जोड़ Taft Joint

इस जोड़ का प्रयोग भी लैड पाइपों को जोड़ने में किया जाता है। इसमें एक पाइप के सिरे को सॉकेट और दूसरे पाइप के सिरे को स्पिगॉट बनाकर एक-दूसरे में फिट कर देते हैं। तत्पश्चात् स्पलैश स्टिक द्वारा जोड़ वाले स्थान पर सोल्डर गिराते हैं। उसके बाद फिर ब्लो लैम्प (blowlamp) और वाइपिंग क्लॉथ (wipping cloth) द्वारा जोड़ को फिक्स कर देते हैं।

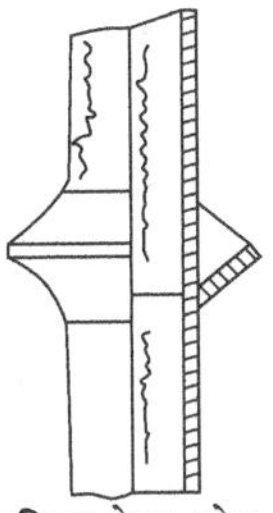

चित्र टेफ्ट जोड़

4. प्रसार जोड़ Expansion Joint

यह जोड़ ओपेन पाइप लाइनों पर लगाए जाते हैं, क्योंकि इन पाइप लाइनों पर मौसम का प्रभाव पड़ता है। अत: इस प्रकार के जोड़ का प्रयोग पाइप लाइनों को ऊष्मीय प्रतिबलों से उत्पन्न होने वाली हानि से बचाने के लिए किया जाता है। इसमें पाइप का सॉकेट सिरा (socket end) फॉलोअर रिंग (follower ring) के साथ जुड़ा होता है। फॉलोअर रिंग दूसरे पाइप के स्पिगॉट सिरे (spigot ends) के साथ आसानी से आगे-पीछे की जा सकती है। स्पिगॉट और सॉकेट सिरे के मध्य खाली स्थान में लचीला रबड़ एवं गैस्केट (gasket) को बोल्ट की सहायता से लगा दिया जाता है। स्पिगॉट सिरे व सॉकेट सिरे के मध्य कुछ खाली स्थान छोड़ दिया जाता है जिससे कि वायुमण्डल के तापमान में परिवर्तन होने से पाइप का आकार स्वत: ही संकुचित तथा विस्तारित हो सके।

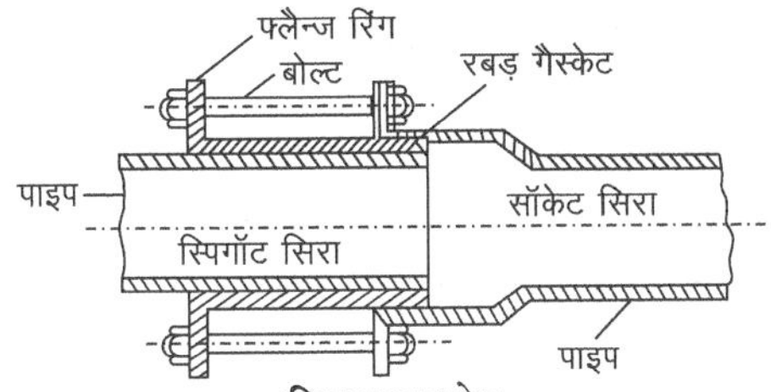

चित्र प्रसार जोड़

12.2 जोड़ों में प्रयुक्त सोल्डर्स तथा फ्लक्स
Solders and Fluxes used in Joints

सोल्डर Solder

टिन (tin) तथा लैड (lead) जैसी नरम धातुओं को विभिन्न प्रतिशतता में मिलाकर सोल्डर बनाया जाता है। सबसे अधिक प्रयोग होने वाला सोल्डर टिन तथा लैड को 63 : 37 के अनुपात में मिलाने से प्राप्त होता है।

नोट *धातु के दो या दो से अधिक पाट्र्स को सोल्डर के माध्यम से जोड़ने की क्रिया को सोल्डरिंग (soldering) कहते हैं।*

फ्लक्स Fluxes

सोल्डरिंग करने में फ्लक्स का महत्त्वपूर्ण योगदान है। ताप के बढ़ने के साथ कार्यखण्ड की सतह का ऑक्सीकरण शुरू होता है, जिसके कारण सोल्डर कार्यखण्ड से नहीं जुड़ पाता है। अत: इस ऑक्साइड परत को दूर करने के लिए फ्लक्स का प्रयोग किया जाता है। बाजार में फ्लक्स पाउडर, पेस्ट या द्रव के रूप में उपलब्ध हैं।

नोट *सोल्डर तथा फ्लक्स के विस्तृत अध्ययन के लिए अध्याय-6 का अवलोकन करें।*

महत्त्वपूर्ण बिन्दु

- घरों में ओवरहैड टैंक से विभिन्न स्थानों को पानी पहुँचाने व सीवर आदि को निष्कासित करने के लिए पाइपों का प्रयोग किया जाता है।
- लैड पाइप, पीने योग्य पानी के लिए प्रयोग नहीं किए जाते हैं, क्योंकि इन पाइपों में उपस्थित लैड प्वाइजनिंग होता है।
- अण्डर हैण्ड जोड़ का प्रयोग पाइपों को क्षैतिज रूप में जोड़ने के लिए किया जाता है।
- अपराइट जोड़ का प्रयोग पाइपों को लम्बरूप (vertically) में जोड़ने के लिए किया जाता है।
- ब्रांच जोड़ का प्रयोग मेन पाइप लाइन से ब्रांच पाइप लाइन को निकालने के लिए किया जाता है।
- प्रसार जोड़ का प्रयोग पाइप लाइनों को ऊष्मीय प्रतिबलों से उत्पन्न होने वाली हानि से बचाने के लिए किया जाता है।
- पाइप के सिरों में मुक्त चलन (free movement) के लिए प्रसार जोड़ का प्रयोग किया जाता है।
- धातु के दो या दो से अधिक पार्ट्स को सोल्डर के माध्यम से जोड़ने की क्रिया सोल्डरिंग कहलाती है।
- सोल्डर दो धातुओं से निर्मित एक मिश्रधातु है, जो कि लैड और टिन से तैयार की जाती है।
- सोल्डर का उपयोग ताँबा, पीतल या इनकी मिश्र धातुओं को जोड़ने के लिए किया जाता है।
- सोल्डरिंग प्रक्रिया में उपयोग होने वाला फ्लक्स पाउडर, पेस्ट तथा द्रव तीनों अवस्थाओं में उपलब्ध होता है।
- कार्यखण्ड की सतह से ऑक्साइड परत को दूर करने के लिए फ्लक्स का प्रयोग किया जाता है।

महत्त्वपूर्ण प्रश्नोत्तरी

1. लैड पाइप का प्रयोग किस लिए किया जाता है?

उत्तर लैड पाइप का प्रयोग जल वितरण प्रणाली में क्लोनीकरण के लिए किया जाता है। इसके अतिरिक्त बरसाती पानी आदि के निकास के लिए भी किया जाता है।

2. पाइपों को लम्बरूप में जोड़ने के लिए किस जोड़ का प्रयोग किया जाता है?

उत्तर पाइपों को लम्बरूप (vertically) में जोड़ने के लिए अपराइट जोड़ का प्रयोग किया जाता है।

3. पाइपों को क्षैतिज रूप में किस प्रकार जोड़ा जाता है?

उत्तर पाइपों को क्षैतिज रूप में जोड़ने के लिए अण्डर हैण्ड जोड़ का प्रयोग किया जाता है।

4. ब्रांच जोड़ का प्रयोग कब किया जाता है?

उत्तर ब्रांच जोड़ का प्रयोग तब किया जाता है, जब एक मेन लाइन से ब्रांच लाइन निकाली जाती है।

5. टेफ्ट जोड़ को परिभाषित कीजिए।

उत्तर टेफ्ट जोड़ का उपयोग लैड पाइपों को जोड़ने के लिए किया जाता है। इस प्रकार के जोड़ में किसी पाइप के एक सिरे को थोड़ा बड़ा करके, खोलकर या उसकी टेफ्टिंग की जाती है और दूसरे पाइप के सिरे पर 1/4 गहराई तक प्रवेश कराया जाता है।

6. प्रसार जोड़ (expansion) में पाइप के सिरों के मध्य जगह क्यों छोड़ते हैं?

उत्तर प्रसार जोड़ में पाइप के सिरों के मध्य जगह इसलिए छोड़ते हैं, जिससे कि ऊष्मीय प्रतिबलों के प्रभाव से पाइप. टूटे नहीं।

7. ऊष्मीय प्रतिबलों का पाइप पर क्या प्रभाव पड़ता है?

उत्तर वायुमण्डलीय परिवर्तन के कारण उत्पन्न ऊष्मीय प्रतिबलों के कारण पाइप फैलते (expand) व सिकुड़ते (contract) हैं।

8. सोल्डरिंग किसे कहते हैं?

उत्तर धातु के दो या दो से अधिक पार्ट्स (parts) को सोल्डर के माध्यम से जोड़ने की क्रिया को सोल्डरिंग कहते हैं।

अभ्यास प्रश्न

परीक्षा प्रारूपी प्रश्न

1. लैड पाइप में निम्न में से क्या नहीं होती है?
(a) कॉलर
(b) चूड़ियाँ
(c) (a) और (b) दोनों
(d) उपरोक्त में से कोई नहीं

2. लैड पाइपों को जोड़ते समय ताप देने के लिए क्या प्रयोग करते हैं?
(a) वाइपिंग क्लाथ
(b) ब्लो लैम्प
(c) सोल्डरिंग आयरन
(d) हैचेट

3. निम्न में से कौन-सा जोड़ लैड पाइप में प्रयुक्त किए जाते हैं?
(a) अण्डर हैण्ड जोड़ (b) अपराइट जोड़
(c) टेफ्ट जोड़ (d) ये सभी

4. एक मेन लाइन से ब्रांच लाइन ले जाने के लिए निम्न में से किस जोड़ का प्रयोग किया जाता है?
(a) टेफ्ट जोड़ (b) प्रसार जोड
(c) अण्डर हैण्ड जोड़ (d) ब्रांच जोड़

5. लैड पाइप के जोड़ों को लीक प्रूफ बनाने के लिए ······ का प्रयोग किया जाता है।
(a) एण्टीमनी
(b) विस्मथ
(c) सोल्डर
(d) उपरोक्त में से कोई नहीं

6. वह जोड़ जिनका उपयोग लैड पाइपों को जोड़ने के लिए किया जाता है
(a) विक्टौलिक जोड़ (b) टेफ्ट जोड़
(c) स्क्रू जोड़ (d) कॉलर जोड़

7. प्रसार जोड़ में पाइप के वह सिरे जिन्हें जोड़ा जाता है, कहलाते हैं
(a) स्पिगॉट सिरा और सॉकेट सिरा
(b) गैस्केट सिरा और रिवेट सिरा
(c) फ्लैंज सिरा और ड्रेसर सिरा
(d) कपलिंग सिरा और थ्रेड सिरा

8. प्रसार जोड़ बनाने के लिए पाइप के सॉकेट सिरे पर लगने वाली रिंग (ring) कहलाती है
(a) रेगुलर रिंग
(b) स्क्रू रिंग
(c) फॉलोअर रिंग
(d) ओवल रिंग

9. सोल्डर में मिश्रण होता है
(a) ताँबा तथा सीसा
(b) टिन तथा सीसा
(c) पीतल तथा सीसा
(d) फॉस्फोरस तथा ताँबा

10. फ्लक्स के रूप में प्रयोग किया जाता है
(a) जिंक सल्फेट (b) कॉपर
(c) जिंक सल्फेट (d) जिंक क्लोराइड

उत्तरमाला

1. (c) **2.** (b) **3.** (d) **4.** (d) **5.** (c) **6.** (b) **7.** (a) **8.** (c) **9.** (b) **10.** (d)

अध्याय 13

प्लम्बिंग मैटेरियल्स

Plumbing Materials

भारतवर्ष में प्लम्बिंग क्षेत्र में हाल ही के वर्षों में काफी अधिक विकास हुआ है। इस क्षेत्र में न केवल बेहतर गुणवत्ता वाले मैटेरियल की उपलब्धता के क्षेत्र में सुधार हुआ अपितु बेहतर प्रौद्योगिकी एवं प्रक्रियाओं में भी सुधार हुआ है, जो एक प्लम्बर के कार्यों को और भी अधिक महत्त्वपूर्ण बनाती है।

किसी भी प्लम्बिंग सिस्टम का स्थायित्व उसमें प्रयुक्त किए जाने वाले अवयवों के मैटेरियल की गुणवत्ता तथा सिस्टम को स्थापित करने वाले व्यक्ति की कुशलता पर निर्भर करता है। यदि प्लम्बिंग सिस्टम में प्रयुक्त अवयवों का मैटेरियल निम्न गुणवत्ता का है, तो अच्छी तरह से डिजाइन किए गए प्लम्बिंग सिस्टम से भी उसके सुरक्षित व त्रुटिरहित प्रचालन की आशा नहीं की जा सकती है। इस प्रकार स्पष्ट है कि प्लम्बिंग सिस्टम के त्रुटि रहित प्रचालन में उसके अवयवों का मैटेरियल महत्त्वपूर्ण भूमिका निभाता है।

प्रस्तुत अध्याय में प्लम्बिंग सिस्टम में प्रयुक्त किए जाने वाले अवयवों के मैटेरियल; जैसे—कॉपर, लैड, जिंक, एल्युमीनियम इत्यादि के गुणों एवं उनके उपयोगों का विस्तृत वर्णन किया गया है।

अध्याय विषय सूची

13.1 प्लम्बिंग मैटेरियल Plumbing Material

ऐसे पदार्थ जो प्लम्बिंग प्रक्रियाओं में प्रयुक्त किए जाने वाले अवयवों के निर्माण में प्रयुक्त किए जाते हैं, प्लम्बिंग मैटेरियल कहलाते हैं। प्लम्बिंग के अन्तर्गत उपयोग की जाने वाली युक्तियों; जैसे-पाइप, वाल्व, कॉक इत्यादि के निर्माण में विभिन्न प्रकार की धातुओं, जैसे—कॉपर, लैड, टिन, ब्रास आदि का उपयोग किया जाता है।

प्लम्बिंग मैटेरियल्स का विवरण Description of Plumbing Materials

प्लम्बिंग के अन्तर्गत उपयोग किए जाने वाले अवयवों के निर्माण में निम्नलिखित धातुओं का उपयोग किया जाता है।

1. कॉपर Copper

कॉपर, एक गुलाबी-लाल रंग की भारी व मुलायम धातु है। इसे इसके विशेष रंग द्वारा भी पहचाना जा सकता है। इसके रंग को कॉपर कलर के नाम से भी जाना जाता है। यह पायराइट तथा मैलेकाइट नामक अयस्कों से निकाला जाता है। पायराइट में 32% तथा मैलेकाइट में 55% तक कॉपर रहता है। सर्वप्रथम कॉपर के अयस्कों को पीसकर पानी से धोया जाता है तथा इसके पश्चात् भट्टी में पिघलाया जाता है। पिघले पदार्थ में उपस्थित अशुद्धियों को विभिन्न प्रकार के फ्लक्स में डालकर अशुद्धियों को स्लैग के रूप में अलग कर दिया जाता है।

नोट *इस अध्याय के अन्तर्गत लिए गए घनत्व, आपेक्षिक घनत्व, गलनांक बिन्दु आदि सामान्य ताप, दाब (NTP) पर लिए गए हैं।*

कॉपर के गुण Properties of Copper

कॉपर में पाए जाने वाले गुण निम्न प्रकार हैं

(i) कॉपर का गलनांक 1083°C होता है।

(ii) यह एक भारी धातु है तथा इसका आपेक्षिक घनत्व 8.93 होता है।

(iii) यह ऊष्मा एवं विद्युत का अच्छा सुचालक है।

(iv) इसकी तन्यता तथा आघातवर्धनीयता बहुत उच्च होती है। इसलिए इसके आसानी से तार तथा चादरें बनाई जा सकती है।

(v) गर्म करके पानी में डालने से यह धातु मुलायम हो जाती है तथा इसका रंग भी अधिक लाल हो जाता है।

(vi) इसकी अधिकतम तनन सामर्थ्य (ultimate tensile strength) 210 MPa होती है।

(vii) इसको आसानी से वैल्ड किया जा सकता है। इसकी ब्रेजिंग व सोल्डरिंग करना सरल है।

कॉपर के उपयोग Uses of Copper

(i) कॉपर का मुख्य उपयोग विद्युत धारा के प्रवाह हेतु कण्डक्टर बनाने में किया जाता है।

(ii) बिजली के स्विचों के टर्मिनल, बर्तन तथा पाइप बनाने के लिए यह एक उत्तम धातु है।

(iii) यह जिंक के साथ मिलकर पीतल व टिन के साथ मिलकर ब्रॉन्ज बनाता है।

(iv) प्लम्बिंग सिस्टम में कॉपर से बने पाइपों व सहायक युक्तियों का उपयोग गर्म व ठण्डे जल के प्रवाह में किया जाता है। कॉपर के बने पाइपों का उपयोग गैसों के प्रवाह में नहीं करना चाहिए, क्योंकि गैसो के साथ कॉपर रासायनिक क्रिया करता है, जिससे कॉपर में जंग लगना प्रारम्भ हो जाता है।

2. लैड Lead

लैड, गैलीना (Galena) नामक अयस्क से प्राप्त किया जाता है। इस अयस्क को भट्टी में पिघलाकर साफ कर लिया जाता हैं। लैड के अयस्क से लगभग 99.99% तक शुद्ध लैड प्राप्त किया जा सकता है। लैड एक नर्म व भारी धातु है। लैड के अयस्क को लैड ग्लांस के नाम से भी जाना जाता है। गैलीना, लैड सल्फाइड का प्राकृतिक खनिज रूप है।

लैड के गुण Properties of Lead

(i) लैड का रंग नीला होता है।

(ii) लैड का गलनांक 327°C, क्वथनांक 1749°C तथा आपेक्षिक घनत्व 11.34 होता है।

(iii) इसमें डक्टिलिटी का गुण पाया जाता है, जिसके कारण इसे तार के रूप में परिवर्तित किया जा सकता है।

(iv) इसमें मैलिएबिलिटी का गुण भी होता है, जिसके फलस्वरूप इसे चादर के रूप में भी परिवर्तित किया जा सकता है।

(v) यह एक जंगरोधी धातु होती है तथा वायुमण्डल का इस पर कोई प्रभाव नहीं पड़ता है।

(vi) लैड एक अत्यधिक नर्म व पारदर्शी धातु है। इसे नाखून या चाकू से सरलतापूर्वक छीला जा सकता है।

लैड के उपयोग Uses of Lead

(i) लैड का उपयोग बन्दूक की गोलियाँ बनाने, पेन्सिल बनाने, प्रिंटिंग प्रैस में छापे के टाइप बनाने, कैमिस्ट्री लैब में, एसिड रखने के बर्तन बनाने, सोल्डरिंग ऑयल में, सेनेट्री फिटिंग्स बनाने में किया जाता है।

(ii) लैड का उपयोग भवनों के नमीरोधक स्तर बनाने एवं केबिलों के इन्सुलेशन बनाने में भी किया जाता है।

(iii) प्लम्बिंग क्षेत्र में लैड का उपयोग ठण्डे जल पाइपों, नलों तथा वेस्ट (waste) पाइपों के निर्माण में किया जाता है। लैड से बने पाइपों का उपयोग गर्म पानी के प्रवाह के लिए उपयुक्त नहीं है क्योंकि लैड, गर्म जल के तापमान से मुलायम होकर जल में घुलने लगता है।

3. जिंक Zinc

जिंक प्रकृति में मुक्त अवस्था में नहीं पाया जाता है। यह संयुक्त अवस्था में विभिन्न अयस्कों के रूप में पाया जाता है। यह जिंक ब्लैण्ड (blende) तथा कैलेमाइन (calamine) अयस्क के रूप में प्रचुर मात्रा में मिलता है। जिंक का निष्कर्षण मुख्यत: इसके सल्फाइड अयस्क जिंक ब्लैण्ड से किया जाता है। जिंक ब्लैण्ड (Zns) से जिंक प्राप्त करने के लिए इसे भट्टी में गर्म किया जाता है।

जिंक के गुण Properties of Zinc

(i) जिंक एक नीले-सफेद रंग की कठोर तथा भंगुर धातु है।

(ii) इसका गलनांक 420°C, क्वथनांक 907°C तथा विशिष्ट गुरुत्व 7.14 होता है।

(iii) जिंक को 100°C से 150°C तक गर्म करने पर इसे सरलतापूर्वक तारों के रूप में खींचा जा सकता है।

(iv) जिंक, ऊष्मा व विद्युत का सुचालक होता है।

(v) इस पर वातावरण का कोई प्रभाव नहीं पड़ता है।

(vi) यह तनु HCl के साथ रासायनिक प्रतिक्रिया करके H_2 गैस मुक्त करता है।

(vii) यह तनु नाइट्रिक अम्ल के साथ क्रिया करके नाइट्राइड ऑक्साइड (N_2O) गैस मुक्त करता है।

जिंक के उपयोग Uses of Zinc

(i) दानेदार व पाउडर के रूप में जिंक का उपयोग प्रयोगशाला में किया जाता है।

(ii) जिंक का उपयोग पीतल, ब्रॉन्ज (bronze), जर्मन सिल्वर आदि मिश्र धातुएँ बनाने के लिए किया जाता है।

(iii) इसका उपयोग सिल्वर व सोने के निष्कर्षण तथा लोहे को जंग से बचाने के लिए भी किया जाता है।

(iv) प्लम्बिंग क्षेत्र में जिंक का उपयोग गैल्वेनाइजिंग व फ्लशिंग शीट बनाने के लिए भी किया जाता है।

4. टिन Tin

टिन एक ठोस एवं भारी धातु है। यह चाँदी के समान चमकीली सफेद होती है और इस पर वायुमण्डलीय नमी का कोई प्रभाव नहीं पड़ता है। टिन, मुख्य रूप से टिन-स्टोन तथा कैसीटेराइट नामक अयस्कों से प्राप्त किया जाता है। भारत में यह बहुत ही कम मात्रा में पाया जाता है।

टिन के गुण Properties of Tin

(*i*) यह चाँदी के समान सफेद व चमकीली धातु है।
(*ii*) यह एक नर्म धातु है इसलिए इसे आसानी से मोड़ा व काटा जा सकता है।
(*iii*) इसका गलनांक 232°C, तथा विशिष्ट गुरुत्व 7.3 होता है।
(*iv*) इसकी विद्युत सुचालकता 11.5 माइक्रो-ओम-सेमी होती है।
(*v*) टिन धातु 100°C पर तन्य तथा आघातवर्ध्य होती है तथा 200°C पर यह भंगुर हो जाती है।
(*vi*) यह विद्युत एवं ऊष्मा की सुचालक होती है।
(*vii*) इसका ताप गुणांक 0.0042°C होता है।

टिन के उपयोग Uses of Tin

(*i*) टिन का मुख्य उपयोग अलौह धातु अलॉय बनाने में किया जाता है। जैसे-सोल्डर, बियरिंग मैटल, ब्रॉन्ज इत्यादि।
(*ii*) टिन से बनी पैकिंग का उपयोग चॉकलेट, सिगरेट आदि को लपेटने के लिए किया जाता है।
(*iii*) टिन का उपयोग दर्पण बनाने, इस्पात व लोहे को संक्षारणरोधी बनाने, घरेलू बर्तनों पर टिन की परत चढ़ाने के लिए किया जाता है। घरेलू बर्तनों पर टिन की परत चढ़ाने की प्रक्रिया **टिनिंग** कहलाती है।
(*iv*) प्लम्बिंग क्षेत्र में टिन का उपयोग, लोहे के पाइपों की लाइनिंग करने के लिए किया जाता है। इसके अतिरिक्त प्लम्बिंग क्षेत्र में टिन का उपयोग करके फ्लशिंग सिस्टर्न की शीटों का निर्माण भी किया जाता है।

5. रैड लैड Red Lead

रैड लैड एक लाल रंग का पाउडर होता है। इसका उपयोग लोहे के ऊपर प्राइमर के रूप में किया जाता है। किसी वस्तु को पेण्ट करने से पहले उस वस्तु के ऊपर रैड लैड की एक परत चढ़ा दी जाती है तथा इसके पश्चात् उस वस्तु पर पेण्ट का लेप किया जाता है। इससे वस्तु पर पेण्ट अधिक समय तक टिका रहता है।

रैड लैड के गुण Properties of Red Lead

(*i*) रैड लैड को अन्य धातुओं में सरलतापूर्वक मिलाया जा सकता है।
(*ii*) इस पर जंग नहीं लगता है।

रैड लैड के उपयोग Uses of Red Lead

रैड लैड को सफेदे में मिलाकर, ज्वॉइण्ट्स में भर दिया जाता है जिससे ज्वॉइण्ट्स लीक नहीं करते हैं।

6. एल्युमीनियम Aluminium

एल्युमीनियम सफेद या सफेद ग्रे रंग की हल्की व मुलायम धातु होती है। इसका मुख्य अयस्क बॉक्साइट (bauxite) होता है। इससे एल्युमीनियम ऑक्साइड को अलग करने पर एलुमिना (alumina) नामक पदार्थ प्राप्त होता है। इस एलुमिना को इलेक्ट्रोलाइटिक विधि से शुद्ध एल्युमीनियम में बदला जाता है।

एल्युमीनियम के गुण Properties of Aluminium

(*i*) यह ताप व विद्युत का सुचालक होता है। कॉपर के बाद इसी का बिजली के तार बनाने के लिए प्रयोग किया जाता है।
(*ii*) इसका गलनांक काफी कम 660.3°C होता है।
(*iii*) यह काफी हल्की धातु है जिसका घनत्व 2.7 ग्राम/सेमी^{3} होता है।
(*iv*) यह एक मुलायम तथा आघातवर्धनीय धातु है।
(*v*) इसकी तनन सामर्थ्य काफी कम लगभग 1-मीट्रिक टन/सेमी^{2} होती है।
(*vi*) 150°C से अधिक तापक्रम पर यह भँगुर हो जाता है।
(*vii*) इस पर वातावरण का कोई प्रभाव नहीं पड़ता है।

एल्युमीनियम के उपयोग Uses of Aluminium

(*i*) एल्युमीनियम का उपयोग इंजन पार्ट्स बनाने में, विद्युत तार बनाने में तथा हवाई जहाज के ढाँचे बनाने में किया जाता है।
(*ii*) प्लम्बिग क्षेत्र में एल्युमीनियम का उपयोग करके फ्लशिंग, ड्रिप पेन्स टैंक लाइनिंग तथा निकास के लिए शीटों का निर्माण किया जाता है।

7. पीतल Brass

पीतल, कॉपर और जिंक का एक अलॉय है। कॉपर और जिंक को विभिन्न अनुपात में मिलाकर कई प्रकार के पीतल बनाए जाते हैं। सामान्यत: पीतल में 60% कॉपर व 40% जिंक होता है। यह अपनी विशेषताओं के कारण एक अत्यन्त उपयोगी धातु है। पीतल का रंग उसमें मिलाए जाने वाली धातुओं की प्रतिशत मात्रा पर निर्भर करता है। इसका गलनांक 880°C से 930°C तक होता है।

पीतल के गुण Properties of Brass

(*i*) कॉपर व एल्युमीनियम की तुलना में यह अधिक सामर्थ्य (strength) वाली धातु है।
(*ii*) यह एल्युमीनियम व कॉपर से भी अधिक कठोर है तथा इसकी तनन सामर्थ्य भी अधिक होती है।
(*iii*) इसका गलनांक एल्युमीनियम से अधिक, परन्तु कॉपर से कम होता है।
(*iv*) इसको आसानी से जोड़ा या वैल्ड किया जा सकता है।
(*v*) यह धातु तन्य व आघातवर्धनीय होती है, इसलिए इसके आसानी से तार व चादर बनाए जा सकते हैं।
(*vi*) इसका विशिष्ट गुरुत्व 8.4 से 8.7 होता है।
(*vii*) इसकी विद्युत चालकता कम होती है।

पीतल के उपयोग Uses of Brass

(*i*) पीतल का प्रयोग टाइप राइटर, ऑटोमोबाइल, बुश, वाद्य यन्त्र के पार्ट बनाने में किया जाता है।
(*ii*) पीतल का प्रयोग घरेलू बर्तन, होल्डर, फ्यूज होल्डर, वाल्व, सॉकेट आउटलेट, रिहोस्टेट, स्विच, चाकू आदि बनाने में किया जाता है।
(*iii*) प्लम्बिग क्षेत्र में पीतल का उपयोग जल पाइपों, स्वचालित नलों, नलों इत्यादि के निर्माण में किया जाता है।

8. ब्रॉन्ज Bronze

कॉपर में टिन (tin) को मिलाने पर ब्रॉन्ज बनता है। कॉपर में 5 से 30% तक टिन मिलाकर विभिन्न प्रकार के ब्रॉन्ज बनाए जाते हैं। कॉपर की तुलना में यह कठोर होता है। माइल्ड स्टील के साथ इसका घर्षण बहुत कम होता है, इसलिए इसका प्रयोग शाफ्टों के बुश बियरिंग बनाने के लिए किया जाता है।

ब्रॉन्ज के गुण Properties of Bronze

(*i*) यह धातु भंगुर होती है, इसलिए इसकी मशीनेबिलिटी अधिक होती है।
(*ii*) कठोर होने के कारण इस पर अच्छी सतह परिष्कृति (surface finishing) की जा सकती है।
(*iii*) भंगुर होने के कारण इसकी चादरें या तार नहीं बनाए जा सकते, परन्तु इसको बहुत आसानी से ढाला जा सकता है।
(*iv*) ब्रॉन्ज का गलनांक लगभग 1005°C होता है।

ब्रॉन्ज के उपयोग Uses of Bronze

(*i*) ब्रॉन्ज का उपयोग विभिन्न प्रकार के बिजली के उपकरण; जैसे— स्विच, ब्रश, होल्डर, स्प्रिग, स्लाइडिंग कॉन्टैक्ट आदि के निर्माण में किया जाता है।
(*ii*) ब्रॉन्ज का उपयोग समुद्री जल में प्रयुक्त की जाने वाली मशीनों के भागों के निर्माण में किया जाता है।
(*iii*) टेलीफोन के पार्ट्स के निर्माण में ब्रॉन्ज का उपयोग किया जाता है।
(*iv*) घण्टियाँ तथा बियरिंग के निर्माण में भी ब्रॉन्ज का उपयोग किया जाता है।

9. गन मैटल Gun Metal

गन मैटल में 88% कॉपर, 8-10% टिन व 2-4% जिंक होता है। यह एक शक्तिशाली मिश्र धातु है, इसलिए इसकी पहले तोपें आदि बनाई जाती थीं। आजकल इसका प्रयोग बुश बियरिंग बनाने में किया जाता है।

गन मैटल के गुण Properties of Gun Metal

(*i*) यह एक कठोर व सामर्थ्यवान धातु है।
(*ii*) यह घिसाव प्रतिरोधी (wear resistant) होती है, इसलिए बुश बनाने के लिए उपयोग में लाई जाती है।
(*iii*) इसकी मशीनेबिलिटी बहुत अच्छी होती है।
(*iv*) यह भंगुर होती है, इसलिए इससे चादर व तार नहीं बनाए जा सकते।
(*v*) इसे 600°C तक गर्म करके फोर्जिंग की जा सकती है।

गन मैटल के उपयोग Uses of Gun Metal

गन मैटल का उपयोग बुश तथा वाल्व बनाने में किया जाता है।

13.2 प्लम्बिंग वाल्व मैटेरियल Plumbing Valve Materials

प्लम्बिंग क्षेत्र में वाल्वों का उपयोग करके तरल के प्रवाहव को नियन्त्रित किया जाता है। वाल्वों के निर्माण में विभिन्न प्रकार के पदार्थों का उपयोग किया जाता है; जैसे-कास्ट आयरन, एल्युमीनियम, निकिल, ब्रास, मोनल धातु, रॉट आयरन इत्यादि। वाल्व बनाने के लिए पदार्थ का चयन उसके उपयोग पर निर्भर करता है।

13.3 स्टॉप कॉक मैटेरियल Stop Cock Material

स्टॉप कॉक का प्रयोग लाइन में प्रवाहित पदार्थ; जैसे-गैस, पानी, अथवा कोई अन्य तरल पदार्थ को आगे जाने से रोकने के लिए किया जाता है। पाइप लाइन में उत्पन्न हुए दोषों की जाँच करने तथा उसे दूर करने के लिए जल के प्रवाह को रोकने के लिए स्टॉप कॉक उपयोग में लाया जाता है। स्टॉप कॉक के निर्माण के लिए मुख्यत: जंगरोधी पदार्थों का उपयोग किया जाता है। इसमें एक वाशर का भी उपयोग किया जाता है जो अच्छे चमड़े की बनी होनी चाहिए।

13.4 निकास एवं सीवर पाइप पदार्थ Drainage and Sewer Pipe Material

किसी भवन से दूषित जल को बाहर निकालने के लिए निकास पाइपों का उपयोग किया जाता है, जबकि सीवर अण्डरग्राण्ड पाइपों का समूह होता है, जिसका उपयोग दूषित जल, सीवेज, इत्यादि को बाहर निकालने के लिए किया जाता है।

निकास व सीवर पाइपों के निर्माण के लिए विभिन्न प्रकार के पदार्थों; जैसे—कंक्रीट, ऐस्बेस्टस, लोहा, प्लास्टिक इत्यादि का उपयोग किया जाता है। इसके अतिरिक्त निकास पाइपों के लिए ग्लास फाइबर व विट्रीफाइड क्ले का उपयोग भी किया जाता है।

***नोट** शीर्षक 13.2,13.3 एवं 13.4 के विस्तृत अध्ययन हेतु पुस्तक में दिये गये सम्बन्धित अध्यायों का अवलोकन करें*

महत्त्वपूर्ण बिन्दु

- ऐसे मैटेरियल जो प्लम्बिंग प्रक्रियाओं में प्रयुक्त किए जाने वाले अवयवों के निर्माण में उपयोग किए जाते हैं; प्लम्बिंग मैटेरियल कहलाते हैं।
- प्लम्बिंग के अन्तर्गत, कॉपर, लैड, टिन, पीतल इत्यादि धातुओं का उपयोग किया जाता है।
- कॉपर एक गुलाबी-लाल रंग की मुलायम धातु है।
- कॉपर का आपेक्षिक घनत्व 9 तथा तनन सामर्थ्य 4.5 टन/सेमी^{2} होती है।
- कॉपर की तनन सामर्थ्य में हैमरिंग तथा रोलिंग द्वारा वृद्धि की जा सकती है।
- कॉपर का मुख्य अयस्क मैलेकाइट तथा पायराइट होते हैं। जिनमें यह क्रमशः 55% व 35% होता है।
- प्लम्बिंग क्षेत्र में कॉपर से बने पाइपों का उपयोग ठण्डे व गर्म जल के प्रवाह में किया जाता है।
- कॉपर, जिंक के साथ मिलकर पीतल तथा टिन के साथ मिलकर ब्रॉन्ज बनाता है।
- लैड, गैलीना नामक अयस्क से प्राप्त किया जाता है।
- लैड, नीले रंग की धातु है जिसका गलनांक 327°C होता है।
- लैड का मुख्य उपयोग सोल्डरिंग व वैल्डिंग कार्यों में किया जाता है।
- लैड सल्फ्यूरिक एसिड तथा हाइड्रोक्लोरिक एसिड का प्रतिरोधी होता है।
- जिंक प्रकृति में संयुक्त अवस्था में पाया जाता है।
- जिंक का निष्कर्षण, इसके सल्फाइड अयस्क जिंक ब्लैण्ड से किया जाता है।
- जिंक, एक नीले-सफेद रंग की कठोर व भँगुर धातु है।
- टिन का मुख्य अयस्क टिन स्टोन तथा कैसीटेराइट है।
- प्लम्बिंग क्षेत्र में टिन का उपयोग लोहे के पाइपों की लाइनिंग में किया जाता है।
- रैड लैड का उपयोग, लोहे की वस्तुओं के ऊपर प्राइमर के रूप में किया जाता है।
- एल्युमीनियम हल्के ग्रे रंग की हल्की व मुलायम धातु है जिसका मुख्य अयस्क बॉक्साइट है।
- एल्युमीनियम का गलनांक 660.3°C होता है।
- पीतल, ताँबे व जिंक का अलॉय है, जिसमें ताँबा, 60% व जिंक 40% होता है।
- गन मैटल एक कठोर मिश्र धातु है, जिसमें 88% कॉपर, 8-10% टिन व 2% जिंक होता है।

महत्त्वपूर्ण प्रश्नोत्तरी

1. पीतल पर वातावरण का कुप्रभाव क्यों नहीं पड़ता है?

उत्तर पीतल, कॉपर तथा जिंक की मिश्र धातु होने के कारण एक जंगरोधी धातु है। इसी कारण इस पर वातावरण का कोई प्रभाव नहीं पड़ता है।

2. ब्रॉन्ज का प्रयोग शाफ्टों के बुश बियरिंग बनाने में क्यों किया जाता है?

उत्तर माइल्ड स्टील के साथ इसका घर्षण कम होने के कारण ब्रॉन्ज का प्रयोग शाफ्टों के बुश बियरिंग बनाने में किया जाता है।

3. गन मैटल से चादर व तार क्यों नहीं बनाए जा सकते हैं?

उत्तर गन मैटल के अत्यधिक भँगुर होने के कारण इससे चादर व तार नहीं बनाए जा सकते हैं।

4. एल्युमिना को किस विधि द्वारा एल्युमीनियम में परिवर्तित किया जाता है?

उत्तर एल्युमिना को इलेक्ट्रोलाइट विधि द्वारा एल्युमीनियम से अलग किया जाता है।

5. एल्युमीनियम का प्रयोग वायुयान तथा फेब्रीकेशन में क्यों किया जाता है?

उत्तर एल्युमीनियम का अधिक हल्की धातु होने के कारण इसका प्रयोग वायुयान तथा फेब्रीकेशन कार्यों में किया जाता है।

6. एल्युमीनियम का मुख्य अयस्क क्या है?

उत्तर एल्युमीनियम का मुख्य अयस्क बॉक्साइट है।

7. किस ताप पर एल्युमीनियम भँगुर (brittle) हो जाता है?

उत्तर 150°C से अधिक ताप पर एल्युमीनियम भँगुर हो जाता है।

अभ्यास प्रश्न

परीक्षा प्रारूपी प्रश्न

1. प्लम्बिंग प्रक्रिया में प्रयुक्त किए जाने वाले मैटेरियल ········ कहलाते हैं।
(a) प्लम्बिंग मैटेरियल (b) प्लम्बिंग अवयव
(c) प्लम्बिंग टूल (d) इनमें से कोई नहीं

2. निम्न में कौन-सी धातु, प्लम्बिंग मैटेरियल नहीं है?
(a) ग्रेफाइट (b) जिंक
(c) लैड (d) गन मैटल

3. निम्न में से कौन-सी एक गुलाबी-लाल रंग की भारी व मुलायम धातु है?
(a) एल्युमीनियम (b) कॉपर (c) पीतल (d) ब्रॉन्ज

4. कॉपर, ········ नामक अयस्क से निकाला जाता है।
(a) पायराइट (b) बॉक्साइट
(c) 'a' और 'b' दोनों (d) इनमें से कोई नहीं

5. कॉपर और ········ विभिन्न अनुपात में मिलकर कई प्रकार के पीतल बनाए जाते हैं।
(a) टिन (b) कार्बन (c) जिंक (d) एल्युमीनियम

6. निम्न में से किसमें विद्युत की सुचालकता सबसे अधिक होती है?
(a) कास्ट आयरन में (b) एल्युमीनियम में
(c) कॉपर में (d) पीतल में

7. कॉपर का गलनांक लगभग होता है
(a) 1083°C (b) 1200°C (c) 1300°C (d) 1400°C

8. कॉपर की सतह पर लम्बे अन्तराल के बाद एक हरे रंग की परत जम जाती है, जिसे ········ कहते हैं।
(a) व्हाइट ऑक्साइड (b) पाटिना
(c) ऑक्साइड (d) इनमें से कोई नहीं

9. कॉपर का आपेक्षिक घनत्व (relative density) लगभग होता है
(a) 7 (b) 8 (c) 9 (d) 6

10. सल्फाइड के रूप में कॉपर का अयस्क है
(a) कॉपर ग्लास (b) कॉपर पायराइट
(c) 'a' और 'b' दोनों (d) मैलेमाइट (malamite)

11. कॉपर की अधिकतम तनन सामर्थ्य होती है
(a) 150 MPa (b) 210 MPa
(c) 520 MPa (d) 600 MPa

12. एल्युमीनियम का प्रयोग किया जाता है
(a) हवाई जहाज की बॉडी में (b) बसों की बॉडी में
(c) बिजली के तार आदि बनाने में (d) ये सभी

13. एल्युमीनियम में कॉपर मिलाने पर उसकी
(a) सामर्थ्य बढ़ जाती है (b) सामर्थ्य घट जाती है
(c) मशीनेबिलिटी घट जाती है (d) इनमें से कोई नहीं

14. एल्युमीनियम का घनत्व ······· ग्राम/सेमी^{3} होता है।
(a) 1.7 (b) 2.7 (c) 1.3 (d) 1.4

15. ..... से अधिक तापमान पर एल्युमीनियम भँगुर (brittle) हो जाता है।
(a) 100°C (b) 50°C (c) 80°C (d) 150°C

16. पीतल निम्न धातुओं का मिश्रण होता है
(a) कॉपर तथा जिंक (b) कॉपर तथा टिन
(c) कॉपर तथा निकिल (d) कॉपर तथा क्रोमियम

17. पीतल का गलनांक होता है
(a) एल्युमीनियम से अधिक (b) कॉपर से कम
(c) 'a' और 'b' दोनों (d) इनमें से कोई नहीं

18. पीतल होती है
(a) तन्य (b) आघातवर्धनीय
(c) 'a' और 'b' दोनों (d) कम तनन सामर्थ्य वाली

19. साधारणतया पीतल में ·········· कॉपर व ·········· जिंक होता है।
(a) 30%, 70% (b) 70%, 30% (c) 60%, 40% (d) 40%, 60%

20. ब्रॉन्ज का गलनांक लगभग ·········· होता है।
(a) 80°C (b) 1080°C (c) 1100°C (d) 950°C

21. ब्रॉन्ज निम्न धातुओं का मिश्रण है
(a) कॉपर तथा टिन (b) कॉपर तथा जिंक
(c) कॉपर तथा लैड (d) कॉपर तथा निकिल

22. काँसा (bronze) बनाने के लिए कॉपर में निम्न में से क्या मिलाया जाता है?
(a) जिंक (b) टिन (c) चाँदी (d) कार्बन

23. गन मैटल में लगभग कितने प्रतिशत कॉपर होता है?
(a) 76% (b) 88% (c) 56% (d) 66%

24. जिंक का अयस्क है
(a) जिंक ब्लैण्ड (b) कैलेमाइ
(c) 'a' और 'b' दोनों (d) इनमें से कोई नहीं

25. श्वेत चाँदी जैसी चमकीली धातु है
(a) कॉपर (b) एल्युमीनियम
(c) टिन (d) ये सभी

26. बन्दूक की गोलियाँ बनाने में प्रयुक्त धातु है
(a) कॉपर (b) एल्युमीनियम
(c) टिन (d) लैड

27. निम्न में से किस पदार्थ की मशीनिंग के दौरान ग्रेनुलर चिप (granular chips) उत्पन्न होते हैं?
(a) ब्रॉन्ज (b) पीतल (c) कॉपर (d) एल्युमीनियम

28. कॉपर का उपयोग किया जाता है

(a) बर्तन बनाने में (b) पाइप बनाने में

(c) कण्डक्टर बनाने में (d) ये सभी

29. लैड का गलनांक होता है

(a) 327°C (b) 420°C

(c) 220°C (d) 120°C

30. प्लम्बिंग क्षेत्र में लैड पाइपों का उपयोग नहीं किया जाता है

(a) ठण्डे जल के प्रवाह हेतु

(b) गर्म जल के प्रवाह हेतु

(c) वेस्ट प्रवाह हेतु

(d) उपरोक्त सभी

31. जिंक तनु HCl के साथ क्रिया करके ······· गैस मुक्त करता है।

(a) ऑक्सीजन (b) हाइड्रोजन

(c) क्लोरीन (d) नाइट्रोजन

32. टिन का ताप गुणांक कितना होता है?

(a) 0.0044°C (b) 0.0043°C

(c) 0.0042°C (d) 0.0051°C

33. निम्न में से टिन का अयस्क है

(a) कैसीटेराइट (b) टिन-स्टोन

(c) a और b दोनों (d) बॉक्साइट

34. टिन कितने तापमान पर भँगुर हो जाती है

(a) 300°C (b) 200°C

(c) 150°C (d) 100°C

35. निम्न में से कौन-सा एक वाल्व मैटेरियल है?

(a) कास्ट आयरन

(b) एल्युमीनियम

(c) ब्रास

(d) उपरोक्त सभी

उत्तरमाला

1. (a)	**2.** (a)	**3.** (b)	**4.** (a)	**5.** (c)	**6.** (c)	**7.** (a)	**8.** (b)	**9.** (c)	**10.** (b)
11. (b)	**12.** (d)	**13.** (b)	**14.** (b)	**15.** (d)	**16.** (a)	**17.** (c)	**18.** (c)	**19.** (c)	**20.** (d)
21. (a)	**22.** (b)	**23.** (b)	**24.** (c)	**25.** (c)	**26.** (d)	**27.** (a)	**28.** (d)	**29.** (a)	**30.** (b)
31. (b)	**32.** (c)	**33.** (c)	**34.** (b)	**35.** (d)					

अध्याय 14

जल आपूर्ति एवं पम्प

Water Supply & Pump

वर्तमान में लगातार बढ़ती आबादी की जल की माँग को पूरा करने के लिए पाइपों द्वारा डिजाइन किए गए नेटवर्क के माध्यम से निरन्तर जल की पर्याप्त मात्रा प्रदान की जाती है, जिसे जल आपूर्ति के रूप में जाना जाता है। जल आपूर्ति प्रणाली का मुख्य उद्देश्य कस्बों एवं शहरों में स्वच्छ पेयजल उपलब्ध कराना है। जल आपूर्ति का उपयोग जल-संग्रह, घरों के लिए जल का वितरण, व्यावसायिक प्रतिष्ठानों एवं उद्योगों में जल की सप्लाई एवं सिंचाई जैसी बुनियादी आवश्यकताओं की पूर्ति के लिए भी किया जाता है।

जल की आपूर्ति के लिए विभिन्न प्रकार के टैंकों का निर्माण किया जाता है। ये टैंक अलग-अलग क्षेत्रों में जल की माँग के अनुसार जल का वितरण करते हैं। जल-टैंकों द्वारा जल की आपूर्ति के लिए इनमें विभिन्न प्रकार के पम्प संयोजित किए जाते हैं। ये पम्प, विद्युत मोटर या डीजल इंजनों द्वारा प्रचालित होकर, टैंक के जल को पाइपों के माध्यम से घरों में वितरित कर देते हैं। प्रस्तुत अध्याय में जल आपूर्ति एवं पम्पों का विस्तृत वर्णन किया गया है।

अध्याय विषय सूची

14.1 जल आपूर्ति Water Supply

जल की आपूर्ति, सार्वजनिक उपयोगी कार्यों, वाणिज्यिक संगठनों, सामुदायिक प्रयासों या व्यक्तियों द्वारा आमतौर पर पम्पों व पाइपों की एक प्रणाली के माध्यम से उचित गुणवत्ता, मात्रा और दाब के साथ उपभोक्ताओं तक पानी (जल) पहुँचाने का एक साधन है।

जल-आपूर्ति का मूलभूत सिद्धान्त Basic Principal of Water Supply

(*i*) वितरण पाइप में जल की गुणवत्ता खराब नहीं होनी चाहिए।

(*ii*) जल-आपूर्ति प्रणाली सभी वाँछित स्थानों पर जल की आपूर्ति करने में सक्षम होनी चाहिए।

(*iii*) अग्निशमन के दौरान जल-आपूर्ति प्रणाली जल की अपेक्षित मात्रा में आपूर्ति करने में सक्षम होनी चाहिए।

(*iv*) जल आपूर्ति प्रणाली का ले-आउट इस प्रकार का होना चाहिए कि प्रणाली के किसी भी हिस्से की मरम्मत के दौरान कोई व्यवधान न हो।

(*v*) जल-आपूर्ति प्रणाली में सभी वितरण पाइपों को कम-से-कम 1 मीटर दूर या सीवर लाइनों के ऊपर रखना चाहिए।

14.2 जल भण्डारण जलाशय
Water Storage Reservoir

जल की आपूर्ति करने से पूर्व उसका संग्रह करना आवश्यक होता है। जल के संग्रह के लिए विभिन्न प्रकार के स्टोरेज टैंक बनाए जाते हैं, जो भिन्न-भिन्न प्रकार की आवश्यकताओं की पूर्ति करते हैं। जल भण्डारण जलाशयों में जल के संग्रह के पश्चात् जल में उपस्थित अशुद्धियों को दूर किया जाता है तथा इसके पश्चात् भिन्न-भिन्न स्थानों पर शुद्ध जल वितरित किया जाता है। सामान्यत: जल-आपूर्ति के लिए निम्न प्रकार के जलाशय उपयोग में लाए जाते हैं

1. RCC जलाशय RCC Reservoir

RCC जलाशयों का उपयोग साफ जल को एकत्र करने तथा उसे भिन्न-भिन्न स्थानों पर वितरित करने के लिए किया जाता है। इस प्रकार के जलाशय सामान्यत: ऊँचे स्थानों पर बनाए जाते हैं तथा इनके निर्माण के लिए ईंट, पत्थर, सीमेण्ट, कंक्रीट इत्यादि का उपयोग किया जाता है। इन जलाशयों के निर्माण के समय भू-जल की स्थिति का ध्यान रखना आवश्यक होता है।

इन जलाशयों से जल के लीकेज को रोकने के लिए जलाशयों के समस्त जोड़ों (joints) पर बिटुमिन (bitumin) लगा दिया जाता है। इन जलाशयों की छत भी RCC से ही बनानी चाहिए। छत के ऊपर 600 मिमी मोटी मिट्टी की परत जमा दी जाती है, जिससे जलाशय गर्मी एवं सर्दी से बचा रहता है। इन जलाशयों में जल के निरीक्षण करने के लिए सीढ़ियाँ भी बनाई जाती है। नीचे चित्र में एक RCC जलाशय को दर्शाया गया है

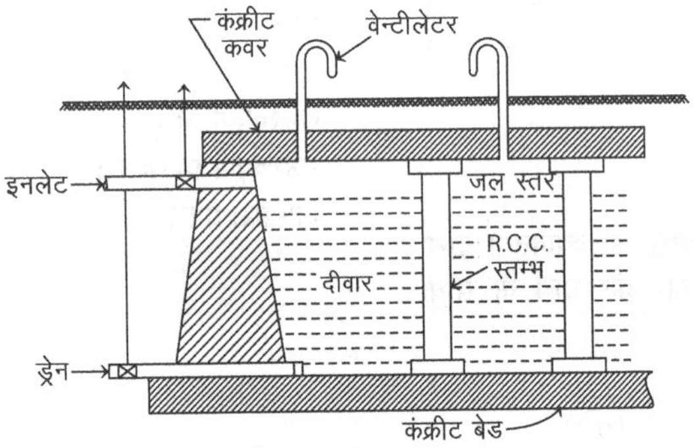

चित्र RCC जलाशय

2. भूमिगत जलाशय Grounded Reservoir

जब जल उपचार हेतु अधिक मात्रा में जल का संग्रह करना होता है, तो भूमिगत जलाशयों का उपयोग किया जाता है। ये जलाशय, सामान्यत: मिट्टी के बनाए जाते हैं। इन जलाशयों का निर्माण करने के लिए भूमि में आवश्यक गहराई तक गड्ढा बनाया जाता है तथा खोदी गई मिट्टी से जलाशय की दीवारों का निर्माण किया जाता है। इन जलाशयों की ऊपरी सिरे की चौड़ाई लगभग 1.3 मी रखी जाती है। जल के लीकेज को रोकने के लिए जलाशय की साइडों व इसके तल को अच्छी प्रकार सील (seal) कर दिया जाता है।

निम्न चित्र में भूमिगत जलाशय को दर्शाया गया है

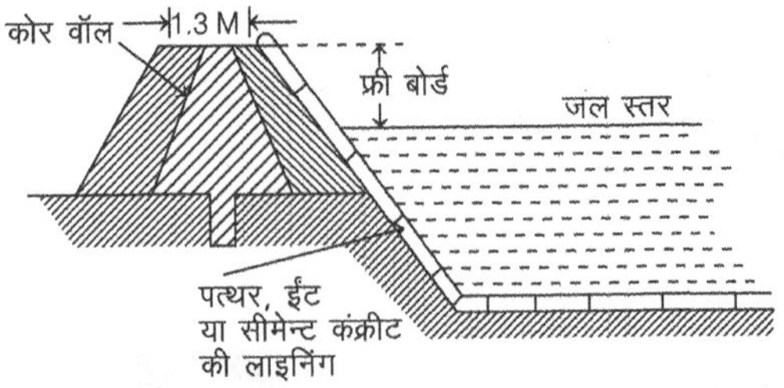

चित्र भूमिगत जलाशय

3. उन्नत जलाशय Elevated Reservoir

जब भूमिगत जलाशयों के निर्माण के लिए वितरण क्षेत्र के ऊपर पर्याप्त ऊँचाई वाली भूमि उपलब्ध नहीं हो पाती है, जहाँ से वितरण प्रणाली में गुरुत्वाकर्षण बल के माध्यम से जल प्रवाहित हो सके तो उन्नत जलाशयों से पम्प की प्रारम्भिक लागत कम हो जाती है तथा जल की चरम आपूर्ति (peak demand) भी घट जाती है। साथ ही पम्प के विर्सजन (discharge) बिन्दु पर अधिकतम दाब भी कम हो जाता है। उन्नत जलाशय निम्न प्रकार के होते हैं

(i) स्टैण्ड पाइप Stand pipe

स्टैण्ड पाइप ऐसे स्थानों के लिए उपयुक्त होते हैं, जहाँ भूमिगत जलाशय का निर्माण पर्याप्त शीर्ष (head) उपलब्ध नहीं करा पाता है। ये प्राय: स्टील के बनाए जाते है तथा इनकी आकृति गोलाकार होती है। निम्न चित्र में एक स्टैण्ड पाइप दर्शाया गया है।

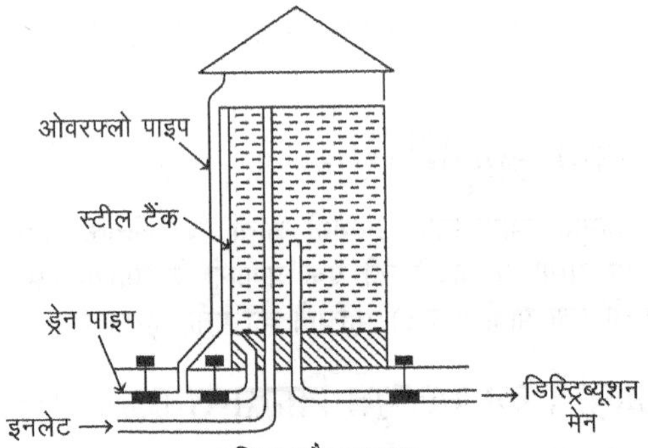

चित्र स्टैण्ड पाइप

(ii) उन्नत टैंक Elevated tank

जब जल को उच्च दाब के साथ वितरित करने की आवश्यकता होती है, तो उन्नत टैंक का उपयोग किया जाता है। उन्नत टैंक से आशय उस जल-संग्रह जलाशय से है, जिसे भूमि से अधिक ऊँचाई पर स्थापित किया जाता है। ये टैंक प्राय: RCC या स्टील के बनाए जाते हैं।

वर्तमान में प्री-स्ट्रैस्ड (pre-stressed) टैंक बनाए जाते हैं जोकि RCC टैंकों की तुलना में अधिक मजबूत व सस्ते होते हैं। उन्नत टैंको में प्रवेश, पाइप, निकास पाइप वाल्व, तथा निरीक्षण कार्य के लिए सीढ़ियाँ भी लगाई जाती हैं। उन्नत टैंको का वर्गीकरण अग्र लिखित आधार पर किया जा सकता है

(i) **संरचना के आधार पर** On the Basis of Structure

संरचना के आधार पर उन्नत टैंक निम्न प्रकार के होते हैं

(a) T_3 प्रकार का RCC टैंक
(b) आयताकार स्टील टैंक
(c) अण्डाकार RCC टैंक
(d) गोलाकार RCC टेंक

(ii) **जल वितरण के आधार पर**
On the Basis of Water Distribution

जल वितरण के आधार पर उन्नत टैंक निम्न प्रकार के होते हैं

(*a*) **ग्रेविटी स्टोरेज टैंक** (Gravity storage tank) ग्रेविटी स्टोरेज टैंकों को प्रायः भवनों के अन्दर ऊँचे स्थानों, जैसे-छत पर स्थापित किया जाता है। इसके पश्चात् इन्हें सुविधाजनक प्वॉइण्ट तथा ज्वॉइण्ट द्वारा विभिन्न शाखाओं (branches) में विभाजित करके सभी आउटलेट या पाइपों से जोड़ दिया जाता है।

ग्रेविटी स्टोरेज टैंक, गुरुत्व के सिद्धान्त पर कार्य करते हैं। जल आपूर्ति के लिए इस टैंक को आपूर्ति वाले बिन्दु (point) से 4.5 या 5 मी की ऊँचाई पर स्थापित कर दिया जाता है। इसमें एक ओवर-फ्लो पाइप भी जोड़ा जाता है, जिससे जल विपरीत दिशा में प्रवाहित न हो। ग्रेविटी स्टोरेज टैंक प्रायः गोल या आयताकार आकृति के बनाए जाते हैं।

नीचे चित्र में ग्रेविटी स्टोरेज टैंक को दर्शाया गया है

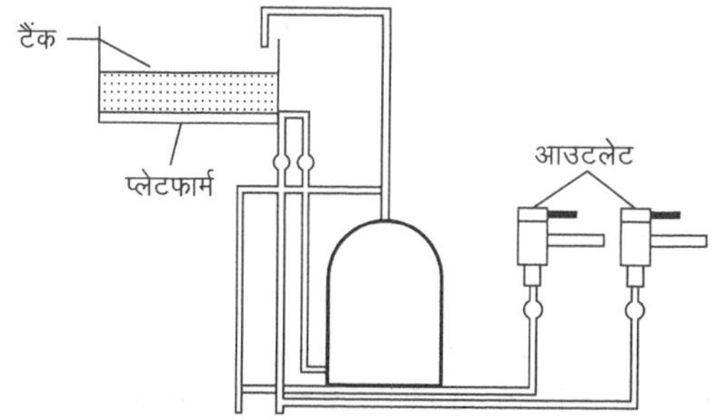

चित्र ग्रेविटी स्टोरेज टैंक

ग्रेविटी स्टोरेज टैंक का उपयोग करते समय निम्नलिखित बातों का ध्यान रखना चाहिए

(*i*) यदि ग्रेविटी टैंक को भवन की छत या ऊपर स्थापित करना हो तों जल के रिसाव से होने वाली समस्याओं हेतु उपयुक्त उपाय कर लेने चाहिए।

(*ii*) ग्रेविटी टैंक के निचले तल के समस्त सेडीमेन्ट्स को हटाने के लिए पाइप के साथ ड्रेन वाल्व भी लगाना चाहिए।

(*b*) **न्यूमैटिक स्टोरेज टैंक** (Pneumatic storage tank) इस प्रकार के टैंकों में वायुदाब युक्त जल भरा जाता है। इस प्रकार के टैंक प्रायः एयर टाइट बनाए जाते हैं। इस टैंक में एक पम्प भी जुड़ा होता है, जो टैंक में दाब के कम होने पर स्वतः चालू होकर टैंक के दाब को बनाए रखता है।

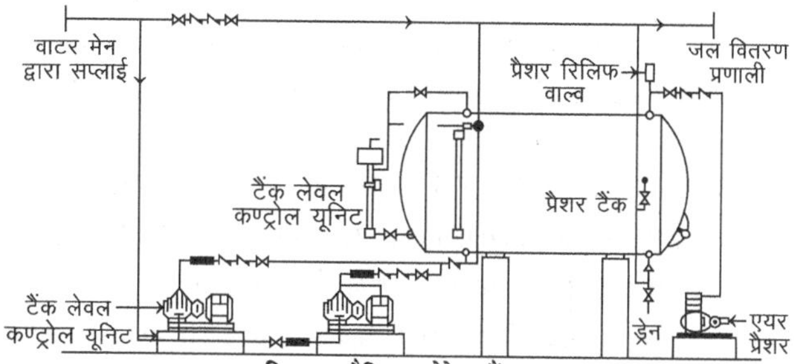

चित्र न्यूमैटिक स्टोरेज टैंक

सामान्यतः इस टैंक के साथ रेसीप्रोकेटिंग पम्प या रोटरी (rotary) पम्प का उपयोग किया जाता है। इस टैंक में एक प्रैशर रिलीफ वाल्व भी लगा होता है। उपरोक्त चित्र में न्यूमैटिक स्टोरेज टैंक को दर्शाया गया है

जल संग्रह टैंक हेतु महत्त्वपूर्ण बिन्दु
Important Points for Water Storage Tank

(*i*) जल टैंक पूर्णतः जलरोधी होना चाहिए अर्थात् जल टैंक से जल लीक नहीं करना चाहिए।

(*ii*) जल संग्रह टैंक का निर्माण करने के लिए प्रयुक्त मैटेरियल्स जल की गुणवत्ता के अनुकूल होने चाहिए अर्थात् टैंक का मैटेरियल जल को दूषित न करने वाला होना चाहिए। स्टील, कंक्रीट, फाइबर, ग्लास, प्लास्टिक इत्यादि जल संग्रह टैंक बनाने के लिए उपयुक्त होते हैं।

(*iii*) धात्विक टैंकों को जंग इत्यादि से बचाने के लिए उपयुक्त उपाय करने चाहिए अर्थात् उन पर पर्याप्त मात्रा में पेण्ट, बिटुमिन इत्यादि का लेप करना चाहिए।

(*iv*) भूमिगत टैंकों को मजबूत नींव पर स्थापित करना चाहिए अर्थात् इन टैंकों को ऐसे आधार (base) पर बनाना चाहिए कि ये टैंक भूमि में धँसे नहीं।

(*v*) टैंक का डिजाइन व मैटेरियल इस प्रकार का होना चाहिए कि यह बाहरी एवं आन्तरिक बलों को सरलतापूर्वक वहन कर सके।

(*vi*) भवनों की छतों पर स्थापित किए जाने वाले टैंकों को सूर्य के सीधे प्रकाश से बचाना चाहिए तथा इनके साथ ओवर-फ्लो पाइप व ड्रैन पाइप भी जुड़े होने चाहिए।

14.3 जल वितरण प्रणाली
Water Distribution System

जल के संग्रह तथा उपचार के पश्चात् यह आवश्यक हो जाता है कि जल को सार्वजनिक स्थानों, कस्बों, बस्तियों में पहुँचाया जाए। जल के उचित वितरण के लिए जल वितरण प्रणाली की व्यवस्था की जाती है। जल वितरण प्रणाली का मुख्य उद्देश्य, उपयुक्त गुणवत्ता, मात्रा और दाब के साथ उपभोक्ताओं तक जल पहुँचाना है। जल वितरण प्रणाली का उपयोग सामूहिक रूप से उपयोग की जाने वाली सुविधाओं का वर्णन करने के लिए किया जाता है, जिससे कि स्रोत से जल की आपूर्ति हो सके।

एक अच्छी जल वितरण प्रणाली में निम्नलिखित बातों का होना अत्यन्त आवश्यक है

(*i*) जल वितरण प्रणाली द्वारा उपभोक्ताओं तक जल, उसी कोटि की शुद्धि (degree of purity) में पहुँचना चाहिए, जिस कोटि में जल वितरण प्रणाली तक पहुँचा है।

(*ii*) प्रत्येक उपभोक्ता तक जल उचित दाब पर पहुँचना चाहिए।

(*iii*) घरेलू एवं औद्योगिक इकाइयों तक जल पर्याप्त मात्रा में पहुँचना चाहिए।

(*iv*) वितरण प्रणाली का संचालन सरल होना चाहिए।

(*v*) जल वितरण प्रणाली में प्रयुक्त पाइपों में जल की गुणवत्ता खराब नहीं होनी चाहिए।

(*vi*) यह अग्निशमन के दौरान पर्याप्त मात्रा में जल की आपूर्ति करने में सक्षम होना चाहिए।

जल वितरण प्रणाली का ले-आउट
Lay-out of Water Distribution System

जल वितरण प्रणाली में ले-आउट की अत्यन्त महत्त्वपूर्ण भूमिका है। जल वितरण प्रणाली के ले-आउट की सहायता से जल के दाब तथा पाइप लाइन की देख-भाल में सहायता मिलती है। जल वितरण प्रणाली के ले-आउट को निम्न चार भागों में बाँटा जाता है

1. डैड एण्ड सिस्टम Dead End System

जल वितरण प्रणाली की डैड एण्ड सिस्टम व्यवस्था का उपयोग ऐसे स्थानों पर किया जाता है, जहाँ शहर या कस्बा पूर्णत: विकसित नहीं होता है। इस व्यवस्था में एक मुख्य नल (मेंन्स), वितरण टंकी से मुख्य सड़क के किनारे-किनारे चलता है।

इसके पश्चात् इसमें से दोनों तरफ भवनों व इमारतों में ब्रांच लाइनों द्वारा सर्विस कनैक्शन देते हैं। इस व्यवस्था का मुख्य लाभ यह है कि इस व्यवस्था में प्रारम्भिक लागत कम आती है और साथ ही नल-व्यास, वाल्व इत्यादि का सरल निर्धारण भी किया जा सकता है, परन्तु इस व्यवस्था की हानि यह है कि इसमें डैड प्वॉइण्ट्स (dead points) बन जाते हैं और इन डैड प्वॉइण्टस की मरम्मत (repairing) के दौरान सम्पूर्ण व्यवस्था बन्द हो जाती है, जिसके फलस्वरूप जल का वितरण रुक जाता है। दिए गए चित्र में डैड एण्ड सिस्टम का ले-आउट दर्शाया गया है

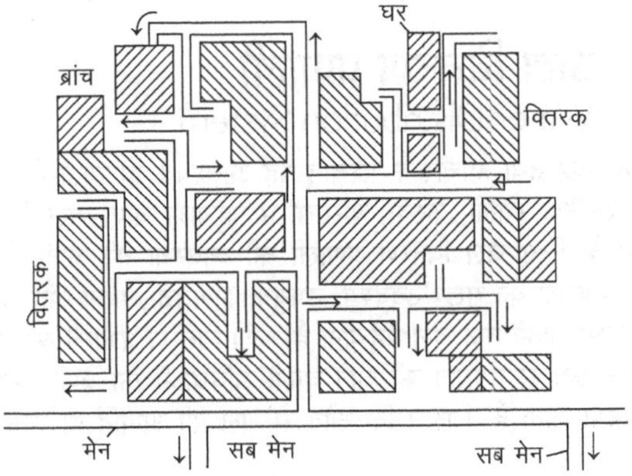

चित्र डैड एण्ड सिस्टम

2. ग्रिड आयरन सिस्टम Grid Iron System

ग्रिड आयरन सिस्टम को जलिका रूपी (reticulated) व्यवस्था भी कहा जाता है। यह व्यवस्था उन कस्बों व शहरों के लिए अत्यन्त उपयुक्त है जिनमें सड़कों का ले-आउट आयताकार होता है। इस वितरण व्यवस्था में मुख्य लाइन सड़क के किनारे पर बिछी होती है तथा कस्बों व शहरों के आबादी वाले क्षेत्र से जो सड़कें निकलती हैं, उन पर सब-पाइप लाइनें (sub-pipe lines) बिछायी जाती हैं।

इसके पश्चात् इन सब-लाइनों से ब्रांच लाइनें बिछाकर घरों व इमारतों में कनैक्शन उपलब्ध करा दिए जाते हैं। यह अत्यन्त सुविधाजनक व्यवस्था है, परन्तु इस व्यवस्था की मुख्य हानि यह है कि यह व्यवस्था अत्यन्त महँगी है। इसका कारण यह है कि इसमें अधिक पाइप व पाइप फिटिंग उपयोग की जाती है। नीचे चित्र में ग्रिड आयरन सिस्टम को दर्शाया गया है

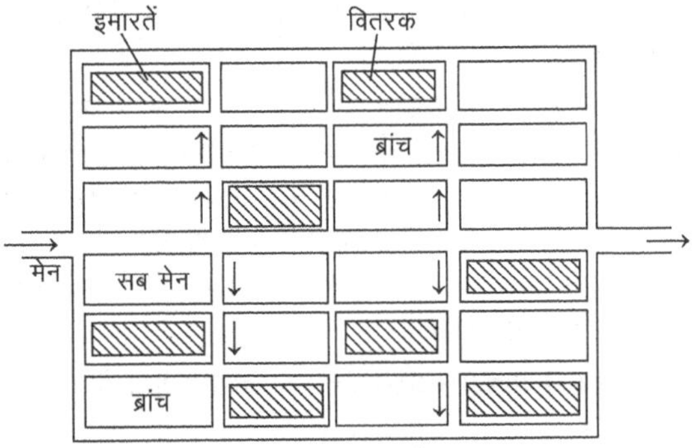

चित्र ग्रिड आयरन सिस्टम

3. रिंग सिस्टम Ring System

रिंग व्यवस्था को वृत्तीय (circular) व्यवस्था के नाम से भी जाना जाता है। इस व्यवस्था में कस्बों या शहरों को अलग-अलग क्षेत्रों में विभाजित करके प्रत्येक क्षेत्र को वर्ग या गोल खण्डों में बाँट दिया जाता है। अब प्रत्येक वर्ग या गोल क्षेत्र के चारों ओर मेन लाइन बिछा दी जाती है। इस मेन लाइन से सब-लाइनें और इन सब-लाइनों से ब्रांच लाइनें निकाल कर भवनों व इमारतों में सर्विस कनैक्शन उपलब्ध कराए जाते हैं। इस व्यवस्था को नगर के सुनियोजित क्षेत्र में ही अपनाया जा सकता है। चित्र में रिंग सिस्टम के ले-आउट को दर्शाया गया है

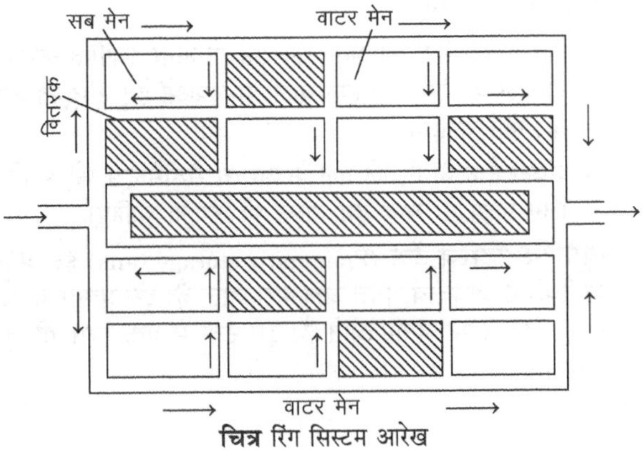

चित्र रिंग सिस्टम आरेख

14.5 जल मीटर Water Meter

वितरण प्रणाली में बहने वाले जल की मात्रा को मापने के लिए जल मीटर का उपयोग किया जाता है। जल मीटर की रीडिंग (reading) के अनुसार ही शहरों के प्रत्येक घर से उपभोग किए जाने वाले जल का मूल्य निर्धारित किया जाता है।

एक अच्छे जल मीटर में निम्नलिखित विशेषताएँ होनी चाहिए।

(*i*) मीटर का रख-रखाव निम्नतम होना चाहिए।

(*ii*) जब पाइप लाइन में जल प्रवाहित न हो रहा हो, तो मीटर द्वारा कोई रीडिंग नहीं दर्शाई जानी चाहिए।

(*iii*) मीटर से प्रवाहित होने वाले जल की अधिक शीर्ष हानि (head loss) नहीं होनी चाहिए।

(*iv*) जल की अशुद्धियों का जल मीटर पर कोई विपरीत प्रभाव नहीं पड़ना चाहिए।

(*v*) जल के दाब में परिवर्तन होने से जल मीटर की कार्य प्रणाली प्रभावित नहीं होनी चाहिए।

(*vi*) मीटर की सैटिंग इस प्रकार की होनी चाहिए कि संचालन के दौरान यह जल से पूर्णत: भरा होना चाहिए।

जल मीटर के संस्थापन से सम्बन्धित महत्त्वपूर्ण बिन्दु Important Points Related to Installation of Water Meter

(*i*) घरेलू उपयोग हेतु लगाए जाने वाले जल मीटरों को पाइप लाइन में यूनियन के साथ जोड़ा जाना चाहिए, जिससे कि आवश्यकता पड़ने पर इन्हें सरलतापूर्वक खोला जा सके।

(*ii*) जल मीटर के संस्थापन के समय यह ध्यान रखना चाहिए कि जल मीटर का अलाइनमेण्ट, सप्लाई लाइन के अलाइनमेण्ट से आधा मीटर से अधिक न हो अन्यथा जल मीटर में वायु प्रवेश कर जाएगी और मीटर से सही रीडिंग नहीं मिल पाएगी।

(*iii*) जल मीटर व कनैक्टिंग पाइप को मजबूत सपोर्ट पर ही स्थापित करना चाहिए।

14.6 पम्प Pump

जल अथवा किसी तरल पदार्थ को दाब के माध्यम से निम्न स्तर से उच्च स्तर पर स्थानान्तरित करने के लिए जिस युक्ति का उपयोग किया जाता है, वह पम्प कहलाती है। पम्प का मुख्य कार्य मीटर की यान्त्रिक ऊर्जा को द्रव प्रवाह ऊर्जा में परिवर्तित करना है। पम्प का उपयोग गहरे जल स्रोतों से पानी निकालने, तरल पदार्थ को ऊँचाई पर स्थानान्तरित करने तथा तरल पदार्थ को उच्च वेग से प्रवाहित करने के लिए किया जाता है।

पम्प का उपयोग प्रक्रिया संचालन में भी किया जा सकता है, जिसके लिए एक उच्च हाइड्रॉलिक दाब की आवश्यकता होती है। पम्पिंग क्रिया के लिए पम्प को मुख्य जल स्रोत के निकट स्थापित किया जाता है।

कार्यप्रणाली के आधार पर पम्प डायनेमिक तथा पॉजिटिव डिस्प्लेसमेण्ट प्रकार के होते है, जिनका विवरण निम्न प्रकार हैं

डायनेमिक पम्प Dynamic Pump

डायनेमिक पम्प में, इसके घूर्णन करने वाले भाग की गतिज ऊर्जा को उपयुक्त डिजाइन वाले इम्पेलर की सहायता से दाब ऊर्जा में बदला जाता है। डायनेमिक पम्प बरनौली के सिद्धान्त पर कार्य करते हैं। इस प्रकार के पम्पों में प्रवाह का मुख्य कारण पम्पों में उत्पन्न होने वाला दाबान्तर होता है। इन पम्पों में तरल का उत्सर्जन एकसमान व निरन्तर होता है।

डायनेमिक पम्प विभिन्न प्रकार के होते हैं। कुछ मुख्य प्रकार के डायनेमिक पम्पों का वर्णन निम्न प्रकार है

(i) सेन्ट्रीफ्यूगल पम्प Centrifugal Pump

सेन्ट्रीफ्यूगल पम्प सर्वाधिक उपयोग किया जाने वाला पम्प है। इस प्रकार के पम्प काफी मजबूत, सस्ते तथा जल के उच्च दाब प्रवाह में सक्षम होते हैं। इन पम्पों की कार्य प्रणाली काफी सरल होती है। जब ये पम्प क्रियाशील होते हैं, तो पम्प के इनलेट से आउटलेट तक का दाब बढ़ जाता है तथा पम्प से जल का प्रवाह होने लगता है। नीचे चित्र में एक सेन्ट्रीफ्यूगल पम्प दर्शाया गया है

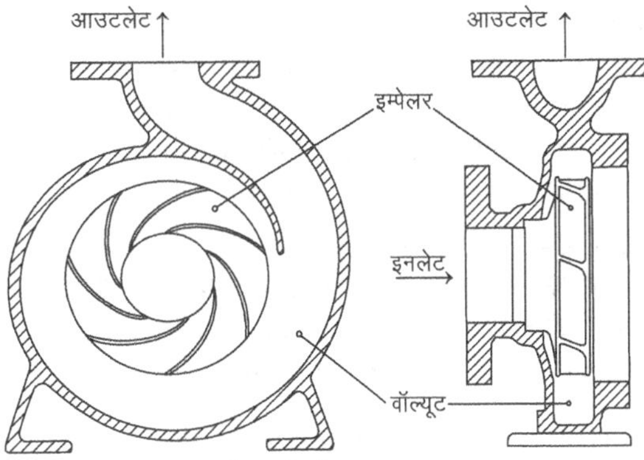

चित्र सेन्ट्रीफ्यूगल पम्प

सेन्ट्रीफ्यूगल पम्प का सिद्धान्त Principle of Centrifugal Pump

ये पम्प अपकेन्द्री बल (centrifugal force) के सिद्धान्त पर कार्य करते हैं। इस सिद्धान्त के अनुसार जब कोई तरल पर्याप्त उच्च वेग के साथ पम्प केसिंग के अन्दर रोटेटिंग इम्पेलर द्वारा घुमाया जाता है, तो तरल पर एक अपकेन्द्री बल कार्य करने लगता है। यह अपकेन्द्री बल, प्रैशर हैड से उत्पन्न होता है तथा तरल को निम्न स्तर से उच्च स्तर की ओर प्रवाहित कर देता है।

सेन्ट्रीफ्यूगल पम्प के मुख्य भाग Main Parts of Centrifugal Pump

सेन्ट्रीफ्यूगल पम्प के मुख्य भाग निम्न प्रकार हैं

(*a*) **इम्पेलर** (Impeller) यह सेन्ट्रीफ्यूगल पम्प का मुख्य भाग होता है। इसका मुख्य कार्य, जल को तीव्रता से घुमाना होता है, जिससे कि जल उच्च वेग व उच्च दाब के साथ इम्पेलर से बाहर निकले। इम्पेलर से निकलने वाले द्रव को उच्च दाब पर पम्प केसिंग के अन्दर भेजा जाता है। इम्पेलर, सेन्ट्रीफ्यूगल पम्प में मुख्य शाफ्ट पर लगा रहता है तथा इस शाफ्ट को बियरिंग द्वारा सपोर्ट प्रदान की जाती है। यह शाफ्ट इलेक्ट्रिक मोटर द्वारा एक फ्लेक्सिबल या दृढ़ कपलिंग के माध्यम से घुमाई जाती है।

(*b*) **पम्प केसिंग** (Pump casing) इम्पेलर की हाउसिंग के लिए सेन्ट्रीफ्यूगल पम्प में केसिंग प्रदान की जाती है। इसके अतिरिक्त पम्प केसिंग सक्शन तथा डिलीवरी लाइन को भी कनैक्ट करती है। चूँकि केसिंग में जल उच्च दाब पर पहुँचता है, अत: लीकेज को रोकने के लिए पम्प केसिंग तथा शाफ्ट के मध्य एक स्टफिंग बॉक्स प्रदान किया जाता है। सेन्ट्रीफ्यूगल पम्प की दक्षता पम्प में उपयोग की जाने वाली केसिंग के डिजाइन पर निर्भर करती है।

(*c*) **सक्शन पाइप** (Suction pipe) सक्शन पाइप का ऊपरी सिरा, सक्शन साइड पर जुड़ा रहता है, जबकि निचला सिरा सम्प में भरे द्रव में डूबा रहता है। सक्शन पाइप के निचले सिरे पर एक फुट वाल्व तथा स्ट्रेनर जुड़ा रहता है। जब द्रव या जल, सक्शन पाइप में प्रवेश करता है, तो स्ट्रेनर, कूड़ा-करकट (debris); जैसे-लकड़ी के टुकड़े, पेड़-पौधों के पत्ते, ईंट के छोटे टुकड़े, कागज इत्यादि को पाइप के इनलेट से दूर हटा देता है, जिसके फलस्वरूप, सक्शन पाइप में साफ जल ही प्रवेश करता है।

(*d*) **डिलीवरी पाइप** (Delivery pipe) डिलीवरी पाइप, सेन्ट्रीफ्यूगल पम्प के आउटलेट से प्रारम्भ होता है और केसिंग के डिजाइन के अनुसार, रिजर्वायर (reservoir) या सप्लाई सिरे पर समाप्त होता है। डिलीवरी पाइप में द्रव/जल का वेग, सक्शन पाइप की तुलना में थोड़ा-सा अधिक रहता है। डिलीवरी पाइप में द्रव/जल का वेग 1.5 मी/से से 3.5 मी/से तक रहता है।

(*e*) **प्राइम मूवर** (Prime mover) सामान्यत: सेन्ट्रीफ्यूगल पम्प में इम्पेलर को आवश्यक ऊर्जा प्रदान करने के लिए प्राइम मूवर के रूप में डीजल इंजन का भी उपयोग किया जा सकता है। प्राइम मूवर द्वारा पम्प शाफ्ट को कनैक्ट करके पावर प्रदान की जाती है।

सेन्ट्रीफ्यूगल पम्प का व्यवस्थापन
Arrangement of Centrifugal Pump

सेन्ट्रीफ्यूगल पम्प को हॉरिजोन्टल शाफ्ट या वर्टिकल शाफ्ट किसी भी एक शाफ्ट के साथ व्यवस्थित किया जाता है। जैसा कि निम्न चित्र में प्रदर्शित किया गया है

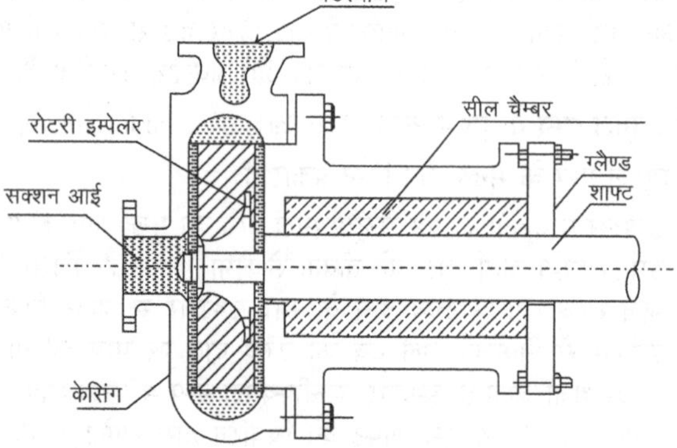

(a) हॉरिजॉन्टल व्यवस्थापन

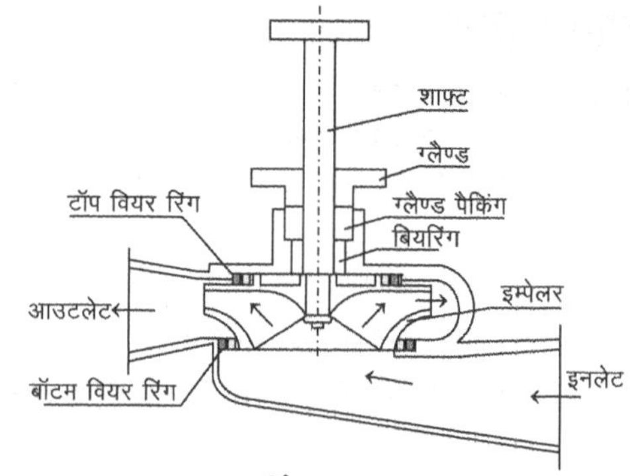

(b) वर्टिकल व्यवस्थापन

चित्र सेन्ट्रीफ्यूगल पम्प का व्यवस्थापन

परन्तु स्थान की सीमा को ध्यान में रखते हुए, वर्टिकल सेन्ट्रीफ्यूगल पम्प का अत्यधिक उपयोग किया जाता है। इसके अतिरिक्त वर्टिकल सेन्ट्रीफ्यूगल पम्पों की जल प्रवाह की दक्षता उच्च होने के कारण अब इन पम्पों का उपयोग उन सेवाओं के लिए भी किया जाने लगा है, जिनके लिए पहले हॉरिजोन्टल सेन्ट्रीफ्यूगल पम्पों का उपयोग किया जाता था।

पम्प की उपयोगिता एवं आपूर्ति किए जाने वाले द्रव के आधार पर स्टफिंग बॉक्स सीलिंग या मैकेनिकल सीलिंग व्यवस्था वाले सेन्ट्रीफ्यूगल पम्प उपयोग किए जाते हैं। सेन्ट्रीफ्यूगल पम्प का डिजाइन तैयार करते समय यह ध्यान रखना आवश्यक है कि इम्पेलर के पीछे अत्यधिक दाब उत्पन्न हो, जिससे कि जल/द्रव आसानी से पम्प केसिंग में प्रवेश कर जाए। यदि इम्पेलर के पीछे कम दाब उत्पन्न होगा, तो इम्पेलर से वायु लीक कर जाएगी। इस समस्या को दूर करने के लिए डिस्चार्ज केसिंग से स्टफिंग बॉक्स की लेन्टर्न रिंग (lentern ring) तक एक पाइप कनैक्ट कर दिया जाता है।

सेन्ट्रीफ्यूगल पम्प की कार्यप्रणाली
Working of Centrifugal Pump

सेन्ट्रीफ्यूगल पम्प को कार्य में लाने से पूर्व इसकी प्राइमिंग की जाती है। प्राइमिंग करने के लिए सक्शन पाइप, केसिंग तथा डिलीवरी पाइप को तरल से भर दिया जाता है। ऐसा इसलिए किया जाता है, क्योंकि इम्पेलर, निम्न घनत्व वाली हवा को पम्प से बाहर निकालने के लिए पर्याप्त दाब उत्पन्न नहीं कर पाता है। इम्पेलर द्वारा उत्पन्न किया गया दाब पम्प किए जाने वाले तरल के घनत्व के सीधे समानुपाती होता है। चित्र में दर्शाए गए सेन्ट्रीफ्यूगल पम्प के ले-आउट के अध्ययन से इस पम्प की कार्यप्रणाली को सरलतापूर्वक समझा जा सकता है।

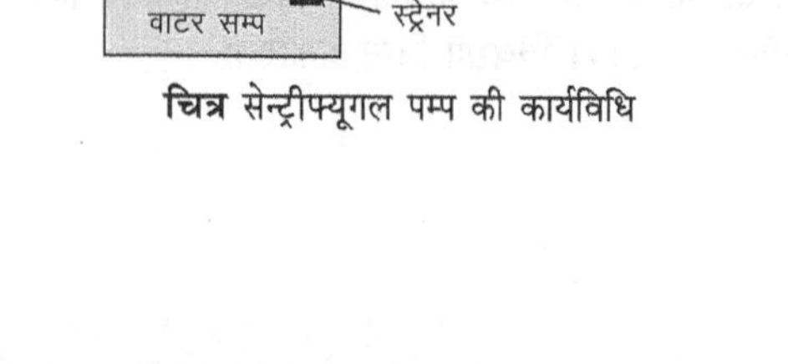

चित्र सेन्ट्रीफ्यूगल पम्प की कार्यविधि

इस प्रकार, यदि इम्पेलर को हवा में चलाया जाए, तो हवा के निम्न घनत्व के कारण एक नगण्य दाब उत्पन्न होगा, जिसके फलस्वरूप इम्पेलर वाँछित दाब आरोपित नहीं कर पाएगा। अतः सेन्ट्रीफ्यूगल पम्प को स्टार्ट करने से पूर्व इसकी प्राइमिंग अत्यन्त महत्त्वपूर्ण है।

प्राइमिंग के पश्चात् पम्प को इलेक्ट्रिक मोटर के माध्यम से स्टार्ट किया जाता है। पम्प की स्टार्टिंग के समय डिलीवरी वाल्व को बन्द रखा जाता है। तरल से भरी केसिंग में इम्पेलर के घूमने से तरल में सेन्ट्रीफ्यूगल बल उत्पन्न होता है, जिसके परिणामस्वरूप सम्पूर्ण तरल का दाब बढ़ जाता है। इम्पेलर के एक स्थिर गति प्राप्त कर लेने के पश्चात् डिलीवरी वाल्व को धीरे-धीरे खोला जाता है और इस प्रकार तरल पाइप से बाहर निकलना प्रारम्भ कर देता है। इसी समय, सेन्ट्रीफ्यूगल बल इम्पेलर के केन्द्र पर एक आंशिक निर्वात् (vaccum) उत्पन्न करता है, जो तरल को सक्शन पाइप के माध्यम से इम्पेलर के केन्द्र की ओर धकेलता है और पम्प लगातार तरल को बाहर निकालता रहता है।

सेन्ट्रीफ्यूगल पम्प के प्रकार Types of Centrifugal Pump

सेन्ट्रीफ्यूगल पम्प निम्न प्रकार के होते हैं

(*a*) **वर्टिकल सेन्ट्रीफ्यूगल पम्प** (Vertical centrifugal pump) वर्टिकल सेन्ट्रीफ्यूगल पम्प को कैन्टीलीवर पम्प भी कहा जाता है। इस प्रकार के पम्प में एक एक्सक्लूसिव शाफ्ट (exclusive shaft) तथा एक बियरिंग का उपयोग किया जाता है। यह शाफ्ट एक कुण्डलीदार स्प्रिंग द्वारा सम्प में लटकी रहती है, जबकि बियरिंग इस सम्प के बाहर रहता है। इस प्रकार के पम्प में शाफ्ट को कवर करने के लिए स्टफिंग बॉक्स का उपयोग नहीं किया जाता है, परन्तु स्टफिंग के स्थान पर इसमें थ्रॉटल बुशिंग (throttle bushing) का उपयोग किया जाता है। नीचे चित्र में एक वर्टिकल सेन्ट्रीफ्यूगल पम्प को दर्शाया गया है

चित्र वर्टिकल सेन्ट्रीफ्यूगल पम्प

(*b*) **हॉरिजॉन्टल सेन्ट्रीफ्यूगल पम्प** (Horizontal centrifugal pump) हॉरिजोन्टल सेन्ट्रीफ्यूगल पम्प में दो इम्पेलर्स का उपयोग किया जाता है। इस प्रकार के पम्प का उपयोग मुख्यतः पम्पिंग सर्विस के लिए किया जाता है। इस पम्प में जल के प्रवाह हेतु प्रयुक्त प्रत्येक चरण एक मूल पम्प में विभाजित रहता है। हॉरिजोन्टल सेन्ट्रीफ्यूगल पम्प को मल्टी-स्टेज पम्प के नाम से भी जाना जाता है क्योंकि इस पम्प में सिंगल हॉरिजॉन्टल शाफ्ट पर कम-से-कम आठ अतिरिक्त स्टेज (stage) होती है।

निम्न चित्र में हॉरिजॉन्टल सेन्ट्रीफ्यूगल को दर्शाया गया है।

चित्र हॉरिजॉन्टल सेन्ट्रीफ्यूगल पम्प

(*c*) **वॉल्यूट पम्प** (Volute Pump) वॉल्यूट पम्प के इम्पेलर को वॉल्यूट कहा जाता है। इसका कारण यह है कि इसका इम्पेलर वॉल्यूट की आकृति का बना होता है। इस पम्प में इम्पेलर की आकृति इस प्रकार डिजाइन की जाती है कि पम्प में जल की गति एक समान बनी रहे। यही इस पम्प की मुख्य विशेषता भी है।

(*d*) **टरबाइन पम्प** (Turbine Pump) टरबाइन पम्प भी, सेन्ट्रीफ्यूगल पम्प का ही एक प्रकार है। टरबाइन पम्पों में इम्पेलर के निकट का क्रॉस-सेक्शनल एरिया (cross-sectional area) एकसमान रहता है जिसके कारण इसमें आने वाले जल के समस्त बिन्दुओं पर प्रवाह वेग समान रहता है। इसमें इम्पेलर को प्रचालित करने के लिए विद्युत मोटर का उपयोग किया जाता है।

सेन्ट्रीफ्यूगल पम्प के लाभ एवं हानियाँ Advantages and Disadvantages of Centrifugal Pump

लाभ Advantages

(*i*) सेन्ट्रीफ्यूगल पम्प की प्रारम्भिक लागत एवं रख-रखाव लागत निम्न होती है।

(*ii*) इनका साइज छोटा होता है, जिस कारण इन्हें सीमित स्थान पर भी स्थापित किया जा सकता है।

(*iii*) इनका मैकेनिज्म साधारण होता है, जिस कारण इन्हें कम कुशल व्यक्ति भी सरलतापूर्वक ऑपरेट कर सकता है।

(*iv*) इन्हें उच्च गति विद्युत मोटर, गैस इंजन या स्टीम टरबाइन से भी प्रचालित किया जा सकता है।

(*v*) इन पम्पों से होने वाला डिस्चार्ज स्थिर एवं नियत होता है।

(*vi*) इन्हें सिल्ट (silt) रेट इत्यादि मिश्रित जल को भी पम्प करने के लिए प्रचालित किया जा सकता है।

(*vii*) सेन्ट्रीफ्यूगल पम्प, मजबूत एवं उच्च दाब पर सुरक्षित होते हैं।

हानियाँ Disadvantages

(*i*) ये पम्प गाढ़े (viscous) तरलों को पम्प करने के लिए उपयुक्त नहीं हैं।

(*ii*) इन पम्पों से होने वाले प्रवाह की दर विशिष्ट गुरुत्व (specific gravity) से प्रभावित होती है।

(*iii*) इन पम्पों को प्रचालित करने से पूर्व प्राइमिंग की आवश्यकता होती है।

(*iv*) इनमें कपलिंग प्रयुक्त होने से ऊर्जा हानि होती है।

(*v*) लौह कण वाले तरल को पम्प करने से इनमें जंग लगने की सम्भावना बढ़ जाती है।

(*vi*) इन्हें उच्च डिस्चार्ज प्रैशर पर ऑपरेट नहीं किया जा सकता है।

(ii) **सबमर्सिबल पम्प** Submersible Pump

सबमर्सिबल पम्प को स्टॉर्म वाटर (storm water), सीवेज एवं सैप्टिक पम्प (septic pump) के नाम से भी जाना जाता है। ये पम्प प्राय: एक पाइप की आकृति में बने होते हैं तथा ये पम्प अधिकतर जल/द्रव के अन्दर ही डूबे रहते हैं। ये पम्प वर्टिकली फिट किए जाते हैं। इन पम्पों का उपयोग सामान्यतया भवन निर्माण, घरेलू एवं औद्योगिक उपयोग हेतु वर्षा के जल को रिसाइकिल करने में किया जाता है।

नीचे चित्र में सबमर्सिबल पम्प को दर्शाया गया है

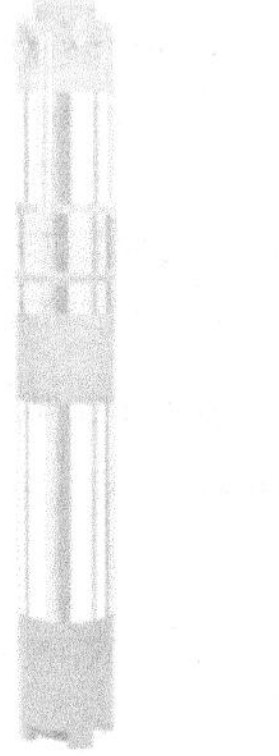

चित्र सबमर्सिबल पम्प

सबमर्सिबल पम्प, स्टॉर्म वाटर, सब-सॉइल वाटर, सीवेज, ब्लैक वाटर, ग्रे-वाटर, वर्षा जल, ट्रेड वैस्ट, कैमिकल, बोर वाटर तथा फूड स्टफ को शिफ्ट करने के लिए अत्यन्त उपयुक्त है। इन पम्पों के अनुप्रयोगों में मुख्य रूप से अलग-अलग इम्पेलर; जैसे-बन्द, कॉन्ट्रा-ब्लॉक, वर्टेक्स (vertex), मल्टी स्टेज, सिंगल स्टेज, कटर एवं ग्राइण्डर इम्पेलर शामिल हैं।

(iii) **एयर लिफ्ट पम्प** Air Lift Pump

जब जल में निलम्बित पदार्थ, जैसे क्षार व अम्ल, उपस्थित हों, जो अन्य प्रकार के पम्पों को नुकसान पहुँचाते हैं, तो इस स्थिति में एयर लिफ्ट पम्प का उपयोग किया जाता है। इस प्रकार के पम्प गहराई से जल को उठाने के लिए उपयोग किए जाते है।

इनका प्रचालन बहुत सरल होता है। इन पम्पों को डिजाइन करते समय इनमें एक एजुकेटर पाइप लगा दिया जाता है। इस एजुकेटर पाइप में, एयर इनलेट पाइप को इस प्रकार फिट किया जाता है कि इसका (एयर इनलेट पाइप) आउटलेट ऊपर की ओर रहे, एयर लिफ्ट पम्प का ऊपरी सिरा वायु कम्प्रेसर से कनैक्ट रहता है।

एयर लिफ्ट पम्प को चित्र में प्रदर्शित किया गया है

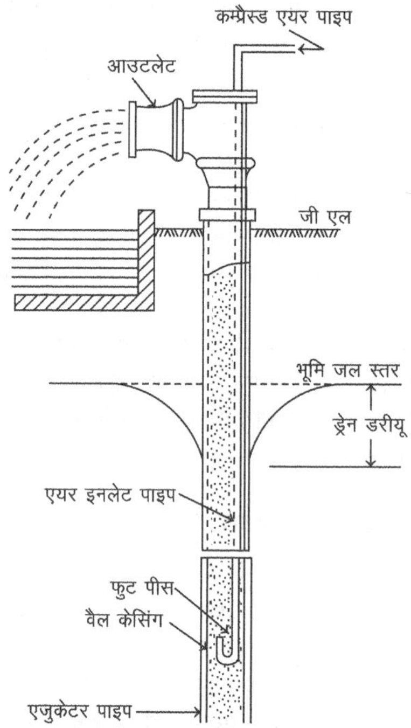

चित्र एयर लिफ्ट पम्प

एयर लिफ्ट पम्प की कार्य प्रणाली
Working of Air Lift pump

कम्प्रैस्ड एयर पाइप में जब एयर (air) इनलेट पाइप के निचले सिरे से जुड़े डिफ्यूजर (diffuser) से होती हुई मुक्त (release) की जाती है, तो यह वायु जल के साथ मिश्रित हो जाती है और इसमें बुलबुले उत्पन्न होने लगते हैं। इन बुलबुलों का आपेक्षिक घनत्व, जल के घनत्व से कम होता है। प्रारम्भ में जल का स्तर एजुकेटर (educator) पाइप के बाहर व अन्दर एकसमान रहता है, परन्तु जब कम्प्रैस्ड एयर, एजुकेटर में प्रवेश करती है, तो एजुकेटर के अन्दर जल का घनत्व कम हो जाता है, जिससे जल व वायु का मिश्रण एयर पाइप द्वारा ऊपर उठ जाता है। जब एयर पाइप के अन्दर, जल व वायु के मिश्रण का भार एयर पाइप के बाहर के मिश्रण के भार से अधिक हो जाता है, तो यह निकास मार्ग से बाहर आने लगता है। जल के ऊपर उठने के लिए यह आवश्यक है कि एयर पाइप जल में डूबा रहे।

(iv) **आवेग पम्प** Impulse Pump

आवेग पम्प को हाइड्रॉलिक रैम के नाम से भी जाना जाता है। इस प्रकार के पम्प आवेग के सिद्धान्त पर कार्य करते हैं। इन पम्पों में जल को अधिक ऊँचाई तक ऊपर उठाने के लिए स्मॉल फॉल (small fall) का उपयोग किया जाता है। आवेग पम्प में एक इनलेट पाइप, एक वेस्ट वाल्व, एक डिलीवरी वाल्व, रैम, एयर चैम्बर तथा आउटलेट वाल्व सम्मिलित रहते हैं। जब रैम, इनएक्टिव (inactive) स्थिति में रहती है तो इस स्थिति में वेस्ट वाल्व खुला (open) रहता है तथा सप्लाई वाल्व गुरुत्व के कारण बन्द रहता है।

इन पम्पों में प्रारम्भ में जल रैम के अन्दर, इनलेट पाइप से आता है तथा वेस्ट वाल्व से बाहर की ओर प्रवाहित होता है, परन्तु जब इनलेट वाल्व स्वत: ऊपर उठकर अचानक से बन्द हो जाता है, तो रैम में आवेग (impulse) उत्पन्न होता है, जिसके कारण आउटलेट वाल्व खुल जाता है। इस स्थिति में वायु की कुछ मात्रा एयर चैम्बर में प्रवेश कर जाती है तथा आउटलेट वाल्व से प्रवाहित होना प्रारम्भ कर देती है। जब आवेग का उत्पन्न होना रुक जाता है, तो वेस्ट वाल्व पुन: खुल जाता है तथा उसी क्रम की पुनरावृत्ति होने लगती है। आवेग पम्पों की दक्षता लगभग 50% होती है।

चित्र आवेग पम्प

(v) फायर हाइड्रेन्ट पम्प Fire Hydrant Pump

फायर हाइड्रेन्ट पम्प को हाइड्रेन्ट बूस्टर, फायर पम्प या फायर वाटर पम्प के नाम से भी जाना जाता है। ये उच्च बल (high force) वाटर पम्प होते हैं। इन पम्पों का मुख्य कार्य, हाइड्रेन्ट पाइप के अन्दर बल में वृद्धि करके पम्प की अग्निशमन क्षमता में वृद्धि करना है। इस प्रकार के पम्प के अनुप्रयोगों में मुख्य रूप से सिंचाई एवं वाटर ट्रांसफर सम्मिलित होते हैं।

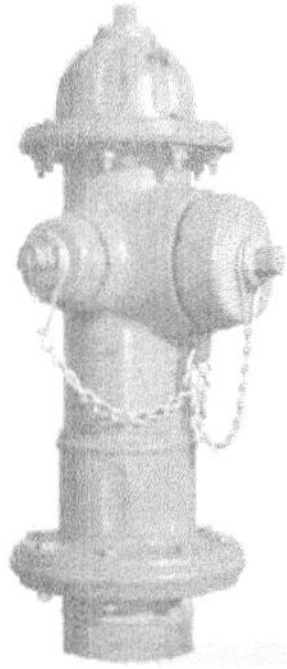
चित्र फायर हाइड्रेन्ट पम्प

2. पॉजिटिव डिस्प्लेसमेण्ट पम्प Positive Displacement Pump

पॉजिटिव डिस्प्लेसमेण्ट पम्प ऐसे पम्प होते हैं, जिनमें पहले द्रव/जल का सक्शन किया जाता है तथा फिर इस द्रव/जल पर एक घूर्णन भाग (इम्पेलर) द्वारा बल लगाकर उसे आगे प्रवाहित कर दिया जाता है। इस प्रकार के पम्पों में द्रव/जल का डिस्चार्ज पूर्ण रूप से पम्प की स्पीड (speed) पर निर्भर करता है।

पॉजिटिव डिस्प्लेसमेंट पम्प निम्न दो प्रकार के होते हैं

(i) रेसीप्रोकेटिंग पम्प Reciprocating Pump

रेसीप्रोकेटिंग पम्पों का उपयोग ऐसे स्थानों पर किया जाता है, जहाँ अपेक्षाकृत कम मात्रा में जल को पम्प करने की आवश्यकता होती है। रेसीप्रोकेटिंग पम्प सामान्यत: निम्न गति पर प्रचालित होते हैं और ये एक 'V'-बैल्ट की सहायता से इलेक्ट्रिक मोटर से कनैक्ट रहते हैं। ये पम्प पिस्टन की रिवर्स गति के सिद्धान्त पर कार्य करते हैं।

इस प्रकार के पम्प निम्न प्रवाह दर और उच्च हैड के लिए सर्वाधिक उपयुक्त हैं। ऑयल ड्रिलिंग प्रक्रियाओं में रेसीप्रोकेटिंग पम्पों का ही उपयोग किया जाता है। सक्शन पाइप, डिलीवरी पाइप, पिस्टन, पिस्टन रॉड, कनैक्टिंग रॉड, सक्शन डिलीवरी वाल्व इसके मुख्य भाग होते हैं।

रेसीप्रोकेटिंग पम्प निम्न प्रकार के होते हैं

(*a*) **साधारण हस्त चालित रेसीप्रोकेटिंग पम्प** (Simple hand operated reciprocating pump) यह एक सस्ता एवं साधारण प्रकार का पम्प होता है, जोकि भारत के गाँवों एवं शहरों में बहुतायत से उपयोग में लाया जाता है। इस प्रकार के पम्प के स्ट्रेनर सक्शन पाइप, गन मेटल का बना सिलेण्डर, GI सिलेण्डर, पिस्टन, पिस्टन रॉड तथा वाल्व सैट मुख्य भाग होते हैं।

नीचे चित्र में एक साधारण हस्त चालित रेसीप्रोकेटिंग पम्प को दर्शाया गया है

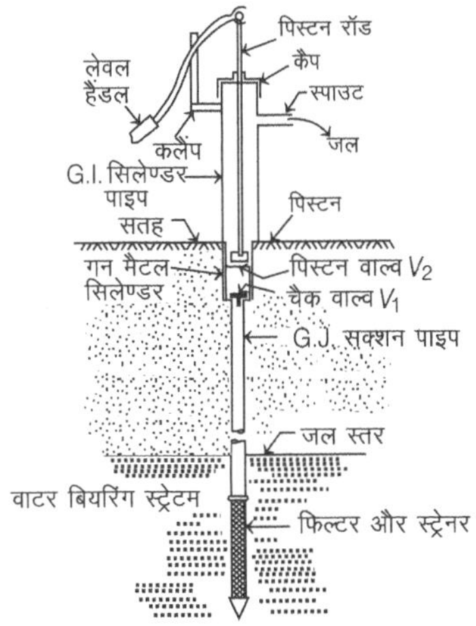

चित्र साधारण हस्त चालित पम्प

चित्रानुसार, जब हैण्डिल द्वारा पिस्टन को ऊपर की ओर खींचा जाता है, तो पिस्टन के नीचे निर्वात् उत्पन्न हो जाता है जिसके फलस्वरूप चैक वाल्व U_1 खुल जाता है और जल सिलेण्डर में प्रवेश (enter) कर जाता है। इसके पश्चात् जब पिस्टन को नीचे किया जाता है, तो चैक वाल्व बन्द हो जाता है और पिस्टन वाल्व U_2 खुल (open) हो जाता है, जिसके फलस्वरूप जल पिस्टन के ऊपरी भाग में भर जाता है। इस प्रकार यह प्रक्रिया बार-बार चलती रहती है और पम्प से जल का प्रवाह होता रहता है।

(*b*) **पावर ऑपरेटिड डीप वैल रेसीप्रोकेटिंग पम्प** (Power operated deep well reciprocating pump) पावर ऑपरेटिड डीप वैल रेसीप्रोकेटिंग पम्प, हस्त चालित रेसीप्रोकेटिंग पम्प के समान ही होते हैं। इनमें अन्तर केवल यह है कि पावर ऑपरेटिड डीप वैल रेसीप्रोकेटिंग पम्प का पिस्टन जल के तल के नीचे स्थित होता है और ये हाथ से प्रचालित न करके विद्युत शक्ति से प्रचालित किए जाते हैं।

जब जल तल की गहराई 6 मीटर या इससे अधिक होती है तो इन पम्पों का उपयोग किया जाता है। इन पम्पों में सक्शन पाइप का उपयोग नहीं किया जाता है। इनमें स्ट्रेनर को सीधे ही सिलेण्डर से कनैक्ट कर दिया जाता है। चित्र में पावर ऑपरेटिड डीप वैल रेसीप्रोकेटिंग पम्प को दर्शाया गया है

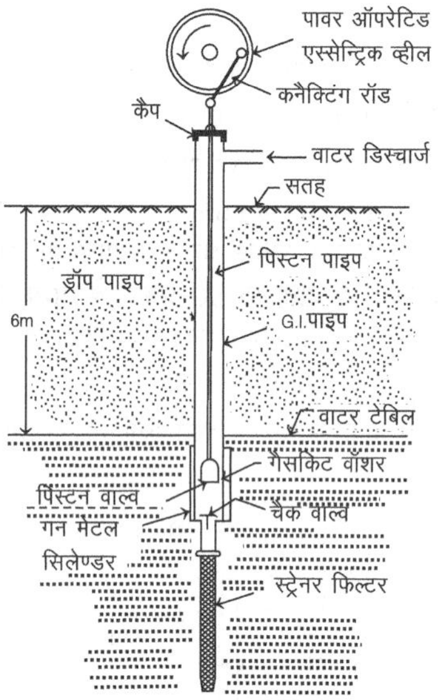

चित्र पावर ऑपरेटिड डीप वैल रेसीप्रोकेटिंग पम्प

(*c*) **सिंगल एक्टिंग रेसीप्रोकेटिंग पम्प** (Single acting reciprocating pump) सिंगल एक्टिंग रेसीप्रोकेटिंग पम्प में पिस्टन एक कनैक्टिंग शाफ्ट द्वारा प्रचालित होता है। इनमें पिस्टन, फ्लाईव्हील एयर चैम्बर तथा सिलेण्डर मुख्य भाग होते हैं। जब पिस्टन, सिलेण्डर में ऊपर की ओर गति करता है, तो सिलेण्डर में निर्वात् उत्पन्न हो जाता है, जिसके फलस्वरूप इनलेट वाल्व ओपन हो जाता है और जल सिलेण्डर में प्रवेश कर जाता है। इसके पश्चात् जब पिस्टन नीचे की ओर गति करता है, तो इनलेट वाल्व बन्द हो जाता है और आउटलेट वाल्व ओपन हो जाता है, जिसके फलस्वरूप, जल, एयर चैम्बर से होता हुआ सिलेण्डर से बाहर निकल जाता है। निम्न चित्र में सिंगल एक्टिंग सिलेण्डर को दर्शाया गया है

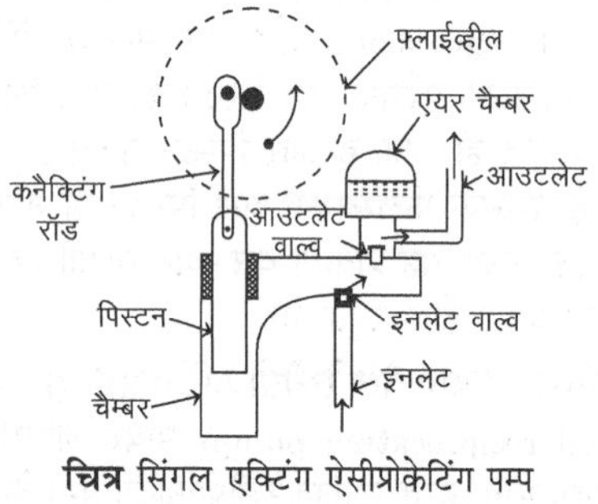

चित्र सिंगल एक्टिंग ऐसीप्रोकेटिंग पम्प

(*d*) **डबल एक्टिंग रेसीप्रोकेटिंग पम्प** (Double acting reciprocating pump) डबल एक्टिंग रेसीप्रोकेटिंग पम्प में एक सक्शन पाइप तथा एक आउटलेट पाइप लगा होता है, जैसा कि निम्न चित्र में दर्शाया गया है

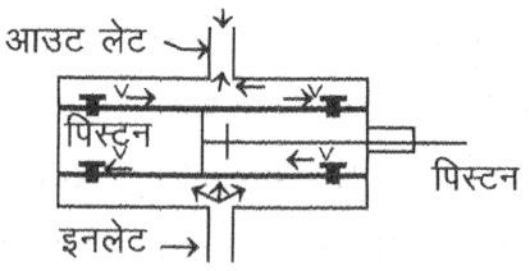

चित्र डबल एक्टिंग रेसीप्रोकेटिंग पम्प

जब पिस्टन, सिलेण्डर में ऊपर की ओर चलता है, तो सक्शन वाल्व ओपन हो जाता हैं, जबकि आउटलेट वाल्व बन्द रहते हैं, जिसके फलस्वरूप जल सिलेण्डर में प्रवेश कर जाते है। जब पिस्टन, नीचे की ओर चलता है, तो इस स्थिति में सक्शन वाल्व बन्द हो जाते है और आउटलेट वाल्व ओपन हो जाते हैं और जल सिलेण्डर से बाहर निकल जाता है। इन पम्पों में सक्शन वाल्व तथा आउटलेट वाल्व के दो युग्म (pair) होते हैं, इसलिए इन्हें डबल एक्टिंग रेसीप्रोकेटिंग पम्प कहा जाता है। इन पम्पों की दक्षता (efficiency) 40% से 85% तक होती है।

(*e*) **डायफ्राम पम्प** (Diaphram pump) डायफ्राम पम्प को वायु प्रचालित डायफ्राम पम्प (air operated diaphram pump) भी कहा जाता है। इन पम्पों का उपयोग मुख्यतया सामान्य प्लाण्ट, औद्योगिक क्षेत्रों एवं खदानों में किया जाता है। डायफ्राम पम्प, ऐसे स्थान के लिए अत्यधिक उपयुक्त हैं, जहाँ इलेक्ट्रिसिटी (electricity) आसानी से उपलब्ध नहीं है। इस प्रकार के पम्पों का उपयोग, रसायनों के स्थानान्तरण (transfer), भोजन निर्माण यूनिटों, भूमिगत कोयला खदानों आदि में किया जाता है। नीचे चित्र में एक डायफ्राम पम्प को दर्शाया गया है

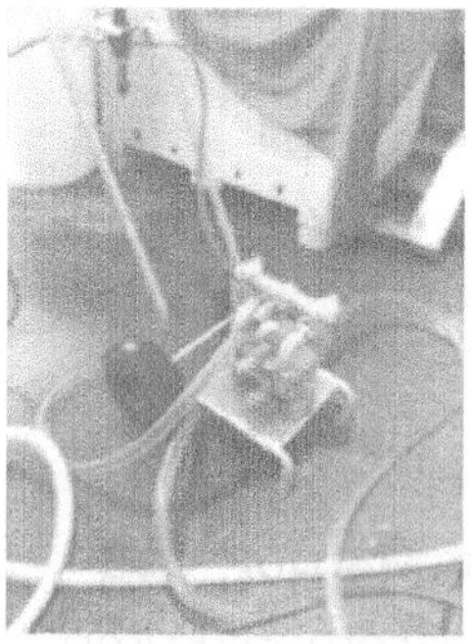

चित्र डायफ्राम पम्प

डायफ्राम पम्प रेस्पॉन्डिंग पम्प (responding pump) होते हैं और इनमें दो डायफ्राम लगे होते हैं, जो कम्प्रैस्ड एयर (compressed air) से प्रचालित होते हैं। ट्रांसफर वाल्व द्वारा, यह कम्प्रैस्ड एयर, डायफ्राम की ओर प्रवाहित की जाती है, जिससे दोनों डायफ्राम, एक्टिव (active) हो जाते हैं। प्रत्येक डायफ्राम में बॉल या चैक वाल्व का एक सैट भी लगा होता है जो जल के प्रवाह को नियन्त्रित करता है।

(*f*) **पिस्टन पम्प** (Piston pump) पिस्टन पम्पों की समस्त कार्य प्रणाली, इस पम्प के पिस्टन पर निर्भर करती है। इसका कारण यह है कि इन पम्पों को इस प्रकार डिजाइन किया जाता है कि पिस्टन ही इन पम्पों का एक मुख्य भाग होता है। जब पिस्टन, सिलेण्डर में ऊपर की ओर चलता है तो डिलीवरी वाल्व खुल जाता है और पिस्टन के नीचे जाने पर डिलीवरी वाल्व पुन: बन्द हो जाता है। यह पम्प अधिक गहराई से जल को नहीं खींच सकते हैं, इसलिए कम उपयोग किए जाते है।

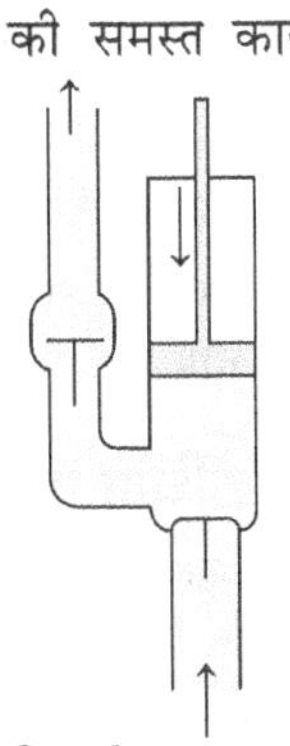

चित्र पिस्टन पम्प

(ii) रोटरी पम्प Rotary Pump

रोटरी पम्प का उपयोग अधिक मात्रा में तरल पदार्थों जैसे– ऑयल या जल को ट्रांसफर करने के लिए किया जाता है। इन पम्पों में वाल्वों का उपयोग नहीं किया जाता है। इन पम्पों में वाल्वों के स्थान पर केसिंग के अन्दर दो गियर या कैम (cam) लगी रहती हैं। ये गियर एक-दूसरे के निकट लगे होते हैं और अपने केन्द्र पर घूर्णन करते हैं। ये पम्प, मिट्टी, रेत या सिल्ट मिश्रित जल को पम्प करने में सक्षम नहीं हैं। इन पम्पों की दक्षता 60% से 80% तक होती है। रोटरी पम्प निम्न प्रकार के होते हैं

(*a*) **गियर पम्प** (Gear pump) गियर पम्प एक प्रकार का रोटरी टाइप पॉजिटिव डिस्प्लेसमेण्ट पम्प है, जिसका अर्थ है कि यह पम्प प्रत्येक रिवॉल्यूशन (revolution) के लिए द्रव/तरल पर एक बल आरोपित करता है। यह पम्प द्रव या जल को मशीनरी के अन्दर प्रवाहित करता है तथा नॉन-एक्साइटिंग पम्पिंग क्रिया द्वारा तरल को मैश (mesh) के रूप में बाहर फेंकता है। ये पम्प उच्च बल से पम्पिंग क्रिया करने में सक्षम हैं तथा मिट्टी, रेत या सिल्ट मिश्रित जल को भी सरलतापूर्वक ट्रांसफर कर सकते हैं।

नीचे चित्र में एक गियर पम्प दर्शाया गया है।

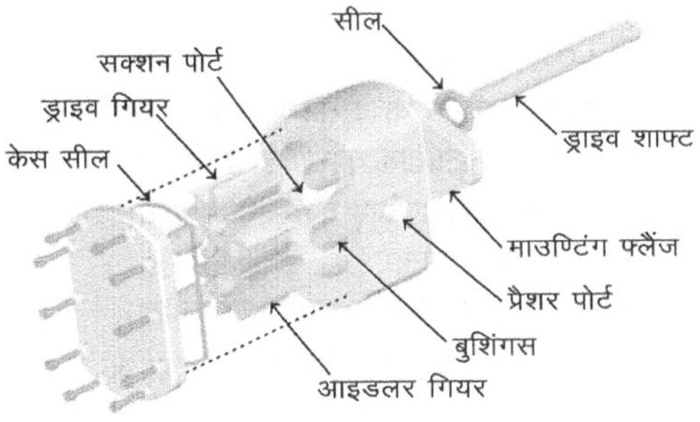

चित्र गियर पम्प

गियर पम्प में किसी भी प्रकार के वाल्व का उपयोग नहीं किया जाता है, जिसके फलस्वरूप इसमें घर्षण हानि तथा इम्पैलर के उच्च वेग के कारण होने वाली हानि नहीं होती है। इस प्रकार ये पम्प गाढ़े द्रवों जैसे फ्यूल के साथ-साथ ग्रीस ऑयल का भी प्रवाहित करने में सक्षम हैं। ये पम्प, ठोस तरलों के लिए उपयुक्त नहीं है।

(*b*) **पेरिस्टालिक पम्प** (Peristalic pump) पेरिस्टालटिक पम्पों को ट्यूब पेरिस्टालिक पम्प भी कहा जाता है। ये एक प्रकार के पॉजिटिव डिस्प्लेसमेण्ट पम्प होते हैं। इन पम्पों का उपयोग मुख्यत: रसायनों, खाद्य पदार्थों एवं जल उपचार प्रौद्योगिकी में किया जाता है। ये पम्प मापन एवं सम्मिश्रण हेतु तरल के प्रवाह को स्थिर करते हैं तथा टूथपेस्ट जैसे विभिन्न प्रकार के तरल पदार्थों एवं सभी प्रकार के रसायनों को पम्प करने में सक्षम है।

चित्र पेरिस्टालिक पम्प

(*c*) **लोब पम्प** (Lobe pump) ये पम्प विभिन्न विशेषताओं जैसे उच्च दक्षता, जंग प्रतिरोधक क्षमता, विश्वसनीयता, स्वच्छ गुणों इत्यादि को प्रदर्शित करते हैं। ये पम्प गाढ़ें तरल पदार्थों जैसे ग्रीस इत्यादि को भी सरलतापूर्वक पम्प करने में सक्षम होते हैं। इन पम्पों की कार्यविधि गियर पम्प के अतिरिक्त ऐसे लोब से भी सम्बन्धित होती है जो एक-दूसरे को स्पर्श नहीं करते हैं। ये पम्प, गियर पम्पों की तुलना में उच्च पम्पिंग प्रणाली प्रदर्शित करते हैं। ये पम्प स्लरीज (slluries) को भी आसानी से पम्प कर सकते हैं। ये पम्प स्टेनलैस स्टील के बने होते हैं।

चित्र लोब पम्प

(*d*) **बूस्टर पम्प** (Booster pump) बूस्टर पम्पों का उपयोग प्राय: ऐसे स्थानों पर जल को पम्प करने के लिए किया जाता है, जहाँ जल का प्रैशर (pressure) कम होता है।

ये पम्प जल का प्रैशर बढ़ा देते हैं जिससे जल आसानी से पम्प होने लगता है। ये पम्प कम क्षमता वाले होते हैं, इसलिए इन पम्पों का उपयोग कम किया जाता है।

(*e*) **इजेक्टर टाइप पम्प** (Ejector type pump) इस प्रकार के पम्पों को एजुकेटर पम्प के नाम से भी जाना जाता है। इन पम्पों की कार्य प्रणाली कम्प्रैस्ड वायु पर निर्भर करती है। ये पम्प जल को अधिक ऊँचाई तक पम्प नहीं कर सकते हैं, इसलिए इस प्रकार के पम्प कम उपयोग में लाए जाते हैं।

(*f*) **लिफ्ट एवं फोर्स पम्प** (Lift and force pump) लिफ्ट एवं फोर्स पम्प का उपयोग छतों पर स्थापित स्टोरेज टैंको में जल पहुँचाने के लिए किया जाता है।

(g) **सक्शन पम्प** (Suction pump) सक्शन पम्प को वैक्यूम पम्प के नाम से भी जाना जाता है। ये पम्प, वायुमण्डलीय दाब पर कार्य करते हैं। सक्शन पम्प द्वारा जल पम्प करने के लिए पहले जल स्तर के ऊपर वायुमण्डलीय दाब उत्पन्न किया जाता है। यही वायुमण्डलीय दाब जल को सक्शन पम्प में ऊपर चढ़ाने में सहायता करता है।

पम्पों के दोष Faults in Pumps

पम्पों के प्रचालन के दौरान उनमें विभिन्न प्रकार के दोष उत्पन्न हो जाते हैं। पम्पों में प्रचालन के समय उत्पन्न होने वाले कुछ मुख्य दोष निम्नवत् हैं

1. वितरण असफलता दोष Delivery Failure Fault

इस दोष के कारण पम्प उपयुक्त दाब पर तरल का वितरण अर्थात् प्रवाह नहीं कर पाता है। पम्पों में वितरण असफलता दोष निम्नलिखित के कारण उत्पन्न होता है

(i) पम्प की प्राइमिंग सही प्रकार से न होना।
(ii) पम्प का उचित गति पर न चलना।
(iii) पम्प में वायु लीकेज का होना।
(iv) इम्पेलर, गियर, स्क्रू या अन्य द्रव प्रचालित युक्ति का टूटा होना या खराब होना।
(v) पम्प शाफ्ट का सही दिशा में न घूमना।
(vi) सक्शन लिफ्ट का वांछित गति से अधिक होना।

वितरण असफलता दोष के निवारण हेतु उपरोक्त बातों की जाँच करें और खराब या टूटे भागों को बदल दें।

2. प्राइमिंग दोष Priming Fault

पम्पों को स्टार्ट करने से पूर्व उनकी प्राइमिंग करना अत्यन्त आवश्यक होता है। यदि पम्पों की प्राइमिंग सही प्रकार से न की जाए, तो उनमें प्राइमिंग दोष उत्पन्न हो जाता है। पम्पों में प्राइमिंग दोष निम्नलिखित के कारण उत्पन्न होता है

(i) पम्प जोड़ों (joints) पर लीकेज का होना।
(ii) ग्लैण्ड जोड़ पर लीकेज का होना।
(iii) एयर लीकेज का होना।
(iv) प्राइमिंग ड्राइव का दोषित होना।

पम्पों में प्राइमिंग दोष के निवारण के लिए पम्प के सभी ज्वॉइण्ट्स के लीकेज की जाँच करें तथा प्राइमिंग ड्राइव के दोषित होने की स्थिति में इसे बदल दें।

3. पम्प का उपयुक्त दाब न बनाना Unable to Build Pressure of Pump

यदि पम्प तरल के प्रवाह हेतु उपयुक्त दाब उत्पन्न करने में असमर्थ है, तो तरल का प्रवाह सही प्रकार से नहीं हो पाता है। पम्पों में उपयुक्त दाब के उत्पन्न न होने के निम्नलिखित कारण हो सकते हैं

(i) पम्प की प्राइमिंग न होना।
(ii) एयर कॉक्स (air cocks) का बन्द होना।
(iii) आन्तरिक भागों जैसे इम्पेलर, स्क्रू इत्यादि का खराब होना।
(iv) रिंग्स का घिसा होना।
(v) पम्प का उचित गति पर न चलना।
(vi) पम्प की केसिंग में कैविटी (cavity) होना।

पम्प के उपयुक्त दाब न बनाने की स्थिति में उपरोक्त पदों की जाँच करें तथा दोष होने पर उनका निवारण करें।

4. अधिक कम्पन्न दोष Excessive Vibration Fault

कभी-कभी पम्प प्रचालन के दौरान कम्पन्न करने लगता है। पम्प में कम्पन्न निम्न कारणों से उत्पन्न हो सकते हैं

(i) फाउण्डेशन का ढ़ीला होना।
(ii) पम्प का अलाइनमेण्ट सही प्रकार से न होना।
(iii) इम्पेलर का बैलेन्स (balance) सही न होना।
(iv) पम्प में कोई यान्त्रिक दोष होना।
(v) पम्प शाफ्ट व मोटर शाफ्ट के मध्य उपयुक्त दूरी न होना।

पम्पों के प्रचालन के दौरान अधिक कम्पन्न करने की स्थिति में उपरोक्त बातों की जाँच करके दोषों का निवारण करें।

5. पम्प की निम्न क्षमता Low Capacity of Pump

कई बार पम्प के लगातार क्रियाशील रहने के दौरान इनकी क्षमता में कमी आ जाती है। यदि पम्प की क्षमता में कमी आ गई है या पम्प की क्षमता अपर्याप्त है, तो इसके निम्नलिखित कारण हो सकते हैं

(i) पम्प का पर्याप्त गति पर न चलना।
(ii) पम्प में एयर लीकेज होना।
(iii) सक्शन पाइप में रुकावट होना।
(iv) सक्शन लिफ्ट एवं तापमान का अधिक होना।
(v) डायनेमिक शीर्ष (dynamic head) का उच्च होना।
(vi) पम्प रिलीफ वाल्व की सैटिंग, वांछित मान से कम पर होना।

यदि पम्प की क्षमता कम है, तो उपरोक्त बातों की सही प्रकार से जाँच करें तथा दोष ज्ञात होने पर उन्हें दूर करके पम्प की पर्याप्त क्षमता प्राप्त करें।

6. द्रव हानि Loss of Liquid

यदि पम्प की स्टार्टिंग या रनिंग के दौरान पम्प के प्रवाह में हानि या कमी आ रही है, तो इसके निम्नलिखित कारण हो सकते हैं

(i) सक्शन लाइन में किसी प्रकार का लीकेज होना।
(ii) द्रव का तापमान कम होना।
(iii) पम्प रिलीफ वाल्व का सही प्रकार सैट न होना।

उपरोक्त दोषों की जाँच करके द्रव की हानि से बचा जा सकता है।

14.7 कुएँ में जल का दूषित होना Contamination of Water in a Well

कुएँ में जल प्राकृतिक रूप से होने वाली गतिविधियों एवं मानव जनित गतिविधियों से दूषित हो सकता है। कुएँ में जल के दूषित होने के अग्रलिखित कारण हो सकते हैं

1. सूक्ष्मजीव Microorganisms

सूक्ष्मजीवों के अन्तर्गत बैक्टीरिया, वायरस तथा परजीवी आते हैं। ये सूक्ष्म जीव पृथ्वी सतह पर सभी जगह मौजूद हैं। जब कोई व्यक्ति, सूक्ष्म जीव से युक्त जल को ग्रहण करता है, तो उसमें जठरांत्र (gastrointestinal) सम्बन्धी बीमारियाँ तथा इंफेक्शन हो सकता है। सूक्ष्मजीव, कुओं के जल में भूमिगत जलाशय से होने वाले लीकेज के कारण पहुँच जाते हैं तथा कुएँ के जल को दूषित कर देते हैं।

2. नाइट्रेट व नाइट्राइड Nitrate and Nitride

नाइट्रेट व नाइट्रइड, रासायनिक उर्वरकों, मानव मल (sewage) पशु अपशिष्ट इत्यादि में उपस्थित होते हैं। ये भू-जल तथा सतह जल के रिसाव से कुएँ के जल को दूषित कर सकते हैं। नाइट्रेट व नाइट्राइड युक्त जल को पीने से मेथेमोग्लोबिनेमिया (methemoglobinamia) या ब्लू बेबी सिण्ड्रोम (blue baby syndrome) हो सकता है।

3. हैवी मैटल Heavy Metals

घरेलू प्लम्बिंग व सर्विस लाइन्स, माइनिंग ऑपरेशन्स, पेट्रोलियम रिफाइनरियों, इलेक्ट्रॉनिक कारखानों इत्यादि से भू-जल में पहुँचकर कुएँ के जल को दूषित कर सकते हैं। हैवी मैटल युक्त जल को पीने से यकृत, गुर्दे, आँतों की क्षति इत्यादि सम्बन्धी बीमारियाँ हो सकती हैं।

4. कार्बनिक रसायन Organic Chemicals

कार्बनिक रसायन घरों में प्रयुक्त किए जाने वाले उत्पादों में पाए जाते हैं। ये स्याही, कीटनाशक, पेण्ट, फार्मास्यूटिकल, पेट्रोलियम उत्पाद मे पाये जाते हैं। ये कार्बनिक रसायन भू-जल में प्रवेश कर सकते हैं और यह भू-जल कुँओं के जल में रिसकर उसे दूषित कर सकता हैं। कार्बनिक रसायन युक्त जल को पीने से किडनी, लीवर, संचार प्रणाली, तन्त्रिका तन्त्र इत्यादि से सम्बन्धित बीमारियाँ हो सकती हैं।

महत्त्वपूर्ण बिन्दु

- जल आपूर्ति, सार्वजनिक उपयोगी कार्यों, व्यावसायिक संगठनों, सामुदायिक प्रयासों या व्यक्तियों द्वारा पम्पों व पाइपों की प्रणाली के माध्यम से उचित गुणवत्ता, मात्रा व दाब के साथ उपभोक्ताओं तक जल पहुँचाने का एकमात्र साधन है।
- जल की आपूर्ति करने से पूर्व उसका संग्रह करने के लिए विभिन्न प्रकार के टैंक या जलाशयों का निर्माण किया जाता है।
- सामान्यत: जल की आपूर्ति के लिए, भूमिगत टैंक, RCC टैंक एवं उन्नत टैंकों का उपयोग किया जाता है।
- ग्रेविटी स्टोरेज टैंक गुरुत्व के सिद्धान्त पर कार्य करते हैं।
- न्यूमैटिक स्टोरेज टैंक वायु दाब के सिद्धान्त पर कार्य करते हैं।
- न्यूमैटिक स्टोरेज टैंकों के साथ रेसीप्रोकेटिंग पम्प या रोटरी पम्प का उपयोग किया जाता है।
- जल टैंकों से जल के उचित वितरण हेतु जल वितरण प्रणाली की व्यवस्था की जाती है।
- जल वितरण प्रणाली का मुख्य उद्देश्य उपयुक्त गुणवत्ता, मात्रा व दाब के साथ उपभोक्ताओं को जल की आपूर्ति करना है।
- जल वितरण प्रणाली के ले-आउट को चार भागों डैड एण्ड सिस्टम, ग्रिड-आयरन सिस्टम, रिंग सिस्टम तथा रेडियल सिस्टम में बाँटा गया है।
- उपभोक्ताओं को जल की आपूर्ति नियमित व अनियमित विधि द्वारा की जाती है।
- कस्बों एवं नगरों को जल की आपूर्ति के लिए पाइप लाइनें कस्बे एवं नगरों के डिजाइन के अनुसार बिछायी जाती हैं।
- कस्बों एवं नगरों में जल आपूर्ति के लिए, गुरुत्व प्रणाली, पम्प प्रणाली तथा संयुक्त प्रणाली का उपयोग किया जाता है।
- वितरण प्रणाली में बहने वाले जल की मात्रा को मापने के लिए जल मीटर का उपयोग किया जाता है।
- डायनेमिक पम्प बरनोली के सिद्धान्त पर कार्य करते हैं।
- सेन्ट्रीफ्यूगल पम्प सर्वाधिक उपयोग किया जाने वाला पम्प है।
- सेन्ट्रीफ्यूगल पम्प के मुख्य भाग, इम्पेलर, पम्प केसिंग सक्शन पाइप, प्राइम मूवर तथा डिलीवरी पाइप हैं।
- सेन्ट्रीफ्यूगल पम्प, उपकेन्द्री बल के सिद्धान्त पर कार्य करते हैं।
- क्षार व अम्ल युक्त जल की पम्पिंग के लिए एयर लिफ्ट पम्प का उपयोग किया जाता है।
- बूस्टर पम्प कम प्रैशर वाले जल को पम्प करने के लिए उपयोग किए जात हैं।

महत्त्वपूर्ण प्रश्नोत्तरी

1. ग्रेविटी स्टोरेज टैंक किसके सिद्धान्त पर कार्य करते हैं?

उत्तर ग्रेविटी स्टोरेज टैंक, गुरुत्व बल (gravity force) के सिद्धान्त पर कार्य करते हैं।

2. जल मीटर का उपयोग क्यों किया जाता है?

उत्तर जल मीटर का उपयोग वितरण प्रणाली में जल की मात्रा को मापने के लिए किया जाता है।

3. कुँओं में जल के दूषित होने के कोई दो कारण बताइए।

उत्तर (i) जल में शैवाल व कवक का पैदा होना।

(ii) जल में आयरन ऑक्साइड व सोडियम का होना।

4. जलाशय कितने प्रकार के होते हैं?

उत्तर जलाशय निम्न प्रकार के होते हैं

(i) भूमित जलाशय

(ii) RCC जलाशय

(iii) उन्नत जलाशय

5. गियर पम्प किस प्रकार का पम्प है?

उत्तर गियर पम्प, पॉजिटिव डिस्प्लेसमेण्ट प्रकार का पम्प है।

अभ्यास प्रश्न

परीक्षा प्रारूपी प्रश्न

1. पानी का उपयोग तथा उपभोग करने के लिए जल का संग्रह करने वाली युक्ति कहलाती है

(a) एयर चैम्बर (b) ड्रैन

(c) भण्डारण टैंक (d) केनाल

2. निम्नलिखित में से कौन-सा स्टोरेज टैंक का प्रकार नहीं है?

(a) ग्रेविटी स्टोरेज टैंक (b) न्यूमेटिक स्टोरेज टैंक

(c) कम्प्रैशर स्टोरेज टैंक (d) RCC स्टोरेज टैंक

3. ········ को भूमि की सतह से ऊँचाई पर बनाकर स्तम्भों के सपोर्ट पर टिकाया जाता है।

(a) प्लास्टिक टैंक (b) RCC टैंक

(c) सिंथेटिक टैंक (d) ये सभी

4. टैंक के निचले तल से सभी सेडिमेन्ट्स निकालने के लिए लगाया जाता है

(a) पाइप (b) हॉज पाइप (c) ड्रैन वाल्व (d) कोक

5. टैंक पर बिटुमिन की कोटिंग करने से

(a) टैंक पर जंग नहीं लगता है

(b) टैंक चमकदार हो जाता है

(c) टैंक की मजबूती बढ़ जाती है

(d) उपरोक्त सभी

6. टैंक से पानी की सप्लाई के लिए निम्न में किस प्रणाली का उपयोग किया जाता है?

(a) ग्रेविटी प्रणाली (b) न्यूमेटिक प्रणाली

(c) 'a' और 'b' दोनों (d) इनमें से कोई नहीं

7. जल पाइपों के लिए किया जाना वाले परीक्षण है

(a) दाब परीक्षण (b) लीकेज परीक्षण

(c) पम्पिंग रेट परीक्षण (d) ये सभी

8. ग्रेविटी स्टोरेज टैंक में पानी को विपरीत दिशा में बहने से रोकने के लिए निम्न में से किसका उपयोग किया जाता है?

(a) टैप (b) वेन्ट पाइप

(c) फ्लोट बॉल (d) ओवर-फ्लो पाइप

9. वह टैंक जिसमें वायु एवं पानी एक निश्चित अनुपात में भरे होते हैं

(a) न्यूमेटिक स्टोरेज टैंक (b) ग्रेविटी स्टोरेज टैंक

(c) कम्प्रेशर स्टोरेज टैंक (d) RCC स्टोरेज टैंक

10. उन्नत जलाशय का प्रकार है

(a) स्टैण्ड पाइप (b) उन्नत टैंक

(c) 'a' और 'b' दोनों (d) इनमें से कोई नहीं

11. कस्बों में जल आपूर्ति के लिए किस प्रणाली का उपयोग किया जाता है?

(a) गुरुत्व प्रणाली (b) पम्पिंग प्रणाली

(c) द्विकल प्रणाली (d) ये सभी

12 जल का पूर्ण उपचार करने के बाद जल को ········ वितरित किया जाता है

(a) मशीनों में (b) उद्योगों में

(c) सार्वजनिक स्थानों पर (d) ये सभी

13. एक अच्छी वितरण व्यवस्था में निम्न में से किसका होना आवश्यक है

(a) इसमें जल को उपभोक्ताओं तक उच्च कोटि की शुद्धता में पहुँचाना चाहिए।

(b) जल को प्रत्येक उपभोक्ता तक आवश्यक दाब-शुद्धता पर पहुँचाना चाहिए।

(c) उपरोक्त 'a' और 'b' दोनों

(d) वितरण व्यवस्था को अपव्यय और कुपोषण तथा संचालन में सरल होना चाहिए।

14. स्टैण्ड पाइप ······· धातु के बने होते हैं।

(a) स्टील (b) पीतल (c) लोहा (d) ये सभी

15. भूमिगत जलाशयों के ऊपरी सिरे की चौड़ाई कम से कम कितनी रखी जाती है?
(a) 1.3 मी (b) 3.1 मी (c) 1.2 मी (d) 3.4 मी

16. द्विकल व्यवस्था का अन्य नाम क्या है?
(a) संयुक्त ग्रेविटी व पम्प व्यवस्था
(b) जल व्यवस्था
(c) पम्प मेन्स
(d) उपरोक्त में से कोई नहीं

17. जलाशयों का प्रकार है
(a) भू-जलाशय (b) RCC जलाशय
(c) उन्नत जलाशय (d) ये सभी

18. डिलीवरी पाइप में जल का वेग रहता हैं
(a) 1.5 मी/से -3.5 मी/से (b) 3.5 मी/से-4.5 मी/से
(c) 1 मी/से-1.5 मी/से (d) 5 मी/ से

19. ग्रिड आयरन सिस्टम में सड़कों का ले -आउट कैसा बनाया जाता है?
(a) वर्गाकार (b) आयताकार
(c) त्रिभुजाकार (d) समबाहु

20. जल वितरण के वृत्तीय या रिंग-सिस्टम को केवल कहाँ पर सुनियोजित किया जाता है?
(a) नगर (b) सड़कों
(c) गाँव (d) इनमें से कोई नहीं

21. मुख्य रूप से रेडियल व्यवस्था कहाँ नहीं अपनाई जाती?
(a) अमेरिका (b) रूस (c) भारत (d) चीन

22. जल को उच्च स्थान तक उच्च दाब से उठाने के लिए किस युक्ति का उपयोग किया जाता है
(a) वाल्व (b) पाइप (c) पम्प (d) ये सभी

23. डबल एक्टिंग रेसीप्रोकेटिंग पम्प में पिस्टन, सिलेण्डर के अन्दर ······· द्वारा प्रचालित होता है।
(a) आयरन रॉड (b) पिस्टन रॉड
(c) फ्लाईव्हील (d) इनमें से कोई नहीं

24. वॉल्यूट पम्प निम्न में से किसका एक प्रकार है?
(a) आवेग पम्प (b) सेन्ट्रीफ्यूगल पम्प
(c) टरबाइन पम्प (d) रोटरी पम्प

25. डिस्प्लेसमेण्ट पम्प का प्रकार है
(a) सेन्ट्रीफ्यूगल पम्प (b) रेसीप्रोकेटिंग पम्प
(c) एयर लिफ्ट पम्प (d) ये सभी

26. जल के प्रैशर को बढ़ाने के लिए प्रयुक्त पम्प है
(a) आवेग पम्प (b) सेन्ट्रीफ्यूगल पम्प
(c) बूस्टर पम्प (d) टरबाइन पम्प

27. इम्पेलर सामान्यत: एक ······ द्वारा चलाया जाता है।
(a) स्टीम इंजन (b) डीजल इंजन
(c) विद्युत मोटर (d) ये सभी

28. भारत में शहरों और गाँवों में सबसे अधिक किस पम्प का उपयोग किया जाता है?
(a) शक्ति चालित रेसीप्रोकेटिंग पम्प
(b) साधारण हस्त चालित रेसीप्रोकेटिंग पम्प
(c) रोटरी पम्प
(d) डायफ्राम पम्प

29. साधारण हस्त चालित रेसीप्रोकेटिंग पम्प में कितने वाल्वों का प्रयोग किया जाता है?
(a) एक (b) दो (c) तीन (d) चार

30. 6.0 मीटर या इससे अधिक पानी को खींचने के लिए किस पम्प का प्रयोग किया जाता है ?
(a) सिंगल एक्टिंग रेसीप्रोकेटिंग पम्प
(b) डबल एक्टिंग रेसीप्रोकेटिंग पम्प
(c) साधारण हस्त चालित रेसीप्रोकेटिंग पम्प
(d) पावर ऑपरेटिड रेसीप्रोकेटिंग पम्प

31. रोटरी पम्प की दक्षता कितनी होती है?
(a) 1 से 20% (b) 60 से 100%
(c) 60 से 80% (d) 40 से 50%

32. आवेग पम्प का अन्य नाम क्या है?
(a) हाइड्रॉलिक रैम पम्प (b) केडिल माउन्टेड पम्प
(c) मिनी ब्लॉक पम्प (d) इनमें से कोई नहीं

33. पम्पों को चलाने के लिए ····· प्रयोग में लाया जाता है।
(a) विद्युत मोटर (b) डीजल इंजन
(c) पेट्रोल इंजन (d) ये सभी

34. निम्न में से कौन-सा एक आवेग पम्प का अवयव नहीं है?
(a) एयर चैम्बर (b) रैम
(c) वेस्ट वाल्व (d) फ्लाईव्हील रैम

35. पानी को रोगाणु रहित करने के लिए निम्न में से किस गैस का प्रयोग किया जाता है?
(a) क्लोरीन (b) हाइड्रोजन
(c) ऑक्सीजन (d) काबन डाई-आक्साइड

उत्तरमाला

1. (c)	**2.** (c)	**3.** (b)	**4.** (c)	**5.** (a)	**6.** (c)	**7.** (d)	**8.** (d)	**9.** (a)	**10.** (c)
11. (d)	**12.** (d)	**13.** (c)	**14.** (a)	**15.** (a)	**16.** (a)	**17.** (d)	**18.** (a)	**19.** (b)	**20.** (a)
21. (c)	**22.** (c)	**23.** (b)	**24.** (b)	**25.** (b)	**26.** (c)	**27.** (c)	**28.** (b)	**29.** (b)	**30.** (d)
31. (c)	**32.** (a)	**33.** (a)	**34.** (d)	**35.** (a)					

अध्याय 15

पाइप डाई एवं चूड़ियाँ
Pipe Die and Threads

प्लम्बिंग संक्रिया (plumbing operation) हेतु पाइप लाइन बनाने, पाइप लाइनों से कई ब्रांच (branch) निकालने एवं पाइप लाइन के विस्तार (extension) के लिए विभिन्न प्रकार के पाइपों से सहायक सामग्रियों को जोड़ने की आवश्यकता पड़ती है। इस आवश्यकता की पूर्ति के लिए पाइपों के सिरों पर चूड़ियाँ बनाई जाती हैं, जिनसे विभिन्न सहायक सामग्रियों को जोड़कर आवश्यक लाइन एवं ब्रांच बनाई जाती हैं।

इस अध्याय में हम विभिन्न पाइप थ्रेड्स (चूड़ियों) एवं उन्हें बनाने वाले उपकरणों का विस्तृत अध्ययन करेंगे।

15.1 पाइप चूड़ियों का नामांकरण Designation of Pipe Threads

भारतीयों मानक कोड ISO 7 के अनुसार पाइप थ्रेड्स का नामांकरण निम्न प्रकार से किया जाता है।

(*i*) पाइप थ्रेड ISO7 - $R_p\ 1\frac{1}{2}$

(*ii*) पाइप थ्रेड ISO7 - $R_c\ 1\frac{1}{2}$

(*iii*) पाइप थ्रेड ISO7 - $R\ 1\frac{1}{2}$

पाइप थ्रेड्स के नामांकरण में प्रयुक्त अवयवों का अर्थ निम्न प्रकार है

(*i*) **पाइप थ्रेड** (Pipe thread) थ्रेड्स नामांकरण के प्रारम्भ में पाइप थ्रेड लिखने से स्पष्ट होता है कि दिया गया विवरण पाइप चूड़ियों से सम्बन्धित है।

(*ii*) **ISO7** इसका अर्थ है कि प्रयुक्त की जाने वाली चूड़ी भारतीय मानक (Indian standard) ISO7 के अन्तर्गत ली गई है।

(*iii*) $\boldsymbol{R_p/R_O/R}$ R_p का अर्थ है कि प्रयुक्त की जाने वाली चूड़ियाँ, समान्तर आन्तरिक प्रकार की चूड़ियाँ हैं। इसी प्रकार टेपर आन्तरिक चूड़ियों को R_c से तथा बाह्य चूड़ियों को R से प्रदर्शित किया जाता है।

(*iv*) **चूड़ियों का आकार** चूड़ियों के नामांकरण के अन्त में चूड़ियों के आकार की माप लिखी जाती है। यह माप मीट्रिक अथवा ब्रिटिश प्रणाली में हो सकती है।

नोट *यदि बाएँ हाथ की चूड़ी (left hand threads) का नामांकरण करना हो, तो अन्त में LH लिख दिया जाता है।*

पाइप चूड़ियों से सम्बन्धित पद
Terms Related to Pipe Threads

निम्न चित्र में पाइप चूड़ियों के विभिन्न पदों को दर्शाया गया है।

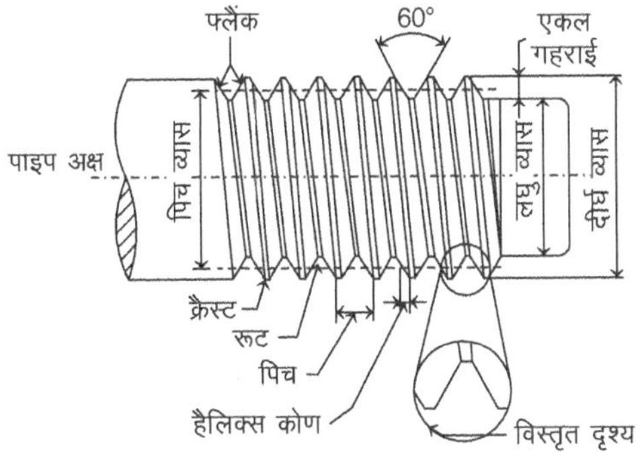

चित्र (a)

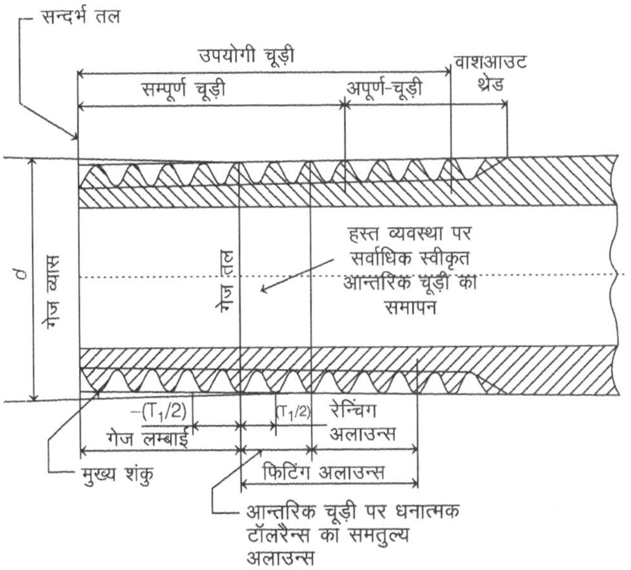

चित्र (b)

पाइप चूड़ियों से सम्बन्धित मुख्य पदों का विवरण निम्नलिखित है

(*i*) **सम्पूर्ण चूड़ी** (Complete thread) पाइप चूड़ी का वह भाग जो ऊपर एवं नीचे की ओर पूर्ण रूप से बनता है, सम्पूर्ण चूड़ी कहलाता है।

(*ii*) **अपूर्ण चूड़ी** (Incomplete thread) पाइप चूड़ी का वह भाग जो नीचे की ओर पूर्ण एवं ऊपर की ओर से खण्डित रहता है, अपूर्ण चूड़ी कहलाता है।

(*iii*) **गेज व्यास** (Gauge diameter) चूड़ियों के मुख्य व्यास को गेज व्यास कहते हैं।

(*iv*) **गेज तल** (Gauge plane) टेपर थ्रेड की अक्ष की लम्बवत् सतह को गेज तल कहते हैं।

(*v*) **गेज लम्बाई** (Gauge length) बाह्य चूड़ी पर गेज तल से चूड़ी के सबसे छोटे भाग के बीच की दूरी को गेज लम्बाई कहते हैं।

(*vi*) **सन्दर्भ तल** (Reference plane) चूड़ियों के निरीक्षण के समय आन्तरिक व बाह्य चूड़ी के बीच की वह सतह (surface), जिस पर गेज को पकड़ा जाता है, सन्दर्भ तल कहलाती है।

(*vii*) **मुख्य शंकु** (Major cone) वह काल्पनिक शंकु जो किसी बाह्य टेपर थ्रेड के शिखर को अथवा आन्तरिक टेपर थ्रेड के आधार को स्पर्श करता है, मुख्य शंकु कहलाता है।

(*viii*) **उपयोगी चूड़ी** (Useful thread) सम्पूर्ण चूड़ी एवं अपूर्ण चूड़ी के योग को उपयोगी चूड़ी कहते हैं।

(*ix*) **रेन्चिंग अलाउन्स** (Wrenching allowance) उपयोगी चूड़ी में दिया गया वह अलाउन्स जो बाह्य चूड़ी व आन्तरिक चूड़ी के भागों के मध्य सापेक्ष गति हेतु प्रदान किया जाता है, वह रेन्चिंग अलाउन्स कहलाता है।

(*x*) **फिटिंग अलाउन्स** (Fitting allowance) उपयोगी चूड़ी में दिया गया वह अलाउन्स जो बाह्य चूड़ी व आन्तरिक चूड़ी असेम्बली हेतु प्रदान किया जाता है, फिटिंग अलाउन्स कहलाता है।

(*xi*) **शिखर या क्रैस्ट** (Crest) चूड़ियों के सबसे ऊपर भाग की सतह जो दो भागों को आपस में जोड़ती है, शिखर या क्रैस्ट कहलाती है।

(*xii*) **रूट** (Root) चूड़ियों की निचली सतह जो दो साइडों को जोड़ती है, रूट कहलाती है।

(*xiii*) **फ्लैंक** (Flank) चूड़ियों वह भाग जो रूट व क्रैस्ट (शिखर) को जोड़ता है, फ्लैंक कहलाती है।

(*xiv*) **थ्रेड कोण** (Thread angle) चूड़ियों का वह सन्निहित कोण जो संलग्न चूड़ियों के बीच बनता है, थ्रेड कोण कहलाता है।

(*xv*) **चूड़ी की गहराई** (Thread depth) चूड़ी के रूट एवं क्रैस्ट के बीच की लम्बवत् दूरी को चूड़ी की गहराई कहते हैं।

(*xvi*) **लघु व्यास** (Minor diameter) चूड़ियों के रूट से रूट तक का न्यूनतम व्यास, लघु व्यास कहलाता है।

(*xvii*) **दीर्घ व्यास** (Major diameter) चूड़ियों के काटने के पश्चात् प्राप्त होने वाला अधिकतम व्यास, दीर्घ व्यास कहलाता है।

निम्न तालिका में पाइप चूड़ियों में प्रयुक्त विभिन्न संकेत चिन्हों (notations) को उनके अर्थ के साथ दर्शाया गया है

तालिका पाइप चूड़ियों में प्रयुक्त संकेत चिन्ह

क्र. सं.	संकेत चिन्ह	अर्थ
1.	R_p	समान्तर आन्तरिक पाइप चूड़ी जो दाब युक्त जोड़ बनाती है।
2.	R_c	टेपर आन्तरिक पाइप चूड़ी जो दाब युक्त जोड़ बनाती है।
3.	R	टेपर बाह्य चूड़ी जो दाब युक्त जोड़ बनाती है।
4.	P	पिच
5.	H	थ्रेड प्रोफाइल के त्रिभुज की ऊँचाई जो थ्रेड अक्ष के लम्बवत् होती है।
6.	h	गोलाकार शिखर एवं निचले भाग के बीच थ्रेड प्रोफाइल की ऊँचाई। $h = 0.640327P$

क्र. सं.	संकेत चिन्ह	अर्थ
7.	r	गोलाकार शिखर एवं निचले भाग की त्रिज्या
8.	D	गेज तल पर आन्तरिक चूड़ी का मुख्य व्यास
9.	D_1	गेज तल पर आन्तरिक चूड़ी का लघु व्यास $D_1 = D - 1280654P$
10.	D_2	गेज तल पर आन्तरिक चूड़ी का पिच व्यास $D_2 = D - 0.640327P$
11.	d	गेज तल पर बाह्य चूड़ी वाले पाइप का मुख्य व्यास।
12.	d_1	गेज तल पर बाह्य पाइप चूड़ी का लघु व्यास $d_1 = d - 1280654P$
13.	d_2	गेज तल पर बाह्य पाइप चूड़ी का पिच व्यास $d_2 = d = 0.640327P$
14.	T_1	बाह्य पाइप चूड़ी की गेज लम्बाई का टॉलरैन्स
15.	T_2	गेज तल की स्थिति हेतु टॉलरैन्स

15.2 मानक पाइप चूड़ियाँ
Standard Pipe Threads

मानक पाइप फिटिंग में ब्रिटिश स्टैण्डर्ड पाइप गेज (British Standard Pipe Gauge, BSP) द्वारा चूड़ियाँ काटी जाती हैं।

आन्तरिक पाइपों में समान्तर चूड़ियाँ, जबकि बाह्य पाइपों में टेपर्ड चूड़ियाँ कटी होती हैं, जैसा कि चित्र में दर्शाया गया है

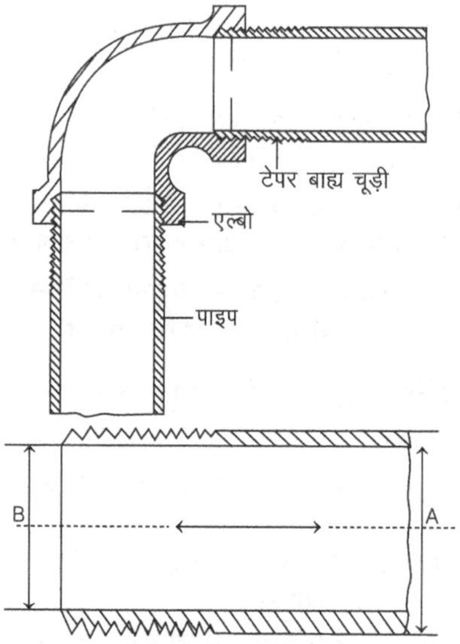

चित्र पाइप चूड़ियाँ

ये चूड़ियाँ गैल्वेनाइज्ड आयरन (GI) पाइप की दीवार की मोटाई के अनुसार 0.5 इंच से 6 इंच तक की रेंज में उपलब्ध हैं, परन्तु तालिका में इन्हें 0.5 इंच से 4 इंच तक के बाह्य व्यास तथा चूड़ी प्रति इंच में प्रदर्शित किया गया है।

तालिका ब्रिटिश स्टैण्डर्ड पाइप चूड़ी

BSP पाइप साइज या DIN 2999 (आन्तरिक)	चूड़ी/इंच	पाइप A का बाह्य व्यास (मिमी में)
$\frac{1''}{2}$	14	20.955
$\frac{3''}{4}$	14	26.441
1″	11	33.249
$1\frac{1''}{4}$	11	41.910
$1\frac{1''}{2}$	11	47.803
2″	11	59.614
$2\frac{1''}{2}$	8	75.184
3″	8	87.884
4″	8	113.030

नोट *DIN स्टैण्डर्ड का एक जर्मन संस्थान (institute) है।*

मानक पाइप चूड़ियों के प्रकार
Types of Standard Pipe Threads

पाइपों में सामान्यत: दो प्रकार की चूड़ियाँ बनाई जाती हैं, जोकि निम्न प्रकार हैं

(i) समान्तर चूड़ी Parallel Thread

निम्न चित्र में पाइप में बनाई जाने वाली समान्तर चूड़ी को दर्शाया गया है

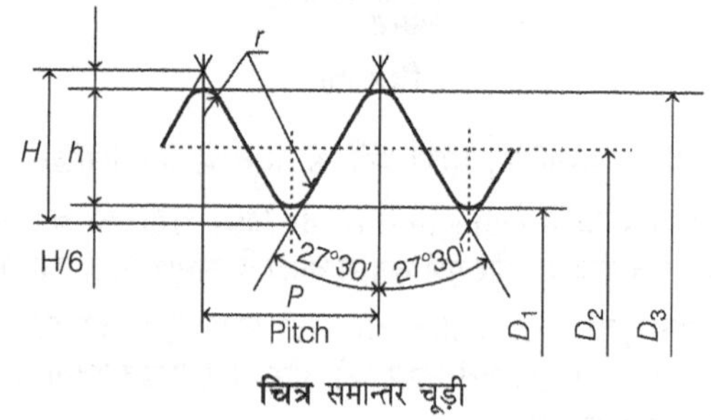

चित्र समान्तर चूड़ी

समान्तर पाइप चूड़ियों के फ्लैंक के बीच का कोण 55° रखा जाता है। यह कोण पाइप की अक्षीय सतह खण्ड से मापा जाता है। इस प्रकार की चूड़ियों की प्रोफाइल को वृत्ताकार चाप द्वारा चूड़ी के शिखर एवं निचले भाग को समान रूप से गोलाकार बनाया जाता है।

(ii) टेपर चूड़ी Taper Thread

पाइप में बनाई जाने वाली टेपर चूड़ी को निम्न चित्र में दर्शाया गया है।

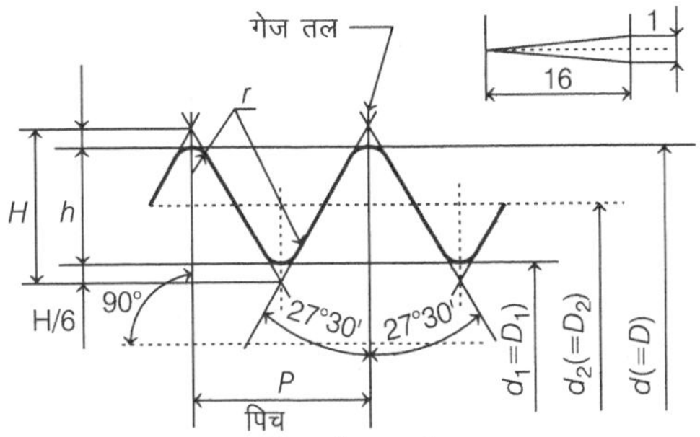

चित्र टेपर चूड़ी

इस प्रकार की चूड़ियों को पाइप के व्यास पर 1 से 6 के टेपर में बनाया जाता है। इस चूड़ी के फ्लैंक के बीच का कोण भी 55° रखा जाता है। इसके फ्लैंक पाइप अक्ष से 90° के कोण पर होते हैं। टेपर चूड़ियों को वृत्ताकार चाप द्वारा चूड़ियों के शिखर एवं निचले भाग को समान रूप से गोलाकार बनाया जाता है।

मानक पाइप चूड़ी आकार Standard Pipe Thread Sizes

पाइपों की फिटिंग करने के लिए इनके सिरों पर आवश्यकता के अनुसार विभिन्न आकार की चूड़ियाँ काटी जाती हैं। पाइप में चूड़ियों के आकार की संख्या पाइप के अन्त: व्यास (इंच में) पर निर्भर करती है। प्राय: पाइपों को आपस में एक-दूसरे से जोड़ने के लिए सिरों पर ब्रिटिश स्टैण्डर्ड पाइप चूड़ियों को काटा जाता है। इनके टैप तथा टैप ड्रिल साइज भी अलग होते हैं। इन पर कटी चूड़ियाँ नीचे दी गई तालिका के माध्यम से दर्शाई गयी हैं

तालिका मानक पाइप चूड़ी आकार

डैश थ्रेड साइज	बी.एस.पी इंच	थ्रेड पिच		थ्रेड मेजर डायमीटर		थ्रेड माइनर डायमीटर		टॉलरैन्स		समरूप पाइप				टेपिंग ड्रिल साइज (मिमी)	
		इंच/टेपर	मिमी	मिमी	इंच	मिमी	इंच	मिमी	गेज लम्बाई	DN (मिमी)	OD (मिमी)	OD (इंच)	मोटाई (मिमी)	बी.एस.पी. (PL) (Rp)	बी.एस.पी एफ (G)
–1	$\frac{1}{16}$	28	0.907	7.723	0.304	6.561	0.2583		4±0.9					6.60	6.80
–2	$\frac{1}{8}$	28	0.907	9.728	0.383	8.565	0.3372	15	4±0.9	6	10.2	0.40	2	8.60	8.80e
–4	$\frac{1}{4}$	19	1.337	13.157	0.518	11.445	0.4506	19	6±1.3	8	13.5	0.53	2.3	11.50	11.80e
–6	$\frac{3}{8}$	19	1.337	16.662	0.656	14.950	0.5886	$\frac{22}{23}$	6.4±1.3	10	17.2	0.68	2.3	15.00	15.25
–8	$\frac{1}{2}$	14	1.814	20.955	0.825	18.633	0.7336	27	8.2±1.8	15	21.3	0.84	2.6	18.75	19.00
–10	$\frac{5}{8}$	14	1.814	22.911	0.902	20.589	0.8106			16			2.6	–	21.00
–12	$\frac{3}{4}$	14	1.814	26.441	1.041	24.120	0.9496	32	9.5±1.8	20	26.9	1.06	2.6	24.25	24.50
–16	1	11	2.309	33.249	1.309	30.292	1.1926	43	10.4±2.3	25	33.7	1.33	3.2	30.40	30.75
–20	$1\frac{1}{4}$	11	2.309	41.910	1.650	38.953	1.5336	53	12.7±2.3	32	42.4	1.67	3.2	39.00	39.50
–24	$1\frac{1}{2}$	11	2.309	47.803	1.882	44.846	1.7656	57	12.7±2.3	40	48.3	1.90	3.2	45.00	45.00
–32	2	11	2.309	59.614	2.347	56.657	2.2306	70	15.9±2.3	50	60.3	2.37	3.6	56.75	57.00
–40	$2\frac{1}{2}$	11	2.309	75.184	2.960	72.227	2.8436		17.5±3.5	65	76.1	3.00	3.6		

डैश थ्रेड साइज	बी.एस.पी इंच	थ्रेड पिच		थ्रेड मेजर डायमीटर		थ्रेड माइनर डायमीटर		टॉलरैन्स		समरूप पाइप				टेपिंग ड्रिल साइज (मिमी)	
		इंच/टेपर	मिमी	मिमी	इंच	मिमी	इंच	मिमी	गेज लम्बाई	DN (मिमी)	OD (मिमी)	OD (इंच)	मोटाई (मिमी)	बी.एस.पी. (PL) (Rp)	बी.एस.पी एफ (G)
–48	3	11	2.309	87.884	3.460	84.927	3.3436		20.6±3.5	80	88.9	3.50	4		
–64	4°	11	2.309	113.030	4.450	110.073	4.3336		25.5±3,5	100	114.3	4.50	4.5		
–80	5	11	2.309	138.430	5.450	135.472	5.3335		28.6±3.5	125	139.7	5.50	5		
–96	6	11	2.309	163.830	6.450	160.872	6.333'5		28.6±3.5	150	165.1	6.50	5		

पाइप चूड़ियाँ काटने हेतु उपकरण
Equipments for Cutting Pipe Threads

पाइप में चूड़ियाँ काटने के लिए प्रयोग किए जाने वाले सभी उपकरणों का वर्णन अध्याय-4 में विस्तारपूर्वक दिया है। इसके साथ पाइप में चूड़ियाँ काटने की प्रक्रिया एवं पाइप जोड़ों को सील करने के प्रकारों का अध्ययन भी अध्याय-4 के अन्तर्गत करें।

15.3 विभिन्न पाइपों की मीट्रिक विशेषताएँ
Metric Specification of Various Pipes

प्लम्बिंग कार्य हेतु विभिन्न प्रकार के पाइपों एवं पाइप फिटिंग सामग्रियों का प्रयोग किया जाता है। चूँकि सम्पूर्ण प्लम्बिंग कार्य, पाइपों के चयन पर निर्भर करता है अत: पाइपों का चयन प्लम्बिंग कार्य की प्रकृति एवं आवश्यकता के अनुसार ही करना चाहिए।

विभिन्न प्लम्बिंग कार्य; जैसे- निकास, सीवर, बेन्टिंग आदि में पाइप का चयन पाइप के व्यास माप के आधार पर किया जाता है। निम्न तालिका में सेनेटरी फिटिंग्स के अनुसार ट्रेप व डिस्चार्ज पाइप के व्यास तथा पाइप की न्यूनतम लम्बाई को दर्शाया गया है।

तालिका सेनेटरी फिटिंग्स के अनुसार ट्रेप व ड्रिस्चार्ज पाइप का व्यास तथा पाइप की न्यूनतम लम्बाई

क्र.सं.	सेनेटरी फिटिंग्स	ट्रेप तथा डिस्चार्ज पाइप का व्यास (मिमी)	पाइप की न्यूनतम लम्बाई (मिमी)
1.	वाटर क्लोसैट	100	6
2.	वाश बेसिन	40	2.5
3.	सिंक		
	(i) घेरलू	40	2.5
	(ii) व्यवसायिक	50	2.5
4.	सिंगल शावर	40 या 50	2.5
5.	मल्टीप्ल शावर	50	2.5
6.	बाउल टाइप यूरिनल	50 या 65	2.5
7.	स्टॉल यूरिनल	65 या 80	2.5
8.	फ्लोर वेस्ट गली (Gully)		
	(i) कनैक्शन के बिना	50	2.5
	(ii) कनैक्शन के साथ	100 तक	2.5
9.	वाशिंग मशीन	50	2.5
10.	बाथ टब	40	2.5
11.	बिडेट	40	2.5

निम्न तालिका में डिस्चार्ज पाइप के व्यास के अनुसार इनमें प्रयोग किए जाने वाले ढलान (slope) को दर्शाया गया है।

तालिका डिस्चार्ज पाइप के व्यास के अनुसार उनका न्यूनतम ढलान

क्र. सं.	डिस्चार्ज पाइप का व्यास (मिमी)	न्यूनतम ढलान
1.	40	1/40
2.	50	1/40
3.	65	1/40
4.	80	1/60
5.	100	1/60
6.	125	1/80
7.	150	1/80

प्लम्बिंग संक्रिया में प्रयुक्त सेनेटरी फिटिंग्स की संख्या के अनुसार प्रयुक्त किए जाने वाले पाइप के व्यास को निम्न तालिका में दर्शाया गया है

क्र. सं.	सेनेटरी फिटिंग्स	सेनेटरी फिटिंग्स की संख्या						
		1	2	4	8	12	16	24
1.	वाटर क्लोजेट	15	20	25	32	40	40	50
2.	यूरिनल्स	15	20	25	32	32	32	40
3.	वाश बेसिन	15	15	20	25	25	32	32
4.	बाथ टब	20	25	32	40	50	50	65
5.	टैप शावर	15	20	32	40	50	50	65
6.	सिंक	20	25	32	40	40	50	50

उपरोक्त तालिका की सहायता से भवनों में लगाए जाने वाले प्लम्बिंग पाइप के व्यास को ज्ञात किया जाता है।

अग्रपृष्ठ पर दी गई तालिका में सेनेटरी फिटिंग्स के अनुसार डिस्चार्ज पाइप के व्यास एवं फिक्स्चर यूनिट रेट को दर्शाया गया है।

तालिका सेनेटरी फिटिंग्स के अनुसार डिस्चार्ज पाइप का व्यास एवं फिक्स्चर यूनिट रेट

क्र. सं.	सेनेटरी फिटिंग्स	डिस्चार्ज पाइप का व्यास (DN)	फिक्स्चर	अनवेन्टेड पाइप की अधिकतम लम्बाई (मी में)
1.	वाश बेसिन	DN : 40	1	2.5
2.	वाटर क्लोजेट	DN : 100	7	6.0
3.	सिंक	DN : 40/50	1-3	2.5
4.	बाथ स्प्रे	DN : 40	4	2.5
5.	शावर	DN : 40/50	2	2.5
6.	फ्लोर वेस्ट गली (Gully)	DN : 50/100	3	2.5
7.	सिंक	DN : 50	1	2.5
8.	ट्रो (Trough)			
	(i) एब्लूशन	DN : 40/50	3	2.5
	(ii) लॉण्ड्री	DN : 40/50	5	2.5
9.	यूरिनल			
	(i) वाल हैंग	DN : 50/65	1	2.5
	(ii) स्टॉल	DN : 65/80	1	6

निम्न तालिका में डिस्चार्ज पाइप के व्यास के अनुसार न्यूनतम ढलान एवं जुड़ने वाली फिटिंग्स यूनिट की संख्या को दर्शाया गया है।

तालिका डिस्चार्ज पाइप के व्यास के अनुसार न्यूनतम ढलान एवं जुड़ने वाली फिटिंग्स यूनिट की संख्या

क्र. सं.	डिस्चार्ज पाइप का व्यास	न्यूनतम ढलान	जुड़ने वाले फिक्स्चर यूनिट की संख्या
1.	DN : 40	2.5 (1/40)	4
2.	DN : 50	2.5 (1/40)	8
3.	DN : 65	2.5 (1/40)	21
4.	DN : 80	1.65 (1/60.6)	16
5.	DN : 100	1.65 (1/60.6)	115
6.	DN : 125	1.25 (1/80)	254
7.	DN : 150	1.00 (1/100)	509

निम्न तालिका में सामान्य पाइपिंग अधिनियम के अनुसार मानक लोहे के पाइपों की विमाओं को दर्शाया गया है।

तालिका मानक लोहे के पाइपों की विमाएँ

न्यूनतम पाइप आकार		OD इंच	OD मिमी	पदनाम ANSI/ASME	दीवार की मोटाई (इंच)	दीवार की मोटाई (मिमी)	LbS/फुट	किग्रा/मी
इंच	DN मिमी							
1/8"	6	0.405	10.29	10/10S	0.049	1.24	0.1863	0.28
1/8"	6	0.405	10.29	STD/40/40S	0.068	1.73	0.2447	0.36
1/8"	6	0.405	10.29	XS/80/80S	0.095	2.41	0.3145	0.47
1/4"	6	0.540	13.72	10/10S	0.065	1.65	0.3297	0.49
1/4"	8	0.540	13.72	STD/40/40S	0.088	2.24	0.4248	0.63
1/4"	8	0.540	13.72	XS/80/80S	0.119	3.02	0.5351	0.80
3/8"	8	0.675	17.15	10/10S	0.065	1.65	0.4235	0.63
3/8"	10	0.675	17.15	STD/40/40S	0.091	2.31	0.5678	0.84
3/8"	10	0.675	17.15	XS/80/80S	0.126	3.20	0.7388	1.10
1/2"	10	0.840	21.34	5/5S	0.065	1.65	0.5383	0.80
1/2"	15	0.840	21.34	10/10S	0.083	2.11	0.671	1.00
1/2"	15	0.840	21.34	STD/40/40S	0.109	2.77	0.851	1.27
1/2"	15	0.840	21.34	XS/80/80S	0.147	3.73	1.088	1.62
1/2"	15	0.840	21.34	160	0.188	4.78	1.309	1.95

न्यूनतम पाइप आकार		OD इंच	OD मिमी	पदनाम ANSI/ASME	दीवार की मोटाई (इंच)	दीवार की मोटाई (मिमी)	LbS/फुट	किग्रा/मी
इंच	DN मिमी							
1/2"	15	0.840	21.34	XX	0.294	7.47	1.714	2.55
3/4"	20	1.050	26.67	5/5S	0.065	1.65	0.684	1.02
3/4"	20	1.050	26.67	10/10S	0.083	2.11	0.857	1.28
3/4"	20	1.050	26.67	STD/40/40S	0.113	2.87	1.131	1.68
3/4"	20	1.050	26.67	XS/80/80S	0.154	3.91	1.474	2.19
3/4"	20	1.050	26.67	160	0.219	5.56	1.944	2.89
3/4"	20	1.050	26.67	XX	0.308	7.82	2.441	3.63
1"	25	1.315	33.40	5/5S	0.065	1.65	0.868	1.29
1"	25	1.315	33.40	10/10S	0.011	2.77	1.404	2.09
1"	25	1.315	33.40	STD/40/40S	0.133	3.38	1.679	2.50
1"	25	1.315	33.40	XS/80/80S	0.179	4.55	2.172	3.23
1"	25	1.315	33.40	160	0.250	6.35	2.844	4.23
1"	25	1.315	33.40	XX	0.358	9.09	3.659	5.45
1.1/4"	32	1.660	42.16	5/5S	0.065	1.65	1.107	1.65
1.1/4"	32	1.660	42.16	10/10S	0.109	2.77	1.806	2.69
1.1/4"	32	1.660	42.16	STD/40/40S	0.140	3.56	2.273	3.38
1.1/4"	32	1.660	42.16	XS/80/80S	0.191	4.85	2.997	4.46
1.1/4"	32	1.660	42.16	160	0.250	6.35	3.765	5.60
1.1/4"	32	1.660	42.16	XX	0.382	9.70	5.214	7.76
1.1/2"	40	1.960	48.26	5/5S	0.065	1.65	1.274	1.90
1.1/2"	40	1.900	48.26	10/10S	0.109	2.77	2.085	3.10
1.1/2"	40	1.900	48.26	STD/40/40S	0.145	3.68	2.718	4.05
1.1/2"	40	1.900	48.26	XS/80/80S	0.200	5.08	3.631	5.40
1.1/2"	40	1.900	48.26	160	0.281	7.14	4.859	7.23
1.1/2"	40	1.900	48.26	XX	0.400	10.16	6.408	9.54

विभिन्न तरल पदार्थों के स्थानान्तरण हेतु विभिन्न प्रकार के मानक आकार वाले पाइपों की आवश्यकता पड़ती है। सामान्यतया मानक पाइप के आकार को संख्यात्मक बोर व्यास (nominal bore diameter) तथा पाइप अनुसूची (schedule) के द्वारा दर्शाया जाता है। ऐसे ही मानक पाइपों के आकारों को नीचे तालिका के माध्यम से दर्शाया गया है

तालिका मानक पाइप आकार

1. Nominal Bore 1/2 inch (DN 15 mm), Outside Diameter 21.34 mm

Schedule	Sch. 5	Sch. 10	STD	XS	Sch. 160	XXS
Wall Thickness (mm)	1.65	2.11	2.77	3.73	4.78	7.47
Internal Diameter (mm)	18.04	17.12	15.80	13.90	11.78	6.40

Schedule 40 has same dimensions as STD. Schedule 80 has same dimensions as XS.

2. Nominal Bore 3/4 inch (DN 20 mm), Outside Diameter 26.67 mm

Schedule	Sch. 5	Sch. 10	STD	XS	Sch. 160	XXS
Wall Thickness (mm)	1.65	2.11	2.87	3.91	5.56	7.42
Internal Diameter (mm)	23.37	22.45	20.93	18.85	15.55	11.03

Schedule 40 has same dimensions as STD. Schedule 80 has same dimensions as XS.

3. Nominal Bore 1 inch (DN 25 mm), Outside Diameter 33.40 mm

Schedule	Sch. 5	Sch. 10	STD	XS	Sch. 160	XXS
Wall Thickness (mm)	1.65	2.77	3.38	4.55	6.35	9.09
Internal Diameter (mm)	30.1	27.86	26.64	24.3	20.7	15.22

Schedule 40 has same dimensions as STD. Schedule 80 has same dimensions as XS.

4. Nominal Bore 1.5 inch (DN 40 mm), Outside Diameter 48.3 mm

Schedule	Sch. 5	Sch. 10	STD	XS	Sch. 160	XXS
Wall Thickness (mm)	1.7	2.8	3.7	5.1	7.1	10.2
Internal Diameter (mm)	45.0	42.7	40.9	38.1	34.0	27.9

Schedule 40 has same dimensions as STD. Schedule 80 has same dimensions as XS.

5. Nominal Bore 2 inch (DN 50 mm), Outside Diameter 60.3 mm

Schedule	Sch. 5	Sch. 10	STD	XS	Sch. 160	XXS
Wall Thickness (mm)	1.7	2.8	3.9	5.5	8.7	11.1
Internal Diameter (mm)	56.9	54.7	52.5	49.3	42.9	38.1

Schedule 40 has same dimensions as STD. Schedule 80 has same dimensions as XS.

6. Nominal Bore 3 inch (DN 80 mm), Outside Diameter 88.9 mm

Schedule	Sch. 5	Sch. 10	STD	XS	Sch. 160	XXS
Wall Thickness (mm)	2.1	3.0	5.5	7.6	11.1	15.2
Internal Diameter (mm)	84.7	82.9	77.9	73.7	66.7	58.5

Schedule 40 has same dimensions as STD. Schedule 80 has same dimensions as XS.

7. Nominal Bore 4 inch (DN 100 mm), Outside Diameter 114.3 mm

Schedule	Sch. 5	Sch. 10	STD	XS	Sch. 120	Sch. 160	XXS
Wall Thickness (mm)	2.1	3.0	6.0	8.6	11.1	13.4	17.1
Internal Diameter (mm)	110.1	108.3	102.3	97.1	92.1	87.5	80.1

Schedule 40 has same dimensions as STD. Schedule 80 has same dimensions as XS.

8. Nominal Bore 5 inch (DN 125 mm), Outside Diameter 141.3 mm

Schedule	Sch. 5	Sch. 10	STD	XS	Sch. 120	Sch. 160	XXS
Wall Thickness (mm)	2.8	3.4	6.6	9.5	12.7	15.9	19.0
Internal Diameter (mm)	135.7	134.5	128.1	122.3	115.9	109.5	103.2

Schedule 40 has same dimensions as STD. Schedule 80 has same dimensions as XS.

9. Nominal Bore 6 inch (DN 150 mm), Outside Diameter 168.3 mm

Schedule	Sch. 5	Sch. 10	STD	XS	Sch. 120	Sch. 160	XXS
Wall Thickness (mm)	2.8	3.4	7.1	11.0	14.3	18.3	22.0
Internal Diameter (mm)	162.7	161.5	154.1	146.3	139.7	131.7	124.3

Schedule 40 has same dimensions as STD. Schedule 80 has same dimensions as XS.

10. Nominal Bore 8 inch (DN 200 mm), Outside Diameter 219.1 mm

Schedule	Sch. 5	Sch. 10	Sch. 20	Sch. 30	Sch. 40	Sch. 60	Sch. 80
Wall Thickness (mm)	2.8	3.8	6.4	7.0	8.2	10.3	12.7
Internal Diameter (mm)	213.5	211.5	206.3	205.1	202.7	198.5	193.7
Schedule	**Sch. 100**	**Sch. 120**	**Sch. 140**	**Sch. 160**	**XXS**		
Wall Thickness (mm)	15.1	18.2	20.6	23.0	22.2		
Internal Diameter (mm)	188.9	182.7	177.9	173.1	174.7		

11. Nominal Bore 10 inch (DN 250 mm), Outside Diameter 273.0 mm

Schedule	Sch. 5	Sch. 10	Sch. 20	Sch. 30	Sch. 40	Sch. 60	Sch. 80
Wall Thickness (mm)	3.4	4.2	6.4	7.8	9.3	12.7	15.1
Internal Diameter (mm)	266.2	264.6	260.2	257.4	254.4	247.6	242..6
Schedule	**Sch. 100**	**Sch. 120**	**Sch. 140**	**Sch. 160**	**XXS**		
Wall Thickness (mm)	18.2	21.4	25.4	28.6	25.4		
Internal Diameter (mm)	236.6	230.2	222.2	215.8	222.3		

12. Nominal Bore 12 inch (DN 300 mm), Outside Diameter 323.9 mm

Schedule	Sch. 5S	Sch. 5	Sch. 10	Sch. 20	Sch. 30	Sch. 40S	Sch. 40
Wall Thickness (mm)	4.0	4.2	4.6	6.4	8.4	9.5	10.3
Internal Diameter (mm)	315.9	315.5	314.7	311.1	307.1	304.9	303.3
Schedule	**Sch. 60**	**Sch. 80**	**Sch. 100**	**Sch. 120**	**Sch. 140**	**Sch. 160**	
Wall Thickness (mm)	14.3	17.5	21.4	25.4	28.6	33.3	
Internal Diameter (mm)	295.3	228.9	281.1	273.1	266.7	257.3	

Schedule 40 has same dimensions as STD. Schedule 80 has same dimensions as XS.

13. Nominal Bore 14 inch (DN 350 mm), Outside Diameter 355.6 mm

Schedule	Sch. 5S	Sch. 10S	Sch. 10	Sch. 20	Sch. 30	Sch. 40	XS
Wall Thickness (mm)	4.0	4.8	6.4	7.9	9.5	11.1	12.7
Internal Diameter (mm)	347.7	346.0	342.9	339.8	336.6	333.3	330.2
Schedule	**Sch. 60**	**Sch. 80**	**Sch. 100**	**Sch. 120**	**Sch. 140**	**Sch. 160**	
Wall Thickness (mm)	15.1	19.1	23.8	27.8	31.8	35.7	
Internal Diameter (mm)	325.4	317.5	308.0	300.0	292.1	284.2	

STD has same dimensions as Schedule 30.

14. Nominal Bore 16 inch (DN 400 mm), Outside Diameter 406.4 mm

Schedule	Sch. 5S	Sch. 10S	Sch. 10	Sch. 20	Sch. 30	Sch. 40
Wall Thickness (mm)	4.2	4.8	6.4	7.9	9.5	12.7
Internal Diameter (mm)	398.0	396.8	393.7	390.6	387.4	381.0
Schedule	**Sch. 60**	**Sch. 80**	**Sch. 100**	**Sch. 120**	**Sch. 140**	**Sch. 160**
Wall Thickness (mm)	16.6	21.4	26.2	31.0	36.5	40.5
Internal Diameter (mm)	373.1	363.5	354.0	344.5	333.5	325.4

महत्त्वपूर्ण बिन्दु

- प्लम्बिंग संक्रिया में पाइप लाइन बनाने, पाइप लाइनों से कई ब्रांच निकालने एवं पाइप लाइन के विस्तार (extension) के लिए विभिन्न पाइप सम्बन्धी सहायक सामग्रियों की आवश्यकता पड़ती है।
- पाइप थ्रेड्स के नामांकरण में मुख्य रूप से पाइप थ्रेड, ISO-7 R_p / R_O / R, चूड़ियों का प्रयोग किया जाता है।
- चूड़ियों के नामांकरण के अन्तर में चूड़ियों के आकार की माप लिखी जाती है। यह नाम मीट्रिक अथवा ब्रिटिश प्रणाली में हो सकता है।
- चूड़ियों के सबसे ऊपरी भाग की सतह, जो दो भागों को आपस में जोड़ती है, शिखर या क्रैस्ट कहलाती है।
- चूड़ियों का वह सन्निहित कोण, जो संलग्न चूड़ियों के बीच बनता है, थ्रेड कोण कहलाता है।
- टेपर थ्रेड की अक्ष की लम्बवत् सतह को गेज तल कहते हैं।
- चूड़ी के कट एवं क्रैस्ट के बीच की लम्बवत् दूरी को चूड़ी की गहराई कहते हैं।
- मानक पाइप फिटिंग में ब्रिटिश स्टैण्डर्ड पाइप गेज द्वारा चूड़ियाँ काटी जाती हैं।
- आन्तरिक पाइपों में समान्तर चूड़ियाँ कटी होती हैं, जबकि बाह्य पाइपों में टेपर्ड चूड़ियाँ कटी होती हैं।
- समान्तर पाइप चूड़ियों के फ्लैंक के बीच का कोण 55° रखा जाता है। यह कोण पाइप की अक्षीय सतह खण्ड से नापा जाता है।
- टेपर चूड़ियों को वृत्ताकार चाप द्वारा चूड़ियों के शिखर एवं निचले भाग को समान रूप से गोलाकार बनाया जाता है।
- पाइप में चूड़ियों के आकार की संख्या पाइप के अन्तः व्यास (इंच में) पर निर्भर करती है।
- पाइपों को आपस में एक-दूसरे से जोड़ने के लिए सिरों पर ब्रिटिश स्टैण्डर्ड पाइप चूड़ियों को काटा जाता है।
- विभिन्न प्लम्बिंग कार्य; जैसे–निकास, सीवर, वेन्टिंग आदि में पाइप का चयन पाइप के व्यास की माप के आधार पर किया जाता है।

महत्त्वपूर्ण प्रश्नोत्तरी

1. भारतीय मानक कोड ISO–7 के अनुसार पाइप थ्रेड्स का नामांकरण किन मुख्य कारकों पर आधारित है ?

उत्तर भारतीय मानक कोड ISO–7 के अनुसार पाइप थ्रेड्स का नामांकरण पाइप थ्रेड ISO–7 , R_p / R_O / R एवं चूड़ियों का आकार इत्यादि मुख्य कारकों पर आधारित है।

2. गेज व्यास एवं गेज तल से आप क्या समझते हैं?

उत्तर चूड़ियों के मुख्य व्यास को गेज व्यास कहते हैं एवं टेपर थ्रेड की अक्ष के लम्बवत् सतह को गेज तल कहते हैं।

3. रेन्चिंग अलाउन्स क्या है? समझाइए।

उत्तर चूड़ी में दिया गया वह अलाउन्स , जो बाह्य एवं आन्तरिक चूड़ी के भागों के मध्य सापेक्ष गति हेतु प्रदान किया जाता है, रेन्चिंग अलाउन्स (wrenching allowance) कहलाता है।

4. चूड़ी की गहराई किस प्रकार मापी जाती है?

उत्तर चूड़ी के कट एवं क्रैस्ट के बीच की लम्बवत् दूरी का अन्तर चूड़ी की गहराई कहलाती है।

5. पाइपों में किस प्रकार की चूड़ियाँ कटी होती हैं?

उत्तर आन्तरिक पाइपों में समान्तर चूड़ियाँ एवं बाह्य पाइपों में टेपर्ड चूड़ियाँ कटी होती हैं।

अभ्यास प्रश्न

परीक्षा प्रारूपी प्रश्न

1. ………… की सहायता से पाइप लाइन में विभिन्न फिटिंग्स एवं सहायक सामग्रियाँ लगाई जाती हैं।

(a) चूड़ियों (b) वैल्डिंग
(c) सोल्डरिंग (d) ये सभी

2. चूड़ियों के नामांकरण में R_p से क्या तात्पर्य है?

(a) समान्तर आन्तरिक चूड़ी (b) टेपर आन्तरिक चूड़ी
(c) बाह्य चूड़ी (d) लैफ्ट हैण्ड चूड़ी

3. "पाइप थ्रेड ISO-7-R_C $1\frac{1''}{2}$ में $1\frac{1}{2}$ क्या प्रदर्शित करता है?

(a) पाइप का व्यास (b) चूड़ियों का आकार
(c) चूड़ियों का प्रकार (d) इनमें से कोई नहीं

4. चूड़ियों के नामांकरण हेतु बाह्य चूड़ियों को दर्शाने हेतु निम्न में से किस संकेत का प्रयोग किया जाता है?

(a) R_p (b) R_C
(c) R (d) LH

5. पाइप चूड़ी का यह भाग ऊपर व नीचे की ओर पूर्ण रूप से बनता है, कहलाता है
(a) गेज व्यास (b) गेज लम्बाई (c) अपूर्ण चूड़ी (d) सम्पूर्ण चूड़ी

6. वह काल्पनिक शंकु जो किसी बाह्य टेपर थ्रेड के शिखर को स्पर्श करता है, कहलाता है
(a) मुख्य शंकु (b) लघु शंकु (c) दीर्घ कोण (d) लघु कोण

7. पाइप चूड़ियों के मुख्य व्यास (diameter) को कहा जाता है
(a) दीर्घ व्यास (b) गेज व्यास
(c) लघु व्यास (d) इनमें से कोई नहीं

8. किसी बाह्य चूड़ी पर गेज तल से पाइप चूड़ी के सबसे छोटे भाग के बीच की दूरी .... कहलाती है।
(a) गेज लम्बाई (b) गेज व्यास (c) सन्दर्भ तल (d) गेज तल

9. टेपर थ्रेड की अक्ष की लम्बवत् सतह को .... कहते हैं।
(a) सन्दर्भ तल (b) गेज तल (c) मुख्य शंकु (d) अलाउन्स

10. सम्पूर्ण चूड़ी + अपूर्ण चूड़ी = ...
(a) मुख्य शंकु (b) गेज व्यास
(c) गेज लम्बाई (d) उपयोग चूड़ी

11. संलग्न चूड़ियों के बीच बनने वाला सन्निहित कोण .... कहलाता है।
(a) रूट कोण (b) थ्रेड कोण (c) मुख्य कोण (d) शिखर कोण

12. क्रैस्ट एवं रूट के बीच की लम्बवत् दूरी कहलाती है
(a) फ्लैंज (b) क्रैस्ट
(c) चूड़ी की गहराई (d) थ्रेड पिच

13. चूड़ियों की सबसे ऊपरी सतह जो दो भागों को आपस में जोड़ती है, कहलाती है
(a) रूट (b) पिच (c) क्रैस्ट (d) फ्लैंक

14. चूड़ियों की निचली सतह जो दो साइडों को जोड़ती है, ... कहलाती है।
(a) फ्लैंक (b) रूट (c) पिच (d) क्रैस्ट

15. रूट एवं क्रैस्ट को जोड़ने वाला भाग कहलाता है
(a) फ्लैंक (b) शिखर (c) लघु व्यास (d) दीर्घ व्यास

16. चूड़ियों का संकेत चिन्ह 'T' दर्शाता है
(a) चूड़ियों का आकार (b) अक्ष
(c) पिच (d) टॉलरैन्स

17. चूड़ियों की पिच को निम्न में से किसके द्वारा दर्शाया जाता है?
(a) R_p (b) P (c) H (d) R

18. पाइपों को आपस में एक-दूसरे से जोड़ने के लिए निम्न में से कौन-सी चूड़ियाँ काटी जाती हैं?
(a) नकल चूड़ियाँ (b) विटवर्थ चूड़ियाँ
(c) ब्रिटिश स्टैण्डर्ड चूड़ियाँ (d) एक्मी चूड़ियाँ

19. पाइपों में निम्न में से किस चूड़ी का प्रयोग किया जाता है?
(a) बटरैस पाइप चूड़ी (b) ब्रिटिश स्टैण्डर्ड चूड़ियाँ
(c) एक्मी चूड़ी (d) ये सभी

20. समान्तर पाइप चूड़ियों के फ्लैंक के बीच का कोण रखा जाता है
(a) 90° (b) 75° (c) 60° (d) 55°

21. टेपर चूड़ियों के फ्लैंक पाइप अक्ष से .... के कोण पर होते हैं।
(a) 30° (b) 45° (c) 90° (d) 120°

22. पाइप पर बाह्य चूड़ियाँ काटने के लिए .... का प्रयोग किया जाता है।
(a) पाइप डाई (b) पाइप ट्राई
(c) पावर सॉ (d) ये सभी

23. पाइप पर आन्तरिक चूड़ी .... के द्वारा काटी जाती है।
(a) पाइप टैप (b) पाइप डाई
(c) पाइप कटर (d) पाइप ट्राई

24. .... द्वारा GI पाइप पर चूड़ियाँ काटी जाती हैं।
(a) सेन्टर लेथ (b) पाइप डाई
(c) टैप सैट (d) डाई व स्टॉक

25. .... का प्रयोग पाइप की आन्तरिक चूड़ियों की जाँच हेतु किया जाता है।
(a) पाइप टैप (b) पाइप थ्रेड प्लग गेज
(c) पाइप डाई (d) इनमें से कोई नहीं

26. हैम्प पैकिंग का प्रयोग किया जाता है
(a) समान्तर फीमेल चूड़ियाँ बनाने हेतु
(b) टेपर्ड मेल चूड़ियाँ बनाने हेतु
(c) पाइप जोड़ों को सील करने हेतु
(d) उपरोक्त में से कोई नहीं

27. पाइप डाई के किस भाग द्वारा पाइप पर चूड़ियाँ काटी जाती हैं?
(a) डाई (b) स्टॉक
(c) डाई रिंच (d) ये सभी

28. निकास प्रणाली में भवनों से अपशिष्ट जल एकत्र करने हेतु लम्बवत् लगाया जाने वाला पाइप कहलाता है
(a) स्टेक (b) कैलीपर (c) हुफ (d) ब्रांच

29. प्लम्बिंग में प्रयुक्त जल शौचागार के ट्रेप पाइप एवं डिस्चार्ज पाइप का सामान्य व्यास होना चाहिए
(a) 77 मिमी (b) 100 मिमी
(c) 120 मिमी (d) 125 मिमी

30. 40 मिमी व्यास वाले डिस्चार्ज पाइप के लिए न्यूनतम ढलान (slope) होना चाहिए
(a) $\frac{1}{40}$ (b) $\frac{1}{10}$ (c) $\frac{1}{88}$ (d) $\frac{1}{60}$

उत्तरमाला

1. (a)	2. (a)	3. (b)	4. (c)	5. (d)	6. (a)	7. (b)	8. (a)	9. (b)	10. (d)
11. (b)	12. (c)	13. (c)	14. (b)	15. (a)	16. (d)	17. (b)	18. (c)	19. (b)	20. (d)
21. (c)	22. (a)	23. (a)	24. (d)	25. (b)	26. (c)	27. (a)	28. (a)	29. (b)	30. (a)

अध्याय 16

पाइपों की बैण्डिग एवं जोड़

Bending and Joints of Pipes

अध्याय विषय सूची

पाइपों द्वारा तरल अथवा गैसीय पदार्थों; जैसे-पानी, तेल, गैस आदि को सुगमतापूर्वक वांछित स्थान तक पहुँचाने के लिए पाइपों में विभिन्न प्रकार के जोड़ (joint) एवं मोड़ (bend) लगाए जाते हैं। इनमें लगाए जाने वाले जोड़ों का लीकप्रूफ होना अतिआवश्यक है। इस अध्याय में हम पाइपों को मोड़ने एवं जोड़ने के विषय में विस्तृत रूप से अध्ययन करेंगे।

16.1 पाइप बैण्डिग Pipe Bending

छोटे स्थान वाले घुमाव के लिए पाइप को एल्बो की सहायता से घुमाव दिया जा सकता है, परन्तु बड़े स्थान वाले घुमाव के लिए पाइप को ही मोड़ने की आवश्यकता होती है। पाइपों को मोड़ने की प्रक्रिया को पाइप बैण्डिग कहा जाता है। पाइप को मोड़ने के लिए बैण्डिग प्रक्रियाओं का प्रयोग किया जाता है।

पाइपों को मोड़ने की विधियाँ
Methods of Pipe Bending

पाइप को मोड़ने के लिए निम्न व्यावसायिक विधियाँ प्रयोग में लाई जाती हैं

(i) हाथ के द्वारा By Hand

इस विधि में पाइप के दोनों सिरों को क्रमशः लकड़ी के गुटके से बन्द करके उसमें रेत भर दी जाती है। तत्पश्चात् वर्क बेंच पर लोहे के सरिए के खूँटें गाड़कर पाइप को धीरे-धीरे मोड़ा जाता है। इस विधि द्वारा पाइप को किसी भी कोण पर मोड़ा जा सकता है।

(ii) पाइप बैण्डर द्वारा By Pipe Bender

इस विधि का प्रयोग छोटे आकार के पाइपों को मोड़ने के लिए किया जाता है। इसमें एक स्टील या ढलवाँ लोहे की बेस प्लेट होती है, जिसे वर्क बेंच (work bench) पर बोल्ट द्वारा फिट कर दिया जाता है। बेस प्लेट के केन्द्र में एक आलम्ब पिन होती है, जिस पर एक ढीला रोलर फिट होता है। बेस प्लेट में विभिन्न व्यास के सुराख किए होते हैं, जिनमें गाइड पिन लगाकर पाइप को फिट करके ऑपरेटिंग लीवर द्वारा धीरे-धीरे मोड़ा जाता है।

पाइप बैण्डर द्वारा पाइप मोड़ने की प्रकिया को निम्न चित्र में दर्शाया गया है।

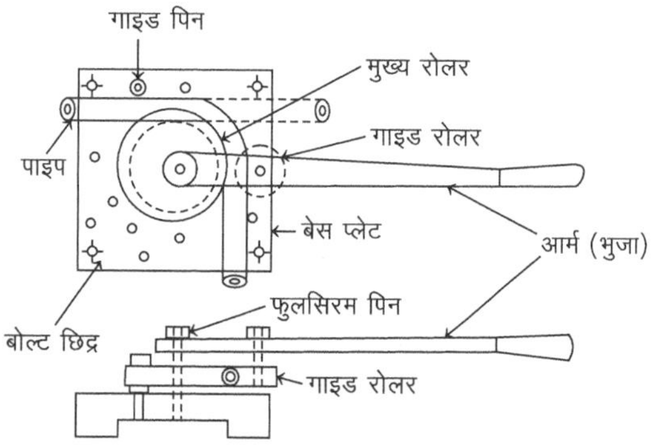

चित्र पाइप बैण्डर द्वारा

(iii) बेंच टाइप हस्त प्रचालित पाइप बैण्डर द्वारा
By Bench Type Hand Operated Pipe Bender

इस विधि में मशीन को बेंच पर फिट करके प्रयोग में लाया जाता है। इस बैण्डर को गैल्वेनाइज्ड आयरन तथा स्टील के पाइप को मोड़ने के लिए प्रयोग में लाया जाता है।

चित्र में बेंच टाइप हस्त प्रचालित पाइप बैण्डर तथा उसके विभिन्न भागों को दर्शाया गया है।

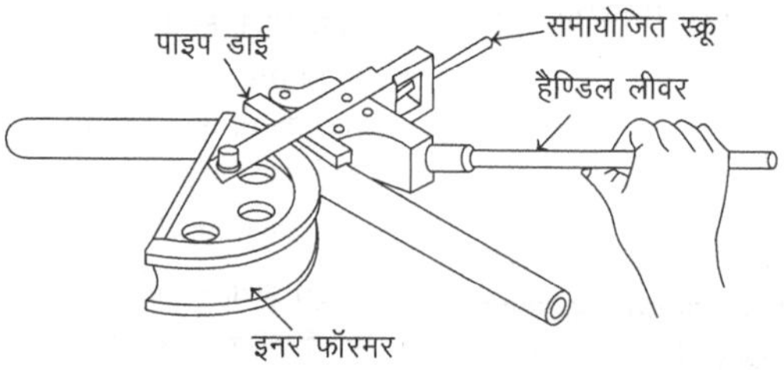

चित्र बेंच टाइप हस्त प्रचालित पाइप बैण्डर द्वारा पाइप को मोड़ना

(iv) हाइड्रॉलिक पाइप बैण्डिंग मशीन द्वारा
By Hydraulic Pipe Bending Machine

हाइड्रॉलिक पाइप बैण्डिंग मशीन का प्रयोग MS तथा GI पाइपों को मोड़ने के लिए किया जाता है। इस मशीन द्वारा पाइप को बिना रेत भरे किसी भी दिशा में सरलता से मोड़ा जा सकता है। चित्र में हाइड्रॉलिक पाइप बैण्डिंग मशीन तथा उसके मुख्य भागों को दर्शाया गया है। इसमें बेस प्लेट के मध्य इनर फॉरमर तथा बैक फॉरमर के बीच में पाइप को आई बोल्ट द्वारा बेस के सुराखों में कसकर पकड़ा जाता है।

ऑपरेटिंग लीवर द्वारा हाइड्रॉलिक रैम में प्रैशर वाल्व पर दाब डालकर इनर फॉरमर को आगे बढ़ाया जाता है। जैसे-जैसे इनर फॉरमर पर दाब बढ़ता है, वैसे-वैसे ही यह पाइप पर दबाव डालकर पाइप को मोड़ता जाता है।

इनर फॉरमर बदले जाने योग्य (interchangeable) होते हैं तथा इनके द्वारा 75 मिमी से अधिक पाइपों को भी मोड़ा जा सकता है।

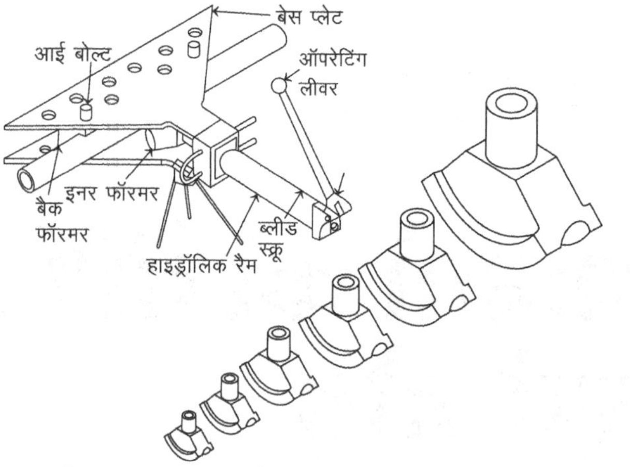

चित्र हाइड्रॉलिक पाइप बैण्डिंग मशीन द्वारा पाइप को मोड़ना

(v) पोर्टेबल हस्त प्रचालित पाइप बैण्डर द्वारा
By Portable Hand Operated Pipe Bender

यह एक पोर्टेबल प्रकार का हस्त प्रचालित पाइप बैण्डर है, जिसका प्रयोग पाइप मोड़ने के लिए किया जाता है। इसमें एक ट्राइपॉड स्टैण्ड होता है, जिसके ऊपर इनसाइड फॉरमर, पाइप स्टॉप लीवर तथा एक हैण्ड लीवर लगा होता है। इनसाइड फॉरमर में पाइप को स्टॉप लीवर द्वारा कसकर हैण्ड लीवर द्वारा पाइप को आवश्यकतानुसार वांछित दिशा में मोड़ दिया जाता है। चित्र में पोर्टेबल हस्त प्रचालित बैण्डर तथा उसके भागों को दर्शाया गया है।

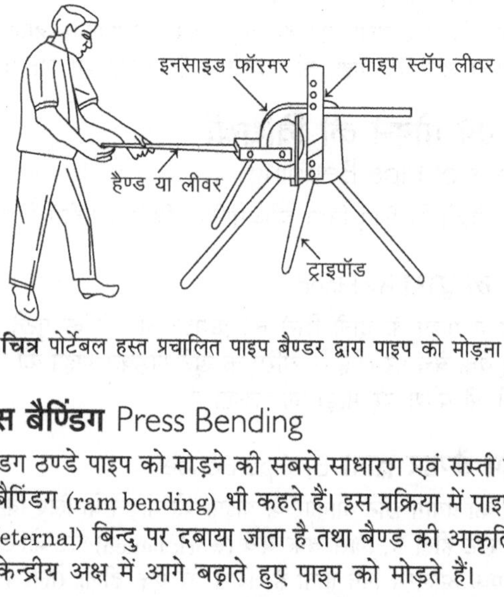

चित्र पोर्टेबल हस्त प्रचालित पाइप बैण्डर द्वारा पाइप को मोड़ना

(vi) प्रैस बैण्डिंग Press Bending

प्रैस बैण्डिग ठण्डे पाइप को मोड़ने की सबसे साधारण एवं सस्ती विधि है। इसे रैम बैण्डिग (ram bending) भी कहते हैं। इस प्रक्रिया में पाइप को दो निरन्तर (eternal) बिन्दु पर दबाया जाता है तथा बैण्ड की आकृति में एक रैम को केन्द्रीय अक्ष में आगे बढ़ाते हुए पाइप को मोड़ते हैं।

बैण्ड पाइप आन्तरिक व बाह्य दोनों वक्रताओं पर विरूपित हो जाता है। पाइप सामान्यत: इसकी दीवार के पदार्थ की मोटाई के आधार पर एक अण्डाकार आकृति में विकृत हो जाता है। इस विधि का उपयोग वहाँ किया जाता है जहाँ पाइप एक नियत अनुप्रस्थ क्षेत्र की आवश्यकता नहीं होती है।

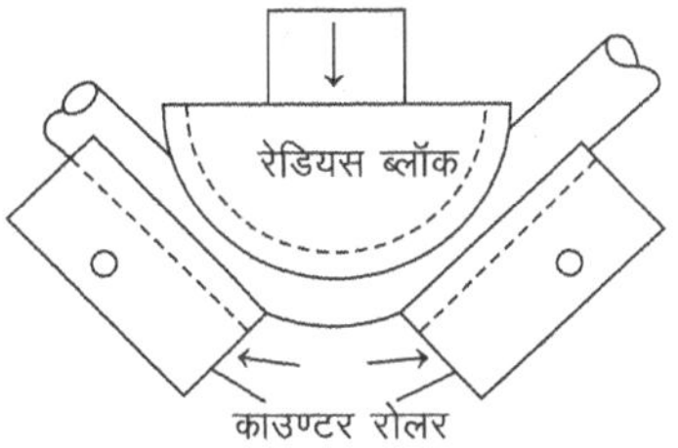

चित्र प्रैस या रैम बैण्डिंग

इस प्रकार की बैण्डिंग वैद्युतिक कण्ड्यूट तथा इसी प्रकार के प्रकाश गेज उत्पाद को मोड़ने के लिए उपयुक्त होती है।

(vii) **रोटरी ड्रॉ बैण्डिंग** Rotary Draw Bending

यह पाइप को जोड़ने के लिए सबसे अधिक उपयोग की जाने वाली विधि है इस विधि के द्वारा एक अच्छी फिनिशिंग तथा नियत व्यास प्राप्त होता है। यह एक सटीक बैण्डिंग प्रक्रिया है, क्योंकि इसमें टूल्स एवं डाई सैट का उपयोग किया जाता है जिसमें एक सतत् केन्द्र रेखा त्रिज्या (constant center line radius) होती है।

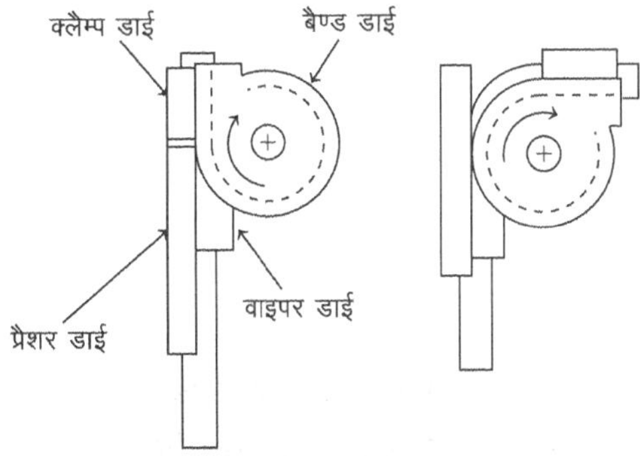

चित्र रोटरी ड्रॉ बैण्डिंग

डाई सैट में दो मुख्य भाग होते हैं; जैसे— बैण्ड डाई एवं प्रैशर डाई। बैण्ड डाई उस आकृति को बनाती है जिससे पदार्थ बैण्ड किया जाता है। प्रैशर डाई पाइप को बैण्ड की लम्बाई के सापेक्ष गति के दौरान बैण्ड डाई में सीधे धकेलने का कार्य करती है। कभी-कभी बाइण्डर से एक पॉजिशनिंग इण्डैक्स टेबल (positioning index table) जुड़ी होती है जो ऑपरेटर को जटिल बैण्ड बनाने की अनुमति देती है जिसमें अनेक बैण्ड एवं अलग-अलग तल हो सकते हैं। इस मशीन का उपयोग मुख्य रूप से ट्यूब, पाइप एवं ठोस लोहे की रॉड को मोड़ने के लिए किया जाता है।

(viii) **मैण्ड्रल बैण्डिंग** Mandrel Bending

इस विधि में प्रयुक्त मैण्ड्रल बैण्डर, रोटरी ड्रॉ बैण्डर के समान होते हैं परन्तु इनमें पाइप के बाहर अतिरिक्त वाइपर डाई (wiper die) तथा पाइप के अन्दर मैण्ड्रल का उपयोग किया जाता है, जो बैण्डिंग विधि के समय पाइप के अन्दर रहता है।

यह आन्तरिक मैण्ड्रल बैण्डिंग करते समय पाइप की दीवार को सपोर्ट करने में सहायता करता है। सामान्यत: एक मैण्ड्रल का उपयोग तब किया जाता है जब पतली दीवार वाले पाइप को बिना विकृत (distorted) हुए कम त्रिज्या में बैण्ड करने की आवश्यकता होती है।

(ix) **3-रोल बैण्डिंग** 3-Roll Bending

पाइप बैण्डिंग की यह विधि रैम बैण्डिंग के समान ही है, परन्तु इसमें एक कार्यकारी सिलेण्डर (working cylinder) तथा दो स्थिर काउण्टर रोलर्स (stationary counter rollers) बैण्डिंग क्रिया करते हैं, जैसा कि निम्न चित्र में दर्शाया गया है।

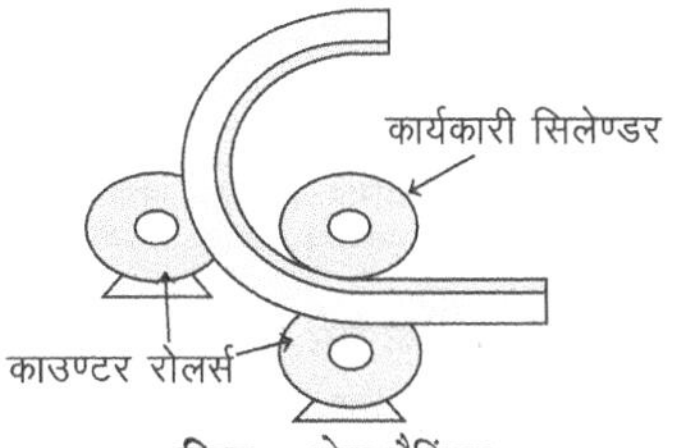

चित्र 3-रोल बैण्डिंग

इसमें सामान्यत: दो स्थिर रोलर्स एवं एक गतिज रोलर होता है तथा कार्यकारी रोलर को काउण्टर रोलर्स के समीप घुमाते हुए जॉब को रोलर्स में आगे व पीछे गुजारते हैं जिससे पाइप के बैण्ड की त्रिज्या परिवर्तित हो जाती है। पाइप बैण्डिंग की इस विधि में पाइप के अनुप्रस्थ क्षेत्र का विरूपण बहुत कम होता है। यह विधि पाइप की क्वॉयल बनाने तथा बहुत बड़ी त्रिज्या के बैण्ड बनाने हेतु उपयुक्त होती है।

पाइप बैण्डिंग की अन्य विधियाँ
Other Methods of Pipe Bending

पाइप बैण्डिंग की निम्न दो विधियाँ हैं

(i) **गर्म प्रकिया** Hot Process

इस बैण्डिंग प्रक्रिया का उपयोग उन बैण्ड त्रिज्याओं को बनाने के लिए किया जाता है जिन्हें सामान्य मशीन के द्वारा नहीं बनाया जा सकता। पाइप बैण्डिंग की यह प्रक्रिया निम्न दो प्रकार से की जा सकती है

(*i*) **रेत भरकर** (By sand filling) इस विधि का प्रयोग 25 मिमी व्यास से अधिक बड़े पाइपों को मोड़ने के लिए किया जाता है। गर्म बैण्डिंग प्रक्रिया के दौरान पाइप को सिकुड़न से बचाने के लिए उसमें सूखी रेत भर दी जाती है।

इस विधि द्वारा पाइप को मोड़ने के लिए सर्वप्रथम पाइप के दोनों सिरों को फाइलिंग द्वारा समतल कर लेते हैं तथा इसके किनारों से बर्र इत्यादि को साफ कर लेते हैं अब पाइप के व्यास को ज्ञात करके लकड़ी के दो प्लग (plug) का चुनाव करते हैं तथा एक प्लग द्वारा पाइप के एक सिरे को सील (बन्द) कर देते हैं।

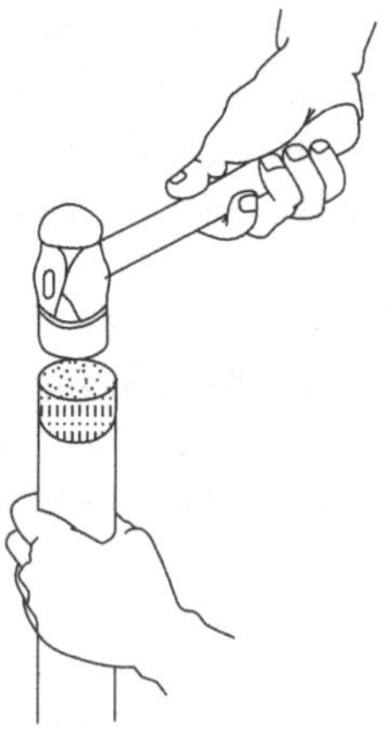

चित्र पाइप के सिरे पर प्लग लगाना

अब प्लग द्वारा पाइप के एक सिरे को बन्द करने के पश्चात् पाइप में सूखी रेत (dry sand) डालें तथा हथौड़े को हल्की चोट द्वारा रेत को दाब के साथ पाइप में भर दें।

इस प्रकार पाइप की सम्पूर्ण लम्बाई में रेत को दाब के साथ भरें तथा इसके दूसरे सिरे को भी प्लग के द्वारा सील कर दें।

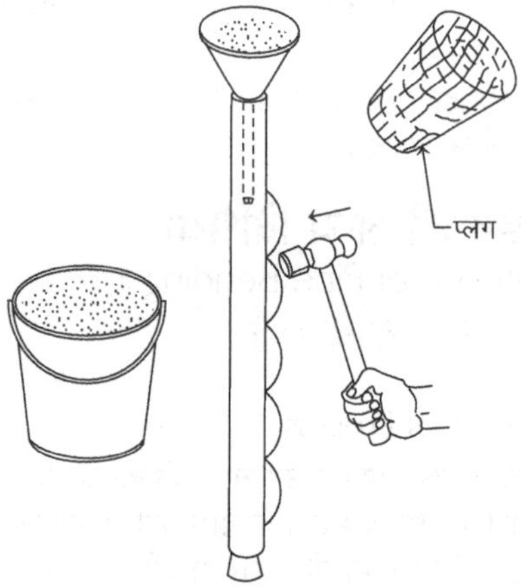

चित्र पाइप में रेत भरना

अब पाइप को उचित लम्बाई के साथ वाइस में सावधानीपूर्वक पकड़ें तथा सुनिश्चित करें कि पाइप पर आवश्यकता से अधिक दाब न पड़ें। जिस स्थान से पाइप को मोड़ना है,

उसे ऑक्सी-एसीटिलीन गैस द्वारा लाल तप्त अवस्था तक (red hot) गर्म करें तथा पाइप के दूसरे सिरे को पकड़कर धीरे-धीरे मोड़ (bend) की दिशा में मोड़ें।

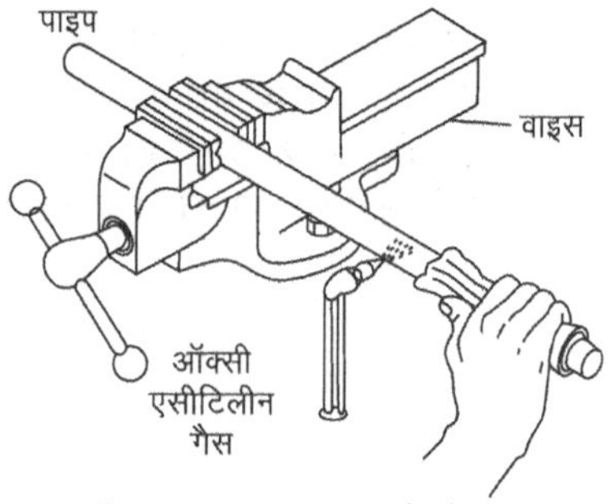

चित्र वाइस द्वारा पाइप को मोड़ना

पाइप को धीरे-धीरे तब तक मोड़ें जब तक कि बैण्ड का सही कोण प्राप्त न हो जाए। टैम्प्लेट द्वारा पाइप बैण्ड की जाँच करें तथा हथौड़े द्वारा रेत को बाहर निकाल दें।

(*ii*) **टेम्प्लेट तार के उपयोग द्वारा** (By using template wire) टेम्प्लेट तार द्वारा पाइप को बैण्ड करने के लिए सर्वप्रथम पाइप के बैण्ड, केन्द्र रेखा, आउटलाइन त्रिज्या एवं लैग की लम्बाई को बेंच पर चॉक ड्रॉइंग द्वारा सावधानीपूर्वक बनाएँ। अब बैण्ड के केन्द्र रेखा के सापेक्ष तार को मोड़कर एक टेम्प्लेट तैयार करें। यह टेम्प्लेट बैण्डिग के लिए एक पैटर्न का कार्य करता है।

टेम्प्लेट तार में ड्रॉइंग के अनुसार लैग की लम्बाई और बैण्डिग क्षेत्र को चिन्हित करें। यह पाइप की ऊष्मीय लम्बाई (heat length) कहलाती है। तैयार टेम्प्लेट को निम्न चित्र में दर्शाया गया है

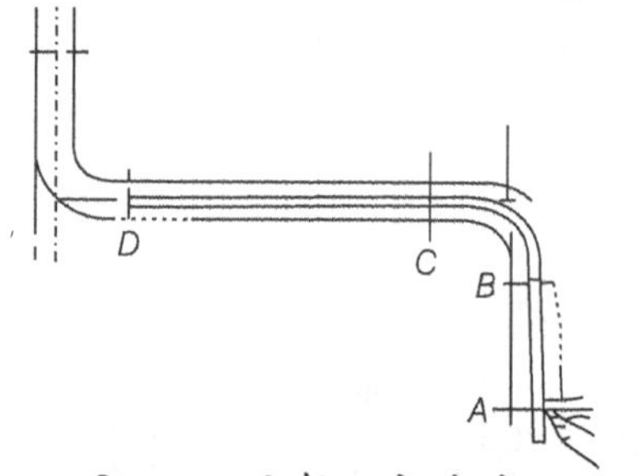

चित्र पाइप की बैण्डिग हेतु टेम्प्लेट

अब पाइप को टेम्प्लेट के ऊपर इस प्रकार रखें, कि पाइप का एक सिरा टेम्प्लेट के बिन्दु A (चित्रानुसार) पर हो। इस स्थिति में टेम्प्लेट के बिन्दु B को पाइप पर चिन्हित करें। पाइप को टेम्प्लेट के सापेक्ष घुमाकर उस पर बिन्दु C को चिन्हित करें। बिन्दु B व C के बीच की दूरी ऊष्मीय दूरी होगी।

पाइप को वाइस में उपयुक्त लम्बाई में पकड़कर धीरे-धीरे ऊष्मीय लम्बाई को ऑक्सी-एसीटिलीन फ्लेम द्वारा एक समान रूप से गर्म करें। पाइप को धीरे-धीरे बैण्ड की दिशा में घुमाते हुए तब तक गर्म करते रहें जब तक कि आवश्यक बैण्ड प्राप्त न हो जाए। इस प्रक्रिया के दौरान बीच-बीच में टेम्प्लेट तार द्वारा बैण्ड की सत्यता की जाँच करते रहें।

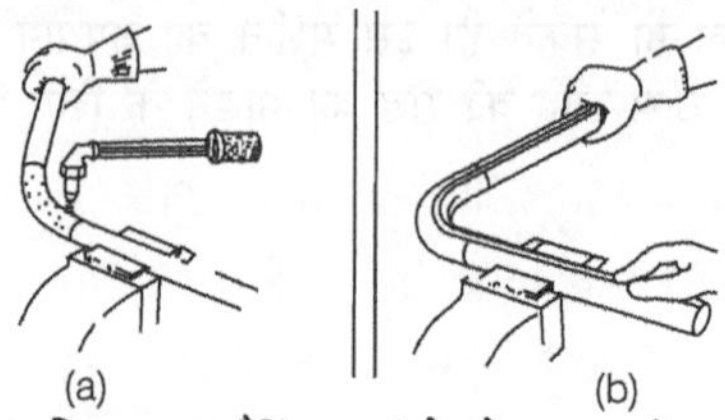

चित्र पाइप बैण्डिग एवं टेम्प्लेट द्वारा जाँच

अब पाइप को वाइस से निकालकर ठण्डा होने दें तथा इसके आकार की सत्यता की जाँच करें।

(ii) ठण्डी प्रक्रिया Cold Process

पाइप बैण्डिंग की ठण्डी प्रक्रिया 1/2" से 2" तक के व्यास वाले पाइपों को मोड़ने के लिए उपयुक्त होती है इस प्रक्रिया को हाइड्रॉलिक पाइप बैण्डिंग मशीन एवं मैनुअल पाइप बैण्डिंग मशीन द्वारा सम्पन्न किया जा सकता है, ये प्रक्रियाएँ निम्न प्रकार हैं

(*i*) **हाइड्रॉलिक पाइप बैण्डिंग द्वारा** (By hydraulic pipe bending) इसका प्रयोग 1/2" से 2" व्यास तक वाले पाइपों को मोड़ने हेतु किया जाता है। चित्र में एक हाइड्रॉलिक पाइप बैण्डिंग मशीन दर्शायी गई है।

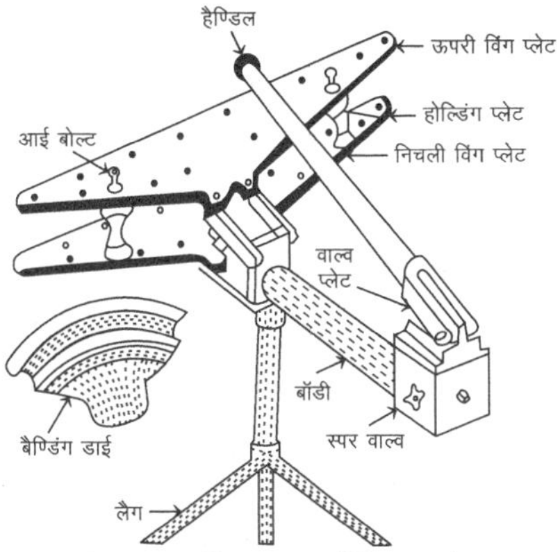

चित्र हाइड्रॉलिक पाइप बैण्डिंग मशीन

हाइड्रॉलिक पाइप बैण्डिंग मशीन द्वारा पाइप को मोड़ने से पूर्व बैण्ड के केन्द्र को पाइप पर मार्क करें। उपयोग से पूर्व मशीन की जाँच करें। अब पाइप को मशीन में फिट करके एयर रिलीज वाल्व को बन्द करें।

अब मशीन के हैण्डिल को चलाकर पम्प को चालू करते हैं, जिससे हवा व तेल का मिश्रण प्रैशर के रूप में पिस्टन पर कार्य करेगा और उसे सिलेण्डर से बाहर धकेलेगा। पिस्टन में एक बैण्डिंग डाई लगी होती है जो पाइप को अपने सापेक्ष बैण्ड कर देती है।

पाइप के बैण्ड हो जाने के पश्चात् एयर रिलीफ वाल्व को खोल देते हैं, जिससे बैण्डिंग मशीन की हवा बाहर निकल जाए।

(*ii*) **मैनुअल पाइप बैण्डिंग मशीन** (By manual pipe bending machine) यह एक प्रकार की हस्त चालित मशीन होती है जिसके द्वारा पाइप को आवश्यक त्रिज्या में मोड़ा जाता है। इस मशीन को धरातल स्तर से लगभग 3 फुट ऊँचाई पर एक स्टैण्ड पर फिट किया जाता है।

मैनुअल पाइप बैण्डिंग मशीन द्वारा पाइप को मोड़ने से पूर्व पाइप के दोनों सिरों को फाइलिंग (Filing) द्वारा समतल कर लेना चाहिए तथा स्टील रूल की सहायता से इसे जाँचना चाहिए। अब पाइप पर बैण्डिंग हेतु मार्किंग करें तथा बैण्डिंग त्रिज्या के अनुसार फॉर्मर (former) का चुनाव करें।

अब बैण्डिंग मशीन को सावधानीपूर्वक बैंच वाइस में बाँधते हैं तथा पाइप को लगाकर ट्यूब स्टॉप बार को उपयुक्त स्थिति में सैट करते हैं।

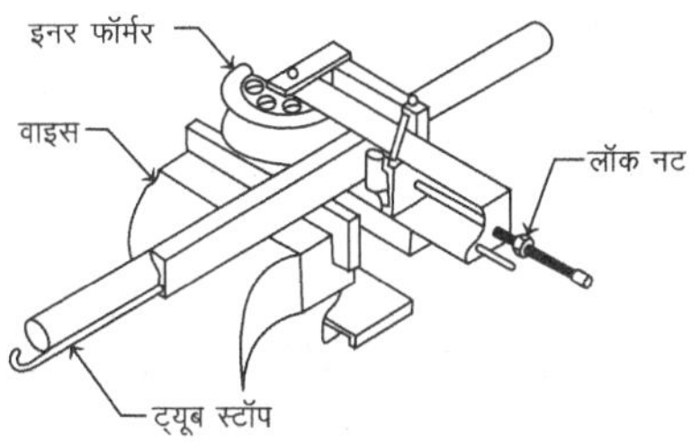

चित्र मैनुअल पाइप बैण्डिंग मशीन व्यवस्था

बैण्डिंग आर्म में रोलर सैट करके स्क्रू व नट से टाइट करें। अब मशीन द्वारा पाइप को अपनी ओर खींचकर बैण्ड करना प्रारम्भ करें तथा सुनिश्चित करें कि रोलर पाइप को इनर फॉर्मर पर बैण्ड करें। अब टेम्प्लेट द्वारा बैण्ड की त्रिज्या व कोण की जाँच करें।

प्लास्टिक पाइपों की बैण्डिंग हेतु सुरक्षा सावधानियाँ Safety Precautions for Bending of Plastic Pipes

प्लास्टिक पाइपों की बैण्डिंग हेतु सुरक्षा सावधानियाँ एवं निर्देश निम्नलिखित हैं

(*i*) पाइपों की बैण्डिंग खुले स्थान पर करनी चाहिए।

(*ii*) पाइप बैण्डिंग प्रक्रम के सामय सभी सुरक्षात्मक उपकरण पहनने चाहिए; जैसे—एप्रन, दस्ताने आदि।

(*iii*) पाइप को खुली फ्लेम अथवा अत्यधिक ताप पर गर्म नहीं करना चाहिए।

(*iv*) पाइप को 30° से अधिक कोण पर मोड़ने के लिए पाइप में आन्तरिक सपोर्ट का प्रयोग करना चाहिए अन्यथा पाइप की आकृति में विरूपण आ सकता है।

(*v*) बैण्डिंग हेतु प्रयुक्त किए जाने वाले पाइप के सिरों से बर्र इत्यादि को साफ कर लेना चाहिए।

(*vi*) पाइप बैण्डिंग के पश्चात् उसे जल द्वारा शीघ्रता से ठण्डा करना चाहिए जिससे वह उसी आकृति में बना रहे।

पाइप बैण्डिंग के प्रभाव Effects of Pipe Bending

पाइप पर बैण्डिंग द्वारा निम्न दो प्रभाव पड़ते हैं

1. भौतिक प्रभाव Physical Effects

बैण्डिंग प्रक्रम के समय पाइप पर दिखाई देने वाले प्रभाव उसके भौतिक प्रभाव कहलाते हैं। ये प्रभाव निम्न प्रकार के होते हैं

(*i*) बैण्ड की बाह्य सतह पर खिंचाव अथवा तनाव का उत्पन्न होना।

(*ii*) बैण्ड की बाह्य व आन्तरिक सतह की दीवार के आकार में परिवर्तन होना।

(*iii*) बैण्ड की आन्तरिक सतह पर दरारें पड़ना।

(*iv*) पाइप के व्यास में परिवर्तन होना।

(*v*) पाइप के आकार में परिवर्तन होना।

2. यान्त्रिक प्रभाव Mechanical Effects

इस प्रभाव के अन्तर्गत पाइप के यान्त्रिक गुण परिवर्तित हो जाते हैं ये प्रभाव निम्नलिखित हैं

(i) पाइप का प्रसार (elongation) 15% तक कम हो जाना।

(ii) पाइप का अनुप्रस्थ क्षेत्र उसकी त्रिज्या के अनुपातिक विरूपित हो जाना।

16.2 पाइप जोड़ों को जोड़ने की विधियाँ Joining Methods of Pipe Joints

पाइप फिटिंग्स में विभिन्न प्रकार के जोड़ों का प्रयोग किया जाता है। इन जोड़ों को निम्न प्रकार से बनाया जाता है

1. रनिंग/लूज सॉकेट/लाँग स्क्रू जोड़ को जोड़ना Joining of Running /Loose Socket /Long Screw Joints

रनिंग प्रकार के थ्रेड पाइप जोड़ को निम्न चित्र में दर्शाया गया है

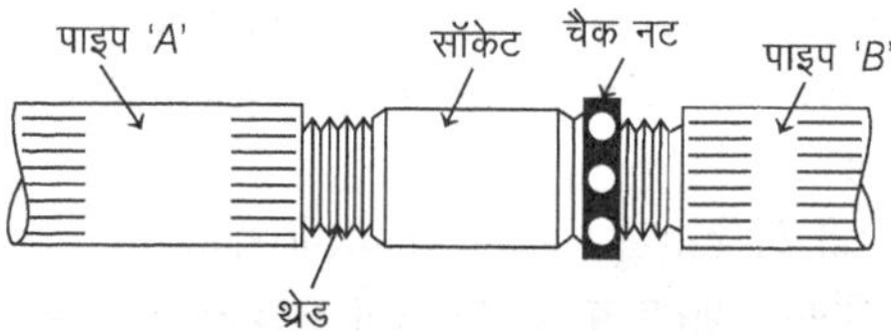

चित्र रनिंग प्रकार का थ्रेड पाइप जोड़

इस प्रकार के जोड़ को बनाने हेतु निम्न उपकरणों/सामग्रियों की आवश्यकता होती है

- पाइप रिंच
- पाइप वाइस स्टैण्ड सहित
- इंच टेप
- छेनी
- स्पैड
- GI पाइप
- सफेद/लाल लैड
- पाइप डाई
- हैण्ड हैक्सॉ ब्लेड सहित
- ऑयल केन
- हैमर
- GI सॉकेट
- धागा/जूट
- आवश्यक फिटिंग सामग्री

रनिंग प्रकार के थ्रेड पाइप जोड़ को बनाने के लिए एक सॉकेट एवं एक चैक नट का उपयोग किया जाता है। जोड़ बनाने हेतु सर्वप्रथम एक पाइप के सिरे पर थ्रेड काटी जाती है तथा उस पर चैकनट व सॉकेट को फिट किया जाता है। इसके पश्चात् दूसरे पाइप के एक सिरे पर थ्रेड काटते हैं तथा इसे सॉकेट के दूसरे सिरे पर चैक नट के साथ फिट कर देते हैं जिससे एक लीकप्रूफ जोड़ बन जाता है। इस जोड़ का उपयोग यूनियन जोड़ के स्थान पर भी किया जा सकता है।

सावधानियाँ Precautions

(i) पाइप की चूड़ियाँ कसते समय उसके संरेखन का ध्यान रखना चाहिए जिससे पाइप सरलतापूर्वक सॉकेट पर फिट हो जाए।

(ii) सॉकेट लगाने हेतु थ्रेड अधिक लूज नहीं होनी चाहिए अन्यथा जोड़ लीकप्रूफ नहीं बनेगा।

(iii) थ्रेड सदैव टेपर में बनानी चाहिए।

(iv) पाइप जोड़ों में लीकेज की सम्भावना बनी रहती है। अत: इस प्रकार के जोड़ों का प्रयोग कम ही करना चाहिए।

2. थ्रेड/स्क्रू/सॉकेट जोड़ को जोड़ना Joining of Thread /Screwed Socket Joint

थ्रेड/स्क्रू/सॉकेट प्रकार के जोड़ को निम्न चित्र में दर्शाया गया है

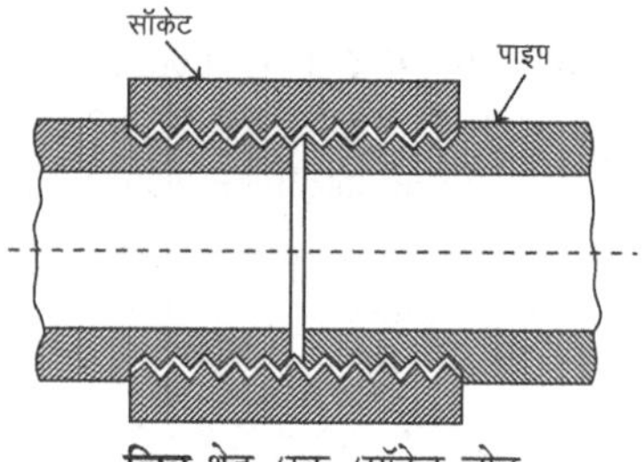

चित्र थ्रेड /स्क्रू /सॉकेट जोड़

रनिंग प्रकार के जोड़ के समान ही इस जोड़ में उपकरणों/सामग्रियों का प्रयोग करें। थ्रेड/सॉकेट जोड़ बनाने हेतु सर्वप्रथम जोड़े जाने वाले दोनों पाइप के सिरों पर उपयुक्त थ्रेड काटी जाती है। इसके पश्चात् उन सिरों को एक सॉकेट के दोनों ओर सावधानीपूर्वक फिट किया जाता है। इस प्रकार यह जोड़ पूर्ण हो जाता है।

3. लैड/स्पिगॉट व सॉकेट/बैल व स्पिगॉट जोड़ को जोड़ना Joining of Lead/Spigot and Socket /Bell and Spigot Joint

इस प्रकार के जोड़ को निम्न चित्र में दर्शाया गया है

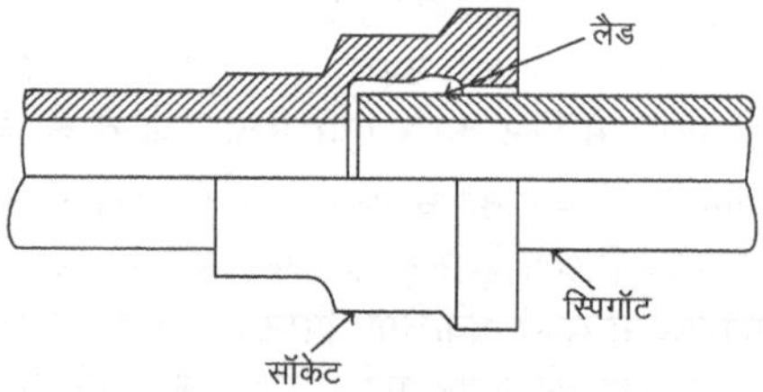

चित्र सॉकेट व स्पिगॉट पाइप जोड़

सॉकेट व स्पिगॉट पाइप जोड़ को बनाने हेतु निम्नलिखित उपकरणों/सामग्रियों की आवश्यकता होती है

- छेनी
- प्लम्बर हैमर
- प्लम्बर लैडल
- प्लम्बर मैडल मैल्टिंग पॉट (10 किग्रा)
- लैड व यार्न कॉकिंग टूल
- इंच टैप
- स्टॉव/पोर्टेबिल फॉर्ज हैण्ड ब्लोअर सहित
- पाइप ज्वॉण्टर
- लैड
- लकड़ी/कोयला/केरोसिन ऑयल
- स्पन यार्न
- HCI/CI पाइप

सॉकेट एवं स्पिगॉट प्रकार के जोड़ का प्रयोग HCI व CI पाइप लाइनों में किया जाता है। इस जोड़ को बनाने हेतु सर्वप्रथम दोनों पाइपों को सॉकेटिड व स्पिगॉटिड सिरों को मिलाकर एक जोड़ बनाया जाता है। इसके पश्चात् बनाए गए जोड़ के चारों ओर एक समान गैप रखते हुए जोड़ में कॉकिंग टूल व हैमर की सहायता से स्पन यार्न भर दिया जाता है। उपयुक्त प्रकार से स्पन यार्न भरने के पश्चात् जोड़ पर पाइप ज्वॉइण्टर (pipe jointer) लगाया जाता है तथा लैडल (laddle) के द्वारा पिघला हुआ लैड जोड़ में भर दिया जाता है।

इसके पश्चात् पाइप ज्वॉइण्टर को खोलकर जोड़ को लैड कॉकिंग टूल द्वारा फिनिशिंग प्रदान की जाती है। इस प्रकार एक सुन्दर एवं मजबूत जोड़ प्राप्त होता है।

सावधानियाँ Precautions

(*i*) जोड़ में स्पन यार्न भरने से पूर्व जोड़ के चारों ओर एकसमान गैप सुनिश्चित कर लें।
(*ii*) जोड़ के अनुसार ही उसमें लैड की आवश्यक मात्रा भरनी चाहिए।
(*iii*) सुनिश्चित करें कि पिघले हुए लैड के पास पानी न हो।
(*iv*) जोड़ में लैड को रुक-रुक कर नहीं भरना चाहिए।
(*v*) लैडल में पिघले लैड को भरने से पूर्व लैडल को गर्म कर लेना चाहिए।

4. कॉलर/लूज कॉलर जोड़ को जोड़ना Joining of Collar /Loose Collar Joint

जहाँ बिना कॉलर वाले दो पाइपों के सिरों को जोड़ने अथवा लाइन के बीच में टूटे पाइप की मरम्मत करने की आवश्यकता होती है वहाँ इस जोड़ को लगाने हेतु किसी एक पाइप के सिरे पर लूज कॉलर लगाकर अन्य पाइप के सिरे को उस कॉलर पर लगाते हैं तथा पाइप कॉलर के बीच सीमेन्ट अथवा लैड भर देते हैं।

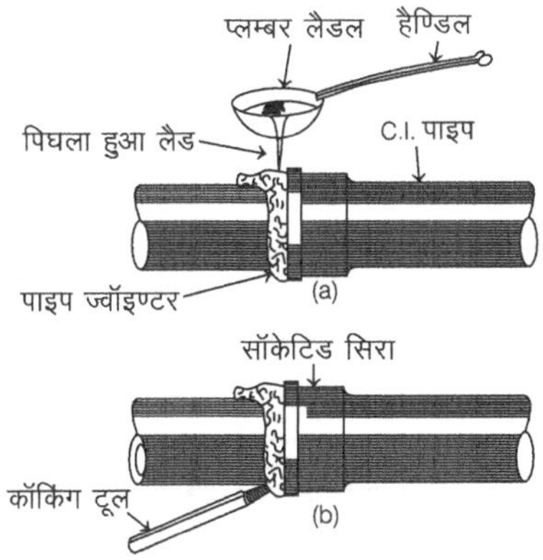

चित्र कॉलर /लूज कॉलर जोड़

5. प्रसार जोड़ को जोड़ना Joining of Expansion Joint

प्रसार जोड़ को निम्न चित्र में दर्शाया गया है

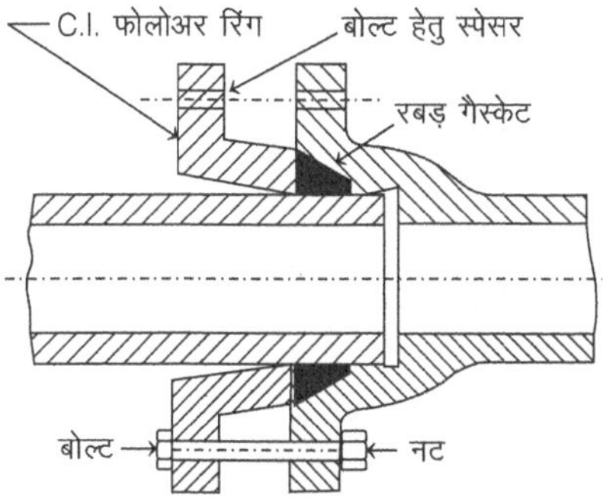

चित्र प्रसार जोड़

प्रसार जोड़ बनाने हेतु निम्नलिखित उपकरणों/सामग्रियों की आवश्यकता होती है

- स्पैनर
- हैमर
- खोखला पंच
- स्क्रू ड्राइवर
- नट व बोल्ट
- प्रसार जोड़
- स्क्रू रिंच
- छेनी
- वाशर कटर
- रबड़ शीट
- सफेद लैड
- CI पाइप

प्रसार जोड़ को खुले स्थानों पर लगाया जाता है ताकि वातावरण प्रभावों के कारण पाइपों के संकुचन व प्रसार के समय उत्पन्न प्रतिबलों को निष्क्रिय किया जा सके। प्रसार जोड़ में मुख्य रूप से एक सॉकेट, फ्लैंज, एक स्पिगॉट फ्लैंज तथा एक रबड़ रिंग का प्रयोग किया जाता है।

सर्वप्रथम स्पिगॉट फ्लैंज पर रबड़ रिंग को लगाकर सॉकेट फ्लैंज में लगाया जाता है। इसके पश्चात् दोनों फ्लैंज को नट-बोल्ट द्वारा कस दिया जाता है। इस प्रकार के जोड़ में 2 से $2\frac{1}{2}$ इंच का क्लीयरैन्स होता है, जिससे प्रसार के दौरान पाइप लाइन सुरक्षित रहती है।

सावधानियाँ Precautions

(*i*) नट व बोल्टों को एक बार में पूर्णत: न कसकर सभी नट व बोल्टों को धीरे-धीरे व क्रमानुसार कसना चाहिए।
(*ii*) नट-बोल्टों को पाइप रिंच द्वारा नहीं कसना चाहिए अन्यथा इनके शीर्ष भाग खराब हो सकते हैं। इसके लिए स्पैनर का प्रयोग करना चाहिए।
(*iii*) नट व बोल्टों पर किसी प्रकार की चोट नहीं मारनी चाहिए।

6. फ्लैंज जोड़ को जोड़ना Joining of Flange Joint

फ्लैंज जोड़ को निम्न चित्र में दर्शाया गया है

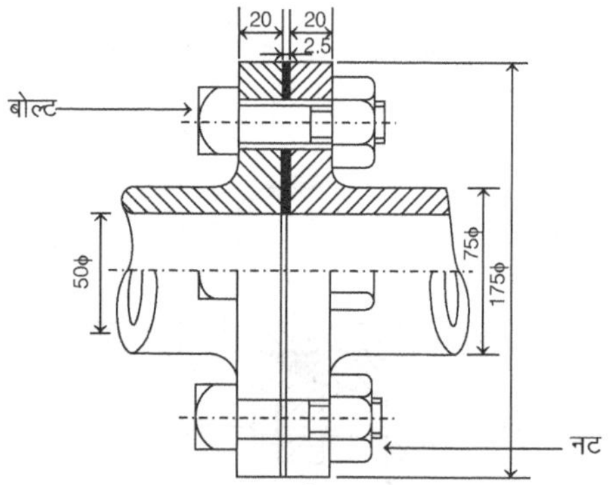

चित्र फ्लैंज जोड़

फ्लैंज जोड़ को लगाने हेतु निम्न उपकरणों/सामग्रियों की आवश्यकता होती है

- फ्लैंज प्लेट
- रबड़ शीट
- नट व बोल्ट
- सफेद लैड
- EI/GI पाइप

फ्लैंज एक प्रकार की गोल प्लेट होती है जिसमें विभिन्न व्यास के छिद्र बनें होते हैं। फ्लैंज जोड़ को बनाने हेतु फ्लैंज प्लेट को एक पाइप के सिरे पर तथा एक अन्य फ्लैंज को अन्य पाइप के सिरे पर लगाकर दोनों के बीच एक रबड़ शीट का प्रयोग करके नट-बोल्ट द्वारा कस दिया जाता है। पाइप लाइन की मरम्मत हेतु इस जोड़ को खोलकर सरलतापूर्वक मरम्मत कार्य किया जा सकता है।

7. डिटैचेबल जोड़/ड्रैसर कपलिंग जोड़ को जोड़ना Joining of Detachable Joint /Dresser Coupling Joint

डिटैचेबल जोड़ को निम्न चित्र में दर्शाया गया है

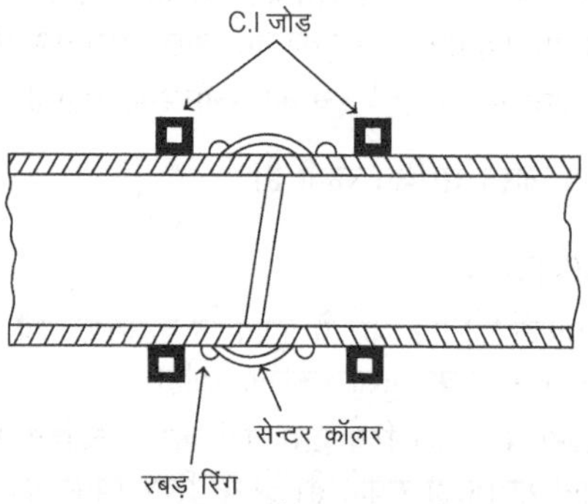

चित्र डिटैचेबल जोड़

डिटैचेबल जोड़ को बनाने हेतु निम्न उपकरणों/सामग्रियों की आवश्यकता होती है

- स्क्रू रिंच
- स्पैनर
- चिपिंग नाइफ
- मैलेट
- स्क्रू ड्राइवर
- डिटैचेबल जोड़
- रबड़ रिंग
- नट व बोल्ट
- CI पाइप

डिटैचेबल जोड़ में मुख्य रूप से दो सेन्टर कॉलर, एक सेन्टर रिंग तथा दो रबड़ रिंग होते हैं। इस जोड़ में त्रिभुजाकार तीन छिद्र बने होते हैं।

इस जोड़ को बनाने हेतु सर्वप्रथम दोनों सेन्टर कॉलर को दोनों पाइपों के सिरों पर लगाया जाता है। इसके पश्चात् दोनों पाइपों पर सेन्टर रिंग एवं रबड़ रिंग को लगाकर उन्हें आपस में मिला दिया जाता है। अब सेन्टर रिंग को दोनों पाइपों पर आधा-आधा लगाकर इसके साथ दोनों रबड़ रिंग लगा दिए जाते हैं। इसके पश्चात् कॉलर के छिद्रों का परस्पर मिलाकर नट व बोल्ट द्वारा जोड़ को कस दिया जाता है।

सावधानियाँ Precautions

(*i*) जोड़ व रिंग पर किसी भी प्रकार की चोट नहीं मारनी चाहिए।
(*ii*) इस जोड़ को सैट करने हेतु मैलेट का प्रयोग करना चाहिए।
(*iii*) किसी एक नट को एक बार में पूर्णत: कसना नहीं चाहिए। सभी को बारी-बारी से कसना चाहिए।
(*iv*) सेन्टर रिंग को दोनों पाइपों पर आधा-आधा लगाना चाहिए।
(*v*) पाइप के व्यास के अनुसार ही जोड़ सामग्री का चयन करना चाहिए।

8. सीमेण्ट जोड़ को जोड़ना Joining of Cement Joint

सीमेण्ट जोड़ को निम्न चित्र में प्रदर्शित किया गया है

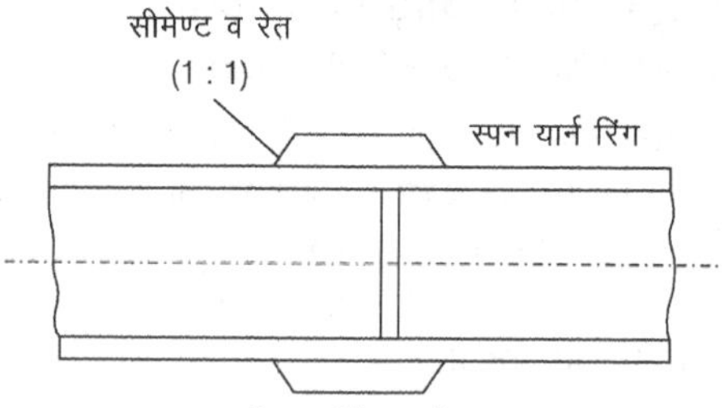

चित्र सीमेण्ट जोड़

सीमेण्ट जोड़ को बनाने हेतु निम्न उपकरणों/सामग्रियों की आवश्यकता होती है

- ट्रे इंच टेप
- स्प्रिट लेवल
- यार्न कॉकिंग टूल
- धागा
- कीले
- ट्रॉवेल (trowel)
- सीमेन्ट
- रेत
- स्पन यार्न
- पानी

सीमेण्ट जोड़ को बनाने हेतु सर्वप्रथम SW पाइप के प्लेन सिरों पर सीमेण्ट में डूबी हुई रस्सी को आवश्यकतानुसार लपेट दिया जाता है। इसके पश्चात् पाइप के सॉकेटिड सिरों में रस्सी वाले सिरों को लगाकर पाइप के संरेखन व लेवल की जाँच की जाती है।

अब सीमेण्ट व रेत को 1 : 1 में मिलाकर इसका मसाला तैयार करते हैं और इस मसाले को जोड़ में भर दिया जाता है। इस प्रकार सीमेण्ट जोड़ तैयार हो जाता है।

सावधानियाँ Precautions

(i) जोड़ में रस्सी व मसाला भरते समय यार्न कॉकिंग टूल का प्रयोग करना चाहिए।
(ii) पाइपों के ऊपर बैठकर जोड़ नहीं भरने चाहिए।
(iii) सबसे पहले जोड़ के निचले सिरों में मसाला भरना चाहिए।
(iv) कॉलर में पाइप को लगाकर एकसमान गैप रखना चाहिए।
(v) ध्यान रखे कि मसाला पाइप के अन्दर न जाए।
(vi) जोड़ बनाने के पश्चात् उचित प्रकार से उसकी फिनिशिंग कर देनी चाहिए।

9. वाइप्ड जोड़ को जोड़ना Joining of Wiped Joint

वाइप्ड जोड़ को निम्न चित्र में दर्शाया गया है

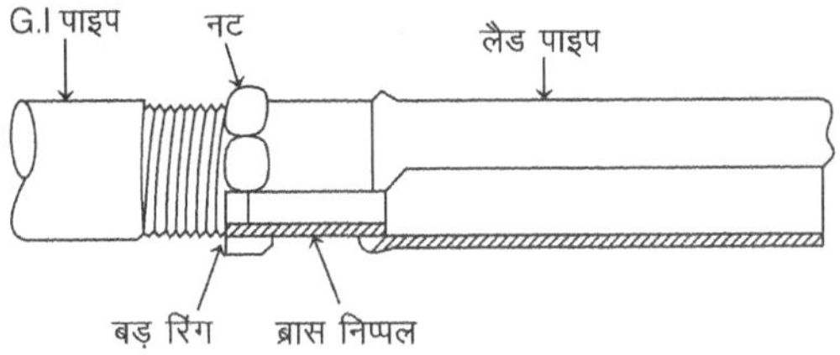

चित्र वाइप्ड जोड़

- वाइप्ड जोड़ बनाने हेतु निम्न उपकरणों/सामग्रियों की आवश्यकता होती है।

- शेव हुक्स
- प्लम्बर सॉ
- हैमर
- डिवाइडर
- रैस्प फाइल
- स्पलैश छड़ी
- पिघली धातु हेतु बर्तन
- लैड पाइप
- टिन
- साफ कपड़ा
- प्लम्बर लैडल
- मिट्टी का बर्तन
- चाकू
- स्क्राइबिंग गेज
- पाइप ओपनर
- फिक्सिंग प्वॉइण्ट
- केरोसिन तेल/लकड़ी
- सोल्डर
- फ्लक्स

वाइप्ड जोड़ बनाने हेतु सर्वप्रथम आवश्यक माप के लैड पाइप के दो टुकड़े लेकर उनके सिरों को रैस्प फाइल द्वारा समतल कर लिया जाता है। अब एक पाइप के सिरे को पाइप ओपनर, मैलेट व टर्न पिन की सहायता से सॉकेट के आकार में बनाया जाता है तथा अन्य पाइप के एक सिरे को फाइल द्वारा टेपर किया जाता है अब दोनों पाइपों को शेव हुक से साफ करके एक-दूसरे के सिरों को मिलाकर रखते हैं तथा उन्हें फिक्सिंग प्वॉइंट, क्लैम्प द्वारा स्थिर अवस्था में रखते हैं।

अब जोड़ पर फ्लक्स (टैलो) लगाते हैं तथा इस पर पिघले सोल्डर को लैडल द्वारा लगाते हैं और पाइपों का जोड़ बनाते हैं। जोड़ लगाने के पश्चात् कपड़े तथा फ्लक्स द्वारा जोड़ की फिनिशिंग कर दी जाती है।

सावधानियाँ Precautions

(i) जोड़ लगाते समय हैमर के स्थान पर मैलेट का प्रयोग करना चाहिए।
(ii) जोड़ पर सोल्डर को रुक-रुककर नहीं डालना चाहिए।
(iii) जोड़ लगाते समय शीघ्रता नहीं करनी चाहिए।
(iv) जोड़ लगाने के पश्चात् अच्छी तरह से फिनिशिंग करनी चाहिए।
(v) सोल्डर को जोड़ की दरारों के उचित प्रकार से भरना चाहिए।

16.3 PVC पाइपों को जोड़ना एवं फिक्स करना Joining and Fixing of PVC Pipes

PVC पाइपों को निम्न दो विधियों द्वारा जोड़ा एवं फिक्स किया जाता है

विलायक सीमेण्ट जोड़ द्वारा By Solvent Cement Joints

विलायक सीमेण्ट एक प्रकार का चिपचिपा यौगिक (adhesive compound) होता है जो PVC पॉलिमर पर आधारित होता है। इसमें मुख्य रूप से विनाइल क्लोराइड पॉलिमर (vinyle chloride polymer) या सह-पॉलिमर (co-polymer) का घोल होता है जो कार्बनिक विलायक में घुला हुआ होता है।

विलायक के घटक जोड़ी जाने वाली सतहों को गर्म कर देते हैं जिससे सतहें परस्पर जुड़कर एक मजबूत जोड़ बना लेती हैं। विलायक को सूर्य की रोशनी में नहीं रखना चाहिए इसे एक बन्द कन्टेनर (डिब्बे) में छाया में रखना चाहिए अन्यथा इसका वाष्पन होने लगता है।

विलायक सीमेण्ट द्वारा जोड़ बनाने हेतु निम्न पदों का अनुसरण करें

(i) जोड़ बनाने से पूर्व पाइप के सिरों की फाइलिंग करके उन्हें समतल बना लेना चाहिए तथा इनके सिरों से बर्र तथा उभार को हटा देना चाहिए।
(ii) अब पाइपों के सिरों को लगभग 2 मिमी चौड़ा व 15° का चैम्फर करें।
(iii) इसके पश्चात् एक पाइप के सिरे को दूसरे पाइप के सॉकेट से लगाकर चैक करें कि सॉकेट की गहराई से उपयुक्त दूरी तक इण्टरफेस होता है अथवा नहीं।
(iv) अब पाइपों के सिरों को सूखे कपड़े से साफ करें तथा यदि आवश्यकता हो, तो डाई-क्लोरो मीथेन, मिथाइल इथाइल क्लोराइड से साफ करें।
(v) इसके पश्चात् पाइपों की जोड़ी जाने वाली सतहों पर शीघ्रता से एवं सावधानीपूर्वक PVC विलायक सीमेण्ट की पर्त लगाएँ।
(vi) विलायक सीमेण्ट की पर्त लगाने के 20 सेकण्ड से कम समय में ही पाइप को सॉकेट के अन्दर फिट कर दें। यदि विलायक सूख गया हो, तो पुनः इसकी पर्त लगाएँ।
(vii) पाइप व सॉकेट को लगभग 1 मिनट तक बिना हिलाएँ पकड़ें जिससे पाइप व सॉकेट आपस में सही प्रकार से जुड़ जाएँ।
(viii) अतिरिक्त विलायक सीमेण्ट को शीघ्रता से साफ करके 12 घण्टे के बाद जोड़ के प्रैशर की जाँच करें।

रबड़ रिंग जोड़ द्वारा By Rubber Ring Joints

रबड़ रिंग जोड़ एक जलरोधी (waterproof) जोड़ होता है, परन्तु यह जोड़ खिंचाव से सुरक्षा प्रदान नहीं करता है। इस जोड़ का उपयोग बड़े आकार (63 मिमी या इससे अधिक) के पाइपों को जोड़ने के लिए किया जाता है। यह जोड़ भूमिगत पाइपों के लिए सर्वोत्तम होता है, क्योंकि उनमें खिंचाव नहीं होता। कृत्रिम रबड़ के साथ अग्रेसिव (aggressive) मिलाकर प्रयोग करने से एक उत्तम जोड़ प्राप्त होता है।

16.4 जल/गैस पाइपों को जोड़ने वाली सामग्री Joining Materials for Water and Gas Pipes

सामान्यत: जल एवं गैस पाइपों को जोड़ने के लिए टेप, लैड, सीमेण्ट, धागा, तथा कॉलर आदि पदार्थों का उपयोग किया जाता है। कभी-कभी कार्य तथा स्थिति के अनुसार सोल्डर का भी प्रयोग किया जाता है जिससे एक अच्छा लीकप्रूफ जोड़ प्राप्त होता है।

पानी एवं गैस पाइप लाइनों में प्रयुक्त होने वाले मुख्य अवयव निम्नलिखित हैं

(*i*) **एल्बो** (Elbow) इसका प्रयोग पाइप लाइन की दिशा को 90° पर परिवर्तित करने के लिए किया जाता है।

(*ii*) **फैरूल** (Ferrule) इसका प्रयोग पानी के मुख्य कनैक्शन हेतु पाइप फिटिंग में किया जाता है।

(*iii*) **फ्लैंज** (Flange) यह वाल्व के अन्त में पाइप आदि पर लगा फ्लैट रिम होता है।

(*iv*) **फ्लैंज पाइप** (Flange pipe) इसका प्रयोग अन्तिम सिरों को एक साथ जोड़ने के लिए किया जाता है।

(*v*) **फ्लोट वाल्व** (Float valve) यह एक प्रकार का खोलने व बन्द करने वाला वाल्व या प्लग होता है, जो टैंक से अतिरिक्त पानी को बहने से रोकता है।

(*vi*) **निप्पल** (Nipple) यह एक प्रकार का ट्यूबलर पाइप होता है जिसके दोनों और चूड़ियाँ कटी होती हैं। इसका प्रयोग दो पाइपों या फिटिंग्स को जोड़ हेतु किया जाता है।

(*vii*) **ऑफसैट** (Offset) यह एक एल्बो व बैण्ड का एक जोड़ होता है। इसका प्रयोग लाइन के समान्तर एक अन्य वाइन बनाने हेतु किया जाता है।

(*viii*) **सॉकेट** (Socket) यह सॉकेट जोड़ व स्पिगॉट जोड़ का फीमेल भाग होता है।

(*ix*) **यूनियन** (Union) इसके द्वारा दो पाइपों को जोड़ा जाता है जिसे मरम्मत कार्यों हेतु पुन: खोला जा सकता है।

16.5 ब्लो लैम्प Blow Lamp

सोल्डरिंग व ब्रेजिंग के लिए ब्लो लैम्प का प्रयोग सोल्डर तथा धातु जोड़ को गर्म करने के लिए किया जाता है, जबकि पाइप फिटिंग में ब्लो लैम्प का प्रयोग लैड को पिघलाने के लिए तथा पाइपों को गर्म करने के लिए किया जाता है।

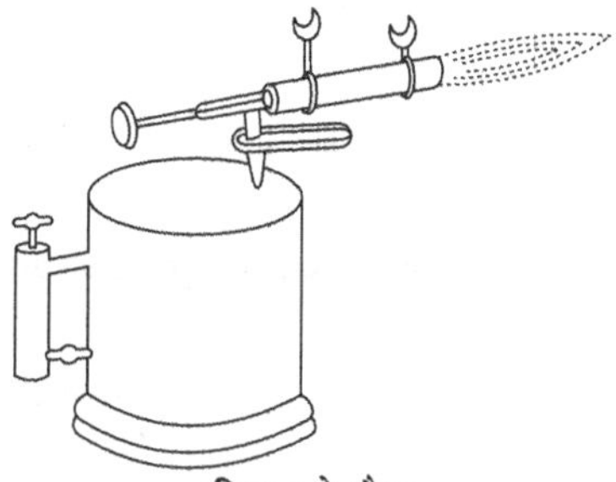

चित्र ब्लो लैम्प

ब्लो लैम्प द्वारा धातु पाइप जोड़ को सोल्डरिंग द्वारा रिसावरोधी बनाया जाता है। इसके लिए जोड़ फ्लक्स लगाकर ब्लो लैम्प द्वारा सोल्डर को पिघलाकर जोड़ बनाया जाता है।

महत्त्वपूर्ण बिन्दु

- पाइप एक प्रकार का खोखला व बेलनाकार टुकड़ा होता है जिसका प्रयोग तरल पदार्थों को एक स्थान से दूसरे स्थान तक पहुँचाने के लिए किया जाता है।
- छोटे स्थान वाले घुमाव के लिए पाइप को एल्बो की सहायता से घुमाव प्रदान किया जाता है।
- बड़े स्थानों वाले घुमाव के लिए पाइप को मोड़ने की प्रक्रिया को पाइप बैण्डिंग कहते हैं।
- पाइप बैण्डर द्वारा छोटे आकार के पाइप को मोड़ा जाता है।
- पाइप बैण्डर में स्टील या ढलवाँ लोहे की बेस प्लेट लगी होती है।
- बेंच टाइप हस्त प्रचालित पाइप बैण्डर द्वारा गेल्वेनाइज्ड आयरन तथा स्टील के पाइप को मोड़ने के लिए प्रयोग में लाया जाता है।
- हाइड्रॉलिक पाइप बैण्डिंग मशीन का प्रयोग माइल्ड स्टील की प्लेटों को मोड़ने में किया जाता है।
- प्रैस बैण्डिंग को रैम बैण्डिंग भी कहते हैं।
- 3- रोल बैण्डिंग मशीन में एक कार्यकारी रोलर तथा दो स्थिर कॉउण्टर रोलर्स बैण्डिंग क्रिया करते हैं।
- पाइप बैण्डिंग की ठण्डी प्रक्रिया 1/2'' से 2'' तक के व्यास वाले पाइप को मोड़ने के लिए उपयुक्त होती है।

महत्त्वपूर्ण प्रश्नोत्तरी

1. सूक्ष्म स्थान वाले घुमावों पर पाइपों को किस प्रकार का घुमाव प्रदान किया जाता है?

उत्तर सूक्ष्म स्थान वाले घुमाव के लिए पाइप को एल्बो की सहायता से घुमाव दिया जा सकता है।

2. हाइड्रॉलिक पाइप बैण्डिंग मशीन में इनर फॉरमर को किस प्रकार आगे बढ़ाया जा सकता है?

उत्तर ऑपरेटिंग लीवर द्वारा हाइड्रॉलिक रैम में प्रैशर वाल्व पर दाब डालकर इनर फॉरमर को आगे को बढ़ाया जाता है।

3. 3- रोल बैण्डिंग में रोलर्स क्या कार्य करते हैं?

उत्तर 3- रोल बैण्डिंग में एक कार्यकारी रोलर तथा दो स्थिर काउण्टर रोलर्स बैण्डिंग क्रिया करते हैं।

4. मैण्ड्रल बैण्डिंग में पाइप की दीवार को सपोर्ट प्रदान करने के लिए किसका उपयोग किया जाता है ?

उत्तर मैण्ड्रल बैण्डिंग के अन्तर्गत आन्तरिक मैण्ड्रल द्वारा पाइप की दीवार को सपोर्ट प्रदान की जाती है।

5. टैंक से अतिरिक्त पानी को बहने से रोकने के लिए किसका उपयोग किया जाता है ?

उत्तर फ्लोट वाल्व एक प्रकार का खोलने व बन्द करने वाला वाल्व या प्लग है, जो टैंक से अतिरिक्त पानी को बहने से रोकता है।

अभ्यास प्रश्न

परीक्षा प्रारूपी प्रश्न

1. निम्न में से किसके द्वारा पाइप बैण्डिंग विधि पूर्ण की जाती है?
(a) पाइप बैण्डर द्वारा
(b) बेंच टाइप हैण्ड ऑपरेटिड पाइप बैण्डर द्वारा
(c) हाइड्रॉलिक पाइप बैण्डिंग मशीन द्वारा
(d) उपरोक्त सभी

2. छोटे साइज के पाइपों को मोड़ा जाता है
(a) पाइप बैण्डर द्वारा
(b) बेंच टाइप हैण्ड ऑपरेटिड पाइप बैण्डर द्वारा
(c) हाइड्रॉलिक पाइप बैण्डिंग द्वारा
(d) उपरोक्त सभी

3. हाइड्रॉलिक पाइप बैण्डिंग मशीन द्वारा ········· के पाइप मोड़े जाते हैं।
(a) MS पाइप (b) GI पाइप
(c) 'a' और 'b' दोनों (d) इनमें से कोई नहीं

4. पाइप बैण्डर टेम्प्लेट का क्या कार्य होता है?
(a) पाइप को मोड़ना
(b) मुड़े पाइप को सीधा करना
(c) पाइप चैक करना
(d) मुड़े पाइप को चैक करना

5. पाइप बैण्डिंग मशीन के ········· को खोलने पर पिस्टन अपने स्थान पर वापस आ जाता है।
(a) एयर वाल्व (b) वाल्व प्लेट
(c) पिस्टन (d) क्लैम्प पिन

6. दिए गए चित्र में 'X' द्वारा प्रदर्शित भाग का नाम बताइए।

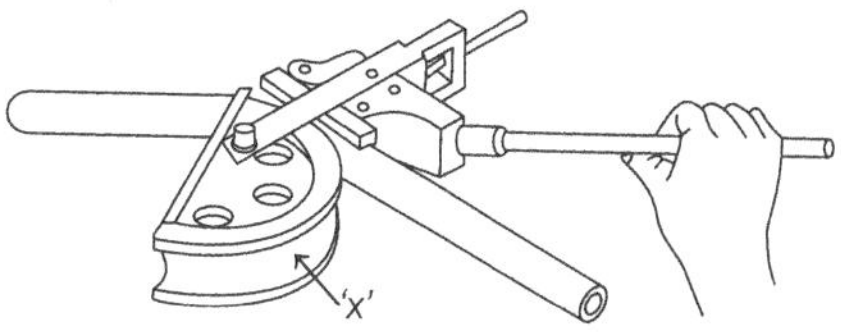

(a) पाइप डाई (b) लीवर
(c) इनर फॉरमर (d) समायोजित स्क्रू

7. प्रैस बैण्डिंग को अन्य किस नाम से जाना जाता है?
(a) रैम बैण्डिंग (b) हाइड्रॉलिक बैण्डिंग
(c) मैण्ड्रल बैण्डिंग (d) रोलर बैण्डिंग

8. जहाँ पाइप के एक नियत अनुप्रस्थ क्षेत्र की आवश्यकता नहीं होती, वहाँ ·············· द्वारा पाइप को मोड़ा जाता है।
(a) पाइप बैण्डर (b) प्रैस बैण्डिंग
(c) हाइड्रॉलिक मशीन (d) इनमें से कोई नहीं

9. रोटरी ड्रॉ बैण्डिंग में प्रयुक्त डाई सैट का एक भाग है
(a) क्लैम्प डाई (b) बैण्ड डाई
(c) प्रैशर डाई (d) ये सभी

10. पाइप की क्वॉयल बनाने हेतु निम्न में से किस बैण्डिंग विधि का प्रयोग किया जाता है?
(a) 3-रोलर बैण्डिंग (b) मैण्ड्रल बैण्डिंग
(c) प्रैस बैण्डिंग (d) रोटरी ड्रॉ बैण्डिंग

11. छोटे आकर के पाइपों को .... द्वारा मोड़ा जाता है।
(a) पाइप बैण्डर
(b) बेंच टाइप हैण्ड ऑपरेटिड बैण्डर
(c) हाइड्रॉलिक बैण्डिंग मशीन
(d) उपरोक्त सभी

12. पाइप में रेत भरकर गर्म विधि द्वारा ..... व्यास तक के पाइपों को मोड़ा जाता है।
(a) 10 मिमी (b) 15 मिमी (c) 20 मिमी (d) 25 मिमी

13. गर्म विधि द्वारा पाइप मोड़ने हेतु पाइप में सूखी रेत भरने का कारण है
(a) पाइप को ठण्डा रखने हेतु
(b) अधिक मोड़ प्राप्त करने हेतु
(c) पाइप को सिकुड़न से बचाने हेतु
(d) उपरोक्त सभी

14. पाइप बैण्डिंग की किस विधि में टेम्प्लेट तार का उपयोग किया जाता है?
(a) गर्म विधि में (b) ठण्डी विधि में
(c) 'a' और 'b' दोनों (d) इनमें से कोई नहीं

15. पाइप बैण्डिंग की ठण्डी प्रक्रिया द्वारा किस आकार के पाइपों को मोड़ा जाता है?
(a) 1/2 से 2 इंच (b) 1 से 3 इंच
(c) 2 से 3 इंच (d) $2\frac{1}{2}$ से 4 इंच

16. पाइप बैण्डिंग की ठण्डी प्रक्रिया निम्न में किसके द्वारा की जाती है?
(a) हाइड्रॉलिक पाइप बैण्डिंग द्वारा
(b) मैनुअल पाइप बैण्डिंग मशीन द्वारा
(c) 'a' और 'b' दोनों
(d) उपरोक्त में से कोई नहीं

17. निम्न चित्र में हाइड्रॉलिक पाइप बैण्डिंग मशीन के किस भाग को दर्शाया गया है?

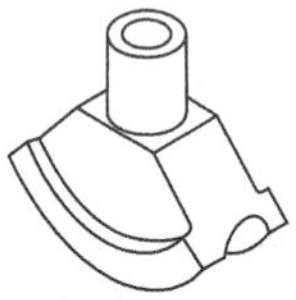

(a) एयर वाल्ब (b) विंग प्लेट
(c) बैण्डिंग डाई (d) वाल्व प्लेट

18. पाइप को .... से अधिक कोण पर मोड़ने हेतु आन्तरिक सपोर्ट का प्रयोग करना चाहिए।
(a) 10° (b) 20° (c) 30° (d) 45°

19. बैण्डिंग के यान्त्रिक प्रभाव के अन्तर्गत पाइप का एलॉगेशन .... तक कम हो जाता है।
(a) 15% (b) 20% (c) 25% (d) 30%

20. रनिंग प्रकार के थ्रेड पाइप जोड़ को बनाने के प्रयोग किया जाता है
(a) सॉकेट (b) चैक नट
(c) 'a' और 'b' दोनों (d) इनमें से कोई नहीं

21. निम्न चित्र में प्रदर्शित जोड़ का नाम बताइए।

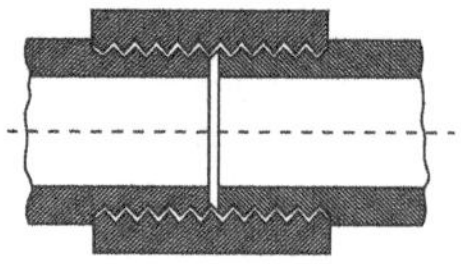

(a) रनिंग थ्रेड जोड़ (b) सॉकेट जोड़
(c) कॉलर जोड़ (d) यूनियन जोड़

22. लूज कॉलर जोड़ में पाइप व कॉलर के मध्य भरा जाता है
(a) स्पन यार्न (b) सीमेण्ट या लैड
(c) सोल्डर (d) फ्लक्स

23. प्रसार जोड़ में .... का क्लीयरैन्स रखा जाता है।
(a) 1 से 2 इंच (b) 1 से 3 इंच
(c) 1½ से 3½ इंच (d) 2 से 2½ इंच

24. डिटैचेबल जोड़ में कितने सेन्टर कॉलर होते हैं?
(a) एक (b) दो
(c) तीन (d) चार

25. सीमेण्ट जोड़ बनाने हेतु सीमेण्ट व रेत को किस अनुपात में मिलाकर मसाला तैयार किया जाता है?
(a) 1 : 1 (b) 1 : 3 (c) 1 : 4 (d) 1 : 5

26. PVC पाइप को जोड़ा जाता है
(a) विलायक सीमेण्ट जोड़ द्वारा
(b) रबड़ रिंग जोड़ द्वारा
(c) 'a' और 'b' दोनों
(d) उपरोक्त में से कोई नहीं

27. विलायक सीमेण्ट की पर्त लगाने के .... सेकण्ड के अन्दर पाइप को सॉकेट में फिट कर देना चाहिए।
(a) 10 (b) 20
(c) 30 (d) 50

28. विलायक सीमेण्ट जोड़ लगाने के .... घण्टे बाद इसकी प्रैशर जाँच करनी चाहिए।
(a) 2 (b) 5
(c) 8 (d) 12

29. समान्यतः रबड़ रिंग जोड़ .... या इससे अधिक आकार वाले पाइपों को जोड़ने के लिए प्रयोग किए जाते हैं।
(a) 40 मिमी (b) 48 मिमी
(c) 54 मिमी (d) 63 मिमी

30. ब्लो लैम्प का प्रयोग किया जाता है
(a) वैल्डिंग के लिए (b) सोल्डरिंग के लिए
(c) ब्रेजिंग के लिए (d) 'b' और 'c' दोनों

उत्तरमाला

1. (d)	2. (a)	3. (c)	4. (c)	5. (a)	6. (c)	7. (a)	8. (b)	9. (d)	10. (a)
11. (a)	12. (d)	13. (c)	14. (a)	15. (a)	16. (c)	17. (c)	18. (c)	19. (a)	20. (c)
21. (b)	22. (b)	23. (d)	24. (b)	25. (a)	26. (c)	27. (b)	28. (d)	29. (d)	30. (d)

अध्याय 17

जल निकास प्रणाली

Water Drainage System

किसी भवन, घर, इमारत या अन्य किसी औद्योगिक क्षेत्र से अपशिष्ट जल की निकासी के लिए एक उपयुक्त व्यवस्था की आवश्यकता होती है। अपशिष्ट जल को घरों, भवनों या इमारत से बाहर निकालने के लिए जिस व्यवस्था का उपयोग किया जाता है, उसे जल निकास प्रणाली (water drainage system) के रूप में जाना जाता है। जल निकास प्रणाली बहुत से पाइपों को जोड़कर बनाई गई एक श्रृंखला होती है जिसे बनाने का मुख्य उद्देश्य अपशिष्ट जल, मानव अपशिष्ट तथा वर्षा के जल को घरों, भवनों तथा इमारतों से बाहर निकालकर सीवर तक पहुँचाना होता है।

जल निकास प्रणाली के सुगमतापूर्वक कार्य करने के लिए उसके साथ विभिन्न प्रकार की फिटिंग्स, ड्रेन, ट्रैप इत्यादि भी उपयोग किया जाता है, प्रस्तुत अध्याय में जल निकास प्रणाली से सम्बन्धित तथ्यों का विवरण दिया गया है।

अध्याय विषय सूची

17.1 निकास प्रणाली से सम्बन्धित पद

Terms Related to Drainage System

निकास प्रणाली से सम्बन्धित महत्त्वपूर्ण पद निम्न प्रकार हैं

(*i*) **वेस्ट वाटर** (Waste water) जब जल को विभिन्न उद्देश्यों जैसे—घरेलू, औद्योगिक, व्यावसायिक आदि हेतु प्रयोग किया जाता है, तो इसमें अशुद्धियाँ घुल जाती है। अशुद्धियाँ मिश्रित इस जल को वेस्ट वाटर कहा जाता है। इस जल में भौतिक, रासायनिक तथा जैविक अशुद्धियाँ मिली होती हैं।

(*ii*) **सीवेज** (Sewage) वाटर क्लोसेट (WC water closet) से आने वाले वेस्ट वाटर तथा मानव अपशिष्ट मिश्रित जल को सीवेज कहा जाता है।

(*iii*) **सुलेज** (Sullage) स्नानघर (bathroom) तथा रसोई से आने वाला अपशिष्ट जल, जिसमें मल पदार्थ मिश्रित नहीं होते, सुलेज कहलाता है।

(*iv*) **प्लम्बिंग प्रणाली** (Plumbing system) प्लम्बिंग प्रणाली, पाइप लाइन की वह सम्पूर्ण प्रणाली है जो घरों तथा भवनों में जल की आपूर्ति करती है तथा भवनों या घरों से अपशिष्ट जल को बाहर निकालती है।

(*v*) **सीवर** (Sewer) अपशिष्ट जल या सीवेज को ले जाने वाला पाइप, सीवर कहलाता है।

(*vi*) **सॉयल पाइप** (Soil pipe) वह पाइप जो WC से सीवेज को ले जाता है, सॉयल पाइप कहलाता है।

(*vii*) **सीवरेज सिस्टम** (Sewerage system) यह कस्बे (town) में विभिन्न प्रकारों व आकारों के सीवरों की एक प्रणाली है जो कस्बे से अपशिष्ट जल एकत्र करती है और इसे अपशिष्ट जल शोधन (waste water treatment) प्लाण्ट में ले जाती है।

(*viii*) **अपशिष्ट पाइप** (Waste pipe) यह स्नानघर, रसोई, सिंक, वाश बेसिन इत्यादि से अपशिष्ट जल ले जाने वाला पाइप होता है।

(*ix*) **मैन होल** (Main hole) यह (RCC) या ईंटों से निर्मित एक चैम्बर होता है जो सीवर लाइन के अनुदिश कुछ अन्तराल पर बनाया जाता है।

(*x*) **ट्रैप** (Trap) यह सॉयल (soil) पाइप या अपशिष्ट पाइप के अन्तिम सिरे पर फिट रहता है। यह दुर्गन्धयुक्त गैसों को घरों में प्रवेश करने से रोक देता है।

(*xi*) **ड्रेन** (Drain) यह घरों या भवनों की निकास प्रणाली का सबसे छोटा भाग होता है। इसमें सॉयल (soil), वेस्ट (waste) तथा अन्य निकास पाइपों से अपशिष्ट जल पहुँचता है तथा ड्रेन से होता हुआ घर के सीवर में चला जाता है।

(*xii*) **स्टेक** (Stack) स्टेक, घरों के अन्दर सीधे लगाए जाते हैं तथा घर के विभिन्न तलों पर लगाए गए सेनेटरी फिक्स्चर के अपशिष्ट जल को ड्रेन तक पहुँचाते हैं।

(*xiii*) **वेन्ट पाइपिंग** (Vent-piping) यह निकास प्रणाली को वेन्टिलेशन उपलब्ध कराने के उद्देश्य से लगाए जाते हैं तथा निकास प्रणाली को ट्रैप साइफन, बैक प्रैशर तथा दूषित होने से बचाते हैं।

(*xiv*) **लोकल वेन्टिलेटिंग** (Local ventilating) यह एक लोकल पाइप होता है जो फिक्स्चर या ट्रैप द्वारा घर की साइड से जुड़ा रहता है। इसके द्वारा घर की दुर्गन्ध बाहर निकल जाती है।

(*xv*) **सब-हाउस ड्रेन** (Sub-house drain) निकास प्रणाली का कोई भी भाग जो गुरुत्व द्वारा खाली (drain) नहीं होता है, परन्तु अपशिष्ट सीवेज के निष्कासन व प्रबन्धन में सहायता करता है, सब-हाउस ड्रेन कहा जाता है।

(*xvi*) **शाखा** (Branch) शाखा या ब्रांच, प्लम्बिंग प्रणाली का वह भाग होता है जो मैन लाइन तथा फिक्स्चर को एक-दूसरे से जोड़ता है।

17.2 निकास प्रणाली के मुख्य भाग Main Parts of Drainage System

निकास प्रणाली के मुख्य भाग निम्नलिखित हैं

1. सैप्टिक टैंक Septic Tank

एक सीमित समुदाय के घरेलू अपशिष्टों के निस्तारण के लिए सैप्टिक टैंक का उपयोग किया जाता है। इसका उपयोग ऐसे क्षेत्रों में किया जाता है जहाँ सीवर व्यवस्था उपलब्ध नहीं होती है। सैप्टिक टैंक घर, ऑफिस, पंचायत घर, स्कूल कॉलेज, रेलवे-स्टेशन, बस अड्डों आदि के लिए अत्यन्त उपयोगी है। सैप्टिक टैंक, वर्गाकार, आयताकार व गोलाकार आकृति में बनाए जाते हैं, परन्तु इनमें से आयताकार सैप्टिक टैंकों का सर्वाधिक उपयोग किया जाता है, क्योंकि इनमें अपशिष्ट धीरे-धीरे प्रवाहित होता है। सैप्टिक टैंक का निर्माण RCC व ईंटों से किया जाता है। ये दो प्रकार से बनाए जाते हैं- सिंगल चैम्बर तथा डबल चैम्बर। सिंगल चैम्बर वाले सैप्टिक टैंक का उपयोग वहाँ किया जाता है जहाँ टैंक की लम्बाई लगभग 4 मी से कम होती है जबकि डबल चैम्बर वाले सैप्टिक टैंक का उपयोग लगभग 4 मी से अधिक लम्बाई के लिए किया जाता है।

डबल सैप्टिक चैम्बर के पहले चैम्बर की लम्बाई, टैंक की पूर्ण लम्बाई की 2/3 तथा दूसरे टैंक की लम्बाई 1/3 रखी जाती है। डबल सैप्टिक चैम्बर के पहले चैम्बर को इनलेट चैम्बर भी कहा जाता है। सैप्टिक टैंक की लगभग अधिकतम गहराई 1.5 मी से 2 मी रखी जाती है।

नीचे चित्र में डबल चैम्बर वाले सैप्टिक टैंक को दर्शाया गया है।

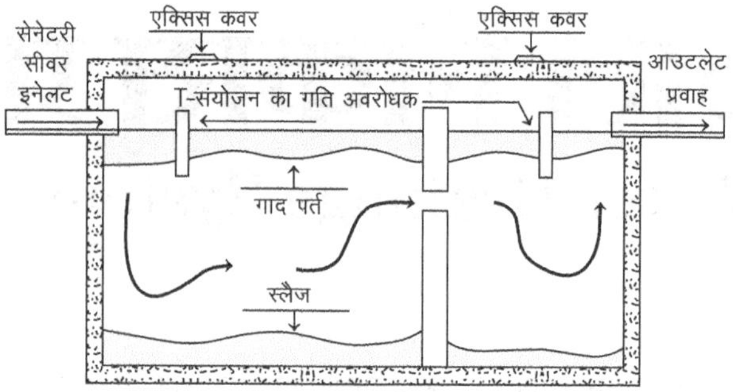

चित्र सैप्टिक टैंक

सैप्टिक टैंक में सतह पर मैन होल की ओर ढलान दिया जाता है तथा दुर्गन्ध युक्त गैसों के निकास के लिए लगभग 50 मिमी व्यास का एक वेन्ट पाइप लगाया जाता है। इनलेट को ब्लॉक होने से बचाने के लिए टैंक में आउटलेट को 5 या 7 सेमी नीचे बनाया जाता है।

2. निरीक्षण कक्ष Inspection Chamber

घरो एवं भवनों में निकास प्रणाली व सीवर लाइन के रख-रखाव व निरीक्षण के लिए निरीक्षण कक्ष बनाए जाते हैं। इस कक्ष के माध्यम से निकास प्रणाली व सीवर लाइन का निरीक्षण व रख-रखाव कार्य अत्यधिक सरल हो जाते हैं। निरीक्षण कक्ष को बनाने के लिए सामान्यत: B-श्रेणी की ईंट, कंक्रीट के साँचे, ग्लास फाइबर प्लास्टिक, तथा सीमेण्ट कंक्रीट का उपयोग किया जाता है। निरीक्षण कक्ष का निर्माण करने के समय निम्नलिखित बिन्दुओं को ध्यान में रखना चाहिए।

(*i*) कंक्रीट से निर्मित निरीक्षण कक्ष के आधार की मोटाई कम-से-कम 100 मिमी होनी चाहिए। चैम्बर की गहराई बढ़ाने पर, इसके आधार की मोटाई भी उसी अनुपात में बढ़ा देनी चाहिए।

(*ii*) निरीक्षण कक्ष का आन्तरिक आकार (size) उसकी गहराई तथा कक्ष से जुड़ी ड्रेन की संख्या के अनुसार बदलना चाहिए।

(*iii*) निरीक्षण के आधार की चौड़ाई व लम्बाई, चैम्बर के ले-आउट के अनुसार ही रखी जानी चाहिए।

(*iv*) यदि निरीक्षण कक्ष की गहराई 1800 मिमी से अधिक है तथा निकास व प्रवेश पाइपों का व्यास 150 मिमी से अधिक है, तो इस स्थिति में पाइपों के किनारों पर बाउण्ड्री बना देनी चाहिए।

निरीक्षण कक्ष विभिन्न डिजाइनों के बनाए जाते हैं। कुछ मुख्य प्रकार के निरीक्षण कक्ष निम्न चित्रों में दर्शाए गए हैं

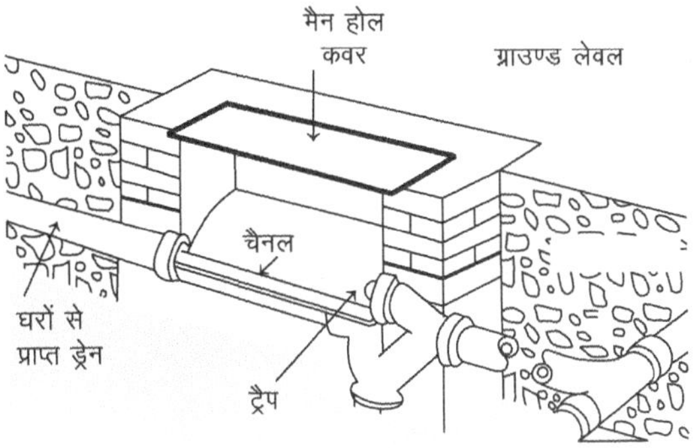

(a) बाउण्ड्री के समीप निरीक्षण कक्ष

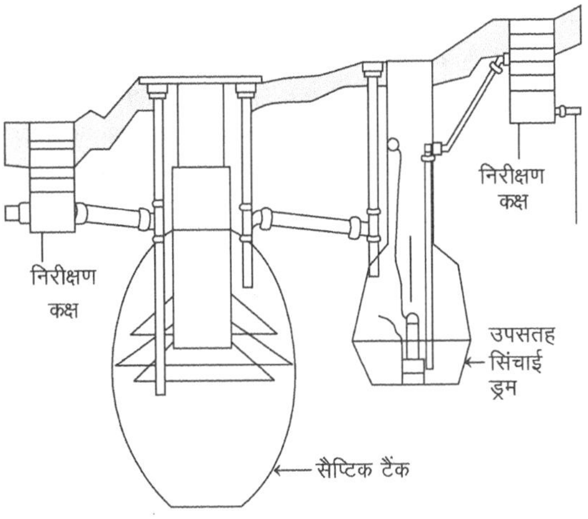

(b) सैप्टिक टैंक के साथ निरीक्षण कक्ष

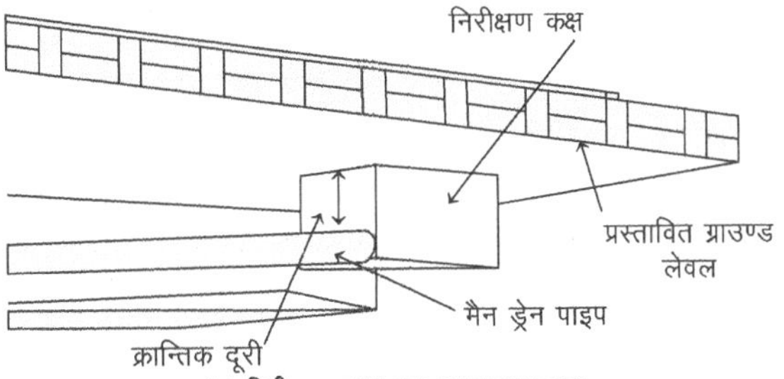

(c) निरीक्षण कक्ष का अनुप्रस्थ दृश्य

चित्र विभिन्न निरीक्षण कक्ष

3. **सोक-अवे पिट्स** Soak Away Pits

सोक-अवे पिट्स का उपयोग मुख्यत: सैप्टिक टैंक से रिसने वाले अपशिष्ट जल के निकास के लिए किया जाता है। सोक-अवे पिट, आयताकार या गोलाकार आकृति में बनाए जाते हैं। इन्हें सैप्टिक टैंक के आउटलेट से 1 मी की गहराई पर बनाया जाता है।

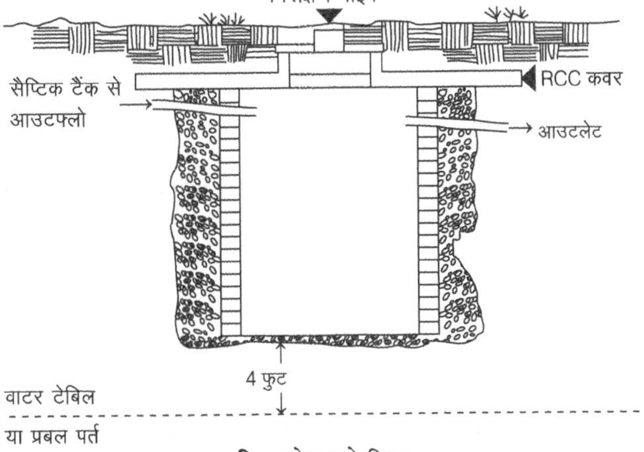

चित्र सोक-अवे पिट्स

4. सेजपूल Cesspool

ऐसे स्थानों पर जहाँ विसर्जित मल-मूत्र के निस्तारण का कोई उपयोगी उपाय नहीं होता है, वहाँ अपशिष्टों के भण्डारण करने व वातावरण को प्रदूषण से बचाने के लिए सेजपूल का निर्माण किया जाता है। यह सामान्यत: एक गड्ढा होता है, जिसमें ईंट की चिनाई करके इसे पक्का बना दिया जाता है। अपशिष्ट मैटेरियल के प्रवेश हेतु इसमें एक पाइप लगा होता है जो मल विसर्जित सीट-से कनैक्ट रहता है। इस पाइप से होकर अपशिष्ट गड्ढे में चला जाता है। इस गड्ढे को ऊपर से ढक्कन या स्लैब द्वारा ढक दिया जाता है। ये प्राय: गोलाकार या वर्गाकार आकृति में बनाए जाते हैं। उनका व्यास या चौड़ाई 1 मी तथा गहराई 1.5 मी रखी जाती है। निम्न चित्र में सेजपूल (cesspool) को दर्शाया गया है

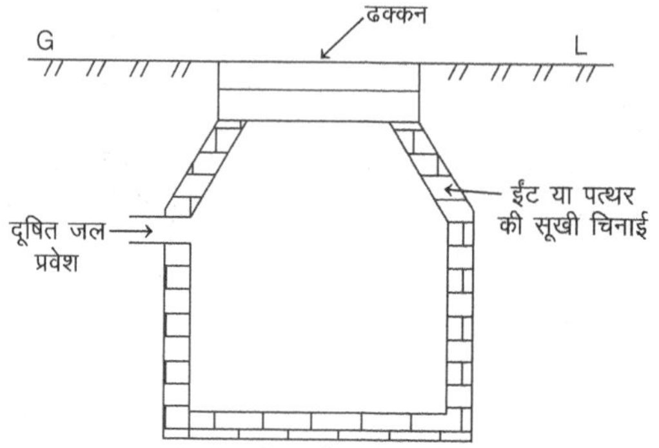

चित्र सेजपूल

5. ट्रैंच Trench

ट्रैंच के निर्माण के लिए भूमि में एक खाई खोदी जाती है। यह खाई ऊपर से अधिक चौड़ी तथा नीचे से कम चौड़ी होती है। खाई के ऊपरी भाग की चौड़ाई 45 सेमी तथा निचले भाग की चौड़ाई 15 सेमी होती है। इस खाई की गहराई भी 45 सेमी होती है। सामान्यत: इस प्रकार के ट्रैंच का निर्माण अस्थायी रूप में किया जाता है। इस ट्रैंच का उपयोग मेलों, कैंपों आदि में अस्थायी रूप से शौचालय बनाने में किया जाता हैं, क्योंकि इस ट्रैंच हेतु खोदी गई खाई की लम्बाई को बढ़ाकर इस पर कई शौचालय बनाए जा सकते हैं। इसका उपयोग करने के पश्चात् खाई में मिट्टी या चूना डालकर इसे ढक दिया जाता है।

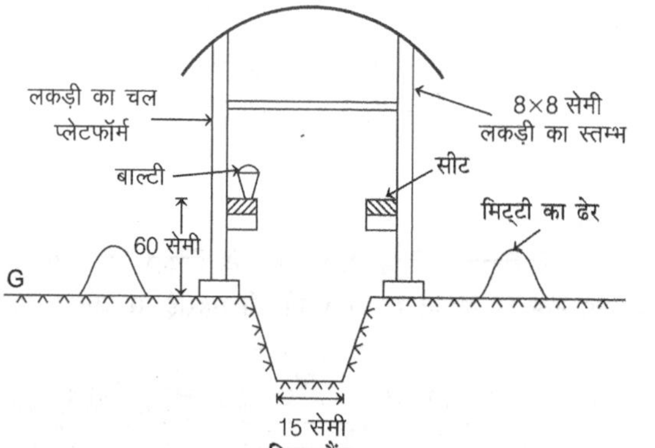

चित्र ट्रैंच

6. ड्रेन Drains

वर्षा के जल एवं गन्दे पानी के निकास के लिए घरों में ड्रेन या नालियाँ बनाई जाती हैं। घरों में रसोईघर, बाथरूम, वाशबेसिन, सिंक इत्यादि से अपशिष्ट जल बाहर निकलता है। इसलिए इस अपशिष्ट जल के निकास के लिए घरों में ड्रेन बनाई जाती है। इन ड्रेनों में अपशिष्ट के प्रवाह हेतु उपयुक्त ढलान दिया जाता है।

ड्रेन के प्रकार Types of Drains

ड्रेन मुख्यत: निम्न दो प्रकार की होती है

(i) खुली ड्रेन Open Drain

खुली ड्रेन, घरों की चार दीवारी तथा आँगन के साथ-साथ बनाई जाती हैं। ये नालियाँ इस प्रकार बनाई जाती है कि इनमें बिना वर्षा के भी अपशिष्ट सरलतापूर्वक प्रवाहित हो सके। इसके अतिरिक्त ये ड्रेन आसानी से साफ भी हो जाए। इन्हें बनाने के लिए मजबूत मैटेरियल का प्रयोग करना चाहिए जिससे कि वे आसानी से टूटे नहीं।

खुली ड्रेन निम्न प्रकार की होती है

(*i*) **आयताकार ड्रेन** (Rectangular drain) ऐसी ड्रेन जिनकी अनुप्रस्थ काट आयताकार होती है, आयताकार ड्रेन कही जाती है। इस प्रकार की ड्रेन अधिक निकास हेतु बनाई जाती है, परन्तु इस प्रकार की ड्रेन में अपशिष्ट के प्रवाह का वेग धीमा होता है। इसलिए इन ड्रेनों में अपशिष्ट जल में मिश्रित अशुद्धियाँ नीचे तली में बैठ जाती है जिससे साफ-सफाई करने में कठिनाई आती है।

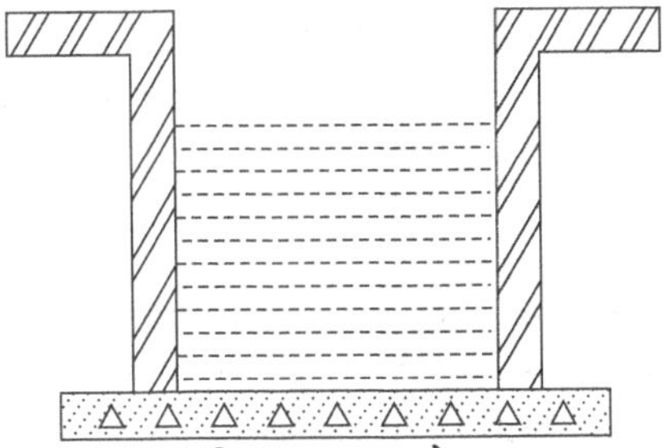

चित्र आयताकार ड्रेन

(*ii*) **अर्द्ध-वृत्ताकार ड्रेन** (Semi-circular drain) इस ड्रेन की अनुप्रस्थ काट अर्द्ध वृत्ताकार होती है। ये ड्रेन सीमेण्ट, कंक्रीट व ईंटों की बनाई जाती है। इस प्रकार की ड्रेनों की आन्तरिक सतह चिकनी बनाई जाती है। सामान्यत: इस ड्रेन का उपयोग कम निकास के लिए किया जाता है।

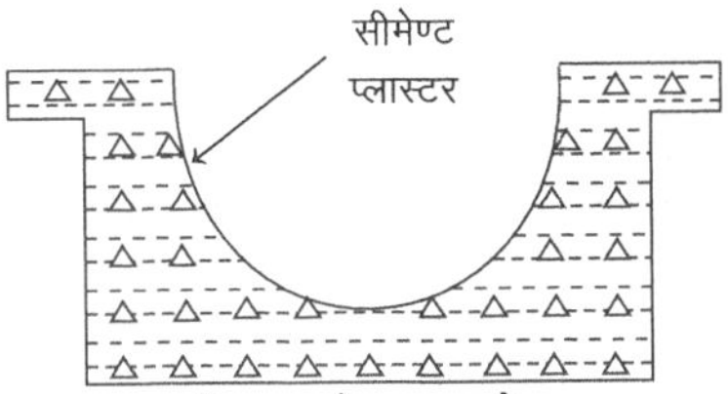

चित्र अर्द्ध-वृत्ताकार ड्रेन

(*iii*) **V-ड्रेन** (V-Drain) V-ड्रेन की आन्तरिक सतह त्रिभुजाकार होती है अर्थात् इनकी अनुप्रस्थ काट 'V' आकृति की होती है। इस प्रकार की ड्रेन की गहराई अधिक होती है तथा इनकी निचली सतह के 1/4 भाग पर गोलाई में स्टोन वेयर पाइप लगा दिया जाता है।

ये कम व अधिक दोनों प्रकार के निकास हेतु प्रयुक्त की जाती है।

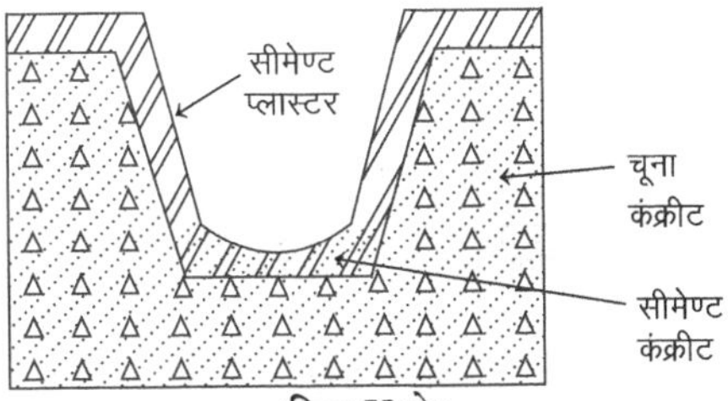

चित्र V-ड्रेन

(*iv*) **U-ड्रेन** (U-Drain) इस ड्रेन की तली को अर्द्ध-वृत्ताकार तथा इसके दोनों किनारे ऊर्ध्वाधर बनाए जाते हैं। इस प्रकार के ड्रेन की अनुप्रस्थ काट U-आकृति में होती है। इन ड्रेन में प्रवाह अपेक्षाकृत अधिक होता है। ये ड्रेन आयताकार व अर्द्ध वृत्ताकार ड्रेन का संयुक्त रूप होती है।

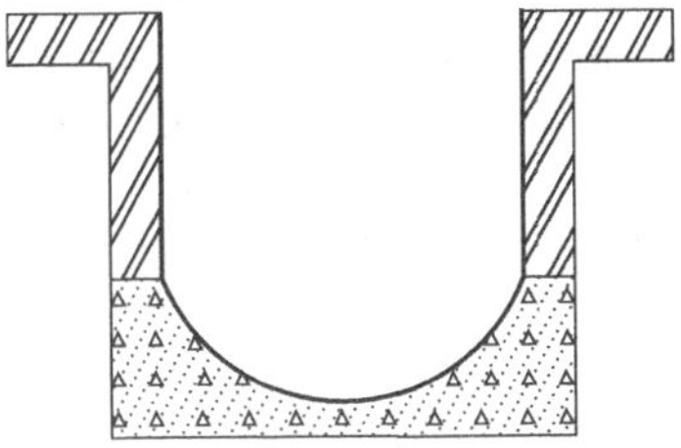

चित्र U-ड्रेन

(ii) **अण्डरग्राउण्ड ड्रेन** Underground Drain

घरों से रसोई घर, बाथरूम इत्यादि के अपशिष्ट जल को बाहर निकालने के लिए अण्डरग्राउण्ड ड्रेन बनाई जाती है। ये ड्रेन पूर्णत: ढकी अर्थात् अण्डरग्राउण्ड होती है जिससे कि घर के अन्दर किसी भी प्रकार की दुर्गन्ध न फैले। ये ड्रेन घर के निर्माण के समय ही पाइप बिछाकर तैयार की जाती है। अण्डरग्राउण्ड ड्रेन के निर्माण के लिए मुख्यत: कास्ट आयरन व स्टोन वेयर पाइप का उपयोग किया जाता है।

ये ड्रेन वृत्ताकार क्रॉस-सेक्शन प्रकार की होती है। इन ड्रेन को बनाते समय पाइपों को ढलान दे दिया जाता है जिससे कि प्रवाह के दौरान अपशिष्ट को उपयुक्त वेग प्राप्त हो सके तथा ड्रेन में किसी भी प्रकार की गन्दगी एकत्र न हो सके। प्राय: अण्डरग्राउण्ड ड्रेन में 40 फुट की पाइप की लम्बाई के बाद 1 फुट का ढलान दिया जाता है।

7. **निकास पाइप** Drainage Pipe

वर्तमान समय में निकास प्रणाली हेतु सॉकेट सिरे वाले पाइपों की तुलना में सामान्य सिरे वाले पाइप अधिक प्रयुक्त किए जाते हैं। इसका मुख्य कारण यह है कि सामान्य सिरे वाले पाइपों के दोनों सिरे समान व्यास के होते हैं तथा इन्हें जोड़ने के लिए कपलिंग का उपयोग किया जाता है।

सामान्यत: घरेलू निकास के लिए विट्रीफाइड क्ले से बने सामान्य सिरे वाले पाइप का उपयोग किया जाता है। विट्रीफाइड क्ले से बने पाइप, प्लास्टिक पाइपों की अपेक्षा अधिक मजबूत होते हैं। इन्हें बिछाने के पश्चात् इनमें किसी भी प्रकार का परिवर्तन नहीं आता है।

निकास फिटिंग Drainage Fitting

विभिन्न निकास प्रणालियों के लिए विभिन्न प्रकार की फिटिंग्स का उपयोग किया जाता है। ये निकास फिटिंग्स, निकास प्रणाली के व्यवस्थापन (installation) व रख-रखाव को अधिक सुविधाजनक एवं सरल बनाती है। निकास प्रणाली में मुख्य रूप से गली (gully), होपर (hopper), बैण्ड, ट्रैप, तथा जंक्शन का उपयोग फिटिंग्स हेतु किया जाता है। इसके अतिरिक्त निरीक्षण कक्ष तथा एक्सेस (access) कक्ष भी निकास प्रणाली की मरम्मत एवं रख-रखाव जैसे कार्यों को पूरा करने के लिए डिजाइन किए जाते हैं। निकास प्रणाली में प्रयुक्त की जाने वाली कुछ महत्त्वपूर्ण फिटिंग्स को निम्न चित्रों में दर्शाया गया है

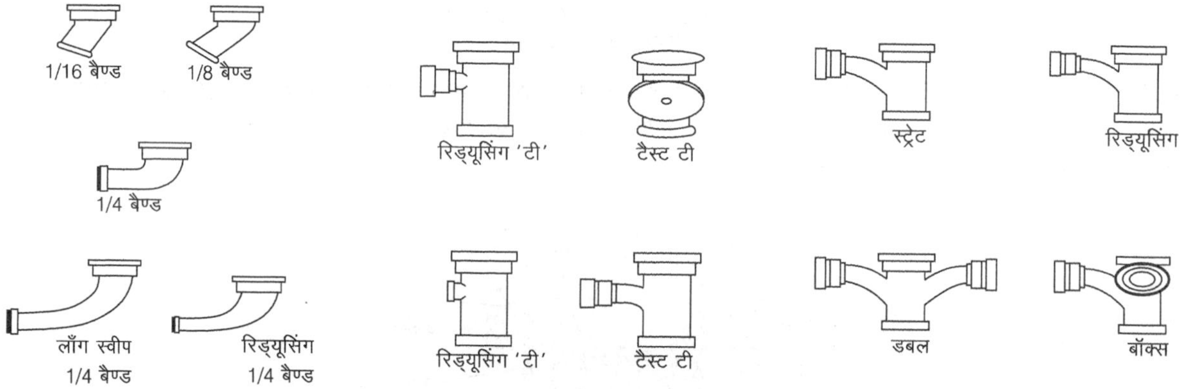

(a) बैण्ड (b) 'T' बैण्ड (c) 90° Y-ब्रांच

चित्र विभिन्न प्रकार की निकास फिटिंग

17.3 **घरेलू निकास प्रणाली** Domestic Drainage System

घरेलू निकास प्रणाली के अन्तर्गत रसोईघर, स्नानघर, वाश बेसिन, शौचालय, सिंक इत्यादि से निकालने वाले अवशिष्ट जल एवं सीवेज को सीवर तक पहुँचाया जाता है। घरों/भवनों में एक अच्छी निकास प्रणाली का होना अत्यन्त महत्त्वपूर्ण है क्योंकि निकास प्रणाली के ठीक न होने पर जल पूर्णत: घर/भवन से निकल नहीं पाता जिसके फलस्वरूप घरों/भवनों को सीलन व दुर्गन्ध पैदा हो जाती है तथा घर/भवन का वातावरण खराब हो जाता है। अत: घर/भवन में निकास प्रणाली एक महत्त्वपूर्ण भूमिका निभाती है।

घरेलू निकास प्रणाली का सिद्धान्त Principle of Domestic Drainage System

घरों से अपशिष्ट जल के सफलतापूर्वक निकास के लिए निम्नलिखित पदों का अनुसरण करना चाहिए।

(i) घरों में लेवेटरी ब्लॉक (lavatory blocks) इस प्रकार लगाने चाहिए कि निकास लाइन की लम्बाई कम-से-कम रहे।

(ii) निकास पाइप, घरों के नीचे स्थित नहीं करने चाहिए। इन पाइपों को घरों की दीवारों के साइड में बिछाना चाहिए।

(iii) सभी नालियाँ (drains), क्रमिक निरीक्षण कक्ष (successive inspection chamber) के बीच सीधी संरेखित होनी चाहिए। इस प्रकार, चैम्बर के माध्यम से मोड़ (bend) तथा ज्वॉइण्ट्स (joints) से बचा जा सकता है।

(iv) नालियों का ढलान (slope) स्वत: सफाई हेतु पर्याप्त होना चाहिए।

(v) निकास प्रणाली के सभी कनैक्शन लीक प्रूफ (leak proof) होने चाहिए।

(vi) निकास प्रणाली में उचित स्थानों पर पर्याप्त मात्रा में ट्रैप लगी होनी चाहिए जिससे कि दुर्गन्ध घर में प्रवेश न कर सके।

(vii) नालियों का आकार पर्याप्त होना चाहिए जिससे कि अधिकतम अपशिष्ट प्रवाह के दौरान इनमें किसी भी प्रकार की रुकावट उत्पन्न न हो।

(viii) रेन वाटर पाइप (rain water pipe) द्वारा वर्षा का जल सीधे गली के गटर (gutter) में गिरना चाहिए।

(ix) निकास प्रणाली की सभी फिटिंग्स का मैटेरियल, मजबूत व जंग प्रतिरोधी होना चाहिए।

(x) निकास प्रणाली में एयर लॉक (air locks), साइफन-एज (siphon-age) इत्यादि का बनना न्यूनतम होना चाहिए।

घरेलू निकास प्रणाली का ले-आउट Layout of Domestic Drainage System

निकास प्रणाली का ले-आउट तैयार करते समय जल-आपूर्ति हेतु पाइपिंग सिस्टम तथा निकास पाइपों की स्थिति पूरी तरह प्रदर्शित करना अत्यन्त आवश्यक है। प्लम्बिंग में निकास पाइपों से अपशिष्ट जल व अन्य पदार्थों का प्रवाह, सामान्यत: गुरुत्वाकर्षण के कारण होता है। प्रवाह की दिशा उच्च स्तर से निम्न स्तर की ओर होती है जिससे अपशिष्ट पदार्थ या जल सरलतापूर्वक प्रवाहित हो जाते हैं। अत: निकास प्रणाली में पाइपों को इस प्रकार बिछाया जाता है

कि पाइपों में स्टेक वर्टिकल रहे जबकि पाइपों का ढलान (slope) हॉरिजोन्टल रहे जिससे कि निकास पाइपों में किसी भी प्रकार की रुकावट या बाधा उत्पन्न न हो। निकास प्रणाली में पाइप प्लम्बिंग फिक्स्चर्स (fixtures) तथा सेनेटरी फिटिंग्स से अपशिष्ट जल प्राप्त करते हैं और इसे सीवर या अन्य पाइप में पहुँचा देते हैं। निकास प्रणाली का ले-आउट, भवन/घरों के डिजाइन, फिक्स्चरों की संख्या, जल शौचागार के टाइप इत्यादि बिन्दुओं पर निर्भर करता है। नीचे चित्र में घरेलू निकास प्रणाली का ले-आउट दर्शाया गया है

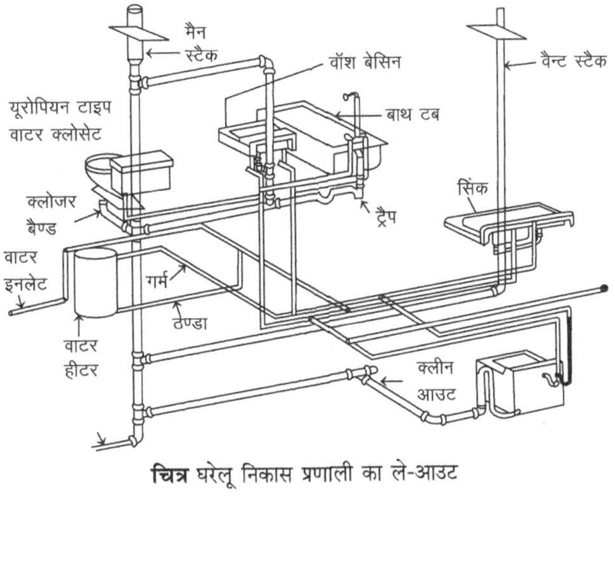

चित्र घरेलू निकास प्रणाली का ले-आउट

घरेलू निकास प्रणाली की विधियाँ Methods of Domestic Drainage System

निकास प्रणाली का डिजाइन इमारत से व्यर्थ पानी को मुख्य सीवेज तक ले जाने के लिए किया जाता है। इमारत में जल निकास कार्य की निम्नलिखित मुख्य विधियाँ होती हैं

1. एक-पाइप प्रणाली One-Pipe System

इस प्रणाली में दो अलग-अलग पाइप न होकर केवल एक मुख्य वर्टिकल पाइप होता है, जो सम्बन्धी फिक्स्चरों में शाखा पाइपों के माध्यम से नाइट सॉयल(night soil) और कूड़ा पानी (sludge water) इकट्ठा करता है।

मुख्य पाइप स्वयं टॉप पर लगे ढक्कन (cowl) से अपने आपको हवादार बनाती है। इसके अतिरिक्त एक अलग वेन्ट पाइप भी लगा होता है।

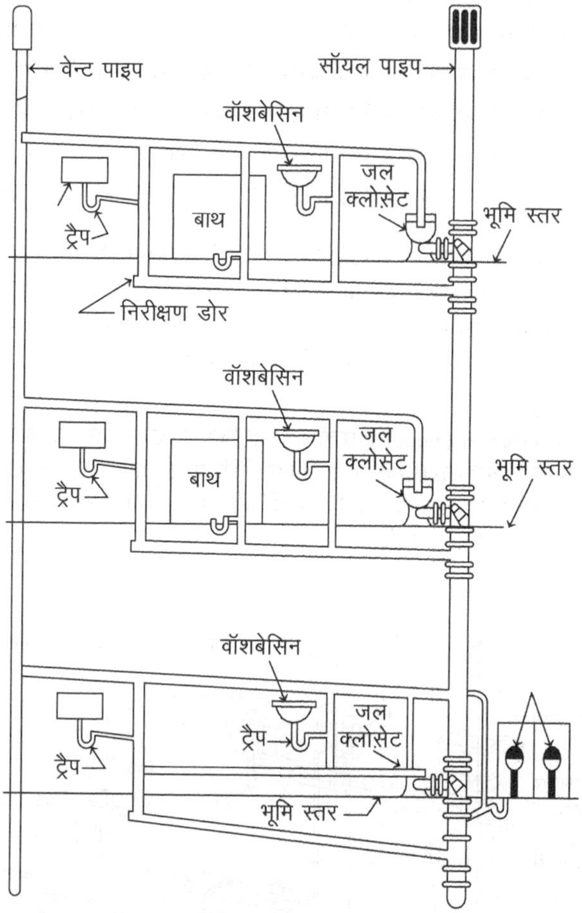

चित्र एक-पाइप प्रणाली

2. दो-पाइप प्रणाली Two-Pipe System

इस प्रणाली में व्यर्थ पानी से अलग वेस्ट एक बड़े व्यास वाली वर्टिकल सॉयल पाइप में जाता है जो सीधे सीवेज नेटवर्क से जा मिलती है और यह अधिकतर इमारत की बाहरी दीवार के साथ लगी होती है। शेष वाश बेसिन, स्नानघर और रसोई के सिंक आदि से व्यर्थ पानी एक अलग छोटे बोर की शाखा पाइप से होते हुए भूमि स्तर से थोड़ा नीचे एक नाली (gulley) में जा मिलता है।

बैक साइफनिंग रोकने के लिए और ड्रेनेज की गैसों (यदि कोई हैं) का डिस्चार्ज करने के लिए बड़ी सॉयल पाइप (soil pipe) गटरिंग (guttering) के ऊपर बाहर की ओर खुली होती है।

ड्रेन की बदबू को घर में जाने से रोकने के लिए सभी उपकरणों में 'U' मोड़ ट्रैप लगे होते हैं, जो पानी से भरे रहते हैं। नाली से निकली वेस्ट (waste from the gully) सीवर की ओर जाते हुए रास्ते में इमारत से थोड़ा दूर अन्त में सॉयल पानी से जा मिलती है। इस मीटिंग प्वॉइण्ट पर एक निरीक्षण चेम्बर होता है जिसके ऊपर मैनहोल कवर होता है।

दो-पाइप प्रणाली की प्राथमिक समस्याएँ नाली से जुड़ी होती हैं, जहाँ शाखा वेस्ट पाइपे मिलती हैं। सर्दियों में नाली सरलता से गन्दगी और पत्तों से भर सकती है और यदि इसे साफ न किया जाए तो सीलन (damp) और उससे जुड़ी समस्याएँ उत्पन्न हो सकती हैं।

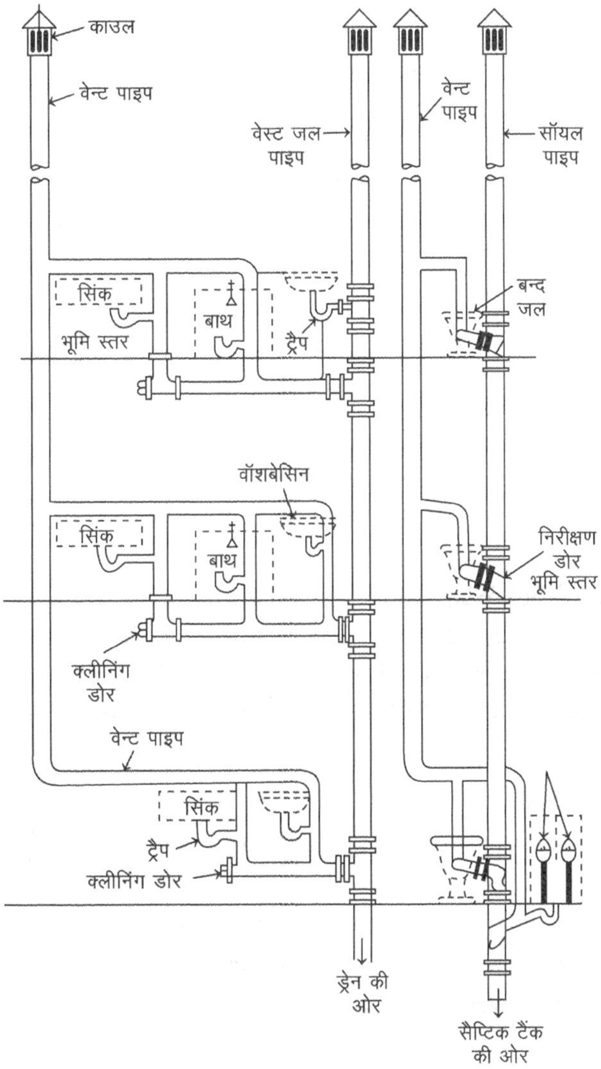

चित्र पाइप प्रणाली

3. एकल स्टैक प्रणाली Single Stack System

एकल स्टैक प्रणाली, सिंगल पाइपिंग विधि पर आधारित है। अर्थात् इस प्रणाली में निकास के लिए केवल एक ही पाइप का उपयोग किया जाता है। इस पाइप को छत से 2 मी ऊपर उठाकर फिट किया जाता है। इस पाइप के खुले सिरे पर एक वेन्ट फिटिंग लगी होती है जिससे दुर्गन्ध युक्त हवा तथा सीवर गैसें बाहर निकल जाती हैं। इस प्रकार इस पाइप को दो कार्यों के लिए किया जाता है। इस प्रणाली में फिक्स्चरों को पाइप से जोड़ने के लिए स्टैक का उपयोग किया जाता है। स्टैक का चयन पाइप के व्यास के अनुसार किया जाता है अर्थात् स्टैक का व्यास, जोड़े जाने वाले पाइप के व्यास के बराबर होना चाहिए। सामान्यत: स्टैक का व्यास 100 मिमी रखा जाता है। निम्न चित्र में एकल स्टैक प्रणाली को दर्शाया गया है।

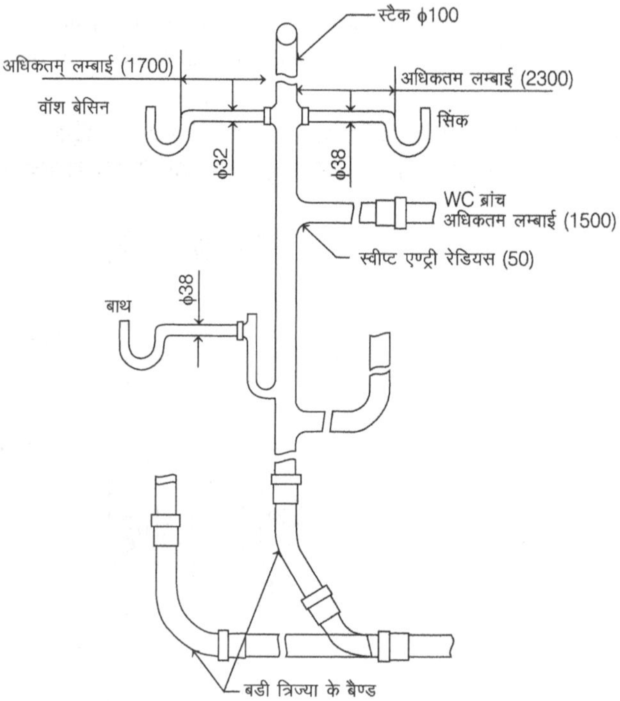

चित्र एकल स्टैक प्रणाली (वेस्टर्न प्रकार)

4. आंशिक रूप से वेन्टिलेटिड एकल स्टैक प्रणाली Partially Ventilated Single Stack System

यह एकल स्टैक प्रणाली का ही एक विकसित रूप है। इस प्रणाली में शौचागार से लगी ट्रैप को अलग से वेन्ट पाइप से जोड़ा जाता है। इन वेन्ट पाइपों को रिलीफ वेन्ट पाइप के नाम से जाना जाता है। अत: इस प्रणाली में दो पाइपों का उपयोग किया जाता है। यह प्रणाली अधिक सुविधाजनक तथा घरेलू उपयोग के लिए सर्वाधिक उपयुक्त है।

घरेलू निकास योजना House Drainage Plan

एक अच्छी निकास प्रणाली के लिए सदैव घर की निकास योजना प्रभावी रूप से तैयार रखनी चाहिए। घरेलू निकास योजना बनाते समय नीचे दिए गए बिन्दुओं को अवश्य ध्यान में रखना चाहिए।

(*i*) निकास ले-आउट योजना जितना सम्भव हो सके सरल होना चाहिए। इसके अन्तर्गत सभी पाइप सीधे बिछाने चाहिए।

(*ii*) वर्टिकल तथा हॉरिजोण्टल पाइप जितना सम्भव हो सके सीधे ही बिछाने चाहिए।

(*iii*) यदि पाइप की दिशा बदलनी हो तो यहाँ निरीक्षण कक्ष या मैन होल बना देना चाहिए।

(*iv*) घरेलू निकास योजना बनाते समय स्नानघर, शौचालय, वाश-बेसिन तथा अन्य इकाइयों की स्थिति, ट्रैप की स्थिति इत्यादि को ध्यान में रखना चाहिए। घरेलू निकास योजना को निम्न चित्र में दर्शाया गया है

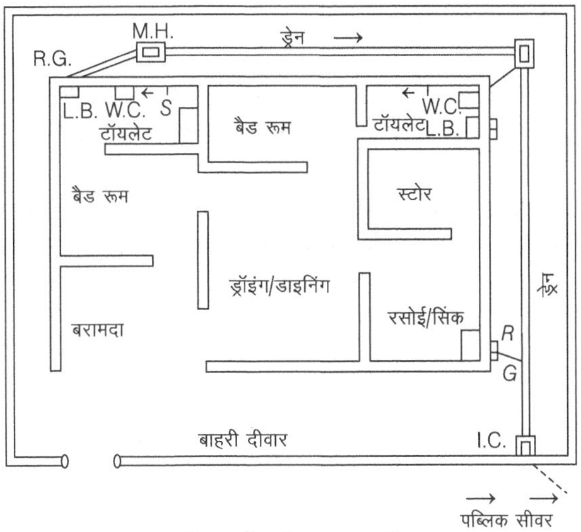

चित्र घरेलू निकास प्रणाली

17.4 ट्रैप Trap

ट्रैप, एक स्वच्छता या सेनेटरी फिटिंग है जो मल-जल या अन्य स्वच्छता उपकरणों के जल निकास सिरों पर लगायी जाती है। इसके कारण, सीवर की दूषित गैसे घर के अन्दर प्रवेश नहीं कर पाती है। ट्रैप, मुख्यत: पाइप का एक मुड़ा हुआ टुकड़ा होता है जो सदैव जल से भरा होता है। ट्रैप, पाइप तथा बाहरी वातावरण के मध्य एक जल-सील (water seal) इस प्रकार बनाते हैं कि इससे प्रवाहित होने वाले अपशिष्ट या द्रव का प्रवाह नहीं रुकता परन्तु इससे दूषित गैसें बाहर नहीं निकल पाती है। किसी भी ट्रैप की क्षमता उसकी जल सील से ही ज्ञात की जाती है। ट्रैप में जल सील की गहराई 25 मिमी से कम नहीं होनी चाहिए।

सील, क्राउन वियर (crown wear) तथा डिप ट्रैप के मुख्य भाग होते हैं।

ट्रैप के निम्नलिखित कार्य होते हैं

(*i*) यह सीवर में गैसों के लिए एक बैरियर (barrier) की तरह कार्य करता है।

(*ii*) यह पाइपिंग सिस्टम से लेकर वेन्ट सिस्टम तक, स्वच्छ वायु को सर्कुलेट करता है जिससे कि पाइपिंग सिस्टम तथा वेन्ट सिस्टम स्वच्छ बना रहे।

एक अच्छे ट्रैप की विशेषताएँ Qualities of a Good Trap

(*i*) ट्रैप, स्वत: ही साफ (self-cleansing) होना चाहिए।

(*ii*) ट्रैप, ऐसे पदार्थ की बनी होनी चाहिए जो जल को अवशोषित न करती हो।

(*iii*) इसकी आन्तरिक व बाहरी सतह, की फिनिशिंग चिकनी (smooth) होनी चाहिए जिससे कि अपशिष्ट पदार्थ ट्रैप की सतह से न चिपकें।

(*iv*) इसमें किसी भी प्रकार के आन्तरिक उभार (projections) नहीं होने चाहिए जिससे कि प्रवाह बाधित या मन्द न हो।

(*v*) यह सस्ता व आसानी से उपलब्ध होने वाला होना चाहिए।

टैप के प्रकार Types of Trap

ट्रैप को निम्नलिखित आधार पर वर्गीकृत किया जाता है

1. आकृति के आधार पर On the Basis of Shape

आकृति के आधार पर ट्रैप तीन प्रकार के होते हैं—*P*-ट्रैप, *Q*-ट्रैप तथा *S*-ट्रैप।

इन सभी ट्रैपों में '*U*' आकार की ट्यूब होती है जिसमें सदैव जल भरा रहता है। ये ट्रैप अंग्रेजी के अक्षरों *P*, *Q* व *S* से मिलते-जुलते हैं। इसी कारण इनको *P*, *Q* व *S*-ट्रैप के नाम से जाना जाता है।

2. उपयोग के आधार पर On the Basis of Use

उपयोग के आधार पर ट्रैप निम्न प्रकार के होते हैं

(i) **फर्शी ट्रैप** (Floor trap) फर्शी ट्रैप का उपयोग, रसोईघर, स्नानघर, आँगन इत्यादि के गन्दे जल को बाहर निकालने के लिए किया जाता है। इस ट्रैप के ऊपर लोहे की जाली लगी होती है। इस जाली के कारण इसमें कूड़ा-कचरा इत्यादि प्रवेश नहीं कर पाता है। इस जाली में एक कब्जा लगा होता है जिससे जाली ऊपर उठ जाती है और ट्रैप के अन्दर आसानी से सफाई की जा सकती है। इस ट्रैप में जल सील की गहराई कम होती है। नीचे चित्र में फर्शी ट्रैप को दर्शाया गया है

(ii) **गली ट्रैप** (Gully trap) गली ट्रैप में दो या दो से अधिक प्रवेश द्वारा (inlet) होते है। इस ट्रैप का उपयोग कमरों व आँगन की धुलाई का गन्दा पानी तथा बाथरूम के पानी के बाहर निकालने के लिए किया जाता है। यह ट्रैप कास्ट आयरन की बनाई जाती है। इस ट्रैप के ऊपर भी लोहे की जाली लगी होती है जो कूड़ा-करकट, फटे-पुराने कपड़ों के टुकड़े इत्यादि को ट्रैप के अन्दर प्रवेश करने से रोकती है। इस ट्रैप में जल-सील की गहराई 5 सेमी होती है। निम्न चित्र में गली ट्रैप के प्रकारों को दर्शाया गया है।

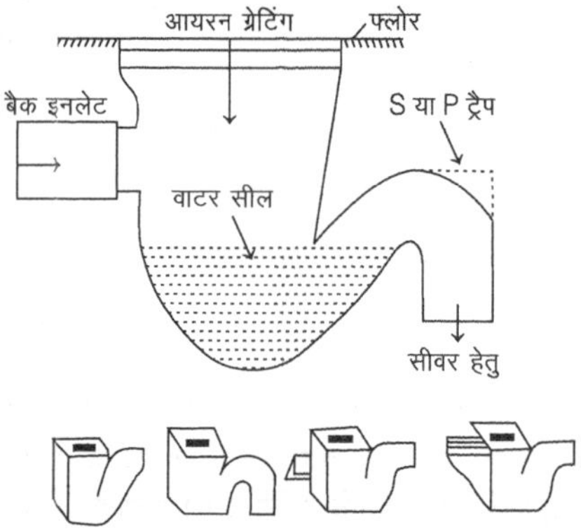

(a)

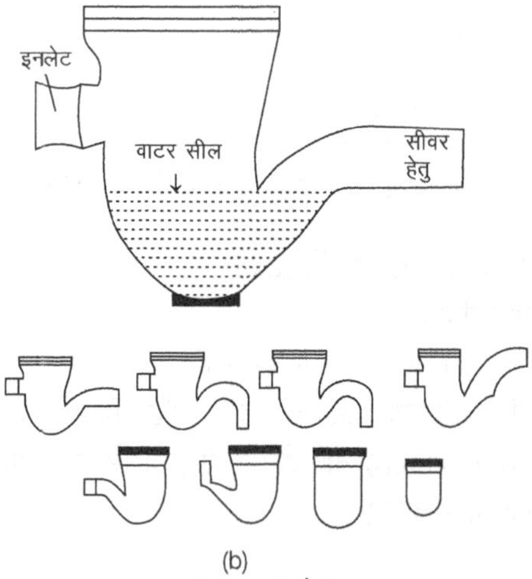

(b)

चित्र गली ट्रैप

(iii) **इण्टरसैप्टिंग ट्रैप** (Intercepting trap) इस ट्रैप का उपयोग घरेलू सीवेज (sewage) को सीवर में डालने के लिए किया जाता है। इस ट्रैप के कारण सीवर की दूषित गैसे घरों में प्रवेश नहीं कर पाती है। इस ट्रैप की जल सील अन्य ट्रैपों की अपेक्षा अधिक गहरी होती है। इस ट्रैप की सफाई करने के लिए इस ट्रैप में एक सफाई पलग लगा होता है। इस ट्रैप को उस स्थान पर लगाया जाता है जहाँ घर की मुख्य निकास लाइन, सीवर से मिलती है। इस ट्रैप की सफाई करना बहुत आसान है। इसे जमीन में चैम्बर बनाकर स्थापित किया जाता है। इसे मास्टर ट्रैप के नाम से भी जाना जाता है।

नीचे चित्र मे इण्टरसैप्टिंग ट्रैप को दर्शाया गया है

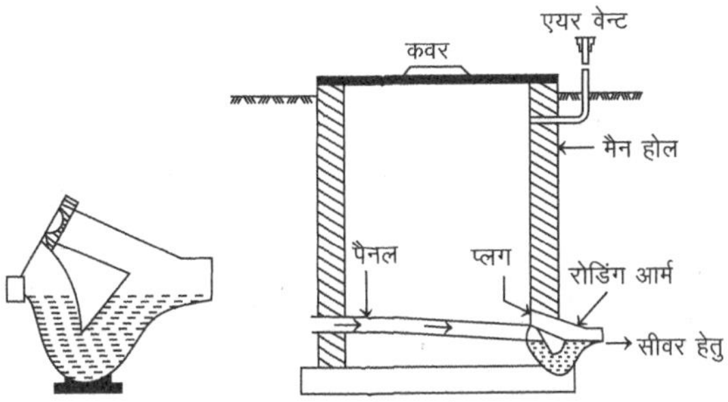

चित्र इण्टरसैप्टिंग ट्रैप

(*iv*) **ग्रीस व ऑयल ट्रैप** (Grease and oil traps) हम जानते हैं कि रसोईघर, होटलों, अस्पतालों एवं कारखानों आदि से जो जल सीवरों में जाता है उसमें पर्याप्त मात्रा में ग्रीस व तेल जैसे चिकने पदार्थ भी मिश्रित होते हैं। यदि इन पदार्थों को सीवर लाइन में ऐसे ही बहने दिया जाए, तो ये पदार्थ सीवर लाइन से चिपक जाते हैं जिससे सीवर लाइन में गन्दगी एकत्र हो जाती है और सीवर लाइन ब्लॉक (block) हो जाती हैं इसलिए इन पदार्थों को जल से अलग करने के लिए ग्रीस व ऑयल ट्रैप का उपयोग किया जाता है।

ग्रीस व तेल जल की अपेक्षा हल्के होते हैं इसी कारण ये जल के ऊपर तैरते रहते हैं। ग्रीस व ऑयल ट्रैप में सीवेज ऊपर से प्रवेश करता है तथा नीचे से बाहर निकलता है। इसके कारण, ग्रीस व तेल, ट्रैप में ऊपर रह जाता है जिसे साफ करके बाहर निकाल दिया जाता है। नीचे चित्र में ग्रीस व ऑयल ट्रैप को दर्शाया गया है

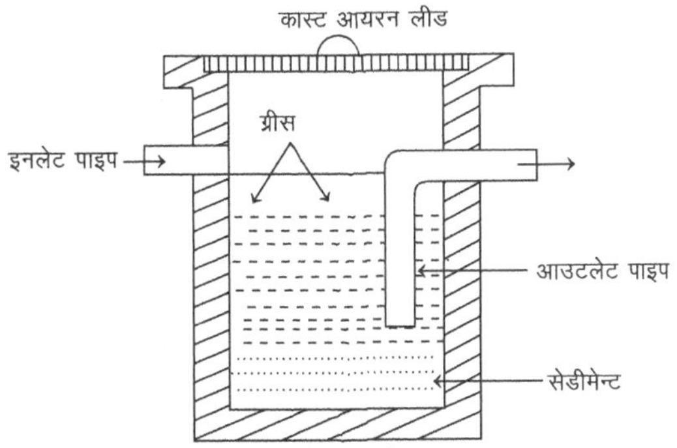

चित्र ग्रीस ट्रैप

(*v*) **साइफनरोधी ट्रैप** (Anti-syphonage trap) इस ट्रैप का उपयोग फ्लशिंग के अन्तर्गत होने वाली साइफन क्रिया को रोकने के लिए किया जाता है। इस ट्रैप में जल सील हमेशा बनी रहती है। इस ट्रैप में साइफन क्रिया को रोकने के लिए अलग से पाइप लगाने की आवश्यकता नहीं पड़ती है बल्कि निकास लाइन में आंशिक निर्वात् उत्पन्न होते ही प्रवेश पाइप से अपशिष्ट अपने-आप नीचे गिर जाता है। इस ट्रैप को रीसीलिंग ट्रैप (resealing trap) या ग्रीवाक ट्रैप (grevak trap) के नाम से भी जाना जाता है। नीचे चित्र में साइफनरोधी ट्रैप को दर्शाया गया है

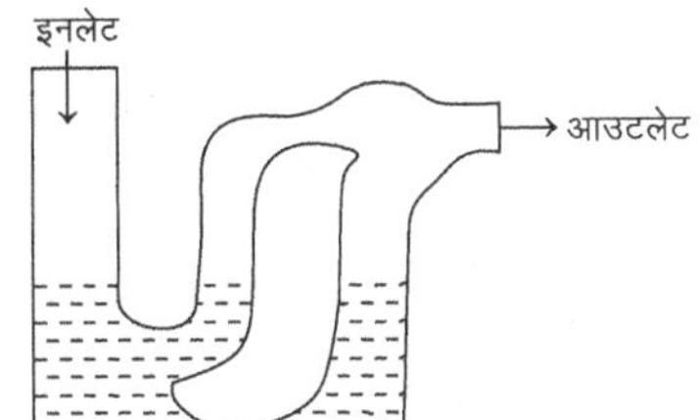

चित्र साइफनरोधी ट्रैप

(*vi*) **बोतल ट्रैप** (Bottle trap) बोतल ट्रैप, एल्युमीनियम, पीतल, प्लास्टिक, फाइबर ग्लास इत्यादि की बनी होती है। इस ट्रैप की आकृति बोतल के समान होने के कारण ही इसे बोतल ट्रैप कहा जाता है। इस ट्रैप का उपयोग वाश बेसिन की अण्डरग्राउण्ड फिटिंग करने के दौरान अपशिष्ट जल को बाहर निकालने के लिए किया जाता है। इस ट्रैप को वाश बेसिन के नीचे फिट किया जाता है।

ट्रैप का अनुरक्षण Maintenance of Traps

सीवरेज प्रणाली में ट्रैप का मुख्य कार्य मोटे व भारी अपशिष्टों को सीवर लाइन में बहने से रोकना है। इसके साथ ही ये सीवरों से आने वाली दुर्गन्ध को भी घरों में आने से रोकते हैं। इस प्रकार ट्रैप की देखभाल व अनुरक्षण अत्यन्त आवश्यक है। ट्रैप का अनुरक्षण करते समय यदि ट्रैप का प्लग ढीला हो गया हो, तो उसे कस देते हैं अन्यथा सीवर की दूषित व विषैली गैसे घरों में प्रवेश कर जाएगी। ट्रैप के कारण नालियों की सफाई करना सरल होता है।

17.5 सीवरों का वेन्टिलेशन Ventilation of Sewers

सीवेज कार्य सुगमतापूर्वक होने के लिए, सीवरों का समय-समय पर वेन्टिलेशन किया जाता है। इस वेन्टिलेशन के कार्य को करने के लिए विभिन्न प्रकार की विधियाँ प्रयोग की जाती हैं। सीवरों के वेन्टिलेशन के लिए निम्नलिखित विधियों का उपयोग किया जाता है

1. जालीयुक्त मुख्य छिद्र विधि Main Holes With Gratings Method

वेन्टिलेशन की इस विधि में सीवर लाइन के मुख्य छिद्र पर एक वेन्टिलेशन जाली लगायी जाती है इस जाली से शुद्ध व ठण्डी वायु सीवर में प्रवाहित की जाती है, परन्तु यह विधि नगरीय क्षेत्रों में उपयुक्त नहीं है क्योंकि इस विधि में बाहरी वायुमण्डल प्रदूषित होता है इसलिए इस विधि का उपयोग सीमित स्थानों पर ही किया जाता है।

2. पिट निर्माण विधि Pit Formation Method

इस विधि में सीवरों के वेन्टिलेशन हेतु पिट का निर्माण किया जाता है। ये पिट मकान के निर्माण के समय ही बना दिए जाते हैं।

3. तकनीकी विधि Technical Method

सीवरों के वेन्टिलेशन के लिए तकनीकी विधियों का भी उपयोग किया जाता है। इस विधियों में वायु के साथ अन्य गैसों को सीवर में प्रवाहित करके वेन्टिलेशन प्रक्रिया की जाती है।

4. वेन्टिलेशन स्तम्भ विधि Ventilation Method

इस विधि के अन्तर्गत, सीवर लाइनों में प्रत्येक 200-300 मी की दूरी पर 10-15 मी ऊँचे स्तम्भ बना दिए जाते हैं। इन स्तम्भों का सम्पर्क सीवर लाइन से कर दिया जाता है जिससे कि सीवर की हानिकारक व दुर्गन्धयुक्त गैसें बाहर निकल सकें तथा सीवर में नियमित रूप से शुद्ध वायु प्रवाहित हो सके। यह विधि नगरीय क्षेत्रों में मुख्य रूप से अपनायी जाती है।

17.6 निकास लाइन का निरीक्षण Testing of Drainage Line

निकास लाइन बिछाने के पश्चात् उसका निरीक्षण किया जाता है। यदि निकास लाइन सही प्रकार से न बिछी हो या उसके ज्वॉइण्ट्स लीक हों, तो निकास लाइन से दुर्गन्धयुक्त गैसें घरों में प्रवेश कर जाएँगी जिससे हानिकारक स्थिति उत्पन्न हो जाएगी। अत: निकास लाइन का निरीक्षण अत्यन्त आवश्यक है। निकास लाइन के निरीक्षण के लिए निम्नलिखित विधियाँ प्रयोग में लाई जाती हैं

1. बॉल परीक्षण विधि Ball Testing Method

इस परीक्षण विधि का उपयोग मुख्यत: निकास लाइन के उचित ग्रेड को सुनिश्चित करने के लिए किया जाता है। इस विधि में परीक्षण के लिए एक बॉल का उपयोग किया जाता है। निकास लाइन के परीक्षण के लिए इस बॉल को फिटिंग्स में डालकर जल की स्वच्छता तथा शुद्धता की जाँच की जाती है। इस विधि द्वारा लीकेज की जाँच नहीं की जा सकती है।

2. एयर प्रैशर परीक्षण विधि Air Pressure Testing Method

इस विधि का उपयोग निकास लाइन में लीकेज जाँचने लिए किया जाता है। इस विधि में निकास लाइनों के सभी ज्वॉइण्ट्स व फिटिंग्स को पूर्ण रूप से सील करके लाइनों में 35kpa (5psi) पर वायु भरी जाती है। यदि लाइन में वायु का प्रैशर लगातार 15 मिनट तक समान रहता है, तो निकास प्रणाली सही है।

3. वाटर प्रैशर परीक्षण विधि Water Pressure Testing Method

यह विधि भी एयर प्रैशर विधि के समान है। इस विधि में निकास लाइन को पूर्णत: सील करके 3 मी तक पानी भर दिया जाता है। यदि पानी की लेवल 15 मिनट तक समान बना रहता है। निकास प्रणाली सही है।

4. स्मोक परीक्षण विधि Smoke Testing Method

स्मोक परीक्षण विधि का उपयोग निकास लाइन के उन स्थानों के परीक्षण के लिए किया जाता है जो स्पष्ट रूप से दिखाई नहीं देते हैं। विधि में निकास लाइन की सभी ट्रैपों को जल से भरने के पश्चात् ट्रैप के निचले सिरों पर ढक्कन लगा दिया जाता है। अब स्मोक जेनरेटर द्वारा पूरी निकास लाइन को 0.04 psi के प्रैशर पर धुएँ से तब तक भरा जाता है, जब तक कि धुआँ वेन्ट टर्मिनल से बाहर न निकलने लगे। अन्त में वेन्ट टर्मिनल पर ढक्कन लगाकर पूरी लाइन को 15 मिनट तक छोड़ दिया जाता है तथा निकास लाइन के प्रैशर की जाँच की जाती है। यदि प्रैशर में कोई परिवर्तन नहीं होता है, तो निकास लाइन सही है।

महत्त्वपूर्ण बिन्दु

- निकास प्रणाली बहुत से पाइपों को जोड़कर बनाई गई एक शृंखला होती है जिसका कार्य अपशिष्ट जल व पदार्थों को सीवर तक पहुँचाना है।
- अपशिष्ट जल या सीवेज को ले जाने वाला पाइप, सीवर कहलाता है।
- ट्रैप, सॉयल पाइप या अपशिष्ट पाइप के अन्तिम सिरे पर फिट रहता है।
- ड्रेन, घरों व भवनों की निकास प्रणाली का सबसे छोटा भाग होता है।
- निकास प्रणाली का कोई भी भाग जो गुरुत्व द्वारा खाली नहीं होता, परन्तु अपशिष्ट के निकास में सहायता करता है, सब-हाउस ड्रेन कहा जाता है।
- सैप्टिक टैंक का उपयोग ऐसे क्षेत्रों में किया जाता है जहाँ सीवर व्यवस्था उपलब्ध नहीं होती है।
- डबल सैप्टिक टैंक में प्रथम टैंक की लम्बाई, सम्पूर्ण टैंक की लम्बाई की 2/3 होती है।
- घरों व भवनों में निकास प्रणाली के रख-रखाव व निरीक्षण के लिए निरीक्षण कक्ष बनाए जाते हैं।
- कंक्रीट से निर्मित निरीक्षण कक्ष के आधार की मोटाई कम-से-कम 100 मिमी रखी जाती है।
- सोक-अवे पिट का उपयोग सैप्टिक टैंक से रिसने वाले अपशिष्ट जल के निस्तारण हेतु किया जाता है।
- सेजपूल का निर्माण अपशिष्टों के भण्डारण व वातावरण को प्रदूषण से बचाने के लिए किया जाता है।
- सेजपूल, गोलाकार या वर्गाकार आकृति में बनाए जाते हैं।
- वर्षा के जल व गन्दे पानी के निकास के लिए घरों में ड्रेन या नालियाँ बनाई जाती हैं।
- आयताकार ड्रेन में अपशिष्ट के प्रवाह का वेग कम रहता है।
- V-ड्रेन की आन्तरिक सतह त्रिभुजाकार होती है।
- अण्डरग्राउण्ड ड्रेन बनाने के लिए कास्ट आयरन या स्टोन वेयर पाइप का उपयोग किया जाता है।
- निकास प्रणाली में मुख्य रूप से गली, हॉपर, बैण्ड, ट्रैप, तथा जंक्शन फिटिंग्स का उपयोग किया जाता है।
- निकास प्रणाली का ले-आउट तैयार करते समय, जल-आपूर्ति हेतु पाइपिंग सिस्टम तथा निकास पाइपों की स्थिति प्रदर्शित करना अत्यन्त आवश्यक होता है।
- ट्रैप के मुख्य भाग, सील, क्राउन वियर तथा डिप होते हैं।
- आकृति के आधार पर ट्रैप तीन प्रकार की होती है *P*-ट्रैप, *S*-ट्रैप तथा *Q*-ट्रैप।
- निकास लाइन बिछाने के पश्चात् उसका परिक्षण करना होता है।
- निकास लाइन के परीक्षण हेतु बॉल विधि, एयरप्रैशर विधि, वाटर प्रैशर विधि व स्मोक विधि का उपयोग किया जाता है।

महत्त्वपूर्ण प्रश्नोत्तरी

1. दो पाइप प्रणाली में किस प्रकार के पाइपों का वेन्टिलेशन किया जाता है?

उत्तर दो पाइप प्रणाली में मुख्यतः सॉयल पाइप व वेस्ट पाइप का वेन्टिलेशन किया जाता है।

2. निकास प्रणाली में ट्रैप के क्या कार्य होते हैं?

उत्तर (i) सीवर में गैसों के लिए बैरियर प्रदान करना।

(ii) पाइपिंग सिस्टम से वेन्ट सिस्टम तक स्वच्छ हवा सर्कुलेट करना।

3. निरीक्षण कक्ष का डिजाइन किन कारकों पर निर्भर करता है?

उत्तर (i) व्यवस्थापन हेतु उपलब्ध स्थान पर।

(ii) फिक्स्चरों की संख्या पर।

4. जालीयुक्त मुख्य छिद्र विधि में शुद्धिकरण की प्रक्रिया कैसे की जाती है?

उत्तर जालीयुक्त मुख्य छिद्र विधि में शुद्धिकरण जाली द्वारा वायु प्रवाहित करके किया जाता है।

5. सब-हाउस ड्रेन क्या होता है?

उत्तर निकास प्रणाली का कोई भी ऐसा भाग जो गुरुत्वाकर्षण के अन्तर्गत खाली होता है तथा अपशिष्ट जल के निकास में सहायता करता है, सब-हाउस ड्रेन कहलाता है।

अभ्यास प्रश्न

परीक्षा प्रारूपी प्रश्न

1. ऐसे पाइप जो वाश बेसिन, सिंक आदि का गन्दा जल निष्कासित करते हैं, कहलाते हैं
(a) वाटर पाइप (b) वेस्ट पाइप
(c) वेन्ट पाइप (d) सॉयल पाइप

2. निकास पाइप किस मैटेरियल के बनाए जाते हैं?
(a) ब्रास (b) सीमेण्ट
(c) फाइबर प्लास्टिक (d) ये सभी

3. जहाँ सीवर लाइन उपलब्ध न हो वहाँ .... प्रकार का टैंक बनाया जाता है।
(a) स्ट्रीट इनलेट (b) मैन होल
(c) सोकपिट (d) सैप्टिक टैंक

4. मानव मल तथा अपशिष्ट इकट्ठा करने के लिए बनाए जाने वाले टैंक कहलाते हैं
(a) वाटर टैंक (b) इंस्पैक्शन टैंक
(c) सैप्टिक टैंक (d) फ्लोर टैंक

5. सैप्टिक टैंक किससे बनाए जाते हैं?
(a) ईंट से (b) कंक्रीट से
(c) पत्थर से (d) ये सभी

6. सैप्टिक टैंक में लगाए जाने वाले वेन्ट पाइप का सामान्यत: व्यास कितना होता है?
(a) 30 मिमी (b) 50 मिमी
(c) 80 मिमी (d) 90 मिमी

7. निकास प्रणाली में निरीक्षण कक्ष बनाए जाने का उद्देश्य है
(a) निरीक्षण करना (b) रख-रखाव करना
(c) ब्लोकेज दूर करना (d) ये सभी

8. निरीक्षण कक्ष बनाने के लिए प्रयुक्त मैटिरियल होता है
(a) B श्रेणी की ईंट (b) कंक्रीट के साँचे
(c) प्लास्टिक (d) ये सभी

9. कंक्रीट से बने निरीक्षण कक्ष की न्यूनतम मोटाई कितनी होनी चाहिए?
(a) 100 मिमी (b) 250 मिमी
(c) 200 मिमी (d) 400 मिमी

10. यदि निरीक्षण कक्ष की गहराई बढ़ती है तो आधार की मोटाई
(a) बढ़ेगी
(b) घटेगी
(c) स्थिर रहेगी
(d) आंशिक बदलाव होगा

11. सैप्टिक टैंक से रिसने वाले गन्दे पानी के लिए बनाए जाते हैं
(a) डिस्पर्सन टैंक (b) सेडिमेन्ट जोन
(c) सोक-अवे पिट (d) ये सभी

12. सोक-अवे पिट बनाए जाते हैं
(a) ईंटों से (b) पत्थर के टुकड़ों से
(c) गिट्टी से (d) ये सभी

13. निम्न में से कौन-सा निकास प्रणाली का हिस्सा नहीं है?
(a) होपर (b) गली
(c) ग्रेटिंग (d) जंक्शन

14. वह निकास प्रणाली जिसमें अपशिष्ट पदार्थ और गन्दे पानी के लिए एक ही पाइप का प्रयोग किया जाता है, कहलाती है
(a) एकल पाइप प्रणाली (b) आंशिक वेन्टिलेटेड प्रणाली
(c) एकल स्टैक प्रणाली (d) दो पाइप प्रणाली

15. घरेलू निकास की दो पाइप प्रणाली में मुख्य ऊर्ध्वाधर पाइपों की कुल संख्या होती है।
(a) 2 (b) 8 (c) 4 (d) 6

16. निम्न में से किस प्रणाली में वेन्टिलेशन के लिए अलग से कोई पाइप नहीं दिया जाता है?
(a) एकल स्टैक प्रणाली (b) आंशिक वेन्टिलेटेड प्रणाली
(c) एकल पाइप प्रणाली (d) दो पाइप प्रणाली

17. निकास प्रणाली में स्टैक का न्यूनतम व्यास कितना होना चाहिए?
(a) 60 मिमी (b) 70 मिमी
(c) 100 मिमी (d) 115 मिमी

18. एकल स्टैक प्रणाली का विकसित रूप है
(a) एकल पाइप प्रणाली
(b) दो पाइप प्रणाली
(c) आंशिक वेन्टिलेटेड प्रणाली
(d) उपरोक्त में से कोई नहीं

19. आंशिक रूप से वेन्टिलेटेड एकल स्टैक प्रणाली में जल शौचागार में लगे हुए ट्रैप को वेन्टिलेट करने के लिए लगाए गए पाइप को कहा जाता है
(a) सॉयल पाइप
(b) रिलीफ वेन्ट पाइप
(c) क्लोज वेन्ट पाइप
(d) स्टैक

20. निम्न में से क्या निकास प्रणाली के रख-रखाव एवं मरम्मत कार्य के लिए······दिए जाते हैं।
(a) इंस्पैक्शन चैम्बर (b) ऐक्सस चैम्बर
(c) रोड आई (d) ये सभी

21. घरेलू निकास प्रणाली का ले-आउट निम्न में से किस पर निर्भर करता है?
(a) भवन की डिजाइन पर (b) फिक्स्चर की संख्या पर
(c) पाइपों के प्रकार पर (d) ये सभी

22. अशुद्ध वायु का भवनों में प्रवेश रोकने के लिए प्रयोग की जाने वाली युक्ति है
(a) ट्रैप (b) ग्रेटिंग
(c) रबड़ सील (d) कवर

23. निम्न में से ट्रैप की पहचान कीजिए
(a) 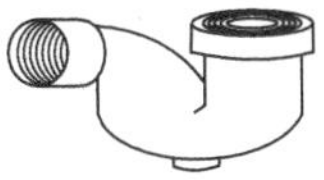
(b) 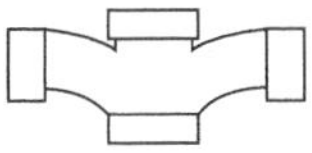
(c) 
(d) 

24. जल शौचागार में लगाई जाने वाली वाटर सील फिटिंग होती है
(a) वेन्ट (b) ट्रैप
(c) वाल्व (d) बेन्ड

25. निम्न में से ट्रैप का मुख्य भाग है
(a) डिप (b) सील
(c) क्राउन वीयर (d) ये सभी

26. आदर्श ट्रैप की क्या विशेषताएँ होती हैं?
(a) स्वतः स्वच्छक हो
(b) आन्तरिक सतह सपाट हो
(c) सफाई के लिए पहुँच द्वार हो
(d) ये सभी

27. आकार के आधार पर ट्रैप के प्रकार है
(a) P-ट्रैप (b) Q-ट्रैप
(c) S-ट्रैप (d) ये सभी

28. वेन्टिलेशन स्तम्भ विधि में सीवर लाइनों में प्रत्येक 200-300 मी दूरी पर .... ऊँचे स्तम्भ बनाए जाते हैं।
(a) 10-15 मिमी (b) 20-30 मिमी
(c) 30-40 मिमी (d) 45-50 मिमी

29. बॉल परीक्षण द्वारा किसकी जाँच नहीं की जाती है?
(a) लीकेज (b) लाइन का ग्रेड
(c) प्रेशर (d) 'a' और 'c' दोनों

30. स्मोक परीक्षण से निकास पाइप में किसका पता चलता है
(a) प्रेशर (b) लीकेज
(c) मजबूती (d) पाइप के ग्रेड का

उत्तरमाला

1. (b)	**2.** (c)	**3.** (d)	**4.** (c)	**5.** (d)	**6.** (b)	**7.** (d)	**8.** (d)	**9.** (a)	**10.** (a)
11. (c)	**12.** (d)	**13.** (c)	**14.** (a)	**15.** (c)	**16.** (c)	**17.** (c)	**18.** (c)	**19.** (b)	**20.** (d)
21. (d)	**22.** (a)	**23.** (a)	**24.** (b)	**25.** (d)	**26.** (d)	**27.** (d)	**28.** (a)	**29.** (d)	**30.** (b)

अध्याय 18

कॉक एवं वाल्व

Cock and Valve

वाटर सप्लाई प्रणाली में जल के व्यर्थ बहाव (प्रवाह) को रोकने के लिए पाइप लाइनों में कॉक तथा वाल्वों का प्रयोग किया जाता है। पाइप लाइन में कॉक तथा वाल्व का मुख्य कार्य जल के प्रवाह को बन्द करना, नियन्त्रित करना तथा आवश्यकता पड़ने पर पुनः चालू करना है। सामान्यतः कॉक व वाल्व की कार्यप्रणाली समान ही होती है, परन्तु कॉक का प्रयोग कम व्यास वाली पाइप लाइनों में किया जाता है जबकि वाल्व का उपयोग बड़े व्यास वाली पाइप लाइनों में किया जाता है। कॉक व वाल्व विभिन्न साइजों में आते हैं तथा कार्य व स्थान के अनुसार ही इनका चयन किया जाता है। कॉक पाइप लाइन के अन्त में जबकि वाल्व पाइप लाइन के मध्य में फिट किए जाते हैं। प्रस्तुत अध्याय में कॉक तथा वाल्व का विस्तृत वर्णन किया गया है।

अध्याय विषय सूची

18.1 कॉक Cock

सामान्य बोल-चाल की भाषा में कॉक को टोंटी भी कहते हैं। इसका कार्य प्रवाहित पानी, तेल या गैस को रोकने या बन्द करने व आवश्यकता पड़ने पर चालू करने के लिए किया जाता है।

घरों में पानी लेने व पानी को बन्द करने के लिए पाइप के साथ इसे प्रयोग किया जाता है। कॉक को बनाने के लिए विभिन्न प्रकार के मैटेरियल्स का प्रयोग किया जाता है। कॉक को बनाने के लिए मुख्यतः पीतल, गैल्वेनाइज्ड आयरन, प्लास्टिक, फाइबर, एल्युमीनियम और उच्च क्वालिटी वाले आयरन का उपयोग किया जाता है। कॉक के मैटेरियल का चयन, उसके उपयोग किए जाने वाले स्थान के अनुसार किया जाता है।
जैसे- सार्वजनिक स्थानों पर प्रयुक्त की जाने वाली कॉक प्रायः उच्च क्वालिटी आयरन व जी.आई. से बनी होती है।

ये आवश्यकतानुसार पीतल, गनमैटल, प्लास्टिक या कास्ट आयरन के बनाए जाते हैं। इनके ऊपर खोलने हेतु घुमाने का प्रबन्ध रहता है। इस कारण घरेलू टोंटी को 'बिब कॉक' भी कहा जाता है। इसके अतिरिक्त विभिन्न प्रकार के कॉक प्रयोग में लाए जाते हैं। जिनका विवरण निम्नप्रकार है।

कॉक के प्रकार Type of Cock

कार्य की उपयोगिता के अनुसार ही कॉक का प्रयोग किया जाता है। ये विभिन्न प्रकार की होती है। इनका विवरण अग्रपृष्ठ पर दिया गया है।

(i) स्टॉप कॉक Stop Cock

इस प्रकार के कॉक का प्रयोग पाइप लाइन में प्रवाहित होने वाले तरल (हवा, गैस, पानी अथवा कोई द्रव) को आगे जाने से रोकने के लिए किया जाता है। पाइप लाइन में उत्पन्न हुए दोष की जाँच करने तथा उसे दूर करने के लिए पानी के प्रवाह को रोकने के लिए स्टॉप कॉक का प्रयोग किया जाता है।

यह दो प्रकार का होता है—मेल एण्ड स्टॉप कॉक तथा फीमेल एण्ड स्टॉप कॉक। इसकी बनावट को निम्न चित्र में दर्शाया गया है।

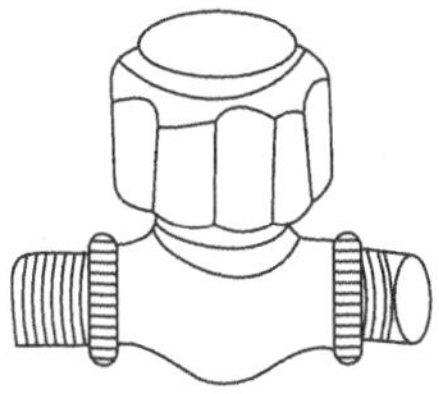

चित्र मेल एण्ड स्टॉप कॉक

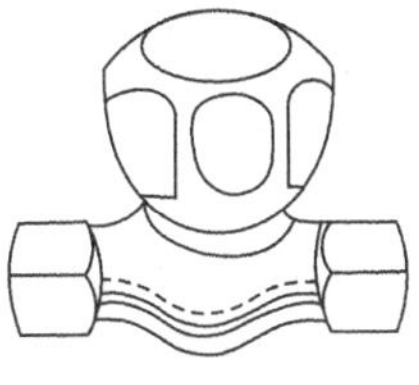

चित्र फीमेल एण्ड स्टॉप कॉक

(ii) प्लग कॉक Plug Cock

पानी के तेज बहाव वाले स्थानों पर प्लग कॉक का प्रयोग किया जाता है। यह भी एक प्रकार का वाल्व ही होता है। प्लग के एक साइड से दूसरे साइड में पानी के बहाव को जाने व रोकने के लिए इसकी बॉडी में लगे एक समान्तर, टेपर्ड या गोलाकार प्लग को घुमाया जाता है। इस प्लग में एक हैण्डिल जिसे 'की' (key) कहते हैं, जुड़ा हुआ होता है। इसी हैण्डिल को पानी का बहाव रोकने के लिए घुमाया जाता है।

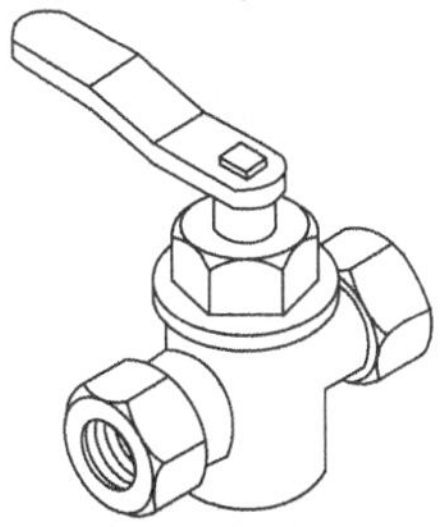

चित्र प्लग कॉक

(iii) कम्बाइण्ड स्टॉप कॉक या ड्रेन कॉक Combined Stop Cock or Drain Cock

इसका प्रयोग मुख्यत: घरों की मेन लाइन में किया जाता है। इसके अन्दर स्टॉप कॉक तथा टैप एक साथ फिट किए जाते हैं। इसमें स्टॉप कॉक द्वारा सप्लाई बन्द करके टैप द्वारा लाइन से पानी लेने की सुविधा होती है।

चित्र कम्बाइण्ड स्टॉप कॉक या ड्रेन कॉक

(iv) साइड कॉक Side Cock

साइड कॉक का उपयोग मुख्यत: रसोई, बाथरूम तथा वाश-बेसिन में किया जाता है। साइड कॉक का हैण्डिल तथा स्पिण्डल एक साथ बने होते हैं। इस कॉक की बॉडी में स्पिण्डल नीचे की ओर निकला होता है तथा इसके ऊपर एक नट लगा होता है।

साइड कॉक के हैण्डिल को किसी भी ओर 90° घुमाने पर टैप (tap) खुलता और बन्द होता है। पानी आने के लिए स्पिण्डल में एक आयताकार सुराख बना होता है। चित्र साइड कॉक को दर्शाया गया है

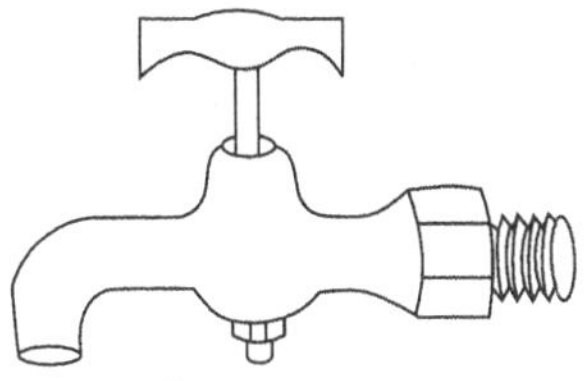

चित्र साइड कॉक

(v) लिफ्ट कॉक Lift Cock

सार्वजनिक स्थानों जैसे रेलवे-स्टेशन, पार्क, धर्मशाला इत्यादि में जल के अपव्यय को रोकने के लिए टंकियों में लिफ्ट कॉक का उपयोग किया जाता है। इस कॉक के हैण्डिल को ऊपर उठाने पर टंकी से जल आना प्रारम्भ हो जाता है।

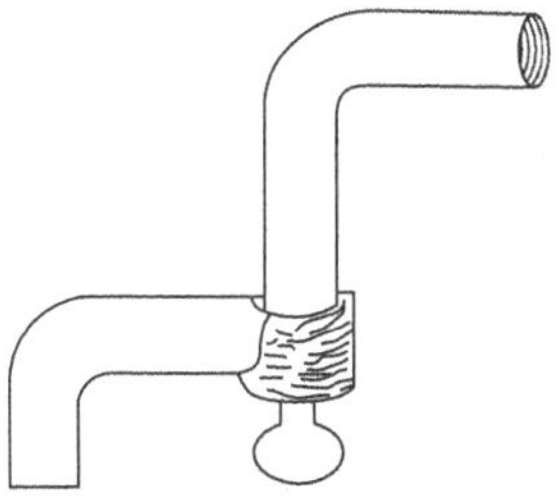

चित्र लिफ्ट कॉक

(vi) पिलर कॉक Pillar Cock

जैसा कि इसके नाम से ही स्पष्ट है, यह कॉक, पिलर के समान सीधा खड़ा रहता है। इस कॉक का मुख्य उपयोग वाश बेसिन तथा किचन के सिंक में किया जाता है। यह कॉक सामान्यत: स्टील, आयरन तथा पीतल की बनाई जाती है। यह कॉक, बिब कॉक के समान ही कार्य करती है।

(vii) बिब कॉक Bib Cock

बिब कॉक के स्पिण्डल के निचले सिरे में एक छिद्र (hole) बना होता है। इस छिद्र के अन्दर एक जम्पिंग वाल्व (jumping valve) फिट रहता है। जब इस कॉक के हैण्डिल को क्लॉकवाइज (clockwise) या एण्टी क्लॉकवाइज (anti-clockwise) दिशा में घुमाया जाता है, तो यह कॉक खुलती व बन्द हो जाती है। इस कॉक का प्रयोग बाथरूम, वाश बेसिन एवं किचन में किया जाता है।

बिब कॉक को कम्प्रैशन कॉक के नाम से भी जाना जाता है।

चित्र बिब कॉक

(viii) **पुश कॉक** Push Cock

यह कॉक पुश (push) करने अर्थात् दबाने पर ही सक्रिय (active) होती है। इसमें स्पिण्डल के आगे एक स्प्रिंग लगी होती है। जब हैण्डिल द्वारा स्पिण्डल को दबाया जाता है, तो यह स्पिण्डल अपने आगे लगी स्प्रिंग को दबाता है जिससे कॉक का छिद्र ओपन (open) हो जाता है तथा पाइप से जल (water) आना प्रारम्भ हो जाता है। इस कॉक का उपयोग, सार्वजनिक स्थानों जैसे धर्मशाला, बस स्टैण्ड इत्यादि पर लगी पाइप लाइनों में किया जाता है।

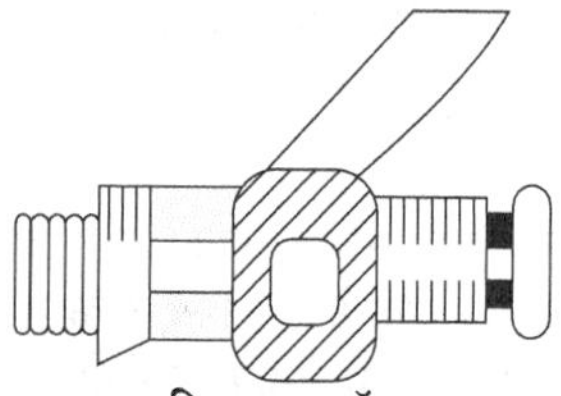

चित्र पुश कॉक

(ix) **मिक्सर होल कॉक** Mixer Hole Cock

यह कॉक ठण्डे व गर्म जल को एक ही आउटलेट से बाहर निकालती है। चूँकि यह ठण्डे व गर्म जल को मिक्स करके बाहर निकालता है, इसलिए इसे मिक्सर होल कॉक भी कहते हैं। इसका प्रयोग मुख्य रूप से बाथरूम व किचन में ठण्डे व गर्म जल हेतु फिटिंग के दौरान किया जाता है।

(x) **लॉक कॉक** Lock Cock

लॉक कॉक का उपयोग ऐसे स्थानों पर किया जाता है। जहाँ अस्थायी तौर पर चार-पाँच दिनों या इससे अधिक समय तक जल की सप्लाई बन्द रहती है। इन स्थानों पर पाइप लाइन में इस कॉक को लगाकर लॉक कर दिया जाता है। लॉक कॉक को खोलने के पश्चात् ही पाइप लाइन से पानी लिया जा सकता है।

सावधानियाँ Precautions

(*i*) नई कॉक को फिट करने के दौरान उस पर साफ सूती कपड़ा या सूती धागा लपेट लेना चाहिए।

(*ii*) कॉक को फिट करने के दौरान, हथौड़े का प्रयोग नहीं करना चाहिए।

(*iii*) स्थान और उपयोगिता के अनुसार ही उपयुक्त मैटेरियल वाली कॉक का चयन करना चाहिए।

(*iv*) नई कॉक को फिट करने के पूर्व उसका अच्छी प्रकार से निरीक्षण कर लेना चाहिए।

18.2 **वाल्व** Valve

वाल्व का प्रयोग पाइप में बहने वाले पानी की मात्रा को नियन्त्रित करने अथवा रोकने के लिए किया जाता है। वाल्व मुख्य रूप से कास्ट आयरन, स्टील, पीतल अथवा प्लास्टिक के बनाए जाते हैं। इसके एक सिरे पर मेन लाइन व दूसरे सिरे से ब्रांच लाइन निकाल दी जाती है। जब ब्रांच खराब हो जाती है, तो वाल्व लगे हैण्डिल को घुमाकर (या कसकर) ब्रांच लाइन के लिए सप्लाई बन्द कर दी जाती है, जबकि मेन लाइन चलती रहती है।

वाल्व के प्रकार Types of Valve

कार्यिकी के आधार पर वाल्व निम्न प्रकार के होते हैं।

(i) **ग्लोब वाल्व** Globe Valve

इस वाल्व के द्वारा द्रव तथा गैस दोनों को नियन्त्रित किया जा सकता है इसलिए इसे पाइपिंग प्रणाली में बहुतायत से प्रयोग किया जाता है। इस वाल्व की बॉडी के मध्य का भाग ग्लोब के समान होता है, जोकि इनलैट के जैसे बन्द (close) रहता है। इस वाल्व की ओपनिंग की ऊपरी सतह स्मूथ बनाई जाती है तथा स्टैम के सिरे पर रबर या मैटल की डिस्क जोड़ी जाती है। इस स्टैम को जब घड़ी की दिशा में (clockwise) घुमाया जाता है, तो उस वाल्व से प्रवाह बन्द हो जाता है।

इस वाल्व की हाउसिंग का ऊपरी भाग खोखला बनाया जाता है, जिससे कि इस भाग में पैकिंग पदार्थों को रखने का स्थान सही मिले। निम्न दिए गए चित्रों में ग्लोब वाल्व तथा उसके भागों को दर्शाया गया है

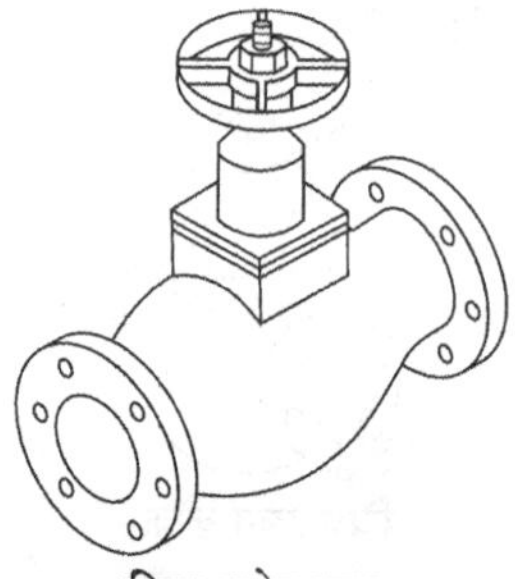

चित्र ग्लोब वाल्व

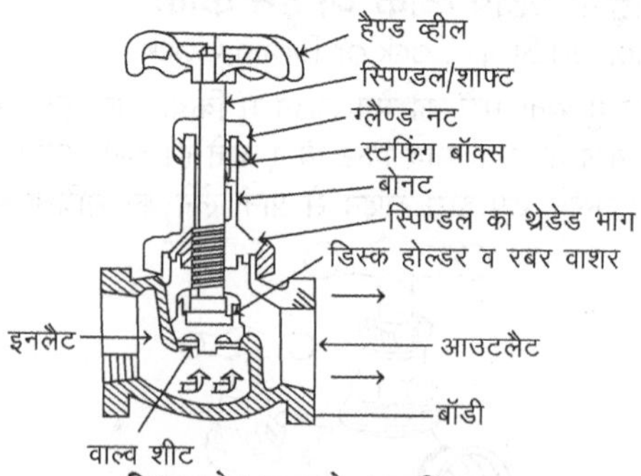

चित्र ग्लोब वाल्व के आन्तरिक भाग

ग्लोब वाल्व के अनुप्रयोग Applications of Globe Valve

(*i*) ग्लोब वाल्व का प्रयोग उन प्रणालियों में किया जाता है जहाँ प्रवाह के नियन्त्रण की आवश्यकता होती है।

(*ii*) ग्लोब वाल्व का उपयोग, हाई-प्वॉइण्ट वेन्ट्स (high point vents) तथा लो-प्वॉइण्ट ड्रेन (low point drains) में किया जाता है।

(*iii*) ग्लोब वाल्व का उपयोग, फीड-वाटर, कैमिकल, एयर, ल्यूब ऑयल तथा लगभग सभी सेवाओं, जिनमें प्रैशर ड्रॉप कोई मुख्य समस्या नहीं होती है, में किया जाता है।

(*iv*) इस वाल्व का उपयोग, स्वचालित नियन्त्रण वाल्व के रूप में भी किया जा सकता है, परन्तु इस स्थिति में थ्रेडेड स्टेम वाले वाल्व के स्थान पर स्मूथ स्टेम वाले वाल्व का उपयोग किया जाता है और इसे एक्चुएटर असेम्बली की लिफ्टिंग क्रिया द्वारा बन्द व खोला जाता है।

ग्लोब वाल्व के लाभ Advantages of Globe Valve

(*i*) इसे गेट वाल्व की तुलना में आसानी से बन्द (shut off) किया जाता है।

(*ii*) इसे लगातार प्रचालित किया जा सकता है क्योंकि इसमें सीट व डिस्क के घिसने की सम्भावना नहीं होती है।

(*iii*) इसे आसानी से रिपेयर (repair) किया जाता है क्योंकि इसकी सीट व डिस्क को वाल्व के शीर्ष (top) से एक्सेस (access) किया जा सकता है।

(*iv*) लघु स्ट्रोक लम्बाई के कारण, इसका प्रचालन गेट वाल्व की अपेक्षा अधिक तीव्रता से होता है।

(*v*) इसे सामान्यत: स्वचालित एक्चुएटर द्वारा प्रचालित किया जाता है।

ग्लोब वाल्व की हानियाँ Disadvantages of Globe Valve

(*i*) वाल्व की बॉडी में प्रवाहित तरल के समकोण पर दो या अधिक टर्न लेने पर उच्च शीर्ष-हानि (head loss) होती है।

(*ii*) इसमें उच्च शीर्ष हानि होने के कारण प्रवाह के पथ में रुकावटें (obstructions) तथा अनियमितता उत्पन्न हो जाती हैं।

(*iii*) समान दाब रेटिंग वाले अन्य वाल्वों की तुलना में यह भारी होता है।

(*iv*) गेट वाल्व की अपेक्षा यह अधिक महँगा है।

(*v*) ग्लोब के प्रचालन के लिए अधिक शक्ति (power) की आवश्यकता होती है।

(ii) गेट वाल्व Gate Valve

इन वाल्वों को जल की अधिक मात्रा नियन्त्रित करने के लिए वाटर वर्क्स के कार्यों में प्रयोग किया जाता है। इन वाल्वों को जल स्रोतों से नगर तक जल की मुख्य लाइनों में 3 से 5 किमी की दूरी पर लगाया जाता है। जब मुख्य लाइनों में जल प्रवाह रोकने की आवश्यकता होती है, तो यह वाल्व बन्द किए जा सकते हैं। प्राय: ये वाल्व ढलवाँ लोहे के बने होते हैं। इनमें एक गोल डिस्क, एक चूड़ीदार स्पिण्डल से जुड़ी रहती है। यह स्पिण्डल एक स्टफिंग बॉक्स व्यवस्था से जुड़ा रहता है। इसके ऊपर लगे पहिए को घुमाकर इस वाल्व को खोला या बन्द किया जा सकता है। इन वाल्वों की बॉडी, ढक्कन, गेट तथा स्टफिंग बॉक्स अच्छे ढलवाँ लोहे के बने होते हैं। स्लूइस वाल्व सीट, स्पिण्डल तथा नट, काँसे तथा टिन के बनाई जाती हैं। स्पिण्डल सीट व अन्य भाग मशीनिंग करके चिकने बनाए जाते हैं। गेट वाल्व के अतिरिक्त इन्हें स्लूइस (sluice) वाल्व के नाम से भी जाना जाता है। नीचे दिए गए चित्रों में गेट वाल्व तथा उसके भागों को दर्शाया गया है

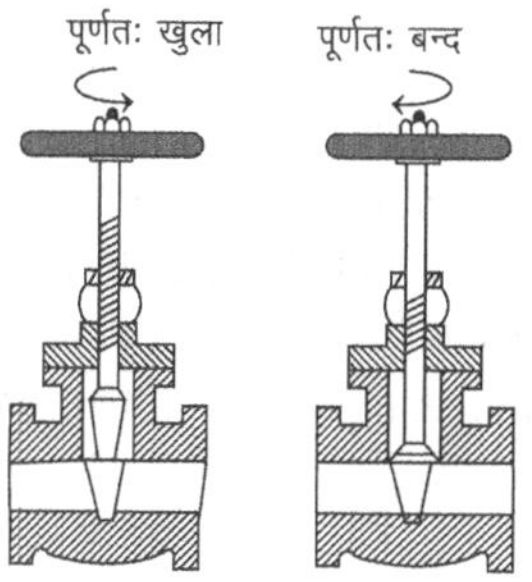

चित्र गेट वाल्व

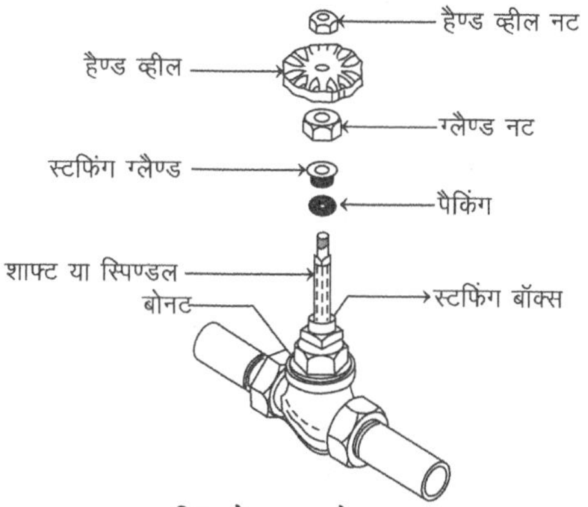

चित्र गेट वाल्व के भाग

गेट वाल्व के अनुप्रयोग Applications of Gate Valve

(*i*) गेट वाल्व का उपयोग लगभग सभी सेवाओं जैसे, वायु फ्यूल, गैस, फीड वाटर, स्टीम, ल्यूब ऑयल हाइड्रोकार्बन में किया जाता है।

(*ii*) कुछ विशेष गेट वाल्व (जैसे-नाइफ गेट वाल्व) का उपयोग स्लरी (slurry) तथा पाउडर उत्पादों के उत्पादन में भी किया जाता है।

गेट वाल्व के लाभ Advantages of Gate Valve

(*i*) गेट वाल्व, प्रचालन के दौरान उच्च प्रैशर ड्रॉप प्रदान करता है।

(*ii*) अधिकांश गेट वाल्वों को द्वि-दिशात्मक (bi-directional) वाल्व के रूप में भी उपयोग किया जा सकता है।

(*iii*) ये वाल्व उच्च दाब व ताप पर भी उपयुक्त है तथा इनका रख-रखाव भी निम्न होता है।

गेट वाल्व की हानियाँ Disadvantages of Gate Valve

(*i*) इस वाल्व का उपयोग प्रवाह के नियन्त्रण के लिए नहीं किया जा सकता है।

(*ii*) गेट वाल्व का प्रचालन धीमा है। यह खुलने तथा बन्द होने में अधिक समय लेता है।

(*iii*) आंशिक (partially) खुला होने पर यह कम्पन व शोर उत्पन्न करता है।

(*iv*) सीमित पहुँच के कारण सीटों की मरम्मत जैसे-लैपिंग तथा ग्राइण्डिग करना अधिक कठिन है।

(iii) **नीडिल वाल्व** Needle Valve

इस वाल्व की संरचना ग्लोब वाल्व के समान ही बना होता है। इसका प्रयोग जल के प्रवाह को सूक्ष्मता से नियन्त्रित करने हेतु किया जाता है। इसमें एक टेपर नीडिल लगाई जाती है, जिसकी सहायता से जल के प्रवाह का सूक्ष्म कण्ट्रोल (fine control) किया जाता है।

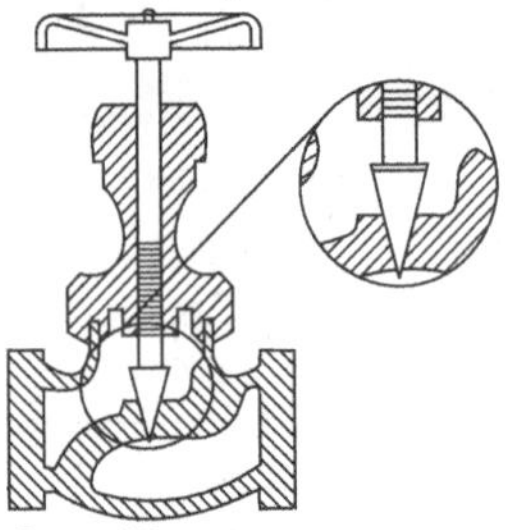

चित्र नीडिल वाल्व

नीडिल वाल्व के अनुप्रयोग Application of Needle Valve

(*i*) तरल के प्रवेश (entry) को नियन्त्रित करने के लिए सभी फील्ड एनालॉग उपकरणों को नीडिल वाल्व के साथ लगाया जाता है, क्योंकि तरल के दाब में अचानक वृद्धि उपकरण को हानि पहुँचा सकती है।

(*ii*) नीडिल वाल्व का उपयोग उन स्थितियों में भी किया जा सकता है जहाँ प्रवाह धीरे-धीरे बन्द होता है।

(*iii*) नीडिल वाल्व का उपयोग उन अनुप्रयोगों में भी किया जा सकता है जहाँ प्रवाह के सटीक (precise) समायोजन की आवश्यकता है या जहाँ कम प्रवाह दर आवश्यक होती है।

(*iv*) नीडिल वाल्व को ऑन/ऑफ वाल्व तथा थ्रोटल वाल्व के समान भी उपयोग किया जा सकता है।

(*v*) नीडिल वाल्व को सभी प्रकार के उद्योगों में प्रवाह युक्त पदार्थ तरल (जैसे- भाप, वायु, गैस, तेल, जल या अन्य द्रव) के नियन्त्रण एवं मीटरिंग हेतु उपयोग किया जाता है।

(iv) **नॉन-रिटर्न वाल्व** Non-Return Valve

नॉन-रिटर्न वाल्व एक प्रकार का स्वचालित वाल्व होता है, जो जल को केवल एक दिशा में ही प्रवाहित होने देता है। इसके प्रयोग से जल विपरीत दिशा में प्रवाहित नहीं हो पाता है। इसमें शीर्ष पर एक डिस्क कब्जे द्वारा लगी होती है, जो अपनी सीट पर चिपकी रहती है। जब जल का दबाव पड़ता है तो यह डिस्क जल को उस दिशा में जाने देती है, परन्तु विपरीत दिशा में जल आने पर डिस्क सीट से चिपक कर जल आने का मार्ग बन्द कर देती है। इसे **चैक वाल्व** (check valve) तथा **रिफ्लक्स वाल्व** (reflux valve) भी कहा जाता है। ये वाल्व कास्ट आयरन, पीतल, काँसा तथा प्लास्टिक के बनाए जाते हैं।

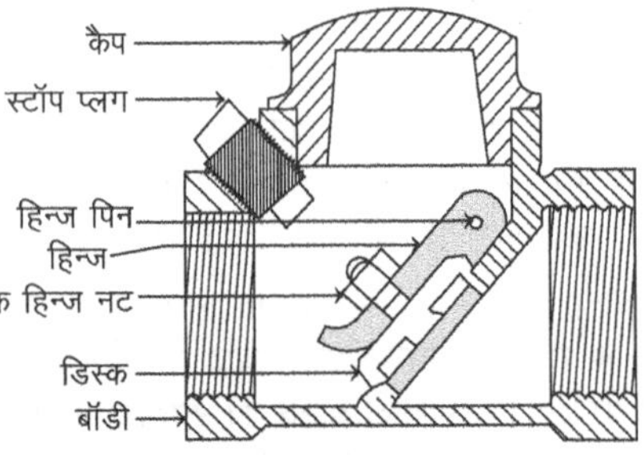

चित्र नॉन-रिटर्न वाल्व के भाग

नॉन रिटर्न वाल्व के अनुप्रयोग
Application of Non-Return Valve

पाइपिंग प्रणाली में तरल के बैक फ्लो (back flow) को रोकने के लिए नॉन-रिटर्न अथवा चैक वाल्व का उपयोग किया जाता है। पम्प तथा कम्प्रैसर जैसे रोटरी (Rotary) उपकरणों की डिस्चार्ज लाइन में बैक फ्लो को रोकने के लिए इन वाल्वों का उपयोग किया जाता है।

नॉन-रिटर्न वाल्व के लाभ
Advantages of Non-Return Valve

(*i*) यह बैक फ्लो को रोकता है।

(*ii*) पाइप लाइन के अन्दर प्रैशर को बनाए रखता है।

(*iii*) इसे पाइप लाइन में बैक अप सिस्टम की तरह उपयोग किया जा सकता है।

नॉन-रिटर्न वाल्व की हानियाँ
Disadvantages of Non-Return Valve

(*i*) इसे पल्सेटिंग सिस्टम में प्रयोग नहीं किया जा सकता है।

(*ii*) इस वाल्व की डिस्क, ओपन (open) स्थिति में चिपक जाती है।

(v) **प्लग वाल्व** Plug Valve

प्लग वाल्व एक क्वार्टर-टर्न (quarter turn) रोटरी मोशन वाल्व होता है। इसमें तरल के प्रवाह को चालू करने या रोकने के लिए एक बेलनाकार प्लग लगा होता है। इस वाल्व की डिस्क, प्लग की आकृति में होती है जिसमें प्रवाह के लिए मार्ग बना होता है। ओपन पॉजिशन में यह मार्ग, प्रवाह लाइन में होता है। जब डिस्क, ओपन पॉजिशन से 90° घूमती है, तो डिस्क का ठोस भाग, तरल के प्रवाह को बन्द (block) कर देता है।

प्लग वाल्व का प्रयोग, गेट वाल्व के स्थान पर किया जाता है जहाँ त्वरित (quick) प्रचालन की आवश्यकता होती है। इसका प्रयोग उच्च दाब व ताप पर भी किया जा सकता है।

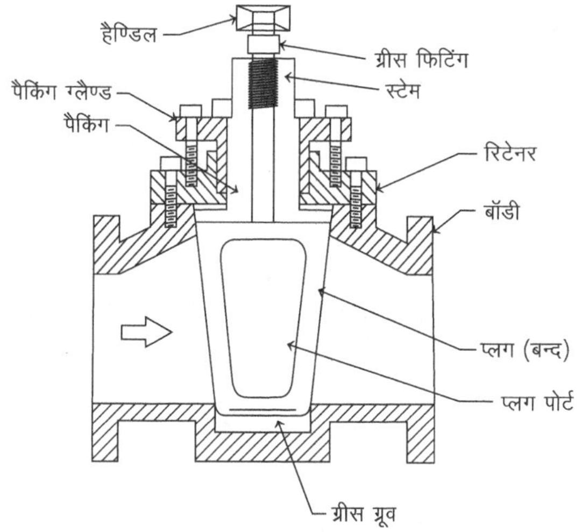

चित्र प्लग वाल्व

प्लग वाल्व के अनुप्रयोग Applications of Plug Valve

(*i*) प्लग वाल्व का उपयोग ON-OFF स्टॉप वाल्व के रूप में किया जाता है। यह वाल्व बबल-टाइट शट-ऑफ (bubble-tight shut off) प्रदान करने में सक्षम है।

(*ii*) यह विभिन्न प्रकार के तरल जैसे वायु, गैस वाष्प, हाइड्रोकार्बन, स्लरीज (slurries), कीचड़ तथा सीवेज के प्रवाह को रोकने में सक्षम है।

(*iii*) इसे उच्च दाब व ताप पर निर्वात में भी उपयोग किया जा सकता है।

प्लग वाल्व के लाभ Advantages of Plug Valve

(*i*) यह कुछ भागों के साथ डिजाइन में सरल है।

(*ii*) यह तीव्रता से बन्द व खुलता है।

(*iii*) इसका रख-रखाव सरल है।

(*iv*) यह प्रवाह के दौरान न्यूनतम प्रतिरोध उत्पन्न करता है।

(*v*) यह विश्वसनीय लीक प्रूफ सेवा प्रदान करता है।

(*vi*) इसका मल्टी-पोर्ट डिजाइन होने के कारण इसमें कम वाल्वों की आवश्यकता होती है।

प्लग वाल्व की हानियाँ Disadvantages of Plug Valve

(*i*) इसमें उच्च घर्षण उत्पन्न होने के कारण इसे प्रचालित करने के लिए अधिक बल की आवश्यकता होती है।

(*ii*) बड़े प्लग वाल्वों को मैनुअली प्रचालित नहीं किया जा सकता है। इन्हें प्रचालित करने के लिए एक्चुऐटर की आवश्यकता पड़ती है।

(*iii*) प्लग वाल्व की लागत अधिक होती है।

(vi) बॉल वाल्व Ball Valve

बॉल वाल्व भी एक क्वार्टर-टर्न रोटरी मोशन वाल्व है जिसमें तरल के प्रवाह को रोकने व चालू करने के लिए बॉल की आकृति की डिस्क लगी होती है। यह लगभग प्लग वाल्व जैसे ही दिखाई देता है। जब कोई पोर्ट, बॉल की लाइन में होता है तो इससे तरल का प्रवाह होता है परन्तु जैसे ही वाल्व को 90° घुमाया जाता है तो बॉल का ठोस भाग तरल के प्रवाह को बन्द कर देता है।

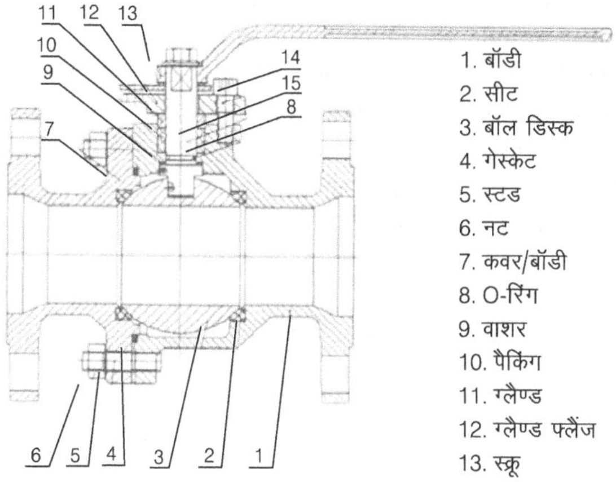

चित्र बॉल वाल्व

अधिकांश बॉल वाल्व, त्वरित क्रिया (quick-action) प्रकार के होते हैं। इन वाल्वों को प्रचालित करने के लिए, इनके हैण्डिल को 90° घुमाना होता है, परन्तु बड़े आकार के वाल्वों को प्रचालित करने के लिए, गियर-प्रचालित एक्चुऐटर की आवश्यकता होती है।

बॉल वाल्व के अनुप्रयोग Applications of Ball Valve

(*i*) इसका उपयोग विभिन्न प्रकार के तरल पदार्थों जैसे- जल, गैस, ऑयल इत्यादि के लिए ON-OFF स्टॉप वाल्व के रूप में किया जा सकता है।

(*ii*) इसे वायु, गैस तथा वाष्प के साथ-साथ हाइड्रोकार्बन के प्रवाह के लिए किया जा सकता है।

(*iii*) धात्विक सीट वाले बॉल वाल्व का उपयोग, उच्च दाब व ताप हेतु भी किया जा सकता है।

(*iv*) यह व्यापक रूप से उपकरणों को ट्यूबिंग के साथ कनैक्ट करने के लिए उपयोग किया जाता है।

बॉल वाल्व के लाभ Advantages of Ball Valve

(*i*) यह वाल्व उच्च दाब व ताप पर बबल-टाइट (bubble-tight) विश्वसनीय सीलिंग प्रदान करता है।

(*ii*) यह समान आकार व रेटिंग वाले गेट वाल्व की तुलना में छोटा व हल्का होता है।

(*iii*) बॉल वाल्व विभिन्न डिजाइनों में आते हैं। इसलिए इनका चयन कार्य की प्रकृति के अनुसार किया जाता है।

(*iv*) इन वाल्वों का प्रचालन तथा रख-रखाव सरल है।

बॉल वाल्व की हानियाँ Disadvantages of Ball Valve

(*i*) इन वाल्वों का प्रयोग उन कार्यों में नहीं किया जा सकता जिनमें थ्राॅटलिंग (throttling) की आवश्यकता होती है।

(*ii*) तीव्रता से खुलने व बन्द होने के इन वाल्वों पर तरल का प्रैशर बढ़ सकता है जिससे वाल्व के खराब होने की सम्भावना बढ़ जाती है।

(vii) बटरफ्लाई वाल्व Butterfly Valve

बटरफ्लाई वाल्व एक क्वार्टर-टर्न रोटरी मोशन प्रकार का वाल्व होता है जो तरल के प्रवाह को रोकने नियन्त्रित करने तथा पुन: शुरू करने के लिए उपयोग किया जाता है। इन वाल्वों की कार्य प्रणाली बॉल-वाल्व के समान होती है। बटरफ्लाई वाल्व सर्वाधिक उपयोग किए जाने वाले वाल्व हैं क्योंकि ये वाल्व अन्य वाल्वों से सस्ते तथा हल्के होते हैं। इन वाल्वों में धातु की डिस्क लगी होती है जो क्वार्टर-टर्न घूमकर तरल के प्रकार को पूर्णत: बन्द व शुरू करती है।

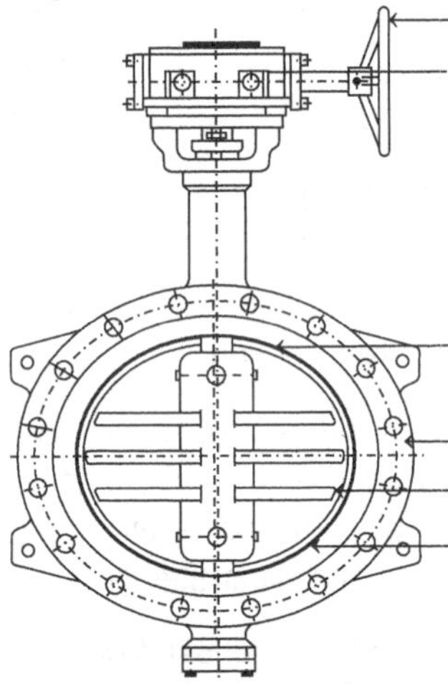

चित्र बटरफ्लाई वाल्व

बटरफ्लाई वाल्व के अनुप्रयोग Applications of Butterfly Valve

(*i*) बटरफ्लाई वाल्व का उपयोग, ठण्डे जल, वायु, गैसों आदि के प्रवाह को नियन्त्रित करने के लिए किया जाता है।

(*ii*) इसका उपयोग स्लरीज (slurries) तथा इसी प्रकार के अन्य तरलों के लिए भी सरलतापूर्वक किया जा सकता है।

(*iii*) बटरफ्लाई वाल्व, उच्च ताप व दाब पर भी आसानी से उपयोग किए जा सकते हैं।

बटरफ्लाई वाल्व के लाभ Advantages of Butterfly Valve

(*i*) गेट वाल्व, ग्लोब वाल्व तथा अन्य वाल्वों की अपेक्षा ये वाल्व कम स्थान घेरते हैं।

(*ii*) ये वाल्व भार में हल्के होते हैं।

(*iii*) बटरफ्लाई वाल्व का उपयोग उच्च ताप व दाब पर भी किया जा सकता है।

(*iv*) बटरफ्लाई वाल्व प्रचालित होने में कम समय लेते हैं।

(*v*) बटरफ्लाई वाल्व के रख-रखाव की कम आवश्यकता होती है।

बटरफ्लाई वाल्व की हानियाँ Disadvantages of Butterfly Valve

(*i*) बटरफ्लाई वाल्व की थ्रोटलिंग रेंज सीमित होती है।

(*ii*) बटरफ्लाई वाल्व के नियन्त्रण के लिए अधिक बल की आवश्यकता होती है।

(*iii*) बटरफ्लाई वाल्व स्लरीज के प्रवाह को सीमित मात्रा में ही नियन्त्रित कर सकता है।

(viii) पिंच वाल्व Pinch Valve

पिंच वाल्व को क्लैम्प वाल्व के नाम से भी जाना जाता है। यह एक रैखिक गति (linear motion) वाल्व होता है। इसका उपयोग द्रव/तरल के प्रवाह को रोकने नियन्त्रित करने तथा पुन: शुरू करने के लिए इस प्रकार के वाल्व का प्रयोग किया जाता है।

इस वाल्व में प्रवाह को नियन्त्रित करने के लिए रबर ट्यूब का उपयोग किया जाता है, इसलिए इस वाल्व को पिंच ट्यूब या पिंच मैकेनिज्म के रूप में भी जाना जाता है। इस वाल्व का डिजाइन, किसी भी अन्य वाल्व की अपेक्षा अधिक सरल होता है।

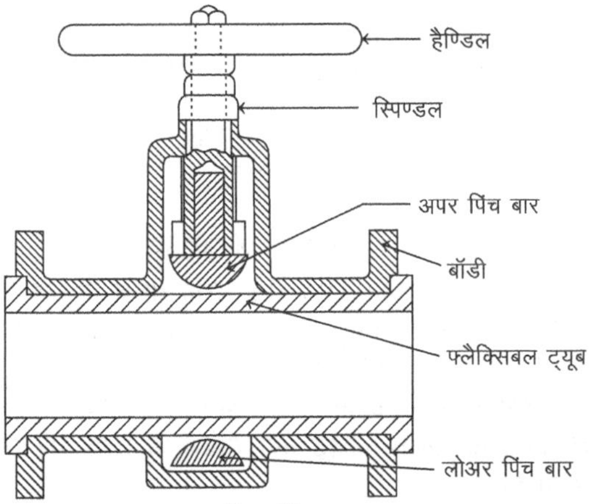

चित्र पिंच वाल्व

पिंच ट्यूब, प्राकृतिक या सिन्थेटिक (synthetic) रबर से प्राप्त किए जाते हैं परन्तु कभी-कभी इन्हें बनाने के लिए अच्छी घिसाव रोधी प्लास्टिक का भी बनाया जाता है। अधिकांश पिंच वाल्व खुली शैली (open style) के होते हैं।

पिंच वाल्व के अनुप्रयोग Applications of Pinch Valve

पिंच वाल्व, स्लरीज, निलम्बित ठोस वाले द्रव तथा ऐसी प्रणालियों, जो ठोस पदार्थों को न्यूमैटिकली संप्रेषित (pneumetically convey) करती हैं, के लिए उपयुक्त होते हैं।

पिंच वाल्व के लाभ Advantages of Pinch Valve

(*i*) इस वाल्व का उपयोग उन स्थानों पर किया जा सकता है जहाँ तरल का लीकेज एक प्रमुख समस्या होती हैं।

(*ii*) इस वाल्व द्वारा तरल का प्रवाह बिना किसी रुकावट के सीधा (straight) होता है।

(*iii*) इस वाल्व का कोई भी आन्तरिक भाग, तरल के साथ सीधे सम्पर्क में नहीं आता है। इसलिए इसके रख-रखाव में लागत कम आती है।

(*iv*) सरल डिजाइन होने के कारण यह सस्ता होता है।

पिंच वाल्व की हानियाँ Disadvantages of Pinch Valve

(*i*) इसका उपयोग उच्च ताप व दाब पर नहीं किया जा सकता है।

(*ii*) यह वाल्व गैसों के प्रवाह के लिए उपयुक्त नहीं है।

(ix) प्रैशर रिलीफ वाल्व Pressure Relief Valve

जब कभी पाइप लाइन में लगे वाल्व बन्द हो जाते हैं या पाइप लाइन में किसी कारणवश कोई रुकावट आ जाती है तो इस स्थिति में पाइप लाइन में तरल का प्रैशर बढ़ जाता है जिसके फलस्वरूप पाइप लाइन के फटने तथा पाइपों के ज्वॉइण्ट्स (joints) के खुलने की सम्भावना बढ़ जाती है।

इस समस्या से बचने के लिए पाइप लाइनों में प्रैशर रिलीफ वाल्व का उपयोग किया है। ये वाल्व पाइप लाइन के अन्दर तरल के प्रैशर को नियन्त्रित किए रहते हैं। चूँकि इन वाल्वों का प्रयोग पाइप लाइन की सेफ्टी के लिए किया जाता है, इसलिए इन्हें 'सेफ्टी वाल्व' भी कहा जाता है।

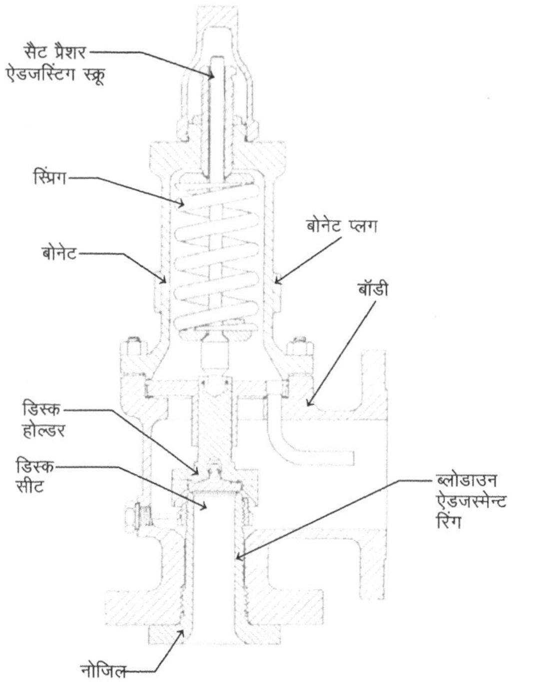

चित्र प्रैशर रिलीफ वाल्व

यह एक ऑटोमैटिक वाल्व होता है। जब पाइप लाइन में प्रैशर अधिक हो जाता है, तो यह वाल्व स्वत: ही ओपन (open) हो जाता है तथा पाइप लाइन के प्रैशर को बाहर निकाल देता है।

प्रैशर रिलीफ वाल्व के लाभ Advantages of Pressure Relief Valve

(*i*) इस वाल्व का उपयोग समस्त प्रकार की गैसों एवं द्रवों के लिए किया जा सकता है।
(*ii*) इसे उच्च ताप व दाब पर भी उपयोग में लाया जा सकता है।
(*iii*) इसकी लागत कम होती है।

प्रैशर रिलीफ वाल्व की हानियाँ
Disadvantages of Pressure Relief Valve

(*i*) इस वाल्व की कार्यप्रणाली बैक प्रैशर (back pressure) द्वारा प्रभावित होती है।
(*ii*) यदि पाइप लाइन का मैटेरियल कोरोसिव (corrosive) है, तो इस वाल्व की स्प्रिंग पर जंग लगने की सम्भावना बढ़ जाती है।

(x) एयर रिलीफ वाल्व Air Relief Valve

एयर रिलीफ वाल्व का उपयोग, वाटर सप्लाई की मेन लाइन में जल के साथ आने वाली वायु को बाहर निकालने के लिए किया जाता है। यदि यह वायु बाहर न निकाली जाए तो यह पाइप लाइन में एकत्र हो जाती है जिसके फलस्वरूप पाइप लाइन में इस वायु का प्रैशर इतना बढ़ जाता है कि इस प्रैशर के कारण पाइप लाइन फट सकती है।

अत: इस समस्या से बचने के लिए पाइप लाइन में एयर रिलीफ वाल्व लगाए जाते हैं जो पाइप लाइन की वायु को बाहर निकालते रहते हैं।

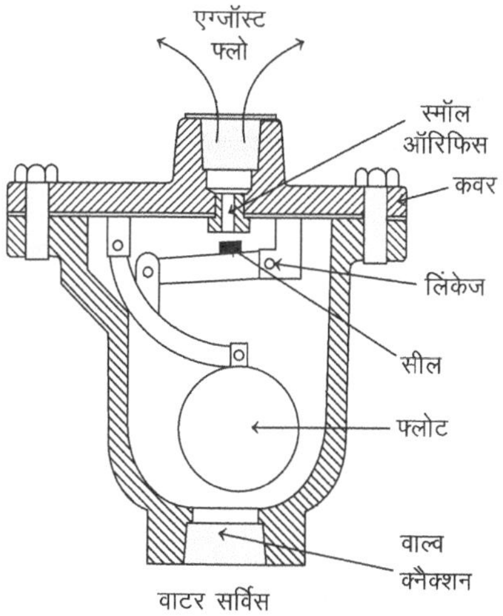

चित्र एयर रिलीफ वाल्व

एयर रिलीफ वाल्व निम्न दो प्रकार के होते हैं

(*a*) **पोपेट वाल्व** (Poppet valve) पोपेट वाल्व, कास्ट आयरन से बना एक चैम्बर होता है, जिसे पाइप के खुले एवं ऊँचे सिरे पर लगाया जाता है। इसमें जल की सतह पर तैरने वाला एक लीवर होता है।

जब वाल्व में जल पूर्ण रूप से भर जाता है तो यह लीवर जल की सतह के साथ ऊपर उठकर, वाल्व को बन्द कर देता है और जैसे ही वाल्व में जल का स्तर घटता है तो यह लीवर नीचे आ जाता है जिससे वाल्व पुन: ओपन (open) हो जाता है।

(*b*) **फ्लोटिंग वाल्व** (Floating valve) फ्लोटिंग वाल्व, मेन लाइन में स्लूस वाल्व के साथ संयोजित रहते हैं। इस वाल्व में एक खोखला गोला होता है जो चैम्बर या टैंक में पाइप के अन्तिम सिरे पर फिट रहता है। जब पाइप लाइन में जल का स्तर कम रहता है तो यह खोखला गोला वाल्व को ओपन किए रहता है जिससे कि जल, टैंक में प्रवेश कर सके। टैंक में जल के स्तर के बढ़ने के साथ-साथ यह गोला ऊपर उठता जाता है और टैंक के पूर्णत: भर जाने पर यह वाल्व को बन्द कर देता है जिससे टैंक ओवर फ्लो नहीं करता है।

वाल्वों को खोलना Dismantling of Valve

जब पाइप लाइन में लगा वाल्व खराब हो जाता है अर्थात् वाल्व लीक करने लगता है तो वाल्व को पाइप लाइन से खोलने की आवश्यकता होती है। किसी वाल्व को पाइप लाइन से अलग करने के लिए निम्न पदों का अनुसरण करना चाहिए।

(*i*) सर्वप्रथम पाइप लाइन को पूर्णत: बन्द कर दें तथा इसके पश्चात् पाइप लाइन का अवलोकन करें कि पाइप लाइन में किसी प्रकार का प्रैशर तो नहीं है।

(*ii*) पाइप में लगे समस्त अवयवों को अलग करें।

(*iii*) वाल्व की डिस्क को पूर्णत: बन्द करें।

(*iv*) पाइप से वाल्व को खोलकर अलग करें।

18.3 कॉक तथा वाल्व में अन्तर

Difference between Cock and Valve

सामान्यत: कॉक तथा वाल्व की कार्यप्रणाली एक समान होती है लेकिन संरचनात्मक भिन्नता होने की कारण इनमें कुछ अन्तर होते हैं जो निम्न तालिका मे वर्णित है

क्र.स.	कॉक	वाल्व
1.	कॉक का उपयोग सदैव कम व्यास वाले पाइपों के साथ किया जाता है।	वाल्व का उपयोग बड़े व्यास वाले पाइपों के साथ किया जाता है।
2.	कॉक हमेशा, पाइप लाइनों के अन्त में लगाए जाते हैं।	वाल्व हमेशा, पाइप लाइनों के बीच में लगाए जाते हैं।
3.	कॉक, पाइप लाइन में प्रैशर कम होने पर बन्द हो जाते हैं।	वाल्व पाइप लाइन में प्रैशर कम होने पर ओपन हो जाते हैं।
4.	कॉक में एक जम्पिंग वाल्व होता है जो जल के प्रवाह को बन्द करता है।	वाल्व में एक डिस्क लगी होती है जो जल के प्रवाह को बन्द करती है।
5.	कॉक के स्पिण्डल का प्रैशर से कोई सम्बन्ध नहीं होता है।	वाल्व का स्पिण्डल प्रैशर से सम्बन्धित होता है।
6.	कॉक में जोड़ थ्रैड से लगाए जाते हैं। .	वाल्व में जोड़, नट व बोल्ट से लगाए जाते हैं।

महत्त्वपूर्ण बिन्दु

- कॉक या टोंटी का कार्य प्रवाहित पानी, तेल या गैस को रोकने या बन्द करने तथा आवश्यकता पड़ने पर चालू करने के लिए किया जाता है।
- स्टॉप कॉक का उपयोग बहने वाले तरल पदार्थ जैसे- हवा, गैस, तेल, पानी इत्यादि को आगे जाने से रोकने के लिए किया जाता है।
- स्टॉप कॉक दो प्रकार के होते हैं - मेल एण्ड स्टॉप कॉक तथा फीमेल एण्ड स्टॉप कॉक।
- प्लग का उपयोग तेज बहाव वाले स्थानों पर किया जाता है।
- कम्बाइण्ड स्टॉप कॉक या ड्रेन कॉक का उपयोग घरों की मेन लाइन में किया जाता है।
- साइड कॉक का उपयोग मुख्यत: रसोई, बाथरूम तथा वाश बेसिन में किया जाता है। इसकी बॉडी में स्पिण्डल नीचे की ओर फिट रहता है।
- लिफ्ट कॉक का उपयोग सार्वजनिक स्थानों जैसे- रेलवे स्टेशन, पार्क, धर्मशाला इत्यादि में जल के अपव्यय को रोकने के लिए किया जाता है।
- पिलर कॉक स्टील, आयरन तथा ब्रास के बनाए जाते हैं।
- बिब कॉक के स्पिण्डल के निचले सिरे पर एक छिद्र बना होता है जिसमें जम्पिंग वाल्व फिट रहता है।
- पुश कॉक को प्रचालित करने के लिए इसके स्पिण्डल को नीचे की ओर दबाया जाता है।
- मिक्सर होल कॉक, ठण्डे व गर्म जल को एक ही आउटलेट से बाहर निकालता है।
- लॉक कॉक का उपयोग ऐसे स्थानों पर किया जाता है, जहाँ चार-पाँच या अधिक दिनों तक जल की सप्लाई बन्द रहती है।
- वाल्व मुख्य रूप से कास्ट आयरन, स्टील, पीतल अथवा प्लास्टिक के बनाए जाते हैं।
- ग्लोब वाल्व द्वारा द्रव तथा गैस दोनों को नियन्त्रित किया जाता है।
- गेट वाल्व को स्लूस वाल्व के नाम से भी जाना जाता है।
- नीडिल वाल्व ग्लोब वाल्व के समान बना होता है।
- नॉन-रिटर्न वाल्व, स्वचालित वाल्व होता है जो जल को केवल एक ही दिशा में प्रवाहित होने देता है।
- प्लग वाल्व की डिस्क, प्लग की आकृति में बनी होती है।
- बॉल वाल्व को प्रचालित करने के लिए इनके हैण्डिल को 90° पर घुमाया जाता है।
- बटरफ्लाई वाल्व की कार्य प्रणाली, बॉल वाल्व के समान होती है। ये वाल्व सर्वाधिक उपयोग किए जाने वाले वाल्व है।
- पिंच वाल्व को क्लैम्प वाल्व के नाम से भी जाना जाता है।
- प्रैशर रिलीफ वाल्व, पाइप लाइन के अन्दर प्रैशर को मैनटेन (maintain) किए रहते हैं।
- एयर रिलीफ वाल्व दो प्रकार के होते हैं - पोपेट वाल्व तथा फ्लोटिंग वाल्व।

महत्त्वपूर्ण प्रश्नोत्तरी

1. साइड कॉक का प्रयोग कहाँ किया जाता है?

उत्तर साइड कॉक का प्रयोग, किचन, बाथरूम तथा वाश बेसिन में किया जाता है।

2. ऑपरेशन करते समय डॉक्टर किस प्रकार का कॉक का उपयोग करते हैं?

उत्तर ऑपरेशन करते समय डॉक्टर सर्जन कॉक (लम्बे हैण्डिल वाले कॉक) का उपयोग करते हैं।

3. पाइप में कॉक को लगाते समय अपनाई जाने वाली दो सावधानियाँ लिखिए।

उत्तर (i) कॉक पर हथौड़े का प्रहार नहीं करना चाहिए।

(ii) कॉक को फिट करने के दौरान उस पर साफ कपड़ा लपेट लेना चाहिए।

4. एयर रिलीफ वाल्व कितने प्रकार के होते हैं?

उत्तर (i) पोपेट वाल्व तथा

(ii) फ्लोटिंग वाल्व

5. चैक वाल्व को अन्य किस नाम से जाना जाता है?

उत्तर चैक वाल्व को नॉन-रिटर्न वाल्व या रिफ्लक्स वाल्व के नाम से भी जाना जाता है।

6. स्लूस वाल्व पाइप लाइन में कितनी दूरी पर लगाए जाते हैं?

उत्तर स्लूस वाल्व, पाइप लाइन में प्रत्येक 5 किमी की दूरी पर लगाए जाते हैं।

अभ्यास प्रश्न

परीक्षा प्रारूपी प्रश्न

1. बिब कॉक के स्पिण्डल में निम्न में से कौन-सा वाल्व लगा होता है?
(a) स्टॉप वाल्व (b) फ्लश वाल्व
(c) जम्पिंग वाल्व (d) गेट वाल्व

2. बिब कॉक का अन्य नाम है
(a) पुश कॉक (b) लिफ्ट कॉक
(c) कम्प्रैशन कॉक (d) सर्जन कॉक

3. पाइप लाइन में कॉक कहाँ लगाई जाती है?
(a) पाइप लाइन के प्रारम्भिक सिरे पर
(b) पाइप लाइन के मध्य में
(c) पाइप लाइन के अन्तिम सिरे पर
(d) पाइप लाइन में कहीं भी

4. बिब कॉक की कार्यप्रणाली निम्न में से किस कॉक के समान है?
(a) पिलर कॉक (b) सर्जन कॉक
(c) पुश कॉक (d) साइड कॉक

5. कॉक बनाई जाती है
(a) पीतल की (b) गन मैटल की
(c) कास्ट आयरन की (d) ये सभी

6. निम्न में से कौन-सा स्टॉप कॉक का प्रकार है?
(a) मेल एण्ड स्टॉप कॉक (b) फीमेल एण्ड स्टॉप कॉक
(c) 'a' और 'b' दोनों (d) इनमें से कोई नहीं

7. पाइप लाइन में उत्पन्न हुए दोष को जाँचने एवं उसे दूर करने के लिए .... का उपयोग किया जाता है।
(a) पुश कॉक (b) स्टॉप कॉक
(c) सर्जन कॉक (d) साइड कॉक

8. निम्न चित्र में किस प्रकार की कॉक को दर्शाया गया है?

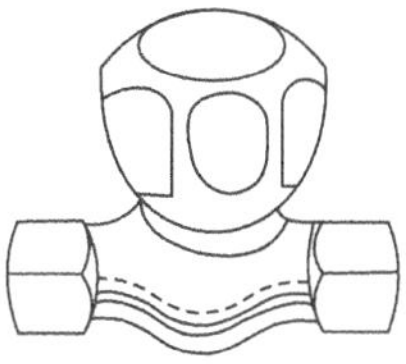

(a) पुश कॉक (b) ड्रेन कॉक
(c) मेन एण्ड स्टॉप कॉक (d) फीमेल एण्ड स्टॉप कॉक

9. पानी के तेज बहाव वाले स्थानों पर प्रयोग की जाने वाली कॉक है
(a) ड्रेन कॉक (b) प्लग कॉक
(c) बिब कॉक (d) लिफ्ट कॉक

10. निम्न में से कौन-सी कॉक, ठण्डे व गर्म जल को एक ही आउटलेट से बाहर निकालती है?
(a) सर्जन कॉक (b) लॉक कॉक
(c) मिक्सर होल कॉक (d) पुश कॉक

11. ड्रेन कॉक का उपयोग किया जाता है
(a) सार्वजनिक स्थानों पर (b) घरों की मेन लाइन में
(c) औद्योगिक इकाइयों में (d) इनमें से कोई नहीं

12. निम्न में से किस कॉक का स्पिण्डल नीचे की ओर निकला होता है?
(a) लिफ्ट कॉक (b) पुश कॉक (c) लॉक कॉक (d) साइड कॉक

13. तरल पदार्थों को नियन्त्रित करने के लिए पाइप लाइन के मध्य में निम्न में कौन-सी युक्ति लगाई जाती है?
(a) वाल्व (b) कॉक (c) कपलिंग (d) कण्ट्रोलर

14. जहाँ पाइप लाइन में अधिक ब्रांचे होती हैं वहाँ ब्रांच को कण्ट्रोल करने के लिए ········· का उपयोग किया जाता है।
(a) कॉक (b) वाल्व
(c) एल्बो (d) इनमें से कोई नहीं

15. ग्लोब वाल्व द्वारा ·········· को नियन्त्रित किया जा सकता है।
(a) द्रव (b) गैस
(c) 'a' और 'b' दोनों (d) स्लरीज

16. नीडिल वाल्व में जल के प्रवाह के सूक्ष्म कण्ट्रोल के लिए ······ लगाई जाती है।
(a) टेपर नीडिल (b) डिस्क
(c) बॉल (d) रबर की पैकिंग

17. चित्र में दर्शाए गए वाल्व की पहचान कीजिए।

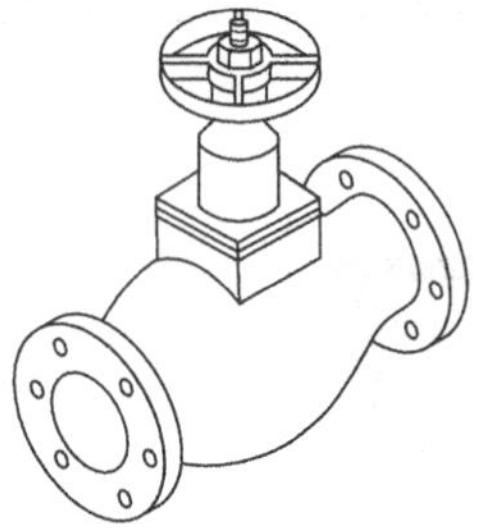

(a) नीडिल वाल्व (b) गेट वाल्व
(c) ग्लोब वाल्व (d) नॉन-रिटर्न वाल्व

18. गेट वाल्व में स्पिण्डल जुड़ा होता है
(a) डिस्क से (b) बॉडी से
(c) स्टफिंग बॉक्स से (d) हैण्ड व्हील से

19. नॉन–रिटर्न वाल्व का अन्य नाम है
(a) चैक वाल्व (b) रिफ्लक्स वाल्व
(c) 'a' और 'b' दोनों (d) स्लूस वाल्व

20. नॉन–रिटर्न वाल्व बने होते हैं
(a) कास्ट आयरन के (b) ब्रोंज के
(c) पीतल के (d) ये सभी

21. प्लग वाल्व का उपयोग निम्न में से किस वाल्व के स्थान पर किया जा सकता है?
(a) ग्लोब वाल्व (b) गेट वाल्व
(c) बॉल वाल्व (d) इनमें से कोई नहीं

22. ············ पाइप लाइन में वायु को उत्पन्न होने से रोकता है।
(a) स्क्रू वाल्व (b) नाइफ एज वाल्व
(c) स्लूस वाल्व (d) एयर रिलीफ वाल्व

23. प्लग वाल्व का प्रयोग ········· में भी किया जा सकता है।
(a) उच्च दाब (b) उच्च ताप
(c) 'a' और 'b' दोनों (d) इनमें से कोई नहीं

24. अम्ल, क्षार तथा विषैले तरल पदार्थों के नियन्त्रण हेतु ········ का उपयोग किया जाता है।
(a) लिफ्ट चैक वाल्व (b) बटरफ्लाई वाल्व
(c) पोपेट वाल्व (d) फ्लोटिंग वाल्व

25. ········· वाल्व मेन लाइन में स्लूस वाल्वों के साथ जुड़े होते हैं?
(a) पोपेट (b) फ्लोटिंग
(c) डायफ्राम वाल्व (d) स्क्रू वाल्व

26. बटरफ्लाई वाल्व की कार्यप्रणाली किस वाल्व की कार्यप्रणाली के समान होती है?
(a) गेट वाल्व (b) एयर रिलीफ वाल्व
(c) बॉल वाल्व (d) प्लग वाल्व

27. गेट वाल्व को किस अन्य नाम से जाना जाता है?
(a) स्लूस वाल्व (b) ग्लोब वाल्व
(c) 'a' और 'b' दोनों (d) नीडिल वाल्व

28. निम्न चित्र में प्रदर्शित वाल्व को पहचानिए।

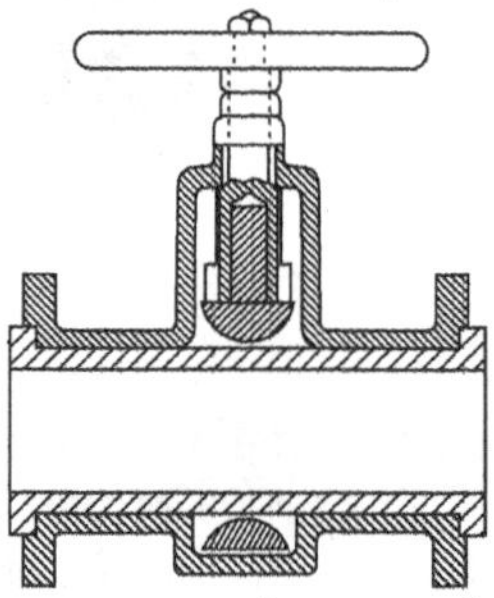

(a) बॉल वाल्व (b) बटरफ्लाई वाल्व (c) पिंच वाल्व (d) गेट वाल्व

29. पिंच वाल्व में तरल के प्रवाह को रोकने के लिए ······ का उपयोग किया जाता है।
(a) डिस्क (b) बॉल (c) प्लग (d) रबर ट्यूब

30. प्रैशर रिलीफ वाल्व के निम्न चित्र में 'X' द्वारा प्रदर्शित भाग का नाम बताइए।

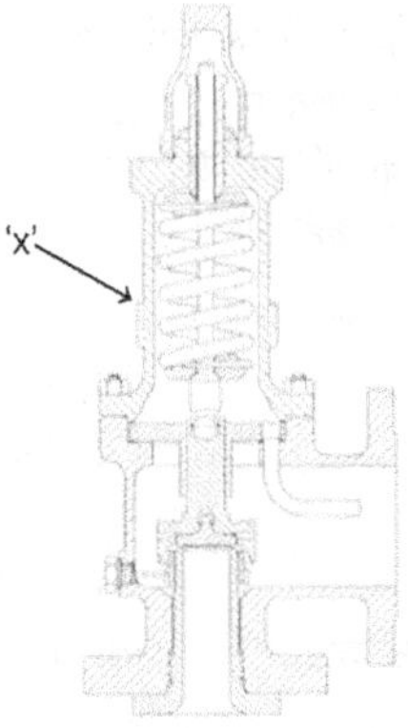

(a) स्प्रिंग (b) बोनट (c) नॉजल (d) रिंग

उत्तरमाला

1. (c)	**2.** (c)	**3.** (c)	**4.** (a)	**5.** (d)	**6.** (c)	**7.** (b)	**8.** (d)	**9.** (b)	**10.** (c)
11. (b)	**12.** (d)	**13.** (a)	**14.** (b)	**15.** (c)	**16.** (a)	**17.** (c)	**18.** (c)	**19.** (c)	**20.** (d)
21. (b)	**22.** (d)	**23.** (c)	**24.** (b)	**25.** (b)	**26.** (c)	**27.** (a)	**28.** (c)	**29.** (d)	**30.** (b)

अध्याय 19

सेनेटरी फिटिंग्स

Sanitary Fittings

वर्तमान में लोगों की सुख-सुविधाओं तथा घरों की साफ-सफाई को ध्यान में रखते हुए घरों/भवनों में सेनेटरी फिटिंग्स का उपयोग किया जाता है। ये सेनेटरी फिटिंग्स घरों व भवनों में दीवारों के साथ स्थापित की जाती हैं। इन सेनेटरी फिटिंग्स की सहायता से घरों एवं भवनों का अपशिष्ट जल बाहर निकाला जाता है। इन सेनेटरी फिटिंग्स का उपयोग मानव अपशिष्ट को सीवर तक पहुँचाने के लिए भी किया जाता है।

सेनेटरी फिटिंग्स को सामान्यत: बाथ फिटिंग्स तथा सॉयल फिटिंग्स निम्न दो वर्गों में वर्गीकृत किया गया है। बाथ फिटिंग्स के अन्तर्गत वाश बेसिन, सिंक, बाथ-टब, ड्रिंकिंग फाउण्टेन इत्यादि आते हैं जबकि सॉयल फिटिंग्स के अन्तर्गत वाटर क्लोजेट, यूरिनल, फ्लशिंग सिस्टर्न इत्यादि आते हैं। प्रस्तुत अध्याय में, इन्ही सेनेटरी फिटिंग्स का विस्तृत वर्णन किया गया है।

अध्याय विषय सूची

19.1 सेनेटरी फिटिंग्स डिजाइन का सिद्धान्त

Principle of Sanitary Fitting Design

सेनेटरी फिटिंग को डिजाइन करने के लिए निम्नलिखित मुख्य सिद्धान्तों का अनुसरण करना चाहिए

(i) सभी सेनेटरी फिटिंग्स अच्छे नॉन-पोरस (non-porous) मैटेरियल की बनी होनी चाहिए। नॉन-पोरस मैटेरियल को साफ करना सरल होता है। इसलिए नॉन-पोरस मैटेरियल से बनी सेनेटरी फिटिंग्स आसानी से साफ हो जाती है।

(ii) सभी सेनेटरी फिटिंग्स के जोड़ पूर्णत: मजबूत होने चाहिए।

(iii) सभी सेनेटरी फिटिंग्स को मजबूती से क्लैम्प होने की व्यवस्था होनी चाहिए।

(iv) सेनेटरी फिटिंग्स के सभी कोने (corner) गोलाई में होने चाहिए।

(v) सेनेटरी फिटिंग्स के जोड़ (joints) इस प्रकार लगे होने चाहिए कि उनकी आसानी से साफ-सफाई हो सके।

19.2 सेनेटरी फिटिंग्स का विवरण

Description of Sanitary Fittings

घरों एवं इमारतों में अपशिष्ट जल को निकास प्रणाली तक पहुँचाने के लिए विभिन्न प्रकार की सेनेटरी फिटिंग्स का उपयोग किया जाता है। सामान्यत: उपयोग की जाने वाली सेनेटरी फिटिंग्स के विवरण को अग्रपृष्ठ पर वर्णित किया गया है।

1. सिंक Sink

सिंक का उपयोग मुख्य रूप से रसोईघर में बर्तन धोने के लिए किया जाता है। अपशिष्ट जल के सिंक से बाहर निकलने के लिए इसके बीच में एक छिद्र बना होता है। इस छिद्र से एक निकास पाइप जुड़ा होता है। जिसके माध्यम से अपशिष्ट जल सीवर में पहुँचता है। सिंक को इस प्रकार डिजाइन किया जाता है कि इसमें जल छिद्र से होकर सरलतापूर्वक बाहर निकल जाए।

बाजार में विभिन्न डिजाइनों व आकारो के सिंक उपलब्ध हैं। ये सिंगल, डबल एवं ट्रिपल कम्पार्टमेण्ट मॉडल में आते हैं। जिस सिंक में दोनों कम्पार्टमेण्ट समान साइज के होते हैं वह डबल कम्पार्टमेण्ट सिंक होता है जोकि सबसे अधिक प्रयोग किया जाने वाला सिंक है। घेरलू उपयोग के लिए प्रयुक्त सिंक के कम्पार्टमेण्ट का साइज प्राय: 15 से 18 इंच तक रखा जाता है। चित्र निम्न में डबल कम्पार्टमेण्ट वाले सिंक को दर्शाया गया है

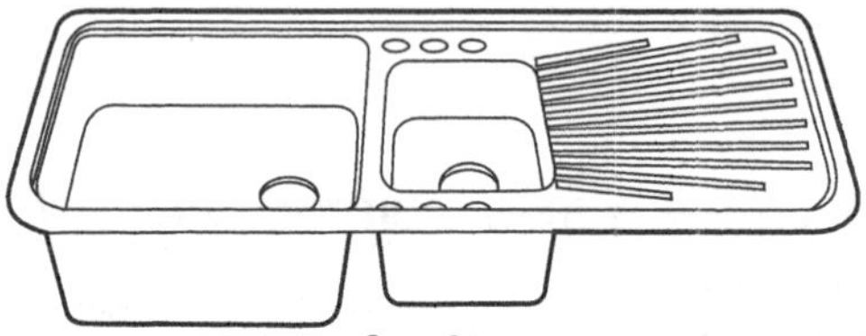

चित्र सिंक

सिंक को बनाते समय उसकी आन्तरिक ढाल (slope) का विशेष ध्यान रखा जाता है। सिंक में ढाल इस प्रकार होना चाहिए कि सिंक का सम्पूर्ण जल इसके छिद्र से होकर बाहर निकल जाए। सिंक को बनाते समय इसकी गहराई का भी ध्यान रखा जाता है। प्राय: सिंक की गहराई 200 से 300 मिमी के बीच रखी जाती है। घरों एवं प्रयोगशाला में प्रयुक्त किए जाने वाले सिंक की माप को निम्न सारणी में दिया गया है

सारणी सिंक की माप

रसोई सिंक	$600 \times 450 \times 150$ मिमी
	$600 \times 450 \times 250$ मिमी
	$750 \times 450 \times 250$ मिमी
प्रयोगशाला सिंक	$400 \times 250 \times 150$ मिमी
	$450 \times 300 \times 150$ मिमी
	$500 \times 350 \times 150$ मिमी
	$600 \times 400 \times 200$ मिमी

सिंक की स्थापना Installation of Sink

सिंक को स्थापित करने के लिए सिंक, ब्रैकेट तथा PVC वेस्ट पाइप को एक-दूसरे से जोड़ा जाता है। सिंक को स्थापित करने के लिए निम्न पदों का अनुसरण किया जाता है

(*i*) सर्वप्रथम सिंक के ले-आउट का मापन करें।

(*ii*) सिंक लगाने के लिए दीवार पर कास्ट आयरन या टी-आयरन के ब्रैकेट लगाएँ।

(*iii*) PVC यूनियन को 40 मिमी व्यास के GI पाइप या PVC पाइप के साथ कनैक्ट करें तथा इसके पश्चात् इस पाइप को टैप से कनैक्ट करें।

(*iv*) सिंक को फर्श से लगभग 80 सेमी ऊँचाई पर स्थापित करें।

यदि सिंक के साथ ड्रेन बोर्ड (drain board) का भी प्रयोग किया जा रहा है तो ड्रेन बोर्ड को लगाने के लिए निम्न पदों का अनुसरण करें

(*i*) सर्वप्रथम ड्रेन बोर्ड के डिजाइन की जाँच करें। ध्यान रखें कि ड्रेन बोर्ड का डिजाइन इस प्रकार हो कि इससे सभी अपशिष्ट मैटेरियल, सिंक में पहुँच जाएँ।

(*ii*) ड्रेन बोर्ड के किनारे की जाँच करें। ड्रेन बोर्ड के किनारे पर कम-से-कम 15 मिमी का बॉर्डर अवश्य होना चाहिए। जिससे कि जल ड्रेन बोर्ड से बाहर न निकले।

(*iii*) बोर्ड का एक सिरा सिंक पर टिकाएँ तथा दूसरे सिरे को ब्रैकेट पर रखकर बोर्ड को फिट करें।

2. वाश बेसिन Wash Basin

वाश-बेसिन का उपयोग मुख्य रूप से घरों, होटलों, कार्यालयों इत्यादि में हाथ धोने के लिए किया जाता है। वाश-बेसिन बनाने के लिए पॉर्सिलेन, स्टील या चीनी मिट्टी का उपयोग किया जाता है। वाश-बेसिन की निचली सतह में एक गोल आकृति की जाली लगी होती है जिसमें से कोई भी बड़ी वस्तु बहकर बाहर नहीं जाती है। वाश-बेसिन में एक प्लग का उपयोग किया जाता है जो एक जंजीर के साथ जुड़ा होता है।

जब वाश-बेसिन में जल एकत्र करना होता है तो इस प्लग को वेस्ट पाइप के मुँह पर इस प्रकार लगा देते हैं कि वैस्ट पाइप का मुँह पूर्णत: बन्द हो जाए। वाश बेसिन के सिरे पर एक टैप भी लगी होती है जिसमें से जल बाहर निकलता है। वर्तमान में दो टैप वाले वाश-बेसिन भी उपयोग किए जाते हैं जिनमें से एक टैप से गर्म जल तथा दूसरे से ठण्डा जल आता है। नीचे चित्र में वाश-बेसिन को दर्शाया गया है

चित्र वाश बेसिन

बाजार में वाश-बेसिन विभिन्न आकृतियों तथा साइजों में मिलते हैं परन्तु अधिकतर फ्लैट बैक तथा एंगिल बैक वाले वाश-बेसिनों का ही उपयोग किया जाता है।

फ्लैट बैक वाश-बेसिन को समतल दीवार पर फिट करने के लिए डिजाइन किया जाता है। ये वाश-बेसिन सिंगल या डबल टोंटी वाले छिद्रों के होते हैं। एंगिल वाश-बेसिन को दीवारों के कोनों पर स्थापित किया जाता है।

वर्तमान में इस्पात, एल्युमीनियम व प्लास्टिक से बने वाश-बेसिनों का भी उपयोग किया जाने लगा है। इन वाश-बेसिनों को फिट करने के लिए ब्रैकेट्स (brackets) का उपयोग किया जाता है। प्राय: सभी प्रकार के वाश-बेसिनों को सिंगल पीस (single piece) में डिजाइन किया जाता है। इसके अतिरिक्त वाश-बेसिन के सभी आन्तरिक कोण भी इस प्रकार बने होने चाहिए कि इन्हें सरलतापूर्वक साफ किया जा सके।

वाश-बेसिन की स्थापना Installation of Wash Basin

वाश-बेसिन को स्थापित करने के लिए वाश-बेसिन, पाइप ब्रैकिट तथा PVC यूनियन को क्रमानुसार जोड़ा जाता है। वाश-बेसिन को स्थापित करने के लिए निम्न पदों का अनुसरण करना चाहिए।

(*i*) सर्वप्रथम, वाश-बेसिन हेतु स्थान का चयन करें।

(*ii*) वाश-बेसिन को स्थापित करने के लिए दीवार में ब्रैकेट्स फिट करें।

(*iii*) कैन्टीलीवर ब्रैकेट को $100 \times 75 \times 100$ मिमी वाले सीमेण्ट मसाले के ब्लॉक में दबाएँ।

(*iv*) धरातल से वाश-बेसिन की ऊँचाई का निर्धारण करें। ध्यान रखें की धरातल से वाश-बेसिन की ऊँचाई 80 सेमी से कम या अधिक न हो।

(*v*) वाश-बेसिन को ब्रैकेट पर रखें तथा इसे बोल्ट से कस दें।

(*vi*) इसके पश्चात् वाश-बेसिन व दीवार के बीच के खाली स्थान सीलेन्ट (sealent) से भर दें तथा दीवार के प्लास्टर को पहले जैसा बनाकर उस पर पेन्ट (paint) कर दें।

(*vii*) यूनियन को 32 सेमी व्यास वाले निकास पाइप से जोड़ने के पश्चात् पाइप को ट्रैप से जोड़ दें।

(*viii*) अन्त में वाश-बेसिन को जल-स्रोत से जोड़ दें।

वाश-बेसिन लगाने की विधियाँ
Method of installation of Wash-Basin

वाश-बेसिन को फिट करने के लिए निम्न तीन विधियों का उपयोग किया जाता है

(*i*) **कैन्टलीवर ब्रैकेट विधि** (Cantliver bracket method) इस विधि में कैन्टलीवर ब्रैकेट्स को सीमेण्ट-कंक्रीट द्वारा दीवार में फिट किया जाता है। इसके पश्चात् वाश-बेसिन को कैन्टलीवर ब्रैकेट्स पर रखकर फिट कर दिया जाता है। सामान्यत: वाश-बेसिन को फिट करने के लिए कास्ट-आयरन के बने कैन्टलीवर ब्रैकेट का उपयोग किया जाता है।

(*ii*) **टॉवल रेल ब्रैकेट विधि** (Towel rail bracket method) इस विधि में सर्वप्रथम टॉवल रेल ब्रैकिटों को दीवार में स्क्रुओं की सहायता से फिट किया जाता है। दीवार में लकड़ी या प्लास्टिक की गिट्टियों पर स्क्रुओं को कसा जाता हैं। ब्रैकेट्स फिट करने के पश्चात्, इन ब्रैकेट्स पर वाश-बेसिन रखकर फिट कर दिया जाता है।

(*iii*) **पैडेस्टल विधि** (Pedestal method) इस विधि में वाश-बेसिन को पैडेस्टल पर रखकर सीधे ही फिट कर दिया जाता है। पैडेस्टल प्राय: उसी मैटेरियल से बने होते हैं जिससे वाश-बेसिन बना होता है। वाश-बेसिन का आकार, इसकी चौड़ाई से निर्दिष्ट किया जाता है।

3. बाथ-टब Bath Tub

जैसा कि इसके नाम से ही स्पष्ट है, कि वह सेनेट्री फिटिंग जिसमें मनुष्य बैठकर अथवा लेटकर स्नान कर सकता है, बाथ-टब कहलाती है। बाथ-टब बनाने के लिए, इनेमल आयरन, स्टील, संगमरमर, प्लास्टिक तथा फायर क्ले (fire-clay) का उपयोग किया जाता है। बाजार में बाथ-टब विभिन्न साइजों तथा आकृतियों में मिलते हैं। प्राय: 5 फुट लम्बाई वाले बाथ-टब को एक मानक लम्बाई का बाथ-टब माना जाता है। परन्तु वर्तमान में इससे अधिक लम्बाई के बाथ-टबों का उपयोग भी किया जाने लगा है। नीचे चित्र में एक बाथ-टब को दर्शाया गया है

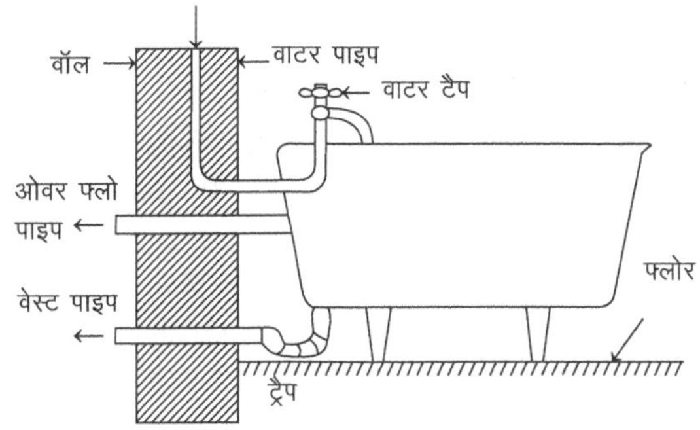

चित्र बाथ-टब

बाथ-टब प्राय: दो प्रकार के होते हैं- समान्तर बाथ-टब तथा टेपर बाथ टब। समान्तर बाथ-टब वे होते हैं जो सम्पूर्ण लम्बाई में समान्तर होते हैं। इस प्रकार के बाथ-टब में अधिक जल आता है।

टेपर बाथ-टब, ऊपरी किनारे से अधिक लम्बे तथा नीचे से कम लम्बे होते हैं अर्थात् ये टेपर में बने होते हैं। इस प्रकार के बाथ-टब में कम जल आता है।

बाथ-टब में तीन प्रकार के पाइप फिट रहते हैं- एक इनलेट पाइप, एक आउटलेट पाइप तथा एक ओवर फ्लो पाइप।

इनलेट पाइप से जल, बाथ-टब में आता है जबकि स्नान करने के बाद बाथ-टब के जल को बाहर निकालने के लिए आउटलेट पाइप, प्रयुक्त किया जाता है। ओवर फ्लो पाइप, टब के अतिरिक्त जल को बाहर निकालने के लिए प्रयोग किया जाता है।

बाथ-टब में दो टैप भी लगी होती हैं जिनमें से एक टैप में गर्म पानी तथा दूसरे टैप में ठण्डा पानी आता है। समान्तर तथा टेपर दोनों प्रकार के बाथ-टबों की कुल ऊँचाई 55 से 60 सेमी रखी जाती है। प्राय: बाथ-टब का साइज निम्न प्रकार दिया जाता है

(*i*) 1.7 मी $\times$ 50 सेमी $\times$ 44 सेमी

(*ii*) 1.85 मी $\times$ 70 सेमी $\times$ 45 सेमी

बाथ-टब की स्थापना Installation of Bath Tub

बाथ-टब की स्थापना से आशय, उसमें पाइप, निकास छिद्र, ओवर फ्लो पाइप, शावर (shower), वेस्ट पाइप इत्यादि को क्रमबद्ध तरीके से लगाना है। बाथ-टब की स्थापना के लिए निम्न पदों का अनुसरण किया जाता है

(*i*) सर्वप्रथम, बाथ-टब स्थापित करने के लिए स्थान का चयन करें। वह स्थान जहाँ पर बाथ-टब स्थापित करना है, इतना बड़ा होना चाहिए, कि बाथ-टब के स्थापित हो जाने के पश्चात् ड्रेन के लिए पर्याप्त जगह बच जाए।

(*ii*) फर्श, जिस पर बाथ-टब रखा जाना है, को समतल करें।

(*iii*) बाथ-टब को समतल फर्श पर रखकर, क्लैम्प द्वारा कस दें।

(*iv*) बाथ-टब पर लगी टैप को पाइपों के माध्यम से ठण्डे व गर्म पानी की सप्लाई लाइन से कनैक्ट कर दें तथा शावर को नट व वाशर की सहायता से कस दें।

(*v*) अन्त में बाथ-टब के ओवर फ्लो पाइप व वेस्ट पाइप को ड्रेन (drain) से जोड़ दें।

4. ड्रिंकिंग फाउण्टेन Drinking Fountain

ड्रिंकिंग फाउण्टेन का उपयोग पीने के पानी के लिए किया जाता है। यह प्राय: चीनी मिट्टी (fire clay) का बना होता है। जिस पर इनेमल (enamal) की परत चढ़ी होती है।

इसे ऑटोमैटिक या मैनुअली दोनों प्रकार से प्रचालित किया जा सकता है। इसकी आकृति वर्गाकार या आयताकार होती है। ड्रिंकिंग फाउण्टेन को प्रत्यक्ष या अप्रत्यक्ष किसी भी विधि द्वारा स्थापित किया जा सकता है। नीचे चित्र में ड्रिंकिंग फाउण्टेन को दर्शाया गया है।

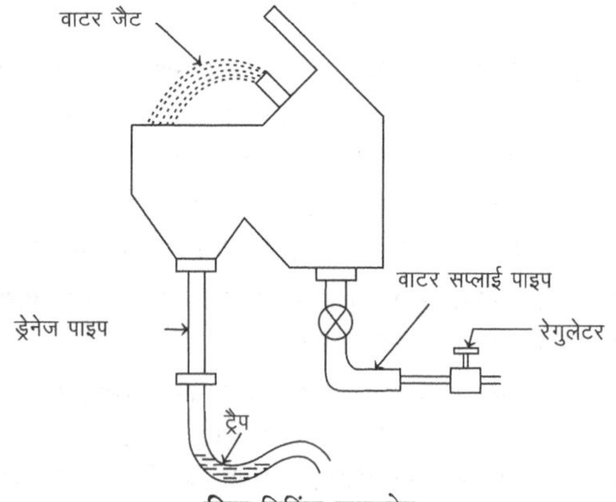

चित्र ड्रिंकिंग फाउण्टेन

ड्रिंकिंग फाउण्टेन में एक इनलेट तथा एक आउटलेट पाइप लगा होता है। ड्रिंकिंग फाउण्टेन का उपयोग प्राय: ऐसे स्थानों पर किया जाता है जहाँ अधिक भीड़ जमा रहती है इन्हें प्राय: रेलवे स्टेशन, स्कूल, होटल तथा कार्यालयों में स्थापित किया जाता है। इसमें एक हैण्डिल लगा होता है। जिसे घुमाने पर यह प्रचालित हो जाता है।

5. वाटर क्लोजेट Water Closet

वाटर क्लोजेट, सेनेट्री की वह फिटिंग है जिसका उपयोग मानव अपशिष्ट को हाइजेनिक प्रक्रम द्वारा एकत्र करने तथा निष्कासित करने के लिए किया जाता है।

वाटर क्लोजेट, चीनी मिट्टी (china clay) के बनाए जाते हैं तथा इसकी आन्तरिक सतह को स्मूथ बनाया जाता है, जिससे कि मानव अपशिष्ट सरलतापूर्वक प्रवाहित हो सके। वाटर क्लोजेट के पैन (pan) तथा टैप दो मुख्य भाग होते हैं

पैन, वाटर क्लोजेट का वह भाग होता है जिस पर बैठकर मानव, अपशिष्ट का त्याग करता है जबकि ट्रैप, वाटर क्लोजेट के नीचे लगी रहती है। ट्रैप, सीवर की बदबूदार गैसों को बाहर नहीं आने देती है। वाटर क्लोजेट अग्रलिखित तीन प्रकार के होते हैं

(i) इण्डियन टाइप वाटर क्लोजेट Indian Type Water Closet

इण्डियन टाइप वाटर क्लोजेट, वर्तमान में सर्वाधिक उपयोग किया जाने वाला वाटर क्लोजेट है। गाँवों तथा कस्बों में मुख्यत: इसी प्रकार के वाटर क्लोजेट का उपयोग किया जाता है। इस वाटर क्लोजेट को फर्श में स्थापित किया जाता है। इसमें सीट के दोनों तरफ पैर रखने के लिए प्लेट लगी होती हैं। निम्न चित्र में इण्डियन टाइप वाटर क्लोजेट को दर्शाया गया है

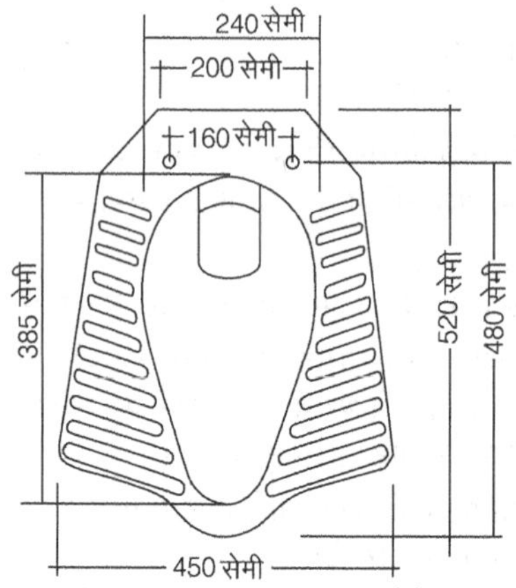

चित्र इण्डियन टाइप वाटर क्लोजेट

(ii) यूरोपियन टाइप वाटर क्लोजेट European Type Water Closet

यूरोपियन टाइप वाटर क्लोजेट को सिंगल पीस (single piece) में बनाया जाता है। इसका उपयोग मुख्यत: होटलों, बड़ी इमारतों इत्यादि में स्थापित किया जाता है। इस वाटर क्लोजेट को फर्श पर फिट कर दिया जाता है तथा इसमें बैठने के लिए कुर्सीनुमा सीट बनी होती है। इस वाटर क्लोजेट में फ्लशिंग सिस्टर्न दीवार पर फिट किया जाता है। यह वाटर क्लोजेट भी चीनी मिट्टी की बनी होती है तथा अन्दर से स्मूथ रहती है। इसमें *P*-टाइप या *S*-टाइप ट्रैप लगाए जाते हैं।

इन्हें इण्डियन टाइप वाटर क्लोजेट की अपेक्षा कम स्थान की आवश्यकता पड़ती है। फ्लश टैंक या सिस्टर्न को पाइप द्वारा वाटर क्लोजेट से कनैक्ट कर दिया जाता है। वर्तमान में साइफोनिक यूरोपियन टाइप वाटर क्लोजेट का उपयोग अधिकतर किया जाता है इसमें पैडेस्टल की ऊँचाई 390 मिमी जबकि सिस्टर्न की ऊँचाई 900 मिमी रखी जाती है। नीचे चित्र में यूरोपियन टाइप वाटर क्लोजेट को दर्शाया गया है

चित्र यूरोपियन टाइप वाटर क्लोजेट

(iii) एंग्लो-इण्डियन वाटर क्लोजेट
Anglo-Indian Water Closet

यह वाटर क्लोजेट, इण्डियन तथा यूरोपियन टाइप क्लोजेट का मिश्रित रूप होता है। ऊपर से देखने पर यह इण्डियन टाइप तथा इसके बेस से देखने पर यह यूरोपियन टाइप वाटर क्लोजेट दिखाई देता है। इस वाटर क्लोजेट को इण्डियन तथा यूरोपिन दोनों प्रकार से उपयोग में लाया जा सकता है। इसे फिट करने के लिए, यूरोपियन टाइप वाटर क्लोजेट विधि प्रयोग में लाई जाती है तथा इसके साथ लो लेवल फ्लशिंग सिस्टर्न का प्रयोग किया जाता है। नीचे चित्र में एंग्लो-इण्डियन वाटर क्लोजेट को दर्शाया गया है।

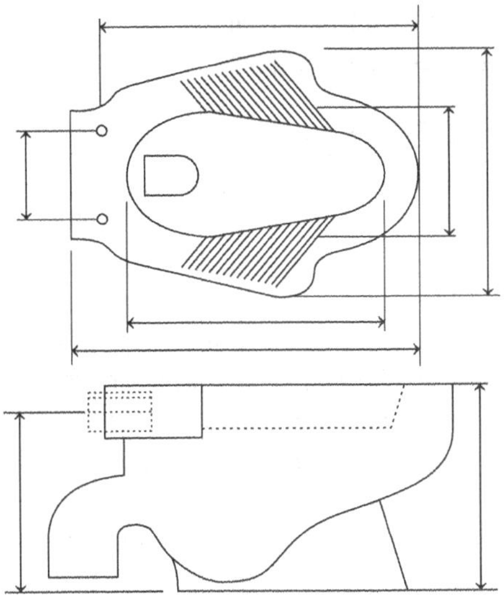

चित्र एंग्लो इण्डियन वाटर क्लोजेट

वाटर क्लोजेट की स्थापना Installation of Water Closet

वाटर क्लोजेट की स्थापना करने के लिए फ्लशिंग यूनिट, ट्रैप, रिंच, पाइप सीलेन्ट, छेनी इत्यादि की आवश्यकता होती है। वाटर क्लोजेट को स्थापित करने के लिए निम्नलिखित पदों का अनुसरण किया जाता है

(*i*) सर्वप्रथम, वाटर क्लोजेट की विमाओं (dimensions) की जाँच करें।

(*ii*) बाथरूम के फर्श, जहाँ पर वाटर क्लोजेट को स्थापित करना है, पर ड्रेन पाइप को सेन्टर मानकर स्थान का निर्धारण करें।

(*iii*) निर्धारित किए गए स्थान पर टाइल्स निकालकर जगह बनाए।

(*iv*) ड्रेन पाइप के होल (hole) पर, रिंग, वाशर तथा सीलेन्ट लगाएँ तथा इस पर वाटर क्लोजेट को रखें।

(*v*) अन्त में वाटर क्लोजेट को फ्लशिंग यूनिट से कनैक्ट करके सीलेन्ट (sealent) लगा दें।

6. यूरिनल Urinal

यूरिनल, सेनेट्री की वह फिटिंग है जिसका उपयोग यूरिन के त्याग करने हेतु किया जाता है। इसका उपयोग मुख्यत: कार्यालयों, होटलों, रेलवे-स्टेशन, बस-स्टेशन इत्यादि पर किया जाता है। ये चीनी मिट्टी के बने होते हैं। बाजार में विभिन्न प्रकार के यूरिनल मिलते हैं। यूरिनल अग्रलिखित प्रकार के होते हैं

(i) बाउल या बेसिन टाइप यूरिनल
Bowl or Basin Type Urinal

इस प्रकार का यूरिनल, बाउल की आकृति का होता है तथा सिंगल पीस में बना होता है। इस प्रकार के यूरिनल दीवार में फिट किए जाते हैं। दीवार में फिट करने के लिए इनकी बैक साइड पर दो होल (hole) बने होते हैं।

इन यूरिनलों के ऊपर एक फ्लश बैण्ट (flush bent) लगा होता है जिसका सम्पर्क फ्लशिंग सिस्टर्न से रहता है। नीचे चित्र में बाउल टाइप यूरिनल को दर्शाया गया है

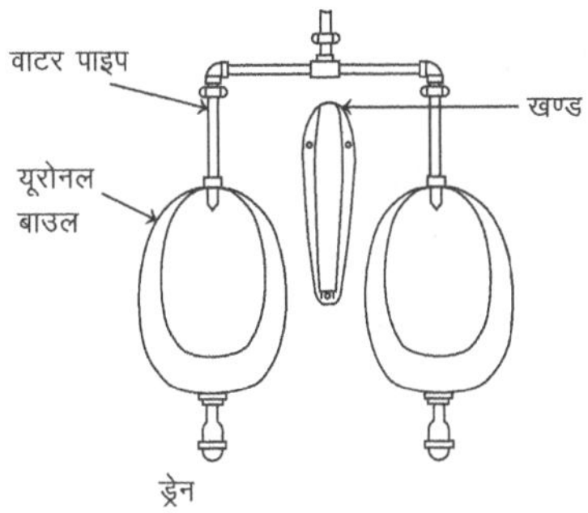

चित्र बाउल टाइप यूरिनल

(ii) स्टाल टाइप यूरिनल Stall Type Urinal

स्टाल टाइप यूरिनल का उपयोग ऐसे स्थानों पर किया जाता है। जहाँ अधिक लोग आते जाते रहते हैं। ये यूरिनल फायर क्ले के बनाए जाते हैं। इन यूरिनल के बीच में एक स्क्रीन लगी होती है, जिसकी ऊँचाई व चौड़ाई क्रमश: 1200 मिमी व 250 मिमी होती है।

जिस पर यूरिन किया जाता है, उसे स्टाल कहते हैं इसकी ऊँचाई 1200 मिमी तथा चौड़ाई 600 मिमी रखी जाती है। इस प्रकार के यूरिनलों में भी स्वचालित फ्लशिंग यूनिट लगी रहती है जो प्रत्येक यूरिनल को जल की सप्लाई करती है। आगे चित्र में स्टाल टाइप यूरिनल को दर्शाया गया है

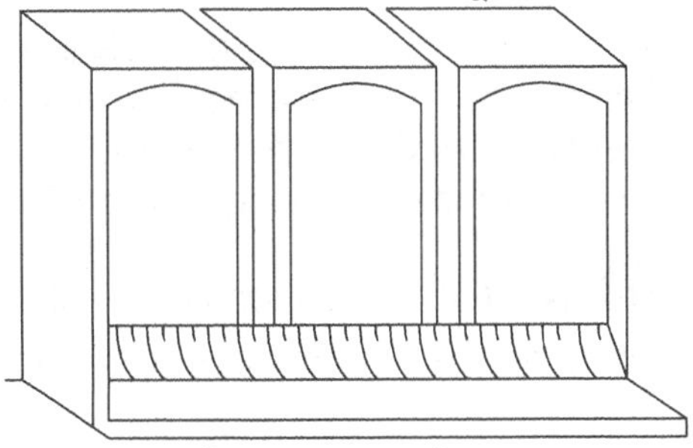

चित्र स्टाल टाइप यूरिनल

(iii) वाटर लैस यूरिनल Water less Urinals

इस प्रकार के यूरिनल का उपयोग ऐसे स्थानों पर किया जाता है जहाँ जल की कमी होती है। चूँकि इस यूरिनल में जल की आवश्यकता नहीं होती है। इसलिए इस यूरिनल में जल हेतु फ्लशिंग यूनिट भी नहीं लगी होती है। इस यूरिनल का साइज सामान्यत: $60 \times 30 \times 31.5$ सेमी रखा जाता है। बच्चों के लिए इस यूरिनल के बेसिन को धरातल से 37.5 सेमी की ऊँचाई पर फिट किया जाता है तथा बड़ों के लिए इस यूरिनल (WLU) को 65 सेमी की ऊँचाई पर स्थापित किया जाता है।

चित्र में वाटर लैस यूरिनल को दर्शाया गया है।

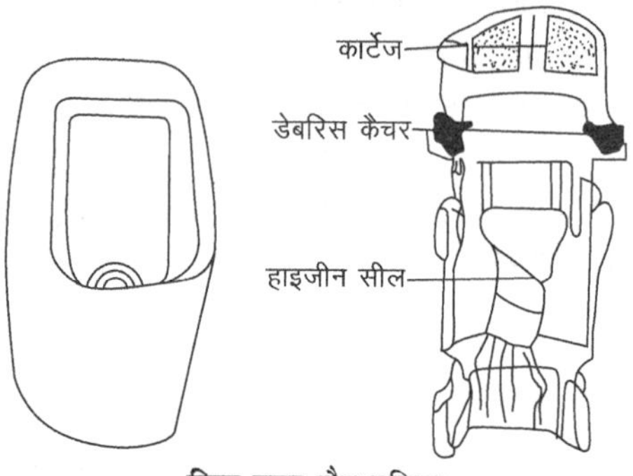

चित्र वाटर लैस यूरिनल

(iv) सेन्सो टाइप यूरिनल Senso Type Urinal

सेन्सो टाइप यूरिनल, विट्रेस चाइना क्ले के बनाए जाते हैं। इस प्रकार के यूरिनल्स में एक सेन्सर का प्रयोग किया जाता है। जब इस यूरिनल को उपयोग में लाया जाता है तब यह सेन्सर, यूरिन को सेन्स (sense) कर लेता है तथा फ्लशिंग यूनिट को कमाण्ड भेज देता है जिससे फ्लशिंग यूनिट, जल को फ्लैश कर देती है। यह यूरिनल स्वचालित प्रकार के होते हैं।

नीचे चित्र में सेन्सों प्रकार के यूरिनल को दर्शाया गया है

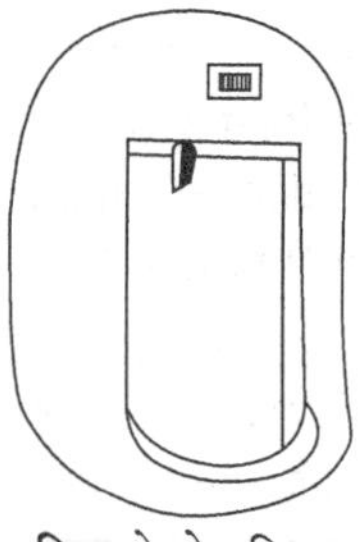

चित्र सेन्सो यूरिनल

इस यूरिनल का बेसिन बच्चों के लिए 37.5 सेमी की ऊँचाई पर तथा बड़ों के लिए 65 सेमी की ऊँचाई पर फिट किया जाता है। बच्चों के लिए सेन्सों प्रकार के यूरिनल विभिन्न साइजों एवं आकृति में मिलते हैं जैसे–$84.5 \times 48.5 \times 37.0$ सेमी $61.0 \times 3.0 \times 37.0$ सेमी इत्यादि।

यूरिनल की स्थापना Installation of Urinal

यूरिनल की स्थापना करने के लिए निम्नलिखित बिन्दुओं का अनुसरण किया जाता है

(*i*) यूरिनल को सपोर्ट प्रदान करने के लिए दीवार पर ब्रैकेट्स फिट करें।
(*ii*) यूरिनल को कॉलर, वाशर तथा बोल्ट का उपयोग करके चयनित स्थान पर लगा दें।
(*iii*) ध्यान रखे कि यूरिनल की धरातल से ऊँचाई 24 इंच से कम न हों।
(*iv*) ड्रेन, पाइप, सप्लाई पाइप तथा निकास पाइप को यूरिनल के निर्धारित स्थान पर फिट करें।
(*v*) फ्लश वाल्व को यूरिनल के ऊपर लगाएँ। फ्लश वाल्व लगाने के लिए, स्टड का उपयोग करें।
(*vi*) यूरिनल को स्थापित करने के पश्चात् इसके लीकेज की जाँच करें।
(*vii*) यदि यूरिनल में कहीं लीकेज है तो उस स्थान पर सीलेन्ट लगा दें।
(*viii*) अन्त में यूरिनल को जल सप्लाई यूनिट से जोड़कर यूरिनल को उपयोग हेतु तैयार करें।

7. फ्लशिंग सिस्टर्न Flushing Cistern

फ्लशिंग सिस्टर्न का उपयोग मानव अपशिष्ट को प्रवाहित करने अर्थात् सीवर में पहुँचाने के लिए किया जाता है। फ्लशिंग सिस्टर्न को वाटर क्लोजेट तथा यूरिनल के ऊपर कम-से-कम 1 मीटर की ऊँचाई पर फिट किया जाता है। फ्लशिंग सिस्टर्न बनाने के लिए कास्ट आयरन, प्रैस्ड टिन तथा प्लास्टिक का उपयोग किया जाता है।

फ्लशिंग सिस्टर्न निम्न प्रकार के होते हैं

(i) बेल टाइप सिस्टर्न Bell Type Cistern

बेल टाइप सिस्टर्न में फ्लश (flush) करने के लिए एक बेल (bell) का उपयोग किया जाता है इसलिए इसे बैल टाइप सिस्टर्न के नाम से जाना जाता है। इसमें बेल के ऊपर एक लीवर फिट रहता है। इस लीवर से एक चेन (chain) जुड़ी रहती है। जब इस चेन को खींचा जाता है तो बेल ऊपर उठ जाती है जिसके फलस्वरूप इस सिस्टर्न का आउटलेट ओपन (open) हो जाता है और पानी तीव्र गति से फ्लश में गिर जाता है। सिस्टर्न से जल के गिरने की यह प्रक्रिया, साइफन प्रक्रिया कहलाती है।

इस सिस्टर्न द्वारा लगभग 5 लीटर जल फ्लश में गिरता है। फ्लश के आउटलेट का साइज लगभग 32 मिमी होता है। इसमें उपयोग किए जाने वाला ओवर फ्लो पाइप प्राय: गैल्वेनाइज्ड आयरन का बना होता है जिसका व्यास 20 मिमी होता है। इस सिस्टर्न को डोम टाइप फ्लशिंग सिस्टर्न के नाम से भी जाना जाता है।

नीचे चित्र में बेल टाइप फ्लशिंग सिस्टर्न को दर्शाया गया है

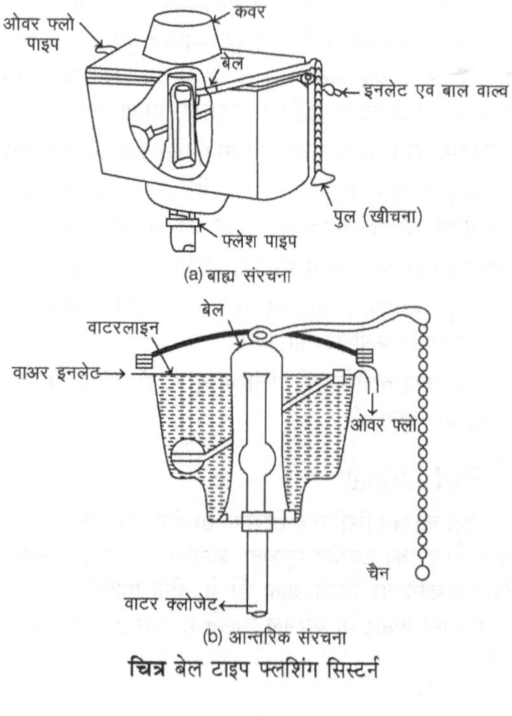

चित्र बेल टाइप फ्लशिंग सिस्टर्न

(ii) स्वचालित फ्लशिंग सिस्टर्न
Automatic Flushing Cistern

इस प्रकार के सिस्टर्न में एक U-प्रकार के साइफन पाइप का उपयोग किया जाता है। इस सिस्टर्न में इनलेट के ऊपर एक स्टॉप कॉक फिट रहता है जिससे पानी धीरे-धीरे स्वत: ही टंकी में आता रहता है। इस सिस्टर्न में एक फ्लोट वाल्व भी लगा होता है जो पानी के ओवर फ्लो होने पर जल के ऊपर तैरने लगता है इसके फलस्वरूप पानी, आउटलेट से बाहर निकलने लगता है जैसे ही टैंक में पानी का स्तर कम हो जाता है तो यह वाल्व वापस अपने स्थान पर वापस चला जाता है। स्वचालित सिस्टर्न का उपयोग सार्वजनिक स्थानों जैसे- कार्यालयों, बस-अड्डों, रेलवे-स्टेशन इत्यादि पर किया जाता है। नीचे चित्र में स्वचालित फ्लशिंग सिस्टर्न को दर्शाया गया है

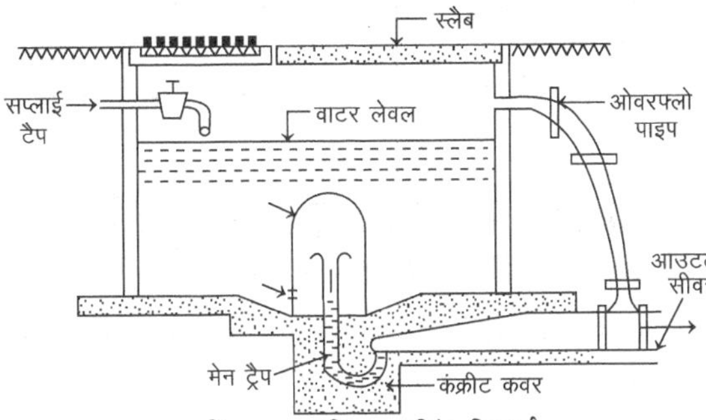

चित्र स्वचालित फ्लशिंग सिस्टर्न

(iii) फ्लैट टाइप सिस्टर्न Flat Type Cistern

फ्लैट टाइप सिस्टर्न में एक डिस्क का उपयोग किया जाता है। उस डिस्क के साथ लीवर जुड़ा होता है जिसके एक सिरे पर एक चेन लगी होती है। चेन को खींचने पर डिस्क ऊपर उठ जाती है तथा पानी फ्लश में गिर जाता है। इस सिस्टर्न को लो-डाउन (low down) सिस्टर्न के नाम से भी जाना जाता है। नीचे चित्र में फ्लैट टाइप सिस्टर्न को दर्शाया गया है।

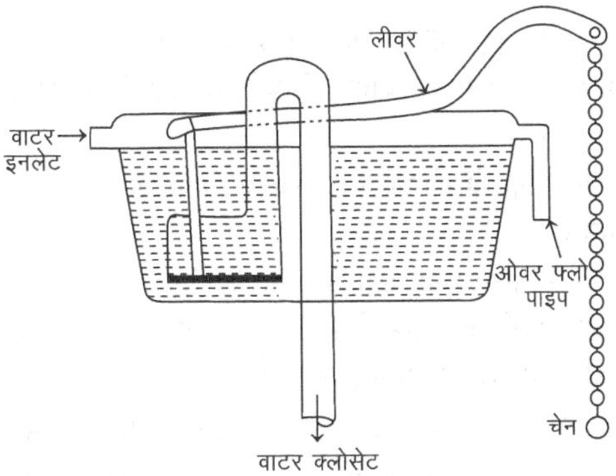

चित्र फ्लैट टाइप सिस्टर्न

(iv) कन्सील्ड सिस्टर्न Concealed Cistern

यह सिस्टर्न दीवार में अन्दर फिट रहती है। इस सिस्टर्न को उच्च गुणवत्ता वाली प्लास्टिक से बनाया जाता है। इस सिस्टर्न को फिट करते समय, इसकी फ्लैश प्लेट को दीवार से बाहर लगाया जाता है। इस फ्लैश प्लेट में दो बटन लगे होते हैं जिनमें से एक बटन को दबाने पर 3 या 6 लीटर पानी जबकि दूसरे बटन को 6 या 9 लीटर पानी फ्लश में गिरता है। नीचे चित्र में कन्सील्ड सिस्टर्न को दर्शाया गया है।

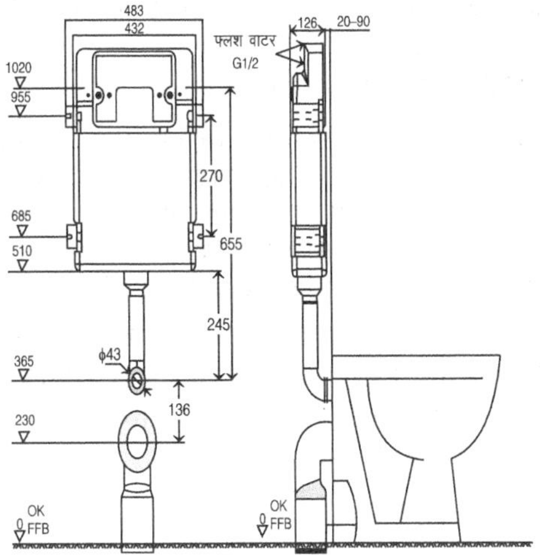

चित्र कन्सील्ड सिस्टर्न

बाजार में यह सिस्टर्न विभिन्न साइजों में मिलती है। कुछ मुख्य प्रकार की कन्सील्ड सील्ड के साइज निम्न प्रकार हैं

(a) $510 \times 410 \times 120$ मिमी

(b) $510 \times 450 \times 83$ मिमी

(c) $496 \times 412 \times 77.2$ मिमी

(d) $460 \times 450 \times 80$ मिमी

अच्छे फ्लशिंग सिस्टर्न के गुण
Qualities of Good Flushing Cistern

(i) फ्लशिंग सिस्टर्न की चेन खींचने पर पानी तीव्रता से फ्लश में गिरना चाहिए।

(ii) इससे पानी के फ्लश में गिरने की आवाज कम आनी चाहिए।

(iii) इसका ओवर-फ्लो पाइप सही प्रकार फिट रहना चाहिए जिससे कि फ्लोट वाल्व के कार्य न करने की स्थिति में भी पानी ओवर फ्लो पाइप से बाहर निकल जाए।

(iv) ऑटोमैटिक सिस्टर्न में बॉल वाल्व फिट रहना चाहिए जिससे कि सिस्टर्न से पानी स्वत: ही बाहर निकले और स्वत: ही बन्द हो जाए।

सेनेट्री फिटिंग्स चयन सम्बन्धी बिन्दु
Points Related to Choosing Sanitary Fittings

(i) सेनेटरी फिटिंग्स को अच्छी प्रकार से चैक कर लेना चाहिए कि उसमें कोई दरार या उसे वैल्ड तो नहीं किया गया है।

(ii) हमेशा किसी स्टैण्डर्ड कम्पनी की ही सेनेटरी फिटिंग्स खरीदनी चाहिए।

(iii) सदैव फुल व्यास की ही फिटिंग्स खरीदनी चाहिए।

(iv) सेनेटरी फिटिंग्स को हमेशा पाइप के व्यास के अनुसार ही खरीदना चाहिए।

(*v*) सेनेटरी फिटिंग्स अच्छे मैटेरियल की बनी होनी चाहिए।

(*vi*) सेनेटरी फिटिंग्स पर अम्ल या क्षार का कोई दुष्प्रभाव नहीं पड़ना चाहिए।

(*vii*) फिटिंग्स की फिनिशिंग की अच्छी प्रकार से जाँच कर लेनी चाहिए।

19.3 वाटर हैमर Water Hammer

जब कभी पाइप लाइन में अधिक गति से बहते जल को टैप अथवा वाल्वों की सहायता से रोका जाता है तो पाइप लाइन में जल का प्रेशर, सामान्य प्रेशर की तुलना में अचानक से 15-20 गुणा बढ़ जाता है जिसके फलस्वरूप पाइप लाइन में अचानक झटका लगने जैसे आवाज उत्पन्न होती है, जिसे 'वाटर हैमर' के नाम से जाना जाता है।

वाटर हैमर के कारण, पाइप लाइन के फटने, पाइप लाइन में लगे उपकरणों के क्षतिग्रस्त होने जैसी समस्याओं के उत्पन्न होने की सम्भावना कई गुना बढ़ जाती है। अत: पाइप लाइनों में वाटर हैमर से बचाव हेतु उपाय किए जाने अत्यन्त आवश्यक हैं।

वाटर हैमर से बचाव Prevention of Water Hammer

(*i*) पाइप लाइनों में जल के प्रवाह को रोकने के लिए टैप तथा वाल्वों को धीरे-धीरे बन्द करना चाहिए जिससे कि पाइप लाइन में जल के रुकने से अधिक प्रेशर उत्पन्न न हो।

(*ii*) यदि पाइप लाइन में जल का प्रेशर बहुत अधिक है और अन्य उपकरण पाइप लाइन के अन्तिम सिरे पर लगे हैं तो भी पाइप लाइन में वाटर हैमर की स्थिति उत्पन्न हो सकती है। इस स्थिति से बचने के लिए मुख्य लाइनों में एयर चैम्बर लगाने चाहिए।

(*iii*) पाइप लाइन में जल को भेजने वाले पम्प के वेग को घटाकर भी वाटर हैमर की समस्या से बचा जा सकता हैं।

(*iv*) पाइप लाइन में सदैव प्रेशर रिलीफ वाल्व का उपयोग करें।

(*v*) पाइप लाइन में सदैव एयर आउटलेट वाल्व का उपयोग करें। यह वाल्व पाइप लाइन के अतिरिक्त हवा के प्रेशर को कम कर देता है।

19.4 वेण्ट पाइप Vent Pipe

वह पाइप, जो सीवर तथा निकास प्रणाली से निकलने वाली दुर्गन्धयुक्त गैसों को घरों व भवनों के अन्दर प्रवेश करने से रोकता है, वेण्ट पाइप कहलाता है। वेण्ट पाइप, सीवर से निकलने वाली गैसों को वायुमण्डल में निकाल देता हैं। वेण्ट पाइप को वेण्ट स्टैक के नाम से भी जाना जाता है। जैसे- ड्रेन पाइप, घरों व भवनों से अपशिष्ट जल को बाहर सीवर में निकाल देता है उसी प्रकार वेण्ट पाइप सीवर की गैसों को वायुमण्डल में निकाल देता है।

यह प्लम्बिंग सिस्टम में ताजी हवा भी भेजता है जिससे ड्रेन पाइप में जल सुगमतापूर्वक प्रवाहित होता रहे। वेण्ट पाइप एक ऊर्ध्वाधर पाइप होता है जिसे सीवर, बाथरूम, शौचागार, वेस्ट पाइप व निकास पाइप से जोड़ा जाता है। यह पाइप, गैसों को वेण्ट के माध्यम से बाहर निकालकर, प्लम्बिंग सिस्टम में उचित वायुमण्डलीय दाब बनाए रखने में सहायता करता है।

वेण्ट पाइप के कार्य Functions of Vent Pipe

(*i*) प्लम्बिंग प्रणाली में वायुमण्डलीय हवा के प्रेशर को बनाए रखना।

(*ii*) विकास पाइपों से अपशिष्ट पदार्थों को बाहर निकालने में सहायता करना।

(*iii*) सीवर व निकास पाइपों की दुर्गन्ध को घरों में प्रवेश करने से रोकना।

(*iv*) घरों में स्वच्छ वातावरण बनाए रखना।

वेण्ट पाइप का साइज Size of Vent Pipe

वेण्ट पाइपिंग का साइज, ड्रेन पाइप की लम्बाई तथा ड्रेन से संयोजित फिक्स्चरों की संख्या पर निर्भर करता है। सामान्यत: वेण्ट पाइपिंग के लिए 32 सेमी व्यास वाले पाइपों का उपयोग किया जाता है। इसके अतिरिक्त वेण्ट पाइप की सतह से ऊँचाई 150 मिमी से अधिक रखी जाती है जिससे कि सीवर से निकलने वाली गैसे आसानी से वातावरण में चली जाए।

19.5 वर्षा जल के लिए पाइप लाइन बिछाना Laying of Rain Water Pipe Line

वह पाइप जिससे केवल वर्षा का जल बहता है, उसे वर्षा जल पाइप कहा जाता है। वर्षा जल पाइप के निम्न लाभ है

(*i*) यह वर्षा के जल को छत पर एकत्रित नहीं होने देता है।

(*ii*) इस वर्षा जल को वर्षा जल पाइप द्वारा हार्वेस्टिंग हेतु इक्ट्ठा किया जा सकता है।

वर्षा जल पाइप लाइन बिछाते समय निम्नलिखित बातों का ध्यान रखा जाता है

(*i*) वर्षा जल पाइप लाइन तथा पीने के पानी की लाइन का एक दूसरे से कोई सम्पर्क नहीं होना चाहिए। पीने के पानी को दूषित होने से बचाने के लिए दोनों लाइनों के मध्य कम से कम 3 मीटर का गैप होना चाहिए।

(*ii*) जहाँ पाइप लाइनें दीवार या फर्श क्रॉस करते हो, उन्हें माइल्ड स्टील स्लीव में से गुजारना चाहिए, जिससे कि इन्हें फैलने या सिकुड़ने में सरलता रहें।

(*iii*) GI पाइप लाइनों को लाइम या लाइम मोर्टार के सम्पर्क में नहीं आना चाहिए।

(*iv*) वर्षा जल पाइप तक पानी के टैंक में ओवर फ्लो पाइप लगा होना चाहिए। पानी का टैंक ट्रेसिंग से 30 सेमी की ऊँचाई पर होना चाहिए, जिससे कि सफाई सरलता से की जा सके।

(*v*) धागे और सफेदा से सभी पाइप जोड़ ठीक से टाइप करने चाहिए।

(*vi*) पाइप लाइनों को स्मोक टेस्ट (smoke test) या अधिकतम वर्किंग प्रेशर से टेस्ट करना चाहिए और जोड़ पूरी तरह से वाटर टाइट होने चाहिए।

(*vii*) सभी यूनियन पर स्टॉप कॉक लगे होने चाहिए।

महत्त्वपूर्ण बिन्दु

- घरों एवं इमारतों से अपशिष्ट जल को निकास प्रणाली तक पहुँचाने के लिए विभिन्न प्रकार की सेनेट्री फिटिंग्स का उपयोग किया जाता है।
- सिंक का उपयोग मुख्य रूप से रसोई घर तथा प्रयोगशालाओं में किया जाता है।
- अवशिष्ट जल को बाहर निकालने के लिए सिंक के बीच में एक छिद्र बना होता है।
- सिंक के निर्माण के समय उसके आन्तरिक ढाल का विशेष ध्यान रखा जाता है।
- सिंक की स्थापना के लिए सिंक, ब्रैकेट तथा पी.वी.सी. वेस्ट पाइप को एक-दूसरे से जोड़ा जाता है।
- वाश-बेसिन का उपयोग मुख्य रूप से घरों, होटलों, कार्यालयों इत्यादि में हाथ धोने के लिए किया जाता है।
- वाश-बेसिन प्रायः पोर्सिलेन, स्टील या चीनी मिट्टी के बनाए जाते हैं।
- वर्तमान में फ्लैट बैक या एंगिल बैक वाश-बेसिन का सर्वधिक उपयोग किया जाता है।
- एंगिल वाश बेसिन को दीवारों के कोनों पर स्थापित किया जाता है।
- पाइप लाइन में पानी को रोकने से जो आवाज उत्पन्न होती है उसे वाटर हैमर के नाम से जाना जाता है।
- वाश-बेसिन की स्थापना में वाश-बेसिन, पाइप, ब्रैकेट एवं PVC यूनियन को क्रमबद्ध तरीके से जोड़ा जाता है।
- वाश-बेसिन को कैन्टीलीवर, टॉवल रेल ब्रैकेट तथा पेडेस्टल विधि द्वारा फिट किया जाता है।
- बाथ-टब बनाने के लिए इनैमल आयरन, स्टील, संगमरमर, प्लास्टिक तथा फायर क्ले का उपयोग किया जाता है।
- प्रायः 5 फुट लम्बाई के बाथ-टब को मानक लम्बाई का बाथ-टब कहा जाता है।
- बाथ टब दो प्रकार के होते हैं - समान्तर तथा टेपर बाथ-टब।
- ड्रिंकिंग फाउण्टेन का उपयोग पीने के पानी के लिए किया जाता है।
- ड्रिंकिंग फाउण्टेन में एक इनलेट तथा एक आउटलेट पाइप लगा होता है।
- वाटर क्लोजेट, सेनेट्री की वह फिटिंग है जिसका उपयोग मानव अपशिष्ट को हाइजेनिक प्रक्रम द्वारा एकत्र करने तथा इसे निष्कासित करने के लिए किया जाता है।
- यूरिनल, सेनेट्री की वह फिटिंग है जिसका उपयोग यूरिन के परित्याग हेतु किया जाता है।
- फ्लशिंग सिस्टर्न का उपयोग मानव अपशिष्ट को प्रवाहित करने अर्थात् उसे सीवर तक पहुँचाने के लिए किया जाता है।

महत्त्वपूर्ण प्रश्नोत्तरी

1. घरों व इमारतों से अपशिष्ट जल को निकास प्रणाली तक पहुँचाने के लिए किसका उपयोग किया जाता है?

उत्तर घरों व इमारतों से अपशिष्ट जल को निकास प्रणाली तक पहुँचाने के लिए सेनेट्री फिटिंग्स का उपयोग किया जाता है।

2. सिंक से जल किस प्रकार बाहर निकलता है?

उत्तर सिंक से जल के बाहर निकलने के लिए सिंक के बीच में एक छिद्र बना होता है, जिससे अपशिष्ट जल बाहर निकलता है।

3. वाश-बेसिन में ओवर फ्लो कैसे रोकते हैं?

उत्तर वाश-बेसिन के डिजाइन में उसकी सतह पर छिद्र बने होते हैं जिससे ओवर फ्लो नहीं होता है।

4. सिस्टर्न कितने प्रकार के होते हैं?

उत्तर सिस्टर्न निम्न प्रकार के होते हैं- वाल्व रहित बैल टाइप तथा फ्लैट बॉटम टाइप।

5. बाथ-टब में किस प्रकार के पाइप जोड़े जाते हैं?

उत्तर बाथ-टब में वेस्ट पाइप, ठण्डे व गर्म पानी के पाइप जोड़े जाते हैं।

अभ्यास प्रश्न

परीक्षा प्रारूपी प्रश्न

1. सिंक का उपयोग किया जाता है
(a) रसोई घर में (b) प्रयोगशालाओं में
(c) 'a' और 'b' दोनों (d) रेलवे स्टेशनों पर

2. घरेलू उपयोग के लिए प्रयुक्त किए जाने वाले सिंक के कम्पार्टमेण्ट का साइज कितना होता है?
(a) 15 से 18 इंच (b) 18 से 25 इंच
(c) 25 से 30 इंच (d) 30 से 36 इंच

3. घरेलू उपयोग हेतु प्रयुक्त किए जाने वाले सिंक की माप होती है।
(a) $400 \times 250 \times 150$ मिमी
(b) $600 \times 400 \times 150$ मिमी
(c) $500 \times 350 \times 150$ मिमी
(d) $600 \times 400 \times 200$ मिमी

4. सिंक की स्थापना हेतु किसे जोड़ा जाता है?
(a) ब्रैकेट (b) PVC वेस्ट पाइप
(c) 'a' और 'b' दोनों (d) इनमें से कोई नहीं

5. सिंक लगाने के लिए दीवार पर ········· के ब्रैकेट लगाए जाते हैं?
(a) कास्ट आयरन (b) कास्ट स्टील
(c) लकड़ी (d) एल्युमीनियम

6. वाश-बेसिन बनाने के लिए किस मैटेरियल का उपयोग किया जाता है?
(a) स्टील (b) पोर्सिलेन
(c) चीनी मिट्टी (d) कास्ट आयरन

7. वाश-बेसिन तथा दीवार के बीच ········· भरा जाता है?
(a) सल्फर (b) मिट्टी
(c) सीमेण्ट (d) सीलेन्ट

8. दीवारों के कोनों पर लगाए जाने वाले वाश-बेसिन है
(a) एंगिल बैक वाश-बेसिन
(b) फ्लैट बैक वाश-बेसिन
(c) 'a' और 'b' दोनों
(d) उपरोक्त में से कोई नहीं

9. बर्तन सुखाने हेतु सिंक के साथ लगने वाला बोर्ड कहलाता है
(a) ड्राई बोर्ड (b) बुल बोर्ड
(c) ड्रेन बोर्ड (d) क्लीनिंग बोर्ड

10. सिंक में अधिक क्षमता से पानी भरने से रोकने हेतु ······ दिया जाता है
(a) ड्रेन बोर्ड (b) वेस्ट पाइप
(c) ओवर फ्लो होल (d) ट्रैप

11. वाश-बेसिन की धरातल से ऊँचाई कितनी होनी चाहिए?
(a) 60 सेमी (b) 65 सेमी (c) 75 सेमी (d) 80 सेमी

12. वाश-बेसिन का साइज निर्दिष्ट किया जाता है।
(a) लम्बाई से (b) चौड़ाई से
(c) 'a' और 'b' दोनों (d) इनमें से कोई नहीं

13. बाथ-टब बनाने के लिए ············ का उपयोग किया जाता है।
(a) इनेमल आयरन (b) स्टील
(c) फायर क्ले (d) ये सभी

14. बाथ-टब कितने प्रकार के होते हैं?
(a) दो (b) तीन (c) चार (d) एक

15. निम्न में कौन-सा एक बाथ-टब का प्रकार नहीं है?
(a) समान्तर बाथ-टब (b) टेपर बाथ-टब
(c) सिलेण्डरनुमा बाथ-टब (d) ये सभी

16. ड्रिंकिंग फाउण्टेन पर ············ की परत चढ़ी होती है
(a) इनेमल (b) लैड (c) निकिल (d) क्रोमियम

17. ड्रिंकिंग फाउण्टेन का उपयोग किया जाता है
(a) कार्यालयों में (b) रेलवे स्टेशन पर
(c) बस अड्डों पर (d) ये सभी

18. निम्न में से कौन-सा फ्लशिंग सिस्टर्न का भाग नहीं है?
(a) चेन (b) बॉल वाल्व
(c) घण्टी (d) एयर लिफ्ट वाल्व

19. सिस्टर्न को निम्न में से कौन-सी पदार्थ के द्वारा नहीं बनाया जा सकता है?
(a) प्लास्टिक (b) काँच
(c) टिन (d) कास्ट आयरन

20. मानव अपशिष्ट को हाइजेनिक तरीके से एकत्र करने तथा सीवर तक भेजने हेतु प्रयुक्त सेनेट्री फिटिंग है
(a) वाश बेसिन (b) वाटर क्लोजेट
(c) सिंक (d) ये सभी

21. यूरोपियन वाटर क्लोजेट कितने भागों में बँटा रहता है?
(a) 1 (b) 2
(c) 3 (d) 4

22. लघुशंका हेतु प्रयुक्त सेनेट्री फिटिंग है।
(a) वाटर क्लोजेट (b) यूरिनल
(c) फ्लशिंग सिस्टर्न (d) ये सभी

23. वेण्ट पाइप का साइज निर्भर करता है
(a) फिक्स्चर की संख्या पर
(b) कनैक्शन पाइप के व्यास पर
(c) ट्रैप की संख्या पर
(d) उपरोक्त में से कोई नहीं

24. यूरोपियन टाइप वाटर क्लोजेट में पेडेस्टल की ऊँचाई होती है
(a) 300 मिमी (b) 390 मिमी
(c) 490 मिमी (d) 900 मिमी

25. वाटर क्लोजेट की स्थापना के लिए निम्न में से किसकी आवश्यकता होती है?
(a) रिंच (b) पाइप सीलेन्ट
(c) चीजल (d) ये सभी

26. वाटर क्लोजेट का आन्तरिक भाग साफ-सफाई की दृष्टि से ………… होना चाहिए।
(a) खुरदुरा (b) ग्लेज्ड
(c) टेपर (d) इनमें से कोई नहीं

27. फ्लशिंग सिस्टर्न में छिद्र का व्यास ………… होना चाहिए।
(a) 32 व 40 मिमी (b) 40 व 45 मिमी
(c) 45 व 50 मिमी (d) 50 व 55 मिमी

28. ड्रेन पाइप व सप्लाई पाइप की जगह निर्धारित करने के लिए किसका उपयोग किया जाता है?
(a) फाइल (b) रिंच (c) चीगल (d) स्टेन सिल

29. वर्षा जल पाइप लाइन एवं पीने के पानी की पाइप लाइन के मध्य कम से कम कितना गैप होना चाहिए?
(a) 1 मीटर (b) 2 मीटर
(c) 3 मीटर (d) 10 मीटर

30. वाटर पाइप लाइन बिछाते समय सभी यूनियन पर ……. लगाने चाहिए।
(a) वाल्व
(b) स्टॉप कॉक
(c) 'टी' प्वॉइण्ट
(d) उपरोक्त सभी

उत्तरमाला

1. (c)	**2.** (a)	**3.** (b)	**4.** (c)	**5.** (a)	**6.** (b)	**7.** (d)	**8.** (a)	**9.** (c)	**10.** (c)
11. (d)	**12.** (b)	**13.** (d)	**14.** (a)	**15.** (c)	**16.** (a)	**17.** (d)	**18.** (d)	**19.** (b)	**20.** (b)
21. (a)	**22.** (b)	**23.** (a)	**24.** (b)	**25.** (d)	**26.** (c)	**27.** (a)	**28.** (d)	**29.** (c)	**30.** (b)

अध्याय 20

ऊष्मा प्रणाली

Heating System

वर्तमान में आवासीय एवं वाणिज्यिक भवनों में जल की आवश्यकता निरन्तर बनी रहती है। आवासीय एवं वाणिज्यिक भवनों में जल का उपयोग विभिन्न कार्यों; जैसे-रसोई, स्नानघर इत्यादि में किया जाता है। आवासीय एवं वाणिज्यिक भवनों में ठण्डे अर्थात् सामान्य जल के अतिरिक्त गर्म जल की भी आवश्यकता होती है। सामान्यत: जल को गर्म करने के लिए बॉयलरों का उपयोग किया जाता है जोकि पर्याप्त मात्रा में गर्म जल की आपूर्ति करते हैं। गीजर व बॉयलर, की कार्यप्रणाली को ऊष्मा एवं ताप की अवधारणा से ही समझा जा सकता है। अत: गीजर व बॉयलर की कार्यप्रणाली को समझने से पूर्व हमें ऊष्मा एवं ताप के बारे में समझना अत्यन्त आवश्यक है। प्रस्तुत अध्याय में ऊष्मा व ताप के साथ-साथ गीजर एवं बॉयलर की कार्यप्रणाली का भी वर्णन किया गया है।

अध्याय विषय सूची

20.1 ऊष्मा व ताप की अवधारणा

Concept of Heat and Temperature

ऊष्मा, ऊर्जा का ही एक रूप होती है अर्थात् जब किसी निकाय (system) तथा उसके चारों ओर के परिवेश के मध्य जब उनके तापमान में अन्तर होता है, तो ऊर्जा का आदान-प्रदान होने लगता है। यह आदान-प्रदान ऊष्मा के रूप में होता है। इस प्रकार हम कह सकते हैं कि "ऊष्मा वह भौतिक राशि है जो किसी वस्तु की प्रकृति अर्थात् उसके ठण्डे अथवा गर्म होने का बोध कराती है।" अन्य शब्दों में, जब दो वस्तुओं के तापमान में अन्तर होने के कारण उनके मध्य ऊर्जा के आदान-प्रदान के फलस्वरूप उनके तापमान में जो वृद्धि या कमी होती है, उसे ऊष्मा कहा जाता है।

जब किसी निकाय का तापमान उसके चारों ओर उपस्थित परिवेश के तापमान से अधिक होता है, तो निकाय के अणुओं की गतिज ऊर्जा, परिवेश के अणुओं के मध्य होने वाली गतिज ऊर्जा से अधिक होती है। जब परिवेश तथा निकाय को परस्पर सम्पर्क में लाते हैं, तो संतुलन अवस्था को प्राप्त करने के लिए ऊर्जा, निकाय के अणुओं से निकलकर परिवेश के अणुओं के मध्य प्रवाहित होने लगती है जिससे परिवेश का तापमान बढ़ने लगता है तथा निकाय का तापमान कम होने लगता है। तापमान में होने वाली यह कमी अथवा वृद्धि ऊष्मा के रूप में होती है। यह प्रक्रिया तब तक प्रभावी रहती है जब तक निकाय और परिवेश के तापमान समान नहीं हो जाते हैं।

ऊष्मा की मात्रा को प्रदर्शित किया जाता है। ऊष्मा की वह मात्रा जो निकाय ग्रहण करता है उसे धनात्मक ऊष्मा तथा जो ऊष्मा परिवेश ग्रहण करता है, उसे ऋणात्मक ऊष्मा की मात्रा कहते हैं।

20.2 ऊष्मा की इकाइयाँ Units of Heat

ऊष्मा को विभिन्न प्रणालियों में मापा जाता है जोकि निम्न प्रकार है

1. CGS प्रणाली CGS System

CGS प्रणाली में ऊष्मा की निम्नलिखित इकाइयाँ होती हैं

(i) **कैलोरी** (calorie) 1 ग्राम जल के तापमान को 1°C बढ़ाने के लिए जितनी ऊष्मा की आवश्यकता होती है, उसे 1 कैलोरी कहा जाता है। इस प्रकार

1 कैलोरी = 1 ग्राम जल ×1°C तापमान = 4.2 जूल

(ii) **किलो कैलोरी** (Kilo calorie)1 किग्रा जल के तापमान को 1°C बढ़ाने के लिए जितनी ऊष्मा की आवश्यकता होती है उसे 1 किलो कैलोरी कहा जाता है।

1 किलो कैलोरी = 1 किग्रा जल ×1°C तापमान = 1000 कैलोरी

2. ब्रिटिश प्रणाली British System

ब्रिटिश प्रणाली में ऊष्मा की निम्नलिखित इकाइयाँ होती हैं।

(i) **सेन्ट्रीग्रेड हीट यूनिट** (Centigrade Heat Unit) ऊष्मा की वह मात्रा जो 1 पौण्ड जल का तापमान 1°C बढ़ाने के लिए आवश्यक होती है, उसे सेन्ट्रीग्रेड हीट यूनिट कहते हैं।

1 सेन्टीग्रेड हीट यूनिट = 453.6 यूनिट

(ii) **ब्रिटिश थर्मल यूनिट** (British Thermal Unit) ऊष्मा की वह मात्रा जो 1 पौण्ड जल का तापमान 1°F बढ़ाने के लिए आवश्यक होती है, उसे ब्रिटिश थर्मल यूनिट कहते हैं।

1 ब्रिटिश थर्मल यूनिट = 252 कैलोरी

20.3 ऊष्मा के प्रकार Types of Heat

ऊष्मा निम्न प्रकार की होती है

1. विशिष्ट ऊष्मा Specific Heat

किसी पदार्थ के एक ग्राम द्रव्यमान का तापमान 1°C बढ़ाने के लिए आवश्यक ऊष्मा की मात्रा को उस पदार्थ की विशिष्ट ऊष्मा कहते हैं। इसे s से व्यक्त किया जाता है।

किसी पदार्थ की विशिष्ट ऊष्मा, $s = \frac{Q}{m \times \Delta t}$

जहाँ Q = पदार्थ को दी गई ऊष्मा की मात्रा

m = पदार्थ का द्रव्यमान

Δt = तापमान में होने वाली वृद्धि

2. गुप्त ऊष्मा Latent Heat

गुप्त ऊष्मा, पदार्थ की वह ऊष्मा होती है, जो किसी पदार्थ की अवस्था में परिवर्तन कर देती है अर्थात्, स्थिर तापमान पर किसी पदार्थ की अवस्था में परिवर्तन लाने के लिए आवश्यक ऊष्मा की मात्रा को उस पदार्थ की गुप्त ऊष्मा कहते हैं, इसे L से व्यक्त किया जाता है।

किसी पदार्थ की गुप्त ऊष्मा $L = \frac{Q}{m} \Rightarrow Q = mL$

जहाँ Q = पदार्थ द्वारा ली गई ऊष्मा

m = पदार्थ का द्रव्यमान

20.4 ताप का मापन Measurement of Temperature

तापमान ऊष्मा का ही प्रभाव होता है। किसी वस्तु के तापमान से उस वस्तु की गर्माहट अथवा ठण्डक का पता चलता है। तापमान को मापने के लिए जिस यन्त्र का उपयोग किया जाता है उसे तापमापी कहा जाता है अर्थात् वह यन्त्र जो किसी वस्तु का ताप मापता है, तापमापी या थर्मोमीटर कहलाता है।

भिन्न-भिन्न गुणों के आधार पर अनेक प्रकार के थर्मामीटर बनाए गए हैं जिनका विवरण निम्नवत् है

1. द्रव थर्मामीटर Liquid Thermometer

प्रत्येक तापमापी में पदार्थ के किसी ऐसे गुण को चुन लेते हैं जो ताप के साथ निरन्तर बदलता रहता है। अत: द्रव तापमापी में काँच की केशनली में द्रव (एल्कोहल या पारा) स्तम्भ की लम्बाई तापमान हेतु प्रयुक्त होती है।

थर्मोमीटर में एल्कोहल का उपयोग करने पर इसके द्वारा 200°C से 78°C तक का ताप मापा जा सकता है। जबकि थर्मामीटर में पारे का उपयोग करके इसके द्वारा–39°C से 350°C तक का ताप मापा जा सकता है।

2. पारा थर्मामीटर या डॉक्टरी थर्मामीटर Mercury Thermometer or Doctors Thermometer

पारा थर्मामीटर का उपयोग मुख्यत: मानव शरीर के तापमान को मापने के लिए किया जाता है। पारा थर्मामीटर में न्यूनतम ताप बिन्दु -35°C तथा उच्चतम ताप बिन्दु 356°C होता है। अर्थात् यह थर्मामीटर 35°C से 356°C के बीच कार्य करता है। पारा थर्मामीटर, ऊष्मीय प्रसार के सिद्धान्त पर कार्य करता है।

3. स्थिर आयतन गैस थर्मामीटर Constant Volume Gas Thermometer

स्थिर आयतन हाइड्रोजन गैस तापमापी को प्रमाणित गैस तापमापी माना जाता है। जब स्थिर आयतन पर किसी गैस के ताप में परिवर्तन किया जाता है, तो गैस के दाब में परिवर्तन हो जाता है। यही इस थर्मामीटर के कार्य करने का सिद्धान्त है। हाइड्रोजन गैस थर्मामीटर से –200°C से 500°C तक का ताप मापा जा सकता है।

4. प्लेटिनम प्रतिरोध थर्मामीटर Platinum Resistance Thermometer

इस तापमापी में ताप-परिवर्तन के साथ भौतिक गुण, प्रतिरोध में परिवर्तन का उपयोग किया जाता है। जब किसी धातु के तार का ताप बढ़ाया जाता है, तो उस तार का विद्युत प्रतिरोध भी बढ़ जाता है। यही इस थर्मामीटर के कार्य करने का सिद्धान्त है। प्लेटिनम प्रतिरोध थर्मामीटर का प्रयोग करके 1200°C तक के ताप मापे जा सकते हैं।

5. तापयुग्म थर्मोमीटर Thermo couple Thermometer

थर्मोमीटर दो धातुओं से बने ताप-युग्म द्वारा तापमान को मापता है। यह तापमापी सीबैक प्रभाव पर आधारित होता है। जब दो भिन्न-भिन्न धातु युग्म (एण्टीमनी एवं बिस्मथ) के तारों को जोड़कर एक बन्द परिपथ बनाते हैं तथा दोनों संधियों को अलग-अलग ताप पर रखते हैं, तो परिपथ में एक विद्युत वाहक बल उत्पन्न हो जाता है जिससे परिपथ में धारा बहने लगती है। इसे ताप विद्युत धारा कहते हैं तथा यह प्रभाव सीबैक प्रभाव कहलाता है। तापयुग्म थर्मोमीटर द्वारा भिन्न-भिन्न ताप युग्मों का उपयोग करके 200°C से 1600°C तक के ताप मापे जा सकते हैं।

6. प्रकाश उत्तापमापी Optical Pyrometer

प्रकाश उत्तापमापी का उपयोग करके अत्यधिक उच्च ताप 800°C से 2700°C मापे जाते हैं। यह उत्तापमापी के विकिरण सम्बन्धी वीन का विस्थापन नियम (Weins Displacement law) पर आधारित है अर्थात् किसी तप्त वस्तु से उत्सर्जित विकिरण की तंरगदैर्ध्य λ_m तथा वस्तु के परम ताप T का गुणनफल सदैव नियत रहता है। अर्थात्,

$$\lambda_m \times T = \text{नियतांक}$$

20.5 तापमापन के पैमाने Scales of Temperature Measurement

ताप मापन हेतु कई प्रकार के पैमाने प्रयुक्त किए जाते हैं; जैसे-सेल्सियस, फारेनहाइट, रयूमर तथा केल्विन इत्यादि। इन पैमानों का विवरण निम्न प्रकार है

1. सेल्सियस पैमाना Celsius Scale

सेल्सियम पैमाने में हिमांक 0°C पर तथा भाप बिन्दु (steam point)100°C पर निर्धारित किया जाता है। इस पैमाने में हिमांक तथा भाप बिन्दु के बीच की दूरी को 100 बराबर भागों में विभाजित किया गया है तथा प्रत्येक भाग को 1°C कहा जाता है।

2. फारेनहाइट पैमाना Fahrenheit Scale

फारेनहाइट पैमाने में हिमांक बिन्दु को 32°F पर तथा भाप बिन्दु को 212°F पर निर्धारित किया गया है तथा हिमांक व भाप बिन्दु के बीच की दूरी को 180 बराबर भागों में विभाजित किया जाता है। प्रत्येक भाग 1°F का होता है।

3. रयूमर पैमाना Reumer Scale

रयूमर पैमाने में हिमांक 0°R पर तथा भाप बिन्दु 80°R पर निर्धारित किया जाता है। हिमांक व भाप बिन्दु के बीच की दूरी को 80 बराबर भागों में विभाजित किया जाता है तथा प्रत्येक भाग को 1°R (1 डिग्री रयूमर) पढ़ा जाता है।

4. कैल्विन पैमाना Kelvin Scale

कैल्विन पैमाने में हिमांक बिन्दु 273K पर तथा भाप बिन्दु 373K पर निर्धारित किया गया है। हिमांक तथा भाप बिन्दु के बीच की दूरी को 100 बराबर भागों में बाँटा गया है। प्रत्येक भाग को 1K पढ़ा जाता है।

ताप मापन के विभिन्न पैमानों में सम्बन्ध Relationship among Different Scales of Temperature Measurement

सेल्सियस, फारेनहाइट, रयूमर व केल्विन पैमानों में निम्नलिखित सम्बन्ध होता है।

$$\frac{C}{5} = \frac{F-32}{9} = \frac{R}{4} = \frac{K-273}{5}$$

20.6 ऊष्मा संचरण Heat Transmission

तापमान में अन्तर के कारण, ऊष्मा का एक वस्तु से दूसरी वस्तु में जाना, अथवा एक ही वस्तु से एक स्थान से दूसरे स्थान तक जाना, ऊष्मा का संचरण कहलाता है। ऊष्मा का संचरण सदैव उच्च तापमान से निम्न तापमान की ओर होता है। ऊष्मा के संचरण की निम्नलिखित विधियाँ हैं

1. चालन Conduction

जब किसी वस्तु के भिन्न-भिन्न भागों का ताप भिन्न-भिन्न होता है तो उच्च ताप वाले कण अपने निकट के निम्न ताप वाले कणों को ऊष्मा प्रदान करते हैं जिसके फलस्वरूप वस्तु में ऊष्मा उच्च तापमान वाले भाग से निम्न ताप वाले भाग की ओर गति करती है। ऊष्मा संचरण की इस प्रक्रिया को चालन कहा जाता है।

उदाहरण के लिए जब छड़ के एक सिरे को गर्म किया जाता है तो सिरे के अणु ऊष्मा पाकर कम्पन करने लगते हैं जिसके कारण समीप स्थित अणु में ऊष्मा का संचरण होता है। इस प्रकार चालक छड़ में प्रत्येक अणु के पास ऊष्मा का संचरण होता है तथा कुछ समय पश्चात् छड़ का दूसरा सिरा भी गर्म हो जाता है। चालन द्वारा ऊष्मा का संचरण केवल ठोस पदार्थों में होता है।

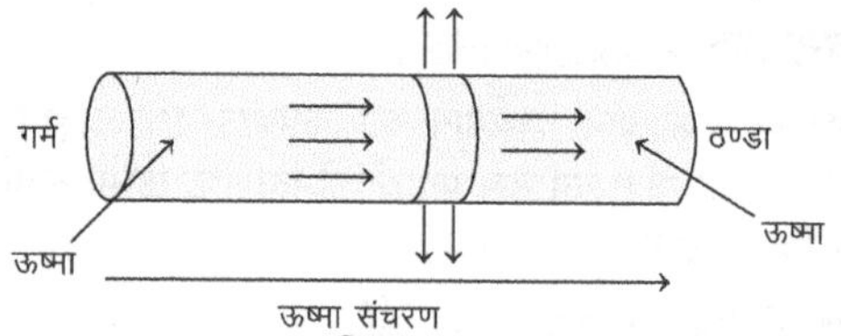

चित्र चालन

2. संवहन Convection

संवहन ऊष्मा संचरण की एक ऐसी विधि है जिसके द्वारा ऊष्मा का संचरण केवल तरल पदार्थों में होता है। संवहन द्वारा ऊष्मा के स्थानान्तरण के लिए माध्यम की आवश्यकता होती है। संवहन को निम्न उदाहरण से सरलतापूर्वक समझा जा सकता है।

माना किसी बीकर में जल भरा हुआ है। जब इस जल को गर्म किया जाता है, तो बर्नर के द्वारा ऊष्मा का संचरण बीकर में भरे जल के अणुओं तक होता है।

बीकर की तली में उपस्थित जल के अणु ऊष्मा प्राप्त करके ऊपर की ओर गति करते हैं।

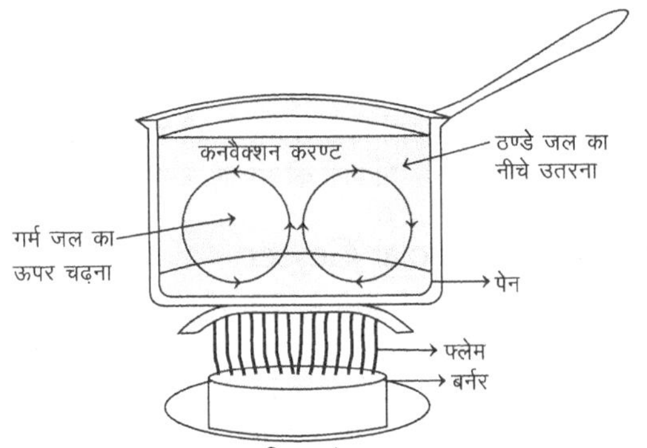

चित्र संवहन

क्योंकि ताप बढ़ने पर जल के अणुओं की सघनता कम हो जाती है और ये अणु हल्के हो जाते हैं अत: द्रव की सतह पर ठण्डे जल की बूँदे घनत्व अधिक होने के कारण बीकर की तली की ओर गति करने लगती है और बीकर की तली पर ऊष्मा ग्रहण करके हल्की हो जाती है। इस प्रकार द्रव का प्रत्येक अणु ऊष्मा ग्रहण करता है और इस प्रकार जल गर्म होने लगता है। ऊष्मा संचरण की यह विधि संवहन कहलाती है। संवहन विधि में ऊष्मा का संचरण गुरुत्व के प्रभाव के कारण होता है।

3. विकिरण Radiation

किसी गर्म स्रोत से ऊष्मा विद्युत चुम्बकीय तरंगों के रूप में भी संचारित होती है। ऊष्मा संचरण की यह विधि विकिरण कहलाती है। ऊष्मा संचरण की इस विधि में किसी माध्यम की आवश्यकता नहीं होती है। सूर्य से पृथ्वी पर ऊष्मा विकिरण द्वारा ही आती है।

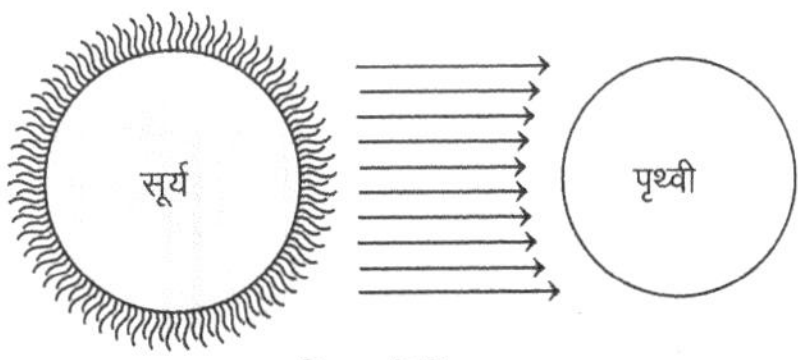

चित्र विकिरण

विकिरण द्वारा ऊष्मा का संचरण तीव्र गति से होता है, जबकि चालन व संवहन द्वारा ऊष्मा का संचरण धीरे-धीरे होता है। इसके अतिरिक्त विकिरण द्वारा ऊष्मा का संचरण सीधी रेखा में होता है जबकि चालन व संवहन द्वारा ऊष्मा का संचरण टेढ़ा-मेढ़ा (zig-zag) भी हो सकता है।

20.7 जल तापक उपकरण Water Heating Equipments

जल तापक उपकरणों का उपयोग जल को गर्म करने के लिए किया जाता है। जल तापक उपकरण प्राय: ऊष्मागतिकी के प्रथम नियम पर कार्य करते हैं। इस नियम के अनुसार ऊर्जा को न तो उत्पन्न किया जा सकता है और न ही इसे नष्ट किया जा सकता है इसे केवल एक रूप से दूसरे रूप में परिवर्तित किया जा सकता है। जल का गर्म होना भी ऊष्मागतिकी की ही एक प्रक्रिया है इसमें जल को गर्म करने के लिए एक ऊष्मा स्रोत को उपयोग में लाया जाता है, घरेलू कार्यों में गर्म जल का उपयोग नहाने, साफ-सफाई करने, खाना पकाने इत्यादि कार्यों के लिए किया जाता है। घरेलू कार्यों हेतु जल को गर्म करने के लिए मुख्यत: गीजर या बॉयलर का उपयोग किया जाता है।

1. गीजर Geyser

गीजर एक प्रकार का वैद्युतिक उपकरण है जिसका उपयोग जल को गर्म करने के लिए किया जाता है। स्नान घर, वाश-बेसिन, सिंक इत्यादि में गर्म जल प्राप्त करने के लिए इसे नल में फिट कर दिया जाता है।

गीजर निम्न दो प्रकार के होते हैं

(i) इन्स्टेण्ट गीजर (ii) स्टोरेज गीजर

(i) इन्स्टेण्ट गीजर Instant Geyser

यह माइल्ड स्टील शीट से बना एक बेलनाकार बर्तन होता है। बर्तन की बाह्य सतह पर इनेमल पेण्ट (प्राय: सफेद) कर दिया जाता है। इस बेलनाकार बर्तन के अन्दर एक और बेलनाकार बर्तन होता है, जो ताँबे की शीट से बनाया जाता है और उसकी आन्तरिक सतह पर टिन की पर्त चढ़ाई जाती है, जिससे कि ताँबे की शीट पर कोरोजन अर्थात् जंग का प्रभाव उत्पन्न न हो। इन दोनों बेलनाकार बर्तनों के बीच ऊष्मारोधी पदार्थ; जैसे—'ग्लास-वूल' भर दिया जाता है।

बर्तन के आधार पर U-आकृति का एक निकास पाइप तथा ऊर्ध्व आकृति का जल-प्रवेश पाइप लगाया जाता है। इसके आधार पर ही एक थर्मोस्टेट युक्ति लगाई जाती है, जो U-आकृति की इमर्सन रॉड के श्रेणी-क्रम में संयोजित की जाती है।

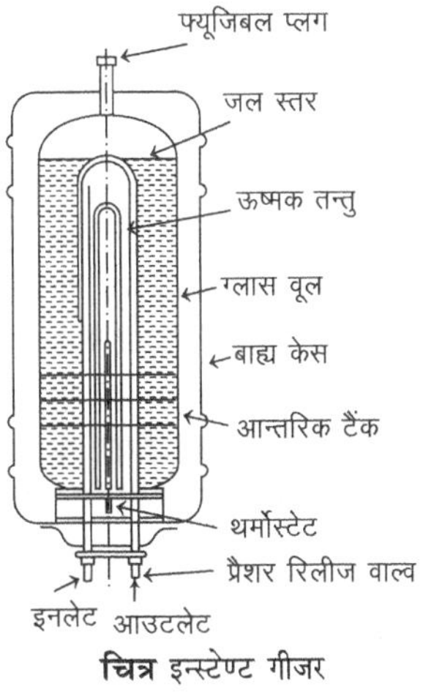

चित्र इन्स्टेण्ट गीजर

गीजर के थर्मोस्टेट को 32°C से 88°C के बीच सैट किया जा सकता है। गीजर की जल धारिता प्राय: 25 लीटर से 100 लीटर तक होती है और इसमें 1 kW से 3 kW तक ऊष्मक तन्तु प्रयोग किया जाता है। ऊष्मक तन्तु, बन्द प्रकार का इमर्सन रॉड जैसा होता है।

कार्यप्रणाली

गीजर को 'ऑन' करने पर ऊष्मक तन्तु खराब न हो इसके लिए इस गीजर में 'U' आकार के निकास पाइप की व्यवस्था होती है, जिससे इसमें थोड़ा जल अवश्य शेष रह जाता है। गीजर में जल का स्तर, उसकी छत से 10-12 सेमी नीचे रखा जाता है, जिससे कि जलवाष्प एकत्र होने के लिए स्थान शेष रहे। जल-प्रवेश पाइप में ऐसी व्यवस्था की जाती है कि निर्धारित स्तर तक जल भर जाने के बाद जल-प्रवेश द्वारा स्वत: ही बन्द हो जाए।

इसके पश्चात् गीजर व बॉयलर के साथ दी गई निर्देश पुस्तिका के अनुसार सप्लाई लाइन को गीजर व बॉयलर से जोड़ दिया जाता है। सामान्यत: पाइप लाइन के लिए ठोस या लचीले कॉपर पाइपों का उपयोग किया जाता है। अब सप्लाई लाइन से जुड़े नल को चलाकर जल के प्रवाह का निरीक्षण करके जल की आपूर्ति को सुनिश्चित करते हैं।

घरों में गर्म पानी की सप्लाई के लिए सिलेण्डर प्रणाली का भी उपयोग किया जाता है, जिसमें गीजर को सिलेण्डर की सप्लाई से संयोजित किया जाता है उसके पश्चात् पानी गर्म होकर पानी की भण्डारण टंकी में एकत्र कर लिया जाता है। टोटियों के माध्यम से गर्म जल प्राप्त होता है।

20.9 वायु का विषाक्तीकरण Air Poisoning

निकास प्रणाली में सीवर से निकलने वाली हानिकारक गैसे जैसे हाइड्रोजन सल्फाइड, मीथेन कार्बन डाई-ऑक्साइड आदि द्वारा वायु का दूषित होना, वायु का विषाक्तीकरण कहलाता है। जब निकास प्रणाली में कार्य किया जाता है, तो इन गैसों के शरीर में पहुँचने की सम्भावना बढ़ जाती है जिसके फलस्वरूप दम घुटने या मृत्यु जैसी गम्भीर स्थिति उत्पन्न हो सकती है। अत: वायु को विषाक्त होने से बचाने के लिए उचित उपाय किए जाने अत्यन्त आवश्यक है।

वायु के विषाक्तीकरण से बचाव
Prevention from Air Poisoning

वायु को विषाक्तीकरण से बचाने के लिए किए जाने वाले उपाय निम्नवत् हैं

(i) वायु की जाँच Testing of Air

जब निकास प्रणाली में कार्य किया जाना हो, तो निकास प्रणाली की वायु की जाँच अवश्य की जानी चाहिए। वायु की जाँच के पश्चात् ही निकास प्रणाली में कार्य किए जाने की अनुमति प्रदान की जानी चाहिए। वायु की जाँच के अन्तर्गत, निकास प्रणाली की वायु में उपस्थित हानिकारक गैसों के प्रकार, उनकी मात्रा तथा अन्य अपशिष्ट वाष्पों का पता लगाया जाता है जिससे कि कार्य स्थल की सुरक्षा का आकलन किया जा सके।

(ii) आइसोलेशन Isolation

जब निकास प्रणाली में कार्य किया जाता है तो कार्य प्रारम्भ करने से पूर्व, सभी पाइप लाइनों को पूर्णत: बन्द किया जाता है। पाइप लाइनों को बन्द करने की प्रक्रिया आइसोलेशन कहलाती है। आइसोलेशन के कारण पाइपों से निकलने वाली गैसे पाइपों से बाहर नहीं निकल पाती है, जिससे कार्य करने के दौरान किसी भी प्रकार की बाधा उत्पन्न नहीं होती है।

(iii) टैंकों एवं पाइपों की सफाई
Cleaning of Tanks and Pipes

निकास प्रणाली के टैंकों व पाइपों की साफ-सफाई के लिए मशीनरी औजारों तथा उपकरणों का उपयोग करना चाहिए। इसके लिए एक-समय सारणी बना दी जाती है जिससे एक निश्चित अन्तराल पर टैंकों एवं पाइपों की साफ-सफाई होती रहे और टैंकों में हानिकारक गैसों की उत्पत्ति न हो।

(iv) वेन्टिलेशन Ventilation

भूतल में बने टैंको एवं निकास पाइपों में हानिकारक एवं विषाक्त गैसों के एकत्र होने से रोकने के लिए वेन्टिलेशन प्रणाली का उपयोग करना चाहिए। वेन्टिलेशन प्रक्रिया से ये गैसे बाहर निकल जाती हैं और टैंको व पाइपों में एकत्र नहीं हो पाती है। वेन्टिलेशन हेतु सामान्यत: मैकेनिकल वेन्टिलेशन प्रणाली का उपयोग करना चाहिए।

(v) व्यक्तिगत सुरक्षा उपकरण
Personal Protective Equipments

निकास प्रणाली में कार्य प्रारम्भ करने से पूर्व सभी सुरक्षात्मक उपकरण धारण कर लेने चाहिए। भूतल में किसी बन्द स्थान या जहाँ वायु का सर्कुलेशन नहीं हो पाता है वहाँ पर उपयुक्त पोशाक तथा ऑक्सीजन सिलेण्डर के साथ ही कार्य करना चाहिए।

वायु विषाक्तीकरण सम्बन्धी सावधानियाँ
Precautions Related to Air Poisoning

(i) सीवर, सैप्टिक टैंक तथा निकास प्रणाली से निकलने वाली हानिकारक गैसों का निकास अलग-अलग होना चाहिए, जिससे कि कोई व्यक्ति इनके सम्पर्क में सीधे न आ सके।

(ii) भूतल में बिछी पाइप लाइनों तथा इनके सहायक युक्तियों की समय-समय पर जाँच करते रहना चाहिए जिससे कि यदि इनसे गैसे लीक हो रही हो तो इनका सही समय पर उपचार किया जा सके।

(iii) निकास प्रणाली में कार्य करने से पूर्व सभी सुरक्षा उपकरणों व पोशाकों को धारण करना चाहिए।

इस प्रकार उपरोक्त सावधानियों को अपनाकर वायु को दूषित होने से बचाया जा सकता है।

महत्त्वपूर्ण बिन्दु

- ऊष्मा ऊर्जा का ही एक रूप होती है अर्थात् जब किसी निकाय तथा उसके चारों ओर के परिवेश के मध्य जब उनके तापमान में अन्तर होता है, तो ऊर्जा का आदान-प्रदान होने लगता है।
- ऊष्मा वह भौतिक राशि है जो किसी वस्तु की प्रकृति अर्थात् उसके ठण्डा या गर्म होने का बोध कराती है।
- ऊष्मा की वह मात्रा जिसे निकाय ग्रहण करता है, धनात्मक ऊष्मा तथा जिसे परिवेश ग्रहण करता है, ऋणात्मक ऊर्जा कहलाती है।
- CGS प्रणाली में ऊष्मा की इकाई यूनिट कैलोरी होती है।
- ब्रिटिश प्रणाली में ऊष्मा की इकाई सेन्टीग्रेड हीट यूनिट तथा ब्रिटिश थर्मल यूनिट होती है।
- ऊष्मा पदार्थ के एक ग्राम द्रव्यमान का तापमान 1°C बढ़ाने के लिए आवश्यक ऊष्मा की मात्रा को उस पदार्थ की विशिष्ट ऊष्मा कहते हैं।
- गुप्त ऊष्मा, पदार्थ की वह ऊष्मा है जो किसी पदार्थ की अवस्था में परिवर्तन कर देती है।
- तापमान, ऊष्मा का ही प्रभाव होता है।

- द्रव थर्मामीटर में काँच की केशनली में द्रव के स्तम्भ की लम्बाई तापमान हेतु प्रयुक्त होती है।
- पारा थर्मामीटर का उपयोग मानव शरीर के तापमान को मापने के लिए प्रयुक्त किया जाता है।
- स्थिर आयतन हाइड्रोजन गैस थर्मामीटर को प्रामाणिक गैस थर्मामीटर माना जाता है।
- प्रकाश उत्तापमापी का उपयोग करके अत्यधिक उच्च ताप (800°C से 2700°C) मापे जाते हैं।
- फारेनहाइट पैमाने में हिमांक बिन्दु को 32°F पर तथा भाप बिन्दु को 212°F पर निर्धारित किया गया है।
- तापमान में अन्तर के कारण ऊष्मा का एक वस्तु से दूसरी वस्तु में जाना ऊष्मा संचरण कहलाता है।
- ऊष्मा का उच्च तापमान से निम्न तापमान की ओर जाना चालन कहलाता है।
- संवहन, ऊष्मा संचरण की एक ऐसी विधि है जिसके द्वारा ऊष्मा का संचरण केवल एक ही दिशा में होता है।
- विकिरण, ऊष्मा संचरण की वह विधि है जिसमें ऊष्मा, विद्युत चुम्बकीय तरंगो द्वारा संचरित होती है।
- गीजर, एक प्रकार का वैद्युतिक उपकरण है, जिसका उपयोग जल को गर्म करने के लिए किया जाता है।
- स्टोरेज गीजर या बॉयलर, दो दीवारों से मिलकर बना होता है।
- जब गर्म पानी को केवल एक ही स्थान पर रखना हो तो प्रैशर रहित स्टोरेज गीजर का प्रयोग किया जाता है।
- सोलर गीजर, एक ऐसी प्रणाली है, जल को गर्म करने के लिए सौर ऊर्जा का उपयोग करती है।

महत्त्वपूर्ण प्रश्नोत्तरी

1. ऊष्मा को परिभाषित कीजिए।

उत्तर ऊष्मा वह भौतिक राशि है जो किसी वस्तु की प्रकृति अर्थात् उसके ठण्डे या गर्म होने का बोध कराती है।

2. ब्रिटिश थर्मल यूनिट किसे कहते हैं?

उत्तर ऊष्मा की वह मात्रा जो 1 पौण्ड जल का तापमान 1° बढ़ाने के लिए आवश्यक होती है, उसे ब्रिटिश थर्मल यूनिट कहते हैं।

1 ब्रिटिश थर्मल यूनिट = 252 कैलोरी।

3. तापयुग्म थर्मामीटर किसके सिद्धान्त पर कार्य करता है?

उत्तर तापयुग्म थर्मामीटर सीबैक के सिद्धान्त पर कार्य करता है।

4. बॉयलर का जल शीघ्र ठण्डा न होने का क्या कारण है?

उत्तर बॉयलर, जिसे स्टोरेज गीजर भी कहते हैं कि बाह्य तथा आन्तरिक सतह के मध्य ग्लास वूल तथा कॉर्क के टुकड़े भरे होते हैं, जो ऊष्मा का कुचालक होता है, इसी कारण इसके द्वारा गर्म किया गया जल शीघ्र ठण्डा नहीं होता है।

5. गीजर में आपको थर्मोस्टेट को प्रतिस्थापित करना है, तापन अवयव से आप स्थायी ताप का संयोजन कैसे करेंगे?

उत्तर तापन अवयव में स्थायी ताप का संयोजन गीजर में थर्मोस्टेट को ऊष्मक तन्तु के श्रेणी-क्रम में लगाकर करेंगे।

अभ्यास प्रश्न

परीक्षा प्रारूपी प्रश्न

1. ऊष्मा वह भौतिक राशि है जो किसी पदार्थ या वस्तु के ······ होने का बोध कराती है।

(a) ठण्डा (b) गर्म
(c) 'a' और 'b' दोनों (d) इनमें से कोई नहीं

2. ऊष्मा की वह मात्रा जो 1 पौण्ड जल का तापमान 1°C बढ़ाने के लिए आवश्यक होती है, कहलाती है

(a) ब्रिटिश थर्मल यूनिट
(b) सेन्टीग्रेड हीट यूनिट
(c) किलो कैलोरी
(d) गुप्त ऊष्मा

3. 1 ब्रिटिश थर्मल यूनिट =

(a) 452 कैलोरी (b) 352 कैलोरी
(c) 252 कैलोरी (d) 152 कैलोरी

4. विशिष्ट ऊष्मा का सूत्र है

(a) $s = \frac{m \times \Delta t}{Q}$ (b) $s = \frac{Q \times m}{\Delta t}$
(c) $s = Q \times \Delta t \times m$ (d) $s = \frac{Q}{m \times \Delta t}$

5. नियत ताप पर वह ऊष्मा जो किसी पदार्थ की अवस्था को परिवर्तित कर देती है, कहलाती है

(a) गुप्त ऊष्मा (b) विशिष्ट ऊष्मा
(c) ब्रिटिश थर्मल यूनिट (d) इनमें से कोई नहीं

6. द्रव थर्मोमीटर में एल्कोहल का उपयोग करके ······ तक का ताप मापा जा सकता है।

(a) –39°C (b) –78°C
(c) –215°C (d) –93°C

7. प्रकाश उत्तापमापी आधारित है
(a) सीबैक प्रभाव पर
(b) न्यूटन के सिद्धान्त पर
(c) वीन के विस्थापन सम्बन्धी नियम पर
(d) उपरोक्त में से कोई नहीं

8. कैल्विन पैमाने में हिमांक बिन्दु होता है
(a) 273 K पर (b) 173 K पर
(c) 373 K पर (d) 400 K पर

9. निम्न में से सही सम्बन्ध कौन-सा है?
(a) $\frac{C}{5}=\frac{F-23}{9}$ (b) $\frac{C}{9}=\frac{F-23}{5}$
(c) $\frac{C}{5}=\frac{9F-23}{9}$ (d) $\frac{C}{5}=\frac{F-32}{9}$

10. ऊष्मा का उच्च तापमान से निम्न तापमान की ओर चलना कहलाता है
(a) संवहन (b) चालन (c) विकिरण (d) ये सभी

11. विकिरण प्रक्रिया में ऊष्मा का संचरण ···· के द्वारा होता है।
(a) चुम्बकीय तरंगों (b) गुरुत्वीय बल
(c) अणुओं (d) ये सभी

12. गीजर की आन्तरिक टंकी ······· की बनाई जाती है, जिससे कि वह लवण युक्त जल से भी खराब न हो।
(a) एल्युमीनियम (b) टिन आलेपित ताँबे
(c) टेफ्लॉन (d) मृदु इस्पात

13. किसी अधिष्ठापन की भू-धारा (earth -current) का मान उसकी धारा क्षमता पर निर्भर करता है। 3kW, 240 V गीजर के लिए भू-प्रतिरोध मान की अधिकतम सुरक्षित सीमा है।
(a) 8 Ω (b) 12 Ω (c) 18 Ω (d) 24 Ω

14. गीजर की आन्तरिक सतह पर टिन की परत चढ़ाने का मुख्य कारण है
(a) ताँबे की शीट पर कोरोजन प्रभाव को समाप्त करना
(b) गीजर के हीटिंग एलीमेण्ट की सुरक्षा करना
(c) जल का रिसाव होने से बचाना
(d) उपरोक्त सभी

15. गीजर के बाह्य ढक्कन व अन्तः टैंक के बीच में कौन-सा पदार्थ प्रयुक्त होता है?
(a) वायु (b) माइका
(c) ग्लास-वूल (d) ऐस्बेस्टस

16. आपको एक गीजर की मरम्मत करनी है, जो जल गर्म नहीं करता है। इसका सम्भव कारण क्या हो सकता है?
(a) थर्मोस्टेट का सम्पर्क एक-दूसरे से जुड़ा होना
(b) थर्मोस्टेट आपूर्ति से हीटर को वियोजित न करना
(c) थर्मोस्टेट सम्पर्क का खुलना
(d) थर्मोस्टेट सैट बहुत ऊँचा या जाँच से बाहर होना

17. गीजर में निम्न दोष उत्पन्न हो गया है अर्थात् फ्यूज बार-बार उड़ जाता है। उपयुक्त दोष का मुख्य कारण क्या होगा?
(a) थर्मोस्टेट में रिसाव होना
(b) थर्मोस्टेट की सेटिंग बहुत ढीली होना
(c) हीटिंग यूनिट के इर्द-गिर्द रिसाव होना
(d) ऊष्मक तन्तु भूमिगत होना

18. गीजर में जल का स्तर उसकी छत से कितने सेमी नीचे रखा जाता है?
(a) 6 से 8 सेमी
(b) 8 से 10 सेमी
(c) 10 से 12 सेमी
(d) 12 से 14 सेमी

19. सावधानी के तौर पर गीजर का नियन्त्रक स्विच लगाना चाहिए
(a) स्नान कक्ष के बाहर
(b) स्नान कक्ष के अन्दर
(c) मुख्य स्विच के निकट
(d) गीजर के सामने दीवार पर

20. आपको एक रिसने वाले टैंक से युक्त गर्म जल के गीजर की मरम्मत करनी है। इसके सम्भावित कारण क्या हो सकते हैं?
(a) थर्मोस्टेट के इर्द-गिर्द रिसाव
(b) प्रवेश मार्ग पूर्णतः खुला
(c) बाहरी आवरण में जंग लगा होना
(d) जल का अत्यधिक अन्तर्वाह

उत्तरमाला

1. (c)	2. (b)	3. (c)	4. (d)	5. (a)	6. (b)	7. (c)	8. (a)	9. (d)	10. (d)
11. (a)	12. (b)	13. (c)	14. (a)	15. (c)	16. (c)	17. (d)	18. (c)	19. (a)	20. (a)

अध्याय 21

सेंसर प्रणाली एवं प्लम्बिंग कोड व संकेत

Sensor System and Plumbing Codes & Symbols

वर्तमान में सेंसर प्रणाली का उपयोग लगभग सभी क्षेत्रों; जैसे- ऑटोमेशन, ऑटोमोबाइल, इलेक्ट्रॉनिकी तथा विनिर्माण इत्यादि में किया जा रहा है। प्लम्बिग क्षेत्र को आधुनिक रूप प्रदान करने लिए सेंसर प्रणाली का उपयोग किया जाता है । प्लम्बिग क्षेत्र में सेंसर प्रणाली का प्रयोग यूरिनल्स, वॉश-बेसिन स्वचालित नल आदि में किया जाता है। प्लम्बिग प्रणाली में सेंसर प्रणाली के प्रयोग द्वारा समय तथा संसाधनों की बचत होती है।

इस अध्याय में हम प्लम्बिग में प्रयुक्त सेंसर प्रणाली एवं प्लम्बिग से सम्बन्धित विभिन्न संकेतों व कोड्स का विस्तृत अध्ययन करेंगे।

अध्याय विषय सूची

21.1 सेंसर प्रणाली Sensor System

सेंसर शब्द का शाब्दिक अर्थ है सेंस अर्थात् अनुभव करने वाला। सेंसर एक ऐसा उपकरण है जो किसी वस्तु की स्थिति , दिशा , गति , दबाव एंव तापमान जैसे कारकों को महसूस करने के लिए प्रयोग किया जाता है। अत: वह प्रत्येक प्रणाली जिसमें सेंसर का प्रयोग किया गया हो सेंसर प्रणाली कहलाती है। इस प्रणाली का प्रयोग प्लम्बिग फिटिंग्स में भी बहुतायत से किया जा रहा है।

प्लम्बिग कार्य में सेंसर प्रणाली का उपयोग निम्न प्रकार है

सेंसर युक्त प्लम्बिग फिटिंग्स Sensor Based Plumbing Fittings

वर्तमान में लगभग सभी प्रकार की प्लम्बिंग फिटिंग्स में सेंसर प्रणाली का प्रयोग किया जा रहा है, परन्तु पाठ्यक्रम की दृष्टि से इस अध्याय में हम केवल निम्न दो प्रकार की सेंसर युक्त प्लम्बिंग फिटिंग्स का अध्ययन करेंगे।

1. सेंसर युक्त यूरिनल्स Sensor Based Urinals

इस प्रकार के यूरिनल्स इन्फ्रारेड सेंसर (infrared sensor) पर आधारित होते हैं। इन्फ्रारेड सेंसर एक ऐसा इलेक्ट्रॉनिक उपकरण है, जो स्वचालित रूप से कार्य करता है।

जब कोई व्यक्ति इस प्रकार के यूरिनल्स का उपयोग करता है, तो उसमें लगा सेंसर उसकी उपस्थिति की पहचान करके यूरिनल में लगे फ्लश को सक्रिय कर देता है, जिसके फलस्वरूप फ्लशिंग क्रिया प्रारम्भ हो जाती है और यूरिनल साफ एवं दुर्गन्ध मुक्त बना रहता है।

यूरिनल में लगा सेंसर केवल तभी कार्य करता है जब उसका उपयोग किया जाता है। इसमें उपयोगकर्ता की यूरिनल से दूरी निर्धारित की जाती है। जब उपयोगकर्ता यूरिनल से दूर हटता है, तब सेंसर स्वत: ही ऑफ हो जाता है और फ्लशिंग क्रिया को बन्द कर देता है। इस प्रकार फ्लशिंग क्रिया रुक जाती है और इस कारण पानी की बर्बादी भी नहीं होती है।

इस प्रकार के यूरिनल्स को वयस्कों के लिए 24 इंच की ऊँचाई पर तथा बच्चों के लिए 16 इंच की ऊँचाई पर स्थापित किया जाता है। ये यूरिनल्स विभिन्न आकारों में उपलब्ध होते हैं;

जैसे—$845 \times 485 \times 370$ मिमी, $610 \times 390 \times 370$ मिमी, $640 \times 370 \times 310$ मिमी, $690 \times 345 \times 330$ मिमी आदि।

यह एक महँगी प्रणाली है, इसलिए सभी स्थानों पर इस प्रणाली का प्रयोग नहीं किया जा सकता है। इसे लगाने के लिए कुशल प्लम्बर की आवश्यकता होती है। चित्र में सेंसर युक्त यूरिनल को दर्शाया गया है।

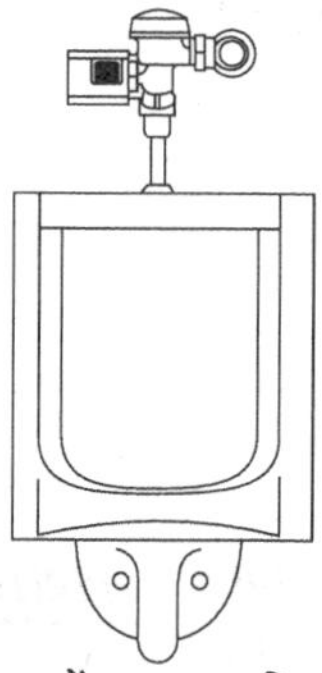

चित्र सेंसर युक्त यूरिनल्स

सेंसर युक्त यूरिनल फ्लश की स्थापना

Installation of Sensor Based Urinal Flush

सेंसर युक्त यूरिनल्स में लगे इन्फ्रारेड सेंसर से लगातार एक इन्फ्रारेड-रे (infrared-ray) निकलती रहती है। जब कोई उपयोगकर्ता यूरिनल के सामने निर्धारित दूरी पर आता है, तो यह इन्फ्रारेड-रे व्यक्ति से टकराकर वापस प्रतिबिम्बित हो जाती है, जिससे सेंसर चालू अर्थात् सक्रिय (activate) हो जाता है। और फ्लश प्रक्रिया प्रारम्भ हो जाती है। प्लम्बर को सेंसर युक्त यूरिनल की स्थापना के लिए निम्न मुख्य अवयवों की आवश्यकता होती है।

1. कॉलर गैस्केट
2. बैटरी
3. इन्फ्रारेड सेंसर
4. कॉलर रिंच

सेंसर युक्त यूरिनल फ्लश की स्थापना हेतु निम्नलिखित बिन्दुओं का अनुसरण करें।

(*i*) सर्वप्रथम सेंसर प्रणाली के साथ संयोजित कॉलर नट को रिंच की सहायता से फ्लश वाल्व के हैण्डिल को ढीला करके निकाल दें।

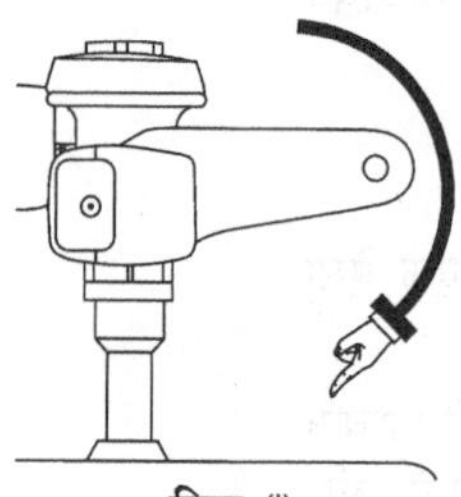

चित्र (i)

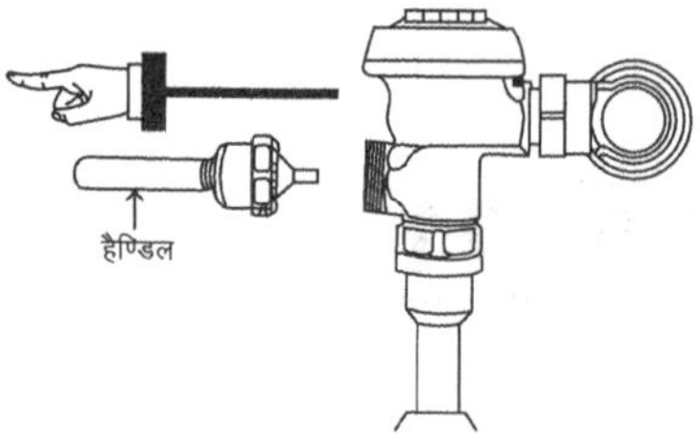

चित्र (ii)

(*ii*) अब कॉलर गैस्केट को कॉलर नट में लगाएँ।

(*iii*) उसके बाद कॉलर गैस्केट के साथ स्वचालित फ्लश यूनिट को जोड़े।

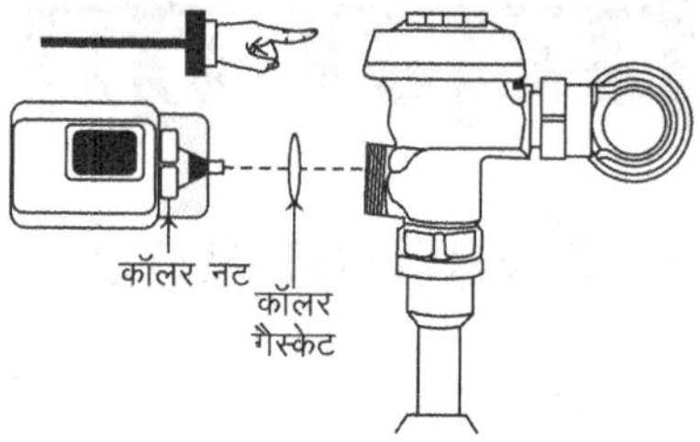

चित्र (iii)

(*iv*) इस असेम्बली को फ्लश हैण्डिल के स्थान पर स्थापित करें।

(*v*) कॉलर नट को कॉलर रिंच की सहायता से टाइट कर दें।

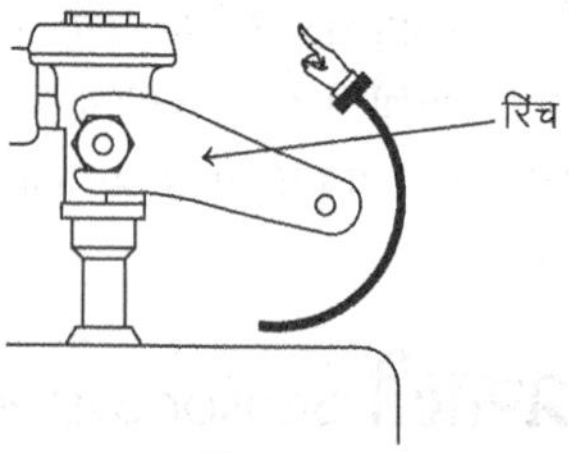

चित्र (iv)

(*vi*) अब रिंच की सहायता से बैटरी कक्ष (battery compartment) को स्वचालित फ्लश यूनिट से अलग करें।

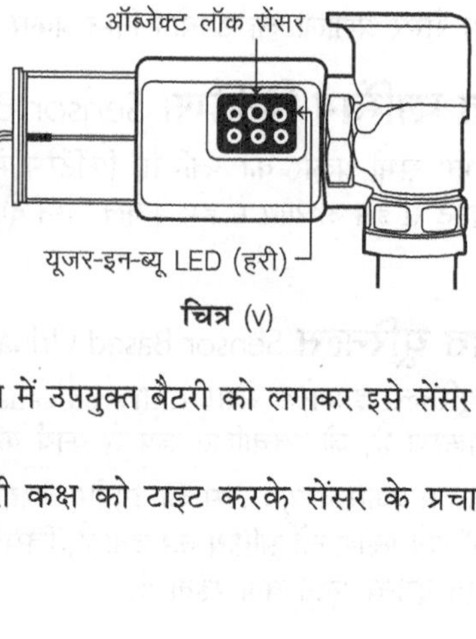

चित्र (v)

(*vii*) बैटरी कक्ष में उपयुक्त बैटरी को लगाकर इसे सेंसर यूनिट के साथ लगा दें।

(*viii*) अब बैटरी कक्ष को टाइट करके सेंसर के प्रचालन की जाँच करें।

2. सेंसर युक्त वॉश बेसिन Sensor Based Wash Basin

सेंसर युक्त वॉश बेसिन में प्रोक्सीमिटी सेंसर (proximity sensor) का प्रयोग किया जाता है। इसे चित्र में दर्शाया गया है।

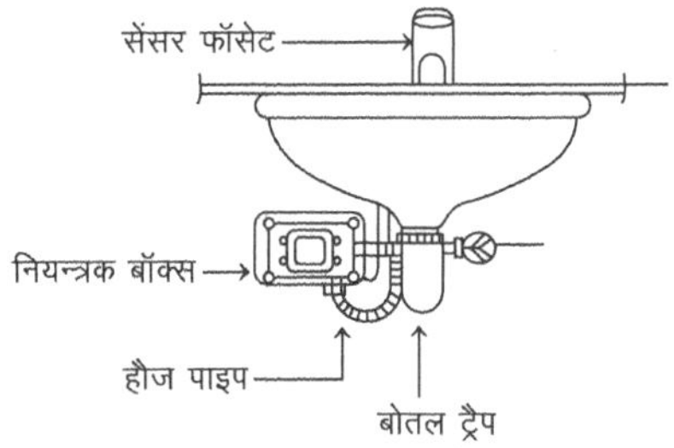

चित्र सेंसर युक्त वॉश बेसिन

इस प्रकार के वॉश बेसिन का मुख्य भाग सेंसर फॉसेट अथवा स्वचालित नल (टोंटी) होता है जिसमें प्रोक्सीमिटी सेंसर लगा होता है। जब हाथ अथवा कोई अन्य वस्तु फॉसेट के सामने निर्धारित दूरी तक आती है, तो यह प्रोक्सीमिटी सेंसर हाथ अथवा वस्तु की उपस्थिति पहचानकर नल को चालू कर देता है। यह सेंसर निर्धारित समय के पश्चात् नल को बन्द करके पानी के प्रवाह को रोक देता है।

प्रोक्सीमिटी सेंसर में हाथ अथवा वस्तु की उपस्थिति का पता लगाने के लिए एक्टिव इन्फ्रारेड तकनीक का प्रयोग किया जाता है। इस प्रकार के वाश बेसिनों का उपयोग एयरपोर्ट, होटल, मॉल, सिनेमा हॉल आदि जगहों पर किया जाता है।

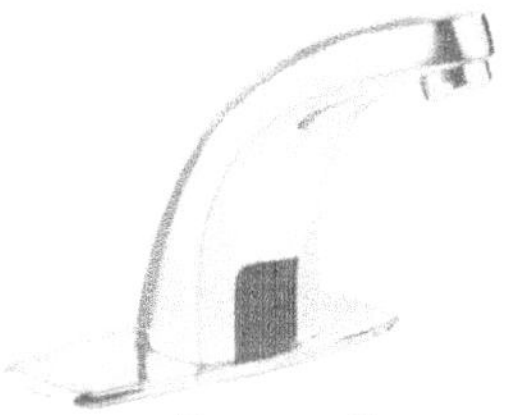

चित्र स्वचालित नल

जब स्वचालित नल को वॉश बेसिन में फिट किया जाता है तब उस वॉश बेसिन को सेंसर युक्त वॉश बेसिन कहा जाता है। सेंसर युक्त वॉश बेसिन में प्रयुक्त फॉसेट एवं कण्ट्रोल बॉक्स की संरचना को निम्न चित्र में दर्शाया गया है।

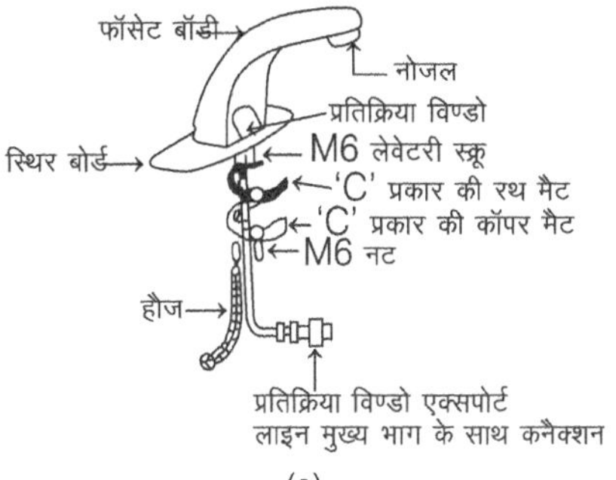

(a)

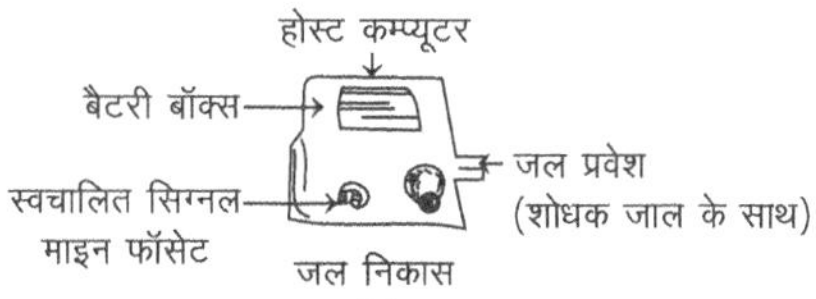

(b)

चित्र फॉसेट एवं कण्ट्रोल बॉक्स की संरचना

सामान्य सेंसर युक्त वॉश बेसिन में मुख्य रूप से निम्न प्रकार के अवयवों का प्रयोग किया जाता है

(*i*) **सॉलेनॉयड वाल्व** (Solenoid valve) इस वाल्व का प्रयोग पानी के प्रवाह को चालू एवं बन्द करने के लिए किया जाता है। इस कार्य हेतु सॉलेनॉयड वाल्व में एक डायफ्राम लगा होता है।

(*ii*) **सेंसर व कण्ट्रोल प्रणाली** (Sensor and control system) इनके द्वारा फॉसेट के नीचे हाथ की उपस्थिति पहचानकर सॉलेनॉयड वाल्व को पानी चालू व बन्द करने हेतु सिग्नल भेजा जाता है।

(*iii*) **बैटरी** (Battery) सेंसर एवं कण्ट्रोल प्रणाली को पावर प्रदान करने के लिए 6 या 9 वोल्ट की लीथियम बैटरी का प्रयोग किया जाता है।

(*iv*) **जल निकास** (Water drainage) जल के निकास हेतु नल (टोंटी) अथवा फॉसेट का प्रयोग किया जाता है।

सेंसर प्रणाली के लाभ
Advantages of Sensor System

(*i*) इसके द्वारा समय की बचत होती है।
(*ii*) सेंसर प्रणाली द्वारा पानी की बचत होती है क्योंकि यह पानी का व्यर्थ प्रवाह नहीं होने देती है।
(*iii*) इस प्रणाली द्वारा स्थान की सुन्दरता व उपयोगिता बढ़ जाती है।
(*iv*) इसके द्वारा सफाई रहती हैं।
(*v*) इसे प्रयोग करना सुविधाजनक होता है।
(*vi*) बीमारियों को फैलने से रोकना सम्भव है।

सेंसर प्रणाली की हानियाँ
Disadvantage of Sensor System

(*i*) यह एक महँगी प्रणाली है।
(*ii*) इस प्रणाली में गर्म एवं ठण्डे पानी के प्रयोग के लिए कठिनाई होती है।
(*iii*) इस प्रणाली का मरम्मत कार्य कठिन होता है।

21.2 प्लम्बिंग संकेत Plumbing Symbols

नोट *प्लम्बिंग संकेतों के अध्ययन हेतु अध्याय-8 का अवलोकन करें।*

21.3 प्लम्बिंग कोड्स Plumbing Codes

नोट *प्लम्बिंग कोड्स के अध्ययन हेतु अध्याय-8 का अवलोकन करें।*

महत्त्वपूर्ण बिन्दु

- वर्तमान में सेंसर प्रणाली का उपयोग सभी क्षेत्रों जैसे-ऑटोमेशन, ऑटोमोबाइल, इलेक्ट्रॉनिकी तथा विनिर्माण इत्यादि में किया जा रहा है।
- सेंसर प्रणाली में विभिन्न प्रकार के सेंसरों का प्रयोग किया जाता है।
- सेंसर युक्त यूरिनल्स इन्फ्रारेड सेंसर पर आधारित होते हैं। इन्फ्रारेड सेंसर एक ऐसा इलेक्ट्रॉनिक उपकरण है, जो स्वचालित रूप से कार्य करता है।
- जब सेंसर लगे यूरिनल्स का उपयोग किया जाता है, तो उसमें लगा सेंसर उसकी उपस्थिति की पहचान करके यूरिनल में लगे फ्लश को सक्रिय कर देता है।
- यूरिनल में लगा सेंसर तभी कार्य करता है, जब यूरिनल का उपयोग किया जाता है।
- एक प्लम्बर को सेंसर युक्त यूरिनल की स्थापना के लिए कॉलर गैस्केट, बैटरी, इन्फ्रारेड सेंसर एवं कॉलर रिंच आदि मुख्य अवयवों की आवश्यकता होती है।
- सेंसर युक्त वॉश बेसिन में प्रोक्सिमिटी सेंसर का प्रयोग किया जाता है।
- प्रोक्सिमिटी सेंसर में हाथ अथवा वस्तु की उपस्थिति का पता लगाने के लिए एक्टिव इन्फ्रारेड तकनीक का उपयोग किया जाता है।
- सेंसर एवं कण्ट्रोल प्रणाली को पावर प्रदान करने के लिए 6 या 9 वोल्ट की लीथियम बैटरी का प्रयोग किया जाता है।
- सोलेनॉयड वाल्व का प्रयोग पानी के प्रवाह को चालू एवं बन्द करने के लिए किया जाता है।
- सेंसर युक्त वॉश बेसिन में जल के निकास हेतु नल (टोंटी) अथवा फॉसेट का प्रयोग किया जाता है।
- सेंसर प्रणाली द्वारा पानी की बचत होती है, क्योंकि इसके द्वारा पानी का व्यर्थ प्रवाह नहीं होता है।

महत्त्वपूर्ण प्रश्नोत्तरी

1. सेंसर प्रणाली से आप क्या समझते है?

उत्तर जिस प्रणाली में विभिन्न प्रकार के सेंसरों का प्रयोग किया जाता है , उसे सेंसर प्रणाली कहते है।

2. सेंसर युक्त यूरिनल्स किस प्रकार कार्य करता है?

उत्तर जब कोई व्यक्ति सेंसर युक्त यूरिनल्स का उपयोग करता है, तो उसमें लगा सेंसर उसकी उपस्थिति की पहचान करके यूरिनल में लगे फ्लश को सक्रिय कर देता है एवं फ्लशिंग क्रिया प्रारम्भ हो जाती है।

3. सेंसर युक्त यूरिनल को कितनी ऊँचाई पर स्थापित किया जाता है?

उत्तर सेंसर युक्त यूरिनल्स को वयस्कों के लिए 650 मिमी की ऊँचाई पर तथा बच्चों के लिए 375 मिमी की ऊँचाई पर स्थापित किया जाता है।

4. सेंसर युक्त वॉश बेसिन में किस प्रकार का सेंसर लगा होता है ?

उत्तर सेंसर युक्त वॉश बेसिन मे प्रोक्सीमिटी सेंसर का प्रयोग किया जाता है।

5. सेंसर युक्त वॉश बेसिन में सेंसर एवं कण्ट्रोल प्रणाली का क्या कार्य है?

उत्तर सेंसर एवं कण्ट्रोल प्रणाली द्वारा फॉसेट के नीचे हाथ की उपस्थिति पहचानकर सोलेनॉयड वाल्व को पानी चालू व बन्द करने के लिए सिग्नल भेजा जाता है।

अभ्यास प्रश्न

परीक्षा प्रारूपी प्रश्न

1. सेंसर युक्त यूरिनल में किस प्रकार के सेंसर का प्रयोग किया जाता है?
(a) दाब सेंसर (b) इन्फ्रारेड सेंसर
(c) ताप सेंसर (d) प्रोक्सीमिटी सेंसर

2. यूरिनल्स में लगे इन्फ्रारेड सेंसर का कार्य होता है।
(a) जल आपूर्ति हेतु
(b) यूरिनल्स को साफ रखने हेतु
(c) उपयोगकर्ता की उपस्थिति पहचानने हेतु
(d) उपरोक्त सभी

3. सेंसर आधारित यूरिनल्स में निम्न में से किस प्रकार की बैटरी का प्रयोग किया जाता है?
(a) एसिड बैटरी (b) लीथियम बैटरी
(c) सोलर बैटरी (d) कार्बन बैटरी

4. वयस्कों द्वारा प्रयोग होने वाले यूरिनल्स को ………… की ऊँचाई पर स्थापित किया जाता है।
(a) 10 इंच (b) 20 इंच
(c) 30 इंच (d) 24 इंच

5. बच्चों के लिए यूरिनल्स को किस ऊँचाई पर स्थापित करना चाहिए?
(a) 16 इंच (b) 20 इंच (c) 10 इंच (d) 8 इंच

6. सेंसर युक्त यूरिनल्स में निम्न में से किसका प्रयोग नहीं किया जाता है?
(a) कॉलर गैस्केट (b) बैटरी
(c) इन्फ्रारेड सेंसर (d) सॉलेनॉयड वाल्व

7. फ्लश वाल्व हैण्डिल को खोलने एवं लगाने के निम्न में से किस औजार का प्रयोग किया जाता है?
(a) स्क्रू ड्राइवर (b) कॉलर रिंच
(c) प्लायर (d) वाइस

8. दिए गए चित्र में X द्वारा प्रदर्शित भाग का नाम बताइए।

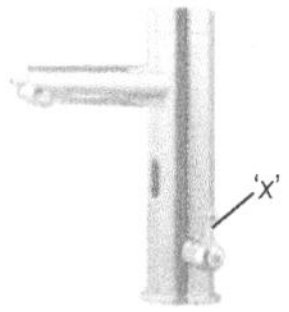

(a) कॉलर (b) गैस्केट
(c) हैण्डिल (d) सेंसर

9. सेंसर युक्त वॉश बेसिन में किस प्रकार के सेंसर का प्रयोग किया जाता है?
(a) इन्फ्रारेड सेंसर (b) दाब सेंसर
(c) प्रोक्सीमिटी सेंसर (d) इनमें से कोई नहीं

10. फॉसेट में लगे सॉलेनॉयड वाल्व का क्या कार्य है?
(a) जल का प्रवाह प्रारम्भ करना (b) जल का प्रवाह रोकना
(c) 'a' और 'b' दोनों (d) इनमें से कोई नहीं

11. सेंसर युक्त वॉश बेसिन में किस प्रकार की बैटरी का प्रयोग किया जाता है?
(a) लीथियम बैटरी (b) कार्बन बैटरी
(c) एडिड बैटरी (d) इनमें से कोई नहीं

12. स्वचालित वॉश बेसिन में किस तकनीक का प्रयोग किया जाता है?
(a) एक्टिव इन्फ्रारेड तकनीक
(b) पैसिव इन्फ्रारेड तकनीक
(c) टच सेंसर तकनीक
(d) उपरोक्त सभी

13. सेंसर प्रणाली का लाभ है
(a) पानी की बचत (b) दुर्गन्ध मुक्त वातावरण
(c) सुन्दरता (d) ये सभी

14. सेंसर प्रणाली की हानि है
(a) पानी की बर्बादी
(b) असुविधाजनक
(c) समय की बर्बादी
(d) गर्म व ठण्डे पानी के प्रयोग में कठिनाई

15.  संकेत दर्शाता है
(a) गेट वाल्व (b) ग्लोब वाल्व
(c) चैक वाल्व (d) सेफ्टी वाल्व

16.  संकेत दर्शाता है
(a) गेट वाल्व (b) स्टॉप कॉक
(c) चैक वाल्व (d) एंगल गेट वाल्व

17. एल्बो $45°$ का संकेत है
(a)  (b) 
(c) 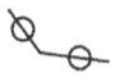 (d) 

18. वाटर हीटर के संकेत को पहचानिए।
(a) 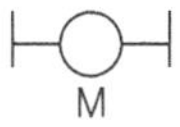

(b) 

(c) 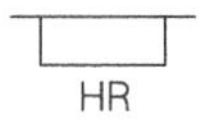

(d) 

19. प्लम्बिंग में प्रयुक्त एक्सपेंशन जोड़ के संकेत को पहचानिए।

(a) 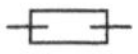

(b) 

(c) 'a' और 'b' दोनों

(d) उपरोक्त में से कोई नहीं

20.  चिन्ह दर्शाता है

(a) गेट वाल्व (b) ग्लोब वाल्व

(c) चैक वाल्व (d) इनमें से कोई नहीं

21.  चिन्ह .... को दर्शाने के लिए प्रयोग किया जाता है।

(a) वाश बेसिन (b) वाटर क्लोसेट

(c) वाटर टैंक (d) यूरिनल

22. प्लम्बिंग में प्रयुक्त बाथ टब का संकेत है

(a) 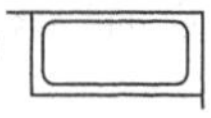 (b) 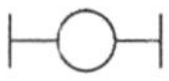

(c) 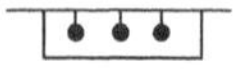 (d) 

23. कॉम्बीनेशन प्लायर का IS कोड होता है

(a) IS : 3750 - 1972 (b) IS : 3875 - 1875

(c) IS : 3650 - 1981 (d) IS : 3975 - 1981

24. वाटर मीटर का IS कोड होता है

(a) IS : 2000 (b) IS : 2001

(c) IS : 2002 (d) IS : 2003

25. ऑयल केन का IS कोड होता है

(a) IS : 4850 : 1970

(b) IS : 6145 - 1978

(c) IS : 5048 -1977

(d) IS : 4561 - 1968

26. ट्रॉवेल का IS कोड होता है।

(a) IS : 3160 (b) IS : 6013

(c) IS : 6130 (d) IS : 1360

27. फ्लैंज्ड नट का IS कोड होता है।

(a) IS : 9577 (b) IS : 7595

(c) IS : 7795 (d) IS : 9570

28. बॉल पीन हैमर का IS कोड होता है

(a) IS : 184 - 1988

(b) IS : 481 - 1978

(c) IS : 148 - 1980

(d) IS : 841 - 1983

29. कॉकिंग लैड का IS कोड होता है

(a) IS : 278 (b) IS : 782

(c) IS : 872 (d) IS : 827

30. एस्बेस्टस सीमेण्ट प्रैशर पाइप का IS कोड होता है

(a) IS : 5921 (b) IS : 9215

(c) IS : 1592 (d) IS : 2159

उत्तरमाला

1. (b)	**2.** (c)	**3.** (b)	**4.** (d)	**5.** (a)	**6.** (d)	**7.** (b)	**8.** (c)	**9.** (c)	**10.** (c)
11. (a)	**12.** (a)	**13.** (d)	**14.** (d)	**15.** (c)	**16.** (b)	**17.** (c)	**18.** (d)	**19.** (c)	**20.** (b)
21. (d)	**22.** (a)	**23.** (c)	**24.** (b)	**25.** (d)	**26.** (b)	**27.** (c)	**28.** (d)	**29.** (b)	**30.** (c)

अध्याय 22

संक्षारण

Corrosion

जब किसी धातु को वातावरण में रखा जाता है, तो वह धातु वातावरण में उपस्थित ऑक्सीजन, नमी व कार्बन डाई-ऑक्साइड से रासायनिक अभिक्रिया कर लेती है जिसके फलस्वरुप धातु की सतह पर भूरे रंग की एक पपड़ी सी जम जाती है। इस घटना को संक्षारण (corrosion) कहा जाता है। या दूसरे शब्दों में इसे धातु पर जंग लगना भी कहा जाता है। अधिकांश धातुएँ, वायुमण्डल में रखे जाने पर किसी न किसी रूप में प्रभावित हो जाती हैं तथा अपनी चमक खो देती हैं। इस प्रभाव के कारण धातुओं की शक्ति कम हो जाती है। जिसके फलस्वरुप धातुएँ कमजोर तथा भंगुर हो जाती हैं। चाँदी की चमक का कम होना, लोहे पर जंग का लगना, ताँबे या कांसे पर हरे रंग की परत का जमा होना, इत्यादि संक्षारण के कुछ सामान्य उदाहरण हैं। प्रस्तुत अध्याय में संक्षारण, इसके प्रकार तथा संक्षारण से बचाव की विधियों का वर्णन किया गया है।

अध्याय विषय सूची

22.1 जल वितरण प्रणाली में संक्षारण
Corrosion in Water Distribution System

जल वितरण प्रणाली में प्रयुक्त पाइप, पाइप फिटिंग्स आदि के निर्माण हेतु धातुओं का प्रयोग किया जाता है जो सीधे वातावरण के सम्पर्क में रहते हैं। जल वितरण प्रणाली में प्रयुक्त धातुओं के पाइपों एवं फिटिंग्स पर पानी एवं वातावरण की वायु की परस्पर रासायनिक अभिक्रिया के कारण जंग (संक्षारण) लग जाता है। यह संक्षारण वातावरण के तापमान, धातु के प्रकार एवं गैस (ऑक्सीजन) पर निर्भर करता है। लोहे के पाइपों पर बहुत शीघ्रता से जंग लगता है। यदि पाइपों में अधिक समय तक जल भरा रहता है, तो उनमें शीघ्रता से जंग लगना प्रारम्भ हो जाता है, क्योंकि जल में उपस्थित खनिज तत्त्व पाइप के पदार्थ के साथ अभिक्रिया कर लेते हैं। जल वितरण प्रणाली पर संक्षारण के निम्नलिखित प्रभाव पड़ते हैं

(*i*) जल में गन्ध उत्पन्न हो जाती है।
(*ii*) पानी के स्वाद में परिवर्तन हो जाता है।
(*iii*) जल दूषित हो जाता है जिससे हमारा स्वास्थ्य पर बुरा प्रभाव पड़ता है।
(*iv*) जंग के कारण जल वितरण प्रणाली कमजोर हो जाती है।

धातुओं को प्रभावित करने वाले कुछ मुख्य कारक निम्नवत् हैं

(*i*) धातु की सतह संरचना एवं उसका प्रकार।
(*ii*) जल घुलित एवं अघुलित पदार्थों की मात्रा एवं उनका प्रकार।
(*iii*) जल व हवा के ठहराव का समय तथा प्रवाहित होने की गति।
(*iv*) वातावरण के तापमान तथा वायु दाब में अनिरन्तरता।

22.2 संक्षारण के प्रकार Types of Corrosion

प्लम्बिंग प्रणाली के अन्तर्गत होने वाले संक्षारण के मुख्य प्रकार निम्नवत् हैं

(i) एकसमान संक्षारण Uniform Corrosion

एक समान संक्षारण, संक्षारण का एक मुख्य प्रकार है। इस संक्षारण में धातु की सतह से एकसमान मात्रा में मैटेरियल खराब होकर निकलता है। इस प्रकार का संक्षारण, धातु के प्रकार, उसकी प्रकृति, कार्बोनेट की कठोरता इत्यादि पर निर्भर करता है। इस संक्षारण से पाइप लाइनों के जल में मैलापन आ जाता है।

(ii) पिटिंग संक्षारण Pitting Corrosion

पिटिंग संक्षारण, धातु की सतह पर उचित कोटिंग या सुरक्षात्मक परत के टूटने के फलस्वरूप उत्पन्न होता है। इस संक्षारण में धातु की सतह पर दरारें या छोटे-छोटे छिद्र बन जाते हैं जिन्हें पिट्स कहा जाता है। पिटिंग संक्षारण के अन्त में धातु टूट जाती है। यह संक्षारण मुख्यत: एल्युमीनियम अलॉय, स्टेनलैस स्टील तथा स्टेनलैस अलॉय में होता है।

धातुओं में पिटिंग संक्षारण के निम्नलिखित कारण हो सकते हैं

(*a*) **अपशिष्टों के जमा होने के परिणामस्वरूप वायु संचरण कोशिकाएँ** (Aeration cells as a result of waste aggregation) जल को साफ करने के पश्चात् भी जल में कुछ प्रदूषक घुले रह जाते हैं जोकि जल में बाइकार्बोनेट या संक्षारण के रूप में उपस्थित रहते हैं। जब ये बाइकार्बोनेट, अवक्षेपित (precipitate) होते हैं, तो वायु संचरण कोशिकाएँ उत्पन्न करते हैं। इन कोशिकाओं के कारण धातु की निचली सतह पर गड्ढ़े (pits) बन जाते हैं और धातु की निचली सतह संक्षारित हो जाती है।

(*b*) **गैसों के बुलबुलों के कारण वातन कोशिकाएँ** (Aeration cells as a result of gas bubbles) जब जल को गर्म किया जाता है, तो जल में उपस्थित वायु बुलबुले बनकर ऊपर की ओर चलने लगते है। जल में बुलबुलों का बनना, जल के तापमान पर निर्भर है, क्योंकि जल का तापमान बढ़ने पर जल में उपस्थित O_2, CO_2 व N_2 गैसें मुक्त होने लगती हैं। इन गैसों के बुलबुलों के आस-पास संक्षारण होने लगता है तथा पाइपों में पिटिंग प्रक्रिया प्रारम्भ हो जाती है।

(*c*) **लोकल कोशिकाओं का बनना** (Formation of local cells) जब कॉपर से बने पाइपों में जल प्रवाहित होता है, तो कॉपर व जल की अभिक्रिया के फलस्वरूप बने कुछ कॉपर आयन जल में घुल जाते हैं तथा कुछ समय पश्चात् ये जिंक व लोहे की सतह पर धात्विक कॉपर के रूप में अवक्षेपित हो जाते हैं। यही अवक्षेप, धात्विक सतह पर पिट्स का कारण होता है।

(iii) विद्युत रासायनिक संक्षारण Electrochemical Corrosion

जब दो धातुओं को इलेक्ट्रोलाइट की उपस्थिति में एक-दूसरे से संयोजित करके गैल्वेनाइज्ड सैल का निर्माण किया जाता है, तो गैल्वेनाइज्ड सैल बनने के कारण इलेक्ट्रोलाइट का क्षरण (decay) होना प्रारम्भ हो जाता है। इस प्रक्रिया को विद्युत रासायनिक संक्षारण कहते हैं। इलेक्ट्रोलाइट के रूप में सामान्यत: अम्लीय या ब्राइन वाटर (brine water) का उपयोग किया जाता है।

(iv) स्थानीय संक्षारण Localized Corrosion

जब कोई धातु, वातावरण में उपस्थित नमी के सम्पर्क में आती है, तो धातु की सतह पर संक्षारण उत्पन्न हो जाता है, यदि यह संक्षारण धातु की सतह के किसी विशेष भाग में ही उत्पन्न होता है, तो इस प्रकार के संक्षारण को स्थानीय संक्षारण कहते है। इस प्रकार का संक्षारण मुख्यत: तब होता है जब धातु की सतह के किसी भाग पर संक्षारण की दर अन्य भागों की तुलना में अधिक होती है।

22.3 संक्षारण के कारण Causes of Corrosion

धातुओं का संक्षारण अनेक कारकों पर निर्भर करता है। इनमें से कुछ कारक निम्न प्रकार हैं

(i) धातुओं की क्रियाशीलता Activity of Metals

धातुओं की क्रियाशीलता, संक्षारण का एक मुख्य कारक है। अधिक क्रियाशील धातु के संक्षारण की सम्भावना किसी अन्य कम क्रियाशील धातु की तुलना में अधिक होती है; जैसे- लोहा अपने से कम क्रियाशील धातु चाँदी की तुलना में अधिक तेजी से संक्षारित होता है। किसी धातु की क्रियाशीलता उसकी विद्युत धनात्मक प्रकृति पर निर्भर करती है। किसी धातु की विद्युत धनात्मक प्रकृति जितनी अधिक होगी, वह धातु उतनी ही अधिक क्रियाशील होगी। Na, Ca, Mg, Al, Zn आदि धातुएँ अधिक तेजी से संक्षारित होती है।

(ii) धातु में अशुद्धि की उपस्थिति Presence of Impurities in Metals

शुद्ध धातुएँ प्राय: संक्षारित नहीं होती हैं। एक धातु में अशुद्धि की उपस्थिति, उस धातु के संक्षारण की सम्भावना को बढ़ा देती है। इसका मुख्य कारण यह है कि कम विद्युत धनात्मक अशुद्ध धातुएँ, ग्राही धातु के साथ गैल्वेनिक सैलों का निर्माण करती हैं जिससे ग्राही धातु संक्षारित हो जाती है।

(iii) जल में विद्युत अपघट्यों की उपस्थिति Presence of Electrolyte in Water

जल में विद्युत अपघट्यों की उपस्थिति भी, संक्षारण का मुख्य कारण होती है; जैसे- लोहे का संक्षारण, आसुत जल की तुलना में, समुद्री जल में अधिक शीघ्रता से होता है। इसका कारण यह है कि समुद्री जल में विभिन्न प्रकार के अपघट्य; जैसे- NaCl, KCl आदि घुले रहते हैं।

(iv) वायु में क्रियाशील गैसों की उपस्थिति Presence of Active Gases in Atmosphere

वायु में उपस्थित क्रियाशील गैसें; जैसे- CO_2, SO_2, NO_2 आदि जल में घुलकर अम्लों का निर्माण करती हैं। ये अम्ल विद्युत अपघट्य की तरह कार्य करते हैं तथा संक्षारण प्रक्रिया की तीव्रता में वृद्धि कर देते हैं।

(v) धातु का चयन Selection of Material

संक्षारण कार्य में उपयोग किए जाने वाले मैटेरियल/धातु के चयन पर भी निर्भर करता है। यदि किसी कार्य में उपयोग किए जाने वाले मैटेरियल/धातु की गुणवत्ता सही नहीं है, तो यह मैटेरियल धातु तीव्रता से संक्षारित हो जाएगी।

(vi) जल का तापमान Temperature of Water

जल का तापमान भी संक्षारण प्रक्रिया को बढ़ाने में महत्त्वपूर्ण भूमिका निभाता है। जब जल का तापमान 60°C या इससे अधिक हो जाता है, तो धातु (Zn) की संक्षारण को रोकने की शक्ति समाप्त होती हैं जिसके फलस्वरूप धातु की सतह संक्षारित होना प्रारम्भ हो जाती है।

(vii) बहाव दर Flowing Rate

यदि धात्विक पाइपों में जल के प्रवाह की गति धीमी है अथवा पाइपों में जल अधिक समय तक भरा रहता है, तो यह भी संक्षारण का एक मुख्य कारण है। जल में उपस्थित खनिज लवण, पाइपों की धातु से रासायनिक अभिक्रिया करके, पाइपों को संक्षारित कर देते हैं।

22.4 संक्षारण से बचाव Prevention from Corrosion

संक्षारण से बचाव के कुछ मुख्य उपाय निम्न प्रकार हैं

(i) अवरोध रक्षण Barrier Protection

लोहे को संक्षारण से बचाने के लिए इस विधि का सर्वाधिक उपयोग किया जाता है। इस विधि में धातु सतह तथा वायुमण्डलीय वायु के मध्य एक उपयुक्त अवरोध (barrier) का निर्माण किया जाता है। इससे धातु की सतह, वायु, जल व कार्बन डाई-ऑक्साइड की अभिक्रिया से बची रहती है और संक्षारित नहीं होती है।

(ii) धातु की सतह पर ग्रीस या तेल लगाना Oiling or Greasing on Metal Surface

धातुओं की सतह पर ऑयल या ग्रीस लगाकर उसे संक्षारण से बचाया जा सकता है। लोहे के औजारों तथा मशीनी भागों को इसी प्रकार संक्षारण से बचाया जाता है।

(iii) धातु सतह पर पेण्ट के लेपन द्वारा By Coating of Paint on the Metal Surface

धातु सतह पर किसी पेण्ट या इनेमल आदि की एक पतली परत के रूप में लेपन करने से भी धातु संक्षारित होने से बच जाती है।

(iv) धातु पर कुछ विशिष्ट रसायनों के लेपन द्वारा By Coating of Some Certain Chemical on Metal

लोहे की सतह पर $FePO_4$ या अन्य किसी उपयुक्त रसायन का लेप करके उसे संक्षारण से बचाया जा सकता है। रसायन की पतली परत, लोहे की सतह को वायुमण्डलीय वायु के सम्पर्क में नहीं आने देती है जिससे लोहा संक्षारित होने से बच जाता है।

(v) धातु पर असंक्षारणीय धातुओं की परत द्वारा By Layer of Non-Corrosive Substances on Metal

किसी असंक्षारणीय धातु; जैसे-निकिल, क्रोमियम इत्यादि की पतली परत किसी धातु पर चढ़ाकर भी धातु को संक्षारण से बचाया जा सकता है;जैसे-लोहे पर निकिल या क्रोमियम की पतली परत चढ़ाकर उसे संक्षारण से बचाया जा सकता है।

(vi) कैथोडिक सुरक्षा Cathodic Protection

इस विधि का उपयोग मुख्यत: पाइपों को संक्षारण से बचाने के लिए किया जाता है। इस विधि में विद्युत धारा का उपयोग करके संक्षारण को नियन्त्रित किया जाता है जो बाह्य संक्षारण के प्रभाव को रोक देती है। इस विधि में रक्षित की जाने वाली धातु को एक अधिक सक्रिय (अधिक विद्युत धनात्मक) धातु से संयोजित कर दिया जाता है। चूँकि अधिक सक्रिय धातु में ऑक्सीकृत होने की प्रवृत्ति अधिक होती है। अत: यह दूसरी धातु की अपेक्षा अधिक तीव्रता से ऑक्सीकृत होती है।

इस प्रकार अधिक सक्रिय धातु एनोड का कार्य करती है। सक्रिय धातु के ऑक्सीकरण के कारण एनोड धीरे-धीरे लुप्त होता रहता है तथा पाइप, संक्षारित होने से बचा रहता है। जब तक यह सक्रिय धातु उपस्थित रहती है तब तक लोहे के पाइपों पर जंग नहीं लगता है। इस विधि में सक्रिय धातु के पुराने एनोड को समय-समय पर बदलते रहना आवश्यक होता है।

22.5 संक्षारण प्रक्रिया Corrosion Process

संक्षारण की प्रक्रिया समझने के लिए समय-समय पर अनेक सिद्धान्तों का प्रतिपादन किया गया है। इन सिद्धान्तों में विद्युत रासायनिक प्रभाव सर्वाधिक मान्य है। विद्युत रासायनिक सिद्धान्त के अनुसार, संक्षारण मूल रूप से एक विद्युत रासायनिक घटना है। यह मुख्य रूप से धातु सतह के विभिन्न भागों के विद्युत रासायनिक व्यवहारों में भिन्नता के कारण सम्पन्न होती है। लोहे पर जंग लगना, संक्षारण का एक विशिष्ट रूप है। विद्युत रासायनिक सिद्धान्त के आधार पर संक्षारण की प्रक्रिया को लोहे के संक्षारण के उदाहरण से आसानी से समझा जा सकता है।

लोहे पर जंग लगने की प्रक्रिया Corrosion Process on Iron

लोहे का संक्षारण उस समय होता है जब इसे जल घुलित ऑक्सीजन तथा कार्बन डाई-ऑक्साइड युक्त वातावरण में रखा जाता है। विद्युत रासायनिक सिद्धान्त के अनुसार लोहे की सतह के विभिन्न भाग रासायनिक रूप से, ऑक्सीजन तथा कार्बन डाई-ऑक्साइड युक्त जल की उपस्थिति में छोटे गैल्वेनिक सैलों की भाँति व्यवहार करते हैं। सतह का एक भाग एनोड़ की तरह तथा दूसरा भाग कैथोड की तरह व्यवहार करता है। एनोड क्षेत्र में ऑक्सीकरण की क्रिया सम्पन्न होती है तथा आयरन परमाणु Fe^{2+} आयनों में ऑक्सीकृत हो जाते हैं।

$$Fe(s) \longrightarrow Fe^{2+}(aq) + 2e^-$$

इस प्रकार मुक्त इलेक्ट्रॉन धातु के माध्यम से गति करके कैथोड क्षेत्र में पहुँच जाते हैं। कैथोड क्षेत्र में इलेक्ट्रॉन H^+ आयनों की उपस्थिति में ऑक्सीकरण को अपचयित कर देते हैं।

H^+ आयनों का निर्माण जल परत में H_2SO_3 के O वियोजन के कारण होता है, जो CO_2 के जल में घुलने से प्राप्त होता है।

$$H_2O + CO_2 \longrightarrow H_2CO_3$$

$$H_2CO_3 \rightarrow H^+ (aq) + HCO_3^{-3} (aq)$$

कैथोड क्षेत्र में

$$O_2(g) + 4H^+ (aq) + 4e^- \rightarrow 2H_2O(ge)$$

इस प्रकार लोहे की सतह पर स्थित एक लघु गैल्वेनिक सेल में सम्पन्न होने वाली नेट अभिक्रिया को निम्न प्रकार प्राप्त किया जा सकता है

एनोड पर

$$Fe(s) \longrightarrow Fe^{2+} (aq) + 2e^-$$

कैथोड पर

$$O_2(g) + 4H^+ (aq) + 4e^- - 2H_2O\,(l)$$

नेट अभिक्रिया

$$2Fe(s) + O_2(g) + 4H^+ (aq) \rightarrow 2Fe^{2+} (aq) + 2H_2O(l)$$

इस अभिक्रिया में निर्मित Fe^{2+} आयन लोहे की सतह पर स्थित जल परत में गति करने लगते हैं। यदि जल परत में NaCl, $MgCl_2$ इत्यादि विद्युत अपघट्य उपस्थित है, तो लघु सेल में अधिक विद्युत धारा का संचालन होगा तथा संक्षारण प्रक्रिया तीव्र हो जाएगी।

एक लघु गैल्वेनिक सेल में निर्मित Fe^{2+} आयन वायुमण्डलीय ऑक्सीजन द्वारा Fe^{3+} आयनों में ऑक्सीकृत हो जाते हैं तथा वायुमण्डलीय ऑक्सीजन एवं नमी से संयोग कर जलयोजित आयरन ऑक्साइड ($Fe_2CO_3 \cdot XH_2O$) का निर्माण करते हैं जो लोहे की सतह पर जंग रूप में जमा हो जाता है।

$$4Fe^{2+} (aq) + O_2(g) + 4H_2O \rightarrow 2Fe_2 \cdot O_3(s) + 8H^+$$
$$Fe_2O_3(s) + XH_2O \rightarrow Fe_2O_3 \cdot XH_2O$$

22.6 धातुओं पर जल का प्रभाव

Effect of Water on Metals

जब पाइप लाइनों में जल का प्रवाह होता है, तो जल तथा पाइप लाइन की धातुओं के मध्य रासायनिक अभिक्रिया होती है, जिसके फलस्वरूप पाइप लाइनों में संक्षारण की प्रक्रिया होती है। पाइप लाइनों में संक्षारण, जल के गुणों ;जैसे-क्षारीयता, अम्लीयता, जल का pH मान, जल की कठोरता, जल में घुले निलम्बित पदार्थ तथा गैसों के कारण उत्पन्न होते हैं। घरेलू कार्यों में अधिकतर कॉपर के पाइप तथा अन्य धातुओं की फिटिंग का उपयोग किया जाता है। इन धातुओं पर संक्षारण के कारण अधिक हानि होती है।

कॉपर के पाइपों में संक्षारण के फलस्वरूप, जल गन्दा हो जाता है जिसे उपयोग में लाने पर अनेक प्रकार की स्वास्थ्य सम्बन्धी समस्याएँ उत्पन्न हो जाती हैं। जल में उपस्थित नाइट्रेट व क्लोरीन भी धातुओं के संक्षारण में महत्त्वपूर्ण भूमिका निभाते हैं।

यदि पाइप लाइनों में प्लास्टिक से बनी फिटिंग का उपयोग किया गया है, तो प्लास्टिक के संक्षारण के कारण, विनायल क्लोराइड जल में घुल जाता है जिससे जल की गुणवत्ता खराब हो जाती है और वह उपभोग हेतु उपयुक्त नहीं रहता है। अतः जल संक्षारण से बचाव के लिए उपयुक्त उपाय किए जाने चाहिए। इनमें से कुछ उपाय निम्नलिखित हैं

(*i*) जल की टंकी या ड्रम में सोडियम हाइड्रॉक्साइड डालनी चाहिए।

(*ii*) प्लम्बिंग फिटिंग में ऐसे मैटेरियल की फिटिंग्स का उपयोग करना चाहिए जो जल संक्षारण की प्रतिरोध हों।

(*iii*) जल को टंकी में स्टोर करने से पूर्व व बाद में उपचार करना चाहिए।

(*iv*) जल की अम्लीयता को कम करने वाले फिल्टरों एवं क्षारीय रासायनिकों का उपयोग करना चाहिए।

22.7 धातुओं पर पाले का प्रभाव

Effect of Frost on Metals

पाला भी धातुओं के संक्षारण का एक मुख्य कारण होता है। पाला पड़ने पर इसकी नमी (जल) इमारतों की रेलिंग, सीढ़ियों, ब्रिज इत्यादि पर जम जाती है तथा धातुओं पर संक्षारण उत्पन्न करता है। पाले के कारण अधिकतर लोहे से बनी वस्तुएँ प्रभावित होती हैं। यह वस्तुओं की ऊपरी सतह का संक्षारण करता है। संक्षारण की दर, वर्ण की मात्रा, पाइप के मैटेरियल के प्रकार, तापक्रम, ऑक्सीजन, जल का pH मान इत्यादि पर निर्भर करती है। पाले के कारण होने वाले संक्षारण, पाइप लाइनों तथा अन्य वस्तुओं पर निम्नलिखित प्रभाव उत्पन्न करता है

(*i*) पाले के कारण होने वाले संक्षारण से पाइप लाइनें कमजोर हो जाती हैं तथा कुछ समय पश्चात् टूट कर नष्ट हो जाती है।

(*ii*) पाइपों में उपयोग की गई फिटिंग्स, जैसे- नट-बोल्ट, वाल्व, टैप, इत्यादि जाम (freeze) हो जाते हैं जिससे पाइप लाइन की मरम्मत के दौरान कठिनाई आती है।

(*iii*) पाले के कारण, संक्षारण से प्रभावित होकर इमारतों की रेलिंग, सीढ़ियाँ इत्यादि कमजोर हो जाती हैं जो कि दुर्घटनाओं का कारण बन सकती है।

महत्त्वपूर्ण बिन्दु

- जब किसी धातु को वातावरण में रखा जाता है, तो वातावरण की नमी के कारण, धातु की सतह पर पपड़ी का जमना संक्षारण कहलाता है।
- संक्षारण के कारण, धातु कमजोर हो जाती है तथा कुछ समय पश्चात् नष्ट हो जाती है।
- एक समान संक्षारण में धातु की सतह से एक समान मात्रा में मैटेरियल खराब हो जाता है।
- पिटिंग संक्षारण, धातु की सतह पर कोटिंग या सुरक्षात्मक परत के टूटने के फलस्वरूप उत्पन्न होता है।
- पिटिंग संक्षारण में धातु की सतह पर छोटे-छोटे छिद्र बन जाते हैं जिन्हें पिट्स कहा जाता है।
- पिटिंग संक्षारण, मुख्यतः एल्युमीनियम अलॉय, स्टेनलैस स्टील तथा स्टेनलैस स्टील अलॉय में अधिक होता है।
- जब दो धातुओं को इलेक्ट्रोलाइट की उपस्थिति में एक-दूसरे से संयोजित किया जाता है, तो धातुओं का संक्षारण होता है जिसे इलेक्ट्रोलाइटिक संक्षारण कहते हैं।
- जब धातु की सतह के किसी विशेष भाग पर ही संक्षारण प्रक्रिया होती है, तो इसे लोकल या स्थानीय संक्षारण कहते हैं।
- धातुओं की क्रियाशीलता, संक्षारण का एक मुख्य कारण है।
- किसी धातु की क्रियाशीलता जितनी अधिक होगी, वह उतनी ही तीव्रता से संक्षारित होती है।
- धातुओं में उपस्थित, अशुद्धियों के कारण संक्षारण की तीव्रता बढ़ जाती है।
- जल में उपस्थित अपघट्यों की उपस्थिति भी, संक्षारण का मुख्य कारण होती है।
- जल का तापमान भी संक्षारण प्रक्रिया को बढ़ाने में महत्त्वपूर्ण भूमिका निभाता है।
- यदि पाइप लाइनों में जल के प्रवाह की दर धीमी हो अथवा पाइप लाइनों में अधिक समय तक जल भरा रहता हो, तो इसके कारण भी धातुएँ संक्षारित हो जाती हैं।
- अवरोध रक्षण में धातु सतह तथा वायुमण्डल के बीच एक अवरोध का निर्माण करके संक्षारण को रोका जाता है।
- धातु की सतह पर ग्रीस अथवा तेल की पतली परत लगाकर भी संक्षारण को रोका जाता है।
- धातु के संक्षारण को रोकने के लिए $FePO_4$ (आयरन फॉस्फेट) का लेप किया जाता है।
- पाइपों को संक्षारण से बचाने के लिए कैथोडिक सुरक्षा विधि का उपयोग किया जाता है।
- धातु पर पाले तथा जल का सर्वाधिक प्रभाव पड़ता है।

महत्त्वपूर्ण प्रश्नोत्तरी

1. धातुओं पर संक्षारण का क्या प्रभाव पड़ता है?

उत्तर संक्षारण के कारण धातुएँ कमजोर तथा भंगुर हो जाती है।

2. संक्षारण से आप क्या समझते हैं?

उत्तर धातुओं की सतह पर वातावरण के प्रभाव के कारण जंग का लगना, संक्षारण कहलाता है।

3. पिटिंग संक्षारण को समझाइए।

उत्तर पिटिंग संक्षारण, धातुओं की सुरक्षात्मक परत के टूटने के फलस्वरूप उत्पन्न होता है। इस संक्षारण में धातु की सतह पर छोटे-छोटे छिद्र बन जाते हैं।

4. संक्षारण होने के कोई तीन कारण लिखिए।

उत्तर (i) धातुओं की क्रियाशीलता।

(ii) धातु में अशुद्धि की उपस्थिति।

(iii) जल में विद्युत अपघट्यों की उपस्थिति।

5. संक्षारण की क्रियाविधि की व्याख्या करने हेतु सर्वाधिक मान्य सिद्धान्त कौन-सा है?

उत्तर विद्युत रासायनिक प्रभाव, संक्षारण की क्रियाविधि की व्याख्या करने हेतु सर्वाधिक मान्य सिद्धान्त है।

अभ्यास प्रश्न

परीक्षा प्रारूपी प्रश्न

1. निम्न में संक्षारण का उदाहरण है
(a) चाँदी की चमक का कम होना
(b) लोहे पर जंग का लगना
(c) ताँबे पर हरे रंग की परत का जमना
(d) उपरोक्त सभी

2. धातु की सतह पर वातावरण की नमी के कारण पपड़ी का जमना, ······ कहलाता है।
(a) संक्षारण (b) गैल्वेनीकरण
(c) ऑक्सीकरण (d) इनमें से कोई नहीं

3. वातावरण में उपस्थित निम्न में से कौन-सी गैस संक्षारण का मुख्य कारण है?
(a) ऑक्सीजन
(b) कार्बन डाइ-ऑक्साइड
(c) 'a' और 'b' दोनों
(d) ऑर्गन

4. एक समान संक्षारण में धातु की सतह से ……… मात्रा में मैटेरियल खराब होकर निकलता है।
(a) असमान (b) समान (c) अधिक (d) कम

5. निम्न में से कौन-सा संक्षारण, धातु की सतह पर सुरक्षात्मक परत के टूटने के फलस्वरूप उत्पन्न होता है?
(a) विद्युत रासायनिक संक्षारण
(b) पिटिंग संक्षारण
(c) स्थानीय संक्षारण
(d) उपरोक्त में से कोई नहीं

6. संक्षारण प्रक्रिया में पिटिंग से क्या आशय है?
(a) जल का गन्दलापन
(b) लीकेज
(c) सतह पर गड्ढ़े पड़ना
(d) वायु संचरण कोशिकाएँ

7. जल व धातु के सीधे सम्पर्क से
(a) संक्षारण घटता है
(b) संक्षारण नहीं होता है
(c) संक्षारण बढ़ता है
(d) संक्षारण अस्थिर रहता है

8. धातुओं को प्रभावित करने वाला मुख्य कारण कौन-सा है?
(a) पदार्थ की सतह संरचना
(b) जल में घुलित व अघुलित अशुद्धियाँ
(c) तापमान व प्रैशर में अस्थिरता
(d) उपरोक्त सभी

9. विद्युत संक्षारण के फलस्वरूप धातुओं की सतह पर क्या प्रभाव पड़ता है?
(a) सतह का रंग बदल जाता है
(b) सतह गलने लगती है
(c) सतह की चमक बढ़ जाती है
(d) उपरोक्त में से कोई नहीं

10. किन्हीं दो धातुओं के बीच गैल्वेनिक सेल का निर्माण होने के कारण जो संक्षारण होता है, उसे ……… कहते हैं
(a) स्थानीय संक्षारण
(b) विद्युत रासायनिक संक्षारण
(c) पिटिंग संक्षारण
(d) सतह संक्षारण

11. संक्षारण को प्रभावित करने वाला कारक है
(a) प्रवाह की दर (b) मैटेरियल का चयन
(c) जल के यौगिक (d) ये सभी

12. जल में बुलबुलों के बनने का कारण है
(a) जल का तापमान
(b) प्रवाह की दर
(c) बाइकार्बोनेट
(d) उपरोक्त में से कोई नहीं

13. विद्युत संक्षारण में, इलेक्ट्रोलाइट के रूप में प्रयुक्त किया जाता है
(a) ब्राइन वाटर (b) साबुन का घोल
(c) आसुत जल (d) इनमें से कोई नहीं

14. जब धातु की सतह के किसी भाग पर संक्षारण की दर अन्य भागों की तुलना में अधिक होती है, तो धातु की सतह पर होने वाला संक्षारण कहलाता है
(a) पिटिंग संक्षारण
(b) स्थानीय संक्षारण
(c) एकसमान संक्षारण
(d) उपरोक्त में से कोई नहीं

15. संक्षारण का कारण नहीं है
(a) धातु की क्रियाशीलता
(b) धातु में अशुद्धि की उपस्थिति
(c) जल में अपघट्य की उपस्थिति
(d) उपरोक्त में से कोई नहीं

16. लोहे का संक्षारण अधिक होता है
(a) समुद्री जल में
(b) आसुत जल में
(c) दोनों में एक समान
(d) उपरोक्त में से कोई नहीं

17. धातु को संक्षारण से बचाने के लिए किस रसायन का लेप किया जाता है?

(a) $FePO_4$ (b) H_2SO_4

(c) $KClO_3$ (d) MnO_4

18. पाइपों को संक्षारण से बचाने के लिए किस विधि का उपयोग किया जाता है?

(a) रासायनिक परत विधि

(b) कैथोडिक सुरक्षा विधि

(c) पेण्ट का लेपन विधि

(d) ग्रीस विधि

19. निम्न में से किस तापमान पर जिंक (Zn) की संक्षारण प्रतिरोधक क्षमता कम हो जाती है?

(a) 160°C (b) 260°C

(c) 75°C (d) 60°C

20. जल द्वारा संक्षारण किन कारकों पर निर्भर करता है?

(a) pH मान (b) घुलित पदार्थ

(c) जल की कठोरता (d) ये सभी

उत्तरमाला

1. (d)	**2.** (a)	**3.** (c)	**4.** (b)	**5.** (b)	**6.** (c)	**7.** (c)	**8.** (d)	**9.** (b)	**10.** (b)
11. (d)	**12.** (a)	**13.** (a)	**14.** (b)	**15.** (d)	**16.** (a)	**17.** (a)	**18.** (b)	**19.** (d)	**20.** (d)